富阳市人民代表大会志

《富阳市人民代表大会志》编纂委员会 编

方志出版社
Publishing House of Local Records

图书在版编目（CIP）数据

富阳市人民代表大会志 /《富阳市人民代表大会志》编纂委员会编.
——北京：方志出版社，2019.5
ISBN 978-7-5144-3564-1

Ⅰ. ①富… Ⅱ. ①富… Ⅲ. ①地方各级人民代表大会—工作概况—富阳 Ⅳ. ①D624.554

中国版本图书馆CIP数据核字(2019)第072034号

富阳市人民代表大会志

编　　者：《富阳市人民代表大会志》编纂委员会
责任编辑：刘方圆

出 版 者：方志出版社
地址　北京市朝阳区潘家园东里9号（国家方志馆4层）
邮编　100021
网址　http://www.fzph.org
发　　行：方志出版社图书经销中心
电话（010）67110500
经　　销：各地新华书店
印　　刷：杭州万星印务有限公司

开　　本：889 X 1194　　1/16
印　　张：55.75
字　　数：1040千字
版　　次：2019年5月第1版　　2019年5月第1次印刷
印　　数：0001~2000册

ISBN 978-7-5144-3564-1　　**定价：380.00元**

《富阳市人民代表大会志》编纂机构及人员

《富阳市人民代表大会志》编纂委员会

(2012 年 8 月 10 日)

主　任：汤金华

副主任：徐松泉　祝一君　孙柏平　郎卫国　陈鸿麟　华之江

委　员：吕建新　钟满华　吕建明　郭一莲　沈跃雄　何培叶　俞兴军

顾　问：华爱金　华荣富　潘建平　洪德森　王金水　周银铃　汪锦汉

《富阳市人民代表大会志》编辑室

(2012 年 8 月 10 日)

主　编：汤金华

副主编：吕建新　沈跃雄　胡志成　蒋　才

执行副主编：胡志成　陈炜祥

编　辑：杨关勤　章金桥　王韶国

编　务：沈立文　许保安　叶胜荣　黄志平　华秋珍　陈　明　谢　芳
楼　丰　董红霞　唐龙官

《富阳市人民代表大会志》编纂委员会

(2017 年 10 月 9 日调整)

《富阳市人民代表大会志》编辑室

(2017 年 10 月 9 日调整)

序

修志，旨在“存史、资政、育人”，是中华民族特有的优良传统。人大志作为方志是政权志的重要组成部分，是按照《中华人民共和国地方各级人民代表大会和地方各级人民政府组织法》的规定，由人民代表大会制度的性质和地位决定的。人民代表大会制度是我国一项根本政治制度，是中国共产党根据马克思主义国家学说，结合中国国情，在长期政权建设中经验总结的产物，是历史和人民的正确而必然选择，是具有中国特色的政权组织形式。1954 年，我国建立人民代表大会制度，60 多年来，人民代表大会制度建设伴随着社会主义建设事业伟大进程，在坚持中不断发展，在发展中不断完善。富阳人民代表大会及其常委会，在中共杭州市富阳区（县、市）委的领导下，认真履行宪法和法律赋予的职责，为推进富阳社会主义各项建设事业的发展，起到了极其重要的作用。

《富阳市人民代表大会志》坚持以马克思列宁主义、毛泽东思想、邓小平理论、“三个代表”重要思想、科学发展观、习近平新时代中国特色社会主义思想为指导，坚持辩证唯物主义和历史唯物主义的观点。坚持尊重历史、尊重实践、尊重事实的原则，如实记载了中华人民共和国建国以来，富阳人民代表会议和富阳人民代表大会的情况，特别是 1980 年恢复人民代表大会制度，建立富阳县人大常委会以来，人民代表大会制度在富阳的实践、探索、发展中的各届历程，全面、客观、真实，系统地反映了富阳人民代表大会及其常委会的历史沿革、发展轨迹和实践成果。以史实见证了人民代表大会制度的巨大优越性和强大的生命力。

《富阳市人民代表大会志》具有较强的时代特征和地方特色。编纂人员在充分挖掘和整理1980年以来，富阳人民代表大会及其常委会所积累的文史资料基础上，根据人民代表大会制度的性质、任务和富阳人民代表大会及其常委会工作的实际，以宪法和法律赋予地方人大职权为依据，以届次时间为顺序，以富阳人民代表大会及其常委会工作为重点，详近略远，直书其事，注重内容与形式相统一，观点与事实相结合。同时，专门设编记述乡（镇）人民代表大会及人大工作简况，以全面反映富阳人大工作概貌。志书纲目清晰，结构严谨、体例完备、文风扎实，较好地把握了记述历史与发展规律的关系，突出重点与兼顾一般的关系，是一部融思想性、科学性、权威性、资料性、实用性于一体的县级地方人大史书。该志书的出版发行，一定会受到广大读者特别是人大代表和人大工作者的青睐，为人们认识、研究，坚持和完善人民代表大会制度提供了可借鉴的参考史料。对今后富阳的民主法制建设乃至经济建设、社会发展产生积极作用。

值此《富阳市人民代表大会志》出版之际，我代表富阳区人民代表大会常务委员会，谨向志书付出辛勤劳动的编纂工作人员，向悉心提供史料的单位和个人，向积极关心和指导志书编纂的有关部门，各位领导、专家、学者致以诚挚的感谢！

杭州市富阳区人大常委会党组书记、主任 汤金华

2019年2月

1950年4月3日，富阳县首届各界人民代表会议代表合影

1955年11月28日，富阳县第一届人民代表大会第二次会议代表合影。

1956年11月29日，富阳县第二届人民代表大会第一次会议会场

县长王炳奎在富阳县第二届人大一次会议上致开幕词

副县长张建唐在富阳县第二届人大一次会议上作县人民委员会工作报告

1956年12月2日，富阳县第二届人民代表大会代表合影

1956年4月11日，新登县第一届人民代表大会第四次会议代表合影

1956年10月18日，新登县第二届人民代表大会第一次会议代表合影

1980年12月24日，富阳县第七届人民代表大会第一次会议会场

1980年12月30日，富阳县第七届人民代表大会常务委员会部分委员合影

1984年11月2日，富阳县第八届人民代表大会第一次会议新登代表团合影

1987年4月20日，富阳县第九届人民代表大会第一次会议会场

1987年4月25日，富阳县第九届人民代表大会常务委员会全体成员合影

1990年3月16日，富阳县第十届人民代表大会第一次会议会场

1990年3月19日，富阳县第十届人民代表大会常务委员会部分成员合影

富阳县第七至第十届人民代表大会常务委员会部分主任、副主任合影

1994年3月28日，富阳市举行撤县设市庆典暨'94招商大会会场

1996年3月18日，富阳市第十一届人民代表大会第四次会议会场

1998年4月，富阳市第十一届人大常务委员会成员座谈会合影

1998年3月14日，富阳市第十二届人民代表大会第一次会议会场

富阳市第十二届人民代表大会常务委员会主任、副主任合影

2001年3月9日，富阳市第十二届人民代表大会第四次会议闭幕式

富阳市第十二届人大常委会主任王金水（左）与市第十三届
人大常委会主任佟桂莉（右）在市第十三届人大一次会议上握手

2003年3月5日，富阳市第十三届人民代表大会第一次会议会场

富阳市第十三届人民代表大会在主席台上就座的老领导

富阳市第十三届人民代表大会主席台上

富阳市第十三届人民代表大会上列席人员席

2007年2月1日，富阳市第十四届人民代表大会第一次会议会场

富阳市第十四届人民代表大会常务委员会主任 副主任合影

富阳市第十四届人民代表大会第二次会议主席团第三次会议

人大代表团审议有关报告（第一代表团）

人大代表团审议有关报告（第四代表团）

人大代表团审议有关报告（第五代表团）

2007年2月2日，富阳市第十四届人民代表大会第一次会议第一代表团合影

2012年2月16日，“两会”代表、委员整队入场

2012年2月16日，富阳市第十五届人民代表大会第一次会议会场

大会开幕式上全体代表起立

2012年2月19日，富阳市第十五届人民代表大会第一次会议主席团第四次会议

市人大代表撰写议案

大会议案组议案处理讨论会

市人大代表通过大会《选举办法》

富阳市第十五届人民代表大会选举投票现场

富阳市第十五届人民代表大会常务委员会主任 副主任合影

2015年1月27日，富阳市第十五届人民代表大会第四次会议会场

市人大常委会主任汤金华在富阳市第十五届人大第四次会议上作富阳市人大常委会工作报告

市长黄海峰在富阳市第十五届人大第四次会议上作富阳市人民政府工作报告

市人民法院院长赵平在富阳市第十五届人大第四次会议上作富阳市人民法院工作报告

市人民检察院检察长王晓光在富阳市第十五届人大第四次会议上作富阳市人民检察院工作报告

2015年1月30日，中共富阳市委书记姜军在富阳市第十五届人民代表大会
第四次会议闭幕式上讲话

2015年1月30日，富阳市第十五届人大常委会主任汤金华
在富阳市第十五届人民代表大会第四次会议上

历届人大常委会会议、活动

2001年4月6日，富阳市第十二届人大常委会第二十九次会议

2006年4月13日，富阳市第十三届人大常委会第二十二次会议

2007年6月29日，出席富阳市第十四届人大常委会第四次会议人员合影

2012年12月28日，富阳市第十五届人大会常委会第七次会议

1958年4月26日，富阳县第三届人大一次会议县人大代表参观新桐乡英雄机埠

1980年10月，富阳县第七届人大常委会组织县人大代表
视察新义公社农村第一个自来水供应泉水池

1999年9月29日，富阳市第十二届人大常委会组织市人大代表视察溪流污染情况

1999年10月21日，富阳市第十二届人大常委会组织市人大代表视察污水处理

2001年9月14日，富阳市第十二届人大常委会组织市人大代表视察工业发展环境治理情况

2001年9月14日，富阳市第十二届人大常委会召开《环保法》执法检查汇报会

2003年5月28日，富阳市第十三届人大常委会
组织市人大代表视察富春江黄砂管理和江堤建设

2005年1月，富阳市第十三届人大代表视察东吴文化公园

2009年3月，富阳市第十四届人大代表视察富阳开发区场口新区

2009年3月，富阳市第十四届人大代表视察高教园区

2006年8月7日，富阳市第十三届人大常委会召开2006年政情报告会

富阳市第十五届人大常委会主任汤金华向任免的地方国家机关工作人员颁发任命书

2001年5月17日，富阳市人大"两项评议"动员大会

1999年7月28日，富阳市人大代表评议公安执法工作大会会场

2007年5月15日，富阳市第十四届人大代表培训班第一期学员合影

2014年，富阳市乡镇人大干部培训班

富阳市（县）人民代表大会会议有关证件

2015年2月15日，富阳市“撤市设区”授牌仪式

2000年6月16日，出席杭州市七县市人大常委会第二十六次联席会议人员合影

1997年3月30日，出席杭州市第九届人大一次会议富阳市代表团合影

2006年2月，出席杭州市第十届人民代表大会富阳市代表团合影

2007年4月，出席杭州市第十一届人民代表大会富阳市代表团合影

（所有照片均选自富阳市人大常委会办公室资料室和富阳市档案馆）

凡　例

一、指导思想

《富阳市人民代表大会志》以马克思列宁主义、毛泽东思想、邓小平理论、“三个代表”、科学发展观、习近平新时代中国特色社会主义思想为指导，坚持辩证唯物主义和历史唯物主义的观点，全面、客观、真实、系统地记载富阳市（县）及原新登县人民代表大会及其常务委员会的历史和现状。

二、记述时限

上起 1949 年 5 月 4 日富阳、新登两县解放之日，下迄 2015 年 2 月 15 日富阳撤市设区正式授牌。视编纂工作需要，个别事例可延至搁笔时止。“文化大革命”时期和随后的“拨乱反正”阶段，即 1967 年至 1979 年，因人民代表大会制度完全中断，没有任何活动，因而不作记载。为贯通历史，该段史实在综述中略作反映。

三、记述内容

全志首设最新版富阳市行政区划图，选择部分富阳市（县）人民代表大会开幕式会场场景及市（县）人大常委会有关重要活动的彩色照片。文内着重记述富阳市（县）人民代表大会及其常委会设立以来，行使宪法和法律赋予职权所做的主要工作，如实反映富阳市（县）人民代表大会的性质、地位和作用。简略记述乡（镇）人民代表大会的一般情况。

四、记述体例

全志采用记述体，使用统一的语体文。按详近略远、详特略同原则，横排门类，纵向记述。卷首设综述、大事记，以反映全志概貌。其下按编、章、节、目，依次记述，层层相辖。全志除综述有叙有议、叙议结合外，均只叙不议。体裁以志为主，述、记、图、表、录、传、附等诸体并用，既反映全貌，又节省篇幅。市（县）人大常委会及各工作委员会的重点视察、检查、调研报告，以专记入编。附录民国时期富阳、新登两县议政机构简况。

五、行文规则

本志行文中涉及的组织、机构、单位、会议、法律等名称，首次出现时用全称，再次出现时，一般用简称。如“中国共产党”简称“中共”“中国共产党富阳市（县）委员会”简称“中共富阳市（县）委”“市（县）第七届人民代表大会第一次会议”简称“市（县）七届人大一次会议”“市（县）人民代表大会常务委员会”简称“市（县）人大常委会”“市（县）人民代表大会代表”简称“市（县）人大代表”“乡镇（人民公社）人民代表大会代表”简称“乡镇（人民公社）人大代表”“市（县）人民政府、市（县）人民法院、市（县）人民检察院”简称“一府两院”。全国人民代表大会及其常委会通过的法律、中华人民共和国法律，首次出现时用全称，后括注简称，如《中华人民共和国地方各级人民代表大会和地方各级人民政府组织法》，（以下简称为《地方组织法》）。全志除综述中出现朝代纪年并夹注公元纪年外，一律使用公元纪年。各项报告数据均为原文数据，与《统计年鉴》不符之处仅供参考。各项名单排列，基本按原始资料顺序。凡年、月、日和数量表示，一律使用阿拉伯字。标点符号按国家统一规定规范书写。专用术语，如“双增双节”“五水共治”等，则随文加注，以明词义。

六、计量单位

20 世纪 90 年代以前，在各届人民代表大会的政府工作报告中，多处出现农田面积以市亩（1 市亩等于 0.067 公顷），粮食产量以市斤（1 市斤等于 0.5 公斤），茶叶、蚕茧、土纸等农副产品产量以市担（1 市担等于 100 市斤即 50 公斤）为计量单位，这是历史上长期使用的计量方法。尤其是以市斤计算的粮食亩产，是当时对各地农业生产发展水平一个十分重要的考量指标。为保留这一具有时代特色和传统意义的计量方法，凡报告涉此数据，概用原文，不作公制换算。

七、资料来源

志书所引用资料（含彩照），来源于富阳市档案馆、富阳市人大常委会办公室资料室、乡镇人大工作办公室、人大街道工委、《富阳县志》、《富阳市志》、《富阳市组织史》、《富阳市民政志》、《富阳市审判志》、《富阳市检察志》、旧版《富阳县人大志》简志和历年《富阳年鉴》等，一般不注明出处。

目　录

第三编　市(县)人民代表大会会议

第四编　市(县)人民代表大会常务委员会

第五编　乡镇（人民公社）人民代表大会

第六编　人物

第七编　重要文件选辑

第八编　专　记

综　　述

地理概况

富阳市位于浙江省西北部、富春江中下游，属杭州市所辖。地理坐标为北纬29°44′-30°12′、东经119°25′-120°09′，东接杭州市萧山区，南连诸暨市，西倚桐庐县，北与临安市、杭州市余杭区接壤，东北与杭州市西湖区毗邻。市域东西长69.70千米，南北宽49.70千米，总面积1831.21平方千米。市政府驻地富春街道桂花路25号，距杭州市政府驻地30.50千米(径距)。2014年末，全市辖5个街道、13个镇、6个乡，乡镇街道共设276个行政村、3个居民区、26个社区，行政村共设4566个村民小组。总户数21.48万户，总人口66.61万人。

自然环境

富阳市境内多山，整体地貌以“两山夹江”为最大特征。天目山余脉绵亘西北，仙霞岭余脉蜿蜒东南，富春江自西向东，斜贯中部，320国道由北而南穿越全境。地势由东南、西北向中部倾斜。以其地表水陆形态分，山地丘陵占79%，平原盆地占16%，河溪水域占5%，素有“八山半水分半田”之称。气候温和，雨量充沛，年平均气温17°C左右，年平均雨量1500毫米上下。2014年，空气质量优良天数262天，优良率72.3%。富春江境内流长52千米，江宽700-1000米，平均水深7米，多年平均过境水量336亿立方米，水质常年稳定保持II类水体。两岸风光绮丽，历代众多文人墨客曾为之咏叹。南朝梁吴均有“奇山异水，天下独绝”之誉，元代李桓有“天下佳山水，古今推富春”之说。元代大画家黄公望，因羡富春山水，晚年隐居富阳庙山坞，绘就不朽名作《富春山居图》，留下了千古绝唱。1982年，经中华人民共和国国务院批准，富春江—新安江—千岛湖“两江一湖”，被列为国家级风景名胜区。

建制沿革

富阳古称富春，因富春江得名。秦王政二十六年(前221)置县，隶会稽郡。置县至今，已有2200多年历史。东晋太元十九年（394），更名富阳，富阳之名始于此。三国吴黄武五年（226），析富春部分县地置新城县，五代后梁开平二年（908），更名新登，新登之名始于此。富春之地，春秋属越，战国属楚。秦汉以后，隶属多变。

隋、唐直至宋、元、明、清，均归杭州府（临安府、杭州路）所辖。民国时期，初属钱塘道，民国16年（1927），废道直属于省。民国27年（1938），改属浙江省第一行政区，后又多次变更。至民国37年（1948），改隶第四行政区。中华人民共和国成立后，初属临安专署。1953年改为省直辖。1955年划归建德专署。1958年12月，改隶杭州市至今。富阳历史上曾两度撤并、两度改设。隋开皇九年（589）并入钱塘县，大业三年（607）复置；1960年8月与桐庐县合并，1961年12月复置。1994年1月18日，经国务院批准，撤销富阳县，改设为富阳市（县级）。同年3月28日，举行“撤县设市”庆典。2014年12月13日，再经国务院批准，撤销富阳市，改设为杭州市富阳区。2015年2月15日，“撤市设区”正式授牌。

一

1949年5月4日，富阳、新登两县同时宣告解放，人民当家作主的政治制度开始建立。

1950年3月，根据《中国人民政治协商会议共同纲领》“在普选的地方人民代表大会召开之前，由地方各界人民代表会议逐步地代行人民代表大会的职权”的规定，富阳、新登两县分别建立各界人民代表会议制度。依照《浙江省第一届各界人民代表会议组织条例》关于代表产生办法的规定，采用基层推选、单位委派、政府邀请三种方法，富阳县产生人民代表232名，新登县产生人民代表94名。是年3月底至4月初，两县分别召开第一届各界人民代表会议第一次会议。至1954年7月，富阳县各界人民代表会议历2届，召开代表会议8次，新登县各界人民代表会议历2届，召开代表会议7次。两县累计参加会议代表2996人次，听取和审议工作报告35个，通过决议24项，选举县各界人民代表会议常务委员会委员和县人民政府委员会组成人员184人次，提出提案906件。

县各界人民代表会议在解放初期，对建立农村基层政权，巩固人民民主专政，恢复和发展国民经济，以及随后开展的剿匪反霸、减租减息、民主建政、征兵征粮、抗美援朝、土地改革、互助合作等重大政治活动，发挥了重要作用，并为实行人民代表大会制度奠定了基础。

二

1953年5月至1954年3月，富阳、新登两县根据中央人民政府于1953年2月颁布的《中华人民共和国全国人民代表大会和地方各级人民代表大会选举法》

及中共浙江省委关于地方选举工作的一系列指示精神，首次开展大规模基层民主选举，由选民直接选举乡镇第一届人民代表大会代表，再由乡镇人民代表大会选举产生出席县第一届人民代表大会代表（俗称“间接选举”）。1954 年 7 月，两县先后召开第一届人民代表大会第一次会议，会议主要议程，听取县人民政府工作报告，听取《宪法》草案传达报告，选举出席浙江省人民代表大会代表。这次会议，标志着作为过渡形式的县各界人民代表会议完成历史使命，人民代表大会制度开始建立。1954 年 7 月至 1957 年，富阳、新登县按照 1954 年颁布的第一部《中华人民共和国宪法》的规定，县人民代表大会每届任期 2 年。县人民代表大会按期进行换届选举，如期召开人民代表大会会议。至 1958 年 5 月，富阳、新登两县人民代表大会各历 3 届，各召开代表大会会议 6 次。历次大会主要议题，听取县人民政府工作报告和财政预算、决算报告等，围绕贯彻执行党在过渡时期总路线，完成第一个五年计划，实行对农业、手工业和资本主义工商业的社会主义改造等方面，审议、决定重大事项；选举产生县人民委员会组成人员，县人民法院院长和出席浙江省人民代表大会代表。会议民主气氛浓郁，代表畅所欲言，提出许多议案、建议和意见。在政权机关中有一定数量的民主人士，合作共事，呈现和衷共济的民主政治氛围。

1958 年 9 月，“人民公社化”运动席卷全国，乡人民政府改为人民公社。同年 10 月，新登县建制撤销，并入桐庐县。1960 年 8 月，富阳县建制撤销，与桐庐县合并，定名桐庐县。1961 年 12 月，复置富阳县，并将原新登县辖地及三溪公社贤德大队（并入桐庐前属分水县所辖）从桐庐县析出，一并划归富阳县。在此前后，公社规模和生产组织频繁变动，生产资料和劳动力无偿平调，高指标、瞎指挥、浮夸风遍地盛行，“大跃进”运动一波连着一波，折腾得人们身心疲惫，生产力下降，人民生活发生困难。加之接踵而至的国家三年困难时期，国民经济出现连年滑坡，导致粮食紧缺，商品匮乏，凭票供应的生产、生活必需品多达数十种，大到生产资料，小至火柴肥皂，几乎是样样凭票子，处处有限制，人民生活陷入极度困境。“破产度荒”“饿病逃亡”现象时有发生。1961 年，贯彻中央关于调整、巩固、充实、提高“八字方针”。国民经济经过三年调整，至 1964 年，情况才有所好转。1966 年 5 月，“文化大革命”运动开始，竭力推行以“阶级斗争为纲”，把刚刚转向以恢复和发展国民经济为主的工作重心，再次引向“无限上纲”的政治斗争，出现对人民代表大会制度的严重干扰。期间，县人民委员会和司法机关无法正常行使职权，县、人民公社（镇）人民代表大会制度全面停止，国家机器几近瘫痪。1968 年 7 月 26 日，富阳县革命委员会成立，总揽党务、行政、司法、经济、文化等各项大权，唯独把《中华人民共和国宪法》弃之一旁。“文化大革命”时期，乡镇人民代表大会改为人民公社社员代表大会。由于制定贯彻执行了一系列错误的方针政策，不仅把国民经济推向崩溃边缘，而且把新中国成立以来逐步建立起来的社会主义民主与法制破坏殆尽，人民民主权利完全被践踏，国家的根本政治制度——人民代表大会制度被迫中断。

1976 年 10 月，以粉碎江青反革命集团为标志，“文化大革命”宣告结束。在这百废待兴的非常时期，党中央及时开展了为期三年的“拨乱反正”，采取了一系列重大决策，全力扭转乾坤。其中最重要的决策之一是实行改革开放，这为中国经济社会发展指明了方向、开辟了道路。1979 年 7 月，五届全国人大二次会议通过修正宪法的决议，重新制定颁布《全国人民代表大会和地方各级人民代表大会选举法》《地方各级人民代表大会和地方各级人民政府组织法》（以下简称《选举法》《地方组织法》)，把选民直接选举人大代表的范围扩大到县级，并决定在县级以上地方各级人民代表大会设立常务委员会。1980 年 12 月 24–30 日，富阳县召开第七届人民代表大会第一次会议。大会决定撤销富阳县革命委员会，依法设立富阳县人民政府，决定建立富阳县人民代表大会常务委员会，大会选举产生了富阳县第七届人大常委会主任、副主任、委员；富阳县人民政府县长、副县长；富阳县人民法院院长；富阳县人民检察院检察长；出席杭州市第六届人民代表大会代表。自此，人民代表大会制度全面恢复。1984 年 6 月，恢复乡人民政府建制，人民公社解体，“人民公社管理委员会”名称终止。

富阳市（县）人民代表大会，自第一届人民代表大会第一次会议起，至第十五届人民代表大会第四次会议止，共召开人民代表大会会议 53 次，其中原新登县召开 6 次，富阳市（县）召开 47 次。累计选举产生富阳市（县）级人大代表 4741 名，其中原新登县 251 名，富阳市（县）4490 名。累计出席历次代表大会代表 13699 人次。会议期间，听取和审议富阳市（县）人民政府工作报告等各项工作报告 275 个，收到市（县）人大代表提出的提案、议案、建议 14189 件，作出决议、决定 285 项，选举产生地方国家机关领导人员 205 名，选举出席浙江省第一至第三届人民代表大会代表 20 名，选举出席杭州市第六至第十二届人民代表大会代表 228 名。

60 余年间，富阳市（县）人民代表大会制度历经干扰至中断，得以恢复并坚持，获得很大发展和完善。市（县）人民代表大会会议，依法行使职权，通过决议、决定、议案等方式，对行政区域内有关政治、经济、社会、文化、民生、环境等重大问题作出决定，发挥着地方国家权力机关的作用，推动了富阳市（县）各项工作的发展。

三

1980年12月，富阳县第七届人民代表大会第一次会议，依法设立了富阳县人大常委会。30多年来，在中共富阳市（县）委领导下，历届人大常委会坚持以马克思列宁主义、毛泽东思想、邓小平理论、“三个代表”重要思想和科学发展观为指导，不负人民重托，代表人民意志，认真履行宪法和法律赋予的职责，全面贯彻执行党的路线、方针、政策，在推进社会主义民主和法制建设，促进安定团结，保障社会主义现代化建设等方面进行了大量工作，取得了显著成绩。

敢于担当，依法行使监督权。30多年来，富阳市（县）人大常委会依照《宪法》《地方组织法》《监督法》的规定，在工作监督中大胆实践，注意探索新的监督形式和方法，依法行使监督权。从1981年以后，多次开展联合执法检查，采取市、县、乡镇三级人大上下配合的形式，对辖区范围内的食品卫生、环境保护、水土保持、土地管理、文化市场等相关领域开展执法检查，有力地促进了法律法规在本行政区域内贯彻实施。从1994年开始，对“一府两院”开展了行政执法评议和对人大常委会任命干部的述职评议，至2006年，先后对富阳市（县）人民政府14个部门开展行政执法评议和司法评议。对58位局长（主任）进行述职评议。通过“两项评议”，提高了“一府两院”依法行政的执法理念，增强了被评议对象的公仆意识、法制意识和创新意识。

着眼全局，积极行使决定权。富阳市（县）人大常委会重视运用宪法和法律赋予的职权，对全市（县）战略性、长远性和全局性的重大问题适时作出决议决定。富阳县第七届人大以来，市（县）人大常委会根据工作实际，先后作出严厉打击经济犯罪活动、法制宣传教育、调整九年制义务教育、加强富春江防洪堤建设、确定人民陪审员、开展反贪肃贿、打击经济犯罪活动等决议决定327项，有力推进了富阳的经济建设和社会各项事业的发展。

规范程序，认真行使任免权。富阳市（县）人大常委会把做好人大选举和人事任免工作作为人民当家作主、行使民主权利的重要体现。按照法律规定，认真做好每一届人大代表的选举工作，充分体现了选民意志，实现了人民当家作主。在人事任免中，坚持党管干部和依法选举任免干部相结合，坚持党的领导，充分发扬民主，严格依法办事，不断完善任免工作程序。自1981年至2015年1月，富阳市（县）人大常委会共依法任免国家机关工作人员2036人次。其中，任免富阳市（县）人民政府组成人员574人次，任免富阳市（县）人民法院工作人员638人次，任免富阳市（县）人民检察院工作人员212人次。任免富阳市（县）人大常委会工作人员612人次。

加强联系，努力做好代表工作。富阳市（县）人大常委会十分重视人大代表工作，把做好代表工作放在重要位置。1981年3月以后，采取多种形式，有计划地组织人大代表参加履职培训，学习国家重要法律、法规知识，提高代表履职能力。专门给人大代表颁发视察证，开展代表小组定向视察，要求代表积极履行代表权力，提高代表使命感和责任感。组织代表参加执法检查，参与“两项评议”，邀请人大代表列席常委会会议，并把代表联系选民、代表议案办理、代表履职考核、代表述职、代表接待、代表辞职等方面都纳入代表工作范畴，实行代表工作规范化、制度化操作。

完善制度，加强自身建设。富阳市（县）人大常委会十分重视自身建设，把搞好自身建设作为提高履职能力的重要工作。首先，重视组织机构建设。1981年2月，常委会首设办公室，1984年后，逐步增设法制、财经、教科文卫、代表、城建环保和农业农村工作委员会，使组织机构不断完善，为人大常委会开展工作奠定了基础。与此同时，重视制度建设。相继制定《富阳市人民代表大会常务委员会关于讨论、决定重大事项的若干规定》等29项工作制度；重视人大制度宣传。在各级党委宣传部门和新闻媒体配合下，人大制度宣传氛围逐年增强，先后创刊《人大通讯》《会刊》《文件汇编》《人大信息专刊》等，1998年后，在《富阳日报》上开辟“人大之窗”“人大视察专栏”“人大代表风采”等宣传栏目，增强了人大工作透明度；重视中国共产党的组织建设。1981年10月，建立富阳县人大常委会党组，1985年5月，建立县人大常委会机关党支部，2008年6月，分设人大机关离退休人员党支部；重视与周边市（县、区）人大的联系。1994年5月，成立“人大之友”联谊会，通过联谊活动，加强与周边地区人大常委会的工作联系，开展交流，增进友谊。

30多年来，富阳市（县）人大常委会历经9届，共举行常委会会议275次，听取和审议“一府两院”工作报告和各类专题报告698个，受理群众来信1.2万余件，接待群众来访6000余人次，较好地完成了历届、历次人民代表大会所确定的各项工作目标任务。

回顾历史，富阳市（县）人民代表大会制度，已走过“花甲”历程，富阳市（县）人大常委会也度过35个春秋。如今，站在富阳“撤市设区”新的历史起点上，抚今追昔，百感交集；展望未来，任重道远。我们坚信，在中共杭州市富阳区委领导下，人民代表大会制度在富阳区将会得到更好的发展和完善，谱写出更为壮丽的篇章，为实现中华民族伟大复兴的“中国梦”作出更大贡献。

大 事 记

1949 年

5 月 4 日　中国人民解放军第三野战军第七兵团二十一军六十二师一八五团一营进驻富阳县城，富阳县宣告解放。

同日　金萧支队江北办事处及江北独立大队进驻新登县城，新登县宣告解放。

5 月 6 日　富阳县举行万人集会，欢庆解放。

5 月 20 日　中共浙江省委派出南下干部 74 人到达富阳县城；派出 81 人到达新登县城。

6 月 5 日　中共富阳县委和富阳县人民政府成立，县委书记刘俊芝，县人民政府县长李庆安。

同日　中共新登县委和新登县人民政府成立，县委书记陈侠，县人民政府县长王耐诚。其时，富阳、新登两县隶属临安专署。

10 月 3 日　富阳县迎薰镇（今富春街道）7000 余军民集会游行，庆祝中华人民共和国成立。

10 月 4 日　新登县双清镇（今新登镇）3000 余人集会游行，庆祝中华人民共和国成立。

1950 年

3 月 4 日　富阳、新登两县开展划乡工作。至 1950 年底，富阳划为 4 个镇 56 个乡；新登划为 1 个镇 32 个乡。乡（镇）以下设村行政委员会，彻底废除民国时期的保甲制度。

3 月 24–27 日　新登县第一届各界人民代表会议第一次会议召开，大会选举产生新登县第一届各界人民代表会议常务委员会。

4月2日　富阳县第一届各界人民代表会议第一次会议召开，大会选举刘俊芝、胡明元出席浙江省第一届各界人民代表会议代表。

5月　新登县城双清镇更名为城阳镇。

6月18日　新登县在第一届各界人民代表会议第一次常委会会议上，选举陈侠、夏静一为出席浙江省第一届各界人民代表会议代表。

6月27日　新登县人民法院建立，县长王耐诚兼任院长，属浙江省高等人民法院临安分院管辖。

7月3日　富阳县人民法院建立，副县长张远达兼任院长，属浙江省高等人民法院临安分院管辖。

10月1日　湖源乡上南坞村费国昌作为富阳县革命老区代表，赴京参加国庆观礼。

10月19日　新登县第一届各界人民代表会议第二次会议召开。会议通过《关于县委一年来工作报告的决议》。

10月21日　富阳县第一届各界人民代表会议第二次会议召开，选举产生富阳县第一届各界人民代表会议常务委员会。

1951年

4月　富阳、新登两县根据中华人民共和国政务院颁布的《关于人民民主建政的指示》，开展民主建政试点，至年底完成。乡镇长、村长由群众选举产生。

5月5–9日　富阳县第二届各界人民代表会议第一次会议召开。会议选举产生富阳县第二届各界人民代表会议常务委员会。

5月　富阳县城迎薰镇更名为城关镇。

6月19–23日　新登县第一届各界人民代表会议第三次会议召开。会议听取县委书记陈侠“关于镇压反革命的工作报告”；决定成立新登县临时人民法庭，对反革命分子实行公审。

11月4日　富阳县第二届各界人民代表会议第二次会议召开。会议听取华东革命根据地代表费国昌“关于出席北京国庆观礼情况的专题报告”；改选富阳县第二届各界人民代表会议常务委员会。会议通过《关于镇压反革命的决议》《关于深入贯彻〈中华人民共和国婚姻法〉的决议》《关于开除洪XX、杨XX、章XX 3人县各界人民代表会议代表资格的决议》。

11月4–7日　新登县第一届各界人民代表会议第四次会议召开，补选新登县各界人民代表会议常务委员会委员6名。

1952 年

5 月 16–19 日　富阳县第二届各界人民代表会议第三次会议召开。会议通过《关于开除何益生、蒋杏生县各界人民代表会议常务委员会委员的资格，并撤销何益生常务委员会秘书职务的决定》，改选富阳县第二届各界人民代表会议常务委员会。

9 月 25–29 日　富阳县第二届各界人民代表会议第四次会议召开。会议通过《关于目前形势的报告》《关于夏季以来农业生产、物资交流工作总结和今后任务的报告》《关于提案审查情况的报告决议》，会议通过《关于坚决拥护亚太地区和平会议的决议》，并发出通电。

12 月 8–11 日　新登县第二届各界人民代表会议第一次会议召开。会议选举新登县第二届各界人民代表会议常务委员会，代行县人民代表大会职权，选举王耐诚为县人民政府县长、韩长春为副县长及县人民政府委员 21 人，组成新登县人民政府委员会。

12 月 27–30 日　富阳县第二届各界人民代表会议第五次会议召开，会议通过成立"民主建政筹备委员会"，其成员由县委书记、县长等 19 人组成。

1953 年

1 月 21 日　临安专署撤销。次月，富阳、新登两县直属于浙江省。

3 月 22–25 日 富阳县第二届各界人民代表会议第六次会议召开。会议通过《关于同意县长张远达报告的决议》，作出《关于在全县范围内大张旗鼓开展贯彻〈婚姻法〉宣传月运动的决定》。

4 月 7 日　新登县第二届各界人民代表会议第二次会议召开。会议通过《关于县人民政府工作报告的决议》。

5 月　富阳县成立选举委员会，进行首次基层普选。至次年 3 月完成，选出基层人大代表 2304 名。

5 月　新登县成立选举委员会，开展基层选举。至次年 2 月完成，选出基层人大代表 826 名。

10 月 2 日　新登县第二届各界人民代表会议第三次会议召开。会议听取县长王耐成所作的"关于上半年工作总结和今年冬季工作任务的报告"。

1954 年

7 月初　富阳、新登县先后召开乡镇第一届人民代表大会第一次会议，分别选举产生出席县人民代表大会代表，俗称“间接选举”。以后除“文化大革命”时期改称“人民公社社员代表大会”外，每年召开乡镇人民代表大会一次。

7 月 9–13 日　富阳县第一届人民代表大会第一次会议召开，会议听取富阳县委副书记范汝功“一年来的工作和今后任务的报告”，听取富阳县人民政府副县长王炳奎“关于中华人民共和国宪法草案的传达报告”。会议作出了“关于县人民政府一年来工作总结和今后任务”等 3 项决议。会议选举王炳奎等 5 人为出席浙江省第一届人民代表大会代表。

7 月 15–20 日　新登县第一届人民代表大会第一次会议召开。会议听取“新登县人民政府工作报告”和“关于中华人民共和国宪法草案的传达报告”。作出了政府工作报告等 2 项决议。选举韩长春等 3 人为出席浙江省第一届人民代表大会代表。

11 月 28–12 月 3 日　新登县第一届人民代表大会第二次会议召开。会议通过新登县人民政府工作报告和拥护《中华人民共和国宪法》《中华人民共和国兵役法》2 项决议。

1955 年

2 月　富阳、新登两县由浙江省直属改隶建德专署。

4 月 5 日　富阳、新登两县同时建立县人民检察院（1951 年 4 月至 1955 年 3 月为县人民检察署，检察长分别由县长和公安局长兼任）。

4 月 20–23 日　新登县第一届人民代表大会第三次会议召开，会议决定本次会议后县人民政府改称县人民委员会。大会选举孟锡五为新登县人民委员会县长，徐熙成、何玉泉为副县长，县人民委员会委员 14 人；选举刘澄为新登县人民法院院长。会议通过了“关于新登县人民政府工作报告”等 3 项决议。

7 月 6 日　经最高人民检察院批准，任命刘廷昌为富阳县人民检察院检察长；任命戚汉荣为新登县人民检察院检察长。

11 月 24–29 日　富阳县第一届人民代表大会第二次会议召开，会议决定县人民政府改称县人民委员会。大会选举王炳奎为富阳县人民委员会县长，张建唐、章洪湘为副县长，县人民委员会委员 14 人；选举王士林为富阳县人民法院院长。会议通过了“关于富阳县人民政府一年来工作总结和今后任务的报告”等 4 项决议。

1956 年

5 月　开展富阳、新登县第二届基层人大代表普选。富阳县选出乡镇人大代表 1535 名。新登县选出乡镇人大代表 704 名。

9 月 22–26 日　富阳县第一届人民代表大会第三次会议召开，会议增选曹立俊、俞生荣为富阳县人民委员会副县长。大会通过了“富阳县人民委员会工作报告”等 2 项决议。

10 月 14–18 日　新登县第二届人民代表大会第一次会议召开，会议选举孟锡五为新登县人民委员会县长，郭善龄、徐熙成、庄明善、田仲军、任冠生、何玉泉、陈顺德为副县长，县人民委员会委员 11 人。会议通过了“关于新登县人民委员会工作报告”等 3 项决议。

11 月 29–12 月 2 日　富阳县第二届人民代表大会第一次会议召开，选举王炳奎为富阳县人民委员会县长，张建华、张建唐、章洪湘、曹立俊、俞生荣、俞宗汉为副县长，县人民委员会委员 14 人。会议通过了“关于富阳县人民委员会两年来工作总结和今后任务”等 2 项决议。

1957 年

3 月 20–23 日　新登县第二届人民代表大会第二次会议召开。会议听取和审议新登县人民委员会工作报告；县财政决算和财政预算报告；县人民法院工作报告。会议通过了“关于新登县人民委员会工作报告”等 4 项决议。

6 月 18–21 日　富阳县第二届人民代表大会第二次会议召开。会议听取和审议富阳县人民委员会工作报告；县财政决算和财政预算报告；县人民法院工作报告。会议通过了“关于富阳县人民委员会工作报告”等 3 项决议。

1958 年

1 月　富阳县开展第三届基层人大代表普选，至 4 月底结束。共选出乡镇人大代表 1485 名。新登县同期开展普选，选出乡镇人大代表 698 名。

4 月 24–28 日　富阳县第三届人民代表大会第一次会议召开，会议选举王炳奎为富阳县人民委员会县长，张建唐、章洪湘、俞宗汉为副县长，县人民委员会委员 15

人；选举丁振麟等 4 人为出席浙江省第二届人民代表大会代表；选举王士林为富阳县人民法院院长。会议通过了“关于富阳县人民委员会工作报告”等 4 项决议。

5 月 11–13 日　新登县第三届人民代表大会第一次会议召开，会议选举孟锡五为新登县人民委员会县长，田仲军、陈顺德为副县长，县人民委员会委员 14 人；选举孟锡五等 2 人为出席浙江省第二届人民代表大会代表；选举蔡学忠为新登县人民法院院长。会议通过了“关于新登县人民委员会工作报告”等 3 项决议。会议通过《关于罢免陈良祎人民法院院长职务》。

10 月　新登县建制撤销，并入桐庐县。

12 月 8 日　富阳县改属杭州市。

1959 年

10 月 28–30 日　富阳县第三届人民代表大会第二次会议召开。会议听取和审议县长孟锡五“关于富阳县人民委员会工作报告”、副县长张建唐“关于富阳县 1958 年财政决算和 1959 年财政预算报告”。会议听取和审议了人大代表议案审查情况的报告；会议通过了“富阳县人民委员会工作报告”等 3 项决议。

1960 年

8 月 29 日　浙江省人民委员会决定，并经国务院批准，富阳、桐庐两县合并，定名桐庐县，隶属杭州市。富阳县建制撤销。

1961 年

2 月　在桐庐县统一部署下，进行第四届基层人大代表选举，中途停止，8 月继续，10 月结束。共选出人民公社（镇）人大代表 2560 名。

7 月　富阳城关镇更名为富阳镇（此时无富阳县建制）。

12 月 30 日　浙江省人民委员会发出民字第 555 号《关于恢复富阳等七个县的建制的通知》：“经省人民委员会第二十八次会议通过并报国务院批准，恢复富阳等七个县的建制。富阳县以原合并于桐庐县的原富阳县和原新登县的行政区划为富阳县的行政区域。”其时，富阳县下设青云、灵桥、场口、新登、龙羊 5 个区，辖 2 镇 35 个公社 596 个生产大队（村）。

1962 年

7 月 7–11 日　富阳县（含原新登县）第四届人民代表大会第一次会议召开。会议听取县长孟锡五向大会作的“富阳县人民委员会工作报告”，陈君文向大会作的“富阳县 1959 年到 1961 年的财政决算和 1962 年财政预算报告”，李端银向大会作的“富阳县人民法院工作情况报告”。会议选举孟锡五为富阳县人民委员会县长，张建唐、范培忠、王士林、韩焕康为副县长，富阳县人民委员会委员 22 人；选举李端银为富阳县人民法院院长。会议决定罢免许桂荣浙江省第二届人民代表大会代表职务，补选王银善为浙江省第二届人民代表大会代表。会议通过了“关于富阳县人民委员会工作报告”等 3 项决议。

1963 年

3 月　富阳县进行第五届基层人大代表普选，7 月中旬结束。共选出人民公社（镇）人大代表 5708 名。

12 月 25–30 日　富阳县第五届人民代表大会第一次会议召开。会议听取和审议副县长张建唐向大会作的“富阳县人民委员会工作报告”、副县长韩焕康作的“富阳县财政决算和财政预算报告”和县人民法院院长李端银作的“县人民法院工作报告”。会议选举张建华为富阳县人民委员会县长，张建唐、范培忠、王士林、韩焕康为副县长，县人民委员会委员 24 人。会议通过了“关于富阳县人民委员会工作报告”等 3 项决议。

1964 年

8 月 12–15 日　富阳县第五届人民代表大会第二次会议召开。会议听取和审议县长张建华向大会作的“富阳县人民委员会工作报告”，副县长韩焕康向大会作的“富阳县财政决算和财政预算报告”，大会批准这两个报告。会议选举张建华等 5 人为出席浙江省第三届人民代表大会代表。

1965 年

12 月　富阳县进行第六届基层人大代表普选，至 1966 年 3 月上旬结束。共选出人民公社（镇）人大代表 5081 名。

1966 年

3–5 月　富阳县人民公社（镇）先后召开第六届人民代表大会第一次会议，会议选出富阳县第六届人民代表大会代表 351 名。

6 月 1–5 日　富阳县第六届人民代表大会第一次会议召开。会议听取和审议县长张建华向大会作的“富阳县人民委员会工作报告”，副县长韩焕康向大会作的“富阳县财政决算和财政预算报告”，县人民法院院长李端银作的“富阳县人民法院工作报告”。会议批准上述报告。会议选举夏行权为富阳县人民委员会县长，范培忠、石维明、韩焕康、徐鸿勋为副县长，县人民委员会委员 24 人。

此后，“文化大革命”开始，人民代表大会制度被迫中断。

1980 年

10 月 15 日　富阳县进行第七届人民代表大会代表选举。根据 1979 年 7 月第五届全国人大第二次会议制定的《全国人民代表大会和地方各级人民代表大会选举法》规定，县、乡两级人民代表大会代表进行“直接选举”，即县人大代表直接由选民选举产生。1980 年 10 月第一次“直接选举”，同步选出富阳县人大代表 427 名、人民公社（镇）人大代表 6174 名。

11 月–12 月　富阳县 42 个人民公社（镇）先后召开第七届人民代表大会第一次会议，选举产生人民公社（镇）管理委员会主任、副主任、委员和镇人民政府镇长、副镇长。会议决定，人民公社（镇）革命委员会名称终止，分别改为人民公社管理委员会、镇人民政府。自此，人民公社（镇）人民代表大会制度重新恢复。

12 月 24–30 日　富阳县第七届人民代表大会第一次会议召开。大会选举产生富阳县第七届人民代表大会常务委员会（以下简称县人大常委会）。大会决定撤销富阳县革命委员会，依法设立富阳县人民政府。大会选举郭善龄为富阳县人大常委会主任，张建华、范培忠、李景祥、周文全、陈顺德、李志善为副主任，委员 12 人；选举洪德森为富阳县人民政府县长，王栋臣、唐永富、李定国、余大白、刘鸿、王良仟为副县长；选举李端银为富阳县人民法院院长；选举汪家坤为富阳县人民检察院检察长（需报经杭州市人民检察院提请杭州市人大常委会批准）；选举出席杭州市第六届人民代表大会代表 45 名。

1981 年

2月　富阳县人大常委会设立办公室，为县人大常委会下设的第一个办事机构。

3月1–3日　富阳县第七届人大常委会第一次会议，审议通过《富阳县人大常委会关于加强与县人大代表联系的暂行办法》《富阳县人大常委会关于建立第七届人大代表联系小组的决定》。

9月25–26日　富阳县第七届人大常委会第四次会议通过《富阳县工矿企事业排污收费和罚款暂行办法》；作出《关于认真落实整顿治安措施，争取社会治安根本好转的决议》。

12月9–16日　富阳县人大常委会副主任范培忠、李景祥、李志善及部分人大常委会委员、代表中心组长、部分代表小组组长和县人大代表等，共85人组成视察组，对富阳镇及各区公所所在地的元旦、春节市场供应准备情况进行视察。

1982 年

4月12–15日　富阳县第七届人大常委会第七次会议，审议通过《富阳县城镇建设搬迁、征用房屋暂行办法》。

4月26–29日　富阳县人大常委会副主任张建华、李志善、李景祥及部分人大常委会委员、代表中心组长、部分代表小组组长等一行29人组成视察组，对富阳镇、新登镇的环境卫生、服务态度、社会风气等情况进行视察。

6月6–10日　富阳县第七届人民代表大会第二次会议召开。

6月16日　富阳县第七届人大常委会第九次会议，听取富阳县工商局副局长周建“关于金桥公社虎山大队党支部书记、县人大代表王炳贤的经济问题情况汇报”。会议决定，同意对王炳贤实行收容审查。

11月17日　富阳县第七届人大常委会第十一次会议，讨论富阳县人大代表王炳贤的经济问题，会议一致同意富阳县人民法院对王炳贤依法进行审判。

1983 年

1月23–24日　富阳县第七届人大常委会第十三次会议，讨论富阳县人民政府提请审议的《富阳县计划生育实施细则》。

1月29日–2月3日　富阳县第七届人民代表大会第三次会议召开。

3 月 16–17 日　富阳县第七届人大常委会第十四次会议，作出《关于深入开展“文明礼貌月”活动的决议》。

6 月 13–18 日　富阳县人大常委会副主任李景祥、陈顺德、李志善及富阳、新登镇的部分县人大代表一行 38 人组成执法检查组，对富阳、新登镇宣传贯彻《中华人民共和国食品卫生法》（以下简称《食品卫生法》）的情况进行检查。

9 月 8–9 日　富阳县第七届人大常委会第十七次会议，听取和审议富阳县公安局、县人民检察院、县司法局等单位的汇报，作出《关于严厉打击刑事犯罪活动的决议》。

11 月 16 日　富阳县第七届人大常委会第十八次会议，决定接受洪德森辞去富阳县人民政府县长职务。会议决定任命汪力忠为富阳县人民政府副县长、代理县长。

1984 年

3 月 3 日　富阳县第七届人大常委会第二十次会议，决定接受李端银辞去富阳县人民法院院长职务。会议决定任命汪锦汉为富阳县人民法院副院长、代理院长。

3 月 24–25 日　富阳县第七届人大常委会第二十一次会议，决定免去余大白、刘鸿的富阳县人民政府副县长职务；会议接受郭善龄和张建华、范培忠、周文全、陈顺德、李志善辞去富阳县人大常委会主任和副主任职务的请求，决定将上述 6 人的辞职请求提请富阳县第七届人民代表大会第四次会议备案。

3 月 28 日–4 月 1 日　富阳县第七届人民代表大会第四次会议召开。大会选举张书声为富阳县人大常委会主任，李作运、刘鸿为副主任；选举汪力忠为富阳县人民政府县长、葛扬安为副县长；选举汪锦汉为富阳县人民法院院长。

5 月 1 日　富阳县第八届人民代表大会代表换届选举日，同步选出富阳县人大代表 401 名，人民公社（镇）人大代表 4841 名。

6 月　富阳县 52 个人民公社（镇）先后召开第八届人民代表大会第一次会议，会议选举产生乡长、副乡长；镇长、副镇长；经济联合社主任、副主任。会议决定，人民公社（镇）管理委员会终止，全面恢复乡（镇）人民政府名称。乡（镇）人民代表大会召开期间，成立乡（镇）人大主席团（非常设机构，无常务主席）。

8 月 24–25 日　富阳县第七届人大常委会第二十四次会议，讨论决定富阳县第八届人民代表大会第一次会议将于 9 月 22 日至 26 日在富阳镇召开，并对该次会议的一些重要事项作了研究。会议决定成立富阳县人大常委会代表资格审查委员会。

10 月 30 日–11 月 4 日　富阳县第八届人民代表大会第一次会议召开。大会选举郑传荀为富阳县人大常委会主任，李作运、李景祥、刘鸿、吕关锡、章一平为副主任，委员 13 人；选举汪力忠为富阳县人民政府县长，唐永富、张秀森、沈建国、葛扬安为副县长；选举汪锦汉为富阳县人民法院院长。

11 月 5 日　富阳县第八届人大常委会第一次会议，学习中共十二届六中全会关于体制改革的决定和中发〔1984〕8 号文件，会议决定富阳县人大常委会下设法制、财经、教科文卫、代表联络 4 个组。

1985 年

1 月 7–10 日　富阳县第八届人大常委会第二次会议，决定任命汪金良为富阳县人民检察院代理检察长。会议审议通过《富阳县人大常委会关于代表工作暂行办法》《富阳县人大常委会关于人事任免暂行办法》《富阳县人大常委会关于行使职权的暂行规定》。

3 月 1 日　富阳县第八届人大常委会第三次会议，鉴于原县长汪力忠调离富阳工作，会议决定任命董自强为富阳县人民政府副县长、代理县长。由于对空气和水源污染，会议决定，责令富阳化工二厂停止生产，并由县人民政府研究落实转产措施。

3 月 20–22 日　富阳县第八届人大常委会第四次会议，决定增补李巨元等 5 人为富阳县人大常委会代表资格审查委员会委员。讨论通过富阳县八届人大二次会议筹备工作意见。

4 月 21–25 日　召开富阳县第八届人民代表大会第二次会议。大会选举董自强为富阳县人民政府县长；选举汪金良为富阳县人民检察院检察长（需报批）。

7 月 3–6 日　富阳县第八届人大常委会第六次会议，听取和审议富阳县司法局副局长章汉传“关于加强法制宣传和普及法律常识工作情况的汇报”。会议作出《关于加强法制宣传教育，普及法律常识的决定》。

10 月 14–16 日　富阳县第八届人大常委会第八次会议，传达学习中发〔1985〕19 号文件；传达浙江省委书记王芳关于学习和宣传中共十二次全国代表大会文件的讲话，学习中共中央政治局 5 位常委在中共十二大上的重要讲话。

1986 年

3 月 14–17 日　富阳县第八届人民代表大会第三次会议召开。大会补选王栋臣为富阳县人大常委会副主任；补选常委会委员 1 名。

5 月 13–15 日　富阳县第八届人大常委会第十四次会议，传达学习全国六届人大四次会议和省六届人大四次会议精神。听取和审议富阳县审计局局长贾冠雄“关于审计工作的汇报”。会议作出《关于加强审计监督的决议》。会议决定任命蒋豫生、俞志龙为富阳县人民政府副县长。

11 月 19–22 日　富阳县第八届人大常委会第十七次会议，通过《富阳县人大常委会关于改进人事任免表决办法的意见》。

10 月 7–11 日　富阳县人大常委会主任郑传荀、副主任李作运、刘鸿及部分县人大代表一行 16 人组成视察组，对富阳镇、新登镇、场口区、青云区第八届人大三次会议代表议案落实情况进行视察。

1987 年

1 月 19–20 日　富阳县第八届人大常委会第十九次会议，鉴于董自强因工作调离富阳，会议决定接受董自强辞去富阳县人民政府县长职务的请求。

3 月 15 日　富阳县第九届人民代表大会代表换届选举日，同步选出县人大代表 298 名，乡镇人大代表 2612 名。

4 月 7–9 日　富阳县第八届人大常委会第二十次会议，作出《富阳县关于宣传贯彻全国人大常委会决定的决议》。

4 月 20–25 日　富阳县第九届人民代表大会第一次会议召开。大会选举洪德森为富阳县人大常委会主任，刘鸿、李作运、王栋臣、章一平为副主任，委员 10 人；选举周宝法为富阳县人民政府县长，蒋豫生、葛扬安、俞志龙、沈建国、孙达火为副县长；选举汪锦汉为富阳县人民法院院长；选举汪金良为富阳县人民检察院检察长（需报批）；选举出席杭州市第七届人民代表大会代表 28 名。

10 月 23–26 日　富阳县第九届人大常委会第四次会议，作出《富阳县人大常委会关于调整九年制义务教育规划的决议》《富阳县人大常委会关于加强道路交通管理的决议》《富阳县人大常委会关于加强执法工作的决议》。

12 月 23 日　富阳县第九届人大常委会第五次会议，审议并通过富阳县人民政府提请审议的《富阳县贯彻执行〈浙江省计划生育条例〉实施细则》。

1988 年

2 月 8–9 日　富阳县第九届人大常委会第六次会议，决定设立富阳县人大常委会代表资格审查委员会。

3 月 16–20 日　富阳县第九届人民代表大会第二次会议召开。大会增选出席杭州市第七届人民代表大会代表2名。

7月11-14日 富阳县第九届人大常委会第九次会议，决定县人大常委会下设法制工作委员会、财政经济工作委员会、教科文卫工作委员会，三个工作委员会为科局级常设办事机构。会议审议通过《富阳县人大常委会关于加强境内富春江防洪堤建设的决议》《富阳县人大常委会关于保护老年人合法权益的决议》《富阳县人大常委会关于加强依法征收教育事业费附加的决定》。

9月14日 富阳县第九届人大常委会第十次会议，决定组织检查验收组，对富阳县各乡镇普法工作进行检查验收。各乡镇在检查验收中相互取长补短，查漏补缺，这为富阳县当年获评全国和全省普法工作先进集体奠定基础。

11月21-24日 富阳县第九届人大常委会第十一次会议，传达学习了中共十三届三中全会文件和全国人大常委会《关于加强民主法制，维护安定团结，保障改革和建设顺利进行的决定》。会议通过《富阳县人大常委会贯彻执行〈全国人大常委会关于加强民主法制，维护安定团结，保障改革和建设顺利进行的决定〉的决议》。

12月 金桥乡并入富阳镇。其时富阳县下辖5个区、1个县属镇、10个区属镇、40个乡，共51个乡镇。

1989年

3月21-25日 富阳县第九届人民代表大会第三次会议召开。

5月10-12日 富阳县第九届人大常委会第十四次会议，传达学习七届全国人大二次会议和浙江省七届人大二次会议精神，学习《人民日报》社论。会议通过了《富阳县人大常委会关于依法治县的实施意见》。

9月6-9日 富阳县第九届人大常委会第十六次会议，通过《富阳县人大常委会关于反贪肃贿打击经济犯罪活动的决议》《富阳县人大常委会关于进一步清理整顿公司的决议》。

11月24-25日 富阳县第九届人大常委会第十八次会议，听取富阳县公安局、富阳县人民检察院、富阳县财政局分别所作的“关于洪德扬案件复查情况汇报”，会议批准富阳县人民检察院“关于延长洪德扬案件复查期限的报告”。

1990年

1月1日 富阳县第十届人民代表大会代表换届选举日，同步选出富阳县人大代

表 323 名，乡镇人大代表 3135 名。

3 月 16–21 日　富阳县第十届人民代表大会第一次会议召开。大会选举刘鸿为富阳县人大常委会主任，李作运、孙达火、章一平、朱茂翰为副主任，委员 12 人；选举周宝法为富阳县人民政府县长，葛扬安、沈建国、俞志龙、何关新、俞正言为副县长；选举汪锦汉为富阳县人民法院院长；选举汪金良为富阳县人民检察院检察长（需报批）。

4 月 18–20 日　富阳县第十届人大常委会第一次会议，审议通过《富阳县人大常委会行使职权的暂行办法和工作细则》《富阳县人大常委会关于县人大代表工作暂行办法》《富阳县人大常委会关于人事任免暂行办法》。

1991 年

1 月 28–29 日　全国人大代表视察团到富阳视察工作。

3 月 26–30 日　富阳县第十届人民代表大会第二次会议召开。

5 月 6–8 日　富阳县第十届人大常委会第八次会议，审议通过《富阳县人大常委会会议审议意见》《代表视察意见》《代表信访问题的落实反馈制度》。

7 月 15 日　富阳县第十届人大常委会第九次会议，决定建立富阳县人大常委会代表工作委员会。

9 月 9–11 日　富阳县第十届人大常委会第十次会议，讨论了新登镇和城阳乡行政区划合并问题。会议同意该区划调整，由富阳县人民政府上报浙江省人民政府批准后实施。

10 月 20 日　浙江省人大常委会主任陈安羽考察富阳经济工作。

11 月 11–13 日　富阳县第十届人大常委会第十一次会议，审议通过了《富阳县人大常委会关于进一步完善执法检查制度的决议》。

12 月 9 日　中共富阳县委、富阳县人大常委会召开富阳县人大常委会成立十周年纪念会。中共富阳县委书记唐永富、富阳县人大常委会主任刘鸿、富阳县人民政府县长周宝法分别讲话。浙江省人大常委会副秘书长刘新、杭州市人大常委会副主任胡万里等到会祝贺。

是年　首次在富阳县 16 个乡镇中配备乡镇人大主席团专职常务主席。

1992 年

2 月　富阳县 51 个乡镇全部配齐乡镇人大主席团常务主席，初步形成乡镇人大工作机构。

3 月 23–27 日　富阳县第十届人民代表大会第三次会议召开。大会选举出席杭州市第八届人民代表大会代表 27 名。

5 月 5–6 日 富阳县第十届人大常委会第十五次会议，听取和审议富阳县人民政府县长周宝法“关于撤区扩镇并乡实施方案的报告”。会议作出《关于调整富阳县以下行政区划管理体制，实施撤区扩镇并乡的决定》，决定撤销 5 个区公所，将原 50 个乡镇（此前，原城阳乡已于 1991 年 11 月并入新登镇）撤并成 25 个乡镇。

10 月 20 日 富阳县第十届人大常委会第十九次会议，作出《富阳县人大常委会关于县、乡镇人民代表大会换届选举的决定》。决定批准富阳县体制改革办公室更名为富阳县经济体制改革委员会，富阳县体改办主任即为富阳县体改委主任。

11 月 28 日 富阳县第十届人大常委会第二十次会议，决定任命朱寅传为富阳县人民政府副县长；同意周宝法辞去富阳县人民政府县长职务；决定任命朱寅传为富阳县人民政府代理县长。

1993 年

1 月 1–10 日 富阳县第十一届人民代表大会代表进行换届选举，同步选出富阳县人大代表 322 名，乡镇人大代表 2288 名。

3 月 20–25 日 富阳县第十一届人民代表大会第一次会议召开。大会选举葛扬安为富阳县人大常委会主任，周银铃、孙达火、章一平、钟西平为副主任，委员 12 人；选举朱寅传为富阳县人民政府县长，沈建国、俞正言、章浩根、方永建、董文淦、刘瑞林为副县长；选举汪金良为富阳县人民法院院长；选举刘秀文为富阳县人民检察院检察长（需报批）；增选出席杭州市第八届人民代表大会代表 3 名。

6 月 6 日 富阳县第十一届人大常委会第二次会议，审议通过了《富阳县人民代表大会常务委员会议事规则》《富阳县人大代表工作办法》。

1994 年

1 月 18 日 经国务院批准，民政部以民行批〔1994〕6 号文批复浙江省人民政府，同意撤销富阳县，设立富阳市（县级）。

2 月 22–24 日 富阳县第十一届人大常委会第六次会议，作出《关于撤销富阳县设立富阳市有关问题的决定》。

3 月 20–24 日 富阳县第十一届人民代表大会第二次会议召开。大会增选富阳县人大常委会委员 2 名。

3 月 28–30 日 富阳市举行撤县设市庆典暨 ’94 招商大会。

9 月 7 日　全国人大常委会环保执法检查团到富阳检查环境保护工作。

9 月 20–22 日　富阳市第十一届人大常委会第十一次会议，审议通过了《富阳市人大常委会关于富阳市人民政府提请审议的重大事项和通报的重要情况的决议、决定、审议意见反馈的规定（试行）》《富阳市人大常委会关于“两院”应提请审议的重大事项和通报的重要情况及决议、决定、审议和视察意见反馈的规定（试行）》。

1995 年

3 月 14–17 日　富阳市第十一届人民代表大会第三次会议召开。

6 月 4 日　中共中央政治局常委、全国人大常委会委员长乔石视察位于富阳的中国水稻研究所，富阳市人大常委会主要领导陪同视察。

是年　富阳市 25 个乡镇配备了 15 名乡镇人大主席、10 名兼职主席；4 名专职副主席。还配备了专（兼）职的乡镇人大工作人员，并将乡镇人大工作活动经费纳入乡镇财政预算。

8 月 22–24 日　富阳市第十一届人大常委会第十七次会议，听取和审议“关于市人大常委会任命干部述职评议和组织人大代表评议行政执法机关工作的总体规划安排”；作出《富阳市人大常委会关于富阳市人大代表应积极执行代表职务的规定》。

1996 年

1 月　富阳市乡镇第十二届人大代表选举第一次单独进行。是日，富阳市 25 个乡镇共选举产生乡镇人大代表 1378 名。

3 月 18–22 日　富阳市第十一届人民代表大会第四次会议召开。

5 月 8–9 日　富阳市第十一届人大常委会第二十三次会议，听取富阳市水电局“关于制定《富阳市富春江标准堤建设规划》的说明”，听取富阳市公安局“关于制定《富阳市市区禁止销售燃放烟花爆竹管理规定》的说明”。

9 月 4–5 日　富阳市第十一届人大常委会第二十五次会议，作出《关于依法许可对富阳市十一届人大代表葛扬安执行刑事拘留和逮捕的决定》。

9 月 25 日　富阳市第十一届人大常委会第二十六次会议，听取和审议富阳市交通局长陈卫新、富阳市审计局长华祥松的述职报告。并开展评议提出评议意见。

10 月 4 日　富阳市第十一届人大常委会第二十七次会议，听取富阳市人民检察院检察长刘秀文受浙江省人民检察院委托，提请“关于对周宝法采取强制措施的报告”；鉴于富阳市十一届人大代表周宝法有严重经济犯罪嫌疑，会议依据《中华人民共和国全国人民代表大会和地方各级人民代表大会代表法》(以下简称《代表法》)的规定，决定许可对其执行刑事拘留与逮捕。

12 月 23 日　富阳市第十一届人大常委会第二十九次会议，推选富阳市第十一届人大常委会代理主任人选，会议作出《关于周银铃为富阳市第十一届人大常委会代理主任的决定》。

1997 年

3 月 2-6 日　富阳市第十一届人民代表大会第五次会议召开。大会选举出席杭州市第九届人民代表大会代表 24 名。

6 月 9 日　富阳市第十一届人大常委会第三十二次会议，根据富阳市人民政府市长朱寅传提请，决定任命孙建华为富阳市人民政府副市长；同意接受朱寅传辞去富阳市人民政府市长职务的请求；根据富阳市人大常委会代理主任周银铃的提请，决定任命孙建华为富阳市人民政府代理市长。

11 月 5-6 日　富阳市第十一届人大常委会第三十五次会议，审议通过《富阳市人大常委会关于富阳市人民代表大会代表换届选举的决定》。

11 月 18 日　富阳市第十一届人大常委会第三十六次会议，决定任命陈志华为富阳市人民法院副院长；会议同意接受汪金良辞去富阳市人民法院院长职务；决定任命陈志华为富阳市人民法院代理院长。

1998 年

1 月 1-16 日　富阳市第十二届人民代表大会代表进行换届选举。因人大代表任期不同，第一次与乡镇人大代表选举分开进行。共选出富阳市人大代表 246 名。

3 月 14-20 日　富阳市第十二届人民代表大会第一次会议召开。大会选举王金水为富阳市人大常委会主任，周银铃、汪锦汉、董文淦、邵良、王传木为副主任，委员 15 人；选举孙建华为富阳市人民政府市长，俞正言、刘瑞林、潘建平、华爱金、洪庆华为副市长；选举陈志华为富阳市人民法院院长；选举吴炳林为富阳市人民检察院检察长（需报批）；增选出席杭州市第九届人民代表大会代表 1 名。

6 月 23-24 日　富阳市第十二届人大常委会第三次会议，审议通过《富阳市人大常委会议事规则》《富阳市人大常委会人事任免暂行办法》《富阳市人大常委会组成人员守则》《富阳市人大常委会关于加强同市人大代表联系的办法（试行）》。

1999 年

1 月 1 日　富阳市乡镇第十三届人大代表选举继续单独进行。是日，共选出乡镇人大代表 1374 名。

2 月 9 日　富阳市第十二届人大常委会第八次会议，审议通过“关于建立富阳市十二届人大代表中心组和聘请富阳市人大代表联系员的意见”。

3 月 9–12 日　富阳市第十二届人民代表大会第二次会议召开。

4 月 4–5 日　全国人大常委会副委员长蒋正华参观考察富阳。

5 月 17 日　富阳市第十二届人大常委会第十次会议，审议通过“关于组织富阳市人大代表评议富阳市人民法院、富阳市人民检察院司法工作的实施方案”。

12 月 7 日　中共富阳市委召开全市人大宣传工作会议，传达贯彻中共中央宣传部“关于加强社会主义民主法制和人民代表大会制度宣传报道的意见”。

12 月 27–28 日　富阳市第十二届人大常委会第十四次会议，听取和审议市人民政府副市长洪庆华“关于编制《富阳市城镇体系规划》《富阳市城市总体规划》的说明”，会议作出《富阳市人大常委会关于批准〈富阳市城市总体规划〉的决定》。

2000 年

1 月 16–19 日　富阳市第十二届人民代表大会第三次会议召开。

5 月 29–30 日　富阳市第十二届人大常委会第十七次会议，根据富阳市人民政府提请，复议中沙至大源公路扩建方案；表决通过《富阳市人大常委会关于办理议案和建议的规定（试行）》。

8 月 11 日　富阳市第十二届人大常委会第二十次会议，听取和审议富阳市人民政府副市长刘瑞林“关于要求批准富阳市与新疆奎屯市建立友好城市的报告”，会议作出《富阳市人大常委会关于批准富阳市与新疆奎屯市建立友好城市的决定》。

9 月 25 日　富阳市第十二届人大常委会第二十一次会议，作出《关于依法许可对富阳市十二届人大代表董文淦执行刑事拘留和逮捕的决定》。

9 月 27 日　富阳市第十二届人大常委会第二十二次会议，审议通过《富阳市人大常委会关于讨论、决定重大事项的若干规定》和《富阳市人大常委会关于预算监督的若干规定》。

11 月 28 日　富阳市第十二届人大常委会第二十四次会议，听取和审议市人民政府副市长洪庆华“关于要求评定富阳市市树市花的报告”；会议通过《关于批准富阳市市树市花的决定》；通过《富阳市人大常委会审议意见办理办法》。

2001 年

2 月 26 日　富阳市第十二届人大常委会第二十八次会议，通过《富阳市人民代表大会常务委员会评议工作办法》。

3 月 5–9 日　富阳市第十二届人民代表大会第四次会议召开。大会补选俞正言、王晓为富阳市人大常委会副主任；选举王少青为富阳市人民法院院长。

4 月 6 日　富阳市第十二届人大常委会第二十九次会议，决定任命戚哮虎为富阳市人民政府副市长。

6 月 20 日　富阳市第十二届人大常委会第三十一次会议，听取和审议富阳市人民政府市长孙建华“关于富阳市乡镇行政区划调整方案的报告”，会议作出《关于富阳市乡镇行政区划调整方案的决定》。

8 月 22 日　富阳市第十二届人大常委会第三十三次会议，因行政区划调整，会议决定设立富春、春江、东洲、鹿山 4 个街道人大工作委员会，作为富阳市人大常委会的派出机构。

8 月 23 日　富阳市乡镇行政区划调整工作结束在影剧院动员大会上宣布，富阳市由原 17 个镇、8 个乡调整为 4 个街道、15 个镇、7 个乡共 26 个乡镇街道。其中富阳镇改设为富春、春江、东洲 3 个街道。自此，富阳镇建制撤销，富春街道即为富阳市人民政府所在地。

2002 年

1 月 1 日　富阳市乡镇第十四届人大代表换届选举继续单独进行。是日，共选出乡镇人大代表 1147 名。

3 月 10–14 日　富阳市第十二届人民代表大会第五次会议召开。大会选举出席杭州市第十届人民代表大会代表 26 名。

5 月 22 日　富阳市第十二届人大常委会第三十八次会议，决定接受孙建华辞去富阳市人民政府市长职务的请求，报富阳市第十二届人民代表大会备案；决定任命戚哮虎为富阳市人民政府代理市长。

8 月　为避免基层频繁选举，使乡镇人大任期与富阳市和杭州市人大届期同步，富阳市人大常委会报经中共富阳市委同意，决定乡镇人民代表大会任期由三年延长至五年，乡镇第十四届人大任期为2002年2月至2006年12月。

11月10–20日　富阳市第十三届人民代表大会代表进行换届选举，共选举产生富阳市人大代表256名。

2003年

1月14日　富阳市第十二届人大常委会第四十三次会议，决定建立市人大常委会城乡建设环境保护工作委员会。会议审议通过《富阳市街道人大工作委员会工作办法》。

3月5–10日　富阳市第十三届人民代表大会第一次会议召开。大会选举佟桂莉为富阳市人大常委会主任，汪锦汉、俞正言、王晓、王土田、徐松泉、华荣富为副主任，委员14人；选举戚哮虎为富阳市人民政府市长，汤金华、潘建平、邵良、陆献德、陆洪勤、张志根为副市长；选举王少青为富阳市人民法院院长；选举吴炳林为富阳市人民检察院检察长（需报批）；增选出席杭州市第十届人民代表大会代表1名。

7月17日　中共浙江省委书记、省人大常委会主任习近平考察富阳华宝斋，中共富阳市委、市人大常委会主要领导陪同考察。

9月24日　富阳市第十三届人大常委会第四次会议，审议通过《富阳市人大常委会监督司法机关工作制度》《富阳市人大常委会关于提任国家机关工作人员法律知识考试办法》《富阳市人大常委会关于法官、检察官法律职务任职资格审查办法》。

10月30日　富阳市第十三届人大常委会第五次会议，作出《富阳市人大常委会关于补选一名富阳市十三届人民代表大会代表的决定》，会议补选戚哮虎为杭州市第十届人民代表大会代表。

12月10日　经浙江省人民政府批准，撤销原东图乡、场口镇建制，合并组建新的场口镇。至此，富阳市共设乡镇街道25个，其中乡6个、镇15个、街道4个。

2004年

2月25–29日　富阳市第十三届人民代表大会第二次会议召开。大会补选富阳市第十三届人大常委会委员1名。

4月9日　中共浙江省委书记、省人大常委会主任习近平考察富阳春耕生产和粮食生产情况，中共富阳市委、市人大常委会主要领导陪同考察。

6月25日　富阳市第十三届人大常委会第十次会议，审议通过《关于组织市人大代表开展“两项评议”的实施意见》，听取和审议富阳市人民政府副市长陆献德“关于《富阳市城市总体规划》编修工作的报告”，会议作出《富阳市人大常委会关于同意〈富阳市城市总体规划（2003–2020）〉的决定》。

9月29日　富阳市第十三届人大常委会第十二次会议，听取和审议富阳市人民政府副市长陆献德“关于富阳市生态市建设规划编制工作情况的报告”。会议作出《富阳市人大常委会关于同意〈富阳市生态市建设规划〉的决定》。

11月11日　富阳市第十三届人大常委会第十三次会议，通过《富阳市新一轮教育发展专项规划（2004–2020）》；审议通过《富阳市村庄布点规划》。会议接受胡侠辞去杭州市第十届人民代表大会代表职务的请求，补选卞吉安为杭州市第十届人民代表大会代表。

2005年

1月22–25日　富阳市第十三届人民代表大会第三次会议召开。

3月29日　富阳市第十三届人大常委会第十五次会议，听取和审议富阳市人民法院“关于确定人民陪审员名额及选任工作程序等相关事宜的报告”。会议作出《富阳市人大常委会关于确定人民陪审员及选任工作程序等相关事宜的决议》。

7月30日　中共浙江省委书记、省人大常委会主任习近平，看望慰问富阳参加抗日战争老兵杨来荷及家属。

8月12日　富阳市第十三届人大常委会第十八次会议，对富阳市经贸局局长徐建平、市交通局局长徐国明进行述职评议，两位局长分别作了述职报告，常委会述职评议调查组和5位市人大代表作了评议发言。

9月5日　中共浙江省委书记、省人大常委会主任习近平，到富阳调研环境整治工作，中共富阳市委、市人大常委会主要领导陪同调研。

2006年

2月22–25日　富阳市第十三届人民代表大会第四次会议召开。

7月12日　富阳市第十三届人大常委会第二十四次会议，根据富阳市人民政府市长戚哮虎的提请，决定任命徐文光为富阳市人民政府副市长；会议同意接受戚哮虎辞去富阳市人民政府市长职务的请求，报富阳市第十三届人民代表大会备案；决定任命徐文光为富阳市人民政府代理市长。

9 月 4 日　富阳市第十三届人大常委会第二十五次会议，作出《关于接受何勇、孙连娟辞去富阳市人大常委会委员职务的决定》。

10 月 26 日　富阳市第十三届人大常委会第二十六次会议，听取和审议富阳市司法局局长孙洁“关于富阳市‘四五’普法教育工作及‘五五’普法教育工作计划安排情况的报告”。会议通过《富阳市人大常委会关于加强普法教育依法治市工作的决议》。

12 月 8 日　富阳市第十三届人大常委会第二十七次会议，决定接受佟桂莉辞去富阳市人大常委会主任职务的请求，决定任命汪锦汉为富阳市人大常委会代理主任；决定任命张锦铭为富阳市人民政府副市长；决定接受徐文光辞去富阳人民政府副市长职务，同时不再履行代理市长职务，决定任命张锦铭为富阳市人民政府代理市长；任命程建飞为富阳市人民法院副院长；决定接受王少青辞去富阳市人民法院院长职务的请求，决定任命程建飞为富阳市人民法院代理院长；任命吕金芳为富阳市人民检察院副检察长；决定接受吴炳林辞去富阳市人民检察院检察长职务，决定任命吕金芳为富阳市人民检察院代理检察长。

12 月 21 日　富阳市第十四届和乡镇第十五届人民代表大会代表换届选举再次同步进行。是日，共选出富阳市人大代表 255 名，乡镇人大代表 1128 名。

12 月 31 日　富阳市第十三届人大常委会第二十八次会议，审议通过《关于召开富阳市第十四届人民代表大会第一次会议的决定》，决定该次会议于 2007 年 2 月上旬在富春街道举行。

2007 年

2 月 1–6 日　富阳市第十四届人民代表大会第一次会议召开。大会选举徐文光为富阳市人大常委会主任，华爱金、王土田、徐松泉、华荣富、潘建平、孙柏平、郎卫国为副主任，委员 15 人；选举张锦铭为富阳市人民政府市长，汤金华、陆洪勤、邵良、陆献德、方仁臻、王小丁为副市长；选举程建飞为富阳市人民法院院长；选举吕金芳为富阳市人民检察院检察长（需报批）；选举出席杭州市第十一届人民代表大会代表 27 名。

3 月 26 日　富阳市第十四届人大常委会第一次会议，听取和审议富阳市人民政府市长张锦铭提请的人事任命议案，会议作出《关于沈华清任富阳市人民政府副市长的决定》，会议通过《富阳市人大常委会组成人员守则》。

4 月 25 日　富阳市第十四届人大常委会第二次会议，听取富阳市人民政府常务副市长汤金华“关于调整新登镇、胥口镇行政区划的报告”。会议作出《关于新登镇和胥口镇行政区划调整的决议》。

6月7-8日 富阳市第十四届人大常委会第三次会议，审议通过《富阳市人大常委会关于加强人大代表工作的决定》。

6月29日 富阳市第十四届人大常委会第四次会议，作出《关于接受沈华清辞去富阳市人民政府副市长职务请求的决定》；审议通过《富阳市人大常委会关于设立代表资格审查委员会的决定》；审议通过《富阳市人大常委会关于在富阳市人大代表中开展“建富裕阳光之城，尽人大代表职责”活动的决定》。中共富阳市委书记、市人大常委会主任徐文光向新任命干部颁发任命书。

8月6日 富阳市第十四届人大常委会第五次会议，审议通过《富阳市人大常委会主任会议议事规则》《富阳市人大常委会人事任免办法》《富阳市人大常委会执法检查实施办法》。

10月11日 富阳市第十四届人大常委会第七次会议，决定接受杨富强、柳士明辞去富阳市人大常委会委员职务；决定接受汤金华辞去富阳市人民政府副市长职务；决定任命孔春浩为富阳市人民政府副市长。会议审议通过《富阳市人大常委会关于确定人民陪审员名额的决定》。

11月1日 富阳市第十四届人大常委会第八次会议，审议通过《富阳市人大常委会关于财政预算监督试行办法》《富阳市人大常委会关于提请任命国家机关工作人员法律知识考试办法》。

2008年

3月4-7日 富阳市第十四届人民代表大会第二次会议召开。

5月28日 富阳市第十四届人大常委会第十二次会议，决定任命潘祖光为富阳市人民政府副市长。

6月6日 中共浙江省委书记、省人大常委会主任赵洪祝，到富阳调研文化建设情况，中共富阳市委、市人大常委会主要领导陪同调研。

9月25-26日 富阳市第十四届人大常委会第十四次会议，作出《富阳市人大常委会关于批准富阳市可持续发展实验区建设规划（2007—2010）的决定》。

11月28日 富阳市第十四届人大常委会第十五次会议，审议通过《富阳市人大常委会规范性文件备案审查办法》。

12月22日 富阳市第十四届人大常委会第十六次会议，审议通过《关于接受董悦辞去杭州市第十一届人民代表大会代表职务的决定》。

2009 年

1 月 14 日　富阳市第十四届人大常委会第十七次会议，补选杭州市第十一届人民代表大会代表 1 名。

2 月 24–27 日　富阳市第十四届人民代表大会第三次会议召开。

3 月 27 日　富阳市第十四届人大常委会第十九次会议，批准富阳市人民政府“关于城市建设投资有限公司申请发行企业债券的报告”“关于城市投资有限公司受降银湖新区项目建设拟向金融机构融资的报告”。

4 月 17 日　富阳市第十四届人大常委会第二十次会议，听取富阳市人民检察院副检察长章强明“关于犯罪嫌疑人郑桂山涉嫌受贿罪一案的情况报告”。会议根据《代表法》的规定，作出《关于许可对郑桂山依法采取强制措施的决定》。

5 月 22 日　富阳市第十四届人大常委会第二十二次会议，根据富阳市公安局“关于犯罪嫌疑人陈建龙抽逃出资罪一案的情况报告”，提请许可对其采取强制措施。会议根据《代表法》的规定，作出《关于许可对陈建龙依法采取强制措施的决定》。

6 月 19 日　富阳市第十四届人大常委会第二十三次会议，审议郑桂山的辞职报告，会议批准郑桂山辞去富阳市第十四届人民代表大会代表职务。

11 月 26 日　富阳市第十四届人大常委会第二十六次会议，表决通过《关于接受戴福根等 22 人辞去富阳市第十四届人民代表大会代表职务的报告》。通过《关于补选富阳市第十四届人民代表大会代表的决定》。

2010 年

3 月 2–6 日　富阳市第十四届人民代表大会第四次会议召开。大会补选富阳市第十四届人大常委会委员 5 名。

6 月 10 日　中共浙江省委书记、省人大常委会主任赵洪祝一行，到富阳检查防汛工作。

7 月 29 日　富阳市第十四届人大常委会第三十一次会议，听取和审议富阳市人民政府副市长邵良“关于富阳市创建省卫生强市工作情况的报告”。会议决定接受潘祖光辞去市人民政府副市长职务；决定任命吕清民为富阳市人民政府副市长。

8 月 12 日　中共浙江省委书记、省人大常委会主任赵洪祝一行，到富阳专题调研健全完善领导班子和领导干部考核评价机制问题。

8月26日　富阳市第十四届人大常委会第三十二次会议，决定建立富阳市人大常委会农业和农村工作委员会。

9月26–27日　富阳市第十四届人大常委会第三十三次会议，听取和审议富阳市国土局局长杨宏道、富阳市财政局局长华之江、富阳市发改局局长徐建平、富阳市林业局局长董炳忠分别所作的关于“三重一大”（重大决策事项、重要干部任免事项、重大项目安排和大额度资金使用事项）决策程序落实情况和富阳市人大常委会的调查报告；听取富阳市人大常委会代表工委“关于‘代表主题实践月’活动情况的报告”。

2011年

3月1–4日　富阳市第十四届人民代表大会第五次会议召开。

3月24日　富阳市第十四届人大常委会第三十九次会议，听取和审议富阳市财政局局长华之江“关于2011年富阳市级部门预算草案的报告”，会议批准2011年富阳市级部门预算；审议通过《富阳市人大常委会关于投资重大建设项目监督暂行办法》。

5月31日　富阳市第十四届人大常委会第四十次会议，听取和审议富阳市人大常委会代表工委主任沈跃雄“关于富阳市十四届人大优秀代表评选情况的报告”，会议表决通过44名优秀代表名单。

7月6日　中共浙江省委书记、省人大常委会主任赵洪祝，亲自到富阳中医骨伤医院，看望慰问一位奋不顾身、飞身接住一名从十楼坠落的小孩，从而保住了小孩生命、自己重伤住院治疗的“最美妈妈”吴菊萍。

12月9日　富阳市第十四届人大常委会第四十四次会议，决定接受徐文光辞去富阳市人大常委会主任职务，决定任命华爱金为富阳市人大常委会代理主任；决定任命章舜年为富阳市人民政府副市长；决定接受张锦铭辞去富阳市人民政府市长职务的请求，决定任命章舜年为富阳市人民政府代理市长；决定任命罗鑫为富阳市人民法院副院长；决定接受程建飞辞去富阳市人民法院院长职务的请求，决定任命罗鑫为富阳市人民法院代理院长；决定任命王晓光为富阳市人民检察院副检察长，决定接受吕金芳辞去富阳市人民检察院检察长职务的请求，决定任命王晓光为富阳市人民检察院代理检察长。

12月20日　富阳市第十五届和乡镇第十六届人民代表大会代表换届选举同步进行。是日，共选出富阳市人大代表254名，乡镇人大代表1118名。

2012年

2月16–21日　富阳市第十五届人民代表大会第一次会议召开。大会选举汤金华为富阳市人大常委会主任，徐松泉、祝一君、孙柏平、郎卫国、陈鸿麟、华之江为副主任，委员18人；选举章舜年为富阳市人民政府市长，童定干、方仁臻、王小丁、王书评、裘富水、孙洁为副市长；选举罗鑫为富阳市人民法院院长；选举王晓光为富阳市人民检察院检察长（需报批）；选举出席杭州市第十二届人民代表大会代表39名。

4月10日　富阳市第十五届人大常委会第二次会议，听取和审议市人民政府提请的关于建设行政中心的议案。会议作出《关于建设富阳市行政中心的决定》。

5月31日　富阳市第十五届人大常委会第三次会议，审议通过《富阳市人大常委会关于在富阳市人大代表中开展“履行人大代表职责，描绘富裕阳光的富春山居图”主题实践活动的决定》。

8月9日　富阳市第十五届人大常委会第四次会议，审议通过《富阳市人大常委会街道工作委员会工作办法》《富阳市人民代表大会代表联系选民办法》《富阳市人民代表大会代表履职考核办法》《富阳市人大常委会关于进一步加强乡镇人大主席团工作的指导意见》。

11月29日　富阳市第十五届人大常委会第六次会议，审议通过《富阳市人大常委会关于代表大会代表辞职办法》《富阳市人大常委会关于代表大会代表述职办法》。

12月23日　富阳市第十五届人大常委会第七次会议，表决通过《富阳市人民代表大会常务委员会关于街道财政预算监督办法（试行）》。审议通过《富阳市人民代表大会常务委员会关于加强乡镇人大财政监督工作的意见》。

2013年

2月7日　富阳市第十五届人大常委会第八次会议，决定接受章舜年辞去富阳市人民政府市长职务的请求，决定任命黄海峰为富阳市人民政府副市长、代理市长。会议作出《关于富阳市高桥镇、受降镇行政区划调整的决议》，由富阳市人民政府按法定程序报批并组织实施。作出《富阳市第十五届人大常委会关于补选富阳市第十五届人民代表大会代表的决定》。

2月26日–3月1日　富阳市第十五届人民代表大会第二次会议召开。大会选举黄海峰为富阳市人民政府市长。

4月16日　富阳市第十五届人大常委会第十一次会议，根据富阳市公安局报告，在一宗建设用地竞拍过程中，市第十五届人大代表徐国明涉嫌非国家工作人员受贿罪及富阳市第十五届人大代表徐金良涉嫌非国家工作人员行贿罪，经调查核实，要求对上述两人采取刑事强制措施。会议分别作出决定，许可对徐国明和徐金良依法采取刑事强制措施。

5 月 3 日　全国人大财经委员会副主任委员吕祖善，率全国人大专题调研组，到富阳调研城镇化建设。

6 月 3 日　浙江省、杭州市人大常委会组成检查组，对富阳贯彻执行《浙江省饮用水水源保护条例》情况进行执法检查。

6 月 27 日　富阳市第十五届人大常委会第十三次会议，鉴于行政区划的调整，决定设立富阳市人大常委会银湖街道工作委员会；决定将富阳市人大常委会法制工作委员会更名为富阳市人大常委会法制内务司法工作委员会。

6 月 28 日　原高桥、受降两镇合并建立的银湖街道正式挂牌成立。至此，富阳市共设乡镇街道 24 个，其中街道 5 个、镇 13 个、乡 6 个。

8 月 2 日　富阳市第十五届人大常委会第十四次会议，审议通过《富阳市人大常委会联系人大代表办法》《富阳市人大常委会议案和建议处理办法》《富阳市人大常委会持证视察办法》《富阳市人民代表大会代表小组定向视察办法》。

8 月 14 日　富阳市人大代表、富阳市人大常委会委员、浙江永泰纸业有限公司董事长孙柏贵等 17 名各级人大代表、造纸行业企业主，向富阳市各级人大代表及广大市民发出《美丽富阳，治水先行——人大代表作表率》倡议书，号召做造纸行业治水的领跑者、“美丽富阳”建设的推动者、生态文明建设的倡导者，用实际行动、铁的手腕治理污水，让我们的母亲河——富春江再现秀美风姿，让富阳山青水秀。倡议书获得富阳市各级人大代表及各界广泛支持和响应。

9 月 7 日　中共浙江省委书记、省人大常委会主任夏宝龙，到富阳暗访调研。

9 月 11 日　富阳市第十五届人大常委会第十五次会议，听取和审议富阳市人民政府“关于行政区划调整有关情况的报告”。作出《关于徐林亮任富阳市人民政府副市长的决定》。

9 月 25 日　富阳市第十五届人大常委会第十六次会议，根据中共杭州市委第十一届常委会第五十一次会议“关于行政区划调整的意见”和中共富阳市委常委扩大会议精神，作出《关于同意杭州市行政区划调整撤销富阳市设立杭州市富阳区方案的决议》。

12 月 5 日　富阳市第十五届人大常委会第十七次会议，听取和审议富阳市人民政府副市长童定干“关于富阳市国民经济和社会发展第十二个五年规划中期评估报告”；会议作出《关于接受陈必凯等人辞去杭州市第十二届人民代表大会代表职务请求的决议》。

12 月 27 日　富阳市人大常委会主任会议研究决定，重新编纂《富阳市人民代表大会志》，将原《富阳县人大志》（简志）有关内容并入《富阳市人民代表大会志》，使之更详实、更系统、更实用。

2014 年

1 月 17 日　富阳市第十五届人大常委会第十九次会议，决定接受罗鑫辞去富阳市人民法院院长职务，决定任命赵平为富阳市人民法院副院长、代理院长。

1 月 22–25 日　富阳市第十五届人民代表大会第三次会议召开。大会选举赵平为富阳市人民法院院长。

2 月 14 日　富阳市第十五届人大常委会第二十次会议，作出《关于接受胡狄华辞去富阳市第十五届人民代表大会代表职务的决定》；决定接受徐林亮、张振军辞去富阳市人民政府副市长职务，决定任命杨国正为富阳市人民政府副市长。

7 月 8 日　全国人大常委会委员、浙江省人大常委会副主任似健敏一行，到富阳调研权力清单制度改革工作，督查省重点工程——钱塘江（富春江段）治理工程推进情况。

7 月 31 日　富阳市第十五届人大常委会第二十三次会议，作出《关于接受韩璐辞去富阳市人民政府副市长职务的决定》《关于任命方铁道为富阳市人民政府副市长的决定》。

9 月 29 日　富阳市第十五届人大常委会第二十四次会议，审议通过《富阳市人民代表大会常务委员会审议意见办理办法》《富阳市人民代表大会常务委员会专题询问办法》。

12 月 13 日　国务院发出国函〔2014〕157 号《关于同意浙江省调整杭州市部分行政区划的批复》，同意撤销县级富阳市，设立杭州市富阳区。

12 月 24 日　中共浙江省委书记、省人大常委会主任夏宝龙，考察富阳市境内狮子山段千岛湖配水一体化工程开建情况。

2015 年

1 月 27–30 日　富阳市第十五届人民代表大会第四次会议召开。大会补选富阳市第十五届人大常委会委员 2 名。

2 月 15 日　富阳“撤市设区”举行授牌仪式。原“富阳市人民代表大会常务委员会”牌子换成“杭州市富阳区人民代表大会常务委员会”。

第一编

县各界人民代表会议

本编目录

1949年5月，富阳、新登两县相继解放。1949年9月29日，全国人民政治协商会议第一届全体会议通过《中国人民政治协商会议共同纲领》。富阳、新登县从解放起至1954年《中华人民共和国宪法》颁布前，根据《中国人民政治协商会议共同纲领》“在普选的地方人民代表大会召开前，由地方各界人民代表会议逐步地代行人民代表大会的职权”的规定，县级实行各界人民代表会议制度。在中华人民共和国成立初期，各界人民代表会议是地方各级人民政府传达政策、联系人民群众的协议机关，是人民民主政权初建时期向人民代表大会过度的一种组织形式。县各界人民代表会议由县人民政府负责召开。召开会议后选举若干人组成会议主席团，由主席团主持会议。主席团设秘书长1人，秘书长协助主席团处理会议日常事务和负责会议文稿起草。会议设提案议案审查委员会，在主席团领导下进行工作。从1950年起，至1954年7月召开县人民代表大会时止，富阳县各界人民代表会议共历2届，召开代表会议8次；新登县各界人民代表会议共历2届，召开代表会议7次。1954年7月9日和15日，富阳、新登两县先后召开县第一届人民代表大会第一次会议。至此，县各界人民代表会议完成了时代赋予的历史使命。在发挥了应有的组织功能后，自行宣告结束。

第一章　各界人民代表会议代表

根据《浙江省各界人民代表会议组织通则》规定：凡反对帝国主义、封建主义、官僚主义，赞成《共同纲领》，年满十八周岁的公民，除患精神疾病及褫夺公权者外，不分民族、阶级、性别、信仰，均可当选为人民代表。《通则》还规定，20万至50万人口的县，可产生人民代表200名至300名。解放初期，富阳县总人口约20万人，可产生人民代表200名以上；新登县总人口不足10万人，可产生人民代表200名以下。

第一节　人民代表推选及构成

人民代表推选

县各界人民代表会议代表的产生，没有设立专门的人民代表选举机构。根据《浙江省第一届县各界人民代表会议组织条例》规定，人民代表的推选可以采取三种方法：一是农民的代表，由乡或行政村的农民代表大会或农民大会推选，也可由区或县的农民代表会议推选；二是人民政府的代表，由县长、副县长等充任，县属各机关、各民主党派、各人民团体及驻军的代表，由各单位自行选派；三是其他方面的代表，由县人民政府决定邀请。县各界人民代表会议代表的任期，在未代行县人民代表大会职权以前，每次会议均需推选，但可连选连任；代行县人民代表大会职权以后，每届人民代表会议代表任期一年，也可连选连任。每次推选各界人民代表会议代表时，各机关、团体、民主党派、驻军等如需更换人民代表，须经与县人民政府商定后有效；被邀请的人民代表如需更换，也应由县人民政府决定。

人民代表构成

根据《浙江省各界人民代表会议组织通则》规定的界别划分原则，富阳、新登两县各界人民代表会议代表，分工人、农民、工商业、文教卫、党政军、青年、妇女、民主人士、其他 9 个界别，按一定的比例进行推选。各次会议人民代表构成比例的多少，则根据每一时期工作重点进行适当调整。富阳、新登县在具体实施中，对人民代表界别构成，与各界进行了广泛协商，选出了更广泛、更全面、更先进的人民代表。

富阳县各界人民代表会议代表构成情况

表 1-1-1　　单位：人

届别	会次	代表总数	工人	农民	工商业	文教卫	党政军	青年	妇女	民主人士	其他
一届	一	232	11	103	23	5	21	16	49	4	–
	二	193	12	128	15	9	5	8	9	7	–
二届	一	289	27	136	7	13	24	25	30	7	20
	二	268	21	148	12	8	26	8	29	6	10
	三	258	22	125	20	9	12	6	45	6	13
	四	226	15	120	12	5	9	8	36	6	11
	五	257	20	116	14	4	16	32	35	4	9
	六	284	22	148	10	11	33	3	38	5	14

说明：其他栏内包括劳模、军烈属、槽户、渔盐民、自由职业等代表

新登县各界人民代表会议代表构成情况

表 1-2-1 单位：人

届别	会次	代表总数	工人	农民	工商业	文教卫	党政军	青年	妇女	民主人士	其他
一届	一	94									
	二	139	11	52	7	7	7	17	33	5	–
	三	200									
	四	159	9	54	5	5	–	12	71	3	–
二届	一	161	11	79	5	11	15	–	38	1	1
	二	114	7	58	5	10	8	–	26	–	–
	三	122	7	61	5	11	10	–	28	–	–

说明：一届一次和三次会议代表构成情况无考。其他栏内指少数民族代表

第二节 人民代表职权

根据《浙江省各界人民代表会议组织通则》规定，县各界人民代表会议代表的职权是：

一、听取县人民政府关于施政方针、政策、计划及工作情况的报告，并进行讨论，提出批评和建议。

二、向人民政府反映人民的意见和要求，建议有关政府的兴革事宜。

三、向人民群众传达解释县各界人民代表会议的决议与县人民政府的施政方针，并协助人民政府动员与推行各项工作。

四、县各界人民代表会议经省人民政府批准，可代行县人民代表大会的如下职权：

（一）听取和审查县人民政府的工作报告。

（二）审查和通过县人民政府的财政预决算。

（三）建议和决议有关县人民政府兴革事宜。

（四）向人民传达并解释县各界人民代表会议决议案，并协助县人民政府动员人民推行各项工作。

（五）选举县人民政府县长、副县长、委员，组成县人民政府委员会。

第三节 人民代表名录

富阳县第一届各界人民代表会议代表（232 名）

（1950 年 4 月–1951 年 5 月）

裘文莲(女)	盛其康	陈关宏	钱雪李(女)	柯桂方	包宝根	吴来荣
俞生荣	章福照(女)	董关尧	李杏珍(女)	陈炳松	裘金宝	沈正高
葛梅贞(女)	关炳行	唐宏兴	王德清	徐茗君(女)	吴成泉	孙小妹
黄小荣	萧金土	寥祥贞(女)	李明才	陈桥贤	徐爱仙(女)	马海根
孟万森	王阿松	屠爱玉(女)	陶阿培	潘阿廷	郑慧珠(女)	何江良
施有知	李生申	蒋喜凤(女)	骆高富	赵喜仙(女)	陈伯英	潘希康
章兆方	孙贤妹(女)	章守文	陈海贞(女)	孟群康	章西光	章海廷
郦仙云(女)	徐宝多	谢水贞(女)	徐茂坤	俞连生	张吏福	陆应龙
陆树洪	倪金花(女)	徐风岐	徐宗明	刘桃英(女)	张关玉	陈开法
孙考松	孙正培	俞逢悟(女)	徐成槐	胡明源	郑珍弟(女)	俞连根
陆世濂	杨秋英(女)	杨荣泉	叶玉珍(女)	张良富	余成洪	许兆祥
赵汉耀	王爱凤(女)	蒋绍祥	张丽娟(女)	孙根喜	王贤根	徐山根
孙庆祥	叶杨华	邵彩云(女)	裘本常	赵阿花(女)	孙关竹	孙官一
赵春根	陈关铨	余运山	俞玉妹(女)	赵锡庆	蒋友娣(女)	徐金洪
赵过荣	梅之英(女)	许承恩	曹作生	单菊凤(女)	周永年	朱传生
贾杏弟(女)	倪锡根	李全法	许爱雪(女)	杨春山	马子安	孙锡根
李传娜	李兴根	徐根凤(女)	张承木	周喜金(女)	陈正培	刘邦良
王顺友	马金星	王子芳(女)	谢永良	徐珍珠(女)	章立山	盛志年
董幼梅(女)	章汴正	楼之江	盛小讨	陈观云	徐美珍(女)	赵庆生
朱宝凤(女)	蒋启均	倪秋来	王顺生	章造全	王志泉	张建华
何月莲(女)	朱锦鸿	吴玉妹(女)	金小狗	林金发	顾阿子	盛新源
金小囡(女)	余锡根	吴阿发	杨兆熊	沈来发	俞阿照(女)	章根菊
张寿达	裘怀芬	周桂贞(女)	沈长明	俞宣培	杜小英(女)	刘俊芝
章文英(女)	张守才	闰兆坤	刘忠明(女)	陈　介	王福田	张来春
陈纯英(女)	刘建顺	刘志英	盛其木	杜月凤(女)	武传荣	刘迺昌
王中立	邱云凤	徐彩琪(女)	杨富录	娄文庆	曹立俊	王炳奎
任俊三	倪杏彩(女)	胡照镛	吴志江	许水琴	洪之英	梁正元

朱树立	裘树祥	王佑庭	高德润	夏爱玉(女)	俞根尧	包宝根
华廷有	叶东仁	汪国洪	章阿肖	柴志书	吴来荣	俞法荣
赵富平(女)	曹希沅	何关庆	凌中传	叶阿泉	叶挺生	洪睦生
洪阿张	叶关金	蔺毗南	洪柏祥	莫宝东	丁方标	戴洪祥
高富根	胡德凡	余焕潮	蒋金松	余坤生	胡振群	王金山
楼庆喜	潘维忠	朱喜泉	施阿根	楼阿全	王阿信	赵芝三
孙正祥						

富阳县第二届各界人民代表会议部分代表（223 名）

（1951 年 5 月–1953 年 3 月）

董樟千	葛彩娣(女)	喻浩元	羊邦铣	何阿德	王章元	童光焕
夏森林	徐关贤	周行娣(女)	陆鼎宗	卫冬生	许小三	盛关选
羊锦风	胡志远	朱雪根	朱水娣(女)	张如浩	董冠荣	蒋金松
羊本盛	华志根	池连弟(女)	刘邦良	董松根	钱仁桂	周全标
胡祥书	陈富妹(女)	葛裕年	朱木根	金本铨	孙友田	朱加华
王双喜	洪柏祥	俞关鈺	蒋香生	汪玉珍(女)	高德润	骆阿娥
杨凤英(女)	陈金水	李长根	曹连荣	倪如玉	蒋阿位	李洪基
李宝香(女)	徐夏来	姜内玉	宣光钟	汪再根	汪永金	方金秋
闫惠芳(女)	郑伯昌	张玉章	陈关朝	何锦才	夏关模	赵金泉
骆观娣(女)	盛朝元	骆保年	朱仁法	朱家全	葛文言	汪良成
张培生	郎观喜(女)	孙筱锡	徐宝林	张克泉	方茂林	裘关英
张土珍(女)	裘荣根	裘根水	洪金帮	洪尚贤	周全林	朱月年
俞茂潘	许云香(女)	陶荣坤	徐顺泉	盛金玉	申屠祖根	盛法言
何柏松	何仁娜(女)	黄浩勤	俞宗汉	项锡传	李元甫	金守淦
申屠宣花(女)	李宝富	许学文	朱如立	赵如泉	陆志烈	徐炳其
郑慧珠(女)	朱楼法	徐阿土	汪绍生	倪文英(女)	章济良	许顺宝
裘顺风	刘金林	丁长明	华学富	倪金花(女)	裘炳炎	邵阿田
邵茂根	赵培生	陈一定	金茶妹(女)	唐关业	王德荣	孙阿水
俞金玉	汪利娟(女)	孙关洪	俞关潮	谢瑞泉	蒋七金	王关金
金关琴	陆寿昌	郎雪山	徐茂英(女)	裘望蔡	冯尧财	陈财生
朱清富	陆为先	章友昌	章位和	章守熊	徐上官	章喜言
宋华富	胡云生	刘彩娥(女)	陶阿水	张益之	俞登三	蒋汉友

林金山	陆龙根	陈庆庆	华敏利(女)	沈竹萍	沈成文	陆本龙
朱炳相	朱杏生	戴阿高	黄永春	戴学明	郎丽娟(女)	何林书
徐福献	朱汝彬	蔡阿元	江阿冬(女)	叶奎福	谢炳生	金秀林
吴宏言	孙永乔	沈来松	郭关水	俞永珍(女)	徐尧明	周耀松
吴明成	华维淳	陈水泉	陈桂金(女)	刘崇寅	王锡源	徐小泉
应保和	徐文波	徐其昌	沈洪源	黄金凤(女)	周长源	钟祖德
卢胜馨	顾信友	施荣根	白瑞玉	陈永棣(女)	许长生	彭贤良
孙忠仁	刘实夫	陈尚夫	周锦荣	裘双春(女)	陈社安	陈其仁
盛阿毛	盛竹根	章竹花(女)	倪观清	李生仁	盛胜原	章恒昌
骆彦贞	张士标	史甡安(女)	蒋光荣	朱杏林(女)	洪森林	

新登县第一届各界人民代表会议代表（159 名）

（1951 年 11 月–1952 年 12 月）

许志铨	吴夏兰(女)	应宝贤	韩尔中	王自强	项墨庄	王岁庭
陈阿香(女)	赵茂喜	金重露	徐　才	高春兰(女)	汪阿庭	吴淑君
郎麻姑(女)	罗振明	沈根生	包玉才	陈友弟(女)	郑化银(女)	陈阿林
周友根	罗德生	周秀兰(女)	徐来根	蒋六喜	汪桂兰(女)	陆步进
王锦江	钱竹行	罗根娥(女)	罗阿娜(女)	章加隆	许高中	江玉生
钱玉香(女)	陈菊花(女)	陈金木	凌志华	李生寿	吴亚民	周阿荣
孙秀娟(女)	徐根培	金德潮	叶树根	陈其水	王兰娥(女)	胡双杏
罗妙花(女)	钱金香(女)	陈厚木	周阿堂	黄水泉	李水木	徐根源
陈彩香(女)	洪菊莲(女)	陈之山	朱来根	朱德生	章佩文	朱　正
章素贞(女)	洪银根	张秋英(女)	徐效荣	沈善林	袁生根	皮招财
夏菊莲(女)	徐润香(女)	潘炳荣	袁蒋荣	卢满根	陈金潮	钟生福
谢莲英(女)	徐　云(女)	楼汝川	于金花(女)	袁志廉	施启先	余祖培
沈凤英(女)	彭春凤(女)	罗东霞(女)	蔡兰菊(女)	周生贤	汪云碧(女)	陈习根
唐水兰(女)	华春银(女)	袁金凤(女)	寿叶根	余林凤(女)	邵彩儿(女)	李全林
钱春英(女)	蓝阿采(女)	罗金玉	王美全(女)	杨阿娜(女)	郎香娥(女)	金生涛
何秋凤(女)	徐水全	王金儿(女)	陈志兰(女)	陈夏银(女)	洪兰根(女)	应以用
沃小苟	袁采玉(女)	施兰贞(女)	钟应凤(女)	朱阿儿(女)	周文祺	徐华信
汪玉琴(女)	吴菊梅(女)	许桂荣	何采波(女)	王玉英(女)	邵连同	陈效全
魏阿花(女)	孙小莲(女)	钟关海	孙顺根	杜菊和(女)	叶荷连(女)	洪习勇

陈阿香(女)	邵世勇	叶树堂	陈关生	叶美仙(女)	孙阿根(女)	徐习培
余先美(女)	汪爱娟(女)	严洪泉	孙炳奎	孙秀凤(女)	王金美(女)	王中和
陈民政	陈荷仙(女)	余金夫	贺耀根	金小美(女)	沈张花(女)	潘金荣
李秋兰(女)	陈得□	周桂兰(女)	孙水全	钟梅芳(女)		

新登县第二届各界人民代表会议部分代表（121名）

（1953年10月–1954年7月）

许桂荣	袁志廉	王爱宝(女)	周文祺	陈南英(女)	卞竺生	袁康寿
王岁庭	詹爱娥(女)	董阿苟	阮春生	方阿娥(女)	魏浩元	杨有泉
袁金凤(女)	厉有泉	蔡浩荣	徐华琦	吴茂根	黄发达	杨土根
李春生	刘维良	何春凤(女)	焦成孝	金重露	卢谓生	王荣根
许济祥	黄利民	孟锡五	卢国英(女)	缪浩川	高仰之	陈积福
韩长春	王耐诚	范培忠	刘　澄	郎麻姑(女)	袁雪堂	何中信
王彩雅(女)	吴阿九	施金根	吴亚民	金德朝	孙成先	蒋六喜
白小妹(女)	徐双凤(女)	洪雪根	张震刚	陈代明	徐华信	陈代文
张维新	钱玉香(女)	陈菊花(女)	钱寿田	汪兆金	汪春季	何渭水
赵　新	王亚钧(女)	李水洪	杨冬兰(女)	陈再青	刘福寿	周桂荣
李星寿	周秀兰(女)	郑金荣	孙顺根	潘金荣	孙渭章	俞浩金
陈阿香(女)	张永洲	钟根泉	王芝仙(女)	许培玉	贺耀根	钟关海
黄降生	刘桥英(女)	缪柏荣	应以用	王美兰(女)	王水生	徐效荣
俞仙美(女)	李阿凤(女)	沈金桃	徐桂田	钟文炳	周玉林	叶采芹
陈锡坤	张全英(女)	钟生福	袁阿芳	蔡兰菊(女)	汪金宝	马　勋
邵赞欣	刘林海	于竹庭	沈凤英(女)	陈阿珠(女)	金维荣	叶满芳
夏菊莲(女)	何弼成	陈菊花(女)	袁生根	洪学新	杨炳洪	朱根相
张荷莲(女)	沈文贞(女)					

第二章　各界人民代表会议

1950年3月至1953年3月，富阳县各界人民代表会议历2届，共召开人民代表会议8次；1950年3月至1953年10月，新登县各界人民代表会议历2届，共召开人民代表会议7次。会议召开期间，选举产生会议主席团，由主席团主持会议，会议设秘书长、副秘书长、提案审查委员会，协助主席团工作。

第一节　第一届各界人民代表会议

富阳县

1950年4月2日，富阳县第一届各界人民代表会议第一次会议在迎薰镇召开。出席会议代表232人。会议召开前，推选县委书记刘俊芝等11人组成会议主席团，由主席团主持会议。会议主要议程：听取和讨论富阳县委书记刘俊芝所作的“关于当前形势的报告”；听取“关于县人民政府成立10个月来的工作总结和1950年任务的报告”。会议通过两项决议：《关于开展春耕运动，生产度荒，是1950年全县人民压倒一切的中心任务的决议》《关于全力支援前线，争取扫清1949年公粮尾欠，结合剿匪反霸，整顿团体，做好秋后土改准备工作的决议》。闭会后，主席团召开会议，选举刘俊芝、胡明元为出席浙江省第一届各界人民代表会议代表。

1950年10月21日，富阳县第一届各界人民代表会议第二次会议召开，出席会议代表193人。会议议程：听取富阳县委书记兼县长刘俊芝所作的“关于9个月来的政府工作报告”；听取富阳县人民政府副县长张远达所作的“关于浙江省各界人民代表会议精神传达和1950年工作任务的报告”；听取“关于一年来富阳县财经工作的报告”；选举富阳县第一届各界人民代表会议常务委员会。

附　富阳县各界人民代表会议组织通则

第一条　富阳县各界人民代表会议，按每三个月召开一次，视其情况得提前或延期由县人民政府决定之。

第二条　富阳县各界人民代表会议的代表名额以250人左右为限。

第三条　富阳县各界人民代表会议的代表资格：凡反对帝国主义、封建主义、官僚资本主义，赞同共同纲领，年满十八岁之人民，除患精神病及褫夺公权者外，不分民族、阶级、性别、信仰均可当选为人民代表。

第四条　富阳县各界人民代表会议的参加单位及代表名额分配，由常务委员会研究决定之。

第五条　富阳县各界人民代表会议代表，由各单位自行选派，呈报常务委员会审查后决定之。

第六条　富阳县各界人民代表会议代表的任期为一年，连选得连任。但常务委员会得了解人民代表情况，有更换人民代表的职权。

第七条　富阳县各界人民代表会议代表的职权如下：

1.听取富阳县人民政府的工作报告并进行讨论，提出批评和建议。

2.向人民政府反映人民的意见和要求，讨论并建议有关县政兴革事宜。

3.向人民传达并解释县各界人民代表会议的决议案，并协助人民政府动员人民推行之。

第八条　富阳县各界人民代表会议的决议，如与上级人民政府的政策法令抵触时，上级人民政府可废除、修改或停止执行。

第九条　富阳县各界人民代表会议设主席团，由大会选举主席若干人组成，负责主持会议的进行；设秘书长一人，秘书若干人，由主席团提请大会通过，协助主席团处理会议日常事务。并得设提案审查委员会及其他委员会。

第十条　富阳县各界人民代表会议休会期间设常务委员会，由富阳县各界人民代表会议选举产生，设主席一人、副主席二人、委员若干人，其职权如下：

1.协商并提出对县人民政府的建议。

2.联系人民代表，协助人民政府动员人民推行各种工作。

3.负责进行下届各界人民代表会议的准备工作。

第十一条　本组织通则得呈报上级批准。

新登县

1950 年 3 月 24 日至 27 日，新登县第一届各界人民代表会议第一次会议在双清镇召开，出席会议人民代表 94 人。推选新登县县长王耐诚等 9 人组成大会主席团。会议议程：听取新登县人民政府县长王耐诚所作的“新登县人民政府成立 9 个月来的工作总结和今后任务的报告”。选举成立新登县各界人民代表会议常务委员会。常务委员会由主席、第一副主席、第二副主席各 1 人及委员 8 人组成。

1950 年 10 月 19 日，新登县第一届各界人民代表会议第二次会议在城阳镇召开。出席会议人民代表 139 人。会议议程：听取中共新登县委书记陈侠所作的“关于一年来的工作总结和今后任务的报告”；听取关于选举陈侠、夏静一出席浙江省第一届各界人民代表会议代表的情况通报。会议通过《关于新登县县委一年来工作报告的决议》，并对完成劝募二千套寒衣、征粮工作、土改政策宣传、治安剿匪等提出补充意见。本次会议共收到人民代表提出的提案 148 件。

1951 年 6 月 19 日至 23 日，新登县第一届各界人民代表会议第三次会议召开，出席会议代表 200 人。会议议程：听取新登县公安局局长黄福祥所作的“关于镇压反革命工作情况的报告”；听取中共新登县委书记陈侠“关于镇压反革命的工作报告”；决定成立新登县临时人民法庭，对反革命分子实行公审。

1951 年 11 月 4 日至 7 日，新登县第一届各界人民代表会议第四次会议召开。出席会议代表 159 人。中共新登县委书记张剑霆致开幕词；会议议程：听取县长王耐诚所作的“政府工作报告”；补选新登县各届人民代表会议常务委员会委员 6 名。

第二节　第二届各界人民代表会议

富阳县

1951 年 5 月 5 日至 9 日，富阳县第二届各界人民代表会议第一次会议在城关镇召开。出席会议人民代表 289 人。会议议程：听取县人民政府副县长张远达所作的“关于政府工作和今后任务的报告”；听取县公安局局长王炳奎所作的“关于大张旗鼓镇压反革命的报告”；听取县委宣传部部长刘杰所作的“关于抗美援朝的工作报告”；全体代表签名通过和平爱国公约；选举产生富阳县第二届各界人民代表会议常务委员会。

1951 年 11 月 4 日，富阳县第二届各界人民代表会议第二次会议召开，出席代表 268 人。会议议程：听取县委书记牛树祯所作的“关于目前形势的报告”；听取和审议县人民政府县长张远达“关于一年来政府工作总结和今后任务的报告”；听取县公安局局长王炳奎“关于镇压反革命运动的专题报告”；听取县人民法院院长张远达“关于新《中华人民共和国婚姻法》(以下简称《婚姻法》)执行情况的专题报告”；听取华东革命根据地代表费国昌“关于出席北京国庆观礼情况的专题报告”；改选富阳县第二届各界人民代表会议常务委员会。改选后的常务委员会由主席 1 人、副主席 3 人、委员 21 人组成。会议通过 3 项决议：一、《关于镇压反革命的决议》；二、《关于深入贯彻新〈婚姻法〉的决议》；三、《关于开除洪××、杨××、章××3 人富阳县各界人民代表会议代表资格的决议》。

1952 年 5 月 16 日至 19 日，富阳县第二届各界人民代表会议第三次会议召开，出席会议人民代表 258 人。会议议程：听取县人民政府“关于 1952 年春季生产总结及今后工作任务的报告”；通过《关于开除何××、蒋××县各界人民代表会议常务委员会委员的资格，并撤销何××常务委员会秘书职务的决定》；改选富阳县第二届各界人民代表会议常务委员会。

1952 年 9 月 25 日至 29 日，富阳县第二届各界人民代表会议第四次会议召开。出席会议人民代表 226 人。会议议程：听取县人民政府县长张远达“关于目前形势的报告”；听取县委书记牛树祯“关于夏季以来农业生产、物资交流工作总结和今后任务的报告”；听取提案审查委员会“关于提案审查情况的报告”；通过 2 项决议：一、《关于通过上述 3 个报告的决议》；二、《关于坚决拥护亚洲及太平洋区域和平会议的决议》，并发出通电。改选富阳县第二届各界人民代表会议常务委员会。

1952年12月27日至30日，富阳县第二届各界人民代表会议第五次会议召开。出席会议代表257人。会议议程：听取县委书记牛树祯“关于一年来的工作总结和今后任务的报告”；听取县长张远达“关于浙江省各界人民代表会议精神的传达报告”；通过4项决议：一、《关于同意牛树祯、张远达报告的决议》；二、《关于在全县开展造林运动并储积木材资源的决议》；三、《关于贯彻执行〈婚姻法〉的决议》；四、《关于举办义仓的决议》。通过成立“民主建政筹备委员会”，其成员由县委书记、县长等19人组成。

1953年3月22日至25日，富阳县第二届各界人民代表会议第六次会议召开。出席会议人民代表284人。会议议程：听取县长张远达“关于1953年1、2月份工作总结和3、4月份工作任务的报告”；听取中共富阳县委、县人民政府“关于贯彻‘《婚姻法》运动月’计划草案的报告”；通过《关于同意县长张远达报告的决议》；作出《关于在全县范围内大张旗鼓开展贯彻〈婚姻法〉宣传月运动的决定》。

新登县

1952年12月8日至11日，新登县第二届各界人民代表会议第一次会议召开。出席会议人民代表161人。会议议程：听取新登县人民政府“关于一年来的工作总结和今后任务的报告”；选举新登县第二届各界人民代表会议常务委员会。常务委员会由主席1人、副主席2人、委员20人组成；代行县人民代表大会职权，选举产生新登县人民政府县长、副县长、县人民政府委员等共21人，组成新登县人民政府委员会；听取提案审查委员会“关于本次会议提案审查处理的报告”，共收到人民代表提出的提案607件。会议通过7项决议：一、《关于一年来工作总结和今后任务报告的决议》；二、《关于开展互助合作运动的决议》；三、《关于开展民主建政和镇压反革命的决议》；四、《关于开展群众性冬季治水和积肥的决议》；五、《关于贯彻〈婚姻法〉的决议》；六、《关于完成农业税、交足公粮的决议》；七、《关于开展冬学运动的决议》。

1953年4月7日，新登县第二届各界人民代表会议第二次会议召开。出席会议人民代表114人。会议议程：听取新登县人民政府“关于当前春耕生产问题的报告”；讨论春耕播种培育壮秧、积肥、军属代耕问题；讨论反对官僚主义、纠正互助合作的冒进问题；通过《关于新登县人民政府工作报告的决议》。

1953年10月2日，新登县第二届各界人民代表会议第三次会议召开。出席会议人民代表122人。会议议程：听取新登人民政府县长王耐诚所作的“关于上半年工作总结和今年冬季工作任务的报告”。听取提案审查委员会“关于本次会议提案处理的报告”，收到人民代表提出的提案151件，分别交财粮、农林、工商、政法、民政、文卫、城建、工会、团委等部门办理。

附　新登县第二届各界人民代表会议议事规则

第一条　本规则根据新登县第二届各界人民代表会议组织条例第十四条规定订定之。

第二条　全体会议由主席团推定执行主席，轮流主持之。

第三条　全体会议需有二分之一以上人民代表出席，始得开会。

第四条　大会议案需经出席人民代表二分之一以上代表通过，始得作为决议。赞成与反对同数时，取决于主席。

第五条　凡出席各界人民代表会议之正式人民代表，均有表决权。

第六条　大会提案由提案审查委员会负责整理，并将审查结果向大会报告之。

第七条　提案人如对原提案有修改或补充，需经主席许可。如欲撤销原提案，需经连署人或附议人同意。

第八条　提交大会讨论之决定，主席认为必要时，得请原提案人说明理由，但时间不得超过5分钟。

第九条　新登县第二届各界人民代表会议议事日程，由大会主席团决定之。

第十条　大会讨论议案时，人民代表发表意见需先向主席团报告姓名及区乡别或界别，由主席决定次序，内容力求简明扼要。同一议案，每人发言不得超过两次，必须增加次数者，需经主席许可始得发言。

第十一条　决议案时间争论过长，主席可宣布暂停讨论。继续讨论与否，由主席团研究后提请大会决定之。

第十二条　大会进行中如遇必要，主席可宣布休息或延长。

第十三条　议案表决方法以举手行之，表决后由主席当场宣布。

第十四条　综合发言之人民代表，需事先征得主席团同意，并排定发言顺序，发言时间不得过长。

第十五条　各代表均得准时到会。如因故不能出席者，必须向主席请假。

第十六条　本规则由新登县第二届各界人民代表会议通过施行。修改时同。

第三章　各界人民代表会议常务委员会

《县各界人民代表会议组织通则》规定，“县各界人民代表会议休会期间，设常务委员会，由县各界人民代表会议选举主席一人，副主席若干人及委员若干人组成之”。按照这一规定，常委会是县各界人民代表会议的常设机构。

1950年3月，新登县第一届各界人民代表会议第一次会议选举产生新登县第一届各界人民代表会议常务委员会。1950年10月，富阳县第一届各界人民代表会议常务委员会在第一届各界人民代表会议第二次会议上选举产生。常务委员会组成人数和界别，并未明确规定，视各地具体情况而定。从实际产生情况看，富阳少则19人，多则27人；新登少则11人，多则23人，富阳县各界人民代表会议常委会委员人数多于新登县。界别构成一般能照顾到社会的多个层面。在解放初期的社会变革中，由于政治、经济、社会等多种原因，常委会改选次数较多，组成人员的变更尤为频繁。富阳县2届共8次人民代表会议中，有4次改选常务委员会，3名常务委员会成员被开除，13名委员调离或撤换。至1954年7月，富阳、新登两县各界人民代表会议已完成历史使命。常务委员会机构与职能也自行终止。

第一节　常务委员会组成人员

富阳县

第一届各界人民代表会议第二次会议选举产生的常务委员会
（1950年10月-1951年5月）

主　任：刘俊芝（县委书记兼县长）
副主任：张远达（副县长）
委　员：章文英(女)　倪金花(女)　何益生　张炳芳　牛树祯　洪　明
胡明远　陈关宏　朱喜泉　韩焕康　蔺毗南　蒋杏生
徐纪成　杨荫亭　金守淦　朱岫云　俞志善

第二届各界人民代表会议第一次会议选举产生的常务委员会
（1951年5月-1951年10月）

主　任：刘俊芝（县委书记）
副主任：张远达（副县长）　蔺毗南（富阳中学校长）
方茂林（环山乡农会主任）
委　员：何益生(兼任秘书长)　余大白　王炳奎　刘中甫　韩焕康
王宗立　盛竹根　许长生　董樟铨　倪金花(女)　许顺宝
杨凤英(女)　蒋杏生　徐克明　刘仲明(女)　葛彩娣(女)　俞宗汉

曹富清　裘顺风　金守淦　陈荣安

第二届各界人民代表会议第二次会议选举产生的常务委员会
（1951 年 11 月-1952 年 5 月）

主　席：牛树祯（县委书记）
副主席：张远达（县长）
委　员：何益生（兼任秘书长）范汝功　王炳奎　王宗立　韩焕康
刘仲明(女)　倪金花(女)　余大白　陈荣安　刘中甫　方茂林
盛竹根　董樟铨　葛彩娣(女)　杨凤英(女)　王顺泉　徐克明
金守淦　蒋杏生　曹富清　公方来　裘顺风　许顺宝
许长生　俞宗汉

第二届各界人民代表会议第三次会议选举产生的常务委员会
（1952 年 5 月-1952 年 9 月）

主　席：牛树祯（县委书记）
副主席：张远达（县长）　徐文波（城关镇工会主席）
华学富（劳模，宵井乡农业社长）
委　员：方传校　张翔彬　范汝功　王炳奎　陈荣安　刘中甫
陈均铨　盛竹根　葛彩娣(女)　金守淦　杨凤英(女)　徐克明
俞宗汉　汪良成　韩焕康　许长生　许顺宝　裘顺风
方茂林　骆宪松　宣惠忠　顾信友　喻浩元

第二届各界人民代表会议第四次会议选举产生的常务委员会
（1952 年 9 月-1954 年 7 月）

主　席：张远达（县长）
副主席：牛树祯（县委书记）　徐文波（城关镇工会主席）
华学富（劳模，宵井乡农业社长）
委　员：方传校　张翔彬　范汝功　王炳奎　陈荣安　刘中甫
陈均铨　盛竹根　葛彩娣(女)　徐克明　杨凤英(女)　金守淦
俞宗汉　汪良成　韩焕康　许长生　许顺宝　裘顺风

方茂林　　骆宪松　　顾信友　　宣惠忠　　喻浩元

新登县

第一届各界人民代表会议第一次会议选举产生的常务委员会
（1950 年 3 月-1952 年 12 月）

主　　席：王耐诚（县长）
第一副主席：项墨庄（开明士绅兼商人）
第二副主席：陈民政（工人代表）
委　员：陈　侠　　刘关西　　陈金水　　张根林　　罗德生　　潘定方
潘亚男(女)　袁志廉

第一届各界人民代表会议第四次会议补选的常务委员会
（1950 年 10 月-1952 年 12 月）

委　员：许桂荣　　陈良祎　　张剑霆　　谢世莲(女)　贺修贤　　韩尔中

第二届各界人民代表会议第一次会议选举产生的常务委员会
（1952 年 12 月-1954 年 7 月）

主　席：王耐诚（县长）
副主席：王启海　　袁志廉
委　员：许济祥　　蔡兰菊(女)　詹爱娥(女)　许桂荣　　徐效荣　　贺修贤
谢世莲(女)　周文祺　　卢渭生　　陈良祎　　卢国英(女)　焦成孝
郎麻姑(女)　张剑霆　　蓝官荣　　韩长春　　范培忠　　潘金荣
李德祥　　匡世银

第二节　常务委员会工作与职权

根据《县各界人民代表会议常务委员会暂行组织条例》规定，县各界人民代表会议常务委员会的工作与职权是：

一、组织与推动县各界人民代表会议代表，在各种场合，以各种方式，传达县各界人民代表会议的决议及县人民政府政策法令，并协助推行；

二、经常地联系县各界人民代表会议代表、民主党派、人民团体、民主人士，并经过他们广泛地联系人民，协助政府动员人民进行各种工作，有计划地收集各方面意见，及时建议政府采择；

三、接受人民的建议、询问、要求、申诉与批评，负责加以适当的处理，务使有着落有交代；

四、负责进行县人民民主统一战线工作，加强各民主党派、人民团体和民主人士的团结与合作；

五、组织座谈会和学习会，协助与推动各民主党派、人民团体和民主人士关于时事、政策和理论的学习；

六、接受与办理省（行署）协商委员会委托事项与建议；

七、负责进行下届各界人民代表会议的筹备工作。

第三节　常务委员会会议

县第一、第二届各界人民代表会议常务委员会，在三年多的任期中，共举行24次常委会会议。其中富阳县常委会会议举行16次，新登县有史料记载的常委会会议举行8次。

富阳县

第一届各界人民代表会议常务委员会第一次会议（以下简称几届几次常委会会议），于1950年11月17日下午在富阳县人民政府会议室召开，出席委员11人，会议主席蔺毗南。会议听取各委员汇报县第一届各界人民代表会议第二次会议后所做的工作；讨论确定下一步工作任务：一、打算土改前召开一次各界人民代表会议，讨论如何划分阶级成份，介绍重点乡土改经验；二、当前工作是做好优抚工作，完成征粮任务，执行减租减息，完成劝募寒衣，支援皖北灾区，兴修水利，办好冬学，健全乡村组织，组织武装自卫，致函上海召开的保卫世界和平大会，以实际行动执行抗美援朝方针。

一届二次常委会会议于1950年12月13日至16日在耶稣教堂召开，出席会议人员48人，会议主席刘俊芝。会议听取县人民政府副县长张远达所作的“关于前一阶段工作总结和今后任务的报告”，前一阶段主要是完成了2个乡的土改试点，全县已征集公粮670万公斤等；今后任务主要是部署全面开展土地改革。

听取出席浙江省政治协商会议代表郁养吾的传达报告，报告分两个问题：一是形势问题，要解决崇美、恐美思想，树立仇美、蔑美思想；二是秋征、税收和土改问题。听取县委书记刘俊芝所作的工作报告。报告主要是抗美援朝形势教育和阐明有关土地改革、镇压反革命、对工商业和小土地出租及秋征等政策界限。

一届三次常委会会议于 1951 年 2 月 15 日在县文化馆召开,出席会议人员 75 人。会议听取富阳县委书记刘俊芝所作的“县人民政府工作报告”。报告总结了上一次常委会部署的土改工作开展情况。土改工作结束后，转向以生产建设为中心，要求从思想上、物质上、组织上、人力上做好充分准备，迎接大生产运动的到来。会议分组讨论了刘俊芝的报告。民政科长何益生对会议作了总结。

二届一次常委会会议于 1951 年 6 月 21 日至 25 日在耶稣教堂召开，出席委员 16 人，应邀出席会议 21 人。会议听取富阳县委书记刘俊芝所作的“县人民政府工作报告”；听取县公安局局长王炳奎“关于镇压反革命情况的报告”；听取县税务局局长张建华“关于税务政策的报告”；听取县人民政府副县长张远达“关于抗美援朝形势的报告”；会议讨论审理反革命案件 48 件。讨论并通过 3 项决定：《关于由县人民政府下达通知，县人民代表参加当地人民法庭审理反革命案件的决定》《关于地方附加税按 12%比例征收的决定》《关于杨××因逃税，开除其县各界人民代表资格，撤销其富阳县常务委员会委员职务的决定》。会议讨论了抗美援朝捐献、发展生产、多得收益、保家卫国等问题。

二届二次常委会会议于 1951 年 7 月 21 日至 25 日召开，出席委员 23 人。会议听取县人民政府副县长张远达所作的动员报告；听取赴朝慰问团所作的“关于朝鲜战场形势报告”；听取县长刘俊芝所作的“县人民政府工作报告”；讨论并通过 3 项决定：《关于选举成立富阳县抗美援朝分会的决定》《关于修订爱国公约，确定各区的捐献数字，要求做到不摊派、不强迫、不勉强，力争在自觉自愿的基础上完成捐献任务的决定》《关于要求健全和巩固代耕制度的决定》。

二届三次常委会会议于 1951 年 9 月 17 日至 22 日在耶稣教堂召开，出席委员 21 人，应邀出席会议 17 人。会议学习了刘少奇在北京市各界人民代表会议上的讲话，讨论建立人民代表大会制度的重要性和人民代表的职责和任务；听取县人民政府县长张远达所作的“县人民政府工作报告”，部署总结生产，评选劳动模范；听取县委第二副书记刘杰所作的“关于抗美援朝形势报告”；会议决定大力开展《婚姻法》宣传、实行耕牛保险、开展有奖储蓄等事项。

二届四次常委会会议于 1951 年 12 月 25 日至 26 日召开，出席委员 16 人。

会议听取富阳县人民政府县长张远达所作的“富阳县人民政府工作报告”；听取县人民政府秘书余大白“关于小学民办问题的说明”；会议作出了 3 项决议：《关于爱国增产，厉行节约，积累资金，建设国家的决议》《关于从 1952 年起全部小学实行民办的决议》《关于税收问题的决议》。

二届五次常委会会议于 1952 年 5 月 14 日在富阳县人民大会堂（原富阳剧院）召开，出席委员 13 人。会议讨论富阳县第二届各界人民代表会议第三次会议的准备事项，该次代表会议的中心议题是：一、解决以生产为中心的问题，要求巩固发展互助合作组织，搞好农业、副业生产，处理好手工业劳资关系；二、宣传“三反”“五反”，统一思想认识；三、搞好优抚工作和复员转业军人的安置工作；四、深入宣传抗美援朝，反对美帝细菌战，开展爱国卫生运动；五、完成小学民办工作，解决好办学经费和教师工资问题。

二届六次常委会会议于 1952 年 5 月 19 日下午召开，会议的主要议题是：研究富阳县第二届各界人民代表会议第三次会议关于开除何益生、蒋杏生的常务委员会委员职务和改选常务委员会组成人员，改选富阳县第二届各界人民代表会议常务委员会主席、副主席。

二届七次常委会会议于 1952 年 6 月 30 日召开，出席委员 23 人。会议的主要议题是：一、研究贯彻和巩固爱国增产竞赛运动；二、研究土特产交流问题；三、研究深入搞好爱国卫生防疫运动；四、研究进一步做好拥军优属工作。

二届八次常委会会议于 1952 年 9 月 23 日召开，出席委员 18 人。会议讨论富阳县第二届各界人民代表会议第四次会议的准备事项，该次会议的中心议题是：一、总结今年生产的经验教训；二、确定 11 月在查田评产的基础上完成征粮任务；三、开展物资交流，组织初级市场；四、继续镇压反革命，肃清隐蔽潜伏的反革命分子、反动会道门组织，严格执行禁毒；五、实施民主建政，进行司法改革。

二届九次常委会会议于 1952 年 12 月 1 日在县人民政府第一会议室召开，出席委员 15 人。会议听取县长张远达所作的“县人民政府工作报告”；听取县委书记牛树祯所作的“工作总结报告”；协商推选华学富、高德润、张远达、李云娣 4 人为出席浙江省第二届各界人民代表会议代表；会议通过 4 项决定：《关于组织学习先进，努力搞好生产的决定》《关于扩大提高互助组织的决定》《关于贯彻合理负担，搞好农业税收的决定》《关于搞好民主建政，巩固乡级人民民主政权的决定》。

二届十次常委会会议于 1952 年 12 月 25 日在富阳县人民政府第一会议室召开，

出席委员 13 人。会议讨论富阳县第二届各界人民代表会议第五次会议的准备事项和中心议题：讨论修改富阳县人民政府的工作报告；讨论审查上次各界人民代表会议提案处理的情况报告；讨论富阳县第二届各界人民代表会议第五次会议主席团和提案审查委员会名单；讨论民主建政筹备委员会名单；确定富阳县第二届各界人民代表会议第五次会议时间为三天半，并研究确定了会议议程。

二届十一次常委会会议于 1953 年 9 月 5 日在富阳县人民政府会议室召开，出席委员 18 人，县选举委员会成员陈均铨等 5 人应邀参加会议。会议总结前段工作，研究冬季生产；研究本县首次基层普选工作；讨论县各界人民代表会议准备事项。

二届十二次常委会会议于 1954 年 1 月 23 日至 25 日在县人民政府会议室召开，出席委员 15 人，列席会议 8 人。会议总结前一阶段贯彻执行总路线和粮食统购统销情况；研究布置 1954 年农业生产；研究动员群众认购建设公债。讨论决定有关事项：一、继续大力贯彻宣传过渡时期的总路线和总任务；二、扩大互助合作指标，将已建立的 405 个临时互助组提高为常年互助组（当时的临时互助组全县共为 407 个），并在今年春季发展农业生产合作社 25 个；三、确定本县 1954 年农业生产增产指标：水稻为 10%，小麦为 12%，大豆为 7.4%，杂粮为 10.4%；四、一致同意 1954 年发行经济建设公债，保证超额完成上级分配给富阳县的 10 亿元（解放初币制，即为现币制的 10 万元）任务；五、一致通过油料统购和食油供应办法。

二届十三次常委会会议于 1954 年 6 月 30 日在富阳县人民政府会议室召开，出席委员 18 人，列席会议 2 人。会议研究和讨论四方面内容：一、贯彻以互助合作为中心，开展农业增产运动，深入贯彻执行过渡时期的总路线和总任务；二、贯彻农村“三位一体”的系统政策，划清农村阶级界线；三、讨论通过富阳县第一届人民代表大会第一次会议的准备工作，决定于 1954 年 7 月 9 日召开富阳县人民代表大会；四、部署《宪法》草案的学习和讨论。

新登县

一届一次常委会会议于 1950 年 6 月 18 日在城隍庙召开，出席委员 9 人，列席人员 3 人，会议主席王耐诚。会议推选陈侠、夏静一两人为出席浙江省第一届各界人民代表会议代表。讨论提出土地改革的提案。提案内容：一、将学田、庙田、租田、公益田分派给农民；二、公家山林仍归公家所有，堂众山、祭山、租山和地主的山林，必须分给农民所有；三、水塘随田所有，流水塘应尽量增加灌溉面积；四、佃富农租入的田地（包括向地主租入的田地），应分给农民，富农自己租出的田地仍归富农所有，但佃农有永田权；五、甲村地主在乙村的田地，应分给乙村农民；

六、地主的农具没收后，分给缺少农具的贫苦农民（佃牛可以伙分）；七、土改中，贫苦的烈、荣、军、工属，应有优先权；八、没收地主的房屋应分给缺房的贫苦农民，并留给地主应住的一部分。

一届二次常委会会议于 1950 年 10 月 15 日召开。会议听取新登县委书记陈侠所作的“关于一年来的工作总结和今后任务的报告”；讨论通过新登县第一届各界人民代表会议第二次会议的日程、议程安排和大会主席团、提案审查委员会名单等草案；通过《关于新登县委工作报告的决议》。

一届三次常委会会议于 1951 年 6 月 15 日召开。本次会议由常委会委员、部分各界人民代表和审判员参加的联席会议。会议主要内容是讨论审查即将提交新登县第一届各界人民代表会议第三次会议审查的 27 件反革命案件，提出初步处理意见。

二届一次常委会会议于 1952 年 12 月 12 日召开。会议的主要内容是讨论明确常委会任务：联系各界人民代表，并通过人民代表联系群众，协助县人民政府推行各项工作，将大会决议贯彻到实际工作中去。讨论改进联系人民代表的办法：一、常委会同人民代表建立书信联系制度，凡人民代表向常委会汇报工作、生产及群众的来信，一律由常委会代付邮资；二、对无法来信的人民代表，由常委会派员逐个访问，当面听取意见和建议。

二届二次常委会会议于 1953 年 4 月某日召开，新登县人民政府委员列席会议。会议主要内容：一、讨论贯彻国家建设方针和任务；二、讨论开展《婚姻法》的宣传教育工作；三、研究当前春耕生产问题。

二届三次常委会会议于 1953 年 5 月某日召开。会议主要内容：一、研究春耕生产中播种育秧、积肥、烈军属的代耕问题；二、研究正确贯彻合作化政策，开展反官僚主义和纠正互助合作运动中的冒进问题；三、研究首次基层普选工作。

二届四次常委会会议于 1953 年 11 月某日召开，出席委员 9 人，列席会议的商界代表 16 人。会议主要内容：一、研究贯彻执行过渡时期的总路线和总任务，统一工商界人士的思想认识，贯彻执行好“利用、限制、改造”的政策；二、研究工商界贯彻总路线、总任务的办法；第一步在工商联干部中传达、学习总路线和总任务，统一思想认识；第二步在工商界普遍开展总路线、总任务的宣传教育活动，进而开展增产节约运动，积极完成税收任务。

二届五次常委会会议于 1954 年 2 月 26 日召开，出席委员 15 人，县人民政府委员列席会议。会议听取县人民政府县长韩长春所作的“新登县人民政府工作报告”等。

第二编

市(县)人民代表大会代表

本编目录

1953 年 2 月，中央人民政府委员会颁布《中华人民共和国全国人民代表大会及地方各级人民代表大会选举法》，并决定在全国进行普选。1953 年 5 月至 2015 年 1 月底，富阳市（县）先后进行第一至第十五届人大代表选举（新登县 1953 年 6 月 ~1958 年 2 月进行第一至第三届人大代表选举）。1966 年 5 月，“文化大革命”以后，人民代表大会制度遭到严重破坏，人大工作被迫停止。1980 年 7 月起恢复县人大代表选举。恢复后的人民代表大会代表的选举制度进行了重大改革，即县级人大代表由原来的间接选举改为由选民直接选举产生，各级人大代表由原来的等额选举改为差额选举。

市（县）人大代表，依照法律规定选举产生，是地方国家权力机关组成人员，代表人民的利益和意志，依照宪法和法律赋予的各项职权，参与行使市（县）地方国家权力机关权力。

第一章　市(县)人大代表选举机构

根据《选举法》规定，县级人民代表大会设立选举委员会，主持本级人民代表大会代表换届选举工作，处理选举事务。1953 年至 1966 年，富阳、新登县历届选举委员会主席（主任），由县委书记、县人民政府（县人民委员会）县长或副县长担任，经县人民政府（县人民委员会）上报省人民政府（省人民委员会）批准。新登县第一至第三届，富阳县第一至第六届选举委员会由浙江省人民政府（省人民委员会）任命。富阳县 1980 年恢复人民代表大会制度时的选举委员会主任，由富阳县委书记担任；1984 年后的富阳市（县）人大换届选举委员会主任，由富阳市（县）人大常委会主任或主持工作的副主任担任。选举委员会其他成员由市（县）委、市（县）人大常委会和市（县）人民政府有关部门以及人民团体负责人组成。选举委员会下设办公室，负责办理各届选举工作具体事宜。

第一节　选举委员会职责

一、主持本级人民代表大会代表的选举，指导乡镇选举委员会的工作；

二、划分选举本级人民代表大会代表的选区，分配各选区应选代表名额；

三、进行选民登记，审查选民资格，公布选民名单，受理对于选民名单不同意见的申诉，并作出决定；

四、根据较多数选民的意见，确定和公布正式代表候选人名单；

五、规定选举日期，主持投票选举；

六、确定选举结果是否有效，公布当选代表名单；

七、法律规定的其他职责。

第二节　选举委员会成员

富阳市（县）历届选举委员会

第一届

主　席：牛树桢

委　员：王炳奎　刘镇美　韩焕康　王顺泉　巴洪浩　陈均铨　高德润　金守淦
牛树成　范如功

第二届

主　席：王炳奎

副主席：刘廷昌

委　员：章洪湘　余坤生　刘建顺　沈蔚遐　陈启猷　王士林　戴显代　孙纯顺
陈金水　李天和　孙景春

第三届

主　席：王顺泉

委　员：章洪湘　刘建顺　李作运　陈启猷　陈金水　黄山堂　齐彦序　郎全美
赵联泉　李天和　许兆祥　孙玉琢

第四届

主　席：王顺泉

副主席：孟锡五　张建唐

委　员：刘建顺　张文广　王士林　李作运　李天和　齐彦序　方传校　黄山堂
丁金坤　郎全美

第五届

主　席：张建唐

委　员：张振国　李天和　袁保宾　李作运　齐彦序　李端银　黄山堂　曹立俊
郎全美　徐东顺　吴叔丹　刘崇寅

第六届

主　席：韩焕康

委　员：张振国　胡明珂　陈伟尧　李作运　董仁源　李端银　黄山堂　曹立俊
郎全美　胡永家　吴叔丹　刘崇寅

第七届

主　任：张书声

副主任：申屠祖泉　李作运

委　员：李章夫　钟桂阳　袁柏舟　刘茂盛　曹锡银　牛树成　陈寿岳　李锦标
蒋仕驹　王福学　李志善　葛华兴　朱思慈　王正元

第八届

主　任：张书声

副主任：李作运　李景祥　刘　鸿

委　员：钟桂阳　蒋汉有　李章夫　徐东顺　王金水　周贵芳　袁柏舟　刘海根
董文淦　祝惜峰　董志杏　沈永伟　贾桃凤　夏深根　郑慧珠　朱思慈
屠辛庚　吕关锡

第九届

主　任：郑传荀

副主任：王栋臣　裘欣海

委　员：李章夫　袁柏舟　周贵芳　蒋汉有　徐东顺　祝惜峰　董志杏　章汉传
刘秀文　孙水兰　戴财校　邵荫棠　黄国铨　龚　萍　郎玉莲

第十届

主　任：洪德森

副主任：刘　鸿　李作运　王栋臣　章一平　裘欣海

委　员：朱茂翰　俞正言　李章夫　袁柏舟　潘建平　陈华林　黄一平　王传木
祝惜峰　黄国铨　洪庆华　郭芬兰

第十一届

主　作：刘　鸿

副主任：李作运　孙达火　章一平　朱茂翰　张本和

委　员：钟西平　袁朝和　李章夫　何惠敏　章凤淡　陆桂荣　叶邦烈　孙永校
陈华林　俞成新　王传木　祝惜峰　邱利根　黄国铨　洪庆华　郎玉莲
庄全娟

第十二届

主　任：周银铃

副主任：孙达火　章一平　钟西平

委　员：董良兴　喻关德　王传木　王洪琪　钟建生　陈国康　营秀伟　黄国铨
刘金水　王锡顺　童富龙　赵乃先　郎长华　楼金法　童定干　杨兰芳

第十三届

主　任：汪锦汉

副主任：王　晓

委　员：夏有钦　彭观友　金永贵　钟建生　杨关勤　陈国康　张树根　葛荣发
周金荣　方仁臻　童友光　周左步　汪建龙　楼金法　夏　芬　彭余娣

第十四届

主　任：汪锦汉

副主任：华荣富

委　员：吕建新　蒋　才　钟满华　胡志成　沈跃雄　何培叶　邵立春　张树根
姜香儿　叶臣欢　刘渭华　张生良　孙　洁　包文明　葛时忠　赵茂良
杨富强　徐肖芬

第十五届

主　任：华爱金

副主任：华荣富　应敏扬

委　员：吕建新　沈跃雄　钟满华　许保安　华秋珍　祝燕青　严　琦　邵伟斌
　　　　叶臣欢　丁中苏　来建良　张生良　童锦彬　胡惠民　陆忠明　夏建华
　　　　章小飞　姜秋芳

根据2011年12月9日富阳市第十四届人大常委会第四十四次会议通过，调整市、乡镇选举委员会部分组成人员，调整后：

主　任：蒋金娥

委　员：许保安　华秋珍　祝燕青　严　琦　邵伟斌　叶臣欢　丁中苏　来建良
　　　　张生良　童锦彬　胡惠民　陆忠明　夏建华　章小飞　姜秋芳

新登县历届选举委员会

第一届

主　席：韩长春

委　员：卢渭生　许济祥　谢世莲　焦芳兰　贺修贤　刘　澄　陈良祎　周文祺

第二届

主　席：孟锡五

委　员：卢渭生　张家礼　周文祺　张微垣　胡阿明　范培忠　张阿云　王学善
　　　　楼顺富　徐玉生　陈良祎　韩长春

第三届

主　席：孟锡五

委　员：范培忠　张家礼　蔡学忠　施云霞　张微垣　吴叔丹

第二章　市(县)人大代表选举工作

市（县）人民代表大会代表选举分两个阶段：第一阶段为普选阶段。自1953年3月1日，中央人民政府颁布第一部《选举法》后，1954年7月，富阳、新登两县建立人民代表大会制度，第一至第六届县人民代表大会代表，是在普选出乡镇人大代表的基础上，由乡镇各届人民代表大会第一次会议选举产生县级人民代表大会代表。第二阶段为直选阶段。1979年7月1日，第五届全国人民代表大会第二次会议通过《中华人民共和国全国人民代表大会和地方各级人民代表大会选举法》,《选举法》规定，选民直接选举代表的范围扩大至县级。1980年8月10日至10月20

日，富阳县首次举行县人大代表直接选举。1980 年后，富阳市（县）各届人民代表大会代表均由选民直接投票选举产生。

第一节　第一至第六届人民代表大会代表选举

根据 1953 年颁布的第一部《选举法》规定，富阳、新登县第一至第三届人大代表普选工作，按先行试点、培训骨干、选民登记、提名协商候选人、投票选举、召开各届乡镇人民代表大会第一次会议选举产生县人民代表大会代表等 6 个步骤进行。1961 年 12 月，富阳县复置后，新登县并入富阳县。第四至第六届人大代表普选工作，由富阳县按《选举法》组织实施。

第一届人大代表选举

1953 年 5 月至 7 月，富阳县第一届人民代表大会代表选举在长山、鹿山、上里三个乡试点。1954 年 3 月，全县 60 个乡镇完成人民代表大会代表的选举。7 月，在召开乡镇第一届人民代表大会第一次会议上，分别选举产生富阳县第一届人大代表 215 名。其中工人 15 名，占 7%；农民 145 名，占 67.4%；干部 28 名，占 13%；妇女 42 名，占 19.5%；文教卫 11 名，占 5.1%；民主人士 5 名，占 2.3%。经乡镇人民代表大会主席团代表资格审查委员会审查确认后，由富阳县选举委员会颁发富阳县人大代表当选证。

1953 年 6 月 1 日至 8 月 22 日，新登县第一届人民代表大会代表选举在城岭区的永和乡试点。至 1954 年 2 月，33 个乡镇完成人民代表大会代表的选举。1954 年 7 月，在召开乡镇第一届人民代表大会第一次会议上，分别选举产生新登县第一届人大代表 74 名。其中工人 4 名，占 5.4%；农民 44 名，占 59.5%；干部 12 名，占 16.2%；非党 41 名，占 55.4%；青年 15 名，占 20.3%；妇女 12 名，占 16.2%；文教卫 8 名，占 10.8%；民主人士 5 名，占 6.8%。经乡镇人民代表大会主席团代表资格审查委员会审查确认后，由新登县选举委员会颁发新登县人大代表当选证。

第二届人大代表选举

1956 年 6 月 1 日至 30 日，富阳县第二届人民代表大会代表选举在三山乡试点。同年 10 月，28 个乡镇完成人民代表大会代表的选举。11 月前，在召开乡镇第二届人民代表大会第一次会议上，分别选举产生富阳县第二届人大代表 212 名。其中工人 21 名，占 9.9%；农民 91 名，占 42.9%；干部 59 名，占 27.8%；妇女 51 名，占 24.1%；文教卫 25 名，占 11.8%；民主人士 3 名，占 1.4%。经富阳县人大代表资格审查委员会审查确认后，由富阳县选举委员会颁发富阳县人大代表当选证。

1956年5月15日至6月15日，新登县第二届人民代表大会代表选举在永昌乡、松溪乡试点。7月，17个乡镇完成人民代表大会代表的选举。10月前，在召开乡镇第二届人民代表大会第一次会议上，分别选举产生新登县第二届人大代表87名。其中工人16名，占18.4%；农民53名，占60.9%；非党50名，占57.5%；妇女44名，占50.6%；文教卫11名，占12.6%；民主人士5名，占5.7%。经新登县人大代表资格审查委员会审查确认后，由新登县选举委员会颁发新登县人大代表当选证。

第三届人大代表选举

1958年1月25日至2月16日，富阳县第三届人民代表大会代表选举在新民乡试点。4月前，28个乡镇完成人民代表大会代表的选举。4月，在召开乡镇第三届人民代表大会第一次会议上，分别选举产生县人大代表225名。其中工人18名，占3%；农民105名，占46.7%；干部57名，占25.3%；非党107名，占47.6%；妇女49名，占21.8%；文教卫30名，占13.3%；民主人士26名，占11.6%；少数民族1名。经富阳县人大代表资格审查委员会审查确认后，由富阳县选举委员会颁发富阳县人大代表当选证。

1957年12月25日至1958年2月12日，新登县第三届人民代表大会代表选举在渌渚乡试点。4月前，17个乡镇完成人民代表大会代表的选举。4月，在召开乡镇第三届人民代表大会第一次会议上，分别选举产生县人大代表90名。其中工人4名，占4.4%；农民46名，占51.1%；干部36名，占40%；非党36名，占40%；青年3名，占3.3%；妇女16名，占17.8%；文教卫3名，占3.3%；少数民族2名。经新登县人大代表资格审查委员会审查确认后，由新登县选举委员会颁发新登县人大代表当选证。

第四届人大代表选举

富阳县第四届人大代表的选举，于1961年2月，在桐庐县（当时富阳、新登撤销县建制，划并入桐庐县）统一部署下进行人大代表选举。中途停止，8月，继续进行选举工作，10月20日结束。10月底，在分别召开的人民公社（镇）第四届人民代表大会第一次会议上，富阳选举产生县人大代表354名（此时已为复置富阳县准备）。其中工人34名，占9.6%；农民213名，占60.2%；干部47名，占13.3%；非党149名，占42.1%；青年16名，占4.5%；妇女97名，占27.4%；文教卫47名，占13.3%；民主人士36名，占10.2%。1961年12月，富阳县恢复建制，（新登并入富阳县），经富阳县人大代表资格审查委员会审查确认后，由富阳县选举委员会颁发富阳县人大代表当选证。

第五届人大代表选举

富阳县第五届人大代表选举，于1963年3月至7月中旬进行，全县各人民公社（镇）完成第五届人大代表选举后，在分别召开的人民公社（镇）第五届人民代表大会第一次会议上，选举产生富阳县人大代表351名。其中工人24名，占6.8%；农民221名，占63%；干部43名，占12.3%；非党149名，占42.5%；青年14名，占4%；妇女83名，占23.6%；文教卫44名，占12.5%；民主人士35名，占10%。经富阳县人大代表资格审查委员会审查确认后，由富阳县选举委员会颁发富阳县人大代表当选证。

第六届人大代表选举

富阳县第六届人大代表选举，于1965年12月在大青公社试点。1966年3月中旬，全县各人民公社（镇）完成第六届人大代表选举。3月下旬至5月，在先后召开的人民公社（镇）第六届人民代表大会第一次会议上，选举产生富阳县人大代表351名。其中工人16名，占4.5%；农民241名，占68.5%；干部38名，占10.8%；非党162名，占46%；妇女85名，占24.1%；文教卫37名，占10.5%。经富阳县人大代表资格审查委员会审查确认后，由富阳县选举委员会颁发富阳县人大代表当选证。

第二节　第七至第十五届人民代表大会代表选举

根据1979年第五届全国人民代表大会第二次会议通过的《中华人民共和国地方各级人民代表大会和地方各级人民政府组织法》《中华人民共和国全国人民代表大会和地方各级人民代表大会选举法》和浙江省人大常委会关于《浙江省县（区）乡（镇）人民代表大会选举试行细则》的规定，富阳市（县）第七至第十五届人大代表直接由选民投票选举产生。选举程序按组织准备、培训骨干、选民登记、提名推荐和协商确定代表候选人、选民直接投票选举人大代表等5个步骤进行。根据《地方组织法》规定，市（县）人民代表大会代表任期为三年，自1993年起，市（县）人民代表大会代表任期改为五年，乡镇人民代表大会代表任期三年。因此，富阳市第十二届人民代表大会代表的选举，首次与乡镇人民代表大会代表的选举分开举行。2006年，《地方组织法》第四次修正规定，将乡镇人民代表大会代表任期改为五年。为使富阳市乡镇人民代表大会代表的选举与富阳市级人民代表大会代表的选举同步，避免频繁选举活动，富阳市第十三届人民代表大会代表任期由五年改为四年，缩短一年。此后，富阳市乡镇第十五届人民代表大会代表的选举与富阳市第十四届人民代表大会代表的选举再次同步进行。

第七届人大代表选举

根据《地方组织法》《选举法》规定，富阳县人民公社（镇）第七届人民代表大会代表的选举有五个特点：一是县人大代表由人民公社（镇）人民代表大会间接选举改为选民直接选举；二是候选人由等额选举改为差额选举；三是代表的当选由参加选举的选民过半数票改为选民总数的过半数票；四是选举由不定时间改为有严格的法定时间；五是人民公社（镇）人大代表单独选举改为县、人民公社（镇）两级人大代表同步选举。

1979年7月，富阳县革命委员会决定，于1980年8月10日至10月20日举行富阳县第七届人民代表大会代表的选举，与人民公社（镇）人大代表选举同步。全县42个人民公社（镇），划分产生县人大代表选区325个，本届应选举县人大代表450名，第一轮推荐代表候选人4875人，第二轮为1899人，最后协商正式县人大代表候选人800人，应选名额与正式候选人之比为1:1.78。确定1980年10月15日为法定选举日，富阳县人大代表在325个大选区中选举产生，一次选足人大代表的选区252个，二次选足人大代表的选区42个，三次选足人大代表的选区11个，还有20个选区选不足人大代表。通过选民直接投票，实际选举产生县人大代表427名，比应选人大代表少23名。427名县人大代表中，工人59名，占13.6%；农民243名，占56.9%；非党106名，占24.8%；妇女64名，占15%；青年118名，占27.6%；知识分子31名，占7.3%；干部77名，占18%；民主人士2名；少数民族1名；军人4名。经富阳县人大常委会代表资格审查委员会审查，提交富阳县人大常委会会议确认后，由富阳县选举委员会颁发富阳县人大代表当选证。

第八届人大代表选举

富阳县第八届人大代表的选举，于1984年2月至5月举行，与人民公社（镇）人大代表选举同步进行。2月，在金桥公社（今富春街道所辖一部分）先行试点，将“政社分设”和换届选举工作同时进行试点。3月中旬全县铺开。富阳县52个人民公社（镇），划分产生县人大代表的选区274个。本届应选举县人大代表402名，第一轮推荐代表初步候选人3789人，第二轮1209人，最后协商确定正式代表候选人679人，应选名额与正式候选人之比为1:1.69。确定1984年5月1日为法定选举日。县人大代表在274个大选区中选举产生，一次选足人大代表的选区249个，其余25个选区进行二次选举。通过选民直接投票，实际选举产生县人大代表401名。其中工人37名，占9.3%；农民191名，占48.1%；非党164名，占41.3%；妇女76名，占19.1%；青年169名，占42.6%；知识分子62名，占15.6%；干部91名，占22.9%；民主人士5名；少数民族1名；军人3名。经富阳县人大常委会代表资格审查委员会审查，提交富阳县人大常委会会议确认后，由富阳县选举委员会颁发富阳县人大代表当选证。

第九届人大代表选举

富阳县第九届人大代表的选举，于 1986 年 12 月至 1987 年 3 月，在松溪乡（今新登镇所辖一部分）先行试点，在试点的基础上全县铺开。本次富阳县人大代表选举与乡镇人大代表选举同步进行。富阳县 52 个乡镇划分产生县人大代表的选区 206 个。本届应选举县人大代表 300 名，第一轮推荐代表初步候选人 3413 人，第二轮 948 人，最后协商正式代表候选人 500 人，应选名额与正式候选人之比为 1:1.67。确定 1987 年 3 月 15 日为法定选举日。县人大代表在 206 个大选区中选举产生。通过选民直接投票，实际选举产生县人大代表 298 名，比应选人大代表少 2 名。在 298 名代表中，工人 18 名，占 6%；农民 139 名，占 46.6%；非党 100 名，占 33.6%；妇女 59 名，占 19.8%；青年 98 名，占 32.9%；知识分子 42 名，占 14.1%；干部 84 名，占 28.2%；民主人士 4 名；少数民族 2 名；军人 2 名。经富阳县人大常委会代表资格审查委员会审查，提交富阳县人大常委会会议确认后，由富阳县选举委员会颁发富阳县人大代表当选证。

第十届人大代表选举

富阳县第十届人大代表的选举，于 1989 年 10 月，在新民乡（今东洲街道所辖一部分）先行试点，在取得试点经验的基础上铺开。本次县人大代表选举与乡镇人大代表选举同步进行。全县 51 个乡镇，划分产生县人大代表的选区 207 个。本届应选举县人大代表 325 名，第一轮推荐代表初步候选人 4433 人，最后协商确定正式代表候选人 453 人，应选名额与正式候选人之比为 1:1.39。确定 1990 年 1 月 1 日为法定选举日。县人大代表在 207 个大选区中选举产生。一次选举成功的选区 187 个，其余为二次选举。通过选民直接投票，实际选举产生县人大代表 323 名，比应选人大代表少 2 名。323 名人大代表中，工人 29 名，占 8.9%；农民 153 名，占 47.1%；非党 87 名，占 26.9%；妇女 78 名，占 24.1%；青年 49 名，占 15.2%；知识分子 75 名，占 23.2%；干部 125 名，占 38.7%；民主人士 3 名；少数民族 2 名。经富阳县人大常委会代表资格审查委员会审查，提交富阳县人大常委会会议确认后，由富阳县选举委员会颁发人大代表当选证。

第十一届人大代表选举

富阳县第十一届人大代表选举，与乡镇第十一届人大代表选举同步进行。1992 年 10 月起准备。富阳县 25 个乡镇划分大选区 194 个、小选区 1060 个。本届应选县人大代表 323 名，第一轮提名推荐初步候选人 4107 名，最后协商确定正式代表候选人 529 名。应选名额与正式候选人之比为 1:1.64。确定 1993 年 1 月 1 日至 10 日为法定选举日。县人大代表在 194 个大选区中选举产生，一次选举成功的174个，二次选举成功的20个。实际选举产生县人大代表322名，其中，工人农民186名，占57.6%；非党51名，占15.8%；妇女52名，占16.1%；知识分子43名，占13.3%；干部114名，占35.3%；民主党派2名；少数民族1名。经富阳县人大常委会代表资格审查委员会审查，提交富阳县人大常委会会议确认后，由富阳县选举委员会颁发富阳县人大代表当选证。

第十二届人大代表选举

富阳市第十二届人大代表的选举，第一次与乡镇人民代表大会代表的选举分开举行。选举工作自1997年10月5日起作准备，富阳市25个乡镇划分选区155个，其中联合选区151个，独立选区4个。期间，培训选举工作骨干6108人，确定选举工作人员6465人。召开全市性选举工作会议3次、乡镇151次、选区713次。全市张贴选举宣传标语12818条，有线广播播出709次，出黑板报995期，其他形式宣传活动165场次。全市总人口617062人，其中18周岁及以上公民453779人。依法剥夺政治权利40人，暂停行使选举权258人，因故不能行使选举权534人，共登记选民452947人。本届应选市人大代表248名，第一轮提名推荐代表初步候选人1128名，最后协商正式代表候选人403名。应选名额与正式候选人之比为1:1.63。确定1998年1月1日为法定选举日，选举工作至1月16日结束。全市155个选区分别进行投票选举，实际参选的选民436414人，参选率为96.35%。一次选举成功的选区140个，二次选举成功的选区13个，未选出市人大代表的选区2个，实际选举产生市人大代表246名。比应选代表少2名。246名市人大代表中，工人农民132名，占53.6%：非党25名，占10.2%；妇女19名，占7.7%；干部93名，占37.8%；少数民族2名。文化程度：大学本科21名，占8.5%；大学专科70名，占28.5%；中专高中62名，占25.2%；初中82名，占33.3%；小学及以下11名，占4.4%。经富阳市人大常委会代表资格审查委员会审查，提交富阳市人大常委会会议确认后，由富阳市选举委员会颁发富阳市人大代表当选证。

第十三届人大代表选举

富阳市第十三届人大代表选举单独进行，与乡镇人大代表选举不同步。选举于2002年10月15日起作准备，富阳市26个乡镇街道划分选区167个。期间，市、乡镇召开有关选举工作会议113次，选区会议283次；举办培训班205期，培训选举工作骨干7089人；全市有线电视和广播宣传31次，张贴选举宣传标语24334条，横幅700条，出黑板报460期，其他形式宣传活动194场次，印发宣传资料34500份。全市总人口624006人，其中18周岁以上公民477367人，共登记选民465425人。本届应选市人大代表258名，第一轮提名推荐代表初步候选人 1821 名，最后协商确定正式代表候选人 405 名。应选名额与正式候选人之比为 1:1.57。确定 2003 年 1 月 10 日为法定选举日，选举工作至 1 月 20 日结束。全市 167 个选区分别进行投票选举，实际参选的选民 465066 人，参选率为 99.92%。一次选举成功的选区 159 个，二次选举成功的选区 8 个，实际选举产生市人大代表 256 名。其中工人农民 135 名，占 54%；非党 25 名，占 9.8%；妇女 24 名，占 9.3%；干部 121 名，占 47.3%；少数民族 1 名。文化程度：大学专科及以上 138 名，占 54.2%；中专高中 75 名，占 29.3%；初中以下 43 名，占 16.8%。经富阳市人大常委会代表资格审查委员会审查，提交富阳市人大常委会会议确认后，由富阳市选举委员会颁发富阳市人大代表当选证。

第十四届人大代表选举

富阳市第十四届人大代表选举，在 25 个乡镇街道中进行，与 21 个乡镇第十五届人民代表大会代表选举再次同步。富阳市划分 169 个市人大代表选区。本届应选市人大代表 256 名，第一轮提名推荐代表初步候选人 1177 名，最后协商确定正式代表候选人 425 名。应选名额与正式候选人之比为 1:1.66。确定 2006 年 10 月 10 日为法定选举日，选举工作至 12 月 21 日结束，历时 71 天。全市 169 个大选区分别进行投票选举，一次选举成功的 164 个，二次选举成功的 4 个，还有 1 个选区未选出市人大代表。共选出市人大代表 255 名，比应选代表少 1 名。255 名当选市人大代表中，工人农民 141 名，占 55.3%；非党 42 名，占 16.5%；妇女 29 名，占 11.4%；干部 79 名，占 31%；军人 1 名。文化程度：大学专科及以上 170 名，占 66.7%；中专高中 65 名，占 25.5%；初中及以下 20 名，占 7.8%。经富阳市人大常委会代表资格审查委员会审查，提交富阳市人大常委会会议确认后，由富阳市选举委员会颁发富阳市人大代表当选证。

第十五届人大代表选举

富阳市第十五届人大代表的选举，在 25 个乡镇街道中进行，与 21 个乡镇第十六届人民代表大会代表选举同步。富阳市划分 182 个市人大代表选区。自 2011 年 10 月起准备。本届市人大代表名额为 258 名，分配到乡镇街道人大代表名额 256 名，预留 1 名，机动 1 名。第一轮提名推荐代表初步候选人 722 名，最后协商确定正式代表候选人 436 名。应选名额与正式候选人之比为 1:1.71。确定 2011 年 12 月 20 日为法定选举日，全市各大选区分别进行投票选举，一次选举成功的 179 个，二次选举成功的 1 个，未选出市人大代表的 2 个。经富阳市选举委员会同意，未选出市人大代表的 2 个选区不再另行选举。实际选举产生市人大代表 254 名，比应选市人大代表少 4 名。254 名代表中，工人农民 116 名，占 45.7%；专业技术人员 14 名，占 5.5%；干部 67 名，占 26.4%；非党 38 名，占 15%；妇女 21 名，占 8.3%；军人 1 名；少数民族 2 名。文化程度：研究生及以上 9 名，占 3.5%；大学 74 名，占 24.1%；大专及高职 79 名，占 38.2%；中专、职高及高中 67 名，占 26.4%；初中及以下 7 名，占 2.8%。经富阳市人大常委会代表资格审查委员会审查，提交富阳市人大常委会会议确认后，由富阳市选举委员会颁发富阳市人大代表当选证。

第三章　市(县)人大代表资格审查机构

代表资格审查委员会是市（县）人民代表大会及其常委会下设的一个工作机构，其主要职责是：审查代表的选举是否符合法律规定；对选举产生的人大代表和补选人大代表的代表资格进行审查，确认人大代表资格是否有效；对本届人大代表的变动情况作详细调查，并向市（县）人民代表大会及其常委会报告。

第一节　第一至第六届人大代表资格审查委员会

第一届人大

富阳县

主　任委员：刘建顺

副主任委员：章洪湘

委　　　员：陈荣安　费国昌　杨永泉　刘崇寅　金守淦

新登县（无考）

第二届人大

富阳县

主　任委员：章洪湘

副主任委员：郎雪山

委　　　员：蒋文炳　陈时根　李天和

新登县（无考）

第三届人大

富阳县

主　任委员：章洪湘

副主任委员：潘月娟（女）

委　　员：李天和　周华荣　陈文炳

新登县

主　任委员：张家礼

副主任委员：李桂山

委　　员：李汝明　郎麻姑（女）　应　洪　马发生　章士英

第四届人大

主　任委员：张文广

副主任委员：李天和　李作运

委　　员：崔全友　刘廷昌　郎全美（女）　王银善

第五届人大

主　任委员：陈伟尧

副主任委员：李天和　李作运

委　　员：崔全友　刘廷昌　郎全美（女）　董丁荣

第六届人大

主　任委员：陈伟尧

副主任委员：胡明珂　金炳海

委　　员：李作运　崔全友　郎全美（女）　胡永家　李端银　曹立俊
刘廷昌　董丁荣

第二节　第七至第十五届人大代表资格审查委员会

富阳县第七届人民代表大会第一次会议（以下简称第几届第几次会议）

主　任委员：李作运

副主任委员：钟桂阳　陈寿岳

委　　员：李端银　沈　诚　余大白　张建唐　陈顺德　陈渭泉　胡明潘
徐茂刚

第七届第二次会议

主　任委员：李作运

副主任委员：周文全　陈顺德　钟桂阳

委　　员：张建唐　李端银　陈寿岳　沈　诚　董关洪　胡明潘　徐茂刚

第七届第三次会议

主　任委员：李作运

副主任委员：周文全　陈顺德　钟桂阳

委　　　员：张建唐　李端银　陈寿岳　沈　诚　董关洪　胡明潘　徐茂刚

第七届第四次会议

主　任委员：申屠祖泉

副主任委员：李作运

委　　　员：汪家坤　凌培法　唐国政

第八届第一次会议

主　任委员：申屠祖泉

副主任委员：李作运　陈顺德　钟桂阳

委　　　员：张建唐　袁柏舟　郎渭虎　钟建生　蒋关华　凌培法　喻关德

第八届第二次会议

主　任委员：申屠祖泉

副主任委员：李作运　陈顺德　钟桂阳

委　　　员：张建唐　袁柏舟　郎渭虎　钟建生　蒋关华　凌培法　喻关德
李巨元　陈华林　姚锡荣　叶顺云　孙丁浩

第八届第三次会议

主　任委员：李作运

副主任委员：章一平

委　　　员：蒋汉有　李巨元　唐国政

富阳县第九届人民代表大会（以下简称第几届）

主　任委员：李作运

副主任委员：章一平

委　　　员：蒋汉有　张高隆　郭芬兰（女）

第十届

主　任委员：孙达火

副主任委员：章一平

委　　　员：章汉传　张本和　郭芬兰（女）

第十一届

主　任委员：周银铃

副主任委员：章一平

委　　员：喻关德　俞土良　杨兰芳（女）

第十二届

主　任委员：周银铃

副主任委员：汪锦汉

委　　员：夏有钦　彭观友　俞成新　陈国康　方仁臻（女）

第十二届（2001 年 4 月调整）

主　任委员：汪锦汉

副主任委员：王　晓

委　　员：夏有钦　彭观友　陈国康　俞成新　赵小奎

第十三届

主　任委员：华荣富

委　　员：蒋　才　俞成新　邵立春

第十四届

主　任委员：华荣富

副主任委员：蒋　才

委　　员：钟满华　骆安全

第十四届（2010 年 3 月调整）

主　任委员：华荣富

副主任委员：沈跃雄

委　　员：钟满华　陈　平

第十五届

主　任委员：华之江

副主任委员：沈跃雄

委　　员：钟满华　陈　平

第四章　历届市(县)人大代表名单

富阳市（县）第一至第十五届人民代表大会共选举产生市（县）人大代表 4741 名。人大代表名单按届收录，根据当时公布的单位顺序排列。任期内人大代表变动情况届后说明（由于“文化大革命”运动，第六届县人大代表名单部分遗失，总数 351 名可考 188 名）。

第一节　第一至第六届人民代表大会代表名单

富阳县第一届人民代表大会代表名单（215名）

（1954年7月–1956年11月）

机关31名

王炳奎	齐彦序	顾承祥	张建华	张建唐	吴　杰	刘亦熙
宋关根	余大白	李德胜	张景栋	孔荣文	范汝功	娄文庆
刘镇美(女)	王顺泉	牛树桢	朱世泉	杨荣泉	费国昌	李生斌
高秉礼	李　明	俞生荣	张运钿	王宗立	张文广	张锦栋
张翔霖	朱本左	陈文萍				

太平区27名

陆恒甫	陆鼎琮	喻浩元	曹彩娣(女)	洪柏祥	周泉林	董关尧
胡祥书	陆关模	汪文海	俞梅凤(女)	吕爱仙(女)	陈良春	徐维宏
徐志德	张永潮	朱树贤	徐章元	王金木	孙秉海	俞樟发
张德胜	楼观祥	杨明先	张桂娣(女)	张元进	徐锦钰	

城关镇19名

余飞熊	刘崇寅	俞明悦	金浩林	孔如正	沈剑霞(女)	叶志桂
朱喜泉	陈均铨	孙关炳	潘渭忠	许长生	金慧君(女)	潘正贤
朱玉英(女)	鲍　正	王汝仓	徐文波	韩顺富		

窈口区28名

章香珍(女)	宣渭忠	徐仲根	徐银亚(女)	汪正法	盛其才	王根堋
孟功照	朱孝坤	金茶妹(女)	盛吉根	盛才芬(女)	陈荣安	张德奎
骆荣富	徐祥灿	盛财宝	方夏然	孙长福	楼望桥	章春波
李亦梅	史培基	陈忠根	徐兰贞(女)	徐水根	马德宝	洪光荣

城区12名

姚安和	李庆根	余雪珠(女)	朱梅成	朱锡玉	华友仙(女)	吴洪贤
陈关铨	闻锡娥(女)	朱根木	何宗信	王芝云(女)		

大源区24名

朱昌明	董幼梅(女)	袁有娣(女)	高德润	蒋全娣(女)	蒋宝昌	施寿尧
黄关忠	徐夏来	骆宪松	盛菊生	方国金	曹桂香(女)	方仁根
汪锦渭	蔡加宾	张如贤	赵锡全	夏满娥(女)	朱绪森	周冠荣
韩关钰	韩荷花(女)	徐阿花(女)				

青云区 34 名

陈观涛	周松泉	金瑞君	华学富	郎雪山	许顺宝	俞生其
莫观顺	程兴良	林应昌	俞登三	林志英	邵善修	骆文朝
罗洪梅(女)	金关琴	谢瑞泉	何庆根	董小凤(女)	倪纪男	牧商政
俞关福	金宝娥(女)	周如林	赵正德	刘採娥(女)	陈培玉	蔡锦泉
沈长明	王凤英(女)	潘美娥(女)	王阿毛	邵全根	姜炳书	

场口区 40 名

汪志均	潘兰珍(女)	柴江娣(女)	叶水根	徐九龙	王贤才	詹荣松
施光坤	陈金生	叶毛仙(女)	俞维贤	王金美(女)	何洁如(女)	何洪城
汤正言	董木法	朱花球(女)	颜世忠(女)	何金香(女)	汪育炎	孙忠仁
朱云秀(女)	王木根	申屠养苏	裘永根	裘关行	裘仁珍(女)	金守淦
戚法言	朱宝林	孙玉娣(女)	孙祖庭	俞宗汉	孔银标	闻志松
张水根	俞贵发	汪良成	李云娣(女)	周振元		

新登县第一届人民代表大会代表名单（正式代表 74 名）

（1954 年 7 月–1956 年 10 月）

沈凤英(女)	王渭根	董乾华	贺修贤	王彩素(女)	于兴忠	陈良一
何渭水	朱根相	李桂祥	焦成孝	陈荣华	徐效荣	徐熙成
孙鸣祥(女)	于思文	杨兰奎	张娥莲(女)	甘竹桂	朱培水	强世贤
章百根	章小宝	章贵荣	章士英	郎麻姑(女)	罗良元	陈渭林
李汝明	徐双凤(女)	陈邦荣	韩长春	蔡金良	钱美英(女)	刘　鸿
谢世莲(女)	陈加庆	沈金奎	焦芳兰(女)	蒋士来	董惠兰	卢渭生
张维生	李桂山	章水培	周根有	施金根	高春兰(女)	陈有奎
钟埠金	吴亚民	袁金凤(女)	袁康寿	李春生	缪生福	王岁庭
王荣效	缪坤荣	蓝官荣	王爱宝(女)	陈积福	杨有泉	杜春荣
袁志廉	朱方树	何阿荣	卞竺生	何重恒	魏浩元	钟关海
何玉泉	许桂荣	吕　乔	周文祺	罗小朝	马荣德	张薇垣
罗明广	钟根泉	王紫仙(女)	应士荣	王满兰(女)	孙玉琢	汪阿炎
柯木富	许培玉	孟锡五	潘银水	黄洪来	刘　澄	孙渭章

富阳县第二届人民代表大会代表名单（212名）

（1956年11月–1958年4月）

城关镇64名

赵永华　沈剑霞(女)　刘宗寅　吴　杰　金浩林　瞿克勤　张建华
谢国瑞　许水瑾　朱加琴(女)　周华荣　徐文波　钱巧生　韩仁富
汪炳乾　许志金　潘渭忠　许长生　倪祝英(女)　王士林　李兰生
孙金春(女)　刘镇美(女)　戴显代　俞明悦　洪柏祥　周克勤　金瑞君
余飞熊　王炳奎　刘九正　王汝仓　陈启猷　陈荣安　叶志桂
余坤生　李仲林　蒋文彬　章洪湘　鲍　正　潘正贤　李生斌
王顺泉　张建唐　王晋华　齐彦序　耿　忠　朱玉英(女)　陈文彬
俞生荣　董元校　刘亦熙　胡星根　孙玉琢　王正元(女)　李天和
罗贤林　余大白　杨荣全　蒋　衔　韩焕康　俞在田　曹立俊
牛树成

三山乡6名

包迪明　赵奎泉　王阿娜(女)　余雪妹(女)　陈明松　吴宏贤

大源乡8名

高德润　蒋全娣(女)　胡治元　俞顺朝　赵金锡　董幼梅(女)　蒋东源
朱明昌

大同乡3名

骆荣甫　骆贤增　汪阿金(女)

礼源乡5名

何伯雄　方国金　曹桂香(女)　汪善柱　倪位娟(女)

里山乡5名

宋维厚　赵锡全　叶树青　羊连娟(女)　夏启传

渔山乡6名

俞志显　周玉妹(女)　许五成　赵林凤(女)　张庆发　朱芝玉(女)

新建乡3名

孙长福　蔡启浩　丁爱照(女)

上官乡4名

章纪中　盛财宝　盛瑞芬(女)　陈时庚

湖源乡7名

章士明　徐水根　徐兰珍(女)　盛金林　汪爱花(女)　叶贤根　马德保

常绿乡 6 名

金明关　章满根　朱禄凤(女)　章水顺　朱本山　金茶妹(女)

场口乡 15 名

施光坤　王贤才　俞宗汉　蒋平民　吕关锡　陈金生　施金洪
何浩如　余冬美(女)　王桂松　周鸿喜　凌相连(女)　钱士瑚　边仲和
裘望兴

东图乡 5 名

汪国洪　柴江娣(女)　许木仙(女)　汪尚言　汪水深

常安乡 7 名

李润根　颜喜中　汪良成　李美金(女)　汪绍锡　何玉花(女)　倪宗淦

友谊乡 6 名

方仁詠　裘关培　裘关银　孙祖庭　孙玉娣(女)　孙金兰(女)

王洲乡 6 名

孙继良　姚安和　金守淦　徐来云(女)　徐文生　凌樟海

新桐乡 4 名

汤正言　徐连申　俞阿彩(女)　俞贤申

三联乡 6 名

陆鼎宗　楼耀华　葛彩娣(女)　朱汉祥　马品初　朱炳林

春江乡 7 名

俞樟发　谢樟校　钱玉仙(女)　汪杏英(女)　孙小狗　汤关进　王金木

灵桥乡 6 名

徐志德　陆关模　张永潮　吕荷仙(女)　羊金娥(女)　吴观娥(女)

江丰乡 5 名

黄忠达　张桂娣　杨关庆　刘玉宝　方春香(女)

新民乡 4 名

陈庆隆　张云仙(女)　陆增德　张德胜

大青乡 5 名

郎雪山　邵善修　吴法根　唐喜凤(女)　王金富

春建乡 3 名

奚阿苟　陈香云(女)　曹志伟

受降乡 5 名

陈章娣(女)　马孝根　胡阿法　陶才志　王雪娣(女)

三桥乡 4 名

俞云泉　赵关星　卢彩英(女)　徐德成

新义乡 3 名

陈正娣(女)　谢阿毛　邵泉根

新联乡 4 名

陈生贤　陈乔贤　章惠恒　华夏凤(女)

新登县第二届人民代表大会代表名单（87 名）

（1956 年 10 月–1957 年 3 月）

南新乡 3 名

王梅兰(女)　钟始华　甘祝桂

南安乡 4 名

李德元　高玉川　杨志高　李美蓉(女)

万市乡 5 名

钱荣法　朱德生　陈良祎　沈凤英(女)　卢金霞(女)

洞桥乡 5 名

徐苏荣　徐效荣　朱玉香(女)　杨兰奎　徐熙成

高坪乡 4 名

徐兆燕　王亚钧(女)　石柏荣　吕廷桢

石门乡 5 名

李桂山　洪宝根　王阿华　庄明善　王儿香(女)

军堰乡 3 名

蒋和良　罗贤林　缪谷英(女)

松溪乡 6 名

许桂荣　陈江中　宋金寿　钱小玉(女)　袁志廉　周文祺

渌渚乡 6 名

孙树英(女)　唐炳生　马万虎　徐秀凤(女)　徐玉生　许培玉

新建乡 5 名

董惠兰　徐志伟　徐双凤(女)　朱昌苟　陈邦荣

永昌乡 6 名

卞祝生　杨有全　孙宝荣　邵水全　何玉泉　钟英凤(女)

三溪乡 5 名

张宝荣　章再荣　章士英　张微垣　吴月霞(女)

三合乡 5 名

章维新 俞世昌 陈顺德 郎麻姑(女) 刘阿香(女)

湘主乡 5 名

陈家福 陈元再 俞阜正 孙玉英(女) 沈秀娟(女)

三山乡 2 名

黄洪来 白雨春

城阳乡 14 名

韩长春 孟锡五 田仲军 李有礼 施云霞(女) 卢渭生 陈渭林
何重恒 吴叔丹 袁康寿 王岁庭 吕 乔 王学喜 王容珍

新浦乡 4 名

任财生 曹德炎 钟关海 周金玉(女)

富阳县第三届人民代表大会代表名单（225 名）

（1958 年 4 月–1962 年 7 月）

城关镇 18 名

王顺泉 徐文波 潘渭忠 许长生 孙桃英(女) 倪祝英(女) 黄锦麟
骆富荣 沈剑霞(女) 沈汝康 刘济生 朱嘉琴(女) 金浩林 瞿克勤
许子金 徐克明 谢国瑞 陈兰珍(女)

三山乡 11 名

刘崇寅 石维明 陈关铨 邵含来 赵永华 陆关春 朱明孝
齐金钱 吴宏贤 汪连娣(女) 吴良法

三桥乡 8 名

卢彩英(女) 雷长荣 余大白 俞云泉 徐德成 李阿连(女) 殷春山
金瑞春

大青乡 6 名

陆杏林 王贤珍(女) 郎马行 邵善修 俞焕仙 李奎云(女)

春建乡 6 名

王炳奎 曹志伟 俞东法 陈香云(女) 汤新法 俞光照

新义乡 6 名

邵全根 金宝娥(女) 姜炳书 谢阿毛 叶芝桂 李作运

受降乡 6 名

马孝根 胡阿法 陶才老 王雪娣(女) 李天和 罗延林

新联乡 8 名

陈乔贤 冯闫凤(女) 杜生根 章惠恒 陈阿姣(女) 丁友德 周华荣

韩顺富

新民乡 4 名

张德胜 陈庆隆 杨爱珍(女) 齐彦序

春江乡 9 名

羊美玉(女) 汤关进 张建唐 赵联泉 孙秉海 钱玉仙(女) 王本林
孙小苟 张校南

灵桥乡 8 名

吕全根 羊金娥(女) 张永潮 吕荷仙(女) 汪文海 赵永和 朱有堃
徐志德

三联乡 8 名

楼耀华 金荣娣(女) 朱炳林 朱汉祥 葛彩娣(女) 陆丁宗 徐关标
王士林

江丰乡 7 名

张元胜 孙福贵 金阿婉(女) 杨关庆 牛树成 蒋 衔 陆汝复

渔山乡 8 名

孙玉琢 许午成 俞志显 周玉美(女) 朱芝玉(女) 施琴珍(女) 倪柏仁
葛关圣

里山乡 6 名

赵锡全 夏启传 何永林 李 明 汪绥祥 於阿凤(女)

大源乡 8 名

俞顺潮 蒋东元 刘亦熙 蒋全娣(女) 胡治元 包迪明 边仲和
高德润

礼源乡 6 名

丁望来 汪顺鸿 曹桂香(女) 方国金 何伯雄 李高寿

大同乡 7 名

骆荣富 骆贤珍 蒋莉娟(女) 俞明悦 鲍 振 郎全美(女) 骆海生

新建乡 5 名

孙长福 周克勤 丁爱照(女) 蔡启浩 王汝仓

上官乡 6 名

陈志忠 陈荣安 陈时根 王仁全 盛瑞芬(女) 孟扬灿

常绿乡 10 名

章洪湘 金茶妹(女) 朱本山 朱禄凤(女) 章时和 章仲耿 孟关胜
朱叶祥 章荣福 章水顺

湖源乡 10 名

洪光荣　洪文秀　徐才香　何岳九　叶金仙(女)　骆关法　韩焕康　吴世汉　潘月娟(女)　汪阿毛

常安乡 12 名

汪绍锡　汪良成　颜喜忠　李洪法　倪宗淦　鲍雪荣　裘望兴　王晋华　李美金(女)　张林凤(女)　李仁根　黄山堂

友谊乡 10 名

洪官富　李仲林　盛圣贤　方仁詠(女)　裘仁珍(女)　孙友娣(女)　施金洪　裘关银　孙宝山　裘关炎

场口乡 9 名

俞宗汉　陈金生　许明才　王桂松　孙香金(女)　闻阿开　许枫木　吕关锡　何浩如(女)

王洲乡 7 名

孙继樑　凌樟海　金守淦　徐文生　徐来云(女)　姚安和　陈文炳

东图乡 9 名

柴江娣(女)　许木仙(女)　汪尚贤　汪国洪　汪水升　曹宝珍(女)　许志营　蒋平民　陈海松

新桐乡 7 名

章渭生　徐江水(女)　俞增坤　章樟贤　倪章荣　吴璀银　钱士瑚

新登县第三届人民代表大会代表名单（90 名）

（1958 年 5 月–1958 年 9 月）

南新乡 4 名

钟文奎　钟始华　张微垣　彭春凤(女)

南安乡 4 名

蔡学忠　高玉川　杨志高　李美蓉(女)

万市乡 5 名

钱荣法　钟一峰　万培金　沈凤英(女)　施云霞(女)

洞桥乡 5 名

陈顺德　徐效荣　何桂香(女)　于锡照　徐熙成

高坪乡 4 名

王化曾　吴阿才　谢尧根　宋凤美(女)

石门乡 4 名

章炳林　李桂山　洪宝根　李汝明

军堰乡 4 名

陈木苟　缪传根　宋大苟　金　洪

松溪乡 5 名

许桂荣　钱小玉(女)　俞春波　田仲军　马发生

渌渚乡 7 名

邱根弟(女)　吴阿志　俞兆松　徐美春　徐玉生　许培玉　袁根炎

新建乡 5 名

孟锡五　汪献元　徐双凤(女)　李财桂　陈邦荣

永昌乡 6 名

马万虎　黄益波　胡雪花(女)　钟应凤(女)　邵水根　许桃福

三溪乡 5 名

章宝荣　章再荣　章士英　童叶根　吴月雅(女)

三合乡 5 名

罗传娜　俞世昌　俞树青　汪兆祥　郎麻姑(女)

湘主乡 6 名

徐延华　周纪根　陈念林　钟水荣　汤方正　邹金花(女)

三山乡 2 名

丁春水　白雨春

城阳乡 14 名

王启海　许金华　吴叔丹　奚怀庆　张家礼　卢渭生　吕　乔
刘荣仁　杨松林　陈家福　周爱珍(女)　雷江有　沈水林　袁兆奎

新浦乡 5 名

钟关海　应金中　陈阿香(女)　俞通根　沈锡斌

富阳县第四届人民代表大会代表名单（354 名）

（1962 年 7 月–1963 年 12 月）

万市公社 11 名

朱阿金　沈凤英(女)　卢金莲(女)　何桂香(女)　钟水才　应桂福　李茂才
王占凡　罗明广　章士英　李月明

南新公社 5 名

钟文奎　彭春凤(女)　柴文德　陈根然　彭恒勤

南安公社 4 名

贾冠雄　高玉川　陈玉英(女) 杨志高

三溪公社 8 名

童叶根　洪小兰(女) 吴月雅(女) 章再荣　何雪玉(女) 余樟海　邵善勤
陈忠明

新登镇 13 名

王启海　方阿玉(女) 周爱珍(女) 程金花(女) 郭友福　吴人怡(女) 许福康
沈水林　吴叔丹　徐华琦　姚志刚　卢渭生　范培忠

城阳公社 8 名

王治臣　奚怀青　谭华香　白明章　娄阿香(女) 陈月林(女) 王银善
雷和宝

永昌公社 7 名

罗传娜　卞祝生　陶正方　胡雪花(女) 叶小娜(女) 单养娜　王化明

津灵公社 7 名

杨松林　陈邦荣　冯关水　袁金凤(女) 陈冬仙(女) 韩尔中　濮家堂

胥口公社 9 名

孟锡五　徐恒科　郑阿传　朱小培　许成元　郑阿香(女) 孙松根
钱月香(女) 罗亚娟(女)

湘主公社 6 名

洪兆淳　刘九正　吴关照　朱金香(女) 罗金元　陈念林

渌渚公社 9 名

余大白　陈家福　骆森潮　陈荷花(女) 陈阿香(女) 叶美娟(女) 诸章荣
孙丙照　谢根才

松溪公社 8 名

黄山堂　叶上青　王　纯　邱高元　陈牛凤(女) 洪根英(女) 方培法
沃炳坤

湘溪公社 6 名

刘庭昌　何重恒　王洪生　王花云(女) 陈宝根　金德潮

场口公社 13 名

王震华　周美珍(女) 汪玉英(女) 闻阿开　陈金生　盛生海　许枫木
许志营　许明才　吕关锡　陈海松　朱梦相　陈金水

王洲公社 7 名

孙继良　张运钿　姚安和　李金凤(女) 孙根仙(女) 金传来　徐文生

新桐公社 8 名

孙忠仁　朱花球(女)　戴舞雪　包夏娣(女)　包秀美(女)　郎全美(女)　钱士瑚
包金来

东图公社 8 名

许炎熙　柴江娣(女)　占水仙(女)　屠加水　汪尚贤　曹宝珍(女)　张绍富
王志灿

友谊公社 11 名

刘建顺　丁金坤　施金洪　方仁詠(女)　蒋平民　裘仁珍(女)　方茂林
孙友娣(女)　洪官富　裘关银　裘富根

常安公社 11 名

张关松　李洪法　汪良成　汪绍雪　李志仙(女)　章爱珍(女)　裘望兴
孙利春(女)　李仁根　汪绍荣　王晋华

湖源公社 10 名

洪光荣　洪均培　王阿金(女)　李雪贤　陆海良　叶金仙(女)　费国昌
骆关法　沈汝康　潘芬菊(女)

富阳镇 22 名

王顺泉　王　铿　方传校　朱玉英(女)　沈剑霞(女)　姚淑英(女)　陈文炳
江连山　刘济生　谢国瑞　徐克明　瞿克勤　黄锦麟　应关斌
孔铭洲(女)　易少轩　曹立俊　姚招琴(女)　郭马顺　朱加琴(女)　郁友新
许子金

三山公社 12 名

王士林　赵荣华　朱明孝　刘崇寅　陈其祥　华友仙(女)　吴良法
陆顺金　陈水根　王永仁　刘秋凤(女)　王法娣(女)

大青公社 8 名

刘茂盛　柯关友　邵善修　楼国民　倪根娣(女)　张美仙(女)　杜祖海
周宽松

春建公社 7 名

汪水生　周克勤　倪纪南　张细囡　虞银花(女)　高容珍(女)　袁茂富

新义公社 8 名

李作运　李奎云(女)　何宝泉　陈天祥　顾冬英(女)　杨玉正(女)　金孝法
杨罗荣

新联公社 11 名

崔全友　袁宝宾　杨志祥　劳新范　周华荣　蔡锦泉　董金荣

林金水 林菊美(女) 俞爱香(女) 华本礼

受降公社 9 名

李天和 徐关标 叶芝桂 罗延林 王裕昌 王雪娣(女) 冯生法
华阿松 王彩花(女)

三桥公社 10 名

齐彦序 杜希亮 王龙宝 殷春山 金瑞君 王关苟 郑顺泉
方成林 卢彩英(女) 陆水珍(女)

金桥公社 9 名

张建唐 戴显代 杨祥珍(女) 华水根 倪邦尧 倪菊英(女) 徐水土
徐祥如 俞荣珍(女)

灵桥公社 13 名

董元校 汪永煜 胡明潘 何伯雄 李高寿 刘冬云(女) 羊松水
吕士龙 王桂娣 张永潮 张如贤 董连芳(女) 骆宝娥(女)

里山公社 12 名

张建华 牛树成 陈君文 陆汝复 杨良仁 黄春英(女) 施光校
葛如田 夏菊芳(女) 徐菊仙(女) 孔杏珍(女) 夏启权

春江公社 11 名

何益生 李端银 卢应有 孙炳海 汪文海 羊美玉(女) 董关校
汤关进 沈彩金(女) 何巧云(女) 吴炳宏

大源公社 11 名

张文广 陈启猷 边仲和 何泰康 高德润 蒋全娣(女) 赵国荣
骆佐湘 钱玉仙(女) 王乃良 蒋金龙

东洲公社 15 名

许兆祥 刘本祥 汪绥祥 何维尧 陆丁宗 楼观祥 朱汉祥
楼耀华 李关福 葛彩娣(女) 杨爱珍(女) 张菊英(女) 戴仁娣(女) 赵梅生
陈庆龙

上官公社 7 名

韩焕康 陈时根 陈荣安 盛吉根 盛桥言 楼香妹(女) 陈定奎

大同公社 9 名

李景祥 鲍　振 盛潮元 俞政新 王福仙(女) 盛秀珠(女) 蔡启浩
骆乃昇 楼银莲(女)

常绿公社 11 名

李金标 骆海生 孟扬灿 章荣福 章仲耿 章满根 章士和

朱本山　金茶妹(女)　俞才花(女)　孟关胜

富阳县第五届人民代表大会代表名单（351名）

（1963年12月–1966年5月）

南新公社5名

彭恒勤　钟文奎　彭春凤(女)　柴文德　罗位刚

南安公社5名

陈金水　贾冠雄　陈菊香(女)　高玉川　杨志高

万市公社6名

李茂财　刘祖藩　王金山　沈凤英(女)　钟水才　万天根

洞桥公社5名

李月明　朱阿金　徐效荣　应桂福　施水银(女)

三溪公社6名

邵善勤　童叶根　袁福荣　俞桂林　陈振国　王阿凤(女)

贤德公社4名

罗明广　奚永隆　黄志芳　沈桂云(女)

新登镇10名

程金花(女)　袁　菱(女)　徐华琦　吴叔丹　姚志刚　卢渭生　沈水林
许福康　王启海　周爱珍(女)

城阳公社（8名）

奚怀青　谭华香　白明章　王银善　娄阿香(女)　刘阿香(女)　雷江友
邵金林

津灵公社8名

范培忠　韩尔中　钟百成　冯关水　袁金凤(女)　尹阿英(女)　苏祖富
卢祖训

松溪公社8名

黄山堂　王　纯　叶上青　陈荷花(女)　洪根银(女)　沃炳坤　方培法
蒋水根

永昌公社7名

杜锡亮　单养娜　罗传娜　叶金山　钟应凤(女)　胡雪花(女)　陶正方

湘溪公社4名

何重恒　闻祖惠　周召根　吕菊花(女)

湘主公社 6 名

刘九正　洪兆淳　陈学忠　陈再清　罗金元　朱金香(女)

胥口公社 9 名

刘廷昌　孙玉远　郑阿传　朱小培　罗永根　钱玉香(女)　孙松根
许承元　郑阿香(女)

渌渚公社 7 名

余大白　陈家福　吴志明　方阿玉(女)　孙丙照　吴冬香(女)　孙阿富

新浦公社 4 名

郭友福　叶树棠　余祖培　徐桂莲(女)

场口公社 9 名

许志营　许枫木　吕关锡　陈海松　周振元　何柏仙(女)　盛生海
王震华　孙利文(女)

王洲公社 8 名

张运钿　曹宝珍(女)　孙继梁　吴小平(女)　凌江根　华木杜　徐文生
张世雷

新桐公社 8 名

郎全美(女)　胡家鑫　郭马顺　孙忠仁　朱花球(女)　俞阿彩(女)　傅礼元
包金来

东图公社 9 名

王志灿　姚安和　张绍富　许炎熙　柴江娣(女)　詹水仙(女)　许玉熙
汪可玉　汪尚贤

龙门公社 6 名

何益生　蒋平民　孙金校　徐根福　洪官富　胡珊瑚(女)

环山公社 7 名

江连山　施金洪　方仁詠(女)　裘关培　裘关银　裘小娟(女)　裘富根

常安公社 11 名

刘建顺　裘望兴　李仁根　沈汝康　张关松　洪珠仙(女)　汪绍锡
汪良成　孙锡堂　何其荣　陈桂英(女)

湖源公社 10 名

费国昌　杨荣泉　钱士瑚　洪光荣　何雪堂　洪均培　吴万朝
李雪贤　李春妹(女)　潘芬菊(女)

灵桥公社 9 名

胡明潘　董元校　金本孝　吕士龙　吕樟福　董连芳(女)　杨松水

骆宝娥　李志先(女)

礼源公社 7 名

汪永煋　李高寿　何伯雄　汪顺鸿　曹桂香(女)　张如贤　蔡启高

里山公社 6 名

张建华　陆汝复　杨良仁　夏关雪　黄春英(女)　夏启传

渔山公社 8 名

陈君文　骆海生　何显标　彭绍求　孔杏珍(女)　夏宝弟(女)　张广福

何显校

东洲公社 13 名

许兆祥　杨祥珍(女)　陆鼎琮　楼观祥　楼耀华　葛彩娣(女)　汪绥祥

李关福　杨爱贞(女)　张阿菊(女)　陈庆龙　朱汉祥　朱丙林

春江公社 10 名

陆俊书　徐东顺　程　洪　徐文波　董丁荣　何巧云(女)　王金木

徐永桃　吴炳宏　许宝娥(女)

大源公社 11 名

张文广　何泰康　张乃仙(女)　杨仁娣(女)　蒋全娣(女)　钱玉仙(女)　高德润

骆佐相　杨仁财　蒋金龙　王乃良

上官公社 5 名

韩焕康　盛吉根　盛桥言　陈定奎　陈雪娟(女)

常绿公社 9 名

李端银　孟扬灿　章仲耿　宣惠忠　金茶妹(女)　俞爱珍(女)　章水安

朱本山　章文明

新建公社 4 名

陈启猷　孙长福　俞政新　骆夏娥(女)

大同公社 7 名

李景祥　鲍　振　骆永福　骆荣富　盛金昌　王福仙(女)　骆乃升

富阳镇 17 名

王　铿　牛树成　曹立俊　易少轩　朱玉英(女)　沈剑霞(女)　孙锡贤

陈文炳　孔铭洲(女)　谢国瑞　徐克明　瞿克勤　颜菊花(女)　黄锦麟

朱加琴(女)　应关斌　姚淑英(女)

金桥公社 11 名

张建唐　濮家堂　楼金土　刘济生　华水根　楼阿传　陆志明

胡善林　方冬春(女)　张云仙(女)　徐水土

三山公社 10 名

王士林　朱明孝　刘崇寅　陈其祥　华友仙(女)　王法娣(女)　郑金荣
陈水根　徐日月　吴良法

上里公社 4 名

华海泉　陆关春　王永顺　孙金花(女)

三桥公社 9 名

齐彦序　胡成梁　金瑞君　王关苟　吕罗德　池月英(女)　郑顺泉
徐雪根　卢彩英(女)

大青公社 8 名

陈伟尧　柯关友　邵善修　陆宏宣　赵阿彩(女)　金秀娟(女)　倪关海
周永贵

春建公社 6 名

汪水生　周克勤　倪纪南　奚阿苟　张关木　高容珍(女)

新义公社 6 名

李作运　王化明　谢金虎　谢阿毛　邵兰生(女)　邵阿东

新联公社 8 名

崔全友　杨志祥　劳新范　王阿毛　林菊妹(女)　徐仁娣(女)　陈乔贤
赵岳顺

坑西公社 4 名

周华荣　何希荣　蔡启泉　胡喜凤(女)

受降公社 9 名

李天和　袁宝滨　王晋华　王裕昌　华阿松　王雪娣(女)　周雪根
冯生法　王彩花(女)

富阳县第六届人民代表大会代表名单

（1966 年 6 月，总数 351 名可考 188 名）

南新公社 5 名

彭恒勤　钟文奎　彭春凤(女)　罗位刚　黄光富

南安公社 5 名

陈金水　贾冠雄　陈菊香(女)　高玉川　杨志高

万市公社 6 名

黄山堂　李茂财　陈木源　姚金德　沈凤英(女)　钟水才

洞桥公社 1 名

李月明

三溪公社 2 名

王兴夫　　邵善勤

贤德公社 1 名

华海泉

新登镇 8 名

程金花(女) 袁　菱(女) 徐华琦　　吴叔丹　　姚志刚　　卢渭生　　许福康

徐克明

城阳公社 4 名

奚怀青　　谭华香　　范培忠　　韩尔中

松溪公社 2 名

石维明　　寿李根

永昌公社 2 名

杜锡亮　　单养娜

湘溪公社 1 名

何重恒

湘主公社 6 名

刘九正　　洪兆淳　　王阿毛　　王友仁　　朱金香(女) 罗金元

胥口公社 2 名

刘廷昌　　孙玉远

渌渚公社 7 名

余大白　　陈家福　　张关松　　方阿玉(女) 吴冬香(女) 王雪堂　　汪金芳

新浦公社 1 名

徐世弟

场口公社 7 名

许枫木　　吕关锡　　陈海松　　张振国　　曹宝珍(女) 陈寅恭　　许志营

新桐公社 8 名

郎全美(女) 胡家鑫　　颜厥禧　　戴贤锡　　陆生云　　朱花球(女) 张世雷

俞阿彩(女)

东图公社 2 名

王志灿　　张绍富

龙门公社6名

何益生　蒋平民　郑阿传　徐根福　胡珊瑚(女)　周金土

环山公社7名

江连山　施金洪　方仁詠(女)　王金山　裘关银　张申凤　裘富根

常安公社4名

刘建顺　徐荣生　李仁根　沈汝康

湖源公社3名

王关升　钱士瑚　张孝庭

灵桥公社3名

董元校　金本孝　杨松水

礼源公社3名

李高寿　何伯雄　杨荣泉

里山公社6名

张建华　陆汝复　杨良仁　夏本治　黄春英(女)　夏启传

渔山公社2名

陈君文　骆海生

东洲公社5名

许兆祥　杨祥珍(女)　陆鼎琮　章中俊　王化明

春江公社5名

董江源　胡永家　程　洪　曹立俊　董丁荣

大源公社11名

张文广　高德润　张乃仙(女)　杨仁娣(女)　华金玉(女)　王玉仙(女)　金明关
骆佐相　杨仁财　蒋金龙　王乃良

上官公社5名

韩焕康　盛吉根　陈定奎　孙炳六　陈春仙(女)

常绿公社3名

李端银　章仲耿　孟扬灿

新建公社1名

陈启猷

大同公社2名

李景祥　鲍　振

富阳镇9名

易少轩　朱玉英(女)　沈剑霞(女)　陈文炳　孔铭洲(女)　谢国瑞　夏世平

吴照镛　黄锦麟

金桥公社 4 名

楼金土　刘济生　徐罗浩　金炳海

三山公社 3 名

王士林　朱明孝　刘崇寅

三桥公社 10 名

齐彦序　金瑞君　濮家堂　王关苟　郑顺泉　徐雪根　陶承章
唐仲正　池月英(女)　李土英(女)

大青公社 2 名

陈伟尧　邵善修

春建公社 6 名

周克勤　柯关友　董一鸣　奚阿苟　高容珍(女)　马木根

新义公社 7 名

李作运　崔全友　应金中　谢阿毛　邵兰生(女)　周关木　邵阿东

新联公社 4 名

李观庆　杨志祥　劳新范　周华荣

受降公社 7 名

胡明珂　何庆根　周雪根　冯生法　林秀英(女)　马桂花(女)　楼传生

第二节　第七至第十五届人民代表大会代表名单

富阳县第七届人民代表大会代表名单（427 名）

（1980 年 12 月–1984 年 10 月）

富阳镇 67 名

张书声　唐永富　张建华　王良仟　王金生　陈思白　丁昌义
陈　杰　袁水根　骆亦丰(女)　程式聪　汪荣信　孙玉琳　陈朝录
周渭水　周鸿度　仇兴成　江利浓(女)　叶荣生　李高寿　周文全
吕锦堂　平　雁(女)　郁有兴　朱玉英(女)　肖渭福　唐国政　钱　塘
赵炳荣　俞　莱　王晋华　王玉屏　王樟金　洪建华(女)　朱法荣
吕关锡　郭建华　王　强　陈书君(女)　方象中　金爽泉　金加琴
王正元(女)　陆文祥　郭收获　李洪福　沈香泉　盛秋申　杜绍华
裘福庚　李富潮　罗菊兰(女)　陈渭泉　钱莫英(女)　章一平　俞荣伟
华瑞庆　许国才　傅玉莲(女)　楼富根　王美蓉(女)　楼才富　王志雄

徐夏珍(女) 孙进源 吴土根 华金娥(女)

大青公社 8 名

王淑英(女) 余大白 费土根 唐观青 张美中 杜关仁 吴志芳
何仲衡

春建公社 6 名

郑必高 倪雪潮 董关洪 吴金宝 金关雪 唐关木

三山公社 12 名

李景祥 陆惠珍(女) 屠康明 陈金土 何仁雪 喻关德 吴明申
王洪云 沈柏顺 何宗信 倪观雷 马星高

新义公社 6 名

周永泉 郭新建 谢阿毛 卞达荣 王冬娥(女) 巴法根

新联公社 12 名

周达富 王裕昌 鲁　扬 王玲凤(女) 何南华 王小荣 李端银
胡德仁 陈关林 陈玲华(女) 郑秋凤(女) 裘久贤

三桥公社 9 名

陶祖福 王水林 金文花(女) 董正新 孔康炳 黄金炎 方水炎
李志善 俞金菊(女)

受降公社 9 名

丁和法 梁其祥 邵银法 陶德荣 杨明先 俞振标 赵贱根
陈清森 陈寿岳

金桥公社 9 名

刘　鸿 陈友根 林金花(女) 田晓农 张建唐 徐关生 童顺慕
王炳贤 陆宝庚

春江公社 13 名

汪加坤 喻宏松 董丁荣 刘伟雪 孙茂昌 徐金玉 陈本焕
俞恭升 陆勤安 孙炳海 谢桂玉(女) 唐雪娟(女) 王校然

东洲公社 23 名

朱仁浩 陶加金 陆彩娣(女) 陈广达 何炳灿 许圣山 陈金水
王百圻 何丁淦 杨荣泉 张关征 陆本玉 张仲煦 裘仰芝
俞丁文 赵玉岱 吴大勇 洪德森 葛华兴 郑长法 章宝恩
葛良明 章昌泉

常安公社 11 名

孙光荣 李志华(女) 李建平 李广平 李福荣 汪绍荣 李忠行

李晓林　　倪金娥(女)　张培春　　李志堂

环山公社8名

徐茂刚　　柴志匡　　胡贵木　　方柏根　　裘茂如　　陈锡珠(女)　郑忠年
马关水

龙门公社6名

倪绍根　　李定国　　闻荣安　　何阿郎(女)　孙申华　　孙文喜

湖源公社11名

陈平龙　　庄菊兰(女)　吴世良　　李友富　　颜关木　　汪阿毛　　洪荣根
何国荣　　金小莲(女)　倪根大　　凌培法

场口公社16名

王栋臣　　陈木源　　钱士瑚　　程关铮　　孙根仙(女)　李金凤(女)　何文松
金联根　　叶明华　　金关胜　　申屠水泉　张关松　　张荣昌　　朱永明
盛爱松　　申屠玉华(女)

东图公社8名

张绍富　　屠阿祥　　徐雪标　　姚炎生　　汪玉仙(女)　詹云权　　洪水春
徐如康

新桐公社8名

俞贤海　　戚发言　　董关贤　　赵祥凤(女)　叶奎福　　章济善　　舒清华
包培根

常绿公社9名

骆关申　　章沛钧　　章永和　　应录云(女)　章东元　　章校祥　　章祝明
章水祥　　朱以朝

新建公社5名

郁兰凤(女)　陆桂荣　　胡明泮　　李永田　　李正高

上官公社4名

叶梅英(女)　盛生根　　金文泉　　盛永祥

大同公社8名

蒋关华　　徐洪金　　孙祥英(女)　蒋乃申　　李志荣　　李章夫　　张东辉
骆民生

大源公社10名

周烈良　　祝成信　　董关干　　蒋士驹　　裘银扮　　王常根　　蒋东元
史培荣　　华金玉(女)　金晓华

礼源公社 7 名

盛其浩　李金标　姜宪法　方志歧　汪兰凤(女)　蔡玉荣　丁福文

里山公社 5 名

吕全根　张享龙　夏锦银　夏加玉　何祥贞(女)

渔山公社 6 名

杨惠明　陈钱江　赵雪荣　陆虎珍(女)　黄约西　赵云来

灵桥公社 12 名

吕如根　王关树　汪松根　吴关税　陈根泉　吴雪琴(女)　孙长福
汤根铨　李作运　陆元浩　张金龙　陈仁忠

胥口公社 11 名

吴关照　徐炳成　方胜元　周树培　罗永根　吕玉娟(女)　孙三山
张咸枕　丁金坤　王治臣　朱小培

湘主公社 7 名

邵成富　周纪根　刘阿达　项广馀　倪金兰(女)　陈顺德　冯炳荣

湘溪公社 4 名

叶顺荣　朱永年　汪阿秀(女)　凌渭根

永昌公社 6 名

陈新华　罗国华　何金银(女)　魏阿林　汪志寿　翁根福

松溪公社 9 名

蒋水根　王小良　沃献忠　马金宝　孙玉远　许云芳(女)　邱高元
钟建生　叶周华

城阳公社 18 名

孙水兰(女)　杨松林　汪木英(女)　张水根　郑传苟　周友林　丁小成
潘守铨　朱水贤　沈荣桂　徐泉元　郭富来　吴忠富　周友良
何明玉　袁火贤　卢高莲(女)　蓝练根

渌渚公社 8 名

罗传娜　袁加民　程胜发　梅连英(女)　汪关福　邹关良　许樟友
仰关保

新浦公社 4 名

徐延华　寿菊香(女)　俞福贤　徐洪根

新登镇 16 名

郭善龄　王　健　朱国斌　黄虎南　唐生根　洪纪凤(女)　韩尔中
朱友成　张琴花(女)　王建平　项墨庄　胡水高　王金水　唐太来

陆锡泉　　宣歌伦

南新公社6名

申屠祖泉　吴尉芬(女)　卢彩贞(女)　姜雪洪　　陈天顺　　陈德成

南安公社6名

郑阿传　　金银花(女)　蒋祥征　　沈　诚　　汪金宝　　杨志高

万市公社9名

陈喜来　　罗回春　　沈凤英(女)　万雪华　　吴亚民　　申屠金海　钟桂阳
张高隆　　陈冠芳(女)

洞桥公社6名

蒋有权　　范培忠　　徐苏荣　　江火元　　徐茂荣　　杨来生

三溪公社4名

章桂元　　周来根　　骆森潮　　张阿根

贤德公社5名

沈志元　　何香根　　徐树林　　郎谓虎　　季小妹(女)

本届人大代表变动情况

调离（6名）：徐雪标　程关铮　陆文祥　丁昌义　王良仟　朱有成
病故（4名）：仰关保　洪纪逢　王晋华　方志歧
撤销（1名）：王炳贤

富阳县第八届人民代表大会代表名单（401名）

（1984年11月–1987年4月）

南新乡5名

吴初升　　申屠祖泉　李清元　　钱美云(女)　王林平

南安乡5名

罗木强　　姚锡荣　　郑全水　　毛小水　　李伏梅(女)

万市乡8名

应根松　　方庆桂　　王庆法　　王韶国　　沈凤英(女)　申屠深海　刘　鸿
张高隆

洞桥乡4名

张卫平　　徐木良　　徐　云(女)　倪鹿华

三溪乡5名

沈水松　　袁大伟　　叶文彩　　范培忠　　张阿根

贤德乡 3 名

许文良　徐树林　吕文虎

高坪乡 3 名

凌渭根　金正洪　孙三山

胥口乡 6 名

章顺来　毛生华　周树培　商春菊(女)　商贵友　戴柏年

湘主乡 7 名

朱凤山　袁柏舟　周会如　倪金兰(女)　方炎林　杨荣华　何阿土

湘溪乡 3 名

童友光　程潮洪　汪阿秀(女)

永昌乡 6 名

闻作良　黄加度　石世钊　钟胜利　陈云生　方晓梅(女)

松溪乡 8 名

沃柏贤　韩旭东　陈华林　沃生根　朱玉根　王金娣(女)　沃炳坤
厉国松

城阳乡 6 名

叶金满　王荣根　蓝练根　华爱莲(女)　郑传荀　孙生法

灵山乡 3 名

熊晶晶　卢国忠　方夏潮

南津乡 3 名

徐彰富　陆高升　朱水泉

渌渚乡 7 名

汪关林　谢立洪　袁加明　梅连英(女)　闻庆渭　周　涌　张金火

新浦乡 4 名

汪广华　寿菊香(女)　俞福炎　钟木根

新登镇 19 名

方庭华　郭善龄　程天尧　韩尔中　唐生根　汪月芳(女)　曹俊生
林雪源　于　红(女)　许芝萍(女)　胡小华(女)　项墨庄　王建平　裘伟豪
朱成年　唐太来　罗文木　张水根　周跃跃(女)

上官乡 4 名

盛其浩　李小花(女)　张六一　王希康

常绿乡 9 名

章连法　章校祥　章幼文　占庄雪　章乃菊(女)　章华东　吴雪昌

盛　璋　章永和

新关乡 6 名

王乃富　贾桃凤(女)　金雪祥　杨健达　王保英(女)　傅尚功

新建乡 5 名

姜康生　楼仁明　孙达火　孔宝凤(女)　朱培明

大源乡 8 名

陈培建　董关干　蒋水云(女)　裘潭松　王金龙　王文水　周烈良
王苏华

礼源乡 6 名

羊申法　邵荫棠　祝培传　赵仁祥　李云珍(女)　潘其生

灵桥乡 11 名

张建达　冯宝万　叶顺云　汪善梅　张小凤(女)　俞浩堂　吕海松
黄兴法　王雪娣(女)　姜立中　李作运

里山乡 5 名

夏森林　夏关生　夏良根　俞雪凤(女)　夏和根

渔山乡 7 名

李乃明　金未元　彭宝海　罗汝椿　陆虎珍(女)　陈银福　余水根

东图乡 7 名

张胜良　汪明生　许柏荣　黄爱珍(女)　张绍富　张美蓉(女)　柴金火

王洲乡 6 名

赵国申　何章林　徐国朋　华宝珍(女)　凌国余　凌阿花(女)

新桐乡 7 名

孙奎权　顾根松　包全罗　包凤潮　董彩娟(女)　赵连鱼　董关贤

场口乡 9 名

孙加成　何志洪　方光金　许观琴(女)　张阿娟(女)　张水妹(女)　舒增荣
叶望相　王国元

龙门乡 5 名

何松胜　李定国　朱爱芳(女)　孙文喜　孙柏泉

环山乡 6 名

孙光荣　徐胜泉　胡士林　裘胜利　裘青桂　卢爱芬(女)

常安乡 10 名

占富松　孙叶明　胡亚芬(女)　李根良　孙柏泉　孙国娣(女)　张建根
倪金水　潘银松　胡秀兰(女)

栖鹤乡 3 名

韩茂根　何如生　何增国

湖源乡 5 名

沈　华(女)　凌培法　潘木根　颜加强　汪阿毛

窈口乡 3 名

方金浩　胡祥木　凌可法

春江乡 11 名

周福根　徐松林　刘伟雪　俞荣芳(女)　丁培坤　方银儿(女)　姚丙达
孙茂昌　孙海燕(女)　王校然　陆勤安

东洲乡 9 名

李国根　许培申　许保木　洪德森　吴宝松　陆丁全　夏深根
许连根　羊观仙(女)

江丰乡 9 名

董百灵　施小观(女)　余大白　俞丁文　盛建华　张良书　张大法
郑长法　倪志升

新民乡 5 名

包木松　陆彩娣(女)　陈火根　陈关浩　蒋汉有

金桥乡 9 名

罗贤根　何建新(女)　陈培根　陈柏海　陈正虎　方阿水　赵元庆
张书声　周爱花(女)

三桥乡 8 名

邵国贤　沈建国　冯连珍(女)　陈明海　黄金贤　金关雪　骆政治
姚炎生

新联乡 7 名

陆金木　陈兰英(女)　胡德仁　陈关林　陈玲华(女)　金宝泉　陈柏新

坑西乡 3 名

夏德根　唐正军　赵雪英(女)

受降乡 9 名

蒋关潮　陶德荣　华永贵　傅爱金(女)　苏水根　周其法　李巨元
骆富珍(女)　王惠芳(女)

新义乡 6 名

裘金波　周洪青　陈隆富　邵龙位　孔福娣(女)　闻金荣

春建乡 5 名

胡龙水　马木根　李广达　邵建平(女)　钱乃华

大青乡 9 名

徐生泉　汤金华　俞正言　陈菊珍(女)　陆华元　刘升元　金爽泉
瞿松青　潘森龙

三山乡 11 名

孙阿小　何樟荣　闻全荣　陆玉凤(女)　徐双宝　金关贤　李景祥
俞志龙　陈洪建　赵金娣(女)　刘仁国

上里乡 3 名

陆关友　叶桂林　夏关雪

富阳镇 70 名

孙丁浩　王文美(女)　章浩根　朱华华(女)　庄尚兰　范元龙　汪家坤
郁有兴　王美容(女)　黄　强　周小青　卢文成　章一平　李向明
叶明时　陈达明　崔浣汝(女)　张永仁　裘福庚　王栋臣　张治平
方　正　赵卫中　金柏泉　陈志元　吕关锡　罗丽娟(女)　陈乃斌
刘　勇　沈土林　徐关标　张秀森　翁文化　葛扬安　汪力忠
沈邦达　董柏春　许国才　叶江敏(女)　赵之大　傅玉莲(女)　唐永富
张芬娥(女)　何裕仁　凌跃华　盛国良　杨关勤　郭芬兰(女)　杨永清
陈书君(女)　夏生成　盛秋申　汪锦汉　冯　伊(女)　方志根　陆宝庚
董仁青　张爱萍(女)　李惠信　唐国政　郭建华　方锦珍(女)　宫先仪
熊恩生　黄品耀　周银铃　刁玉岳　尤方贤　乐　狰(女)　任志炎

本届人大代表变动情况

调离（8 名）：张书声　汪力忠　金爽泉　李向明　周烈良　刁玉岳　尤方贤
裘福庚　病故（2 名）：汪家坤　李景祥　补选（2 名）：董自强　金永基
罢免（1 名）：赵元庆

富阳县第九届人民代表大会代表名单（298 名）

（1987 年 4 月－1990 年 3 月）

富阳镇 51 名

张关财　刘端林　黄荣良　翁文化　韦玉宇(女)　李金凤(女)　金志根
孙复东　吕关锡　方志根　郭建华　葛扬安　张杏影(女)　翁江波
徐茂刚　袁朝和　陈达明　张正浩　金柏全　张芬娥(女)　孙丁浩
蒋豫生　缪和福　任志炎　章浩根　孙武平　孙达火　王栋臣

卢金莲(女)	王　强	章一平	朱新志	陆增裕	陈　坤(女)	沈桂根
沈乔庆	赵庆林	王兰英(女)	朱永明	吕锦堂	徐建设	孙雪贤
章宝恩	方富根	汪丁成	沈在中	张国庭	惠雪祥	吕志祥
陈金宝	马文根					

青云区 71 名

孙茂昌	孙喜根	俞金水	董梅仙(女)	王玉华	赵雪英(女)	陆勤安
陆桂荣	丁甲富	羊观仙(女)	许文培	胡龙水	洪德森	魏春牛
陆加祥	杨昌华	余大白	包木松	沈金明	周文玉	夏德根
赵松书	陆其法	盛培建	陆彩娣(女)	蒋汉有	陈关浩	唐志能
陈柏海	方志耿	沈爱玉(女)	汪锦汉	李长水	邵国贤	陆金木
沈建国	雷小云(女)	陆咬脐	孙建平(女)	徐关富	周宝法	陈汉荣
陈玉虎	陈关林	陈凤满(女)	朱明生	孙阿小	夏延根	俞志龙
吴彩云(女)	俞振标	陈桂松	蒋关潮	刘阿和	郭芬兰(女)	刘加军
马吉荣	赵才玉	俞俊臣	孔福娣(女)	王生林	齐秀英(女)	李承祥
罗贤根	俞幼明	高茂春	俞正言	孙宏照	陆关水	倪如年
徐生泉						

新登区 60 名

金正洪	孙三山	凌渭根	高春菊(女)	方秋良	柴敏毓(女)	张志成
沃柏贤	周会如	刘美英(女)	朱凤山	徐元朝	汪丽娟(女)	袁柏舟
徐亚娟(女)	郎鸿根	陈建华	厉生兰(女)	章志华	陈云生	林雪源
魏涌进	裘夏年	蒋水源	闻国胜	孙妙姑(女)	周树大	项墨庄
谷葆夫	郑传荀	华爱莲(女)	蓝练根	茅泽民	邵为火	曹俊生
徐樟富	郭顺儿(女)	徐泉元	朱水琴(女)	童友光	汪关林	韩尔中
袁小仙(女)	张金虎	汪关福	袁正中	叶荣贞(女)	谈伯渝(女)	余文科
陈顺德	屠辛庚	叶文华(女)	陈振龙	熊恩生	张琴花(女)	邵长新
徐志华	唐生根	申屠水平	陈有昌			

大源区 46 名

王乃新	陈培建	蒋关义	金永基	董金善	吴琪珍(女)	许永福
王金水	汪霞敏(女)	施庆祥	陈如贤	叶梅音(女)	汤雅芳(女)	葛先明
章松良	孙乃祥	章松贤	章水祥	寿洪波	陆虎珍(女)	凌培法
李先国	张芬英(女)	李云桃	蒋本叶	孔宝凤(女)	蒋贤根	彭志忠
朱成生	王乃富	倪春兰	邵荫棠	蔡祥松	李锡源	董正新
李作运	夏森林	黄全林	黄嫣仪(女)	何正荣	汪桂玉(女)	张建达

汤志峰	俞雪凤(女)	夏和根	朱胜华			

龙羊区 20 名

李美蓉(女)	胡宝华	沈水松	施天水	刘云兰(女)	范旺根	张阿根
蒋康林	刘　鸿	许文良	张高隆	陈云华(女)	于大根	袁天孙
罗木强	何继华	应根松	叶素娟(女)	喻樟树	刘关平	

场口区 48 名

王胜如	叶顺云	盛爱松	章玉坤	舒增荣	张阿娟(女)	何元进
李定国	何松胜	朱爱芳(女)	孙江富	陈荣富	汪洪仙(女)	潘永灿
颜加祥	李仁荣	李志大	包贤生	徐梅仙(女)	赵小菊(女)	陈加洪
倪柏志	韩茂根	何亦良	汪金伟	张胜良	金小莲(女)	许柏荣
曹永权	汪玉仙(女)	柴江顺	章连法	方增法	叶新莲(女)	洪荣华
裘小荣	孙根仙(女)	叶林生	潘大治	周生产	戴金葵	颜加强
俞爱娟(女)	凌国余	华宝珍(女)	徐国鹏	齐祥寿	汪金良	

县武警中队 1 名

王忠权

省军区司令部维护队 1 名

高圣军

富阳县第十届人民代表大会代表名单（323 名）

（1990 年 3 月–1993 年 3 月）

富阳镇 66 名

卢金莲(女)	赵庆林	周竞远	陈　刚	杨凤仙(女)	余大白	俞关雪
高　祥	章玉坤	王栋臣	钟建生	陆德兴	章汉传	宁兆汉
裘夏年	陆国强	骆　维	朱金中	张水珍(女)	王兰英(女)	郎渭虎
徐松泉	罗菊兰(女)	汪伯连	王正元(女)	张爱萍(女)	李金仙(女)	唐欢全
屠启廉	汪建荣	黄一平(女)	章浩根	王志雄	黄　强	李春波
董鸣九	夏为民	刘瑞林	孙丁浩	徐玉琴(女)	余月莲(女)	陈敏华
汪丁成	黄志余(女)	方子根	李松挺	吴惠琴(女)	邱水珍(女)	黄益亮
江利浓(女)	张杏影(女)	骆亦丰(女)	黄坤良	沈邦达	俞旭峰	周康新
费道远	章秀珍(女)	骆　亿	杨文豪	陈有根	刘　林	王建民
金国富	郑金标	徐茂刚				

青云区 71 名

孙永校	俞美云(女)	陆新华	包木松	沈金明	夏延根	俞正言

张本和	周文玉	龚　萍(女)	吴福根	董梅仙(女)	吴彩云(女)	唐仁祥
沃恩木	孙茂昌	倪如柳	陆建龙	俞炳荣	陈增德	徐治平
吴红霞(女)	俞金水	赵金根	蒋爱娣(女)	陆勤安	陆定苏	赵建立
张维贤	何建中	钱凤英(女)	汤茜红(女)	赵金妹(女)	张水英(女)	冯人凯
俞幼明	朱明生	洪德森	蒋关潮	周宝法	齐秀英(女)	赵才玉
郭芬兰(女)	郑仁水	唐永富	林关顺	郑圣良	邵承英	王水林
刘阿和	孙炳照	孔福娣(女)	陶土祥	孙建军(女)	王森林	陈玉祥
马吉荣	丁文松	陈振明	汤金华	蒋汉有	陈关浩	朱茂翰
陈良申	孙共产	余美玉(女)	闻全荣	沈建国	雷小云(女)	姜林标
赵金娣(女)						

新登区 64 名

王锡培	张金虎	陈顺德	闻国胜	徐亚娟(女)	马银兰(女)	夏革通
申屠水平	张琴花(女)	俞正民	邵长新	谈伯渝(女)	叶文华(女)	何国祥
张爱凤(女)	王忠明	袁正中	董锦云(女)	叶永芳	厉生兰(女)	徐明龙
屠来法	徐根花(女)	蒋德成	张水根	曹杰生	俞赛华(女)	孙达火
孙德丰	应天水	朱凤山	何关新	袁小仙(女)	俞志龙	罗　平
蒋水源	周江宏	徐元朝	孙妙姑(女)	汪关福	项伯根	钟胜利
沃生根	汪建根	邵树香(女)	何仲明	郑传荀	张明广	徐志坤
邵满香(女)	黄樟朝	钟瑞华	汪木英(女)	金正洪	汪锦汉	江仲生
蓝练根	汪关林	薛树成	周国潮	黄国铨	商满梅(女)	陈云生
朱水琴(女)						

大源区 51 名

吕玉生	李先国	李国生	施庆祥	孙根凤(女)	章松贤	金如升
许永林	李云桃	汤雅芳(女)	张志兴	邓秀珍(女)	章富山	张国忠
金维贤	陈培建	章和法	彭志忠	杨冬凤(女)	章水祥	俞召泉
陆虎珍(女)	郎士金	王乃富	葛先明	蒋关义	章一平	黄全林
蒋　才	葛扬安	李锡源	汪燕尔(女)	倪春兰(女)	汪桂玉(女)	王金水
楼幼炳	董荣跃	蔡浩康	朱凤妹(女)	李玉坤	董正新	夏和根
蒋贤根	陈乃斌	夏雪南	孙志琴(女)	俞雪凤(女)	李定国	盛以晋
李作运	吕金兰(女)					

场口区 49 名

胡珠龙	徐田进	周春叶	李校忠	王国元	王吉明	叶林生
包贤生	叶　楠	孙玉珍(女)	倪银祥	周建华	孙立富	曹生祥

徐苏敏	奚良梅	何松胜	汪良成	潘大治	郑根莲(女)	何浩年
李志大	俞利明(女)	鲍加柱	马金香(女)	何志洪	张美容(女)	张关乐
倪金娣(女)	何永义	潘永灿	陈荣富	凌国余	黄春花(女)	颜加强
蒋亦存	徐修仙(女)	刘良福	华宝珍(女)	董志成	汪金良	叶根良
徐松林	赵国申	陈加洪	叶林芳	陈国文	洪松仁	汪关金

龙羊区 22 名

姚锡荣	马顺龙	应根松	许文良	罗丽娟(女)	沈三民	唐槐林
张高隆	罗跃军	郎瑞儿(女)	罗杏春(女)	李美蓉(女)	刘　鸿	郎文华
钱学成	徐苏荣	袁天孙	贾冠雄	倪国清	章顺康	何继华
吴尉芬(女)						

富阳市（县）第十一届人民代表大会代表名单（322 名）

（1993 年 3 月–1998 年 3 月）

富阳镇 98 名

金国富	许保金	杜小琴(女)	黄志余(女)	来雅琴(女)	张杏影(女)	喻正其
沈邦达	章秀珍(女)	章一平	孙庆炎	李亚元	蒋进生	董文淦
余大白	屠启廉	王正元(女)	宋显敏	杨凤仙(女)	胡刚强	孙柏贵
杨文豪	高　祥	黄　强	徐茂刚	张中树	汪丁成	唐培根
姚建国	金秋娟(女)	孙水木(女)	杨粤怀	叶江敏(女)	章梅依(女)	俞炳荣
何松浩	郑富荣	包品达	陈卫新	屠辛庚	张治平	陆勤安
章志文	龚士芳(女)	钟建生	张爱珠(女)	许　群(女)	陆国强	喻关德
张水珍(女)	郎渭虎	董鸣九	赵庆林	俞成新	陆兴根	王力青
俞旭峰	何尉堂	汪建荣	张雪松	吕玉生	张富新	胡志坚
余荣儿	陈为荣	许保水	许兰娣(女)	俞正言	孟法根	俞金水
周银铃	周观民	魏春牛	陈喜山	陈金福	戴关渭	吴祖仁
周康新	俞关雪	陶建华	李志坤	彭观友	赵建立	赵乃丰
沈建国	余裕生	陈友根	张生荣	徐福贤	许金荣	张贤庆
吴建忠	楼木金	陆定苏	夏雪云(女)	周荣富	章树贤	张本和

三山镇 16 名

陆金娥(女)	郑元根	陈良申	俞志龙	赵祥彬	王敏兰(女)	沈忠校
赵才玉	姜林标	朱茂翰	戴如春	徐生泉	包伦法	沈柏顺
倪鹤泉	俞石金					

高桥镇 10 名

周宝法　方永建　夏德根　唐仁祥　俞国海　郑仁水　赵国申
汤金华　张小多(女)　郑圣良

受降镇 5 名

俞志升　马吉荣　陶土祥　马开荣　刘阿和

新义乡 5 名

孙共产　邵承红　章祥德　葛冬云(女)　方礽臻(女)

春建乡 4 名

戴福根　俞幼明　袁朝和　赵云仙(女)

大源镇 16 名

蒋贤根　李云桃　徐岳英(女)　李定国　俞姜凤(女)　汪燕尔(女)　骆志敬
朱江良　楼幼炳　骆根土　董关淦　蒋关义　冯关校　董纪林
葛扬安　王如达

灵桥镇 12 名

张柏良　俞召泉　黄全林　何渭祥　汪松根　傅进军(女)　李升根
李作运　汪桂玉(女)　倪春兰(女)　蔡浩康　张国忠

常绿镇 7 名

李国生　章浩根　章松延　冯和月(女)　郦恒贤　吴雪昌　章志巨

里山乡 5 名

陈培建　朱寅传　陈吾明　夏和平　夏爱娟(女)

渔山乡 7 名

施庆祥　金维贤　陆虎珍(女)　堵长昆　彭志忠　赵灿根　葛先明

上官乡 4 名

李玉坤　陈乃斌　孙金友　盛增德

场口镇 12 名

徐光志　何仁才　何本富　赵　晴　徐茂锋　盛秋安　罗永苗
何寅山　金增泉　俞土良　凌国余　叶忠奇

东图乡 6 名

申屠明荣　许跃明　曹生祥　董志成　汪建明　柴增昌

窈口乡 4 名

叶　楠　凌培法　潘永灿　吴世斌

湖源乡 5 名

刘良福　汪金良　陈加洪　洪松仁　李传海

常安镇 12 名

董良志　何浩年　倪德胜　孙胜福　李建明　杨兰芳(女)　陈荣富
李荣富　张春松　徐苏敏　鲍永堂　倪银祥

龙门乡 4 名

叶林生　孙增坤　孙国庆　黄国铨

环山乡 5 名

汪锦汉　孙香英(女)　胡佳田　方柏定　裘明国

新登镇 41 名

潘建平　蒋水源　徐亚娟(女)　程勇明　金洪水　周志田　夏革通
陈文森　沈树明　吴阿传　陈香兰(女)　项济人　张爱凤(女)　王金水
孙妙姑(女)　何重民　吴忠富　蓝练根　陈法木　寿秋芽(女)　陆斌贤
徐志坤　周国朝　孙达火　朱水琴(女)　娄生文　白良荣　袁志林
杜玉海　陈华林　王银根　张水根　陈顺德　张琴玉(女)　王锡培
谢云娣(女)　汪木英(女)　叶圣木　俞木忠　徐云龙　童昌世

胥口镇 8 名

章志华　汪关林　黄坤良　王全军　方新建　倪玉娟(女)　江仲生
罗庆根

渌渚镇 8 名

闻国胜　张巧华(女)　周江宏　汪关福　叶马成　滕毛仙(女)　周　良
刘秀文

永昌乡 6 名

唐年高　黄加度　邵荫棠　钟胜利　马银兰(女)　吴坤林

万市镇 11 名

徐中育　刘　鸿　王韶国　张高隆　钱再林　李美蓉(女)　陈德成
李清元　唐槐林　陈渭水　高速成

洞桥镇 11 名

刘关平　范富平　章水琴(女)　章锦水　黄健军　钟西平　吴洪春
倪国清　陈银香(女)　胡跃勇　陶火烈

本届人大代表变动情况

调离（7 名）：傅进军　汪燕尔　沈建国　黄　强　许保水　凌培法　许保金
病故（2 名）：蔡浩康　倪国清
暂停（5 名）：俞旭峰　戴关渭　陆斌贤　葛扬安　周宝法
补选（7 名）：刘瑞林　王洪琪　董良兴　王传木　施松青　杨耀梁　孙建华

富阳市第十二届人民代表大会代表名单（246 名）

（1998 年 3 月–2003 年 3 月）

富阳镇 82 名

马力林	王　晓	王金贤	王建民	王建沂	王健敏	穆　玮
申屠水平	吕人龙	吕玉生	朱通正	任张才	许关荣	喻正其
许金荣	孙庆炎	孙伯勇	孙贺龙	孙柏贵	严为群	葛　明
杜如伟	杨大坤	杨建军	杨耀梁	余荣儿	何全凤(女)	蒋增产
何富荣	汪森煜	张治平	张金声	张玲玲(女)	张泉水	蒋焕炎
张雪坤	陆东林	陆国强	陆建龙	陆桂荣	陆勤安	彭观友
陈为荣	陈亚琴(女)	陈金虎	陈建龙	林庆联	罗民钢	陶建华
金冠其	周文峰	周观民	周康新	周颐年	周福根	屠辛庚
郑金标	孟法根	赵乃金	赵庆林	钟文静(女)	章秀珍(女)	胡志坚
俞正言	俞金水	俞德飞	费道源	骆　亿	袁朝和	章刚良
夏为民	倪小花(女)	夏有钦	徐元根	徐桂芳	高松坤	章一平
郭建伟	唐永祥	唐培银	黄柏林	盛培建		

三山镇 11 名

包伦法	杨关勤	吴祖仁	沈柏顺	汪利荣	章爱芬(女)	张江明
陆志平	赵希源	姜林标	徐生泉			

高桥镇 6 名

汤金华	何培富	陈志华	周云堂	夏德根	詹金才

受降镇 5 名

马长命	马佳菊(女)	刘金贤	董文淦	陶土祥

新义乡 4 名

吴炳林	邵承玉	俞志升	谢春虎

春建乡 4 名

郑桂山	俞幼明	高观明	楼金法

新登镇 32 名

丁金华	马夏凤(女)	王文荣	王建明	方礽臻(女)	朱建明	楼献忠
许余银	孙伸根	孙建华	杨来水	吴忠富	吴国成	蓝练根
汪木英(女)	沈树明	汪益坚	张阿山	陈法木	傅红霞(女)	陈爱国
邵立春	金洪水	俞军南	娄生文	夏革通	徐志坤	程佩华(女)
戚哮虎	屠来法	蒋水源	蒋健宏			

渌渚镇 6 名

叶德年　汪广华　周　良　周惠军　钟建生　袁生明

胥口镇 6 名

王中杭　白玉龙　汪援勇　张生良　赵小奎　闻作良

永昌镇 4 名

王金水　李国全　施小荣　蒋元洪

万市镇 8 名

毛金洪　田森林　何雪军　陈德成　邵锡福　季根华　徐中育
周银铃

洞桥镇 7 名

吴洪春　胡士林　俞成新　姜香儿(女)　袁天孙　章为成　陶火烈

大源镇 11 名

朱金根　孙达火　杨延根　李兰桥　陈建平　周增强　楼仁明
俞召泉　骆根土　章剑园　蒋渭渔

灵桥镇 8 名

吕良法　李升根　李国生　何渭祥　汪关标　张柏良　程浙山
黄全林

常绿镇 5 名

王宛尧　郦恒贤　章仕水　章华东　梁志安

里山镇 4 名

方育锡　赵乃桂　俞利妹(女)　夏关康

渔山乡 5 名

许永林　许兴良　陈国康　施庆良　葛先明

上官乡 3 名

王传木　孙乃祥　宋治民

场口镇 9 名

吴建忠　何早成　何和兴　邵　良　金增泉　倪如柳　倪林国
凌国余　盛才忠

常安镇 7 名

申屠明荣　李荣富　何浩年　汪丁成　张金初　倪金木　徐增富

龙门镇 3 名

孙长富　陈兴文　金永贵

环山乡 4 名

方柏定　方炳申　申屠裕仁　钟西平

东图乡 5 名

许敏见　汪明祥　汪锦汉　曹凤其　董志成

湖源乡 4 名

王土田　徐建根　凌剑武　颜建荣

窈口乡 3 名

李光宗　倪伟根　裘立忠

本届人大代表变动情况

调离（7 名）：申屠水平　屠辛庚　杨耀梁　罗民钢　费道远　程浙山　陈志华

病故（2 名）：季根华　李升根　暂停（1 名）：闻作良　罢免（1 名）：董文淦

补选（4 名）：凌培法　郭泰鸿　方岳义　佟桂莉

富阳市第十三届人民代表大会代表名单（256 名）

（2003 年 3 月–2007 年 2 月）

第一代表团 69 名（富春街道）

王建民	郑金标	汤金华	王顺富	汤法根	周康新	汪丁成
孟法根	陆东林	何春兰(女)	周观民	佟桂莉(女)	华荣富	孙庆炎
华春根	赵乃金	林庆联	马灿福	李叶根	饶学军	张志根
邵　良	何华康	陈建龙	周文峰	杭　萍(女)	张江明	蒋益峰
郑桂山	叶祖泉	陆水木	叶志群	邵关根	张文明	徐国洪
凌秀珍(女)	高云仙(女)	吕月皎(女)	郁幸香(女)	张仲煦	薛慧桢(女)	王小丁
骆　森	赵本明	倪小花(女)	徐爱模(女)	俞召泉	孙柏平	梅兴隆
朱玉谦	蒋舟群(女)	高建林	陈　新	潘松萍	俞成新	盛培建
李贤良	蒋建民	汪轶平	蒋增产	任张才	章叶英(女)	傅元昌
马力林	崔晓文	汪森煜	叶继民	徐国明	沈跃建	

第二代表团 30 名（春江街道、东洲街道、鹿山街道）

吴祖仁	叶　楠	方建林	汪利荣	沈柏顺	汪锦汉	徐松泉
孙伯勇	陆金红	於宪法	张泉水	金国富	陈淮湧	孙柏贵
葛　明	凌剑武	丁铭松	夏有钦	张大法	杨建军	董仁法
吕人龙	陈锡洪	陆香浦	陆菊仙(女)	金浩荣	王明国	俞金水
唐培银	沈永会					

第三代表团 21 名（青云地区）

章国洪	孙春荣	吴炳林	唐志能	徐善田	周云堂	包伦法
何培富	谢春虎	邵承玉	陆献德	马长命	章有春	俞金书
刘金贤	王少青	高松坤	张正明	胡志成	王金莲(女)	何培叶

第四代表团 47 名（新登地区）

贾一惟	徐志坤	郎连顺	王金明	周志培	吴华根	楼雪坤
金洪水	章健军	金　鑫	傅红霞(女)	张生良	楼献忠	傅金祥
戚哮虎	邵立春	李治勇	蓝练根	朱建明	方国富	王金水
陈志华	王益琴(女)	陈运良	孙德丰	谢春荣	陈鸿麟	吕建明
柴小平	王关煜	钱林方	章健龙	王建明	应惠芬(女)	汤始强
陈建芬(女)	蒋元洪	周　良	夏　芬(女)	陈爱国	袁生明	胡文照
邵为明	叶德年	蒋健宏	王中杭	孙连娟(女)		

第五代表团 39 名（大源地区）

李国生	梁志安	孙召中	董德荣	孙猷凯	陈建平	章岳富
楼灿良	蒋保国	董玉山	骆根土	王　晓	申爱萍(女)	蒋渭渔
裘尧松	吕柏田	羊正文	何渭祥	蔡如乾	汪关标	王传木
张建明	金志强	华建宝	夏关康	蒋　才	赵乃桂	章松延
蒋胜梁	徐法根	彭余娣(女)	许永林	赵灿根	孙乃祥	章水祥
俞其坤	盛永灿	盛华明	俞洪海			

第六代表团 36 名（场口地区）

章强明	凌国龙	盛其才	何和兴	倪林国	朱关泉	李启方
叶忠奇	凌国余	金增泉	潘国明	朱永祥	汪国良	胡生良
李荣富	汪富泉	鲍金堂	徐增富	何永华	何志洪	陈加洪
孙长富	孙金进	汤建新	申屠裕仁	裘富荣	方柏定	王土田
王　炅	章军其	许敏见	童理刚	胡志坚	凌建新	孙根友
张国繁						

第七代表团 14 名（龙羊地区）

刘渭华	罗玉林	忻黎明	俞正言	朱火林	何雪军(女)	郎文龙
胡国平	林长龙	姜香儿(女)	于孝成	胡士林	范富平	沈跃雄

本届人大代表变动情况

调离（3名）：汤建新　高建林　李贤良　暂停人大代表职务（1名）：赵乃金

辞去人大代表职务（1名）：汤法根　恢复人大代表职务（1名）：赵乃金

补选人大代表（1名）：何　勇

富阳市第十四届人民代表大会代表名单（255 名）

（2007 年 2 月–2012 年 2 月）

富春街道 70 名

郑金标	徐金良	汪国平	周康新	戴关渭	陆冉阳	韦兴华
胡志坚	陆建龙	孟法根	徐文光	孙文火	倪　芳(女)	华荣富
徐国明	潘建平	张其根	陈建龙	戴福根	叶祖泉	赵建华
陆水木	叶志群	邵关根	郑桂山	杭　萍(女)	陆芬芳(女)	董毓民
万金良	周文峰	孙庆炎	汤金华	汪森煜	崔晓文	胡生林
柳士明	孙柏平	郎卫国	任张才	李迪姝(女)	鲍春香(女)	杨平儿
张文明	周雁飞(女)	雷建花(女)	倪小琴(女)	盛爱秋(女)	张树根	吴祖仁
钱亦文(女)	朱明霞(女)	蔡巧苓(女)	赵利群(女)	沈蓉娟(女)	俞　铭(女)	王建民
喻琴娟(女)	徐晓华(女)	蒋琴玉(女)	喻立群(女)	高　华(女)	祝　群(女)	王健敏
黄凤英(女)	徐建平	何惠娣(女)	陈　新	王晓娟(女)	喻忠汉	钱有富

春江街道 9 名

王明国	沈永会	孙柏贵	俞加兴	喻正其	俞金水	孙林法
俞其坤	徐松泉					

东洲街道 12 名

陈淮勇	陈本良	谢国金	陆建良	赵乃泉	陆国明	陆海泉
王淼毓	夏　芬(女)	葛　明	刘加均	华爱金(女)		

鹿山街道 10 名

张申华	胡广富	沈金松	汪丁成	罗忠平	袁　月(女)	胡海龙
王　炅	陆金红	於宪法				

高桥镇 9 名

申屠裕仁	汪锦汉	张　霖	唐志能	周云堂	林光彪	邵承玉
何培富	王福顺					

受降镇 5 名

章有春	刘金贤	马长命	何春兰(女)	沈跃雄

春建乡 3 名

俞兴军	张正明	贾海斌

新桐乡 4 名

包伦法	章永乐	俞金书	何培叶

新登镇 31 名

王金明	陈　敏	郎利文	胡洪明	吴华根	凌荣高	孙越冰

徐志坤　章健军　孙权健　王军良　王国良　朱建明　谢春荣
宋国良　张　纲　陈运良　楼献忠　章火明　严伟斌　徐林亮
陈　武　白鹤云　陈　飚　徐艺群　黄汉荣　章健龙　吕建新
张锦铭　贾一惟　李建成

渌渚镇 7 名

吕建明　袁生明　邵为民　叶德年　王土田　陈爱国　周　良

胥口镇 6 名

王　平　刘福华　王中杭　王龙华　吕金芳　陆千明

永昌镇 4 名

陈根洪　傅金祥　胡志成　裘一平

大源镇 11 名

蒋叶华　王必强　余荣儿　应铁军　张仕军　董德荣　史定富
胡狄华　骆建军　王　晓　朱玉坤

灵桥镇 8 名

丁中苏　吕延来　何渭祥　汪关标　金志强　何富军　羊正文
蔡如乾

里山镇 4 名

何加平　徐肖芬(女)　赵乃桂　董炳忠

渔山乡 5 名

汪益平　王国云　蒋　才　蒋惠真　赵志成

上官乡 4 名

陈彭华　骆安全　周亦涛　盛少平

常绿镇 6 名

章松延　章水祥　蒋庆元　章绍权　章岳富　程建飞

场口镇 13 名

何和兴　倪林国　凌国余　倪洪水　叶忠奇　陆兴根　孙继武
赵茂良　金增泉　曹　羽　孙志贤　许敏剑　柴群高

常安镇 8 名

杨宏道　杨富强　徐增富　颜惠民　许　昌　何永华　张清平
鲍金华

龙门镇 3 名

孙金进　孙金国　凌国龙

环山乡 3 名

汪建龙　裘文海　裘富荣

湖源乡 5 名

孙根友　李启方　陈加洪　洪宝兴　陆小东

万市镇 8 名

朱效根　罗玉林　朱火林　陈鸿麟　忻黎明　罗文奎　俞正言
卢木军

洞桥镇 7 名

郭林平　王国华　范富平　钟满华　林长龙　胡士林　王荣华

本届人大代表变动情况

调离（5 名）：金志强　王　炅　韦兴华　袁　月　缪坤延
人大代表资格依法终止（1 名）：郑桂山　暂停人大代表职务（1 名）：陈建龙
工作变动辞职（22 名）：戴福根　喻中汉　王淼毓　柳士明　俞其坤　胡海龙　何春兰
章永乐　裘一平　余荣儿　朱玉坤　何富军　董炳忠　周亦涛　陆兴根　杨宏道
凌国龙　汪建龙　陆小东　林长龙　罗文奎　赵茂良
增（补）选人大代表（26 名）：孔春浩　华之江　华德法　孙建福　孙丙炎　陈　平
缪坤延　杨国正　倪为东　宋富华　李百山　刘喜凤　张拥军　郭一莲　刘学军
夏深权　桑晓霞　陈金虎　闻关明　丁建军　李舒清　裘立忠　朱　峻　刘晓锋
谢黎明　潘　渭

富阳市第十五届人民代表大会代表名单（254 名）

（2012 年 2 月–2015 年）

富春街道 49 名

许　昌　孙丙炎　刘加钧　何　俊　陆建龙　孙文火　章永南
孟法根　钱有富　赵建华　徐国明　黄国民　徐金良　赵骊中
管国安　汪森煜　崔晓文　杭　萍(女)　陆水木　万金良　陈　平
邵升龙　叶志群　叶祖泉　周　杰　王龙胜　徐晓华(女)　华之江
沈利群(女)　王建民　王晓娟(女)　王健敏　赵利群(女)　潘亦良　姜　军
朱明霞(女)　黄凤英(女)　雷建花(女)　李迪姝(女)　徐建儿(女)　倪　芳(女)　马富华
戴关渭　叶志敏　邵　琴(女)　史娅萍(女)　鲍春香(女)　汪国平　楼大振

春江街道 11 名

夏深权　章仁龙　王富强　沈永会　李胜峰　孙柏贵　沈跃雄
羊少剑　孙林法　俞金水　徐松泉

东洲街道 15 名

何献忠　胡明利　陆海泉　葛　明　孙庆炎　华爱金(女)　陈淮勇
陈本良　谢国金　赵学兵　陆丁祥　刘仁富　陆建良　汤金华

王忠升

鹿山街道 10 名

刘晓锋　张申华　倪仁渭　陆金红　於宪法　王瑞忠　华德法
孙伯勇　汪丁成　罗忠平

高桥镇 11 名

谢黎明　郎军明　林光彪　钱伟军　郑仁水　汪富昌　华荣富
周云堂　唐志能　王福顺　邵承玉

受降镇 7 名

方炳林　章有春　刘金贤　屠根荣　马长命　郭一莲(女)　祖银元

春建乡 4 名

夏朝明　钱增红　俞建平　童定干

新桐乡 5 名

宋富华　戴庆林　倪冠群(女)　俞洪卫　何培叶

新登镇 26 名

胡狄华　李建成　王金明　俞军南　胡洪明　金国平　吕建新
凌荣高　汪雪生　方建新　王军良　孙权健　孙越冰　章舜年
杜火华　麻冬根　张　纲　章火明　陈满生　楼献忠　章健龙
方国富　黄汉荣　白鹤云　徐志坤　严伟斌

渌渚镇 7 名

羊献民　袁生明　邵为明　叶江平　陈爱国　周　良　王土田

胥口镇 7 名

喻乃群　王　平　王中杭　刘福华　陆千明　徐炳成　俞兴军

永昌镇 5 名

刘喜凤(女)　王生荣　蒋大海　叶金华　吕建明

大源镇 13 名

杨富强　何安彬　王大根　蒋叶华　华　斌　王必强　孙柏平
董德荣　应铁军　盛永华　骆建军　朱生位　史廷富

灵桥镇 10 名

王吾木　朱君义　羊小明　何渭祥　羊正文　羊　军　郎卫国
李海祥　李金山　周文峰

里山镇 4 名

夏成明　何龙富　何君明　倪洪水

渔山乡 4 名

方德玉　汪益平　赵灿根　罗　鑫

上官乡 4 名

陈金虎　骆文良　倪　龙　王　进

常绿镇 6 名

徐春龙　章一平　章梦祥　章绍权　张信水　桑晓霞(女)

场口镇 15 名

王龙华　李舒清(女)　徐建中　孙继武　裘立忠　何和兴　陆洪勤
凌国余　叶忠奇　何法胜　金增泉　赵金堂　洪校民　柴群高
凌建新

常安镇 9 名

钟永明　李军飞　颜红刚　徐增富　汪言国　张清平　陈鸿麟
鲍金华　何永华

龙门镇 4 名

孙建楠　孙金进　孙金国　祝一君(女)

环山乡 5 名

张雪坤　金叶明　叶申中　裘文海　王晓光

湖源乡 6 名

丁建军　孙根友　胡生良　陈深海　李军华　马利阳

万市镇 9 名

罗林锋　项开诚　彭立忠　傅健群　朱火林　郎建平　潘建平
骆文华　谭国明

洞桥镇 8 名

许玉钧　王国华　于　斌　王荣华　范富平　胡士林　钟满华
黄健军

本届人大代表变动情况

调离（6 名）：罗林锋　章舜年　楼大振　童定千　罗　鑫　华德法
工作变动辞职（11 名）：许　昌　马利阳　倪仁渭　刘喜凤　陈金虎　胡海龙
刘加均　章仁龙　郎军明　方炳林　宋富华
辞职（6 名）：刘晓锋　孙建楠　胡狄华　郭一莲　何培叶　杨富强
补选（21 名）：刘学军　胡海龙　蒋文军　朱经国　张　健　黄海峰　金占辉
钟怡媛　张忠孝　包文霞　董雄华　裘国富　赵　平　林高贤
吴玉凤　杨国正　张　霖　曹玮玲　夏立忠　唐瑞华　汪军飞

第三编

市(县)人民代表大会会议

本编目录

人民代表大会制度是我国根本政治制度。是我国民主政治的根本标志，是社会法治之所在，公民权利之所系。根据《中华人民共和国宪法》规定，1954 年 7 月，原富阳县和原新登县建立人民代表大会制度。县人民代表大会及其常务委员会，是地方国家权力机关。县级人民代表大会会议，是地方国家权力机关依法行使职权的主要形式，是人民群众通过人民代表管理国家事务的重要途径。1954 年至 1966 年，县人民代表大会每届任期 2 年；1980 起改为每届任期 3 年；1993 年起改为每届任期 5 年。1958 年 10 月，新登县并入桐庐县。在其撤并前单独召开的新登县人民代表大会共历 3 届，召开代表大会 6 次。1960 年 8 月，富阳县与桐庐县合并，定名桐庐县。1961 年 12 月，复置富阳县，并将原新登县辖地从桐庐县析出划归富阳县。1962 年 7 月，富阳县（含原新登县）人民代表大会沿续召开。从 1966 年下半年起，受“文化大革命”影响，人民代表大会制度被迫中断。1979 年 7 月，第五届全国人民代表大会第二次会议后，县级人民代表大会制度重新恢复，富阳县人民代表大会于 1980 年 12 月恢复召开，其间中断长达 14 年。自 1954 年 7 月富阳县第一届人民代表大会第一次会议起，至 2015 年 2 月 15 日富阳“撤市设区”前夕召开的第十五届人民代表大会第四次会议止，富阳市（县）人民代表大会共历 15 届，召开代表大会 53 次，其中原新登县 6 次、富阳市（县）47 次。累计选举产生市（县）级人大代表 4741 名，其中原新登县 251 名，富阳市（县）4490 名。累计出席大会的人大代表 13699 人次，听取和审议市（县）人民政府工作报告等各项报告 275 个，大会共收到人大代表提出的议案、建议 14189 件，通过决议、决定 285 项，选举产生地方国家机关领导人员 205 名。由原富阳、新登两县第一至第三届人民代表大会直接选举出席浙江省第一至第三届人民代表大会的代表 20 名，其中原富阳县选举产生 15 名，原新登县选举产生 5 名。第四至第六届未选举省人大代表。从 1980 年富阳县第七届人民代表大会开始，省级人大代表改由杭州市人民代表大会选举产生，县级人民代表大会只选举出席杭州市人民代表大会代表。富阳市（县）第七至第十五届人民代表大会共选举出席杭州市第六至第十二届人民代表大会代表 228 名。

富阳市（县）历届人民代表大会会议，严肃行使宪法和法律赋予的职权，认真完成大会各项议程，通过会议集中人民意志，代表人民利益，依法管理国家事务，体现了民主与集中的高度统一，在全市（县）的政治、经济、社会、文化生活中，发挥着地方国家权力机关的作用。

第一章　第一届人民代表大会

富阳县第一届人民代表大会自 1954 年 7 月至 1956 年 10 月，任期 2 年 4 个月；新登县第一届人民代表大会自 1954 年 7 月至 1956 年 11 月，任期 2 年 5 个月。富阳、新登两县各召开代表大会 3 次。会议听取和审议县人民政府各项工作报告 14 个，作出决议决定 16 项，收到人大代表提出的提案、意见 2019 件，选举产生地方国家机关领导人员 19 名。选举出席浙江省第一届人民代表大会代表 8 名。

第一节　第一届人民代表大会第一次会议

富阳县

1954 年 7 月 9 日至 13 日，富阳县第一届人民代表大会第一次会议在城关镇（今富春街道）召开。出席会议人大代表应到 215 名，实到 202 名，列席 11 名。大会表决通过主席团名单，通过大会议程。大会议程：听取和审议富阳县人民政府关于一年来的工作总结和今后任务的报告；听取关于中华人民共和国宪法草案的传达报告；选举出席浙江省第一届人民代表大会代表。大会共收到人大代表提出的提案、意见 333 件。县委副书记范汝功向大会作报告。报告指出，1953 年，富阳县粮食总产量在 1952 年的基础上。增加 1024 万斤，增产 3.5%，茶叶生产增加 22 万斤，增产 14%。全县发动 10 余万群众，修建大小水利工程 1084 处，对抗拒自然灾害起了重大作用。全年发放农具贷款人民币 57239 万元（解放初币制，1955 年 3 月改为现币制，以万折一），发放水利、种子、畜牧、肥料等各种贷款 451196 万元，有效地解决了群众生产、生活中的困难。富阳县有半社会主义性质的生产合作社 52 个、社会主义萌芽性质的互助组 3478 个，有 40642 户农户参加合作社和互助组，占全县农户总数的 73.5%。富阳县普选工作自 1953 年 5 月开始试点，至 1954 年 3 月全部结束，有 87.8%的选民参加投票选举。富阳县总人口为 217685 人，通过选民资格审查，划出被剥夺公民权与选举权的 3897 人，进一步整顿了农村管制，巩固了人民民主专政。全县教育事业有了很大发展，以 1949 年与 1954 年相比，小学增加 3 倍多，小学生增加 1 倍多，中学生增加 7 倍多，文教经费支出增加 7 倍多。富阳县组织 29 个巡回医疗组，新法接生的出生人数已由 1952 年的 17.7%上升到 45.4%。会议听取县人民政府副县长王炳奎的“关于中华人民共和国宪法草案的传达报告”。会议作出了关于县人民政府一年来工作总结和今后任务等 3 项决议。大会选举王炳奎等 5 人为出席浙江省第一届人民代表大会代表。

新登县

1954年7月15日至20日，新登县第一届人民代表大会第一次会议在城阳镇（今新登镇）召开。出席会议人大代表应到74名，实到70名，列席23名。大会议程共3项：听取和审议新登县人民政府工作报告；听取关于中华人民共和国宪法草案的传达报告；选举出席浙江省第一届人民代表大会代表。大会共收到人大代表提出的提案849件。县长韩长春向大会作新登县人民政府工作报告。报告指出，在贯彻总路线完成粮食征购任务后，“三个合作”有了新的发展。农业生产合作社由50个扩大到254个，有常年和临时互助组1059个，17796户农户参加，96%的农户已走上组织起来的道路。已组织73个信用组、3个信用社、2个信用部，基本代替了银行业务。供销社股金在原有基础上扩大了 39.5%，不但及时供应了大批生产资料，而为今后发展打下了有利基础。“三个合作”的发展，为1953年战胜自然灾害、夺取农业丰收发挥重大作用，使粮食产量每亩达到420.2斤。新建和修理山塘11555处，堰坝168条，成为保证农业丰收的基础。1953年全县财政总收入决算52亿元（旧币制），完成了预算的107%，比上年增加24.8%，财政总支出42.19亿元，完成年度预算的87.8%，比上年增加26.9%。现有中学1所，学生348名，完小10所，学生790名，初小210所，学生4804名，扫盲学校41所，学员1418名。1954年上半年，共发放社会救济款、生活生产补助金、贫病减免费等8156万元，帮助农民解决实际困难。会议还听取县委副书记王耐诚关于《中华人民共和国宪法（草案）》的传达报告，作出关于县人民政府工作报告等2项决议。大会选举韩长春等3人为出席浙江省第一届人民代表大会代表。

第二节　第一届人民代表大会第二次会议

富阳县

1955年11月24日至29日，富阳县第一届人民代表大会第二次会议在城关镇召开。出席大会人大代表应到215名，实到197名，列席19名。大会选举产生17人组成大会主席团。大会议程共6项；听取和审议县人民政府工作报告；听取和审议县财政决算和预算报告；听取关于全国发展第一个五年计划的传达报告；听取提案处理情况报告；选举；通过相应决议。大会共收到人大代表提出的提案、意见365件。县人民政府县长王炳奎（会议后改称为县人民委员会）向大会作富阳县人民政府工作报告。报告指出，1955年，富阳遭遇了50年来从未有过的洪灾，全县被淹村庄208个，受淹农田11万余亩、地6万余亩，上级部门出动了海、陆、空军支援富阳，大大鼓舞了全县人民战胜洪灾的信心和决心。灾后，县委组织136名干部深入灾区，帮助群众生产自救，抢修水利工程260多处，抢种补种水稻11.1万余亩。

灾年仍然获得农业丰收，粮食产量达 1.15 亿斤，比上年增产 12%。完成征购粮食 2266 万斤，完成应征任务的 107.4%。互助合作运动历经曲折仍有发展，4 月份贯彻“坚决收缩”错误方针，砍掉一批农业合作社，9 月以后批判了右倾思想，农业合作又有发展，截至 10 月底，全县共有 1047 个农业社，参加农户占全县农户总数的 64%左右。副县长张建唐向大会作县财政决算和预算报告，报告指出，1954 年富阳县财政总收入为 377.06 万元（已折成现币制）完成全年计划的 88.4%，其中上交国家 294.59 万元，富阳县留用 82.48 万元；财政总支出 81.84 万元，完成预算的 92.7%，结余 0.63 万元，收支基本平衡。11 月 28 日进行大会选举。根据大会选举办法规定，选举富阳县人民委员会县长 1 人、副县长 2 人、委员 14 人；富阳县人民法院院长 1 人。选举结果，经省人民委员会批准的候选人全部当选。当天，大会秘书处以喜报形式向全县公布当选人名单。会议通过了关于富阳县人民政府一年来工作总结和今后任务的报告等 4 项决议。

新登县

1954 年 11 月 28 日至 12 月 3 日，新登县第一届人民代表大会第二次会议在城阳镇召开。出席大会人大代表应到 74 名，实到 59 名，列席 18 名。大会组成主席团，由主席团主持大会。大会议程共 4 项：听取和审议新登县人民政府工作报告；讨论中华人民共和国宪法和兵役法；传达第一届全国人民代表大会第一次会议精神；通过相应决议。大会共收到人大代表提出的提案 93 件。县长孟锡五向大会作县人民政府工作报告。报告指出，第一届人民代表大会第一次会议至今已有半年。半年来，互助合作方面，现有农业合作社 478 个，入社农户 13084 户，占农户总数的 84%；互助组 224 个，组员 3390 户，占 13%，单干农户 319 户，占 2.1%。农村供销合作、信用合作和手工业合作都有了相应发展，全县有供销社 9 个，社员 42858 人；信用社 20 个、信用部 7 个，参加农户 12692 户；手工业合作社 3 个，手工业生产小组 12 个。全县早中稻均已获得丰收，晚稻丰收更为显著，水稻每亩平均产量达 430 斤左右。冬种面积共计 91253 亩，占水田总面积的 89%。投入水利建设用工 14836 工，兴建小型水利 276 处，为明年农业增产打下基础。粮食统购统销普遍开展，已购粮食 1757.5 万斤，统销粮食 1100 万斤。已发放优抚、救济款 7032 万元，帮助解决 697 户农户的暂时困难。会议通过关于新登县人民政府工作报告和拥护《宪法》《兵役法》2 项决议。

第三节　第一届人民代表大会第三次会议

富阳县

1956 年 9 月 22 日至 26 日，富阳县第一届人民代表大会第三次会议在城关镇召开。

出席大会人大代表应到215名，实到170名，列席23名。大会通过17人组成大会主席团。在主席团第一次会议上，通过大会秘书长名单，通过大会议程。大会议程5项：听取和审议县人民委员会工作报告；听取和审议县财政决算和预算报告；听取人大代表议案的审查报告；选举；通过相关决议。大会共收到人大代表提出的提案、意见323件。县人民委员会副县长张建唐代表县人民委员会向大会作报告。报告回顾一年来，富阳县5.53万户农户全部参加了农业合作社，其中95%的农户参加了完全社会主义性质的高级农业生产合作社，已经消灭了生产资料私有制。全县3200户手工业者，94%已经入社，139户渔民，93%也加入了合作社。全县有小商小贩670户，以公私合营、经销代销和合作商店等形式改造的582户，占86.8%；有船民120户，除转农业社33户外，尚有87户全部参加了运输合作社。至此，全县农业、手工业、资本主义工商业的社会主义改造已基本完成。1956年春花和早稻获得空前丰收，共收春粮13.28万担，比上年增产3成，早稻共收4554.4万斤，比上年增加6倍（从1956年开始全面推广双季稻，早稻面积大幅增加）。去冬今春，投入水利用工144万余工，兴修大小水利工程6640处，等于解放后几年来兴修水利投工的总和。工业生产1956年上半年产值比上年同期增加14.9%，全县手工业产值大于地方工业产值12.6倍，其中土纸占手工业产值79.3%，是全县经济命脉，1955年总产值1223.8万元，比1954年增长10%。上半年银行发放贫农合作基金和生产生活贷款65.8万元，投放土纸、茶叶等预购款62.1万元，发放烈军属救济款5.2万元。8月初，遭受严重台风灾害，银行发放农贷19万元和土纸预购款20万元，民政部门发放救灾款8万元，这对抗灾救灾起了重大作用。副县长章洪湘向大会作富阳县财政决算和预算报告。报告指出，1955年，富阳县财政总收入为529.5万元，完成预算的107.9%，比1954年实绩增长30.7%；财政总支出为104.7万元，完成预算的94.7%，全年收支相抵，地方财政结余10.4万元；上交国家414.4万元，这是全县人民对国家社会主义建设的贡献。1956年，全年财政总收入安排542.6万元，比上年增长6.5%，财政支出安排122.4万元，比上年增长17%，全年计划上交省和中央支援国家建设420.2万元。9月26日进行大会选举，增选富阳县人民委员会副县长2人。选举结果，大会主席团以公告形式，向全县公布当选者名单。大会作出关于富阳县人民委员会工作报告等2项决议。

新登县

1955年4月20日至23日，新登县第一届人民代表大会第三次会议在城阳镇召开。出席大会人大代表应到74名，实到63名。大会议程共3项：听取和审议县人民政府工作报告；选举；通过有关决议。大会共收到人大代表提出的提案、意见56件。县人民政府县长孟锡五（大会后改称为县人民委员会）向大会作新登县人民政府工作报告。报告指出，新登县第一届人大二次会议闭幕至今，在全县范围内开展了以互助合作为中心的农业增产运动，正确地执行了国家在过渡时期的总任务，对农业、手工业及资本主义商业实行社会主义改造。至 1955 年 3 月上旬，新登县有农业生产合作社 538 个，入社农户 13432 户，占应组织农户的 85%；互助组 164 个，组员 1919 户，占 10.3%；单干农户 405 户，占 2.1%，基本实现合作化。全县 80%的农业社计划改变耕作制度，推广各种良种 18.11 万斤。旱地改水田面积 443 亩，可增产粮食 8 万多斤。完成水利投工 33 万余工，是上年水利投工的两倍。银行、信用社已发放春耕贷款 13 万余元，民政部门发放救济款 8000 余元，帮助农民发展生产。今后工作主要是大力整顿互助合作，巩固现有农业社，积极开展以播种为中心的农业增产运动。4 月 22 日进行大会选举。根据选举办法，选举新登县人民委员会县长 1 人、副县长 2 人、委员 14 人；选举新登县人民法院院长 1 人。选举结果，当选人均符合选举办法规定。当天，大会主席团秘书处向全县公布当选人名单。会议通过了“关于新登县人民政府工作报告”等 3 项决议。

附　县人民代表大会职权

县人民代表大会职权，根据 1954 年 9 月 21 日第一届全国人民代表大会第一次会议通过的《中华人民共和国地方各级人民代表大会和地方各级人民委员会组织法》规定，县人民代表大会的职权是：

一、保证法律、法令和上级人民代表大会决议的遵守和执行：

二、在职权范围内通过和发布决议；

三、规划经济建设、文化建设、公共事业、优抚工作和救济工作：

四、审查和批准财政预算和决算；

五、选举本级人民委员会的组成人员；

六、选举本级人民法院院长；

七、选举上一级人民代表大会代表；

八、听取和审查本级人民委员会和人民法院的工作报告；

九、改变或者撤销本级人民委员会的不适当的决议和命令；

十、改变或者撤销下一级人民代表大会的不适当的决议和下一级人民委员会的不适当的决议和命令；

十一、保护公共财产，维护公共秩序，保障公民权利；

十二、保护少数民族的平等权利。

第二章　第二届人民代表大会

县第二届人民代表大会自1956年10月至1958年4月，任期1年6个月，富阳、新登两县各召开人民代表大会会议2次。会议听取和审议各项工作报告14个，作出决议决定12项，收到人大代表提出的提案、意见648件，选举产生地方国家机关领导人员15名。

第一节　第二届人民代表大会第一次会议

富阳县

1956年11月29日至12月2日，富阳县第二届人民代表大会第一次会议在城关镇召开。出席大会人大代表应到212名，实到193名，列席23名。大会选举产生19人组成大会主席团，通过大会秘书长和代表资格审查委员会名单。在主席团会议上，通过大会议程、大会选举办法、提案审查委员会名单和执行主席分组名单。大会议程共5项：听取和审议富阳县人民委员会工作报告；听取第一届人民代表大会第三次会议代表提案处理情况报告；听取和审议县人民法院工作报告；选举；通过相应决议。大会共收到代表提出的提案、意见276件，作出决议决定2项。县人民委员会县长王炳奎致开幕词，副县长张建唐向大会作富阳县人民委员会两年来工作总结和今后任务的报告。报告指出，从第一届人民代表大会到现在已经两年多了，全县已有341个高级农业社，百分之百的农户参加了农业社，完成了农业社会主义改造的历史任务。有完全社会主义性质的手工业生产合作社75个和半社会主义性质的初级社25个，85.4%的手工业者参加了合作组织。全县722户私营工商业者，以公私合营等形式改造的664户，占92%。粮食生产1954年为1.15亿斤，1955年为1.3亿斤，增产13%，1956年可达1.55亿斤，又比上年增产19.4%。工业生产全年产值可达328.6万元，比1954年增长30%，手工业产值全年可达1306.8万元，增长15.9%，去冬今春水利投工144万多工。两年来培训农民技术员4550人次，以满足耕作制度变化的需要。财政工作情况良好，全年财政总收入可达542.64万元，比上年增长33.5%，总支出156.56万元，比上年增长91.3%，两年收支相抵后给国家积累建设资金807.17万元，是全县人民支援国家建设的重大贡献。社会消费品零售额1955年比1954年提高3.7%，1956年又比1955年提高25.4%，两年共发放各种救济款25.8万元，帮助解决部分困难群众的生产生活需要。两年依法征集800名适龄青年应征入伍，为巩固国防贡献力量。今后任务主要是坚决贯彻以生产、整社为中心，继续开展多种经营、抓紧完成粮食征购销和兵役工作。12 月 2 日进行大会选举，根据选举办法规定，选举富阳县人民委员会县长 1 人、副县长 6 人、委员 14 人。选举结果，当选人均符合选举办法规定。当天，大会主席团发布公告，向全县公布当选人名单。会议通过“关于富阳县人民委员会两年来工作总结和今后任务的报告”等 2 项决议。

新登县

1956 年 10 月 14 日至 18 日，新登县第二届人民代表大会第一次会议在城阳镇召开。出席会议人大代表应到 87 名，实到 78 名，列席 33 名。大会选举产生主席团。在主席团第一次会议上，通过大会秘书长，副秘书长名单，通过大会议程，通过大会提案审查委员会、代表资格审查委员会名单。大会议程共 5 项：听取和审议县人民委员会工作报告；审议县人民委员会财政决算和预算报告；听取和审议县人民法院工作报告；选举；通过相应决议。大会收到人大代表提出的提案 125 件。县长孟锡五代表县人民委员会向大会作县人民委员会工作报告。报告指出，两年来，农村已实现了高级农业合作化，手工业也基本组织起来，地方工业和私营商业也实行了全行业的公私合营。全县已有 18994 户农户参加高级农业生产合作社，占农户总数的 99%。1955 年的粮食总产量比上年增产 14%，1956 年又比上年预计可增产 21%，平均亩产可达 542 斤，比上年增加 97 斤。两年来，完成水利投工 85 万工。建成小型水电站 1 座，水库 16 座，堰坝水塘 2901 处，受益农田 6.2 万亩，改良土壤 3.1 万亩。10 月 18 日，进行大会选举。根据大会选举办法，选举新登县人民委员会县长 1 人、副县长 7 人、人民委员会委员 11 人。选举结果，当选人均符合选举办法规定。会议通过了“关于新登县人民委员会工作报告”等 3 项决议。

第二节　第二届人民代表大会第二次会议

富阳县

1957 年 6 月 18 日至 21 日，富阳县第二届人民代表大会第二次会议在城关镇召开。出席大会人大代表应到 212 名，实到 149 名，列席 38 名。大会预备会议通过大会秘书长名单，选举 21 人组成大会主席团。在主席团第一次会议上，通过大会议程，通过提案审查委员会名单。大会议程共 4 项：听取和审议县人民委员会工作报告；听取和审议县财政决算和财政预算报告；听取和审议县人民法院工作报告；通过相应决议。大会共收到人大代表提出的提案、意见 247 件，作出决议决定 3 项。副县长张建唐在县人民委员会工作情况和当前任务的报告中指出，在 1956 年全县人民完成了社会主义改造的历史任务后，取得了农副业生产的全面丰收和各项工作的巨大成就，为争取 1957 年实现亩产 800 斤、取得农副业全面丰收打下良好的基础。当前，大规模的阶级斗争已基本结束，主要矛盾是人民内部矛盾，必须用团结、批评、团结的方法，正确处理人民内部矛盾，密切联系群众，调动一切积极因素，为建设社会主义服务。坚信在中国共产党的正确领导下，依靠全县人民，一定能够完成 1957 年的农副业指标和各项任务。会议还听取县财政科副科长刘亦熙所作的“富阳县人民委员会 1956 年财政决算和 1957 年财政预算的报告”、听取副县长章洪湘所作的“富阳县人民法院工作报告”、听取议案审查委员会主任委员曹立俊所作的“富阳县第二届人民代表大会第一次会议提案处理情况的报告”。会议作出了“关于批准富阳县人民委员会工作报告”等 3 项决议。

新登县

1957 年 3 月 20 日至 23 日，新登县第二届人民代表大会第二次会议在城阳镇召开。出席会议人大代表应到 87 名，实到 66 名，列席 21 名。在大会预备会议上，选举产生大会主席团。在主席团第一次会议上，通过大会秘书长和副秘书长名单，通过大会议程。大会议程：听取和审议新登县人民委员会工作报告；听取和审议新登县财政决算和财政预算报告；听取和审议县人民法院工作报告；通过相应决议。副县长郭善龄向大会作县人民委员会工作报告。报告总结了 1956 年的主要工作，全县有 80 个高级农业合作社，入社农户 18629 户，占农户总数的 99.6%，手工业组织起来的占 92.2%。全年粮食总产量达到 6032 万斤，比 1955 年增产 16.5%，出现粮食千斤亩 668 亩，上交粮食 900 万斤，蚕茧总产 1895 担，比 1955 年增产 9.8%，茶叶总产 2642 担，增产 18.5%，生猪饲养 29776 头，增加 65%，副业产值增加 15.5%，工业产值增加 25.8%，工农业总产值增加 19.4%。有 16766 户农户增加收入，占农户总数的 91%，社会商品零售额增加 13.6%。全年扩建小学 11 所，中学 1 所。国家发放农业贷款 68 万元，发放社会救济款 6 万余元，群众生活普遍提高。在财政预决算报告中，列出了主要数据：全年财政收入超额完成预算 2.2%，比上年增长 10.6%，财政支出完成预算的 92.7%。收入超额完成，支出比预算减少，为国家积累建设资金 76578 元。会议通过了“关于新登县人民委员会工作报告”等 4 项决议。

第三章　第三届人民代表大会

县第三届人民代表大会自 1958 年 4 月至 1960 年 8 月（富阳与桐庐合并时止），任期 2 年 4 个月，富阳县召开人民代表大会会议 2 次，新登县召开人民代表大会会议 1 次。会议听取和审议各项工作报告 9 个，作出决议决定 13 项，收到人大代表提出的议案、意见 778 件，选举产生地方国家机关领导人员 9 名。

第一节　第三届人民代表大会第一次会议

富阳县

1958 年 4 月 24 日至 28 日，富阳县第三届人民代表大会第一次会议在城关镇召开。出席大会人大代表应到 225 名，实到 206 名，列席 18 名。在大会预备会议上选举产生大会主席团、议案审查委员会和代表资格审查委员会，建立大会秘书处。在主席团第一次会议上，通过大会议程和选举办法。大会议程共 5 项：听取和审议县人民委员会工作报告；听取和审议县财政决算和预算报告；听取和审议县人民法院工作报告；选举；通过相应决议。大会共收到人大代表提出的提案、意见 311 件，作出决议、决定 4 项。副县长张建唐向大会作富阳县人民委员会工作报告。报告总结了 1957 年取得的成绩：全年粮食总产量为 1.54 亿斤，比丰收的 1956 年增产 1%，全县已有 10 个农业合作社、9 个耕作区、204 个生产小队的粮食亩产超过《全国农业发展纲要》所确定的 800 斤指标，全年完成粮食征购任务 3028 万斤。茶叶产量 1.07 万担，比 1956 年增长 6.1%；土纸产量 2.56 万吨，增长 34.7%；生猪饲养 6.8 万头，增长 2.1 倍；鲜鱼产量 0.53 万担，增长 1.2%；副业总产值 3378 万元，增长 21.6%；全县农民平均每户纯收入 368 元，已经达到和超过入社前当地富裕中农的收入水平。农业社公共积累达 172 万元，为全县 337 个农业社的进一步巩固和提高奠定了基础。全年工业产值达 1014 万元，比 1956 年增长 50%。接收安置新安江移民 871 户，3595 人。完成社会商品零售额 1636 万元，比 1956 年增长 9%；农村储蓄余额 37.4 万元，增长 64.7%。在校中学生 1337 人，增长 9.3%；小学生 2.3 万人，增长 11.6%。县税务局局长李仲林在财政报告中列出，全年财政总收入 843.02 万元，完成预算的 125.7%，比上年增长 45.8%。县人民法院副院长陆关荣在报告中指出，1957 年办理各种刑事案件 351 件，其中反革命案件及反攻倒算、贪污、盗窃等案件 77 件；处理民事案件 216 件，处理人民来信来访 767 件（次），办理公证合同 128 件。4 月 28 日进行大会选举。根据选举办法规定，选举富阳县人民委员会县长 1 人，副县长 3 人、委员 15 人；选举出席浙江省第二届人民代表大会代表 4 人；选举富阳县人民法院院长 1 人。选举结果，当选人均符合选举办法规定。当天，大会主席团秘书处向全县公布了当选人名单。会议通过了“关于富阳县人民委员会工作报告”等 4 项决议。

新登县

1958 年 5 月 11 日至 13 日，新登县第三届人民代表大会第一次会议在城阳镇召开。出席会议人大代表应到 90 名，实到 86 名，列席 10 名。大会预备会议选举产生大会主席团，通过大会秘书长和副秘书长，建立代表资格审查委员会和提案审查委员会。在主席团第一次会议上，通过大会议程。大会议程：听取和审议县人民委员会工作报告；听取和审议县财政决算和预算报告；听取和审议县人民法院工作报告；选举；通过相关决议决定。大会共收到人大代表提出的提案、意见268件，通过决议、决定3项。新登县人民委员会的工作报告指出，1957年农业总产值1210万元，比1956年增长12%，粮食总产量6505万斤，比1956年增加478万斤，平均亩产586斤。全县99个高级社，有一类社74个，二类社25个。水利投工88万工，比上年增加2.8倍，改造落后田2.3万亩，占水田面积的24%。春粮作物4.8万亩，预计平均产量247斤，总产1188万斤，增产174%。工业产值占工农业总产值的比重，由1952年的17.8%上升到1957年的27.7%。农村社员个人存款平均每户5.45元。有普通中学2所，农业技术学校等共有学生1833人，小学132所，小学生9549人，比上年增长16.6%。共发放救济款1.56万元，安置新安江移民305户，1470人。1958年的农业生产任务是全年粮食总产量要求达到1.27亿斤，比1957年增长95%，平均亩产要求达到1084斤。5月13日进行大会选举。根据会议选举办法规定，选举新登县人民委员会县长1人、副县长2人、委员14人。选举新登县人民法院院长1人；选举出席浙江省第二届人民代表大会代表2人。选举结果，当选人均符合选举办法规定。当天，大会主席团秘书处向全县公布了当选人名单。会议通过了“新登县人民委员会工作报告”等3项决议，通过《关于罢免陈良祎人民法院院长职务的决定》。

10月，新登县建制撤销，并入桐庐县，新登县人民代表大会终止。

第二节　第三届人民代表大会第二次会议

富阳县（不含原新登县）第三届人民代表大会第二次会议于1959年10月28日至30日在城关镇召开。出席大会人大代表应到225名，实到189名，列席16名。在预备会议上，选举产生大会主席团和议案审查委员会，建立大会秘书处。在主席团第一次会议上，通过大会议程。大会议程：听取和审议富阳县人民委员会工作报告；听取和审议富阳县财政决算和财政预算报告；听取和审议人大代表议案审查情况报告；通过相应决议。大会共收到人大代表提出的议案、意见199件，作出决议决定3项。

听取和审议县人民委员会工作报告

10月28日上午，县长孟锡五向大会作富阳县人民委员会工作报告。报告回顾富阳县第三届人民代表大会第一次会议以来，县人民委员会坚决贯彻执行了“鼓足干劲、力争上游、多快好省地建设社会主义”的总路线，取得了史无前例的伟大成就。农村在高级农业生产合作社的基础上，实现了人民公社化，农业生产获得了连年全面大丰收。1958年，全县粮食总产量达2.1亿斤，比1957年1.52亿斤增产38%，1959年是继续大跃进的一年，预计全年粮食总产量可达2.73亿斤，比大跃进的1958年增产31%，平均亩产可达1174斤，提前8年超额完成了《全国农业发展纲要》原定在12年内实现亩产800斤的指标。多种经营总产值1958年达到2317万元，预计1959年可达2800万元，比大跃进的1958年增长20%。1–9月，土纸产量32.2万担，与上年同期相比增长37%，预计全县工业总产值可达4254万元，比大跃进的1958年增长57.1%；货物运输量可达15.7万吨，比上年增长48%；电话机发展到410部，并有50%的生产队通了电话。扫除文盲2万人，超过解放几年来扫盲人数总和的一倍，青壮年的文盲比例已由原来的74%下降为50%。1–8月，生活资料零售额比上年同期增加40%，其中日用工业品增加85%，市场供应情况日益好转。1958年，全县平均每个社员经济收入为101.6元，比上年增加6.9%，1959年预计可达124元，又比上年增加22%。

会议同意孟锡五所作的富阳县人民委员会工作报告。会议认为，两年来，由于坚决贯彻了党中央、毛泽东主席提出的总路线，全县各条战线上所取得的成绩是巨大的。会议号召全县人民，更高举起总路线、大跃进、人民公社“三面红旗”，把增产节约运动推向新高潮，为实现继续大跃进而奋勇前进。

听取和审议县财政决算和财政预算报告

副县长张建唐受县人民委员会委托，向大会作富阳县1958年财政决算和1959年财政预算报告。1958年，全县财政总收入为891.6万元，比上年增加5.7%，财政支出322.9万元，完成预算的123.1%，比上年增加1.6倍。1959年，全县财政预算总收入安排928.8万元，比1958年增加4.2%，预算支出安排370.9万元，比上年增加11.1%，收支相抵，除上交外可结余1.47万元。

会议认为，1958年财政预算的执行情况是良好的，对支援国家社会主义建设和促进工农业生产的迅速发展发挥了巨大作用。1959年的财政预算安排是积极的、适当的，会议批准这个报告。

会议还听取和审议代表议案审查情况的报告。

会议通过了“富阳县人民委员会工作报告”等3项决议。

第四章　第四届人民代表大会

富阳县第四届人民代表大会自1962年7月至1963年12月，任期1年6个月，召开人民代表大会会议1次（此前由于富阳县与桐庐县合并，1960年8月至1961年12月期间归入桐庐县人大。此次会议系富阳县复置后沿续召开。富阳县复置后将原新登县辖地从桐庐县析出划归富阳县。此后，富阳县人民代表大会均含原新登县）。会议听取和审议工作报告5个，作出决议决定3项，收到人大代表提出的议案、意见211件，选举产生地方国家机关领导人员6名，补选出席浙江省人民代表大会代表1名。

第一节　第四届人民代表大会第一次会议

1962年7月7日至11日，富阳县第四届人民代表大会第一次会议在富阳镇召开。出席大会人大代表应到354名，实到307名，列席16名。在预备会议上通过大会主席团名单，通过大会秘书长名单。在主席团第一次会议上，通过大会议程，通过代表资格审查委员会名单和提案审查委员会名单。会议议程共5项：听取和审议富阳县人民委员会工作报告；听取和审议富阳县财政决算和财政预算报告；听取和审议富阳县人民法院工作报告；选举；通过相应决议。

听取和审议县人民委员会工作报告

7月8日，县长孟锡五向大会作富阳县人民委员会工作报告。报告总结了从1958年4月县第三届人民代表大会以来的四年间，在总路线、大跃进、人民公社“三面红旗”光辉照耀下，农业、工业和其他各项事业，都取得了伟大成绩。在农业上，粮食生产年年丰收，1961年粮食总产量达到2.13亿斤，比1957年增加29.2%，平均每年增长7.3%，并有200多个生产大队，提前和超额实现了《全国农业发展纲要》规定的产量指标。自贯彻执行《农村人民公社工作条例》后，不仅集体生产好，社员私人户里生产也搞得很好，“百斤粮运动”一般每户都有几百斤。水库从1957年的156处增加到281处，蓄水量从700多万立方米增加到1500多万立方米，抽水机从110台增加到300多台，特别是1961年以来，大力发展电力排灌事业，全县安装493台电动机，电力已普及全县37个公社和2个镇，占60%以上的水田实现了电力灌溉。1961年全县生猪饲养量达到10.6万头，比1957年增加16.2%。四年来共造林19.5万亩。茶叶和蚕茧的产量，分别比1957年增长27%和7.2%。1961年，工业总产值比1957年增加1.2倍，工业产品不断增多，技术水平不断提高，在为农业服务、为市场服务、为国家工业化服务等方面作出了一定贡献。四年来，新建公路65公里，1961年货运量比1957年增加2倍。电话线路增加到520多公里，各人民公社和生产大队基本上都通了电话。四年中，国家用于工农业生产建设的投资达1298万元，比前8年增加20倍。1961年的社会商品零售总额比1957年增长32.1%，其中生活资料供应额增长14.4%。文教事业也有很大发展，中学从原来的5所增加到9所，在校中学生比1957年增加1倍多，在校小学生增加40%。广大人民群众生活水平有了提高，70%左右的生产大队有了储备粮。社员收入也有增加，造新房、装电灯、添农具的越来越多。1962年，要求粮食生产比1961年增产10%；食用油料增产67.4%；鲜茧增产6.6%；茶叶增产20%；土纸增产 43.6%；生猪饲养量增产 22%。工业总产值要求达到 1700 万元。

会议审议县人民委员会的报告后认为，四年多来，富阳县各项社会主义建设事业取得的成绩是巨大的，经验是丰富的。会议号召全县人民，必须继续高举三面红旗，同心同德，艰苦奋斗，力争完成和超额完成 1962 年的各项生产指标。会议决定批准富阳县人民委员会的工作报告。

听取和审议县财政决算和财政预算报告

县人民委员会陈君文向大会作富阳县 1959 年至 1961 年三年的财政决算和 1962 年的财政预算报告。1959 年，财政总收入为 1158.7 万元，比 1958 年增长 5%；1960 年为 1134.5 万元，略低于 1959 年；1961 年由于贯彻“八字”方针，清理历年财政遗漏问题，财政收入减少到 758.5 万元，比 1960 年下降 31.8%。财政支出方面：1959 财政总支出为 465.2 万元，比 1958 年增加 4%；1960 年，国家对基本建设投资和工业投资大大增加，总支出达 728 万元，比 1959 年增加 57%；1961 年压缩了工业、基建方面的投资，总支出减少为 513.4 万元，比 1960 年下降 30%，但对农业的投资是增加的，三年用于农业基本建设的投资共达 655.2 万元，相当于全县四年的农业税收入。1962 年，安排全年财政收入为 920 万元，比 1961 年略有增加。财政支出安排全年正常性支出为 213.3 万元，比 1961 年下降 8.8%，县自筹资金支出安排 12 万元。基本建设投资，1962 年由中央批准；专项拨款、支援贫队款也由中央统一安排；退赔款采取发期票的方法，都不安排在县财政支出预算内。

听取和审议县人民法院工作报告

县人民法院院长李端银向大会报告四年来富阳县人民法院的工作情况。四年来，进一步发挥司法工作的专政威力，坚决打击了敌人的破坏活动，及时惩罚犯罪分子，正确处理人民内部矛盾，广泛开展法制宣传，维护社会秩序，保障社会主义建设事业的顺利进行。在胜利形势下，多数地主、富农、反革命分子和坏分子，表示愿意接受改造，但也有一些反革命分子、地主、富农阶级分子和其他坏分子抗拒改造，继续进行各项破坏活动。对于这些人要根据不同情节，依法给予严厉打击。对于人民内部矛盾，坚持说服教育，以调解为主。四年来，共调解有关生产、所有制和婚姻等各种民事案件 964 件，处理人民来信来访 1253 件。

选举

7 月 11 日进行大会选举。大会选举办法规定，选举富阳县人民委员会县长 1 人、副县长 4 人、县人民委员会委员 22 人；富阳县人民法院院长 1 人；补选浙江省人民代表大会代表 1 人。当选人当天由大会主席团向全县公布。

会议认真审议了富阳县人民委员会提请的“关于建议罢免许桂荣省人民代表大会代表职务的报告”。会议认为，原新登县第三届人民代表大会第一次会议选举出席浙江省第二届人民代表大会代表许桂荣，最近几年来，已堕落成为蜕化变质、严重违法乱纪的坏分子，辜负了选民对他的信任和委托，丧失了省人民代表大会代表的资格，会议决定罢免其浙江省第二届人民代表大会代表的职务。

会议作出了“关于富阳县人民委员会工作报告”等3项决议。

第五章　第五届人民代表大会

富阳县第五届人民代表大会自1963年12月至1966年5月，任期2年6个月，召开人民代表大会会议2次。大会共听取和审议工作报告8个，作出决议决定5项，收到人大代表提出的提案、意见682件，选举产生地方国家机关领导人员6名。

第一节　第五届人民代表大会第一次会议

1963年12月25日至30日，富阳县第五届人民代表大会第一次会议在富阳镇召开。出席大会人大代表应到351名，实到332名，列席6名。预备会议选举23人组成大会主席团，建立大会秘书处，通过大会秘书长和代表资格审查委员会、提案审查委员会名单。在主席团第一次会议上，通过大会议程和大会日程。大会议程共5项：听取和审议富阳县人民委员会工作报告；听取和审议富阳县财政决算和预算报告；听取和审议富阳县人民法院工作报告；听取富阳县人民委员会提案办理情况报告；选举；通过相应决议。大会共收到人大代表提出的提案、意见413件，作出决议决定3项。

听取和审议县人民委员会工作报告

12月27日，副县长张建唐向大会作富阳县人民委员会工作报告。报告指出，1963年，粮食总产量可达2.55亿斤，比最高的1962年增产12%以上，全县粮食平均亩产可达770斤以上，有18个公社、232个大队提前4年实现《全国农业发展纲要》规定的粮食亩产指标，并有21个大队，粮食平均亩产超千斤。全年停垦3.5万亩，造林5.4万亩，封山育林24万亩，乱砍滥伐现象已基本制止。发展新茶园0.4万亩，退出粮食间作0.6万亩，茶叶产量可望逐年回升。畜牧生产预计耕牛可发展到1.1万头，比上年增加650头，生猪饲养量可达22万头，比上年增加50%左右，平均每户达到2.6头，提前4年实现《全国农业发展纲要》规定的指标。全年兴修大小水利工程3400多处，增加蓄水量500万立方米以上，增加电灌面积1.7万亩，改善排涝面积0.7万亩，机耕面积增加到1.7万多亩，对促进粮食增产起了很大作用。工业手工业生产预计总产值可完成年度计划101.6%。预计采购总额可完成年度计划的109%，比上年增加13%。粮食征购任务已经完成，并有一批生产队光荣地向国家卖了超产粮。财政收支情况良好，预计全年财政收入可比上年增加4.2%，支出可比上年减少18%。广大人民群众的生活水平有了改善，用粮水平普遍提高，60%的生产队有了储备粮，40%左右的职工调整了工资。一年来，遵照以农业为基础，以工业为主导的发展国民经济总方针，继续精简职工860多人，压缩城镇人口1530多人，减少吃商品粮人口5170多人。1964年，全县人民在社会主义建设方面的任务是：粮食产量比上年增加6%左右，平均亩产达到800斤以上；油菜籽比上年增加2倍；络蔴增加5%；茶叶增加11%；蚕茧增加8.7%；造林增加84%；生猪饲养量年终存栏比上年增加2万头；羊年终存栏增加60%；牛增加800头；鲜鱼增加23%；土纸52万担。

会议认为，富阳县第四届人大一次会议以来，社会主义各项建设事业均取得了巨大成绩。会议同意富阳县人民委员会所提出的1964年国民经济发展计划，决定批准这个报告。

听取和审议县财政决算和财政预算报告

副县长韩焕康受富阳县人民委员会委托，向大会作富阳县财政决算和财政预算报告。1962年，财政总收入为922万元，完成预算的105.4%，比上年增长21.5%。按照财政体制规定，全年可用资金为551.5万元。地方财政支出526.2万元，完成预算的97.1%，收支相抵，略有结余。1963年，根据省分配的指标，财政总收入为918万元，比上年增长4.2%。至11月底，已完成859万元，占年度预算的93.6%；总支出314.2万元，占年度预算的73.6%，，收支相抵略有结余。1964年的财政预算，初步匡算财政正常收入（不包括农业税）为758万元，比1963年增长10.4%，财政支出尚待省计划定案后分配。

大会同意并批准富阳县财政决算和财政预算报告。同时大会授权富阳县人民委员会，在1964年财政预算草案编成以后，对1964年的财政预算，连同1963年的财政决算进行审查，并上报浙江省人民委员会批准。

听取和审议县人民法院工作报告

县人民法院院长李端银在向大会所作的富阳县人民法院工作报告中指出，自1962年7月富阳县第四届人民代表大会以来，共审理刑事案件305件，惩办犯罪分子213名。共审理民事案件264件。一年多来，协助各地整顿和健全调解组织500多个。仅据新登地区统计，人民公社和大队调解委员会调处各种民事纠纷和轻微治安案件970余起，相当于新登法庭同期结案数的10倍左右。此外，还处理人民来信1062件，接待群众来访千余人次，进一步密切了人民委员会与群众的关系。

大会审议后决定批准这个报告。

选举

12月30日进行大会选举。大会选举办法规定，选举富阳县人民委员会县长1人、副县长4人、县人民委员会委员24人；选举富阳县人民法院院长1人。当选人当天由大会主席团向全县公布。

会议作出了“关于富阳县人民委员会工作报告”等3项决议。

第二节　第五届人民代表大会第二次会议

1964年8月12日至15日，富阳县第五届人民代表大会第二次会议在富阳镇召开。出席会议人大代表应到351名，实到326名，列席10名。大会预备会议选举产生23人组成大会主席团，通过大会秘书长和提案审查委员会名单，通过大会执行主席值日名单，通过大会议程。在主席团第一次会议上，通过大会日程和选举办法。大会议程共5项：听取和审议富阳县人民委员会工作报告；听取和审议富阳县财政决算和财政预算报告；听取和审议提案处理情况报告；选举；通过相应决议。大会共收到人大代表提出的提案、意见269件，作出决议决定2项。

听取和审议县人民委员会工作报告

8月12日，县长张建华向大会作富阳县人民委员会工作报告。报告指出，自1963年12月富阳县第五届人民代表大会第一次会议后的半年多来，广泛开展社会主义教育运动，先后两次向广大干部、群众宣读中共中央《关于目前农村工作中若干问题的决定》《关于农村社会主义教育运动中的一些具体政策的规定》。大多数干部、群众的阶级觉悟有了提高。贫下中农组织起来了，开始树立了阶级优势，在巩固集体经济、发展农业生产中，发挥了越来越大的作用。《农村人民公社工作条例（修正草案）》和有关政策得到进一步贯彻，超过规定的社员开荒地、自留地，多数队已按照规定作了处理，分散到户的土地、山林、经济作物等有不少已归还集体。粮食生产预计春花、早稻总产量比上年同期增产1千万斤左右。全县停垦2600多亩，春季造林5万多亩，发展新茶园3600多亩，退出间作粮食1.58万亩，发展新桑园3000多亩。凭票、凭证、凭券供应的商品已减少到10种。目前正在进行的社会主义教育运动，是重新教育改造人的运动，每一个人都要参加这一运动。在这次运动中，要教育干部明确依靠谁、争取谁、反对谁的问题，重新组织革命的阶级队伍。在农村，要根据《中华人民共和国贫农、下中农协会组织条例》，建立贫下中农组织，充分发挥他们在巩固无产阶级专政、巩固集体经济、发展农业生产等斗争中的作用。

大会认为，半年多来，在社会主义革命和社会主义建设方面，都获得了新的成就。大会强调指出，必需在农村、城镇、机关、企业、学校中普遍地、反复地开展社会主义教育运动。大会号召全县人民，积极投入“三大革命运动”。大会批准富阳县人民委员会的工作报告。

听取和审议县财政决算和财政预算报告

副县长韩焕康受县人民委员会委托，向大会作富阳县财政决算和财政预算报告。报告指出，1963 年，全县财政总收入为 925.9 万元，完成预算的 101.3%，比上年增长 14.6%。合计全年地方总收入为 415.7 万元。地方财政总支出 386.5 万元，完成预算的 94%，收支相抵，略有结余。1964 年，县财政总收入安排为 980 万元，比上年增长 5.9%。地方财政收入为 373.5 万元。财政支出安排 373.5 万元，达到收支平衡，力争略有结余。1964 年上半年的财政收入已完成 452 万元，为全年预算的 46.1%，比上年同期增加 3.7%，预算支出完成 163.7 万元，为年度预算的 43.8%。

大会认为，1963 年的财政决算情况是良好的，1964 年的财政预算安排是恰当的，大会同意并批准这个报告。

选举

8 月 15 日进行大会选举。根据大会选举办法，选举出席浙江省第三届人民代表大会代表 5 人。选举结果，当选者均符合选举办法规定。当天下午，富阳县人民委员会向全县公布 5 名当选人名单。

第六章　第六届人民代表大会

富阳县第六届人民代表大会于 1966 年 6 月召开。由于“文化大革命”原因，第六届人民代表大会会议只召开一次。会议听取和审议工作报告 4 个，作出决议决定 4 项，收到人大代表提出的提案、意见 544 件，选举产生地方国家机关领导人员 5 名。

第一节　第六届人民代表大会第一次会议

1966 年 6 月 1 日至 5 日，富阳县第六届人民代表大会第一次会议在富阳镇召开。出席大会人大代表应到 351 名，实到 319 名，列席 11 名。预备会议通过 27 人组成大会主席团，通过大会议程、秘书长、代表资格审查委员会和提案审查委员会名单。大会议程共 6 项：听取和审议富阳县人民委员会工作报告；听取和审议富阳县财政决算和财政预算草案报告；听取和审议富阳县人民法院工作报告；听取和审议人大代表提案处理情况的报告；选举；通过相关决议。

听取和审议县人民委员会工作报告

6 月 2 日，县长张建华向大会作富阳县人民委员会工作报告。报告指出，大会召开之际，正面临着国内外一派大好形势。国际局势正经历着大动荡、大分化、大改组过程。

一切迹象表明，一个新的世界规模的反美革命风暴正在兴起，这是不可阻挡的历史潮流。过去的一年，全国人民在社会主义革命和社会主义建设各个战线上取得了新的成就。富阳和全国各地一样，深入开展阶级斗争、生产斗争和科学实验三大革命运动，取得了巨大成绩。粮食亩产达到848斤，比1964年增加9.8%，生猪饲养量平均每户3头，社员集体经济分配总收入比1964年增加72万元，平均每人收入73.5元，有62.8%的生产大队和占总农户30%的社员有了储备粮。市场日益繁荣，社会零售总额增长9.4%，工业、手工业生产总值增长2.2%，三类农副产品收购总额增长40.2%。学龄儿童入学率达89.8%，全日制中学生增加16%。全县出生率比上年下降3.1‰。从1966年起，已经开始执行发展国民经济的第三个"五年计划"，这标志着在第一个、第二个"五年计划"之后，进行的调整工作已经胜利完成，前几年严重的自然灾害和现代修正主义者一系列的破坏所造成的困难，已被彻底战胜了。今后的主要任务是：突出政治，坚持毛泽东思想挂帅；高举《全国农业发展纲要》的旗帜，逐步建设现代化的社会主义大农业；各行各业面向农村，为农业机械化服务；学习毛泽东战备思想，加强战备观点；广泛开展比学赶帮超，加速社会主义现代化建设。

会议指出，1966年，要更高的举起毛泽东思想伟大旗帜，突出政治，加强战备，积极投入社会主义文化大革命，继续开展阶级斗争，紧紧依靠工人阶级、贫下中农、革命干部、革命知识分子和其他革命分子，用毛泽东思想统帅一切、改造一切、推动一切，为提前实现农业机械化、电气化创造条件。会议同意并批准这个报告。

听取和审议县财政决算和财政预算报告

副县长韩焕康受县人民委员会委托，向大会作富阳县财政决算和财政预算报告。报告列举1964年、1965年两年全县财政总收入1995.8万元，完成预算的102.9%。按国家财政体制规定，两年共计地方财政收入684.2万元。财政总支出676.6万元，完成预算98.8%，收支相抵，两年结余7.6万元。1966年，财政总收入安排943万元，比1965年下降3.3%；财政支出安排244.7万元，下降9.1%。但是，1966年第一季度预算收入完成不好，只完成年度计划的17.6%。因此，要完成全年计划，困难还是很大的。为此，必须认真贯彻党和政府各项方针政策，奋发图强，勤俭节约，战胜各种困难，圆满完成全年目标任务。

会议审议后决定批准这个报告。

听取和审议县人民法院工作报告

县人民法院院长李端银的工作报告指出，两年多来，富阳县人民法院高举毛泽东思想伟大旗帜，突出政治，以阶级斗争为纲，进一步贯彻中央关于依靠群众专政、依靠群众办案的方针，正确及时地处理了各种刑事案件和民事案件，有力地打击了阶级敌人的现行破坏活动，依法惩办了犯罪分子，妥善地解决了人民内部的纠纷。1964年冬，选择 3 个典型案件，召开了 2000 多人参加的宣判大会，依法惩办了犯罪分子，使广大人民群众受到一次深刻的阶级斗争教育。加强对调解组织的指导，充分发挥调解组织排解民间纠纷的作用。如里山、常安、湘主 3 个人民公社，1965 年共调处各种纠纷 1020 件。人民法院坚定不移地贯彻执行依靠群众专政、依靠群众办案的方针，才能更好地为三大革命运动服务。

会议审议后决定批准这个报告。

选举

6 月 5 日进行大会选举。大会选举办法规定，选举富阳县人民委员会县长 1 人、副县长 4 人、县人民委员会委员 24 人。当选人当天由大会主席团向全县公布。

大会通过了“关于富阳县人民委员会工作报告的决议”等 4 项决议。

此后，由于“文化大革命”，富阳县人民代表大会制度被迫中断长达 14 年之久，直至 1980 年 12 月恢复。

第七章　第七届人民代表大会

1979 年 7 月，五届全国人大二次会议通过了新的《中华人民共和国地方各级人民代表大会和地方各级人民政府组织法》。根据新通过的《地方组织法》规定，地方各级人民代表大会制度全面恢复。恢复后，该次大会上接 1966 年 6 月召开的富阳县第六届人民代表大会届次，沿称富阳县第七届人民代表大会。

富阳县第七届人民代表大会自 1980 年 12 月至 1984 年 10 月，任期 3 年 10 个月。召开代表大会会议 4 次，听取和审议县人民政府（革命委员会）和“两院”工作报告 23 个，作出决定、决议 16 项，选举产生县级国家机关领导人员 22 名，大会共收到人大代表提出的议案、建议 2960 件。

第一节　第七届人民代表大会第一次会议

1980 年 12 月 24 日至 30 日，富阳县第七届人民代表大会第一次会议在富阳镇召开。出席会议县人大代表应到 427 名，实到 420 名，列席 98 名。12 月 24 日上午，预备会议选举 41 人组成大会主席团，确定大会秘书长，通过大会代表资格审查委员会和提案审查委员会名单，通过大会议程。在主席团第一次会议上，通过大会日程，通过主席团值日名单，确定大会副秘书长。大会议程共 8 项：听取和审议富阳县革命委员会工作报告；听取和审议富阳县 1979 年财政决算、1980 年财政预算执行情况和 1981

年财政概算报告；听取和审议富阳县人民法院、富阳县人民检察院工作报告；选举；听取提案审查报告；通过有关决议。大会共收到人大代表提出的议案、建议1547件，作出决议、决定3项。

听取和审议富阳县革命委员会工作报告

县革命委员会主任洪德森在向大会所作的工作报告中指出，富阳县第六届人民代表大会是1966年6月召开的，此后在“文化大革命”中被迫停顿，至1980年已14年了。这14年中有10年是“文化大革命”，给全县造成了空前的大动乱、大破坏，全县受害致死150多人，烧毁房屋1200多间，公私财产损失达200多万元，工农业生产遭到极大破坏，许多方面都停滞不前，甚至倒退，整个国民经济濒临崩溃边缘，给人民生活带来极大困难，有的社队出现饿病逃荒的悲惨景象。粉碎江青反革命集团后又经过4年拨乱反正，国民经济获得了迅速恢复和发展。粮食总产量1979年达4.76亿斤，比“文化大革命”最后一年的1976年增长42.7%，平均亩产达到1453斤，比1976年增长46.9%。1980年由于自然灾害严重，粮食总产比上年略有减产，但仍可保持1978年水平。全县工业总产值，预计可达9000万元，比1976年增长1.2倍。城乡居民个人储蓄大幅上升，预计可达1204万元，比1976年增长2.5倍。1981年，全县粮食总产量要求恢复到1979年水平，工业总产值达到9720万元，比1980年增长8%，全县农副产品收购总额达到5300万元，增长5.5%，社会商品零售额9425万元，增长8%，出口商品收购总额508万元，增长13.9%，财政收入2400万元，增长5.7%；农村社员平均年收入150元，人口自然增长率控制在8‰以内。

会议决定建立富阳县第七届人民代表大会常务委员会；决定撤销富阳县革命委员会，依法设立富阳县人民政府。会议指出，革命委员会工作报告总结了第六届人民代表大会以来，特别是粉碎江青反革命集团以后4年的工作，符合富阳县实际情况。会议决定批准这个报告。

听取和审议县财政决算和财政预算报告

县财税局局长蒋士驹受县革命委员会委托，向大会作富阳县1979年财政决算、1980年财政预算执行情况和1981年财政概算报告。报告指出，1979年，省分配富阳县财政总收入指标为1941万元，实际完成2018.5万元，完成年度指标的104％，比上年增长12.1％。财政总支出预算为1617万元，实际支出1498万元，为预算支出的92.6％，达到了收支平衡，略有节余。1980年，财政安排总收入为2100万元，到11月底止，已入库2152.4万元，提前并超额2.5％，完成了全年收入任务，比上年同期增长9.13％。财政总支出为1727.3万元，预计到年底财政总支出为1565万元，比上年增长4.5％，收支相抵，略有节余。1981年，安排财政总收入为2400万元，比1980年增长5.7％；财政总支出安排1269.5万元，比1980年下降5％。

会议认为，1979 年、1980 年两年财政收支执行情况是好的，1981 年财政概算计划的安排，也是积极稳妥的。会议经过审议，决定批准这一报告。

听取和审议县人民法院、县人民检察院工作报告

县人民法院院长李端银向大会作富阳县人民法院工作报告。报告指出，从富阳县第六届人民代表大会到现在，已经 14 年了。在这段时间里，富阳县司法工作经历了极其曲折的斗争，“文化大革命”给司法战线造成一定影响。五届全国人大二次会议通过并公布了《中华人民共和国刑法》《中华人民共和国刑事诉讼法》《中华人民共和国人民法院组织法》等几项重要法律，对人民法院的工作是一个极大的推动。经过四年努力，人民法院已经走上依法办案的正常轨道。1977 年–1980 年，共审结各类刑事案件 620 件，对“文化大革命”期间判处的案件，逐个地进行了严肃认真的复查，共复查反革命案件 177 件 190 人，平反纠正 154 件 155 人，占这类案件总数的 87%；复查普通刑事案件 716 件 790 人，平反纠正 56 件 61 人，占 7.8%。

县人民检察院检察长汪家坤向大会作富阳县人民检察院工作报告。报告指出，根据第五届全国人民代表大会第一次会议关于重新设置人民检察院的决定，富阳县人民检察院于 1978 年 8 月重新建立。建院两年多来，逐步开展各项检察工作。至 1980 年 11 月底止，共受理审查批捕案件 210 件 273 人，经审理，依法批准逮捕 151 件 202 人；受理审查起诉案件 179 件 165 人，经审理，依法起诉 168 件 255 人；受理法纪案件 49 件，已办结 43 件；受理各种信访 1214 件，属于县检察院直接查处的重要信访，迅速派人调查，基本上做到件件有着落，不拖延，不积压。

会议经审议，决定批准富阳县人民法院和富阳县人民检察院的工作报告。

选举

12 月 30 日进行大会选举。大会选举办法规定，选举富阳县第七届人民代表大会常务委员会主任 1 人、副主任 6 人、委员 12 人；选举富阳县人民政府县长 1 人、副县长 6 人；选举富阳县人民法院院长 1 人和富阳县人民检察院检察长 1 人；选举出席杭州市第六届人民代表大会代表 45 人。选举结果，郭善龄当选为富阳县第七届人大常委会主任，张建华、范培忠、李景祥、周文全、陈顺德、李志善为副主任，王金水等 12 人为委员；洪德森当选为富阳县人民政府县长，王栋臣、唐永富、李定国、余大白、刘鸿、王良仟为副县长；李端银当选为富阳县人民法院院长；汪家坤当选为富阳县人民检察院检察长（需报经杭州市人民检察院提请杭州市人大常委会批准）；万进东等 45 人当选为杭州市第六届人民代表大会代表。当日，大会主席团向社会发布公告，公布当选人名单。

听取提案审查报告

大会提案审查委员会主任委员郭善龄作提案审查报告。截至 12 月 27 日，大会共收到提案 1547 件，其中农业农村工作方面 321 件，工业交通方面 264 件，财贸物价方面257件，科教文卫方面193件，城镇建设方面147件，人民生活方面68件，劳动就业方面66件，政法民政方面106件，干部作风方面107件(会后又收到代表意见44件，总办理件数达到1591件)。提案审查委员会经审查后把各项提案交富阳县人大常委会，由县人大常委会督促县人民政府及各有关职能部门进行认真及时办理。要求将办理结果告诉县人大代表，报告富阳县人大常委会。

附　富阳县第七届人民代表大会第一次会议选举办法

（1980年12月30日通过）

根据《中华人民共和国地方各级人民代表大会和地方各级人民政府组织法》《中华人民共和国全国人民代表大会和地方各级人民代表大会选举法》的有关规定，制定本次选举办法如下：

一、本次会议选举产生富阳县第七届人民代表大会常务委员会主任1人，副主任6人，委员12人；选举产生富阳县人民政府县长1人，副县长6人；选举产生富阳县人民法院院长1人，人民检察院检察长1人；选举出席杭州市第六届人民代表大会代表45人。

二、县人大常委会主任、副主任、委员；县人民政府县长、副县长；县人民法院院长、县人民检察院检察长；出席杭州市第六届人民代表大会代表的人选，由代表提名，在主席团领导下，经过充分协商，集中多数代表的意见，确定正式候选人，并在选举前由主席团向大会宣布。

三、各项选举都采用无记名投票的方式，选举时应有三分之二以上代表出席，才能进行选举。

四、对于确定的候选人，按姓氏笔画排列，代表可以投赞成票，可以投反对票，可以另选他人，也可以弃权。

五、大会进行选举时，由总监票1人，监票若干人，总计票1人，计票若干人，在大会主席团领导下，负责具体选举工作事宜。

总监票、总计票和监票人、计票人，由主席团提名，提交大会通过。

协助选举事务工作的其他工作人员，由大会秘书长根据需要决定。

六、进行选举的时候，先由执行主席宣布出席人数，再由监票人将选票一次发给出席大会的代表，发票后多余的选票，除各留一张存档外，余票由执行主席当场剪角作废。

七、代表在划写选票时，一律用钢笔或圆珠笔，笔迹要清楚，符号要正确，如同意选票上某一候选人，就在这个候选人姓名上面的小方格内划一个“O”，不同意某一候选人，就在这个候选人姓名上面的小方格内划一个“X”；如需要另选其他人，就在后面的空格内写上自己要选的人的姓名，并在他姓名上面的空格内划一个“O”。有的代表如果是文盲或者因残疾不能写选票的，可以委托自己信任的人代写。

八、代表要仔细检点在选票上所选的人数，每张选票所选的人数，多于应选名额的无效，少于应选名额的有效。

九、选票划写完毕，在大会执行主席宣布投票后，先由主席团投票，接着由担任大会选举工作的代表投票，然后全体代表按规定次序进行投票。

十、投票结束后，由监票人当场启封票箱，投票数与发票数相符或少于发票数，本次选举有效，多于发票数，本次选举无效。

十一、计票人在监票人的监督下进行工作，计票完毕，由大会执行主席报告选举结果。

十二、候选人必须获得全体代表过半数的选票时，始得当选，获得过半数选票的候选人超过应选名额时，以得票多的当选。当选与不当选之间，如遇票数相等不能确定当选人时，应当就票数相等的候选人重新投票。获得过半数选票的候选人，少于应选名额时对不足的名额是否补选，由大会主席团视情况决定。

十三、本次选举出的县人民检察院检察长，须报经上级人民检察院检察长提请该级人民代表大会常务委员会批准。

十四、本办法经过富阳县第七届人民代表大会第一次全体会议通过施行。

第二节　第七届人民代表大会第二次会议

1982 年 6 月 6 日至 10 日，富阳县第七届人民代表大会第二次会议在富阳镇召开。出席会议县人大代表应到 425 名，实到 419 名，列席人员 95 名。6 月 6 日下午，预备会议选举 29 人组成大会主席团，确定大会秘书长，通过大会代表资格审查委员会和提案审查委员会名单，通过大会议程。在主席团第一次会议上，通过大会日程，通过主席团值日名单，确定大会副秘书长。大会议程共 6 项：听取和审议富阳县人民政府工作报告；听取和审议富阳县 1981 年财政决算和 1982 年财政预算报告；听取和审议富阳县人大常委会工作报告；听取和审议富阳县人民法院、富阳县人民检察院工作报告；学习讨论《中华人民共和国宪法修改草案》；听取提案审查报告；通过各项决议。大会共收到人大代表提出的议案、建议 563 件，大会作出决议、决定 4 项。

听取和审议县人民政府工作报告

6 月 7 日上午，县人民政府县长洪德森向大会作富阳县人民政府工作报告。报告指出，1981 年，粮食总产量达到 3.97 亿斤，比 1980 年增产 1.5%；农业总产值达到 1.59 亿元，增长 10.2%；工业总产值达到 1.09 亿元，增长 17.1%；1981 年财政收入比上年增长 21.6%，社会商品零售额、集市贸易成交额、出口商品收购额等都有较大幅度增长。科技、教育、卫生、体育有了新的发展。农村社员集体分配收入比上年增加 19.6 元，城乡人民储蓄比上年增加 425 万元，年末余额达到 1687 万元。1982 年富阳县粮食总产量要求达到 4.3 亿斤，力争达到 4.5 亿斤；工业总产值要求达到 1.2 亿元，争取达到 1.22 亿元；财政总收入要求达到 2830 万元；城乡居民储蓄余额要求比上年末增长 25%；农村社员人均集体分配收入争取比上年增加 10 元。

会议认为，报告中提出的 1982 年工作指导思想和任务、措施，是符合富阳县实际情况的。会议号召，全县人民加强团结，振奋精神，鼓足干劲，完成报告中新提出的各项任务。会议决定批准富阳县人民政府的工作报告。

听取和审议县财政决算和财政预算报告

6 月 7 日下午，县财税局局长蒋仕驹在向大会所作的富阳县财政决算和财政预算报告中指出，1981 年，富阳县财政总收入 2989.7 万元，其中预算内收入 2759.3 万元，完成省核定任务的 116.8%，比上年增长 21.6%，财政总支出 1591.7 万元，占全年核定数的 94.5%。1982 年预算安排，财政总收入为 3060 万元，其中预算内收入 2830 万元，比上年增长 2.6%；财政总支出为 1521 万元（不含上级当年专项拨款及上年转入结余款），比上年增长 9.7%。

会议审议后，决定批准富阳县 1981 年财政决算和 1982 年财政预算报告。

听取和审议县人大常委会工作报告

6 月 9 日上午，县人大常委会主任郭善龄向大会作富阳县人大常委会工作报告。报告指出，一年多来，富阳县人大常委会在贯彻实施《刑法》、《刑事诉讼法》等进行督促检查，使各级公安、司法机关坚持以事实为根据，以法律为准绳，打击刑事犯罪，纠正冤案错案，维护社会治安，保障四化建设等方面，发挥了无产阶级专政的职能作用。近年来，环境污染日趋严重，富阳县人民政府结合本县实际，制定《富阳县排污收费和罚款暂行办法》，县人大常委会批准了这个办法，并公布实施。富阳县七届人大一次会议后，县人大常委会共召开 8 次全体会议，主要是听取县人民政府关于政治、经济、文化、教育、卫生、体育等方面的情况汇报，县人民法院、县人民检察院关于实施《刑法》《刑事诉讼法》情况的汇报，进行认真讨论和审议。富阳县人大常委会还根据《地方组织法》规定，任免富阳县人民政府、县人民法院、县人民检察院工作人员 40 名。一年来，富阳县人大常委会组织了 3 次视察，深入有关部门调查研究，指出存在问题，及时向有关部门提出视察意见，从而推动了政府部门工作。

会议认为，富阳县人大常委会建立一年多来，坚决贯彻执行中共党的路线、方针、政策和国家法律法令，发挥了地方权力机关应有的作用。会议对富阳县人大常委会工作表示满意，决定批准这个报告。

听取和审议县人民法院、县人民检察院工作报告

6 月 9 日上午，县人民法院院长李端银向大会作富阳县人民法院工作报告。报告指出，1981 年和 1982 年头 5 个月，共受理刑事案件 184 件，依法严惩刑事犯罪分子 252 人，其中判处有期徒刑 187 人，配合杭州市中级人民法院对 2 名杀人凶犯执行死刑。共受理民事案件 556 件，尤其是婚姻案件大幅增加。一年多来，受理各种来信 2800 余件，接待来访 1000 多人次，在处理来信来访时，注意听取群众意见，改进工作作风。我们决心在中共富阳县委领导下，在富阳县人大监督下，扎扎实实做好各项工作，为争取社会治安的进一步好转作出应有贡献。

县人民检察院检察长汪家坤在向大会所作的富阳县人民检察院工作报告中指出，1981 年，共受理批捕案件 119 件 159 人，经审查，依法批准逮捕 130 人；受理起诉案件 127 件 198 人，经审查，依法向人民法院提起公诉 169 人，全部作了有罪判决。从检察机关一年多来的工作情况看，治安情况虽有逐步好转，但与根本好转的要求相比，还有很大距离。因此，形势和任务向检察机关提出更高的要求，一定要响应中央号召，在中共富阳县委、县人大和上级检察机关领导和监督下，积极工作，为争取尽快实现社会治安的根本好转而努力奋斗。

会议认为，一年多来，“两院”在维护社会主义法制、加强人民民主专政、保障经济建设、促进安定团结等方面，做了大量工作，成绩是显著的。会议决定批准富阳县人民法院和富阳县人民检察院的工作报告。

听取提案审查报告

大会提案审查委员会主任委员张建华向大会作提案审查报告。截至 6 月 8 日 17 时，大会共收到人大代表提案 563 件。其中农业农村工作方面 116 件，工业交通方面 134 件，科教文卫方面 77 件，财贸方面 146 件，人民生活方面 47 件，政法民政方面 31 件，其他 12 件(会后又收到代表意见 21 件，总办理件数为 584 件)。提案审查委员会经认真研究，逐件提出了审查意见，予以审查通过，交由富阳县人大常委会，由县人大常委会召开提案交办会后，督促富阳县人民政府、富阳县人民法院、富阳县人民检察院和有关部门进行办理。要求将办理结果告诉有关县人大代表，报告富阳县人大常委会。

第三节　第七届人民代表大会第三次会议

1983 年 1 月 29 日至 2 月 3 日，富阳县第七届人民代表大会第三次会议在富阳镇召开。出席会议县人大代表应到 418 名，实到 412 名，列席 102 名。1 月 29 日召开预备会议，选举 30 人组成大会主席团，确定大会秘书长，通过大会代表资格审查委员会和提案审查委员会名单，通过大会议程。在主席团第一次会议上，通过大会日程，确定大会副秘书长。大会议程共 5 项：听取和审议富阳县人民政府工作报告；听取和审议富阳县 1982 年财政决算和 1983 年财政预算草案报告；听取和审议富阳县人大常委会工作报告；听取和审议富阳县人民法院、富阳县人民检察院工作报告；听取提案审查报告；通过各项决议。大会共收到代表提出的议案、建议 496 件，作出决议、决定 4 项。

听取和审议县人民政府工作报告

1 月 30 日下午，县人民政府县长洪德森向大会作富阳县人民政府工作报告。报告列举了 1982 年，富阳县工农业总产值达到 3.4 亿元，比 1981 年增长 10.3%。其中工业总产值 1.22 亿元，增长 11.6%；农业总产值 2.18 亿元，增长 9.6%。粮食总产量达到 5.11 亿斤，比 1981 年增加 1.14 亿斤，增长 28.8%，超过了大丰收的 1979 年，创造了历史上最高水平。社会商品零售额达到 9610 万元，增长 9%，外贸商品收购总额 757 万元，增长 11.1%，财政总收入比 1981 年增长 15.5%，实现了收支平衡，略有节余。农村社员人均收入 282 元，增加 85 元。全民所有制单位职工平均工资达到 732 元，增加 15 元。1983 年要求农业总产值达到 2.45 亿元，比 1982 年增长 12.5%，粮食总产量 5.41 亿斤，增产 3000 万斤，农村社员人均收入增加 40 元。县属工业总产值达到 1.32 亿元，比 1982 年增长 8%，社队工业产值 1.04 亿元，增长 6.9%。社会商品零售额 1.47 亿元，增长 9%，农副产品收购总额 5947 万元，增长 5%，外贸商品收购额保持上年水平。财政收入增长 3.1%，人口自然增长率控制在 8.3‰以内。

会议认为，一年来，富阳县人民政府坚定不移地贯彻执行国民经济调整方案，各条战线都取得了新的成绩。1983 年各项任务指标，是符合富阳县实际情况的，必须认真贯彻执行。会议决定批准富阳县人民政府的工作报告。

听取和审议县财政决算和财政预算报告

县财税局局长蒋仕驹受富阳县人民政府委托，向大会作富阳县财政决算和财政预算报告。报告指出，1982 年，富阳县财政总收入为 3453.2 万元，完成预算的 112.7%，比上年增长 15.5%。其中预算内收入 3188.1 万元，完成预算的 112.7%，比上年增长 15.5%；财政总支出为 1922.1 万元(包括上级下拨的专款)，比上年增长 20.1%。1983 年，财政总收入安排为 3560 万元，比上年增长 3.1%，财政总支出安排为 1834.5 万元(不包括上级下拨的各项专款)，比上年增长 2%。1983 年是改革的一年，一定要在改革中开创财政工作新局面。

会议认为，富阳县 1982 年财政预算的执行情况是好的。1983 年财政预算安排，体现了对国民经济继续实行调整并以提高经济效益为核心的指导思想，各项指标和措施是积极可行的。会议决定批准富阳县 1982 年财政决算和 1983 年财政预算报告。

听取和审议县人大常委会工作报告

2 月 1 日，县人大常委会主任郭善龄向大会作富阳县人大常委会工作报告。报告指出，学习和讨论《中华人民共和国宪法修改草案》，是富阳县人大常委会1982年工作的重要任务，县人大常委会分别召开了主任会议、人大常委会会议、县级机关各部、委、办、局、法院、检察院等负责人会议，学习和讨论宪法修改草案。全县召开各种会议262次，培训骨干4046人，直接参加学习和讨论的人数达27万人次，提出修改意见和建议1300多条。县人大常委会听取和审议县人民政府关于经济建设、文明礼貌、综合治理、提案处理和教育经费使用等方面的工作汇报，分别组织省、市、县人民代表参加视察、调查、检查活动，提出了土地使用管理、土地规划、教育经费使用、计划生育、文明礼貌活动、重点建设、环境卫生、春节市场物资供应、农村水改等11个调查研究题目，开展调查视察活动，提出调查报告或视察意见。认真督促、检查人大代表提案的处理工作，对21件不合要求的处理件，退回重作处理。

会议要求，富阳县人大常委会要进一步加强思想建设和组织建设，更好地监督和促进富阳县人民政府、县人民法院和县人民检察院工作，保证党和国家的方针政策、法律法令的正确实施。会议决定批准富阳县人大常委会的工作报告。

听取和审议县人民法院、县人民检察院工作报告

县人民法院院长李端银在向大会所作的富阳县人民法院工作报告中，总结了一年来，共审结各类刑事案件181件，判处各类刑事犯罪分子191人。对杀人、抢劫、强奸、爆炸、放火等严重危害社会治安的犯罪分子，继续依法从重从快惩处，给予及时有力的打击。审结各类民事案件431件，1982年10月1日以后，全院普遍施行了《中华人民共和国民事诉讼法（试行）》，使民事审判工作走上严格依法办案的轨道。审结各类经济合同纠纷案件27件，解决争议标的总额30.8万元。处理人民来信2392件，接待来访1217人次。复查刑事申诉案件93件，平反纠正冤错案件15件15人，对其中造成严重经济困难的5人发给生活补助费780元。审结经济犯罪案件28件39人，其中国家工作人员犯罪7人，追缴公款公物计价2.3万元，判处罚金300元，没收财产价值4000元。

县人民检察院检察长汪家坤在向大会所作的富阳县人民检察院工作报告中提到，一年来，共受理各类刑事批捕案件118件140人，经审理，依法逮捕各类刑事案犯115人；共受理审查起诉案件136件171人，经审理，依法决定起诉各类刑事案犯152人，及时有力地打击了各种刑事犯罪活动。在批捕案件中，有经济犯罪案件80件，占批捕案件总数的80%；在起诉案件中，有经济犯罪案件84件，占起诉案件总数和61.7%，通过办理这些案件，依法追究和从重从快打击了严重经济犯罪分子。

会议认为，中国社会主义民主和法制建设进入到一个新的时期，“两院”工作的重点要转移到保卫和促进以经济建设为中心的社会主义现代化建设上来，要更好地运用法律武器，严厉打击经济领域中的严重犯罪分子和其他刑事犯罪分子。会议决定批准富阳县人民法院和富阳县人民检察院的工作报告。

听取提案审查报告

提案审查委员会主任委员张建华向大会作提案审查报告。截至2月1日20时，大会共收到人大代表提案496件。其中，农业方面108件，工业、交通、基建方面116件，财贸方面91件，科教文卫方面82件，政法民政方面31件，人民生活方面58件，其他10件(会后又收到4件，办理共计500件)。提案审查委员会通过审查后对提案办理提出了四点要求：一、各部门要端正认识，确立对人民负责的态度，认真办理提案。二、各部门和单位要建立办理提案的班子或落实专人负责，提案答复一定要集体研究决定。三、县人大常委会和县人民政府要切实加强对办理提案的督促和检查，办理不合质量要求的要坚决退回，重新办理。四、一般性提案在接到提案之日起，3个月内办理完毕，较复杂的提案6个月内办理完毕，真正做到件件有着落，案案有交代，使提案人满意。会后，富阳县人大常委会召开议案交办会，督促富阳县人民政府、县人民法院、县人民检察院和有关部门进行办理，并将办理结果告诉县人大代表，报告富阳县人大常委会。

第四节　第七届人民代表大会第四次会议

1984年3月28日至4月1日，富阳县第七届人民代表大会第四次会议在富阳剧院召开。出席会议县人大代表应到413名，实到355名，列席117名。28日上午举行预备会议，选举35人组成大会主席团，确定大会秘书长，通过大会代表资格审查委员会和提案审查委员会名单，通过大会议程。在主席团第一次会议上，通过大会日程，确定大会副秘书长，决定大会提案截止时间。大会议程共7项：听取和审议富阳县人民政府工作报告；听取和审议富阳县1983年财政决算和1984年财政预算草案报告；听取和审议富阳县人大常委会工作报告；听取和审议富阳县人民法院、富阳县人民检察院工作报告；通过关于同意郭善龄等人辞去富阳县人大常委会主任、副主任职务的决定；选举；听取提案审查报告。大会共收到县人大代表提出的议案、建议354件，作出决定、决议5项。

听取和审议县人民政府工作报告

3月29日，县人民政府代理县长汪力忠向大会作富阳县人民政府工作报告。报告总结过去的一年，富阳县农业总产值达2.19亿元，粮食总产量4.51亿斤，是富阳解放以来第三个丰收年，社队企业总产值1.11亿元，比上年增长10.6%。全县工业总产值1.52亿元，超过年计划的15%，比上年增长24.2%。财政总收入比上年增长10.5%。社会商品零售总额达到1.56亿元，比上年增长9.7%，职工年工资总额比上年增长3.1%，农民人均年收入达到306元，比上年增长22.4%，年末城乡储蓄余额达到3363万元，比上年增加968万元。1984年，是实现“六五”计划的关键性一年。富阳县经济建设和社会发展的主要目标是：工农业总产值比1983年增长6%以上，其中农业总产值增长6%，工业总产值增长8%，国民收入增长6.8%，财政总收入力争增长8%以上，粮食总产量要求达到4.6亿斤，力争4.8亿斤，其他社会事业，都要有一个相应的发展。社会主义民主同社会主义法制要密切结合起来，进一步建立安全的社会环境，保证经济建设的顺利进行。

会议对一年来的富阳县人民政府工作表示满意，并提出要求，全县各条战线要继续贯彻执行改革开放的方针，不断提高企业的经济效益和社会效益，使全县工农业生产继续稳步增长，物质文明和精神文明建设不断取得新的成就。会议决定批准富阳县人民政府的工作报告。

听取和审议县财政决算和财政预算报告

县财税局局长邵荫棠受富阳县人民政府委托，向大会作富阳县财政决算和财政预算报告。1983年，富阳县财政总收入3817.3万元，完成预算的107.2%，其中预算内收入3519.5万元，完成省核定任务的107%，比上年增长10.4%。财政总支出2359.7万元，比上年增长22.8%，收支相抵，略有节余。1984年，财政总收入安排为3860万元，比上年增长1.1%，其中预算内收入3580万元，比上年增长2%，争取增长8%以上。财政总支出安排2107万元(不包括上级下拨的专款)。1984年实际支出能力可达到2326.4万元。1984年的财政工作，面临的任务十分繁重，必须做好努力促进生产发展，增加财政收入等项工作，坚决落实中央财政工作会议精神。

会议认为，富阳县1983年财政预算执行情况是好的，1984年财政预算安排是适当的。会议要求全县人民继续努力，保证圆满实现1984年的财政预算。会议决定批准富阳县财政决算和财政预算报告。

听取和审议县人大常委会工作报告

3月30日，县人大常委会副主任李景祥向大会作富阳县人大常委会工作报告。一年来，富阳县人大常委会坚决贯彻执行全国、省、市人民代表大会及其常委会作出的决定、决议，积极投入严厉打击刑事犯罪活动的斗争，常委会主要负责人参与打击刑事犯罪分子的组织指挥工作，组织力量开展对有关部门检查，加强法制建设。坚持依法任免干部，按照《地方组织法》赋予的职权，任免政府和司法工作人员38名。认真听取和审议政府部门的工作汇报，对一些重大事项，分别作出决议决定，较好地发挥了人大常委会既是权力机关，又是工作机关的职能作用。围绕党和政府的中心工作，国家法律、法令和地方性法规的执行情况，组织部分省、市、县人大代表，进行多次视察调查，监督并协助政府推行工作。认真处理提案信访，七届人大三次会议的496件提案、建议，已办理完毕493件，占提案总数的99.4%。1983年接待人民代表和群众来访159人次，收到人民来信100多件，都分别作出处理，落实了党的有关政策，维护了法制尊严。

会议要求富阳县人大常委会要更好地履行宪法和法律赋予的职责，坚定不移地贯彻执行本次会议作出的各项决议，认真监督和协助富阳县人民政府、县人民法院和县人民检察院推行工作，使富阳的人大工作一年比一年更好。会议决定批准富阳县人大常委会工作报告。

听取和审议县人民法院、县人民检察院工作报告

县人民法院代理院长汪锦汉在向大会所作的富阳县人民法院工作报告中，总结1983年以来，依法审结各类刑事案件266件，判处各种刑事犯罪分子391人，特别是1983年8月以后，迅速投入严厉打击刑事犯罪第一战役第一仗的斗争，经过四个半月努力，审判了刑事犯罪案件198件，判处刑事罪犯217人，较好地完成了第一仗的审判任务，取得了斗争的初战胜利。审结民事纠纷和经济合同纠纷案件289件，处理申诉案件26件，处理人民来信1963件，接待来访1268人次，进一步落实了党的政策，更密切了人民法院同人民群众的联系。

县人民检察院检察长汪家坤在富阳县人民检察院工作报告中回顾1983年，尤其是8月以后，全国人大常委会作出《关于严惩严重危害社会治安的犯罪分子的决定》，县人大常委会也作出相应决定，全体干警积极投入这场战斗。全年共受理审查批捕案件414件643人，经审理，批准逮捕495人；共受理审查起诉案件274件453人，出庭公诉170余次，配合法院召开宣判大会6次，达到了正确、及时、有力地打击危害社会治安犯罪分子的目的。共受理各种经济案件94件141人，其中立案侦查44件73人，决定逮捕47人，为国家、集体追回赃款2.5万余元、木材450余立方米。受理各种信访719件，本院直接查办230件，做到件件有着落，事事有答复。

会议认为，1983年以来，“两院”坚决贯彻执行全国人大常委会的两个决定，运用法律武器，从重从快严惩了严重危害社会治安的犯罪分子。会议对“两院”工作表示满意，会议决定批准富阳县人民法院和富阳县人民检察院的工作报告。

听取和审议其他工作报告

县人大常委会主任郭善龄，副主任张建华、范培忠、周文全、陈顺德、李志善6人，因工作调动或组织批准离休、退休，向富阳县第七届人民代表大会常务委员会提出，辞去富阳县第七届人大常委会主任和副主任职务的报告，经富阳县第七届人大常委会第二十一次会议讨论，同意以上6人的辞职请求，提请富阳县七届人大四次会议审议通过。现经富阳县第七届人民代表大会第四次会议审议，决定接受上述6人辞去富阳县第七届人大常委会主任、副主任职务。

选举

3月31日下午进行大会选举。大会选举办法规定，选举富阳县第七届人大常委会主任1人、副主任2人；选举富阳县人民政府县长1人、副县长1人；选举富阳县人民法院院长1人。选举结果，张书声当选为富阳县第七届人大常委会主任，李作运、刘鸿为副主任；汪力忠当选为富阳县人民政府县长，葛扬安为副县长；汪锦汉当选为富阳县人民法院院长。当日，大会主席团向全县发布公告，公布当选人名单。

听取提案审查报告

提案审查委员会主任委员刘鸿向大会作提案审查报告。截至3月30日17时，大会共收到富阳县人大代表提案354件。经审查，确认为议案的88件，意见建议的266件。88件议案中，工业交通10件、农业方面23件、财贸方面15件、科教文卫19件、城乡建设21件。266件意见建议中，工交70件、农业56件、财贸57件、科教文卫44件、人民生活13件，其他26件(会后又收到7件，本次大会提案办理共为361件)。为提高议案、意见办理质量，富阳县人大常委会和富阳县人民政府确定专人负责，加强督促检查，对办理认真的要予以表扬，对敷衍失职的要予以批评，责令限期改正。会后，富阳县人大常委会召开议案交办会，督促富阳县人民政府、县人民法院、县人民检察院认真办理，并将办理结果告诉富阳县人大代表，报告富阳县人大常委会。

第八章　第八届人民代表大会

富阳县第八届人民代表大会自1984年11月至1987年4月，任期2年6个月，召开代表大会会议3次，听取和审议工作报告17个，作出决议、决定15项，选举产生县级国家机关领导人员15名，大会共收到人大代表提出的议案、建议1304件。

第一节　第八届人民代表大会第一次会议

1984年10月30日至11月4日，富阳县第八届人民代表大会第一次会议在富阳镇召开。出席会议县人大代表应到401名，实到388名，列席120名。10月30日上午，预备会议选举37人组成大会主席团，确定大会秘书长，通过大会议案审查委员会名单，通过大会议程。在主席团第一次会议上，通过大会日程，通过大会执行主席分组名单，决定主席团常务主席名单，决定大会副秘书长，通过议案截止时间的决定。大会议程共5项：听取和审议富阳县人民政府工作报告；听取和审议富阳县第七届人大常委会工作报告；听取和审议富阳县人民法院和富阳县人民检察院工作报告；选举；听取议案审查报告；通过各项决议。大会共收到人大代表提出的议案、建议400件，作出决议、决定4项。

听取和审议县人民政府工作报告

10 月 31 日，县人民政府县长汪力忠在富阳县人民政府工作报告中系统总结了上一届县人民政府的工作成绩：三年中，富阳县兴建大小水利工程 2100 处，改造低产田 5 万多亩，新建小水电站 14 座，植树造林 7.9 万多亩。1983 年与 1980 年相比，农业总产值增长 22.5%，平均每年递增 7%，粮食总产量增长 15.2%，特别是 1982 年，农业总产值突破 2 亿元大关，粮食总产量突破 5 亿斤大关。1983 年，全县工业总产值比 1980 年增长 64.2%，平均每年递增 18%，上交税利 1467 万元，比 1980 年增长 79%，平均每年递增 21.4%。集体工业产值 1983 年比 1980 年增长 85.3%，在工业总产值中的比重达到 60.9%。1983 年，农副产品收购总额达到 6271 万元，比 1980 年增长 17.1%，出口产品收购总额 715.4 万元，同比增长 52.1%，社会商品零售额 1.56 亿元，同比增长 31.5%，集市贸易成交额 777 万元，同比增长 1.2 倍。全民所有制职工工资总额同比增长 16.8%，农民人均收入 306 元，比 1980 年翻了一番，城乡居民储蓄余额 3363 万元，相当于 1980 年的 2.6 倍。今后三年，总的要求是继续贯彻执行国民经济调整、改革、整顿、提高的方针，以提高经济效益为中心，争取全县工业总产值以每年递增 20%以上的速度向前发展，到 1987 年达到 7.5 亿元，力争 8.5 亿元，即在 1983 年的基础上翻一番。财政收入每年递增 8%以上，到 1987 年达到 5500 万元以上，人口自然增长率控制在 6‰以下。通过三年努力，工业上，在开发新产品和新技术方面取得突破性进展；农业上，做到农工副协调发展，要求有一批乡镇的工业年产值超过千万元。随着生产的发展，人民生活要有较大改善，向“小康水平”迈进一大步。

会议对富阳县人民政府工作表示满意。会议认为，富阳县人民政府工作报告提出的今后全县经济工作，要着重抓好体制改革和对外开放这两件大事。所采取的措施，是符合实际、切实可行的。各级政府要进一步解放思想，彻底清除“左”的影响，大胆改革创新，更好地贯彻执行对内搞活经济，对外实行开放的方针，加快整个经济体制改革步伐，为振兴富阳经济作出更大贡献。会议决定批准富阳县人民政府的工作报告。

听取和审议县人大常委会工作报告

县人大常委会副主任李作运向大会作富阳县人大常委会工作报告。三年来，富阳县七届人大召开人民代表大会 4 次，举行县人大常委会会议 26 次，审议重要议题 43 项，作出决定 14 个，依法任免县级国家机关工作人员 31 名、司法工作人员 85 名。围绕人民共同关心的工业改革、社会治安、市场供应、物价管理等重要问题，进行大规模的视察调查 10 次，督促办理人大代表提案和意见 2536 件，接待和处理人民来信来访 364 件(次)。通过这些工作，县人大常委会在实践中得到了锻炼和提高。富阳县七届人大四次会议以来的半年多时间里，县人大常委会主要做了以下几件事情：一、严格依法办事，搞好代表换届选举；二、围绕体制改革，做好视察工作；三、督促办理代表提案，认真处理信访问题；四、加强自身建设，认真履行法律监督。

会议认为，富阳县人大常委会建立以来，做了大量工作，发挥了应有的职能和作用，会议对富阳县第七届人大常委会工作表示满意。会议决定批准富阳县人大常委会的工作报告。

听取和审议县人民法院、县人民检察院工作报告

县人民法院院长汪锦汉向大会作富阳县人民法院工作报告，总结了9个月来的主要工作：依法审结各类刑事犯罪案件296件，判处刑事犯罪分子427人，完成了相当于上年同期工作量的4倍，伸张了正义，震慑了犯罪。在严厉打击严重危害社会治安的犯罪分子的同时，及时审判了贪污受贿、盗窃诈骗和破坏山林等经济犯罪案件，严惩了严重破坏经济的犯罪分子。审理民事和经济合同纠纷案件278件，依法解决大量的婚姻家庭和财产权益纠纷，促进社会安定。在民事审判中，严格按照《民事诉讼法》规定，坚持依靠群众，调查研究，着重调解，就地办案的原则，使80%以上的纠纷案件就地调解解决。处理人民来信1246件，接待来访934人(次)。

县人民检察院副检察长汪金良在向大会所作的富阳县人民检察院工作报告中，回顾了县七届人大四次会议以来9个月的主要工作:共受理提请批捕案件258件354人，经审查批准逮捕256人，不批准逮捕98人；共受理起诉案件177件232人，依法起诉184人，决定免于起诉5人，不起诉5人；共受理各种经济案件51件，立案16件，其中5000元以上贪污大案3件。已办结经济案件12件，15名被告被追究刑事责任；共受理法纪案件9件，立案侦查2件，其余均作纠正违法处理。受理各种信访394件，其中检察院直接查办91件。

会议认为，县人民法院和县人民检察院，自1983年8月以来，运用法律武器，在打击敌人、惩罚犯罪、加强社会主义法制、促进社会安定等方面，做了大量工作，会议对此表示满意。会议决定批准富阳县人民法院工作报告和富阳县人民检察院工作报告。

选举

11月3日下午进行大会选举。大会选举办法规定，选举富阳县第八届人大常委会主任1人、副主任5人、委员13人；选举富阳县人民政府县长1人、副县长4人；选举富阳县人民法院院长1人。选举结果，郑传荀当选为富阳县第八届人大常委会主任，李作运、李景祥、刘鸿、吕关锡、章一平为副主任，方锦珍等13人为委员；汪力忠当选为富阳县人民政府县长，唐永富、张秀森、沈建国、葛扬安为副县长；汪锦汉当选为富阳县人民法院院长。当日，大会主席团向全县发布公告，公布当选人名单。

听取议案审查报告

议案审查委员会向大会主席团报告，截至11月2日下午2时，大会共收到富阳县人大代表议案、意见399件（截止时间后又收到1件，共为400件)。经审议，应立案提交主席团讨论的35件， 其中：体制改革5件、经济建设8件、公安交通3件、科教文卫5件、城镇建设14件。主席团对这些议案提出了办理意见，其余作意见建议办理。议案、建议办理要列入富阳县人民政府的议事日程，确定专人负责督促办理，并要求于11月中旬召开县级机关有关部门负责人会议，作出专门布置。要求富阳县人民政府将办理结果及时答复富阳县人大代表，并报告富阳县人大常委会。

第二节　第八届人民代表大会第二次会议

1985年4月21日至25日，富阳县第八届人民代表大会第二次会议在富阳镇召开。出席大会县人大代表应到397名，实到355名，列席97名。4月21日，预备会议选举35人组成大会主席团，产生大会秘书长，通过大会议案审查委员会名单，通过大会议程。在主席团第一次会议上，通过大会日程，通过主席团常务主席名单，确定大会副秘书长，通过大会主席团执行主席分组名单，通过议案截止日期的决定。大会议程共7项：听取和审议富阳县人民政府工作报告；听取和审议富阳县1984年财政决算和1985年财政预算报告；听取和审议富阳县人大常委会工作报告；听取和审议富阳县人民法院工作报告和富阳县人民检察院工作报告；听取和审议关于改进议案处理办法的意见；选举；听取议案审查报告；通过各项决议 。大会共收到人大代表提出的议案、意见372件，作出决议、决定5项。

听取和审议县人民政府工作报告

县人民政府代理县长董自强在富阳县人民政府工作报告中指出：1984年，富阳县工农业总产值达到4.73亿元，比上年增长27.4%，实现年增产值1亿元，这个速度是富阳县历史上从来没有过的。农业总产值(不包括乡、村工业)达到1.67亿元，比上年增长7.3%；粮食总产量达到5.36亿斤，比上年增长19.1%，超过了大丰收的1982年；其他农产品产量，都有较大幅度增长。全县工业总产值3.06亿元，比上年增长39.6%，其中县属工业企业产值1.34亿元，基本上实现了产量、销售收入和上交利税“三同步”增长；乡镇工业总产值1.72亿元，比上年增长58.1%。农副产品收购额8232万元，比上年增长25.8%；外贸收购额1026万元，增长33.5%；社会商品零售额1.97亿元，增长24.2%；集市贸易成交额966万元，增长24.3%；职工工资收入增长22.2%，农民人均年收入比上年增加97元。1985年，富阳县工农业总产值要求达到5.5亿元至6亿元，增长20%，财政收入5000万元，增长16.9%，农业产值1.8亿元，增长7%，全民、集体工业产值1.65亿元，增长25%；乡镇工业产值2.33亿元，增长35%，粮食总产量稳定在4.5亿斤至5亿斤左右；农副产品收购额9500万元，增长15%。出口产品收购额1700万元，增长65%，社会商品零售额2.37亿元，增长20%。要进一步加强社会主义精神文明建设，维护良好的社会秩序，促进经济建设的顺利进行。

会议认为，报告对富阳县当前形势的分析和提出的各项任务、措施都是符合实际的。会议号召，全县人民团结一致，同心同德，继续沿着中共十一届三中全会所指引的方向奋勇前进。会议决定批准富阳县人民政府的工作报告。

听取和审议县财政决算和财政预算报告

县财政局局长邵荫棠受富阳县人民政府委托，向大会作财政决算和财政预算报告。报告列举了主要数据：1984 年财政总收入为 4368 万元，完成年度预算的 113.1%，比上年增长 14.7%，其中预算内收入 4043 万元，完成预算的 112.9%，比上年增长 15.2%；预算外收入 324 万元，比上年增长 9.1%。全年财政可用资金为 2405 万元。财政总支出为 2538 万元，支大于收 133 万元。1985 年财政总收入安排为 5000 万元，比上年增长 16.9%，其中预算内收入 4860 万元，预算外收入 140 万元；财政支出预算 2276 万元，比上年年初预算增长 8%，比实际支出缩减 11.9%。

会议认为，当前经济形势是好的，但是，经济基础还比较薄弱，地方财政还比较困难，要实现 1985 年的预算计划，任务非常艰巨。会议强调，全县人民要努力发展生产，增加经济收入，争取财政经济状况进一步好转。会议决定批准富阳县财政决算和财政预算报告。

听取和审议县人大常委会工作报告

县人大常委会主任郑传荀，向大会报告自富阳县八届人大一次会议以来 5 个多月的主要工作：加强自身学习，建立工作制度。在人大常委会下面设立法制、财政经济、科教文卫、代表联络 4 个工作组，讨论确定了各组的工作任务和活动形式，制定《富阳县人大常委会行使工作职权的暂行规定》《富阳县人大常委会人事任免暂行规定》。根据中央关于经济体制改革的决定，对全县教育工作进行一次全面视察，进一步落实富阳县委教育工作会议精神。召开市场检查汇报会议，部署春节市场供应和管理工作。履行法律监督，严格依法办事。对《中华人民共和国环境保护法》《中华人民共和国水污染防治法》开展监督检查，解决了一些急需解决的实际问题。加强联系代表，建立 6 个代表中心组，59 个代表小组，使人大代表在人代会闭会期间继续发挥作用。监督处理议案和代表意见，认真办理信访工作，至 3 月底，代表议案、意见已处理完毕。

会议认为，富阳县八届人大常委会建立以来，严格依法办事，较好地发挥了权力机关的作用。在新的形势下，要认真总结经验，大胆开展工作，加强调查研究，正确行使对行政、审判、检察工作的法律监督。会议决定批准富阳县人大常委会工作报告。

听取和审议县人民法院、县人民检察院工作报告

县人民法院院长汪锦汉在向大会所作的富阳县人民法院工作报告中，总结了富阳县八届人大一次会议以来，共审结各类刑事案件 116 件，判处被告 155 人。在审判中，对“七类”重点打击对象和经济犯罪分子，坚决从重从快，决不动摇和手软。共审结各类民事案件224件，对涉及“二户一体”（专业户、重点户和新的经济联合体）的民事案件，立案及时，处理优先，依据法律和事实，有力地保护了“二户一体”的合法权益。共审结各类经济纠纷案件36件，解决争议金额64万余元。受理历史老案申诉16件，经认真复查，维持原判9人，改判10人，免除刑事处理1人。接收来信404件，接待来访233人次，做到件件有答复，事事有着落。

县人民检察院代理检察长汪金良在富阳县人民检察院工作报告中指出，半年来，共受理公安机关提请批捕案件76件97人，经审理，批准逮捕68人，不批准逮捕18人；共受理审查起诉案件64件79人，经审理，依法提起公诉74人，免予起诉4人，不起诉1人，起诉被告的有罪判决率达到98.7%，较好保证了办案质量。受理贪污、受贿、偷税等经济案件24件，办结21件，把办案的主要精力放在打击机关、企事业单位内部的重大经济犯罪案件上。认真抓好信访、法纪工作，通过对75件信访案件的查办，追究2名被告的刑事责任，对10件法纪案件的查办，惩处了3名罪犯。在加强检察机关自身建设中，12人被评为各类先进个人，4名先进工作者受到上级检察机关表彰奖励，获得纪检、信访、经检和文明卫生等5项先进集体荣誉。

会议指出，开展“两院”工作新局面的关键是坚持有法必依，执法必严，违法必究，维护宪法和法律的尊严。会议对“两院”工作表示满意，决定批准富阳县人民法院和富阳县人民检察院工作报告。

选举

4月24日下午进行大会选举。根据大会选举办法规定，选举富阳县人民政府县长1人、富阳县人民检察院检察长1人。选举结果，董自强当选为富阳县人民政府县长；汪金良当选为富阳县人民检察院检察长（需报批）。当日，大会主席团向全县发布公告，公布当选人名单。

审议议案审查报告

议案审查委员会向大会作了关于议案、质询案处理情况的报告。4月25日上午，富阳县人大常委会和富阳县人民政府，对大会确认的33件议案、15件质询案，分别由富阳县人大常委会主任郑传苟、富阳县人民政府副县长张秀森、富阳县委农工部部长俞志龙等人向人大代表作了当面答复，会后将作认真研究，落实专人负责，抓好办理工作。对人大代表提出的324件意见建议，要求富阳县人民政府分解落实到各有关部门，认真办理，并将办理结果及时答复富阳县人大代表，报告富阳县人大常委会。

第三节　第八届人民代表大会第三次会议

1986年3月14日至17日，富阳县第八届人民代表大会第三次会议在富阳县工人文化宫召开。出席大会县人大代表应到 398 名，实到 391 名，列席 123 名。3 月 14 日上午，预备会议选举 35 人组成大会主席团，决定大会秘书长，通过大会议案审查委员会名单，通过大会主席团常务主席名单，通过大会议程。在主席团第一次会议上，通过大会日程，确定大会副秘书长，通过大会主席团执行主席分组名单，通过议案截止时间的决定。大会议程共 8 项：听取和审议富阳县人民政府工作报告；听取和审议富阳县国民经济和社会发展“六五”计划执行情况和“七五”计划草案报告；听取和审议富阳县 1985 年财政决算和 1986 年财政预算报告；听取和审议富阳县人大常委会工作报告；听取和审议富阳县人民法院、富阳县人民检察院工作报告；听取和审议关于议案的处理意见；选举；听取议案审查报告；通过各项决议。大会共收到人大代表提出的议案、建议 532 件，作出决议、决定 6 项。

听取和审议县人民政府工作报告

3 月 14 日下午，县人民政府县长董自强向大会作富阳县人民政府工作报告。报告指出，1985 年，富阳县工农业总产值比上年增长 27.5%，其中工业产值增长 41.6%，农业产值（不包括村办企业）增长 1.9%。国民收入增长 26%，财政总收入增长 20.6%，粮食总产量 4.78 亿斤，为富阳历史上第三个丰收年，社会商品零售额增长 29.8%，农副产品收购额增长 46.1%，出口商品收购额增长 22%，集市贸易成交额增长 62.5%，城镇职工工资总额增长 23.6%，农民人均收入增长 24%。据城镇家庭抽样调查，人均月收入增长 38.2%。在进行物质文明建设的同时，进一步加强社会主义精神文明建设。1986 年，是执行第七个“五年计划”的第一年。为此，在经济建设上，要求全县工农业总产值超 7 亿元，比上年增长 15%以上，其中县办工业增长 20%以上，乡镇、村办企业增长 30%，农业产值增长 60%，粮食总产量达到 5 亿斤，财政收入比上年增长 15%，农民人均收入达到 550 元，其他各项事业都要有相应的发展。在抓好物质文明的同时，继续加强社会主义精神文明建设，使全县人民树立理想，振奋精神。

会议要求各级政府切实转变作风，加强调查研究，全心全意为人民服务。会议决定批准这个报告。

听取和审议县“六五”计划执行情况和“七五”计划报告

县计委副主任袁朝和就富阳县国民经济和社会发展“六五”计划执行情况和“七五”计划的安排向大会作了报告。“六五”计划执行结果是：农业和工业经济同时获得大幅度增长，重点建设有所加强，人民生活进一步改善，地方财政不断增长。1985 年，全县工农业总产值达到 6.03 亿元，其中工业产值 4.32 亿元，比 1980 年增长 1.77 倍；粮食总产量 4.78 亿斤，比 1980 年增长 21.7%；农副产品采购额 1.2 亿元，社会商品零售额 2.51 亿元，外贸产品收购额 1185 万元，分别增长 1.25 倍、1.12 倍和 1.52 倍；财政总收入增长 1.25 倍；职工工资总额 3790 万元，增长 1.14 倍，农民人均年收入 501

元，增长2.77倍。“七五”计划安排的主要任务是：到1990年，工农业生产总值达到12亿元，年平均递增14.9%，其中农业总产值年递增6%；工业总产值达到9.1亿元，年递增17.6%；国民收入人均1400元；农民人均收入800元；财政收入1亿元，年平均递增14.3%；固定资产投资5年合计1.5亿元；社会商品零售额达到5.06亿元；外贸产品收购额达到1亿元；农副产品收购总额达到2.52亿元；粮食总产量达到5亿斤至5.6亿斤；新建和改建职工住宅5年合计20万平方米。

会议认为，“六五”计划执行情况是好的，“七五”计划是积极稳妥的。会议指出，1986年是执行“七五”计划的第一年，各级人民政府要进一步完善改革措施，加强管理，理顺关系，全面完成全年国民经济和社会发展计划，为实现整个“七五”计划打下牢固基础。会议决定批准这一报告。

听取和审议县财政决算和财政预算报告

县财政局局长邵荫棠在向大会所作的富阳县财政决算和财政预算报告中指出，1985年，富阳县财政总收入5266.1万元，完成富阳县八届人大一次会议批准收入预算的105.3%。其中预算内收入5110.1万元，完成预算的105.1%，比上年增长22.1%；预算外收入156万元，完成预算的111.4%。可用资金为2917.3万元。至年终决算，财政总支出3167万元，除上级专项拨款和由上年结余支出外，当年财政实际支出2830.1万元，比上年增加230.8万元，增长7.9%，实现收支相抵，略有节余。1986年，富阳县财政总收入安排6060万元，比上年增长15%，其中预算内收入5920万元，比上年增长14.9%，预算外收入140万元，比上年减少10.3%。

会议指出，各级人民政府要立足于发展生产，开源节流，加强管理，提高效益，严肃纪律，正确执法，以增加财政收入，保证收支平衡，全面完成1986年的财政预算。会议决定批准富阳县财政决算和财政预算报告。

听取和审议县人大常委会工作报告

县人大常委会主任郑传荀向大会作富阳县人大常委会工作报告。报告指出，一年来，富阳县人大常委会共举行全体会议7次，听取和审议“一府两院”工作报告11个，通过决议、决定3项，任免国家机关、审判机关、检察机关工作人员27名。围绕经济建设这个中心，先后开展对上半年全县财政预算执行情况和建立乡级财政问题；社会上各种“公司”泛滥成灾，经济管理混乱，经济犯罪活动猖獗；卫生系统各单位推行卫生改革，开展医院文明建设等方面进行了多次视察调查，提出了视察意见。在加强法律监督方面，先后开展《环境保护法》《水污染防治法》《中华人民共和国森林法》等执法视察，纠正了一些违法现象，取得较好效果。对富阳县八届人大二次会议确认的33件议案，已解释处理6件，解决处理26件，待处理1件；15件质询案中，得到较好处理12件；对324件意见，经积极努力，已全部处理完毕。对每一件意见的处理结果，县人大常委会都作了审查，人大代表普遍都表示满意。

会议指出，富阳县人大常委会要加强对“一府两院”的工作监督，进一步密切联系人民代表，发挥人大代表作用，为发扬社会主义民主、健全社会主义法制、积极推行依法治县和“两个文明”建设作出贡献。会议决定批准富阳县人大常委会工作报告。

听取和审议县人民法院、县人民检察院工作报告

县人民法院院长汪锦汉向大会作富阳县人民法院工作报告。一年来，共办结各类案件789件，其中现行刑事案件146件172人，为国家和集体挽回经济损失26.13万余元；民事案件454件，经济纠纷案件189件，标的总额200万余元；各类申诉案件60件。同时还处理来信1650余件，接待来访1350人次。通过审判活动，发挥了人民法院保护人民、惩罚犯罪、服务于经济建设的职能作用，为推动全县社会治安继续好转作出了应有贡献。富阳县八届人大二次会议以来，法院的各项工作都取得了全面进展，但也存在一些问题，主要是个别案件办理质量不高，民事经济审判的执行力度不大。办案经费、物质装备、交通工具等不相适应，亟待认真解决。

县人民检察院检察长汪金良在富阳县人民检察院工作报告中回顾一年来的主要工作：受理公安机关移送审查批捕案件167件240人，经审理批准逮捕200人，不批准逮捕35人，批捕率为85%；受理审查起诉案件136件200人，经审理，依法提起公诉174人。近年来，随着经济体制改革逐步深入，一部分人产生了“一切向钱看”，致使社会风气出现不良倾向。有的人打着“改革”“搞活”旗号，内外勾结，大肆进行贪污盗窃，行贿受贿、投机诈骗、偷税漏税等经济犯罪活动。犯罪分子胆大妄为，气焰嚣张，严重破坏了“四化”建设。因此，人民检察院及时调整工作部署，深入调查，坚决打击严重经济犯罪分子。受理经济案件53件，立案查处15件25人。查办了一批大案要案，为国家、集体挽回经济损失19万余元，追回赃款5万余元。

会议要求“两院”要切实加强自身建设，充分行使审判、检察机关职能，深入有效地开展“两打”斗争，严惩犯罪，保卫“四化”，为争取社会治安的根本好转作出新的贡献。会议决定批准富阳县人民法院和富阳县人民检察院工作报告。

选举

3月17日下午进行大会选举。大会选举办法规定，补选富阳县第八届人大常委会副主任1人、人大常委会委员1人。选举结果，王栋臣当选为富阳县人大常委会副主任，金永基为人大常委会委员。当日，大会主席团向全县发布公告，公布当选人名单。

听取议案审查报告

议案审查委员会向大会报告，大会主席团确认议案19件、质询案1件。3月17日上午，富阳县人大和富阳县人民政府及有关部门，已分别向富阳县人大代表作了当面答复。从议案、质询案的办理情况看，县人民政府十分重视，连续两个晚上召开县长办公会议，召集有关单位，逐件逐案研究，实事求是地提出答复意见，为有关单位办理县人大代表意见作出了表率。会议还收到人大代表意见建议512件，按部门分，属于富阳县人民政府的83件、经委107件、计委33件、农委101件、财贸57件、科教文卫92件、政法35件。会后，将由富阳县人大办、政府办召开交办会议，转到政府职能部门办理，并将办理结果以书面形式答复富阳县人大代表，报告富阳县人大常委会。

第九章　第九届人民代表大会

富阳县第九届人民代表大会自1987年4月至1990年3月，任期3年，召开代表大会会议3次，听取和审议工作报告16个，作出决定、决议17项，选举产生县级国家机关领导人员13名，选举出席杭州市第七届人民代表大会代表30名，大会共收到人大代表提出的议案、建议799件。

第一节　第九届人民代表大会第一次会议

1987年4月20日至25日，富阳县第九届人民代表大会第一次会议在富阳县工人文化宫召开。出席大会县人大代表应到298名，实到296名，列席119名。4月20日上午，预备会议选举31人组成大会主席团，确定大会秘书长，成立大会议案审查委员会，通过大会议程。在主席团第一次会议上，通过主席团常务主席名单，决定主席团执行主席分组名单，决定大会副秘书长，通过议案截止时间。大会议程共5项：听取和审议富阳县人民政府工作报告；听取和审议富阳县1986年财政决算和1987年财政预算草案报告；听取和审议富阳县人大常委会工作报告；听取和审议富阳县人民法院、富阳县人民检察院工作报告；选举；听取议案审查报告；通过大会有关决议。大会共收到人大代表提出的议案、建议383件，作出决议、决定5项。

听取和审议县人民政府工作报告

4月21日上午，县人民政府副县长蒋豫生向大会作富阳县人民政府工作报告。1984年–1986年，富阳县社会总产值平均每年增加1.9亿元，1986年达到11.5亿元，比1983年增长117.4%；工农业总产值平均每年增加1.31亿元，1986年达到7.67亿元，比1983年增长106.2%，其中农业产值1.88亿元，增长22.9%，工业产值5.79亿元，增长164.8%；财政总收入平均每年增加768万元，1986年达到6122万元，比1983年增长60.4%；粮食总产量稳定在25万吨左右，其中1984年达到26.9万吨，为历史最高水平。1986年，城镇职工年平均工资达到1206元，比1983年增长54%，农民年人均收入达到 528 元，增长 72.8%，城乡居民个人储蓄年末余额达到 9509 万元，增长 1.8 倍。八届人大一次会议提出的主要经济指标，都已完成和超额完成。报告提出了到本届末的奋斗目标。至 1989 年末，要求全县工农业总产值达到 12 亿元，平均每年递增 16.1%；其中工业产值 9.7 亿元，平均递增 18.8%；农业产值 2.3 亿元，平均递增 5%；出口商品收购额 0.7 亿元，平均递增 24%；社会商品零售总额 4.5 亿元，平均递增 16%；财政总收入 0.85 亿元，平均递增 11.5%；农民人均年收入 750 元，人口自然增长率控制在 9‰之内。

会议认为，富阳县八届人大一次会议以来，富阳县人民政府认真贯彻执行改革、开放、搞活的方针，紧紧抓住经济建设这个中心，取得了新的进展，会议表示满意。会议决定批准这个报告。

听取和审议县财政决算和财政预算报告

县财政局局长邵荫棠在财政决算和财政预算报告中指出，从 1984 年以来，财政收入稳步增长，三年财政总收入达到 1.577 亿元，比前三年增长 53.7%，平均每年递增 17.1%；财政总支出 1.036 亿元，增长 69.8%，平均每年递增 17.6%，连续三年超额完成县人大批准的收支预算，实现了财政收支平衡，滚存略有节余的目标。1986 年，财政总收入 6121.8 万元，完成预算的 101%，比上年增长 16%，其中预算内收入 5976.1 万元，完成预算的 100.9%，预算外收入 145.6 万元，完成预算的 100.4%，可用资金 4071.5 万元。财政决算总支出 3876.1 万元，收支平衡，略有节余。1987 年，财政总收入安排 6917 万元，比上年增长 13%。按照现行财政体制，全年可用资金 3569 万元，比上年初预算增长 1.9%。安排财政支出为 3256 万元。由于资金有限，供需矛盾较大，要求顾全大局，共同努力，确保收支平衡。

会议要求，全县人民继续努力发展生产，增加收入，厉行节约，反对浪费，各级人民政府要切实加强对财税工作的领导，狠抓增产节约，增收节支，努力提高经济效益，保证财政收入继续稳步增长。会议决定批准富阳县财政决算和财政预算报告。

听取和审议县人大常委会工作报告

县人大常委会主任郑传苟向大会所作的富阳县人大常委会工作报告，重点讲了四个方面。第一，主要是列举了一些为企业发展穿针引线，牵线搭桥和排忧解难的问题，并通过一些决议、决定，保护改革和经济建设健康发展。第二，积极支持搞好全县普法教育工作，检查督促有关法律、法规的贯彻执行，坚持贯彻依法办事原则，大大改变了长期形成的只靠政策办事，只靠行政命令办事，对法律不感兴趣的心理状态，树立用法律参与决策，依法管理地方、管理经济、 管理社会的新观念。第三，主要是做了联系人大代表，组织发挥代表作用的工作。一年中，组织召开 12 次县人大代表座谈会，直接听取了 148 名县人大代表对富阳县人大和“一府两院”工作的意见。其次是督促检查处理好议案和代表意见，选择有代表性的议案意见 68 件，到有关部门调查落实情况。第四，依照法律规定，集中领导精力，精心组织，主持全县县、乡镇两级人大代表的换届选举工作。为搞好这次选举，及时召开富阳县人大常委会会议，依法任命县、乡镇选举委员会组成人员，确定人大代表选举名额，制订选举工作实施细则，搞好选举工作试点，顺利完成换届选举工作。

会议认为，富阳县八届人大常委会在贯彻执行党的路线、方针、政策，保证国家宪法、法律的贯彻实施，发挥人大代表作用，监督“一府两院”工作，推进“两个文明”建设等方面，做了大量工作，发挥了权力机关的作用。会议决定批准富阳县人大常委会工作报告。

听取和审议县人民法院、县人民检察院工作报告

县人民法院院长汪锦汉在富阳县人民法院工作报告中指出，富阳县八届人大一次会议以来，遵照大会的决议，积极开展各项审判工作，共审结刑事案件 483 件，判处罪犯 598 人，对其中 92 名“七类”刑事犯罪分子依法从严惩处，对 49 名惯犯、屡犯和重新犯罪分子，也依法予以重判。共办结民事案件 1075 件，较好地完成了民事审判的繁重任务。审结经济纠纷案件 523 件，诉讼标的 754.5 万余元。共处理刑事申诉案件 161 件，处理群众来信 3830 余件，接待来访 3060 余人次，解决了不少群众非诉讼纠纷，密切了党群关系。

县人民检察院检察长汪金良在富阳县人民检察院工作报告中指出，富阳县八届人大一次会议以来主要做了四个方面的工作：一、坚决、持续地严厉打击严重刑事犯罪活动，促进社会稳定。1984 年–1986 年的三年中，依法批准逮捕各类刑事案犯 435 人，依法向人民法院提起公诉 485 人，出庭支持公诉 337 次，批捕、起诉的正确率达到 99.8%。二、大力加强经济检察工作，严厉打击经济犯罪活动。三年来，共受理贪污、受贿、偷税等经济案件 126 件 137 人，决定逮捕 20 人；向人民法院提起公诉 38 人，全部作了有罪判决，起诉正确率达到 100%。三、积极开展法纪检察、监所检察、控告申诉各项检察业务。三年共依法查处非法拘禁、非法搜查、玩忽职守和重大责任事故的案件 49 件 57 人，立案侦查 8 件 10 人；对看守所、劳教场所检察 422 次，对在押犯、劳教人员进行法制教育 791 人次，提出纠正违法建议 79 次；接待来信来访 954 件次。四、加强检察队伍建设，不断提高干警政治素质和业务能力。

会议要求“两院”继续坚持有法必依，执法必严，违法必究，严格依法办事原则，更好地发挥审判机关和法律监督机关的职能作用，为保障四化建设的顺利进行作出更大贡献。会议决定批准富阳县人民法院工作报告和富阳县人民检察院工作报告。

选举

4 月 24 日和 25 日上午进行大会选举。根据大会选举办法规定，选举富阳县人民代表大会常委会主任 1 人、副主任 4 人、委员 10 人；选举富阳县人民政府县长 1 人、副县长 5 人；选举富阳县人民法院院长 1 人；选举富阳县人民检察院检察长 1 人；选举出席杭州市第七届人民代表大会代表 28 人。选举结果，洪德森当选为富阳县第九届人大常委会主任，刘鸿、李作运、王栋臣、章一平为副主任，王兰英等 10 人为委员；周宝法当选为富阳县人民政府县长，蒋豫生、葛扬安、俞志龙、沈建国、孙达火为副县长；汪锦汉当选为富阳县人民法院院长；汪金良当选为富阳县人民检察院检察长（需报批）；方志根等 28 人当选为杭州市第七届人民代表大会代表。当日，大会主席团向全县发布公告，公布当选人名单。

听取议案审查报告

议案审查委员会主任委员李作运作议案审查报告。截至 4 月 22 日下午 5 时，大会共收到富阳县人大代表议案 149 件，意见 234 件。经大会主席团讨论，确认属于全县性问题的议案 15 件，其余均作意见处理。15 件议案包括计划生育、城镇建设、解决村级干部晚年生活、注重发展电力事业、改进机关工作、重视农村合作医疗等 6 个方面。意见和建议性的议案共 134 件，分别为农林方面 37 件、交通方面 21 件、文教方面 20 件、财贸方面 15 件、城镇建设方面 16 件、政法方面 4 件、其他方面 21 件。以上议案，在大会闭幕后，将由富阳县人大常委会、富阳县人民政府召开专门会议，交由各有关部门进行认真研究，提出办理意见，并及时答复县人大代表。对于意见、建议和要求，会后由富阳县人大办和富阳县人民政府办逐件转交有关部门办理。

附　县人民代表大会职权

根据 1979 年 7 月 1 日第五届全国人民代表大会第二次会议通过，并经 1982 年 12 月 10 日第五届全国人民代表大会第五次会议作了第一次修正，1986 年 12 月 2 日第六届全国人民代表大会常务委员会第十八次会议作了第二次修正的《中华人民共和国地方各级人民代表大会和地方各级人民政府组织法》规定，县人民代表大会的职权是：

一、在本行政区域内，保证宪法、法律、行政法规和上级人民代表大会及其常务委员会决议的遵守和执行，保证国家计划和国家预算的执行；

二、审查和批准本行政区域内的国民经济和社会发展计划、预算以及它的执行情况的报告；

三、讨论、决定本行政区域内的政治、经济、教育、科学、文化、卫生、民政、民族工作的重大事项；

四、选举本级人民代表大会常务委员会的组成人员；

五、选举县长、副县长；

六、选举本级人民法院院长和人民检察院检察长。选出的人民检察院检察长，须报经上一级人民检察院检察长提请该级人民代表大会常务委员会批准；

七、选举上一级人民代表大会代表；

八、听取和审查本级人民代表大会常务委员会的工作报告；

九、听取和审查本级人民政府和人民法院、人民检察院的工作报告；

十、改变或者撤销本级人民代表大会常务委员会的不适当的决议；

十一、撤销本级人民政府的不适当的决定和命令；

十二、保护社会主义的全民所有的财产和劳动群众集体所有的财产，保护私人所有的合法财产，维护社会秩序，保障公民的人身权利、民主权利和其他权利；

十三、保障农村集体经济组织应有的自主权；

十四、保障少数民族的权利；

十五、保障宪法和法律赋予妇女的男女平等、同工同酬和婚姻自由等各项权利。

第二节　第九届人民代表大会第二次会议

1988 年 3 月 16 日至 3 月 20 日，富阳县第九届人民代表大会第二次会议在富阳县工人文化宫召开。出席大会县人大代表应到 296 名，实到 289 名，列席 93 名。3 月 16 日下午，预备会议选举 29 人组成大会主席团，确定大会秘书长，通过大会议程。在主席团第一次会议上，通过大会日程、通过大会主席团常务主席名单，通过主席团执行主席分组名单、决定大会副秘书长、决定列席人员名单。大会议程共 8 项：听取和审议富阳县人民政府工作报告；听取和审议富阳县 1987 年财政决算和 1988 年财政预算报告；听取和审议富阳县人大常委会工作报告；听取和审议富阳县人民法院工作报告；听取和审议富阳县人民检察院工作报告；选举；通过大会各项决议；其他。大会共收到人大代表提出的议案、建议案共 283 件，作出决议、决定 5 项。

听取和审议县人民政府工作报告

3 月 17 日，县人民政府县长周宝法向大会作富阳县人民政府工作报告。报告指出，1987 年，富阳县社会总产值达到 14.2 亿元，国民收入达到 5.9 亿元，国民生产总值达到 6.4 亿元，工农业总产值首次登上 10 亿元台阶，达到 10.33 亿元，年增 2.6 亿元，外贸产品收购额、社会商品零售额、财政总收入等主要经济指标的增长速度，均超过了预定的要求。具体为农业总产值 2.03 亿元，比上年增加 1000 多万元；粮食总产量达到 5.07 亿斤，比上年增产 1500 多万斤，是富阳历史上第三个丰收年；工业总产值 8.29 亿元，比上年增长 43.3%；财政总收入 7100 多万元，比上年增长 1000 多万元；年末各项储蓄余额 1.36 亿元，比上年增长 43.6%，人均储蓄 238 元，增加 70 多元；全县农村农民人均生产性收入 634 元，比上年增加 105 元，城镇职工工资收入比上年增加 19.1%，年人均增加 8.6%；全年新建住宅 46 万平方米；富阳县九届人大一次会议确定的三年内办好的 7 件实事执行情况良好，进展速度较快，可望提前完成。1988 年，富阳县经济建设和社会发展的奋斗目标是：工农业总产值确保 12 亿元，力争突破 13 亿元，其中工业产值确保 10 亿元，力争突破 11 亿元；粮食总产量稳定在 5 亿斤以上；农民人均年收入突破 700 元；社会商品零售总额达到 4 亿元；农副产品收购总额达到 1.6 亿元；城乡居民储蓄余额 1.8 亿元；财政总收入突破 8000 万元；人口自然增长率比上年下降 1.2‰。

会议认为，报告提出的富阳县 1988 年工作目标和任务，各级人民政府要认真组织实施，把全县改革开放和各项建设事业推向前进。会议指出，富阳县上下要进一步解放思想，积极发展外向型经济，提高企业的经济效益，把发展农业特别是粮食生产摆上重要位置，大力加强社会主义精神文明建设，努力完成和超额完成各项奋斗目标。会议决定批准富阳县人民政府的工作报告。

听取和审议县财政决算和财政预算报告

县财税局局长邵荫棠在作富阳县财政决算和财政预算报告中指出，1987 年，财政总收入 7105.5 万元，完成预算的 100.9%，比上年增长 16.1%。其中预算内收入 6945.9 万元，完成预算的 100.9%，比上年增长 16.2%；预算外收入 159.6 万元，完成预算的 100%，比上年增长 9.6%。实际可用资金 4665.7 万元。财政决算总支出 4285.8 万元，圆满完成年度财政预算，做到收支平衡，略有节余。1988 年安排财政总收入为 8030 万元，比上年增长 13%，其中预算内收入 7860 万元，比上年增长 13.2%；预算外收入 170 万元，比上年增长 6.4%。按照财政体制规定，财政可用资金为 3557 万元，比上年增长 9.1%，安排财政总支出为 3517 万元。

会议指出，本次大会通过的富阳县财政预算计划必须严格执行。执行中遇到特殊情况需对财政预算作出部分变更时，必须事先报请富阳县人大常委会审议批准。会议决定批准这一报告。

听取和审议县人大常委会工作报告

县人大常委会主任洪德森在向大会所作的富阳县人大常委会工作报告中，回顾一年来，富阳县人大常委会共举行例会 7 次，听取和审议“一府两院”工作汇报 12 个，作出决定、决议 4 项，任免“一府两院”工作人员 51 名。做好大会议案、代表意见的督促处理，加强监督职能。如听取和审议当前物价工作的情况汇报后，委员们认为当前物价上涨过快、过猛，引起城乡人民的强烈反响，富阳县人大常委会组织部分省、市、县人大代表和县人民政府职能部门负责人共 24 人，分别到富阳、新登两镇及部分乡镇进行一次物价视察，请县人民政府领导一起听取汇报，汇总存在问题，提出改进意见，富阳县物委、工商局根据富阳县人大常委会视察意见，对一些生产、经营单位缺斤少两，擅自提价等问题，作出严肃处理，市场秩序有了明显好转。为贯彻执行《食品卫生法》，组织县人大代表和有关部门负责人共50多人，对食品卫生情况进行了一次比较广泛的视察，共检查136个食品生产、经营单位，听取和审议县卫生局、工商局等部门关于贯彻执行《食品卫生法》的情况汇报。对富阳县人大常委会的视察意见，富阳县人民政府认真负责，采取积极措施，进一步促进了《食品卫生法》的贯彻落实。在贯彻执行《土地管理法》《森林法》《环境保护法》等法律上，督促有关执法部门正确执法，推进改革。其中对贯彻执行《浙江省九年制义务教育条例》，在调查研究基础上，听取县教育局的工作汇报，认真审议了富阳县人民政府提出的“关于调整全县九年制义务教育实施规划”的议案，富阳县人大常委会作出《关于调整九年制义务教育规划的决议》，要求富阳县在1993年全面实现九年制义务教育。

会议经过审议，对富阳县人大常委会工作表示满意。会议指出，富阳县人大常委会肩负监督“一府两院”工作的重要职责，在新的一年里，要以经济建设为中心，法制建设为重点，深入实际，调查研究，充分发挥监督职能，争取人大工作有一个新的进展。会议决定批准这一报告。

听取和审议县人民法院、县人民检察院工作报告

县人民法院院长汪锦汉在富阳县人民法院工作报告中指出，富阳县九届人大一次会议以来，继续坚持“两打”方针，严厉打击严重刑事犯罪活动。共审结刑事案件208件，判决人犯260名。对于那些杀人越货、残害人民、寻衅滋事、无恶不作、民愤极大的严重刑事犯罪分子予以坚决打击，并大张旗鼓进行公开处理；对于那些趁改革开放搞活之机，利用合同买空卖空、诈骗钱财、损公肥私、贪污受贿、严重破坏社会主义经济秩序，给国家和集体造成重大经济损失的严重经济犯罪分子给予依法从严惩处。共审结民事案件543件，审结各类经济纠纷案件314件，标的金额241万余元。在处理民事和经济纠纷中，坚持着重调解的原则，坚持就地办案，上门办案，为民、便民、利民，把大量民间纠纷解决在基层。共处理群众来信1729件，接待来访1771人次，解决了许多非诉讼纠纷。

县人民检察院检察长汪金良在富阳县人民检察院工作报告中指出，富阳县九届人大一次会议以来，坚决依法从重从快严惩了一批严重刑事犯罪分子。依法批准逮捕各类刑事犯罪分子173人，依法向人民法院提起公诉248人，出庭支持公诉179次，向杭州市人民检察院报送罪行特别严重的犯罪分子3件3人，均被市中级人民法院判处无期徒刑或死刑。全年深挖追捕追诉犯罪分子10人，全部作了有罪判决。全年受理各类经济案件76件85人，经审查立案侦查23件32人，决定逮捕8人；向人民法院提起公诉17件21人，为国家、集体挽回经济损失22万元。全年受理法纪案件31件37人，立案侦查8件11人，为国家追回被骗赃款12万余元。认真贯彻“从严治警”方针，逐步建立和健全《党风责任制》《检察人员岗位责任制》《检察人员十不准守则》，不断提高干警的政治素质和业务水平。

会议认为，“两院”工作要严格坚持“公民在法律面前一律平等”和“以事实为根据，以法律为准绳”的原则，依法独立行使审判权、检察权。会议要求“两院”不断提高办案效率和办案质量，为“两个文明”建设作出更大贡献。会议决定批准富阳县人民法院和富阳县人民检察院的工作报告。

选举

大会增选出席杭州市第七届人民代表大会代表3名。选举结果，只有俞俊臣等2名候选人符合选举办法规定当选，缺额1名。当天，大会主席团向全县公布了当选人名单。

第三节　第九届人民代表大会第三次会议

1989年3月21日至25日，富阳县第九届人民代表大会第三次会议在富阳县工人文化宫召开。出席大会县人大代表应到292名，实到288名，列席114名。3月21日下午，预备会议选举29人组成大会主席团，决定大会秘书长，通过大会议程。在主席团第一次会议上，通过大会日程，通过列席人员名单，决定主席团常务主席名单，通过主席团执行主席分组名单，决定大会副秘书长，决定提出议案、质询案截止时间。大会议程共7项：听取和审议富阳县人民政府工作报告；听取和审议富阳县1989年国民经济和社会发展计划草案报告；听取和审议富阳县1988年财政决算和1989年财政预算报告；听取和审议富阳县人大常委会工作报告；听取和审议富阳县人民法院和富阳县人民检察院工作报告；听取议案意见处理报告；通过有关决议。会议共收到县人大代表提出的议案、建议133件，作出决议、决定7项。

听取和审议县人民政府工作报告

3月22日上午，县人民政府县长周宝法作富阳县人民政府工作报告。报告指出，1988年，富阳县社会总产值达到19.4亿元，比1987年增长28%，国民收入7.08亿元，增长19%，国民生产总值7.94亿元，增长21%，工农业总产值14.55亿元，增长48%，富阳县九届人大二次会议提出的十项奋斗目标有九项超额完成。工业产值达到12.39亿元，比1987年增长49.4%，实现利税1.54亿元，增长56%；农业产值2.15亿元，增长6%，粮食总产量2.46亿公斤，减产2.8%；外贸产品收购总额1.08亿元，增长1倍多；农副产品收购总额1.85亿元，增长19.6%，社会商品零售额5.23亿元，增长52.9%；财政总收入8263万元，增长16.3%；人口自然增长率8.06‰，下降1.48‰；职工货币工资总额 7180 万元，增长 33%，农民人均年收入 802 元，增加 168 元。1989 年的具体的奋斗目标是：社会总产值 22.5 亿元，比 1988 年增长 16%；国民生产总值 9.4 亿元，增长 23%；工农业总产值 16.5 亿元，增长 13.4%，其中农业产值 2.3 亿元，增长 6.8%，工业产值 14.2 亿元，增长 14.6%；粮食总产量 2.5 亿公斤；农民人均年收入 900 元；农副产品收购额 2.2 亿元，增长 19%；外贸产品收购额 1.3 亿元，增长 20%；社会商品零售额 6 亿元，增长 14.6%；城乡居民储蓄年末余额 2.2 亿元，增长 29%；财政总收入 9100 万元，增长 10.3%；人口出生率控制在 15.5‰以下。

会议指出，要完成新一年的各项任务，各级人民政府及其职能部门必须坚决而有效地实施依法治县计划，严格坚持依法行政，努力创造一个安定的社会环境，下大决心抓好廉政建设，切实保持政府机关廉洁清正，反对以权谋私，全心全意为人民服务。会议经过审议，决定批准富阳县人民政府工作报告。

听取和审议县国民经济和社会发展计划报告

县计委主任袁朝和向大会作富阳县国民经济和社会发展计划报告。1988 年，富阳县坚持贯彻进一步深化改革，进一步稳定经济的方针，在自然灾害频繁，多种困难交错的情况下，国民经济和各项社会事业取得了新成就，主要表现在工农业生产稳定增长，外向型经济取得新的进展，商品流通活跃，固定资产投资澎涨的势头有所控制，财政、金融情况良好，人民生活继续改善，科技、教育等各项社会事业有了新的发展。经济生活中存在的突出问题是物价上涨过猛，粮食减产 2.8%，生猪产量也不乐观，煤炭、电力能源紧缺，工业原料严重不足，社会固定资产投资规模仍然偏大等等，给工业生产和人民生活造成不利影响。1989 年经济工作的形势依然严峻，为保证各项事业的发展，计划安排的指导思想是：以坚持治理整顿、推进改革开放为指针，紧紧围绕夺取农业丰收，特别是粮食丰收为中心任务，切实加强宏观调控，努力增加有效供给，千方百计稳定市场，既要保持合理的速度，防止经济滑坡，又要提高经济效益，增加地方财政；既要认真治乱，又要继续搞活经济，以达到国民经济和社会事业持续稳定发展的目的（各项经济发展计划与政府工作报告一致，略）。报告并提出了实现计划任务的主要措施。

会议要求各级人民政府认真贯彻中央关于治理整顿、深化改革的方针，为全面完成 1989 年国民经济和社会发展计划而努力。会议经过审议，决定批准富阳县 1989 年国民经济和社会发展计划。

听取和审议县财政决算和财政预算报告

县财政局局长邵荫棠在向大会所作的富阳县财政决算和财政预算报告中列举了主要数据：1988 年，富阳县财政总收入 8263.2 万元，完成预算的 100.3%，比上年增长 16.3%。其中，预算内收入 8094 万元，完成预算的 100.3%，比上年增长 16.5%；预算外收入 169.2 万元，完成预算的 99.5%，比上年增长 5.9%，实际可用资金 5635.3 万元。

财政总支出 5234.1 万元，完成预算的 97%，比上年增长 22.1%，实现收支平衡，略有节余。1989 年，安排财政总收入 9116 万元，比上年实绩增长 10.3%，其中预算内收入 8931 万元，预算外收入 185 万元。财政可用资金为 4937 万元，比上年增长 14.7%；1989 年安排财政总支出为 4604 万元。

会议要求各级人民政府严格执行财政预算计划，执行中遇有特殊情况需对预算计划作出变更时，必须及时报请县人大常委会审议批准。会议经过审议，决定批准富阳县财政决算和财政预算报告。

听取和审议县人大常委会工作报告

县人大常委会主任洪德森在富阳县人大常委会工作报告中指出，1988 年，富阳县人大常委会先后召开 6 次全体会议，听取和审议“一府两院”工作汇报 16 个，讨论研究议题 25 个，作出决定、决议 5 项。年初，常委会组织市、县人大代表及部门负责人共 118 人，分区检查农业生产和为农服务工作，解决了兴修农田水利急需的水泥等材料。6 月，组织沿江有关乡镇人大代表及部门负责人 45 人，对富春江防洪堤建设和黄砂经销管理进行实地调查研究，作出了《关于加强境内富春江防洪堤建设的决议》。4 月，组织市、县人大代表及部门负责人 58 人，分组视察 69 个单位的食品卫生工作情况。6 月，又组织 116 名人大代表及部门负责人，视察 20 个敬老院、19 家福利工厂，并作出《关于保护老年人合法权益的决议》。富阳县人民政府采取一系列措施，使全县敬老院发展到 39 个，入院老人 372 人。8 至 10 月，会同县人民政府及有关部门，对贯彻执行《中华人民共和国义务教育法》进行全面检查，批准礼源等 18 个乡（镇）从 1988 年起实施九年制义务教育。至年底，18 个实施九年制义务教育的乡镇，学龄儿童入学率达到 99.4%，达到《义务教育法》规定要求。常委会还针对《中华人民共和国国营工业企业法》《中华人民共和国经济合同法》《中华人民共和国计量法》《浙江省技术市场管理条例》等法律、法规的执行情况，开展了专题调查。富阳县人大组织三次大规模的视察调查，参加视察调查的省、市、县人大代表共计 154 人。加强人大工作横向联系，同外地 30 多个市（县、区）人大保持业务联系，开展相互交流。

会议审议后指出，在新的一年里，富阳县人大常委会要紧紧围绕以经济建设为中心，法制建设为重点，充分发挥宪法和法律赋予的职能作用，切实加强法律监督和工作监督。扎扎实实把人大工作推向前进。会议决定批准富阳县人大常委会工作报告。

听取和审议县人民法院、县人民检察院工作报告

县人民法院院长汪锦汉向大会作富阳县人民法院工作报告。1988 年审结各类刑事案件 189 件 256 人，判处罪犯 247 名；审结严重破坏经济的犯罪案件 37 件 57 人，为国家、集体挽回经济损失 5.9 万余元；全年审结各类民事案件 630 件，审结各类经济纠纷案件 374 件，解决争议标的额 33.45 万元；慎重办理历史老难案件 22 件，其中维持原判 12 件，改判 10 件。接待群众来访 1725 人次，处理人民来信 1908 件。

县人民检察院检察长汪金良在富阳县人民检察院工作报告中，总结了一年来的主要工作：1988 年依法批准逮捕各类刑事犯罪人犯 155 名，其中杀人、强奸、抢动、重大盗窃等严重危害社会治安的犯罪分子 55 名，占批捕案犯的 35%；向人民法院提起公诉 157 件 212 人，出庭支持公诉 157 次，对 8 件 9 人罪行特别严重的犯罪分子，依法及时报送杭州市人民检察院审查起诉。共受理各类经济案件 77 件 85 人，立案侦查 13 件 14 人，逮捕经济犯罪分子 5 名，依法向人民法院提起公诉 8 件 8 人，为国家、集体挽回经济损失 39.4 万余元。受理法纪案件 31 件 37 人，立案侦查 4 件 7 人，逮捕人犯 3 名。对看守所、劳教场所检察 242 次，安全检察 42 次，口头纠正违法 23 次，教育谈话 568 次。受理来信来访 480 件。受理各种举报案件 147 件，查处 75 件，构成犯罪的 3 件，为国家、集体挽回经济损失 4.5 万余元。

会议指出，“两院”工作要坚决贯彻中央方针，继续严惩严重经济犯罪和严重刑事犯罪活动，在“两打”斗争中，对贪污受贿犯罪，不论涉及到谁，都要坚决排除干扰，依法严厉惩处。会议决定批准富阳县人民法院工作报告和富阳县人民检察院工作报告。

听取议案意见处理报告

3 月 25 日下午，富阳县人大常委会副主任王栋臣向大会作议案意见处理报告，截至 3 月 23 日下午 5 时，大会共收到富阳县人大代表议案、意见 133 件。经大会主席团讨论，列为本次大会议案 10 件。其中富阳县人民政府提出的“关于深化法制教育，加强依法治县工作”的议案，事关全县改革和建设的顺利进行，是全县人民共同关心的一件大事。这一议案经大会表决通过后，即成为富阳县最高权力机关作出的决定，富阳县人大常委会和各级人民政府、司法机关、各级干部以及全体人大代表，都要认真学习、宣传和贯彻执行这一决定，并以此推动全县改革和建设取得新的更大成就。其余意见建议，反映了全县人民各方面的意见和要求。认真负责地办理好代表意见，同样具有十分重要的意义。大会闭幕后，富阳县人大常委会办公室、富阳县人民政府办公室，要开好专门会议，落实专人负责，认真负责地抓好人大代表意见的办理工作。

第十章　第十届人民代表大会

富阳县第十届人民代表大会自 1990 年 3 月至 1993 年 3 月，任期 3 年，召开代表大会会议 3 次，听取和审议工作报告 24 个，作出决议、决定 19 项，选举产生县级国家机关领导人员 13 名，选举出席杭州市第八届人民代表大会代表 27 名，大会共收到县人大代表议案、建议 698 件。

第一节　第十届人民代表大会第一次会议

1990年3月16日至21日，富阳县第十届人民代表大会第一次会议在富阳影剧院召开。出席大会县人大代表应到323名，实到321名，列席171名。3月16日下午，预备会议选举34人组成大会主席团，确定大会秘书长。在主席团第一次会议上，审议通过大会议程和大会日程，推定主席团常务主席，决定大会副秘书长。大会议程共7项：听取和审议富阳县人民政府工作报告；听取和审议富阳县国民经济和社会发展计划报告；听取和审议富阳县1989年财政决算和1990年财政预算草案报告；听取和审议富阳县人大常委会工作报告；听取和审议富阳县人民法院和人民检察院工作报告；选举；听取议案意见处理报告；通过大会决议、决定。大会共收到县人大代表提出的议案、建议313件，作出决议、决定6项。

听取和审议县人民政府工作报告

3月17日，县人民政府县长周宝法向大会作富阳县人民政府工作报告。报告回顾了前三年富阳县社会总产值增长82.5%，国民收入增长32.9%，国民生产总值增长33.6%，工农业总产值增长1.13倍。1989年，工业产值达到14.2亿元，比九届末的1986年增加8.41亿元，增长1.45倍。农业总产值达到2.21亿元，比1986年增长17.5%，粮食总产量基本稳定在2.5亿公斤左右。1989年，农副产品收购总额达到2.09亿元，比1986年增长56.9%，社会商品零售额总额5.90亿元，增长1倍多，集市贸易成交额1.13亿元，增长4倍，外贸产品供货值1.08亿元，增长2.3倍。财政总收入平均每年递增15.3%，达到9540万元，比1986年增加3418万元，增长55.8%。今后三年到1993年末的主要目标是：国民生产总值每年递增5%，工农业总产值每年递增8%，粮食总产量稳定在2.5亿公斤以上，财政收入每年递增7.5%，外贸供货值每年递增8%，社会商品零售额每年递增7%，农副产品收购总额每年递增7%，农民人均年收入突破1000元。1990年末，要求实现工农业总产值17.7亿元，社会商品零售额6.2亿元，农副产品收购总额2.23亿元，财政总收入1.02亿元，农民人均年收入突破900元。

会议指出，1990年是今后三年工作中的关键一年，要稳定和完善已经出台的改革措施，逐步建立能够促进经济发展的宏观调控体系，大力抓好农业生产，继续加强物价管理，进一步整顿经济秩序，积极扩大对外贸易，促进全县经济的协调发展。会议决定批准富阳县人民政府的工作报告。

听取和审议县国民经济和社会发展计划报告

县计委主任袁朝和向大会作富阳县国民经济和社会发展计划报告。报告指出，1989年，经济工作克服了许多困难，取得了可喜成绩，工业产值、外贸供货值、城乡储蓄余额、财政收入等几项主要指标，均完成和超额完成了计划安排，其中工业产值增长速度居杭州地区7个县（市）之首。1990年，全县国民经济发展总的目标是工农业总产值17.7亿元，增长8%，其中工业产值15.4亿元，增长8.5%，农业产值2.3亿元，增长4%，粮食总产量25万吨，增长7.2%，财政总收入1.02亿元，增长8%，社会商品零售额6.2亿元，增长5%，农副产品收购总额2.23亿元，增长7%，农民人均年收入920元，增加60元。为实现上述目标，必须集中力量抓好农业，夺取农业丰收；积极调整产品结构，力求工业生产有适度增长；继续控制固定资产投资规模，进一步调整投资结构；开拓和稳定市场，妥善安排好人民生活；努力发展科技和教育，安排好各项社会事业。

会议通过审议，决定批准富阳县1990年国民经济和社会发展计划。

听取和审议县财政决算和财政预算报告

县财政局局长邵荫棠在向大会所作的富阳县财政决算和财政预算报告中列举了主要数据：1989年，富阳县财政总收入9541.6万元，完成年度预算的100.3%，比上年增长15.4%。按照"递增上交，超收分成"的财政体制规定，可用资金为6844万元。财政总支出6099.7万元，收支相抵，尚有结余。1990年财政收支预算安排为财政总收入1.02亿元，比上年增长8%，可用资金5895万元。安排财政支出5688.3万元。完成财政收支的总措施，主要有深入开展"双增双节"（增产节约、增收节支）运动，支持经济的稳定发展；强化税收征管，落实增收措施，大力组织收入；坚决实行紧缩财政政策，严格控制财政支出；加强预算外资金管理，继续严查"小金库"。

会议经审议后认为，1989年富阳县财政预算执行情况是好的，1990年富阳县财政预算计划是切实可行的，会议决定批准富阳县财政决算和财政预算报告。

听取和审议县人大常委会工作报告

县九届人大常委会主任洪德森在富阳县人大常委会工作报告中指出，九届人大常委会任期的三年，是富阳县社会主义建设和法制建设取得新的进展的三年，是人民代表大会制度不断完善，并发挥重要作用的三年。全县人民对常委会的要求和希望一年比一年高。常委会对富阳县人民政府、富阳县人民法院、富阳县人民检察院的工作，在依法实施监督的同时，加强联络，互相支持，协调关系，为实现同一目标而努力，较好地发挥了县级国家权力机关的整体作用。关于具体工作情况，报告较为详细地阐述了四个方面：认真履行监督职责，坚持严格依法办事；集中精力，加强领导，依法主持换届选举；搞好代表工作，发挥代表作用；加强学习，推进人大自身建设。报告提出在新的一年里要抓好五项工作：一是进一步明确人大工作的指导思想，坚持四项基本原则，坚决贯彻执行中央关于进一步治理整顿、深化改革的方针，为稳定政治、经济、社会而努力工作；二是正确行使对重大事项的决定权，对"一府两院"工作的监督权，对“一府两院”工作人员的任免权；三是继续加强社会主义精神文明建设，促进社会的全面进步；四是深入开展反腐败斗争；五是加深认识人大工作的性质、地位和作用，做到既不失职，又不越权。

会议审议后认为，富阳县九届人大常委会根据《宪法》《地方组织法》规定的职权，做了许多工作，发挥了地方权力机关的职能作用。会议决定批准这一报告。

听取和审议县人民法院、县人民检察院工作报告

县人民法院院长汪锦汉在富阳县人民法院工作报告中指出，富阳县九届人大一次会议后的三年中，共审结刑事案件 661 件，判处被告 929 名；审结各类民事纠纷案件 1905 件，比上届上升 77.2%；审结经济纠纷案件 1275 件，比上届增加 1.4 倍，执行标的额 500.6 万元，并积极开展行政审判，加强告诉申诉和信访工作。此外，法院自身改革和建设也不断加强，基本适应审判任务的需要。

县人民检察院检察长汪金良在富阳县人民检察院工作报告中指出，富阳县九届人大一次会议以来的三年中，共受理各类经济犯罪案件线索 272 件，立案查处 75 件，其中查处贪污受贿大案要案 16 件。共批捕人犯 635 人，其中杀人、放火、抢劫等严重刑事犯罪分子 129 人。共受理侵权、渎职案件 110 件，其中构成犯罪 21 件；受理控告申诉 1304 件，监所检察 788 天次，安全检察 131 次。共深挖、增捕犯罪分子 13 人，不批准逮捕 111 人，退回侦查 30 人，改变处理意见 27 人，并为 4 名无辜人员避免刑事责任的追究。

会议认为，今后“两院”必须认真履行人民民主专政职能，以稳定大局为压倒一切的中心任务，有效防止新的动乱，严厉打击严重刑事犯罪和经济犯罪，抓好社会治安综合治理，全力保障政治上的安定团结，促进国民经济持续稳定发展。会议决定批准富阳县人民法院和富阳县人民检察院工作报告。

选举

3 月 19 日下午和 3 月 20 日进行大会选举。大会选举办法规定，选举富阳县人民代表大会常务委员会主任 1 人、副主任 4 人、委员 12 人；选举富阳县人民政府县长 1 人、副县长 5 人；选举富阳县人民法院院长 1 人；选举富阳县人民检察院检察长 1 人。选举结果，刘鸿当选为富阳县第十届人大常委会主任，李作运、孙达火、章一平、朱茂翰为副主任，王栋臣等 12 人为委员；周宝法当选为富阳县人民政府县长，葛扬安、沈建国、俞志龙、何关新、俞正言为副县长；汪锦汉当选为富阳县人民法院院长；汪金良当选为富阳县人民检察院检察长（需报批）。3 月 21 日，大会主席团向全县发布公告，公布当选人名单。

听取议案意见处理报告

3 月 21 日上午，富阳县人大常委会副主任朱茂翰作议案意见处理报告。截至 3 月 18 日 17 时，大会共收到富阳县人大代表提案 313 件。经主席团讨论通过，列为大会议案13件。其中县妇联郭芬兰等11人提出的“要求建造富阳儿童公园”；富阳人民医院王正元等11人提出的“要求尽快落实建造富阳县卫生防疫中心”；富阳县委宣传部朱金中等10人提出的“要求落实体育中心场地”的议案，分别由富阳县计委、城建局、卫生局、旅游局、县体委等单位牵头规划和承办，富阳县人大常委会和富阳县人民政府，要切实加强检查监督，认真抓好落实，在下一次人代会上报告办理结果。对300件意见建议，要求按意见建议的办理程序认真办理。

附　富阳县第十届人民代表大会
议案、质询案、罢免案、代表意见的提出和处理办法

（1990年3月16日富阳县第十届人民代表大会第一次会议通过）

富阳县第十届人民代表大会举行会议期间，对议案、质询案、罢免案、代表意见的提出、立案及处理，依法作出如下规定：

关于议案

一、议案的范围

向富阳县人民代表大会提出的议案，必须是属于富阳县人民代表大会职权范围内的重大事项，主要是：

1. 在富阳县范围内，保证宪法、法律、法规和县级以上人民代表大会及其常务委员会决议或决定的遵守和执行，保证本县国民经济和社会发展计划、财政预算的执行的重大事项。

2. 富阳县的政治、经济、教育、科学、文化、卫生、民政、民族工作的重大事项。

3. 对本级人大常委会、人民政府、人民法院、人民检察院工作报告的重要审查意见。

4. 改变或者撤销本级人大常委会的不适当的决议或决定、撤销本级人民政府的不适当的决定和命令的重要意见。

5. 必须提请富阳县人民代表会讨论决定的其他重要事项。

二、议案的提出

向人民代表大会提出议案，必须符合下列法定条件：

1. 提案人：必须是大会主席团、富阳县人大常委会、富阳县人民政府或第十届县人大代表10人以上联名。

2. 提案时间：必须在本级人民代表大会举行会议的时候，并在大会主席团决定的提案截止日期前交送大会秘书处。

三、议案的处理

议案的处理十分严肃，必须掌握下列原则：

1. 大会主席团、富阳县人大常委会、富阳县人民政府提出的议案，由大会主席团决定提交全体代表审议，再由主席团审议决定提交大会表决。

2. 第十届县人大代表 10 人以上联名提出的议案，由主席团根据议案范围，决定是否列为议案；列为议案的再决定是否列入大会议程。凡列入大会议程的，由主席团提交全体代表审议，再由主席团审议决定提交大会表决；不列入大会议程的，会后交由富阳县人大常委会审议提出意见，再交有关部门负责处理。

3. 议案表决，以第十届富阳县人大全体代表的过半数通过。

4. 向富阳县人民代表大会提出的议案，在立案、交付大会表决前，提案人要求撤回的，对该议案的审议即行终止。

5. 富阳县人民代表大会审议议案时，代表可以向富阳县有关国家机关提出询问，由有关机关派人说明。

6. 富阳县人民代表大会闭会期间，对经由大会表决通过的议案，富阳县人大常委会、各级人民政府、富阳县人民法院、富阳县人民检察院，以及全县人民要无条件地服从。严肃认真地贯彻执行；对其他议案，有关承办部门要严肃认真、正确及时地处理好议案提及的问题。大会授权富阳县人大常委会对议案的执行和处理实施监督，并向下一次富阳县人民代表大会会议书面报告议案的执行和处理结果。

关于质询案

富阳县人民代表大会举行会议的时候，人大代表有权对县级国家机关提出质询案。具体规则如下：

1. 质询案必须有 10 人以上联名提出，质询内容必须实事求是、合情合理、符合宪法和法律。

2. 质询对象是：富阳县人民政府及其所属的各职能部门、富阳县人民法院、富阳县人民检察院。

3. 质询案由大会主席团决定交受质询机关。受质询机关必须在会议期间对质询案提及的问题，向提案人作出负责的答复。并将答复意见报大会秘书处备案。

4. 质询案用书面形式提出，并在大会主席团决定的截止日期前送交大会秘书处，再由大会秘书处报送大会主席团审议。

关于罢免案

富阳县人民代表大会举行会议的时候，大会主席团、富阳县人大常委会或者十分之一以上代表联名，有权提出对富阳县人大常委会组成人员，富阳县长和副县长、法院院长、检察院检察长的罢免案。具体规则是：

1. 罢免案须用书面形式提出，注明罢免理由，并在大会主席团决定的截止日期前送达大会秘书处，再由大会秘书处报送大会主席团。

2. 大会主席团接到罢免案后，应迅即举行全体会议进行审议，并提请全体代表讨论，再提交大会表决。

第二节　第十届人民代表大会第二次会议

1991 年 3 月 26 日至 30 日，富阳县第十届人民代表大会第二次会议在富阳影剧院召开。出席大会县人大代表应到 322 名，实到 322 名，列席 180 名。26 日下午举行预备会议，选举 35 人组成大会主席团，确定大会秘书长。在主席团第一次会议上，审议大会议程草案和通过大会日期，通过主席团常务主席名单和主席团执行主席分组名单，决定大会副秘书长，决定大会列席人员名单，大会议程共 7 项：听取和审议富阳县人民政府工作报告；听取和审议富阳县《“八五”计划》《十年规划》报告；听取和审议富阳县 1990 年国民经济执行情况和 1991 年计划草案报告；听取和审议富阳县 1990 年财政决算和 1991 年财政预算草案报告；听取和审议富阳县人大常委会工作报告；听取和审议富阳县人民法院和人民检察院工作报告；听取议案意见处理报告。大会共收到代表提出的议案、建议 217 件，作出决议、决定 6 项。

听取和审议县人民政府工作报告

3 月 27 日，县人民政府县长周宝法向大会作富阳县人民政府工作报告。报告指出，1990 年，农业总产值达到 2.34 亿元，比上年增长 5.7%，粮食总产量达到 25.26 万吨，增长 8.2%，油菜籽、蚕茧、茶叶、生猪、水果等都有不同程度增长。实现工业总产值 15.70 亿元，比上年增长 10.6%。社会商品零售额 5.22 亿元，集市贸易成交额 1.33 亿元，外贸商品供货额 1.24 亿元，都有不同程度增长。1990 年财政总收入 1.01 亿元，第一年突破亿元大关。县人民政府先后就农业生产、抗灾救灾、财政收支、食品卫生、整顿文化市场、查禁伪劣商品等问题，向富阳县人大常委会作专题报告 17 次，对人大常委会的审核意见，严肃认真组织实施。加强依法治县，积极参与各项执法检查，组织打击严重刑事犯罪活动等专项斗争，保障人民群众生命和财产安全，维护了社会稳定。报告提出 1992 年目标：国民生产总值达到 10.23 亿元，比 1990 年增长 6%；工农业总产值 19.71 亿元，增长 9%；粮食总产量 25 万吨，与上年持平；财政总收入 1.07 亿元，增长 7%；社会商品零售额 5.59 亿元，增长 7%，人口出生率继续控制在 15‰以下。

与会人大代表在审议中认为，几年来，富阳县人民政府工作取得了很大成绩。会议要求富阳县人民政府发扬成绩，一步一个脚印地把改革开放事业和“两个文明”建设推向前进。会议经过审议，决定批准富阳县人民政府工作报告。

听取和审议县《"八五"计划》和《十年规划》报告

县人民政府常务副县长葛扬安在富阳县《"八五"计划》《十年规划》报告中，回顾了《"七五"计划》执行情况。至1990年末，"七五"计划的主要指标已完成或超额完成，工农业总产值18.04亿元，完成计划的150.32%，科技、教育、文化、广电、电视、卫生、体育等各项事业建设取得显著成绩，城乡居民生活得到改善，1990年职工工资总额达1.05亿元，比"七五"末增长1.54倍，农民人均纯收入达910元，比"七五"末增长90.3%，五年内人均新增居住面积3.76平方米。到"八五"期末，工农业总产值、国民生产总值、社会商品零售总额、财政收入和农民人均纯收入年均递增幅度分别达到4%、6%、10%、7%和6.8%。《十年规划》到2000年末，工农业总产值达到41.52亿元，国民生产总值达到17.28亿元，社会商品零售额达到13.6亿元，财政总收入达到2亿元，农民人均纯收入达到1520元。

会议在审议中认为，"七五"期间，富阳县改革开放和各项建设事业，都取得了很大成绩，为今后十年的发展打下了基础。会议号召全县人民，在中共富阳县委领导下，同心同德，励精图治，开拓创新，为圆满完成富阳县《"八五"计划》和实现《十年规划》纲要而努力奋斗。会议通过决议，批准这一报告。

听取和审议县国民经济和社会发展计划报告

县计划委员会主任董文淦受县人民政府委托，向大会作富阳县国民经济和社会发展计划报告。报告指出，1990年，全年完成工农业总产值18.04亿元，比上年增长5.9%，超额完成年度计划的1.9%；国民生产总值9.65亿元，比上年增长5.9%，超额完成年度计划的2.6%，计划执行情况总的来说是比较好的，但也存在着一些问题和不足，主要表现在农业基础还比较薄弱，工业产业结构和产品结构不尽合理，企业经济效益不够明显，技术改造进展不快等，不同程度制约了全县经济和社会事业的发展。报告提出了1991年主要计划指标的安排：工农业总产值增长9%，国民生产总值增长6%，粮食总产量保持平衡，社会商品零售额增长7%，财政总收入增长7%，农民人均纯收入增加65元。并提出实现目标的八大措施。

会议经过审查，决定批准这一报告。

听取和审议县财政决算和财政预算报告

县财政局局长邵荫棠作的富阳县财政决算和财政预算报告中，列出1990年实现财政总收入1.01亿元，比上年增长5.8%，完成预算的100.1%。其中，预算内收入完成99.8%，比上年增长5.5%，预算外收入完成112.7%，比上年增长19.3%。财政总支出7085.7万元，比上年增长2.3%。报告提出1991年财政预算安排：财政总收入1.07亿元，比上年增长7%，其中预算内收入1.04亿元，比上年增长6.8%，预算外收入0.03

亿元，比上年增长10.8%。全年财政可用资金为5754.6万元，安排全年财政支出5754.8万元。

大会经过认真审查，认为富阳县人民政府和财政部门为完成财政预算做了大量工作，收支预算执行情况良好。会议决定批准富阳县财政决算和财政预算报告。

听取和审议县人大常委会工作报告

县人大常委会主任刘鸿在富阳县人大常委会工作报告中回顾一年来，举行常委会例会7次，听取“一府两院”工作汇报21个，审议提出意见建议65条，表决通过决议决定4项，依法任免地方国家机关工作人员65名。先后制定《富阳县人大常委会行使职权暂行办法和工作细则》《富阳县人大常委会人事任免暂行办法》《富阳县人大常委会代表工作暂行办法》。1990年组织57名人大代表，分3个小组，视察检查了富阳、新登等地各有关单位的食品卫生情况。组织省、市、县人大代表30余人，分4个小组，分头深入到造纸、水泥等13家企业单位，视察检查《行政诉讼法》《森林法》《土地管理法》《婚姻法》《村民委员会组织法》《计划生育条例》等法律法规的贯彻执行情况。组织开展争做优秀代表活动，把激励机制引进代表工作。

会议认为，富阳县人大常委会自建立以来，以经济建设为中心，在加强社会主义民主和法制建设、履行法律监督和工作监督、保证宪法、法律、法规的贯彻实施等方面做了大量工作，为推进全县“两个文明”建设作出了积极贡献。会议对富阳县人大常委会工作表示满意，决定批准这一报告。

听取和审议县人民法院、县人民检察院工作报告

县人民法院院长汪锦汉在富阳县人民法院工作报告中指出，一年来，共办结各类案件1504件，其中刑事案件274件，民事案件810件，经济案件406件，行政案件5件，申诉案件12件。在刑事案件审判中，突出打击重点，强调办案质量，注重办案的社会效果。在民事案件审判中，坚持发扬人民司法工作的优良传统，树立群众观念，坚持就地办案，上门处理一批赡养案件，极大地方便了群众。在经济案件审判中，做到调解与判决相结合，减少了案件积压。通过审判，解决争议标的611万余元，促进了社会主义商品经济的发展。执结案件652件，执行标的440余万元，保护了国家、集体、个人的合法权益。

县人民检察院检察长汪金良在富阳县人民检察院工作报告中指出，一年来，共受理各类经济案件64件，经调查构成犯罪并立案查处19件25人，其中大案4件7人，为国家、集体挽回经济损失38万余元；1990年共受理公安机关提请逮捕案件240件285人，经审查批准和决定逮捕285人；受理公安机关移送审查起诉、免诉案件303件441人，经审查依法向人民法院提起公诉236件337人，免于起诉42件63人，对犯罪情节特别严重，依法报请杭州市人民检察院审查起诉12件32人。受理侵犯公民民主权利、人身权利和渎职案件等各类法纪案件25件29人，经调查构成犯罪并立案查处的11件11人，其中大要案3件4人，维护了法律的严肃性。

会议认为，“两院”以宪法和法律为准绳，围绕经济建设为中心而开展的各项审判、检察工作，取得了很大成绩。会议决定批准富阳县人民法院和人民检察院工作报告。

听取议案意见处理报告

大会主席团向大会报告，截至3月28日17时，大会共收到富阳县人大代表议案217件。其中属于党群系统4件、政府系统16件、政法系统2件、财贸系统22件、计委系统26件、经委系统52件、农委系统56件、科教文卫系统32件、其他7件。经大会主席团研究，列为本次大会议案8件。大会闭幕后由富阳县人大常委会提出意见，交由富阳县人民政府及有关部门办理。此外，汪关福等12名代表提出要求恢复新登县建置；李国生等11名代表提出要求拓宽常绿至萧山岩山乡公路2件议案，已超出本级人民代表大会职权范围，由富阳县人大常委会上报省、市领导机关。对其余207件意见建议，要求按意见建议办理程序认真办理。

第三节　第十届人民代表大会第三次会议

1992年3月23日至27日，富阳县第十届人民代表大会第三次会议在富阳影剧院召开。出席大会县人大代表应到322名，实到319名。3月23日下午举行预备会议，选举产生33人组成大会主席团，确定大会秘书长。在主席团第一次会议上，审议大会议程草案和通过大会日程，通过主席团常务主席名单和主席团执行主席分组名单，决定大会副秘书长，决定大会提出议案的截止时间，讨论选举办法。大会议程共8项：听取和审议富阳县人民政府工作报告；听取和审议富阳县1991年国民经济和社会发展计划执行情况和1992年计划草案报告；听取和审议富阳县1991年财政决算和1992年财政预算报告；听取和审议富阳县人大常委会工作报告；听取和审议富阳县人民法院工作报告；听取和审议富阳县人民检察院工作报告；听取议案意见处理报告。大会共收到人大代表提出的议案、建议168件，作出决议、决定7项。

听取和审议县人民政府工作报告

3月24日，县人民政府县长周宝法向大会作富阳县人民政府工作报告。报告列举，1991年，实现国民生产总值11.75亿元，比上年增长19%；工农业总产值29.66亿元，增长33.5%，其中农业产值4.95亿元，增长5.4%，粮食总产量26.18万吨，增产3.6%，为富阳历史上第三个丰收年，平均亩产870公斤，创历史最高水平；工业产值24.71亿元，增长41%；商品零售总额6.11亿元，增长17.1%；外贸出口交货值2.40亿元，其中外贸供货总额1.95亿元，增长49.5%；财政总收入1.07亿元，增长7.5%；全民职工年人均工资收入2300元，集体职工年人均工资收入2210元，分别增长4%和10.3%，农民人均年收入1131元，年增220元；城乡居民储蓄余额4.3亿元，增长34.5%。在1992年经济工作任务中，报告提出总的要求是力争农业有一个好收成，工业有一个新水平，流通有一个新突破，科技有一个新起色，整个国民经济登上新台阶。具体发展指标是：国民生产总值达到12.4亿元，比上年增长8%；工农业总产值33.5亿元，增长13%，其中工业产值28.4亿元，增长15%，农业产值5.1亿元，增长4%；粮食总产量稳定在2.5亿公斤左右；财政总收入1.15亿元，增长7%；外贸供货额2.83亿元，增长18%；社会商品零售总额6.7亿元，增长10%；农副产品收购总额1.74亿元，增长8%；城乡储蓄余额4.75亿元，增长10%；农民年人均收入增加100元以上；人口自然增长率继续控制在9‰以内。

会议审议后认为，政府工作必须贯彻执行改革开放政策，加快经济发展步伐，力争使富阳国民经济和社会发展事业更上一层楼。会议强调，各级人民政府必须确立全心全意为人民服务思想，依法行政，依靠群众，深入调查研究，提高决策的民主化、科学化水平。会议决定批准富阳县人民政府工作报告。

听取和审议县国民经济和社会发展计划报告

县计委主任董文淦在富阳县国民经济和社会发展计划报告中，对1991年计划执行情况，归纳为：大灾之年农业生产初获丰收，农村经济稳步发展；工业生产持续增长，部分经济指标开始好转；生产性投资比例上升，重点建设进展顺利；市场销售稳步回升，人民生活得到改善；财政总收入超额完成年度预算，金融市场存贷活跃；外贸供货值增幅较大，出口渠道逐步扩大；科技、教育和各项社会事业进一步发展，社会主义精神文明建设得到加强。对1992年计划安排的指导思想和主要经济指标，报告作了具体分述。1992年全县计划安排的指导思想是：继续实施“一稳定、二突破、三注重”的经济发展战略，集中精力把经济建设搞上去，加快改革步伐，扩大对外开放，注重搞活市场，加速科技进步和应用，搞好农业和重点骨干企业，加强重点建设，把工作重点转移到调整结构、提高效益上来，努力改善人民的物质文化生活水平，确保国民经济和社会事业持续、稳定、协调地发展（国民经济和社会发展的12项主要指标，和政府工作报告一致，略）。

会议认为，1992年的计划经济工作，要全面贯彻执行党的基本路线，紧紧抓住当前的有利时机，加快改革开放，注重经济发展速度。会议决定批准富阳县1992年国民经济和社会发展计划报告。

听取和审议县财政决算和财政预算报告

县财政局局长邵荫棠在富阳县财政决算和财政预算报告中列出，1991年，财政总收入10753.5万元，完成预算的100.5%，比上年增长7.5%。其中预算内完成10489.8万元，完成预算的100.8%，比上年增长7.7%；预算外收入263.7万元，完成预算的87.9%。财政总支出7355.9万元，比上年增长3.8%。1992年，财政总收入安排11500万元，比上年增长7%；财政总支出安排6704.6万元。为实现上述目标，必须以经济建设为中心，深化企业改革，提高经济效益；坚持依法治税，强化征收管理，大力组织财政收入；继续贯彻紧缩方针，努力节减财政支出；加强财政管理监督，严肃财政纪律。

会议指出，财政工作要进一步支持改革开放，支持农业生产和搞好大中型企业，努力提高经济效益，增加财源；强化税收管理，确保各项税收及时足额入库；严格控制支出，坚决刹住铺张浪费；慎重搞好财政体制改革，加强财税队伍建设。会议决定批准富阳县财政决算和财政预决算报告。

听取和审议县人大常委会工作报告

县人大常委会主任刘鸿在富阳县人大常委会工作报告中，回顾富阳县十届人大二次会议以来，富阳县人大常委会共举行例会7次，听取和审议“一府两院”工作报告25个，作出决议、决定6项，依法任免地方国家机关工作人员17名。一年来，人大工作第一是围绕经济工作的大事，监督经济法律法规的实施，加强对政府工作的监督和支持。第二是加强法律监督，推进法制建设，加强法制宣传，注重执法检查，联系和监督司法工作。第三是加强基础建设，推进代表工作，建立代表工作机构，落实联系代表制度，组织代表活动，激励发挥代表作用，督办议案和代表意见，指导乡镇人大工作，推进基层民主法制建设。第四是加强自身建设，推进人大工作，提高政治素质和决策水平，加强调查研究，切实转变作风，努力搞好人大工作。

会议指出，富阳县人大常委会要在富阳县委统一领导下，突出抓好执法和监督检查工作，努力推进依法治县，讨论决定全县改革开放和经济建设重要事项，依法搞好县、乡镇人民代表大会代表的换届选举工作，充分发挥地方国家权力机关的作用。会议决定批准富阳县人大常委会的工作报告。

听取和审议县人民法院工作报告

县人民法院院长汪锦汉在富阳县人民法院工作报告中指出，一年来共办结各类刑事案件208件，判处罪犯328人，其中判处严重危害社会治安的犯罪分子31人。办结各类经济犯罪案件33件，判处罪犯46人，为国家、集体挽回经济损失73.9万余元。审结各类民事案件930件，审结率达96.9%。审结经济纠纷案件482件，解决争议金额1000.6万余元。审结行政案件4件，告诉申诉案件14件，接待群众来访807人、来信1347件。执结案件689件，执行金额402万元，其中采取强制措施100件，罚款11人，拘留11人。

会议指出，人民法院要紧紧围绕经济建设这个中心，充分发挥审判机关的职能作用，严肃执法，秉公办案，保障社会主义建设事业顺利进行。会议决定批准富阳县人民法院工作报告。

听取和审议县人民检察院工作报告

县人民检察院检察长汪金良在向大会所作的富阳县人民检察院工作报告中指出，一年来，共受理各类经济案件54件，立案查处22件27人，其中贪污案件15件18人，贿赂案件3件3人。立案案件中大案8件10人。共依法批准、决定逮捕案犯277名，依法提起公诉207件307人，作出免于起诉处理19件28人，对犯罪情节特别严重的6件10人依法提请杭州市人民检察院审查起诉。受理各类法纪案件38件41人，构成犯罪并立案查处10件10人。受理控告信访案件405件，受理申诉案件10件，基本做到件件有着落。驻看守所检察273天，驻劳教所检察24天，执行刑场监督3次。受理民事、行政诉讼案件5件，为全国首例行政抗诉案件在富阳公开审理做了大量积极工作。

会议指出，检察工作要坚定不移地贯彻执行党的基本路线，坚持一手抓改革开放，一手抓打击各种犯罪活动，充分发挥检察机关的法律监督职能作用。会议决定批准富阳县人民检察院工作报告。

选举

3月27日上午进行大会选举。大会选举办法规定，选举富阳县出席杭州市第八届人民代表大会代表29名。选举结果，符合本次选举办法规定当选为杭州市第八届人民代表大会代表27名，缺额2名。

听取议案意见处理报告

大会主席团向大会报告，截至3月25日17时，大会共收到富阳县人大代表议案168件。经主席团研究，列为本次大会议案12件，其余均作意见建议处理。对于汪建根等52名代表提出的“关于富阳县第二人民医院搬迁”；李金仙等14名代表提出的“关于落实残疾人就业政策”；陈培建等12名代表提出的“关于改建大源镇过境公路”等12件议案，交由富阳县人民政府研究办理，并将办理结果及时答复有关代表，并报告富阳县人大常委会。其余156件意见建议，闭会后先由富阳县人大常委会代表工作委员会分类、编号、登记、造册，属于富阳县人民政府及其职能部门承办的，一并交由富阳县人民政府办公室，由政府组织召开专门会议，研究部署承办工作。各承办单位，应建立专门班子，认真负责办理。富阳县人大常委会要及时进行检查指导和督促。办理结果应及时书面答复人大代表，并报告富阳县人大常委会。

第十一章　第十一届人民代表大会

富阳市(县)第十一届人民代表大会自1993年3月至1998年3月，任期5年，召开代表大会会议5次，听取和审议工作报告31个，作出决定、决议36项，选举产生市(县)

级国家机关领导人员 14 名，大会共收到人大代表提出的议案、建议 621 件。

第一节　第十一届人民代表大会第一次会议

1993 年 3 月 20 日至 25 日，富阳县第十一届人民代表大会第一次会议在富阳影剧院召开。出席大会县人大代表 322 名，列席 179 名。3 月 20 日上午举行预备会议，通过主席团和秘书长名单。在主席团第一次会议上，通过大会议程草案、大会日程安排、主席团常务主席、主席团执行主席分组名单及副秘书长名单，决定提出议案截止时间。大会议程共 7 项：听取和审议富阳县人民政府工作报告；听取和审议富阳县 1992 年国民经济和社会发展计划执行情况、1993 年国民经济和社会发展计划草案、调整国民经济和社会发展《十年规划》《“八五”计划》草案报告；听取和审议富阳县 1992 年财政决算和 1993 年财政预算草案报告；听取和审议富阳县人大常委会工作报告；听取和审议富阳县人民法院工作报告；听取和审议富阳县人民检察院工作报告；选举；听取议案意见处理报告；通过大会决议。大会共收到人大代表提出的议案，建议 207 件，作出决议、决定 7 项。

听取和审议县人民政府工作报告

3 月 20 日下午，县人民政府代理县长朱寅传向大会作富阳县人民政府工作报告。报告指出，过去的三年，是富阳国民经济快速增长、社会事业全面发展的三年。1992 年，国民生产总值达到 16 亿元，比 1989 年增长 72%，平均每年递增 19.8%，国民收入 14 亿元，增长 63%，年均递增 17.6%，粮食总产量连续三年保持在 25 万吨以上，农业总产值 5.53 亿元，增长 24.1%，年均递增 7.5%，工业总产值 41.46 亿元，增长 235%，年均递增 39.7%。社会商品零售额 8.5 亿元，农副产品收购额 1.87 亿元。财政收入 1.18 亿元，比 1989 年增长 24.5%。全民职工人均年工资 2781 元，集体职工平均年收入 2600 元，都比 1989 年增长 34.2%，农民人均年收入 1407 元，增加 547 元，全县人均储蓄 993 元，增加 599 元。人口自然增长率均控制在 9‰以内。到“八五”期末的 1995 年，工农业生产总值要求达到 107 亿元，成为“超百亿”县；到 1997 年，人均收入 6500 元，基本实现“小康水平”；到 2000 年，国民生产总值达到 62 亿元，人均超万元，达到中等发达县水平。1993 年，各项经济指标的奋斗目标是：国民生产总值达到 20 亿元，比上年增长 25%，国民收入 17 亿元，增长 22%，工农业总产值 60 亿元，其中工业产值 54 亿元，农业总产值 6 亿元，粮食总产量 23 万吨，外贸出口供货总额 7.1 亿元，社会商品零售总额 9.8 亿元，全社会固定资产投资达到 6.3 亿元，财政总收入达到 1.27 亿元，农民人均年收入 1557 元，人口自然增长率控制在 9‰以内。

会议认为，过去的三年，成就喜人，鼓舞人心。会议指出，今后工作的大政方针和目标任务已经明确，关键是各级人民政府进一步解放思想，抓好落实。会议强调，为圆满完成富阳县人民政府工作报告提出的各项任务，必须切实改进领导作风。会议号召，全县人民同心同德，团结奋进，为全面完成各项任务而努力奋斗。会议决定批准富阳县人民政府工作报告。

听取和审议县国民经济和社会发展计划报告

县计委主任董文淦受县人民政府委托，向大会作富阳县国民经济和社会发展计划、调整国民经济和社会发展《“八五”计划》《十年规划》草案的工作报告。报告总结了富阳县 1992 年国民经济和社会发展的主要特点是：外向型经济出现前所未有的好势头；基础设施建设和技术改造步伐加快；以市场建设为重点的第三产业发展迅猛；工业生产适应市场需求发展速度加快，效益提高；在市场的诱导和价值规律驱动下，农民开始按照市场需求安排生产，农产品结构有新改善；科技、教育、文化、体育和其他各项社会事业进一步发展；城乡人民生活水平显著提高。报告的第二部分为富阳县 1993 年经济计划及《“八五”计划》《十年规划》主要指标的调整意见。报告对《“八五”计划》《十年规划》经济发展的主要目标，都作了较大调整。总的调整情况是，各项指标的增长比例都比原来计划有较大幅度提高。报告着重提出了调整的主要依据：与“七五”时期相比，国际国内经济环境有较大改善，尤其是随着“入关”(恢复“关贸总协定缔约国”地位)，商贸市场将进一步扩大，工农业基础有了明显增强，经过几年培植，财政税源有了新扩大，农村经济获得了较快发展。因此，1991 年与 1992 年，连续两年的经济发展指标，都大大超过计划安排，而这一增长势头，今后几年将会继续保持并有进一步发展的可能。

会议指出，要进一步深化计划管理体制改革，转换计划工作职能，加强宏观调控，保持国民经济协调发展，以确保全面完成 1993 年国民经济和社会发展计划，为实现“八五”计划打下牢固基础。会议决定批准富阳县国民经济和社会发展计划报告。

听取和审议县财政决算和财政预算报告

县财政局局长邵荫棠，在富阳县财政决算和财政预算报告中指出，1992 年，财政总收入 11768.5 万元，完成预算的 102.3%，比上年增长 9.4%，其中预算内收入 11454.5 万元；预算外收入 314 万元。按照财政体制计算，可用资金为 8789 万元。总支出 8613 万元，比上年增长 17.1%，做到收支平衡，略有节余。1993 年，安排财政预算收入为 12710 万元，比上年增长 8%，其中预算内收入 12380 万元，预算外收入 330 万元。为实现上述目标，必须加快财税体制改革，拓宽理财领域，强化征收管理，调整支出结构，努力保持财政收支总量平衡。

会议认为，1992 年，富阳县财政预算执行情况良好，1993 年财政预算安排积极稳妥，必须认真贯彻执行。会议指出，1993 年财政工作要坚持依法治税，加强税收征管工作，合理安排支出，确保收支平衡。会议决定批准富阳县财政决算和财政预算报告。

听取和审议县人大常委会工作报告

3 月 22 日，县十届人大常委会主任刘鸿在向大会所作的富阳县人大常委会工作报告中指出，富阳县第十届人大常委会是 1990 年 3 月选举产生的。三年来，依法召开代表大会 3 次，举行常委会会议 23 次，听取和审议“一府两院”工作报告 68 个，作出决定、决议 15 个，共组织视察调查 83 次，依法任免地方国家机关工作人员 104 人次。三年中，主要做了以下工作：一、以经济建设为中心，加强工作监督，促进经济和各项事业健康发展。常委会先后 6 次听取县人民政府工作情况汇报，并加强对《中华人民共和国水法》《土地管理法》《农资专营决定》等宣传和落实情况的检查；听取县人民政府关于企业深化改革试点情况的汇报，改革企业劳动用工和分配制度，加速建立社会保障机制，保障企业改革的顺利进行；作出《关于坚决制止乱收费、乱罚款和各种摊派的决议》；先后听取和审议县人民政府关于教育、文化、卫生、体育、计划生育等方面专题汇报 10 次，重点抓了《义务教育法》的贯彻实施和《食品卫生法》《药品管理法》等法律法规的宣传贯彻以及初级卫生保健工作的检查监督。二、以法制建设为重点，加强法制宣传和法律监督，推进依法治县。主要是抓执法监督，支持和督促国家机关依法行政；抓执法检查，推进社会治安综合治理；抓基层司法评议试点，督促改善基层执法活动。三、加强基础建设，搞好代表工作，充分发挥代表作用；通过《代表法》的宣传，为代表履行职务积极创造条件，支持代表履行职务；加强同乡镇人大工作的联系和指导，先后配备乡镇人大主席团专职常务主席 18 名，并落实了办公经费和工作人员，使乡镇人大工作走上正轨。四、加强领导，精心组织，依法主持县、乡镇两级人大代表的换届选举。五、加强人大常委会自身建设，认真组织学习有关法律法规，注重人大机关各工作委员会和办公室建设，健全、完善《常委会行使职权的暂行规定》《代表工作暂行办法》《人事任免暂行办法》等一系列制度，使人大常委会工作逐步走向法制化、制度化和规范化。

会议对富阳县第十届人大所做的一系列工作表示满意，会议希望新一届富阳县人大常委会认真履行职责，大力加强法律监督，努力推进依法治县，支持加快改革开放步伐。会议决定批准富阳县人大常委会工作报告。

听取和审议县人民法院、县人民检察院工作报告

县人民法院院长汪锦汉在向大会所作的富阳县人民法院工作报告中，阐述了过去三年的主要工作。三年共审结刑事案件 703 件，判处 1026 人，有效地遏制了犯罪分子的嚣张气焰。共判处贪污、诈骗、偷税抗税、挪用公款等经济罪犯 58 人，为国家、集体挽回经济损失 25 万余元，有力地打击了经济犯罪活动。共审结各类民事案件 2620 件，在审理中，对有关保护老人、儿童、妇女权益的案件，做到优先审理，及时调处。

共审结各类经济纠纷案件1290件，解决争议标的额28万余元，维护了经济秩序。共审理申诉案件35件，处理群众来信4970件次，来访5615人次。

县人民检察院检察长汪金良在向大会所作的富阳县人民检察院工作报告中，报告了三年来的主要工作。三年共立案侦查各类经济案件57件76人，其中贪污案件30件44人，受贿案件15件15人，共受理提请批捕的各类刑事犯罪案件622件949人，经审查批准逮捕刑事案犯810名。受理提请审查起诉、免诉各类刑事案件799件1119人，经审查共依法向人民法院提起公诉647件943人，作出免诉处理决定101件139人。受理各类法纪案件109件，经调查发现构成犯罪而立案查处30件30人。受理非法拘禁案件32件46人。为全国首例行政抗诉案件在富阳公开审理做了大量工作。

会议指出，审判机关和检察机关要严格执行宪法和法律，进一步强化审判、检察机关职能，要坚持专门工作与群众路线相结合的方针，积极参与社会治安综合治理。会议决定批准富阳县人民法院和富阳县人民检察院的工作报告。

选举

3月24日和25日，进行大会选举。大会选举办法规定，选举富阳县第十一届人民代表大会常务委员会主任1人、副主任4人、委员14人；选举富阳县人民政府县长1人、副县长6人；选举富阳县人民法院院长1人和富阳县人民检察院检察长1人；选举出席杭州市第八届人民代表大会代表3人。选举结果，葛扬安当选为富阳县第十一届人大常委会主任，周银铃、孙达火、章一平、钟西平为副主任，钟建生等12人为委员（缺额2名）；朱寅传当选为富阳县人民政府县长，沈建国、俞正言、章浩根、方永建、董文淦、刘瑞林为副县长；汪金良当选为富阳县人民法院院长；刘秀文当选为富阳县人民检察院检察长（需报批）；吴永革等3人当选为杭州市第八届人民代表大会代表。3月25日，大会主席团向全县发布公告，公布当选者名单。

听取议案意见处理报告

大会主席团向大会报告，截至3月22日17时，大会共收到富阳县人大代表提案207件。其中涉及党群综合性的19件、政法 7件、财贸13件、计委26件、经委69件、农经37件、科教文卫35件、其他1件。经大会主席团研究，列为大会议议案11件，分别是："要求进一步加强富春江黄砂资源管理""要求建造新登镇第二自来水厂""要求建造江南自来水厂""要求拓宽改造花坞桥、小垅桥""要求治理六石溪、加固加高溪堤和降低河床""要求建造洞桥镇地面电视卫星接收站""要求建造长沙翻水站""要求解决大桐洲内涝排涝站建造经费""要求建造富阳法庭办公用房""要求治理春江红渠""要求尽快落实处理岩石岭水库遗留问题"。以上议案，交由富阳县人民政府研究办理，并将办理结果及时答复有关人大代表，并报告富阳县人大常委会。对 196件意见建议，要求按意见建议办理程序认真办理。

第二节　第十一届人民代表大会第二次会议

1994年3月20日至24日，富阳县第十一届人民代表大会第二次会议在富阳影剧院召开。出席大会县人大代表324名，列席194名。3月20日下午举行预备会议，通过大会主席团和秘书长名单。在主席团第一次会议上，通过大会议程草案、大会日程安排、主席团常务主席名单、主席团执行主席分组名单及副秘书长名单、决定大会议案截止时间、决定列席人员名单、审议大会选举办法。大会议程共8项：听取和审议富阳县人民政府工作报告；听取和审议富阳县1993年国民经济和社会发展计划执行情况、1994年计划安排及“九五”期间基础设施和社会发展建设规划(草案)报告；听取和审议富阳县1993年财政决算和1994年财政预算报告；听取和审议富阳县人大常委会工作报告；听取和审议富阳县人民法院工作报告；听取和审议富阳县人民检察院工作报告；选举；听取议案意见处理报告；通过大会决议。大会共收到人大代表提出的议案、建议97件，作出决议、决定7项。

听取和审议县人民政府工作报告

3月21日，县人民政府县长朱寅传向大会作富阳县人民政府工作报告。报告指出，1993年，富阳县完成国民生产总值25亿元，比上年增长43%；国民收入23亿元，增长44.5%；工农业总产值76.95亿元，增长63.8%；财政总收入1.59亿元，增长34.8%，跻身全国农村综合实力百强县(市)行列。1994年，国民经济和社会发展的主要目标是：国民生产总值达到31亿元，国民收入达到28亿元，人均国民收入超过5000元，工农业总产值达到108亿元，争取128亿元，其中工业确保100亿元，争取120亿元，农业争取上7亿元台阶，乡镇工业确保83亿元，奋力向100亿元冲刺。在这个经济总规模下，要求农业求升、商贸求活、投入求大、效益求好、财政求平、融资求多、收入求增、社会求稳、事业求兴。完成1994年的各项工作目标，既有不少困难，也有许多有利条件，特别是1994年1月18日国务院批准富阳撤县设市，掀开了富阳历史新篇章，应进一步振奋精神，树立雄心，增强使命感和责任感，把各项工作做得更好。

会议认为，1994年是深化改革的关键一年，必须坚持以经济建设为中心，继续保持国民经济持续、快速、健康发展。会议指出，农业是关系国民经济和社会发展稳定的根本问题，必须把农业放在经济工作的首位。会议号召，全县人民同心同德，奋发图强，为夺取社会主义现代化建设的新胜利而努力奋斗。会议决定批准富阳县人民政府工作报告。

听取和审议县国民经济和社会发展计划报告

县计委主任许保金在富阳县国民经济和社会发展计划报告中指出，1993年，富阳县国民生产总值完成25亿元，完成计划的125%，国民收入23亿元，完成计划的135%，工农业总产值76.95亿元，完成计划的128%，其中农业产值6.2亿元，完成计划的103%，工业产值70.75亿元，完成计划的131%，外贸出口供货值9.24亿元，完成计划的130%，全年城镇职工平均工资收入3500元，年增769元，农民人均纯收入1767元，年增360元，都超过年初计划。1994年主要经济发展目标是：国民生产总值增长24%，达31亿元，其中第三产业增加值增长25%，达6.88亿元，国民收入增长22%，达28亿元，工农业总产值增长40.5%，达108亿元，争取增长66.3%，达128亿元，其中工业总产值增长41.3%，达100亿元，争取增长69.6%，达120亿元，农业总产值增长12.9%，达7亿元，粮食总产量稳定在23.5万吨以上，外贸出口供货值增长73.2%，达16亿元，社会消费品零售总额增长30%，达12.7亿元，财政收入增长13.3 %，为1.8亿元，农民人均纯收入增长13.2%，增加233元，突破2000元，人口自然增长率控制在7‰以内。

会议指出，1994年，要加快计划体制的改革步伐，充分发挥市场在资源配置中的基础作用，加强和改善国民经济的宏观调控，，保证重点建设，保证各项重大改革措施的顺利实施，努力使全市经济保持持续、快速、健康发展。会议决定批准富阳县1994年国民经济和社会发展计划。

听取和审议县财政决算和财政预算报告

县财政局局长屠辛庚受县人民政府委托，向大会作富阳县1993年财政决算和1994年财政预算草案报告。报告指出，1993年，财政总收入为15866.9万元，比上年增长34.8%，完成计划的101%。其中预算内收入15553.7万元，比上年增长35.8%，完成计划的100.9%；预算外收入313万元，与上年持平。合计可用资金12145万元。财政决算总支出11783万元，比上年增长36.8%。实现收支平衡，略有节余。1994年，财政总收入预算为1.8亿元，比上年增长13.3%，财政总支出预算安排1.13亿元，比上年增长 39.8%。在新的一年中，财政工作面临许多困难和问题，也存在不少机遇和挑战，要解放思想，转变职能，把财税体制改革的各项措施落到实处，为圆满完成1994年财政预算而奋斗。

会议强调，1994年的财政工作，要围绕经济建设中心和建立社会主义市场经济体制的要求，抓好财政体制改革，加强税收征管工作，严格财政支出，发挥财政监督职能，强化国有资产监督管理。会议决定批准富阳县财政决算和财政预算报告。

听取和审议县人大常委会工作报告

3月22日，县人大常委会主任葛扬安在向大会所作的富阳县人大常委会工作报告中指出，一年来，富阳县人大常委会先后召开常委会全体会议6次，召开常委会主任会议 13 次，听取和审议“一府两院”各种工作报告及撤县设市等重大事项报告 26 次，作出决议、决定 6 个，组织开展执法检查和视察调查 27 次，依法任免国家机关工作人员 141 人次，认真督办第十一届人大一次会议代表提出的 11 件议案和 196 件意见，解决了一批群众迫切要求解决的问题，收到群众信访 221 件，基本上都得到了处理。1994 年，是富阳撤县设市的第一年。在新的一年里，要着重抓好下列工作：认真学习，统一思想，提高贯彻执行党的基本路线和建立社会主义市场经济体制的坚定性和自觉性；强化法律监督，保证法律法规的贯彻执行，进一步促进依法治市工作；牢固树立以经济建设为中心的指导思想，进一步加大工作监督力度；认真做好代表工作，充分发挥代表作用；及时调整工作部署，保证人大机关的高效运转，建设一支团结、务实、廉洁、高效的人大工作队伍。

会议对富阳县第十一届人大一年来的工作表示满意，决定批准富阳县人大常委会工作报告。

听取和审议县人民法院工作报告

县人民法院院长汪金良在富阳县人民法院工作报告中指出，1993 年，共审结各类案件 1545 件，办结执行案件 482 件，较好地完成了宪法和法律赋予法院的审判任务。其中，审结各类刑事案件 231 件，判处罪犯 336 人；审结各类经济案件 422 件，解决争议标的额 1720 万余元；审结各类民事案件 865 件；审结行政案件 6 件。受理群众来信 2461 件，接待来访 520 余人次。审判工作虽取得了一定的成绩，但也存在一些问题和不足，主要是审判工作还不能完全适应市场经济体制的发展，经济案件日趋增多，审判力量严重不足，执行案件难度大，未执案件积压多，法院的办公、审判设施和装备比较落后，经费紧缺，执法条件较差，影响了审判活动的正常开展。

会议指出，富阳县人民法院要树立审判工作为改革、发展、稳定服务的指导思想，认真研究审判工作中新情况、新问题，充分发挥审判职能作用。会议决定批准富阳县人民法院工作报告。

听取和审议县人民检察院工作报告

县人民检察院检察长刘秀文在富阳县人民检察院工作报告中指出，1993 年，继续开展反腐败斗争，大力查处贪污贿赂等严重经济犯罪活动。受理各类经济犯罪案件线索 75 件，立案查处 22 件，立案查处案件中有大案 8 件 8 人，逮捕重大经济案犯 4 名；重点查办了一批行政执法部门和经济管理部门中的贪污贿赂犯罪案件。受理公安机关移送批捕的各类刑事案件 207 件 323 人，经审查依法批准逮捕案犯 295 人；受理移送起诉、免诉 190 件 308 人，作出免诉决定 14 件 42 人。受理各类法纪案件 52 件，构成犯罪立案查处 7 件 7 人。受理群众来信来访 280 件，分别作了认真处理，加强了与人民群众的联系。

会议强调，富阳县人民检察院要进一步强化法律监督职能，把法律监督贯穿于整个案件的侦查、审判、执行过程中。深入开展反腐败斗争和严厉打击刑事犯罪活动，维护社会稳定。会议决定批准富阳县人民检察院工作报告。

选举

3月23日下午进行选举。大会选举办法规定，补选富阳县第十一届人民代表大会常务委员会委员2人。选举结果，董良兴等2人当选为富阳县第十一届人大常委会委员。当天，大会主席团向全市公布2名当选人名单。

听取议案意见处理报告

截至3月21日17时，大会共收到县人大代表提案97件。其中涉及富阳县人民政府办公室的9件、经委系统25件、农经委系统23件、计委系统9件、财贸系统6件、外经委系统2件、教科文卫系统17件、政法系统6件。经大会主席团研究，列为大会议案6件，分别是："要求治理富阳化工厂的严重污染""要求在岩石岭至三溪口公路外侧建立安全防护设施""要求加固岩石岭北干渠""要求治理三桥溪""要求建造场口农贸市场""要求拓宽新关至兰庄溪段河床"。以上议案要求富阳县人民政府采取切实有效措施，在1994年内作出规划，并付诸实施。其余91件意见建议，按办理程序认真办理。将办理结果书面答复有关县人大代表，并报告富阳县人大常委会。

第三节　第十一届人民代表大会第三次会议

1995年3月14日至17日，富阳市第十一届人民代表大会第三次会议在富阳影剧院召开。出席会议市人大代表321名，列席228名。3月14日下午举行预备会议，通过大会主席团和秘书长名单，通过大会议程。在主席团第一次会议上，通过大会日程，通过主席团常务主席名单，通过主席团执行主席分组名单，决定大会副秘书长、议案截止时间和列席人员名单。大会议程共7项：听取和审议富阳市人民政府工作报告；听取和审议富阳市1994年国民经济和社会发展计划执行情况与1995年计划安排草案报告；听取和审议富阳市1994年财政决算和1995年财政预算报告；听取和审议富阳市人大常委会工作报告；听取和审议富阳市人民法院工作报告；听取和审议富阳市人民检察院工作报告；听取议案意见处理报告；通过大会各项决议。大会共收到市人大代表提出的议案、建议112件，作出决议、决定7项。

听取和审议市人民政府工作报告

3月15日上午，市人民政府市长朱寅传向大会作富阳市人民政府工作报告。报告指出，1994年，富阳市国内生产总值比上年增长52.7%，工农业生产总值增长69.6%，其中工业产值增长74.2%；农业产值增长16.9%，粮食总产量达23.27万吨。社会消费品零售总额比上年增长 33.7%，集市贸易成交额增长 59.7%，外贸出口交货值增长 81.3%，财政收入增长 17.9%。国有、城镇集体所有制企业职工人均工资增长 43.5%，农民人均纯收入增加 502 元。一年来，各项改革继续深化，宏观调控平衡实施，社保改革逐步深入，农村改革稳步推进，基础设施不断完善，城市化步伐正在加快，科技兴市战略积极实施，社会各项事业取得新的进展。1995 年，经济工作和社会发展的主要目标是：国内生产总值达到 55 亿元，比上年增长 30%；工农业总产值达到 180 亿元；增长 28%，其中工业总产值确保 172 亿元，力争 190 亿元，农业总产值 8 亿元，增长 10.5%；粮食总产量 24.2 万吨；外贸出口交货值 23 亿元，增长 39.6%；社会消费品零售总额 18 亿元，增长 36%；财政收入 2.11 亿元，增长 12.8%；农民人均纯收入 3000 元，增长 13.3%；人口自然增长率控制在 8‰以内。

会议指出，要着力提高经济运行质量，转变经济增长模式；要加强技术改造，进一步提高产品质量和经济效益；要大力加强廉政建设，认真搞好机构改革，转变政府职能，提高工作效率；要大力改进工作作风，深入调查研究，树立全心全意为人民服务思想。会议对一年来的富阳市人民政府工作表示满意，决定批准这个报告。

听取和审议市国民经济和社会发展计划报告

市计委主任袁朝和在富阳市国民经济和社会发展计划报告中指出，1994 年，富阳市国民生产总值达到 42.3 亿元，完成年度计划的 136.5%；工农业生产总值 132.29 亿元，完成计划的 122.5%；财政总收入达到 1.87 亿元，完成计划的 103.9%；粮食总产量 23.27 万吨，完成计划的 99%；农业总产值 7.24 亿元，完成计划的 103.5%；工业总产值 125.05 亿元，完成计划的 125.1%；外贸出口交货值 16.48 亿元，完成计划的 103%；全社会消费品零售总额 13.24 亿元，完成计划的 104.2%；国有和城镇集体职工人均工资 5277 元，农民人均纯收入 2647 元，都比上年有较大增加。富阳市已经提前一年完成和超额完成“八五”计划的主要指标。1995 年，根据富阳市委九届七次全会和全省经济工作会议精神，富阳市经济工作的指导思想是：加快建立社会主义市场经济体制步伐，处理好改革、发展、稳定的关系，依靠科技，优化结构，加大投入，转换机制，提高素质，促进经济持续、快速、健康发展和社会全面进步。按照这一指导思想，抱着既积极可行，又适当留有余地的原则，对 1995 年国民经济和社会发展计划的主要目标作妥善安排(主要目标与政府工作报告一致，略)。在中共富阳市委、富阳市人民政府领导下，在全市人民的共同努力下，目标一定能够实现。

会议经过审议，决定批准富阳市 1995 年国民经济和社会发展计划报告。

听取和审议市财政决算和财政预算报告

市财政局局长屠辛庚在向大会所作的富阳市财政决算和财政预算报告中指出，1994 年，富阳市实现财政总收入 18704.6 万元，完成预算的 103.9%，比上年增长 17.9%，其中地方财政收入 6284 万元，完成预算的 99%，比上年增长 28.2%；中央财政收入 12420.6 万元，完成预算的 106.6%，比上年增长 13.3%，可用资金 14001 万元。财政决算支出 13625 万元，比上年增长 15.6%。财政收支平衡，略有节余。1995 年，财政预算收入安排 2.11 亿元，比上年实绩增长 12.8%，其中中央财政收入 1.34 亿元，比上年实绩增长 8%，地方财政收入 7685 万元，比上年实绩增长 22.3%。按照现行财政体制计算，可用资金为 1.2 亿元，比上年年初预算增长 16.4%。通过筹集预算外资金 2000 万元，财政支出预算安排 1.4 亿元，比上年年初预算增长 23.4%。

会议经过审议，决定批准富阳市财政决算和财政预算报告。

听取和审议市人大常委会工作报告

3 月 16 日，富阳市人大常委会主任葛扬安向大会作富阳市人大常委会工作报告。报告指出，过去一年，富阳市人大常委会依法履行职权，开展“两项评议”，先后对市工商管理局局长、市城建局局长　、市司法局局长等进行述职评议，同时组织市人大代表对上述三局的行政执法工作开展评议，并拟定实施意见及具体步骤，明确工作进程，保证“两项评议”活动相互衔接、协调有序地开展。推进农业农村工作，先后对《中华人民共和国农业法》《中华人民共和国农业技术推广法》的贯彻执行，进行专题视察，提出了视察检查意见。支持强化农业基础，增加农业投入，1994 年农业投入比上年增长 79%，水利投入比上年增长 107%，新立项“一优两高”基地 50 个，使农业和农村工作面貌有较大改变。强化法制建设，先后对《食品卫生法》《民事诉讼法》等 15 个法律法规的执行情况开展执法检查，听取和审议富阳市人民政府“关于‘二五’普法考核验收工作情况的汇报”，要求富阳市人民政府及有关职能部门，认真总结经验，查漏补缺，继续深化，最终通过杭州市的考核验收。注重基础教育，对 25 个乡镇的中小学和 12 所市属学校进行全面调查，富阳市人大常委会对《中华人民共和国教师法》的贯彻落实情况进行审议，新出台改善办学条件，加强教师队伍建设的优惠政策。1995 年总的工作思路是：紧紧围绕经济建设，切实履行宪法和法律赋予的职权，充分发挥地方国家权力机关的作用，进一步增强法律监督和工作监督力度，加强社会主义民主法制建设，维护社会稳定，为改革开放、经济发展、社会进步作出新的贡献。

会议强调，富阳市人大常委会要切实履行宪法和法律赋予的职责，加大监督力度，提高监督实效。会议要求，富阳市人大常委会要充分发挥代表作用，加强与乡镇人大主席团的联系和指导，把大人工作提高到一个新的水平。会议对富阳市人大常委会一年来的工作表示满意，决定批准这一报告。

听取和审议市人民法院工作报告

市人民法院院长汪金良在富阳市人民法院工作报告中总结了一年来，共审结各类案件 1766 件。审结各类经济案件 600 件，解决争议标的额 4539 万余元，追回标的额

1900万余元；审结民事案件881件，以调解结案的达351件，占民事案件总数的40%；审结行政案件6件；审结申诉和再申案件3件。共办结各类申请执行案件685件，比上年上升42.1%，为企业、金融系统和个人追回标的额2600万余元。

会议经过审议，决定批准富阳市人民法院工作报告。

听取和审议市人民检察院工作报告

市人民检察院检察长刘秀文，在向大会所作的富阳市人民检察院工作报告中指出，1994年，共立案查处贪污贿赂等经济犯罪案件26件28人，比上年增加18%，特别是查处中华人民共和国成立以来富阳市最大的胡××贪污公款35万元的特大贪污案、原富阳市工业局副局长、市人大代表俞××受贿案、陈×挪用公款40余万元等一批经济犯罪大要案，引起了社会的较大震动。1994年共受理移送批捕的各类刑事犯罪案件260件444人，经审查依法批准逮捕案犯399人；受理移送审查起诉、免诉的各类刑事犯罪案件308件496人，经审查依法提起公诉249件397人，作出免于起诉处理决定35件47人。向公安机关和人民法院提出各种检察建议56件次。在执行监督中，重点加强执行机关在办理减刑、假释、保外就医中存在的违法问题的检察，提出检察意见37件(次)。受理各类法纪案件50件，经调查发现构成犯罪而立案查处的12件16人。

会议指出，富阳市人民检察院要进一步强化法律监督职能，深入开展反腐败斗争，依法从重从快打击严重刑事犯罪活动，积极参与社会治安综合治理，维护社会稳定。要加强检察队伍建设，提高执法水平，为促进廉政建设和社会主义民主法制建设作出新贡献。会议决定批准富阳市人民检察院工作报告。

听取议案意见情况报告

大会主席团向大会报告，截至3月15日17时，大会收到富阳市人大代表提出的议案意见共计112件，其中议案单88件，意见单24件。代表10人以上联名提出的88件议案中，有些已在《政府工作报告》中明确。考虑到地区、行业和承办能力的因素，将17件代表议案归并为6件，列为本次大会议案，分别是："要求加强富阳镇城市文明卫生建设和城市综合管理""要求建造新登垃圾场""要求在大源镇附近建立经纬度的正交点标志""要求改建高桦公路""要求加固富春江重要江段防洪堤""要求铺设广陵公路油路"。以上议案，要求富阳市人民政府同意立项，搞好规划，分步实施。其余95件意见建议按办理程序认真办理。将办理结果书面答复市人大代表，并报告富阳市人大常委会。

第四节　第十一届人民代表大会第四次会议

1996年3月18日至22日，富阳市第十一届人民代表大会第四次会议在富阳影剧院召开。出席会议市人大代表317名，列席219名。3月18日下午举行预备会议，通过大会主席团和秘书长名单，通过大会议程。在主席团第一次会议上，通过主席团常务主席、主席团执行主席分组及副秘书长名单，决定议案截止时间和列席人员名单。大会议程共 8 项：听取和审议富阳市人民政府工作报告；听取和审议富阳市人民政府关于国民经济和社会发展“九五”及 2010 年远景目标纲要的说明；听取和审议富阳市 1995 年国民经济和社会发展计划执行情况及 1996 年计划草案的报告；听取和审议富阳市 1995 年财政预算执行情况和 1996 年财政预算报告；听取和审议富阳市人大常委会工作报告；听取和审议富阳市人民法院工作报告；听取和审议富阳市人民检察院工作报告；听取议案意见处理报告；通过大会各项决议。大会共收到市人大代表提出的议案、建议 123 件，作出决议、决定 8 项。

听取和审议市人民政府工作报告

3 月 19 日上午，市人民政府市长朱寅传向大会作富阳市人民政府工作报告。报告指出，1995 年，富阳市工业经济快速增长，工业总产值比上年增长 44.3%；农业基础继续加强，用于农业的总投入比上年增长 16.7%；城乡市场繁荣活跃，现代商厦二期及天马大厦等一批商业设施投入使用；财政金融形势较好，财政收入比上年增长 16.9%；人民生活不断改善，城镇居民收入和农民纯收入都比上年有较大幅度增加；外向型经济稳中有增，外贸出口交货值比上年增长 19.9%；基础设施大步推进；城市化步伐加快，一举夺得“全国卫生城市”“全国城市环境综合整治优秀城市”光荣称号；精神文明建设取得新的成绩，社会风气有所好转。但前进中还存在着不少问题和困难，政府部门中还存在着不正之风和腐败现象，“10·9”事件(指福利奖券摸奖哄闹事件)的发生说明政府工作还有薄弱环节。1996 年，要在经济发展和效益提高的基础上，依靠全社会的力量，努力办好关系富阳市人民生活的十件实事：继续抓好“米袋子”“菜篮子”商品生产，保障市场有效供给；加快发展邮电事业，努力改善通讯条件；加快电力建设，尽量满足人民生活用电；加快道路建设，改善交通条件；改善市区供水条件，加快农村改水改厕步伐；加快教育设施和农村学校布局调整，改善办学条件；加强城市环境综合整治，改善居民生活条件；加强社会服务设施投入，促进精神文明建设；抓好“安居”工程，做好拆迁安置；改善农村和妇女儿童的医疗条件。

会议要求，各级人民政府要始终坚持贯彻全心全意为人民服务宗旨，努力办好十件实事，不断改善人民群众生活环境和生活质量。会议强调，为完成本次会议确定的各项任务，各级人民政府要认真贯彻“统一思想，齐心协力，奋发进取，讲求实效”的指导方针，进一步加强自身建设，要以崭新的精神风貌和真抓实干的工作作风，卓有成效地做好各项工作。会议对富阳市人民政府一年来的工作表示满意，决定批准这个报告。

听取和审议富阳市“九五”计划和 2010 年目标纲要及说明

市人民政府副市长董文淦向大会报告“关于富阳市国民经济和社会发展“九五”

计划和 2010 年远景目标纲要(草案)的说明”。《纲要》提出到“九五”期末(2000 年)，国内生产总值年均递增 20%，第三产业增加值年均递增 24%，工农业总产值年均递增 23%，其中工业总产值年均递增 23.5%，农业总产值年均递增 8%，财政总收入年均递增 12%，外贸出口交货值年均递增 26%，社会消费品零售总额年均递增 18%，城镇居民人均收入和农民人均纯收入年均递增 14%，粮食总产量稳定在 24.2 万吨左右，人口自然增长率控制在 5.49‰以下。《纲要》对远景目标只作原则性描绘，到 2010 年的奋斗目标是：全市经济社会发展主要指标达到目前中等发达国家水平，基本实现现代化；国内生产总值在 2000 年的基础上再翻一番，人均国内生产总值达到 5 万元，人民生活水平比较富裕，生活质量普遍提高；建立起比较完善的社会主义市场经济运转机制和开放型经济体系；经过 15 年的努力，把富阳建设成为经济发达、科技先进、交通便捷、市场兴旺、环境优美、文化繁荣、文明富裕的现代化县(市)，把中心城市建设成为设施配套、功能齐全、富有特色的新兴现代化城市。

会议认为，《纲要》提出的今后 5 年和 15 年的指导思想和奋斗目标，反映了富阳市人民的共同愿望和根本利益，经过富阳市各级人民政府和全市人民的努力奋斗是能够实现的。会议经过审议，决定批准这个发展《纲要》。

听取和审议市国民经济和社会发展计划报告

市计委主任袁朝和受富阳市人民政府委托，向大会作富阳市国民经济和社会发展计划报告。报告指出，1995 年，富阳市国内生产总值达到 55.5 亿元，完成计划的 101%；工农业总产值达到 188.75 亿元，完成计划的 112.4%，其中工业产值 180.65 亿元，完成计划的 113%，农业产值 8.1 亿元，完成计划的 101.3%，粮食总产量 23.2 万吨，与上年持平；财政收入 2.18 亿元，完成计划的 103.7%；外贸出口交货值 19.76 亿元，社会消费品零售总额 16.58 亿元，集市贸易成交额 7.19 亿元，城镇居民人均收入 5363 元，农民人均纯收入 3353 元，都比上年有较大幅度增长。富阳市已跨入全省首批小康县(市)行列，提前 5 年实现第二步战略目标。1996 年，富阳市经济和社会发展总的要求是：国内生产总值增长 25%，达 69 亿元，工业产值增长 30%，达 235 亿元，农业总产值增长 8.6%，达 8.8 亿元，财政收入增长 12%，达 2.45 亿元，外贸出口交货值增长 26.5%，达 25 亿元，社会消费品零售总额增长 18%，达 19.6 亿元，粮食总产量 24.2 万吨，农民人均纯收入增长 15%，达 3850 元，人口自然增长率控制在 6.97‰以下。

会议要求，各部门、各单位、各级领导干部要统一认识，振奋精神，协调步伐，扎扎实实地做好各方面工作，全面完成 1996 年国民经济和社会发展计划。会议决定批准富阳市 1996 年国民经济和社会发展计划报告。

听取和审议市财政决算和财政预算报告

市财政局局长屠辛庚在向大会所作的富阳市财政决算和财政预算报告中指出，1995

年，富阳市财政总收入为21873万元，完成预算103.7%，比上年增长16.9%，其中地方财政收入8218.8万元，完成预算106.9%，比上年增长30.8%，中央财政收入13654.1万元，完成预算101.8%，比上年增长9.9%。根据分税制财政体制规定，1995年，可用资金为16113万元。财政决算总支出15694万元，比上年增长15.2%。财政收支平衡，略有节余。1996年，财政收入预算安排2.45亿元，比上年实绩增长12%，其中中央财政收入1.46亿元，比上年实绩增长7%，地方财政收入0.99亿元，比上年实绩增长20.3%。财政可用资金为1.40亿元，比上年年初预算增长16.7%。通过筹集预算外资金0.2亿元，财政支出预算安排1.60亿元，比上年年初预算增长14.6%。

会议指出，1996年，富阳市财政工作要不断完善财政体制改革，积极支持国民经济和社会各项事业的发展，大力培植后续财源，确保实现1996年财政预算任务。会议经过审议，决定批准富阳市财政决算和财政预算报告。

听取和审议市人大常委会工作报告

3月21日，市人大常委会主任葛扬安向大会作富阳市人大常委会工作报告。报告指出，1995年，召开富阳市人大常委会会议7次，常委会主任会议16次，组织开展视察调查33次，听取和审议"一府两院"各种工作报告28个，依法任免地方国家机关工作人员52人次，作出重要决议、决定10项。继续搞好"两项评议"，先后开展对《环保法》《森林法》等17个法律法规的视察检查，促进这些法律法规的贯彻实施。通过各种途径，密切与代表的联系，走访代表100余人次，邀请代表列席会议和参加视察近400人次。依法开展乡镇人大换届选举工作，取得圆满成功。参加全省县级市人大工作研讨会，同国内近百个兄弟县(市)开展书面交流，增进友谊，交流经验。

会议认为，一年来，富阳市人大常委会认真贯彻执行富阳市十一届人大三次会议的决议，积极履行宪法和法律赋予的职责，各项工作都取得了新的进展。会议对富阳市人大常委会的工作表示满意，决定批准这个报告。

听取和审议市人民法院工作报告

市人民法院院长汪金良在向大会所作的富阳市人民法院工作报告中指出，一年来，共受理各类案件3280件，审结各类案件2145件，办结执行各类案件637件，执行标的额3136万余元，较好地发挥了审判机关的职能作用。其中审结各类刑事案件334件497人；审结各类经济纠纷案件816件，解决争议标的额1.04亿元；审结各类民事纠纷案件975件；审结行政案件6件。此外，还依法审查告诉立案1505件，申诉立案19件，阅处来信来访2878件(人)次，办结申请支付令案件25件。

会议指出，富阳市人民法院要继续开展"严打"斗争，积极参与社会治安综合治理，全力维护社会稳定，运用司法手段，依法调节经济关系，保护公民和法人的合法权益。会议经过审议，决定批准富阳市人民法院工作报告。

听取和审议市人民检察院工作报告

市人民检察院检察长刘秀文在富阳市人民检察院工作报告中指出，1995年，受理各类经济案件线索122件，其中立案查处28件42人，立案案件中，大案22件，涉案金额420万余元。受理各类提请批捕案件323件483人，经审查依法批准逮捕428人。受理各类提请起诉案件391件593人，经审查依法提起公诉307件451人，免诉43件60人。受理各类法纪案件82件，经调查发现构成犯罪而立案查处的17件21人。全年参加各类事故现场勘查55次，参与事故分析会18次，开展安全检察15次。通过办案，为国家、集体挽回经济损失100万余元。

会议经过审议，决定批准富阳市人民检察院工作报告。

听取议案意见处理情况报告

大会主席团向大会报告，截至3月20日12时，大会共收到富阳市人大代表议案意见单123件。其中涉及富阳市人民政府办公室21件、经委系统39件、计委系统8件、农经委系统18件、财贸系统2件、政法系统11件、科教文卫系统21件、其他3件。在10人以上联名提出的108件议案单中，本着突出重点、事关大局、反映集中、力求办到的原则，经大会主席团讨论，列为本次大会议案6件，分别是："要求新建江南中学""要求新建新登自来水厂""要求建造大源自来水厂""要求尽快动建320国道南线公路和中埠大桥""要求加强富春江两岸水利设施的保护和投入""要求搞好龙王坑水库的配套建设"。上述议案，交由富阳市人民政府统一研究办理。其余117件意见建议，按规定程序交各有关部门认真办理。并将办理结果书面答复市人大代表，报告富阳市人大常委会。

第五节　第十一届人民代表大会第五次会议

1997年3月2日至6日，富阳市第十一届人民代表大会第五次会议在富阳影剧院召开。出席会议市人大代表315名，列席206名。3月2日下午，举行预备会议，通过大会主席团和秘书长名单，通过大会议程。在主席团第一次会议上，通过大会日程，通过大会主席团常务主席名单和主席团执行主席分组名单，决定大会副秘书长和议案截止时间，审议大会选举办法草案。大会议程共8项：听取和审议富阳市人民政府工作报告；听取和审议富阳市1996年国民经济和社会发展计划执行情况及1997年计划草案报告；听取和审议富阳市1996年财政预算执行情况及1997年预算草案报告；听取和审议富阳市人大常委会工作报告；听取和审议富阳市人民法院工作报告；听取和审议富阳市人民检察院工作报告；选举；听取议案意见处理报告。大会共收到市人大代表提出的议案、建议82件，作出决议、决定7项。

听取和审议市人民政府工作报告

3月3日上午，市人民政府市长朱寅传向大会作富阳市人民政府工作报告。报告指出，1996年，是实施“九五”计划的开局之年。全市国内生产总值比上年增长15.6%，人均国内生产总值首次突破万元大关，达到10700元，增长14.1%；农业总产值比上年增长7.8%；工业总产值增长25%；社会消费品零售总额增长14.6%；集市贸易成交额增长51.2%；外贸出口交货值增长3.7%；财政总收入增长23.5%；城镇居民和农村居民人均收入都有较大幅度增长。1997年，富阳市人民政府工作要从实际出发，进一步解放思想，坚持以经济建设为中心，正确处理改革、发展、稳定的关系，努力保持政治、经济和社会稳定，坚持稳中求进，促进国民经济持续、快速、健康发展和全面进步。

会议指出，1997年是中国历史发展上的重要一年，要紧紧围绕两个根本性转变和可持续发展战略，集中精力抓好经济建设，继续推进改革开放，努力保持政治、经济和社会稳定，促进国民经济持续、快速、健康发展和社会全面进步。会议对富阳市人民政府一年来的工作表示满意，决定批准这个报告。

听取和审议市国民经济和社会发展计划报告

市计委主任傅元昌受富阳市人民政府委托，向大会报告富阳市国民经济和社会发展计划情况。报告指出，1996年，实现国内生产总值65.5亿元，工农业总产值142亿元，比上年增长23.8%，其中农业总产值8.7亿元，增长7.8%，工业总产值133.3亿元，增长25%，财政总收入2.7亿元，增长23.5%，粮食总产量24.37万吨，比上年净增1.16万吨，是1993年以来收成最好的一年。第三产业增加值17亿元，比上年增长18.9%，集市贸易成交额10.7亿元，增长51.2%，外贸出口交货值20.5亿元，增长3.7%，全社会消费品零售总额19亿元，增长14.6%，物价涨幅明显回落，商品零售价格指数同比回落6.3个百分点。人民生活水平有较大提高，城镇居民人均年收入6107元，比上年增加744元，增长13.9%，农民人均年收入3743元，比上年增加390元，增长11.6%，人口自然增长率6.28‰。1997年，富阳市国民经济和社会发展的主要指标安排如下：国内生产总值增长15%，达到75亿元；工农业生产总值增长19.2%，达到169.3亿元，其中工业产值增长21%，达到160亿元，农业产值增长7%，达到9.3亿元；财政收入增长21%，达到3.06亿元；外贸出口交货值增长15%，达到23.6亿元；社会消费品零售总额增长12%，达到21.3亿元；粮食总产量24.2万吨；城镇居民人均年收入增长10%，达到6700元，农民人均年收入增长10%，达到4100元；人口自然增长率控制在6.97‰以内。

会议经过审议，决定批准富阳市国民经济和社会发展计划报告。

听取和审议市财政决算和财政预算报告

市财政局局长屠辛庚在向大会所作的富阳市财政决算和财政预算报告中指出，

1996 年，财政总收入为 27011.1 万元，完成预算的 100%，比上年增长 23.5%，其中，地方财政收入 10871.5 万元，完成预算的 102.8%，比上年增长 33.1%；中央财政收入 16139.6 万元，完成预算的 97.9%，比上年增长 18.2%。可用资金为 19268.2 万元。财政总支出为 18504 万元，完成预算的 100.5%，比上年增长 17.9%。收支相低，略有节余。1997 年，富阳市财政收入预算安排为 3.02 亿元，比上年实绩增长 12%，其中中央财政收入 1.75 亿元，比上年实绩增长 8.6%，地方财政收入 1.27 亿元，比上年实绩增长 17.1%。计算可用资金为 1.87 亿元。财政支出预算安排 1.86 亿元，比上年实绩增长 12.9%。

会议经过审议，决定批准富阳市财政决算和财政预算报告。

听取和审议市人大常委会工作报告

3 月 4 日，市人大常委会代理主任周银铃向大会作富阳市人大常委会工作报告。一年来，富阳市人大常委会依法举行全体会议 8 次，听取和审议“一府两院”专题工作报告 33 个，作出决议决定 9 项，先后召开主任会议 17 次，组织专题视察调查 19 次。常委会先后对全市改革、发展、稳定大局有重大影响的《土地管理法》《食品卫生法》《浙江省文化市场管理条例》等 21 个法律、法规进行执法检查。对《中华人民共和国人民警察法》《中华人民共和国法官法》《中华人民共和国检察官法》进行视察检查，为确保社会稳定起了较大作用。继续开展“两项评议”，严格依法任免干部。对富阳市交通局、富阳市审计局局长进行述职评议，组织富阳市人大代表对富阳市教育局、富阳市科委进行执法评议，依法任免 39 名地方国家机关工作人员，并使任免工作逐步规范化、法律化。先后参加代表小组活动 51 次，走访看望代表 80 余人次，邀请代表列席会议和参加各种视察调查活动 290 余人次，受理来信 272 件，接待来访 400 余人次。组织乡镇人大主席分两批参加省、杭州市人大举办的培训班，为开创乡镇人大工作新局面奠定了基础。指导和视察检查 31 个居委会的换届选举工作，保证了选举工作依法、按时完成。

会议对富阳市人大常委会一年来的工作表示满意，决定批准富阳市人大常委会的工作报告。

听取和审议市人民法院工作报告

市人民法院院长汪金良在向大会所作的富阳市人民法院工作报告中陈述，一年来，共受理各类案件 4221 件，审结各类案件 2680 件，解决争议标的金额 1.42 亿元；执结案件 739 件，追回执行标的金额 4742 万元。在审结案件中，共审结各类刑事案件 412 件 587 人；审结各类经济案件 923 件；审结各类民事案件 1245 件。为确保办案质量，坚持案件评审制度，抽查各类案件 1257 件，评审各类案件 189 件，合格率达 99%。

会议指出，富阳市人民法院要紧紧围绕经济建设这个中心，全面加强审判工作，为改革、发展、稳定提供司法保障。会议决定批准富阳市人民法院工作报告。

听取和审议市人民检察院工作报告

市人民检察院检察长刘秀文在向大会所作的富阳市人民检察院工作报告中指出，一年来，共受理各类经济案件线索212件，立案查处28件29人，其中大案要案23件24人，特大案件10件10人，为国家、集体追回经济损失900万余元。在这些大案要案中，查处“一机关三部门”（即党政机关、司法部门、行政执法部门、经济管理部门）内部贪污、贿赂犯罪案件11件12人，查处领导干部犯罪要案9件9人，其中副处级干部2人，正局级干部2人，副局级干部4人，在市级机关引起强烈震动。受理各类批捕案件295件433人，经审查决定逮捕383人；受理各类提请起诉、免诉案件384件555人，经审查提起公诉321件450人，免诉39件45人；受理重大责任事故案44件，立案查处6件6人；受理各类控告举报297件，立案查处2件2人，为国家、集体挽回经济损失230万余元。

会议指出，富阳市人民检察院要坚持以经济建设为中心，认真履行法律监督职责，继续突出查办贪污、贿赂等经济犯罪大案要案，深入开展“严打”斗争，积极参与社会治安综合治理，努力维护社会稳定。会议对富阳市人民检察院一年来的工作表示满意，决定批准这个报告。

选举

3月6日进行大会选举。大会选举办法规定，选举出席杭州市第九届人民代表大会代表25名。选举结果，王海超等24人当选为杭州市第九届人大代表，缺额1名。当天，大会主席团向全市发布公告，公布当选人名单。

听取议案意见处理报告

大会主席团向大会报告，截至3月4日17时，大会共收到富阳市人大代表议案和意见82件。其中涉及政府办公室7件、经委系统17件、计委系统18件、农经委系统21件、政法系统4件、 宣传系统15件。鉴于1997年是富阳市第十一届人大任期的最后一年，对本次大会收到的议案和意见，统一作为意见建议处理，要求做到件件有着落，件件有交代，件件有结果。按办理程序认真办理，并将办理结果书面答复有关市人大代表，并报告富阳市人大常委会。

第十二章　第十二届人民代表大会

富阳市第十二届人民代表大会自1998年3月至2003年2月，任期5年，召开代表大会会议5次，听取和审议工作报告31个，作出决定、决议36项，选举产生地方国家机关领导人员17名，大会共收到市人大代表提出的议案、建议634件。

第一节　第十二届人民代表大会第一次会议

1998 年 3 月 14 日至 20 日，富阳市第十二届人民代表大会第一次会议在富阳影剧院召开。出席大会市人大代表 246 名，列席 179 名。3 月 14 日下午举行预备会议，通过大会主席团和秘书长名单，通过大会议程。在主席团第一次会议上，通过大会日程，推定大会主席团常务主席，通过大会主席团执行主席名单，决定大会副秘书长，决定代表提出议案截止时间，审议大会选举办法。大会议程共 8 项：听取和审议富阳市人民政府工作报告；听取和审议富阳市 1997 年国民经济和社会发展计划执行情况、1998 年国民经济和社会发展计划草案报告；听取和审议富阳市 1997 年财政预算执行情况和 1998 年财政预算报告；听取和审议富阳市人大常委会工作报告；听取和审议富阳市人民法院工作报告；听取和审议富阳市人民检察院工作报告；选举；听取议案意见处理报告；通过大会决议。大会共收到市人大代表提出的议案、建议 193 件，作出决议、决定 7 项。

听取和审议市人民政府工作报告

3 月 15 日上午，市人民政府代理市长孙建华向大会作富阳市人民政府工作报告。报告指出，自富阳市十一届人大一次会议到现在已有五年。五年来，国民经济持续快速增长，综合经济实力显著增强。国内生产总值年均递增 22.4%，财政收入年均递增 22.5%。这五年，粮食总产量稳定在 24 万吨左右，建立“一优两高”基地 222 个，森林覆盖率达到 63.4%，累计投入水利建设资金 2.18 亿元，完成大小水利项目 6856 处。工业产值年均递增 32.6%，第三产业增加值递增 30.8%，社会消费品零售额递增 19.2%，集市贸易成交额递增 46.7%。城镇居民人均收入递增 8%，农民人均纯收入递增 21.1%。在这五年中，富阳市先后跻身中国农村经济综合实力百强县（市）、中国明星县（市）和浙江省首批小康县（市）的行列。经过五年努力，富阳市人民政府完成了第十一届人民代表大会历次会议所确定的主要目标和工作任务。今后五年的基本目标是，到 2010 年，为初步实现现代化打下良好基础。1998 年是新一届政府的开局之年，全年奋斗目标是：国内生产总值比上年增长 13.2%，工业总产值增长 20%，农业总产值增长 5%，第三产业增加值增长 18%，外贸出口交货值增长 13.5%，财政收入增长 12.1%，城镇居民和农村居民人均年收入分别增长 3.2%和 5.3%。

会议指出，必须坚持稳中求进的方针，全面落实经济建设的各项任务，加大经济结构调整力度，深化改革，加快形成开放型经济新优势。会议要求，大力推进依法治市进程，把一个繁荣、富庶、发达、文明的新富阳全面推向 21 世纪。会议经过审议，对富阳市人民政府五年来的工作表示满意，决定批准富阳市人民政府工作报告。

听取和审议市国民经济和社会发展计划报告

市计委主任傅元昌受富阳市人民政府委托，向大会作富阳市国民经济和社会发展计划报告。报告指出，1997 年，实现国内生产总值 74.2 亿元，比上年增长 12.4%，工业总产值 161 亿元，增长 21.5%，农业总产值 9.3 亿元，增长 7.3%，第三产业增加值 19.6 亿元，增长 16.7%，财政总收入 3.16 亿元，增长 17.2%，外贸出口交货值 20.8 亿元，固定资产投资 15.75 亿元，增长 12.1%，城镇居民人均收入 6251 元，增长 2.4%，农民人均纯收入 3987 元，增长 6.5%。1998 年，富阳市国民经济和社会发展面临新的机遇和挑战。其主要指标为国内生产总值增长 13.2%，达到 84 亿元，其中第三产业增加值增长 18%，达到 23 亿元，工业总产值增长 20%，达到 193 亿元，农业总产值增长 5%，达到 9.7 亿元，粮食总产量 24.2 万吨，固定资产投资增长 10%，达到 17.3 亿元，财政总收入增长 12.1%，达到 3.55 亿元，外贸出口交货值增长 13.5%，达到 23.6 亿元，社会消费品零售总额增长 10%，达到 22.5 亿元，城镇居民人均收入增长 3.2%，达到 6450 元，农民人均纯收入增长 5.3%，达到 4200 元，人口自然增长率控制在 6.5‰以内。

会议经过认真审议，决定批准富阳市 1998 年国民经济和社会发展计划报告。

听取和审议市财政决算和财政预算报告

市财政局局长屠辛庚在向大会所作的富阳市财政决算和财政预算报告中指出，1997 年，财政总收入为 31560.3 万元，完成预算的 100.6%，比上年增长 17.2%。其中地方财政收入 13031.5 万元，完成预算的 100%，比上年增长 19.9%，中央财政收入为 18618.8 万元。可用资金为 21975 万元。财政总支出为 20930 万元，比上年增长 13.1%，财政收支平衡，略有结余。1998 年，根据富阳市经济社会发展情况，安排财政总收入为 3.55 亿元，比上年增长 12.1%，其中地方财政收入 1.56 亿元，比上年增长 19.7%，中央财政收入 1.99 亿元，可用资金为 18900 万元，为确保必不可少的资金需要，通过筹措预算外资金等，预期支出将达到 20050 万元，比上年增长 7.4%。这样，收支相抵后已无结余。

会议经过审议，决定批准富阳市财政决算和财政预算报告。

听取和审议市人大常委会工作报告

3 月 16 日，市人大常委会代理主任周银铃在向大会所作的富阳市人大常委会工作报告中指出，富阳市第十一届人大常委会选举产生至今已满五年。五年中，共召开富阳市人民代表大会 5 次，举行常委会会议 39 次，听取和审议“一府两院”各项工作报告 117 个，作出决议、决定 42 项，任免地方国家机关工作人员 230 人次。从 1994 年开始，连续三年开展对富阳市人大常委会任命的干部开展述职评议，并组织人民代表对行政执法机关开展评议。富阳市共建立 37 个代表小组，组织代表参加《代表法》知识竞赛，邀请市人大代表参加由常委会组织的各种视察检查活动，五年累计达 1200 余人次。依法指导乡镇第十二届人民代表大会换届选举和指导村委会、居委会的换届选举。五年来，受理来信 1300 余件，收到省、杭州市人大转办的来信 38 件，接待来访近 2000 人次，基本做到事事有交代，件件有着落。

会议要求新一届人大常委会要认真履行宪法和法律赋予的各项职责，大力推进依法治市进程，切实加强法律监督和工作监督，充分发挥各工作委员会的作用，把富阳市改革开放和社会主义现代化建设事业全面推向 21 世纪。会议决定批准富阳市人大常委会的工作报告。

听取和审议市人民法院工作报告

市人民法院代理院长陈志华在向大会所作的富阳市人民法院工作报告中指出，五年来，共受理各类案件 15754 件，比前五年上升 46.1%，共办结各类案件 14373 件，比前五年上升 39.7%。在审结的所有案件中，审结刑事案件 1432 件，判处罪犯 2181 名；审结各类经济纠纷案件 3901 件，解决争议标的额 5.19 亿元；审结各类民事案件 5353 件，比前五年上升 34.3%；审结各类行政案件 37 件，比前五年上升 37%；办结各类告诉申诉案件 3650 件。此外，五年共办理外地法院委托执行案件 171 件，委托送达案件事项 355 件，协助外地法院办案 270 人次。

会议经过审议，决定批准富阳市人民法院工作报告。

听取和审议市人民检察院工作报告

市人民检察院检察长刘秀文，在富阳市人民检察院工作报告中回顾总结五年来，共受理各类经济案件线索 533 件，立案查处涉嫌贪污，贿赂等经济犯罪案件 106 件 138 人，为国家和集体挽回经济损失 2500 万余元。其中查处贪污、贿赂等大要案 76 件，大要案在贪污贿赂犯罪案件中所占比例逐年增加；共受理公安机关提请批捕的各类刑事案件 1356 件 2103 人，经审查依法批准逮捕 1902 人；受理公安机关移送起诉的各类刑事案件 1627 件 2511 人，经审查依法向人民法院提起公诉 1327 件 1989 人；受理违纪案件线索 374 件，立案查处 59 件 73 人；受理各类不服民事行政裁决申诉案件 39 件，其中立案查处 12 件，向上级检察机关提请抗诉 8 件，均被杭州市人民检察院采纳。

会议经过审议，决定批准富阳市人民检察院工作报告。

选举

3 月 19 日上午进行大会选举。大会选举办法规定，选举富阳市第十二届人民代表大会常务委员会主任 1 人，副主任 5 人、委员 15 人；选举富阳市人民政府市长 1 人、副市长 5 人；选举富阳市人民法院院长 1 人和富阳市人民检察院检察长 1 人；选举出席杭州市第九届人民代表大会代表 1 人。选举结果，王金水当选为富阳市第十二届人大常委会主任，周银铃、汪锦汉、董文淦、邵良、王传木为副主任，方仁臻等 15 人为委员；孙建华当选为富阳市人民政府市长，俞正言、刘瑞林、潘建平、华爱金、洪庆华为副市长；陈志华当选为富阳市人民法院院长；吴炳林当选为富阳市人民检察院检察长（需报批）；王金水当选为杭州市第九届人民代表大会代表。当天，大会主席团向全市发布公告，公布当选人名单。

听取议案意见处理报告

大会主席团向大会报告，截至3月16日16时，大会共收到富阳市人大代表议案和意见193件。其中涉及税收等53件、城建等35件、交通等45件、农业等34件、政法等2件、教育等19件、其他5件。经大会主席团研究，列为大会议案6件，分别是："要求加快富阳城市中心广场建设""要求将皇天畈南北渠维修加固列为水利建设重点""要求加快新登镇防洪设施建设步伐，提高城市防洪能力""要求搞好灵桥东堤标准堤建设""要求加快建设湖源输变电工程，促进湖源溪小水电开发""要求对万市镇中学'三并一'工程尽早实施并给予资金补助"。以上议案交由富阳市人民政府研究办理。其余187件意见建议，按规定办理程序办理。将办理结果书面答复市人大代表，并报告富阳市人大常委会。

第二节　第十二届人民代表大会第二次会议

1999年3月9日至12日，富阳市第十二届人民代表大会第二次会议在富阳影剧院召开。出席大会市人大代表245名，列席200名。3月9日下午举行预备会议，通过大会主席团和秘书长名单，通过大会议程。在主席团第一次会议上，通过大会日程，通过大会主席团常务主席，通过大会主席团执行主席分组名单，决定大会副秘书长，决定代表提出议案截止时间。大会议程共7项：听取和审议富阳市人民政府工作报告；听取和审议富阳市1998年国民经济和社会发展计划执行情况、1999年国民经济和社会发展计划草案报告；听取和审议富阳市1998年财政预算执行情况和1999年财政预算报告；听取和审议富阳市人大常委会工作报告；听取和审议富阳市人民法院工作报告；听取和审议富阳市人民检察院工作报告；听取议案意见处理报告；通过有关决议。大会共收到市人大代表提出的议案、建议95件，作出决议、决定7项。

听取和审议市人民政府工作报告

3月10日上午，市人民政府市长孙建华在富阳市人民政府工作报告中指出，1998年，富阳市国内生产总值比上年增长11%，工农业总产值增长12.7%，首次突破200亿元大关。其中农业总产值增长5.2%，工业总产值增长13.5%，第三产业增加值增长12.3%，财政总收入增长15.6%，城镇居民和农村居民人均年收入分别增长1.2%和5.7%，农村全面启动最低生活保障制度。1999年的政府工作，着重抓好以下方面：强化农业基础，加快农业现代化步伐；调整经济结构，提高工业经济整体素质；突破旅游经济，大力发展第三产业；深化各项改革，加快健全社会保障体系；扩大对外开放，提高开放型经济水平；实施城镇带动战略，加速城乡一体化进程；强化调控能力，营造良好的经济运行环境；贯彻基本国策，努力实现可持续发展；加强精神文明建设，促进社会事业蓬勃发展；坚持以法治市，努力维护社会稳定。政府要在经济发展和效益提高的基础上，抓好“菜篮子”工程建设，加强水利基础建设，加快公路改建，加快邮电电力网建设，加强城市环境综合整治，加大环境保护力度，加快旧城改造步伐，增加社会服务设施投入。

会议指出，1999年是顺利完成“九五”计划和实施跨世纪宏伟目标关键性的一年。要进一步解放思想，实事求是，采取更加积极有效的措施，促进国民经济持续发展和社会全面进步，努力完成富阳市第十二届人大第二次会议确定的各项任务。会议经过认真审议，决定批准富阳市人民政府工作报告。

听取和审议市国民经济和社会发展计划报告

市计委主任黄坤良在富阳市国民经济和社会发展计划报告中指出，1998年，实现国内生产总值82.5亿元，比上年增长11%；实现农业总产值18.76亿元，增长5.2%，粮食总产量23.5万吨，工业总产值183.1亿元，增长13.5%，第三产业增加值22亿元，增长12.3%，社会消费品零售总额21.57亿元，增长5.1%，外贸供货值18.99亿元，增长7.3%，财政收入3.66亿元，增长15.6%，城镇居民人均可支配收入7042元，增长1.2%，农民人均纯收入4216元，增长5.7%。1999年，主要预期调控目标是：国内生产总值增长10%，达到90.7亿元；工业总产值增长13%，达到207亿元；工业销售产值197亿元，产销率达95%；农业总产值增长5%，达到19.7亿元；社会固定资产投资增长10%，达到19亿元；财政总收入增长12%，达到4.1亿元；外贸出口交货值增长5%，达到20亿元；社会消费品零售总额增长5%，达到22.7亿元；城镇居民可支配收入增长3.7%，达到7300元，农民人均纯收入增长4.4%，达到4400元；人口自然增长率控制在5.3‰以内。

会议经过认真审议，决定批准富阳市1999年国民经济和社会发展计划报告。

听取和审议市财政决算和财政预算报告

市财政局局长屠辛庚在向大会所作的富阳市财政决算和财政预算报告中指出，1998年，富阳市财政收入继续保持稳定增长，财政收支预算执行情况良好。完成财政总收入36587.7万元，完成预算的102%，比上年增长22.1%；其中中央财政收入20675.3万元。按现行财政体制计算，1998年，财政可用资金合计为23358万元。财政支出为22603万元，比上年增长8%，财政收支平衡，略有结余。1999年，财政总收入拟安排40980万元，比上年增长12%。其中地方财政收入18500万元，比上年增长16.3%。安排财政支出22440万元，比上年增加11.9%。

会议经过审议，决定批准富阳市财政决算和财政预算报告。

听取和审议市人大常委会工作报告

3 月 11 日，市人大常委会主任王金水在向大会所作的富阳市人大常委会工作报告中指出，1998 年，共听取和审议“一府两院”工作报告 15 个，作出决议、决定 7 项，坚持把推进社会主义民主法制建设作为根本任务，把保证宪法和法律、法规在本行政区域内的贯彻实施作为监督工作的重点，积极运用执法检查、专题视察调查、听取和审议执法情况汇报等形式，加强执法检查力度。共组织较大规模的执法检查 8 次，分别在 25 个乡镇和 8 大系统，对“三五”普法工作进行专题调查，作出《关于进一步加强法制宣传教育的决议》。先后组织代表小组对农业、水利设施建设、城市建设等进行 80 余次视察调查，督促市政府及有关部门，加强对基本农田的保护，对富春江防洪堤等重要水利工程的技术指导和检查力度。去冬今春，乡镇人大进行换届选举，富阳市人大常委会及时制订实施意见，实行分片负责，深入乡镇，调查研究，及时指导，保证整个选举工作健康有序进行。

会议要求富阳市人大常委会要切实履行宪法和法律赋予的各项职权，加强对行政执法责任制和冤假错案责任追究制的监督，促进依法行政、公正司法，保障法律的公正性和严肃性。会议对富阳市人大常委会的工作表示满意，决定批准这个报告。

听取和审议市人民法院工作报告

市人民法院院长陈志华在富阳市人民法院工作报告中指出，一年来，富阳市人民法院共审结各类案件 3130 件，执结案件 1868 件，执行标的额 1.63 亿余元，较好地完成了宪法和法律赋予法院的审判任务。在审结的全部案件中，共审结各类刑事案件 357 件，判处 5 年以上有期徒刑 61 人；审结各类经济案件 1092 件，解决争议标的金额 2.48 亿元；审结各类民事案件 1669 件，其中调解结案的占 62%，为疏导矛盾、沟通关系、促进社会安定团结发挥了一定作用；审结行政案件 8 件。共受理群众来信 4189 件，接待来访群众 1823 人次，处理率达 100%。

会议要求，富阳市人民法院要坚持秉公执法，强化执行工作，排除地方和部门保护主义干扰，维护法律尊严。积极进行审判方式改革，努力建立公正、民主、高效的司法运行机制。会议经过审议，决定批准富阳市人民法院工作报告。

听取和审议市人民检察院工作报告

市人民检察院检察长吴炳林在富阳市人民检察院工作报告中指出，1998 年，共受理贪污贿赂等经济犯罪案件线索 98 件，立案侦查 16 件 20 人，其中大要案 14 件 17 人，大要案贪污贿赂数额在 5 万元以上特大案件 7 件，占大要案总数的 44%。办结贪污贿赂犯罪案件 14 件 18 人，为国家和集体挽回经济损失 300 万余元。受理各类提请批捕案件 320 件 431 人，经审查批准逮捕 309 件 389 人。受理各类提请起诉案件 409 件 530 人，经审查向人民法院提起公诉 405 件 524 人。受理各类不服民事、行政裁判申诉案件 27 件，立案审查 7 件，建议杭州市人民检察院提请抗诉 1 件。受理各类法纪案件线索 24 件，查结 21 件，依法查处市人民法院经济庭一审判员滥用职权、枉法裁判、受贿案件，迈出了新形势下查办国家机关工作人员徇私舞弊、渎职犯罪案件的第一步。

会议经过审议，决定批准富阳市人民检察院工作报告。

听取议案意见处理报告

大会主席团向大会报告，截至 3 月 10 日 15 时，大会收到富阳市人大代表议案和建议 95 件。其中涉及城建等 23 件、环保等 18 件、交通等 30 件、土管等 13 件、广电等 8 件、公安等 3 件。经大会主席团研究，列为本次大会议案 1 件，即洞桥镇姜香儿等 13 名代表和环山乡方柏定等 10 名代表提出“要求改善农村有线电视传输质量，扩大有线电视覆盖率”的 2 件议案合并为 1 件，列为本次大会议案，交由富阳市人民政府会同富阳市广电部门研究办理。其余 93 件意见建议，按规定办理程序交各有关部门认真办理。将办理结果书面答复市人大代表，并报告富阳市人大常委会。

第三节　第十二届人民代表大会第三次会议

2000 年 1 月 16 日至 19 日，富阳市第十二届人民代表大会第三次会议在富阳影剧院召开。出席大会市人大代表 243 名。列席 213 名。1 月 16 日下午举行预备会议，通过大会主席团和秘书长名单，通过大会议程。在主席团第一次会议上，通过大会日程，推选大会主席团常务主席，通过大会主席团执行主席分组名单，决定大会副秘书长，决定代表提出议案截止时间。大会议程共 7 项：听取和审议富阳市人民政府工作报告；听取和审议富阳市 1999 年国民经济和社会发展计划执行情况及 2000 年国民经济和社会发展计划草案报告；听取和审议富阳市 1999 年财政预算执行情况和 2000 年财政预算报告；听取和审议富阳市人大常委会工作报告；听取和审议富阳市人民法院工作报告；听取和审议富阳市人民检察院工作报告；听取议案意见处理报告；通过大会有关决议。大会收到市人大代表提出的议案、建议 96 件，作出决议、决定 7 项。

听取和审议市人民政府工作报告

1 月 17 日上午，市人民政府市长孙建华向大会作富阳市人民政府工作报告。报告指出，1999 年，富阳市实现国内生产总值比上年增长 10.8%，工农业总产值增长 15.2%。农业基础不断稳固，农业总产值增长 4%，基本完成 25 公里富春江防洪堤建设，完成 28 座小Ⅱ型水库的除险加固和 931 处水利工程建设，荣获浙江省第五届水利“大禹杯”三江治理先进县（市）称号。工业总产值比上年增长 16.5%，产销率 97.1%。财政金融实力增强，金融运行态势平稳。人民生活不断改善，生活水平和质量不断提高，城镇居民和农村居民收入都有较大幅度提高，参加社会保险统筹达 5.31 万人，实施城乡居民最低生活保障制度。在富阳市十二届人大二次会议上提出的市人民政府为民办的十件实事，除一件因故暂缓实施外，其他进展顺利，已基本完成，达到预期要求。2000年，预期目标是：国内生产总值比上年增长10%，工业总产值增长13%，农业总产值增长4%，财政总收入增长12%，城镇居民人均可支配收入增长7%，农民人均纯收入增长4.5%，人口自然增长率控制在5.3‰以内。

会议要求，要进一步强化农业基础，大力推进农业和农村现代化进程；要提高工业经济整体素质，加大对优势企业扶持力度；要大力发展第三产业，提高三产在国民经济中的比重；要实施城市化带动战略，积极推进城市化进程；要坚持三大基本国策，促进经济和社会可持续发展。会议经过审议，决定批准富阳市人民政府工作报告。

听取和审议市国民经济和社会发展计划报告

市计委主任黄坤良受富阳市人民政府委托，向大会作富阳市国民经济和社会发展计划报告。报告指出，1999年，富阳市实现国内生产总值91.4亿元，比上年增长10.8%；农业总产值19.5亿元，增长4%，全年粮食总产值23万吨，完成计划的100%；工业总产值213.3亿元，增长16.5%，完成工业销售产值207亿元，产销率97.1%；第三产业增加值24.3亿元，增长10.5%；社会消费品零售总额23.3亿元，增长8.2%；外贸出口交货值20.2亿元，增长6.3%；财政总收入4.33亿元，增长18.3%；完成固定资产投资19.2亿元，增长10%；城镇居民人均可支配收入7613元，增长8.1%，农民人均纯收入4419元，增长4.8%；人口自然增长率控制在5.3‰以内。2000年国民经济和社会发展主要预期调控目标是：国内生产总值增长10%，达到100.5亿元；工业总产值增长13%，达到240亿元，农业总产值增长4%，达到20亿元，财政总收入增长12%，达到4.85亿元，全社会固定资产投资完成19亿元，外贸出口交货值增长5%，达到21.2亿元，社会消费品零售总额增长7%，达到25亿元，城镇居民可支配收入增长7%，达到8146元，农民人均纯收入增长4.5%，达到4618元，人口自然增长率控制在5.3‰以内。

会议经过审议，决定批准富阳市2000年国民经济和社会发展计划报告。

听取和审议市财政决算和财政预算报告

市财政局局长孙柏平在富阳市财政决算和财政预算报告中指出，1999年，财政总收入43291.3万元，完成年初预算的105.6%，比上年增长18.3%。其中地方财政收入19932.9万元，完成年初预算的107.7%，比上年增长25.3%；中央财政收入23358.4万元。按现行财政体制计算，合计可用资金为27860万元。财政支出25969万元，比上年增长14.9%。实现财政收支平衡，略有节余。2000年，根据富阳市经济增长目标，拟安排财政总收入为48500万元，比上年增长12%，其中地方财政收入23255万元，比上年实绩增长16.7%。安排财政总支出26660万元，比上年增长18.8%。

会议经过审议，决定批准富阳市财政决算和财政预算报告。

听取和议审市人大常委会工作报告

1 月 18 日，市人大常委会主任王金水在向大会所作的富阳市人大常委会工作报告中，认真回顾了 1999 年的工作情况。积极开展法律监督，保证法律法规的正确实施。加大法律监督力度，先后对《中华人民共和国村民委员会组织法》《中华人民共和国老年人权益保障法》《浙江省计划生育条例》《中华人民共和国科技进步法》《中华人民共和国水土保持法》等 17 部法律法规在富阳市的贯彻实施情况进行检查，有力地保障法律法规的正确实施。认真实施工作监督，促进富阳市经济和社会的全面进步。紧紧围绕改革、发展、稳定的大局，突出抓住全市经济和社会发展中的重大问题，以及人民群众普遍关心的热点问题，依法开展工作监督，先后对全市国民经济增长速度、财政预算执行情况、环境污染治理工作、城市总体规划管理、国有企业改革等工作进行专题调查，并按照常委会要求，逐项进行整改。常委会组织市人大代表开展对市人民法院和市人民检察院工作的评议，在评议工作中做到正确处理人大依法监督与“两院”独立行使审判权、检察权的关系；坚持以法律为依据，做到监督不越权，评议不干涉，督察不办案，立足于支持和推动“两院”改进工作，促进公正司法。加强对乡镇人大工作的联系和指导，帮助制订乡镇人大全年活动计划和主席团工作职责、议事制度、督办制度等，并组织富阳市乡镇人大主席、副主席业务培训，以提高乡镇人大工作水平。全年受理人民群众来信 320 件，接待来访 223 人次。

会议要求，富阳市人大常委会要切实履行宪法、法律赋予的各项职权，充分发挥地方国家权力机关的作用。依法履行监督职权，把法律、法规的贯彻实施作为监督重点。会议对富阳市人大常委会一年来的工作表示满意，决定批准这个报告。

听取和审议市人民法院工作报告

市人民法院院长陈志华在向大会所作的富阳市人民法院工作报告中指出，一年来，共受理各类诉讼案件 3476 件，审结 3361 件，依法执结案件 2867 件，执行标的总金额 1.9 亿余元。在审结的全部案件中，审结刑事案件 425 件，判处罪犯 560 人；审结民事案件 1863 件；审结经济案件 1055 件；审结行政案件 15 件。按照最高人民法院关于开展“审判质量年”活动的要求。在年底抽查的 103 件案件中，基本做到程序合法、认定事实正确、证据确凿，裁判文书叙述事实清楚，论理充分，引用法律条文正确无误。在全部审结的案件中，被二审改判或发回重审的案件仅占 0.7%。

会议要求，富阳市人民法院要坚持秉公执法，强化执行工作，深化审判制度改革。要加强法院自身建设，不断提高队伍的政治素质和业务素质，全力维护司法公正。会议经审议，决定批准这个报告。

听取和审议市人民检察院工作报告

市人民检察院检察长吴炳林在向大会所作的富阳市人民检察院工作报告中指出，

1999 年，受理各类移送审查批捕的刑事案件 382 件 513 人，经审查依法批准逮捕 361 件 481 人，不批准逮捕 19 件 30 人；受理各类移送起诉案件 457 件 616 人，经审查依法提起公诉 413 件 538 人，提请杭州市人民检察院审查起诉的重特大案件 16 件 32 人。受理贪污贿赂等职务犯罪案件线索 48 件，立案侦查 16 件 16 人，其中贪污 6 件 6 人，受贿 8 件 8 人，挪用公款 2 件 2 人，其中科（局）级以上领导干部犯罪要案 6 件；贪污、贿赂犯罪数额在 5 万元以上的特大案件 7 件。通过办案，为国家和集体挽回经济损失 230 万余元。受理各类不服民事、行政裁判申诉案件 30 件，立案审查 14 件，提请抗诉和建议提请抗诉 6 件，为当事人挽回经济损失 82 万余元。受理各类法纪案件线索 29 件，初查 11 件，结案 8 件。受理控告、举报线索 42 件，从中查处职务犯罪案件 3 件。

会议要求，市人民检察院要坚持依法治国方略，全面履行检察职能。要充分发挥检察机关作用，加强对职务犯罪的查办力度，促进反腐工作深入开展。会议经过审议，决定批准这一报告。

听取议案意见处理报告

大会主席团向大会报告，截至 1 月 17 日 17 时，大会收到富阳市人大代表议案和建议意见 96 件。其中涉及城建等 20 件、扶贫等 6 件、工业等 29 件、农业等 18 件、教育等 9 件、政法等 5 件、其他 9 件。经大会主席团讨论通过，将钟建生、王建民等 33 名代表提出的 3 件议案归并为 1 件，即“要求加快综合整治苋浦水系步伐，进一步提高城市品位和改善市民生活环境”，列为本次大会议案。其余 93 件意见建议，按规定办理程序办理。将办理结果书面答复市人大代表，并报告富阳市人大常委会。

第四节　第十二届人民代表大会第四次会议

2001 年 3 月 5 日至 9 日，富阳市第十二届人民代表大会第四次会议在富阳影剧院召开。出席大会市人大代表 240 名，列席 210 名。3 月 5 日下午举行预备会议，通过大会主席团和秘书长名单，通过大会议程。在主席团第一次会议上，通过大会日程，推选大会主席团常务主席，通过大会主席团执行主席分组名单，决定大会副秘书长，通过提交议案截止时间决定，通过主席台就座人员名单。大会议程共 9 项：听取和审议富阳市人民政府工作报告；听取和审议富阳市国民经济和社会发展第十个五年计划纲要（草案）报告；听取和审议富阳市 2000 年国民经济和社会发展计划执行情况及 2001 年国民经济和社会发展计划报告；听取和审议富阳市 2000 年财政预算执行情况和 2001 年财政预算报告；听取和审议富阳市人大常委会工作报告；听取和审议富阳市人民法院工作报告；听取和审议富阳市人民检察院工作报告；选举；听取议案意见处理报告；通过大会决议。大会收到市人大代表提出的议案、建议 126 件，作出决议、决定 8 项。

听取和审议市人民政府工作报告

3 月 6 日上午，市人民政府市长孙建华向大会作富阳市人民政府工作报告。报告指出，富阳市国内生产总值比上年增长 11.5%，工农业总产值增长 13.5%。农业基础不断强化，在稳定粮食生产能力的基础上，效益农业和农业产业化的发展势头良好。完成富春江 30 公里标准堤建设，被省政府授予“三江治理先进县（市）”称号。绿化造林 1.5 万亩，荣获“全国造林绿化百佳县（市）”称号。工业经济持续快速发展，建立了全省首家造纸工业园区。全市工业投入 10.6 亿元，强化环保工作责任制，推行群众举报有奖制度，通过杭州市“一控双达标”（控制污染物排放总量，到 2000 年底，污染物排放和环境质量达到国家标准）考核验收。社会事业全面发展，全年组织实施各类科技计划 140 项，荣获“浙江省科技先进县（市）”称号，大力开展争创教育强市活动，全市已有 13 个乡镇成为省、杭州市教育强乡镇。富阳镇被评为“全国亿万农民健身活动先进乡镇”。财政金融实力不断增强，人民生活水平继续提高，全年城镇居民人均可支配收入比上年增长 10.8%，农民人均纯收入增长 5%，城乡居民人均储蓄余额达 5887 元，比上年增长 9.6%。2001 年，政府工作要围绕率先基本实现现代化的奋斗目标，以发展为主题，以结构调整为主线，以改革开放和科技进步为动力，以提高人民生活水平为根本出发点，促进国民经济持续快速健康发展和社会全面进步。主要预期目标是：经济发展更快，国内生产总值比上年增长 11%，工业总产值增长 15%，农业总产值增长 4%；开放程度更高,外贸出口交货值增长 12%；发展后劲更足，社会固定资产投资增长 15%；财政实力更强，财政总收入增长 13%；人民生活水平更好，城镇居民人均可支配收入增长 7%,农民人均纯收入增长 5%,人口自然增长率控制在 5‰以内。

会议认为，富阳市人民政府经过一年努力，圆满完成了 2000 年的各项工作任务，国民经济和社会发展事业都上了一个新台阶。会议指出，各级人民政府要认清形势，抢抓机遇，突出重点，乘势而上，确立新思路，开创新局面，实现新突破。要强化学习意识、发展意识、责任意识和廉政意识，努力提高依法行政水平。会议同意报告提出的富阳市 2001 年发展目标，决定批准这个报告。

听取和审议富阳市“十五”计划纲要及说明

3 月 6 日，市人民政府副市长刘瑞林，向大会作“关于《富阳市国民经济和社会发展第十个五年计划纲要（草案）》说明”的报告。报告指出,《纲要》（草案）的编制工作已经完成。《纲要》的指导思想是围绕率先基本实现现代化目标，着力完善市场机制，着力改善发展环境，加速信息化，推进工业化，接轨国际化，实现现代化，不断提高城乡人民生活水平。总的奋斗方向是，综合实力进入全省前列。主要预期目标为：国内生产总值年均递增 10%以上，期末人均国内生产总值达到 2.6 万元（3000 美元以上）；工业总产值年均递增 13%，农业总产值年均递增 4%；财政总收入年均递增 13%；外贸出口总额年均递增 12%；社会消费品零售总额年均递增 10%；外贸出口总额年均递增 12%；社会消费品零售总额年均递增 10%；粮食生产能力保持 23 万吨；城镇居民人均可支配收入年均递增 6%，农民人均纯收入年均递增 5%；恩格尔系数 38%以下；城市化水平达到 45%以上；人口自然增长率控制在 5‰以内。

会议认为，《纲要》提出了今后五年奋斗目标、主要任务和各项措施，反映了全市人民共同愿望和根本利益，符合富阳经济、社会的发展实际，经过努力奋斗是可以实现的。会议决定批准富阳市“十五”计划纲要。

听取和审议市国民经济和社会发展计划报告

3 月 7 日，市计委主任黄坤良向大会作富阳市国民经济和社会发展计划报告。报告指出，2000 年，富阳市实现国内生产总值 101.9 亿元，比上年增长 11.5%，城镇居民人均可支配收入 8434 元，比上年增长 10.8%，农民人均纯收入 4639 元，增长 5%。全年实现农业总产值 19.5 亿元，增长 2.8%，粮食总产量 21.6 万吨，减少 6.2%；工业总产值 241.2 亿元，增长 14.5%，产销率达到 97.4%；第三产业增加值 27.3 亿元，增长 11.9%，占国内生产总值比重达 26.8%；全社会消费品零售总额 25 亿元，增长 7.1%；外贸出口交货值 25.2 亿元，增长 25%；财政总收入 7.24 亿元，增长 67.1%;全年完成固定资产投资 20.6 亿元，比上年增长 6%。2001 年，国民经济和社会发展预期调控目标是：国内生产总值增长 11%，达到 113 亿元，工业总产值增长 15%,达到 277 亿元，农业总产值增长 4%，达到 20 亿元，全社会固定资产投资增长 15%，达到 23.7 亿元，财政总收入增长 13%，达到 8.2 亿元，外贸出口交货值增长 12%，达到 28 亿元，社会消费品零售总额增长 8%，达到 27 亿元，城镇居民人均可支配收入增长 7%，达到 9000 元，农民人均纯收入增长 5%，达到 4600 元，人口自然增长率控制在 5‰以内。

会议经过审议，决定批准富阳市 2001 年国民经济和社会发展计划报告。

听取和审议市财政决算和财政预算报告

市财政局局长孙柏平在向大会所作的富阳市 2000 年财政预算执行情况和 2001 年财政预算报告中指出，2000 年，富阳市完成财政总收入 72351.7 万元，为年初预算的 100%，比上年增长 67.1%，其中地方财政收入 30750.6 万元，完成预算的 100%，比上年增长 54.3%；中央财政收入 41601.1 万元。按现行财政体制计算，合计可用资金为 41498 万元。财政支出 36537 万元，比上年增长 40.7%。财政收支预算执行情况良好。2001 年，按富阳市经济增长预期目标，拟安排财政总收入为 81800 万元，比上年实绩增长 13.1%，其中地方财政收入 38950 万元，比上年实绩增长 26.7%。安排财政总支出 41200 万元，比上年实绩增长 19.7%。

会议经过审议，决定批准富阳市财政决算和财政预算报告。

听取和审议市人大常委会工作报告

3月8日，市人大常委会主任王金水在向大会所作的富阳市人大常委会工作报告中，回顾一年来，常委会依法举行全体会议12次，主任会议30次，听取和审议有关经济、文化、教育等方面的工作报告27个，作出决议决定8项，形成审议意见46条，开展视察、执法检查15次，依法任免地方国家机关工作人员61人次。切实加强法律监督，先后开展《中华人民共和国产品质量法》《中华人民共和国教育法》《中华人民共和国律师法》《中华人民共和国工会法》《中华人民共和国环境保护法》等执行情况的检查，对富阳市公安局执法工作开展评议，对法、检两院评议意见实行跟踪检查。加强对计划和财政预算执行情况等事关全市经济社会发展的重要问题的审查监督。努力改进代表工作，不断探索新形势下代表工作的新路子。34个代表小组每季开展一次活动，每次活动内容都有针对性，代表参与率均在95%以上。指导乡镇人大加强制度建设，完善乡镇人大主席团工作职责、主席团议事制度、代表议案建议督办等工作制度。

会议要求，富阳市人大常委会要进一步强化监督工作，不断改进监督方法，切实提高监督实效，督促和推进行政机关依法行政，司法机关公正司法。要自觉接受人大代表和人民群众的监督，使常委会的各项工作更好地体现人民的利益和意志。会议经过审议，决定批准这个报告。

听取和审议市人民法院工作报告

市人民法院代理院长王少青向大会作富阳市人民法院工作报告。报告指出，2000年，共受理各类案件6839件，办结各类案件6369件，结案率达93.1%，解决各类纠纷诉讼标的额4.1亿余元，执结标的额1.7亿余元。在办结的全部案件中，审结各类刑事案件491件，判处罪犯680名，其中惩处发生在党政领导机关、行政执法部门、司法部门和经济管理部门贪污、受贿、挪用公款等经济犯罪案件28件40人，内有科级以上领导成员7人；犯罪数额在10万元以上的8人。审结各类经济纠纷案件1129件，解决诉讼标的额3.5亿余元；审结各类民事案件2143件，审结各类行政案件14件，审结刑事自诉和刑事附带民事案件129件，为受害人追回经济损失440万元。受理申请执行案件2443件，执结执行案件2437件，执行标的额1.7亿余元，当年执结率为89.2%。

会议经过审议，决定批准这个报告。

听取和审议市人民检察院工作报告

市人民检察院检察长吴炳林在向大会所作的富阳市人民检察院工作报告中指出，2000年，受理各类提请批捕案件391件541人，经审查依法批捕358件493人，共提前介入公安机关侦查的重、特大刑事案件37件，保证了及时有效地打击犯罪。受理各类起诉案件525件732人，经审查依法提起公诉495件681人，审查移送上级检察院提起公诉11件12人。共受理贪污、贿赂等职务犯罪案件线索47件，立案侦查16件

19人，侦查终结15件17人，已判决11件15人，通过办案为国家、集体挽回经济损失251万元。立案侦查的16件全部为大要案，其中科级以上领导干部犯罪要案6件，"一机关三部门"工作人员犯罪案件7件，5万元以上大案7件。共受理国家机关工作人员渎职、侵权犯罪案件线索20件，立案侦查2件2人；受理各类举报线索223件，接待来访123次。被省人民检察院授予"五好检察院""文明接待室"称号。

会议对富阳市人民检察院一年来的工作表示满意。决定批准这个报告。

选举

3月9日进行大会选举。大会选举办法规定，补选富阳市人大常委会副主任2名、富阳市人民法院院长1名。选举结果，俞正言、王晓2人当选为富阳市第十二届人大常委会副主任；王少青当选为富阳市人民法院院长。当天，大会主席团向全市发布公告，公布补（当）选人名单。

听取议案意见处理报告

大会主席团向大会报告，截至3月7日13时30分，大会收到富阳市人大代表议案和建议126件。其中涉及工业等42件、农业等22件、教育等20件、城建等18件、扶贫等6件、政法等2件、其他16件。经大会主席团讨论通过，将95名代表提出的"要求降低本市车辆在市境内公路、桥梁的通行费标准，以减轻市民和企业负担"的3件议案合并为1件；将32名代表提出的"要求对东洲、江丰道路交通作出总体规划及实施方案"的2件议案合并为1件。上述2件列为本次大会议案。其余121件意见建议，均按规定办理程序办理。将办理结果书面答复市人大代表，并报告富阳市人大常委会。

第五节　第十二届人民代表大会第五次会议

2002年3月10日至14日，富阳市第十二届人民代表大会第五次会议在富阳影剧院召开。出席大会市人大代表239名，列席218名。3月10日下午举行预备会议，通过大会主席团和秘书长名单，通过大会议程。在主席团第一次会议上，通过大会日程，通过大会主席团常务主席，通过大会主席团执行主席分组名单，决定大会副秘书长，通过提交议案截止时间决定，通过主席台就座人员名单。大会议程共8项：听取和审议富阳市人民政府工作报告；听取和审议富阳市2001年国民经济和社会发展计划执行情况及2002年国民经济和社会发展计划草案报告；听取和审议富阳市2001年财政预算执行情况和2002年财政预算草案报告；听取和审议富阳市人大常委会工作报告；听取和审议富阳市人民法院工作报告；听取和审议富阳市人民检察院工作报告；选举；听取议案意见处理报告；通过有关决议。大会共收到市人大代表提出的议案、建议124件，作出决议、决定7项。

听取和审议市人民政府工作报告

3月11日上午，市人民政府市长孙建华向大会作富阳市人民政府工作报告。报告回顾2001年的工作，富阳市国内生产总值比上年增长11.7%，工农业总产值突破300亿元大关，比上年增长15.8%。农业总产值比上年增长4.6%。共投入水利建设资金1.08亿元，新增耕田5028亩，绿化造林1.92万亩，基本完成第二轮土地承包后续工作。工业总产值比上年增长16.7%，产销率达到97%。全社会消费品零售总额增长12.5%，第三产业增加值增长12.6%。全年财政总收入比上年增长48.1%，其中地方财政收入增长86.4%，财政支出增长60.3%。城镇居民人均可支配收入比上年增长18.2%，农民人均纯收入增长7.3%，城乡人民人均储蓄余额比上年增加1034元。共有6.5万名人员参加社会养老保险。国有、集体企业改制工作基本完成。出口商品交货值比上年增长18.3%。完成109个建制村道路建设182公里，基本完成全市农村电网改造，实现城乡用电同网同价。顺利通过创省级教育强市验收和全省城市卫生的检查验收。2002年全市经济和社会发展的主要目标是：国内生产总值比上年增长11%，工业总产值增长17%，农业总产值增长5%，全社会消费品零售总额增长12%，外贸出口交货值和自营出口增长15%，全社会固定资产投资增长18%，财政总收入增长13%，城镇居民人均可支配收入增长8%，农民人均纯收入增长7%，人口自然增长率控制在5‰以内。

会议要求，要切实加强富阳市人民政府自身建设，坚持解放思想，锐意开拓进取，密切联系群众，自觉勤政为民，严格廉洁自律，努力把政府工作提高到一个新的水平。会议经过审议，决定批准这个报告。

听取和审议市国民经济和社会发展计划报告

3月12日，市发展计划局局长章刚良向大会作富阳市国民经济和社会发展计划报告。报告指出，2001年，富阳市实现国内生产总值113.8亿元，比上年增长11.7%，其中，三次产业分别增长5%、12.6%和12.6%。实现农业总产值20.4亿元，增长4.6%，粮食种植面积46.7万亩，减少21.5%，粮食总产量17.87万吨，减产16.4%。实现工业总产值281.8亿元，增长16.7%，产销率达到97%。完成全社会固定资产投资26.5亿元，增长28.8%。完成外贸出口交货值29.9亿元，增长18.3%，实现社会消费品零售总额28.1亿元，增长12.5%。完成财政总收入10.72亿元，增长48.1%，其中地方财政收入5.73亿元，增长86.4%。城镇居民人均可支配收入9972元，增长18.2%，农村居民人均纯收入4699元，增长7.3%。2002年是中国加入世贸组织的第一年，做好以经济建设为中心的各项工作意义十分重大。国民经济和社会发展预期调控目标安排如下（具体经济指标与富阳市人民政府工作报告一致，略）。为实现上述预期目标，总体上要把握好以加大投入为着力点，加快工业结构调整；以发展城郊型农业为重点，努力增加农民收入；以旅游业为龙头，加快第三产业的发展等 7 项工作，努力完成经济和社会发展的各项任务。

会议经过审议，决定批准富阳市 2002 年国民经济和社会发展计划报告。

听取和审议市财政决算和财政预算报告

市财政局局长孙柏平在向大会所作的富阳市财政决算和财政预算报告中指出，2001 年，富阳市财政总收入达到 107176 万元，完成预算 112.2%，比上年增长 48.1%，其中地方财政收入 57333 万元，中央财政收入 49843 万元。按现行财政体制计算，财政合计可用资金为 68535 万元。财政支出 58580 万元，比上年增长 60.3%，财政收支预算执行情况良好。2002 年，按照富阳市经济增长预期目标，财政总收入安排 121100 万元，比上年增长 13%，其中地方财政收入安排 51175 万元，比上年增长 18.3%。可用资金合计为 65350 万元，财政支出预算为 65350 万元，比上年增长 37%，努力实现收支平衡。

会议经过审议，决定批准富阳市财政决算和财政预算报告。

听取和审议市人大常委会工作报告

3 月 13 日，市人大常委会主任王金水，在向大会所作的富阳市人大常委会工作报告中，回顾了 2001 年的工作。举行常委会会议 10 次，听取"一府两院"工作报告 21 个，作出决议，决定 8 项，依法任免地方国家机关工作人员 55 人次。认真审查了市人民政府关于调整乡镇行政区划的方案，作出相应决议，要求市政府把它作为加快城市化进程、率先基本实现现代化的一件大事，认真组织实施。坚定不移地贯彻依法治国的基本方略，积极发挥人大在依法治市中的职能作用，把法律监督放在更加突出位置，不断增强监督力度，有效促进法律法规在全市的正确实施。全年走访代表 97 人，征集代表意见 78 条，邀请代表参加常委会有关会议和有关视察检查活动，更好促进代表履行职责。在全市乡镇人大换届选举中，常委会成立选举工作领导小组和办公室，任命各乡镇选举委员会，具体负责乡镇人大换届选举的日常工作，保证了换届选举工作依法和顺利进行。

会议认为，一年来，富阳市人大常委会认真履行法定职责，扎实推进依法治市进程，各项工作取得了新的进展，为促进富阳市现代化建设事业的全面发展发挥了积极作用。会议决定批准这个报告。

听取和审议市人民法院工作报告

市人民法院院长王少青在向大会所作的富阳市人民法院工作报告中指出，2001 年，富阳市人民法院共受理各类案件 7009 件，办结 6648 件，结案诉讼标的金额 8.65 亿余元。在办结案件中，审结刑事案件 525 件，判处罪犯 723 人，涉案的科（局）级以上领导干部 7 人，犯罪数额在 10 万元以上的 5 人；审结经济纠纷、民事纠纷、行政诉讼及再审案件3753件，为维护经济秩序、调节社会关系、促进安定团结发挥了积极作用。共执结案件2370件，执结标的金额1.4亿余元，执结率90.1%。积极试行“简繁分流”，全年适用简易程序审结的民事、经济案件为3379件，占民事、经济案件审结总数的93.1%。审结案件经审监庭抽查，合格率达99%。

会议要求，富阳市人民法院要充分发挥审判职能。以“争创人民满意的好法院”和“争创满意单位”为目标，严肃审判纪律，不断提高司法水平，为维护社会稳定作出新贡献。会议经过审议，决定批准这个报告。

听取和审议市人民检察院工作报告

市人民检察院检察长吴炳林在向大会所作的富阳市人民检察院工作报告中指出，2001年，共受理各类提请批捕案件397件550人，经审查批准逮捕376件521人。共受理各类起诉案件548件778人，经审查依法提起公诉489件687人。在“严打”斗争中，对杀人等严重暴力案件全部坚持提前介入，并在一天内作出批捕决定，在3天内报杭州市检察院审查起诉。受理贪污、贿赂等职务犯罪案件线索64件，立案侦查14件16人，通过办案，为国家、集体挽回经济损失230万元，追赃率达100%。办案中，抓住国企转制过程中侵吞国有资产这一人民群众十分关注的社会热点、焦点问题，通过深入调查，挖出了粮食系统、广电系统两大串案，共立案侦查10件11人，占立案总数的71.4%，其中科（局）级领导干部要案1件，涉案金额100万元以上大案2件。受理刑事赔偿案件1件，经审查认为申诉理由成立，依法作出国家赔偿决定。

会议要求，富阳市人民检察院要加大查处和预防国家工作人员职务犯罪的力度，促进反腐败斗争的深入开展。进一步深化检察改革，落实廉政建设责任制，不断提高队伍素质和执法水平，为保障经济社会健康快速发展贡献力量。会议经过审议，决定批准这个报告。

选举

3月14日上午进行大会选举。大会选举办法规定，选举出席杭州市第十届人民代表大会代表26名。选举结果，丁德明等26人当选为杭州市第十届人民代表大会代表。当天，大会主席团向全市发布公告，公布当选的26名杭州市人大代表名单。

听取议案意见处理报告

大会主席团向大会报告，截至3月12日13时30分，大会共收到富阳市人大代表议案意见124件。其中涉及工业等26件、农业等27件、教育等11件、城建等41件、扶贫等8件、政法等2件、其他9件。市第十二届人大前四次会议，共立议案10件，到2001年底为止，7件已全部完成，还有3件，即新登城防、苋浦整治、东洲交通。由于工程复杂，耗资巨大，尚在办理中。2002年是富阳市第十二届人大和富阳市人民政府任期的最后一年，为集中力量，把尚未完成的3件议案办理好，完成好，建议本次大会不列议案，124 件全部拟作市人大代表建议意见处理，按规定程序认真办理。将办理结果书面答复市人大代表，并报告富阳市人大常委会。

第十三章　第十三届人民代表大会

富阳市第十三届人民代表大会自 2003 年 3 月至 2007 年 2 月，任期 4 年，召开代表大会会议 4 次，听取和审议工作报告 25 个，作出决定、决议 29 项，选举产生地方国家机关领导人员 16 名，大会共收到市人大代表提出的议案、建议 610 件。

第一节　第十三届人民代表大会第一次会议

2003 年 3 月 5 日至 10 日，富阳市第十三届人民代表大会第一次会议在富阳影剧院召开。出席大会市人大代表 256 名，列席 185 名。3 月 5 日下午举行预备会议，通过大会主席团和秘书长名单，通过大会议程。在主席团第一次会议上，通过大会日程，通过大会主席团常务主席，通过大会主席团执行主席分组名单，决定大会副秘书长，通过主席台就座人员名单，讨论通过有关代表提出的议案和建议的处理办法草案，决定代表提交议案的截止时间，讨论提出选举办法草案。大会议程共 8 项：听取和审议富阳市人民政府工作报告；听取和审议富阳市 2002 年国民经济和社会发展计划执行情况及 2003 年国民经济和社会发展计划草案报告；听取和审议富阳市 2002 年财政预算执行情况和 2003 年财政预算报告；听取和审议富阳市人大常委会工作报告；听取和审议富阳市人民法院工作报告；听取和审议富阳市人民检察院工作报告；选举；听取议案意见处理报告。大会共收到市人大代表提出的议案、建议 210 件，作出决议、决定 7 项。

听取和审议市人民政府工作报告

3 月 6 日上午，富阳市人民政府代理市长戚哮虎向大会作富阳市人民政府工作报告。报告总结了前五年的主要成绩：至 2002 年，富阳市国内生产总值达到 127 亿元，是 1997 年的 1.7 倍，年均增长 11.3%；人均国内生产总值突破 2 万元，按现行汇率折算，接近 2500 美元，是 1997 年的 1.7 倍；财政总收入达到 13.52 亿元，是 1997 年的 4.3 倍，年均增长 33.7%；工业总产值达到 331.2 亿元，是 1997 年的 2.1 倍，年均增长 15.5%；实现第三产业增加值 35.3 亿元，年均增长 12.5%；社会消费品零售额达到 32.1 亿元，年均增长 9.3%；完成外贸出口交货值 34.9 亿元，是 1997 年的 1.7 倍，年均增长 10.9%；其中自营出口 1.3 亿美元，是 1997 年的 2.1 倍，年均增长 16.4%；城镇居民人均可支配收入 10831 元，年均增长 9.3%；农民人均纯收入 5587 元，年均增长 7%；城镇居民恩格尔系数从1997年的42.5%降为2002年的38.5%。五年累计投入水利建设资金4.7亿元，完成大小水利工程3559处，完成富春江标准堤建设102公里；建成标准农田14.9万亩，新增耕地1.8万亩；森林覆盖率达到66.8%；115只农产品分获国家品牌及省、杭州市级金银奖。五年累计投入交通建设资金8.66亿元，建成二级以上公路156公里，新建改建乡村道路113条，计85万平方米。五年共建成220千伏、110千伏、35千伏变电所11座，新增主变总容量64.5万千伏安，是1997年的2.6倍；程控电话交换机总容量22万门，电话普及率52部/百人，移动电话用户超万户。城市建成区面积从1997年的8.4平方公里拓展到2002年底的14.6平方公里。1999年，在全省县级市中唯一荣获“全国园林绿化先进城市”称号。2003年，富阳市经济和社会发展的主要调控预期目标是：国内生产总值比上年增长13%，工业总产值增长21%，农业总产值增长5%，社会消费品零售总额增长13%，外贸出口交货值增长15%，自营出口增长16%，全社会固定资产投资增长30%，财政总收入增长13%，城镇居民人均可支配收入增长10%，农民人均纯收入增长7%，人口自然增长率控制在4.33‰以内。

会议认为，五年来，富阳市经济快速发展，已经进入了全面建设小康社会、加快推进社会主义现代化的新的发展阶段。会议强调，做好2003年的富阳市人民政府工作，具有十分重要的意义，各级人民政府必须坚定不移地实施工业立市战略，着力做强做大工业经济，加快发展都市型农业，扎实推进城市化进程，坚持依法治市，努力为人民谋利益。会议经过审议决定批准这个报告。

听取和审议市国民经济和社会发展计划报告

市发计局局长朗卫国受富阳市人民政府委托，向大会作富阳市国民经济和社会发展计划报告。报告指出，2002年，富阳市实现国内生产总值127亿元，完成计划的100.8%；工业总产值331.2亿元，完成计划100.4%；农业总产值18.5亿元，完成计划107.6%；全社会固定资产投资额38.4亿元，完成计划123.9%；财政总收入13.5亿元，完成计划112.5%；外贸出口交货值34.9亿元，完成计划101.5%；社会消费品零售总额32.1亿元，完成计划100.2%；城镇居民人均可支配收入10831元，完成计划100.6%；农民人均纯收入5047元，完成计划100.4%；人口自然增长率4.7‰，达到计划目标。2003年，整个宏观环境为我市加快发展提供了有利条件，经过综合分析和反复测算，提出国民经济和社会发展主要预期调控目标建议（具体指标与富阳市人民政府工作报告一致，略）。为实现政府工作报告中提出的发展目标，要重点做好坚持高强度投入，以拉动经济的快速发展等项工作，全面完成今年经济社会发展的各项任务。

会议经过审议，决定批准富阳市2003年国民经济和社会发展计划报告。

听取和审议市财政决算和财政预算报告

市财政局局长孙柏平受富阳市人民政府委托，向大会作富阳市财政决算和财政预算报告。2002 年，富阳市财政总收入 135164.4 万元，完成预算 111.6%，比上年增长 23.8%。其中地方财政收入 61867.4 万元，完成预算 120.9%，比上年增长 48.2%；中央财政收入 73297 万元。合计可用资金为 97220 万元。财政总支出 81718 万元。实现财政收支平衡，略有节余。2003 年，安排财政总收入为 15.28 亿元，比上年执行数增长 13%，其中地方财政收入 6.61 亿元，比上年增长 12.6%。按现行财政体制计算，财政可用资金为 7.44 亿元，安排财政支出为 7.44 亿元，比 2002 年预算增长 13.8%，达到收支平衡。

会议经过审议，决定批准富阳市财政决算和财政预算报告。

听取和审议市人大常委会工作报告

3 月 7 日，市人大常委会主任王金水在向大会所作的富阳市人大常委会工作报告中指出。五年来，富阳市人大常委会积极实施依法治国基本方略，大力加强民主法制建设，遵循富阳市第十二届人大历次会议的决议，紧紧依靠全体代表和全市人民，较好地完成了任期内的目标任务。五年中，共举行常委会会议 44 次，听取和审议“一府两院”工作报告 100 余个，作出决议决定 40 多项，先后 40 余次组织代表对一些重要法律法规的执行情况进行检查，连续三年组织代表开展司法评议和执法评议，依法任免国家机关工作人员 310 多人次，各项工作在历届基础上取得了新的进展。五年来，富阳市人大常委会在全市范围内组织代表先后对《食品卫生法》等法律法规的执行情况进行重点检查，为全市经济社会全面发展提供了良好的法治环境。先后组织市人大代表，对富阳市人民法院、富阳市人民检察院、公安局、林业局等 4 个单位的执法工作进行评议，对水电局、计生委、民政局的局长（主任）进行述职评议，对其余 17 个富阳市人民政府组成部门的局长（主任）共 23 名常委会任命的干部进行书面述职评议，促进执法机关依法行政和公正司法。五年来，共接待、受理来访 1799 人次，来信 1561 件，通过办理信访，对密切人大和人民群众的联系，反映人民群众的要求，起到积极作用。

会议肯定富阳市第十二届人大常委会的工作。会议要求新一届人大常委会，认真履行宪法和法律赋予的各项职责，整体推进依法治市进程，积极发挥人大代表的主体作用，高度重视自身建设，提高履行法定职责的能力与水平。会议决定批准这个报告。

听取和审议市人民法院工作报告

市人民法院院长王少青在向大会所作的富阳市人民法院工作报告中，总结了五年来，依法受理各类案件 31359 件，办结案件 31060 件。在办结案件中，依法审结刑事案件 2335 件，判处罪犯 2960 人，为国家和集体挽回直接经济损失 2737 万余元；依法审结民商事案件 15834 件，解决争议标的额达 19.64 亿元；审结行政诉讼案件 101 件。执结非诉行政申请执行案件 402 件，维护了行政机关依法行政。共执结各类案件 12028 件，执行标的总额 7.8 亿余元，在一定程度上扭转了“执行难”的局面。

会议经过审议，对富阳市人民法院五年来的工作表示满意，决定批准富阳市人民法院工作报告。

听取和审议市人民检察院工作报告

市人民检察院检察长吴炳林在向大会作富阳市人民检察院工作报告中指出，五年来，共受理公安机关移送批捕的刑事案件 1889 件 2571 人，经审查批准逮捕 1769 件 2393 人；受理移送审查起诉案件 2513 件 3450 人，经审查依法提起公诉 2328 件 3111 人。立案侦查贪污贿赂、渎职等职务犯罪案件 77 件 90 人，为国家挽回经济损失 3873 万元。其中，查办科局级以上领导干部犯罪要案 21 件，“一机关三部门”工作人员犯罪案件 35 件，查办贪污贿赂犯罪数额在 5 万元以上的大案 63 件，数额在 10 万元以上的特大案件 24 件，100 万元以上的 3 件。在国有企业中，依法查办职务犯罪案件 26 件，为国企直接挽回经济损失 543 万余元；在教育、交通、粮食、广电等关系国民经济和社会发展的重要部门中，依法查办职务犯罪案件 49 件。在所有查办的职务犯罪案件中，串案窝案率占 62%。

会议经过审议，对富阳市人民检察院五年来的工作表示满意，决定批准富阳市人民检察院工作报告。

选举

3 月 10 日进行大会选举。大会选举办法规定，选举富阳市第十三届人民代表大会常务委员主任 1 人、副主任 6 人、委员 14 人；选举富阳市人民政府市长 1 人、副市长 6 人；选举富阳市人民法院院长 1 人和富阳市人民检察院检察长 1 人；选举出席杭州市第十届人民代表大会代表 1 人。选举结果，佟桂莉当选为富阳市第十三届人大常委会主任，汪锦汉、俞正言、王晓、王土田、徐松泉、华荣富为副主任，朱建明等 14 人为委员；戚哮虎当选为富阳市人民政府市长，汤金华、潘建平、邵良、陆献德、陆洪勤、张志根为副市长；王少青当选为富阳市人民法院院长；吴炳林当选为富阳市人民检察院检察长（需报批）；佟桂莉当选为杭州市第十届人民代表大会代表。当天，大会主席团向全市发布公告，公布当选人名单。

听取议案意见处理报告

大会主席团向大会报告，截至 3 月 8 日 16 时，大会共收到富阳市人大代表议案意见 210 件。其中涉及城建等 42 件、农业等 35 件、环保等 6 件、交通等 44 件、工业等 18 件、教育等 28 件、政法等 6 件、其他 31 件。 经大会主席团研究，将 28 件议案合并为 7 件，立为本次大会议案。分别是：“要求加快社区建设”“要求加快实施江南片污水综合处理工程，促进造纸业可持续发展”“要求加快新登镇城市防洪工程建设”“要求尽快规划新建大源镇过境公路”“要求加快场口自来水建设工程”“要求拓宽改造胥高线龙羊段公路”。其余 182 件意见建议，均按规定办理程序，逐件落实有关部门办理。

将办理结果书面答复市人大代表，并报告富阳市人大常委会。

第二节　第十三届人民代表大会第二次会议

2004年2月25日至29日，富阳市第十三届人民代表大会第二次会议在富阳影剧院召开。出席大会市人大代表254名，列席189名。2月25日下午举行预备会议，通过大会主席团和秘书长名单，通过大会议程。在主席团第一次会议上，通过大会日程，通过大会主席团常务主席，通过大会主席团执行主席分组名单，决定大会副秘书长，通过主席台就座人员名单，决定代表提交议案截止时间。大会议程共8项：听取和审议富阳市人民政府工作报告；听取和审议富阳市2003年国民经济和社会发展计划执行情况及2004年国民经济和社会发展计划草案报告；听取和审议富阳市2003年财政预算执行情况和2004年财政预算草案报告；听取和审议富阳市人大常委会工作报告；听取和审议富阳市人民法院工作报告；听取和审议富阳市人民检察院工作报告；选举；听取议案意见处理报告。大会共收到市人大代表提出的议案、建议128件，作出决议、决定7项。

听取和审议市人民政府工作报告

2月26日上午，市人民政府市长戚哮虎向大会作富阳市人民政府工作报告。报告指出，2003年是本届政府开局之年。一年来，富阳市实现国内生产总值比上年增长16.8%；财政总收入增长30%，其中地方财政收入增长40.1%；工业总产值增长25%，其中规模以上工业企业产值增长36.6%，利润增长51.7%；农业总产值增长12.4%，农业龙头企业达到40家，实现产值7亿元，有6个产品获省农博会金奖；水利建设资金投入1.4亿元，完成重点水利工程40处，建成富春江标准堤10.1公里，完成土地整理3348公顷；第三产业增加值比上年增长17.7%，全社会消费品零售总额比上年增长13.5%；外贸出口交货值增长35.1%，其中自营出口增长43%；固定资产投资增长88.8%，增幅为近十年最高；创建国家环保模范城市深入推进，城市环境综合整治定量考核列全省县级市第一；城镇居民人均可支配收入增长10.1%，农民人均纯收入增长10.5%。2004年，国民经济和社会发展主要预期目标是：国内生产总值增长15%；工业总产值增长24%；社会消费品零售总额增长14%；自营出口增长18%；全社会固定资产投资增长28%；财政总收入增长16%；城镇居民人均可支配收入增长10%，农民人均纯收入增长9%；城镇登记失业率控制在4.5%以内，人口自然增长率控制在4.8‰以内。

会议认为，富阳市人民政府工作报告对过去一年工作的总结是符合实际的。会议强调，2004年，必须坚定不移地实施工业立市战略，切实加快农业农村的现代化建设，进一步提高第三产业比重，全力构建现代化中等城市框架。会议号召，全市人民要振奋精神，奋力拼搏，为率先基本实现现代化的宏伟目标而努力奋斗。会议经过审议，决定批准这个报告。

听取和审议市国民经济和社会发展计划报告

2 月 27 日，市发计局局长郎卫国受富阳市人民政府委托，向大会作富阳市国民经济和社会发展计划报告。报告指出，2003 年，实现国内生产总值 151.6 亿元，完成年度计划 105.6%，其中一、二、三次产业分别比上年增长 12.3%、17.0%和 17.7%；实现财政总收入 17.57 亿元，完成年度计划的 114.8%，其中地方财政收入 8.22 亿元，完成年度计划的 102.8%；实现农业总产值 20.8 亿元，完成年度计划 107.2%；实现工业总产值 414.16 亿元，完成年度计划的 103.5%,实现第三产业增加值 44.8 亿元，比上年增长 17.7%；实现社会消费品零售总额 31.7 亿元，完成年度计划 100.6%；全社会完成固定资产投资 72.7 亿元，完成年度计划 145.4%；实现外贸出口交货值 47.2 亿元，完成年度计划 117.7%；城镇居民人均可支配收入 11929 元，完成年度计划 100.2%，农民人均纯收入 6173 元，完成年度计划 103.2%。2004 年，经过综合分析，提出 2004 年国民经济和社会发展预期目标（具体指标与富阳市人民政府工作报告一致，略）。实现 2004 年国民经济和社会发展计划的任务十分繁重，应把握历史发展机遇，迎接新的挑战，为率先基本实现现代化而奋斗。

会议经过审议，决定批准富阳市 2004 年国民经济和社会发展计划报告。

听取和审议市财政决算和财政预算报告

市财政局局长孙柏平受富阳市人民政府委托，向大会作富阳市财政决算和财政预算报告。2003 年，富阳市实现财政总收入 175672.5 万元，完成调整后预算的 101.7%，比上年增长 30%，其中地方财政收入 82172.9 万元，完成调整后预算的 102.8%，比上年增长 40.1%；中央财政收入 93499.6 万元。财政可用资金为 110080 万元。财政总支出 98874 万元，比上年增长 17.5%。收支相抵，尚有结余。2004 年，财政总收入安排为 20.38 亿元，比上年增长 16%，其中地方财政收入预算为 9.42 亿元，比上年增长 14.7%。财政支出预算安排为 9.88 亿元，比上年增长 14.9%，努力实现财政收支平衡。

会议经认真审议，决定批准富阳市财政决算和财政预算报告。

听取和审议市人大常委会工作报告

2 月 28 日，市人大常委会副主任汪锦汉，向大会作富阳市人大常委会工作报告。一年来，共举行常委会会议 7 次，审议“一府两院”工作报告 29 个，作出决议决定 8 项，依法任免国家机关工作人员 44 人次。从 6 月开始，历时 3 个多月，在全市范围内开展《中华人民共和国劳动法》《中华人民共和国安全生产法》的执法检查。7 月上旬，组织部分常委会委员和市人大代表，分 3 个检查组对全市 8 个乡镇街道和 23 家企业进行重点抽查，指出问题，督促整改。“非典”疫情发生后，引起了人们对公共卫生事业的极大关注。5–6 月，常委会在全市广泛开展传染病防治的执法检查，并听取和审议富阳市人民政府的自查报告，提出了5个方面的建议意见。8至11月，对行政执法单位2000年以来贯彻实施行政处罚的情况开展检查。认真开展《婚姻法》《药品管理法》《科普法》等法律实施情况的调研工作，加强对法、检两院的执法监督，为改革发展创造公正高效的法治环境。6月，组织开展对效益农业的视察活动，提出了扶持发展农业龙头企业的建议。10月，组织开展对工业园区建设的视察，提出了提高土地利用率等意见建议。11月，开展对创建中国优秀旅游城市和创建国家园林城市的视察，提出了完善和支持措施等建议。

会议要求，富阳市人大常委会要进一步加强对“一府两院”工作的监督，突出监督重点，改进监督方式，务求监督实效。要认真讨论、决定本市有关重大事项，进一步完善民主决策机制，推进重大决策民主化、科学化。会议经过审议，决定批准这个报告。

听取和审议市人民法院工作报告

市人民法院院长王少青在向大会所作的富阳市人民法院工作报告中指出，2003年，共受理各类案件6454件，审结案件4114件。在审结案件中，审结刑事案件593件，判处罪犯699人，为国家和集体挽回直接经济损失700多万元；审结各类民商事、行政案件3505件，解决诉讼标的总额达2.18亿元；审结申诉和申请再审案件16件，为办案质量树立警示。全年共执结各类案件2070件，执结率为92.5%，执结标的总金额5784万余元。实施法律救助33人，决定减、缓、免交诉讼费2.68万元。处理来信4472件，接待来访3952人次，将信访环节变成司法的第一窗口。

会议审议后认为，一年来，富阳市人民法院各项工作都取得了新的进展。会议对此表示满意，决定批准这个报告。

听取和审议市人民检察院工作报告

市人民检察院检察长吴炳林在向大会所作的富阳市人民检察院工作报告中总结了2003年的工作。一年来，受理各类提请批捕案件446件609人，经审查依法批准逮捕424件572人。受理各类移送审查起诉案件608件871人，经审查依法提起公诉562件756人，移送杭州市人民检察院审查提起公诉14件36人。受理各类职务犯罪案件线索19件，立案侦查11件12人，查办的案件均为大案要案，其中“一机关三部门”工作人员职务犯罪案件6件6人，为国家和集体挽回直接经济损失136万余元。受理各类渎职、侵权犯罪案件线索15件，立案侦查1件2人，为国家挽回上千万元经济损失。坚持“打防并举、标本兼治”，积极开展多种形式的职务犯罪预防工作，向有关单位提出口头或书面检察建议16次，向公安机关发出《要求说明不立案理由通知书》7件8人，公安机关立案6件7人。经审查不批准逮捕21件37人，增捕增诉3件3人，以促进严格执法。认真开展纠正超期羁押、五类犯罪考察等专项检察4次，推动了有关刑罚执行措施的落实。

会议审议后认为，富阳市人民检察院各项工作取得了新的成绩，会议对此表示肯定，决定批准这个报告。

选举

2 月 29 日上午进行选举，补选富阳市第十三届人大常委会委员 1 人。选举结果，何勇当选为富阳市第十三届人大常委会委员。当天，大会主席团发布公告，公布当选人名单。

听取议案意见处理报告

大会主席团向大会报告，截至 2 月 27 日 13 时 30 分，大会共收到富阳市人大代表议案和建议 128 件。其中涉及城建等 32 件、农业等 24 件、环保等 5 件、交通等 33 件、工业等 4 件、教育等 14 件、政法等 4 件、其他 12 件。经大会主席团研究，将新登、场口代表团 80 名代表提出的“加大力度，解决农村群众用水难问题”等 5 件议案合并为 1 件，列为本次大会议案。由富阳市人民政府按照“量力而行，确保重点”的原则办理。其余 123 件意见建议，按规定办理程序，落实各有关部门认真办理。将办理结果书面答复市人大代表，并报告富阳市人大常委会。

第三节　第十三届人民代表大会第三次会议

2005 年 1 月 22 日至 25 日，富阳市第十三届人民代表大会第三次会议在富阳影剧院召开。出席大会市人大代表 255 名，列席 194 名。22 日下午举行预备会议，通过大会主席团和秘书长名单，通过大会议程。在主席团第一次会议上，通过大会日程，通过大会主席团常务主席，通过大会主席团执行主席分组名单，决定大会副秘书长，通过主席台就座人员名单，通过代表提交议案截止时间。大会议程共 7 项：听取和审议富阳市人民政府工作报告；听取和审议富阳市 2004 年国民经济和社会发展计划执行情况及 2005 年国民经济和社会发展计划草案报告；听取和审议富阳市 2004 年财政预算执行情况和 2005 年财政预算草案报告；听取和审议富阳市人大常委会工作报告；听取和审议富阳市人民法院工作报告；听取和审议富阳市人民检察院工作报告；其他。大会收到市人大代表提出的议案、建议 119 件，作出决议、决定 7 项。

听取和审议市人民政府工作报告

1 月 23 日上午，市人民政府市长戚哮虎向大会作富阳市人民政府工作报告。报告指出，2004 年，富阳市生产总值比上年增长 16.5%，人均 GDP 突破 3000 美元，达到 3414 美元。财政总收入突破 20 亿元，比上年增长 14.1%，社会经济综合发展指数在全国百强县(市)中排名第 30 位，比上年前移 8 位。工业总产值比上年增长 25.3%，规模以上企业达到 717 家，产值和利润分别增长 35.6%和 23.2%，其中产值超亿元企业 47 家，超

10亿元企业6家。农业总产值比上年增长14.1%，粮食生产实现恢复性增长，粮食播种面积2.28万公顷，比上年增长6.1%。绿化造林5920亩，改造中低产田2.4万亩，建成标准农田2.05万亩，投入水利建设资金2.1亿元，除险加固重点水利工程55处。村级道路改造全面完成，成为全省首批“康庄工程”建设达标县（市）。第三产业增加值比上年增长16.9%，社会消费品零售总额增长14.6%。城镇居民人均可支配收入比上年增长11.1%，农民人均纯收入增长10.7%，城乡居民储蓄存款余额比年初增加7.45亿元。年末，城镇登记失业率为4.1%，城镇企业职工养老保险参保人数达到10.48万人，城镇职工基本医疗保险覆盖人数5.6万人。2005年，建议国民经济和社会发展主要预期目标为：生产总值增长14%，工业总产值增长22%，农业总产值增长10%，社会消费品零售总额增长14%，外贸商品自营出口增长18%，全社会固定资产投资增长18%，财政总收入增长13%，城镇居民人均可支配收入增长10%，农民人均纯收入增长9%，城镇职工登记失业率控制在4.5%以内，人口自然增长率控制在4.77‰以内。

会议强调，要按照科学行政、民主行政、依法行政的要求，努力建设创新、务实、廉洁、为民的政府。会议号召，全市人民要更加紧密团结，振奋精神，为进一步推进富阳加快发展、协调发展而努力奋斗。会议经过审议，决定批准这个报告。

听取和审议市国民经济和社会发展计划报告

市发计局局长郎卫国受富阳市人民政府委托，向大会作富阳市国民经济和社会发展计划报告。报告指出，2004年，富阳市实现生产总值176.7亿元，完成年度计划的101.5%;实现财政总收入21.24亿元,完成年度计划的104.2%,其中地方财政收入10.83亿元，完成年度计划的114.9%；实现农业总产值23.7亿元，完成年度计划的105.1%，粮食生产扭转了近年来连续下滑的局面，总产量达14.2万吨，比上年增长8.3%；实现工业总产值519.8亿元，完成年度计划的101.3%，规模以上工业产值占全市工业产值的比重为60.4%；实现自营出口2.51亿美元，完成年度计划的112.7%；固定资产投资93.8亿元，完成年度计划的101%；城镇居民人均可支配收入13248元，完成年度计划的101.1%，农民人均纯收入6833元，完成年度计划的101.7%。2005年，富阳市经济仍有望在较高平台上继续稳定增长。要把全年工作重心转移到调整优化结构、转变经济增长方式上来（具体发展指标与富阳市人民政府工作报告一致，略）。

会议经过审议，决定批准富阳市2005年国民经济和社会发展计划报告。

听取和审议市财政决算和财政预算报告

市财政局局长孙柏平，在向大会所作的富阳市财政决算和财政预算报告中指出，2004年，富阳市完成财政总收入212447.1万元，为计划的104.2%，比上年增长20.9%，其中地方财政收入108304.5万元，为计划的114.9%，比上年增长31.8%。按分税制财政体制计算，合计可用资金为134059万元。财政总支出123436万元，为预算的108.6%，比上年增长24.8%。收支相抵，尚有结余。2005年，根据富阳市国民经济计划指标，拟安排财政总收入为226500万元，比上年增长13%，其中地方财政收入安排117375万元，比上年增长11.5%。财政支出拟安排119500万元，比上年预算增长21%。要以科学发展观统领全局，扎实工作，努力完成全年各项财政预算任务。

会议经过认真审议，决定批准富阳市财政决算和财政预算报告。

听取和审议市人大常委会工作报告

1月24日，富阳市人大常委会副主任汪锦汉向大会作富阳市人大常委会工作报告。一年来，市人大常委会认真抓了以下方面工作：一、以保证法律法规有效实施为目的，加强执法监督。积极运用执法检查、视察调查、听取和审议执法情况报告等形式，对《环境保护法》《食品卫生法》《刑事诉讼法》等10多部法律法规的贯彻实施情况进行认真检查。二、以推动科学发展观的落实为着力点，强化工作监督。分别听取和审议全市2004年上半年国民经济和社会发展计划执行情况的报告、2004年上半年财政预算执行情况的报告、2003年财政预算执行和其他财政收支情况的审计工作报告，听取和审议市人民政府关于“三农”工作的报告。依法行使重大事项决定权，作出决议决定14项，任免国家机关工作人员56人次。三、以建立全面述职、重点评议新机制为途径，深入开展“两项评议”。组织市人大代表对富阳市文化局开展行政执法评议，对富阳市发计局和富阳市司法局局长进行述职评议，对富阳市农业局、富阳市统计局局长和富阳人民法院3位副院长进行书面述职评议，成立由部分市人大代表参加评议调查组，深入了解情况，形成书面调查报告，为有的放矢开展评议奠定基础。四、以发挥代表作用为依托，加强代表工作和对乡镇人大工作的指导。认真研究代表工作面临的新情况和新问题，加强指导，开拓创新，使代表工作有了新的起色，使乡镇和街道人大工作有了新的提高。五、以提高履职水平为目标，加强常委会及机关自身建设。常委会始终把自身建设放在重要位置，坚持学习，提高素质，依法履职，不断提升人大工作水平。

会议要求，富阳市人大常委会要围绕“加快发展、协调发展”这一主题，认真履行宪法和法律赋予的职责，全面推进依法治市和民主政治建设进程。会议经过审议，决定批准这个报告。

听取和审议市人民法院工作报告

市人民法院院长王少青向大会作富阳市人民法院工作报告。报告指出，2004年，富阳市人民法院共受理各类案件6734件，办结案件6742件。在办结案件中，审结刑事案件599件，判处罪犯876人。其中审结各种严重危害社会治安的刑事犯罪案件128件，判处罪犯223人；审结国家公职人员贪污、贿赂、挪用公款等职务犯罪案件17件19人。审结民商事和行政诉讼案件3934件，其中民商事案件3889件，行政诉讼案件45件。民商事案件中，通过调解撤诉结案2017件，占办结民商事案件总数的51.9%。全年共执结各类案件2175件，执行标的总额7157万余元，解决了一大批“骨头”案件。共处理来信5093件，接待来访6224人次。依法减、缓、免交诉讼费12万余元。

会议审议后认为，一年来，富阳市人民法院认真履行宪法和法律赋予的职责、重审判、强队伍、抓建设，各项工作取得了新的进展，会议对此表示满意，决定批准这个报告。

听取和审议市人民检察院工作报告

市人民检察院检察长吴炳林向大会作富阳市人民检察院工作报告。2004年，受理各类提请批捕案件550件826人，经审查依法批准逮捕520件774人，结案率达100%；受理各类移送审查起诉案件655件1006人，经审查依法提起公诉618件946人，移送杭州市人民检察院审查起诉10件26人，所诉案件法院有罪判决率达100%。全年受理贪污贿赂、渎职侵权等线索36件，立案侦查贪污贿赂案件5件6人，查办的案件均为大案，其中10万元以上特大案件2件，“一机关三部门”案件1件。向公安机关发出《要求说明不立案理由通知书》8份，公安机关立案侦查6件8人。经审查不批准逮捕29件50人，增诉7人。受理民事申诉案件35件，立案侦查33件，提请杭州市检察院抗诉和建议提请抗诉22件。发出检察意见、建议书4份，有关单位均作了纠正答复。

会议审议后认为，富阳市人民检察院各项工作取得了新的成绩，会议决定批准富阳市人民检察院工作报告。

第四节　第十三届人民代表大会第四次会议

2006年2月22日至25日，富阳市第十三届人民代表大会第四次会议在富阳影剧院召开。出席大会市人大代表253名，列席215名。22日下午举行预备会议，通过大会主席团和秘书长名单，通过大会议程。在主席团第一次会议上，通过大会日程，通过大会主席团常务主席，通过大会主席团执行主席分组名单，决定大会副秘书长，通过主席台就座名单，通过提交议案截止时间决定。大会议程共8项：听取和审议富阳市人民政府工作报告；听取和审议富阳市国民经济和社会发展第十一个五年计划纲要草案的说明；审议富阳市2005年国民经济和社会发展计划执行情况及2006年国民经济和社会发展计划草案书面报告；听取和审议富阳市2005年财政预算执行情况和2006年财政预算草案报告；听取和审议富阳市人大常委会工作报告；听取和审议富阳市人民法院工作报告；听取和审议富阳市人民检察院工作报告；听取议案意见处理报告。大会共收到市人大代表提出的议案、建议153件，作出决议、决定8项。

听取和审议市人民政府工作报告

2月23日上午，市人民政府市长戚哮虎向大会作富阳市人民政府工作报告。报告对“十五”时期及 2005 年工作作了认真回顾。“十五”时期是富阳市历史上经济社会发展最快最好的时期之一。富阳市生产总值年均递增 14.8%，财政收入年均递增 25.8%，城镇居民人均可支配收入年均递增 13.1%，农民人均纯收入年均递增 10.3%。综合实力位居全国百强县（市）第 29 位，被评为长三角最具投资价值的十个县（市）之一。“十五”期末的 2005 年，实现生产总值，比上年增长 17.7%，其中第一、二、三产业分别增长 15%、18.2%和 17.5%。财政总收入增长 15.7%，其中地方财政收入增长 17.8%。全社会固定资产投资增长 13.8%，年末金融机构存款余额 178.3 亿元，贷款余额 153.2 亿元，分别增长 13.9%和 13.2%。农业总产值增长 16.1%，粮食总产量 14.35 万吨，超额完成杭州市下达任务。工业总产值比上年增长 25.9%，规模以上企业 879 家，其中产值超亿元企业 74 家，超 10 亿元企业 9 家，超 20 亿元企业 3 家。共接待游客 309 万人次，增长 5.5%，实现旅游总收入 16.4 亿元，增长 12.1%。全年自营出口额增长 34.1%。城市发展格局更趋合理，城市化率达到 48.6%，“百千工程”（农村百村示范、千村整治）深入推进，完成 5 个示范村、31 个重点整治村和 133 个一般整治村任务。城镇居民人均可支配收入比上年增长 13.5%，农民人均纯收入增长 11%。恩格尔系数为 39.3%，比上年下降 0.4 个百分点。城镇失业率为 3.9%。2006 年，政府工作总的目标是：生产总值增长 13%，工业总产值增长 20%，农业总产值增长 10%，社会消费品零售总额增长 14%，自营出口增长 18%，全社会固定资产投资增长 12%，财政总收入增长 12%，城镇居民人均可支配收入增长 10%，农民人均纯收入增长 10%，城镇职工登记失业率控制在 4%以内，人口自然增长率控制在 5‰以内。

会议指出，我们必须坚持以科学发展观为统领，围绕加快发展、协调发展为主题，注重提高驾驭全局、务实创新、处理关系三大能力，不断提高人民生活水平，促进社会和谐。会议对富阳市人民政府过去一年的工作表示满意，决定批准这个报告。

听取和审议富阳市“十一五”规划纲要的说明

市人民政府副市长汤金华，在向大会作“十一五”规划的说明中指出，《富阳市国民经济和社会发展第十一个五年规划纲要（草案）》已编制完成。“十五”期间，富阳市国民经济持续快速健康发展，较好地完成了“十五”计划各项指标，全市综合实力显著增强，城乡面貌和人民生活明显改善，工业经济持续稳定增长，形成了“国家（富阳）光纤光缆产业园”“中国白板纸基地”“中国球拍之乡”三大产业品牌。城市化进程加快，城乡环境不断改善，完成了一大批基础设施建设项目。社会事业蓬勃发展，提前完成“七项创建”,先后荣获了“国家园林城市”“国家卫生城市”“中国优秀旅游城市”“省文明城市”“国家环境保护模范城市”“省双拥模范城市”“省文化先进县(市)”等称号。全市政治社会和谐稳定，为经济社会的进一步发展奠定了良好基础。“十一五”期间的指导思想和奋斗目标是：以科学发展观统领经济社会发展全局，以“加快发展、协调发展”为主题，以转变经济增长方式为主线，以体制与科技创新为动力，率先基本建成全面小康社会，全面融入杭州大都市。“十一五”期间，生产总值年均增长12%，人均生产总值年均增长11%，财政总收入年均增长12%，城镇居民人均可支配收入年均增长10%，农民人均纯收入年均增长10%。到“十一五”末的2010年，人均生产总值达到5.38万元，第三产业增加值占GDP比重达到36%，把富阳率先基本建成经济发展更加高效、社会进步更加全面、城市特色更加鲜明、居民生活更加富裕、生态环境更加优美、体制机制更加完善的全面小康社会。

会议认真审查了《纲要》草案。会议认为，《纲要》提出的指导思想、奋斗目标体现了科学发展的要求，反映了全市人民的心声，是把富阳率先基本建成全面小康社会的纲领性文件。会议决定批准《富阳市国民经济和社会发展第十一个五年计划刚要》。

审议市国民经济和社会发展计划报告

市发展和改革局受富阳市人民政府委托，向大会提交了富阳市国民经济和社会发展计划的书面报告。报告列举了2005年，富阳市实现生产总值201亿元，完成年度计划的103.2%；实现财政总收入24.58亿元，完成计划100.5%；工业总产值603.7亿元，完成计划103.2%；农业总产值26.4亿元，完成计划105.2%；自营出口总额3.36亿美元，完成计划113.5%；固定资产投资106.7亿元，完成计划96.4%；社会消费品零售总额38.2亿元，完成计划101.3%；城镇居民人均可支配收入15036元，完成计划103.2%，农民人均纯收入7585元，完成计划101.8%。2006年，建议国民经济和社会发展计划主要预期目标（与富阳市人民政府工作报告一致，略）。

会议经过审议，决定批准富阳市2006年国民经济和社会发展计划报告。

听取和审议市财政决算和财政预算报告

市财政局局长孙柏平受富阳市人民政府委托，向大会作富阳市财政决算和财政预算报告。报告指出，2005年，根据修正后的财政预算，财政总收入为244500万元，其中地方财政收入为121875万元。执行结果，财政总收入为245842.7万元，完成计划的100.5%，同比增长15.7%；地方财政收入127617.8万元，完成计划104.7%，同比增长17.8%。根据现行财政体制计算，财政可用资金为148929万元。财政总支出为142900万元，为预算的103.9%，比上年实绩增长15.8%。实现财政收支平衡，略有结余。2006年，根据富阳市经济社会发展预期目标，拟安排财政总收入为275400万元，比上年增长12%，其中地方财政收入140740万元，比上年增长10.3%。财政支出预算安排136800万元，比上年增长14.5%。要决心坚持以科学发展观统领各项工作，开拓创新，勤奋工作，全面完成2006年预算任务。

会议经过审议，决定批准富阳市财政决算和财政预算报告。

听取和审议市人大常委会工作报告

2 月 24 日，市人大常委会副主任汪锦汉向大会作富阳市人大常委会工作报告。报告指出，一年来，富阳市人大常委会举行常委会会议 6 次，审议议题 20 项，依法任免地方国家机关工作人员 72 人次。一、突出重点，法律监督实效进一步增强。开展生态建设和环境保护工作的跟踪执法检查。先后开展《中华人民共和国道路交通安全法》《中华人民共和国消费者权益保护法》《中华人民共和国职业病防治法》《杭州市爱国卫生条例》《浙江省少数民族权益保障条例》等法律法规的实施情况，进行执法检查，提出了意见建议。组织市人大代表对人口与计划生育局、质量技术监督局行政执法工作进行评议；对富阳市文化广电新闻出版局行政执法评议整改意见落实情况进行了“回头看”；对公安、法院、检察院工作开展执法检查，以维护法律的严肃性。二、围绕中心，工作监督力度进一步加大。确定 8 个市级部门，对其开展财政预算审查；开展对龙门古镇保护、城市建设、生态环境、劳动和社会保障工作等视察调研；对富阳市经贸局、富阳市交通局局长进行述职评议；对科技局、水电局、林业局、教育局和富阳市人民检察院三位副检察长进行书面述职评议，促进依法行政和公正司法。三、强化服务，代表主体作用进一步发挥。组织省、杭州市两级人大代表开展视察、检查、调研等活动 10 余次；共组织市人大代表接待选民 500 多人次，收集意见建议 300 多条，进一步密切了代表与选民的关系；指导 5 个乡镇人大主席团对副乡镇长进行述职评议。四、夯实基础，自身履职能力有一定提高，常委会工作水平进一步提升。

会议对富阳市人大常委会过去一年的工作表示满意，决定批准这个报告。

听取和审议市人民法院工作报告

市人民法院院长王少青在向大会所作的富阳市人民法院工作报告中指出，过去的一年，是富阳市人民法院审结工作最繁重的一年。一年来，共受理各类案件 9125 件，办结各类案件 8663 件。在办结的案件中，审结刑事案件 657 件，生效判决罪犯 918 人；审结各类民商事案件 5112 件，解决诉讼标的总金额近 6 亿元，经济类案件居杭州地区各法院之首；审结行政诉讼案件 47 件，维护了国家的法治形象；执结各类申请执行案件 2871 件，执结标的额 1.2 亿元。处理人民来信 7204 件，接待来访 10039 人次。实施法律救助 81 人，决定减、缓、免交诉讼费 13.5 万余元。上诉案件被二审改判的仅 18 件，比上年下降 40%，无发回重审案件，保证了审判质量。

会议经过了认真审议，决定批准这个报告。

听取和审议市人民检察院工作报告

市人民检察院检察长吴炳林在向大会所作的富阳市人民检察院工作报告中指出，2005 年，受理各类提请批捕案件 597 件 859 人，经审查依法批准逮捕 569 件 823 人，结案率达 100%。受理各类移送审查起诉案件 693 件 1080 人，经审查依法提起公诉 646

件 987 人，移送杭州市人民检察院审查起诉 14 件 29 人，作出不起诉决定 4 件 5 人，结案率达 99.3%。立案侦查贪污贿赂职务犯罪案件 8 件 13 人，其中 10 万元以上大案 4 件，科局级以上领导干部贪污受贿要案 2 件。监督公安机关立案侦查 12 件 13 人，监督不应立案 3 件 3 人，公安机关移送批捕案件经审查不批准逮捕 28 件 36 人。认真履行审判监督职责，立案审查民事行政申诉案件 29 件，提请抗诉 5 件，已改判 3 件，执行和解 5 件，息诉 5 件。加大刑罚执行监督力度，开展减刑、假释、监外执行专项检察活动，对减刑等 87 人逐个进行检查，起到较好的警示和规范作用。

会议经过审议，决定批准这个报告。

听取议案意见处理报告

截至 2 月 24 日 12 时，大会共收到富阳市人大代表议案和建议 153 件。其中涉及城建等 27 件、农业等 36 件、环保等 7 件、交通等 43 件、工业等 9 件、教育等 14 件、政法等 3 件、其他 14 件。第十三届人大前三次会议，共立议案 10 件， 7 件已基本完成，还有 3 件正在办理，尚未完成，即拓宽胥高线、建设大源镇过境公路、解决农村群众用水难。由于涉及面广，投资额大、建设时间长，办理任务十分艰巨，需要今年乃至今后一个时期继续努力。人大代表所提议案建议，有的已列入“富阳市人民政府十件实事”工程，有的在富阳市人民政府工作规划中已经明确。据此，大会不列议案，全部拟作意见建议处理。按规定程序，逐个落实有关部门办理。将办理结果书面答复市人大代表，并报告富阳市人大常委会。

第十四章　第十四届人民代表大会

富阳市第十四届人民代表大会自 2007 年 2 月至 2012 年 2 月，任期 5 年，召开代表大会会议 5 次，听取和审议工作报告 30 个，作出决议、决定 36 项，选举产生地方国家机关领导人员 17 名，大会共收到市人大代表提出的议案、建议 976 件。

第一节　第十四届人民代表大会第一次会议

2007 年 2 月 1 日至 6 日，富阳市第十四届人民代表大会第一次会议在富阳影剧院召开。出席大会市人大代表 255 名，列席 204 名。2 月 1 日下午举行预备会议，通过大会主席团和秘书长名单，通过大会议程。在主席团召开的第一次会议上，通过大会日程，通过大会主席团常务主席，通过大会主席团执行主席分组名单，决定大会副秘书长，通过主席台就座人员名单和代表提交议案截止时间的决定，讨论提出选举办法。

大会议程共 8 项：听取和审议富阳市人民政府工作报告；听取和审议富阳市 2006 年国民经济和社会发展计划执行情况及 2007 年国民经济和社会发展计划草案报告；听取和审议富阳市 2006 年财政预算执行情况和 2007 年财政预算草案报告；听取和审议富阳市人大常委会工作报告；听取和审议富阳市人民法院工作报告；听取和审议富阳市人民检察院工作报告；选举；听取议案意见处理报告。大会收到市人大代表提出的议案、建议 228 件，作出决议、决定 7 项。

听取和审议市人民政府工作报告

2 月 2 日上午，市人民政府代理市长张锦铭向大会作富阳市人民政府工作报告。报告回顾过去四年，富阳市经济建设和社会事业取得了丰硕成果。至 2006 年，生产总值年均增长 17.9%，人均 GDP 年均增长 17.2%，财政总收入年均增长 20.6%，其中地方财政收入年均增长 27.5%，全社会固定资产投资年均增长 31.3%，社会消费品零售总额年均增长 15.1%，农业总产值年均增长 13.3%，工业总产值年均增长 26.2%，其中规模以上工业产值年均增长 35.4%，拥有中国名牌产品 2 只，国家免检产品 8 只，省著名商标 19 只，省名牌产品 17 只。第三产业增加值年均增长 20%，旅游总收入年均增长 16.8%，拥有富春桃源等 3 处国家 AAAA 级景区；白鹤等 3 处“浙江省星级乡村旅游点”。自营出口额年均增长 31%，利用外资年均增长 25.1%，工业性技改投入年均增长 21.1%。城镇居民人均可支配收入年均增长 11.4%，农民人均纯收入年均增长 11%，城镇居民恩格尔系数下降到 36.3%，居民平均期望寿命提高到 76.21 岁。今后五年到 2011 年，力争实现生产总值 400 亿元，人均生产总值比 2005 年翻一番，突破 8000 美元，财政总收入达到 50 亿元。城镇居民人均可支配收入达到 2.6 万元，农民人均纯收入达到 1.3 万元，城镇登记失业率控制在 4%以内。2007 年，是新一届富阳市人民政府的开局之年。富阳市国民经济和社会发展的主要预期目标为：生产总值增长 13%，工业总产值增长 20%，农业总产值增长 8%，社会消费品零售总额增长 15%，自营出口增长 16%，全社会固定资产投产增长 12%，财政总收入增长 13%，城镇居民人均可支配收入增长 10%，农民人均纯收入增长 10%，城镇职工登记失业率控制在 4%以内，人口自然增长率控制在 4.34‰以内。

会议审议后认为，富阳市人民政府的工作报告对过去四年工作的总结实事求是，提出今后五年的奋斗目标和 2007 年的工作安排切合实际，措施积极可行。会议同意这个报告，决定批准这个报告。

听取和审议市国民经济和社会发展计划报告

市发改局局长郎卫国受富阳市人民政府委托，向大会作富阳市国民经济和社会发展计划报告。报告指出，2006 年，富阳市实现生产总值 238.4 亿元，完成年度计划的 105%；实现财政总收入 30.26 亿元，完成计划的 100.5%，其中地方财政收入 15.96 亿元，比上年增长 25.1%；实现农业总产值 29.2 亿元，完成计划的 100.7%；实现工业总产值 776.5 亿元，完成计划的 107.3%；实现第三产业增加值 72.6 亿元；实现社会消费品零售总额44.8亿元,完成计划的103%;实现自营出口3.95亿美元。完成计划的99.7%；完成固定资产投资总额 114.8 亿元，完成计划的 103.4%；城镇居民人均可支配收入 16680 元，完成计划的 100.8%，农民人均纯收入 8497 元，完成计划的 101.9%；人口自然增长率和城镇登记失业率，均在年度计划控制目标以内。2007 年，富阳市国民经济和社会发展主要预期目标建议（与富阳市人民政府工作报告一致，略）。要以科学发展观为指导，开拓创新，扎实工作，全面完成 2007 年各项目标任务。

会议经过审议，决定批准富阳市 2007 年国民经济和社会发展计划报告。

听取和审议市财政决算和财政预算报告

市财政局局长孙柏平，在向大会所作的富阳市财政决算和财政预算报告中指出，经富阳市第十三届人大常委会第二十八次会议批准，2006 年财政总收入调整为 301000 万元，其中地方财政收入 157890 万元；财政总支出调整为 151150 万元。执行结果，财政总收入为 302579.2 万元，为计划的 100.5%，比上年增长 23.1%，其中地方财政收入 159616 万元，为计划的 101%，比上年增长 25.1%；财政总支出为 164000 万元，比上年增长 14.8%。财政可用资金为 175039 万元，实现收支平衡，略有节余。2007 年，财政总收入安排为 342000 万元，比上年增长 13%，其中地方财政收入 179050 万元，增长 12.2%；安排财政总支出为 180000 万元，增长 9.8%。

会议经认真审议，决定批准富阳市财政决算和财政预算报告。

听取和审议市人大常委会工作报告

2 月 3 日，富阳市第十三届人大常委会代理主任汪锦汉在向大会所作的富阳市人大常委会工作报告中，回顾了四年来的工作情况，共举行常委会会议 29 次，主任会议 62 次，听取和审议“一府两院”工作报告 85 个，依法任免国家机关工作人员 269 人次。一、紧贴经济社会发展全局，进一步提高监督工作实效。先后组织市人大代表对《环境保护法》《劳动法》《安全生产法》等 30 多部法律法规的执行情况进行检查。坚持每年 2 次听取经济发展计划和财政预算执行情况报告。常委会围绕各项创建活动、为民办实事项目、“非典”防治、劳动和社会保障等工作开展视察、检查和调研，从为民、利民的角度，提出审议意见和工作建议，推动政府工作，维护群众利益。二、依法行使决定权和任免权，有序开展两级人大换届选举工作。制定了提任国家机关工作人员法律知识考试办法；法官、检察官法律职务任职资格审查办法，并坚持对富阳市人民法院、检察院拟任法律职务人员做好调查了解工作，保证任命工作的准确性。依法对 24 名富阳市人民政府组成人员和市人民法院、市人民检察院 6 名副职进行述职评议。三、不断探索代表工作，充分发挥代表作用。每年召开政情通报会，邀请市人大代表列席常委会会议，参加常委会组织的视察、执法检查、专项调研等活动，为代表参与管理国家事务创造有利条件。指导乡镇依法开好每年的人代会例会。有 8 个乡镇的 280 多名乡镇人大代表对 21 名副乡镇长进行述职评议，促进基层政治民主建设。四、加强市人大常委会自身建设，不断提高工作水平。严格执行民主集中制，认真执行议事规则，依法办事，集体行使职权，不断提高履职能力和工作水平。

会议认为，四年来，富阳市人大常委会在中共富阳市委领导下，围绕中心，服务发展，关注民生，促进和谐，认真履行宪法和法律赋予的职权等方面都取得了新成绩。会议同意这个报告，决定批准这个报告。

听取和审议市人民法院工作报告

市人民法院代理院长程建飞向大会作富阳市人民法院工作报告。报告回顾过去四年，共办结各类案件 30900 件。其中审结刑事案件 2484 件 3688 人；审结民商事和行政案件 17509 件，解决诉讼标的额 16.1 亿元。在民事案件审判中，贯彻“能调则调，当判则判、调判结合、案结事了”的原则，经调解结案的 3529 件，占该类案件的 31.6%；执结各类申请执行案件 10781 件，执行标的额 6.6 亿元，执结率每年达到 85%以上。共对 223 件弱势群体诉讼案件，依法实行减、缓、免交诉讼费 48 万余元。在全院干警中，营造“比审判质量、比办案效率、比工作作风、比贡献大小”的浓厚氛围，促使每个干警都立足本职，顽强拼搏，较好地完成了繁重的审判执行和其他工作任务。一线办案人员每年人均结案数超百件，最高的达 768 件。四年来，被二审改判或发回重审的案件 103 件，仅占全部审结案件总数的 0.5%。

会议审议后同意这个报告，决定批准这个报告。

听取和审议市人民检察院工作报告

市人民检察院代理检察长吕金芳在向大会所作的富阳市人民检察院工作报告中，回顾总结四年来的工作情况。共受理公安机关提请批捕的各类刑事案件 2116 件 3091 人，经审查依法批准逮捕 2003 件 2913 人；受理各类移送审查起诉案件 2664 件 4075 人，经审查依法提起公诉 2466 件 3688 人，依法移送杭州市检察院审查起诉 57 件 130 人。四年来，共立案侦查贪污贿赂、渎职侵权等职务犯罪案件 34 件 50 人，查办的均为大案，其中科局级以上领导干部犯罪要案 5 件，“一机关三部门”工作人员犯罪案件 15 件，查办贪污贿赂犯罪数额在 10 万元以上的特大案件 15 件，50 万元以上的 2 件，100 万元以上的 2 件，500 万元以上的 1 件。监督公安机关立案侦查 38 件 47 人，监督公安机关不应立案而立案的 19 件 19 人，经审查决定不批准逮捕 110 件 174 人，建议公安机关撤回起诉 87 件 131 人。率先在杭州地区运用检察建议对民事行政案件启动再审，并对国有资产流失案件督促起诉作了探索实践，督促起诉 29 件，为国家挽回经济损失 1540 万余元。2003 年后，先后被评为浙江省级、杭州市级“先进检察院”、省“科技强检先进集体”。

会议同意富阳市人民检察院工作报告，决定批准这个报告。

选举

2 月 6 日进行大会选举。大会选举办法规定，选举富阳市第十四届人民代表大会常务委员会主任 1 人、副主任 7 人、委员 15 人；选举富阳市人民政府市长 1 人、副市长 6 人；选举富阳市人民法院院长 1 人和富阳市人民检察院检察长 1 人；选举出席杭州市第十一届人民代表大会代表 27 人。选举结果，徐文光当选为富阳市第十四届人大常委会主任，华爱金、王土田、徐松泉、华荣富、潘建平、孙柏平、郎卫国为副主任，吕建新等 15 人为委员；张锦铭当选为富阳市人民政府市长，汤金华、陆洪勤、邵良、陆献德、方仁臻、王小丁为副市长；程建飞当选为富阳市人民法院院长；吕金芳当选为富阳市人民检察院检察长（需报批）；王嫜等 27 人当选为杭州市第十一届人民代表大会代表。当天，大会主席团向全市发布公告，公布当选人名单。

听取议案意见处理报告

2 月 4 日 12 时截止，大会共收到市人大代表议案意见 228 件。其中涉及城建等 54 件、农业等 39 件、环保等 12 件、交通等 63 件、工业等 12 件、教育等 20 件、政法等 6 件、其他 21 件。大会议案组建议，将新登、场口等代表团 88 名代表提出的 6 件议案合并为 2 件，即“要求对农村生活垃圾进行收集和无害化处理”“关于集约利用土地支持中小企业发展”，列为本次大会议案。其余 222 件均作意见建议处理，由富阳市人大常委会代表工作委员会负责，按规定程序交富阳市人民政府及有关部门认真办理。将办理结果书面答复市人大代表，并报告富阳市人大常委会。

第二节　第十四届人民代表大会第二次会议

2008 年 3 月 4 日至 7 日，富阳市第十四届人民代表大会第二次会议在富阳影剧院召开。出席大会市人大代表 256 名，列席 222 名。3 月 4 日下午举行预备会议，通过大会主席团和秘书长名单，通过大会议程。在主席团第一次会议上，通过大会日程，通过大会主席团常务主席，通过大会主席团执行主席分组名单，决定大会副秘书长，通过主席台就座人员名单和代表提交议案截止时间。大会议程共 7 项：听取和审议富阳市人民政府工作报告；审议富阳市 2007 年国民经济和社会发展计划执行情况及 2008 年国民经济和社会发展计划草案报告；审议富阳市 2007 年财政预算执行情况和 2008 年财政预算草案报告；听取和审议富阳市人大常委会工作报告；听取和审议富阳市人民法院工作报告；听取和审议富阳市人民检察院工作报告；听取议案意见处理报告。大会共收到市人大代表提出的议案、建议 200 件，作出决议、决定 7 项。

听取和审议市人民政府工作报告

3 月 5 日上午，市人民政府市长张锦铭向大会作富阳市人民政府工作报告。报告回顾 2007 年，富阳市生产总值比上年增长 21.2%，财政总收入增长 28.1%，其中地方财政收入增长 28.1%。工业总产值比上年增长 23.2%，规模以上企业达到 1021 家，其中销售收入超 50 亿元企业 1 家，超 30 亿元企业 3 家，超亿元企业 109 家，3 只工业产品获中国名牌，9 只获杭州市级名牌，10 只被授予著名商标，被中国中小企业协会评为“扶持中小企业创新发展成绩显著地方政府”。农业总产值比上年增长 10.9%，粮食生产保持稳定，农业生产增产增收。投入水利建设资金 1.75 亿元，完成 5 座水库标准化建设，完成河道整治 6.8 公里，建成标准农田 18370 亩，新增耕地 3458 亩。第三产业增加值比上年增长 19.4%。接待国内外游客 429.2 万人次，增长 13.5%，旅游总收入 25.1 亿元，增长 15.4%。以“百千工程”为载体，累计投入资金 2.99 亿元，完成 5 个示范村、44 个重点整治村、102 个一般整治村建设任务。新一轮参保率达到 99.8%，被评为“全省农村合作医疗先进县（市）”。城镇居民人均可支配收入比上年增长 14.2%，农民人均纯收入增长 13%。2008 年，建议经济社会发展主要预期目标为：生产总值比上年增长 13%，工业总产值增长 20%，农业总产值增长 9%，社会消费品零售总额增长 15%，自营出口增长 16%，全社会固定资产投资增长 13%，财政总收入增长 16%，城镇居民人均可支配收入增长 10%，农民人均纯收入增长 10%，城镇职工登记失业率控制在 4%以内，人口自然增长率控制在 4.16‰以内。

会议审议后认为，一年来，富阳市人民政府全面贯彻落实科学发展观，较好完成了富阳市第十四届人大一次会议确定的各项目标和任务，取得显著成绩。会议同意这个报告，决定批准这个报告。

审议市国民经济和社会发展计划报告

市发改局受富阳市人民政府委托，向大会提交了富阳市国民经济和社会发展计划的书面报告。报告载明，2007 年，富阳市实现生产总值 289 亿元，完成年度计划的 107.3%，实现农业总产值 32.4 亿元，完成计划的 102.9%，实现工业总产值 957 亿元，完成计划的 102.7%，实现第三产业增加值 86.3 亿元，比上年增长 19.4%。实现社会消费品零售总额 52.2 亿元，完成计划的 101.4%，完成全社会固定资产投资 130.5 亿元，为年度计划的 101.5%，实现自营进出口总额 10.6 亿美元，其中自营出口 5.34 亿美元，完成计划的 116.6%。实现财政总收入 38.76 亿元，完成计划的 113.3%，其中地方财政收入 20.45 亿元，完成计划的 114.2%。城镇居民人均可支配收入 19042 元，完成计划的 103.8%，农民人均纯收入 9601 元，完成计划的 102.7%，城镇登记失业率为 3.41%，人口自然增长率为 4.1‰，均控制在预期目标以内。2008 年，建议富阳市国民经济和社会发展主要预期目标(与富阳市人民政府工作报告一致，略)。在新的一年里，将认真抓好项目建设管理等项工作，推进全市经济社会又好又快发展。

会议经过审议，决定批准富阳市2008年国民经济和社会发展计划报告。

审议市财政决算和财政预算报告

市财政局受富阳市人民政府委托，向大会提交了富阳市财政决算和财政预算的书面报告，报告列举了主要数据。2007年的财政预决算，经富阳市第十四届人大常委会第九次会议批准，富阳市财政总收入调整为387000万元，其中地方财政收入调整为204500万元；财政总支出调整为201000万元。执行结果，财政总收入为387628万元，完成调整后预算的100%，比上年增长28.1%，其中地方财政收入204533万元，完成调整后预算的100.2%，比上年增长28.1%；财政总支出201098万元，完成调整后预算的100%，比上年增长22.6%，收支相抵，略有节余。2008年，安排财政总收入为450000万元，比上年增长16%，其中地方财政收入239150万元，比上年增长17%；安排财政总支出为228000万元，比上年增长13.4%。

会议经过审议，决定批准富阳市财政决算和财政预算报告。

听取和审议市人大常委会工作报告

3月6日，市人大常委会副主任华爱金向大会作富阳市人大常委会工作报告。一年来，富阳市人大常委会认真履行法律监督权，根据浙江省、杭州市人大常委会的统一部署，上下联动开展《中华人民共和国义务教育法》《中华人民共和国治安管理处罚法》《中华人民共和国残疾人保障法》等执法检查，对《中华人民共和国工会法》《中华人民共和国广告法》《浙江省计生条例》等法律法规实施情况进行视察调研。对富阳市人民法院实施人民陪审员制度情况、富阳市人民检察院开展预防职务犯罪工作进行调研，并提出了整改意见和要求。加强对经济社会发展重大问题的监督。常委会围绕国家卫生城市复评年这个工作中心，通过组织视察、听取和审议迎检工作汇报，加强重点整治，确保通过“国卫复评”验收。认真履行重大事项决定权，经富阳市人民政府提请，作出部分乡镇街道行政区划调整决议。根据全市财政收支预算执行的实际情况，作出批准富阳市人民政府调整2007年财政收支预算和部门预算的决定。2007年共有202名代表参加杭州市委党校培训，增强代表对人大制度理论和履职基本知识的认识。抓好议案建议的督办，富阳市第十四届人大一次会议的议案、建议，全部按时办结，办复率100%，满意和基本满意率99%。常委会修订、制订了常委会组成人员守则、提请任命国家机关工作人员法律知识考试办法等制度，有力地促进了常委会的制度化、规范化建设。

会议审议后认为，富阳市人大常委会认真贯彻落实科学发展观，积极推进“富裕阳光之城”建设，较好地完成了富阳市第十四届人大一次会议确定的各项工作任务。会议同意这个报告，决定批准这个报告。

听取和审议市人民法院工作报告

市人民法院院长程建飞在向大会所作的富阳市人民法院工作报告中，总结一年来的主要工作。2007 年共收各类案件 9912 件，办结 10027 件，办结案件数首次超过万件，人均结案数居杭州地区各法院之首。在办结案件中，审判结案 6049 件，其中审结刑事案件 698 件，判处罪犯 1182 人；审结民商事案件 5310 件，经调解、撤诉结案的 2934 件；审结行政案件 33 件。执结各类案件 3949 件，执行标的额 4.9 亿余元，执结率达 91.3%，保持省级“执行工作良性循环法院”荣誉称号。对 84 件民商事案件实行减、缓、免交诉讼费 25.4 万元。2007 年人民陪审员参与审判案件 289 件，有效保障人民陪审员依法行使职权。

会议经过审议，同意这一报告，决定批准这个报告。

听取和审议市人民检察院工作报告

市人民检察院检察长吕金芳在向大会所作的富阳市人民检察院工作报告中，总结一年来共受理提请批捕案件 615 件 951 人，经审查依法批准逮捕 597 件 925 人；受理移送起诉案件 752 件 1312 人，经审查依法提起公诉 691 件 1174 人。依法提前介入侦查活动，参与重特大、疑难复杂案件讨论 40 余次。2007 年立案侦查贪污贿赂职务犯罪案件 14 件 29 人，其中查处犯罪金额在 10 万元以上的 5 件，50 万元以上的 2 件，100 万元以上的 2 件。全年受理各类渎职侵权案件线索 13 件，立案查办 7 件，办结 6 件。积极推进职务犯罪预防工作，会同富阳市发改局、富阳市建设局、富阳市交通局、富阳市水电局等部门，联合印发“关于防范重点工程建设预防职务犯罪工作的实施意见”，促进了重点领域职务犯罪的预防工作。监督公安机关立案侦查 13 件 18 人，经审查不批准逮捕 22 件 30 人，不起诉 1 件 1 人，建议公安机关撤回起诉 22 件 43 人，追诉漏犯 7 人。审查看守所呈报罪犯减刑材料 127 份，同意呈报 72 名，缓报 28 名，不同意呈报 27 名。深入开展先进检察院争创工作，民事行政检察科被杭州市人民政府授予 2007 年“杭州市模范集体”荣誉称号。

会议经过审议，同意这个报告，决定批准这个报告。

听取议案意见处理报告

3 月 6 日 11 时截止，大会收到富阳市人大代表议案和建议 200 件。其中涉及民生保障方面 16 件、城乡建设方面 53 件、工业兴市方面 4 件、农业经济方面 29 件、环境管理方面 19 件、现代服务业方面 4 件、社会事业方面 17 件、其他 58 件。本着事关全局，突出重点，惠及百姓的议案立案原则，经大会主席团讨论，将街道、新登等代表团 82 名代表提出的“关于进一步做好行政村规模调整有关后续工作”等 4 件议案合并为 1 件，列为本次大会议案。其余 196 件均作代表意见建议处理，并按规定程序办理。将办理结果书面答复市人大代表，并报告富阳市人大常委会。

第三节　第十四届人民代表大会第三次会议

2009年2月24日至27日，富阳市第十四届人民代表大会第三次会议在富阳影剧院召开。出席会议市人大代表255名，列席220名。2月24日下午举行预备会议，通过大会主席团和秘书长名单，通过大会议程。在主席团第一次会议上，通过大会日程，通过大会主席团常务主席，通过大会主席团执行主席分组名单，决定大会副秘书长，通过主席台就座人员名单和代表提交议案截止时间决定。大会议程共7项：听取和审议富阳市人民政府工作报告；审议富阳市2008年国民经济和社会发展计划执行情况及2009年国民经济和社会发展计划草案报告；审议富阳市2008年财政预算执行情况和2009年财政预算草案报告；听取和审议富阳市人大常委会工作报告；听取和审议富阳市人民法院工作报告；听取和审议富阳市人民检察院工作报告；听取议案意见处理报告。大会共收到市人大代表提出的议案、建议198件，作出决议、决定7项。

听取和审议市人民政府工作报告

2月25日上午，市人民政府市长张锦铭向大会作富阳市人民政府工作报告。报告指出，2008年，生产总值比上年增长12.6%，财政总收入增长16.3%，其中地方财政收入增长15.3%，全社会固定资产投资增长13.4%，工业总产值增长18.7%，其中规模以上工业产值增长23.2%，规模以上工业共有1161家，其中产值超亿元129家，超20亿元7家，超60亿元1家，2家企业集团进入全国大企业集团竞争力“500强”，3家企业跻身全国电子“百强企业”，5家企业商标荣获“中国驰名商标”，新增省级以上名牌产品、著名商标8只。农业总产值比上年增长10.8%，粮食生产保持稳定，市级农业龙头企业达到65家，新增杭州市级农业龙头企业5家，建成无公害农产品基地2.6万亩。投入水利建设资金1.9亿元，完成水利工程316处。第三产业增加值比上年增长11.8%，接待国内外游客505.3万人次，增长17.7%，旅游总收入比上年增长25.1%，社会消费品零售总额增长21.7%，进出口总额增长20%，其中自营出口额增长20.4%。“百千工程”深入实施，完成5个示范村、3个重点村、26个一般村的整治工作，新建农村公路50公里，行政村客运班车通达率达98.3%，完成新农村电气化建设90个村。城镇居民可支配收入比上年增长11.5%，农村人均纯收入增长12%，年末城乡居民储蓄余额增长28.8%。上年市人代会确定为民办的十件实事项目进展顺利，基本达到预期目标。2009年，建议经济和社会发展主要预期目标为：生产总值增长10%，规模以上工业销售产值增长15%，服务业产值增长13%，农业总产值增长9%，社会消费品零售总额增长14%，自营出口额增长11%，全社会固定资产投资增长11%，财政总收入增长10%，城镇居民人均可支配收入增长10%，农民人均纯收入增长10%，城镇职工登记失业率控制在4%以内，人口自然增长率控制在3.42‰以内。全市必须牢牢把握经济增长这一核心、结构调整这一主线、改善民生这一根本、攻坚克难这一关键，为共建共享“富裕阳光之城”不懈努力。

会议充分肯定富阳市人民政府过去一年的工作。会议要求，富阳市人民政府要坚持迎难而上、转型升级、创新发展，努力完成全年经济社会发展目标任务，加快建设“富裕阳光之城”步伐。会议决定批准这个报告。

审议市国民经济和社会发展计划报告

市发改局受富阳市人民政府委托，向大会提交了富阳市国民经济和社会发展计划的书面报告。报告载明，2008年，实现生产总值342.9亿元，完成年度计划105.1%，其中一、二、三次产业增加值按现价计算分别增长11.9%、20.9%和16.1%；实现财政总收入45.07亿元，完成年度计划的100.2%，其中地方财政收入23.58亿元，比上年增长15.3%；实现农业总产值34.3亿元，完成计划的101.5%；实现工业总产值1136.2亿元，完成计划的98.9%，规模以上工业产值895.8亿元，比上年增长23.2%；服务业增加值100.8亿元，完成计划的100.9%；社会消费品零售总额63.5亿元，完成计划的105.8%；全社会固定资产投资147.9亿元，为计划的100.3%；自营出口总额6.43亿美元，完成计划的104.7%；城镇居民可支配收入21238元，完成计划的101.4%，农民人均纯收入10756元，完成计划的101.8%；人口自然增长率为2.5‰，城镇登记失业率为3.28%，均在年度控制目标以内。2009年，建议国民经济和社会发展预期目标（与富阳市人民政府工作报告一致，略）。必须审时度势，因势利导、积极应对挑战，克难攻坚，锐意进取，扎实做好各项工作，努力完成全年各项目标任务。

会议经过审议，决定批准富阳市2009年国民经济和社会发展计划报告。

审议市财政决算和财政预算报告

市财政局受富阳市人民政府委托，向大会提交了富阳市财政决算和财政预算的书面报告。报告列出，2008年，富阳市财政总收入450690万元，完成年度预算的100.2%，比上年增长16.3%，其中地方财政收入235770万元，完成年度预算的100.2%，比上年增长15.3%。可用资金为270360.3万元。财政总支出为239203万元，完成年度计划的104.9%，比上年增长18.9%。财政实现收支平衡，略有节余。2009年，财政总收入安排为495800万元，比上年增长10%，其中地方财政收入安排259230万元，比上年增长10%；安排财政总支出255000万元，比上年实际支出增长6.6%。

会议经认真审议，决定批准富阳市财政决算和财政预算报告。

听取和审议市人大常委会工作报告

2月26日，市人大常委会副主任华爱金向大会作富阳市人大常委会工作报告。报告指出，2008年常委会举行全体会议7次，审议议题20项，作出决议、决定8项，任免国家机关工作人员29人次。一、以民生为重点，加强工作监督。常委会实地视察检查了农村公路建设、学校标准化工程、农村困难家庭住房救助、社区卫生服务中心建设等实事工程，要求市政府进一步加大工作力度，在规定时间内确保进度。为推进“百千工程”深入实施，常委会进行视察调研，要求市政府加快建设步伐。一年来，先后对节能减排、非税收入管理、保障性住房建设、广电工作、侨务工作等进行视察调研。二、以实效为主旨，加强法律监督。先后对《中华人民共和国预算法》《中华人民共和国矿产资源法》等开展执法检查，提出执法检查意见。常委会组成执法检查组，对全市11家行政执法机关自2006年1月1日后的行政立案案件逐件进行检查，确保行政案件与刑事案件的严格区别和严肃执法。三、以活力为目标，加强代表工作。坚持市人大代表列席常委会会议制度，扩大代表对常委会工作的参与力度。组织代表集中学习56次，参与代表996人次，走访选民747人，开展视察调研63次，提出意见建议285条，联系结对村100余个，帮扶困难户646户，承诺帮扶资金624万元。在“5.12”汶川大地震中，以企业和个人名义共向地震灾区捐款捐物合计1886万元。四、以学习为先导，加强自身建设。通过学习例会、每季法制讲座、专题培训等形式，组织常委会组成人员和全体机关干部认真学习《中华人民共和国审计法》《中华人民共和国城乡规划法》等相关法律知识和业务知识。修订完善《关于财政预算监督试行办法》等多项规章制度，确保各项工作依法、规范进行。

会议要求，富阳市人大常委会要围绕中心，服务大局，推进科学发展；关注民生，发扬民主，促进社会和谐；创新方法，完善机制，发挥代表作用；加强学习，提高素质，依法履行职责。会议决定批准这一报告。

听取和审议市人民法院工作报告

市人民法院院长程建飞，在向大会所作的富阳市人民法院工作报告中回顾一年来，共受理各类案件10234件，办结各类案件10339件。在办结的案件中，审结刑事案件733件，判处被告人1241人。在刑事案件中，一是明确打击重点，坚决打击严重危害社会治安的犯罪。二是坚持宽严相济，对主观恶性不大的轻微犯罪，依法适用缓刑、管制、单处罚金等非监禁刑罚。三是注重司法调解，在刑事附带民事案件中，加大调解力度，缓解社会矛盾。四是对未成年人犯罪案件，坚持教育、感化、挽救方针，使其真心悔改，重新做人。审结民商事案件5822件，其中适用简易程序结案的5335件，占审结总数的91.6%。执结各类案件3630件，执行标的额4.4亿余元，实际到位率71.3%。为84名经济实际困难的当事人减、缓、免交诉讼费21.9万元，为58名特困群体执行案件的申请人及时发放救助费45.3万元，以解决申请执行人的燃眉之急。

会议经过认真审议，决定批准这个报告。

听取和审议市人民检察院工作报告

市人民检察院检察长吕金芳在向大会所作的富阳市人民检察院工作报告中指出，

2008年，受理批捕案件682件1075人，经审查依法批准逮捕652件1023人；受理移送审查起诉案件771件1367人，经审查依法提起公诉729件1230人，报送杭州市人民检察院审查起诉17件55人。立案查处国家机关工作人员贪污挪用、渎职侵权等案件13件20人，为国家挽回经济损失1154万元。其中查办贪污贿赂犯罪案件11件18人，大案要案占91.7%。查处渎职侵权犯罪案件2件2人。参与重大安全生产责任事故调查8次，首次在安全生产领域中查处渎职犯罪案件1件1人。积极推进预防职务犯罪工作，开展预防职务犯罪讲座4次，受教育700余人次。监督公安机关立案5件5人，撤案12件23人，不批准逮捕28件49人，纠正漏捕1件3人。以检察建议形式建议民政局作为原告提起首例公益诉讼，为惨死车祸的无名氏争取赔偿款42.69万元。开展刑罚执行监督，审查看守所呈报罪犯的减刑、假释材料155份，不同意呈报或缓报63名。

会议同意这个报告，决定批准这个报告。

听取议案意见处理报告

2月26日11时截止，大会收到富阳市人大代表议案108件。其中涉及民生保障4件、城乡建设47件、现代服务业3件、工业兴市3件、农业经济31件、环境管理7件、社会事业10件、其他3件。另外还收到代表建议、批评和意见90件。经大会主席团研究，将街道、大源、新登等代表团99名代表提出的7件议案合并为1件，即“加快接轨杭州公交一体化、完善城乡公交网络”列为本次大会议案。其余191件作为代表意见建议处理，按规定程序办理。办理结果书面答复市人大代表，并报告富阳市人大常委会。

第四节　第十四届人民代表大会第四次会议

2010年3月2日至6日，富阳市第十四届人民代表大会第四次会议在富阳影剧院召开。出席大会市人大代表253名，列席227名。3月2日下午举行预备会议，通过大会主席团和秘书长名单，通过大会议程。在主席团第一次会议上，通过大会日程，通过大会主席团常务主席，通过大会主席团执行主席分组名单，决定大会副秘书长，通过大会主席台就座人员名单和代表提交议案截止时间决定，讨论提出选举办法。本次大会议程共8项：听取和审议富阳市人民政府工作报告；审议富阳市2009年国民经济和社会发展计划执行情况及2010年国民经济和社会发展计划草案报告；审议富阳市2009年财政预算执行情况和2010年财政预算草案报告；听取和审议富阳市人大常委会工作报告；听取和审议富阳市人民法院工作报告；听取和审议富阳市人民检察院工作报告；选举；听取议案意见处理报告。大会共收到市人大代表提出的议案、建议200件，作出决议、决定7项。

听取和审议市人民政府工作报告

3 月 3 日上午，市人民政府市长张锦铭向大会作富阳市人民政府工作报告。报告指出，2009 年，富阳市实现生产总值比上年增长 8.1%，财政收入增长 11.2%，其中地方财政收入增长 16.9%，城镇居民人均可支配收入和农民人均纯收入，分别增长 10.3% 和 10.2%。规模以上工业销售产值比上年增长 4.5%，造纸、铜冶炼、通信三大产业规模工业产值占产值总量的 55%。限额以上工业性投入增长 7.6%，新增规模企业 69 家，超亿元企业 40 家，3 家企业跻身全国大企业集团竞争力“500 强”，新增国家重点支持的高新技术企业 11 家，实施省级新产品试制计划 81 只，新添浙江名牌 3 只，杭州名牌 6 只，6 家企业参与国家标准制定，1 家企业参与国际标准制定。服务业增加值比上年增长 18.5%，全社会消费品零售总额增长 15.7%，接待国内外游客和旅游收入分别增长 8.9%和 10.4%。实现粮食总产量 16.4 万吨，被评为“浙江省粮食生产先进县（市）”。农业产业化水平进一步提升，建成农业龙头企业 71 家、农民专业合作社 160 家。淘汰关停“低小微”造纸生产线 30 条。新增省级生态乡镇（街道）6 个、杭州市级生态村 2 个。深入实施“百千工程”，完成 7 个示范村、48 个重点村和 2 个街道连片整治任务，荣获省级“新农村建设先进县（市）”称号。新增就业岗位 16935 个，安置失业人员再就业 5061 人，城镇登记失业率 3.32%。2010 年，富阳市经济和社会发展主要预期目标建议为：生产总值增长 10%，规模以上工业销售产值增长 10%，财政总收入增长 11%，全社会固定资产投资增长 14%，消费品零售总额增长 15%，自营出口增长 6%，城镇居民人均可支配收入增长 10%，农民人均纯收入增长 10%，城镇登记失业率控制在 4% 以内，人口自然增长率控制在 3.71‰以内。

会议要求，富阳市人民政府必须在加快构建现代化产业体系、大力推进新型城市化进程、努力争创区域发展优势、加强资源节约和生态建设、促进民生改善和政府服务管理等方面作出努力并取得成效。会议经过审议，决定批准这个报告。

审议市国民经济和社会发展计划报告

市发改局受富阳市人民政府委托，向大会提交了富阳市国民经济和社会发展计划的书面报告。据报告综述，2009 年，富阳市实现生产总值 356.4 亿元，完成年度计划的 97.9%，其中三次产业增加值分别增长 2.3%、4%和 18.5%，财政总收入 50.11 亿元，完成计划的 101%，其中地方财政收入 27.57 亿元，比上年增长 16.9%，实现农业总产值 36.4 亿元，完成计划的 97.6%。规模以上工业企业实现销售产值 883 亿元，完成计划的 88.9%，规模以上工业企业实现利税 47.9 亿元，增长 9.6%，其中利润 27.5 亿元，增长 26.7%。实现服务业增加值 116.8 亿元，完成计划的 106.3%，实现社会消费品零售总额 73.5 亿元，完成计划的 101.5%。实现旅游总收入 34.5 亿元，比上年增长 10.4%，荣获“国家体育产业基地”“国家运动休闲示范区”称号。完成固定资产投资 168.1 亿元，完成计划的 102.3%，自营出口 5.62 亿美元，完成计划的 78.7%。城镇居民可支配收入 23422 元，完成计划的 100.3%，农民人均纯收入 11851 元，完成计划的 100.2%。全年人口自然增长率为 2.7‰，城镇登记失业率为 3.32%，均在预期控制目标以内。2010 年，建议国民经济和社会发展主要预期目标（与富阳市人民政府工作报告一致，略）。

会议经过审议，决定批准富阳市 2010 年国民经济和社会发展计划报告。

审议市财政决算和财政预算报告

市财政局受市人民政府委托，向大会提交了富阳市财政决算和财政预算的书面报告。2009 年，经富阳市第十四届人大常委会第十八次会议批准，财政总收入调整为 495800 万元，其中地方财政收入为 259230 万元，财政支出为 255000 万元。执行结果，全年财政总收入为 501057 万元，完成预算的 101.1%，比上年增长 11.2%，其中地方财政收入 275699 万元，完成预算 106.4%，比上年增长 16.9%，地方财政收入占总收入的比重为 55.02%。财政支出为 273521 万元，完成预算的 107.3%，比上年增长 14.3%。按现行财政体制结算，可用资金为 339136 万元，收支相抵，略有节余。2010 年，财政总收入预算安排 556000 万元，比上年增长 11%，其中地方财政收入 306160 万元，比上年增长 11%，财政支出安排 325100 万元，比上年增长 18.9%。

会议审议后同意这一报告，决定批准富阳市财政决算和财政预算报告。

听取和审议市人大常委会工作报告

3 月 4 日，市人大常委会副主任华爱金向大会作富阳市人大常委会工作报告。报告指出，一年来，富阳市人大常委会举行全体会议 10 次，审议议题 27 项，作出决议、决定 12 项，任免国家机关工作人员 107 人次。一、围绕中心，抓住重点，推动经济社会科学发展。首次听取市人民政府“关于 2009 年全市财政大预算草案的报告”，将涉及政府性全部财政收支预算的土地出让收益、债务收入、政府基金收入、非税收入等收入预算和部门运转支出、项目支出、基金支出、基建支出等全部纳入人大监督，使人大能够比较全面清晰地了解政府资金的来源和用途，体现了人大对政府财政的实质性监督。开展生态市建设和《环境保护法》执行情况跟踪监督，为生态环境的持续改善和生态市的创建发挥了助推作用。常委会先后对劳动就业、建筑市场监管、社区矫正、宗教工作、文化市场、行政执法、农村改厕、药品管理、疾病预防等工作进行视察和调研，取得良好效果。二、注重法治，强化监督，加快依法治市步伐。常委会配合省、杭州市人大，开展《中华人民共和国农业法》实施情况的执法检查，开展《杭州市科技进步条例》《杭州市专利管理条例》的执法调研，推进了相关法律法规在我市的贯彻执行。听取和审议市人民法院“关于民商事案件审判及执行工作情况的报告”，听取市人民检察院“关于公诉案件质量的报告”，听取“‘平安富阳’创建工作的情况报告”，提出相关意见和建议。三、创新机制，改进服务，充分发挥代表作用。富阳市共 1186 名市、乡镇人大代表参加“代表主题实践月”活动，组织集中学习52次，专访农户3728户、企业636家、选民8554人，召开座谈会145次，开展视察调研106次，提出意见建议451条，联系结对村199个，联系困难户852户，落实帮扶慰问金376.8万元。

会议要求，富阳市人大常委会要围绕中心，服务大局，立足科学发展，推进经济发展方式转变和社会事业发展，切实发挥代表主体作用，为共建共享“富裕阳光之城”作出贡献。会议经过审议，决定批准这个报告。

听取和审议市人民法院工作报告

市人民法院院长程建飞在向大会所作的富阳市人民法院工作报告中，回顾2009年，受理各类案件12904件，办结各类案件12526件。在办结案件中，审结刑事案件720件，贯彻宽严相济的刑事政策，依法判处缓刑168人，免予刑事处罚3人；严把审判质量，刑案上诉案件41件，仅1件被二审部分改判。审结民商事案件7439件，其中调解和撤诉结案4326件，调解撤诉率58.2%。审结行政案件22件。执结各类案件4326件，执结率90%。为118件经济确有困难的当事人缓、减、免收诉讼费153.5万元；为51名特困执行案件的申请人发放执行救助款32.4万元。共评查案件8608件，优秀和良好率达80%；被二审改判和发回重审的案件42件，仅占审结案件总数的0.5%。民事案件调解撤诉率达58.2%，执行案件和解率达15.8%，刑事附带民事案件调解率达85%，行政案件和解撤诉率达41.9%，均比上年有较大幅度提升。

会议经过审议，同意这个报告，决定批准这个报告。

听取和审议市人民检察院工作报告

市人民检察院检察长吕金芳在向大会所作的富阳市人民检察院工作报告中指出，2009年，共依法批准逮捕各类刑事案件658件967人，依法提起公诉717件1192人，报送杭州市人民检察院审查起诉重特大案件29件69人。在深入开展“打黑除恶”专项斗争中，批捕故意杀人、绑架、强奸、聚众斗殴、敲诈勒索等重大刑事犯罪嫌疑人131人，起诉163人；批捕抢劫、盗窃、诈骗等犯罪嫌疑人534人，起诉545人；批捕贩毒、赌博、组织卖淫、寻衅滋事等妨碍社会秩序的犯罪嫌疑人225人，起诉259人；批捕未成年人犯罪案件52件98人，起诉56件141人。立案侦查贪污贿赂、渎职侵权等职务犯罪案件10件15人，大案率达100%。审查看守所呈报罪犯的减刑、假释材料244人次，不同意呈报或缓报110人次。审查不服法院判决的民事行政申诉案件10件，依法提请和建议提请抗诉5件，被法院改判4件。

会议经过审议，同意这个报告，决定批准这个报告。

选举

3月6日上午进行大会选举。大会选举办法规定、补选富阳市第十四届人民代表大会常务委员会委员5人。选举结果，吕建明等5人当选为富阳市第十四届人大常委会委员。当天，大会主席团向全市发布公告，公布 5 名补（当）选委员名单。

听取议案意见处理报告

3 月 4 日 12 时截止，大会收到富阳市人大代表议案 62 件。其中涉及现代服务业 5 件、工业兴市 2 件、农业经济 13 件、环境管理 4 件、社会事业 5 件、其他 6 件。另外还收到代表建议意见 138 件。经主席团讨论，将第一、四、六、七等代表团 115 名代表提出的 3 件议案、7 件建议合并为 1 件，即“关于继续加大对欠发达地区新农村建设的扶持力度”，作为大会 1 号议案；将第一代表团 35 名代表提出的“关于要求将社区卫生保洁纳入环保一体化”作为大会 2 号议案。其余 192 件均作代表意见建议，同办理代表议案一样，逐项逐件按规定程序办理。将办理结果书面答复市人大代表，并报告富阳市人大常委会。

第五节　第十四届人民代表大会第五次会议

2011 年 3 月 1 日至 4 日，富阳市第十四届人民代表大会第五次会议在富阳影剧院召开。出席大会市人大代表 252 名，列席 245 名。3 月 1 日下午举行预备会议，选举大会主席团和秘书长，通过大会议程。在主席团第一次会议上，通过大会日程，通过大会主席团常务主席，通过大会主席团执行主席分组名单，决定大会副秘书长，通过主席台就座人员名单和代表提交议案截止时间决定。大会议程共 7 项：听取和审议富阳市人民政府工作报告；审议富阳市 2010 年国民经济和社会发展计划执行情况及 2011 年国民经济和社会发展计划草案报告；审议富阳市 2010 年财政预算执行情况和 2011 年财政预算草案报告；听取和审议富阳市人大常委会工作报告；听取和审议富阳市人民法院工作报告；听取和审议富阳市人民检察院工作报告；听取议案意见处理报告。大会共收到市人大代表提出的议案、建议 150 件，作出决议、决定 8 项。

听取和审议市人民政府工作报告

3 月 2 日上午，市人民政府市长张锦铭向大会作富阳市人民政府工作报告。2010 年，富阳市生产总值比上年增长 12.3%，财政总收入增长 20.3%，其中地方财政收入增长 18.4%，全社会固定资产投资增长 14.1%，城镇居民人均可支配收入增长 10.6%，农民人均纯收入增长 12%，规模工业销售产值比上年增长 25.8%，产值超亿元企业达到 190 家，比上年增加 21 家，新增浙江名牌（著名商标）产品 10 只。农业总产值比上年增长 13.6%，粮食生产保持稳定，新增设施农业 2300 亩，完成土地开发 7037 亩，建设用地复垦 2069 亩，投入水利建设资金 3.3 亿元，完成重点水利工程 53 处。服务业增加值比上年增长 13%，社会消费品零售总额增长 19.6%。外贸自营出口额增长 40%。新增城镇就业岗位 2.03 万个，安置失业人员再就业 4900 余人。富阳市 8 万余名城乡老人享受每人每月 90 元基础养老金待遇。完成农村住房改造 4109 户，困难家庭危房改造 310 户，发放各类救助金、慰问金 1595 万元。2011 年，建议富阳市经济社会发展主要预期目标为：生产总值增长 11%，服务业增加值增长 14%，规模以上工业销售产值增长 16%,财政总收入增长 13%,农业总产值增长 6%,社会消费品零售增长 15%,自营出口额增长 12%，固定资产投资增长 14%，城镇居民人均可支配收入增长 11%,农民人均纯收入增长 11%，城镇职工登记失业率控制在 4%以内，人口自然增长率控制在 4.15‰以内。关于"十二五 "规划，未来五年富阳市经济和社会发展的目标是，到 2015 年，富阳市生产总值突破 650 亿元，年均增长 10%，人均生产总值突破 10 万元，财政总收入年均增长 11%，固定资产投资累计超 1300 亿元，第三产业增加值占生产总值比重达到 40%，社会消费品零售总额年均增长 14%，规模以上高新技术产业占工业销售产值比重达到 30%，城镇居民人均可支配收入和农村居民人均纯收入年均分别增长 10.5%和 11%。

会议要求，为实现 2011 年目标，富阳市人民政府必须推进城乡区域协调发展，加快构建现代化产业体系，着力增强经济发展活力，提升可持续发展水平。会议经过审议，同意报告提出今后五年经济社会发展主要目标，决定批准这个报告。

审议市国民经济和社会发展计划报告

市发改局受富阳市人民政府委托，向大会提交了富阳市国民经济和社会发展计划的书面报告。报告阐述了 2010 年，实现生产总值 415.8 亿元，完成年度计划的 106.1%；财政总收入 60.3 亿元，完成计划的 108.5%，其中地方财政收入 32.7 亿元，比上年增长 18.4%；农业总产值 41.3 亿元，完成计划的 107.2%,全年粮食总产量 15.7 万吨；工业总产值 1314.1 亿元，其中规模以上工业销售产值 1033.3 亿元，完成计划的 106.4%；第三产业增加值 134.7 亿元，完成计划的 100%；社会消费品零售总额 87.1 亿元，完成计划的 103.1%；固定资产投资 191.8 亿元，完成计划的 100.1%；自营出口额 7.87 亿美元，完成计划的 132.1%；城镇居民人均可支配收入 25914 元，完成计划的 100.6%，农民人均纯收入 13272 元，完成计划的 101.8%；新增城镇就业人数 20302 人，完成计划的 225.6%；人口自然增长率为 3.3‰，城镇登记失业率为 3.4%，均控制在预期目标以内。2011 年计划建议目标（与富阳市人民政府工作报告一致，略）。在实际工作中，必须解放思想，坚定信心，全面完成全年的各项任务，为实现"十二五"计划创造一个良好的开端。

会议经过审议，决定批准富阳市 2011 年国民经济和社会发展计划报告。

审议市财政决算和财政预算报告

市财政局受市人民政府委托，向大会提交了富阳市财政决算和财政预算的书面报告。报告指出，富阳市第十四届人大常委会第三十六次会议审查批准 2010 年调整后全市财政总收入为 602000 万元，其中地方财政收入 325920 万元，财政总支出 350000 万元。执行结果，财政总收入为602537万元，完成年度预算的100.1%，比上年增长20.3%，其中地方财政收入326503万元，完成年度预算的100.2%，比上年增长18.4%；财政总支出为362254万元，完成年度预算的103.5%，比上年增长32.4%。可用资金为433446万元。实现财政收支平衡，略有节余。2011年安排财政总收入681000万元，比上年增长13%，其中地方财政收入368900万元，比上年增长13%，财政总支出安排422000万元，比上年增长16.5%。

会议经过审议后，决定批准富阳市财政决算和财政预算报告。

听取和审议市人大常委会工作报告

3月3日，市人大常委会副主任华爱金，向大会作富阳市人大常委会工作报告。一年来，常委会共举行全体会议10次，审议议题34项，作出决议决定9项，依法任免国家机关工作人员108人次。一、致力推动科学发展。听取和审议半年度计划、预算执行情况的报告。“攻坚决战，转型升级”是富阳转危为机、实现再造的重大战略决策，常委会把这项工作作为全年人大监督工作的重点，组织力量开展专项调研，形成调研报告，在此基础上，分别听取关于场口、新登工业平台建设、工业经济运行和造纸业转型升级的情况报告，就进一步实施“工业兴市”战略提出意见和建议。常委会把环境保护和优化发展作为重点，综合运用各种手段，组织开展水污染防治专题调研，实地检查污水防治工作，提出一系列水污染防治意见，有力推动“一江十溪”治污工作。二、全力推进和谐社会建设。“三农”工作和食品安全是社会关注的重点，组织部分代表进行视察检查，听取有关部门专题汇报，针对工作中存在的薄弱环节，要求市政府加强宣传，理顺体制，明确职责，加强监管，强化保障。三、大力落实依法治市方略。把推进依法行政和维护司法公正、保障公民合法权益作为一项重要工作。对“两院”半年度工作进行监督检查，对公安工作进行专项视察，促进司法公正和社会和谐。四、着力发挥代表作用。累计有1484名四级人大代表参加活动，走访农户13690户，走访选民27969人，为“清洁城乡，美化家园”献计献策。

会议要求，富阳市人大常委会要围绕科学发展主题，贯穿民主法制主线，突出改善民生重点，创新工作方式方法，严格履行法定职责，促进经济转型升级，为实现“十二五”良好发展作出新的贡献。会议经过审议，决定批准这个报告。

听取和审议市人民法院工作报告

市人民法院院长程建飞，在向大会所作的富阳市人民法院工作报告中，总结了上一年的主要工作。2010年共受理各类案件12874件，办结各类案件12705件。在办结案件中，共审结刑事案件677件1142人。在判处主刑的同时，依法适用财产刑，为国家和集体挽回经济损失560万余元。共审结民商事案件7083件，标的额47.84亿元，其中调解、撤诉结案3717件，调撤率达52.5%。共审结行政诉讼案件88件。共执结各类案件4853件，执行标的总额3.7亿余元，执结率91%。不服本院判决上诉案件被二审改判和发回重审的42件，仅占结案总数0.3%。全面落实公开审判原则，重大案件审判执行情况通过法院网或新闻媒体向社会公开。

会议经过审议，决定批准富阳市人民法院工作报告。

听取和审议市人民检察院工作报告

市人民检察院检察长吕金芳，在向大会所作的富阳市人民检察院工作报告中指出，2010年，共受理各类批捕案件678件1058人，经审查批准逮捕618件959人；受理移送各类起诉案件766件1333人，经审查提起公诉721件1250人；移送杭州市人民检察院审查起诉14件27人。立案侦查贪污贿赂、渎职侵权等职务犯罪案件5件6人，提起公诉并获判决的9件11人，大案率100%。加强重要行业职务犯罪预防工作，开展各类预防宣传152次、警示教育34次。继续加强对刑事立案监督，监督立案33人，监督撤案14人，依法不批准逮捕39件58人，不提起公诉13件34人。审查减刑、假释、保外就医等材料605份，不同意呈报66份。向富阳市人大代表、政协委员征求检察意见30余条，主动走访富阳市人大代表100余人次。

会议经过审议，同意这个报告，决定批准这一报告。

听取议案意见处理报告

3月3日上午9时截止，大会收到富阳市人大代表议案建议150件。其中涉及民生保障4件、城乡建设55件、现代服务业5件、工业兴市7件、农业经济40件、环境管理7件、社会事业26件、其他6件。经大会主席团认真研究，对所有议案建议，拟作代表建议处理。办理工作必须做到件件有着落，件件有答复，并将结果报告富阳市人大常委会。自富阳市第十四届人大一次会议以来，共立议案6件，办理虽已基本完成，但仍是近一个时期需要继续深化，进一步延伸相应工作。富阳市人民政府将建立健全的工作机制，努力通过议案和建议办理，推动富阳经济社会又好又快发展。

第十五章　第十五届人民代表大会

富阳市第十五届人民代表大会自2012年2月至2015年2月“撤市设区”止，任期已有4年，召开代表大会会议4次，听取和审议工作报告24个，作出决议、决定28项，选举产生地方国家机关领导人员18名，大会共收到市人大代表提出的议案、建议800件。

第一节　第十五届人民代表大会第一次会议

2012年2月16日至21日，富阳市第十五届人民代表大会第一次会议在富阳影剧院召开。出席会议市人大代表254名，列席251名。2月16日下午举行预备会议，选举大会主席团和秘书长，通过大会议程。在主席团第一次会议上，通过大会日程，通过大会主席团常务主席，通过大会主席团执行主席分组名单，决定大会副秘书长，通过主席台就座人员名单和代表提交议案截止时间决定，讨论选举办法草案。大会议程共8项：听取和审议富阳市人民政府工作报告；听取和审议富阳市2011年国民经济和社会发展计划执行情况及2012年国民经济和社会发展计划草案报告；听取和审议富阳市2011年财政预算执行情况和2012年财政预算草案报告；听取和审议富阳市人大常委会工作报告；听取和审议富阳市人民法院工作报告；听取和审议富阳市人民检察院工作报告；选举；听取议案意见处理报告。大会共收到市人大代表提出的议案、建议251件，作出决议、决定7项。

听取和审议市人民政府工作报告

2月17日上午，市人民政府代理市长章舜年向大会作富阳市人民政府工作报告。报告回顾市第十四届人大一次会议以来的五年。至2011年，富阳市生产总值是2006年的2.1倍，年均增长12%，人均生产总值达到11664美元；财政总收入年均增长20.6%，其中地方财政收入年均增长20.7%；固定资产投资年均增长13.5%；农业总产值年均增长11.3%，粮食总产量保持稳定，五年累计新增市级以上农业龙头企业30家，建成无公害农产品基地113个，建成杭州市级以上都市农业园区20个。规模工业销售产值年均增长17%，工业性投资年均增长9.3%，产值超亿元企业达到217家，2家企业成功上市，6家企业跻身“全国民企500强”；经济开发区取得较大成效，五年累计完成基础设施投入31亿元，引进项目63个，建成投产48个，综合实力跃至全省省级开发区第二位；服务业增加值年均增长14%；社会消费品零售总额年均增长18.3%；五年累计投入城建资金50亿元，新建改建城市道路39条，主城区面积扩大到25.5平方公里；深入开展“百千工程”，创建全面小康示范村29个，建成农村联网公路230公里，创建国家级生态乡镇2个、省级生态乡镇14个。城镇居民人均可支配收入年均增长11.9%，农民人均纯收入年均增长12.6%。今后五年的奋斗目标是到2016年，生产总值达到800亿元，年均增长10%，人均GDP突破2万美元，财政收入年均增长11%，其中地方财政收入年均增长11%，固定资产投资年均增长13%，规模工业销售产值比2011年翻一番，达到2100亿元，社会消费品零售总额年均增长18%。主城区建成区面积扩大到30平方公里，城市化率达到62%。城镇居民人均可支配收入年均增长10.5%，农村居民人均纯收入年均增长11%。2012年是新一届富阳市人民政府开局之年，富阳市经济社会发展的主要预期目标建议为：生产总值增长10%，其中服务业增加值增长12%，农业总产值增长7%，规模工业销售产值增长18%，财政总收入和地方财政收入均增长13%，固定资产投资增长15%，社会消费品零售总额增长18%，自营出口额增长12%，城镇居民人均可支配收入增长11%，农民人均纯收入增长12%，城镇登记失业率控制在4%以内，人口自然增长率控制在3.52‰以内。

会议审议后认为，报告回顾总结了过去五年的富阳市人民政府工作，明确了今后五年的工作目标，具体安排部署了2012年的政府工作，均符合富阳实际。会议号召，全市人民要以更加振奋的精神，更加开阔的视野，更加务实的作风，为描绘好“富裕阳光的富春山居图”不懈奋斗。会议经过审议，决定批准这个报告。

听取和审议市国民经济和社会发展计划报告

市发改局局长赵骊中，在向大会所作的富阳市国民经济和社会发展计划报告中指出：2011年，富阳市实现生产总值491.2亿元，完成年度计划的99.5%；实现财政总收入77.2亿元，完成年度计划的100.1%，其中地方财政收入40.9亿元，比上年增长25.4%；农业总产值46.9亿元，完成计划的107.1%，粮食总产值达到14.9万吨，基本保持稳定；规模以上工业销售产值1044.9亿元，完成计划的107.2%，规模以上工业企业实现利税85亿元，比上年增长15.7%；服务业增加值161亿元，完成计划的97.4%；消费品零售总额103.8亿元，完成计划的103.8%；固定资产投资191.5亿元，完成计划的93.5%；自营出口9.9亿美元，完成计划的112.4%；城镇居民人均可支配收入29250元，完成计划的102.6%，农民人均纯收入15369元，完成计划的104.3%；2011年新增就业22226人，完成计划的222.3%，城镇登记失业率2.74%，人口自然增长率3.6‰，均在年度控制目标以内。2012年是新一届富阳市人民政府的开局之年，建议国民经济和社会发展计划目标（与富阳市人民政府工作报告一致，略）。全市上下，要全力以赴，扎实工作，努力完成各项目标任务。

会议经过审议，决定批准富阳市2012年国民经济和社会发展计划报告。

听取和审议市财政决算和财政预算报告

市财政局局长华之江，在向大会所作的富阳市财政决算和财政预算报告中，列出了富阳市财政工作的主要数据。根据富阳市第十四届人大常委会第四十三次会议审查批准，2011年财政总收入调整为77.1亿元，其中地方财政收入40.85亿元，财政总支出为46亿元。实际执行结果，财政总收入完成771722万元，为调整后预算的100.1%，比上年增长28.1%，其中地方财政收入完成409488万元，为调整后预算的100.2%，比上年增长25.4%，地方财政收入占财政总收入的比重为53.1%。财政可用资金为509769万元。财政支出执行结果为468438万元，为调整后预算的101.8%，比上年增长29.3%。收支相抵，略有节余。2012年，财政总收入安排为87.20亿元，同比增长13%，其中地方财政收入安排46.28亿元，同比增长13%；财政支出预算安排为51.60亿元，同比增长10.2%。要完成这一目标任务任重道远，全市财政系统干部必须加倍努力。

会议经过审议，决定批准富阳市财政决算和财政预算报告。

听取和审议市人大常委会工作报告

3 月 18 日，市第十四届人大常委会代理主任华爱金向大会作富阳市人大常委会工作报告。报告指出，五年来，富阳市第十四届人大常委会，共举行常委会全体会议 46 次，主任会议 64 次，听取和审议“一府两院”工作报告 59 个，对 25 件法律法规的执行情况进行检查，发出审议意见书 69 份，作出决议，决定 74 项，依法任免国家机关工作人员 374 人次。一、着眼全局促发展，决定重大事项更加科学。常委会紧扣市委决策，开展调研审议，及时依法作出决定，批准了富阳市人民政府提交的《富阳市发展战略规划》《富阳市可持续发展试验区建设规划和富阳市城市总体规划》，以法定的权威性和普遍的约束力，全力保障富阳市委决策部署的贯彻落实。常委会两次作出《关于调整部分乡镇街道行政区划的决定》，作出《关于加强普法教育和依法治市工作的决议》。二、突出重点求实效，监督工作力度不断加大。五年中，共监督关停“低小散”造纸生产线 324 条、粗铜小冶炼企业 19 家、矿产开采企业 100 家，使省级环保重点监管区获得成功“摘帽”。不断加大对医疗工作的监督力度，先后开展两次执法检查，3 次专题审议和 4 次视察调研，监督富阳市人民政府认真整改，成功创建“省卫生城市”。督促富阳市人民政府加快推进富阳公路收费体制改革步伐，共投资 5 亿元，完成境内 5 个公路收费站的回购工作，对富阳车辆实行免费通行。三、夯实基础重服务，代表主体作用有效发挥。先后连续四年在代表中组织开展“代表主题实践月”活动，累计走访选民 4 万余名，提出意见建议 1036 条，落实帮扶资金 1560 万元。组织代表旁听法院庭审 68 人次，参加执法检查和视察调研 1086 人次，列席常委会会议 173 人次，为代表依法履职创造良好条件。四、围绕自身建设，人大工作水平明显提高。五年中，围绕全市中心工作，深入开展调查研究，形成调研报告 95 份，为富阳市委、富阳市人民政府决策提供了可靠依据，也使人大常委会行使职权更加紧扣中心、顺应民心。

会议要求，富阳市人大常委会要以推动科学发展为主题，以促进经济发展方式转变为主线，围绕市委提出的“工业兴市”战略不动摇，积极履行法定职责，着力推动富阳市经济社会又好又快发展。会议经过审议，决定批准这个报告。

听取和审议市人民法院工作报告

市人民法院代理院长罗鑫向大会作富阳市人民法院工作报告。报告指出，五年来，共受理各类案件 59480 件，办结 59057 件。2011 年，收案 13905 件，办结 13809，均居全省基层法院第 11 位，包括院庭长在内的法官人均结案 205 件，居第 5 位。在办结案件中，审结刑事案件 3644 件 6110 人，为受害方追索赔偿款 1585.8 万元。共审结民商事案件 33250 件，标的额 93.7 亿元，其中调解结案或经调解撤诉 18525 件，占民商事案件总数的 55.7%。共审结行政案件 241 件。共执结各类案件 21828 件，执行标的额 23.88 亿元。五年共为困难群体减免诉讼费 272.2 万元，发放司法救助金 287.9 万元。

会议经过审议，决定批准这个报告。

听取和审议市人民检察院工作报告

市人民检察院代理检察长王晓光向大会作富阳市人民检察院工作报告。报告回顾五年来，共批捕各类刑事犯罪嫌疑人4786人，提起公诉6108人，准确率达100%。正确适用宽严相济刑事司法政策，依法作出不予逮捕决定184人，不起诉决定82人。共查办贪污、贿赂、挪用公款等职务犯罪案件39件67人，其中大案27人，科局级以上干部要案8人；查办渎职侵权等职务犯罪案件10件12人，其中大案10人，科局级以上干部要案2人。通过办案为国家和集体挽回经济损失3600万余元。深入开展职务犯罪预防工作，建立全市预防职务犯罪工作领导小组，推动提升预防工作层次与水平。切实加强各项侦查诉讼监督，累计依法监督侦查机关立案95人，监督撤案64人，依法纠正漏捕20人，追诉漏犯66人。富阳市人民检察院相继荣获“全国检察宣传先进单位”“全国文明接待室”“浙江省先进检察院”“全国基层检察院规范化建设进步奖”“浙江省卫生先进单位”“杭州市先进检察院”“杭州市模范集体”等称号。

会议经过审议，决定批准这个报告。

选举

2月21日进行大会选举。大会选举办法规定，选举富阳市第十五届人民代表大会常务委员会主任1人、副主任6人、委员18人；选举富阳市人民政府市长1人、副市长6人；选举富阳市人民法院院长1人和富阳市人民检察院检察长1人；选举出席杭州市第十二届人民代表大会代表39人。选举结果，汤金华当选为富阳市第十五届人大常委会主任，徐松泉、祝一君、孙柏平、郎卫国、陈鸿麟、华之江为副主任，马利阳等18人为委员；章舜年当选为富阳市人民政府市长，童定干、方仁臻、王小丁、王书评、裘富水、孙洁为副市长；罗鑫当选为富阳市人民法院院长；王晓光当选为富阳市人民检察院检察长（需报批）；王必强等39人当选为杭州市第十二届人民代表大会代表。当天，大会主席团向全市发布公告，公布当选人名单。

听取议案意见处理报告

2月19日12时截止，大会收到富阳市人大代表议案建议251件。其中涉及民生保障13件、城乡建设75件、现代服务业13件、工业经济26件、农业经济33件、环境管理23件、社会事业25件，其他43件。经大会主席团审查，将孙庆炎等68名代表提出的16件议案和10件建议，合并为1件，即“关于加快平台建设，完善扶持政策，优化工业经济发展环境”，列为本次大会1号议案；将刘福华等48名代表提出的5件议案和3件建议，合并为1件，即“关于持续推进新农村建设，全力打造‘富春山居’美丽乡村”，列为大会2号议案。其余217件均作意见建议处理。按照规定程序办理。将办理结果书面答复市人大代表，并报告富阳市人大常委会。

附：富阳市第十五届人民代表大会第一次会议选举办法

（2012年2月18日富阳市第十五届人民代表大会第一次会议通过）

一、根据《中华人民共和国地方各级人民代表大会和地方各级人民政府组织法》、《中华人民共和国全国人民代表大会和地方各级人民代表大会选举法》有关规定，结合我市实际，制定本办法。

二、富阳市第十五届人民代表大会第一次会议选举下列人员：

富阳市第十五届人民代表大会常务委员会主任1人，副主任6人，委员18人；

富阳市人民政府市长1人，副市长6人；

富阳市人民法院院长1人；

富阳市人民检察院检察长1人；

富阳市出席杭州市第十二届人民代表大会代表39人。

三、富阳市第十五届人民代表大会常务委员会组成人员的候选人，必须是本届市人民代表大会代表。

四、富阳市人民代表大会常务委员会主任、富阳市人民政府市长、富阳市人民法院院长、富阳市人民检察院检察长的候选人数，一般应比应选人数多1人，进行差额选举；如果提名的候选人只有1人，也可以等额选举。富阳市人民代表大会常务委员会副主任、富阳市人民政府副市长的候选人数应比应选人数多1人，富阳市人民代表大会常务委员会委员的候选人数应比应选人数多2人，出席杭州市第十二届人民代表大会代表的候选人数应比应选人数多8人，进行差额选举。

五、本次会议选举的富阳市人民代表大会常务委员会组成人员，富阳市人民政府市长、副市长，富阳市人民法院院长，富阳市人民检察院检察长的候选人，由大会主席团或者代表10人以上联名提名；出席杭州市第十二届人民代表大会代表的候选人，由市级政党、各人民团体联合或单独提名，代表10人以上也可联合提名。上述各项候选人提名均不得超过应选名额。

如果提名的候选人总人数符合本选举办法规定的差额数，由大会主席团提交代表酝酿、讨论后，进行选举；如果提名的候选人总人数超过本选举办法规定的差额数，由大会主席团将该项所有候选人名单提交全体代表酝酿、讨论后，以代表团为单位进行预选。由主席团按照本选举办法规定的差额数，根据预选得票多少的顺序，确定正式候选人名单，提交大会进行选举。

六、各政党、人民团体提名推荐和代表10人以上联名提名，应分别填写《政党、人民团体提名候选人登记表》和《代表联合提名候选人登记表》，以书面形式向大会主席团提出，上交各项候选人提名登记表的截止时间为2月20日上午10时整。提名登记表在截止时间以前送交大会秘书处组织组的，提名方才有效。

在确定正式候选人以前，联名者如果要求撤销提名，并以书面形式提出，大会主席团应予以同意。代表10人以上联合提名的候选人，如果本人表示不愿意被提名，应当尊重本人意愿，大会主席团可以不列入候选人名单，并告知提名代表。

七、各项候选人名单采取一起酝酿讨论，分二次进行选举。第一次选举富阳市人民代表大会常务委员会主任、副主任，富阳市人民政府市长、副市长，富阳市人民法院院长，富阳市人民检察院检察长。6张选票，一次发票，一次投票，分别计票。第二次选举市人民代表大会常务委员会委员和出席杭州市第十二届人民代表大会代表。2张选票，一次发票，一次投票，分别计票。各项候选人名单均按姓氏笔画为序排列。

八、大会选举，到会代表必须超过全体代表的半数，方可进行选举。选举采用无记名投票方式进行，每次选举收回的选票等于或少于发出的选票，选举有效；多于发出的选票，选举无效，应重新进行投票选举。

九、选举时，对于市人民代表大会常务委员会主任、副主任、委员候选人，代表可以投赞成票，可以投反对票，可以另选其他本届市人大代表，也可以弃权。对于市人民政府市长、副市长，市人民法院院长，市人民检察院检察长，出席杭州市第十二届人民代表大会代表候选人，代表可以投赞成票，可以投反对票，可以另选其他选民，也可以弃权。

十、代表画写选票时，应当用钢笔或圆珠笔。对选票上的候选人，如赞成，在其姓名上面的方格内画一个“O”；如反对，画一个“X”；不画任何符号或符号不正确的为弃权；如要另选他人，是选票的空格内写上另选人的姓名，并在其姓名上面的方格内画一个“O”。每张选票，所选的人数等于或少于应选人数的为有效票，多于应选人数的为无效票。

十一、候选人获得全体代表的过半数赞成票，始得当选。如获得全体代表过半数赞成票的候选人数超过应选名额时，以得票多的当选；如遇得票数相等而不能确定当选人时，应就得票数相等的候选人再次投票，以得票多的当选。如获得全体代表过半数赞成票的当选人数少于应选名额时，不足的名额是否在本次大会上另行选举，由大会主席团研究决定。如另行选举，则由大会主席团根据缺额数和法律规定的差额数，在未当选的候选人中，按得票数多少取足名额，并按姓氏笔画为序排列进行选举。

十二、大会选举设总监票人1人，监票人8人。总监票人、监票人在大会主席团领导下，对选举全过程进行监督。

总监票人由大会主席团提名，经各代表团酝酿讨论后，提交大会通过。监票人由各代表团推荐，大会主席团讨论决定。总监票人、监票人必须是本届市人大代表。各项候选人不得担任总监票人、监票人。计票工作人员由大会秘书长指定。

十三、选举会场设 1 只投票箱。代表按顺序进行投票，不能委托他人投票。投票时，先由总监票人和监票人投票，然后主席团成员投票，接着代表依次投票。投票结束，由监票人当众开启票箱清点投票数，由总监票人报告大会执行主席，由大会执行主席宣布选举是否有效。

十四、计票完毕，由总监票人向大会报告计票结果，由大会执行主席向大会宣布选举结果。

十五、选举中如发生本办法以外的情况，由大会主席团研究决定处理办法。

十六、本选举办法经富阳市第十五届人民代表大会第一次会议通过后生效。

第二节　第十五届人民代表大会第二次会议

2013 年 2 月 26 日至 3 月 1 日，富阳市第十五届人民代表大会第二次会议在富阳影剧院召开。出席大会市人大代表 252 名，列席 266 名。2 月 26 日下午举行预备会议，选举产生大会主席团和秘书长，表决通过大会议程。在主席团第一次会议上，通过大会日程，通过大会主席团常务主席，通过主席团执行主席分组名单，决定大会副秘书长，通过主席台就座人员名单和代表提交议案截止时间决定，讨论提出选举办法。大会议程共 8 项：听取和审议富阳市人民政府工作报告；审议富阳市 2012 年国民经济和社会发展计划执行情况与 2013 年国民经济和社会发展计划草案书面报告；审议富阳市 2012 年财政预算执行情况与 2013 年财政预算草案书面报告；听取和审议富阳市人大常委会工作报告；听取和审议富阳市人民法院工作报告；听取和审议富阳市人民检察院工作报告；选举；听取议案意见处理报告。大会共收到市人大代表提出的议案、建议 191 件，作出决议、决定 7 项。

听取和审议市人民政府工作报告

2 月 27 日上午，市人民政府代理市长黄海峰向大会作富阳市人民政府工作报告。报告回顾 2012 年，富阳市生产总值比上年增长 8.7%，财政总收入增长 1.7%，其中地方财政收入增长 2.6%，规模以上工业销售产值增长 12.6%，产值超亿元工业企业达到 219 家，大企业（集团）由 49 家发展到 72 家。服务业增加值比上年增长 8.6%，社会消费品零售总额增长 17.3%，接待中外游客和旅游总收入分别增长 15.1%和 21%。全年农业总产值增长 8.1%，完成粮食功能区建设 2 万亩，粮食生产保持稳定，新建省级现代农业园区 5 个，除险加固病险水库 12 座，实施中低产田改造 5050 亩，市级农业龙头企业突破 100 家，农民专业合作社增至 220 家。固定资产投资比上年增长 22.5%，其中工业性投资突破百亿元，增长 15%，自营出口总额增长 10.1%，新增境外投资 6805 万美元。“百千工程”实现全覆盖，生态建设持续加强，“三江两岸”整治工作扎实推进，实施重点减排项目74个，完成年度节能减排约束性指标，顺利通过“国家环保模范城市”复评。富阳市财政用于民生支出达30.8亿元，荣获“中国最具幸福感城市”称号。城镇登记失业率2.8%。城镇居民人均可支配收入比上年增长11.9%，农民人均纯收入增长13.2%。按照到2018年，富阳市生产总值、人均生产总值、城镇居民人均可支配收入和农民人均纯收入在2010年基础上实现“四个翻一番”的要求，建议2013年经济社会发展的预期目标为：地区生产总值比上年增长10%，其中服务业增加值增长11%，规模以上工业销售产值增长13%；农业总产值增长7%；财政总收入增长6%；其中地方财政收入增长6%；自营出口增长8%；社会消费品总额增长17%；固定资产投资增长15%，其中工业性投资增长15%；城镇居民人均可支配收入增长11%，农民人均纯收入增长12%；人口自然增长率控制在3.52‰以内，城镇登记失业率控制在4%以内。

会议充分肯定富阳市人民政府2012年所做工作和取得的成效，同意报告提出的2013年全市经济社会发展主要目标。决定批准这个报告。

审议市国民经济和社会发展计划报告

市发改局受富阳市人民政府委托，向大会提交了富阳市国民经济和社会发展计划的书面报告。报告列出，2012年，实现地区生产总值541.4亿元，完成年度计划的98.8%，其中服务业增加值180.5亿元，完成计划的97%；规模以上工业销售产值1156.8亿元，完成计划的95.4%；农业总产值50.7亿元，完成计划的101%；固定资产投资234.4亿元，完成计划的106.5%，其中工业性投资103.7亿元，完成计划的100%；自营出口10.95亿美元，完成计划的98.3%；社会消费品零售总额121.8亿元，完成计划的99.4%；财政总收入78.5亿元，完成调整后年度计划的101.4%，其中地方财政收入42亿元，完成调整后计划的102.1%；城镇居民人均可支配收入32739元，完成计划的100.8%，农村居民人均纯收入17397元，完成计划的101.1%；城镇登记失业率2.83%，人口自然增长率2.9‰，均控制在年度目标以内。2013年，建议富阳市经济社会发展主要预期目标（与富阳市人民政府工作报告一致，略）。这一目标较为积极，必需力争完成。

会议经过审议，决定批准富阳市2013年国民经济和社会发展计划报告。

审议市财政决算和财政预算报告

市财政局受市人民政府委托，在向大会提交的富阳市财政决算和财政预算书面报告中，列出富阳市财政收支情况的主要数据。经富阳市第十五届人大常委会第七次会议审查批准，2012年富阳市财政总收入调整为77.38亿元，其中地方财政收入41.15亿元，财政预算支出为47.8亿元。执行结果，财政总收入完成784725万元，为调整后预算的101.4%，同比增长1.7%，其中地方财政收入完成420063万元，为调整后预算的102.1%，同比增长2.6%，地方财政收入占财政总收入的比重为53.5%。财政支出

479593 万元，为调整后预算的 100.3%，同比增长 24%。根据当年财政体制结算，2012 年可用资金为 485392 万元，实现财政收支平衡。2013 年，财政总收入预算为 83.21 亿元，同比增长 6%，其中地方财政收入预算为 44.52 亿元，同比增长 6%。全年财政支出预算为 50.3 亿元，同比增长 5.2%。

会议经过审议，决定批准富阳市财政决算和财政预算报告。

听取和审议市人大常委会工作报告

2 月 28 日，市人大常委会主任汤金华在向大会所作的富阳市人大常委会工作报告中指出，2012 年，共举行常委会会议 7 次，主任会议 12 次，听取和审议“一府两院”工作报告 12 个，发出审议意见书 9 份，作出决议决定 13 项，依法任免国家机关工作人员 56 人次，较好地完成了年度各项任务。一、全力推动“工业兴市”战略贯彻实施。常委会深入调研江南区块整体协调发展，就功能定位、产业发展、公共设施配套、体制机制创新等问题，向富阳市委提交了《创新体制，强化融合，提升产业，加快推进江南区块整体协调发展》的报告，得到富阳市委充分肯定。常委会以督查富阳市第十五届人大一次会议 1 号议案“关于加快平台建设，完善扶持政策，优化工业经济发展环境”的办理情况为契机，要求富阳市人民政府进一步完善政策。市人民政府高度重视，先后出台“工业经济 24 条”、“开放型经济 23 条”等政策，加快了“工业强市”建设与经济发展方式的转变。二、继续推进统筹城乡区域发展。持续跟踪监督，促进和支持全市打造统筹城乡区域新样本。开展对富阳市第十五届人大一次会议 2 号议案“关于全力打造‘富春山居’美丽乡村建设”办理情况的督查，督促市人民政府进一步完善扶持政策，加大资金投入，壮大集体经济，增加农民收入，有力地推进了“美丽乡村”的建设。三、着力促进民生改善。专项督查农民建房难题，将解决“农民建房难”列入主任会议督办、市长牵头办理的重点议案，并开展专题调研。2012 年，富阳市共审批农民建房 2712 户，比上年增加 1275 户。常委会对食品安全“一法两规”开展三级联动执法检查，在明察暗访、听取报告基础上，进行深入审议，从食品安全全程监控、严厉打击食品安全违法犯罪等方面提出了整改要求，全力保障人民群众食品安全。密切关注老年人权益保障，开展执法检查，督促市人民政府在强化措施、提高标准、落实各项老年人优待政策、提升社会养老服务水平等方面有新的突破。四、注重发挥代表主体作用。富阳市共建立代表活动室 86 个，全年接待选民 3951 人次，开展调研活动 123 次，慰问困难户 1188 户，承诺或落实帮扶慰问金 1207 万元。举办述职大会 74 场，有 399 名市、乡镇代表进行了述职。

会议要求，富阳市人大常委会要紧紧围绕科学发展主题，转型升级主线，依法履行宪法和法律赋予的职责，努力开创人大工作新局面。会议经过审议，决定批准这个报告。

听取和审议市人民法院工作报告

市人民法院院长罗鑫，在向大会所作的富阳市人民法院工作报告中，总结2012年的主要工作。共受理各类案件14287件，办结13869件，解决诉讼标的额23.4亿元，一线法官人均办案243.3件，居杭州地区法院系统第三位。在办结案件中，共审结刑事案件1120件，判处被告人1668名，通过刑事审判追回赃款200万余元。共审结民商事案件7873件，通过调解或撤诉结案4296件，占54.6%。共审结行政案件41件，其中17件以原告撤诉方式结案。共执结各类案件4819件，执结标的额11.16亿元。2012年依法对205件案件实行减、缓、免交诉讼费79.25万元，向10名生活困难且需救助的申请执行人发放司法救助金21.2万元。城南人民法庭被命名为全省“模范五好法庭”。认真落实党风廉政建设责任制，院纪检监察室被评为“浙江省省法院先进纪检监察集体”。

会议经过审议，决定批准富阳市人民法院工作报告。

听取和审议市人民检察院工作报告

市人民检察院检察长王晓光，在向大会所作的富阳市人民检察院工作报告中指出，2012年，共受理批捕案件720件1089人，作出不予批捕决定22件32人；受理移送审查起诉案件1228件1832人，作出绝对不诉13件16人。继续保持对严重刑事犯罪的高压态势。立案侦查各类职务犯罪案件8件16人，其中查办贪污、贿赂、挪用公款等案件5件8人，渎职侵权案件2件4人，为国家挽回经济损失40万余元。坚持“惩防并举”，参与全市重点建设工程职务犯罪预防，涉及建设单位28家。进一步加强立案监督，共监督侦查机关立案8人，监督撤案7人，追查追诉漏罪漏犯23人。积极开展检纪检风督察，先后荣获“全国检察宣传先进单位”“浙江省省基层检察院建设进步奖”“杭州市社会治安综合治理工作先进单位”等荣誉称号。

会议经过审议，决定批准富阳市人民检察院工作报告。

选举

3月1日进行大会选举。大会选举办法规定，选举富阳市人民政府市长1人。选举采用等额选举。选举结果，黄海峰当选为富阳市人民政府市长。当天，大会主席团向全市发布公告，公布当选人名单。

听取议案意见处理报告

2月28日12时截止，大会收到富阳市人大代表议案建设191件。其中涉及民生保障13件、城乡建设69件、现代服务业9件、工业经济10件、环保管理17件、农业经济23件、社会事业18件、其他32件。经大会主席团研究，将屠根荣等79名代表提出的5件建议合并为1件，即“完善政策，统筹规划，加快推进安置性留用地开发利用”列为本次大会议案。其余185件均作意见建议处理，按照规定程序办理，将办理结果书面答复富阳市人大代表，并报告富阳市人大常委会。

第三节　第十五届人民代表大会第三次会议

2014 年 1 月 22 日至 25 日，富阳市第十五届人民代表大会第三次会议在富阳影剧院召开。出席大会市人大代表 250 名，列席 265 名。1 月 22 日下午举行预备会议，选举大会主席团和秘书长，表决通过大会议程。在主席团第一次会议上，通过大会日程，通过大会主席团常务主席，通过主席团执行主席分组名单，决定大会副秘书长，通过主席台就座人员名单和代表提交议案截止时间的决定，讨论提出选举办法。大会议程共 8 项：听取和审议富阳市人民政府工作报告；审议富阳市 2013 年国民经济和社会发展计划执行情况与 2014 年国民经济和社会发展计划草案报告；审议富阳市 2013 年财政预算执行情况与 2014 年财政预算草案报告；听取和审议富阳市人大常委会工作报告；听取和审议富阳市人民法院工作报告；听取和审议富阳市人民检察院工作报告；选举；听取议案意见处理报告。大会共收到市人大代表提出的议案、建议 176 件，作出决议、决定 7 项。

听取和审议市人民政府工作报告

1 月 23 日上午，市人民政府市长黄海峰，在富阳市人民政府工作报告中，回顾 2013 年工作时指出，富阳市生产总值比上年增长 9%，财政总收入增长 6%，其中地方财政收入增长 10.4%。固定资产投资比上年增长 22.4%。其中工业性投资增长 18%，社会消费品零售总额增长 16.8%。调整完善开发区、新登新区、江南新区、鹿山新区、金桥园区管理体制。开发区全年完成基础设施投入 18.8 亿元，新开工产业项目 46 个、竣工 15 个。规模以上工业销售产值比上年增长 8.3%，产值超亿元企业达到 226 家，其中超 50 亿元企业 2 家，6 家企业荣登“中国民企制造业 500 强”。实施技改项目 135 个，完成技改投资 78.5 亿元。农业总产值比上年增长 6%，建成粮食生产功能区 1.35 万亩、现代农业园区 9 万亩。新增省级示范性农民专业合作社 1 家、杭州市级以上农业龙头企业 5 家。新增国家级高新技术企业 14 家、省级科技型企业 43 家。统筹推进小城市、中心镇和新农村建设，荣获“省美丽乡村先进市”“省‘千万工程’先进单位”称号。开展“四边三化”整治行动，成功创建“省级森林城市”。完善城乡居民社保政策，在全省率先推行“先看病后付费”等新诊疗模式。城镇居民人均可支配收入比上年增长 11.1%，农民人均纯收入增长 11.4%。2014 年，建议经济社会发展的预期目标为：地区生产总值增长 9%，其中服务业增加值增长 11%，农业总产值增长 5%，地方财政收入增长 7%，固定资产投资增长 15%，其中工业性投入增长 12%，社会消费品零售总额增长 15%，自营出口额增长 7%，城镇居民人均可支配收入增长 10%，农民人均纯收入增长 11%，人口自然增长率控制在 3.78‰以内，城镇登记失业率控制在 4% 以内。

会议号召全市人民奋力拼搏，锐意进取，为描绘好“富裕阳光的富春山居图”、实现“富阳梦”而努力奋斗。会议经过审议，决定批准富阳市人民政府工作报告。

审议市国民经济和社会发展计划报告

市发改局受富阳市人民政府委托，在向大会提交的富阳市国民经济和社会发展计划书面报告中指出：2013 年，富阳市实现生产总值 584 亿元，完成年度计划的 99%；财政总收入 83.2 亿元，其中地方财政收入 46.4 亿元，分别完成计划的 100%和 104.1%；农业总产值 53.7 亿元，完成计划的 99%；规模以上工业销售产值 1233.8 亿元，完成计划的 95.3%；服务业增加值 209 亿元，完成计划的 100.9%；社会消费品零售总额 142.2 亿元，完成计划的 99.8%；固定资产投资 286.9 亿元，完成计划的 106.4%，其中工业性投资 122.4 亿元，完成计划的 102.6%；自营出口 11.8 亿美元，完成计划的 100%；城镇居民人均可支配收入 36385 元，完成计划的 99.4%；新增城镇就业人员 13463 人，完成计划的 134.6%；人口自然增长率为 3.25‰，城镇登记失业率为 2.56%，均控制在年度目标以内。2014 年，建议预期目标（与富阳市人民政府工作报告一致，略）。全市要进一步树立项目意识、目标意识、责任意识，确保各项计划顺利实施。

会议经过审议，决定批准富阳市 2014 年国民经济和社会发展计划报告。

审议市财政决算和财政预算报告

市财政局受富阳市人民政府委托，向大会提交了富阳市 2013 年财政决算和 2014 年财政预算的书面报告。报告列出，2013 年，实现财政总收入 832116 万元，完成年度预算的 100%，比上年增长 6%，其中地方财政收入 463611 万元，完成年度预算的 104.1%，同比增长 10.4%，地方财政收入占财政总收入的比重为 55.7%，比上年提高 2 个百分点。根据财政体制结算，2013 年公共财政预算可用资金为 553409 万元。公共财政预算支出为 526852 万元，收支相抵，略有节余。2014 年，财政总收入安排 88.22 亿元，同比增长 6%，其中地方财政收入 49.6 亿元，同比增长 7%；公共财政预算支出安排 55.3 亿元，同比增长 5%。

会议经过审议，决定批准富阳市财政决算和财政预算报告。

听取和审议市人大常委会工作报告

1 月 24 日，市人大常委会主任汤金华，向大会作富阳市人大常委会工作报告。一年来，共举行常委会会议 11 次、主任会议 16 次，听取和审议“一府两院”工作报告 24 个，发出审议意见书 8 份，作出决议决定 23 项，组织执法检查、视察活动 15 次，开展调研 11 次，依法任免国家机关工作人员 75 人次，较好地完成了常委会年度各项任务。一、牢牢把握人大工作的正确方向，不断增强坚持和完善人民代表大会制度的自觉性，做到政治上清醒，作风上务实，履职上有为，紧紧围绕全市大局，坚持把党委重视、政府推动、群众关切的工作作为人大监督的重点，依法行使各项职权。二、突出重点，讲求实效，认真履行监督职责。常委会把生态文明建设作为经济发展方式的“牛鼻子”，综合运用各种监督手段，先后开展饮用水水源保护三级联动执法检查、农村环境污染整治跟踪督查和“四边三化”专项视察。要求人大代表带头对身边的“母亲河溪”走一遍、看一遍、查一遍，认真查找水污染源加以整治。富阳市1300多名各级人大代表积极响应，迅速行动，共巡查河溪56条，查明污染源200多个，提出意见建议1000多条，形成了全社会参与治水、倒逼转型升级的强大声势和合力。三、围绕中心，服务大局，依法决定重大事项。围绕事关富阳经济社会发展全局的重大问题，依法作出决议决定23项。推动富阳科学发展，跨越发展。四、夯实基础，充分发挥代表作用。集中开展“代表主题月实践活动”，组织代表走访农户（企业）3966家，选民16715人，开展视察调研92次，提出意见建议1494条，联系困难户857户，解决问题419件，落实帮扶资金502万元。五、履职为民，注重加强自身建设。完成调研课题22个，为富阳市委、富阳市人民政府决策发挥了参谋服务作用。

会议要求，富阳市人大常委会要紧紧围绕富阳市委决策部署，依法履行宪法和法律赋予的各项职责，进一步促进富阳经济平稳加快发展和保持社会和谐稳定。会议经过审议，决定批准这个报告。

听取和审议市人民法院工作报告

市人民法院代理院长赵平向大会作富阳市人民法院工作报告。一年来，共受理各类案件14768件，办结15132件，一线法官人均结案265.5件，是全国法院平均数的2倍多。在办结的案件中，共审结各类刑事案件1175件，判处罪犯1507名。坚持以打击严重暴力犯罪和严重影响群众安全感的多发性犯罪为重点，依法审结抢劫、强奸、故意伤害、盗窃等犯罪案件494件639人；对具有法定从轻情节的被告人和未成年犯依法从宽处理，依法免于被告人刑事处罚13人，从轻或减轻判处少年犯126人，从轻判处拘役以下轻刑803人。共审结民商事案件8515件，解决争议标的额24.93亿元。其中调解及撤诉结案4517件，调解撤诉率达55.8%。共审结行政案件48件。共执结各类案件5025件，执结标的额15.19亿元。共依法减、缓、免交诉讼费62.02万元，发放司法救助金32.7万元。

会议经过审议，决定批准这个报告。

听取和审议市人民检察院工作报告

市人民检察院检察长王晓光在向大会所作的富阳市人民检察院工作报告中指出，2013年，受理批捕案件558件768人，经审查批准逮捕505件688人；受理移送审查起诉案件1223件1593人，经审查提起公诉1062件1325人，移送其他检察院11件19人。继续保持对各类刑事犯罪打击的高压态势，重点打击故意杀人、故意伤害、强奸等严重暴力犯罪案件30件34人，毒品犯罪案件82件111人，多发性侵财犯罪案件412件529人。立案侦查各类职务犯罪案件8件21人，其中贪污、贿赂等职务犯罪案件7件19人，渎职侵权职务犯罪案件1件2人，追缴赃款600万余元。监督公安机关立案 8 人，监督撤案 9 人，追诉漏罪漏犯 12 人。发出书面纠正违法通知书 10 份。开展对行政执法机关法律监督工作的研究，配合市人民政府出台《关于加强对行政执法与刑事司法衔接工作监督的意见》，该项工作报告被列为市人大重点调研课题，工作经验获浙江省检察院批转在全省推广。

会议经过审议，决定批准这个报告。

选举

1 月 25 日下午进行大会选举。大会选举办法规定，选举富阳市人民法院院长 1 人。选举结果，赵平当选为富阳市人民法院院长。当天，大会主席团向全市发布公告，公布当选人名单。

听取议案意见处理报告

1 月 24 日 12 时截止，大会收到富阳市人大代表议案建议 176 件。其中涉及工业经济 9 件、现代服务业 11 件、农业经济 25 件、城乡建设 63 件、资源管理 19 件、社会事业 10 件、民生保障 16 件、其他 23 件。经大会主席团研究，将沈利群等 42 名代表提出的 4 件议案合并为 1 件，即"关于加大投入，完善设施，切实加强生活污水和农业面源污染治理工作"，列为本次大会 1 号议案；将孙柏贵等 30 名代表提出的 3 件议案合并为 1 件，即"关于进一步理顺体制机制，切实提高食品安全监管水平"，列为大会 2 号议案。其余 169 件均作代表建议意见处理，按规定程序办理，将办理结果书面答复市人大代表，并报告富阳市人大常委会。

第四节　第十五届人民代表大会第四次会议

2015 年 1 月 27 日至 30 日，富阳市第十五届人民代表大会第四次会议在富阳影剧院召开。出席大会市人大代表 252 名，列席 255 名。1 月 27 日下午举行预备会议，选举大会主席团和秘书长，表决通过大会议程，对 2014 年度优秀市人大代表进行表彰。在主席团第一次会议上，通过大会日程，通过大会主席团常务主席，通过主席团执行主席分组名单，决定大会副秘书长，通过主席台就座人员名单，决定代表提交议案截止时间，讨论提出选举办法。大会议程共 8 项：听取和审议富阳市人民政府工作报告；审议富阳市 2014 年国民经济和社会发展计划执行情况与 2015 年国民经济和社会发展计划草案报告；审议富阳市 2014 年财政预算执行情况和 2015 年财政预算草案报告；听取和审议富阳市人大常委会工作报告；听取和审议富阳市人民法院工作报告；听取和审议富阳市人民检察院工作报告；选举；听取议案意见处理报告。大会共收到市人大代表提出的议案、建议 182 件，作出决议、决定 7 项。

听取和审议市人民政府工作报告

1 月 28 日上午，市人民政府市长黄海峰，在富阳市人民政府工作报告中指出，2014

年，生产总值比上年增长 8.3%，财政总收入增长 6.3%，其中一般公共预算收入增长 7%，固定资产投资增长 22%，其中工业性投资增长 14.6%，152 个项目开工建设，131 个项目顺利竣工。规模以上工业销售产值增长 4.5%。3 家企业销售产值超百亿元。农业总产值比上年增长 5.6%，“富阳芦笋”获国家地理标志证明商标。服务业增加值增长 12%，社会消费品零售总额增长 13.6%，自营出口额增长 9.5%，城镇居民人均可支配收入增长 10.1%，农民人均可支配收入增长 11.3%。加快推进教育现代化，职业高中被评为国家改革示范学校，高考一本上线率和万人比连续 11 年位居杭州市 7 个县（市、区）第一。工、青、妇、老、残等社会事业全面发展，“法治富阳”、“平安富阳”建设继续深化。2015 年，是富阳全面融入杭州大都市的开局之年，建议 2015 年经济社会发展的预期目标为：地区生产总值增长 8%，其中规模以上工业增加值增长 8%，服务业增加值增长 10%；固定资产投资增长 15%，其中工业性投入增长 10%；社会消费品零售总额增长 11%；规上工业销售产值增长 7%；一般性公共预算收入增长 8%；自营出口增长 8%；城镇居民人均可支配收入增长 9%，农民人均可支配收入增长 10%；人口自然增长率控制在 3.76‰以内，城镇登记失业率控制在 4%以内。为做好 2015 年工作，必须把握“提高标杆促发展”等 3 个导向，努力完成“以更快步伐融入杭州主城，着力增强发展优势”等 7 项主要任务。

会议充分肯定富阳市人民政府 2014 年所取得的成绩。会议号召，全市人民要在中共富阳市委领导下，主动适应新常态，牢牢把握“转型升级、城市治理、法治建设”三大中心任务，全面开启富阳跨越发展新篇章。会议经过审议，决定批准这个报告。

审议市国民经济和社会发展计划报告

市发改局受富阳市人民政府委托，向大会提交了富阳市国民经济和社会发展计划的书面报告。2014 年，富阳市实现地区生产总值 601.5 亿元，完成年度计划的 99.4%，其中工业增加值 293.9 亿元，完成计划 97.9%，服务业增加值 242.7 亿元，完成计划 100.9%；实现财政总收入 88.4 亿元，完成计划 100.2%，其中一般性公共预算收入 49.6 亿元，完成计划 100%；规上工业销售产值 1303 亿元，完成计划 95%；农业总产值 56.5 亿元，完成计划 100.6%；固定资产投资 350.1 亿元，完成计划 106.1%，其中工业性投资 140.3 亿元，完成计划 102.3%；自营出口 13.7 亿美元，完成计划 102.3%；社会消费品零售总额 161.4 亿元，完成计划 98.9%；城镇居民人均可支配收入 39954 元，完成计划 100.1%，农村居民人均可支配收入 22840 元，完成计划 100.3%；新增城镇就业 1.39 万人，完成计划 139%，城镇登记失业率 2.53%，人口自然增长率 5.5‰。2015 年，综合国内外发展背景和富阳市经济运行态势，整体判断富阳市经济仍将保持平稳发展。根据“十二五”规划任务，建议 2015 年预期目标（与富阳市人民政府工作报告一致，略）。做好 2015 年经济社会发展各项工作，任务艰巨，责任重大。各级各部门必须抓住机遇，迎难而上，努力完成各项目标任务。

会议经过审议，决定批准富阳市2015年国民经济和社会发展计划报告。

审议市财政决算和财政预算报告

市财政局受富阳市人民政府委托，向大会提交了富阳市财政决算和财政预算的书面报告。报告列举了2014年，实现财政总收入884216万元，完成年度预算的100.2%，比上年增长6.3%，其中一般公共预算收入占财政总收入的比重为56.1%。根据财政体制结算，2014年一般公共预算可用资金为600500万元。财政决算一般公共预算支出为576965万元，为年度预算的104.3%，比上年增长9.5%。实现财政收支平衡，略有结余。2015年，财政总收入预算安排为98.66亿元，比上年增长8.2%，其中一般公共预算收入安排为56.50亿元，同比增长8%。公共财政预算支出安排65亿元，同比增长6%。

会议经过审议，决定批准富阳市财政决算和财政预算报告。

听取和审议市人大常委会工作报告

1月29日，市人大常委会主任汤金华向大会作富阳市人大常委会工作报告。报告指出，2014年，共举行常委会会议8次，主任会议11次，听取和审议专项工作报告18个，发出审议意见书8份，作出决议、决定14项，组织执法检查、视察调研活动23次，依法任免国家机关工作人员63人次。一、服务发展大局，全力助推经济转型升级。常委会密切关注经济运行情况，坚持问题导向，突出重点，加强对经济发展重大事项和重点议题的监督。二、围绕中心工作，合理推进“五水共治”决策落实。富阳市各级人大代表在常委会统一部署下，积极开展“推进五水共治，建设美丽富阳”主题实践活动，全年有1147名四级人大代表参加活动,各级人大代表小组开展活动216次、视察调研141次，召开座谈会189次，征集意见建议1538条，落实帮扶资金586万元。三、呼应群众关切，致力促进社会和谐进步。对重大基础设施建设、农贸市场规划布局、森林消防等工作开展视察调研，向富阳市人民政府及相关部门提出科学、合理、建设性意见和建议。四、深化依法治市，扎实推进民主法治建设。按照党管干部原则和依法行使人事任免权的有机统一，全年任命富阳市人民政府组成人员6名和地方国家机关工作人员63名，保证了国家地方机关的正常运转。五、改进代表工作，充分发挥代表主体作用。组织12个代表小组，定向视察12个政府组织部门，组织代表参加党务政务公开、行风评议等活动800余人次，有200余名人大代表向选民述职，评选出优秀人大代表37名。

会议要求，富阳市人大常委会要高举中国特色社会主义伟大旗帜，紧紧围绕富阳市委决策部署，服务改革，强化法治，关注民生，依法履职，充分发挥人大作用。会议决定批准富阳市人大常委会工作报告。

听取和审议市人民法院工作报告

市人民法院院长赵平向大会作富阳市人民法院工作报告。报告指出，2014年，受理各类案件17083件，一线法官人均办案272.6件，是全国法院平均数的3.5倍，各项质效指标均据全省前茅。在办结的全部案件中，审结刑事案件926件，判处罪犯1269人，刑事附带民事案件76件，被害人获得经济赔偿500万余元；审结民商事案件9521件，解决争议标的42.3亿元；执结各类案件5651件。妥善处理经济结构调整、社会改革深化、产业转型升级等方面的各类纠纷。受理破产案件8件，涉案标的额30亿元，为杭州地区法院受理之最；妥善处置“五水共治”和“三改一拆”中引发的案件，出台《为全面实施“五水共治”提供司法服务和保障的若干意见》等规范性文件。

会议审议后充分肯定富阳市人民法院过去一年的工作，决定批准富阳市人民法院工作报告。

听取和审议市人民检察院工作报告

市人民检察院检察长王晓光在向大会所作的富阳市人民检察院工作报告中指出，2014年，受理批捕案件579件827人，经审查批准逮捕533件757人；受理移送审查起诉1010件1417人，经审查提起公诉882件1233人，移送杭州市检察院起诉8件13人。坚持对重特大案件提前介入，依法快捕快诉“4·22”涉恶系列案件，抓获团伙犯罪嫌疑人73名。立案查办各类职务犯罪案件17件27人，其中贪污贿赂案件14件23人，通过办案追回赃款390万余元。坚持惩防并举，开展“千场职务犯罪宣讲进乡村活动”，2000余人次接受警示教育。监督侦查机关刑事立案13件24人、撤案10件10人，发出书面纠正违法通知书12份。先后获得“全国检察宣传先进单位”“全国检察文明接待室”“浙江省社区矫正工作先进集体”“浙江省第六批青少年维权岗”等集体荣誉14项。

会议充分肯定富阳市人民检察院过去一年所取得的成绩，决定批准富阳市人民检察院工作报告。

选举

1月30日下午进行大会选举。大会选举办法规定，补选富阳市第十五届人民代表大会常务委员会委员2名。选举结果，夏立忠等2人当选为富阳市第十五届人大常委会委员。当天，大会主席团向全市发布公告，公布补（当）选委员名单。

听取议案意见处理报告

1月29日12时截止，大会收到富阳市人大代表提出的议案建议182件。其中涉及民生保障22件、城乡建设66件、现代服务业13件、工业经济14件、农业经济19件、资源管理5件、社会事业16件、其他27件。经大会主席团研究，将第一、三、四代表团鲍春香等代表提出的7件议案合并为1件，即“关于加强城市环境综合治理，建设美丽宜居新城区”，列为富阳市第十五届人大第四次会议大会议案。其余175件均作代表建议意见处理，按规定程序办理，将办理结果书面答复市人大代表，并报告富阳市人大常委会。

第四编

市(县)人民代表大会常务委员会

本编目录

1980年12月30日，富阳县第七届人民代表大会第一次会议选举产生富阳县人民代表大会常务委员会，改变了原来在人民代表大会闭会期间，由县人民政府（县人民委员会）行使权力机关和行政机关双重职能的地方国家机关的体制。从此，富阳县县级权力机关与行政机关分设。这是推进地方国家政治体制改革、扩大人民民主权利、健全社会主义法制、完善社会主义制度的一项重大改革。

富阳市（县）人大常委会建立后，在中共富阳市（县）委领导下，坚持民主集中制原则，紧紧围绕经济建设这个中心，以加强民主法制建设为主要任务，开展人大职权范围内的各项工作。在实践中，注重调查研究，反映民情民意，依靠和发挥人大代表的作用，不断探索，与时俱进，开拓创新，责任担当。常委会以宪法和法律为准则，坚持民主集中制原则，集体决定问题，集体行使权力，积极履行宪法和法律赋予的神圣职责。富阳市（县）人大常委会自第七届至第十五届人大四次会议止，共举行常委会会议275次，依法监督“一府两院”工作，讨论决定重大事项，做好人事任免等各项工作，促进国民经济和社会事业发展。

在30多年工作实践中，常委会自身建设也不断得到加强。常委会组成人员通过学习宪法、法律和监督业务知识，不断提高履行职责能力和工作水平，努力改善知识结构和年龄结构，专职人员逐届配备，办事机构和工作机构逐步完善，各项工作制度渐行规范，日常工作有序推进，人民代表大会制度日趋完善。

第一章　人大常委会机构设置

富阳市（县）人大常委会机构设置经历了逐步发展和完善的过程。1981年初，富阳县第七届人大常委会建立时只设办公室。1984年11月，富阳县第八届人大常委会第一次会议通过，决定富阳县人大常委会下设法制、财经、教科文卫、代表联络4个组。1988年7月，富阳县第九届人大常委会第九次会议通过，决定富阳县人大常委会下设法制工作委员会、财政经济工作委员会、教科文卫工作委员会3个工作机构。根据《地方组织法》规定和经中共富阳县委批准，1991年7月，富阳县第十届人大常委会第九次会议通过，设立富阳县人大常委会代表工作委员会。2003年1月，富阳市第十二届人大常委会第四十三次会议通过，决定建立富阳市人大常委会城建环保工作委员会。2010年8月，富阳市第十四届人大常委会第三十二次会议决定，设立农业和农村工作委员会。至此，富阳市人大常委会下设“一办六委”。

2001年8月，经浙江省人民政府浙政函〔2001〕163号文件批准，富阳市乡镇行政区划实行调整。富阳市由原17个镇、8个乡，调整为4个街道、15个镇、7个乡。因此，富阳市第十二届人大常委会第三十三次会议决定，设立富春、东洲、春江、鹿山等4个人大街道工作委员会。2013年，高桥、受降两镇合并建立银湖街道，设立人大银湖街道工作委员会。至此，富阳市人大常委会在街道设立的工作机构共为5个。

第一节 办事机构和工作机构

根据《地方组织法》规定，市（县）人大常委会根据工作需要设立办事机构和其他工作机构。设立代表资格审查委员会，为市（县）人大常委会的专门工作机构。各机构按照各自的职责，为市（县）人大常委会行使职权做好各方面的服务工作。市（县）人大常委会的机构设置逐步完善，专职人员逐渐增加，办事效率不断提高。

机构沿革

富阳市（县）人大常委会下设的办事机构和工作机构，1988年前为“一办四组”，即办公室、法制组、财经组、教科文卫组、代表联络组。1988年7月后，逐步改名、增设为“一办六委”。沿革情况见下表。

表4-1-1 富阳市（县）人大常委会内设机构沿革

机构名称	开始设置时间	存续届期								
		七	八	九	十	十一	十二	十三	十四	十五
代表资格审查委员会	1980年12月	√	√	√	√	√	√	√	√	√
办公室	1981年2月	√	√	√	√	√	√	√	√	√
法制组	1984年11月		√	√						
财经组	1984年11月		√	√						
教科文卫组	1984年11月		√	√						
代表联络组	1984年11月		√	√	√					
法制内务司法工作委员会	1988年7月			√	√	√	√	√	√	√
财政经济工作委员会	1988年7月			√	√	√	√	√	√	√
教科文卫工作委员会	1988年7月			√	√	√	√	√	√	√
代表工作委员会	1991年7月				√	√	√	√	√	√
城乡建设环境保护工作委员会	2003年1月						√	√	√	√
农业和农村工作委员会	2010年8月								√	√

机构负责人

富阳市（县）人大常委会办事机构在“一办四组”时，负责人称组长、副组长；1988年后逐步增设为“一办六委”。各委负责人称主任、副主任，均由富阳市（县）人大常委会任命。各负责人任职时间见下表。

富阳市（县）人大常委会办事机构和工作机构主要负责人

表 4-1-2

机构及职务名称		姓　名	任职时间
办公室	负责人	钟桂阳	1981.2–1981.6
	主　任	蒋汉有	1984.1–1988.7
		朱茂翰	1988.7–1990.3
		钟西平	1990.4–1993.4
		董良兴	1993.4–1997.12
		夏有钦	1997.12–2003.4
		何　勇	2003.4–2006.9
		吕建新	2006.9–2015.12
		包国灿	2015.12–
	副主任	陈乃斌	1981.6–1984.1
		钟西平	1984. 4–1990.4
		华祥松	1989.1–1990.10
		夏有钦	1991.7–1997.12
		胡志成	1993.2–1998.5
		赵玉龙	1994.5–1996.12
		王丽津	1998.5–2000.11
		沈跃雄	1998.5–2003.1
		赵立群	2000.11–2004.9
		王元新	2003.5–2005.12.
		刘文灿	2005.12–2007.10
		孙燕青	2007.10–2011.10
		沈立文	2012.3–
		叶建华	2015.5–
法制内司工作委员会	组　长	李作运（兼）	1984.11–1988.7
	主　任	章汉传	1988.7–1993.4
		钟西平（兼）	1993.4–1993.6
		王传木	1993.6–1998.4
		金永贵	1998.4–2003.1
		胡志成	2003.1–2006.9
		钟满华	2006.9–2015.5
		来建良	2015.5–
	副主任	金永贵	1990.10–1998.3
		李百山	2002.7–2004.4
		许保安	2007. 10–2013.8
		郎晓明	2013.8–

续表 4-1-2

机构及职务名称		姓　名	任职时间
财政经济工作委员会	组　长	李景祥（兼）	1984.11–1988.7
	副组长	吕关锡（兼）	1984.11–1988.7
	主　任	蒋汉有	1988.7–1990.3
		贾冠雄	1990.4–1993.4
		陈荣富	1993.4–1996.12
		钟建生	1996.12–2003.1
		孙连娟	2003.1–2006.9
		胡志成	2006.9–2009.5
		吕建明	2009.5–
	副主任	张治敏	1994.11–2004.9
		叶胜荣	2004.9–2014.1
		汪明良	2014.7–
教科文卫工作委员会	组　长	刘　鸿（兼）	1984.11–1988.7
	副组长	章一平（兼）	1984.11–1988.7
	主　任	陈荣富	1988.7–1993.4
		王洪琪	1993.4–1997.12
		杨关勤	1997.12–2003.1
		沈跃雄	2003.1–2009.5
		郭一莲	2009.5–2015.4
		曹玮玲	2015.4–
	副主任	郭芬兰	1990.12–1993.6
		王丽津	1996.1–1998.5
		胡志成	1998.5–2003.1
		黄志平	2009.6–2014.7
		施　涌	2014.7–
代表工作委员会	组　长	蒋汉有	1984.11–1988.7
	副组长	乐　琤	1984.11–1988.7
	主　任	喻关德	1991.7–1997.12
		彭观友	1997.12–2003.1
		蒋　才	2003.1–2009.5
		沈跃雄	2009.5–
	副主任	周红梅	1993.2–1998.5
		赵振力	1999.4–2003.12
		李舒清	2004.9–2009.5
		华秋珍	2009.6–

续表 4-1-2

机构及职务名称		姓　名	任职时间
城乡建设环境保护工作委员会	主　任	俞其坤	2003.1–2005.12
		何培叶	2005.12–2015.4
		夏立忠	2015.4–
	副主任	陈　明	2012.3–2015.5
		俞　强	2015.5–
农业农村工作委员会	主　任	俞兴军	2010.8–
	副主任	谢　芳	2013.8–

机构工作职责

一、办公室工作职责

（一）承办人民代表大会会议、常务委员会会议、主任会议和常委会有关活动的准备和组织工作。

（二）负责办理提请常委会审议的人事任免等具体事项。

（三）草拟常委会和办公室文件，编辑人代会汇编、常委会会刊和人大通讯，做好文字综合工作。

（四）负责文书处理和保密、保卫工作。

（五）负责人大机关日常事务、财务管理、人事管理等工作，组织安排机关工作人员政治业务学习。

（六）负责机关后勤服务和接待工作。

（七）负责做好市（县）人大机关离退休人员的管理和服务工作，联系搞好人大之友联谊会的具体事项。

（八）负责协调各工作委员会工作。

（九）办理市（县）人大常委会和主任会议交办的其他事项。

二、法制内务司法工作委员会工作职责

（一）负责市（县）人大及其常委会交付办理的有关审判、检察、公安、司法、民政等方面的执法检查、工作调研、工作视察、听取专项工作报告事宜。

（二）负责上级人大交办的涉及司法方面的法律、法规草案的讨论修改和征求意见工作。

（三）督办有关司法方面的议案和建议。

（四）负责对司法机关的重要日常工作的监督。

（五）负责拟提请市（县）人大常委会任命的提任国家机关工作人员的法律知

识考试工作。

（六）负责拟提请市（县）人大常委会任命的法官、检察官的任职资格审查。

（七）办理涉法信访案件。

（八）负责与对口部门联系，协助做好法制宣传教育和村（居）委会换届选举工作。

（九）办理市（县）人大常委会和主任会议交办的其他事项。

三、财政经济工作委员会工作职责

（一）负责监督检查市（县）人民政府有关财经方面的法律、法规贯彻实施情况。

（二）负责提请市（县）人大常委会审议的财政收支预算和决算草案前期工作，督促检查部门预算的编制落实和执行情况。

（三）负责提请市（县）人大常委会审议的年度国民经济和社会发展计划执行情况前期工作。

（四）督促落实市（县）人大及其常委会通过的有关财经方面的决议决定及审议意见。

（五）监督检查市（县）人民政府有关财政经济工作，负责与市（县）人民政府财经职能部门的工作联系。

（六）承办上级人大交办的涉及财经方面法律、法规、条例等草案修正和征求意见工作。

（七）督办与财经工作有关的议案、建议，督促处理有关财经方面的来信来访。

（八）起草市（县）人大常委会有关财经方面的文件、文字材料。

（九）办理市（县）人大常委会和主任会议交办的其他事项。

四、教科文卫工作委员会工作职责

（一）负责监督检查市县人民政府有关教科文卫方面的法律、法规贯彻实施情况。

（二）督促落实市（县）人大及其常委会通过的有关教科文卫方面的决议、决定及审议意见。

（三）督办有关教科文卫方面的议案、建议。

（四）承办上级人大交办的有关教科文卫方面法律、法规草案的征求意见工作。

（五）起草市（县）人大常委会有关教科文卫方面的文件、文字材料。

（六）初审市县人民政府提交人大常委会审议的有关教科文卫方面工作报告。

（七）负责与市（县）人民政府有关教科文卫等部门的工作联系。

（八）办理市（县）人大常委会和主任会议交办的其他事项。

五、代表工作委员会工作职责

（一）负责做好人大代表的联系工作，听取和反映代表意见、建议和要求。

（二）督办代表大会议案和代表建议。

（三）负责省、杭州市和本市代（县）人大表活动的组织、情况汇总等工作。

（四）负责做好代表换届选举和代表补选、辞职、罢免等具体工作。

（五）组织落实市（县）人大代表列席常委会会议和视察调研活动。

（六）负责做好市（县）人大代表学习培训的组织、服务工作。

（七）负责联系乡镇（街道）人大，指导乡镇（街道）人大依法开展活动。

（八）办理市（县）人大常委会和主任会议交办的其他事项。

六、城乡建设环境保护工作委员会工作职责

（一）负责监督检查市人民政府有关城市建设和管理、环境保护、国土资源方面的法律、法规贯彻实施情况。

（二）督促落实市人大及其常委会通过的有关城市建设和管理、环境保护、国土资源方面的决议、决定及审议意见。

（三）督办有关城市建设和管理，环境保护、国土资源方面的议案、建议。

（四）承办上级人大交办的有关城市建设和管理、环境保护、国土资源方面法律、法规草案的征求意见工作。

（五）起草市人大常委会有关城市建设和管理、环境保护、国土资源方面文件、文字资料。

（六）初审市人民政府提交人大常委会审议的有关城市建设和管理、环境保护、国土资源方面工作报告。

（七）负责与市人民政府有关城市建设和管理、环境保护、国土资源等部门的工作联系，负责办理分管领导联系部门的有关工作。

（八）办理市人大常委会和主任会议交办的其他事项。

七、农业和农村工作委员会工作职责

（一）负责监督检查市人民政府有关“三农”工作方面的法律、法规贯彻实施情况。

（二）督促落实市人大及其常委会通过的有关“三农”方面的决议、决定和审议意见。

（三）负责起草市人大常委会有关“三农”工作方面的文件、文字材料。

（四）督办有关“三农”工作方面的议案、建议，督促处理有关“三农”工作

方面的来信来访。

（五）承办上级人大交办的涉及“三农”方面的法律、法规草案的征求意见工作。

（六）初审市人民政府提交人大常委会审议的有关“三农”方面的工作报告。

（七）负责与市人民政府有关“三农”部门的工作联系。

（八）办理市人大常委会和主任会议交办的其他事项。

第二节　派驻机构

人大街道工委机构和组成人员

根据浙江省人民政府浙政函〔2001〕163 号《关于富阳市部分行政区划调整》的批复，设立富阳市富春、东洲、春江、鹿山 4 个街道。2013 年，高桥、受降两镇合并建立银湖街道，先后均设立人大街道工作委员会。

人大街道工作委员会是富阳市人大常委会派驻街道的工作机构，对富阳市人大常委会负责，同时接受所在街道党工委的领导。

人大街道工作委员会由主任、副主任、委员组成。设主任、副主任各 1 人，委员 3–7 人。主任、副主任人选由市委推荐，富阳市人大常委会主任会议提名，富阳市人大常委会任免；委员一般在本辖区内的市人大代表中产生，由街道党工委推荐，富阳市人大常委会主任会议提请富阳市人大常委会会议通过。

人大街道工作委员会下设办公室，配备工作人员。

人大街道工作委员会负责人

表 4–1–3

街道工委	职　务	姓　名	任　职　时　间
富春街道工委	主　任	汤金华	2001.8–2001.10
		张江明	2001.10–2005.12
		董毓民	2005.12–2007.10
		饶学军	2007.10–2009.5
		孙丙炎	2009.5–
	副主任	李叶根	2001.8–2004.9
		金国富	2004.9–2005.12
		戴福根	2005.12–2007.10
		陈小欢	2011.10–

续表 4–1–3

街道工委	职　务	姓　名	任　职　时　间
东洲街道工委	主　任	张泉水	2001.8–2005.9
		夏　芬	2005.12–2007.10
		王龙华	2007.10–2011.10
		胡明利	2011.10–
	副主任	金国富	2001.8–2004.9
		王淼毓	2004.9–2007.10
		蒋中秋	2007.10–2008.12
		杨建华	2009.6–2014.7
		高　勤	2014.7–
春江街道工委	主　任	陆菊仙	2001.8–2005.12
		俞其坤	2005.12–2007.10
		俞加兴	2007.10–2009.5
		杨国正	2009.5–2011.10
		章仁龙	2011.10.–2013.6
		李舒清	2013.6–
	副主任	戴福根	2001.8–2005.12
		夏永平	2005.12–2007.10
		蒋仕名	2007.10–
鹿山街道工委	主　任	吴祖仁	2001.8–2003.4
		申屠裕仁	2003.4–2005.12
		胡海龙	2005.12–2007.10
		孙建福	2007.10–2011.10
		倪仁渭	2011.10–2012.9
		裘国富	2013.6–
	副主任	叶　楠	2001.8–2003.4
		方金伟	2003.4–2009.6
		徐鑫华	2009.6–
银湖街道工委	主　任	李建成	2013.6–
	副主任	张恩华	2013.6–

人大街道工委工作主要职责

一、按照富阳市人大常委会的工作计划和部署，结合本街道工作实际，制定人大街道工委工作计划，并组织实施。

二、宣传，贯彻宪法、法律法规和上级人大及其常委会的决议、决定，并协助市人大常委会保证其在本辖区内的遵守和执行，督促和推动有关部门抓好基层民主法制建设。

三、联系辖区内的各级人大代表，指导市人大代表小组开展活动。接待受理代表的来信、来访，反映代表的意见和建议，组织代表进行执法检查、视察、调研等活动，督促街道办事处和有关部门认真办理代表提出的建议、批评和意见，为代表依法履行职务服务。

四、定期听取街道办事处经济建设、社会事业发展、财政性资金收支计划安排与使用等重要工作情况报告，不定期听取街道办事处和上一级国家机关派驻街道的其他工作机构的专项工作情况报告，提出建议和意见，依法实施监督；必要时，可向富阳市人大常委会作专题汇报，由市人大常委会提出审议意见。

五、对本街道经济建设、社会事业发展、财政性资金收支计划安排与使用、执法情况等重大事项和人民群众普遍关心的问题进行调查研究，提出建议，批评和意见，并向富阳市人大常委会和有关部门反映情况，参与重大问题决策。

六、指导人大代表联系选民，了解民情，反映人民群众的意见和要求，接受选民监督。

七、指导社区居民委员会和村民委员会依法开展自治活动。

八、在富阳市人大常委会和选举委员会的领导下，负责做好辖区内市人大代表选举和罢免的有关工作。

九、办理富阳市人大常委会及其主任会议交办的其他事项。

第三节　常委会党组

1981 年 10 月，中共杭州市委决定，建立中共富阳县人大常委会党组。人大常委会党组是中国共产党在人大常委会中设立的领导机构，其主要任务是贯彻执行党的路线、方针、政策，保证党在国家政权机关中的执政地位。准确领会、及时贯彻同级党委的重大决策和部署，组织常委会组成人员和人大机关党员认真理解落实党委决策和部署，要求党员与党组织保持一致，并及时与人大党外同志沟通，共同努力落实好党的各项任务。

学习党中央、省、杭州市委的重要会议精神和有关重要文件，研究贯彻落实意见、措施。讨论决定向市（县）委报告的年度工作要点及其他有关重要事项等；听取和讨论需要提交人大常委会会议审议的重要决定、决议的草案；听取和讨论准备提交人大常委会审议的重要人事任免事项；按照干部管理权限，讨论决定本机关的办事机构设置及有关人员的任免、进出和奖惩事项。按照市（县）委要求，定期过好党组民主生活会。指导人大机关党支部工作，不定期听取机关党支部、机关老干部党支部工作汇报。

人大常委会党组设书记 1 人、副书记和成员若干人，由中共富阳市（县）委任命。

人大常委会党组书记、副书记

表 4-1-4

届　别	书　　记	副　书　记
第七届	郭善龄（1981.10–1984.3） 张书声（1984.3–1984.10）	张建华（1981.10–1984.3） 李作运（1984.3–1984.10）
第八届	张书声（1984.10–1984.12） 郑传荀（1984.12–1987.3）	李作运（1984.10–1987.3）
第九届	郑传荀（1987.3–1987.6） 洪德森（1987.6–1990.3）	李作运（1987.3–1990.3） 刘　鸿（1987.6–1990.3）
第十届	刘　鸿（1990.3–1993.3）	李作运（1990.3–1993.3）
第十一届	葛扬安（1993.3–1996.9） 王金水（1997.12–1998.3）	周银铃（1993.3–1998.3） 孙达火（1993.3–1998.4）
第十二届	王金水（1998.3–2003.4）	周银铃（1998.3–2001.3） 汪锦汉（1998.4–2003.4） 俞正言（2001.3–2003.3）
第十三届	汪锦汉（2003.4–2007.3）	俞正言（2003.3–2007.3）
第十四届	徐文光（2007.3–2011.12） 华爱金（2011.12–2012.3）	华爱金（2007.3–2011.12） 汤金华（2011.12–2012.3）
第十五届	汤金华（2012.3–　）	未设

第四节　机关党支部和机关老干部党支部

机关党支部

1985 年 5 月，由富阳县委组织部批准建立富阳县人大常委会机关党支部。党支部的任务是宣传和执行党的路线、方针、政策，上级党组织和人大常委会的决议、决定；充分发挥党员的先锋模范作用，做好经常性的发展吸收新党员工作，经常了解干部群众对党的工作的意见，监督党政干部遵纪守法，团结党内外的干部和群众，协助完成人大常委会机关承担的各项任务。从 1985 年至今，人大常委会机关党支部已历十届。党支部委员会设书记 1 人，副书记和委员若干人，由党员大会选举产生，报中共富阳市委直属机关工委（1985 年由组织部、1986–1995 年由机关党委）批准。

机关老干部党支部

经富阳市委直属机关工委批准，2008 年 6 月从人大机关党支部分设，建立富阳市人大常委会机关老干部党支部，有党员 16 人。任务是做好机关老干部离退休人员的工作，组织学习，开展活动。党支部委员会设书记 1 人，副书记和委员若干人，由机关老干部离退休人员党员大会选举产生，报中共富阳市委直属机关工委批准。

第二章　人大常委会制度建设

自 1980 年 12 月富阳县人大常委会建立后，根据《地方组织法》有关规定和工作需要，建立了一系列工作制度。包括会议制度、工作制度、考核制度、联系制度、视察调查制度、人事任免制度、机关保密制度、信访接待制度等。使人大常委会工作逐步向规范化、制度化、科学化、法律化方向发展，更好地发挥地方国家权力机关的作用。

第一节　常委会工作制度

富阳市人大常委会工作制度共有 29 项。这些工作制度的形成，并非一步到位，而是在实践中几经修正，逐步完善。如《富阳市人民代表大会常务委员会人事任免工作办法》,最初于 1985 年 1 月 8 日富阳县第八届人大常委会第三次会议讨论通过后公布。继而于 1986 年 11 月 21 日第八届人大常委会第十七次会议；1990 年 4 月 19 日第十届人大常委会第一次会议；2007 年 8 月 6 日第十四届人大常委会第五次会议三度修正和完善。本节收录的为最后一次常委会讨论通过或修正后的工作制度。

富阳市人大常委会工作制度

表 4-2-1

序号	工 作 制 度	会议通过（修正）时间
001	富阳市人民代表大会常务委员会议事规则	1998 年 6 月 24 日富阳市第十二届人大常委会第三次会议通过；2010 年 12 月 21 日富阳市第十四届人大常委会第三十六次会议修正
002	富阳市人民代表大会代表议案和建议处理办法	2000 年 5 月 30 日富阳市第十二届人大常委会第十七次会议通过；2006 年 10 月 26 日富阳市第十三届人大常委会第二十六次会议第一次修正；2013 年 8 月 2 日富阳市第十五届人大常委会第十四次会议第二次修正
003	富阳市人民代表大会常务委员会关于讨论、决定重大事项的若干规定	2000 年 9 月 27 日富阳市第十二届人大常委会第二十二次会议通过
004	富阳市人民代表大会常务委员会审议意见办理办法	2000 年 11 月 28 日富阳市第十二届人大常委会第二十四次会议通过；2014 年 9 月 29 日富阳市第十五届人大常委会第二十四次会议修正

续表 4-2-1

序号	工 作 制 度	会议通过（修正）时间
005	富阳市人民代表大会常务委员会街道工作委员会工作办法	2003 年 1 月 14 日富阳市第十二届人大常委会第四十三次会议通过；2012 年 8 月 9 日富阳市第十五届人大常委会第四次会议修改
006	富阳市人民代表大会常务委员会关于法官检察官法律职务任职资格审查的办法	2003 年 9 月 24 日富阳市第十三届人大常委会第四次会议通过
007	富阳市人民代表大会常务委员会关于提请任命国家机关工作人员法律知识考试的办法	2003 年 9 月 24 日富阳市第十三届人大常委会第四次会议通过；2007 年 11 月 1 日富阳市第十四届人大常委会第八次会议修正
008	富阳市人民代表大会常务委员会组成人员守则	2007 年 3 月 26 日富阳市第十四届人大常委会第一次会议通过
009	富阳市人民代表大会常务委员会人事任免工作办法	2007 年 8 月 6 日富阳市第十四届人大常委会第五次会议通过
010	富阳市人民代表大会常务委员会执法检查实施办法	2007 年 8 月 6 日富阳市第十四届人大常委会第五次会议通过
011	富阳市人民代表大会常务委员会主任会议议事规则	2007 年 8 月 6 日富阳市第十四届人大常委会第五次会议通过
012	富阳市人民代表大会常务委员会关于财政预算监督试行办法	2008 年 7 月 24 日富阳市第十四届人大常委会第十三次会议通过
013	富阳市人民代表大会常务委员会规范性文件备案审查办法	2008 年 11 月 28 日富阳市第十四届人大常委会第十五次会议通过
014	富阳市人民代表大会常务委员会关于市人民政府投资重大建设项目监督暂行办法	2011 年 3 月 24 日富阳市第十四届人大常委会第三十九次会议通过
015	富阳市人民代表大会代表履职考核办法	2012 年 8 月 9 日富阳市第十五届人大常委会第四次会议通过
016	富阳市人民代表大会代表联系选民办法	2012 年 8 月 9 日富阳市第十五届人大常委会第四次会议通过
017	富阳市人民代表大会常务委员会关于进一步加强乡镇人大主席团工作的指导意见	2012 年 8 月 9 日富阳市第十五届人大常委会第四次会议通过
018	富阳市人民代表大会常务委员会关于市人大代表述职办法	2012 年 11 月 29 日富阳市第十五届人大常委会第六次会议通过

续表 4-2-1

序号	工 作 制 度	会议通过（修正）时间
019	富阳市人民代表大会常务委员会关于市人民代表大会代表辞职办法	2012 年 11 月 29 日富阳市第十五届人大常委会第六次会议通过
020	富阳市人民代表大会常务委员会关于街道财政预算监督办法（试行）	2012 年 12 月 28 日富阳市第十五届人大常委会第七次会议通过
021	富阳市人民代表大会常务委员会关于加强乡镇人大财政监督工作的意见	2012 年 12 月 28 日富阳市第十五届人大常委会第七次会议通过
022	富阳市人民代表大会常务委员会关于联系市人大代表办法	2013 年 8 月 2 日富阳市第十五届人大常委会第十四次会议通过
023	富阳市人民代表大会代表小组定向视察办法	2013 年 8 月 2 日富阳市第十五届人大常委会第十四次会议通过
024	富阳市人民代表大会代表持证视察办法	2013 年 8 月 2 日富阳市第十五届人大常委会第十四次会议通过
025	富阳市人民代表大会常务委员会关于加强全市人大代表联络站规范化建设工作的指导意见	2014 年 9 月 22 日富阳市第十五届人大常委会第三十六次主任会议通过
026	富阳市人民代表大会常务委员会专题询问办法	2014 年 9 月 29 日富阳市第十五届人大常委会第二十四次会议通过
027	富阳市人民代表大会常务委员会办事机构工作职责	根据富阳市人民代表大会常务委员会机关改革方案和富编[2002]39 号和（富委）[2009]35 号文件制定
028	关于乡镇人民政府投资项目代表票决制的指导意见	根据中共富阳市委《关于学习贯彻党的十八届三中全会精神，全面深化改革创新体制机制的决定》（富委）[2014]3 号文件要求制定
029	关于乡镇人民政府投资项目代表票决制和跟踪监督具体工作流程的指导意见	根据富人大[2014]38 号《富阳市人大常委会关于乡镇政府投资项目代表票决制的指导意见》制定

在全部29项工作制度中，全文收录下列7项：

富阳市人民代表大会常务委员会组成人员守则

（2007年3月26日富阳市第十四届人大常委会第一次会议通过）

第一条　为了加强富阳市人民代表大会常务委员会(以下简称市人大常委会)自身建设，保证市人大常委会组成人员更好地履行职责，依据宪法和法律的有关规定，结合市人大常委会工作实际，制定本守则。

第二条　市人大常委会组成人员必须坚持人民代表大会制度，致力于社会主义民主和法制建设，模范地遵守宪法和法律，维护全市人民的根本利益，全心全意为人民服务，自觉地接受市人大代表和人民群众的监督。

第三条　市人大常委会组成人员要努力学习马克思列宁主义、毛泽东思想、邓小平理论、“三个代表”重要思想和党的路线、方针、政策，熟悉宪法和有关法律、法规，掌握依法行使职权所需的知识。

第四条　市人大常委会组成人员必须切实履行职责，积极参与市人大常委会各项活动，其他社会活动要服从市人大常委会工作需要。

第五条　市人大常委会组成人员应当按时出席市人大常委会会议。因病或其他特殊原因不能出席市人大常委会会议的，应在会前严格履行请假手续。

第六条　市人大常委会会议举行前，市人大常委会组成人员应就会议议题做好审议准备，在市人大常委会会议上充分发表意见。

第七条　市人大常委会组成人员应坚持民主集中制，认真参加议案的审议和表决，并服从依法表决的结果。

第八条　市人大常委会组成人员要依照规定参加市人大常委会组织的视察、调查和检查等活动。视察、调查和检查时不直接处理问题，但可以向被视察、调查和检查单位提出建议、批评和意见。

第九条　市人大常委会组成人员必须认真履行代表职务，积极参加所在代表小组的活动，密切联系代表和人民群众，加强与原选举单位的联系。

第十条　市人大常委会组成人员要严格执行中央和省、市有关廉政建设的各项规定，秉公执行职务，不准牟取不正当利益，树立良好的社会形象。

第十一条　市人大常委会组成人员要严守国家秘密。凡属规定不应公开的内容，不得以任何方式泄露。

第十二条　本守则自通过之日起施行。

富阳市人民代表大会常务委员会
关于讨论、决定重大事项的若干规定

（2000年9月27日富阳市第十二届人大常委会第二十二次会议通过）

第一条　为保证富阳市人民代表大会常务委员会（以下简称市人大常委会）依法行使重大事项决定权，根据《中华人民共和国宪法》和《中华人民共和国地方各级人民代表大会和地方各级人民政府组织法》等有关法律的规定，结合本市实际，制定本规定。

第二条　本规定所称重大事项，是指本行政区域内政治、经济、社会发展以及人民群众普遍关心的，带有根本性、全局性、长远性的，须经市人大常委会讨论、决定或须向市人大常委会报告的事项。

第三条　市人大常委会讨论、决定重大事项，应当坚持民主集中制原则，严格遵守法定程序。

第四条　下列重大事项，须经市人大常委会决定：

（一）为保证宪法、法律、法规以及全国、本省、杭州市人民代表大会及其常务委员会和本市人民代表大会的决定和决议的遵守和执行所采取的重大措施；

（二）国民经济和社会发展中长期规划的修订方案；

（三）国民经济和社会发展年度计划的部分变更及主要指标的调整方案；

（四）市本级预算的调整和本级财政年度决算；

（五）有关人口、土地管理和利用，环境和资源的保护利用以及科学技术、教育文化等社会事业发展规划及重大措施；

（六）组织特定问题调查委员会，根据特定问题调查委员会的报告作出相应决议；

（七）撤销市人民政府的不适当的决定和命令；

（八）撤销下一级人民代表大会不适当的决议；

（九）城市总体规划编制方案、修订方案；

（十）确定或者变更市树、市花、市徽、市标；

（十一）与国内外城市缔结友好关系；

（十二）授予“荣誉市民”等地方荣誉称号；

（十三）市人民检察院检察长因不同意检察委员会多数人的决定而报请决定的重大问题；

（十四）法律、法规规定或市人大常委会认为需要讨论决定的其他重大事项。

第五条　下列重大事项，市人民政府及其职能部门须向市人大常委会报告：

（一）贯彻实施宪法、法律、法规、各级人大及其常委会决议、决定的重要情况；

（二）纳入市本级财政预算外资金的使用、管理情况；

（三）涉及经济建设和经济体制、住房制度、社会保险制度等方面的重大措施和重大改革方案；

（四）国民经济和社会发展计划执行情况；

（五）市级财政预算执行和其他财政收支的审计工作报告；

（六）涉及面广、投资较大的建设项目和建设工程；

（七）农业和农村工作方面的重要情况；

（八）人民群众普遍关心的、迫切需要解决的重大问题；

（九）市人民政府组成部门的设立、增加、减少或合并和乡镇行政区域的变更方案；

（十）市级以上文物保护区、风景名胜区、自然保护区的总体规划；

（十一）依法治市规划的年度实施方案；

（十二）市人民政府、市人民法院、市人民检察院办理大会议案和人大代表建议的情况；

（十三）市人大常委会交办的人大代表或公民就重大案件提出的控告和申诉的办理情况；

（十四）法律、法规规定或市人大常委会认为需要报告的其他重大事项。

第六条　重大事项的提出、处理和市人大常委会讨论、决定重大事项的程序，按照《中华人民共和国地方各级人民代表大会和地方各级人民政府组织法》和《富阳市人大常委会议事规则》规定的程序进行。

第七条　市人大常委会讨论重大事项的议案时，提出议案或办理议案的机关的主要负责人到会作出说明，回答常委会组成人员的询问。

市人民政府、市人民法院、市人民检察院向市人大常委会报告的重大事项，经市人大常委会主任会议确定，可采取到会报告和书面报告两种形式。

第八条　市人大常委会对重大事项所作出的决定或提出的书面审议意见，以正式文件下发；本市各级国家机关、社会团体、企事业单位和公民必须遵守和执行；市人民政府、市人民法院、市人民检察院应在两个月内将办理结果情况书面报告市人大常委会。

第九条　市人民政府、市人民法院、市人民检察院对本规定第四、第五条所列重大事项，自行决定或不报告的，市人大常委会依法实施监督，责令限期纠正。对有义务执行市人大常委会决定和审议意见而拒绝执行的组织和个人，市人大常委会依法采用询问、质询等措施，予以监督。

第十条　本规定自通过之日起施行。

富阳市人民代表大会常务委员会
人事任免工作办法

（2007年8月6日富阳市第十四届人大常委会第五次会议通过）

第一条　根据《中华人民共和国宪法》《中华人民共和国地方各级人民代表大会和地方各级人民政府组织法》《中华人民共和国人民法院组织法》《中华人民共和国人民检察院组织法》和《富阳市人民代表大会常务委员会议事规则》的有关规定，制订本办法。

第二条　任免范围：

在富阳市人民代表大会闭会期间，任免下列国家机关工作人员：

（一）推选市人大常委会代理主任。

（二）决定任免市人民政府个别副市长；在市长因故不能担任职务时，从市人民政府副市长中决定代理市长的人选。

（三）决定任免市人民政府办公室主任、局长，报杭州市人民政府备案。

（四）任免市人民法院副院长、庭长、副庭长、审判委员会委员、审判员；市人民法院院长因故不能担任职务时，从市人民法院副院长中决定代理院长的人选。

（五）任免市人民检察院副检察长、检察委员会委员、检察员；市人民检察院检察长因故不能担任职务时，从市人民检察院副检察长中决定代理检察长的人选。决定代理检察长，须报杭州市人民检察院和杭州市人大常委会备案。

（六）任免市人大常委会办公室、各工作委员会的主任、副主任及各工作委员会委员。

（七）通过市人大常委会代表资格审查委员会的主任委员、副主任委员和委员人选。

（八）决定接受市人大常委会主任、副主任、委员和市人民政府市长、副市长，市人民法院院长、市人民检察院检察长辞职，报市人民代表大会备案。决定接受市人民检察院检察长的辞职，须报经杭州市人民检察院检察长提请杭州市人大常委会批准。

（九）决定撤销市人民政府个别副市长职务；决定撤销由市人大常委会任命的市人民政府其他组成人员和市人民法院副院长、庭长、副庭长、审判委员会委员、审判员，市人民检察院副检察长、检察委员会委员、检察员的职务。

（十）补选杭州市人民代表大会出缺的代表和罢免个别代表。

（十一）提请市人大常委会任命的人员，其所在的工作机构名称改变的，应当重新任命；工作机构撤销的应当予以免职。

第三条　任免程序：

（一）对提请市人大常委会任命的下列人员实行任前法律知识考试：市人大常委会办公室和工作委员会正副主任；市人民政府办公室主任、局长；市人民法院副院长、庭长、副庭长、审判委员会委员、审判员；市人民检察院副检察长、检察委员会委员、检察员。

（二）法律知识考试的内容为宪法、地方组织法、代表法、选举法、监督法、行政处罚法、行政许可法和任职相关的有关法律、法规，以及本级人民代表大会及其常委会通过的有关决定、决议。考试的具体办法另行规定。

（三）拟提请任命市人民法院审判委员会委员、庭长、副庭长、审判员；市人民检察院检察委员会委员、检察员的，其任职资格应进行审查并实行任前公示。任职资格审查和公示的具体办法另行规定。

（四）任前法律知识考试，法官、检察官任职资格审查及任前公示的具体工作由市人大常委会办公室和法制工作委员会负责，考试和审查结果应当向市人大常委会报告。

（五）市人民政府市长、市人民法院院长、市人民检察院检察长的代理人选，由市人大常委会主任会议提请市人大常委会讨论决定。

（六）市人民政府副市长的个别任免和市人民政府办公室主任、局长的任免，由市人民政府市长提请市人大常委会讨论决定。

（七）市人民法院副院长、庭长、副庭长、审判委员会委员、审判员的任免，由市人民法院院长提请市人大常委会讨论决定。

（八）市人民检察院副检察长、检察委员会委员、检察员的任免，由市人民检察院检察长提请市人大常委会讨论决定。

（九）市人大常委会办公室、各工作委员会主任、副主任和各工作委员会委员的任免，由市人大常委会主任提请市人大常委会讨论决定。

（十）市人大常委会代表资格审查委员会主任委员、副主任委员和委员的人选，由市人大常委会主任会议在市人大常委会组成人员中提名，市人大常委会通过。

第四条　市人民政府、市人民法院、市人民检察院提请市人大常委会的任命，必须呈送书面报告，并应附提请任命人员的履历表和主要表现材料，说明任命理由；提请免职的，应附免职原因书面材料。请求辞职人员，应提交书面辞职报告。有关材料一般应在市人大常委会举行会议十五日前，送交市人大常委会办公室。

第五条　在提请市人大常委会任免时，由提请机关说明被任免人员的简历、主要表现及任免理由，答复审议中提出的问题。

第六条　对提请审议的人事任免议案或报告，由市人大常委会主任会议研究决定是否提请市人大常委会会议审议，如果认为某项任免有重要情况需进一步考察了解的，可退交提请机关查清楚后，再决定是否提请市人大常委会会议审议。

第七条　提请市人大常委会任命的人员，没有通过的，可以再提请一次，仍未通过的，不得再提请任命同一职务。

第八条　市人大常委会审议人事任免案时，如有不同意见难以统一，经主任会议提出，可暂不付诸表决。

第九条　市人大常委会决定任免人员，采用无记名投票或举手方式逐项表决，根据情况也可以合并表决。表决须由市人大常委会全体组成人员的过半数通过。

第十条　市人大常委会对下列国家机关工作人员任免，采用无记名投票方式进行表决：

（一）推选市人大常委会代理主任。

（二）决定市人民政府代理市长、市人民法院代理院长、市人民检察院代理检察长。

（三）决定任免市人民政府副市长、办公室主任、局长。

（四）任免市人民法院副院长、庭长、副庭长、审判委员会委员。

（五）任免市人民检察院副检察长、检察委员会委员。

（六）任免市人大常委会办公室主任、副主任，各工作委员会主任、副主任。

（七）补选杭州市人民代表大会出缺的代表和罢免个别代表。

其他人员任免，采用举手方式进行表决。

第十一条　提请任命市人民政府副市长、办公室主任、局长，市人民法院副院长、庭长、副庭长、审判委员会委员，市人民检察院副检察长、检察委员会委员时，被提请任命人员应当在市人大常委会会议上与常委会组成人员见面，并在任命前或任命后作表态发言。

第十二条　投票表决时的监票、计票人员由市人大常委会指定。计票后，由监票人向会议主持人报告计票结果，由会议主持人宣布表决结果。

第十三条　市人大常委会通过任免的国家机关工作人员，由市人大常委会发出任免通知，颁发任命书，任命书由市人大常委会主任签署。经市人大常委会推选的代理主任，决定的市人民政府代理市长、市人民法院代理院长、市人民检察院代理检察长，市人民政府个别副市长，由市人大常委会发布公告，不颁发任命书。

凡应提请市人大常委会任免的人员，须经市人大常委会讨论通过后，方可对外公布。在依法任免以前，一律不得对外公布，不得提前到职或离职。

第十四条　经市人大常委会决定任命的市人民政府组成人员，在市人民代表大会换届后，职务自行终止，应重新依法决定任免。对新一届市人民政府办公室主任、局长，应当在两个月内由市长提请市人大常委会决定任命。

市人民代表大会换届后，对市人大常委会办公室和各工作委员会主任、副主任，市人民法院副院长、庭长、副庭长、审判委员会委员、审判员，市人民检察院副检察长、检察委员会委员、检察员，继续担任原职的，不再重新任命。

第十五条　市人大常委会对下列国家机关工作人员的任免在富阳市新闻媒体中发布公告。

（一）市人大常委会代理主任，市人大常委会办公室正副主任，工作委员会正副主任。

（二）市人民政府代理市长、副市长，市人民政府办公室主任、局长。

（三）市人民法院代理院长、副院长，审判委员会委员、庭长、副庭长、审判员。

（四）市人民检察院代理检察长、副检察长，检察委员会委员、检察员。

第十六条　本办法自通过之日起施行。

富阳市人民代表大会代表履职考核办法

（2012 年 8 月 9 日富阳市第十五届人大常委会第四次会议通过）

为进一步增强人大代表的责任意识，提高人大代表依法履职自觉性，根据《中华人民共和国全国人民代表大会和地方各级人民代表大会代表法》有关规定，特制定本办法。

一、考核目的

对富阳市人大代表履职情况进行考核，是提高人大代表参与管理国家事务积极性，增强代表责任意识，提高代表自我约束力，促进代表自觉依法履行职责的需要；是加强代表履职工作管理，探索代表履职评价新机制的需要；是评选优秀代表，推荐连任代表的重要依据。

二、考核内容

1. 出席会议，审议报告（20 分）。积极参加市人民代表大会全体会议，代表因健康等特殊原因不能出席会议的，应当书面向市人大常委会请假审批；未经批准 2 次不出席本级人民代表大会会议的，其代表资格终止；认真参加市人民代表大会会议的小组审议，审议发言不少于 1 次，对“一府两院”工作提出议案、建议，数量不少于 1 条；根据要求，列席市人大常委会会议、有关部门会议和乡镇(街道)人大会议等。

2. 参加活动，积极履职（25 分）。积极参加各级、各类代表活动，做到活动前认真调研、了解民情，活动中积极发言、反映民意，活动后撰写报告、提出建议；每年参加视察调研、执法检查、代表小组活动不少于5次。

3. 联系选民，为民办事（40分）。自觉联系选区选民，主动听取选民意见，做到察民情、听民声、问民需、表民意；每名人大代表每年走访和接待选民不少于2次、20人；每名人大代表要在选区内聘请10名以上党员、干部、村民代表等，建立民情信息员队伍，并和他们保持经常联系；努力为民办实事做好事，每年不少于1件（次）；自觉接受群众监督，定期或不定期向选民报告履职情况，任期中至少向选民口头或书面述职1次。

4. 守法自律，做好表率（15分）。带头遵守宪法和法律法规，在本职岗位充分发挥模范表率作用；自觉参加各级人大组织的学习和培训，提高自身素质和履职能力。

三、考核办法

代表履职考核坚持看记录、查实情、论绩效，采取代表自评、乡镇(街道)人大测评和市人大常委会组织考评相结合的方法进行。平时，代表本人和代表小组要认真做好相关记录，并保存好有关档案；年底，市人大代表填写代表年度履职情况登记表和考核表，上交乡镇(街道)人大，由各乡镇(街道)人大和市人大常委会进行考评，结果由市人大常委会代表工委存档。

考核分优秀、称职和不称职三个档次，其中：90分以上为优秀，60–89分为称职，59分以下为不称职，如发生违法问题的，年度考核确定为不称职。考核结果在本级代表中通报，将作为代表连任、评选先进的主要依据。凡届内考核至少有三次优秀档次的，可提名为下届代表候选人。凡考核为不称职的，由市人大常委会领导对其进行谈话，代表本人制订限期改进措施，报市人大常委会代表工委备案；若限期不改进，或连续两年考核不称职，将依照相关规定，由市人大常委会代表资格审查委员会提出辞职建议。

附：富阳市第十五届人民代表大会代表履职考核表（略）

富阳市人民代表大会常务委员会
审议意见办理办法

（2000年11月28日富阳市第十二届人大常委会第二十四次会议通过，
2014年9月29日富阳市第十五届人大常委会第二十四次会议修正）

第一条　为了保证富阳市人民代表大会常务委员会（以下简称市人大常委会）审议意见的落实，增强监督实效，更好地推进市人民政府、市人民法院、市人民检察院（以下简称“一府两院”）的工作，根据《中华人民共和国地方各级人民代表大会和地方各级人民政府组织法》《中华人民共和国各级人民代表大会常务委员会监督法》《富阳市人民代表大会常务委员会议事规则》的规定，结合本地实际，制定本办法。

第二条　本办法所称的审议意见，是指市人大常委会在听取和审议“一府两院”的专项报告，听取和审议国民经济和社会发展计划执行情况，预算执行情况和审计工作报告；听取和审议市人大常委会执法检查组检查法律法规实施情况报告后，根据市人大常委会组成人员提出的、比较集中的意见和建议，经常委会会议研究通过后而形成的书面审议意见。

第三条　审议意见由与会议议题有关的市人大常委会工作委员会，在会议期间根据会议审议情况综合整理而提出，并经常委会会议表决通过；会议结束后，审议意见由市人大常委会办公室以市人大常委会文件形式交“一府两院”办理。

第四条　审议意见的内容，应当符合国家的法律、法规，符合本行政区域内的实际；应当体现抓大事、重民意、少而精的原则，实事求是反映市人大常委会组成人员或代表的意见和建议；应当注意针对性和可操作性，经过努力可以实现或能够解决的。

第五条　“一府两院”对市人大常委会交办的审议意见，应当及时研究，认真办理，一般应在接文两个月内，将办理情况报告以文件形式向市人大常委会报告。有特定期限要求的，应当在要求的期限内报告办理结果。

办理情况报告应包括审议意见的办理情况、落实措施和效果，对于不能办理或暂缓处理的情况应报告有关原因或事由。

第六条　市人大常委会相关工作委员会应当加强与办理机关的联系，掌握审议意见的办理进度，了解办理过程中遇到的问题，并及时向主任会议报告。对内容重要、办理难度较大的问题，市人大常委会可以采取视察、检查等方式进行跟踪督办。

第七条　主任会议认为必要时，可以直接听取“一府两院”审议意见办理情况报告，并决定是否提请市人大常委会审议。

第八条　市人大常委会听取和审议“一府两院”审议意见办理情况报告后，对办理情况进行满意度测评，满意度测评采取无记名表决方式，分“满意”“基本满意”“不满意”三个类别。

表决以“满意”票数和“基本满意”票数合计达到常委会组成人员应到人数的二分之一以上（含二分之一）为通过，否则为不通过。表决结果当场宣布。

第九条　对未获通过的办理情况报告，报告机关应认真研究，重新办理，并在下次常委会会议上再次报告。市人大常委会对重新办理情况报告再次进行满意度测评。

第十条　对重新办理情况报告的表决结果仍未获得市人大常委会全体组成人

员过半数通过的，市人大常委会组成人员可以根据《富阳市人民代表大会常务委员会议事规则》的有关规定，可以向办理机关提出询问，或依法提出质询案。质询案由市人大常委会主任会议决定交受质询机关答复。

第十一条　市人大常委会审议意见和“一府两院”对审议意见办理情况报告，市人大常委会办公室要通过有关途径向市人民代表大会代表通报并向社会公布。

第十二条　本办法自通过之日起施行。

富阳市人民代表大会常务委员会
关于政府投资重大建设项目监督暂行办法

（2011 年 3 月 24 日富阳市第十四届人大常委会第三十九次会议通过）

第一条　为了加强对政府投资重大建设项目的监督，规范投资行为，推进决策的科学化、民主化、法制化，根据《中华人民共和国各级人民代表大会常务委员会监督法》《浙江省各级人民代表大会常务委员会监督条例》《富阳市人民代表大会常务委员会关于财政预算监督试行办法》等法律法规和有关规章，结合本市实际，制定本办法。

第二条　本办法所称的政府投资重大建设项目，是指《富阳市人民政府投资项目管理办法》所规定的，由市级财政性资金（含政府负债）安排和市级国有资产营运机构投资的，且投资规模符合《富阳市重大项目管理暂行办法》规定的政府投资项目。

第三条　政府投资重大建设项目是国民经济和社会发展计划的重要内容，也是财政资金安排的重要方面，项目计划应当依据国家投资管理的要求和基本建设程序规定编制，纳入国民经济和社会发展计划管理，接受市人民代表大会及其常务委员会的监督。

第四条　政府投资重大建设项目的确定应当遵循下列原则：

（一）坚持科学、民主、规范的决策程序；

（二）注重经济效益、社会效益、环境效益的统一；

（三）符合本市国民经济和社会发展规划；

（四）符合城乡总体规划、土地利用总体规划和相关行业发展规划；

（五）资金安排应量入为出、综合平衡、确保重点；

（六）实行估算控制概算、概算控制预算、预算控制决算的关联控制。

第五条　严格执行政府投资重大建设项目储备制度。当年计划的政府投资重大建设项目，一般应从政府投资项目储备库中选取。

第六条　政府投资重大建设项目实行公示制度。市人民政府应当协调有关职能部门对计划草案所涉及的项目，在提交市人大常委会审议前，通过新闻媒体或政府网站等形式向社会公开有关内容，广泛征求和听取各方面的意见和建议。

第七条　市人民政府应当在每年初将编制的本年度政府投资重大建设项目计划草案，提请市人大常委会审议，经审查批准后方可实施。

第八条　政府投资重大建设项目计划草案应当包括下列内容：

（一）年度政府投资总额；

（二）拟新开工项目名称、项目法人、建设依据（建设的必要性、可行性）、建设规模及内容、总投资、资金来源、用地规模（含使用农用地情况）、建设周期、年度投资额，以及建设主体、建设地点、责任单位等内容。

（三）其他应当说明的情况。

第九条　市人大常委会对市人民政府提交的政府投资重大建设项目计划草案进行审议，并将提出的审议意见与作出的相应决议或者决定送市人民政府。

第十条　市人大常委会依法对政府投资重大建设项目计划的执行情况进行监督：

（一）听取和审议项目计划及执行情况的报告；

（二）组织常委会组成人员和市人大代表视察、检查；

（三）指定重大项目稽查、项目绩效评价和项目审计；

（四）组织特定问题调查；

（五）进行询问或提出质询案；

（六）其他监督形式。

第十一条　市人大常委会在实施监督过程中提出的意见和建议，应书面函告市人民政府，市人民政府应在规定时间内就意见建议的处理落实情况向市人大常委会书面报告。

第十二条　市人民政府及其相关职能部门应当依据市人大常委会审议通过的年度政府投资重大建设项目计划，切实履行管理和监督职责，抓好政府投资重大建设项目的计划执行和组织实施。

第十三条　未纳入年度计划且又必须新增的政府投资重大建设项目，由市人民政府专项提请市人大常委会审议。

第十四条　市人民政府在执行政府投资重大建设项目计划中，遇到确实需要作出重大变更或调整的情况时，应按规定程序进行变更或调整，并向市人大常委会报告。

第十五条　市人民政府在向市人民代表大会报告上年度国民经济和社会发展情况及本年度发展计划时，应同时报告上年度政府投资重大建设项目计划的执行情况和本年度政府投资重大建设项目计划安排的主要内容。

市人民政府在向市人大常委会提交本年度政府投资重大建设项目计划草案时，应同时报告上年度政府投资重大建设项目计划的执行情况。

市人民政府在向市人大常委会报告上半年国民经济和社会发展计划执行情况时，

应同时报告上半年政府投资重大建设项目计划的执行情况。

第十六条　市人民政府应建立健全政府投资重大建设项目的后评估制度，政府投资重大建设项目交付试用期满后，要及时进行项目后评估，并将后评估结果报市人大常委会备案。

第十七条　市人大常委会财政经济工作委员会应当及时了解政府投资重大建设项目计划编制和执行情况，并负责政府投资重大建设项目计划草案初审的前期工作和执行情况的调研。

第十八条　政府投资重大建设项目计划执行中，如出现以下情况时，市人民政府应尽快作出处理，并及时向人大常委会报告：

（一）重大工程质量事故；

（二）重大安全生产事故；

（三）擅自变更建设规模、内容和标准的；

（四）重大违法违规问题；

（五）其他重大事项。

第十九条　市人民政府和有关部门及其工作人员有下列行为之一的，市人大常委会应当责令改正，对有关单位或者个人予以通报批评，情节严重的，责成市人民政府对负有直接责任的主管人员和其他直接责任人员给予行政处分，市人大常委会可以对由其任命的国家机关工作人员依法决定免职：

（一）不按照规定提交政府投资重大建设项目计划草案、计划外新增政府投资重大建设项目情况、政府投资重大建设项目计划执行情况报告、审计报告的；

（二）违反市人大及其常委会关于政府投资重大建设项目或计划的决议或者决定的；

（三）对市人大常委会关于审计报告决议或审计意见中提出应予纠正的问题不予纠正的；

（四）其他妨碍市人大及其常委会进行政府投资重大建设项目审查监督工作的。

第二十条　本办法自通过之日起施行。由市人大常委会负责解释。

富阳市人民代表大会常务委员会
关于财政预算监督试行办法

（2008 年 7 月 24 日富阳市第十四届人大常委会第十三次会议通过）

第一章　总　则

第一条　为规范政府财政预算行为，加强预算执行情况的监督，提高监督质量，根据《中华人民共和国地方各级人民代表大会和地方各级人民政府组织法》《中华人民共和国人民代表大会常务委员会监督法》《中华人民共和国预算法》《中华人民共和国审计法》《浙江省省级预算审查条例》《杭州市预算监督条例》等有关法律、法规的规定，结合本市实际，制定本办法。

第二条　富阳市人民代表大会常务委员会（以下简称市人大常委会）履行监督本市预算执行的职能，审查和批准本市预算（包括部门预算）的调整方案及部分变更，审查和批准本市财政决算，撤销市人民政府和乡镇人民代表大会关于预算、决算的不适当的决定和决议。

第三条　市人大常委会组成人员依照法律程序就预算、决算中的有关问题提出询问或者质询，市人民政府及其职能部门必须认真研究处理并及时给予答复。

市人大常委会必要时可就预算（包括部门预算、项目建设预算）、决算中的重大事项组织调查，市人民政府有关部门应当协助配合，如实提供情况。

第四条　市人民政府应当贯彻预算法律、法规；执行市人民代表大会批准的预算和关于预算的决议，做到先有预算，后有支出。建立监督制约机制，加强预算管理。经市人民代表大会批准的预算（包括部门预算），非经法定程序不得改变。

第五条　公民或者组织，对违反预算法律、法规的行为有权向市人大常委会或者其他有关国家机关进行检举、揭发和控告，任何组织和个人不得压制和打击报复。

第六条　市人民政府确定的与乡镇人民政府之间财政管理体制的有关规定，如发生变化，应报市人大常委会备案。

由上级政府作出的涉及本市财政体制的有关重大决定，市人民政府应及时向市人大常委会通报。

第二章　预算审查

第七条　预算编制应当符合法律法规和国家财政政策，做到量入为出、收支平衡、不列赤字。收入预算的编制应当与国民经济发展水平相适应，支出预算的编制应当统筹兼顾，确保法定、重点和民生，贯彻勤俭节约的方针。

第八条　市人民政府财政部门应当在市人民代表大会举行会议的 40 天前，向市人大常委会提交年度预算草案报告的征求意见稿，并同时提供下列材料：

（一）上年度预算的执行情况；

（二）编制预算的依据和省、市政府的要求、说明等相关材料；

（三）预算收支总表；

（四）政府基金收支表；

（五）部门预算收支（支出）总表；

（六）市人民政府投资项目及重点工程项目预算汇总表。

第九条　市人民代表大会会议举行 30 日前，市人大常委会财经工作委员会对财政预算进行审前调研，市人大常委会举行会议时，应当听取和审议市人民政府财政部门关于下半年度预算草案编制情况的报告，并对预算草案的主要内容进行初步审查。

市人大常委会重点审查以下内容：

（一）预算编制的指导思想是否符合党和国家的路线、方针和政策，是否符合预算法和有关法律、法规，是否按照富阳市委构建大计划、大财政、大收支、大预算的要求，建立以市人民政府财力预算编制为核心的预算体系。

（二）预算收支平衡的情况（包括政府性项目预算、举债预算、资产收益预算、资源收益预算等）；

（三）部门预算的编制情况；

（四）预算收入的编制是否与国内生产总值的增长相适应，有无漏列、少列的情况；

（五）预算支出结构是否合理，农业、教育、科技、社会保障等支出项目是否符合法定要求，民生问题的资金安排是否恰当；

（六）为实现预算拟采取的措施；

（七）其他需要审查的内容。

第十条　市人大常委会财经工作委员会协助市人大常委会做好预算草案、决算草案、预算调整方案初审和监督预算执行方面的具体工作。选择有关预算（包括部门预算、项目建设预算）进行重点审查，可以向市有关部门提出询问，征询市人大代表的意见。必要时市人大常委会可以聘请专家参与预算、部门预算、决算的审查。

第十一条　市人民政府财政部门在市人民代表大会举行会议时，向市人大代表提交关于预算草案的报告和预算编制相关材料：

（一）预算编制依据及有关说明；

（二）预算收支表（即部门预算、决算项目预算）；

（三）基金预算收支表；

（四）需要审查的有关部门预算执行情况；

（五）审查批准预算所需要的其他材料。

经过审议，市人民代表大会按照有关法律规定和法定程序，作出批准财政预算的决议。

第三章　预算执行监督

第十二条　年度开始后，富阳市预算草案在市人民代表大会批准前，市人民政府可以按上年同期的预算支出数额安排支出；待预算批准后，按照批准预算执行。

第十三条　富阳市预算经富阳市人民代表大会批准后，市人民政府财政部门应当在批准之日起 30 日内向本市各部门批复预算，并将批复报市人大常委会财经工作委员会备案。

第十四条　市人大常委会对财政预算的执行进行监督的主要内容：

（一）预算收支的执行情况；

（二）部门预算的执行情况；

（三）市人民政府重大投资建设项目资金使用情况；

（四）市人民政府非税收入管理情况；

（五）上级财政补助资金安排使用情况；

（六）执行市人民代表大会预算决议的情况；

（七）为实现预算的各项措施及落实情况；

（八）预算执行中的其他重大事项。

第十五条　市人大常委会对富阳市预算执行监督采取听取和审议财政预算报告，听取有关专项工作报告，开展财政预算工作调研，经常性工作联系和监督相结合的方式进行。

市人大常委会每年第三季度听取市人民政府本年度上半年财政预算执行情况的报告。

市人大常委会财经工作委员会每季度向市财政局了解一次关于本市财政预算执行情况。遇有重大问题，及时向市人大常委会主任会议报告。

市人大常委会对预算执行情况报告的审议意见交市人民政府研究处理，市人民政府及财政部门应当将处理情况向市人大常委会书面报告。

第十六条　在预算监督过程中，市人大常委会主任会议认为必要时，可以要求市人民政府通知市审计局进行专项审计。

第十七条　预算超收收入的三分之二应用于民生。在预算执行中，需要动用超收收入数额超过原批准预算收入总额 10%的，市人民政府应当向市人大常委会作预算超收收入安排使用情况的报告。

第十八条　市人民政府审计部门按照法律要求，结合审计工作实际，对本市审计执行情况、部门预算执行情况等依法进行审计监督。对审计发现的预算执行中的重大问题，应及时向市人大常委会通报。市人大常委会认为必要时，可以对审计工作报告作出决议。

第四章　预算调整审查和批准

第十九条　预算调整是指经富阳市人民代表大会批准的富阳市预算，在执行中因特殊情况需要增加支出或减少收入，使原批准的收支平衡预算的总支出超过总收入的部分变更。

第二十条　市人民政府财政部门在编制预算调整方案时，应当征求市人大常委会的意见，并于市人大常委会举行会议的 10 日前，将财政预算调整方案送市人大常委会。

第二十一条　市人民政府应当提高预算编制的准确性，加强对预算执行的分析。在预算执行中，因特殊情况需要增加支出或者减少收入，总额超过原批准预算3%的，市人民政府应当编制预算调整方案，列明调整原因、项目、数额及有关情况说明，向市人大常委会主任会议报告。

第二十二条　预算调整方案应当在市人大常委会举行会议时，向常委会会议报告。常委会会议经过审议后，作出是否批准预算调整的决定。

第二十三条　在预算执行中，因上级政府返还或者给予补助而引起的预算收支变化，不属于预算调整，由市人民政府向市人大常委会报告本市预算执行情况时予以说明。

第五章　决算审查和批准

第二十四条　市人民政府应当在每年第二至三季度，将上年度决算草案提请市人大常委会审查和批准。市人大常委会依法审查和批准上年度本市财政决算。市人民政府应当在市人大常委会举行会议审查决算的 15 日前，向市人大常委会提交下列材料：

（一）本市财政决算草案，按照市人民代表大会批准的调整数或变更数以及实际执行数分别列出，并作出说明；

（二）关于决算草案的报告；

（三）本市上年度预算执行和其他财政收支的审计工作报告。

第二十五条　市人大常委会在审查决算的 10 天前，市人民政府应当将上年度预算执行和其他财政收支的审计工作报告的主要内容向市人大常委会主任会议报告，根据市人大常委会的审议要求提交相关审计材料。

第二十六条　市人大常委会举行会议时，听取和审议市人民政府关于上年度**财政决算**草案的报告、审计工作报告，根据会议审议情况，市人大常委会提出审议意见，作出是否批准上年度财政决算的决定。

第二十七条　市人民政府根据市人大常委会的审议意见，及时研究整改措施，对违法违规问题进行纠正或者处理，并将纠正情况和处理结果向市人大常委会报告。市人大常委会财经工作委员会根据市人大常委会会议要求加强对整改情况的跟踪监督。

第六章　附 则

第二十八条　本试行办法自公布之日起施行。

2000 年 9 月 27 日富阳市第十二届人大常委会第二十二次会议审议通过的《富阳市人民代表大会常务委员会关于预算监督的若干规定》同时废止。

第二节　机关工作制度

富阳市人大常委会办公室机关工作制度共 7 则，即：机关学习制度、公文处理制度、保密制度、信访制度、财物管理制度、车辆使用及驾驶员管理制度、文印设备使用管理制度。本节收录其中 4 则：

机关学习制度

一、以提高人大机关工作人员政治业务素质为目的，学习邓小平理论、政治时事、党和国家的方针政策，学习法律法规、业务知识、现代科技知识等。

二、坚持理论联系实际的学风，采取集中学习与个人自学、专题辅导与交流讨论相结合，走出去与请进来相结合等不同形式，开展学习，注重实效。

三、提倡和鼓励机关工作人员在职学历进修和文秘实用技术进修，取得学历和结业证书后，其学习费用可以报销。

四、以个人自学为主，机关组织的集中学习，每月不少于 2 次。

五、严格学习纪律，学习日实行登记和点名制度，有特殊情况不能参加学习者须请假。

六、机关各类学习由机关党支部组织实施。

机关保密制度

一、收文要及时登记编号，严格管理，未经批准，不得擅自扩大阅读范围。

二、严禁在办公室以外的地方存放密件，不得携带秘密文件、资料出入公共场所或进行社交活动。

三、不在公共场所和家属、子女、亲友面前谈论党和国家秘密，不在私人通信及公开发表的文章、讲话中涉及秘密事项。

四、未经领导同意，不得擅自或指使他人传真、复印、摘抄或私自留存带有秘密的文件、资料。

五、不得在参加涉外活动和记者采访中涉及党和国家秘密。

六、严格保管收到的揭发、检举、举报材料，不得随意传播和扩散。

七、严格文件管理，文件下发前，知情者应严格保密；文件销毁按有关规定定点集中销毁，并由两名以上工作人员监督销毁全过程。

机关信访工作处理办法

一、为了进一步加强信访工作，不断提高信访办理质量，依据有关法律、法规的规定，结合本市实际，制定本规定。

二、富阳市人大常委会机关的信访工作坚持实事求是、依法办事、按级负责、分工办理的原则。机关各部门要互相配合，认真做好信访工作。

三、市人大常委会机关受理、办理下列来信来访：

（一）对市人大及其常委会通过的决议、决定贯彻执行情况的意见和建议；

（二）对市人大及其常委会工作的批评、意见和建议，对市人大常委会组成人员和市人大代表的批评和意见；

（三）对市人民政府及其所属部门、市人民法院、市人民检察院的行政、司法行为的申诉和意见；

（四）对市人大及其常委会选举、任命的国家机关工作人员违法、渎职行为的申诉和意见；

（五）人民群众反映的市人大常委会职权范围内的其他问题；

（六）办理市委和上级人大交办的信访件。

四、市人大常委会办公室具体负责承办来信来访工作，设有专职信访员。其职责是：负责接待群众来访；承办信访件的登记、转办、催办、答复、归档等工作；对重要信访件提出处理建议，及时送请领导批阅；综合分析信访工作情况，反映信访信息、动态；联系富阳市委市人民政府信访局。

各工作委员会信访工作的职责是：及时处理常委会主任、副主任批示的信访件；承担由办公室协调的信访任务；共同接待有关的集体来访；了解、检查、督促由本委直接办理或参与办理的信访件的办理情况。

五、受理来信来访的程序：

（一）一般的来信来访由办公室信访员直接接待和转办、督办。信访员根据需要可以邀请有关工委协助接待来访群众，有关工委的同志应予以支持配合。

（二）比较重要的信访件，由信访员提出处理建议，送办公室分管副主任签署意见后，交有关工委研究、督办。

（三）需要调查、协助的重要信访件或疑难信访件，由常委会分管领导召集办公室和有关工委共同研究处理。

（四）常委会主任、副主任批示的信访件，按签批要求处理。

（五）对群众的集体来访，由市人大常委会办公室分管副主任负责处理；根据需要可以邀请有关工委共同处理。

（六）各级人大代表的来访，一般由代表工委负责接待。在富的省、杭州市人大代表和市人大代表的重要来访，由代表工委提出建议，请常委会主任或副主任接待。

各级人大代表的来信，由信访员登记、转代表工委办理。代表工委对办理情况进行督促、催办。

（七）在办理来信来访过程中，信访员与有关工委应及时互通情况。对常委会领导批办的信访件及其他信访件办理中出现的重要情况应及时向有关领导报告。

六、市人大常委会机关按信访工作原则和信访内容，对各类信访件分别作如下处理：

（一）对已有明文规定，可以明确答复的一般信访件，应当及时答复来信来访人；其他一般的信访件，转有关职能部门办理，并答复信访人。

（二）市人大常委会机关在处理信访件时，根据需要，经常委会主任或副主任同意，可以听取市人民政府、市人民法院、市人民检察院及有关部门关于信访工作情况的汇报；可以调阅有关卷宗、材料；可以组织专门调查。

（三）市人大常委会机关转交有关职能部门办理的信访件，由承办单位答复来信来访人；对重要信访件或疑难信访件，承办单位应向市人大常委会机关书面报告办理结果。

（四）对市人大常委会机关交办并要求报告办理结果的重要信访件，承办单位一般应在一个月内办结并报告办理结果。需进一步调查处理的最迟不得超过三个月；其中杭州市以上部门交办的重要信访件，最迟不得超过二个半月，因特殊原因不能在规定期限内办结的，应及时说明理由。

七、信访员要加强与"一府两院"信访部门或信访工作人员的联系，及时通报重要情况，交流工作经验，商量解决疑难问题，做好转办、催办工作；要坚持每季度分析一次信访工作情况，半年作小结，一年有总结，不定期地向有关部门提供信访信息。

八、信访员在处理来信来访时，应当做到勤政、廉洁、高效，严格依照有关法律、法规和制度办事；接待来访群众要热情诚恳，注意工作方法，把处理实际问题与进行思想教育结合起来，对无理取闹、缠诉不止，妨碍机关工作秩序的上访人员，经教育劝告无效，可提请保卫部门或公安机关依法处理；信访员对于涉及本人及其近亲属的来信来访应当回避；信访员要加强对信访材料的管理，切实做好保密工作。

机关财物管理制度

一、严格执行财务管理的各项规章制度，遵守财经纪律。

二、经费开支实行市人大常委会办公室主任一支笔审批，报账时必须做到票据合理合法，手续齐全，注明款项用途，有经办人签字。

三、建立公用物品登记制度，公物包括桌、椅、柜。交通工具、通讯工具、电脑、电视音响、照相器材、贵重书籍等，由办公室统一登记造册，由经手人签字妥善管理，工作调动时，应及时办理移交手续。

四、购买大件物品和办公用品，报刊订阅等，应先报批后购买，并及时登记造册；公用物品一般不外借，特殊情况确需借用的，须经办公室领导同意，用后由经手人负责及时催还。

五、爱护公共财物，人人有责。各办公室内的公用物品，由该办公人员负责保管。

第三章　人大常委会主任会议

根据《地方组织法》《监督法》《富阳市人大常委会议事规则》的规定，市（县）人大常委会主任、副主任组成人大常委会主任会议。主任会议由主任或受主任委托的副主任召集和主持。一般每月至少举行一次，如有特殊情况，可由主任临时召集。主任会议处理常务委员会重要日常工作。召开主任会议的时候，可以根据工作需要，吸收专职常务委员会委员、常务委员会各工作委员会主任、常务委员会办公室主任、副主任列席会议；必要时，邀请“一府两院”有关部门负责人列席会议。2007 年 8 月 6 日，富阳市第十四届人大常委会第五次会议通过《富阳市人民代表大会常务委员会主任会议议事规则》，进一步规范主任会议议事程序。

因历史档案缺失，第七、第八两届主任会议无考。

第一节　第九届人大常委会主任会议

富阳县第九届人大常委会主任会议由主任洪德森，副主任刘鸿、李作运、王栋臣、章一平 5 人组成。据可考资料，第九届人大召开常委会主任会议 22 次。

第九届人大常委会主任会议一览表

表 4-3-1

序号	日　期	主　要　议　题
001	1989.1.19	研究春节前工作，讨论县九届人大三次会议有关问题，研究大青联络点的工作安排等
002	1989.1.31	讨论人大常委会工作报告等

续表 4-3-1

序号	日　期	主　要　议　题
003	1989.3.30	研究 4 月份视察工作,5 月份常委会第十四次会议内容,传达省人大 1989 年工作要点等
004	1989.5.2	研究讨论常委会第十四次会议内容、时间等
005	1989.6.9	传达 1989 年春夏之交发生在北京的政治风波真相
006	1989.6.26	学习中央十三届四中全会公报；讨论下半年工作计划、常委会第十五次会议有关事项及七县市临安研讨会出席人员安排
007	1989.7.3	传达富阳县委抗洪部署
008	1989.7.14	讨论确定常委会第十五次会议地点、时间等有关内容
009	1989.7.22	组织代表学习中央十三届四中全会精神、研究换届选举的准备事项、下半年执法检查有关问题等
010	1989.8.22	传达杭州市“两院”会议精神，讨论下半年执法检查有关事宜、“二老”人员调查及常委会第十六次会议的有关事项
011	1989.8.26	确定常委会第十六次会议时间，讨论洪德扬案件是否监督重新处理等
012	1989.9.2	听取洪德扬一案的定性处理情况汇报
013	1989.9.4	听取富阳市人民检察院关于洪德扬案的查处情况汇报
014	1989.9.11	讨论落实常委会第十六次会议后的有关问题
015	1989.9.22	传达杭州市选举工作会议精神
016	1989.10.4	听取有关工作汇报、组织学习《宪法》、《地方组织法》，讨论组织省、市人大代表视察等
017	1989.10.9	讨论研究有关执法检查问题
018	1989.12.6	听取富阳市人民检察院、市公安局关于陈柏祥一案的情况汇报
019	1989.12.7	传达省人大工作会议精神
020	1989.12.29	讨论换届选举有关问题。讨论 1990 年 2 月在富阳召开的杭州市人大研讨会有关发言材料准备
021	1990.1.13	讨论杭州地区人大工作研讨会发言材料、传达省选举工作会议精神及选举工作情况交流
022	1990.1.19	讨论 2 月份人大工作研讨会有关后勤保障事宜及春节前工作安排

第二节　第十届人大常委会主任会议

富阳县第十届人大常委会主任会议由主任刘鸿，副主任李作运、孙达火、章一平、朱茂翰 5 人组成。第十届人大召开常委会主任会议 59 次。

第十届人大常委会主任会议一览表

表 4–3–2

序号	日　期	主　要　议　题
001	1990.3.26	学习六中全会决定、明确主任分工、讨论 4–6 月份工作要点，讨论修改县人大原制订的工作制度，讨论常委会第一次会议的时间、内容
002	1990.4.2	讨论有关工作制度的修改及 4–6 月份工作计划
003	1990.4.17	讨论十届人大常委会第一次会议日程安排，讨论人大常委会委员分工
004	1990.4.23	研究部署食品卫生视察有关事项
005	1990.5.18	讨论常委会第二次会议内容、下半年工作计划及其他
006	1990.6.4	听取检察长汪金良通报有关陆关荣案件
007	1990.6.7	学习江泽民关于完善人民代表大会制度的讲话；副主任章一平汇报杭州市人大常委会第十七次会议精神等
008	1990.6.19	研究安排近期工作
009	1990.7.9	研究常委会第三次会议时间、内容及外出考察等
010	1990.7.30	研究常委会第三次会议有关事项等
011	1990.8.31	讨论乡镇人大主席团常务主席培训材料、常委会第四次会议内容、9 月份工作安排及关于议案处理问题等
012	1990.9.19	研究代表工作经验交流会、环保执法检查、议案处理情况视察
013	1990.9.28	讨论常委会第四次会议时间、内容及执法检查
014	1990.10.29	讨论 11 月份工作
015	1990.11	（无文字记录）
016	1990.11.27	讨论常委会第五次会议时间、地点、内容及富阳县委召开人大工作会议有关事项
017	1990.12.3	讨论制止“三乱”决议草稿及人大执法检查汇报
018	1990.12.15	讨论人大常委会主任在富阳县委工作会议上的讲话，讨论检察院关于罗志贤问题的报告
019	1990.12.28	讨论常委会第六次会议内容及 1991 年工作打算
020	1991.1.15	讨论 1991 年工作要点，十届人大二次会议有关筹备工作，常委会第六次会议的时间、内容，省人大代表就地视察问题等
021	1991.1.31	讨论十届人大二次会议的工作报告提纲，对人大离退休干部慰问的分工
022	1991.2.25	讨论人代会筹备工作及常委会第七次会议内容等
023	1991.4.6	研究 4 月份工作，常委会第八次会议内容等。
024	1991.4.22	传达国务院关于粮油调价的文件，讨论常委会第八次会议时间及两个决议草案和一个制度草案
025	1991.5.8	讨论人大常委会对今后工作的安排

续表 4-3-2

序号	日　期	主　要　议　题
026	1991.5.27	研究 6 月份工作，讨论常委会第九次会议内容，传达杭州市人大常委会第二十五次会议精神
027	1991.6.22	7 月份工作安排等
028	1991.7.6	听取关于罚没款重点检查情况汇报
029	1991.7.26	讨论《富阳县人大志》修改意见
030	1991.8.1	讨论常委会第十次会议时间、内容等
031	1991.8.27	讨论乡镇人大主席团工作人员等
032	1991.9.14	讨论执法视察和外出考察
033	1991.10.31	研究常委会第十一次会议时间及村民委员会换届选举等
034	1991.11.30	讨论各委办 12 月份有关工作
035	1991.12.21	讨论常委会第十二次会议日期、内容，村委会换届有关问题，机关作风建设
036	1992.1.17	讨论人大常委会工作报告提纲及老干部慰问分工
037	1992.1.24	讨论修改《富阳县人大志》，1992 年工作要点
038	1992.2	研究常委会第十三次会议内容
039	1992.2.20	讨论人大常委会工作报告及通报富阳镇补选一名县人大代表
040	1992.3.7	讨论常委会第十四次会议日程、议程
041	1992.3.30	听取 4 月份工作打算及安排外出考察
042	1992.4.3	听取监察局陆善德关于农业投入资金分配使用情况检查结果汇报
043	1992.4.29	决定常委会第十五次会议时间及撤区并乡方案的议程
044	1992.5.8	听取 5 月份工作安排及撤区扩镇并乡的有关法律问题
045	1992.6.3	研究行政区划变更后，代表小组划分问题等
046	1992.6.18	讨论常委会第十六次会议内容，专职主席会议内容、时间等
047	1992.7.9	讨论常委会第十七次会议议题、时间等
048	1992.7.18	讨论常委会第十七次会议内容及具体安排
049	1992.8.5	研究评议司法工作
050	1992.8.17	讨论评议司法工作近期安排
051	1992.9.3	讨论常委会第十八次会议时间、议程。讨论县人大代表评议司法工作中的意见建议并决定提交司法机关办理的案件
052	1992.9.19	听取人大常委会副主任孙达火传达杭州市选举工作会议精神，讨论选举工作
053	1992.10.12	讨论换届选举工作有关事项，决定召开常委会第十九次会议日期
054	1992.11.25	讨论县人大常委会第 20 次会议议程、日程

续表 4-3-2

序号	日　期	主　要　议　题
055	1992.11.28	讨论常委会第二十一次会议议程、日程
056	1992.12.28	讨论富阳县第十一届人大一次会议有关安排，指导乡镇搞好代表选举
057	1993.1.19	讨论常委会第二十二次会议内容、时间等
058	1993.2.3	讨论人大常委会工作报告等
059	1993.2.26	研究常委会第二十三次会议时间及内容

第三节　第十一届人大常委会主任会议

富阳市（县）第十一届人大常委会主任会议由主任葛扬安，副主任周银铃、孙达火、章一平、钟西平组成。1997 年 1 月 27 日，葛扬安主任职务终止，副主任周银铃为代理主任。据可考资料，第十一届人大召开常委会主任会议 70 次。

第十一届人大常委会主任会议一览表

表 4–3–3

序号	日　期	主　要　议　题
001	1993.3.21	人大常委会主任葛扬安通报县长、副县长；人大主任、副主任分工情况
002	1993.4.6	讨论富阳县委提名推荐的 39 名干部人选，并同意按干部管理权限，分别提请富阳县十一届人大常委会一次会议审议决定
003	1993.4.9	颁发干部任命书；讨论人大常委会 1993 年工作要点
004	1993.5.13	通报富阳县委对当前工作安排和关于部署开展“三打一禁”活动等情况；落实人大工作研讨会有关事宜；研究召开常委会第二次会议有关事项
005	1993.6.5	讨论常委会第二次会议有关事项；修改《常委会议事规则》、《代表工作暂行办法》等
006	1993.7.15	通报富阳县委有关工作，传达学习中共中央 6 号文件，研究开展机关思想作风建设的有关问题
007	1993.8.7	讨论召开常委会第三次会议的有关事项
008	1993.9.14	确定召开常委会第四次会议有关事项；传达乔石委员长讲话
009	1993.10.29	研究评议新登、龙羊公安司法工作中问题的整改意见
010	1993.11.12	讨论关于召开乡镇第十一届人大二次会议有关事项
011	1994.1.17	讨论常委会第六次会议有关事项、常委会工作报告及 1994 年工作要点
012	1994.2.21	研究常委会第六次会议有关事宜，1994 年工作要点，讨论富阳县第十一届人大二次会议有关内容

续表 4-3-3

序号	日　期	主　要　议　题
013	1994.3.16	听取市财税局“关于富阳市 1994 年财政收支预算的汇报”，研究常委会第七次会议有关事项
014	1994.5.13	研究常委会第八次会议有关事项，成立“人大之友联谊会”有关问题，传达省人大召开的杭、嘉、湖、绍地区代表工作会议精神
015	1994.6.15	研究常委会第九次会议有关事项，传达省、杭州市人大工作会议有关精神，研究赴东北考察人大工作
016	1994.7.20	通过有关干部任免名单，听取赴东北考察情况汇报及部署当前工作
017	1994.8.1	听取市环保局“关于对环境严重污染事故处理情况的汇报”
018	1994.8.17	听取市城建局“关于城市总体规划情况汇报”，部署开展评议工作，讨论常委会第十次、第十一次会议的有关事项
019	1994.9.19	讨论干部述职评议工作，研究有关人事免职事项，听取市人民检察院关于市人大代表俞××受贿情况汇报
020	1994.10.10	讨论常委会第十二次会议有关事项，研究下一步开展“两项评议”工作
021	1994.11.8	讨论有关人事任免事项，研究当前工作
022	1994.11.10	讨论对何侠安、赵庆林、俞成新三位局长述职评议提出的整改意见，学习《爱国主义教育实施纲要》
023	1994.11.28	研究评议意见整改情况的反馈问题，讨论常委会第十三次会议有关事项
024	1994.12.5	传达中共富阳市委第三十一次常委会会议精神，研究当前市人大常委会有关工作
025	1995.1.9	听取市劳动局“关于学习宣传贯彻实施《劳动法》情况汇报”
026	1995.1.20	听取市文化局 “关于文化市场管理情况”汇报
027	1995.1.23	讨论常委会第十四次会议有关事项
028	1995.2.16	研究召开市第十一届人大三次会议的有关问题及当前工作
029	1995.3.27	讨论常委会第十五次会议有关事项，通报市人大党组会议研究的有关人事安排
030	1995.4.20	通报富阳市委常委会第三十九次会议精神及讨论有关人事任免名单
031	1995.5.24	讨论常委会第十六次会议有关事项，通报市政府对市人大常委会第十五次会议审议意见落实情况的反馈
032	1995.6.16	通报富阳经济考察团赴绍、台、温考察情况
033	1995.7.21	讨论常委会第十七次会议有关事项
034	1995.8.11	通报 8 月 4 日市委常委会扩大会议精神，讨论“两项评议”工作

续表 4–3–3

序号	日　期	主　要　议　题
035	1995.9.25	研究常委会第十八、十九次会议有关事项及乡镇第十二届人大换届选举
036	1995.10.4	研究乡镇第十二届人大换届选举代表名额分配问题，讨论换届选举试点工作实施意见
037	1995.10.9	讨论新义乡第十二届人民代表大会换届选举问题，传达富阳市委第四十三次常委会有关干部调配问题
038	1995.10.13	传达贯彻浙江省委书记李泽民、杭州市委书记李金明、省公安厅厅长斯大孝就“10·9”事件（富阳福利彩票摸奖哄闹事件）指示精神和富阳市委常委扩大会精神
039	1995.10.23	讨论决定对市环保、农业、财政局行政执法和三位局长述职评议整改意见及 1996 年乡镇人大换届选举有关事项
040	1995.11.15	传达浙江省乡镇人大换届试点工作总结会精神。讨论常委会第二十次会议有关事项
041	1995.12.25	通报富阳市委常委会有关精神，传达省市人大常委会秘书长会议精神
042	1996.1.17	讨论常委会第二十一次会议有关事项等
043	1996.3.6	听取市财政局 “关于财政决算和预算情况报告”
044	1996.4.8	学习贯彻八届全国人大第四次会议精神，讨论常委会第二十三次会议有关事项
045	1996.5.6	听取市审计局“关于财政预算审计工作情况报告”
046	1996.5.30	讨论开展“两项评议”工作的有关事项
047	1996.6.28	讨论常委会第二十四次会议有关事项
048	1996.7.15	讨论市人大办“关于《富阳年鉴》人大部分写作情况的汇报”
049	1996.7.25	传达学习中共富阳市委九届十次全体会议精神，通过 4 个评议工作调查组人员名单
050	1996.8.12	讨论常委会第二十五次会议有关事项
051	1996.9.2	通报富阳市委常委会第六十一次会议有关精神
052	1996.9.17	听取 4 个评议工作调查组组长评议调查情况汇报，讨论常委会第二十六次会议有关事项
053	1996.9.27	传达中共富阳市委、市人民政府联席会议精神
054	1996.10.18	研究常委会第二十八次会议有关事项
055	1996.11.19	讨论常委会第二十八次会议议程、日期
056	1996.12.21	讨论常委会第二十九次会议的有关事项
057	1997.1.8	讨论常委会第三十次会议有关事项

续表 4-3-3

序号	日　期	主　要　议　题
058	1997.2.4	初审富阳市第十一届人大第五次会议各项建议名单
059	1997.3.19	讨论常委会第三十一次会议有关事项
060	1997.6.4	传达浙江省委书记李泽民 5 月 27 日在富阳市视察工作时的讲话，讨论常委会第三十二次会议有关事项
061	1997.6.11	讨论常委会第三十三次会议有关事项
062	1997.6.23	听取市审计局“关于预算外资金及其他财政收支审计情况的汇报”
063	1997.7.31	讨论常委会第三十四次会议的有关事项
064	1997.9.24	讨论常委会第三十五次会议的有关事项
065	1997.10.27	研究关于富阳市第十二届人民代表大会换届选举的有关事项
066	1997.12.8	讨论常委会第三十七次会议的有关事项
067	1998.1.8	讨论常委会第三十八次会议有关事项
068	1998.1.22	通报浙江省九届人大一次会议情况，部署年内工作
069	1998.2.17	讨论常委会第三十九次会议有关事项
070	1998.3.2	部署市人大常委会 3 月工作

第四节　第十二届人大常委会主任会议

富阳市第十二届人大常委会主任会议由主任王金水，副主任周银铃（2001 年 2 月辞去）、汪锦汉、董文淦（2001 年 2 月终止）、邵良、王传木、俞正言（2001 年 3 月任）、王晓（2001 年 3 月任）组成。第十二届人大召开常委会主任会议 133 次。

第十二届人大常委会主任会议一览表

表 4-3-4

序号	日　期	主　要　议　题
001	1998.4.2	关于市人大常委会主任、副主任分工及讨论 4 月工作
002	1998.4.20	讨论常委会第一次会议的有关事项
003	1998.4.30	研究 5 月工作及常委会第二次会议有关事项
004	1998.5.8	讨论有关人事任免事项
005	1998.5.29	讨论《常委会议事规划》、常委会第三次会议有关事项
006	1998.6.15	听取市审计局“关于财政预算执行情况的审计报告”，初审市财政局“关于 1997 年度财政决算报告”，决定常委会第三次会议召开日期
007	1998.7.1	6 月工作回顾及 7 月工作安排

续表 4-3-4

序号	日　期	主　要　议　题
008	1998.7.16	听取市人民政府“关于 1997 年度行政执法责任制试点情况和 1998 年度全面推行行政执法责任制工作安排”的情况汇报
009	1998.7.23	听取市公安局“关于开展夏季严打整治行动的情况报告”
010	1998.7.31	总结常委会 7 月工作及研究常委会第四次会议有关事项
011	1998.8.11	研究安排市法、检两院开展执法责任制及队伍集中教育整顿、讨论市人民法院有关人事问题等工作
012	1998.8.21	讨论市人民法院有关人事任免及《富阳市人大常委会机关信访工作处理办法》
013	1998.9.1	总结 8 月份工作，部署 9 月工作，研究对市人民政府组成人员进行法律考试及乡镇第十三届人大换届选举
014	1998.9.23	研究关于 1999 年乡镇人大换届选举有关事项
015	1998.10.16	听取和审议市人民政府“关于富阳市第十二届人大一次会议议案和代表意见处理情况的报告”。研究常委会第六次会议有关事项
016	1998.10.30	汇报 10 月工作，部署 11 月工作
017	1998.12.2	研究常委会第七次会议有关事项，总结 11 月工作，部署 12 月工作
018	1998.12.14	讨论修改由富阳市人大常委会提交的杭州市人大工作经验交流材料——“大处着眼，小处入手，提高人大监督工作实效”
019	1998.12.21	听取市财政局“关于财政收支预算执行情况汇报”
020	1999.1.5	讨论常委会 1999 年工作要点及 1 月工作
021	1999.1.19	讨论修改“市人大常委会工作报告”，研究常委会第八次会议有关事项
022	1999.2.8	听取市长孙建华就计划、财政工作两个报告所作的说明，并初审上述两个报告
023	1999.3.16	研究 3 月工作
024	1999.4.2	总结 3 月工作，部署 4 月工作
025	1999.4.19	研究常委会第九次会议有关事项
026	1999.5.7	研究市法、检两院执法评议实施方案及常委会第十次会议有关事项
027	1999.6.3	总结 5 月工作，部署 6 月工作，讨论常委会第十一次会议有关事项
028	1999.6.21	讨论有关人事任免事项
029	1999.6.29	总结 6 月工作，部署 7 月工作
030	1999.7.26	听取市人民法院、市人民检察院“关于司法评议自查情况的汇报”；听取司法评议调查组“关于对法、检两院司法工作的调查情况汇报”
031	1999.7.29	研究关于评议市法、检两院司法工作的整改意见；讨论《富阳市人大常委会关于代表持证视察办法草案》

续表 4-3-4

序号	日　期	主　要　议　题
032	1999.8.10	研究常委会第十二次会议有关事项，听取教科文卫工委“关于富阳市广电工作情况汇报”
033	1999.8.20	讨论有关人事任免事项
034	1999.8.31	研究部分人大常委会组成人员赴新疆考察的有关问题，总结 8 月工作，研究 9 月工作
035	1999.9.27	总结 9 月工作，研究 10 月工作
036	1999.10.8	研究常委会第十三次会议有关事项
037	1999.10.25	听取市计委“关于调整富阳市经济和社会发展“九五”计划主要指标的建议报告”，讨论有关人事任免事项
038	1999.11.25	讨论补选杭州市和富阳市人大代表的有关事项；研究常委会第十四次会议有关事项和富阳市第十二届人大三次会议的筹备工作
039	1999.12.3	总结 11 月工作，研究 12 月工作
040	1999.12.6	研讨教科文卫方面的有关执法检查、工作监督
041	1999.12.15	讨论人大常委会工作报告及有关人事任免事项
042	1999.12.24	听取对“市人大常委会工作报告”的征求意见。听取市人民检察院“关于请求许可对富阳市十二届人大代表闻作良采取强制措施的报告”
043	2000.2.21	讨论有关人事任免，研究人大常委会第十五次会议有关准备工作
044	2000.2.25	讨论 2000 年人大常委会工作按季分解落实
045	2000.3.20	讨论市人大常委会领导班子“三讲”教育剖析材料
046	2000.4.4	讨论常委会第十六次会议有关事项，总结 3 月工作，部署 4 月工作
047	2000.4.11	初审市人民政府“关于江南公路拓宽改建方案的报告”和“关于苋浦水系综合整治工作的情况报告”
048	2000.4.28	研究常委会第十七次会议的有关事项
049	2000.5.17	听取市城管办“关于富阳市市树、市花评选情况汇报”，初审市财政局“关于富阳市 1999 年财政决算的报告”，初审市审计局“关于财政预算和其他财政收支审计情况报告”
050	2000.5.25	讨论确定常委会第十七次会议议程、内容、时间等
051	2000.6.7	汇总 5 月工作及 6 月工作打算
052	2000.7.8	讨论常委会第十八次会议有关事项
053	2000.7.11	讨论有关人事任免
054	2000.7.14	讨论常委会第十九次会议议程、内容等

续表 4-3-4

序号	日　期	主　要　议　题
055	2000.7.24	听取市人大常委会评议调查组“关于对市公安局执法工作和市计生委主任、市水电局局长履职情况的调查汇报”，初审市人民法院“关于法院两项改革情况的报告”，讨论有关人事任免事项
056	2000.7.28	初审《市人大常委会关于讨论、决定重大事项的若干规定》、《市人大常委会关于预算监督的若干规定》等
057	2000.8.3	总结 7 月工作，研究 8 月工作
058	2000.8.7	讨论常委会第二十次会议有关事项
059	2000.8.30	总结 8 月工作，部署 9 月工作，研究常委会第二十二次会议的有关事项
060	2000.9.25	听取检察长吴炳林“关于报请许可对富阳市十二届人大代表董文淦执行刑事拘留、逮捕的报告”，同意提交市人大常委会第二十一次会议审议
061	2000.9.29	总结 9 月工作，部署 10 月工作
062	2000.10.30	研究有关人事问题，总结 10 月工作及研究 11 月工作
063	2000.11.7	部署市人大常委会领导班子“三讲”教育“回头看”工作
064	2000.11.16	研究常委会第二十四次会议有关事项，初审市财政局“关于调整 2000 年财政收支预算的报告”
065	2000.12.1	总结 11 月工作及部署 12 月工作
066	2000.12.11	讨论 2001 年工作及常委会第二十五次会议有关事项
067	2000.12.18	讨论 2001 年工作要点，听取市公安局“关于开展‘三项教育’活动有关情况汇报”
068	2000.12.19	听取市交通局“关于大源公路建设进展情况汇报”
069	2000.12.22	初审“一府两院”执法执纪情况报告
070	2000.12.27	听取市公安局“关于要求对富阳市十二届人大代表凌国余实行治安拘留处罚的请求”，同意提交市人大常委会第二十六次会议审议
071	2001.1.2	总结 2000 年 12 月工作，研究 2001 年 1 月工作
072	2001.1.18	讨论市人大常委会工作报告
073	2001.2.12	研究常委会第二十七次会议议程，初审计划报告和财政报告
074	2001.2.14	讨论罢免董文淦的富阳市人大代表职务事项，研究常委会第二十七次、第二十八次会议议程等
075	2001.2.9	审议有关人事任免事项和代表资格审查报告，通过《评议工作办法》
076	2001.3.20	研究市人大常委会领导班子成员分工
077	2001.3.26	研究近期工作及其他有关事项

续表 4-3-4

序号	日　期	主　要　议　题
078	2001.3.28	研究同意中共杭州市委提名戚哮虎任富阳市副市长并提交常委会第二十九次会议表决；讨论市人大常委会有关工作委员会人事调整和增补
079	2001.4.2	总结上月工作，研究 4 月工作
080	2001.4.12	研究对《中华人民共和国建筑法》贯彻情况检查的有关事项
081	2001.4.29	总结 4 月工作，研究 5 月工作及常委会第三十次会议内容
082	2001.5.30	回顾 5 月工作，研究 6 月工作
083	2001.6.7	听取市财政局 “关于富阳市 2000 年财政决算的报告”、市审计局 “关于富阳市 2000 年财政决算审计的报告”
084	2001.6.8	听取审议宁波市北仑区公安分局“关于要求对王中杭刑事拘留的报告”
085	2001.6.11	研究常委会第三十一次会议时间、地点、内容
086	2001.6.18	审议行政区划调整方案
087	2001.6.21	研究常委会第三十二次会议议程和时间
088	2001.6.28	回顾 6 月工作，研究 7 月工作
089	2001.7.12	审议“两项评议”整改意见等
090	2001.7.19	对 2001 年“两项评议”工作回顾总结
091	2001.7.20	听取市建设局、市水电局“关于苋浦水系综合整治情况汇报”，并视察现场
092	2001.7.27	研究街道人大工作委员会的工作职责
093	2001.7.31	回顾 7 月工作，研究 8 月工作
094	2001.8.3	听取市人民政府、市人事局关于富阳市机构改革的情况汇报
095	2001.8.10	讨论《关于设立富春等四个街道人大工作委员会的决定》等
096	2001.8.16	听取市人民法院“关于法院机构改革和人事调整情况的汇报”，研究市人民法院有关人事任免事项
097	2001.8.21	研究讨论富阳市委提议的乡镇（街道）人大干部任免事宜
098	2001.8.31	回顾 8 月工作，研究 9 月工作
099	2001.9.17	听取市人民政府“关于要求降低我市车辆在本市境内公路、桥梁收费标准的议案办理情况汇报”
100	2001.9.24	研究有关乡镇人大换届选举事项
101	2001.10.12	初审《关于 2002 年全市乡镇人大换届选举工作的实施意见》；初审市财政局“关于调整 2001 年财政收支预算的报告”
102	2001.10.18	研究有关人事问题
103	2001.10.30	研究 11 月工作及乡镇人大换届选举有关工作

续表 4-3-4

序号	日　期	主　要　议　题
104	2001.11.14	听取关于杭州市人大代表选举问题、街道推荐人民陪审员问题，审议富阳市乡镇人大换届选举有关内容
105	2001.12	讨论富阳市第十二届人大五次会议的召开时间及有关筹备工作；研究 12 月工作等
106	2001.12.17	讨论“富阳市人民代表大会常务委员会工作报告”等
107	2001.12.21	听取关于富阳市十二届人大五次会议有关筹备工作情况的汇报，讨论 2002 年市人大常委会工作要点，研究常委会第三十六次会议议程
108	2001.12.26	初审“国民经济和社会发展计划报告”、“财政决算和预算报告”
109	2002.2.1	讨论关于富阳市十二届人大五次会议有关事项
110	2002.3.1	讨论 3 月工作，研究对《省职工基本养老保险条例》和《省职工失业保险条例》执法检查的有关工作
111	2002.3.29	讨论 4 月工作，研究乡镇人大主席培训班有关事项
112	2002.4.29	讨论 5 月工作，研究常委会第三十八次会议有关事项
113	2002.5.14	听取市财政局“关于 2001 年财政决算的报告”、市审计局“关于 2001 年财政预算执行和其他财政收支情况审计工作报告”，听取教科文卫工委“关于《文化市场管理条例》执法检查情况的汇报”
114	2002.5.23	讨论《富阳市村民委员会选举办法》
115	2002.6.6	研究 6 月工作
116	2002.6.27	研究 7 月工作
117	2002.7.4	研究有关村委会选举工作中相关问题
118	2002.7.16	听取和初审市发计局“关于上半年国民经济和社会发展计划执行情况的报告”
119	2002.8.1	研究 8 月工作
120	2002.9.2	研究 9 月工作
121	2002.9.13	听取市人民检察院检察长、市人民法院院长、市公安局长分别所作的“关于评议整改意见落实情况的报告”
122	2002.9.29	研究 10 月工作
123	2002.10.24	研究富阳市人大换届有关工作
124	2002.10.29	讨论新行政中心选址问题
125	2002.11.1	讨论换届选举工作实施意见等
126	2002.11.4	研究 11 月工作

续表 4-3-4

序号	日　期	主　要　议　题
127	2002.11.8	讨论有关人事任免问题
128	2002.11.22	讨论换届选举的宣传资料
129	2002.12.?	研究 12 月工作
130	2003.1.3	研究常委会第四十三次会议的有关事项
131	2003.1.9	讨论常委会第四十三次会议再增加一项议程及其他
132	2003.1.24	讨论富阳市人大常委会工作报告，听取胥口等乡镇选举情况调查报告，讨论富阳市第十三届人大一次会议筹备工作
133	2003.2.11	讨论有关人事任免、富阳市第十三届人大一次会议有关事项

第五节　第十三届人大常委会主任会议

富阳市第十三届人大常委会主任会议由主任佟桂莉，副主任汪锦汉、俞正言、王晓、王土田、徐松泉、华荣富组成。2006 年 12 月，佟桂莉调离，副主任汪锦汉为代理主任。第十三届人大召开常委会主任会议 62 次。

第十三届人大常委会主任会议一览表

表 4-3-5

序号	日　期	主　要　议　题
001	2003.3.12	研究领导班子分工
002	2003.3.21	讨论 2003 年工作要点
003	2003.4.15	研究常委会第一次会议有关事项
004	2003.4.22	通报有关政市人民政府职能部门负责人任命事项
005	2003.5.12	研究常委会第二次会议有关事项，听取和初审市财政局财政决算报告，听取和初审市审计局“同级审”报告等
006	2003.6.2	传达杭州市人大常委会有关对人大任命干部考试事宜
007	2003.7.1	研究常委会第三次会议的有关事项，研究 7 月份工作，听取并审议市药监局“关于《药品管理法》贯彻实施情况报告”
008	2003.7.22	听取市发计局“关于上半年国民经济和社会发展计划情况报告”，市财政局“关于上半年财政收支预算执行情况报告”
009	2003.9.11	讨论有关人事任免，研究常委会第四次会议有关事项，听取市人民政府“关于向国家开发银行申请贷款的情况汇报”
010	2003.9.22	听取市公安局“关于富阳市人大代表赵乃金私自出借公款调查处理情况的汇报”等

续表 4-3-5

序号	日 期	主 要 议 题
011	2003.10.24	审议场口镇、东图乡行政区划调整方案，听取和审议市人民政府“关于办理议案、建议情况的报告”
012	2003.12.3	听取市财政局“关于调整 2003 年财政收支预算的报告”，研究常委会第六次会议有关问题，讨论 2003 年工作总结及 2004 年工作思路
013	2003.12.30	讨论富阳市第十三届人大二次会议有关准备工作
014	2004.1.12	初审“富阳市国民经济和社会发展计划草案报告”，“富阳市财政预决算报告”
015	2004.3.31	讨论对乡镇人民政府副职评议工作安排及 4 月工作
016	2004.4.12	讨论有关人事任免问题
017	2004.4.22	听取市财政局市级部门决算报告、场口行政区划调整后有关情况说明
018	2004.5.9	听取和审议财政决算报告及财政收支情况审计报告
019	2004.5.17	讨论浙江省下派沈华清任副市长的有关事宜
020	2004.6.4	听取市建设局“关于《富阳市城市总体规划》的汇报”
021	2004.7.5	讨论 7 月工作
022	2004.7.30	初审市人民法院有关人事任免，初审上半年国民经济和社会发展计划执行情况
023	2004.8.13	讨论市文化、发计、司法局等“两项评议”整改意见
024	2004.9.16	听取教育局“关于教育经费投入情况和教育创强工作的汇报”
025	2004.9.20	讨论常委会第十二次会议有关事宜
026	2004.9.23	初审《富阳市生态市建设规划》
027	2004.9.28	讨论常委会第十二次会议的时间、议程和人事任免
028	2004.10.29	审议“关于富阳市新一轮教育发展专项规划的汇报”，审议市人民政府“关于向农行贷款建设东洲北支江综合整治工作的汇报”
029	2004.11.8	听取市人民检察院有关人事免职案，讨论有关乡镇人大会议事宜
030	2004.11.16	审议书面述职评议有关反馈意见
031	2004.12.16	讨论富阳市人大常委会工作报告和 2005 年工作要点，讨论确定“两项评议”的评议单位、评议局长及常委会第十四次会议有关事项
032	2004.12.21	听取市人民法院“关于提请任免王强等职务的报告”，讨论关于富阳市第十三届人大三次会议议程调整等
033	2004.12.24	审议富阳市财政决算和预算报告、国民经济和社会发展计划情况报告
034	2005.3.16	讨论人事任免事项，初审 2005 年市级部门预算

续表 4-3-5

序号	日　期	主　要　议　题
035	2005.5.10	听取和审议市卫生局“关于解决群众‘看病难’问题的汇报”
036	2005.5.16	听取和审议富阳市职业技术教育发展情况及市审计局“关于财政决算审计工作的报告”
037	2005.6.20	讨论关于“两项评议”工作和人大常委会各委分工问题
038	2005.7.28	传达学习中共中央9号文件精神，研究《代表辞职试行办法》，部署“两项评议”工作
039	2005.8.2	听取对市质监局行政执法工作情况的调查反馈
040	2005.8.8	审议市质监局、市计生局行政执法评议的整改意见，讨论对市交通局局长徐国明、市经贸局局长徐建平述职评议调查情况的报告
041	2005.8.15	审议对市经贸局局长、交通局局长述职评议的整改意见
042	2005.9.20	研究常委会第十九次会议有关事项，讨论关于召开富阳市人大工作会议有关事宜，传达浙江省委书记习近平的讲话
043	2005.10.18	审议市文广新局“关于行政执法评议整改落实情况的报告”，讨论市人大常委会“七难”调研汇报材料
044	2005.11.2	讨论“中共富阳市委关于进一步加强人大工作的意见（讨论稿）”
045	2005.11.9	听取市人大常委会各工委对市科技局祝一君、市教育局蒋建民、市水电局楼寿林、市林业局朱喜根、市人民检察院许云钰、盛家安、董矿平书面述职评议调查了解情况的汇报
046	2005.11.21	听取关于《中华人民共和国职业病防治法》实施情况
047	2005.12.15	传达杭州市人大工作会议精神，讨论常委会第二十次会议有关事项
048	2005.12.19	讨论有关人事任免，讨论富阳市第十三届人大四次会议有关事项
049	2005.12.29	听取市人大常委会各委办关于2005年工作总结及2006年工作计划，讨论市人大常委会工作报告
050	2006.1.16	听取和初审市人民政府财政决算和预算报告，听取国民经济和社会发展计划报告及“十五”纲要草案说明
051	2006.3.14	听取和审议市人大常委会2006年工作任务分解，听取教科文卫工委“关于对城镇非医保居民保障情况的汇报”
052	2006.3.27	讨论审议市人民政府“关于《杭州市生活饮用水水源保护条例》执行情况汇报”及跟踪检查情况的报告
053	2006.4.5	听取市公安局“要求许可对富阳市人大代表汪利荣行政拘留的报告”、市财政局“关于教育等21个部门预算安排情况的汇报”

续表 4-3-5

序号	日　期	主　要　议　题
054	2006.5.23	听取和初审市人民政府安全生产法律法规执行情况及《杭州市全民健身条例》执行情况报告
055	2006.6.21	听取和审议市工商富阳分局行政执法工作自查报告和市人大常委会行政执法评议调查组的调查报告
056	2006.7.12	听取和审议关于徐文光任代理市长候选人的人事任免事项，听取工商富阳分局行政执法评议的整改意见
057	2006.7.26	听取市人大常委会各工委对童定干等 8 位书面述职评议的调查意见，初审市人民政府“关于生态市建设和《环保法》执行情况的报告”
058	2006.8.29	听取有关人事任免事项，研究常委会第二十五次会议事项
059	2006.10.19	讨论常委会第二十六次会议有关事项
060	2006.12.7	通报关于换届选举的情况
061	2006.12.30	听取市财政局“关于调整 2006 年财政收支预算的报告”
062	2007.1.10	初审 2006 年财政决算和 2007 年财政预算报告、国民经济和社会发展计划情况报告，讨论常委会第二十九次会议事项

第六节　第十四届人大常委会主任会议

富阳市第十四届人大常委会主任会议由主任徐文光，副主任华爱金、王土田、徐松泉、华荣富、潘建平、孙柏平、郎卫国组成。2011 年 12 月，徐文光调离，副主任华爱金为代理主任。第十四届人大召开常委会主任会议 64 次。

第十四届人大常委会主任会议一览表

表 4-3-6

序号	日　期	主　要　议　题
001	2007.3.7	市人大常委会各委办汇报 2007 年工作的总体安排以及对做好市人大常委会工作的建议
002	2007.3.19	听取拟提请富阳市第十四届人大常委会第一次会议审议的各项内容的汇报，市人大常委会正副主任进行分工
003	2007.3.20	审议通过关于提名沈华清任富阳市副市长职务
004	2007.4.25	研究新登、胥口行政区划调整方案，听取检察长吕金芳提交有关人事任免
005	2007.5.8	听取市人大有关委办外出考察学习成果的汇报，研究常委会第三次会议的准备工作

续表 4-3-6

序号	日　期	主　要　议　题
006	2007.5.25	听取市人民政府关于国家卫生城市复评迎检工作情况、贯彻执行《中华人民共和国食品卫生法》、非物质文化遗产保护工作、《治安管理处罚法》《残疾人保障法》执行情况的报告
007	2007.6.26	听取有关人事任免，研究代表资格审查委员会组成人员名单，同意提请人大常委会在全市人大代表中开展《“建富裕阳光之城，尽人大代表职责”活动》的决定
008	2007.7.31	初审市人民政府“关于富阳市2006年财政决算的报告”、“2006年财政预算执行和其他财政收支情况的审计报告”
009	2007.8.9	审议市人民检察院提交的关于“犯罪嫌疑人袁生明涉嫌行贿罪一案情况报告”
010	2007.9.30	审议市人民法院院长程建飞关于提请吴建峰等职务的任免案，关于确定人民陪审员名额的议案
011	2007.10.8	讨论有关人事任免事项，听取市财政局有关乡镇财政体制改革方案
012	2007.10.25	听取和审议市人民政府“关于贯彻落实《义务教育法》情况的报告”和“市人大执法检查情况报告”
013	2007.11.13	听取和审议“富阳市城区公共文化设施建设情况的汇报”。专题学习中共“十七大”报告
014	2007.12.20	听取和审议市人民政府“关于政府投资项目向金融机构申请贷款的报告”，研究常委会第九次会议事项
015	2008.1.7	初审市人民政府财政决预算报告，讨论市人大常委会工作报告
016	2008.1.29	听取和审议“国民经济和社会发展计划报告”“关于代表资格审查及代表变动情况报告”
017	2008.3.20	听取和审议市人民政府2008年市级部门预算安排情况、《富阳市发展战略规划》有关情况的汇报
018	2008.5.22	初审有关人事任免，听取和审议市人民政府“关于贯彻执行《浙江省发展中医条例》情况报告”和市人大执法检查情况报告
019	2008.7.17	听取和审议市人民政府“关于贯彻执行《中华人民共和国矿产资源法》情况报告”和市人大执法检查情况报告
020	2008.9.18	听取市人民政府“关于民政基础服务设施和社会办公服务用房建设情况专项报告”，讨论常委会第十四次会议有关事项
021	2008.11.21	听取市人民政府“关于为民办实事项目进展情况的报告”，讨论常委会第十五次会议有关事项

续表 4-3-6

序号	日　期	主　要　议　题
022	2008.12.19	研究富阳市第十四届人大三次会议有关工作，讨论常委会第十六次会议有关事项
023	2009.1.12	听取关于补选黄海峰为杭州市第十一届人大代表、审议部分人事任免、研究常委会第十七次会议有关事项
024	2009.2.3	听取和审议市发改局“关于 2008 年国民经济和社会发展计划执行情况的报告”
025	2009.3.23	初审市人民政府“关于城市建设投资有限公司申请发行企业债券的情况报告”，讨论常委会第十九次会议有关事项
026	2009.4.17	听取和审议市人民检察院“关于提请许可对富阳市第十四届人大代表郑桂山依法采取强制措施的情况报告”，并同意提交市人大常委会审议
027	2009.4.29	听取和审议市人民政府“关于《基本农田保护条例》贯彻实施情况的调研报告”、“关于落实市人大常委会医疗卫生工作审议意见的报告”
028	2009.5.8	初审人事任免方案，并同意提交常委会审议，讨论常委会第二十一次会议有关事项
029	2009.5.22	听取市公安局“关于人大代表陈建龙涉嫌经济犯罪的情况报告”
030	2009.6.17	初审市农业局局长、市环保局局长、市教育局局长、市财政局副局长有关述职情况的报告，讨论常委会第二十三次会议有关事项
031	2009.7.23	初审市财政局副局长、市公安局副局长、市民宗局局长有关述职情况的报告，讨论常委会第二十四次会议有关事项
032	2009.9.4	听取市文广新局“关于我市文化市场行政执法工作情况的报告”，市平安办“关于‘平安富阳’创建工作情况的报告”等
033	2009.9.17	初审市交通局“关于交通项目资金安排使用管理情况的报告”，讨论常委会第二十五次会议有关事项
034	2009.11.18	听取和审议市城管执法局局长、市检察院副检察长、市劳动和社会保障局局长述职情况的报告，讨论常委会第二十六次会议有关事项
035	2009.11.25	讨论人事任免，通过《关于补选富阳市十四届人大代表的决定》
036	2010.1.7	听取和初审市人大常委会 2009 年度工作报告、市经贸局“关于 2009 年工业经济运行总体情况及企业减负解困政策落实情况的报告”
037	2010.2.4	听取和初审市财政局“关于富阳市财政决算和预算报告”
038	2010.3.17	听取和初审市财政局 2010 年市级部门预算安排情况和讨论常委会第二十九次会议有关事项

续表 4–3–6

序号	日　期	主　要　议　题
039	2010.5.24	初审市公安局“关于贯彻执行《道路交通安全法》等法律法规情况的报告”，讨论常委会第三十次会议有关事项
040	2010.6.7	通报市人大机关2009年度市管干部考核结果
041	2010.6.30	听取和审议市司法局“关于我市构建大调解格局工作情况的报告”
042	2010.7.23	听取和初审市财政局“关于富阳市2009年财政决算的报告”、市审计局“关于富阳市2009年财政预算执行和其他财政收支情况的审计工作报告”
043	2010.8.19	听取市水电、交通、建设、国土、民政、城建集团承办富阳市第十四届人大四次会议代表建议情况及人事任免等事项
044	2010.9.16	听取市人民政府“关于富阳市行政村规模调整后的村级经济发展与管理工作情况的报告”
045	2010.9.20	初审国土、财政、发改、林业四部门“三重一大”决策规划落实情况、政府投资重大项目监督办法；听取“代表主题实践月”活动情况汇报
046	2010.10.14	听取市发改局、市财政局“关于2010年财政投资项目调整情况报告”
047	2010.11.4	听取有关人事任免、反贪污贿赂情况、“拆违工作”报告
048	2010.11.12	初审荣誉市民称号议案并同意提交常委会审议；听取市人民法院“关于对举报拟任命对象调查情况的汇报”
049	2010.11.25	听取议案建议办理情况汇报、《中华人民共和国产品质量法》贯彻执行情况汇报、《专利管理条例》实施情况汇报
050	2010.12.15	听取人事任免方案、市财政局“关于2010年政府大预算收支盘子调整计划的汇报”
051	2010.12.30	听取《关于召开富阳市第十四届人大五次会议的决定》，初审“市人大常委会工作报告”，初审《关于市人民政府投资重大建设项目监督暂行办法》，研究常委会第三十七次会议事项
052	2011.2.17	听取市发改局“《关于富阳市国民经济和社会发展第十二个五年规划》编制情况的报告”
053	2011.3.17	听取市财政局“关于2011年市级部门预算安排情况的报告”
054	2011.4.20	听取和审议市发改局、市建设局分别所作的“关于物价、房价运行基本情况的报告”
055	2011.5.25	听取市气象局“关于《浙江省气象条例》贯彻实施情况的报告”
056	2011.7.22	初审市人民政府“关于富阳市2010年财政决算、其他财政收支审计情况”及“贯彻实施《中华人民共和国消防法》情况报告”

续表 4-3-6

序号	日　期	主　要　议　题
057	2011.8.25	听取市人民检察院“关于贯彻执行浙江省人大常委会《关于加强检察机关法律监督工作的决定》情况的报告”
058	2011.9.23	听取和审议市人民政府“关于贯彻落实《杭州市蔬菜农药残留监督管理条例》情况的报告”“关于运动休闲产业发展情况的报告”
059	2011.10.8	讨论人事任免、初审“关于做好富阳市、乡镇两级人民代表大会换届选举工作的意见”、研究常委会第四十二次会议事项
060	2011.10.20	初审市人民政府“关于财政预算调整”、“关于‘五五’普法教育依法治市工作和‘六五’普法教育依法治市规划工作情况的汇报”，研究常委会第四十三次会议内容、议程等
061	2011.11.22	听取和审议市人民政府“关于富阳市第十四届人大五次会议代表建议办理情况的报告”和“2011 年政府为民办实事项目进展情况汇报”
062	2011.12.7	听取关于富阳市、乡镇选举委员会部分组成人员的调整方案
063	2011.12.30	听取和初审市人大常委会向富阳市第十五届人大一次会议所作的工作报告，研究常委会第四十五次会议有关事项
064	2012.2.3	听取和审议“富阳市国民经济和社会发展计划报告”、“关于富阳市第十五届人民代表大会代表资格审查报告”

第七节　第十五届人大常委会主任会议

富阳市第十五届人大常委会主任会议由主任汤金华，副主任徐松泉、祝一君、孙柏平、郎卫国、陈鸿麟、华之江 7 人组成。到 2015 年 2 月 15 日“撤市设区”正式授牌止，已召开常委会主任会议 40 次。

第十五届人大常委会主任会议一览表

表 4-3-7

序号	日　期	主　要　议　题
001	2012.2.27	听取富阳市人大常委会领导班子分工和机关工作基本情况汇报
002	2012.3.20	听取和初审“富阳市人民政府关于富阳市 2012 年市级部门预算草案”，研究常委会第一次会议有关事宜
003	2012.4.6	听取和初审市人民政府“关于建设富阳市行政中心的情况报告”，研究常委会第二次会议有关事宜
004	2012.4.17	市人大常委会主任汤金华传达杭州市第十二届人大一次会议精神，部署当前工作

续表 4-3-7

序号	日　期	主　要　议　题
005	2012.5.22	听取市人民政府“关于《国家基本药物制度》《老年人权益保障法》实施情况的报告”
006	2012.6.29	听取和审议市人民政府“关于富阳市第十五届人大一次会议重点建议办理情况的报告”
007	2012.8.6	初审市人民政府“关于富阳市财政决算报告和其他财政收支审计情况报告”，讨论常委会第四次会议有关事宜
008	2012.8.17	听取市人民政府应急管理办公室所作的“关于应急管理体系建设情况的报告”
009	2012.9.24	听取和审议市水电局“关于贯彻实施《水法》和中央一号文件情况的报告”、市国土资源局“关于贯彻执行《矿产资源法》情况报告”
010	2012.10.29	听取和审议市住建局“关于富阳市保障性住房建设、管理和使用情况的报告”，市人民法院“关于非诉行政执行工作的报告”
011	2012.11.21	听取和审议市安监局“关于贯彻实施《杭州市安全生产监督管理条例》情况的报告”，市财政局“关于调整富阳市2012年财政收支预算的报告”
012	2012.12.21	初审关于召开富阳市第十五届人大二次会议有关事项的汇报、富阳市人大常委会工作报告及讨论常委会第七次会议有关事宜
013	2013.1.29	初审富阳市计划报告、富阳市财政预算报告、关于高桥和受降行政区划调整的报告、代表资格审查报告，讨论常委会第八次会议议程
014	2013.2.7	讨论有关人事任免，初审《富阳市人大常委会关于补选富阳市第十五届人民代表大会代表的决定》
015	2013.2.20	听取和审议“代表变动和代表资格审查情况的报告”
016	2013.3.21	听取有关市人民法院人事任免事项，初审2013年富阳市级部门预算、讨论常委会第十次会议议程
017	2013.4.16	初审市公安局“关于要求对富阳市人大代表徐国明、徐金良采取刑事强制措施的报告”
018	2013.4.28	听取“关于富阳市公立医院综合改革实施情况的报告”、“关于修改和废止市人大常委会有关规章制度的情况报告”、“关于组建市人大代表专业小组和开展活动的意见”
019	2013.5.24	初审市人民政府“关于农村集体‘三资’管理情况的报告”，讨论人事任免事项及常委会第十二次会议议程
020	2013.6.25	听取市人民政府“关于流动人口服务管理工作情况的报告”，讨论人事任免事项及常委会第十三次会议议程等
021	2013.7.25	讨论有关人事任免，初审2012年富阳市财政决算和其他财政收支审计情况，讨论常委会第十四次会议议程

续表 4-3-7

序号	日　期	主　要　议　题
022	2013.8.28	听取市人民政府“关于富阳市第十五届人大二次会议议案和重点建议办理情况的报告”、“关于现代农业园区建设情况的报告”
023	2013.9.10	讨论有关人事任免，听取和审议“杭州市行政区划调整撤销富阳市建立富阳区的情况汇报”，讨论常委会第十五次会议议程
024	2013.9.17	初审市人民政府“关于富阳市普法教育依法治市工作情况的报告”，讨论常委会第十六次会议议程
025	2013.10.31	听取市人民检察院“关于开展对行政执法机关法律监督工作情况的报告”，初审市人大常委会有关工作制度
026	2013.11.28	初审市人民政府“关于《富阳市国民经济和社会发展第十二个五年规划》中期评估的报告”，讨论常委会第十七次会议议程
027	2013.12.19	听取市人民政府“关于落实市人大常委会食品安全‘一法两规’的执法检查审议意见的情况报告”
028	2013.12.27	初审“富阳市人大常委会工作报告”，讨论 2014 年工作重点，研究新编《富阳市人大志》及常委会第十八次会议有关事项
029	2014.1.14	初审富阳市计划和财政预算报告、人大常委会工作报告，听取关于召开市十五届人大三次会议筹备工作情况汇报及人事任免，讨论常委会第十九次会议有关事项
030	2014.2.14	初审有关人事任免方案、代表辞职议案及讨论常委会第二十次会议有关事项
031	2014.3.18	初审有关人事任免、2014 年富阳市级部门与经济技术开发区预算及代表小组定向视察议案，讨论常委会第二十一次会议有关事项
032	2014.4.9	讨论富阳市人大常委会对富阳市人民法院部分法官开展履职评议的工作方案、“代表主题实践活动”实施方案及代表建议重点督办方案
033	2014.5.21	初审人事任免，听取市人民政府“关于《浙江省饮用水水源保护条例》跟踪检查审议意见落实情况的报告”“关于农业面源污染治理情况的报告”；讨论常委会第二十二次会议有关事项
034	2014.6.6	听取和审议市人民政府“关于贯彻‘五水共治’战略决策，推进防洪排涝工作的报告”；听取市人大代表工委有关跟踪监督三大机制运行情况汇报
035	2014.7.29	初审有关人事任免，听取“关于对富阳市人民法院部分法官履职评议情况的汇报”，审议富阳市财政决算，讨论常委会第二十三次会议有关事项

续表 4-3-7

序号	日　期	主　要　议　题
036	2014.9.22	初审人事任免，听取《刑事诉讼法》执法检查组“关于执法检查情况的报告”，审议背街小巷整治“三改一拆”专题工作情况汇报，听取市人大代表工委“关于乡镇人大工作和代表联系群众的调查情况汇报”，讨论常委会第二十四次会议有关事项
037	2014.11.3	学习十八届四中全会精神，传达杭州市乡镇人大工作会议精神
038	2014.11.21	听取市人民政府“关于《义务教育法》实施情况汇报”及市人大常委会执法检查情况报告；听取和初审市人民政府“关于农村生活污水治理情况的报告”，讨论常委会第二十五次会议有关事项及第十五届人民代表大会第四次会议的筹备工作
039	2014.12.26	初审人事任免，听取市人大常委会各委办、街道工委 2014 年工作总结和 2015 年工作思路汇报，讨论常委会第二十六次会议有关事项
040	2015.1.13	初审拟提交富阳市第十五届人大常委会第二十七次会议审议的有关内容，听取乡镇街道人大代表工作考核情况汇报，确定富春街道等 12 个乡镇街道为 2014 年度乡镇街道人大代表工作优秀单位

第四章　人大常委会会议

地方人民代表大会常务委员会举行会议，是地方人大常委会依法行使职权的基本形式。根据《地方组织法》规定，常委会会议由常委会主任召集，也可以委托副主任召集，每两个月至少召开一次。市（县）人大常委会举行会议时，市（县）人民政府、市（县）人民法院、市（县）人民检察院领导法定列席；市（县）委、市（县）政协有关领导可以应邀列席；不是常委会委员的人大常委会各委办负责人、市（县）委和市（县）人民政府有关部门负责人、乡镇人大和人大街道工委负责人、有关市（县）人大代表可以视情列席。列席人员由主任会议决定。常委会全体会议的主要任务有三项：一是决定本次常委会会议的议程；二是听取和审议本级人民政府、人民法院、人民检察院向人大常委会所作的各种工作报告和专题报告，讨论决定本行政区域内的政治、经济、教育、科技、文化、卫生、环境和资源保护、民政、民族等工作中的重大事项，集体行使宪法和法律赋予的决定权、监督权、人事任免权；三是对常委会代表资格审查委员会、人大常委会各工作委员会向常委会所作的报告进行审议表决，对常委会所作的决议、决定草案进行表决。

自 1980 年 12 月富阳县第七届人民代表大会第一次会议选举产生富阳县人民代表大会常务委员会，并于 1981 年 3 月 1 日召开富阳县第七届人大常委会第一次会议起，至 2015 年 2 月 15 日“撤市设区”前夕召开的富阳市第十五届人大常委会第二十七次会议止，富阳市（县）历届人大常委会共召开常委会会议 275 次，听取和审议“一府两院”工作报告和各类专题报告 698 个，作出决议决定 327 项，依法任免国家机关工作人员 2036 人次。

第一节　第七届人大常委会会议

富阳县第七届人大常委会共召开会议 26 次，听取和审议“一府两院”工作报告和各类专题汇报 31 个，作出决议决定 26 项，依法任免国家机关工作人员 122 人次。

第一次会议

1981 年 3 月 1 日至 3 日在富阳县人民政府中型会议室召开。富阳县人大常委会主任郭善龄，副主任张建华、范培忠、李景祥、周文全、陈顺德、李志善，委员钟桂阳、张建唐、董丁荣、张绍富、吕关锡、王金水、葛华兴、金爽泉、张琴花、华金娥共 17 人出席会议，缺席委员孙水兰、陈书君 2 人，县人民政府副县长李定国、县人民法院院长李端银、县人民检察院检察长汪家坤、县财税局局长蒋仕驹列席会议。会议传达、学习中共中央〔1981〕1 号、2 号文件；听取县人大常委会主任郭善龄“关于赴桐庐、新昌两县参观学习人大常委会工作的情况汇报”；学习讨论《地方组织法》和彭真的讲话；听取和审议县财税局局长蒋仕驹受县人民政府委托所作的“关于富阳县 1981 年财政预算部分变更的报告”；讨论通过《富阳县第七届人大常委会关于加强与县人大代表联系的暂行办法》《富阳县人大常委会关于建立第七届人大代表联系小组的决定》；通过县人民法院等部分组成人员的人事任免。

第二次会议

1981 年 4 月 5 日至 18 日在富阳县人民政府中型会议室召开。富阳县人大常委会主任、副主任、委员共 15 人出席会议，县人民法院院长、县人民检察院检察长、县卫生局局长、县农业局局长、县环保办负责人、县代表中心组组长等人列席会议。会议听取县人大常委会主任郭善龄“关于浙江省第五届人大常委会第七次会议精神的传达”；学习《浙江省防治环境污染暂行条例》《浙江省排污收费和罚款暂行规定》《浙江省关于国家建设征用土地和农村社队建设用地管理办法（试行）》等地方性法规；听取和审议县人民法院院长李端银、县人民检察院检察长汪家坤分别所作的 1981 年第一季度工作汇报；听取县人大常委会办公室负责人钟桂阳“关于县七届人大一次会议提案转送处理和代表小组组建情况的汇报”；研究决定于 4 月 24 日至 29

日对富阳、新登两镇所在社队进行一次环境卫生视察。

第三次会议

1981年7月14日至17日在富阳县人民政府中型会议室召开。富阳县人大常委会主任、副主任、委员共12人出席会议。会议认真学习中共十一届六中全会通过的《关于建国以来党的若干历史问题的决议》、胡耀邦在庆祝中国共产党成立六十周年大会上的讲话；学习中共中央〔1980〕75号、〔1981〕13号文件；传达浙江省五届人大三次会议精神和富阳县四级干部会议精神；总结县人大常委会上半年工作，研究部署下半年工作要点；通过有关人事任免。

第四次会议

1981年9月25日至26日在富阳县人民政府中型会议室召开。富阳县人大常委会主任、副主任、委员共14人出席会议，县公安局副局长、县环保办负责人列席会议。会议传达学习中发〔1981〕30号"邓小平关于思想战线问题的讲话"和中发〔1981〕31号"胡耀邦在政治局会议上的发言"两个文件；听取和审议县公安局副局长李锦标"关于1981年头8个月的整顿治安情况和后4个月工作意见的汇报"；听取和审议县环保办负责人孙锦松"关于富阳县工矿企事业排污收费和罚款暂行办法的说明"；听取县人大常委会办公室副主任陈乃斌"关于联系县人大代表小组和代表小组活动情况的汇报"；通过《关于认真落实整顿治安措施，争取社会治安根本好转的决议》；原则通过《富阳县工矿企事业排污收费和罚款暂行办法》，并决定由富阳县人民政府公布实施。

第五次会议

1981年11月16日至18日在县人民政府中型会议室召开。富阳县人大常委会主任、副主任、委员共17人出席会议。县人民法院院长、县人民检察院检察长、县人民政府办公室、县财政办公室、县财税局负责人列席会议。会议学习了中共中央〔1981〕39号"关于反对资产阶级自由化问题"的文件；听取县人大常委会副主任张建华"关于浙江省第五届人大常委会第十一次会议精神的传达报告"；讨论研究富阳县第七届人大二次会议的筹备工作事项；听取和审议县财政办公室主任牛树成"关于元旦、春节期间市场供应安排情况的汇报"；听取中共富阳县委常委唐永富传达国务院〔1981〕152号、浙江省人民政府〔1981〕109号和富阳县委关于贯彻执行国务院《关于调整涤棉布和烟酒价格的通知》的具体意见；会议决定于12月份组织委员和代表对元旦、春节的市场供应安排情况进行一次视察。

第六次会议

1982年2月15日至18日在富阳县人民政府中型会议室召开。富阳县人大常委会主任、副主任、委员共16人出席会议。会议首先学习中共中央〔1982〕1号、2号、5号文件；听取县人大常委会委员、全国人大代表董丁荣"关于第五届全国人大第四次会议精神的传达报告”；传达贯彻浙江省委工作会议和富阳县委工作会议精神；讨论研究富阳县人大常委会 1982 年工作计划。

第七次会议

1982 年 4 月 12 日至 15 日在富阳县人民政府中型会议室召开。富阳县人大常委会主任、副主任、委员共 15 人出席会议。县人民政府有关副县长、县人民法院院长、县人民检察院检察长、县司法局、县财税局、县工商局、县城建局、县计划生育办公室负责人及县人大代表中心组组长等人列席会议。会议听取和审议县工商局副局长周连生“关于打击经济领域中严重犯罪活动和今后工作的汇报”；听取和审议县财税局局长蒋仕驹“关于富阳县 1980 年、1981 年财政决算和 1982 年财政预算草案的报告”；听取和审议县计生办负责人方如裕“关于计划生育工作情况的汇报”；听取和审议县人民政府副县长刘鸿“关于开展‘文明礼貌月’活动情况和今后工作意见的汇报”；通过《关于将打击经济领域中严重犯罪活动的斗争进行到底的决议》；原则通过县人民政府提请审议的《富阳县城镇建设搬迁、征用房屋暂行规定》；决定于 4 月底组织常委会委员和县人大代表对富阳、新登两镇的“脏、乱、差”问题进行一次检查视察；通过有关人事任免。

第八次会议

1982 年 6 月 4 日至 5 日在富阳县人民政府中型会议室召开。富阳县人大常委会主任、副主任、委员共 12 人出席会议。会议听取县人大常委会办公室副主任陈乃斌“关于县七届人大二次会议筹备工作情况的汇报”；讨论县七届人大二次会议各项建议名单；讨论县七届人大二次会议议程草案和日程安排；通过“县人大常委会工作报告”，同意提请大会审议。

第九次会议

1982 年 6 月 16 日下午在富阳县人民政府中型会议室召开。富阳县人大常委会副主任、委员共 12 人出席会议，县纪检委、县工商局有关负责人列席会议。会议听取县工商局副局长周建“关于金桥公社虎山大队党支部书记、县人大代表王炳贤的经济问题情况汇报”；会议通过决定，同意对王炳贤实行收容审查。

第十次会议

1982 年 9 月 16 日至 20 日在富阳县人民政府中型会议室召开。富阳县人大常委会主任、副主任、委员共 14 人出席会议，县人民政府有关副县长、县人民法院院长、县人民检察院检察长、县社会治安综合治理领导小组、县工商局负责人及县人大代表中心组组长等列席会议。会议认真学习了中共十二大有关文件和叶剑英、陈云讲话；听取和审议县人民政府副县长王栋臣“关于县七届人大二次会议提案处理情况和县人大“文明礼貌月活动”视察意见处理情况的汇报”；听取县综治领导小组成员章汉传“关于富阳镇综合治理情况的汇报”；听取和审议县工商局副局长周建“关于打击经济领域中严重经济犯罪活动的情况汇报”；听取县人大常委会副主任张建华“关于县七届人大二次会议以来的工作总结和今后 4 个月的工作意见的报告”；会议决定于 9 月底 10 月初，对金桥公社的土地管理情况进行一次调查。

第十一次会议

1982 年 11 月 17 日下午在富阳县人民政府中型会议室召开。富阳县人大常委会主任、副主任、委员共 13 人出席会议，县人民法院院长列席会议。会议讨论县人大代表王炳贤的经济犯罪问题，一致同意县人民法院对王炳贤依法进行审判。

第十二次会议

1982 年 12 月 14 日至 18 日在富阳县人民政府中型会议室召开。富阳县人大常委会主任、副主任、委员共 13 人出席会议，县人民法院院长、县人民检察院副检察长及县教育局、县工商局负责人列席会议。会议认真学习了第五届全国人民代表大会第五次会议文件、《中华人民共和国宪法》及国务院总理赵紫阳所作的“关于第六个五年计划的报告”；听取和审议县工业局副局长赵之大“关于杭州春江棉纺厂工程进展情况和存在问题的汇报”；听取和审议县教育局副局长毛昌绪“关于教育经费使用和管理情况的汇报”；听取县人大办公室副主任陈乃斌“关于对金桥公社 1979 年以来的土地使用与管理情况的调查报告”；会议安排一天时间视察江丰公社胜利大队的农业生产和队办企业、社员住宅等情况；会议决定富阳县第七届人民代表大会第三次会议于 1983 年 1 月下旬在富阳镇召开；决定于 1983 年元旦前后组织县人大常委会委员和县人大代表对城乡市场物资供应和卫生情况进行一次视察。

第十三次会议

1983 年 1 月 23 日至 24 日在富阳县人民政府中型会议室召开。富阳县人大常委会主任、副主任、委员共 17 人出席会议，县财税局、县人大办公室有关负责人列席会议。会议讨论了在县七届人大三次会议上的县人大常委会工作报告草案；讨论县七届人大三次会议各项建议名单和大会议程、日程草案，同意提交大会审议；讨论县人民政府提请审议的《富阳县计划生育实施细则》。

第十四次会议

1983 年 3 月 16 日至 17 日在富阳县人民政府中型会议室召开。富阳县人大常委会主任、副主任、委员共 17 人出席会议，县委宣传部、县人民政府“五讲四美三热爱”办公室、县供销合作社、县人民检察院有关负责人列席会议。会议听取县人大常委会主任郭善龄“关于杭州市第六届人民代表大会第二次会议精神的传达报告”；听取和审议县人民政府“五讲四美三热爱”办公室主任孙达火“关于开展全民‘文明礼貌月’活动的情况汇报”；听取和审议县供销合作社副主任羊本钊“关于供销社体制改革的情况汇报"；通过《关于深入开展'文明礼貌月'活动的决议》；通过有关人事任免事项。

第十五次会议

1983 年 5 月 23 日至 25 日在富阳县人民政府中型会议室召开。富阳县人大常委会主任、副主任、委员共 12 人出席会议，县农业局、县城乡建设局、富阳镇、县农业局土地管理股负责人列席会议。会议听取县人大常委会副主任李景祥"关于浙江省第六届人民代表大会第一次会议和杭州市第六届人大常委会第八次会议精神的传达报告"；听取和审议县农业局土管股长吴荣义"关于土地管理情况汇报"；听取和审议县城乡建设局黄秀成"关于富阳镇建设规划的报告"；会议决定于 6 中旬组织县人大常委会委员和县人大代表对富阳、新登两镇食品卫生和环境卫生情况进行一次视察。

第十六次会议

1983 年 7 月 28 日至 29 日在富阳县人民政府中型会议室召开。富阳县人大常委会主任、副主任、委员共 14 人出席会议，县人民政府办公室、县卫生局、县抗灾抢险恢复生产指挥部负责人列席会议。会议听取县抗灾抢险恢复生产指挥部杨俊祥"关于自然灾害（洪涝、冰雹）给全县农业生产造成灾情和恢复生产情况的汇报"；听取和审议县人民政府办公室副主任叶耀庭"关于县七届人大三次会议提案处理情况的汇报"。

第十七次会议

1983 年 9 月 8 日至 9 日在富阳县人民政府中型会议室召开。富阳县人大常委会主任、副主任、委员共 12 人出席会议，县人民法院院长、县人民检察院检察长、县公安局、县司法局、县财税局、县广播事业管理局负责人列席会议。会议学习了第六届全国人大第二次会议《关于严惩严重危害社会治安的犯罪分子的决定》《关于迅速审判严重危害社会治安的犯罪分子的程序的决定》两项决定；听取和审议县公安局、县人民法院、县人民检察院、县司法局等单位的工作汇报；听取和审议县财税局局长蒋仕驹"关于富阳县 1983 年 1 月至 8 月财政预算执行情况的汇报"；通过《关于严厉打击刑事犯罪活动的决议》。

第十八次会议

1983 年 11 月 16 日在富阳县人民政府中型会议室召开。富阳县人大常委会主任、副主任、委员共 17 人出席会议，原县委书记、县委书记、县委副书记列席会议。会议决定：接受洪德森辞去富阳县人民政府县长职务，任命汪力忠为代理县长；会议决定于 12 月中旬组织县人大常委会委员和县人大代表对县级机关和富阳、新登两镇部分企事业单位的计划生育工作进行一次检查视察。

第十九次会议

1984年2月17日至18日在富阳县人民政府中型会议室召开。富阳县人大常委会主任、副主任、委员共16人出席会议，原县委书记、富阳县人民政府代理县长、县委组织部负责人列席会议。会议传达学习中共中央〔1984〕1号文件；讨论决定关于召开富阳县第七届人民代表大会第四次会议的有关事项；通过有关人事任免。

第二十次会议

1984年3月3日在富阳县人民政府中型会议室召开。富阳县人大常委会主任、副主任、委员共15人出席会议，原县委书记、县人民政府代理县长、县人民检察院检察长、县委组织部副部长列席会议。会议讨论通过《富阳县县、乡镇两级人民代表大会代表选举实施意见》；讨论决定县人民政府、县人民检察院部分组成人员的人事任免；决定接受李端银辞去富阳县人民法院院长职务，任命汪锦汉为富阳县人民法院副院长、代理院长。

第二十一次会议

1984年3月24日至25日在富阳县人民政府中型会议室召开。富阳县人大常委会主任、副主任、委员共15人出席会议，原县委书记、县人民政府代理县长、县人民法院代理院长、县人民检察院检察长、县委组织部副部长列席会议。会议听取县人大常委会主任郭善龄“关于杭州市第六届人民代表大会第三次会议精神的传达报告”；听取县人大常委会副主任李景祥“关于富阳县第七届人大四次会议筹备工作情况的汇报”；讨论县人大常委会、县人民法院、县人民检察院向富阳县第七届人大四次会议所作的工作报告草案，决定提交大会审议；会议决定免去余大白、刘鸿的富阳县人民政府副县长职务；决定接受富阳县人大常委会主任郭善龄和副主任张建华、范培忠、周文全、陈顺德、李志善辞去主任、副主任职务的请求，将上述6人的辞职请求提请富阳县第七届人大第四次会议通过。

第二十二次会议

1984年5月28日至30日在富阳县人民政府中型会议室召开。富阳县人大常委会主任张书声、副主任李作远、李景祥、刘鸿及委员共11人出席会议，县人民法院院长、县人民检察院检察长列席会议。会议学习了国务院总理赵紫阳在第六届全国人大第二次会议上所作的中央人民政府工作报告；总结富阳县第七届人大四次会议后两个月来富阳县人大常委会的工作，研究部署下一阶段工作；决定于7月组织一次农村商品经济发展情况视察；通过有关人事任免。

第二十三次会议

1984年7月23日至25日在富阳县人民政府中型会议室召开。富阳县人大常委会主任、副主任、委员共12人出席会议，县人民政府有关副县长、县财税局、县公安局、县卫生局、县经委负责人列席会议。会议传达学习了六届全国人大第二次会议和浙江省六届人大第二次会议的有关文件；听取和审议县公安局局长沈桂根“关于富阳县1984年上半年打击刑事犯罪活动情况的汇报”；听取和审议县卫生局局长叶正川“关于富阳县贯彻执行《食品卫生法》情况的汇报”；听取和审议富阳县人民政府副县长张秀森“关于富阳县人大工业改革视察意见贯彻落实情况的汇报”；听取和审议县财税局局长邵荫棠“关于富阳县1984年上半年财政预算执行情况的汇报”；研究部署富阳县人大常委会8、9月份工作。

第二十四次会议

1984年8月24日至25日在富阳县人民政府中型会议室召开。富阳县人大常委会主任、副主任、委员共13人出席会议，县人民政府有关副县长列席会议。会议讨论决定富阳县第八届人民代表大会第一次会议将于9月22日至26日在富阳镇召开，并对该次会议的一些重要事项作了研究；决定成立富阳县人大常委会代表资格审查委员会；听取和审议县人民政府副县长葛扬安“关于富阳县人大对农村商品经济视察意见落实情况的汇报”。

第二十五次会议

1984年9月18日至19日在富阳县人民政府中型会议室召开。富阳县人大常委会主任、副主任、委员共11人出席会议。会议讨论了富阳县第八届人大第一次会议的有关筹备工作情况；初审“富阳县人大常委会工作报告”；根据浙江省、杭州市委的工作部署，决定延期召开富阳县第八届人民代表大会第一次会议。

第二十六次会议

1984年10月24日下午在富阳县人民政府中型会议室召开。富阳县人大常委会主任、副主任、委员共12人出席会议。会议学习了中共中央十二届三中全会公报；研究富阳县第八届人大第一次会议的筹备事项；决定富阳县第八届人大第一次会议于1984年10月31日至11月4日在富阳镇召开。

第二节　第八届人大常委会会议

富阳县第八届人大常委会共召开会议20次，听取和审议“一府两院”工作报告和各类专题汇报22个，作出决议决定20项，依法任免国家机关工作人员79人次。

第一次会议

1984年11月5日在富阳县人民政府中型会议室召开。富阳县人大常委会主任郑传荀，副主任李作远、李景祥、刘鸿、吕关锡、章一平，委员蒋汉有、张绍富、李清元、傅尚功、杨荣华、陈书君、叶江敏、方锦珍、乐竫共15人出席会议，缺席委员任志炎、李巨元、郭芬兰、唐国政4人，富阳县七届人大常委会主任张书声列席会议。会议学习中共十二届三中全会关于体制改革的决定和中共中央〔1984〕8号文件；讨论《富阳县第八届人民代表大会代表工作暂行办法（草案）》，并决定将此草案下发各代表中心组、代表小组讨论和征求意见；讨论县人大常委会委员分工；决定设立富阳县人大常委会法制、财经、教科文卫、代表联络4个工作组。

第二次会议

1985年1月7日至10日在富阳县人民政府中型会议室召开。富阳县人大常委会主任、副主任、委员共14人出席会议、县人民政府县长、有关副县长、县人大常委会原主任列席会议。会议学习《人民日报》"元旦献词"和全国人大常委会委员长万里在全国农村工作会议上的讲话；讨论县人民政府提请审议的"关于计划生育中二胎生育的若干规定"，并原则予以通过；听取县人民政府副县长葛扬安"关于富阳县1985年春节市场供应准备情况的汇报"；讨论通过《富阳县人大常委会关于代表工作暂行办法》《富阳县人大常委会人事任免暂行办法》《富阳县人大常委会行使职权的暂行规定》；讨论通过汪金良为代理检察长及其他有关人事任免。

第三次会议

1985年3月1日在富阳县人民政府中型会议室召开。富阳县人大常委会主任、副主任、委员共16人出席会议。县委副书记列席会议，会议听取县委副书记董自强传达中共浙江省委农村工作会议精神；鉴于原富阳县人民政府县长汪力忠调离富阳工作，会议决定任命董自强为富阳县人民政府副县长、代理县长；对于富阳化工二厂所生产的苯二铵和200号溶剂油，已造成严重污染危及人民健康，会议决定，责令富阳化工二厂停止生产，并由富阳县人民政府研究落实转产措施。

第四次会议

1985年3月20日至22日在富阳县人民政府中型会议室召开。富阳县人大常委会主任、副主任、委员共14人出席会议。会议决定富阳县第八届人民代表大会第二次会议于1985年4月20日至25日在富阳镇召开；会议决定增补李巨元等5人为富阳县人大常委会代表资格审查委员会委员；会议审议县八届人大二次会议筹备工作；听取和审议县人民政府"关于县人大教育工作视察意见落实情况的汇报"。

第五次会议

1985年4月19日在富阳县人民政府中型会议室召开。富阳县人大常委会主任、副主任、委员共14人出席会议。会议听取和审议县人大常委会代表资格审查委员会"关于增补代表的资格审查和县八届人大代表变动情况的报告"；讨论通过富阳县八届人大二次会议的建议名单，决定将大会议程和日程草案、大会各项建议名单提请县八届人大二次会议预备会议和大会主席团审议。

第六次会议

1985 年 7 月 3 日至 6 日在富阳县人民政府中型会议室召开。富阳县人大常委会主任、副主任、委员共 15 人出席会议，县人民法院代理院长、县人民检察院检察长、县财税局、县农业局、县林业局、县司法局负责人列席会议。会议传达学习了中共浙江省委第一书记王芳、省人大常委会主任李丰平在全省市、县（区）人大常委会负责人座谈会上的讲话；听取和审议县财税局局长邵荫棠“关于富阳县 1985 年上半年财政预算执行情况的汇报”；听取和审议县农业局局长黄荣良“关于富阳县贯彻执行《浙江省城乡建设用地管理办法》情况的汇报”；听取和审议县林业局局长翁文化“关于富阳县贯彻执行《森林法》情况的汇报”；听取和审议县司法局副局长章汉传“关于加强法制宣传和普及法律常识工作情况的汇报”；会议通过《关于加强法制宣传教育、普及法律常识的决定》；通过有关人事任免。

第七次会议

1985 年 8 月 27 日至 29 日在富阳县人民政府中型会议室召开。富阳县人大常委会主任、副主任、委员共 15 人出席会议。会议听取各代表中心组“关于代表座谈会情况的汇报”；听取和审议富阳县人民政府“关于县人大环保视察意见落实情况的汇报”；通过有关人事任免。

第八次会议

1985 年 10 月 14 日至 16 日在富阳县人民政府中型会议室召开。富阳县人大常委会主任、副主任、委员共 16 人出席会议，县委书记、县人民政府县长、有关副县长、县人民法院院长、县人民检察院检察长、县委宣传部、县卫生局负责人列席会议。会议传达学习了中共中央〔1985〕19 号文件；听取县委宣传部副部长李章夫传达中共浙江省委第一书记王芳关于学习和宣传中共十二次全国代表大会文件的讲话；传达学习中共中央政治局 5 位常委在中共十二大上的重要讲话；听取和审议县卫生局局长叶正川“关于县人大卫生视察意见落实情况的汇报”；部署开展当前人大工作；通过有关人事任免。

第九次会议

1985 年 12 月 24 日至 27 日在富阳县人民政府中型会议室召开。富阳县人大常委会主任、副主任、委员共 16 人出席会议，县人民政府有关副县长、县人民法院院长、县人民检察院检察长、县工商局、县司法局负责人列席会议。会议传达学习彭真在各省、自治区、直辖市人大常委会负责人座谈会上的讲话和王芳在浙江省委常委扩大会议上的两次讲话；听取和审议县工商局局长何侠安“关于清理整顿公司情况的汇报”；听取和审议县司法局副局长章汉传“关于普及法律常识试点工作情况的汇报”；听取和审议县人民检察院检察长汪金良“关于打击严重经济犯罪活动情况的汇报”；讨论研究富阳县人大常委会关于1986年工作计划的安排。

第十次会议

1986年2月2日在富阳县人民政府中型会议室召开。富阳县人大常委会主任、副主任、委员共15人出席会议。会议讨论通过富阳县第八届人民代表大会第三次会议筹备工作意见；讨论通过富阳县人大常委会1986年工作计划；会议决定于1986年3月10日至20日在富阳镇召开富阳县第八届人民代表大会第三次会议。

第十一次会议

1986年3月4日至6日在富阳县人民政府中型会议室召开。富阳县人大常委会主任、副主任、委员共16人出席会议。会议审议县八届人大三次会议的筹备事项，并决定该次会议的召开时间改为1986年3月14日至17日；决定在富阳镇第五选区补选1名富阳县第八届人大代表；初审富阳县人大常委会工作报告；初审富阳县“七五”计划草案和1986年财政预算草案；听取和审议富阳县人民政府“关于贯彻执行土地法规情况的汇报”；通过有关人事任免事项。

第十二次会议

1986年3月13日上午在富阳县人民政府中型会议室召开。富阳县人大常委会主任、副主任、委员共15人出席会议。会议讨论县八届人大三次会议各项建议名单，同意提请大会审议。听取县人大常委会代表资格审查委员会主任李作运“关于富阳县八届人大代表变动情况和补选的代表资格审查的报告”。

第十三次会议

（无文字记录）

第十四次会议

1986年5月13日至15日在富阳县人民政府中型会议室召开。富阳县人大常委会主任、副主任、委员共19人出席会议。会议传达学习六届全国人大四次会议和浙江省六届人大四次会议精神；听取和审议县审计局局长贾冠雄“关于审计工作的汇报”并通过《关于加强审计监督的决议》；决定任命蒋豫生、俞志龙为富阳县人民政府副县长。

第十五次会议

1986年7月15日至17日在富阳县人民政府中型会议室召开。富阳县人大常委会主任、副主任、委员共15人出席会议，县人民政府有关副县长、县人民法院院长、县计划委员会、县经济委员会、县财税局、县乡镇企业局、县人事局负责人列席会议。会议学习了《计量法》、《土地管理法》；听取和审议县乡镇企业局局长惠雪祥“关于富阳县乡镇企业发展情况的汇报”；听取和审议县财税局局长邵荫棠“关于1986年上半年财政预算执行情况的汇报”；通过有关人事任免。

第十六次会议

1986年9月15日至18日在富阳县人民政府中型会议室召开。富阳县人大常委会主任、副主任、委员共15人出席会议，县人民政府县长、有关副县长、县人民政府各职能部门负责人及有关县人大代表等列席会议。会议传达学习了中共中央〔1986〕18号《关于全党必须坚决维护社会主义法制的通知》等文件；听取县人大常委会主任郑传荀所作的“关于富阳县八届人大代表座谈会反映的意见和建议的报告”；研究部署下一步富阳县人大常委会工作。

第十七次会议

1986年11月19日至22日在富阳县人民政府中型会议室召开。富阳县人大常委会主任、副主任、委员共16人出席会议，县人民法院院长、副院长、县人民检察院检察长、县人事局、县文化局、县广播电视局负责人及县人民法院民事审判庭庭长列席会议。会议学习《中共中央关于社会主义精神文明建设指导方针的决议》；学习《中华人民共和国民法通则》；县人民法院民庭庭长朱加根作“民法学习的辅导报告”；县人民法院副院长祝雪峰作“实施民法通则的准备工作情况和今后工作意见的汇报”；听取县人大常委会副主任王栋臣传达杭州市人大换届选举工作会议精神；讨论通过《关于富阳县第九届县、乡镇人民代表大会代表名额的决定》《关于富阳县选举委员会组成人员的决定》；会议决定富阳县第九届县、乡镇人民代表大会代表选举日为1987年3月31日；讨论《富阳县人大常委会人事任免办法》，通过《关于改进人事任免表决办法的意见》；通过有关人事任免。

第十八次会议

1986年12月13日在富阳县人民政府中型会议室召开。富阳县人大常委会主任、副主任、委员共13人出席会议。会议决定富阳县第九届县、乡镇人民代表大会代表选举日，即由原来决定的1987年3月31日提前到1987年3月15日。为此，会议决定富阳县第九届县、乡镇人民代表大会代表选举的一切准备工作必须提前进行。

第十九次会议

1987年1月19日至20日在富阳县人民政府第一招待所会议室召开。富阳县人大常委会主任、副主任、委员共13人出席会议。会议传达学习中共中央〔1987〕1号、2号《关于反对资产阶级自由化问题》等文件；听取县选举委员会副主任王栋臣“关于富阳县换届选举工作情况的汇报”；鉴于富阳县人民政府县长董自强因工作调离富阳，会议决定接受董自强辞去富阳县人民政府县长职务的请求。

第二十次会议

1987年4月7日至9日在富阳县供销社花月楼招待所会议室召开。富阳县人大常委会主任、副主任、委员共16人出席会议，县人民政府有关副县长、县人民法院院长、县财税局、县司法局负责人列席会议。会议学习了全国人大常委会《关于加强法制教育维护安定团结的决定》；听取和审议县司法局副局长章汉传“关于松溪乡宪法教育试点情况的汇报”；讨论通过《富阳县人大常委会关于宣传贯彻全国人大常委会决定的决议》；听取和审议县财税局局长邵荫棠“关于富阳县1986年财政收支情况和1987年财政预算草案的报告”；听取县选举委员会副主任王栋臣“关于选举工作的总结报告”；听取县人大常委会副主任刘鸿“关于富阳县第九届人民代表大会第一次会议筹备工作情况的汇报”；会议作出3项决定：决定富阳县人大常委会代表资格审查委员会的组成人员；决定富阳县第九届人民代表大会第一次会议于1987年4月21日至25日在富阳镇召开；决定将大会议程、大会日程和大会各项建议名单提交大会预备会议和主席团会议审议。

第三节　第九届人大常委会会议

富阳县第九届人大常委会共召开会议21次，听取和审议“一府两院”工作报告和各类专题汇报54个，作出决议决定21项，依法任免国家机关工作人员80人次。

第一次会议

1987年4月26日至27日在富阳县人民政府中型会议室召开。富阳县人大常委会主任洪德森，副主任刘鸿、李作运、王栋臣、章一平，委员王兰英、刘瑞林、张正浩、张高隆、张琴花、陈荣富、金永基、郭芬兰、黄荣良、蒋汉有共15人（全员）出席会议。会议学习了彭真关于人大工作的重要讲话；讨论第九届人大常委会工作存在的三个主要方面问题：一是工作态度方面的问题；二是工作重点、方法和要求方面的问题；三是工作制度方面的问题。

第二次会议

1987年6月18日至20日在富阳县人民政府中型会议室召开。富阳县人大常委会主任、副主任、委员共13人出席会议。县人民政府县长、浙江省人大代表列席会议。会议听取浙江省人大代表夏生成和杭州市人大代表、县人大常委会副主任章一平分别传达浙江省第六届人大五次会议和杭州市第七届人大一次会议精神；根据富阳县人民政府县长周宝法提请，决定重新任命30名县人民政府职能部门负责人。根据富阳县人大常委会主任洪德森提请，任命县人大常委会办公室主任和副主任；研究部署8月份前的人大工作；决定对已任命的干部作一次集体谈话，并召开机关干部大会，颁发干部任命书；决定组织县人大常委会委员和县人大代表视察《食品卫生法》贯彻执行情况；围绕土地管理、交通安全、义务教育、“老少边穷”地区经济发展等问题，开展专项调查。

第三次会议

1987 年 8 月 17 日至 19 日在富阳县人民政府中型会议室召开。富阳县人大常委会主任、副主任、委员共 14 人出席会议。县人民政府县长、副县长、县财税局、县计生委、县物委、县司法局负责人列席会议。会议听取和审议县计生委主任朱茂翰“关于计划生育情况的汇报”；听取和审议县司法局局长黄一平“关于富阳县普及法律常识情况的汇报”；听取和审议县财税局局长邵荫棠“关于富阳县 1987 年上半年财政预算执行情况和下半年预算安排情况的汇报”，听取和审议县物委主任许仕壮“关于物价工作的汇报”，决定组织县人大常委会委员和县人大代表对物价工作进行一次视察；讨论县人大常委会委员分工；通过有关人事任免。

第四次会议

1987 年 10 月 23 日至 26 日在富阳县人民政府中型会议室召开。富阳县人大常委会主任、副主任、委员共 12 人出席会议。县人民政府有关副县长、县人民法院院长、县人民检察院检察长、县教育局、县科学技术委员会、县公安局交警队负责人列席会议。会议听取和审议县教育局局长陆增裕“关于调整实行九年制义务教育规划的汇报”，并通过《富阳县人大常委会关于调整九年制义务教育规划的决议》；听取和审议县科委主任赵之大“关于富阳县科技工作情况的汇报”；听取和审议县公安局交警队队长张兰法“关于道路交通管理工作情况的汇报”；通过《富阳县人大常委会关于加强道路交通管理的决议》；听取县人大常委会副主任王栋臣“关于富阳县执法检查和县人大执法检查视察情况的汇报”，通过《富阳县人大常委会关于加强执法工作的决议》；听取县人大常委会副主任刘鸿“关于县人大代表视察计划生育技术服务活动情况的汇报”；通过有关人事任免。

第五次会议

1987 年 12 月 23 日在富阳县人民政府中型会议室召开。富阳县人大常委会主任、副主任、委员共 11 人出席会议，县人民政府县长、副县长、县人民法院院长、县人民检察院检察长、县计生委主任列席会议。会议学习了彭真在第六届全国人大常委会第二十三次会议联组会上“关于村民委员会建设问题”的讲话；审议通过富阳县人民政府提请审议的《富阳县贯彻执行〈浙江省计划生育条例〉实施细则》；听取富阳县人大常委会办公室和富阳县人民政府办公室分别所作的“关于富阳县九届人大一次会议议案和代表意见处理情况的汇报”；通过有关人事任免。

第六次会议

1988 年 2 月 8 日至 9 日在富阳县人民政府中型会议室召开。富阳县人大常委会主任、副主任、委员共 13 人出席会议。会议传达学习了浙江省第七届人大第一次会议精神；讨论通过《富阳县人大常委会 1988 年上半年工作计划》；决定富阳县第九届人民代表大会第二次会议于 1988 年 3 月 17 日至 20 日在富阳镇召开；决定设立富阳县人大常委会代表资格审查委员会；通过有关人事任免。

第七次会议

1988 年 3 月 10 日至 11 日在富阳县人民政府中型会议室召开。富阳县人大常委会主任、副主任、委员共 13 人出席会议。会议听取县人大常委会副主任刘鸿“关于富阳县九届人大二次会议筹备工作情况的汇报”；通过将富阳县九届人大二次会议议程、大会日程及大会各项建议名单提交大会预备会议和主席团会议审议；讨论富阳县人大常委会工作报告草案；听取县人大代表资格审查委员会主任李作运“关于增补县人大代表的资格审查和富阳县九届人大代表变动情况的报告”。

第八次会议

1988 年 5 月 11 日至 13 日在富阳县人民政府中型会议室召开。富阳县人大常委会主任、副主任、委员共 13 人出席会议，县人民政府县长、有关副县长、县人民法院院长、县人民检察院检察长列席会议。会议听取和审议富阳县人民政府副县长蒋豫生“关于富阳县人大农业视察意见落实情况的汇报”；听取和审议富阳县人民政府副县长孙达火“关于发展外向型经济情况的汇报”；审议富阳县人民政府制定的《关于发展外向型经济的若干优惠政策》；听取和审议富阳县人民法院工作报告；决定会后组织富阳县人大常委会委员和富阳县人大代表对富春江防洪堤和民政福利厂、敬老院等进行一次视察；通过有关人事任免。

第九次会议

1988 年 7 月 11 日至 14 日在三山镇（今鹿山街道）杭州人造纤维厂会议室召开。富阳县人大常委会主任、副主任、委员共 13 人出席会议，中共富阳县委书记、县人民政府县长、有关副县长、县人民法院院长、县人民检察院检察长、县民政局、县教育局、县财税局、县农委负责人列席会议。会议听取县人大常委会副主任李作运、王栋臣分别所作的关于富春江防洪堤和乡镇民政福利厂、敬老院工作视察情况的汇报；根据视察提出的意见和建议，会议通过《富阳县人大常委会关于加强境内富春江防洪堤建设的决议》《富阳县人大常委会关于保护老年人合法权益的决议》；听取和审议县教育局局长陆增裕、副局长李亚元分别所作的“关于九年制义务教育规划实施情况”和“教育事业费附加征收管理使用情况的汇报”，讨论通过《富阳县人大常委会关于加强依法征收教育事业费附加的决定》；听取和审议县财税局局长邵荫棠“关于富阳县 1988 年上半年财政预算执行情况和调整下半年预算安排意见的汇报”，会议批准将下半年财政收入增长 13%调整为增长 16%；讨论通过富阳县人大常委会 1988 年下半年工作要点；会议决定富阳县人大常委会下设法制工作委员会、财政经济工作委员会、教科文卫工作委员会，3 个工作委员会为科局级常设办事机构。

第十次会议

1988 年 9 月 12 日至 14 日在富阳县人民政府中型会议室召开。富阳县人大常委会主任、副主任、委员共 11 人出席会议，县人民政府有关副县长、县司法局、县乡镇企业局、县农委、县财税局负责人及 2 名县人大代表列席会议。会议听取和审议县司法局局长黄一平“关于富阳县普及法律常识工作的总结报告”；听取和审议县乡企局局长黄坤良“关于乡镇企业发展外向型经济情况的汇报”；听取和审议县农委主任胡永家“关于富阳县 1989 年农业基本建设计划的汇报”；听取和审议县财税局局长邵荫棠“关于富阳县 1988 年下半年财政追加预算计划的汇报”；会议决定县人大常委会开展一次执法检查和执法视察。

第十一次会议

1988 年 11 月 21 日至 24 日在富阳县人民政府中型会议室召开。富阳县人大常委会主任、副主任、委员共 10 人出席会议，县人民政府副县长、县人民法院院长、县人民检察院检察长、县公安局局长、县人民政府办公室副主任列席会议。会议传达学习了中共十三届三中全会文件和全国人大常委会《关于加强民主法制，维护安定团结，保障改革和建设顺利进行的决定》，讨论通过《富阳县人大常委会贯彻执行〈全国人大常委会关于加强民主法制，维护安定团结，保障改革和建设顺利进行的决定〉的决议》；听取和审议县人大办公室主任朱茂翰“关于富阳县人大机关贯彻执行《宪法》《地方组织法》《选举法》的情况汇报”；听取和审议县人民政府副县长蒋豫生“关于富阳县执法检查情况的汇报”；听取和审议县人民法院院长汪锦汉、县人民检察院检察长汪金良分别所作的“关于执法检查情况的汇报”；听取和审议县公安局局长沈桂根“关于富阳县社会治安情况的汇报”；会议授权富阳县人大常委会主任会议对今年执法检查发现的问题提出处理意见，交有关部门办理。

第十二次会议

1989 年 1 月 18 日至 19 日在富阳县人民政府中型会议室召开。富阳县人大常委会主任、副主任、委员共 13 人出席会议，县人民政府有关副县长、县人民法院院长、县人民检察院检察长、县人大办、县审计局、县公安局、县工商局、县土管局有关负责人列席会议。会议听取和审议县人民政府、县公安局、县工商局、县审计局、县土管局关于县人大在执法检查中提出的问题落实情况的汇报；讨论决定于 1989 年 3 月 22 日至 25 日在富阳镇召开富阳县第九届人民代表大会第三次会议；讨论富阳县人大常委会 1989 年上半年工作要点；通过有关人事任免。

第十三次会议

1989 年 3 月 8 日至 10 日在富阳县人民政府中型会议室召开。富阳县人大常委会主任、副主任、委员共 15 人出席会议，县人民政府副县长、县人民法院院长、县人民检察院检察长、县人大常委会办公室、县人民政府办公室、县计划委员会、县财税局、场口、大源、新登、青云区代表中心组负责人列席会议。会议听取各代表中心组汇报富阳县人大代表对富阳县人大常委会和“一府两院”工作报告的初审意见；初审1989年国民经济和社会发展计划草案和1989年财政预算草案；讨论富阳县人大常委会工作报告草案；听取县人大常委会副主任刘鸿“关于富阳县九届人大三次会议筹备工作汇报”；讨论决定富阳县九届人大三次会议筹备事项。

第十四次会议

1989年5月10日至12日在富阳县人民政府中型会议室召开。富阳县人大常委会主任、副主任、委员共10人出席会议，县人民政府有关副县长、县人民法院院长、县人民检察院检察长、县人大办、县公安局、县农委、县供销合作社及县人民政府办公室负责人列席会议。会议传达学习了七届全国人大二次会议、浙江省七届人大三次会议、杭州市七届人大四次会议精神；学习《人民日报》社论《必须旗帜鲜明地反对动乱》；听取和审议县人民检察院副检察长王传木、县公安局副政委董志杏分别所作的“关于1988年底执法检查中发现的几个违法案件处理情况的汇报”；听取县人大教科文卫工作委员会主任陈荣富“关于食品卫生视察情况的汇报”；听取县人大财经工作委员会主任蒋汉有“关于农资专营视察情况的汇报”；讨论通过《富阳县人大常委会关于依法治县的实施意见》；讨论富阳县人大常委会1989年下半年工作要点；通过有关人事任免。

第十五次会议

1989年7月17日至20日在富阳县人民政府中型会议室召开。富阳县人大常委会主任、副主任、委员共14人出席会议，县人民政府副县长、县人大办、县经委、县财税局、县公安局负责人列席会议。会议传达学习了中共中央十三届四中全会文件和邓小平三次重要讲话；听取县人民政府副县长蒋豫生“关于制止动乱影响的情况汇报”；听取县人民政府副县长俞志龙“关于抗洪抢险工作和富春江黄砂开发管理情况的汇报”听取县财税局局长邵荫棠“关于富阳县1989年上半年财政预算执行情况的汇报”；讨论通过富阳县人大常委会1989年下半年工作要点。

第十六次会议

1989年9月6日至9日在县人民政府中型会议室召开。富阳县人大常委会主任、副主任、委员共13人出席会议，县人民政府副县长、县人民法院院长、县人民检察院检察长、县人大办、县公安局、县工商局、县监察局、县物委、县农经委、县财税局、县审计局、县体改办、县民政局、县林业局、县土管局负责人及3名县人大代表列席会议。会议听取和审议县人民法院院长汪锦汉、县人民检察院检察长汪金良、县监察局局长陈刚分别所作的“关于反贪肃贿、惩治腐败、打击经济犯罪情况的汇报”；通过《富阳县人大常委会关于深入开展反贪肃贿、打击经济犯罪活动的决议》《富阳县人大常委会关于对县人大代表洪德扬一案进行复查的决定》；听取和审议县工商局局长何侠安“关于清理整顿公司情况的汇报”，通过《富阳县人大常委会关于进一步清理整顿公司的决议》；听取和审议县物委主任许仕壮“关于富阳县上半年物价工作情况和下半年工作安排的汇报”；听取和审议县农经委主任胡永家“关于富阳县农业开发和农田水利建设情况的汇报”；听取和审议县财税局局长邵荫棠“关于富阳县 1989 年下半年财政追加预算安排的汇报”；会议通过富阳县人大常委会 1989 年下半年执法检查和换届选举工作。

第十七次会议

1989 年 10 月 16 日至 17 日在富阳县人民政府中型会议室召开。富阳县人大常委会主任、副主任、委员共 13 人出席会议，县人民政府有关副县长、县人民法院院长、县人民检察院检察长、县人大办、县民政局、县司法局、青云区、场口区、大源区公所负责人列席会议。会议听取和审议县人民政府、县人民法院、县人民检察院分别所作的“关于执法检查情况的汇报”；讨论决定关于富阳县、乡镇人民代表大会代表换届选举等事项；通过有关人事任免。

第十八次会议

1989 年 11 月 24 日至 25 日在富阳县人民政府中型会议室召开。富阳县人大常委会主任、副主任、委员共 13 人出席会议，县人民政府有关副县长、县人民法院院长、县人民检察院检察长、县人大办、县公安局、县财税局负责人列席会议。会议传达学习了江泽民在中共十三届五中全会上的讲话；听取和审议县人民政府、县人民法院、县人民检察院分别所作的“关于执法检查情况的汇报”；听取和审议县人民检察院检察长汪金良、县公安局副政委董志杏、县财税局副局长董建社分别所作的“关于洪德扬案件复查情况的汇报”；会议批准富阳县人民检察院“关于延长洪德扬案件复查期限的报告”。

第十九次会议

1989 年 12 月 22 日至 23 日在富阳县人民政府中型会议室召开。富阳县人大常委会主任、副主任、委员共 13 人出席会议，县人民法院院长、县人民检察院检察长、县人大办、县民政局、县财税局、县委组织部干部科负责人列席会议。会议传达学习了中共中央〔1989〕第 11 号文件《关于治理整顿和深化改革的决定》；传达学习了浙江省委书记李泽民、浙江省人大常委会主任陈安羽、浙江省长沈祖伦在省人大会议上的讲话；会议决定接受蒋豫生辞去富阳县人民政府副县长职务的请求；听取县人大常委会副主任王栋臣“关于换届选举工作情况的汇报”；听取和审议县人民检察院检察长汪金良、县财税局副局长董建社分别所作的“关于洪德扬案件复查结案的情况汇报”；会议部署富阳县人大常委会 1990 年第一季度工作。

第二十次会议

1990 年 2 月 12 日至 13 日在富阳县人民政府中型会议室召开。富阳县人大常委会主任、副主任、委员共 12 人出席会议，县人民法院院长、县人民检察院检察长、县人大办、富阳镇、青云、新登、大源区负责人列席会议。会议听取县十届人大选举委员会办公室主任朱茂翰“关于县、乡镇代表换届选举工作情况的汇报”；听取县人大办公室副主任华祥松“关于县九届人大三次会议代表议案和意见处理情况的汇报”；讨论召开富阳县第十届人民代表大会第一次会议的有关问题；会议决定：富阳县第十届人民代表大会第一次会议于 1990 年 3 月 16 日在富阳镇召开。

第二十一次会议

1990 年 3 月 5 日至 6 日在富阳县人民政府第一招待所会议室召开。富阳县人大常委会主任、副主任、委员共 14 人出席会议，中共富阳县委书记、副书记、县人民法院院长、县人民检察院检察长及县人大办、县委组织部负责人列席会议。会议初审了富阳县人大常委会工作报告、富阳县 1989 年财政决算和 1990 年财政预算报告，同意将上述两个报告提交县十届人大一次会议审议；听取县人大常委会副主任刘鸿“关于富阳县十届人大一次会议筹备工作情况的汇报”；听取和审议通过了富阳县人大常委会代表资格审查委员会“关于富阳县十届人大代表资格审查报告”；通过富阳县十届人大一次会议议程草案、日程草案；通过县十届人大一次会议主席团和秘书长等建议名单。

第四节　第十届人大常委会会议

富阳县第十届人大常委会共召开会议 23 次，听取和审议“一府两院”工作报告和各类专题汇报 78 个，作出决议决定 26 项，依法任免国家机关工作人员 125 人次。

第一次会议

1990 年 4 月 18 日至 20 日在富阳县人民政府中型会议室召开。富阳县人大常委会主任刘鸿，副主任李作运、孙达火、章一平、朱茂翰，委员章汉传、陈荣富、贾冠雄、张本和、黄国铨、龚萍、郭芬兰、蓝练根、孙茂昌、徐苏敏、马银兰共 16 人出席会议，缺席委员王栋臣，县人民政府县长周宝法、县人民法院院长汪锦汉、县人民检察院检察长汪金良、县人大常委会正县级巡视员洪德森、正局级巡视员蒋汉有列席会议。会议学习中共十三届六中全会通过的《中共中央关于加强党同人民群众联系的决定》、中共中央〔1984〕8 号文件、《宪法》《地方组织法》部分章节；讨论地方人大常委会的性质、地位、作用和人大常委会贯彻中央联系群众决定的实施细则；审议通过《富阳县人大常委会行使职权的暂行办法》《富阳县人大常委会关于县人大代表工作的暂行办法》《富阳县人大常委会人事任免暂行办法》；讨论通过富阳县人大常委会 1990 年 4 至 6 月工作计划；通过有关人事任免事项。

第二次会议

1990 年 6 月 12 日至 15 日在富阳县人民政府中型会议室召开。富阳县人大常委会主任、副主任、委员共 17 人（全员）出席会议，县人民政府县长、有关副县长、县人民法院院长、县人大办、县人大常委会正县级巡视员、县计委、县城建局、县工商局、县供销社负责人列席会议。会议学习《行政诉讼法》；听取和审议县工商局副局长赵元金所作的“关于清理整顿公司情况的汇报”、县供销合作社主任陆国强“关于农资专营情况的汇报”、县城建局局长赵庆林“关于《城市规划法》宣传贯彻情况和《富阳镇总体规划》调整意见的汇报”；讨论通过富阳县人大常委会 1990 年下半年工作计划；通过有关人事任免。

第三次会议

1990 年 8 月 13 日至 15 日在富阳县人民政府中型会议室后转至新疆疗养院会议室召开。富阳县人大常委会主任、副主任、委员共 16 人出席会议，县人民政府有关副县长、县人民法院院长、县人民检察院检察长、县人大办、县人大常委会正县级、正局级巡视员、县经委、县体委、县体改办、县教育局、县财税局、县乡企局、县工业总公司、县公安局、县司法局负责人列席会议。会议听取和审议县教育局局长李亚元“关于南安等 16 个乡镇实施九年制义务教育的可行性报告”；听取和审议县体委主任王洪琪“关于体育工作情况的汇报”；听取和审议县公安局局长董鸣九“关于‘严打’斗争情况的汇报”；听取和审议县人民政府副县长葛扬安、县人民法院院长汪锦汉分别所作的“《行政诉讼法》实施前准备工作情况的汇报”；听取和审议县体改办主任刘海根“关于企业第二轮承包责任制情况的汇报”；听取和审议县财税局局长邵荫棠“关于富阳县 1990 年上半年财政预算执行情况的汇报”；通过有关人事任免。

第四次会议

1990 年 10 月 9 日至 11 日在富阳县人民政府中型会议室召开。富阳县人大常委会主任、副主任、委员共 14 人出席会议，县人民政府有关副县长、县人民法院院长、县人民检察院检察长、县人大办、县人大常委会正县级巡视员、县农经委、县计委、县财税局、县文化局、县科委负责人列席会议。会议听取县农经委主任胡永家“关于 1990 年自然灾害和抗灾自救情况的汇报”；听取和审议县计委主任董文淦“关于今年 1 至 8 月国民经济和社会发展情况的汇报”；听取和审议县财税局局长邵荫棠“关于富阳县 1990 年 1 至 9 月财政收支情况的汇报”；听取和审议县文化局局长屠启廉“关于《浙江省文化市场管理暂行办法》执行情况的汇报”；听取和审议县科委副主任陈思白“关于查处生产与销售无证、伪劣产品商品情况的汇报”；

讨论通过富阳县人大常委会1990年执法检查意见；通过有关人事任免事项。

第五次会议

1990年12月6日至8日在富阳县人民政府中型会议室召开。富阳县人大常委会主任、副主任、委员共14人出席会议，县人民政府有关副县长、县人民法院院长、县人民检察院检察长、县人大办、县人大常委会正县级、正局级巡视员、县监察局、县民政局、县物委、县商业局、县财税局负责人列席会议。会议听取和审议县人民政府副县长葛扬安、县人民法院院长汪锦汉、县人民检察院检察长汪金良、县人大常委会办公室主任钟西平分别所作的关于“一府两院”及人大机关执法检查情况的汇报；听取和审议县监察局局长陈刚“关于纠正行业不正之风，制止‘三乱’情况的汇报”；听取县人大常委会财经工作委员会主任贾冠雄、县人大常委会教科文卫工作委员会主任陈荣富分别所作的“关于行业不正之风和‘三乱’情况的调查报告”；听取和审议县民政局局长陈华林“关于富阳县《城市居民委员会组织法》贯彻执行情况的汇报”；听取和审议县人民政府副县长沈建国“关于财贸扩销促产情况的汇报”；通过有关人事任免。

第六次会议

1991年1月22日至23日在富阳县人民政府中型会议室召开。富阳县人大常委会主任、副主任、委员共15人出席会议，县人民政府有关副县长、县人民法院院长、县人民检察院检察长、县人大办、县人大常委会正县级、正局级巡视员、县计委、县财税局、县经委负责人列席会议。会议传达学习了中共中央〔1991〕11号文件、中共中央总书记江泽民在中共十三届七中全会闭幕时的讲话、国务院总理李鹏关于十年规划和“八五”计划的说明；听取和审议县人民政府副县长葛扬安“关于富阳县1990年规划实施的十件实事执行情况的汇报”；会议决定于1991年3月下旬召开富阳县第十届人民代表大会第二次会议；决定设立富阳县第十届人大常委会代表资格审查委员会；讨论通过富阳县人大常委会1991年工作要点。

第七次会议

1991年3月13日至14日在富阳县人民政府中型会议室召开。富阳县人大常委会主任、副主任、委员共16人出席会议，县人民政府县长、副县长、县人民法院院长、县人民检察院检察长、县人大办及县人民政府有关部门负责人列席会议。会议听取和审议县人民政府副县长葛扬安“关于富阳县《“八五”计划》和《十年规划》的建设及1991年计划草案的汇报”；听取和审议县财税局局长邵荫棠“关于富阳县1990年财政决算和1991年财政预算安排的汇报”；讨论通过富阳县人大常委会工作报告讨论稿；通过富阳县第十届人民代表大会第二次会议议程、日程、主席团和常务主席等名单以及代表议案截止日期的建议；提交大会预备会议和主席团会议审议；听取县人大常委会代表资格审查委员会“关于代表情况的报告”；通过有关人事任免。

第八次会议

1991 年 5 月 6 日至 8 日在富阳县人民政府中型会议室召开。富阳县人大常委会主任、副主任、委员共 15 人出席会议，县人大、县人民政府有关部门负责人、部分乡镇领导、部分县人大代表列席会议。会议听取和审议县公安局局长董鸣九“关于加强社会治安综合治理工作情况的汇报”；听取和审议县司法局局长俞成新“关于第二个三年普法规划安排情况的汇报”；听取和审议县城建局局长赵庆林“关于《城市规划法》执行情况的汇报”；听取和审议县人民政府副县长何关新“关于搞活骨干企业”、县农经委主任胡永家“关于当前农业生产情况”、县人大教科文卫工作委员会主任陈荣富“关于县人大代表食品卫生视察情况”、县人大财经工作委员会主任贾冠雄“关于外经贸工作调查情况”的汇报；会议审议通过《富阳县人大常委会会议审议意见》《代表视察意见》《代表信访问题的落实反馈制度》；通过有关人事任免。

第九次会议

1991 年 7 月 15 日至 17 日在富阳镇龙山饭店会议室召开。富阳县人大常委会主任、副主任、委员共 16 人出席会议，县人民政府副县长、县人民法院院长、县人民检察院检察长、县人大办及县人民政府有关部门负责人列席会议。会议听取和审议县土管局局长吕维贤“关于贯彻《土地管理法》情况的汇报”；听取和审议县经委主任章浩根“关于富阳县国营工业‘质量、品种、效益年’活动开展情况的汇报”；听取和审议县环保局局长赵本明“关于县人大环保视察意见落实情况的汇报”；听取和审议县财税局局长邵荫棠“关于富阳县 1991 年上半年财政预算执行情况的汇报”；听取和审议县教育局副局长徐一超“关于南新等 18 个乡镇实施九年制义务教育基本设想的请示汇报”；会议根据《地方组织法》规定，决定设立富阳县人大常委会代表工作委员会；通过有关人事任免。

第十次会议

1991 年 9 月 9 日至 11 日在富阳县人民政府中型会议室召开。富阳县人大常委会主任、副主任、委员共 13 人出席会议，县人民政府有关副县长、县人民法院院长、县人民检察院检察长、县人大办负责人、部分县人大代表列席会议。会议听取和审议县计委主任董文淦“关于 1991 年 1—7 月国民经济和社会发展计划执行情况的汇报”；听取和审议县人民政府常务副县长葛扬安“关于 1991 年计划办理十件实事落实情况的汇报”；听取和审议县人民政府副县长俞正言“关于富阳县十届人大二次会议议案和代表意见办理情况的汇报”；听取和审议县人民政府“关于村民委员会换届选举试点和全面换届工作打算的汇报”；听取和审议县人民政府“关于科教兴农工作情况的汇报”；会议讨论了新登镇和城阳乡行政区划合并问题，同意该区划调整，由富阳县人民政府上报浙江省人民政府批准后实施。

第十一次会议

1991年11月11日至13日在富阳县人民政府中型会议室召开。富阳县人大常委会主任、副主任、委员共15人出席会议，县人民政府副县长、县人民法院院长、县人民检察院检察长、县人大办、县人民政府有关部门负责人列席会议。会议听取和审议县司法局局长俞成新“关于‘二三’普法试点阶段工作情况的汇报”；听取和审议县人民政府办公室副主任张志根“关于1991年度行政执法情况的报告”；听取和审议县人民法院院长汪锦汉“关于县人民法院执法检查情况的汇报”、县人民检察院检察长汪金良“关于县人民检察院执法检查情况的报告”；听取和审议县人大常委会办公室主任钟西平“关于县人大常委会执法工作总结”；会议审议通过了《富阳县人大常委会关于进一步完善执法检查制度的决议》；通过有关人事任免。

第十二次会议

1992年1月8日至10日在富阳县人民政府中型会议室召开。富阳县人大常委会主任、副主任、委员共15人出席会议，县人民政府县长、有关副县长、县人民法院院长、县人民检察院副检察长、县人民政府有关部门、县人大常委会各委办负责人、部分县人大代表列席会议，县政协副主席和秘书长应邀参加会议。会议学习了《中共中央关于进一步加强农业和农村工作的决定》，学习了江泽民在中国共产党第十三届八中全会闭幕时的讲话。会议听取和审议县人民政府办公室干部王高洪、县水电局局长孙复东分别所作的“关于救灾情况和今冬明春农田水利建设规划及当前行动情况的汇报”。听取和审议县社会治安综合治理委员会办公室主任金冠其“关于贯彻执行《富阳县人大常委会关于加强社会治安综合治理的决定》情况的汇报”。听取和审议县卫生局局长叶正川“关于富阳县农村初级卫生保健工作情况的汇报”。听取和审议县城建局局长赵庆林“关于富阳镇城建规划调整工作的汇报”；通过有关人事任免。

第十三次会议

1992年2月19日在富阳县人民政府中型会议室召开。富阳县人大常委会主任、副主任、委员共12人出席会议，县人民检察院副检察长、县人大常委会各委办负责人列席会议。会议通过“关于召开富阳县第十届人民代表大会第三次会议的决定”及第三次大会的议程。讨论通过“富阳县人大常委会1992年工作要点”。会议决定任命刘渭华等6人为富阳县人大常委会代表工作委员会委员。会议还部署了应提交下一次常委会会议讨论的有关报告准备及当前应抓好的几项工作。

第十四次会议

1992年3月13日至14日在县人民政府中型会议室召开。富阳县人大常委会主任、副主任、委员共14人出席会议，县人民政府有关副县长、县人民检察院检察长、县人大办负责人、县财税局局长列席会议。会议初审了“富阳县 1991 年国民经济和社会发展计划执行情况、1992 年国民经济和社会发展计划草案的报告”“富阳县 1991 年财政决算和 1992 年财政预算草案的报告”；会议通过“富阳县人大常委会工作报告”，并决定将上述三个报告提交富阳县第十届人民代表大会第三次会议审议；会议决定将第三次会议的各项建议名单、议程和日程草案分别提请富阳县第十届人民代表大会第三次会议预备会议和大会主席团第一次会议审议。

第十五次会议

1992 年 5 月 5 日至 6 日在富阳县人民政府中型会议室召开。富阳县人大常委会主任、副主任、委员共 14 人出席会议，县人民政府县长、有关副县长、县人民法院院长、县人民检察院检察长和县人大常委会各委办及县人民政府有关部门负责人列席会议。会议听取和审议县长周宝法“关于撤区扩镇并乡实施方案的报告”；作出《关于调整县以下行政区划管理体制，实施撤区扩镇并乡的决定》；听取和审议县体改办主任刘海根“关于企业深化改革试点情况的汇报”；听取和审议县工商局副局长赵元金“关于严厉打击制售假冒伪劣商品情况的汇报”；听取和审议县农业局局长汪柏连“关于当前农业生产情况的汇报”；通过有关人事任免。

第十六次会议

1992 年 7 月 16 日至 18 日在富阳县人民政府中型会议室召开。富阳县人大常委会主任、副主任、委员共 14 人出席会议，县人民政府县长、有关副县长、县人民法院院长、县人民检察院检察长、县人大常委会各委办和县人民政府有关部门负责人及富阳、新登、灵桥镇人大主席团常务主席列席会议。会议就学习、宣传、贯彻《代表法》进行了讨论和研究，并通过相应决定；听取和审议县教育局局长李亚元“关于调整九年制义务教育实施计划和 1992 年部分乡镇实施九年制义务教育的可行性报告”；听取和审议县民政局局长陈华林“关于贯彻实施《残疾人保障法》的情况汇报”；听取和审议县乡企局局长黄坤良“关于富阳县乡镇企业上半年完成产量产值情况及发展势头的汇报”；听取和审议县财税局副局长屠辛庚“关于富阳县上半年财政预算执行情况的汇报”；会议通过有关人事任免。

第十七次会议

1992 年 7 月 25 日在富阳县人民政府第三招待所会议室召开。富阳县人大常委会主任、副主任、委员共 14 人出席会议，县人民政府县长、县人民法院院长、县人民检察院检察长、县人大常委会各委办及县人民政府有关部门负责人列席会议。会议学习了中共中央 2 号、5 号文件，收看了《邓小平视察深圳》录像片。会议指出，富阳是全国普法先进县，全县各级干部必须加强学习，提高法律知识，增强法律观念，真正做到依法办事。会议通过有关人事任免。

第十八次会议

1992年9月21日至23日在富阳县人民政府中型会议室召开。富阳县人大常委会主任、副主任、委员共13人出席会议，县人民政府有关副县长、县人民法院院长、县人民检察院检察长、县人大常委会各委办、县人民政府有关部门负责人、场口、洞桥镇人大主席团常务主席列席会议。会议听取和审议县人民政府办公室副主任徐东顺“关于富阳县第十届人民代表大会第三次会议代表议案、意见办理情况的汇报”和县人大常委会办公室主任钟西平“关于非政府部门代表意见办理情况的汇报”；听取和审议县商业局局长张治平“关于商业企业‘四开放’改革情况的汇报”；听取和审议县广播电视局副局长赵洪法“关于巩固发展农村有线广播工作的汇报”；听取和审议县审计局局长崔浣汝“关于教育事业费附加审计情况的汇报”；听取和审议县人民法院院长汪锦汉、县公安局局长董鸣九、县司法局局长俞成新分别所作的“关于县人大代表评议场口地区司法工作意见落实情况的汇报”；会议通过有关人事任免。

第十九次会议

1992年10月20日在富阳县人民政府中型会议室召开。富阳县人大常委会主任、副主任、委员共12人出席会议，县人民政府常务副县长、县人民检察院检察长、县人大常委会各委办负责人列席会议。会议学习了中共中央总书记江泽民在中共第十四次代表大会上的报告及中共十四届一中全会公报。会议通过《富阳县人大常委会关于县、乡镇人民代表大会换届选举的决定》。会议根据县人民政府提请，决定批准富阳县体制改革办公室更名为富阳县经济体制改革委员会，富阳县体改办主任即为富阳县休改委主任，不再另行办理任免手续。

第二十次会议

1992年11月28日在富阳县人民政府中型会议室召开。富阳县人大常委会主任、副主任、委员共13人出席会议，县人民政府县长、县人民法院院长、县人民检察院检察长及县人大常委会各委办负责人列席会议。会议根据县人民政府县长周宝法提请，决定任命朱寅传为富阳县人民政府副县长。会议接受周宝法辞去富阳县人民政府县长职务。根据县人大常委会主任刘鸿提请，决定任命朱寅传为富阳县人民政府代理县长。周宝法代表县委讲了话。

第二十一次会议

1992年12月14日至15日在富阳县人民政府中型会议室召开。富阳县人大常委会主任、副主任、委员共14人出席会议，县人大常委会正县级巡视员、县人民政府有关副县长、县人民法院院长、县人民检察院检察长、县人大常委会各委办负责人、高桥、富阳镇人大主席团常务主席列席会议。会议听取和审议县人民政府副县长宋显敏、县人民法院院长汪锦汉、县人民检察院检察长汪金良分别所作的“关于1992年度执法检查情况的汇报”；听取和审议县工商局副局长赵元金、县公安局交警大队大队长张兰法分别所作的“关于市场管理情况”、“关于富阳镇交通管理”的汇报；听取和审议县人民政府副县长章浩根“关于富春江经济开发区情况的汇报”；会议通过有关人事任免。

第二十二次会议

1993年2月5日在富阳县人民政府中型会议室召开。富阳县人大常委会主任、副主任、委员共15人出席会议，县人民政府代理县长、县人民法院院长、县人民检察院检察长及县人大常委会各委办负责人列席会议。会议审议通过富阳县第十届人大常委会《关于召开富阳县第十一届人民代表大会第一次会议的决定》。会议审议通过有关人事任免。县人大常委会主任刘鸿就富阳县第十一届人民代表大会的准备工作和有关活动作了具体部署。

第二十三次会议

1993年3月8日至9日在富阳镇鹳山饭店会议室召开。富阳县人大常委会主任、副主任、委员共15人出席会议，县人民政府有关副县长、县人民法院院长、县人民检察院检察长、县人大常委会各委办负责人列席会议。会议初审了“富阳县第十届人大常委会工作报告”，“关于富阳县1992年国民经济和社会发展计划执行情况、1993年计划安排及《“八五”计划》《十年规划》调整草案报告”“关于富阳县1992年财政决算和1993年财政预算草案报告”。会议同意将报告提交富阳县第十一届人民代表大会第一次会议审议；会议听取富阳县选举委员会办公室“关于县、乡镇人大代表换届选举工作的情况汇报”；表决通过富阳县第十届人大常委会代表资格审查委员会“关于富阳县第十一届人民代表大会代表资格的审查报告”；审议县人大常委会代表工作委员会“关于富阳县十届人大三次会议议案和代表意见处理结果情况的报告”；听取县人大常委会办公室“关于富阳县第十一届人民代表大会第一次会议筹备工作情况的汇报”；初审富阳县第十一届人民代表大会第一次会议议程草案、主席团和秘书长、副秘书长、列席人员名单草案，决定提请富阳县第十一届人民代表大会第一次会议预备会议和大会主席团会议审议。

第五节　第十一届人大常委会会议

富阳市（县）第十一届人大常委会共召开会议39次，听取和审议“一府两院”工作报告和各类专题汇报160个，作出决议决定43项，依法任免国家机关工作人员320人次。

第一次会议

1993年4月5日至6日在富阳县人民政府中型会议室召开。富阳县人大常委会主任葛扬安，副主任周银铃、孙达火、章一平、钟西平和委员钟建生、陈荣富、喻关德、俞土良、黄国铨、方仁臻、杨兰芳、孙柏贵、蓝练根、马银兰、李云桃共16人出席会议，缺席委员徐苏敏。县人民政府县长朱寅传、县人民法院院长汪金良、县人民检察院检察长刘秀文、县委组织部部长张本和及县人大常委会各委办负责人列席会议。会议通过了新一届县人大常委会主任、副主任的分工情况；学习《宪法》、《地方组织法》等有关法律和全国人大常委会委员长的重要讲话；审议通过富阳县人大常委会1993年工作要点；会议根据富阳县人民政府县长朱寅传和富阳县人大常委会主任葛扬安的提请，通过有关人事任免。会议结束时，葛扬安就当前人大工作讲了话。

第二次会议

1993年6月6日至7日在富阳县人民政府中型会议室召开。富阳县人大常委会主任、副主任、委员共15人出席会议。县人民政府有关副县长、县人民法院院长、县人民检察院检察长、县人大常委会各委办、县人民政府办、县农经委、县司法局、县水电局、县城建局、县供销社负责人及富阳、大源、胥口、万市、东图乡镇人大主席团常务主席列席会议。会议听取和审议县司法局局长俞成新受富阳县人民政府委托所作的“关于‘二五’普法工作进展情况及调整普法规划的报告”；听取和审议县水电局局长葛荣发“关于《水法》执行情况和1993年防汛准备工作的汇报”；听取和讨论县城建局局长赵庆林“关于住房制度改革方案的报告”；审议通过《富阳县人民代表大会常务委员会议事规则》《富阳县人大常委会关于县人大代表工作办法》；通过有关人事任免。

第三次会议

1993年8月10日至11日在富阳县人民政府中型会议室召开。富阳县人大常委会主任、副主任、委员共15人出席会议，县人民政府有关部门、县人大常委会各委办负责人及高桥、灵桥、洞桥、龙门镇人大主席团常务主席列席会议。会议传达学习了中共中央、国务院“关于当前经济情况和加强宏观调控的意见”；听取县经委副主任陈卫新“关于整治富春江黄砂管理情况的汇报”；听取和审议县财税局副局长金加琴“关于富阳县1993年上半年财政预算执行情况的汇报”；听取和审议县教育局局长李亚元“关于九年制义务教育实施情况的汇报”；听取和审议县公安局局长汪锦汉“关于开展‘三打一禁’斗争及有关公安工作情况的汇报”；审议通过有关人事任免。

第四次会议

1993年10月18日至19日在富阳县人民政府中型会议室召开。富阳县人大常委会主任、副主任、委员共 14 人出席会议。县人民政府有关部门、县人大常委会各委办负责人及受降、常安、万市、里山、渔山、上官乡镇人大主席团常务主席列席会议。会议听取和审议县人民政府办公室副主任沈兆璋“关于富阳县十一届人大一次会议代表议案和意见办理情况的汇报”;“关于富阳县十一届人大一次会议非县人民政府办理的代表意见落实情况的汇报”。听取县劳动局局长何尉堂“关于《矿山安全法》等法律法规贯彻执行情况的汇报”;听取县计生委主任孙佩优“关于《浙江省计划生育条例》贯彻执行情况的汇报”;通过有关人事任免。

第五次会议

1993 年 12 月 13 日至 15 日在富阳县人民政府招待所会议室召开。富阳县人大常委会主任、副主任、委员共 15 人出席会议,县人民政府有关部门、县人民法院院长、县人民检察院检察长、县人大常委会各委办负责人、场口、湖源、常绿、三山、永昌、洞桥乡镇人大主席团常务主席列席会议。会议听取和审议县人民政府副县长俞正言、县人民法院院长汪金良、县人民检察院检察长刘秀文分别所作的“关于 1993 年度执法情况的汇报”;听取和审议县公安局局长汪锦汉、县人民法院院长汪金良、县司法局局长俞成新分别所作的“关于公安、司法工作评议整改意见落实情况的汇报”;听取和审议县计委主任许保金“关于 1993 年 1—11 月份国民经济和社会发展计划执行情况的汇报”;听取县财税局副局长董建社、县物价局局长崔浣汝分别所作的“关于 1993 年财务、税收、物价大检查情况的汇报”;听取和审议县人民政府“关于要求调整 1993 年财政预算的报告”;会议经过审议,同意将 1993 年财政收入由 1.271 亿元调整为 1.571 亿元,财政支出由 8165 万元调整为 1.06 亿元;会议作出《富阳县人大常委会关于召开富阳县第十一届人民代表大会第二次会议的决定》《关于补选富阳县第十一届人民代表大会 4 名代表的决定》;通过任命富阳县第十一届人大常委会代表资格审查委员会组成人员名单。

第六次会议

1994 年 2 月 22 日至 24 日在富阳县人民政府中型会议室召开。富阳县人大常委会主任、副主任、委员共 15 人出席会议。县人民政府县长、副县长、县人民法院院长、县人民检察院检察长、县人民政府有关部门、县人大常委会各委办负责人及灵桥、万市、渌渚、东图乡镇人大主席团常务主席列席会议,县政协副主席李巨元应邀参加会议。会议听取和审议县长朱寅传“关于富阳撤县设市有关情况的报告”;会议根据报告要求,县人大常委会作出《关于撤销富阳县设立富阳市有关问题的决定》。初审了“富阳县人大常委会工作报告”“富阳县人民政府工作报告”“富阳县 1993 年国民经济和社会发展计划执行情况、1994 年计划安排及‘九五’期间基础设施和社会发展建设规划报告”“富阳县 1993 年财政预算执行情况和 1994 年财政预算报告”，决定将上述报告作适当修改后提交富阳县第十一届人民代表大会第二次会议审议。会议讨论通过了“富阳县人大常委会1994年工作要点”。听取和审议县人大常委会代表资格审查委员会“关于代表资格审查情况的报告”、县人大常委会代表工作委员会“关于富阳县十一届人民代表大会第一次会议议案和代表意见办理结果情况的报告”、县人民政府“关于岩石岭水库库区政策处理情况的汇报”；会议审议了“富阳县第十一届人民代表大会第二次会议的议程及各项建议名单和大会选举办法等，决定将上述内容分别提交富阳县第十一届人民代表大会第二次会议预备会议审议通过或由大会主席团讨论决定。会议通过有关人事任免。

第七次会议

1994年4月14日至15日在富阳市人民政府南大楼六楼会议室召开。富阳市人大常委会主任、副主任、委员共16人出席会议，市人民政府有关副市长、市人民法院院长、市人民检察院检察长、市人大常委会各委办、市人民政府办公室、富春江经济开发区银湖管委会、市农经委、市科委、市农业局负责人以及富阳、受降、里山、胥口、常安镇人大主席团常务主席列席会议，市政协副主席郁嘉玲应邀参加会议。会议听取和审议市农经委主任孙应虎、副主任汪伯连分别所作的“关于春耕备耕生产和发展‘一优两高’农业情况的汇报“；听取和审议市科委主任黄强“关于贯彻执行《浙江省技术市场管理条例》的情况汇报”；听取富春江经济开发区银湖管委会主任蒋本叶“关于工程建设情况的汇报”；与会人员实地视察了工程建设。

第八次会议

1994年5月23日在富阳市人民政府南大楼六楼会议室召开，富阳市人大常委会主任、副主任、委员共17人出席会议，市人民政府市长、有关副市长、市人民法院院长、市人民检察院检察长、市委组织部、市人大常委会各委办、市人民政府办公室、市卫生局、市广电局、市土管局负责人及高桥、灵桥、场口、三山镇人大主席团常务主席列席会议。会议听取和审议市卫生局局长叶正川“关于贯彻执行《浙江省2000年人人享有卫生保健规划目标》情况的汇报”；听取市人民政府市长朱寅传“关于赴深圳招商活动的报告”；会议讨论修改了《富阳市人大常委会议事规则》的有关条款。

第九次会议

1994年7月21日至22日在富阳市人民政府南大楼六楼会议室召开。富阳市人大常委会主任、副主任、委员共17人出席会议，市人民政府市长、副市长、市人民法院院长、市人民检察院检察长、市委组织部、市人大常委会各委办、市人民政府所属有关部门负责人及大源、洞桥、永昌、春建、湖源乡镇人大主席团常务主席列席会议。会议听取和审议市司法局局长俞成新“关于‘二五’普法进展情况及考核验收试点工作的汇报”；听取市供电局局长肖树阳“关于农村初级电气化实施意见的报告”；听取市监察局局长陈刚、市人民检察院贪污贿赂侦查局局长王良永分别所作的“关于反腐倡廉情况的汇报”；讨论通过“关于加强新登消防建设”的议案，对新登消防队的性质、人员、经费、管理、场地等提出具体意见；通过有关人事任免。

第十次会议

1994 年 8 月 25 日在富阳市人民政府南大楼六楼会议室召开。富阳市人大常委会主任、副主任、委员共 15 人出席会议，市人民政府有关副市长、市人民法院院长、市人民检察院检察长、市人大常委会各委办、市人民政府办公室、市计委、市城建局、市文化局负责人以及富阳、高桥、大源镇人大主席团常务主席列席会议。会议学习了《中华人民共和国城市规划法》，听取和审议市城建局局长赵庆林“关于富阳市城市总体规划情况的汇报”；听取市计委和市文化局分别所作的“关于兴建富阳十万吨自来水厂”“富阳图书馆和富阳青少年活动中心建设”的汇报、市城建局“关于城建规划、建设、管理工作的汇报”；讨论通过有关人事任免。

第十一次会议

1994 年 9 月 20 日至 22 日在富阳市人民政府南大楼六楼会议室召开。富阳市人大常委会主任、副主任、委员共 17 人出席会议，市人民政府市长、有关副市长、市人民法院院长、市人民检察院检察长、市人大常委会各委办、市人民政府办公室、市计委、市财税局、市司法局、市综治委、市教育局、市城建局、市土管局、富春江经济开发区负责人及新登、三山、渔山乡镇人大主席团常务主席列席会议。会议听取和审议市计委主任袁朝和“关于富阳市 1994 年 1 至 8 月国民经济和社会发展计划执行情况的汇报”；听取公路改建工程副总指挥朱茂翰“关于 320 国道富阳西段一级公路改建工程进展情况的汇报”；听取市财税局局长屠辛庚“关于 1994 年 1 至 8 月富阳市财政预算执行情况的汇报”；听取市人民政府副市长俞正言“关于开展集中整治农村社会治安斗争情况的汇报”及市司法局局长俞成新“关于‘二五’普法教育考核验收情况的汇报”；听取和审议市教育局局长李亚元“关于贯彻执行《教师法》情况的汇报”；听取富春江经济开发区办公室主任徐荣奎“关于富春江经济开发区工作情况的汇报”；听取和审议市人大常委会主任葛扬安“关于开展富阳市人大常委会任命干部述职评议和组织市人大代表评议行政执法机关工作情况的报告”，并就开展富阳市人大常委会任命干部述职评议和组织市人大代表评议行政执法机关工作作出了决定；会议讨论通过《富阳市人大常委会关于市人民政府提请审议的重大事项和应通报的重要情况的决议、决定、审议意见反馈的规定（试行）》和《富阳市人大常委会关于“两院”应提请审议的重大事项和应通报的重要情况及决议、决定、审议和视察意见反馈的规定（试行）》。《规定》中明确规定：市人民政府应向市人大常委会提请审议的“重大事项”有行政区划变动等5项，应通报的“重要情况”有突发性事件及采取的行政措施等5项；“两院”应向市人大常委会提请审议的“重大事项”有对市人大代表采取限制人身自由强制措施等6项，应通报的“重要情况”有查处大案要案情况和查处涉及市人民代表大会及其常委会选举或任命人员的案件情况等5项；通过有关人事任免事项。

第十二次会议

1994年11月8日至9日在富阳市人民政府南大楼六楼会议室召开。富阳市人大常委会主任、副主任、委员共17人出席会议，市人民政府市长、有关副市长、市政协、市委组织部、市纪检委、市监察局、市委办、市政府办、市外经贸委、市工商局、市城建局、市司法局负责人及富阳、三山、灵桥、场口镇人大主席团常务主席、市人大评议调查组全体成员、部分市人大代表列席会议。会议的主要议程是听取和评议市工商局局长何侠安、市城建局局长赵庆林、市司法局局长俞成新分别所作的述职报告，并开展评议；听取和审议市人民政府办公室“关于富阳市第十一届人民代表大会第二次会议议案和代表意见、建议办理情况的汇报”；听取市外经贸委“关于外经贸工作的汇报”；通过有关人事任免。

第十三次会议

1994年12月26日至27日在富阳市人民政府南大楼六楼会议室召开。富阳市人大常委会主任、副主任、委员共17人出席会议，市人民政府有关副市长、市政协、市人民法院院长、市人民检察院检察长、市委组织部、市纪检委、市监察局、市委办、市政府办、市工商局、市城建局、市司法局负责人及富阳、三山、灵桥、场口镇人大主席团常务主席、市人大评议调查组全体成员及部分市人大代表列席会议。会议听取市工商局、市城建局、市司法局三局长关于述职评议整改情况的汇报；听取和审议市人民政府、市人民法院、市人民检察院分别所作的“关于1994年度执法检查情况的汇报”；讨论通过《关于召开富阳市第十一届人民代表大会第三次会议的决定》；通过有关人事任免。

第十四次会议

1995年2月22日至24日在富阳市人民政府南大楼六楼会议室召开。富阳市人大常委会主任、副主任、委员共17人出席会议，市人民政府市长、有关副市长、市人民法院院长、市人民检察院检察长、市政府办、市计委、市农经委、市农业局、市教育局、市财政局、市人大常委会各委办负责人及富阳、新登、大源、高桥、受降、场口镇人大主席团常务主席列席会议。会议听取市人民政府副市长陈华林“关于粮食生产及农业投入情况的汇报”；听取市教育局局长李亚元“关于‘两基’（基本普及九年制义务教育和基本扫除青壮年文盲）教育自查情况的汇报”；听取和审议关于召开富阳市第十一届人民代表大会第三次会议有关准备工作情况的汇报；初审“富阳市人大常委会工作报告”、“富阳市 1994 年国民经济和社会发展计划执行情况、1995 年计划安排（草案）报告”；听取和通过富阳市人大常委会代表资格审查委员会“关于市人大代表资格审查情况的报告”，审议富阳市十一届人大三次会议的议程、日程安排和各项建议名单，决定将上述内容分别提交富阳市十一届人大三次会议预备会议或大会主席团会议通过。

第十五次会议

1995 年 4 月 21 日至 22 日在富阳市人民政府南大楼六楼会议室召开。富阳市人大常委会主任、副主任、委员共 15 人出席会议，市人民政府有关副市长、市人民法院院长、市人民检察院检察长、市广电局、市卫生局、市民政局和市人大常委会各委办负责人及灵桥、春建、渌渚、洞桥乡镇人大主席团常务主席列席会议。会议传达学习了八届全国人大三次会议精神，学习了修改后的《地方组织法》和《选举法》；听取市广电局局长周江生“关于广电事业发展情况的汇报”；听取市卫生局局长叶正川“关于全国农村中医工作试点县（市）工作情况的汇报”；听取市民政局局长王锡培“关于富阳市村民委员会第三次换届选举工作情况的汇报”；通过有关人事任免事项。

第十六次会议

1995 年 6 月 21 日至 23 日在富阳市人民政府南大楼六楼会议室召开。富阳市人大常委会主任、副主任、委员共 16 人出席会议，市人民政府市长、有关副市长、市人民法院院长、市人民检察院检察长、市总工会、市劳动局、市环保局、市土管局、市乡企局、市农业局、市水电局、市工商局、市卫生局、市人大常委会各委办负责人及受降、渌渚、环山乡镇长和富阳、渌渚、高桥、环山镇人大主席团常务主席列席会议。会议听取市环保局局长姚锡荣“关于《环保法》执法检查情况的汇报”；听取市人民政府副市长方永建“关于沿江片旧城改造工作情况的汇报”；听取市卫生局局长叶正川“关于《传染病防治法》贯彻执行情况的汇报”；听取市劳动局局长何尉堂“关于《尘肺病防治条例》贯彻执行情况的汇报”；听取市人民政府副市长陈华林“关于制订《富阳市基本农田保护法》和《富阳市富春江河道管理办法》的说明”；听取富阳市人民政府市长朱寅传“关于富阳市与河南省淇县建立友好市(县)关系情况的汇报”；通过有关人事任免。

第十七次会议

1995 年 8 月 22 日至 24 日在富阳市人民政府南大楼六楼会议室召开。富阳市人大常委会主任、副主任、委员共 18 人出席会议，市人民政府有关副市长、市人民法院院长、市人民检察院检察长、市纪检委、市政法委、市人民政府办公室、市城管办、市财政局、市监察局、市审计局、市综治办、市公安局、市司法局、市经委、市二轻总公司、市乡企局、市人大常委会各委办负责人及富阳、里山、东图乡镇人大主席团常务主席列席会议。会议听取市财政局局长屠辛庚“关于1995年1至7月财政预算执行情况的汇报”；听取市财政局副局长王国强“关于预算外资金专项清理情况的汇报”；听取市城管办主任许保金“关于创建文明卫生城市工作进展情况的汇报”；听取市公安局局长汪锦汉“关于开展集中整治农村社会治安斗争情况的汇报”；听取市人民政府副市长刘瑞林“关于1995年工业生产情况的汇报”；听取市人民检察院检察长刘秀文“关于富阳市人大代表陆斌贤案件情况的汇报”；听取市人大常委会主任葛扬安“关于开展富阳市人大常委会任命干部述职评议和组织市人大代表评议行政执法机关工作情况的报告”；会议通过了富阳市人大常委会关于1995年开展“两项评议”工作的总体计划安排；通过《富阳市人大常委会关于市人大代表应积极执行代表职务的规定》。

第十八次会议

1995年10月10日下午和16日在富阳市人民政府南大楼六楼会议室召开。富阳市人大常委会主任、副主任、委员共18人出席会议，市人民政府市长、有关副市长、市人民法院院长、市人民检察院检察长、市监察局、市农业局、市环保局、市财政局、市人大常委会各委办负责人、富阳、大源、高桥、灵桥、受降、三山、场口镇人大主席团常务主席、新义乡人大主席团召集人及部分市人大代表列席会议。10月10日下午，会议听取市农业局胡珠龙、市环保局姚锡荣、市财政局屠辛庚三位局长的述职报告。10月16日上午，会议审议决定富阳市第十三届乡镇人大换届选举试点工作的有关事项，讨论通过任命受降镇、新义乡第十三届人民代表大会选举委员会组成人员名单；16日下午，召开农业局等三局行政执法工作评议大会，分别听取三局“关于行政执法和廉政建设情况的汇报”。

第十九次会议

1995年10月25日至26日在富阳市人民政府南大楼六楼会议室召开。富阳市人大常委会主任、副主任、委员共17人出席会议，市人民政府有关副市长、市人民法院院长、市人民检察院检察长、市人民政府办公室、市总工会、市劳动局、市人大常委会各委办负责人及洞桥、上官、新义、渌渚乡镇人大主席团常务主席列席会议。会议听取市劳动局局长何尉堂“关于《劳动法》贯彻执行情况的汇报”；听取市人民政府副市长俞正言“关于富阳市十一届人大三次会议代表议案意见办理情况的汇报”；审议通过富阳市1996年乡镇人大换届选举有关事项。

第二十次会议

1995年11月27日下午在富阳市人民政府南大楼六楼会议室召开。富阳市人大常委会主任、副主任、委员共14人出席会议，市人民政府有关副市长、市人民法院院长、市人民检察院检察长、市纪委、市监察局、市人大常委会各委办负责人、市农业、环保、财政三局评议工作调查组全体成员、三局领导班子成员和富阳、场口、高桥镇人大主席、部分市人大代表列席会议。会议听取和审议市农业局、市环保局、市财政局三位局长分别所作的“关于述职评议整改意见落实情况的汇报”；讨论通过《富阳市人大常委会关于市人民政府应提请审议的“重大事项”和应通报的“重要情况”及“决议、决定、审议意见”的反馈规定（修改稿）》《富阳市人大常委会关于“两院”应提请审议的“重大事项”和应通报的“重要情况”及“决议、决定、审议和视察意见”的反馈规定（修改稿）》。

第二十一次会议

1996 年 1 月 22 日至 24 日在富阳市人民政府南大楼六楼会议室召开。富阳市人大常委会主任、副主任、委员共 17 人出席会议，市人民政府有关副市长、市人民法院院长、市人民检察院检察长、市委组织部、市人民政府办公室、市计委、市计生委、市财政局、市卫生局、市审计局、市人大常委会各委办负责人及富阳、新登、大源、场口、万市、高桥镇人大主席列席会议。会议听取和审议市人民政府“关于1995 年度行政执法检查情况的汇报”；听取和审议市人民法院“关于 1995 年度作风纪律教育整顿和执法检查情况的汇报”；听取和审议市人民检察院“关于 1995 年度执纪执法情况的报告”；听取和审议市计生委主任梅兴隆“关于《浙江省计划生育条例》贯彻实施情况的汇报”；听取和审议市选举办主任王传木“关于乡镇人大换届选举工作情况的汇报”；听取和审议市财政局局长屠辛庚“关于调整富阳市 1995 年财政预算支出和 1995 年财政预算执行情况及 1996 年财政收支预算（草案）的报告”；听取和审议市计委主任袁朝和“关于富阳市 1995 年国民经济和社会发展计划执行情况及 1996 年国民经济和社会发展计划安排（草案）的报告”；听取市人民政府副市长董文淦“关于富阳市国民经济和社会发展‘九五’计划及 2010 年远景目标纲要的说明”；听取和初审“富阳市人大常委会工作报告”；讨论通过富阳市人大常委会 1996 年工作要点；听取市人大常委会副主任周银铃“关于富阳市十一届人大四次会议筹备情况的汇报”；通过有关人事任免。

第二十二次会议

1996 年 3 月 8 日在富阳市人民政府南大楼六楼会议室召开。富阳市人大常委会主任、副主任、委员共 18 人出席会议，市人民检察院检察长、富阳市人大常委会各委办负责人列席会议。会议听取市人大常委会副主任周银铃“关于富阳市十一届人大四次会议有关筹备工作情况的汇报”；讨论富阳市十一届人大四次会议预备会议安排、会议议程、日程、大会各项建议名单等，决定将上述安排提请大会预备会议或主席团会议通过；听取市人民检察院检察长刘秀文“关于富阳市人大代表陆斌贤、戴关渭案件情况的汇报”；听取富阳市十一届人大常委会代表资格审查委员会“关于富阳市十一届人大四次会议代表资格情况的报告”，决定公布《代表变动情况公告》。

第二十三次会议

1996年5月8日至9日在富阳市人民政府南大楼六楼会议室召开。富阳市人大常委会主任、副主任、委员共17人出席会议，市人民政府市长、有关副市长、市人民法院院长、市人民检察院检察长、市委组织部，市水电局、市审计局、市财政局、市公安局、市人大常委会各委办负责人及三山、常安、灵桥镇人大主席列席会议。会议听取市水电局局长葛荣发“关于制定《富阳市富春江标准堤建设规划》的说明”；听取和审议市审计局局长华祥松“关于富阳市1995年财政预算执行情况的审计工作报告”；听取和审议市财政局局长屠辛庚“关于富阳市1995年财政决算的报告”；听取市人大常委会法制工作委员会主任王传木“关于《人民警察法》《检察官法》《法官法》三法律视察调查情况的汇报”；听取市人民法院院长汪金良“关于坚持严肃执法，加强人民法院执行工作的报告”；听取市公安局副局长邱利根“关于制订《富阳市市区禁止销售燃放烟花爆竹管理规定》的说明”；通过有关人事任免。

第二十四次会议

1996年7月9日至10日在富阳市人民政府南大楼六楼会议室召开。富阳市人大常委会主任、副主任、委员共18人出席会议，市人民政府有关副市长、市人民法院院长、市人民检察院检察长、市人民政府办公室、市经委、市公安局、市司法局、市工业局、市城建局、市土管局、市二轻总公司、市体委、市环保局、市人大常委会各委办负责人及富阳、大源、受降镇人大主席、受降镇镇长列席会议。会议听取和审议市公安局局长汪锦汉“关于开展‘严打’斗争工作情况的汇报”；听取和审议市司法局局长俞成新“关于《在公民中开展法制教育的第三个五年规划》的说明”；听取市经委主任黄坤良“关于富阳市1996年上半年工业经济发展情况和下半年工作打算的汇报”；听取市环保局局长姚锡荣“关于对环山小熔炼炉和受降石棉瓦污染整治《两个决定》贯彻落实情况的汇报”；听取市人民政府副市长陈华林“关于开展《土地管理法》执法检查情况的汇报”；听取市体委主任鲍学红“关于宣传贯彻《体育法》情况的汇报”；听取市人大常委会办公室副主任夏有钦“关于继续开展‘两项评议’工作意见的汇报”。

第二十五次会议

1996年9月4日至5日在富阳市人民政府南大楼六楼会议室召开。富阳市人大常委会副主任、委员共17人出席会议，市人民政府有关副市长、市人民法院院长、市人民检察院检察长、市委组织部、市人民政府有关部门、市人大常委会各委办负责人及富阳、永昌、龙门镇人大主席列席会议。会议听取和审议市计委主任袁朝和

“关于 1996 年 1 至 7 月富阳市国民经济和社会发展计划执行情况的报告”；听取和审议市财政局局长屠辛庚“关于 1996 年 1 至 8 月富阳市财政预算执行情况的报告”；听取和审议市民政局局长王锡培“关于居民委员会换届选举实施计划及准备工作情况的报告”；听取和审议市科委主任陈振尧“关于《富阳市科学技术‘九五’计划和 2010 年发展规划纲要》的情况说明”；鉴于富阳市十一届人大代表葛扬安涉嫌经济犯罪问题，会议作出《关于依法许可对葛扬安执行刑事拘留和逮捕的决定》；通过有关人事任免。

第二十六次会议

1996 年 9 月 25 日在富阳市人民政府南大楼六楼会议室召开。富阳市人大常委会副主任、委员共 17 人出席会议，市人民政府有关副市长、市人民法院院长、市人民检察院检察长、市人民政府有关部门负责人、市人大评议工作调查组全体成员及富阳、大源、万市、场口、灵桥、高桥、常安镇人大主席、部分市人大代表列席会议。会议分别听取和审议市交通局局长陈卫新、市审计局局长华祥松的述职报告，并开展评议，提出了评议意见。

第二十七次会议

1996 年 10 月 4 日在富阳市人民政府南大楼六楼会议室召开（会议出列席人员无记录）。会议听取和审议市人民检察院检察长刘秀文受浙江省人民检察院委托，提请“关于对周宝法采取强制措施的报告”。鉴于富阳市十一届人大代表周宝法有严重经济犯罪嫌疑，会议依据《中华人民共和国全国人民代表大会和地方各级人民代表大会代表法》第 30 条规定，决定许可对其执行刑事拘留与逮捕。

第二十八次会议

1996 年 11 月 26 日至 27 日在富阳市人民政府南大楼六楼会议室召开。富阳市人大常委会副主任、委员共 16 人出席会议，市人民政府有关副市长、市人民法院院长、市人民检察院检察长、市人民政府有关部门、市人大常委会各委办负责人及富阳、大源、万市、新登、场口镇人大主席、部分市人大代表、市人大评议工作调查组全体成员列席会议。会议听取和审议市教育局局长唐永祥、市科委主任陈振尧分别所作的“关于行政执法评议整改意见落实情况的报告”；听取和审议市交通局局长陈卫新、市审计局局长华祥松分别所作的“关于述职评议整改意见落实情况的报告”；听取和审议市财政局局长屠辛庚“关于调整富阳市 1996 年财政收支预算的报告”；听取和审议市卫生局局长徐元根“关于乡镇、村两级医疗机构一体化管理工作情况的报告”；听取和审议市人民政府办公室“关于富阳市十一届人大四次会议代表议案和意见、建议办理情况的报告”；通过有关人事任免。

第二十九次会议

1996 年 12 月 23 日在富阳市人民政府南大楼六楼会议室召开。富阳市人大常委会副主任、委员共 18 人出席会议，市人民政府市长、市人民法院院长、市人民检察院检察长、市人民政府办公室、市人大常委会各委办负责人及富阳、新登、大源、万市、高桥、场口、窈口乡镇人大主席列席会议，市委书记、市委组织部长参加会议。会议推选富阳市十一届人大常委会代理主任人选，作出《关于周银铃为富阳市第十一届人大常委会代理主任的决定》；通过《关于召开富阳市第十一届人民代表大会第五次会议的决定》；通过《关于补选 3 名富阳市十一届人大代表的决定》；听取市人民政府市长朱寅传"关于富阳市机构改革情况的通报"；通过有关人事任免。

第三十次会议

1997 年 1 月 27 日在富阳市人民政府南大楼六楼会议室召开。富阳市人大常委会代理主任、副主任、委员共 15 人出席会议，市人民政府副市长、市人民法院院长、市人民检察院检察长、市计委、市财政局、市人大常委会各委办负责人及富阳、三山、渌渚、东图乡镇人大主席列席会议。会议听取和审议市计委主任傅元昌"关于 1996 年国民经济和社会发展计划执行情况和 1997 年国民经济和社会发展计划安排（草案）的报告"；听取和初审市财政局局长屠辛庚"关于富阳市 1996 年财政预算执行情况和 1997 年财政预算（草案）的报告"；听取和初审"富阳市人大常委会工作报告"；听取富阳市人大常委会代理主任周银铃"关于富阳市十一届人大五次会议筹备工作情况的汇报"，审议通过大会议程、日程安排和各项建议名单，决定将上述内容提交富阳市十一届人大五次会议预备会议和大会主席团会议通过。

第三十一次会议

1997 年 4 月 21 日至 22 日在富阳市人民政府南大楼六楼会议室召开。富阳市人大常委会代理主任、副主任、委员共 16 人出席会议，市人民政府有关副市长、市人民法院院长、市人民检察院检察长、市人民政府办公室、市卫生局、市交通局、市公安局、市工商局、市供销总社、市商业总公司、市人大常委会各委办负责人及富阳、新登、高桥、场口、万市镇人大主席列席会议。会议听取和审议市卫生局局长徐元根"关于贯彻实施《食品卫生法》情况的汇报"；听取市公安局局长汪锦汉、市人民法院院长汪金良、人民检察院检察长刘秀文分别所作的"关于富阳市 1996 年度文明执法检查情况的报告"；听取和审议市人民政府办公室副主任张松泉"关于在富阳市人民政府部门中开展行政执法责任制试点工作的情况报告"。

第三十二次会议

1997 年 6 月 9 日在富阳市人民政府南大楼六楼会议室召开。富阳市人大常委会代理主任、副主任、委员共 18 人出席会议，市人民政府市长、市人民法院院长、市人民检察院检察长、市委组织部、市人民政府办公室、市人大常委会各委办负责人列席会议。会议根据市人民政府市长朱寅传提请，决定任命孙建华为富阳市人民政府副市长。会议决定接受朱寅传辞去富阳市人民政府市长职务。根据市人大常委会代理主任周银铃提请，决定任命孙建华为富阳市人民政府代理市长。

第三十三次会议

1997 年 6 月 26 日至 27 日在富阳市人民政府南大楼六楼会议室召开。富阳市人大常委会代理主任、副主任、委员共 17 人出席会议，市人民政府有关副市长、市人民法院院长、市人民检察院检察长、市委组织部、市人民政府有关部门、市人大常委会各委办负责人及富阳、高桥、三山、大源镇人大主席列席会议。会议听取和审议市审计局局长华祥松“关于富阳市 1996 年财政预算执行情况审计工作的报告”；听取和审议市财政局局长屠辛庚“关于富阳市 1996 年财政决算的报告”；听取市文化局局长陆林华“关于富阳市文化市场行政执法情况的汇报”；听取市民政局局长童富龙“关于制定《富阳市殡葬管理实施办法》的说明”；听取市环保局局长姚锡荣“关于富阳市造纸业污染整治情况的汇报”；听取市人民法院院长汪金良“关于富阳市人民法院执法大检查自查情况的汇报”；通过有关人事任免。

第三十四次会议

1997 年 8 月 14 日在富阳市人民政府南大楼六楼会议室召开。富阳市人大常委会代理主任、副主任、委员共 16 人出席会议，市人民政府代理市长、有关副市长、市人民法院院长、市人民检察院检察长、市委组织部、市计委、市财政局、市审计局、市公安局、市人大常委会各委办负责人及富阳、三山、灵桥、万市、东图乡镇人大主席列席会议。会议听取和审议市计委主任傅元昌“关于富阳市 1997 年国民经济和社会发展计划半年执行情况的报告”；听取和审议市财政局副局长华之江“关于富阳市 1997 年财政预算上半年执行情况的报告”；听取和审议市公安局局长汪锦汉“关于开展禁毒、禁赌专项斗争情况的报告”；通过有关人事任免。

第三十五次会议

1997 年 11 月 5 日至 6 日在富阳市人民政府综合楼多功能厅召开。富阳市人大常委会代理主任、副主任、委员共 17 人出席会议，市人民政府代理市长、有关副市长、市人民法院院长、市人民检察院检察长、市委组织部、市人民政府办公室、市监察局、市工商局、市教委、市科委、市司法局、市建设局、市交通局、市环保局、市农业局、市审计局、市人大常委会各委办负责人及部分市人大代表列席会议。会议听取和审议市工商局、市教委、市科委、市司法局、市建设局、市交通局、市环保局、市农业局、市审计局分别所作的“关于‘两项评议’整改意见回头看落实情况的报告”；听取和审议市人民政府副市长俞正言“关于富阳市十一届人大一次会议以来议案和五次会议代表意见承办情况的报告"；讨论通过《富阳市人大常委会关于富阳市人民代表大会代表换届选举的决定》；决定富阳市十二届人民代表大会代表选举委员会名单；作出《富阳市人大常委会关于富阳市第十二届人民代表大会代表名额分配的决定》；讨论通过"富阳市人大常委会关于富阳市第十二届人大代表换届选举工作的实施意见"；通过有关人事任免。

第三十六次会议

1997 年 11 月 18 日下午在富阳市人民政府南大楼六楼会议室召开。富阳市人大常委会代理主任、副主任、委员共 17 人出席会议。市人民政府代理市长、市人民法院院长、市人民检察院检察长、市委组织部、市人大常委会各委办负责人列席会议。会议决定接受汪锦汉辞去富阳市公安局局长职务；会议根据市人民政府代理市长孙建华的提请，决定任命潘建平为富阳市人民政府副市长、郭建伟为富阳市公安局局长；根据市人民法院院长汪金良的提请，任命陈志华为富阳市人民法院副院长、决定接受汪金良辞去富阳市人民法院院长职务；根据富阳市人大常委会代理主任周银铃的提请，任命陈志华为富阳市人民法院代理院长；根据富阳市人民检察院检察长刘秀文的提请，任命吴炳林为富阳市人民检察院副检察长。

第三十七次会议

1997 年 12 月 17 日在富阳市人民政府南大楼六楼会议室召开。富阳市人大常委会代理主任、副主任、委员共 15 人出席会议，市人民政府有关副市长、市人民法院代理院长、市人民检察院检察长、市人民政府办公室、市公安局、市财政局、市人大常委会各委办负责人及灵桥、万市、渌渚镇人大主席列席会议。会议听取和审议市人民政府办公室副主任张松泉"关于富阳市 1997 年度行政执法检查情况的报告"；市人民法院代理院长陈志华、市人民检察院检察长刘秀文分别所作的"关于 1997 年度执法执纪检查情况的报告"；听取和审议市财政局局长屠辛庚"关于调整富阳市 1997 年财政收支预算的报告"；听取市公安局副局长汪建龙"关于富阳市第十一届人大代表蒋关义偷税一案的调查报告"，决定许可对其采取取保候审的强制措施。

第三十八次会议

1998 年 1 月 14 日在富阳市人民政府南大楼六楼会议室召开。富阳市人大常委会代理主任、副主任、委员共 18 人出席会议，市人民政府有关副市长、市人民法院代理院长、市人民检察院检察长、市公安局、市委组织部、市人大常委会各委办负责人列席会议。会议讨论通过《富阳市人大常委会关于召开富阳市第十二届人民代表大会第一次会议的决定》；听取市人民政府副市长章浩根"关于春节期间要求在富阳城区销售燃放烟花爆竹的报告"；听取市公安局副局长汪建龙"关于富阳市第十一届人大代表包品达诈骗一案的调查报告"，决定许可对其采取刑事拘留的强制措施；通过有关人事任免。

第三十九次会议

1998 年 2 月 24 日在富阳市人民政府南大楼六楼会议室召开。富阳市人大常委会代理主任、副主任、委员共 16 人出席会议，市人民政府有关副市长、市人民法院代理院长、市人民检察院检察长、市计委、市财政局、市人大常委会各委办负责人及富阳、高桥、洞桥、渌渚、灵桥、场口镇人大主席列席会议。会议听取和初审市财政局局长屠辛庚“关于富阳市 1997 年财政预算执行情况和 1998 年财政预算草案的报告”；听取和初审市计委主任傅元昌“关于富阳市 1997 年国民经济和社会发展计划执行情况和 1998 年计划草案的报告”；听取和初审市人大常委会办公室主任夏有钦“关于富阳市人大常委会工作报告”；听取富阳市人大常委会代表资格审查委员会“关于市第十二届人大代表资格审查的报告”；听取富阳市人大常委会“关于富阳市十二届人大一次会议筹备情况的汇报”；审议通过大会议程、日程和各项建议名单，决定将上述内容提交富阳市十二届人大一次会议预备会议和大会主席团会议通过。

第六节　第十二届人大常委会会议

富阳市第十二届人大常委会共召开会议 44 次，听取和审议“一府两院”工作报告和各类专题汇报 97 个，作出决议决定 49 项，依法任免国家机关工作人员 300 人次。

第一次会议

1998 年 4 月 24 日在富阳宾馆多功能厅召开。富阳市人大常委会主任王金水、副主任周银铃、汪锦汉、董文淦、邵良、王传木和委员方仁臻、孙柏贵、杨关勤、汪丁成、陈国康、赵小奎、钟西平、钟建生、俞成新、俞利妹、袁朝和、夏有钦、彭观友、蓝练根、裘立忠共 21 人（全员）出席会议，市人民法院院长陈志华、市人民检察院检察长吴炳林、市委组织部、市人民政府办公室、市人大常委会各委办负责人列席会议。富阳市人民政府市长孙建华到会讲了话。市委组织部部长戚啸虎传达了市委“关于王金水等同志职务任免的通知”。会议通报了富阳市十二届人大常委会主任、副主任分工情况；学习《宪法》《地方组织法》等法律和富阳市人大常委会议事规则；讨论通过“富阳市人大常委会 1998 年工作要点”；根据市人大常委会主任王金水、市人民政府市长孙建华、市人民检察院检察长吴炳林的提请，通过有关人事任免。

第二次会议

1998 年 5 月 11 日在富阳市人民政府综合楼多功能厅召开。富阳市人大常委会主任、副主任、委员共 21 人出席会议，市人民法院院长、市人民检察院检察长、市人大常委会各委办负责人及富阳镇人大主席列席会议。市人大常委会主任王金水向会议通报了早稻生产形势、工业经济形势和殡葬改革、社会治安、计划生育、执法检查等重要情况；通过有关人事任免。

第三次会议

1998年6月23日至24日在富阳市人民政府综合楼多功能厅召开。富阳市人大常委会主任、副主任、委员共21人出席会议，市人民政府有关副市长、市人民法院院长、市人民检察院检察长、市财政局、市审计局、市司法局、市人事局、市卫生局、市工商局、市人大常委会各委办负责人及部分市人大代表列席会议。会议听取和审议市财政局局长屠辛庚“关于富阳市1997年财政决算的报告”；听取和审议市审计局局长华祥松“关于富阳市本级1997年财政预算执行情况的审计工作报告”；听取和审议市司法局局长赵乃先“注重实效，扎扎实实搞好富阳市‘三五’普法教育工作的报告”；听取和审议市卫生局局长徐元根“关于贯彻实施《食品卫生法》工作情况的汇报”；听取市人大常委会执法检查组“关于富阳市贯彻实施《食品卫生法》和《浙江省实施〈食品卫生法〉办法》执法检查情况的汇报”；审议通过《富阳市人大常委会议事规则》《富阳市人大常委会人事任免暂行办法》《富阳市人大常委会组成人员守则》《富阳市人大常委会关于加强同市人大代表联系的办法（试行）》；表决通过富阳市人大常委会各工作委员会组成人员名单、富阳市人大常委会代表资格审查委员会名单；通过富阳市十二届人大常委会组成人员联系代表名单。

第四次会议

1998年8月24日至25日在富阳市人民政府综合楼多功能厅召开。富阳市人大常委会主任、副主任、委员共20人出席会议，市人民政府有关副市长、市人民法院院长、市人民检察院检察长、市计委、市财政局、市劳动局、市卫生局、市总工会、市人大常委会各委办负责人及部分市人大代表列席会议。会议听取和审议市计委主任黄坤良“关于富阳市1998年上半年国民经济和社会发展计划执行情况的报告”；听取和审议市财政局局长屠辛庚“关于富阳市1998年上半年财政预算执行情况的报告”；听取和审议市劳动局局长盛培建“关于贯彻落实《劳动法》，大力推进再就业工作情况的报告”；听取市人大常委会代表工作委员会主任彭观友“关于富阳市十三届人大一次会议议案和代表意见办理情况的汇报”；听取市人大常委会教科文卫工作委员会主任杨关勤“关于《食品卫生法》执法检查整改回头看的情况汇报”；视察恩波广场建设情况；通过有关人事任免。

第五次会议

1998年9月24日在富阳市人民政府综合楼多功能厅召开。富阳市人大常委会主任、副主任、委员共21人出席会议，市人民政府市长、市人民法院院长、市委组织部、市人大常委会各委办负责人及高桥镇人大主席列席会议。会议审议通过《富阳市人大常委会关于 1999 年乡镇人民代表大会换届选举工作的实施意见》、《富阳市人大常委会关于 1999 年乡镇人民代表大会换届选举时间的决定》、《富阳市人大常委会关于乡镇第十三届人民代表大会代表名额的决定》、《富阳市人大常委会关于乡镇人民代表大会换届选举试点工作的有关意见和决定》，决定高桥镇为本次选举工作试点镇；设立高桥镇第十三届人民代表大会选举委员会，批准任命高桥镇选举委员会组成人员；通过有关人事任免。

第六次会议

1998 年 10 月 27 日在富阳市人民政府会议中心四号会议室召开。富阳市人大常委会主任、副主任、委员共 19 人出席会议，市人民政府有关副市长、市人民法院院长、市人民检察院检察长、市人民政府办公室、市教委、市人大常委会各委办负责人及部分市人大代表列席会议。会议听取和审议市人民政府办公室副主任张松泉“关于富阳市十二届人大一次会议议案和代表建议办理情况的报告”；审议通过各乡镇选举委员会组成人员名单；听取市人大常委会教科文卫工作委员会主任杨关勤“关于富阳市教育‘两法一条例’执法检查情况的汇报”。

第七次会议

1998 年 12 月 22 日至 23 日在富阳市人民政府综合楼多功能厅召开。富阳市人大常委会主任、副主任、委员共 21 人出席会议，市人民法院院长、市人民检察院检察长、市委组织部、市人民政府办公室、市人大常委会各委办负责人及部分市人大代表列席会议。会议听取和审议市人民政府办公室副主任张松泉“关于富阳市 1998 年行政执法责任制落实情况和行政执法检查情况的汇报”；听取和审议市人民法院院长陈志华“关于富阳市人民法院 1998 年度执法执纪检查情况的报告”、市人民检察院检察长吴炳林“关于富阳市人民检察院 1998 年度执法执纪检查情况的报告”；审议通过《关于召开富阳市第十二届人民代表大会第二次会议的决定》；通过有关人事任免。

第八次会议

1999 年 2 月 9 日在富阳市人民政府综合楼多功能厅召开。富阳市人大常委会主任、副主任、委员共 19 人出席会议，市人民政府有关副市长、市人民法院院长、市人民检察院检察长、市委组织部、市计委、市财政局、市民政局、市建设局、市人大常委会各委办负责人列席会议。会议听取和初审市计委主任黄坤良“关于富阳市 1998 年国民经济和社会发展计划执行情况、1999 年国民经济和社会发展计划草案的报告”；听取和初审市财政局局长屠辛庚“关于富阳市 1998 年财政预算执行情况和 1999 年财政预算草案的报告”；市民政局和市建设局分别向会议通报了《富阳市退役士兵安置暂行办法》和《富阳市城市规划管理办法》；听取和初审“富阳市人大常委会工作报告”；讨论通过富阳市人大常委会1999年工作要点；听取市人大常委会代表资格审查委员会“关于富阳市十二届人大二次会议代表资格审查情况的报告”；听取市人大常委会副主任周银铃“关于富阳市十二届人大二次会议筹备工作情况的汇报”；讨论通过富阳市十二届人大二次会议议程、大会主席团及秘书长建议名单，决定提交市十二届人民代表大会第二次会议预备会议和十二届人民代表大会第二次会议主席团第一次会议通过；听取市人大常委会代表工作委员会主任彭观友“关于富阳市乡镇人大换届选举工作总结报告”；讨论通过“关于建立市十二届人大代表中心组和聘请市人大代表联系员的意见”；通过有关人事任免。

第九次会议

1999年4月27日在富阳市人民政府会议中心四号会议室召开。富阳市人大常委会主任、副主任、委员共19人出席会议，市人民政府有关副市长、市人民法院院长、市人民检察院检察长、市财政局、市审计局、市水电局、市林业局、市人大常委会各委办负责人及部分市人大代表列席会议。会议听取和审议市审计局局长华祥松“关于富阳市本级1998年财政预算执行情况审计工作的报告”；听取和审议市水电局局长张祖国“关于贯彻实施《水土保持法》《防洪法》情况的报告”；听取和审议市林业局局长徐国明“关于贯彻执行《森林法》情况的报告”；通过有关人事任免。

第十次会议

1999年5月17日在富阳市人民政府综合楼多功能厅召开。富阳市人大常委会主任、副主任、委员共21人出席会议，市人民政府市长、市人民法院院长、市人民检察院检察长、市人大常委会各委办负责人列席会议。会议审议通过关于组织市人大代表评议市人民法院、市人民检察院司法工作的实施方案；通过有关人事任免。

第十一次会议

1999年6月25日在富阳市人民政府综合楼多功能厅召开。富阳市人大常委会主任、副主任、委员共21人出席会议，市人民政府有关副市长、市人民法院院长、市人民检察院检察长、市人民政府办公室、市司法局、市计生委、市人大常委会各委办负责人及部分市人大代表列席会议。会议听取和审议市司法局局长赵乃先“关于富阳市开展‘三五’普法宣传教育工作情况的报告”；听取和审议市计生委主任包木松“关于《浙江省计划生育条例》执行情况的报告”；通过有关人事任免。

第十二次会议

1999年8月25日至26日在富阳市人民政府综合楼多功能厅召开。富阳市人大常委会主任、副主任、委员共19人出席会议，市人民政府市长、有关副市长、市人民法院院长、市人民检察院检察长、市委组织部、市人民政府办公室、市计委、市财政局、市广电局、市人大常委会各委办负责人及部分市人大代表列席会议。会议听取和审议市计委主任黄坤良“关于富阳市 1999 年上半年国民经济和社会发展计划执行情况的报告”；听取和审议市财政局局长孙柏平“关于富阳市 1999 年上半年财政预算执行情况的报告”；听取和审议市人民法院院长陈志华、市人民检察院检察长吴炳林分别所作的“司法评议整改工作情况的报告”；讨论通过《富阳市人民代表大会代表持证视察办法（试行）》；听取市广电局局长叶继民“关于富阳市贯彻执行《中华人民共和国广播电视管理条例》和《浙江省广播电视管理条例》情况的汇报”；通过有关人事任免。

第十三次会议

1999 年 10 月 27 日至 28 日在富阳市人民政府综合楼多功能厅召开。富阳市人大常委会主任、副主任、委员共 21 人出席会议，市人民政府有关副市长、市人民法院院长、市人民检察院检察长、市人民政府办公室、市计委、市经委、市环保局、市建设局、市水电局、市科委、市人大常委会各委办负责人及部分市人大代表列席会议。会议听取和审议市人民政府办公室“关于富阳市十二届人大二次会议议案和代表建议办理情况的报告”；听取和审议市计委主任黄坤良“关于调整富阳市国民经济和社会发展‘九五’计划主要指标的建议报告”，并作出《关于调整富阳市国民经济和社会发展‘九五’计划主要指标的决定》；听取和审议富阳市科委“关于贯彻执行《科学技术进步法》情况的报告”；听取和审议富阳市环保局“关于贯彻实施《环保法》情况的报告”；通过有关人事任免。

第十四次会议

1999 年 12 月 27 日至 28 日在富阳市人民政府综合楼多功能厅召开。富阳市人大常委会主任、副主任、委员共 21 人出席会议，市人民政府有关副市长、市人民法院院长、市人民检察院检察长、市委组织部、市人民政府办公室、市建设局、市计委、市财政局、市审计局、市司法局、市人大常委会各委办负责人及部分市人大代表列席会议。会议听取和审议市人民政府办公室“关于富阳市 1999 年度行政执法工作情况的报告”；听取和审议市人民法院院长陈志华“关于 1999 年度执法执纪检查情况的报告”；听取和审议市人民检察院检察长吴炳林“关于 1999 年度执法执纪情况的报告”；听取和审议市人民政府副市长洪庆华“关于编制《富阳市城镇体系规划》、《富阳市城市总体规划》的说明”，会议作出《富阳市人大常委会关于批准〈富阳市城市总体规划〉的决定》；听取市人大常委会“关于富阳市十二届人大三次会议筹备工作情况的汇报”；听取和初审市计委主任黄坤良“关于富阳市 1999 年国民经济和社会发展计划执行情况与 2000 年国民经济和社会发展计划草案的报告”；听取和初审“富阳市人大常委会工作报告”；通过富阳市人大常委会 2000 年工作要点；通过有关人事任免。

第十五次会议

2000 年 2 月 28 日在富阳市人民政府综合楼多功能厅召开。富阳市人大常委会主任、副主任、委员共 21 人出席会议，市人民政府市长、市人民法院院长、市人民检察院检察长、市委组织部、市人大常委会各委办负责人列席会议。会议根据富阳市人民政府市长孙建华提请，通过有关人事任免；市人大常委会主任王金水通报 2000 年市人大常委会工作安排；市长孙建华通报 2000 年市人民政府工作安排。

第十六次会议

2000 年 4 月 21 日在富阳市人民政府综合楼多功能厅召开。富阳市人大常委会主任、副主任、委员共 21 人出席会议，市人民政府有关副市长、市人民法院院长、市人民检察院检察长、市建设局、市环保局、市水电局、市交通局、市土管局、市人大常委会各委办负责人及部分乡镇人大主席和市人大代表列席会议。会议听取和审议市人民政府副市长洪庆华“关于苋浦水系综合整治工作情况的报告”，并视察苋浦水系污染情况和整治工作进展情况；听取和审议市人民政府副市长刘瑞林“关于中沙村至大源公路扩建工程情况的报告”；讨论富阳市人大常委会在“三讲教育”中领导班子的整改措施，并提出了修改意见。

第十七次会议

2000 年 5 月 29 日至 30 日在富阳市人民政府综合楼多功能厅召开。富阳市人大常委会主任、副主任、委员共 19 人出席会议，市人民政府市长、有关副市长、市人民法院院长、市人民检察院检察长、市人民政府办公室、市公安局、市计委、市经委、市财政局、市审计局、市交通局、市技术监察局、市工商分局、市水电局、市计生委、市人大常委会各委办负责人及部分乡镇人大副主席和市人大代表列席会议。会议听取和审议市财政局局长孙柏平“关于富阳市 1999 年财政决算的报告”；并通过《关于批准富阳市 1999 年财政决算的决议》；听取和审议市审计局局长华祥松“关于富阳市本级 1999 年财政预算执行情况审计工作的报告”；听取和审议市人民政府副市长刘瑞林“关于富阳市贯彻执行《产品质量法》及相关法律情况的报告”；会议根据市人民政府要求，复议中沙至大源公路扩建方案；讨论决定“两项评议”工作的有关事项；表决通过《富阳市人大常委会关于办理议案和建议的规定（试行）》；听取和审议市人民政府市长孙建华“关于富阳市 2000 年 1 至 4 月全市经济运行和社会事业发展及下一阶段重点工作安排情况的报告”。

第十八次会议

2000 年 7 月 14 日在富阳市人民政府南大楼六楼会议室召开。富阳市人大常委会主任、副主任、委员共 19 人出席会议，市人民政府市长、市人民检察院检察长、市委组织部、市人大常委会各委办负责人列席会议。会议决定接受张建新辞去富阳市人民政府副市长职务；会议根据市人民政府市长孙建华提请，通过有关人事任免。

第十九次会议

2000 年 7 月 31 日至 8 月 2 日在富阳市人民政府综合楼多功能厅召开。富阳市人大常委会主任、副主任、委员共 17 人出席会议，市人民政府有关副市长、市人民法院院长、市计委、市财政局、市计生委、市水电局、市公安局、市人事局、市劳动局、市环保局、市乡企局、市监察局、市粮食局、市统计局、市建设局、市人大常委会各委办负责人及部分市人大代表列席会议。会议听取和审议市计委主任黄坤良“关于富阳市 2000 年上半年国民经济和社会发展计划执行情况的报告”；听取和审议市财政局局长孙柏平“关于富阳市 2000 年上半年财政收支预算执行情况的报告”；听取市人民法院院长陈志华“关于富阳市人民法院审判改革和干部人事制度改革情况的汇报”，表决通过有关人事任免事项；初审市人大常委会《富阳市人民代表大会常务委员会关于讨论、决定重大事项的若干规定》《富阳市人民代表大会常务委员会关于财政预算监督的若干规定》；会议对市水电局局长张祖国、市计生委主任包木松进行了述职评议。

第二十次会议

2000 年 8 月 11 日在富阳市人民政府综合楼多功能厅召开。富阳市人大常委会主任、副主任、委员共 18 人出席会议，市人民政府有关副市长、市公安局、市人大常委会各委办负责人列席会议。会议听取和审议市人民政府副市长刘瑞林“关于要求批准富阳市与新疆奎屯市建立友好城市的报告”；表决通过《富阳市人大常委会关于批准富阳市与新疆奎屯市建立友好城市的决定》；听取和审议市公安局副局长汪建龙“关于要求许可对富阳市十二届人大代表蒋焕炎采取强制措施的报告”，会议经投票表决，决定不许可对蒋焕炎采取强制措施。

第二十一次会议

2000 年 9 月 25 日在富阳市人民政府南大楼六楼会议室召开。富阳市人大常委会主任、副主任、委员共 17 人出席会议，市人民检察院检察长、市人大常委会各委办负责人列席会议。会议听取和审议市人民检察院检察长吴炳林受杭州市人民检察院委托提请的“关于提请许可对董文淦依法执行刑事拘留、逮捕的报告”。鉴于富阳市十二届人大代表董文淦有经济犯罪嫌疑，会议决定依法许可对其执行刑事拘留和逮捕。

第二十二次会议

2000 年 9 月 27 日在富阳市人民政府综合楼多功能厅召开。富阳市人大常委会主任、副主任、委员共 16 人出席会议，市人民政府有关副市长、市公安局、市水电局、市计生委、市人民政府办公室、市人大常委会各委办负责人及部分市人大代表列席会议。会议听取和审议市公安局局长郭建伟“关于富阳市公安局执法工作评议意见整改情况的报告”；听取和审议市水电局局长张祖国、市计生委主任包木松分别所作的“关于述职评议整改情况的报告”；听取和审议市人民政府副市长俞正言“关于富阳市十二届人大三次会议议案和代表建议办理情况的报告”；审议通过《富阳市人大常委会关于讨论、决定重大事项的若干规定》和《富阳市人大常委会关于预算监督的若干规定》；初审了《富阳市人大常委会审议意见办理办法》。

第二十三次会议

2000 年 11 月 2 日在富阳市人民政府综合楼多功能厅召开。富阳市人大常委会主任、副主任、委员共 18 人出席会议，市人民政府有关副市长、市人民法院院长、市人民检察院检察长、市委组织部、市人大常委会各委办负责人列席会议。会议根据市人大常委会主任王金水和市人民政府市长孙建华的提请，通过有关人事任免。

第二十四次会议

2000 年 11 月 28 日在富阳市人民政府南大楼六楼会议室召开。富阳市人大常委会主任、副主任、委员共 18 人出席会议，市人民政府有关副市长、市人民法院院长、市人民检察院检察长、市人民政府办公室、市教委、市财政局、市城管办、市人大常委会各委办负责人及部分市人大代表列席会议。会议学习了《中华人民共和国教育法》；听取和审议市人民政府副市长华爱金“关于贯彻执行《教育法》情况的报告”；听取市人大常委会教科文卫工作委员会主任杨关勤“关于《教育法》执法检查的汇报”；听取和审议市人民政府副市长洪庆华“关于要求评定富阳市市树市花的报告”，并通过《关于批准富阳市市树市花的决定》；听取和审议市财政局局长孙柏平“关于调整富阳市 2000 年财政收支预算的报告”，并通过《关于批准富阳市人民政府“关于调整 2000 年财政收支预算”的决定》；审议并通过《富阳市人大常委会审议意见办理办法》；初审了《富阳市人大常委会评议工作办法》；通过有关人事任免。

第二十五次会议

2000 年 12 月 26 日在富阳市人民政府南大楼六楼会议室召开。富阳市人大常委会主任、副主任、委员共 15 人出席会议，市人民政府有关副市长、市人民法院副院长、市人民检察院检察长、市人民政府办公室、市人大常委会各委办负责人及部分市人大代表列席会议。会议听取市人民政府副市长华爱金“关于富阳市创省教育强市情况的汇报”；讨论通过《关于召开富阳市第十二届人民代表大会第四次会议的决定》；听取和审议市人民政府副市长俞正言“关于富阳市 2000 年度行政执法情况的报告”；听取和审议市人民法院副院长葛时忠、市人民检察院检察长吴炳林分别所作的“关于 2000 年度执法执纪情况的报告”；通过有关人事任免。

第二十六次会议

2000 年 12 月 28 日在富阳市人民政府南大楼六楼会议室召开。富阳市人大常委会主任、副主任、委员共 17 人出席会议，市公安局、市人大常委会各委办负责人列席会议。会议听取和审议市公安局局长郭建伟“关于要求对富阳市人大代表凌国余治安拘留处罚的请示”，会议经慎重讨论，决定依法许可对其采取治安拘留。

第二十七次会议

2001 年 2 月 16 日在富阳市人民政府南大楼六楼会议室召开。富阳市人大常委会主任、副主任、委员共 18 人出席会议，市人民政府副市长、市人民法院院长、市人民检察院检察长、市计委、市财政局、市审计局、市人大常委会各委办负责人及部分市人大代表列席会议。会议听取和初审市人民政府副市长俞正言“关于《富阳市国民经济和社会发展第十个五年计划纲要（草案）》的说明”；听取和初审市计委主任黄坤良“关于富阳市 2000 年国民经济和社会发展计划执行情况与 2001 年国民经济和社会发展计划草案的报告”；听取和初审市财政局局长孙柏平“关于富阳市 2000 年财政预算执行情况与 2001 年财政预算草案的报告”；听取和初审“富阳市人大常委会工作报告”；审议有关《罢免市人大代表议案》，决定将此议案交有关选区按法律程序办理；会议决定富阳市十二届人大四次会议日期、大会议程等，通过大会列席人员建议名单。

第二十八次会议

2001 年 2 月 26 日在富阳市人民政府南大楼六楼会议室召开。富阳市人大常委会主任、副主任、委员共 18 人出席会议，市人民政府市长、市人民法院院长、市人民检察院检察长、市委组织部、市人大常委会各委办负责人及部分市人大代表列席会议。会议审议通过有关人事任免；听取市人大常委会代表资格审查委员会“关于市十二届人大四次会议代表资格审查情况的报告”；听取市人大常委会“关于富阳市十二届人大四次会议有关筹备工作情况的汇报”；审议通过《富阳市人民代表大会常务委员会评议工作办法》。

第二十九次会议

2001 年 4 月 6 日在富阳市人民政府南大楼六楼会议室召开。富阳市人大常委会主任、副主任、委员共 19 人出席会议，市人民政府市长、市人民法院院长、市人民检察院检察长、市委组织部、市人大常委会各委办负责人列席会议。会议根据富阳市人民政府市长孙建华提请，决定任命戚哮虎为富阳市人民政府副市长；根据富阳市人大常委会主任王金水提请，通过有关人事任免及调整富阳市人大常委会代表资格审查委员会组成人员。

第三十次会议

2001 年 5 月 11 日在富阳市人民政府南大楼六楼会议室召开。富阳市人大常委会主任、副主任、委员共 18 人出席会议，市人民政府市长、市人民法院院长、市人民检察院检察长、市建设局、市水电局、市交通局、市人大常委会各委办负责人及部分乡镇人大主席、副主席和市人大代表列席会议。会议根据富阳市人民政府市长孙建华提请，决定任命王喜法为富阳市人民政府副市长；审议通过“关于开展‘两项评议’工作的实施方案”；听取市人大常委会财经工作委员会“关于检查《建筑法》等及相关法律法规执行情况及下一步打算的汇报”。

第三十一次会议

2001年6月20日在富阳市人民政府南大楼六楼会议室召开。富阳市人大常委会主任、副主任、委员共16人出席会议，市人民政府市长、市人民法院院长、市人民检察院检察长、市民政局、市人大常委会各委办负责人列席会议。会议听取和审议市人民政府市长孙建华“关于富阳市乡镇行政区划调整方案的报告”，作出《关于富阳市乡镇行政区划调整方案的决议》。

第三十二次会议

2001年7月3日至4日在富阳市人民政府南大楼六楼会议室召开。富阳市人大常委会主任、副主任、委员共18人出席会议，市人民政府有关副市长、市人民法院院长、市人民检察院检察长、市纪委、市人民政府办公室、市民政局、市财政局、市审计局、市建设局、市交通局、市水电局、市人大常委会各委办负责人及部分市人大代表列席会议。市民政局局长童富龙向会议作了述职报告，与会人员开展了述职评议；会议听取和审议市财政局局长孙柏平“关于富阳市2000年财政决算的报告”，通过《关于批准富阳市2000年财政决算的决议》；听取和审议市审计局局长吕玉生“关于富阳市2000年财政预算执行情况审计工作的报告”；听取和审议富阳市人民政府常务副市长戚哮虎“关于《建筑法》等相关法律法规执行情况的报告”及“关于富阳市十二届人大四次会议议案办理方案的汇报”；通过有关人事任免。

第三十三次会议

2001年8月22日在富阳市人民政府南大楼六楼会议室召开。富阳市人大常委会主任、副主任、委员共18人出席会议，市人民政府有关副市长、市人民法院院长、市人民检察院检察长、市人民政府办公室、市计委、市财政局、市林业局、市民政局、市人大常委会各委办负责人列席会议。会议听取和审议市计委主任黄坤良“关于富阳市2001年上半年国民经济和社会发展计划执行情况的报告”；听取和审议市财政局局长孙柏平“关于富阳市2001年上半年财政收支预算执行情况的报告”；听取和审议市林业局局长张文法“关于富阳市林业局行政执法评议意见整改情况的报告”；听取和审议市民政局局长童富龙“关于述职评议意见整改情况的报告”；会议决定设立富春等4个街道人大工作委员会；通过有关人事任免。

第三十四次会议

2001年10月18日在富阳市人民政府南大楼六楼会议室召开。富阳市人大常委会主任、副主任、委员共 19 人出席会议，市人民政府市长、有关副市长、市人民法院院长、市人民检察院检察长、市人民政府办公室、市委组织部、市财政局、市司法局、市人大常委会各委办、各街道人大工作委员会负责人及部分市人大代表列席会议。会议听取和审议市财政局局长孙柏平“关于调整富阳市 2001 年财政收支预算的报告”，作出批准上述报告的决议；听取和审议市人民政府办公室副主任张松泉“关于富阳市十二届人大四次会议议案和代表建议办理情况的报告”；听取和审议市司法局局长周左步“关于富阳市‘三五’法制宣传教育基本情况和‘四五’法制宣传教育工作意见的报告”，作出《关于进一步开展法制宣传教育的决议》；审议通过“关于 2002 年富阳市乡镇人大换届选举工作的实施意见”；审议通过《关于 2002 年富阳市乡镇人民代表大会代表选举时间和代表名额的决定》；会议批准任命各乡镇选举委员会组成人员；通过有关人事任免。

第三十五次会议

2001 年 12 月 11 日在富阳市人民政府南大楼六楼会议室召开。富阳市人大常委会主任、副主任、委员共 18 人出席会议，市人民法院院长、市人民检察院检察长、市人大常委会各委办负责人列席会议。会议讨论通过《关于召开富阳市第十二届人民代表大会第五次会议的决定》，决定该次会议于 2002 年 1 月 19 日至 23 日在富阳影剧院举行；通过有关人事任免。

第三十六次会议

2001 年 12 月 28 日在市人民政府南大楼六楼会议室召开。富阳市人大常委会主任、副主任、委员共 17 人出席会议，市人民政府有关副市长、市人民法院院长、市人民检察院检察长、市人民政府办公室、市发展计划局、市财政局、市人大常委会各委办、各街道人大工委负责人列席会议。会议听取和审议市人民政府办公室副主任徐荣奎“关于富阳市 2001 年行政执法情况的报告”；听取和审议市人民法院院长王少青“关于富阳市人民法院 2001 年执法执纪情况的报告”；听取和审议市人民检察院检察长吴炳林“关于富阳市人民检察院 2001 年执法执纪情况的报告”；听取和初审市发展计划局副局长吕建新“关于富阳市 2001 年国民经济和社会发展计划与 2002 年国民经济和社会发展计划草案的报告”；听取和初审市财政局局长孙柏平“关于富阳市 2001 年财政预算执行情况和 2002 年财政预算草案的报告”；听取和初审“富阳市人大常委会工作报告”；讨论通过“富阳市人大常委会 2002 年工作要点”；作出《关于延期召开富阳市第十二届人民代表大会第五次会议的决定》，决定该次会议延至 2002 年 2 月 25 日至 3 月 1 日召开；听取市人大常委会副主任汪锦汉“关于富阳市十二届人大五次会议筹备工作情况的汇报”；听取市人大常委会代表资格审查委员会“关于富阳市十二届人大五次会议代表资格审查情况的报告”，审议通过代表资格审查报告。

第三十七次会议

2002年2月5日在富阳市人民政府南大楼六楼会议室召开。富阳市人大常委会主任、副主任、委员共18人出席会议，市人民检察院检察长和市人大常委会各委办负责人列席会议。会议决定，原定于2002年2月25日至3月1日召开的富阳市第十二届人民代表大会第五次会议，因故延期至2002年3月10日至14日召开。

第三十八次会议

2002年5月22日在富阳市人民政府南大楼六楼会议室召开。富阳市人大常委会主任、副主任、委员共19人出席会议，市人民政府有关副市长、市人民检察院检察长、市委组织部、市财政局、市审计局、市劳动和社会保障局、市文化局、市公安局、市工商分局、市人大常委会各委办、各街道人大工委、部分乡镇人大负责人列席会议。会议听取和审议市财政局局长孙柏平“关于富阳市2001年财政决算的报告”；听取和审议市审计局局长吕玉生“关于富阳市2001年财政预算执行情况的审计工作报告”；听取和审议市人民政府副市长戚哮虎“关于《职工基本养老保险条例》《职工失业保险条例》执行情况的报告”，听取执法检查组“关于检查两个《条例》执行情况的报告”；听取和审议市文化局局长施国平“关于《浙江省文化市场管理条例》执行情况的报告”，听取执法检查组“关于检查《浙江省文化市场管理条例》执行情况的报告”；会议决定接受孙建华辞去富阳市市长职务的请求，报富阳市人民代表大会备案；根据富阳市人大常委会主任王金水提请，决定任命戚哮虎为富阳市人民政府代理市长。

第三十九次会议

2002年7月23日在富阳市人民政府南大楼六楼会议室召开。富阳市人大常委会主任、副主任、委员共18人出席会议，市人民政府有关副市长、市长助理、市人民法院院长、市人民检察院检察长、市发计局、市财政局、市民政局、市人大常委会各委办和各街道人大工委负责人列席会议。会议听取和审议市发计局局长章刚良“关于富阳市2002年上半年国民经济和社会发展计划执行情况的报告”；听取和审议市财政局局长孙柏平“关于富阳市2002年上半年财政预算执行情况的报告”；听取市人民政府副市长华爱金“关于富阳市第五届村民委员会换届选举工作情况的报告”；通过有关人事任免。

第四十次会议

2002年9月20日在富阳市人民政府南大楼六楼会议室召开。富阳市人大常委会主任、副主任、委员共19人出席会议，市人民政府代理市长、有关副市长、市人民法院院长、市人民检察院检察长、市委组织部、市人民政府办公室、市公安局、市林业局、市水电局、市建设局、市卫生局、市计生局、市技术监督局、市人大常委会各委办、各街道人大工委负责人及部分市人大代表列席会议。会议听取和审议市人大常委会各工作委员会“关于十二届人大常委会开展的各项联动执法检查和‘两项评议’回头看情况的报告”；听取和审议市人民政府办公室副主任徐荣奎“关于富阳市十二届人大一次会议以来议案办理情况和五次会议建议办理情况的报告”；会议初审了《富阳市人大常委会街道工作委员会工作办法》；通过有关人事任免。

第四十一次会议

2002 年 11 月 11 日在富阳市人民政府南大楼六楼会议室召开。富阳市人大常委会主任、副主任、委员共 17 人出席会议，市人民政府代理市长、市人民法院院长、市委组织部、市人大常委会各委办、各街道人大工委负责人列席会议。会议讨论决定富阳市第十三届人民代表大会换届选举的有关事项；审议通过富阳市人大常委会《关于建立富阳市第十三届人民代表大会选举委员会的决定》《关于富阳市第十三届人民代表大会代表名额分配的决定》《关于富阳市第十三届人民代表大会换届选举工作的实施意见》；通过有关人事任免。

第四十二次会议

2002 年 12 月 12 日在富阳市人民政府南大楼六楼会议室召开。富阳市人大常委会主任、副主任、委员共 15 人出席会议，市人民政府有关副市长、市人民法院院长、市人民检察院检察长、市人民政府办公室、市司法局、市人大常委会各委办、各街道人大工委负责人列席会议。会议听取和审议市人民政府办公室副主任徐荣奎“关于富阳市 2002 年行政执法情况的报告”；听取和审议市人民法院院长王少青“关于市人民法院 2002 年执法执纪情况的报告”及市人民检察院检察长吴炳林“关于富阳市人民检察院 2002 年执法执纪情况的报告”；听取和审议市司法局局长周左步“关于富阳市‘四五’普法工作情况的报告”。

第四十三次会议

2003 年 1 月 14 日在富阳市人民政府南大楼六楼会议室召开。富阳市人大常委会主任、副主任、委员共 19 人出席会议，市人民政府代理市长、市长助理、市人民法院院长、市人民检察院检察长、市委组织部、市人大常委会各委办、各街道人大工委负责人列席会议。会议审议通过《关于召开富阳市第十三届人民代表大会第一次会议的决定》；决定该次会议于 2003 年 3 月上旬在富春街道召开；审议通过《关于建立富阳市人大常委会城建环保工作委员会的决定》；审议通过《富阳市街道人大工作委员会工作办法》；通过有关人事任免；听取和审议市长助理俞征“关于要求审议富阳市城市基础设施打捆向国家开发银行申请贷款的报告”。

第四十四次会议

2003年2月17日在富阳市人民政府南大楼六楼会议室召开。富阳市人大常委会主任、副主任、委员共19人出席会议，市人民政府代理市长、市长助理、市人民法院院长、市人民检察院检察长、市发计局、市财政局、市人大常委会各委办、各街道人大工委负责人列席会议。会议听取和初审市发计局副局长吕建新“关于富阳市2002年国民经济和社会发展计划执行情况与2003年国民经济和社会发展计划草案的报告”、市财政局局长孙柏平“关于富阳市2002年财政预算执行情况和2003年财政预算草案的报告”；初审“富阳市人大常委会工作报告”；听取市人大常委会代表资格审查委员会“关于富阳市十三届人民代表大会代表资格审查情况的报告”；听取市人大常委会副主任汪锦汉“关于富阳市第十三届人民代表大会第一次会议筹备工作情况的汇报”，审议通过有关建议事项和名单；通过有关人事任免。

第七节　第十三届人大常委会会议

富阳市第十三届人大常委会共召开会议29次，听取和审议“一府两院”工作报告和各类专题汇报71个，作出决议决定38项，依法任免国家机关工作人员274人次。

第一次会议

2003年4月24日在富阳市人民政府综合楼多功能厅召开。富阳市人大常委会主任佟桂莉、副主任汪锦汉、俞正言、王晓、王土田、徐松泉、华荣富和委员朱建明、汤建新、孙庆炎、孙连娟、孙柏贵、沈跃雄、邵立春、胡志成、俞成新、俞其坤、章叶英、彭余娣、蒋才共20人出席会议。市人民政府市长戚哮虎、市人民法院院长王少青、市人民检察院检察长吴炳林、市人大常委会和市人民政府有关部门负责人列席会议。会议讨论通过“富阳市人大常务会2003年工作要点”；会议作出《关于接受夏有钦辞去富阳市人大常委会委员职务的决定》；表决通过市人大常委会主任佟桂莉、市人民政府市长戚哮虎、市人民法院院长王少青和市人民检察院检察长吴炳林提交的人事任免事项。会后，举行任命书颁发仪式。

第二次会议

2003年5月20日在富阳市人民政府南大楼六楼会议室召开。富阳市人大常委会主任、副主任、委员共20人出席会议，市人民政府有关副市长、市人民法院院长、市人民检察院检察长、市财政局、市审计局、市卫生局、市人大常委会各委办负责人列席会议。会议听取和审议市人民政府副市长邵良“关于富阳市非典型肺炎防治工作情况的报告”；听取和审议市财政局局长孙柏平“关于富阳市2002年财政决算报告”；听取和审议市审计局局长吕玉生“关于富阳市2002年财政预算执行情况的审计工作报告”；会议作出《关于批准富阳市 2002 年财政决算的决议》；通过有关人事任免。

第三次会议

2003 年 7 月 30 日在富阳市人民政府南大楼六楼会议室召开。富阳市人大常委会主任、副主任、委员共 18 人出席会议，市人民政府有关副市长、市人民法院院长、市人民检察院检察长、市发计局、市经贸局、市劳动和社会保障局、市人大常委会各委办、各街道人大工委负责人列席会议。会议听取和审议市劳动和社会保障局局长盛培建、市经贸局副局长王国强分别所作的关于贯彻执行《劳动法》《安全生产法》情况的报告，听取执法检查组关于检查“两法”执行情况的报告；听取和初审《富阳市人大常委会监督司法机关工作制度（草案)》《富阳市人大常委会关于提任国家机关工作人员法律知识考试办法（草案)》《富阳市人大常委会关于法官、检察官法律职务任职资格审查办法（草案)》；听取和审议市发计局局长郎卫国“关于富阳市 2003 年上半年国民经济和社会发展计划执行情况的报告”；听取和审议市财政局局长孙柏平“关于富阳市 2003 年上半年财政收支预算执行情况的报告”。

第四次会议

2003 年 9 月 24 日在富阳市人民政府南大楼六楼会议室召开。富阳市人大常委会主任、副主任、委员共 19 人出席会议，市人民政府有关副市长、市长助理、市人民法院院长、市人民检察院检察长、市人大常委会各委办和各街道人大工委负责人列席会议。会议表决通过市人民法院有关人事任免；听取和审议市人民政府市长助理俞征“关于富阳市向国家开发银行申请使用合作贷款情况的报告”；审议通过《富阳市人大常委会监督司法机关工作制度》《富阳市人大常委会关于提任国家机关工作人员法律知识考试办法》《富阳市人大常委会关于法官、检察官法律职务任职资格审查办法》。

第五次会议

2003 年 10 月 30 日在富阳市人民政府南大楼六楼会议室召开。富阳市人大常委会主任、副主任、委员共 19 人出席会议，市人民政府有关副市长、市人民法院院长、市人民检察院检察长、市人大常委会各委办、各街道人大工委负责人及部分市人大代表列席会议。会议听取和审议市人民政府副市长汤金华“关于富阳市十三届人大一次会议议案和代表建议办理情况的报告”；听取和审议市人民政府副市长陆洪勤“关于场口镇、东图乡行政区划调整方案的报告”；听取和审议市人民检察院、市公安局“关于请求许可对赵乃金依法采取强制措施的报告”，会议作出《富阳市人大常委会关于许可对富阳市十三届人大代表赵乃金依法采取强制措施的决定》；会议补选戚哮虎为杭州市第十届人民代表大会代表，会议作出《富阳市人大常委会关于补选一名富阳市十三届人民代表大会代表的决定》。

第六次会议

2003年12月17日在富阳市人民政府南大楼六楼会议室召开。富阳市人大常委会主任、副主任、委员共19人出席会议，市人民政府有关副市长、市人民法院院长、市人民检察院检察长、市财政局、市人大常委会各委办、各街道人大工委负责人及部分市人大代表列席会议。会议听取和审议市人民政府副市长张志根“关于富阳市2003年度行政执法情况的报告”；听取和审议市财政局局长孙柏平“关于调整2003年财政收支预算的报告”，通过《关于批准富阳市人民政府调整2003年财政收支预算的决定》；审议通过《关于召开富阳市第十三届人民代表大会第二次会议的决定》，决定该次会议于2004年2月下旬在富春街道举行；审议通过富阳市第十三届人大常委会代表资格审查委员会组成人员名单；听取和审议市人民法院院长王少青“关于富阳市人民法院2003年执法执纪情况的报告”及市人民检察院检察长吴炳林“关于富阳市人民检察院2003年执法执纪情况的报告”；听取市十三届人大常委会代表资格审查委员会“关于对龙门镇第一选区补选的富阳市十三届人大代表何勇代表资格审查情况的报告”。

第七次会议

2004年1月16日在富阳市人民政府南大楼六楼会议室召开。富阳市人大常委会主任、副主任、委员共17人出席会议，市人民政府市长、有关副市长、市人民法院院长、市人民检察院检察长、市发计局、市财政局、市人大常委会各委办、各街道人大工委负责人列席会议。会议听取和初审市发计局局长郎卫国“关于富阳市2003年国民经济和社会发展计划执行情况与2004年国民经济和社会发展计划草案的报告”、市财政局局长孙柏平“关于富阳市2003年财政预算执行情况和2004年财政预算草案的报告”；听取和审议“富阳市人大常委会工作报告”；通过富阳市人大常委会2004年工作要点；听取市人大常委会代表资格审查委员会“关于富阳市十三届人大代表资格审查情况的报告”；听取市人大常委会副主任俞正言“关于富阳市十三届人大二次会议筹备工作情况的汇报”；通过富阳市十三届人大二次会议各项事项和建议名单；决定将上述内容提交富阳市十三届人大二次会议预备会议和大会主席团会议通过；通过富阳市人民政府市长戚哮虎提请的人事任免事项。

第八次会议

2004年4月13日在富阳市人民政府南大楼六楼会议室召开。富阳市人大常委会主任、副主任、委员共15人出席会议，市人民政府有关副市长、市人民法院院长、市人民检察院检察长、市人大常委会各委办、各街道人大工委负责人列席会议。会议通过有关人事任免；听取富阳市人民政府副市长陆洪勤“关于富阳市与美国里弗班克市缔结友好城市的情况通报”。

第九次会议

2004 年 5 月 20 日在富阳市人民政府南大楼六楼会议室召开。富阳市人大常委会主任、副主任、委员共 17 人出席会议，市人民政府市长、有关副市长、市人民法院院长、市财政局、市审计局、市环保局、市卫生局、市农业局、市质监局、市工商分局、市人大常委会各委办、有关街道人大工委负责人列席会议。会议听取和审议市财政局局长孙柏平“关于富阳市 2003 年财政决算报告”和市审计局局长吕玉生“关于富阳市 2003 年财政预算执行及其他财政收支情况的审计工作报告”，会议通过《关于批准富阳市 2003 年财政决算的决议》；听取市财政局“关于市农业局等五部门 2004 年预算草案的报告”；听取和审议市人民政府副市长陆洪勤“关于富阳市生态市建设和《环境保护法》实施情况的报告”，听取市人大常委会执法检查组“关于检查生态市建设和《环境保护法》实施情况的报告”；听取和审议市人民政府副市长邵良和市人民政府办公室副主任俞立群分别所作的“关于富阳市贯彻实施《食品卫生法》和《杭州市蔬菜农药残留监督管理条例》情况的报告”，听取市人大常委会执法检查组“关于检查‘一法一条例’实施情况的报告”；听取市人民政府办公室副主任俞立群“关于富阳市‘三农’情况的报告”；审议决定场口镇新一届人民代表大会代表选举有关事项；通过有关人事任免。

第十次会议

2004 年 6 月 25 日在富阳市人民政府南大楼六楼会议室召开。富阳市人大常委会副主任、委员共 13 人出席会议，市人民政府有关副市长、市人民法院院长、市人民检察院检察长、市建设局、市人大常委会各委办、各街道人大工委负责人及部分市人大代表列席会议。会议审议通过《关于组织富阳市人大代表开展“两项评议”的实施意见》；听取和审议市人民政府副市长陆献德“关于《富阳市城市总体规划》编修工作的报告”，会议作出《富阳市人大常委会关于同意〈富阳市城市总体规划（2003—2020）〉的决定》。

第十一次会议

2004 年 8 月 11 日在富阳市人民政府综合楼多功能厅召开。富阳市人大常委会主任、副主任、委员共 20 人出席会议，市人民政府有关副市长、市人民法院院长、市人民检察院检察长、市财政局、市发计局、市司法局、市人大常委会各委办、各街道人大工委负责人及部分市人大代表列席会议。会议听取和审议市发计局局长郎卫国“关于富阳市 2004 年上半年国民经济和社会发展计划执行情况的报告”；听取和审议市财政局局长孙柏平“关于富阳市 2004 年上半年财政预算执行情况的报告”；会议对市发计局局长郎卫国和市司法局局长周左步进行述职评议；表决通过对市人民法院的有关人事任免。

第十二次会议

2004 年 9 月 29 日在富阳市人民政府南大楼六楼会议室召开。富阳市人大常委会主任、副主任、委员共 19 人出席会议，市人民政府有关副市长、市人民法院院长、市人民检察院检察长、市环保局、市文化局、市发计局、市司法局、市人大常委会各委办、有关街道人大工委负责人列席会议。会议听取和审议市人民政府副市长陆献德“关于富阳市生态市建设规划编制工作情况的报告”，会议作出《富阳市人大常委会关于同意〈富阳市生态市建设规划〉的决定》；听取和审议市文化局局长董毓敏“关于市文化局行政执法评议意见整改情况的报告”；听取和审议市发计局局长郎卫国和市司法局局长周左步分别所作的“关于述职评议意见整改情况的报告”；通过有关人事任免。

第十三次会议

2004 年 11 月 11 日在富阳市人民政府南大楼六楼会议室召开。富阳市人大常委会主任、副主任、委员共 19 人出席会议，市人民政府有关副市长、市人民法院院长、市人民检察院检察长、市建设局、市人大常委会各委办、各街道人大工委负责人及部分市人大代表列席会议。会议听取市教育局局长蒋建民“关于富阳市新一轮教育发展规划的报告”，通过《富阳市新一轮教育发展专项规划（2004—2020）》；听取市建设局局长王小丁“关于富阳市村庄布点规划编制工作情况的报告”，并通过《富阳市村庄布点规划》；听取和审议市人民政府副市长张志根“关于富阳市十三届人大二次会议议案和代表建议办理情况的报告”；审议通过《关于召开富阳市第十三届人民代表大会第三次会议的决定》，决定该次会议于 2005 年 1 月下旬在富春街道举行；会议接受胡侠辞去杭州市第十届人民代表大会代表职务的请求，补选卞吉安为杭州市第十届人民代表大会代表；通过市人民检察院有关人事任免。

第十四次会议

2004 年 12 月 30 日在富阳市人民政府南大楼六楼会议室召开。富阳市人大常委会主任、副主任、委员共 20 人出席会议，市人民政府有关副市长、市人民法院院长、市人民检察院检察长、市发计局、市财政局、市人大常委会各委办、各街道人大工委负责人及部分市人大代表和市政协副主席华爱金列席会议。会议听取和初审市发计局局长郎卫国“关于富阳市 2004 年国民经济和社会发展计划执行情况与 2005 年国民经济和社会发展计划草案的报告”、市财政局局长孙柏平“关于富阳市 2004 年财政预算执行情况和 2005 年财政预算草案的报告”；听取和初审“市人大常务委员会工作报告”，同意将该报告提交富阳市第十三届人大三次会议审议；听取市人大常委会代表资格审查委员会“关于富阳市第十三届人大代表资格审查情况的报告”；听取市人大常委会副主任俞正言“关于富阳市第十三届人大三次会议筹备工作的情况汇报”，通过富阳市第十三届人大三次会议各项事项和建议名单；决定将上述内容提交富阳市第十三届人大三次会议预备会议和大会主席团会议通过；通过富阳市人民法院和富阳市人民检察院有关人事任免。

第十五次会议

2005 年 3 月 29 日在富阳市人民政府南大楼六楼会议室召开。富阳市人大常委会副主任、委员共 17 人出席会议，市人民政府市长、市人民法院院长、市人民检察院检察长、市财政局、市人大常委会各委办、各街道人大工委负责人及部分市人大代表列席会议。会议听取和审议市财政局局长孙柏平“关于市农业局等 8 个市级部门预算草案的汇报”；通过市人民政府副市长汤金华受市长戚哮虎委托所提交的人事任免事项；讨论通过富阳市人大常委会 2005 年工作要点；听取和审议市人民法院“关于确定人民陪审员名额及选任工作程序等相关事宜的报告”，会议作出《富阳市人大常委会关于确定人民陪审员名额及选任工作程序等相关事宜的决议》；听取和审议市公安局“关于请求许可对富阳市人大代表汤法根依法采取强制措施的报告”，会议作出《富阳市人大常委会关于许可对富阳市第十三届人大代表汤法根依法采取强制措施的决定》。

第十六次会议

2005 年 5 月 31 日在富阳市人民政府南大楼六楼会议室召开。富阳市人大常委会主任、副主任、委员共 18 人出席会议，市人民政府有关副市长、市人民法院院长、市财政局、市审计局、市环保局、市人大常委会各委办、各街道人大工委负责人及部分市人大代表列席会议。会议听取和审议市财政局局长孙柏平“关于富阳市 2004 年财政决算报告”和市审计局局长吕玉生“关于富阳市 2004 年财政预算执行及其他财政收支情况的审计工作报告”，通过《关于批准富阳市 2004 年财政决算的决议》；听取和审议市人民政府副市长陆洪勤“关于富阳市落实建设生态市决定和《环境保护法》执法检查整改情况及检查《杭州市饮用水水源保护条例》执行情况的报告”；听取和审议市人民政府副市长邵良“关于富阳市贯彻实施《杭州市爱国卫生条例》的情况报告”，听取市人大常委会执法检查组“关于检查《杭州市爱国卫生条例》实施情况的报告”；审议通过富阳市人民法院提交的关于市人民法院人民陪审员的任命案；审议通过富阳市第十三届人大常委会代表资格审查委员会“关于汤法根辞去富阳市人大代表职务的代表资格审查报告”，并作出相应决定。

第十七次会议

2005 年 7 月 5 日在富阳市人民政府南大楼六楼会议室召开。富阳市人大常委会主任、副主任、委员共 19 人出席会议，市人民政府有关副市长、市人民法院院长、市人民检察院检察长、市人大常委会各委办、各街道人大工委负责人及部分市人大代表列席会议。会议表决通过富阳市人民政府市长戚哮虎、市人民法院院长王少青、市人民检察院检察长吴炳林提交的人事任免事项；审议通过“富阳市人大常委会关于开展‘两项评议’工作的实施意见”。

第十八次会议

2005 年 8 月 12 日在富阳市人民政府南大楼六楼会议室召开。富阳市人大常委会主任、副主任、委员共 15 人出席会议，市人民政府有关副市长、市人民法院院长、市人民检察院检察长、市人大常委会各委办、各街道人大工委负责人及部分市人大代表列席会议。会议对市经贸局局长徐建平、市交通局局长徐国明进行述职评议，两位局长分别在会上作了述职报告。常委会述职评议调查组和 5 位市人大代表作了评议发言。

第十九次会议

2005 年 9 月 27 日在富阳市人民政府南大楼六楼会议室召开。富阳市人大常委会主任、副主任、委员共 19 人出席会议，市人民政府有关副市长、市长助理、市人民法院院长、市人民检察院检察长、市财政局、市经贸局、市交通局、市计生局、市质监局、市人大常委会各委办、各街道人大工委负责人及部分市人大代表列席会议。会议表决通过富阳市人大常委会、市人民政府、市人民法院有关人事任免事项；听取市人民政府“关于富阳市十三届人大三次会议议案和代表建议办理情况的报告”；听取市人民政府“关于 2004 年度财政预算执行和其他财政收支情况审计工作报告审议意见整改情况的汇报”；听取市计生局、市质监局行政执法评议和市经贸局、市交通局局长述职评议整改情况的报告。

第二十次会议

2005 年 12 月 23 日在富阳市人民政府南大楼六楼会议室召开。富阳市人大常委会主任、副主任、委员共 17 人出席会议，市人民政府市长、市人民法院院长、市人大常委会各委办、各街道人大工委负责人列席会议。会议表决通过富阳市人大常委会、市人民政府、市人民法院有关人事任免；讨论通过《关于召开富阳市第十三届人民代表大会第四次会议的决定》。

第二十一次会议

2006 年 1 月 19 日在富阳市人民政府南大楼六楼会议室召开。富阳市人大常委会主任、副主任、委员共 18 人出席会议，市人民政府副市长、市人民法院院长、市人民检察院检察长、市政协副主席、市发展和改革局、市财政局、市人大常委会各委办、各街道人大工委负责人及部分市人大代表列席会议。会议初审市发改局局长郎卫国“关于富阳市 2005 年国民经济和社会发展计划执行情况与 2006 年国民经济和社会发展计划草案的报告”、市人民政府副市长汤金华“关于《富阳市国民经济和社会发展第十一个五年计划纲要草案》及说明”、市财政局局长孙柏平“关于富阳市 2005 年财政预算执行情况和 2006 年财政预算草案的报告”；初审“富阳市人大常委会工作报告”；听取富阳市人大常委会代表资格审查委员会“关于富阳市第十三届人大四次会议代表资格审查情况的报告”，通过代表资格审查报告；听取富阳市人大常委会副主任俞正言“关于富阳市第十三届人大四次会议筹备工作情况的汇报”，通过富阳市第十三届人大四次会议建议事项和名单，决定将上述二项提交富阳市第十三届人大四次会议预备会议和大会主席团会议通过。

第二十二次会议

2006 年 4 月 13 日在富阳市人民政府南大楼六楼会议室召开。富阳市人大常委会主任、副主任、委员共 17 人出席会议，市人民法院院长、市人民检察院检察长、市人民政府有关副市长、市公安局、市财政局、市经贸局、市环保局、市建设局、市水利局、市农业局、市人大常委会各委办、各街道人大工委负责人及部分市人大代表列席会议。会议听取和审议市公安局副局长赵云兴“关于要求许可对汪利荣执行行政拘留的报告”、市人民检察院检察长吴炳林“关于提请许可对富阳市人大代表汪利荣采取强制措施的报告”，会议作出《富阳市人大常委会关于许可对富阳市第十三届人大代表汪利荣依法采取强制措施的决定》；表决通过市人民检察院有关人事任免；听取和审议市财政局局长孙柏平“关于富阳市教育局等 21 个市级部门预算安排情况的汇报”；听取和审议市人民政府副市长陆洪勤“关于《杭州市生活饮用水水源保护条例》执行情况的报告”及市人大常委会城建环保工作委员会“关于《杭州市生活饮用水水源保护条例》执行情况跟踪检查的报告”。

第二十三次会议

2006 年 5 月 30 日在富阳市人民政府南大楼六楼会议室召开。富阳市人大常委会副主任、委员共 17 人出席会议，市人民政府有关副市长、市人民法院院长、市人民检察院检察长、市财政局、市体委、市审计局、市安监局、市人大常委会各委办、各街道人大工委负责人及部分市人大代表列席会议。会议听取和审议市人民政府副市长邵良“关于富阳市贯彻实施《杭州市全民健身条例》情况的报告”，听取市人大常委会执法检察组“关于检查《杭州市全民健身条例》实施情况的报告”；听取和审议市财政局局长孙柏平“关于富阳市 2005 年财政决算的报告”及市审计局局长陆菊仙“关于富阳市 2005 年财政预算执行和其他财政收支情况的审计工作报告”，并通过《关于批准富阳市 2005 年财政决算的决议》；听取和审议市人民政府副市长陆洪勤“关于富阳市安全生产法律法规执行情况的报告”，听取市人大常委会执法检查组“关于富阳市安全生产执法情况的报告”；审议通过富阳市人大常委会“关于开展‘两项评议’工作的实施意见”；通过市人民法院有关人事任免。

第二十四次会议

2006 年 7 月 12 日在富阳市人民政府南大楼六楼会议室召开。富阳市人大常委会主任、副主任、委员共19人出席会议，市人民政府市长、市人民法院院长、市人民检察院检察长、市人大常委会各委办、各街道人大工委负责人列席会议。会议根据市长戚哮虎的提请，决定任命徐文光为富阳市人民政府副市长；根据戚哮虎提交的因工作变动请求辞去富阳市人民政府市长职务的报告，会议作出《关于接受戚哮虎辞去富阳市人民政府市长职务的决定》，报富阳市人民代表大会备案；根据市人大常委会主任佟桂莉的提请，会议作出《任命徐文光为富阳市人民政府代理市长的决定》。

第二十五次会议

2006年9月4日在富阳市人民政府南大楼六楼会议室召开。富阳市人大常委会主任、副主任、委员共15人出席会议，市人民政府代理市长、市人民法院院长、市人民检察院检察长、市委组织部、市人民政府办公室、市环保局、市人大常委会各委办、各街道人大工委负责人列席会议。会议表决通过富阳市人大常委会主任、市人民政府代理市长提交的人事任免事项；会议作出《关于接受何勇、孙连娟辞去富阳市人大常委会委员职务的决定》；听取和审议市环保局局长吴祖仁“关于生态市建设和《环境保护法》执行情况的报告”，听取市人大常委会城建环保工委主任何培叶“关于生态市建设和环保执法情况跟踪督查的报告”。

第二十六次会议

2006年10月26日在富阳市人民政府南大楼六楼会议室召开。富阳市人大常委会副主任、委员共15人出席会议，市人民检察院检察长、市人民政府有关副市长、市政协有关副主席、市司法局、市人大常委会各委办、各街道人大工委负责人及部分市人大代表列席会议。会议讨论通过富阳市第十四届人民代表大会、乡镇第十五届人民代表大会换届选举有关事项，会议作出下列决定：《富阳市人大常委会关于建立富阳市第十四届人民代表大会代表选举委员会的决定》《关于批准任命富阳市各乡镇选举委员会、街道选举领导小组组成人员的决定》《关于富阳市市、乡镇人民代表大会换届选举的决定》《关于富阳市市、乡镇两级人民代表大会换届选举工作的实施意见》《关于富阳市第十四届人民代表大会、乡镇第十五届人民代表大会代表名额分配的决定》；听取和审议市人民政府常务副市长汤金华“关于富阳市十三届人大四次会议代表建议办理情况的报告”；听取和审议市司法局局长孙洁“关于富阳市‘四五’普法教育工作及‘五五’普法教育工作计划安排情况的报告”，会议通过《富阳市人大常委会关于加强普法教育依法治市工作的决议》；审议通过《富阳市人民代表大会代表议案和建议处理办法》。

第二十七次会议

2006年12月8日在富阳市人民政府南大楼六楼会议室召开。富阳市人大常委会副主任、委员共15人出席会议，市人民政府代理市长、市人民法院院长、市人民检察院检察长、市委组织部、市人大常委会各委办、各街道人大工委负责人列席会议。会议表决通过有关人事任免；根据富阳市人大常委会主任会议提请，会议决定接受佟桂莉辞去富阳市人大常委会主任职务，决定任命汪锦汉为富阳市人大常委会代理主任；根据市人大常委会代理主任汪锦汉的提请，同意邵立春辞去市人大常委会委员职务；根据市人民政府代理市长徐文光的提请，决定任命张锦铭为富阳市人民政府副市长，免去潘松萍的市公安局局长职务，任命魏平岩为富阳市公安局局长；根据市人大常委会代理主任汪锦汉的提请，决定接受徐文光辞去富阳市人民政府副市长职务，同时徐文光不再履行代理市长职务；根据市人大常委会代理主任汪锦汉的提请，决定任命张锦铭为富阳市人民政府代理市长；根据市人民法院院长王少青的提请，任命程建飞为富阳市人民法院副院长；根据市人大常委会代理主任汪锦汉的提请，决定接受王少青辞去富阳市人民法院院长职务，决定任命程建飞为富阳市人民法院代理院长；根据市人民检察院检察长吴炳林的提请，任命吕金芳为富阳市人民检察院副检察长；根据市人大常委会代理主任汪锦汉的提请，决定接受吴炳林辞去富阳市人民检察院检察长职务，决定任命吕金芳为富阳市人民检察院代理检察长。会上，新任命的富阳市人民政府代理市长张锦铭、富阳市人民法院代理院长程建飞、富阳市人民检察院代理检察长吕金芳分别作了表态发言。

第二十八次会议

2006 年 12 月 31 日在富阳市人民政南大楼六楼会议室召开。富阳市人大常委会代主任、副主任、委员共 14 人出席会议，市人民法院代理院长、市人民检察院代理检察长、市财政局、市人大常委会各委办、各街道人大工委负责人列席会议。会议听取和审议市财政局局长孙柏平“关于调整富阳市 2006 年财政收支预算的报告”；并通过批准这一报告的决定；审议通过《关于召开富阳市第十四届人民代表大会第一次会议的决定》，决定该次会议于 2007 年 2 月上旬在富春街道举行。

第二十九次会议

2007 年 1 月 19 日在受降镇伊甸山庄召开。富阳市人大常委会代理主任、副主任、委员共 15 人出席会议，市人民政府有关副市长、市人民法院代理院长、市人民检察院代理检察长、市委组织部、市财政局、市发改局、市人大常委会各委办、各街道人大工委负责人列席会议。会议听取和初审市发改局局长郎卫国“关于富阳市 2006 年国民经济和社会发展计划执行情况与 2007 年国民经济和社会发展计划草案的报告”、市财政局局长孙柏平“关于富阳市 2006 年财政预算执行情况和 2007 年财政预算草案的报告”；听取和初审“富阳市人大常委会工作报告”，会议决定将上述报告提交富阳市第十四届人大一次会议审议；会议通过市人大常委会代表资格审查委员会“关于富阳市第十四届人大代表资格审查情况的报告”；听取富阳市人大常委会副主任俞正言“关于富阳市第十四届人大一次会议筹备工作情况的汇报”；通过有关建议事项和建议名单，决定将上述二项提交富阳市第十四届人大一次会议预备会议和大会主席团会议通过。

第八节　第十四届人大常委会会议

富阳市第十四届人大常委会共召开会议46次，听取和审议“一府两院”工作报告和各类专题汇报117个，作出决议决定58项，依法任免国家机关工作人员446人次

第一次会议

2007年3月26日在富阳市人民政府南大楼六楼会议室召开。富阳市人大常委会主任徐文光，副主任华爱金、王土田、徐松泉、华荣富、潘建平、孙柏平、郎卫国和委员吕建新、钟满华、胡志成、沈跃雄、蒋才、何培叶、骆安全、赵茂良、杨富强、徐肖芬、柳士明、王建民、徐志坤、孙柏贵、孙庆炎共23人（全员）出席会议，市人民政府市长张锦铭、副市长汤金华，市人民法院院长程建飞、市人民检察院检察长吕金芳，市人大常委会正市级巡视员俞正言、王晓，市委组织部、市财政局、市人大常委会各委办、各街道人大工委负责人及部分市人大代表列席会议。会议听取和审议市人民政府市长张锦铭提请的人事任命议案，会议作出《关于沈华清任富阳市人民政府副市长的决定》，表决通过市人民法院院长程建飞提请的人事任命议案；听取和审议通过市人大常委会2007年工作要点及常委会会议议题安排；听取和审查市财政局副局长刘学军“关于2007年市发改局等市级部门预算安排情况的汇报”；会议通过《富阳市人大常委会组成人员守则》；初审《富阳市人大常委会主任会议议事规则（征求意见稿）》《富阳市人大常委会人事任免工作办法（征求意见稿）》。

第二次会议

2007年4月25日在富阳市人民政府南大楼六楼会议室召开。富阳市人大常委会副主任、委员共19人出席会议，市人民政府有关副市长、市人民法院院长、市人民检察院检察长、市民政局、各街道人大工委负责人列席会议。会议听取市人民政府常务副市长汤金华“关于调整新登镇、胥口镇行政区划的报告”；会议作出《关于新登镇和胥口镇行政区划调整的决议》。

第三次会议

2007年6月7日至8日在高桥镇水坞山庄召开。富阳市人大常委会副主任、委员共20人出席会议，市人民政府副市长、市人民法院院长、市人民检察院检察长、市公安局、市残联、市食品药品监督管理局、市质监局、市工商分局、市卫生局、

市经贸局、市农业局、市建设局、市水电局、市人大常委会各委办、各街道人大工委负责人及部分市人大代表列席会议。会议听取和审议市人民政府副市长邵良“关于富阳市‘国卫’复评迎检工作情况的报告”、“关于贯彻实施《食品卫生法》情况的报告”，听取市人大常委会执法检查组“关于检查《食品卫生法》实施情况的报告”；听取和审议市公安局局长魏平岩“关于贯彻实施《治安管理处罚法》情况的报告”，听取市人大常委会执法检查组“关于检查《治安管理处罚法》实施情况的报告”；听取和审议市人民政府副市长方仁臻“关于贯彻实施《残疾人保障法》情况的报告”，听取市人大常委会执法检查组“关于检查《残疾人保障法》实施情况的报告”；审议通过《富阳市人大常委会关于加强人大代表工作的决定》；根据市人民法院院长、市人民检察院检察长的提请，分别通过有关人事任免。

第四次会议

2007 年 6 月 29 日在南国大酒店会议室召开。富阳市人大常委会主任、副主任、委员共 23 人出席会议，市人民政府市长、市人大常委会正市级巡视员、市政协有关副主席、市人民法院院长、市人民检察院检察长、市委组织部、市人大常委会各委办、各街道人大工委负责人及部分市人大代表列席会议。会议审议通过市人民政府市长、市人民检察院检察长提请的人事任免事项，会议作出《关于接受沈华清辞去富阳市人民政府副市长职务请求的决定》；审议通过《富阳市人大常委会关于设立代表资格审查委员会的决定》；审议通过《富阳市人大常委会关于在富阳市人大代表中开展“建富裕阳光之城，尽人大代表职责”活动的决定》。中共富阳市委书记、市人大常委会主任徐文光向新任命干部颁发任命书。

第五次会议

2007 年 8 月 6 日在富阳市人民政府南大楼六楼会议室召开。富阳市人大常委会副主任、委员共 21 人出席会议，市人民法院院长、市人民检察院检察长、市人民政府副市长、市人大常委会正市级巡视员、市政协副主席、市财政局、市审计局、市环保局、市公安局、市司法局、各街道人大工委负责人及部分市人大代表列席会议。会议听取和审议市财政局局长华之江“关于富阳市 2006 年财政决算的报告”、市审计局局长陆菊仙“关于富阳市 2006 年财政预算执行和其他财政收支情况的审计工作报告”；听取和审议市人民政府副市长陆洪勤“关于富阳市生态建设和《环保法》执行及造纸行业省环保重点监管区‘摘帽’工作进展情况的报告”，听取市人大常委会执法检查组的执法检查情况报告；听取和审议市司法局局长孙洁“关于贯彻实施《杭州市人民调解条例》情况的报告”，以及市人大常委会执法检查组的执法检查报告；审议通过《富阳市人大常委会主任会议议事规则》《富阳市人大常委会人事任免工作办法》《富阳市人大常委会执法检查实施办法》。

第六次会议

2007 年 8 月 9 日在富阳市人民政府南大楼六楼会议室召开。富阳市人大常委会副主任、委员共 15 人出席会议，根据市人民检察院《提请许可采取强制措施报告书》，因富阳市第十四届人大代表袁生明涉嫌行贿罪，要求许可对其依法采取强制措施。根据《代表法》第三十条规定，会议决定许可对袁生明依法采取强制措施。

第七次会议

2007 年 10 月 11 日在富阳市人民政府南大楼六楼会议室召开。富阳市人大常委会主任、副主任、委员共 21 人出席会议，市人民政府市长、市人民法院院长、市人民检察院检察长、市人大常委会正市级巡视员、市政协副主席、市委组织部、市人大常委会各委办、各人大街道工委负责人列席会议。会议根据市人大常委会主任提请，决定接受杨富强、柳士明辞去富阳市人大常委会委员职务；根据市人民政府市长提请，决定接受汤金华辞去富阳市人民政府副市长职务，决定任命孔春浩为富阳市人民政府副市长；根据富阳市人大常委会主任、市人民法院院长、市人民检察院检察长提请，通过有关人事任免；审议通过《富阳市人大常委会关于确定人民陪审员名额的决议》。

第八次会议

2007 年 11 月 1 日在富阳市人民政府南大楼六楼会议室召开。富阳市人大常委会副主任、委员共 17 人出席会议，市人大常委会正市级巡视员、市人民政府有关副市长、市政协有关副主席、市人民法院、市人民检察院、市教育局、市财政局、市人大常委会各委办、各人大街道工委负责人及部分市人大代表列席会议。会议听取和审议市人民政府常务副市长孔春浩"关于贯彻实施《义务教育法》情况的报告"，听取市人大常委会执法检查组的执法检查报告；听取和审议孔春浩"关于富阳市十四届人大一次会议议案、代表建议办理情况的报告"；审议通过《富阳市人大常委会关于财政预算监督试行办法》；审议通过《富阳市人大常委会关于提请任命国家机关工作人员法律知识考试办法》。

第九次会议

2007 年 12 月 28 日在富阳市人民政府南大楼六楼会议室召开。富阳市人大常委会副主任、委员共 19 人出席会议，市人民政府副市长、市财政局、市城管执法局、市民政局、市人大常委会各委办、各人大街道工委负责人及部分市人大代表列席会议。会议听取和审议市人民政府副市长陆献德"关于城管执法工作情况的报告"；听取和审议市人民政府副市长方仁臻"关于部分乡镇（街道）行政区划调整情况的报告"；听取和审议市人民政府副市长孔春浩"关于政府性质投资项目向金融机构申请贷款的报告"；听取和审议市财政局局长华之江"关于富阳市 2007 年度财政预算调整的报告"；审议市人民政府副市长孔春浩"关于 2007 年度市人大常委会审议意见办理情况的报告”和“关于富阳市人民政府实事工程进展情况的报告”。

第十次会议

2008 年 2 月 1 日在富阳市人民政府南大楼六楼会议室召开。富阳市人大常委会副主任、委员共 18 人出席会议，市人民政府副市长、市人民检察院检察长、市政协副主席、市人大常委会正市级巡视员、市委组织部、市财政局、市发改局、市人大常委会各委办、各人大街道工委负责人及部分市人大代表列席会议。会议听取和初审市人大常委会副主任华爱金关于“富阳市人大常委会工作报告”、市发改局局长徐建平“关于富阳市 2007 年国民经济和社会发展计划执行情况与 2008 年国民经济和社会发展计划草案的报告”、市财政局局长华之江“关于富阳市 2007 年财政预算执行情况和 2008 年财政预算草案的报告”；听取市人大常委会代表资格审查委员会“关于富阳市第十四届人大二次会议代表资格审查及代表变动情况的报告”；听取市人大常委会副主任王土田“关于富阳市第十四届人大二次会议筹备工作情况的报告”；通过有关建议事项和建议名单，决定将上述二项提交富阳市第十四届人大二次会议预备会议和大会主席团会议通过。

第十一次会议

2008 年 3 月 26 日在富阳市人民政府南大楼六楼会议室召开。富阳市人大常委会主任、副主任、委员共 20 人出席会议，市人民政府有关副市长、市人民法院院长、市人民检察院检察长、市政协有关副主席、市人大常委会正市级巡视员、市财政局、市规划局、市建设局、市人大常委会各委办、各人大街道工委负责人及部分市人大代表列席会议。会议听取和审议市财政局局长华之江“关于富阳市 2008 年市级部门预算安排的报告”；听取和审议市人民政府副市长王小丁“关于《富阳市发展战略规划》的报告”；听取和审议市人民政府副市长陆献德“关于富阳市城市道路建设和资金使用情况专项工作报告”；听取和审议市人大常委会 2008 年工作要点及常委会会议议题安排。

第十二次会议

2008 年 5 月 28 日在富阳市人民政府南大楼六楼会议室召开。富阳市人大常委会副主任、委员共 17 人出席会议，市人民政府市长、副市长、市政协副主席、市人大常委会正市级巡视员、市人民法院、市人民检察院、市委组织部、市环保局、市卫生局、市人大常委会各委办、各人大街道工委负责人及部分市人大代表列席会议。会议根据富阳市人民政府市长张锦铭提请，决定任命潘祖光为富阳市人民政府副市长；听取和审议市人民政府副市长陆洪勤“关于富阳市生态市建设和环境保护工作的情况报告”及市人大常委会执法检查组的执法检查报告；听取和审议市人民政府副市长邵良“关于贯彻执行《浙江省发展中医条例》情况报告”及市人大常委会执法检查组的执法检查报告；会议根据市人民法院院长程建飞的提请，任命 20 名人民陪审员。

第十三次会议

2008 年 7 月 24 日在富阳市人民政府南大楼六楼会议室召开。富阳市人大常委会副主任、委员共 17 人出席会议，市人民政府有关副市长、市人民法院院长、市人民检察院检察长、市财政局、市审计局、市国土资源局、市体育局、市人大常委会各委办、各人大街道工委负责人及部分市人大代表列席会议。会议听取和审议市财政局局长华之江“关于富阳市 2007 年财政决算的报告”、市审计局局长陆菊仙“关于富阳市 2007 年财政预算执行和其他财政收支审计情况的报告”；听取和审议市人民政府副市长孔春浩“关于贯彻执行《矿产资源法》情况的报告”和市人大常委会执法检查组的执法检查报告；听取市人民政府副市长方仁臻“关于体育产业发展情况的报告”；审议通过《富阳市人大常委会关于财政预算监督试行办法》。

第十四次会议

2008 年 9 月 25 日至 26 日在富阳市人民政府南大楼六楼会议室召开。富阳市人大常委会副主任、委员共 16 人出席会议，市人民政府有关副市长、市人民法院院长、市人大常委会正市级巡视员、市委组织部、市计生局、市国土局、市水电局、市民政局、市科技局、市建设局、市规划局、市人大常委会各委办、各人大街道工委负责人及部分市人大代表列席会议。会议听取和审议市计生局局长周红梅、市国土局局长徐荣奎、市水电局局长楼寿林、市民政局局长张生良分别所作的“部门服务基层，推进效能革命活动情况的专项报告”；听取和审议市人民政府副市长方仁臻“关于民政基础服务设施和社区办公服务用房建设情况专项报告”；听取和审议市人民政府副市长潘祖光“关于富阳市可持续发展实验区建设规划（2007—2010 年）有关情况的汇报”，并作出《富阳市人大常委会关于批准富阳市可持续发展实验区建设规划（2007—2010 年）的决定》；听取市人大常委会代表工作委员会“关于‘代表主题实践月’活动情况的报告”；通过有关人事任免。

第十五次会议

2008 年 11 月 28 日在富阳市人民政府南大楼六楼会议室召开。富阳市人大常委会副主任、委员共 16 人出席会议，市人民政府有关副市长、市人民法院院长、市人民检察院检察长、市人民政府办公室、市财政局、市审计局、市司法局、市卫生局、市人大常委会各委办、各人大街道工委负责人及部分市人大代表列席会议。会议听取市人民政府副市长邵良“关于实事工程建设情况的报告”及“关于富阳市十四届人大二次会议议案、代表建议办理情况的报告”；听取市财政局局长华之江“关于富阳市 2007 年财政决算报告和‘同级审’报告审议意见落实情况的报告”；听取和审议市司法局局长孙洁“关于普法教育依法治市工作情况的报告”；听取和审议市卫生局局长汪轶平“关于医疗卫生工作情况的报告”；审议通过《富阳市人大常委会规范性文件备案审查办法》。

第十六次会议

2008年12月22日在富阳市人民政府南大楼六楼会议室召开。富阳市人大常委会副主任、委员共16人出席会议，市政协有关副主席、市人大常委会各委办、各人大街道工委负责人列席会议。会议审议通过《关于接受董悦辞去杭州市第十一届人大代表职务的决定》；审议通过《关于召开富阳市第十四届人民代表大会第三次会议的决定》，决定该次会议于2009年2月下旬在富春街道召开，通过大会建议议程和建议名单，决定将上述二项提交富阳市第十四届人大三次会议预备会议和大会主席团会议通过；初审 "富阳市人大常委会工作报告"。

第十七次会议

2009年1月14日在富阳市人民政府南大楼六楼会议室召开。富阳市人大常委会副主任、委员共16人出席会议，市人民法院院长、市人民检察院检察长、市人大常委正市级会巡视员、市委组织部、市人大常委会各委办负责人列席会议。会议补选杭州市第十一届人大代表1名；通过有关人事任免。

第十八次会议

2009年2月10日在富阳市人民政府南大楼六楼会议室召开。富阳市人大常委会副主任、委员共18人出席会议，市人民政府副市长、市政协副主席、市人大常委会正市级巡视员、市委组织部、市人民政府办公室、市人民法院、市人民检察院、市规划局、市发改局、市财政局、市人大常委会各委办、各人大街道工委负责人及部分市人大代表列席会议。会议听取和审议市人民政府副市长王小丁"关于富阳市域总体规划的报告（2007—2020）"，会议批准这一报告；听取和初审市发改局局长徐建平"关于富阳市2008年国民经济和社会发展计划执行情况与2009年国民经济和社会发展计划草案的报告"；听取和初审市财政局局长华之江"关于富阳市2008年财政预算执行情况和2009财政预算草案的报告"；听取市人大常委会副主任王土田"关于富阳市第十四届人大三次会议筹备工作情况的报告"，通过大会有关建议事项和名单，决定提交富阳市第十四届人大三次会议预备会议和大会主席团会议通过；听取市人大常委会代表资格审查委员会"关于富阳市第十四届人大三次会议代表资格审查及代表变动情况的报告"；初审 "富阳市人大常委会工作报告"；会议对"富阳市人民政府工作报告""富阳市人民法院工作报告""富阳市人民检察院工作报告"征求意见稿提出一些修改意见。

第十九次会议

2009年3月27日在富阳市人民政府南大楼六楼会议室召开。富阳市人大常委会副主任、委员共18人出席会议，市人民政府副市长、市人民法院院长、市人民检察院、市财政局、市人大常委会各委办、各人大街道工委负责人及部分市人大代表列席会议。会议听取和审议市人民政府副市长孔春浩“关于城市建设投资有限公司申请发行企业债券的报告”、“关于城市建设投资有限公司受降银湖新区项目建设拟向金融机构融资的报告”，会议批准这两个报告；听取市财政局局长华之江“关于富阳市2009年财政大预算草案的报告”；听取和审议富阳市2009年市级部门预算草案，批准富阳市2009年市级部门预算；听取富阳市人大常委会2009年工作安排。

第二十次会议

2009年4月17日在富阳市人民政府南大楼六楼会议室召开。富阳市人大常委会副主任、委员共14人出席会议，市人大常委会正市级巡视员、市人民法院、市人民检察院负责人列席会议。会议听取市人民检察院副检察长章强明“关于犯罪嫌疑人郑桂山涉嫌受贿罪一案的情况报告”，并提请许可对其采取强制措施。因郑桂山系富阳市第十四届人大代表，根据《代表法》第三十条规定，会议作出《关于许可对郑桂山依法采取强制措施的决定》。

第二十一次会议

2009年5月11日在富阳市人民政府南大楼六楼会议室召开。富阳市人大常委会主任、副主任、委员共18人出席会议，市人民政府市长、市人民法院院长、市人民检察院检察长、市政协有关副主席、市人大常委会正市级巡视员、市委组织部、市人大常委会各委办负责人列席会议。会议根据富阳市委书记、市人大常委会主任徐文光的提请，通过富阳市人大常委会内设机构和人大街道工委人事任免议案；根据市人民政府市长张锦铭的提请，通过富阳市人民政府组成部门人事任免议案；根据市人民法院院长程建飞的提请，通过富阳市人民法院人事任免议案；会议举行颁发任命书仪式，徐文光向新任命干部颁发任命书。

第二十二次会议

2009年5月22日在富阳市人民政府南大楼六楼会议室召开。富阳市人大常委会副主任、委员共18人出席会议，市政协副主席吴炳林列席会议。会议根据市公安局2009年5月21日“关于犯罪嫌疑人陈建龙涉嫌抽逃出资罪一案的情况报告”，提请许可对其采取强制措施。因陈建龙系富阳市第十四届人大代表，根据《代表法》第三十条规定，会议作出《关于许可对陈建龙依法采取强制措施的决定》。

第二十三次会议

2009年6月19日在富阳市人民政府南大楼六楼会议室召开。富阳市人大常委会副主任、委员共15人出席会议，市人民政府有关副市长、市人民检察院检察长、市人大常委会正市级巡视员、市委组织部、市财政局、市农业局、市环保局、市教育局、市人大常委会各委办、各人大街道工委负责人及部分市人大代表列席会议。会议听取和审议市财政局局长华之江“关于以市人民政府财政资金回购市政基础设施建设项目并将回购款支付列入年度财政预算的报告”“企业债券申报发行工作有关情况的报告”，会议批准这两个报告；听取和审议市人民政府副市长王小丁“关于《农业法》贯彻落实情况的报告”，听取市人大常委会执法检查组“关于检查《农业法》实施情况的报告”；听取和审议市人民政府副市长陆洪勤“关于生态市建设和环境保护工作情况的报告”，听取市人大常委会执法检查组的执法检查报告；听取和审议市教育局局长包国灿“关于创建市学前教育强市工作情况的报告”；会议审议郑桂山代表辞职报告，批准郑桂山辞去富阳市第十四届人大代表职务；通过有关人事任免。

第二十四次会议

2009 年 8 月 6 日在富阳市人民政府南大楼六楼会议室召开。富阳市人大常委会副主任、委员共 16 人出席会议，市人民政府市长、有关副市长、市政协有关副主席、市人民法院、市人民检察院、市公安局、市财政局、市审计局、市委宣传部、市运动休闲办公室、市人大常委会各委办、各人大街道工委负责人及部分市人大代表列席会议。会议听取和审议市人民政府副市长孔春浩“关于贯彻实施《禁毒法》情况的报告”及人大常委会执法检查组的检查报告；听取和审议市财政局局长华之江“关于富阳市 2008 年财政预算执行情况报告”、市审计局局长陆菊仙“关于富阳市 2008 年财政预算执行和其他财政收支审计情况的报告”，表决通过《关于批准富阳市 2008 年财政决算的决议》；听取“关于富阳市城市标志有关情况的报告”。

第二十五次会议

2009 年 9 月 24 日至 25 日在富阳市人民政府南大楼六楼会议室召开。富阳市人大常委会主任、副主任、委员共 18 人出席会议，市人民政府有关副市长、市政协有关副主席、市人大常委会正市级巡视员、市人民法院院长、市人民检察院检察长、市纪委、市发改局、市民政局、市交通局、市建设局、市教育局、市财政局、市审计局、市人大常委会各委办、各人大街道工委负责人及部分市人大代表列席会议。会议听取和审议市人民政府副市长方仁臻“关于民政社会救助资金使用管理情况的报告”；听取和审议市人民政府副市长陆献德“关于交通项目资金投入使用管理情况的报告”和“关于保障性住房建设管理情况的报告”；听取和审议市人民政府副市长邵良“关于教育专项资金投入使用管理情况的报告”；听取和审议市人民法院院长程建飞“关于民商等案件审判及执行情况的报告”；听取市人大常委会代表工委“关于‘代表主题实践月’活动情况的报告”；通过市人民法院有关人事任免。

第二十六次会议

2009 年 11 月 26 日在富阳市人民政府南大楼六楼会议室召开。富阳市人大常委会副主任、委员共 18 人出席会议，市人民政府有关副市长、市委组织部、市人民法院、市人民检察院、市人大常委会各委办、各人大街道工委负责人及部分市人大代表列席会议。会议初审市人民政府副市长孔春浩“关于富阳市第十四届人大三次会议议案、代表建议办理情况的报告”、“关于为民办实事项目进展情况的报告”；通过《关于接受戴福根等22人辞去富阳市第十四届人民代表大会代表职务的决定》；通过《关于补选富阳市第十四届人民代表大会代表的决定》。

第二十七次会议

2010年1月14日在富阳市人民政府南大楼六楼会议室召开。富阳市人大常委会副主任、委员共16人出席会议，市人民法院院长、市人民检察院检察长、市人大常委会正市级巡视员、市政协有关副主席、市人大常委会各委办、各人大街道工委负责人列席会议。会议作出《关于召开富阳市第十四届人民代表大会第四次会议的决定》，决定该次会议于2010年3月上旬在富春街道召开，并通过大会议程和日程草案；初审“富阳市人大常委会工作报告”；听取和审议市人大常委会代表工委“关于富阳市第十四届人大代表补选工作情况的报告”；听取市人大常委会代表资格审查委员会“关于补选富阳市人大代表的代表资格审查报告”。

第二十八次会议

2010年2月8日在富阳市人民政府南大楼六楼会议室召开。富阳市人大常委会副主任、委员共15人出席会议，市人民政府有关副市长、市政协有关副主席、市委组织部、市人民政府办公室、市人民法院、市人民检察院、市发改局、市财政局、市人大常委会各委办、各人大街道工委负责人列席会议。会议听取和审议市人大常委会副主任王土田“关于富阳市第十四届人大四次会议筹备工作情况的报告”，通过大会建议事项和建议名单；听取和初审“富阳市人大常委会工作报告”；初审富阳市人民政府工作报告、富阳市人民法院工作报告和富阳市人民检察院工作报告；听取和初审市财政局局长华之江“关于富阳市2009年财政预算执行情况与2010年财政预算草案的报告”、市发改局局长徐建平“关于富阳市2009年国民经济和社会发展计划执行情况与2010年国民经济和社会发展计划草案的报告”，会议提出了修改意见，同意将财政、计划两个报告提交富阳市第十四届人大四次会议审议；听取市人大常委会代表资格审查委员会“关于富阳市第十四届人大四次会议代表资格审查及代表变动情况的报告”。

第二十九次会议

2010年3月22日在富阳市人民政府南大楼六楼会议室召开。富阳市人大常委会副主任、委员共17人出席会议，市人民政府有关副市长、市人民法院院长、市人民检察院检察长、市政协有关副主席、市人大常委会正市级巡视员、市财政局、市人大常委会各委办、各人大街道工委负责人及部分市人大代表列席会议。会议听取和审议市人大常委会 2010 年工作要点；听取和审议市财政局局长华之江“关于富阳市 2010 年市级部门预算草案报告”，会议批准富阳市 2010 年市级部门预算。

第三十次会议

2010 年 5 月 28 日在富阳市人民政府南大楼六楼会议室召开。富阳市人大常委会副主任、委员共 17 人出席会议，市人民政府副市长、市人民法院院长、市人民检察院检察长、市政协副主席、市环保局、市建设局、市规划局、市财政局、市水电局、市农业局、市卫生局、市交通局、经济技术开发区、市人大常委会各委办、各人大街道工委负责人及部分市人大代表列席会议。会议听取和审议市人民政府副市长陆献德“关于《水污染防治法》《浙江省水污染防治条例》执行情况的报告”及市人大执法检查情况报告；听取和审议经济开发区管委会常务副主任俞立群“关于推进场口、新登工业平台建设情况的报告”；听取市人民政府副市长陆献德“关于贯彻执行《道路安全法》及相关实施条例情况的报告”和市人大执法检查情况的报告；会议根据市人民法院院长程建飞的提请，通过人民陪审员的任免。

第三十一次会议

2010 年 7 月 29 日在富阳市人民政府南大楼六楼会议室召开。富阳市人大常委会副主任、委员共 19 人出席会议，市人民政府有关副市长、市人民法院院长、市人民检察院检察长、市政协有关副主席、市委组织部、市财政局、市审计局、市卫生局、市人大常委会各委办、各人大街道工委、部分乡镇人大负责人及部分市人大代表列席会议。会议听取和审议市财政局局长华之江“关于富阳市 2009 年财政预算的报告”、市审计局局长陆菊仙“关于富阳市 2009 年财政预算执行和其他财政收支审计情况的报告”，会议通过《关于批准富阳市 2009 年财政决算的决议》；听取和审议市人民政府副市长邵良“关于富阳市创建省卫生强市工作情况的报告”；通过有关人事任免；会议接受潘祖光辞去市人民政府副市长职务；决定任命吕清民为富阳市人民政府副市长。

第三十二次会议

2010 年 8 月 26 日在富阳市人民政府南大楼六楼会议室召开。富阳市人大常委会副主任、委员共 19 人出席会议，市人民政府有关副市长、市人民法院院长、市人民检察院检察长、市委组织部、市人大常委会各委办、各人大街道工委负责人列席会议。会议审议通过《关于建立富阳市人大常委会农业和农村工作委员会的决定》；通过有关人事任免。

第三十三次会议

2010 年 9 月 26 日至 27 日在富阳市人民政府南大楼六楼会议室召开。富阳市人大常委会副主任、委员共 18 人出席会议，市人民政府有关副市长、市人民法院院长、市人民检察院检察长、市政协有关副主席、市国土局、市财政局、市发改局、市林业局、市人大常委会各委办、各人大街道工委、部分乡镇人大负责人及部分市人大代表列席会议。会议听取和审议市国土局局长杨宏道、市财政局局长华之江、市发改局局长徐建平、市林业局局长董炳忠分别所作的“关于‘三重一大’（重大决策事项、重要干部任免事项、重大项目安排和大额度资金使用事项）决策程序规划落实情况的报告”和市人大常委会的调查报告；听取市人大常委会代表工委“关于‘代表主题实践月’活动情况的报告”。

第三十四次会议

2010 年 11 月 12 日在富阳市人民政府南大楼六楼会议室召开。富阳市人大常委会副主任、委员共 16 人出席会议，市人民政府有关副市长、市人民法院院长、市人民检察院检察长、市政协有关副主席、市委组织部、市监察局、市人大常委会各委办、各人大街道工委、部分乡镇人大负责人列席会议。会议审议通过市人民政府市长张锦铭的提案，作出《关于授予克劳斯与克努特两名外国专家为“富阳市荣誉市民”称号的决定》；通过有关人事任免。

第三十五次会议

2010 年 12 月 2 日在富阳市人民政府南大楼六楼会议室召开。富阳市人大常委会副主任、委员共 15 人出席会议，市人民政府有关副市长、市人民检察院检察长、市政协有关副主席、市科技局、市城管执法局、市质监局、市人民法院、市人大常委会各委办、各人大街道工委、部分乡镇人大负责人及部分市人大代表列席会议。会议听取和审议市人民政府副市长吕清民“关于贯彻实施《杭州市专利管理条例》情况的报告”和市人大常委会执法检查报告；听取和审议市人民政府副市长陆献德“关于拆除违章建筑工作情况的报告”；听取和审议市人民政府副市长陆洪勤“关于贯彻实施《产品质量法》情况的报告”和市人大常委会执法检查报告；听取和审议市人民政府副市长孔春浩“关于富阳市十四届人大四次会议议案、建议办理情况的报告”、“关于实事工程建设情况的报告”；通过有关人事任免。

第三十六次会议

2010 年 12 月 21 日在富阳市人民政府南大楼六楼会议室召开。富阳市人大常委会副主任、委员共 17 人出席会议，市人民政府有关副市长、市政协有关副主席、市委组织部、市财政局、市人民法院、市人民检察院、市人大常委会各委办、各人大街道工委、部分乡镇人大负责人及部分市人大代表列席会议。会议听取和审议市财政局局长华之江“关于调整富阳市 2010 年财政收支预算的报告”，会议同意并批准这个报告；审议通过《富阳市人大常委会议事规则（修正案）》；通过有关人事任免。

第三十七次会议

2011 年 1 月 6 日在富阳市人民政府南大楼六楼会议室召开。富阳市人大常委会副主任、委员共 20 人出席会议，市人大常委会各委办负责人列席会议。会议通过《关于召开富阳市第十四届人民代表大会第五次会议的决定》，决定该次会议于 2011 年 3 月上旬在富春街道举行，通过会议的主要议程、日程安排草案；初审“富阳市人大常委会工作报告”。

第三十八次会议

2011 年 2 月 18 日在富阳市人民政府南大楼六楼会议室召开。富阳市人大常委会副主任、委员共 20 人出席会议，市人民政府有关副市长、市人民法院院长、市人民检察院检察长、市政协有关副主席、市委组织部、市人民政府办公室、市发改局、市财政局、市人大常委会各委办、各人大街道工委负责人列席会议。会议听取“富阳市第十四届人大五次会议筹备工作情况的报告”，通过有关建议事项和建议名单，决定将上述内容提交富阳市第十四届人大五次会议预备会议和大会主席团会议通过；听取和审议“富阳市人大常委会工作报告”初稿，同意将初稿略加修改后提交富阳市第十四届人大五次会议审议；听取和审议《富阳市国民经济和社会发展第十二个五年规划（草案）》，同意提交富阳市第十四届五次会议审查；初审“市人民政府工作报告”、“市人民法院工作报告”和“市人民检察院工作报告”征求意见稿；听取和初审市发改局局长徐建平“关于富阳市 2010 年国民经济和社会发展计划执行情况与 2011 年国民经济和社会发展计划草案的报告”；听取和初审市财政局局长华之江“关于富阳市 2010 年财政预算执行情况和 2011 年财政预算草案的报告”、“关于富阳市 2010 年政府大预算执行情况和 2011 年政府大预算草案的报告”；听取和审议市人大常委会代表资格审查委员会“关于代表变动和代表资格审查情况的报告”。

第三十九次会议

2011 年 3 月 24 日在富阳市人民政府南大楼六楼会议室召开。富阳市人大常委会副主任、委员共 18 人出席会议，市人民政府有关副市长、市人民法院院长、市人民检察院检察长、市政协有关副主席、市财政局、市发改局、市人大常委会各委办、各人大街道工委、部分乡镇人大负责人及部分市人大代表列席会议。会议听取和审议市财政局局长华之江“关于富阳市 2011 年市级部门预算草案的报告”，会议批准富阳市 2011 年市级部门预算；审议通过《富阳市人大常委会关于投资重大建设项目监督暂行办法》；听取和审议富阳市人大常委会 2011 年工作要点。

第四十次会议

2011 年 5 月 31 日在富阳市人民政府南大楼六楼会议室召开。富阳市人大常委会副主任、委员共 18 人出席会议，市人民政府有关副市长、市人民法院院长、市人民检察院检察长、市政协有关副主席、市气象局、市卫生局、市人大常委会各委办、各人大街道工委、部分乡镇人大负责人及部分市人大代表列席会议。会议听取和审议市人民政府副市长王小丁“关于贯彻实施《浙江省气象条例》情况的报告”和人大执法检查情况报告；听取和审议市人民政府副市长邵良“关于贯彻实施《杭州市精神卫生条例》情况的报告”和人大执法检查情况报告；听取和审议市人大常委会代表工委主任沈跃雄“关于富阳市第十四届人大优秀代表评选情况的报告”，会议通过44名优秀代表名单。

第四十一次会议

2011年7月28日在富阳市人民政府南大楼六楼会议室召开。富阳市人大常委会副主任、委员共16人出席会议，市人民政府有关副市长、市人民法院院长、市政协有关副主席、市财政局、市审计局、市公安局、市人民检察院、市劳动和社会保障局、市建设局、市人大常委会各委办、各人大街道工委、部分乡镇人大负责人及部分市人大代表列席会议。会议听取和审议市财政局局长华之江“关于富阳市2010年财政决算的报告”、市审计局局长陆菊仙“关于富阳市2010年财政预算执行和其他财政收支审计情况的报告”；听取和审议市劳动和社会保障局党委副书记何建明“关于富阳市社会养老保险基金管理与使用情况的报告”；听取和审议市人民政府副市长孔春浩“关于实施《消防法》情况的报告”和市人大常委会执法检查情况报告；听取和审议市人民政府副市长陆献德“关于贯彻实施《浙江省物业管理条例》情况的报告”和市人大常委会执法检查情况报告。

第四十二次会议

2011年10月11日在富阳市人民政府南大楼六楼会议室召开。富阳市人大常委会主任、副主任、委员共20人出席会议，市人民政府市长、有关副市长、市人民法院院长、市政协有关副主席、市委组织部、市人民检察院、市农办、市运休办、市人大常委会各委办、各人大街道工委负责人列席会议。会议听取和审议市人民政府副市长王小丁“关于‘富春山居’新农村精品工程建设情况的报告”、市人民政府副市长方仁臻“关于运动休闲产业发展情况的报告”；会议根据富阳市人大常委会、市人民政府、市人民法院、市人民检察院的提请，通过有关人事任免。

第四十三次会议

2011年10月27日在富阳市人民政府南大楼六楼会议室召开。富阳市人大常委会副主任、委员共20人出席会议，市人民政府有关副市长、市人民法院院长、市政协有关副主席、市委组织部、市财政局、市司法局、市人民检察院、市人大常委会各委办、各人大街道工委、部分乡镇人大负责人及部分市人大代表列席会议。会议听取和审议市人民政府副市长孔春浩“关于‘五五’普法教育依法治市工作和‘六五’普法教育依法治市规划工作情况的报告”，会议通过《富阳市人大常委会关于进一步加强普法教育依法治市工作的决议》；听取和审议市财政局局长华之江“关于调整富阳市2011年财政收支预算的报告”，会议同意并批准调整富阳市2011年财政收支预算；讨论决定富阳市第十五届乡镇第十六届人民代表大会代表换届选举有关事项，会议作出《富阳市人大常委会关于建立富阳市第十五届人民代表大会代表选举委员会的决定》《关于批准任命富阳市各乡镇选举委员会、街道选举领导小组组成人员的决定》《关于富阳市市、乡镇两级人民代表大会换届选举时间的决定》《关于富阳市市、乡镇两级人民代表大会换届选举工作的实施意见》《关于富阳市第十五届人民代表大会、乡镇第十六届人民代表大会代表名额分配的决定》。

第四十四次会议

2011年12月9日下午在富阳市人民政府南大楼六楼会议室召开。富阳市人大常委会副主任、委员共21人出席会议，市人民政府副市长、市委组织部、市人民法院、市人民检察院、市人大常委会各委办、各人大街道工委负责人列席会议。会议听取和审议市人民政府副市长陆洪勤“关于富阳市第十四届人大五次会议代表建议办理情况的报告”、“关于2011年市人民政府办实事项目进展情况的报告”；通过有关人事任免；会议根据市人大常委会主任会议提请，决定接受徐文光辞去富阳市人大常委会主任职务，决定任命华爱金为市人大常委会代理主任；根据市人民政府市长张锦铭的提请，决定任命章舜年为富阳市人民政府副市长；根据市人大常委会代理主任华爱金的提请，决定接受张锦铭辞去富阳市人民政府市长职务的请求，决定任命章舜年为富阳市人民政府代理市长；根据代理市长章舜年的提请，决定接受孔春浩、陆献德辞去富阳市人民政府副市长职务，决定任命王书评为富阳市人民政府副市长；根据市人民法院院长程建飞的提请，决定任命罗鑫为富阳市人民法院副院长；根据市人大常委会代理主任华爱金的提请，决定接受程建飞辞去市人民法院院长职务，决定任命罗鑫为富阳市人民法院代理院长；根据市人民检察院检察长吕金芳的提请，决定任命王晓光为富阳市人民检察院副检察长；根据市人大常委会代理主任华爱金的提请，决定接受吕金芳辞去市人民检察院检察长职务，决定任命王晓光为富阳市人民检察院代理检察长。会上，新任命的富阳市人民政府代理市长章瞬年、副市长王书评、富阳市人民法院代理院长罗鑫、富阳市人民检察院代理检察长王晓光4人分别作了表态发言。

第四十五次会议

2012年1月5日下午在富阳市人民政府南大楼六楼会议室召开。富阳市人大常委会代主任、副主任、委员共18人出席会议。会议初审了富阳市人大常委会工作报告；审议通过《关于召开富阳市第十五届人民代表大会第一次会议的决定》，决定该次会议于2012年2月16日在富春街道举行，通过大会主要议程草案。

第四十六次会议

2012 年 2 月 7 日在富阳市人民政府南大楼六楼会议室召开。富阳市人大常委会代理主任、副主任、委员共 20 人出席会议。市人民政府有关副市长、市人民法院代理院长、市人民检察院代理检察长、市政协有关副主席、市委组织部、市人民政府办公室、市发改局、市财政局、市人大常委会各委办、各人大街道工委负责人列席会议。会议听取和审议富阳市第十五届人大一次会议筹备工作情况的报告，通过有关建议事项和建议名单，决定提交富阳市十五届人大一次会议预备会议和大会主席团会议通过；听取和初审“富阳市人大常委会工作报告”，同意略作修改后提交富阳市十五届人大一次会议审议；审议“富阳市人民政府工作报告”、“富阳市人民法院工作报告”、“富阳市人民检察院工作报告”征求意见稿；听取和初审“关于富阳市 2011 年国民经济和社会发展计划执行情况与 2012 年国民经济和社会发展计划草案的报告”；听取和初审“关于富阳市 2011 年财政预算执行情况和 2012 年财政预算草案的报告”；听取和审议“关于富阳市第十五届人民代表大会代表资格的审查报告”，确认富阳市第十五届人民代表大会代表资格全部有效。

第九节　第十五届人大常委会会议

富阳市第十五届人大至 2015 年 2 月 15 日“撤市设区”止，已召开常委会会议 27 次，听取和审议“一府两院”工作报告和各类专题汇报 68 个，作出决议决定 46 项，依法任免国家机关工作人员 290 人次。

第一次会议

2012 年 3 月 23 日在南国大酒店召开。富阳市人大常委会主任汤金华，副主任徐松泉、祝一君、孙柏平、郎卫国、陈鸿麟、华之江和委员吕建新、钟满华、吕建明、郭一莲、沈跃雄、何培叶、俞兴军、陈　平、倪洪水、马利阳、桑晓霞、王建民、徐志坤、孙柏贵、孙庆炎、王健敏、史廷富、孙金国共 25 人（全员）出席会议，市人民政府市长章舜年、常务副市长童定干、市人民法院院长罗鑫、市人民检察院检察长王晓光，市政协副主席张志根以及市人大常委会正市级巡视员华爱金、华荣富、潘建平，市委组织部、市财政局、市人大常委会各委办、各人大街道工委负责人、部分乡镇人大主席和部分市人大代表列席会议。会议审议通过富阳市人大常委会 2012 年工作要点及常委会会议议题安排；听取和审议市财政局负责人刘学军“关于富阳市 2012 年市级部门预算安排情况的报告”；审议通过有关人事任免；审议通过市人大常委会《关于设立富阳市人大代表资格审查委员会的决定》。会后，市人大常委会举行任命书颁发仪式，市人大常委会主任汤金华向新任命干部颁发任命书。

第二次会议

2012 年 4 月 10 日在富阳市人民政府南大楼六楼会议室召开。富阳市人大常委会主任、副主任、委员共 23 人出席会议，市人民政府有关副市长、市人民法院院长、市人民检察院检察长、市政协有关副主席、市委组织部、市人大常委会各委办负责人以及市第十四届人大常委会有关副主任列席会议。会议听取和审议市人民政府提请的关于建设富阳市行政中心的议案，会议作出《关于建设富阳市行政中心的决议》；通过有关人事任免。

第三次会议

2012 年 5 月 31 日在南国大酒店召开。富阳市人大常委会主任、副主任、委员共 22 人出席会议，市人民政府有关副市长、市人民法院院长、市人民检察院检察长、市政协有关副主席、市人大常委会正市级巡视员、市人大常委会各委办、各人大街道工委、部分乡镇人大负责人及部分市人大代表列席会议。会议听取和审议市老龄办主任张生良“关于富阳市贯彻实施《老年人权益保障法》情况的报告”和市人大常委会执法检查报告；审议通过《富阳市人大常委会关于在市人大代表中开展“履行人大代表职责，描绘富裕阳光的富春山居图”主题实践活动的决定》；通过有关人事任免。

第四次会议

2012 年 8 月 9 日在南国大酒店召开。富阳市人大常委会主任、副主任、委员共 24 人出席会议，市人民政府有关副市长、市人民法院院长、市人民检察院检察长、市政协有关副主席、市人大常委会正市级巡视员、市人大常委会各委办、各人大街道工委、部分乡镇人大负责人及部分市人大代表列席会议。会议听取和审议市人民政府副市长童定干“关于贯彻执行《食品安全法》情况的报告”和人大常委会执法检查报告。听取和审议市人民政府副市长王小丁“关于城乡区域统筹发展暨区市协作项目建设情况的报告”；听取和审议市财政局局长刘学军“关于富阳市 2011 年财政决算的报告”以及市审计局局长章永南“关于富阳市 2011 年财政预算和其他财政收支审计情况的报告”，作出《关于批准富阳市 2011 年财政决算的决议》；审议通过有关人事任免；审议通过《富阳市人大常委会街道工作委员会工作办法》《富阳市人民代表大会代表联系选民办法》《富阳市人民代表大会代表履职考核办法》《富阳市人大常委会关于进一步加强乡镇人大主席团工作的指导意见》。

第五次会议

2012 年 9 月 28 日在南国大酒店召开。富阳市人大常委会主任、副主任、委员共 22 人出席会议，市人民政府有关副市长、市人民法院院长、市人民检察院检察长、市人大常委会正市级巡视员、市人大常委会各委办、各人大街道工委、部分乡镇人大负责人及部分市人大代表列席会议。会议听取和审议市人民政府副市长童定于“关于富阳市贯彻执行《矿产资源法》情况的报告”和市人大常委会执法检查报告；听取和审议市水电局局长余荣儿“关于贯彻实施《水法》及中央1号文件情况的报告”和市人大常委会执法检查报告；审议通过有关人事任免。会后，市人大常委会主任汤金华为新任命人员颁发任命书。

第六次会议

2012年11月29日在南国大酒店召开。富阳市人大常委会主任、副主任、委员共21人出席会议，市人民政府有关副市长、市人民法院院长、市人大常委会正市级巡视员、市人民检察院、市人大常委会各委办、各人大街道工委、部分乡镇人大负责人及部分市人大代表列席会议。会议听取和审议市人民政府副市长方仁臻“关于贯彻执行《杭州市安全生产监督管理条例》情况的报告”和市人大常委会执法检查报告；听取和审议副市长方仁臻“关于富阳市十五届人大一次会议议案和代表建议办理情况的报告”；审议通过《富阳市人大常委会关于代表大会代表辞职办法》和《富阳市人大常委会关于代表大会代表述职办法》；根据市人民法院院长罗鑫和市人民检察院检察长王晓光的提请，审议通过市人民法院、市人民检察院有关人事任免。

第七次会议

2012年12月28日在南国大酒店召开。富阳市人大常委会主任、副主任、委员共20人出席会议，市人民政府有关副市长、市人民法院院长、市人民检察院检察长、市政协有关副主席、市人大常委会正市级巡视员、市人大常委会各委办、各人大街道工委、部分乡镇人大负责人及部分市人大代表列席会议。会议听取和审议市财政局局长刘学军“关于调整富阳市2012年财政收支预算的报告”；表决通过《关于召开富阳市第十五届人民代表大会第二次会议的决定》，决定该次会议于2013年2月下旬在富春街道举行；初审“富阳市人大常委会工作报告”、审议通过《富阳市人民代表大会常务委员会关于街道财政预算监督办法（试行）》；审议通过《富阳市人民代表大会常务委员会关于加强乡镇人大财政监督工作的意见》。

第八次会议

2013年2月7日下午在富阳市人民政府南大楼六楼会议室召开。富阳市人大常委会主任、副主任、委员共22人出席会议，市人民政府有关副市长、市政协有关副主席、市人大常委会正市级巡视员、市委组织部、市人民法院、市人民检察院、市发改局、市财政局、市民政局、市人大常委会各委办、各人大街道工委负责人列席会议。会议听取和审议“富阳市十五届人大二次会议筹备工作情况报告”，通过有关建议事项和名单；听取和初审“富阳市人大常委会工作报告”，同意提交富阳市十五届人大二次会议审议；初审“富阳市人民政府工作报告”“富阳市人民法院工作报告”“富阳市人民检察院工作报告”征求意见稿；听取和初审“关于富阳市

2012 年国民经济和社会发展计划执行情况与 2013 年国民经济和社会发展计划草案的报告”；听取和初审“关于富阳市 2012 年财政预算执行情况和 2013 年财政预算草案的报告”；听取和审议市民政局局长张生良“关于调整高桥镇、受降镇行政区划的报告”，作出《关于富阳市高桥镇、受降镇行政区划调整的决议》，由富阳市人民政府按法定程序报批并组织实施；听取和审议有关代表补选事项，作出《富阳市人大常委会关于补选富阳市第十五届人民代表大会代表的决定》；决定接受章舜年辞去富阳市人民政府市长职务，决定任命黄海峰为市人民政府副市长、代理市长。

第九次会议

2013 年 2 月 20 日上午在富阳市人民政府南大楼六楼会议室召开。富阳市人大常委会主任、副主任、委员共 16 人出席会议。会议听取和审议“关于代表变动和代表资格审查情况的报告”，会议确认代表资格全部有效。

第十次会议

2013 年 3 月 28 日在富阳市人民政府综合楼多功能厅召开。富阳市人大常委会主任、副主任、委员共 19 人出席会议，市人民政府有关副市长、市政协有关副主席、市人大常委会正市级巡视员、市委组织部、市人民法院、市人民检察院、市公安局、市财政局、市人大常委会各委办、各人大街道工委、部分乡镇人大负责人及部分市人大代表列席会议。会议听取和审议富阳市人大常委会 2013 年工作要点及常委会会议议题安排；听取和审议市财政局直属分局局长金志国“关于富阳市 2013 年市级部门预算安排情况的报告”，决定批准富阳市 2013 年市级部门预算。

第十一次会议

2013 年 4 月 16 日在富阳市人民政府南大楼六楼会议室召开。富阳市人大常委会主任、副主任、委员共 23 人出席会议，市人大常委会正市级巡视员、市公安局、市人大常委会各委办负责人列席会议。会议根据富阳市公安局报告，在一宗建设用地竞拍过程中，富阳市第十五届人大代表徐国明涉嫌非国家工作人员受贿罪及富阳市第十五届人大代表徐金良，涉嫌非国家工作人员行贿罪，要求对上述两人采取刑事强制措施。会议分别作出决定，许可对徐国明和徐金良依法采取刑事强制措施。

第十二次会议

2013 年 5 月 30 日在富阳市人民政府综合楼多功能厅召开。富阳市人大常委会主任、副主任、委员共 20 人出席会议，市人民政府有关副市长、市人民法院院长、市人民检察院检察长、市人大常委会正市级巡视员、市农办、市环保局、市人大常委会各委办、各人大街道工委、部分乡镇人大负责人及部分市人大代表列席会议。会议听取和审议市人民政府副市长王小丁“关于农村集体‘三资’管理情况的报告”；听取和审议市人民政府副市长方仁臻“关于贯彻执行《浙江省饮用水水源保护条例》

情况的报告”及市人大常委会执法检查报告；根据市人民法院院长罗鑫的提请，决定任命20名人民陪审员。

第十三次会议

2013年6月27日在富阳市人民政府南大楼六楼会议室召开。富阳市人大常委会主任、副主任、委员共21人出席会议，市人民政府市长、市人大常委会正市级巡视员、市人大常委会各委办、各人大街道工委负责人列席会议。会议听取和审议关于设立富阳市人大常委会银湖街道工作委员会有关情况的报告，决定设立富阳市人大常委会银湖街道工作委员会；听取和审议“关于富阳市人大常委会法工委更名的情况报告”，决定将富阳市人大常委会法制工作委员会更名为富阳市人大常委会法制内务司法工作委员会；会议通过有关人事任免。

第十四次会议

2013年8月2日在富阳市人民政府综合楼多功能厅召开。富阳市人大常委会主任、副主任、委员共19人出席会议，市人民政府有关副市长、市人民法院院长、市人民检察院检察长、市人大常委会正市级巡视员、市财政局、市审计局、市人大常委会各委办、各人大街道工委、部分乡镇人大负责人及部分市人大代表列席会议。会议听取和审议市财政局局长刘学军“关于富阳市2012年财政决算的报告”、市审计局局长章永南“关于富阳市2012年财政预算执行和其他财政收支情况的审计工作报告”，作出《关于批准富阳市2012年财政决算的决议》；审议通过《富阳市人大常委会联系市人大代表办法》《富阳市人大常委会议案和建议处理办法》《富阳市人大常委会持证视察办法》《富阳市人民代表大会代表小组定向视察办法》；听取和审议有关市人大代表辞职和市人大代表补选事项；通过有关人事任免。

第十五次会议

2013年9月11日在富阳市人民政府南大楼六楼会议室召开。富阳市人大常委会主任、副主任、委员共19人出席会议，市人民政府市长、有关副市长、市人民检察院检察长、市人大常委会正市级巡视员、市民政局、市人大常委会各委办负责人列席会议。会议通过有关人事任免，作出《关于徐林亮任富阳市人民政府副市长的决定》；听取和审议市人民政府“关于行政区划调整有关情况的报告”。

第十六次会议

2013年9月25日在富阳市人民政府综合楼多功能厅召开。富阳市人大常委会主任、副主任、委员共21人出席会议，市人民政府有关副市长、市人民法院院长、市人大常委会正市级巡视员、市人民检察院、市司法局、市计生局、市经济技术开发区管委会、市人大常委会各委办、各人大街道工委、部分乡镇人大负责人及部分市人大代表列席会议。会议听取和审议市人民政府副市长童定干“关于富阳市普法教育依法治市工作情况的报告”；听取和审议市人民政府副市长裘富水“关于富阳经济技术开发区产业平台建设情况的报告”；听取和审议市人民政府副市长孙洁“关于富阳市贯彻执行《浙江省人口与计划生育条例》情况的报告”及市人大常委会执法检查报告；根据中共杭州市委常委会第51次会议“关于行政区划调整的意见”和中共富阳市委常委（扩大）会议精神，会议作出《关于同意杭州市行政区划调整撤销富阳市建立富阳区方案的决议》；根据市人民法院院长罗鑫和市人民检察院检察长王晓光的提请，审议通过“两院”有关人事任免。

第十七次会议

2013年12月5日在富阳市文化中心1号会议室召开。富阳市人大常委会主任、副主任、委员共20人出席会议，市人民政府有关副市长、市人大常委会正市级巡视员、市人民检察院、市发改局、市人大常委会各委办、各人大街道工委、部分乡镇人大负责人及部分市人大代表列席会议。会议听取和审议市人民政府副市长童定干“《关于富阳市国民经济和社会发展第十二个五年规划》中期评估的报告”“关于富阳市十五届人大二次会议代表议案建议办理情况的报告”；作出《关于接受陈必凯等人辞去杭州市第十二届人民代表大会代表职务请求的决议》，并依法补选潘方敏、周扬、陆文孝为杭州市第十二届人民代表大会代表。

第十八次会议

2013年12月31日在富阳市文化中心1号会议室召开。富阳市人大常委会主任、副主任、委员共22人出席会议，市人民政府有关副市长、市人大常委会正市级巡视员、市人民法院、市人民检察院、市人大常委会各委办、各人大街道工委负责人、部分乡镇人大主席、副主席、部分在富的杭州市人大代表列席会议。会议通过《关于召开富阳市第十五届人民代表大会第三次会议的决定》，决定该次会议于2014年1月22日在富春街道举行；听取市人大常委会各街道工作委员会工作报告；听取部分在富的杭州市人大代表首次年度述职报告。

第十九次会议

2014年1月17日在富阳市文化中心1号会议室召开。富阳市人大常委会主任、副主任、委员共22人出席会议，市人民政府有关副市长、市人大常委会正市级巡视员、市人民法院、市人民检察院、市人大常委会各委办、各人大街道工委负责人列席会议。会议听取和初审富阳市人民政府“关于富阳市2013年国民经济和社会发展计划执行情况与2014年国民经济和社会发展计划草案报告”“关于富阳市2013年财政预算执行情况和2014年财政预算草案报告”；听取和初审“富阳市人大常委会工作报告”，原则通过上述3个报告，决定提交富阳市第十五届人大三次会议审议；听取和审议市人大常委会2014年工作要点，同意提交富阳市第十五届人大三次会议向代表通报；会议初审“富阳市人民政府工作报告”“富阳市人民法院工作报告”“富阳市人民检察院工作报告”征求意见稿；听取“富阳市第十五届人大三次会议筹备工作情况报告”；审议通过富阳市第十五届人大三次会议议程、日程、有关名单的建议及代表提交议案截止时间的决定草案；通过有关人事任免；听取和审议富阳市第十五届人大常委会代表资格审查委员会“关于代表资格的审查报告”。

第二十次会议

2014 年 2 月 14 日在富阳市文化中心 1 号会议室召开。富阳市人大常委会主任、副主任、委员共 22 人出席会议，市人民政府市长、副市长、市人民法院院长、市人民检察院检察长、市人大常委会正市级巡视员、市人大常委会各委办、各人大街道工委、部分乡镇人大负责人列席会议。会议听取和审议有关辞职事项，作出《关于接受胡狄华辞去富阳市第十五届人民代表大会代表职务的决定》；通过有关人事任免；会议决定接受徐林亮、张振军辞去富阳市人民政府副市长职务，决定任命杨国正为富阳市人民政府副市长。

第二十一次会议

2014 年 3 月 25 日在富阳市文化中心 1 号会议室召开。富阳市人大常委会主任、副主任、委员共 21 人出席会议，市人民政府有关副市长、市人民检察院检察长、市政协有关副主席、市人大常委会正市级巡视员、市人大常委会各委办、各人大街道工委负责人、部分乡镇人大主席、副主席和市人大代表列席会议。会议听取和审议市人民政府“关于富阳市 2014 年市级部门预算和 5 个街道及经济技术开发区预算编制情况的报告”，决定批准这个报告；审议通过有关人事任免。

第二十二次会议

2014 年 5 月 29 日在富阳市文化中心 1 号会议室召开。富阳市人大常委会主任、副主任、委员共 22 人出席会议，市人民政府有关副市长、市人民法院院长、市人民检察院检察长、市政协有关副主席、市人大常委会正市级巡视员、市人大常委会各委办、各人大街道工委负责人、部分乡镇人大主席、副主席和市人大代表列席会议。会议听取和审议市人民政府“关于《浙江省饮用水水源保护条例》执法检查审议意见落实情况的报告”及市人大常委会跟踪检查报告；审议通过有关人事任免。市人大常委会主任汤金华向新任命人员颁发了任命书。

第二十三次会议

2014 年 7 月 31 日在富阳市文化中心 1 号会议室召开。富阳市人大常委会主任、副主任、委员共 22 人出席会议，市人民政府市长、有关副市长、市人民检察院检察长、市人大常委会正市级巡视员、市人大常委会各委办、各人大街道工委负责人、部分乡镇人大主席、副主席和市人大代表列席会议。会议听取和审议“饮用水水源保护审议意见落实情况跟踪检查的审议意见”；听取和审议市人大常委会法官履职评议工作组“关于法官履职评议工作情况的报告”；听取和审议市人民政府“关于富阳市2013年财政决算报告”和“富阳市2013年财政预算执行和其他财政收支审计情况的报告”；审议通过有关人事任免，会议作出《关于接受韩璐辞去富阳市人民政府副市长职务的决定》《关于任命方铁道为富阳市人民政府副市长的决定》。市人大常委会主任汤金华向新任命人员颁发了任命书。

第二十四次会议

2014年9月29日在富阳市文化中心1号会议室召开。富阳市人大常委会主任、副主任、委员共21人出席会议，市人民政府有关副市长、市人民法院院长、市人民检察院检察长、市政协有关副主席、市人大常委会各委办、各人大街道工委负责人、部分乡镇人大主席、副主席和市人大代表列席会议。会议听取和审议市人民法院、市人民检察院、市公安局、市司法局分别所作的“关于贯彻实施《刑事诉讼法》情况的报告”和市人大常委会执法检查组“执法检查情况的报告”；审议通过《富阳市人民代表大会常务委员会审议意见办理办法》《富阳市人民代表大会常务委员会专题询问办法》；审议通过有关人事任免。市人大常委会主任汤金华向新任命人员颁发了任命书。

第二十五次会议

2014年11月26日至27日在富阳市文化中心1号会议室召开。富阳市人大常委会主任、副主任、委员共20人出席会议，市人民政府有关副市长、市人大常委会正市级巡视员、市人民政府相关职能部门、市人大常委会各委办、各人大街道工委负责人、部分乡镇人大主席、副主席和市人大代表列席会议。会议听取和审议市人民政府“关于富阳市十五届人大以来，大会议案及富阳市十五届人大三次会议代表建议办理情况的报告”；听取和审议市人民政府“关于《义务教育法》贯彻实施情况的报告”和市人大常委会执法检查报告；听取和审议“关于召开富阳市第十五届人大四次会议的说明”，决定该次会议于2015年1月下旬在富春街道举行。会议期间，市人大常委会还举行了《义务教育法》及“高考制度改革”专题讲座。

第二十六次会议

2014年12月30日在富阳市文化中心1号会议室召开。富阳市人大常委会主任、副主任、委员共23人出席会议，市人民政府有关副市长、市人民法院院长、市人民检察院、市人大常委会各委办、各人大街道工委负责人及在富的杭州市人大代表列席会议。会议听取了市人大常委会各街道工委的工作报告；听取部分在富的杭州市人大代表年度述职报告；审议通过有关人事任免。

第二十七次会议

2015 年 1 月 15 日在富阳市文化中心 1 号会议室召开。富阳市人大常委会主任、副主任、委员共 17 人出席会议，市人民政府有关副市长、市人民检察院检察长、市人大常委会正市级巡视员、市人民法院、市人大常委会各委办、各人大街道工委负责人列席会议。会议听取和初审富阳市人民政府“关于富阳市 2014 年国民经济和社会发展计划执行情况与 2015 年国民经济和社会发展计划草案报告”“关于富阳市 2014 年财政预算执行情况和 2015 年财政预算草案报告”“富阳市人大常委会工作报告”，会议通过上述 3 个报告，决定提交富阳市第十五届人大四次会议审议；听取和审议富阳市人大常委会 2015 年工作要点，同意提交富阳市第十五届人大四次会议向代表通报；会议初审了“富阳市人民政府工作报告”、“富阳市人民法院工作报告”、“富阳市人民检察院工作报告”征求意见稿；听取“富阳市第十五届人大四次会议筹备工作情况报告”；通过富阳市第十五届人大四次会议议程、日程、有关建议名单和代表提交议案截止时间的决定（草案），决定提交富阳市第十五届人大四次会议预备会议和大会主席团会议通过；听取和审议富阳市第十五届人大常委会代表资格审查委员会“关于代表资格的审查报告”。

第五章 人事任免

根据有关法律和《富阳市人民代表大会常务委员会人事任免工作办法》的规定，富阳市(县)人大常委会人事任免范围是：在市(县)人民代表大会闭会期间，市(县)人大常委会主任因故不能担任职务时，从市(县)人大常委会副主任中推选市(县)人大常委会代理主任；决定任免市(县)人民政府个别副市(县)长；在市(县)长因故不能担任职务时，从市(县)人民政府副市(县)长中决定代理市(县)长人选；决定任免市(县)人民政府办公室主任、局长；任免市(县)人民法院副院长，庭长、副庭长、审判委员会委员、审判员；市(县)人民法院院长因故不能担任职务时，从市(县)人民法院副院长中决定代理院长人选；任免市(县)人民检察院副检察长、检察委员会委员、检察员；市(县)人民检察院检察长因故不能担任职务时，从市(县)人民检察院副检察长中决定代理检察长的人选；任免市(县)人大常委会办公室、各工作委员会的主任、副主任及各工作委员会委员；通过市(县)人大常委会代表资格审查委员会主任委员、副主任委员和委员人选；决定接受市(县)人大常委会主任、副主任、委员和市(县)人民政府市(县)长、副市(县)长，市(县)人民法院院长、市(县)人民检察院检察长的辞职；决定撤销由市(县)人大常委会任命的市(县)人民政府其他组成人员和市(县)人民法院副院长、庭长、副庭长、审判委员会委员、审判员，市(县)人民检察院副检察长、检察委员会委员、检察员的职务；补选杭州市人民代表大会出、缺的代表和罢免个别代表职务。

为保证正确行使人事任免权，1985 年 1 月 8 日，富阳县第八届人大常委会第二次会议讨论通过《富阳县人大常委会人事任免暂行办法》；1986 年 11 月 21 日，县八届人大常委会第十七次会议讨论通过《富阳县人大常委会关于改进人事任免表决办法的意见》；1990 年 4 月 19 日，县十届人大常委会第一次会议通过《富阳县人大常委会人事任免暂行办法》（修正），对任免范围、任免程序、任免手段等作出具体规定。自县八届人大常委会第十七次会议起，县人大常委会决定人事任免事项，改举手表决为部分无记名投票表决，即：决定代理市（县）长、代理法院院长、代理检察院检察长，决定任免个别副市（县）长和市（县）人民政府职能部门行政正职，任免市（县）人民法院副院长和市（县）人民检察院副检察长，以及任免市（县）人大常委会办公室主任、副主任和市（县）人大常委会各工作委员会主任、副主任，一律采用无记名投票方式进行表决；其他人员的任免采用举手方式进行表决。自 1990 年 4 月起，用无记名投票方式进行表决人事任免的范围扩大至市（县）人民法院审判委员会委员、市（县）人民检察院检察委员会委员和所有的撤职议案。自县八届人大常委会起，对人大常委会任命的干部颁发任命书。颁发任命书的形式有两种：一是换届任命时，由市（县）人大常委会召开颁发任命书大会（1987 年 6 月 29 日，县第九届人大常委会在县商业局会场召开颁发干部任命书大会，向被任命 30 名县人民政府组成人员和 2 名县人大常委会办公室干部颁发任命书；1990 年 4 月 29 日，县第十届人大常委会在中型会议室召开第二次颁发干部任命书大会）；二是个别任命时，由市（县）人大常委会主任或副主任到有关部门召开会议，颁发任命书。或通知被任命干部到人大常委会机关来，由领导与其谈话，颁发任命书。

富阳市（县）人大常委会设立以后，至市第十五届人大常委会第二十七次会议止，共依法任免地方国家机关工作人员 2036 人次。分别是：任免市（县）人大常委会工作人员 612 人次；任免市（县）人民政府组成人员 574 人次；任免市（县）人民法院人员 638 人次；任免市（县）人民检察院人员 212 人次。

第一节　第七届人大常委会人事任免

人大常委会第一次会议（1981 年 3 月 3 日）

任命：

李端银　祝惜峰　杨逢春　姜万年　姜德厚　魏殿海为富阳县人民法院审判委员会委员

祝惜峰为富阳县人民法院副院长

姜万年为富阳县人民法院刑事审判庭庭长
姜德厚为富阳县人民法院民事审判庭庭长
魏殿海为富阳县人民法院民事审判庭副庭长
胡文玉为富阳县人民法院龙羊人民法庭庭长
裘永祥为富阳县人民法院新登人民法庭副庭长
孙献清为富阳县人民法院场口人民法庭庭长
江世宏为富阳县人民法院场口人民法庭副庭长
章培荣为富阳县人民法院大源人民法庭庭长
秦家康为富阳县人民法院青云人民法庭庭长
孙以水　韩金法　吕展鹏为富阳县人民法院审判员
洪三宝为富阳县人民检察院副检察长
汪家坤　洪三宝　沈振伟　周铭春　葛裕年为富阳县人民检察院检察委员会委员
沈振伟　周铭春　汪锦汉　蒋春元　葛裕年　汪金良　贾永德　金生荣　楼金山为富阳县人民检察院检察员

免去：

陈　斌的富阳县人民法院新登人民法庭庭长职务
邱全法的富阳县人民法院新登人民法庭副庭长职务

人大常委会第三次会议（1981 年 7 月 17 日）

决定任命：

余坤生为富阳县水利电力局局长
潘樟标为富阳县社队企业管理局局长

任命：

吕展鹏为富阳县人民法院青云人民法庭副庭长
倪国培　张祝华　陈逸民　胡立新为富阳县人民法院审判员

人大常委会第七次会议（1982 年 4 月 15 日）

任命：

梁金华为富阳县人民法院经济审判庭庭长
裘永祥为富阳县人民法院新登人民法庭庭长
孙以水为富阳县人民法院刑事审判庭副庭长
吕展鹏为富阳县人民法院刑事审判庭副庭长

骆来法为富阳县人民法院大源人民法庭副庭长
黄顺林为富阳县人民法院民事审判庭副庭长
许荣跃为富阳县人民法院青云人民法庭副庭长
何太荣为富阳县人民法院场口人民法庭副庭长
朱加根为富阳县人民法院新登人民法庭副庭长
姜春水为富阳县人民法院新登人民法庭副庭长
章生培　王德宏　姜志东为富阳县人民法院审判员
王传木　姚玉明　陈本昌　董燮源为富阳县人民检察院检察员

免去：

吕展鹏的富阳县人民法院青云人民法庭副庭长职务

人大常委会第十次会议（1982 年 9 月 19 日）

任命：

汪锦汉为富阳县人民检察院副检察长、检察委员会委员

人大常委会第十四次会议（1983 年 3 月 17 日）

任命：

钟守真　胡金波　朱张山为富阳县人民检察院检察员

人大常委会第十八次会议（1983 年 11 月 16 日）

决定接受：

洪德森辞去富阳县县长职务

决定：

汪力忠为富阳县副县长、代理县长

人大常委会第十九次会议（1984 年 2 月 18 日）

任命：

蒋汉有为富阳县人大常委会办公室主任

决定任命：

俞正言为富阳县人民政府办公室主任
张治平为富阳县经济委员会主任
刘秀文为富阳县计划委员会主任
汪伯连为富阳县科学技术委员会主任

朱茂翰为富阳县计划生育委员会主任
王洪琪为富阳县体育运动委员会主任
陈乃斌为富阳县人事局局长
贾冠雄为富阳县审计局局长
邵荫棠为富阳县财税局局长
王志雄为富阳县商业局局长
黄荣良为富阳县农业局局长
葛扬安为富阳县水电局局长
翁文化为富阳县林业局局长
蒋增福为富阳县文化广播电视局局长
杨关勤为富阳县教育局局长
叶正川为富阳县卫生局局长
徐玉生为富阳县老干部管理局局长

决定免去：

余坤生的富阳县水电局局长职务

人大常委会第二十次会议（1984 年 3 月 3 日）

决定任命：

张秀森为富阳县人民政府副县长
沈建国为富阳县人民政府副县长
沈桂根为富阳县公安局局长
黄坤良为富阳县社队企业管理局局长

决定免去：

潘樟标的富阳县社队企业管理局局长职务

任命：

汪锦汉为富阳县人民法院副院长、代理院长、审判委员会委员
姜志东为富阳县人民法院副院长、审判委员会委员
汪金良为富阳县人民检察院副检察长、检察委员会委员
王传木为富阳县人民检察院副检察长、检察委员会委员

决定接受：

李端银辞去富阳县人民法院院长职务

免去：

汪锦汉的富阳县人民检察院副检察长、检察委员会委员职务

洪三宝的富阳县人民检察院副检察长职务

人大常委会第二十一次会议（1984 年 3 月 25 日）

决定免去：

余大白　刘　鸿的富阳县人民政府副县长职务

决定接受：

郭善龄和张建华　范培忠　周文全　陈顺德　李志善辞去富阳县人大常委会主任和副主任职务

人大常委会第二十二次会议（1984 年 5 月 30 日）

决定任命：

陈　杰为富阳县城乡建设环境保护局局长

决定免去：

葛扬安的富阳县水电局局长职务

任命：

许云玉　汪光景　孙文虎　汪满富为富阳县人民检察院检察员

朱加根为富阳县人民法院民事审判庭庭长

江世宏为富阳县人民法院场口人民法庭庭长

吕展鹏为富阳县人民法院民事审判庭副庭长

黄春生为富阳县人民法院刑事审判庭副庭长

陈宝林为富阳县人民法院经济审判庭副庭长

赵如清　汪金林　商塘雪　何胜年　骆观棣　周关喜　戴财富　叶达先　何海根为富阳县人民法院审判员

免去：

姜德厚的富阳县人民法院民事审判庭庭长职务

吕展鹏的富阳县人民法院刑事审判庭副庭长职务

倪国培的富阳县人民法院审判员职务

第二节　第八届人大常委会人事任免

人大常委会第二次会议（1985 年 1 月 10 日）

决定任命：

俞正言为富阳县人民政府办公室主任

刘秀文为富阳县计划委员会主任
张治平为富阳县经济委员会主任
汪伯连为富阳县科学技术委员会主任
朱茂翰为富阳县计划生育委员会主任
王洪琪为富阳县体育运动委员会主任
沈桂根为富阳县公安局局长
陈荣富为富阳县民政局局长
杨关勤为富阳县教育局局长
邵荫棠为富阳县财税局局长
叶正川为富阳县卫生局局长
王志雄为富阳县商业局局长
孙复东为富阳县水电局局长
金永基为富阳县物资局局长
陈　杰为富阳县城乡建设环境保护局局长
贾冠雄为富阳县审计局局长
黄荣良为富阳县农业局局长
翁文化为富阳县文化局局长
黄坤良为富阳县乡镇企业管理局局长

决定免去：

蒋增福的富阳县文化广播电视局局长职务

任命：

汪金良为富阳县人民检察院代理检察长
钟西平为富阳县人大常委会办公室副主任

人大常委会第三次会议（1985 年 3 月 1 日）

决定：

董自强为富阳县人民政府副县长、代理县长

人大常委会第六次会议（1985 年 7 月 6 日）

决定免去：

刘秀文的富阳县计划委员会主任职务
陈乃斌的富阳县人事局局长职务
陈　杰的富阳县城乡建设环境保护局局长职务

决定任命：

刘秀文为富阳县人事局局长

人大常委会第七次会议（1985 年 8 月 29 日）

决定免去：

汪伯连的富阳县科学技术委员会主任职务

张治平的富阳县经济委员会主任职务

黄坤良的富阳县乡镇企业管理局局长职务

王志雄的富阳县商业局局长职务

决定任命：

钟建生为富阳县粮食局局长

郎渭虎为富阳县劳动局局长

陆关荣为富阳县商业局局长

何侠安为富阳县工商行政管理局局长

人大常委会第八次会议（1985 年 10 月 16 日）

决定免去：

唐永富的富阳县人民政府副县长职务

任命：

朱正荣　方志根　沈康兴为富阳县人民检察院检察员

人大常委会第十一次会议（1986 年 3 月 6 日）

决定任命：

俞志龙为富阳县农业委员会主任

赵之大为富阳县科学技术委员会主任

叶荣生为富阳县经济委员会主任

王　强为富阳县文化广播电视局局长

陆增裕为富阳县教育局局长

决定免去：

杨关勤的富阳县教育局局长职务

金永基的富阳县物资局局长职务

任命：

董燮源为富阳县人民检察院检察委员会委员

金永贵为富阳县人民检察院检察员

免去：

葛裕年　沈振伟的富阳县人民检察院检察委员会委员职务

人大常委会第十四次会议（1986年5月15日）

决定任命：

蒋豫生　俞志龙为富阳县人民政府副县长

惠雪祥为富阳县乡镇企业管理局局长

人大常委会第十五次会议（1986年7月17日）

决定免去：

张秀森的富阳县人民政府副县长职务

决定任命：

吕维贤为富阳县统计局局长

免去：

裘永祥的富阳县人民法院新登人民法庭庭长职务

何太荣的富阳县人民法院场口人民法庭副庭长职务

许荣跃的富阳县人民法院青云人民法庭副庭长职务

任命：

张祝华为富阳县人民法院新登人民法庭庭长

何太荣为富阳县人民法院经济审判庭副庭长

许荣跃为富阳县人民法院执行庭副庭长

何浩生　周金水　蒋振法　裘永祥为富阳县人民法院审判员

人大常委会第十七次会议（1986年11月22日）

任命：

蒋焕根　孙文灿　金　田　刘金保　赵关松　周大中　张宏富　朱樟生　王良永为富阳县人民检察院检察员

人大常委会第十九次会议（1987年1月20日）

决定接受：

董自强辞去富阳县人民政府县长职务

人大常委会第二十次会议（1987年4月9日）

免去：

朱加根的富阳县人民法院民事审判庭庭长职务

任命：

朱加根为富阳县人民法院富阳人民法庭庭长

何海根为富阳县人民法院民事审判庭庭长

第三节　第九届人大常委会人事任免

（县九届人大一次会议选举产生）

人大常委会第二次会议（1987年6月19日）

任命：

蒋汉有为富阳县人大常委会办公室主任

钟西平为富阳县人大常委会办公室副主任

决定任命：

俞正言为富阳县人民政府办公室主任

袁朝和为富阳县计划委员会主任

叶荣生为富阳县经济委员会主任

翁文化为富阳县农业委员会主任

赵之大为富阳县科学技术委员会主任

朱茂翰为富阳县计划生育委员会主任

王洪琪为富阳县体育运动委员会主任

许仕壮为富阳县物价委员会主任

刘秀文为富阳县人事局局长

贾冠雄为富阳县审计局局长

邵荫棠为富阳县财税局局长

何尉堂为富阳县劳动局局长

沈桂根为富阳县公安局局长

黄一平为富阳县司法局局长

徐茂刚为富阳县交通局局长

惠雪祥为富阳县乡镇企业管理局局长

郎渭虎为富阳县林业局局长

孙复东为富阳县水电局局长

陆增裕为富阳县教育局局长

屠启廉为富阳县文化局局长

王　强为富阳县广播电视局局长

叶正川为富阳县卫生局局长

奚金水为富阳县物资局局长

赵庆林为富阳县城乡建设局局长

赵本明为富阳县环境保护局局长

吕维贤为富阳县统计局局长

潘樟标为富阳县经济技术协作委员会主任

钟建生为富阳县粮食局局长

陆关荣为富阳县商业局局长

何侠安为富阳县工商行政管理局局长

人大常委会第三次会议（1987年8月19日）

决定任命：

张治平为富阳县体制改革办公室主任

人大常委会第四次会议（1987年10月26日）

任命：

董燮源为富阳县人民检察院副检察长

蒋春元　朱张山为富阳县人民检察院检察委员会委员

人大常委会第五次会议（1987年12月25日）

免去：

秦家康的富阳县人民法院青云人民法庭庭长职务

何海根的富阳县人民法院民事审判庭庭长职务

姜万年的富阳县人民法院刑事审判庭庭长职务

孙以水的富阳县人民法院刑事审判庭副庭长职务

任命：

秦家康为富阳县人民法院民事审判庭庭长

何海根为富阳县人民法院刑事审判庭庭长

蒋振法为富阳县人民法院青云人民法庭副庭长

洪三宝　巴国兴　盛家安　盛培荣　李同庆为富阳县人民检察院检察员

人大常委会第六次会议（1988年2月8日）

决定免去：

惠雪祥的富阳县乡镇企业管理局局长职务

决定任命：

黄坤良为富阳县乡镇企业管理局局长

汪伯连为富阳县农业局局长

免去：

金永贵的富阳县人民检察院检察员

人大常委会第八次会议（1988年5月13日）

决定免去：

叶荣生的富阳县经济委员会主任职务

朱茂翰的富阳县计划生育委员会主任职务

决定任命：

陈　刚为富阳县监察局局长

孙应虎为富阳县计划生育委员会主任

陈华林为富阳县民政局局长

蒋关华为富阳县国土管理局局长

方永建为富阳县风景旅游管理局局长

免去：

朱张山的富阳县人民检察院检察委员会委员、检察员职务

人大常委会第九次会议（1988年7月14日）

免去：

蒋汉有的富阳县人大常委会办公室主任职务

何浩生的富阳县人民法院审判员职务

任命：

朱茂翰为富阳县人大常委会办公室主任

蒋汉有为富阳县人大常委会财政经济工作委员会主任

陈荣富为富阳县人大常委会教科文卫工作委员会主任

章汉传为富阳县人大常委会法制工作委员会主任

决定免去：

翁文化的富阳县农业委员会主任职务

王　强的富阳县广播电视局局长职务

决定任命：

胡永家为富阳县农业委员会主任

章浩根为富阳县经济委员会、对外经济贸易委员会主任

翁文化为富阳县广播电视局局长

人大常委会第十二次会议（1989年1月19日）

任命：

华祥松为富阳县人大常委会办公室副主任

免去：

刘金保的富阳县人民检察院检察员职务

人大常委会第十四次会议（1989年5月12日）

免去：

胡文玉的富阳县人民法院龙羊人民法庭庭长职务

叶达先的富阳县人民法院审判员职务

人大常委会第十七次会议（1989年10月17日）

任命：

吴初生为富阳县人民法院龙羊人民法庭庭长

何浩生富阳县人民法院审判员

人大常委会第十九次会议（1989年12月22日）

决定接受：

蒋豫生辞去富阳县人民政府副县长职务

人大常委会第二十次会议（1990年2月13日）

决定免去：

赵之大的富阳县科学技术委员会主任职务

第四节　第十届人大常委会人事任免

人大常委会第一次会议（1990年4月20日）

决定任命：

袁朝和为富阳县人民政府办公室主任

董文淦为富阳县计划委员会主任

章浩根为富阳县经济委员会、对外经济贸易委员会主任

胡永家为富阳县农村经济委员会主任

刘海根为富阳县经济体制改革办公室主任

孙丁浩为富阳县科学技术委员会主任

孙应虎为富阳县计划生育委员会主任

王洪琪为富阳县体育运动委员会主任

刘秀文为富阳县人事局局长

陈　刚为富阳县监察局局长

崔浣如为富阳县审计局局长

何尉堂为富阳县劳动局局长

奚金水为富阳县物资局局长

赵庆林为富阳县城乡建设局局长

赵本明为富阳县环境保护局局长

许仕壮为富阳县物价委员会主任

鲍学红为富阳县风景旅游管理局局长

潘樟标为富阳县经济协作办公室主任

徐茂刚为富阳县交通局局长

黄坤良为富阳县乡镇企业管理局局长

汪伯连为富阳县农业局局长

郎渭虎为富阳县林业局局长

孙复东为富阳县水利电力局局长

邵荫棠为富阳县财政局、税务局局长

刘瑞林为富阳县工商行政管理局局长

钟建生为富阳县粮食局局长

张治平为富阳县商业局局长

屠启廉为富阳县文化局局长

李亚元为富阳县教育局局长

周江生为富阳县广播电视局局长

叶正川为富阳县卫生局局长

董鸣九为富阳县公安局局长

俞成新为富阳县司法局局长
陈华林为富阳县民政局局长

任命：

钟西平为富阳县人大常委会办公室主任
贾冠雄为富阳县人大常委会财政经济工作委员会主任
黄国铨　蓝练根　孙茂昌　倪绍兰　王兆祥　周海龙　蒋　频为富阳县人大常委会财政工作委员会委员
陈荣富为富阳县人大常委会教科文卫工作委员会主任
龚　萍　马银兰　何太康　陆阿珍　胡志成　赵小奎　杨　骏为富阳县人大常委会教科文卫工作委员会委员
章汉传为富阳县人大常委会法制工作委员会主任
王栋臣　张本和　郭芬兰　徐苏敏　董志杏　洪三宝　杨逢春　冯生土　章全隆　金永贵为富阳县人大常委会法制工作委员会委员

人大常委会第二次会议（1990 年 6 月 15 日）

决定任命：

吕维贤为富阳县土地管理局局长
韩富荣为富阳县统计局局长

任命：

秦家康　何胜年　何海根　章培荣为富阳县人民法院审判委员会委员

免去：

杨逢春　姜万年　姜德厚的富阳县人民法院审判委员会委员职务

人大常委会第三次会议（1990 年 8 月 15 日）

任命：

朱张山为富阳县人民法院审判员

人大常委会第四次会议（1990 年 10 月 11 日）

任命：

金永贵为富阳县人大常委会法制工作委员会副主任

免去：

华祥松的富阳县人大常委会办公室副主任职务

人大常委会第五次会议（1990 年 12 月 8 日）

任命：

郭芬兰为富阳县人大常委会教科文卫工作委员会副主任

人大常委会第七次会议（1991 年 3 月 13-14 日）

决定任命：

方永建为富阳县对外经济贸易委员会主任

何侠安为富阳县财贸办公室主任

黄　强为富阳县工业局局长

决定免去：

章浩根兼任的富阳县对外经济贸易委员会主任职务

任命：

许荣跃为富阳县人民法院执行庭庭长

朱张山为富阳县人民法院执行庭副庭长

周云标　孙生水为富阳县人民法院审判员

免去：

吕展鹏的富阳县人民法院民事审判庭副庭长职务

人大常委会第八次会议（1991 年 5 月 6-8 日）

任命：

朱顺楠为富阳县人民法院审判员、大源人民法庭庭长

骆来法为富阳县人民法院富阳人民法庭副庭长

免去：

骆来法的富阳县人民法院大源人民法庭副庭长职务

人大常委会第九次会议（1991 年 7 月 15-17 日）

免去：

董燮源的富阳县人民检察院副检察长、检察委员会委员、检察员职务

任命：

喻关德为富阳县人大常委会代表工作委员会主任

夏有钦为富阳县人大常委会办公室副主任

人大常委会第十一次会议（1991 年 11 月 11-13 日）

任命：

许云钰　孙文虎为富阳县人民检察院检察委员会委员

免去：

蒋　频的富阳县人大常委会财政经济工作委员会委员职务

人大常委会第十二次会议（1992 年 1 月 10 日）

决定免去：

奚金水的富阳县物资局局长职务

决定任命：

刘　林为富阳县物资局局长

人大常委会第十三次会议（1992 年 2 月 19 日）

任命：

刘渭华　徐林亮　陈兴文　骆永康　史培荣　赵金根为富阳县人大常委会代表工作委员会委员（兼）

人大常委会第十五次会议（1992 年 5 月 6 日）

任命：

蒋荣泉　王益民为富阳县人民检察院检察员

免去：

周铭春的富阳县人民检察院检察委员会委员、检察员职务

葛裕年　沈振伟的富阳县人民检察院检察员职务

人大常委会第十六次会议（1992 年 7 月 18 日）

决定免去：

何关新的富阳县人民政府副县长职务

决定任命：

章浩根为富阳县人民政府副县长

免去：

巴国兴的富阳县人民检察院检察员职务

人大常委会第十七次会议（1992 年 7 月 25 日）

决定任命：

宋显敏为富阳县人民政府科技副县长

人大常委会第十八次会议（1992 年 9 月 21-23 日）

任命：

赵如清为富阳县人民法院金融法庭庭长

王金才为富阳县人民法院经济审判庭副庭长

免去：

朱张山的富阳县人民法院执行庭副庭长、审判员职务

人大常委会第二十次会议（1992 年 11 月 28 日）

决定任命：

朱寅传为富阳县人民政府副县长

决定接受：

周宝法辞去富阳县人民政府县长职务

决定：

朱寅传为富阳县人民政府代理县长

人大常委会第二十一次会议（1992 年 12 月 15 日）

决定任命：

周福根为富阳县经济技术协作办公室主任

决定免去：

潘樟标的富阳县经济技术协作办公室主任职务

任命：

斯金锦为富阳县人民法院副院长

人大常委会第二十二次会议（1993 年 2 月 5 日）

任命：

胡志成为富阳县人大常委会办公室副主任

周红梅为富阳县人大常委会代表工作委员会副主任

斯金锦为富阳县人民法院审判委员会委员

决定免去：

黄坤良的富阳县乡镇企业管理局局长职务

决定任命：

吕玉生为富阳县乡镇企业管理局局长

第五节　第十一届人大常委会人事任免

人大常委会第一次会议（1993年4月5-6日）

任命：

董良兴为富阳县人大常委会办公室主任

陈荣富为富阳县人大常委会财政经济工作委员会主任

王洪琪为富阳县人大常委会教科文卫工作委员会主任

钟西平为富阳县人大常委会法制工作委员会主任（兼）

免去：

钟西平的富阳县人大常委会办公室主任职务

贾冠雄的富阳县人大常委会财政经济工作委员会主任职务

陈荣富的富阳县人大常委会教科文卫工作委员会主任职务

决定任命：

袁朝和为富阳县人民政府办公室主任

许保金为富阳县计划委员会主任

黄坤良为富阳县经济委员会主任

孙应虎为富阳县农村经济委员会主任

孙丁浩为富阳县对外经济贸易委员会主任

惠雪祥为富阳县财贸办公室主任

刘海根为富阳县经济体制改革委员会主任

黄　强为富阳县科学技术委员会主任

孙佩优为富阳县计划生育委员会主任

鲍学红为富阳县体育运动委员会主任

盛培建为富阳县人事局局长

陈华林为富阳县民政局局长

陈　刚为富阳县监察局局长

华祥松为富阳县审计局局长

陈樟荣为富阳县统计局局长

何尉堂为富阳县劳动局局长
刘　林为富阳县物资局局长
赵庆林为富阳县城乡建设局局长
赵本明为富阳县环境保护局局长
崔浣如为富阳县物价局局长
吕维贤为富阳县土地管理局局长
蒋关华为富阳县风景旅游管理局局长
周福根为富阳县人民政府经济技术协作办公室主任
骆　亿为富阳县工业局局长
徐茂刚为富阳县交通局局长
吕玉生为富阳县乡镇企业管理局局长
胡珠龙为富阳县农业局局长
郎渭虎为富阳县林业局局长
葛荣发为富阳县水利电力局局长
屠辛庚为富阳县财政局、税务局局长
何侠安为富阳县工商行政管理局局长
陆关荣为富阳县粮食局局长
张治平为富阳县商业局局长
屠启廉为富阳县文化局局长
李亚元为富阳县教育局局长
周江生为富阳县广播电视局局长
叶正川为富阳县卫生局局长
汪锦汉为富阳县公安局局长（兼）
俞成新为富阳县司法局局长

人大常委会第二次会议（1993 年 6 月 6-7 日）

任命：

何胜年为富阳县人民法院副院长
喻关德为富阳县人大常委会代表工作委员会主任
周红梅为富阳县人大常委会代表工作委员会副主任
杨兰芳　蓝练根　彭观友　夏德根　董纪林　汪田荣　吴忠富　吴洪春为富阳县人大常委会代表工作委员会委员
王传木为富阳县人大常委会法制工作委员会主任

金永贵为富阳县人大常委会法制工作委员会副主任

俞土良　孙柏贵　冯生土　方志根　张樟林　沈银娣为富阳县人大常委会法制工作委员会委员

陈荣富为富阳县人大常委会财政经济工作委员会主任

钟建生　黄国铨　李云桃　张治敏　陆关胜　孙奎郎　李关生　汪善火　楼金法　王健敏为富阳县人大常委会财政经济工作委员会委员

王洪琪为富阳县人大常委会教科文卫工作委员会主任

方礽臻（1998年后改方仁臻）　马银兰　徐苏敏　王丽津　章连法　袁代昌　张锡根　陆阿珍　俞佳声　张汉广为富阳县人大常委会教科文卫工作委员会委员

伊彩福　方申根　方永银　颜琦达　徐林荣　戴钰虎　陆淑雯　项开诚为富阳县人民检察院检察员

蒋振法为富阳县人民法院青云人民法庭庭长

王金才为富阳县人民法院刑事审判庭副庭长

施幼平为富阳县人民法院审判员、民事审判庭副庭长

杜　强为富阳县人民法院审判员、经济审判庭副庭长

姜伟民为富阳县人民法院审判员、富阳人民法庭副庭长

陆利英为富阳县人民法院审判员、青云人民法庭副庭长

陈海龙为富阳县人民法院审判员、新登人民法庭副庭长

黄顺林　骆来法　颜兰娟　郑社会　章青苗　吴宇云为富阳县人民法院审判员

免去：

钟西平的富阳县人大常委会法制工作委员会主任职务

郭芬兰的富阳县人大常委会教科文卫工作委员会副主任职务

蒋振法的富阳县人民法院青云人民法庭副庭长职务

骆来法的富阳县人民法院富阳人民法庭副庭长职务

王金才的富阳县人民法院经济审判庭副庭长职务

黄顺林的富阳县人民法院民事审判庭副庭长职务

何浩生的富阳县人民法院审判员职务

人大常委会第三次会议（1993年8月10-11日）

免去：

李同庆　朱樟生的富阳县人民检察院检察员职务

人大常委会第四次会议（1993 年 10 月 18-19 日）

任命：

李同庆为富阳县人民法院审判员

夏有钦为富阳县人大常委会财政经济工作委员会委员

胡志成为富阳县人大常委会教科文卫工作委员会委员

赵玉龙为富阳县人大常委会法制工作委员会委员

楼雪生为富阳县人大常委会代表工作委员会委员

人大常委会第六次会议（1994 年 2 月 22-24 日）

决定任命：

李仲庆为富阳县对外经济贸易委员会主任

决定免去：

孙丁浩的富阳县对外经济贸易委员会主任职务

任命：

吴初升为富阳县人民法院执行庭庭长

郑社会为富阳县人民法院执行庭副庭长

黄根渭为富阳县人民法院龙羊人民法庭副庭长、审判员

俞金大为富阳县人民法院场口人民法庭副庭长、审判员

汪满富为富阳县人民检察院检察委员会委员

王良永为富阳县人民检察院检察委员会委员

免去：

许荣跃的富阳县人民法院执行庭庭长职务

吴初升的富阳县人民法院龙羊人民法庭庭长职务

人大常委会第八次会议（1994 年 5 月 23 日）

决定任命：

许宝金为富阳市人民政府办公室主任

袁朝和为富阳市计划委员会主任

申屠水平为富阳市经济体制改革委员会主任

陈卫新为富阳市交通局局长

姚锡荣为富阳市环境保护局局长

决定免去：

许宝金的富阳市计划委员会主任职务

袁朝和的富阳市人民政府办公室主任职务

刘海根的富阳市经济体制改革委员会主任职务

徐茂刚的富阳市交通局局长职务

赵本明的富阳市环境保护局局长职务

任命：

赵玉龙为富阳市人大常委会办公室副主任

孙丁浩为富阳市人民检察院检察员，检察委员会委员、副检察长

裘一平 邵志源 周剑鸿 马浩清 张 霖 盛国强 吴兴良 马群英为富阳市人民检察院检察员

免去：

斯金锦的富阳市人民法院副院长职务

金生荣的富阳市人民检察院检察员职务

人大常委会第九次会议（1994年7月21-22日）

决定任命：

梅兴隆为富阳市计划生育委员会主任

周达富为富阳市风景旅游管理局局长

决定免去：

孙佩优的富阳市计划生育委员会主任职务

蒋关华的富阳市风景旅游管理局局长职务

免去：

洪三宝的富阳市人民检察院检察员、检察委员会委员职务

人大常委会第十次会议（1994年8月25日）

免去：

张 霖的富阳市人民检察院检察员职务

人大常委会第十一次会议（1994年9月20-22日）

决定接受：

沈建国辞去富阳市人民政府副市长职务

人大常委会第十二次会议（1994 年 11 月 9 日）

任命：

张治敏为富阳市人大常委会财政经济工作委员会副主任

决定任命：

陈华林为富阳市人民政府副市长

王锡培为富阳市民政局局长

屠辛庚为富阳市地方税务局局长

徐建平为富阳市物资局局长

决定免去：

陈华林的富阳市民政局局长职务

刘　林的富阳市物资局局长职务

人大常委会第十三次会议（1994 年 12 月 28 日）

决定任命：

周关金为富阳市人民政府经济技术协作办公室主任

决定免去：

周福根的富阳市人民政府经济技术协作办公室主任职务

任命：

江世宏　刘桂华　章小林　骆怀群　董加淦　陈亚伟为富阳市人民法院审判员

免去：

江世宏的富阳市人民法院场口人民法庭庭长职务

人大常委会第十四次会议（1995 年 2 月 24 日）

任命：

朱加根为富阳市人民法院副院长

决定任命：

陆桂荣为富阳市农村经济委员会主任

孙应虎为富阳市土地管理局局长

陆林华为富阳市文化局局长

决定免去：

孙应虎的富阳市农村经济委员会主任职务

吕维贤的富阳市土地管理局局长职务

屠启廉的富阳市文化局局长职务

人大常委会第十五次会议（1995 年 4 月 22 日）

决定任命：

陈振尧为富阳市科学技术委员会主任

决定免去：

黄　强的富阳市科学技术委员会主任职务

任命：

朱加根为富阳市人民法院审判委员会委员

免去：

朱加根的富阳市人民法院富阳法庭庭长职务

人大常委会第十六次会议（1995 年 6 月 23 日）

任命：

孙武喜　汤忠华　章满群　陆国洪　盛福囡　叶　胤　钟　华　孙耿忠为富阳市人民检察院检察员

免去：

钟守真的富阳市人民检察院检察员职务

人大常委会第十八次会议（1995 年 10 月 16 日）

决定任命：

唐永祥为富阳市教育局局长

徐元根为富阳市卫生局局长

童友光为富阳市统计局局长

徐国明为富阳市林业局局长

决定免去：

李亚元的富阳市教育局局长职务

叶正川的富阳市卫生局局长职务

陈樟荣的富阳市统计局局长职务

郎渭虎的富阳市林业局局长职务

人大常委会第二十一次会议（1996 年 1 月 24-25 日）

任命：

王丽津为富阳市人大常委会教科文卫工作委员会副主任

俞进科为富阳市人民法院执行庭庭长

杜　强为富阳市人民法院经济审判庭庭长
陆利英为富阳市人民法院告诉申诉庭庭长
吴初升为富阳市人民法院富阳人民法庭庭长
黄根渭为富阳市人民法院龙羊人民法庭庭长
陆海龙为富阳市人民法院新登人民法庭庭长
俞金大为富阳市人民法院场口人民法庭庭长
董加淦为富阳市人民法院告诉申诉庭副庭长
张利群为富阳市人民法院审判员、经济审判庭副庭长
盛洪良为富阳市人民法院审判员、行政审判庭副庭长
陈宝林　何太荣　楼雪娟　来建良　林　萍为富阳市人民法院审判员

免去：

祝惜峰的富阳市人民法院副院长、审判委员会委员职务
俞进科的富阳市人民法院经济审判庭庭长职务
赵如清的富阳市人民法院金融法庭庭长职务
张祝华的富阳市人民法院新登人民法庭庭长职务
吴初升的富阳市人民法院执行庭庭长职务
陈宝林的富阳市人民法院告诉申诉庭庭长职务
何太荣的富阳市人民法院青云人民法庭庭长职务
杜　强的富阳市人民法院经济审判庭副庭长职务
陈海龙的富阳市人民法院新登人民法庭副庭长职务
俞金大的富阳市人民法院场口人民法庭副庭长职务
黄根渭的富阳市人民法院龙羊人民法庭副庭长职务
姜德厚　刘桂华的富阳市人民法院审判员职务

人大常委会第二十三次会议（1996年5月9日）

决定任命：

章刚良为富阳市人民政府办公室主任

任命：

方志根为富阳市人民检察院检察委员会委员

决定免去：

许保金的富阳市人民政府办公室主任职务

免去：

蒋春元的富阳市人民检察院检察委员会委员、检察员职务

人大常委会第二十五次会议（1996 年 9 月 5 日）

决定任命：

童富龙为富阳市民政局局长

王毓星为富阳市风景旅游管理局局长

决定免去：

王锡培的富阳市民政局局长职务

周达富的富阳市风景旅游管理局局长职务

人大常委会第二十八次会议（1996 年 11 月 27 日）

任命：

章元珍　陈文浩　丁生荣为富阳市人民检察院检察员

人大常委会第二十九次会议（1996 年 12 月 23 日）

推选：

周银铃副主任为富阳市人大常委会代理主任

决定任命：

申屠水平为富阳市人民政府办公室主任

王锡顺为富阳市监察局局长

张志根为富阳市科学技术委员会主任

何尉堂为富阳市人事局局长

傅元昌为富阳市计划委员会主任

盛培建为富阳市劳动局局长

陈　雁为富阳市物价局局长

惠雪祥为富阳市粮食局局长

赵乃先为富阳市司法局局局长

决定免去：

章刚良的富阳市人民政府办公室主任职务

陈　刚的富阳市监察局局长职务

陈振尧的富阳市科学技术委员会主任职务

盛培建的富阳市人事局局长职务

何尉堂的富阳市劳动局局长职务

崔浣如的富阳市物价局局长职务

陆关荣的富阳市粮食局局长职务

俞成新的富阳市司法局局长职务

决定任命：

唐永祥为富阳市教育委员会主任

赵庆林为富阳市建设局局长

吕玉生为富阳市乡镇企业局局长

葛荣发为富阳市水利水电局局长

任命：

钟建生为富阳市人大常委会财政经济工作委员会主任

葛时忠为富阳市人民法院副院长、审判委员会委员、审判员

王柏增为富阳市人民法院副院长、审判委员会委员、审判员

徐和青为富阳市人民检察院检察委员会委员、检察员

免去：

陈荣富的富阳市人大常委会财政经济工作委员会主任职务

赵玉龙的富阳市人大常委会办公室副主任职务

姜志东的富阳市人民法院副院长、审判委员会委员、审判员职务

何胜年的富阳市人民法院副院长、审判委员会委员、审判员职务

何海根的富阳市人民法院审判委员会委员、刑事审判庭庭长、审判员职务

盛家安的富阳市人民检察院副检察长、检察委员会委员、检察员职务

人大常委会第三十二次会议（1997年6月9日）

决定接受：

朱寅传辞去富阳市人民政府市长职务

决定任命：

孙建华为富阳市人民政府副市长、代理市长

人大常委会第三十三次会议（1997年6月27日）

任命：

戴钰虎为富阳市人民检察院检察委员会委员、副检察长

裘一平为富阳市人民检察院检察委员会委员

免去：

方志根的富阳市人民检察院检察员、检察委员会委员职务

徐和青的富阳市人民检察院检察员、检察委员会委员职务

人大常委会第三十四次会议（1997 年 8 月 14 日）

决定任命：

张建新为富阳市人民政府副市长

人大常委会第三十五次会议（1997 年 11 月 6 日）

任命：

王金才为富阳市人民法院刑事审判庭庭长、富阳市人民法院审判委员会委员

盛洪良为富阳市人民法院青云人民法庭庭长

姜伟民为富阳市人民法院执行庭副庭长

林　萍为富阳市人民法院行政审判庭副庭长

杨平洪为富阳市人民法院告诉申诉审判庭副庭长、审判员

郑社会为富阳市人民法院经济审判庭副庭长

骆怀群为富阳市人民法院富阳人民法庭副庭长

孙国生　许保安　叶丽萍　林　彬为富阳市人民法院审判员

章　明　徐勇军为富阳市人民检察院检察员

免去：

蒋振法的富阳市人民法院青云人民法庭庭长职务

王金才的富阳市人民法院刑事审判庭副庭长职务

盛洪良的富阳市人民法院行政审判庭副庭长职务

姜伟民的富阳市人民法院富阳人民法庭副庭长职务

郑社会的富阳市人民法院执行庭副庭长职务

张利群的富阳市人民法院经济审判庭副庭长职务

董加淦的富阳市人民法院告诉申诉审判庭副庭长职务

姚玉明　楼金山　项开诚的富阳市人民检察院检察员职务

人大常委会第三十六次会议（1997 年 11 月 18 日）

决定任命：

潘建平为富阳市人民政府副市长

郭建伟为富阳市公安局局长

决定免去：

汪锦汉的富阳市公安局局长职务

任命：

陈志华为富阳市人民法院审判员、审判委员会委员、副院长

吴炳林为富阳市人民检察院检察员、检察委员会委员、副检察长

决定：

陈志华为富阳市人民法院代理院长

决定接受：

汪金良辞去富阳市人民法院院长职务

人大常委会第三十八次会议（1998年1月14日）

任命：

夏有钦为富阳市人大常委会办公室主任

杨关勤为富阳市人大常委会教科文卫工作委员会主任

彭观友为富阳市人大常委会代表工作委员会主任

免去：

董良兴的富阳市人大常委会办公室主任职务

王洪琪的富阳市人大常委会教科文卫工作委员会主任职务

喻关德的富阳市人大常委会代表工作委员会主任职务

第六节　第十二届人大常委会人事任免

人大常委会第一次会议（1998年4月24日）

决定任命：

张建新为富阳市人民政府副市长

申屠水平为富阳市人民政府办公室主任

黄坤良为富阳市计划委员会主任

骆　亿为富阳市经济委员会主任

张志根为富阳市科学技术委员会主任

唐永祥为富阳市教育委员会主任

屠辛庚为富阳市财政局局长

王锡顺为富阳市监察局局长

何尉堂为富阳市人事局局长

盛培建为富阳市劳动局局长

童富龙为富阳市民政局局长

郭建伟为富阳市公安局局长

赵乃先为富阳市司法局局长

陈卫新为富阳市交通局局长

惠雪祥为富阳市粮食局局长
梅兴龙为富阳市建设局局长
孙应虎为富阳市土地管理局局长
赵庆林为富阳市环境保护局局长
华祥松为富阳市审计局局长
童友光为富阳市统计局局长
何侠安为富阳市工商行政管理局局长
陈　雁为富阳市物价局局长
陆桂荣为富阳市农村经济委员会主任
胡珠龙为富阳市农业局局长
徐国明为富阳市林业局局长
张祖国为富阳市水利水电局局长
吕玉生为富阳市乡镇企业局局长
陆林华为富阳市文化局局长
徐元根为富阳市卫生局局长
包木松为富阳市计划生育委员会主任

任命：

金永贵为富阳市人大常委会法制工作委员会主任

免去：

王传木的富阳市人大常委会法制工作委员会主任职务
孙丁浩的富阳市人民检察院检察员、检察委员会委员、副检察长职务

人大常委会第二次会议（1998 年 5 月 11 日）

任命：

王丽津　沈跃雄为富阳市人大常委会办公室副主任
胡志成为富阳市人大常委会教科文卫工作委员会副主任

免去：

胡志成的富阳市人大常委会办公室副主任职务
王丽津的富阳市人大常委会教科文卫工作委员会副主任职务
周红梅的富阳市人大常委会代表工作委员会副主任职务
朱加根的富阳市人民法院副院长职务
裘一平的富阳市人民检察院检察委员会委员、检察员职务

人大常委会第三次会议（1998 年 6 月 24 日）

任命：

彭观友为富阳市人大常委会代表工作委员会主任

夏有钦　陈国康　汪丁成　王丽津为富阳市人大常委会代表工作委员会委员

金永贵为富阳市人大常委会法制工作委员会主任

钟西平　俞成新　蓝练根　何海根　朱加根　方兴龙　王锡培为富阳市人大常委会法制工作委员会委员

钟建生为富阳市人大常委会财政经济工作委员会主任

张治敏为富阳市人大常委会财政经济工作委员会副主任

袁朝和　孙柏贵　俞利妹　沈跃雄　王健敏　楼金法　董建社　陆关胜　叶圣木为富阳市人大常委会财政经济工作委员会委员

杨关勤为富阳市人大常委会教科文卫工作委员会主任

胡志成为富阳市人大常委会教科文卫工作委员会副主任

赵小奎　方礽臻　裘立忠　王洪琪　章连法　张胜良　章锦铨　庄孝泉　李志生　裘一平为富阳市人大常委会教科文卫工作委员会委员

人大常委会第四次会议（1998 年 8 月 25 日）

任命：

杜　强为富阳市人民法院审判委员会委员

施幼平为富阳市人民法院审判委员会委员、民事审判庭庭长

蒋振法为富阳市人民法院大源人民法庭庭长

杨平洪为富阳市人民法院刑事审判庭副庭长

俞　忠为富阳市人民法院大源人民法庭副庭长、审判员

陆忠明为富阳市人民法院新登人民法庭副庭长、审判员

来建良为富阳市人民法院民事审判庭副庭长

免去：

秦家康的富阳市人民法院民事审判庭庭长职务

朱顺楠的富阳市人民法院大源人民法庭庭长职务

施幼平的富阳市人民法院民事审判庭副庭长职务

杨平洪的富阳市人民法院告诉申诉审判庭副庭长职务

人大常委会第五次会议（1998年9月24日）

决定任命：

陆洪勤为富阳市人民政府办公室主任

决定免去：

申屠水平的富阳市人民政府办公室主任职务

免去：

周云标的富阳市人民法院审判员职务

人大常委会第七次会议（1998年12月23日）

决定接受：

方仁臻辞去富阳市人大常委会委员职务

任命：

陈海龙为富阳市人民法院审判委员会委员、副院长

盛家安为富阳市人民检察院检察员、检察委员会委员、副检察长

免去：

邵志源的富阳市人民检察院检察员职务

方仁臻的富阳市人大常委会教科文卫工作委员会委员职务

人大常委会第九次会议（1999年4月27日）

任命：

赵振力为富阳市人大常委会代表工作委员会副主任

丁甲富　李叶根　章军其　章国洪　梁志安　蒋爱国为富阳市人大常委会代表工作委员会委员

人大常委会第十次会议（1999年5月17日）

决定任命：

孙柏平为富阳市财政局局长

决定免去：

屠辛庚的富阳市财政局局长职务

人大常委会第十一次会议（1999年6月25日）

任命：

林　萍为富阳市人民法院行政审判庭庭长

陆忠明为富阳市人民法院新登人民法庭庭长

马浩青　蒋焕根为富阳市人民检察院检察委员会委员

董矿平　马宝良　孙岳方　鲁建平为富阳市人民检察院检察员

免去：

陈海龙的富阳市人民法院新登人民法庭庭长职务

章培荣的富阳市人民法院行政审判庭庭长职务

林　萍的富阳市人民法院行政审判庭副庭长职务

陆忠明的富阳市人民法院新登人民法庭副庭长职务

人大常委会第十二次会议（1999年8月26日）

决定任命：

汪轶平为富阳市卫生局局长

蒋建民为富阳市教育委员会主任

决定免去：

徐元根的富阳市卫生局局长职务

唐永祥的富阳市教育委员会主任职务

人大常委会第十三次会议（1999年10月28日）

任命：

方建华　张志军　戚利尧　姜文宪　何建胜为富阳市人民法院审判员

人大常委会第十四次会议（1999年12月28日）

任命：

陈根生　许玉明为富阳市人民检察院检察员

免去：

孙武喜的富阳市人民检察院检察员职务

人大常委会第十五次会议（2000年2月28日）

决定任命：

孙应虎为富阳市物价局局长

周福根为富阳市土地管理局局长

决定免去：

陈　雁的富阳市物价局局长职务

孙应虎的富阳市土地管理局局长职务

人大常委会第十八次会议（2000年7月14日）

决定接受：

张建新辞去富阳市人民政府副市长职务

决定任命：

徐国明为富阳市交通局局长

张文法为富阳市林业局局长

吕玉生为富阳市审计局局长

胡珠龙为富阳市乡镇企业局局长

俞召泉为富阳市农业局局长

蒋舟群为富阳市人事局局长

决定免去：

徐国明的富阳市林业局局长职务

吕玉生的富阳市乡镇企业局局长职务

胡珠龙的富阳市农业局局长职务

华祥松的富阳市审计局局长职务

何尉堂的富阳市人事局局长职务

陈卫新的富阳市交通局局长职务

人大常委会第十九次会议（2000年8月1日）

任命：

杜　强为富阳市人民法院民事审判庭庭长

林　萍为富阳市人民法院经济审判庭庭长

施幼平为富阳市人民法院立案庭庭长

杨平洪为富阳市人民法院审判监督庭庭长

陆利英为富阳市人民法院行政审判庭庭长

黄根渭为富阳市人民法院新登人民法庭庭长

来建良为富阳市人民法院龙羊人民法庭庭长

楼雪娟为富阳市人民法院刑事审判庭副庭长

骆怀群为富阳市人民法院民事审判庭副庭长

陈亚伟为富阳市人民法院经济审判庭副庭长

许保安为富阳市人民法院立案庭副庭长

陈健平为富阳市人民法院审判员、执行庭副庭长
董加淦为富阳市人民法院富阳人民法庭副庭长

免去：

杜　强的富阳市人民法院经济审判庭庭长职务
林　萍的富阳市人民法院行政审判庭庭长职务
施幼平的富阳市人民法院民事审判庭庭长职务
黄根渭的富阳市人民法院龙羊人民法庭庭长职务
陆利英的富阳市人民法院告诉申诉庭庭长职务
陆忠明的富阳市人民法院新登人民法庭庭长职务
俞　忠的富阳市人民法院大源人民法庭副庭长职务
来建良的富阳市人民法院民事审判庭副庭长职务
杨平洪的富阳市人民法院刑事审判庭副庭长职务
骆怀群的富阳市人民法院富阳人民法庭副庭长职务
郑社会的富阳市人民法院经济审判庭副庭长职务

人大常委会第二十三次会议（2000年11月2日）

决定任命：

张江明为富阳市农村经济委员会主任
楼寿林为富阳市水利水电局局长

决定免去：

陆桂荣的富阳市农村经济委员会主任职务
张祖国的富阳市水利水电局局长职务
张志根的富阳市科学技术委员会主任职务

任命：

赵立群为富阳市人大常委会办公室副主任

免去：

王丽津的富阳市人大常委会办公室副主任职务

人大常委会第二十四次会议（2000年11月28日）

任命：

盛洪良　林　萍　杨平洪为富阳市人民法院审判委员会委员
董加淦为富阳市人民法院青云人民法庭副庭长

章培荣　秦家康　朱加根为富阳市人民法院审判员

免去：

盛洪良的富阳市人民法院青云人民法庭庭长职务

章培荣　秦家康　朱加根的富阳市人民法院审判委员会委员职务

董加淦的富阳市人民法院富阳人民法庭副庭长职务

人大常委会第二十五次会议（2000年12月26日）

免去：

周剑鸿　陆淑雯的富阳市人民检察院检察员职务

人大常委会第二十八次会议（2001年2月26日）

任命：

王少青为富阳市人民法院审判员、审判委员会委员、副院长

决定：

王少青为富阳市人民法院代理院长

决定接受：

周银铃辞去富阳市人大常委会副主任职务

俞正言辞去富阳市人民政府副市长职务

陈志华辞去富阳市人民法院院长职务

人大常委会第二十九次会议（2001年4月6日）

决定任命：

戚哮虎为富阳市人民政府副市长

任命：

方志根　曹玮玲为富阳市人大常委会教科文卫工作委员会委员

赵立群为富阳市人大常委会法制工作委员会委员

免去：

章连法　庄孝泉的富阳市人大常委会教科文卫工作委员会委员职务

人大常委会第三十次会议（2001年5月11日）

决定任命：

王喜法为富阳市人民政府副市长

人大常委会第三十二次会议（2001年7月4日）

决定接受：

裘立忠辞去富阳市人大常委会委员职务

免去：

裘立忠的富阳市人大常委会教科文卫工作委员会委员职务

董矿平的富阳市人民检察院检察员职务

人大常委会第三十三次会议（2001年8月22日）

任命：

汤金华为富阳市富春街道人大工作委员会主任

李叶根为富阳市富春街道人大工作委员会副主任

张泉水为富阳市东洲街道人大工作委员会主任

金国富为富阳市东洲街道人大工作委员会副主任

陆菊仙为富阳市春江街道人大工作委员会主任

戴福根为富阳市春江街道人大工作委员会副主任

吴祖仁为富阳市鹿山街道人大工作委员会主任

叶　楠为富阳市鹿山街道人大工作委员会副主任

陆忠明为富阳市人民法院执行庭庭长、审判委员会委员

吴初升为富阳市人民法院审判员、大源人民法庭庭长

来建良为富阳市人民法院民事审判庭副庭长

董加淦为富阳市人民法院立案庭副庭长

许保安为富阳市人民法院新登人民法庭副庭长

免去：

吴初升的富阳市人民法院富阳人民法庭庭长职务

来建良的富阳市人民法院龙羊人民法庭庭长职务

董加淦的富阳市人民法院青云人民法庭副庭长职务

蒋振法的富阳市人民法院大源人民法庭庭长职务

俞进科的富阳市人民法院执行庭庭长职务

蒋伟民的富阳市人民法院执行庭副庭长职务

许保安的富阳市人民法院立案庭副庭长职务

人大常委会第三十四次会议（2001年10月18日）

决定任命：

方仁臻为富阳市监察局局长

章刚良为富阳市发展计划局局长

张志根为富阳市经济贸易局局长

周红梅为富阳市科学技术局局长

童友光为富阳市民政局局长

张松泉为富阳市统计局局长

施国平为富阳市文化局局长

周左步为富阳市司法局局长

赵茂良为富阳市国土资源局局长

俞召泉为富阳市农业局局长

蒋建民为富阳市教育局局长

盛培建为富阳市劳动和社会保障局局长

包木松为富阳市计划生育局局长

决定免去：

王锡顺的富阳市监察局局长职务

童富龙的富阳市民政局局长职务

童友光的富阳市统计局局长职务

陆林华的富阳市文化局局长职务

赵乃先的富阳市司法局局长职务

任命：

张江明为富阳市富春街道人大工作委员会主任

免去：

汤金华的富阳市富春街道人大工作委员会主任职务

人大常委会第三十五次会议（2001年12月11日）

免去：

俞进科的富阳市人民法院审判员职务

人大常委会第三十八次会议（2002年5月22日）

决定接受：

孙建华辞去富阳市人民政府市长职务

决定任命：

戚哮虎为富阳市人民政府代理市长

任命：

马群英　徐勇军为富阳市人民检察院检察委员会委员

王宏达　童冬凤　徐　荣　孙红芬为富阳市人民检察院检察员

免去：

孙文虎　王良永的富阳市人民检察院检察委员会委员职务

人大常委会第三十九次会议（2002 年 7 月 23 日）

任命：

李百山为富阳市人大常委会法制工作委员会副主任

人大常委会第四十次会议（2002 年 9 月 20 日）

决定接受：

洪庆华辞去富阳市人民政府副市长职务

任命：

陆利英为富阳市人民法院审判委员会委员、民事审判第二庭庭长

杜　强为富阳市人民法院审判监督庭庭长

林　萍为富阳市人民法院民事审判第一庭庭长

俞金大为富阳市人民法院行政审判庭庭长

杨平洪为富阳市人民法院大源人民法庭庭长

来建良为富阳市人民法院场口人民法庭庭长

喻青霞为富阳市人民法院审判员、民事审判第二庭副庭长

许保安为富阳市人民法院执行庭庭长

周庶明为富阳市人民法院审判员、执行庭副庭长

吴建峰为富阳市人民法院审判员、新登人民法庭副庭长

钟一淳为富阳市人民法院审判员

谢　晗为富阳市人民法院审判员

白国海为富阳市人民法院审判员

王　强为富阳市人民法院审判员

潘　尉为富阳市人民法院审判员

免去：

陆利英的富阳市人民法院行政审判庭庭长职务

杜　强的富阳市人民法院民事审判庭庭长职务
林　萍的富阳市人民法院经济审判庭庭长职务
俞金大的富阳市人民法院场口人民法庭庭长职务
杨平洪的富阳市人民法院审判委员会委员、审判监督庭庭长职务
吴初升的富阳市人民法院大源人民法庭庭长职务
来建良的富阳市人民法院民事审判庭副庭长职务
许保安的富阳市人民法院新登人民法庭副庭长职务
陈亚伟的富阳市人民法院经济审判庭副庭长职务

人大常委会第四十一次会议（2002年11月11日）

决定任命：

董毓民为富阳市文化局局长

决定免去：

施国平的富阳市文化局局长职务

人大常委会第四十三次会议（2003年1月14日）

决定任命：

潘松萍为富阳市公安局局长

决定免去：

郭建伟的富阳市公安局局长职务

任命：

胡志成为富阳市人大常委会法制工作委员会主任
孙连娟为富阳市人大常委会财政经济工作委员会主任
沈跃雄为富阳市人大常委会教科文卫工作委员会主任
蒋　才为富阳市人大常委会代表工作委员会主任
俞其坤为富阳市人大常委会城建环保工作委员会主任

免去：

金永贵的富阳市人大常委会法制工作委员会主任职务
钟建生的富阳市人大常委会财政经济工作委员会主任职务
杨关勤的富阳市人大常委会教科文卫工作委员会主任职务
彭观友的富阳市人大常委会代表工作委员会主任职务
沈跃雄的富阳市人大常委会办公室副主任职务
胡志成的富阳市人大常委会教科文卫工作委员会副主任职务

人大常委会第四十四次会议（2003 年 2 月 17 日）

决定任命：

郎卫国为富阳市发展计划局局长

决定免去：

章刚良的富阳市发展计划局局长职务

第七节　第十三届人大常委会人事任免

人大常委会第一次会议（2003 年 4 月 24 日）

决定任命：

童定干为富阳市人民政府办公室主任
郎卫国为富阳市发展计划局局长
徐建平为富阳市经济贸易局局长
祝一君为富阳市科学技术局局长
蒋建民为富阳市教育局局长
孙柏平为富阳市财政局局长
柳士明为富阳市监察局局长
蒋舟群为富阳市人事局局长
盛培建为富阳市劳动和社会保障局局长
童友光为富阳市民政局局长
潘松萍为富阳市公安局局长
周左步为富阳市司法局局长
徐国明为富阳市交通局局长
梅兴隆为富阳市建设局局长
赵茂良为富阳市国土资源局局长
赵庆林为富阳市环境保护局局长
李国生为富阳市农业局局长
张文法为富阳市林业局局长
楼寿林为富阳市水利水电局局长
董毓民为富阳市文化局局长
汪轶平为富阳市卫生局局长
周红梅为富阳市计划生育局局长
吕玉生为富阳市审计局局长

张松泉为富阳市统计局局长

决定接受：

夏有钦辞去富阳市人大常委会委员职务

任命：

何　勇为富阳市人大常委会办公室主任

申屠裕仁为富阳市鹿山街道人大工作委员会主任

方金伟为富阳市鹿山街道人大工作委员会副主任

盛国强为富阳市人民法院审判员

姜伟民富阳市人民检察院检察员

免去：

夏有钦的富阳市人大常委会办公室主任职务

吴祖仁的富阳市鹿山街道人大工作委员会主任职务

叶　楠的富阳市鹿山街道人大工作委员会副主任职务

陈海龙的富阳市人民法院副院长、审判委员会委员、审判员职务

姜伟民的富阳市人民法院审判员职务

盛国强　汪光景的富阳市人民检察院检察员职务

人大常委会第二次会议（2003年5月20日）

任命：

林　萍为富阳市人民法院副院长

王柏增为富阳市人民法院审判员

王元新为富阳市人大常委会办公室副主任

邵立春　李叶根　陈　敏　梁志安　何增国　金国富　章国洪　傅学奎为富阳市人大常委会代表工作委员会委员

俞成新　孙庆炎　金永贵　何海根　王柏增　赵乃先　童富龙　王元新为富阳市人大常委会法制工作委员会委员

孙柏贵　朱建明　钟建生　董建社　崔伊凯　高建林　胡珠龙　徐建祥为富阳市人大常委会财政经济工作委员会委员

章叶英　杨关勤　叶继民　章锦铨　张国繁　周大清　陆国民　李志生　宋荣军为富阳市人大常委会教科文卫工作委员会委员

汤建新　彭余娣　何　勇　傅元昌　徐关铨　陈玉兰　孙　华　赵立群为富阳市人大常委会城建环保工作委员会委员

王建民　赵乃金　孟法根　陈建龙　张文明　孙柏平　任张才为富阳市富春

街道人大工作委员会委员
葛　明　杨建军　董建芬为富阳市东洲街道人大工作委员会委员
孙柏贵　唐培银　徐小娟为富阳市春江街道人大工作委员会委员
汪利荣　於宪法　朱雪荣为富阳市鹿山街道人大工作委员会委员

免去：
王柏增的富阳市人民法院副院长、审判委员会委员职务
林　萍的富阳市人民法院民事审判第一庭庭长职务

人大常委会第四次会议（2003年9月24日）
任命：
陆忠明为富阳市人民法院副院长

人大常委会第七次会议（2004年1月16日）
决定任命：
徐荣奎为富阳市国土资源局局长
决定免去：
赵茂良的富阳市国土资源局局长职务

人大常委会第八次会议（2004年4月13日）
决定任命：
王小丁为富阳市建设局局长
梅兴隆为富阳市城市管理综合行政执法局局长
决定免去：
梅兴隆的富阳市建设局局长职务
免去：
李百山的富阳市人大常委会法制工作委员会副主任职务

人大常委会第九次会议（2004年5月20日）
决定任命：
沈华清为富阳市人民政府副市长

人大常委会第十一次会议（2004 年 8 月 11 日）

任命：

杨平洪为富阳市人民法院审判委员会委员、刑事审判庭庭长

俞金大为富阳市人民法院审判委员会委员

周庶明为富阳市人民法院审判委员会委员、执行庭庭长

王金才为富阳市人民法院民事审判第一庭庭长

吴建峰为富阳市人民法院大源人民法庭庭长

骆怀群为富阳市人民法院场口人民法庭庭长

陈健平为富阳市人民法院民事审判第二庭副庭长

喻青霞为富阳市人民法院民事审判第一庭副庭长

白国海为富阳市人民法院民事审判第一庭副庭长

俞　忠为富阳市人民法院执行庭副庭长

谢　晗为富阳市人民法院执行庭副庭长

盛国强为富阳市人民法院立案庭副庭长

钟一淳为富阳市人民法院新登人民法庭副庭长

俞江群为富阳市人民法院审判员、新登人民法庭副庭长

傅红盛为富阳市人民法院审判员

王军华为富阳市人民法院审判员

顾炳木为富阳市人民法院审判员

方新平为富阳市人民法院审判员

蒋　明为富阳市人民法院审判员

黄韦卿为富阳市人民法院审判员

免去：

杨平洪的富阳市人民法院大源人民法庭庭长职务

王金才的富阳市人民法院刑事审判庭庭长职务

来建良的富阳市人民法院场口人民法庭庭长职务

陈健平的富阳市人民法院执行庭副庭长职务

周庶明的富阳市人民法院执行庭副庭长职务

喻青霞的富阳市人民法院民事审判第二庭副庭长职务

吴建峰的富阳市人民法院新登人民法庭副庭长职务

骆怀群的富阳市人民法院民事审判第一庭副庭长职务

人大常委会第十二次会议（2004年9月29日）

决定任命：

姜香儿为富阳市监察局局长

朱喜根为富阳市林业局局长

决定免去：

柳士明的富阳市监察局局长职务

张文法的富阳市林业局局长职务

任命：

金国富为富阳市富春街道人大工作委员会副主任

王淼毓为富阳市东洲街道人大工作委员会副主任

叶胜荣为富阳市人大常委会财政经济工作委员会副主任

李舒清为富阳市人大常委会代表工作委员会副主任

王淼毓　蒋孝廷为富阳市人大常委会代表工作委员会委员

王健敏为富阳市人大常委会财政经济工作委员会委员

章元珍为富阳市人大常委会法制工作委员会委员

免去：

许保安的富阳市人民法院执行庭副庭长、审判员职务

李叶根的富阳市富春街道人大工作委员会副主任职务

金国富的富阳市东洲街道人大工作委员会副主任职务

赵立群的富阳市人大常委会办公室副主任职务

张治敏的富阳市人大常委会财政经济工作委员会副主任职务

李叶根　梁志安的富阳市人大常委会代表工作委员会委员职务

钟建生　高建林的富阳市人大常委会财政经济工作委员会委员职务

杨关勤　李志生的富阳市人大常委会教科文卫工作委员会委员职务

赵立群的富阳市人大常委会城建环保工作委员会委员职务

人大常委会第十三次会议（2004年11月11日）

免去：

胡金波　汪光景　陈本昌　蒋荣泉的富阳市人民检察院检察员职务

人大常委会第十四次会议（2004年12月30日）

任命：

王　强为富阳市人民法院执行庭副庭长

楼雁鸣为富阳市人民法院新登人民法庭副庭长

董矿平为富阳市人民检察院检察员、检察委员会委员、副检察长

免去：

钟一淳的富阳市人民法院新登人民法庭副庭长、审判员职务

来建良的富阳市人民法院审判员职务

方建华的富阳市人民法院审判员职务

戴钰虎的富阳市人民检察院副检察长、检察委员会委员、检察员职务

人大常委会第十五次会议（2005年3月29日）

决定任命：

王国强为富阳市安全生产监督管理局局长

人大常委会第十六次会议（2005年5月31日）

任命：

朱琳莲　郎黎明　章林丽　孙晓华　孙锦松　朱叶青　俞连标　倪　娜

倪文良　盛金武　施海龙　余　冰　喻艳峰　王　治　董小霞　盛永淦

刘文标　王培元　郭仁嘉为富阳市人民法院人民陪审员。

人大常委会第十七次会议（2005年7月5日）

决定任命：

董毓民为富阳市文化广电新闻出版局局长

郎卫国为富阳市发展和改革局局长

周红梅为富阳市人口和计划生育局局长

叶臣欢为富阳市民族宗教事务局局长

任命：

徐舞英为富阳市人民法院审判员。

免去：

汪满富的富阳市人民检察院检察委员会委员、检察员职务

孙文虎　朱正荣的富阳市人民检察院检察员职务

人大常委会第十九次会议（2005年9月27日）

决定任命：

张泉水为富阳市城市管理综合行政执法局局长

孙　洁为富阳市司法局局长

决定免去：

梅兴隆的富阳市城市管理综合行政执法局局长职务

周左步的富阳市司法局局长职务

任命：

黄根渭为富阳市人民法院审判委员会委员、立案庭庭长

施幼平为富阳市人民法院新登人民法庭庭长

免去：

施幼平的富阳市人民法院审判委员会委员、立案庭庭长职务

黄根渭的富阳市人民法院新登人民法庭庭长职务

张泉水的富阳市东洲街道人大工作委员会主任职务

人大常委会第二十次会议（2005年12月23日）

任命：

何培叶为富阳市人大常委会城建环保工作委员会主任

刘文灿为富阳市人大常委会办公室副主任

董毓民为富阳市富春街道人大工作委员会主任

戴福根为富阳市富春街道人大工作委员会副主任

俞其坤为富阳市春江街道人大工作委员会主任

夏永平为富阳市春江街道人大工作委员会副主任

夏　芬为富阳市东洲街道人大工作委员会主任

胡海龙为富阳市鹿山街道人大工作委员会主任

孙传军　周渭军　彭志平　汪军平　陈健春　韩　辉　张国其　李中林为富阳市人民法院审判员

免去：

俞其坤的富阳市人大常委会城建环保工作委员会主任职务

王元新的富阳市人大常委会办公室副主任职务

张江明的富阳市富春街道人大工作委员会主任职务

金国富的富阳市富春街道人大工作委员会副主任职务

陆菊仙的富阳市春江街道人大工作委员会主任职务

戴福根的富阳市春江街道人大工作委员会副主任职务

申屠裕仁的富阳市鹿山街道人大工作委员会主任职务

决定任命：

朱玉谦为富阳市人事局局长

徐国明为富阳市文化广电新闻出版局局长

陆菊仙为富阳市审计局局长

张江明为富阳市劳动和社会保障局局长

吴祖仁为富阳市环境保护局局长

赵庆林为富阳市交通局局长

决定免去：

蒋舟群的富阳市人事局局长职务

董毓民的富阳市文化广电新闻出版局局长职务

吕玉生的富阳市审计局局长职务

盛培建的富阳市劳动和社会保障局局长职务

赵庆林的富阳市环境保护局局长职务

徐国明的富阳市交通局局长职务

决定接受：

彭余娣辞去富阳市人大常委会委员职务

人大常委会第二十二次会议（2006年4月13日）

任命：

沈欢芝　赵晓勤　孙武喜　刘正海　陈燕娜　章立英为富阳市人民检察院检察员

免去：

徐勇军的富阳市人民检察院检察委员会委员、检察员职务

王良永的富阳市人民检察院检察员职务

人大常委会第二十三次会议（2006年5月30日）

任命：

陶晓群为富阳市人民法院审判员

人大常委会第二十四次会议（2006年7月12日）

决定任命：

徐文光为富阳市人民政府副市长

决定接受：

戚哮虎辞去富阳市人民政府市长职务

决定任命：

徐文光为富阳市人民政府代理市长

人大常委会第二十五次会议（2006年9月4日）

决定接受：

何　勇　孙连娟辞去富阳市人大常委会委员职务

任命：

吕建新为富阳市人大常委会办公室主任

胡志成为富阳市人大常委会财政经济工作委员会主任

钟满华为富阳市人大常委会法制工作委员会主任

免去：

何　勇的富阳市人大常委会办公室主任职务

孙连娟的富阳市人大常委会财政经济工作委员会主任职务

胡志成的富阳市人大常委会法制工作委员会主任职务

决定任命：

张生良为富阳市民政局局长

决定免去：

童友光的富阳市民政局局长职务

人大常委会第二十七次会议（2006年12月8日）

决定接受：

佟桂莉辞去富阳市人大常委会主任职务

邵立春辞去富阳市人大常委会委员职务

徐文光辞去富阳市人民政府副市长职务，同时不再履行代理市长职务

王少青辞去富阳市人民法院院长职务

吴炳林辞去富阳市人民检察院检察长职务

决定任命：

张锦铭为富阳市人民政府副市长、代理市长

推选：

汪锦汉副主任为富阳市人大常委会代理主任

任命：

程建飞为富阳市人民法院审判员、审判委员会委员、副院长

吕金芳为富阳市人民检察院检察员、检察委员会委员、副检察长

决定任命：

程建飞为富阳市人民法院代理院长

第八节　第十四届人大常委会人事任免

人大常委会第一次会议（2007年3月26日）

决定任命：

沈华清为富阳市人民政府副市长

任命：

章忠安为富阳市人民法院审判员

人大常委会第三次会议（2007年6月8日）

任命：

金科科　韩峰明　陈春红　柴月锋　张少波为富阳市人民法院人民陪审员

蒋新法为富阳市人民检察院检察员

免去：

沈康兴　金　田　张宏富　颜琦达的富阳市人民检察院检察员职务

人大常委会第四次会议（2007年6月29日）

决定接受：

沈华清辞去富阳市人民政府副市长职务

决定任命：

裘富水为富阳市人民政府办公室主任

徐建平为富阳市发展和改革局局长

申屠裕仁为富阳市经济贸易局局长

蒋建民为富阳市教育局局长

祝一君为富阳市科学技术局局长

叶臣欢为富阳市民族宗教事务局局长

魏平岩为富阳市公安局局长

周大清为富阳市监察局局长

张生良为富阳市民政局局长
孙　洁为富阳市司法局局长
华之江为富阳市财政局局长
朱玉谦为富阳市人事局局长
张江明为富阳市劳动和社会保障局局长
陆兴根为富阳市建设局局长
胡海龙为富阳市规划局局长
赵庆林为富阳市交通局局长
李国生为富阳市农业局局长
朱喜根为富阳市林业局局长
楼寿林为富阳市水利水电局局长
徐国明为富阳市文化广电新闻出版局局长
汪轶平为富阳市卫生局局长
周红梅为富阳市人口和计划生育局局长
陆菊仙为富阳市审计局局长
张松泉为富阳市统计局局长
吴祖仁为富阳市环境保护局局长
张泉水为富阳市城市管理综合行政执法局局长
王国强为富阳市安全生产监督管理局局长

任命：

章强明为富阳市人民检察院检察员、检察委员会委员、副检察长

人大常委会第七次会议（2007年10月11日）

决定接受：

汤金华辞去富阳市人民政府副市长职务
柳士明　杨富强辞去富阳市人大常委会委员职务

决定任命：

孔春浩为富阳市人民政府副市长

任命：

孙燕青为富阳市人大常委会办公室副主任
许保安为富阳市人大常委会法制工作委员会副主任
饶学军为富阳市人大富春街道工作委员会主任
俞加兴为富阳市人大春江街道工作委员会主任

蒋仕名为富阳市人大春江街道工作委员会副主任
王龙华为富阳市人大东洲街道工作委员会主任
蒋中秋为富阳市人大东洲街道工作委员会副主任
孙建福为富阳市人大鹿山街道工作委员会主任
包荣祥　孙庆炎　孙燕青　余　洲　周左步　金永贵　章元珍　盛洪良　童友光为富阳市人大常委会法制工作委员会委员
王健敏　乐　华　孙柏贵　何　勇　陈振明　沈　璞　徐肖芬　徐锋敏　章军其为富阳市人大常委会财政经济工作委员会委员
包国灿　朱荣尔　沈利民　宋荣军　张彩霞　俞佳伦　俞其坤　徐志坤　童锦彬为富阳市人大常委会教科文卫工作委员会委员
朱玉坤　孙志贤　陈　敏　张恩华　骆安全　赵茂良　蒋中秋　饶学军　傅学奎为富阳市人大常委会代表工作委员会委员
丁建军　王建民　孙　华　吕建新　刘钰良　张国庆　盛其平　董柏荣为富阳市人大常委会城建环保工作委员会委员
朱明霞　何　君　孟法根　杭　萍　张文明　赵利群　柳士明为富阳市人大富春街道工作委员会委员
沈永会　俞金水　潘慧中为富阳市人大春江街道工作委员会委员
赵乃泉　董建芬　葛　明为富阳市人大东洲街道工作委员会委员
叶张贤　罗忠平　张申华为富阳市人大鹿山街道工作委员会委员
马浩青为富阳市人民检察院副检察长
吴建峰为富阳市人民法院审判委员会委员、执行庭庭长
杨平洪为富阳市人民法院大源人民法庭庭长
俞金大为富阳市人民法院刑事审判庭庭长
谢　晗为富阳市人民法院行政审判庭庭长
喻青霞为富阳市人民法院立案庭庭长
白国海为富阳市人民法院新登人民法庭副庭长
楼雪娟为富阳市人民法院执行庭副庭长
楼雁鸣为富阳市人民法院民事审判第一庭副庭长
俞江群为富阳市人民法院执行庭副庭长
俞　忠为富阳市人民法院刑事审判庭副庭长
顾炳木为富阳市人民法院新登人民法庭副庭长
张国其为富阳市人民法院大源人民法庭副庭长
王军华为富阳市人民法院执行庭副庭长

韩　辉为富阳市人民法院民事审判第一庭副庭长

免去：

刘文灿的富阳市人大常委会办公室副主任职务

董毓民的富阳市人大富春街道工作委员会主任职务

戴福根的富阳市人大富春街道工作委员会副主任职务

俞其坤的富阳市人大春江街道工作委员会主任职务

夏永平的富阳市人大春江街道工作委员会副主任职务

夏　芬的富阳市人大东洲街道工作委员会主任职务

王森毓的富阳市人大东洲街道工作委员会副主任职务

胡海龙的富阳市人大鹿山街道工作委员会主任职务

许云钰的富阳市人民检察院副检察长、检察委员会委员职务

盛家安的富阳市人民检察院副检察长、检察委员会委员职务

吴建峰的富阳市人民法院大源人民法庭庭长职务

周庶明的富阳市人民法院执行庭庭长职务

杨平洪的为富阳市人民法院审判委员会委员、刑事审判庭庭长职务

黄根渭的为富阳市人民法院审判委员会委员、立案庭庭长职务

俞金大的富阳市人民法院行政审判庭庭长职务

谢　晗的富阳市人民法院执行庭庭长职务

喻青霞的富阳市人民法院民事审判第一庭副庭长职务

白国海的富阳市人民法院民事审判第一庭副庭长职务

楼雪娟的富阳市人民法院刑事审判庭副庭长职务

楼雁鸣的富阳市人民法院新登人民法庭副庭长职务

俞江群的富阳市人民法院新登人民法庭副庭长职务

俞　忠的富阳市人民法院执行庭副庭长职务

盛国强的富阳市人民法院立案庭副庭长职务

人大常委会第十二次会议（2008年5月28日）

决定任命：

潘祖光为富阳市人民政府副市长

任命：

戴健军　何小贤　何根尧　刘观盛　韩　瑛　金利明　陈兰云　李　卡
夏鸣强　毛志勇　郦　建　陈煜琴　张荣华　项吉梁　杨凡力　厉红兵
骆益勇　何樟林　杨　青　章卓频为富阳市人民法院人民陪审员

人大常委会第十四次会议（2008 年 9 月 26 日）

决定接受：

赵茂良辞去富阳市人大常委会委员职务

任命：

孙岳芳为富阳市人民检察院检察委员会委员

姜伟民为富阳市人民检察院检察委员会委员

杨洪富为富阳市人民检察院检察员

杨鲁军为富阳市人民检察院检察员

免去：

盛国强的富阳市人民法院审判员职务

章忠安的富阳市人民法院审判员职务

钟　华的富阳市人民检察院检察员职务

人大常委会第十七次会议（2009 年 1 月 14 日）

任命：

周庶明为富阳市人民法院副院长

人大常委会第二十一次会议（2009 年 5 月 11 日）

任命：

吕建明为富阳市人大常委会财政经济工作委员会主任

沈跃雄为富阳市人大常委会代表工作委员会主任

郭一莲为富阳市人大常委会教科文卫工作委员会主任

孙丙炎为富阳市人大富春街道工作委员会主任

杨国正为富阳市人大春江街道工作委员会主任

免去：

胡志成的富阳市人大常委会财政经济工作委员会主任职务

蒋　才的富阳市人大常委会代表工作委员会主任职务

沈跃雄的富阳市人大常委会教科文卫工作委员会主任职务

李舒清的富阳市人大常委会代表工作委员会副主任职务

饶学军的富阳市人大富春街道工作委员会主任职务

俞加兴的富阳市人大春江街道工作委员会主任职务

葛时忠的富阳市人民法院副院长、审判委员会委员职务

盛永淦　倪文良　张少波　金科科的富阳市人民法院人民陪审员职务

决定任命：

包国灿为富阳市教育局局长

童锦彬为富阳市司法局局长

章永乐为富阳市农业局局长

董炳忠为富阳市林业局局长

余荣儿为富阳市水利水电局局长

周亦涛为富阳市文化广电新闻出版局局长

陆国民为富阳市卫生局局长

何春兰为富阳市人口和计划生育局局长

陈金成为富阳市统计局局长

决定免去：

蒋建民的富阳市教育局局长职务

孙　洁的富阳市司法局局长职务

李国生的富阳市农业局局长职务

朱喜根的富阳市林业局局长职务

楼寿林的富阳市水利水电局局长职务

徐国明的富阳市文化广电新闻出版局局长职务

汪轶平的富阳市卫生局局长职务

周红梅的富阳市人口和计划生育局局长职务

张松泉的富阳市统计局局长职务

人大常委会第二十三次会议（2009年6月19日）

任命：

华秋珍为富阳市人大常委会代表工作委员会副主任

黄志平为富阳市人大常委会教科文卫工作委员会副主任

杨建华为富阳市人大东洲街道工作委员会副主任

徐鑫华为富阳市人大鹿山街道工作委员会副主任

喻青霞为富阳市人民法院审判委员会委员

谢　晗为富阳市人民法院审判委员会委员

章元珍为富阳市人民检察院检察委员会委员、副检察长

包荣祥　许云钰　孙庆炎　孙燕青　余　洲　周左步　金永贵　盛洪良　童友光　为富阳市人大常委会法制工作委员会委员

王健敏　乐　华　孙柏贵　何　勇　陈振明　沈　璞　胡志成　徐肖芬　徐锋敏

章军其为富阳市人大常委会财政经济工作委员会委员
汪轶平　吴晓忠　陈健华　金　旦　俞佳伦　俞其坤　徐志坤为富阳市人大常委会教科文卫工作委员会委员
许波平　孙丙炎　陈　敏　张拥军　张恩华　李舒清　杨建华　骆安全　俞兴军　蒋　才为富阳市人大常委会代表工作委员会委员
丁建军　王建民　刘绍干　吕建新　刘钰良　夏立忠　柴建标　盛其平　楼建堂为富阳市人大常委会城建环保工作委员会委员
于林芳　朱明霞　孟法根　杭　萍　张文明　赵利群　柳士明为富阳市人大富春街道工作委员会委员
沈永会　洪良兵　俞金水为富阳市人大春江街道工作委员会委员
赵乃泉　董建芬　葛　明为富阳市人大东洲街道工作委员会委员
叶张贤　罗忠平　张申华为富阳市人大鹿山街道工作委员会委员

免去：
方金伟的富阳市人大鹿山街道工作委员会副主任职务

人大常委会第二十五次会议（2009年9月25日）

任命：
陈　伟　邵玉萍　黄　宇　盛露燕　吴旭东为富阳市人民法院人民陪审员
刘正海为富阳市人民检察院检察委员会委员

免去：
蒋焕根的富阳市人民检察院检察委员会委员职务
赵关松的富阳市人民检察院检察员职务

人大常委会第二十八次会议（2010年2月8日）

决定接受：
胡志成　蒋　才　骆安全辞去富阳市人大常委会委员职务

人大常委会第二十九次会议（2010年3月22日）

任命：
陈　平为富阳市人大常委会代表工作委员会委员

免去：
骆安全的富阳市人大常委会代表工作委员会委员职务

人大常委会第三十次会议（2010 年 5 月 28 日）

任命：

王培元　朱琳莲　章林丽　盛金武　董小霞　郭仁嘉　何　伟　陈增爱
周爱根　何　勇　王伟萍　闻惠成　应　佳　袁佩翔　许玉兵　徐贤俊
朱燕妮　陆全林　俞晓红　夏加平　史济亚　张叶春　董林明　金军锋
孙明霞　吕秋艳　徐　芳　李程科　许宇韬　孙钰夏　胡　丹　许　珊
何银斌　程　丽　董　煜　乐　天　孙小莉　胡悦玮　杨金亚　包　亮
为富阳市人民法院人民陪审员

免去：

陈兰云　吴旭东的富阳市人民法院人民陪审员职务

人大常委会第三十一次会议（2010 年 7 月 29 日）

决定接受：

潘祖光辞去富阳市人民政府副市长职务

决定任命：

吕清民为富阳市人民政府副市长

人大常委会第三十二次会议（2010 年 8 月 26 日）

任命：

俞兴军为富阳市人大常委会农业和农村工作委员会主任

决定任命：

姚利民为富阳市公安局局长

决定免去：

魏平岩的富阳市公安局局长职务

人大常委会第三十四次会议（2010 年 11 月 12 日）

决定免去：

张江明的富阳市劳动和社会保障局局长职务

任命：

吴建峰为富阳市人民法院副院长
施幼平为富阳市人民法院审判委员会委员、执行庭庭长
骆怀群为富阳市人民法院审判委员会委员
喻青霞为富阳市人民法院新登人民法庭庭长

俞江群为富阳市人民法院场口人民法庭庭长
白国海为富阳市人民法院龙羊人民法庭庭长
楼雪娟为富阳市人民法院审判委员会委员
董加淦为富阳市人民法院立案庭庭长
陈健平为富阳市人民法院民事审判第二庭庭长
顾炳木为富阳市人民法院民事审判第三庭庭长
韩　辉为富阳市人民法院新登人民法庭副庭长
陈健椿为富阳市人民法院大源人民法庭副庭长
陶晓群为富阳市人民法院刑事审判庭副庭长
傅红盛为富阳市人民法院民事审判第一庭副庭长
潘　蔚为富阳市人民法院民事审判第二庭副庭长
黄韦卿为富阳市人民法院民事审判第三庭副庭长
楼雁鸣为富阳市人民法院行政审判庭副庭长
方新平为富阳市人民法院执行庭副庭长
吴贤祥为富阳市人民法院审判员
李　晶为富阳市人民法院审判员
王奇峰为富阳市人民法院审判员
徐文斌为富阳市人民法院审判员
盛洪良为富阳市人民检察院检察员、检察委员会委员
沈欢芝为富阳市人民检察院检察委员会委员

免去：

盛洪良的富阳市人民法院审判委员会委员、审判员职务
吴建峰的富阳市人民法院执行庭庭长职务
施幼平的富阳市人民法院新登人民法庭庭长职务
骆怀群的富阳市人民法院场口人民法庭庭长职务
喻青霞的富阳市人民法院立案庭庭长职务
俞江群的富阳市人民法院执行庭副庭长职务
白国海的富阳市人民法院新登人民法庭副庭长职务
陆利英的富阳市人民法院审判委员会委员、民事审判第二庭庭长职务
楼雪娟的富阳市人民法院执行庭副庭长职务
俞　忠的富阳市人民法院刑事审判庭副庭长职务
董加淦的富阳市人民法院立案庭副庭长职务
陈健平的富阳市人民法院民事审判第二庭副庭长职务

顾炳木的富阳市人民法院新登人民法庭副庭长职务

张国其的富阳市人民法院大源人民法庭副庭长职务

韩　辉的富阳市人民法院民事审判第一庭副庭长职务

楼雁鸣的富阳市人民法院民事审判第一庭副庭长职务

蒋焕根的富阳市人民检察院检察员职务

杨洪富的富阳市人民检察院检察员职务

人大常委会第三十五次会议（2010年12月2日）

任命：

章军其　夏定和　朱美华　丁小龙　施国富　赵利娟　蒋仕名　俞一兵　陈铁强为富阳市人大常委会农业和农村工作委员会委员

免去：

俞兴军的富阳市人大常委会代表工作委员会委员职务

章军其的富阳市人大常委会财政经济工作委员会委员职务

人大常委会第三十六次会议（2010年12月21日）

决定任命：

包文明为富阳市城市管理综合行政执法局局长

决定免去：

张泉水的富阳市城市管理综合行政执法局局长职务

人大常委会第四十二次会议（2011年10月11日）

免去：

孙燕青的富阳市人大常委会办公室副主任职务

杨国正的富阳市人大春江街道工作委员会主任职务

王龙华的富阳市人大东洲街道工作委员会主任职务

孙建福的富阳市人大鹿山街道工作委员会主任职务

施幼平的富阳市人民法院审判委员会委员、执行庭庭长职务

王柏增　蒋振法的富阳市人民法院审判员职务

孙文灿　伊彩福　盛培荣　周大中的富阳市人民检察院检察员职务

任命：

章仁龙为富阳市人大春江街道工作委员会主任

胡利明为富阳市人大东洲街道工作委员会主任

倪仁渭为富阳市人大鹿山街道工作委员会主任

陈小欢为富阳市人大富春街道工作委员会副主任

刘晖娟　洪世平　柴玲怡　洪　琛　张经华为富阳市人民检察院检察员

决定任命：

章永南为富阳市审计局局长

赵骊中为富阳市发展和改革局局长

金占辉为富阳市建设局局长

蒋庆元为富阳市交通局局长

刘学军为富阳市经济贸易局局长

戴爱良为富阳市安全生产监督管理局局长

决定免去：

陆菊仙的富阳市审计局局长职务

徐建平的富阳市发展和改革局局长职务

陆兴根的富阳市建设局局长职务

赵庆林的富阳市交通局局长职务

申屠裕仁的富阳市经济贸易局局长职务

王国强的富阳市安全生产监督管理局局长职务

人大常委会第四十三次会议（2011 年 10 月 27 日）

决定任命：

邵伟斌为富阳市监察局局长

决定免去：

周大清的富阳市监察局局长职务

人大常委会第四十四次会议（2011 年 12 月 9 日）

任命：

罗　鑫为富阳市人民法院审判员、审判委员会委员、副院长

王晓光为富阳市人民检察院检察员、检察委员会委员、副检察长

决定接受：

徐文光辞去富阳市人大常委会主任职务

张锦铭辞去富阳市人民政府市长职务

孔春浩辞去富阳市人民政府副市长职务

陆献德辞去富阳市人民政府副市长职务

程建飞辞去富阳市人民法院院长职务

吕金芳辞去富阳市人民检察院检察长职务

推选：

华爱金副主任为富阳市人大常委会代理主任

任命：

罗　鑫任富阳市人民法院代理院长

王晓光任富阳市人民检察院代理检察长

决定：

章舜年为富阳市人民政府副市长、代理市长

王书评为富阳市人民政府副市长

第九节　第十五届人大常委会人事任免

人大常委会第一次会议（2012 年 3 月 23 日）

决定任命：

吕清民为富阳市人民政府副市长

张　霖为富阳市人民政府办公室主任

赵骊中为富阳市发展和改革局局长

吴祖仁为富阳市经济和信息化局局长

包国灿为富阳市教育局局长

包东根为富阳市科学技术局局长

叶臣欢为富阳市民族宗教事务局局长

姚利民为富阳市公安局局长

邵伟斌为富阳市监察局局长

张生良为富阳市民政局局长

童锦彬为富阳市司法局局长

刘学军为富阳市财政局局长

朱玉谦为富阳市人力资源和社会保障局局长

袁小军为富阳市规划局局长

金占辉为富阳市交通运输局局长

章永乐为富阳市农业局局长

董炳忠为富阳市林业局局长

余荣儿为富阳市水利水电局局长

董雄华为富阳市政府运动休闲办公室主任
方红娟为富阳市商务局局长
周亦涛为富阳市文化广电新闻出版局局长
陆国民为富阳市卫生局局长
何春兰为富阳市人口和计划生育局局长
章永南为富阳市审计局局长
陈金成为富阳市统计局局长
李百山为富阳市环境保护局局长
陈海龙为富阳市食品药品监督管理局局长
包文明为富阳市城市管理局局长
戴爱良为富阳市安全生产监督管理局局长

任命：

陈文浩为富阳市人民检察院检察委员会委员
沈立文为富阳市人大常委会办公室副主任
陈　明为富阳市人大常委会城建环保工作委员会副主任
孙庆炎　沈立文　陈小欢　张泉水　余　洲　盛洪良　陆鑫慧　章关永　朱建富　王伟琴为富阳市人大常委会法制工作委员会委员
孙柏贵　王健敏　孙金国　徐鑫华　董忠明　吴联春　郦伟兰　乐　华　杨晓来　孙　远　胡志成为富阳市人大常委会财政经济工作委员会委员
徐志坤　章仁龙　张　萍　吴晓忠　俞佳伦　汪轶平　陈健华　金　旦　何才康　孙　群为富阳市人大常委会教科文卫工作委员会委员
陈　平　倪洪水　孙丙炎　杨建华　蒋仕名　张恩华　陈　敏　陆建文　傅学奎　许波平　蒋　才为富阳市人大常委会代表工作委员会委员
吕建新　马利阳　王建民　胡明利　刘绍干　刘钰良　高云波　项文珠　柴建标　夏立忠为富阳市人大常委会城建环保工作委员会委员
桑晓霞　史廷富　倪仁渭　俞一兵　陈铁强　陈　新　夏定和　朱美华　丁小龙　施国富　赵利娟为富阳市人大常委会农业和农村工作委员会委员
鲍春香　赵利群　朱明霞　孟法根　徐晓华　叶祖泉　叶志敏为富阳市人大富春街道工作委员会委员
沈永会　俞金水　李胜峰为富阳市人大春江街道工作委员会委员
葛　明　陈本良　谢国金为富阳市人大东洲街道工作委员会委员
罗忠平　孙伯勇　汪丁成为富阳市人大鹿山街道工作委员会委员

人大常委会第二次会议（2012 年 4 月 10 日）

决定任命：

张振军为富阳市人民政府副市长

人大常委会第三次会议（2012 年 5 月 31 日）

任命：

章满群为富阳市人民检察院检察委员会委员

吴　冰　徐　斌为富阳市人民检察院检察员

人大常委会第四次会议（2012 年 8 月 9 日）

决定接受：

吕清民辞去富阳市人民政府副市长职务

决定任命：

韩　璐为富阳市人民政府副市长

楼正权为富阳市公安局局长

决定免去：

姚利民的富阳市公安局局长职务

人大常委会第五次会议（2012 年 9 月 28 日）

决定接受：

马利阳辞去富阳市人大常委会委员职务

免去：

倪仁渭的富阳市人大鹿山街道工作委员会主任职务

决定任命：

凌晓祥为富阳市民族宗教事务局局长

决定免去：

叶臣欢的富阳市民族宗教事务局局长职务

任命：

谢　晗为富阳市人民法院场口人民法庭庭长

免去：

俞江群的富阳市人民法院场口人民法庭庭长职务

谢　晗的富阳市人民法院审判委员会委员、行政庭庭长职务

陈健椿的富阳市人民法院城南人民法庭庭长职务

盛水泉的富阳市人民法院审判员职务

杨金亚　盛露燕　董　煜　包　亮的富阳市人民法院人民陪审员职务

人大常委会第六次会议（2012年11月29日）

任命：

王　强为富阳市人民法院审判委员会委员

陈健平为富阳市人民法院审判委员会委员

郑金金为富阳市人民检察院检察员

免去：

方申根的富阳市人民检察院检察员职务

人大常委会第八次会议（2013年2月7日）

决定接受：

章舜年辞去富阳市人民政府市长职务

决定任命：

黄海峰为富阳市人民政府副市长、代理市长

人大常委会第十次会议（2013年3月28日）

决定任命：

潘　渭为富阳市人民政府办公室主任

杨宏道为富阳市住房和城乡建设局局长、富阳市规划局局长

决定免去：

张　霖的富阳市人民政府办公室主任职务

金占辉的富阳市住房和城乡建设局局长职务

袁小军的富阳市规划局局长职务

任命：

陈健椿为富阳市人民法院民事审判第三庭庭长

免去：

顾炳木的富阳市人民法院民事审判第三庭庭长、审判员职务

吴初升的富阳市人民法院审判员职务

人大常委会第十二次会议（2013年5月30日）

任命：

何樟林　郦　健　陈煜琴　毛志勇　刘观盛　张荣华　杨　青　金利明

杨凡力　黄华庆　阮健桥　边洪良　孙军涛　徐学斌　钟胜宜　张建华

章欣瑜　汪恭伟　戚利达　朱　勇为富阳市人民法院人民陪审员

人大常委会第十三次会议（2013 年 6 月 27 日）

任命：

李舒清为富阳市人大春江街道工作委员会主任

裘国富为富阳市人大鹿山街道工作委员会主任

李建成为富阳市人大银湖街道工作委员会主任

张恩华为富阳市人大银湖街道工作委员会副主任

免去：

章仁龙的富阳市人大春江街道工作委员会主任职务

决定任命：

方炳林为富阳市政府运休办公室主任

决定免去：

董雄华的富阳市政府运休办公室主任职务

人大常委会第十四次会议（2013 年 8 月 2 日）

任命：

郎晓明为富阳市人大常委会法制内务司法工作委员会副主任

谢　芳为富阳市人大常委会农业和农村工作委员会副主任

孙岳芳为富阳市人民法院副院长、审判委员会委员、审判员

喻青霞为富阳市人民法院副院长

俞　忠为富阳市人民法院新登人民法庭副庭长

杨洪富为富阳市人民检察院检察委员会委员、检察员

免去：

许保安的富阳市人大常委会法制内务司法工作委员会副主任职务

陆忠明的富阳市人民法院副院长、审判委员会委员、审判员职务

林　萍的富阳市人民法院副院长、审判委员会委员、审判员职务

叶丽萍的富阳市人民法院审判员职务

孙岳芳的富阳市人民检察院检察委员会委员、检察员职务

决定任命：

尤匡领为富阳市人民政府副市长

人大常委会第十五次会议（2013 年 9 月 11 日）

决定任命：

徐林亮为富阳市人民政府副市长

人大常委会第十六次会议（2013年9月25日）

任命：

韩　辉为富阳市人民法院审判监督庭庭长

王军华为富阳市人民法院行政审判庭庭长

潘　蔚为富阳市人民法院刑事审判庭庭长

傅红盛为富阳市人民法院民事审判第一庭庭长

张国其为富阳市人民法院执行庭庭长

黄韦卿为富阳市人民法院城南人民法庭副庭长

金增儿为富阳市人民法院审判员、审判监督庭副庭长

徐文斌为富阳市人民法院立案庭副庭长

吴贤祥为富阳市人民法院民事审判第一庭副庭长

李　晶为富阳市人民法院民事审判第一庭副庭长

蒋　明为富阳市人民法院民事审判第二庭副庭长

韩亚子为富阳市人民法院审判员、民事审判第二庭副庭长

熊永义为富阳市人民法院审判员、民事审判第三庭副庭长

窦颖东为富阳市人民法院审判员、民事审判第三庭副庭长

高开封为富阳市人民法院审判员

马　骏为富阳市人民法院审判员

陈琴霞为富阳市人民法院审判员

刘颖清为富阳市人民法院审判员

何艳波　叶　慧为富阳市人民检察院检察员

免去：

楼雪娟的富阳市人民法院审判委员会委员职务

俞金大的富阳市人民法院刑事审判庭庭长职务

王金才的富阳市人民法院民事审判第一庭庭长职务

杜　强的富阳市人民法院审判监督庭庭长职务

韩　辉的富阳市人民法院新登人民法庭副庭长职务

楼雁鸣的富阳市人民法院行政审判庭副庭长职务

傅红盛的富阳市人民法院民事审判第一庭副庭长职务

潘　蔚的富阳市人民法院民事审判第二庭副庭长职务

黄韦卿的富阳市人民法院民事审判第三庭副庭长职务

人大常委会第十九次会议（2014年1月17日）

免去：

叶胜荣的富阳市人大常委会财政经济工作委员会副主任职务

王奇峰的富阳市人民法院审判员职务

任命：

赵　平为富阳市人民法院审判员、审判委员会委员、副院长

决定接受：

罗　鑫辞去富阳市人民法院院长职务

刘晓峰　孙建楠辞去富阳市第十五届人民代表大会代表职务

决定任命：

赵　平为富阳市人民法院代理院长

人大常委会第二十次会议（2014年2月14日）

决定接受：

胡狄华辞去富阳市第十五届人民代表大会代表职务

徐林亮　张振军辞去富阳市人民政府副市长职务

决定任命：

杨国正为富阳市人民政府副市长

人大常委会第二十一次会议（2014年3月25日）

免去：

徐　荣的富阳市人民检察院检察员职务

人大常委会第二十二次会议（2014年5月29日）

决定任命：

陈海龙为富阳市市场监督管理局局长

决定免去：

陈海龙的富阳市食品药品监督管理局局长职务

任命：

杨鲁军为富阳市人民检察院检察委员会委员

俞　忠为富阳市人民法院新登人民法庭庭长

施张燕　沈月宏　俞周慧　郑俊杰　郑跃龙　郦　岗　章碧忠　沃奇中
吴显英　陈　健　陶志华　朱锋平　周启帆　张灵珊　唐为铭　金江华
潘婉珍　姜仲民　王辰翌　喻　成　陈士好　董海军　徐吾东　曾莎莎
孙宇红　李马洁　陈　霞　余小亚　汪玲燕　彭小虎　刘来生　申屠赟杰
为富阳市人民法院人民陪审员

免去：

喻青霞的富阳市人民法院新登人民法庭庭长职务

俞　忠的富阳市人民法院新登人民法庭副庭长职务
章青苗的富阳市人民法院审判员职务
马群英的富阳市人民检察院检察委员会委员职务
许宇韬　杨　青　盛金武的富阳市人民法院人民陪审员职务

人大常委会第二十三次会议（2014年7月31日）

决定接受：

韩　璐辞去富阳市人民政府副市长职务

决定任命：

方铁道为富阳市人民政府副市长
杨富强为富阳市监察局局长

决定免去：

邵伟斌的富阳市监察局局长职务

任命：

汪明良为富阳市人大常委会财经工作委员会副主任
施　涌为富阳市人大常委会教科文卫工作委员会副主任
高　勤为富阳市人大常委会东洲街道工作委员会副主任

免去：

黄志平的富阳市人大常委会教科文卫工作委员会副主任职务
杨建华的富阳市人大常委会东洲街道工作委员会副主任职务

人大常委会第二十四次会议（2014年9月29日）

任命：

朱瑶瑶为富阳市人民检察院检察员
王军华为富阳市人民法院审判委员会委员
韩　辉为富阳市人民法院审判委员会委员
傅红盛为富阳市人民法院审判委员会委员
黄韦卿为富阳市人民法院交通事故审判庭庭长

免去：

黄韦卿的富阳市人民法院城南人民法庭副庭长职务

人大常委会第二十六次会议（2014年12月30日）

决定接受：

郭一莲　何培叶　杨富强辞去富阳市第十五届人民代表大会代表职务
郭一莲　何培叶辞去富阳市第十五届人大常委会委员职务

第六章　决议　决定

根据《宪法》和《地方组织法》等有关法律赋予的职权，县级人大常委会有行使本行政区域内重大事项的决定权。

1980 年 12 月 24 日，富阳县第七届人民代表大会第一次会议，选举产生了富阳县人民代表大会常务委员会以后，为保证法律法规在本行政区域内的实施和富阳市(县)人民代表大会各项决议的执行，对本行政区域内的政治、经济、教育、科学、文化、卫生、环境和资源保护、社会民族等重大事项及人民群众普遍关心的全局性的重大问题，在广泛听取人民群众和人大代表意见的基础上，通过听取报告，实地调查，审议表决等方式，充分发扬民主，集体行使决定权，作出有关决议、决定，有力地推进富阳市（县）政治文明、物质文明、精神文明、社会文明、生态文明的建设。

富阳市（县）从第七届人民代表大会以后，人大常委会先后共作出决议、决定 326 项，其中决议 61 项，决定 265 项，包括财政经济、教育卫生、环境保护、社会保障、法制宣传、社会治安和人事任免等方面。

第一节　决　议

1980 年 12 月至 2015 年 2 月，富阳市（县）人大常委会共作出决议 61 项，其中，财政经济 25 项，社会保障 4 项，法制宣传 10 项，社会治安 9 项，人事任免 3 项，其他 10 项。具体分述见下表。

历届人大常委会会议通过的决议一览表

表 4-6-1

序号	会议届次	通过时间	决 议 标 题
001	七届人大常委会四次	1981.9.26	关于认真落实整顿治安措施，争取社会治安根本好转的决议
002	七届人大常委会七次	1982.4.15	关于将打击经济领域中严重犯罪活动的斗争进行到底的决议
003	七届人大常委会十四次	1983.3.16	关于深入开展文明礼貌月活动的决议
004	七届人大常委会十七次	1983.9.9	关于严厉打击刑事犯罪活动的决议
005	八届人大常委会六次	1985.7.6	关于加强法制宣传教育、普及法律常识的决议
006	八届人大常委会十四次	1986.5.14	关于加强审计监督工作的决议

续表 4-6-1

序号	会议届次	通过时间	决 议 标 题
007	八届人大常委会二十次	1987.4.8	关于宣传贯彻全国人大常委会《关于加强法制教育维护安定团结的决定》的决议
008	九届人大常委会四次	1987.10.23	关于调整九年制义务教育规划的决议
009	九届人大常委会四次	1987.10.25	关于加强道路交通管理的决议
010	九届人大常委会四次	1987.10.25	关于加强执法工作的决议
011	九届人大常委会九次	1988.7.14	关于加强富春江防洪堤建设的决议
012	九届人大常委会九次	1988.7.14	关于保护老年人合法权益的决议
013	九届人大常委会十一次	1988.11.24	关于贯彻执行《全国人大常委会关于加强民主法制，维护安定团结，保障改革和建设顺利进行的决定》的决议
014	九届人大常委会十六次	1989.9.9	关于深入开展反贪肃贿，打击经济犯罪活动的决议
015	九届人大常委会十六次	1989.9.9	关于进一步清理整顿公司的决议
016	十届人大常委会三次	1990.8.14	关于进一步做好《中华人民共和国行政诉讼法》实施准备工作的决议
017	十届人大常委会五次	1990.12.7	关于坚决制止乱收费、乱罚款和各种摊派的决议
018	十届人大常委会八次	1991.5.8	关于深入开展法制宣传教育的决议
019	十届人大常委会十一次	1991.11.3	关于进一步完善执法检查制度的决议
020	十一届人常委会大二十三次	1996.5.8	关于批准 1995 年富阳市财政决算的决议
021	十一届人常委会大二十四次	1996.7.9	关于继续开展法制宣传教育的决议
022	十一届人大常委会二十五次	1996.9.5	关于批准《富阳市科学技术“九五”计划及 2010 年发展规划纲要》的决议
023	十一届人大常委会三十三次	1997.6.26	关于批准 1996 年富阳市财政决算的决议
024	十二届人大常委会三次	1998.6.23	关于批准 1997 年富阳市财政决算的决议
025	十二届人大常委会三次	1998.6.23	关于进一步加强法制宣传教育的决议
026	十二届人大常委会九次	1999.4.27	关于批准 1998 年富阳市财政决算的决议
027	十二届人大常委会十一次	1999.6.25	关于确保完成“三五”普法工作的决议
028	十二届人大常委会十七次	2000.5.29	关于批准富阳市 1999 年财政决算的决议
029	十二届人大常委会三十一次	2001.6.20	关于富阳市乡镇行政区划调整方案的决议
030	十二届人大常委会三十二次	2001.7.4	关于批准富阳市 2000 年财政决算的决议

续表 4-6-1

序号	会议届次	通过时间	决 议 标 题
031	十二届人大常委会三十四次	2001.10.18	关于批准市人民政府《关于调整 2001 年财政收支预算报告》的决议
032	十二届人大常委会三十四次	2001.10.18	关于进一步开展法制宣传教育的决议
033	十二届人大常委会三十八次	2002.5.22	关于批准富阳市 2001 年财政决算的决议
034	十三届人大常委会二次	2003.5.20	关于批准富阳市 2002 年财政决算的决议
035	十三届人大常委会五次	2003.10.30	关于场口镇东图乡行政区划调整方案的决议
036	十三届人大常委会九次	2004.5.20	关于批准富阳市 2003 年财政决算的决议
037	十三届人大常委会十五次	2005.3.29	关于确定人民陪审员名额及选任工作程序等相关事宜的决议
038	十三届人大常委会十六次	2005.5.31	关于批准富阳市 2004 年财政决算的决议
039	十三届人大常委会二十三次	2006.5.30	关于批准富阳市 2005 年财政决算的决议
040	十四届人大常委会二次	2007.4.25	关于新登镇、胥口镇行政区划调整的决议
041	十四届人大常委会五次	2007.8.6	关于批准富阳市 2006 年财政决算的决议
042	十四届人大常委会七次	2007.10.11	关于确定人民陪审员名额的决议
043	十四届人大常委会十三次	2008.7.24	关于批准富阳市 2007 年财政决算的决议
044	十四届人大常委会十九次	2009.3.27	关于批准市人民政府《关于富阳市城市建设投资有限公司申请发行企业债券的报告》的决议
045	十四届人大常委会十九次	2009.3.27	关于批准市人民政府就银湖新区综合改造一期工程实行融资建设有关问题的决议
046	十四届人大常委会二十三次	2009.6.19	关于批准市人民政府《关于以政府财政资金回购市政基础设施建设项目并将回购款支付列入财政预算的报告》的决议
047	十四届人大常委会二十三次	2009.6.19	关于批准市人民政府《关于富阳市城市建设投资有限公司申请发行企业债券的报告》的决议
048	十四届人大常委会二十四次	2009.8.6	关于批准富阳市 2008 年财政决算的决议
049	十四届人大常委会二十五次	2009.9.25	关于确定人民陪审员名额的决议
050	十四届人大常委会三十一次	2010.7.29	关于批准富阳市 2009 年财政决算的决议
051	十四届人大常委会四十一次	2011.7.28	关于批准富阳市 2010 年财政决算的决议
052	十四届人大常委会四十三次	2011.10.27	关于进一步加强普法教育依法治市工作的决议
053	十四届人大常委会四十三次	2011.10.27	关于批准富阳市 2011 年财政预算调整的决议
054	十五届人大常委会二次	2012.4.10	关于建设富阳市行政中心的决议
055	十五届人大常委会四次	2012.8.9	关于批准富阳市 2011 年财政决算的决议

续表 4-6-1

序号	会议届次	通过时间	决议标题
056	十五届人大常委会七次	2012.12.28	关于批准富阳市 2012 年财政预算调整的决议
057	十五届人大常委会八次	2013.2.7	关于富阳市高桥镇、受降镇行政区划调整的决议
058	十五届人大常委会十四次	2013.8.2	关于批准富阳市 2012 年财政决算的决议
059	十五届人大常委会十六次	2013.9.25	关于同意杭州市行政区划调整撤销富阳市建立富阳区方案的决议
060	十五届人大常委会十七次	2013.12.5	关于接受陈必凯等辞去杭州市第十二届人民代表大会代表职务请求的决议
061	十五届人大常委会二十三次	2014.7.31	关于批准富阳市 2013 年财政决算的决议

附　决议选编

富阳县人大常委会
关于认真落实整顿治安措施争取社会治安根本好转的决议

（1981 年 9 月 26 日县第七届人大常委会第四次会议通过）

富阳县第七届人大常委会第四次会议，认真听取了县公安局副局长李锦标所作的关于 1981 年 8 个月的工作情况和后 4 个月的工作意见的汇报。经讨论认为，富阳县今年 8 个月的治安工作是有效，对今后 4 个月的治安工作意见一致表示同意。

会议认为，搞好社会治安，是广大群众的迫切要求，是关系到四化建设能否顺利进行的一个带全局性的问题。近年来，在中共富阳县委的领导和各级人民政府的重视下，政法部门依靠人民群众，积极、主动地开展了整顿治安、安全防范工作，有力地打击了各种刑事犯罪分子的破坏活动，成绩是显著的。但由于各种原因的影响，当前富阳县的治安情况还没有根本好转，刑事犯罪活动还相当猖獗，刑事案件还在不断发生，部分犯罪分子继续在社会上为非作歹，扰乱治安。应当看到，社会治安没有根本好转，是与党风、社会风气没有根本好转相联系的。要解决这个问题，必须依靠各级党委的坚强领导，克服思想战线的涣散软弱状态，发动和组织各方面的力量，实行“综合治理”。为此，会议要求：公安、检察、法院三个部门既要互相制约，又要很好配合，运用法律武器，坚决、及时地打击各种刑事犯罪分子的破坏活动，特别是对那些杀人、放火、抢劫、强奸、爆炸以及严重危害社会的重大案件，公安部门要抓紧侦破，检察院要抓紧起诉，法院要抓紧审理。要依法从重从快惩处，而且要办得有声有色；公安司法部门要充实力量，加强业务训练，提高业务素质和破案水平；各单位要对广大干部群众深入持久地进行社会主义民主和法制教育，增强法制观念，自觉遵纪守法，并勇于对林彪江青反党集团的残余势力、各种犯罪分子的破坏活动和脱离社会主义轨道、脱离党的领导的资产阶级自由化倾向开展积极的斗争；各级人民政府要进一步加强工矿企业、城镇街道和农村基层治保调解组织的领导，切实发挥其应有的作用，认真抓好治安联防，建立和健全安全保卫责任制度，搞好各单位的内保工作；工、青、妇和宣传、教育、文化等部门要密切配合，结合开展“五讲四美”活动，共同做好青少年的思想政治教育工作。各级干部要带头做好教育子女的工作，以影响整个社会，推动全体人民去做好治安工作。

会议号召富阳县广大干部群众和公安干警，要在各级党委和人民政府的领导下，认真学习贯彻党的十一届六中全会精神，以中央〔81〕21号文件和全国人大常委会作出的三个重要法律文件为武器，团结一致，协同作战，为争取社会治安情况根本好转，进一步发展安定团结的大好形势，为保卫四化建设的顺利进行作出贡献。

富阳县人大常委会
关于将打击经济领域中严重犯罪活动的斗争进行到底的决议

（1982年4月15日县第七届人大常委会第七次会议通过）

富阳县第七届人大常委会第七次会议，认真学习了中共中央、国务院《关于打击经济领域中严重犯罪活动的决定》和全国人大常委会《关于严惩严重破坏经济的犯罪的决定》，听取了县人民政府关于前阶段打击经济领域中严重犯罪活动情况和今后部署的汇报。会议一致表示：坚决拥护和贯彻执行上述两个决定，下定决心，将打击经济领域中的严重犯罪活动进行到底。

前阶段，富阳县打击经济领域中严重犯罪活动已作了大量工作，取得了初步的效果，有的犯罪分子慑于《决定》的威力，投案自首，有的罪犯已收容审查，形势的发展是好的，会议表示满意。但是，应当看到，近两、三年来，走私贩私、贪污受贿、投机诈骗、盗窃国家和集体财产等犯罪活动相当严重，如果不采取坚决措施，严厉打击这种犯罪活动，任其发展下去，就将对富阳县社会主义事业的前途产生极大危害。为此，特作如下决议：

一、富阳县人民必须充分认识经济领域中犯罪活动的严重性、危害性和危险性，提高对这场斗争的必要性、迫切性和必胜性的认识。

必须看到，除了战争危险之外，那种使党衰败下去，走向“和平演变”的危险性依然存在；经济领域中严重犯罪活动，比三十年前的“三反”、“五反”时期严重得多；在思想文化领域和整个社会风气方面，资本主义腐朽思想、封建主义残余的侵蚀和崇洋媚外等现象的严重性，也是建国以来少有的，尤其不可忽视的是：经济领域中严重犯罪活动，往往是少数国家工作人员，甚至是担负相当领导职务的干部支持或参与犯罪活动，腐蚀了干部队伍，损害了党和国家的肌体和信誉，毒化人们的思想，污染社会风气，破坏经济建设，影响社会安定。这是社会主义社会在新的历史条件下，阶级斗争在经济领域里的重要表现，是一场关系社会主义现代化建设成败，关系到中国共产党和国家盛衰存亡的重大斗争。

面对这场严重斗争，各级人民政府和各个部门必须立即行动起来，顺应历史潮流，放开眼光，拿出魄力，打开局面，抓住重点，深入下去；各级干部，特别是各级领导干部，要在这场斗争中，做一个坚定的、清醒的、有作为的人，而不作“平庸之辈、昏愦之徒”。

对经济领域中的犯罪活动，广大干部和人民是深恶痛绝的；两个“决定”发布以后，广大干部和人民大快人心。只要切实贯彻执行中央的两个《决定》，一定能够取得这场斗争的全胜。

二、必须坚持在党的领导下，正确掌握党的方针、政策，正确运用法律武器，稳准狠地打击一切严重破坏经济的犯罪分子。

在这场斗争中，一方面态度要坚决，打击要有力；另一方面，重点要明确，步骤要稳妥，工作要做细。对严重破坏经济的罪犯必须抓住不放，不管是什么人，雷厉风行地加以处理；对那些情况严重的犯罪干部，必须铁面无私，执法如山，查明情况，依法制裁，决不允许有丝毫例外，更不允许任何人袒护、说情、包庇。如有违者，无论是谁，一律要追究责任。对一般案件和重大案件，重点抓重大案件；对历史案件和现行案件，重点抓现行案件；对社会上的普通案件和机关、企事业单位内部案件或内外勾结进行的案件，重点抓与机关、企事业单位有关的案件。总之，要集中力量抓紧处理大案要案。

政策与策略是党的生命。在这场斗争中，一定要掌握政策，严格区分和正确处理两类不同性质的矛盾。要划清工作失误同违法犯罪的界限，划清经济上的不正之风同经济犯罪的界限。

开展这场斗争，坚决不搞群众运动，不允许搞人人过关，严禁逼、供、信，不允许株连无辜亲友，一定要根据确凿事实，按照党纪国法，慎重处理每一个案件，稳准狠地打击一切严重破坏经济的犯罪分子。

三、各级人民政府和各个部门都必须把打击经济领域中严重犯罪活动当作今年和今后一项重大任务来抓。

各级人民政府和各个部门，要在抓好工农业生产的同时，集中更多的精力，领导好这场斗争。搞好这场斗争的关键：第一是决心，第二是决心，第三还是决心。各个单位对斗争的全局要有通盘考虑和周密的部署，要继续深入学习和贯彻好中共中央、全国人大常委会的两个决定，做到家喻户晓，人人皆知。各宣传部门一定要紧密结合斗争实际，采取多种形式，运用典型案例，大张旗鼓地宣传经济领域中严重犯罪活动的严重性、危害性、迫切性和必胜性；宣传进行这场斗争的方针、政策和措施；宣传和表扬勇敢顽强地进行斗争的好人好事。公安司法部门是这场斗争中的一支中坚力量，对重大经济案件要和刑事案件一样，密切配合有关部门，依靠人民群众，及时侦破、起诉和审理。要集中精力，选择宽严典型，抓紧处理，召开宣判大会，震慑敌人。富阳县人民和各级人大代表应充分发挥当家作主的作用，积极配合有关部门，揭发和检举一切犯罪活动，为保证这场斗争的顺利进行，无论遇到什么阻力，也不能手软，不到水落石出，决不罢休！

四、坚决贯彻“坦白从宽，抗拒从严”的政策，教育挽救多数，孤立和集中打击少数，发展大好形势，取得斗争全胜！

全国人大常委会《关于严惩严重破坏经济的罪犯的决定》有三个明显的特点：一是对经济犯罪的量刑从重，情节特别严重的规定可以判处无期徒刑和死刑；二是对国家工作人员从严；三是对罪犯实行坦白从宽，抗拒从严。《决定》规定从四月一日施行，同时规定在五月一日前，对过去的犯罪活动能投案自首，全部坦白交待，积极检举揭发的，一律按过去的有关法律条文处理，否则就作为继续犯罪，坚决按新的规定处理。这就体现了严中有宽的精神，给犯罪分子留下及时悔改的机会。要坚决执行这个《决定》。现在离五月一日只有半个月的时间了，警告一切犯罪分子，时不待你，应该当机立断，迅速投案自首，如实交代揭发，才是唯一出路！否则，无产阶级专政的铁拳是不饶一切犯罪分子的！

富阳县人民立即行动起来，在党中央的领导下，团结一致，共同努力，夺取打击经济领域中严重犯罪活动斗争的全胜！为保证富阳县社会主义物质文明和精神文明建设的顺利进行而奋斗！

富阳县人大常委会
关于深入开展文明礼貌月活动的决议

（1983年3月16日县第七届人大常委会第十四次会议通过）

富阳县人大常委会第十四次会议，认真听取了县“五讲四美三热爱”办公室主任孙达火所作的关于开展“全民文明礼貌月”活动的情况汇报。会议对县人民政府积极抓好“文明礼貌月”活动及其所取得的成绩表示满意，一致同意县人民政府提出的关于深入搞好文明礼貌活动的具体计划和要求。

会议认为，去年三月以来，富阳县以治理“脏、乱、差”为重点，广泛开展了全民文明礼貌活动，开创性地把“五讲四美三热爱”活动推行到全民之中，给我县的社会面貌和社会风气带来了可喜的变化。它已经成为建设社会主义精神文明，努力改变社会风气，治理社会秩序的一种形式，并且逐步为广大群众特别是青少年所接受，所欢迎。要无比珍惜这一良好的开端。

会议认为，今年的第二个文明礼貌月活动，是在以改革为特征的新形势下开展的。在全民中开展文明礼貌活动，本质上是对旧思想、旧习惯、旧风俗和种种愚昧无知、不道德、不文明现象的一种改革，是改造社会面貌，改变社会风气，实现社会主义精神文明的一种开创性的、战略性的、全社会的思想建设工作。赵紫阳总理发表的广播电视讲话，深刻阐述了深入开展文明礼貌月活动的重要意义，明确提出了今年“文明礼貌月”活动的具体要求。一定要把党中央、国务院的号召变成广大群众的自觉行动，把今年的文明礼貌活动搞得更加广泛、更加深入，取得更为丰硕的成果。

会议强调指出，开展文明礼貌活动，不是一年一度的具体形式上的活动，也不是哪个人、哪一个部门的事，而是一项经常性的、全社会的改革社会风气的壮举，必须以月促年，年复一年地抓下去，使其经常化、制度化。同时，开展文明礼貌活动必须突出重点，注重思想教育工作，注重最大限度地动员广大群众，注重从幼儿教育抓起，在青少年中进行共产主义理想、信念和道德教育，注重法制教育和法律保护作用。只有这样，才能造成强大的社会舆论，使文明礼貌活动得到巩固和发展，使社会主义正气不断发扬，歪风邪气没有市场，达到根本转变社会风气和社会治安，实现高度的社会主义精神文明的目标。

会议认为，三月很快过去，但“文明礼貌月”的春风应当常在，雷锋精神应当永存。各级人民政府要把文明礼貌活动作为一件经常性的大事来抓，切实加强领导，精心组织，突出重点，把工作做深做细，做出成效。每个企业、乡村、学校、医院、商店、机关、居民区在搞好清扫环境、绿化大地、改善生态、美化生活等共同性的工作的同时，还要注意把文明礼貌活动同本单位的具体改革工作结合起来，经过民主讨论，提出改善服务态度，提高服务质量和办事效率的具体措施，同时要有严格的监督、检查、评比。要讲究实效，不搞形式主义，扎扎实实，持之以恒，总之，富阳县上下都要形成一个为搞好优质服务、建立优良秩序、创造优美环境而人人奋勇争先的风气，促使全民牢固树立起全心全意为人民服务的职业道德、职业责任和劳动态度，提高社会主义、共产主义思想觉悟，振奋民族精神，搞好四化建设。

会议号召，各级领导干部和全体人大代表要站在文明礼貌活动的前列，和广大人民群众一起，为开创社会主义精神新局面而努力。

富阳县人大常委会
关于严厉打击刑事犯罪活动的决议

（1983年9月9日县第七届人大常委会第十七次会议通过）

富阳县第七届人大常委会第十七次会议，认真学习了全国人大常委会《关于严惩严重危害社会治安的犯罪分子的决定》和《关于迅速审判严重危害社会治安的犯罪分子和程序的决定》；听取了县公安局、检察院、法院、司法局等单位的汇报。会议经过认真的讨论，一致认为：全国人大常委会的决定，非常及时，全县人民竭诚拥护，坚决贯彻执行。特决议如下：

一、党的十一届三中全会以来，在中共富阳县委的正确领导下，经过全县人民的努力，实现和发展了安定团结的政治局面，经济建设和各项工作都取得了很大的成就，富阳县的政治经济形势是好的。近几年来，由于实行综合治理的方针，惩办了一批严重刑事犯罪分子，做了教育，挽救失足者和预防犯罪的工作，一些地区治安情况也有所好转。但是，由于阶级斗争还在一定范围内存在，由于打击不力，社会治安情况不好。一些地区的凶杀、抢劫、强奸、盗窃、捅刀子打群架、破坏山林等刑事犯罪问题比较突出，重大恶性案件不是越来越少，而是越来越多，性质越来越严重。因此，只有严厉打击刑事犯罪分子，才能尽快实现社会治安的根本好转，才能巩固和发展安定团结的政治局面，才能保卫和促进社会主义现代化建设。

二、打击刑事犯罪活动，是一场严重的敌我斗争。严重刑事犯罪分子是新的历史条件下产生的社会渣滓，是新产生出来的反社会主义的敌对分子，是害群之马。他们杀人放火，强奸妇女，爆炸，无恶不作，犯罪手段之凶残，情节之恶劣，为建国以来所罕见。必须认清这些流氓团伙的性质，充分认识开展这场斗争的必要性和紧迫性。

三、为尽快实现社会治安的根本好转，必须坚决改变心慈手软，打击不力的状况，坚决贯彻执行综合治理和从重从快从严惩处的方针。运用专政的手段依法严惩犯罪分子，是综合治理的首要一条。必须采用土改时的方式，彻底地依靠和发动人民群众，形成强大的革命声势，从重从快地严惩刑事犯罪分子，实行坚决打击，一网打尽。

四、为了从重从快从严打击刑事犯罪分子，必须坚持在党委领导下，实行公安局、检察院、法院联合办公，快审快结，及时判决。

政法公安机关是人民民主专政的主要工具，它的主要职能是保护人民，镇压反革命活动，打击和惩罚刑事犯罪分子，对敌人实行专政。在这场斗争中，政法公安机关和政法公安干警，要进一步提高战斗力，立场坚定，旗帜鲜明，依靠群众，牢牢掌握专政的“刀把子”，准确有效地执行宪法和法律，真正实现“有法必依，执法必严，违法必究”的原则，该逮捕的逮捕，该判刑的判刑，该重判的不轻判，该杀的就杀，决不心慈手软。

人大代表和各代表小组要在各级党委领导下，同全县人民群众一起，组成铜墙铁壁，以大无畏的革命精神，积极协助和配合政法公安机关，坚决揭露和检举犯罪分子，维护社会治安，勇敢地投入战斗，以使犯罪分子成为过街老鼠，逃不脱法律的严厉制裁。

各机关、团体、企事业单位，都要增强敌情观念，进一步落实综合治理措施，加强安全保卫工作和职工的思想政治教育，坚决克服一些单位存在的思想麻痹，组织涣散，纪律松懈，管理混乱等不良倾向。今后哪个单位发生重大破坏事件，都要追究失职者和单位领导人的责任。

五、各级人民政府、各个部门，特别是宣传、司法部门，要充分运用各种宣传工具，采取各种形式，大张旗鼓地进行法制宣传。当前，特别要宣传全国人大常委会的两个《决定》，做到家喻户晓，人人明白。对有轻微违法行为的人，要举办法制教育学习班。要紧密配合严厉打击刑事犯罪分子斗争，大力宣传群众同犯罪分子作斗争的好人好事；大力宣传政法机关和政法干警为人民除害惩恶的先进人物和先进事迹，号召群众积极支援他们的斗争。

严厉警告犯罪分子：应该认清形势，悔罪自新，投案自首，如实交代自己和揭发同伙的罪行，争取从宽处理。如果心存侥幸或负隅顽抗，继续隐瞒罪行和犯罪作恶必将受到更加严厉的惩罚。

严厉打击刑事罪犯活动，实现社会治安根本好转，巩固和发展安定团结的政治局面，保卫和促进四化建设，这个历史发展的趋势是任何力量也阻挡不了的！

富阳县人大常委会
关于加强法制宣传教育普及法律常识的决议

（1985年7月6日县第八届人大常委会第六次会议通过）

富阳县第八届人大常委会第六次会议，认真听取和审议了县司法局章汉传副局长受富阳县人民政府委托所作的《关于富阳县法制宣传情况和三年内普及法律常识的工作汇报》。会议认为，我国现在正处于社会主义现代化建设的新的历史时期，要从依靠政策办事，逐步过渡到不仅依靠政策，还要建立、健全法制，依法办事。要抓紧有利时机，加强法制宣传，在全体公民中普及法律常识是十分必要的。为了推动富阳县社会主义民主和法制建设，保障“四化”建设的顺利进行，特作如下决议：

一、加强法制宣传，普及法律常识，增强干部群众的法制观念，是社会主义民主和法制建设的基础工作，对于促进社会主义的“两个文明”建设，实现社会风气，社会治安的根本好转，保证经济体制改革的顺利进行，具有十分重要的意义。会议同意县人民政府提出的用三年时间，在公民中普及法律常识的规划，要求各级人民政府组织各方面的力量，采取切实有效措施，保证规划实施。

二、普及法律常识的主要内容是：有计划地、比较系统地组织干部群众学习宪法和《刑法》《刑事诉讼法》《民事诉讼法》（试行）《婚姻法》《继承法》《经济合同法》《森林法》《兵役法》《治安管理处罚条例》等基本法律、法规，以及与各行各业、各方面群众有密切关系的其他法律常识。通过普法教育，要使法律常识为广大人民所掌握，使干部、群众养成依法办事的习惯，真正做到有法必依，执法必严，违法必究。

三、普及法律常识的重点对象是各级干部和广大青少年。全县各级干部特别是领导干部，要在普及法律常识中带头学法、懂法和守法，带头宣传法制，自觉抵制任何轻视社会主义法制的言行，为广大人民群众作出依法办事的表率。全县各级各类学校和工、青、妇、民兵组织，要切实加强对青少年的法制宣传教育，培养他们成为有理想、有道德、有文化、有纪律的一代新人。

四、普及法律常识，必须加强领导，县人民政府及其各部门、各行各业各单位，都要把全民普法工作列入领导工作的重要议事日程，做到领导亲自动手，制订计划，联系实际，精心组织，把普法工作抓到实处，抓出成效。各条战线，各个部门要各司其职，紧密配合，通力协作，互学相长。公安司法机关更要充分发挥其职能作用，并善于总结经验，积极指导，为人民提供最佳的法律咨询服务，为富阳县三年实现普及法律常识这一光荣而艰巨的任务作出应有的贡献。

五、积极宣传、监督实施国家的法律、法规，是人大代表的共同职责。富阳县各代表中心组、代表小组要在普法工作中，有计划、有组织的开展代表活动，积极协助各级人民政府和所在单位实施普法规划，争做普法工作的模范。

会议号召全县人民迅速行动起来，积极参加学习法律常识的活动，人人争做学法、守法的模范，为在一切领域、一切工作上形成依法办事的新局面，促进富阳县的“两个文明”建设而奋斗。

富阳县人大常委会
关于贯彻执行全国人大常委会
《关于加强法制教育维护安定团结的决定》的决议

（1987年4月8日县第八届人大常委会第二十次会议通过）

富阳县第八届人大常委会第二十次会议，认真学习了全国人大常委会《关于加强法制教育维护安定团结的决定》，听取了县司法局章汉传副局长所作的关于松溪乡宣传贯彻《决定》试点情况汇报，一致认为，全国人大常委会的《决定》下达很及时、很重要，针对性很强，是坚持四项基本原则，反对资产阶级自由化，维护社会安定团结的法律武器，是在全体公民中进行以宪法为核心的法制宣传教育的重要教材，反映了全国各族人民的共同利益和愿望，大家表示热烈拥护，坚决贯彻执行。为认真学习宣传、贯彻执行好这个《决定》，县人大常委会特作如下决议：

一、要坚持四项基本原则，旗帜鲜明地反对资产阶级自由化。坚持四项基本原则，即坚持中国共产党的领导，坚持马克思主义理论，坚持社会主义道路。这是中国亿万人民在长期革命斗争中作出的决定性选择，反映了中国社会主义建设的发展规律，是富阳国人民团结前进，四化建设顺利进行的根本保证。它作为我们立国治国之本，已庄严地载入宪法，得到了全国人民的热烈拥护。前一个时期，有少数人搞资产阶级自由化，这是违背宪法，违背全国人民根本利益和共同意志的，必须坚定不移、旗帜鲜明地把反对资产阶级自由化的斗争持续、健康地开展下去。

二、要以宪法为核心，全国人大常委会的《决定》为教材，深入开展法律教育，增强广大干部群众的法制观念，公民意识。在普及法律常识教育中，要把全国人大常委会的《决定》作为一项重要内容，联系实际开展宣传教育，使广大干部群众弄清社会主义与资本主义的本质区别，划清社会主义民主与资产阶级民主的原则界限，正确理解民主与法制、民主与集中、自由与纪律、权利与义务的关系，学会运用法律武器，同一切违反宪法和法律的行为作斗争。使全体人民养成严格依法办事的习惯，以巩固和发展社会安定团结。

三、富阳县各级国家机关和司法机关工作人员，要带头认真学习宣传，贯彻执行全国人大常委会的《决定》。特别是各级领导干部，要结合实际，认真学习，深刻领会《决定》精神，学会运作法律参与决策。要树立既要依靠政策，又要依照法律管理经济、管理国家事务的新观念，自觉坚持在宪法和法律规定的范围内活动，坚决反对以言代法，以权压法，以保障富阳县“两个文明”建设的健康发展和社会的安定团结。

四、县人大常委会要根据《决定》精神，加强调查研究，搞好法律监督。常务委员会和人大代表都要认真学习、宣传《决定》，带头贯彻执行《决定》。县公、检、法、司部门要严格依法办事，做到有法必依，执法必严，违法必究，保证宪法和法律的贯彻实施。

会议要求，全县人民要通过学习宣传、贯彻执行全国人大常委会的《决定》，增强法制观念和公民意识，维护安定团结的政治局面，为促进富阳县的“两个文明”建设而努力奋斗。

富阳县人大常委会
关于保护老年人合法权益的决议

（1988年7月14日县第九届人大常委会第九次会议通过）

富阳县第九届人大常委会第九次会议，听取和审议了县人大对部分敬老院视察情况的汇报，一致认为，富阳县举办敬老院起步早，发展快，多数敬老院办得比较好。这是各级人民政府和有关部门重视、支持的结果，也是敬老院工作人员热诚服务、辛勤劳动的结果。但从这次视察情况看，有少数敬老院办得不够好，“五保”老人的入院率较低，农村分散供养的“五保”老人，有的供养政策不够落实；少数居住在农村、城镇的老年人，虽不属于“五保”的对象，但他（她）们的合法权益有的也得不到保护。为了进一步落实农村“五保”供养政策，切实保障老年人的合法权益，特作如下决议：

一、要根据宪法和有关法律、法规的规定，在城乡广泛开展保护老年人合法权益的宣传教育，在广大干部、群众，特别是青少年中，树立尊老、爱老、养老的社会风尚。国家机关、企事业单位、社会团体和基层自治组织，都应当十分关心老年人的生活，使他们老有所靠、老有所养。对于打骂、侮辱、虐待、遗弃老年人的违法行为，当地人民政府和政法部门要及时查处，成年子女应当保障没有经济收入或收入低微的父母应有的生活水平。

二、对于城镇和农村没有经济收入并无子女、亲属供养的老年人，必须由民政部门和乡（镇）、村分别实行“五保”（保吃、保穿、保住、保医、保葬）供养制度。不论是集中（办敬老院）供养，还是分散供养，其生活水平应当不低于当地村民的一般生活水平。对农村“五保”老人的供养经费、口粮、请县人民政府从实际情况出发，制定一个统筹办法，并督促乡、镇政府认真落实。

三、兴办敬老院是实行“五保”老人集中供养的一种好形式，已经办的要完善巩固，尚未办好的乡、镇也要创造条件办起来。富阳县敬老院对“五保”老人的供养标准及工作人员的工资待遇，多数是1984年、1985年定的，鉴于当前生活、医疗等费用普遍提高的情况，请有关乡、镇人民政府尽快进行调整，适当增加“五保”老人的生活标准和工作人员的工资待遇。同时对没有种、养业场地的敬老院，所在乡、镇应作出适当安排，以利于改善老人和工作人员的生活。上述两点是办好敬老院并得以巩固的重要措施，务必认真对待，切实落到实处。

富阳县人大常委会
关于深入开展反贪肃贿打击经济犯罪的决议

（1989年9月9日县九届人大常委会第十六次会议通过）

富阳县九届人大常委会第十六次会议，听取和审议了县人民法院院长汪锦汉、县人民检察院检察长汪金良分别所作的《关于打击经济犯罪情况报告》，听取和审议了县监察局局长陈刚受县人民政府委托所作的《关于反贪肃贿惩治腐败情况报告》。会议原则同意上述三个报告。会议认为，1989年以来，特别是党的十三届四中全会以来，富阳县司法机关和行政执行机关在反贪污、受贿、投机倒把中做了大量工作，取得了初步成效。但是，从已经揭露的情况看，富阳县的贪污、受贿、投机倒把等经济犯罪活动是严重的，有的犯罪分子还在逍遥法外，有的犯有违法行为的人还在等待观望，不少单位的群众还没有充分发动起来，任务还十分艰巨，为了将这场斗争不失时机地引向深入，会议强调指出：

一、要广泛宣传发动，加强政治攻势，各机关、团体、企事业单位，城镇街道和农村乡镇都要结合贯彻党的十三届四中全会精神，广泛深入地宣传“两高”《通告》和监察部的《通知》，明确反贪污、受贿、投机倒把是全体公民义不容辞的责任和共同的政治任务。要紧密结合本部门、本单位的实际，严肃认真地开展检查，发现线索及时组织调查，督促犯罪分子及犯有违法乱纪行为的人在十月三十一日前投案自首，争取宽大处理。要放手发动群众举报违法犯罪案件，对举报有功人员要给予奖励，对举报人打击报复的，要依法从重处罚，对纵容，庇护犯罪分子，为其提供伪证或窝藏赃款赃物、销毁罪证的，必须从严处罚，构成犯罪的，从重追究刑事责任。

二、要严格依法办案，正确执行政策，反贪污、受贿、投机倒把的斗争，法律性、政策性强，涉及面广，难度大。因此，既要敢抓狠抓，加快办案进度，又要抓紧抓实，提高办案质量。司法机关和行政执法机关要严格依法办案，正确执行政策。要抓紧大案要案的查处工作，并抓住典型案件进行公开处理，做到宽严相济，以震慑和分化瓦解罪犯，教育和鼓励干部群众把斗争不断引向深入。

三、县人大常委会要充分发挥法律监督职能，认真开展执法检查，组织人大代表开展视察，支持和监督司法机关和行政执法部门依法查处贪污、受贿、投机倒把案件。对干扰案件查处工作的，不论是谁，都要公开揭露，并责成有关部门处理，以保证斗争的顺利进行。

富阳县人大常委会
关于坚决制止乱收费乱罚款和各种摊派的决议

（一九九〇年十二月七日县第十届人大常委会第五次会议通过）

富阳县第十届人大常委会第五次会议，认真听取和审议了富阳县人民政府关于制止乱收费、乱罚款和各种摊派，纠正行业不正之风工作情况汇报，听取了县人大常委会调查组的有关调查报告。会议认为，前段时期，富阳县人民政府和各有关部门、单位在清理、整顿“三乱”，自查自纠行业不正之风方面，做了一定的工作，取得了一些成效。但仍有一些部门和单位对制止“三乱”工作没有引起足够重视，“三乱”情况依然十分严重。会议特作如下决议：

一、要进一步统一思想，提高认识，增强制止“三乱”的紧迫感与自觉性。

会议认为，“三乱”的滋生和蔓延，有体制不配套、法制不健全的原因，也有部分执法人员素质较差的原因，但更主要的是有的部门和单位领导缺乏全局观念、法制观念和群众观念，思想认识不足，管理制度不严，制止手段不坚决，致使“三乱”有禁不止。坚决制止“三乱”，关键在于各级人民政府，各部门领导统一思想，提高认识，下定决心。应当看到，“三乱”的存在，不仅加重了企事业单位和群众的负担，造成国家财政收入流失和浪费，而且背离人民利益，助长不正之风，严重损害党和政府同人民群众的关系。影响稳定经济、稳定社会。因此，各级人民政府及各部门的领导要进一步统一思想，充分认识“三乱”的危害性和制止“三乱”的迫切性，自觉地把制止“三乱”与廉政建设、纠正行业不正之风、清除腐败现象等结合起来，采取切实有效的措施，坚持不懈地抓紧抓好，使“三乱”得以制止，以防止其再次滋生和发展。

二、要根据中共中央、国务院的决定精神，认真抓好清理整顿“三乱”工作。清理整顿的内容与范围，要按照中央、国务院及省市有关文件规定执行。总的要求是：全面检查现有收费、罚款、摊派与集资项目的法律、法规和政策依据、项目执行范围和标准、资金收支情况，认真清理整顿收费、罚款、摊派与集资项目，执收执罚机构、票据、现行规章制度以及执行纪律。在清理整顿中，各有关部门和单位对现有收费、罚款、集资项目，要重新进行审核、区别不同情况加以处理。做到：1.对于收费，凡符合国家审批规定又合理的予以保留，继续执行，但对其中标准过高的要降下来。不合理的要取消，重复收取的要合并。不符合审批规定的收费项目，应立即停止执行。对其中确有正当理由需要保留的，必须按规定权限重新申报批准后才能执行，未经批准的一律取消。2.对于罚款，凡没有法律、法规和规章依据的，必须一律取消。今后新确定罚款项目，必须严格按法定程序申报批准后方可执行。3.对于集资，凡在国家法律、法规和国务院有关政策允许之外的，必须一律禁止。确定集资项目，须经县计委、财政部门会审，由县人民政府报上一级人民政府审批同意后方可组织实施。4.要建立健全财务、票证管理制度。对行政事业性收费，要纳入财政预算或预算外管理。对各种罚款收入一律上交财政、执法部门所需办案经费列入财政支出预算。对集资的资金、实行收支两条线管理，由财政部门和银行监督使用。对上述收费、罚款、集资的收支都要入账，纳入单位财政管理，并按规定及时上缴国库或存入财政专户，禁止坐收坐支、挪用私分或私设“小金库”。各种收费和罚款，必须使用财政统一发票，否则缴费、交罚的单位和个人有权拒付。5.要精简机构，压缩人员，减少各种收费。对以收费为主要经费来源的单位，经清理整顿后该保留的保留，该合并和合并，该撤销的坚决撤销。除特殊情况外，新增加的工作必须由有关职能部门承担，不准另设机构，也不准以自行收费不要财政负担为由，搞编外机构和人员。

三、要切实加强监督检查，保证收费、罚款、集资工作依法进行收费、罚款、集资是一项政策性强，涉及面广的社会工作。必须切实加强监督检查，确保依法进行。1990年，县人民政府要把收费、罚款、集资、摊派的检查列入税收、财务、物价大检查的重要内容，使之制度化、经常化。县计委、财政、物价、审计、监督等部门要充分发挥自身职能，认真负责地抓好监督检查，对检查发现的问题要及时处理。对目无法纪，继续搞“三乱”的部门或单位，要追究其领导人的责任。对私分财物，贪赃枉法或打击报复检举揭发人的，要依法从重处理，决不姑息迁就；县人大常委会要继续组织人大代表开展视察与调查，人大代表视察与调查反映的问题，县人民政府及其有关部门要引起重视，认真处理；各执法部门和有关单位要广泛宣传有关法律，法规、政策，公开办事制度，自觉接受广大人民群众的民主监督；各基层单位和群众，要善于运用法律、法规、政策和有关规定维护自身合法权益，积极参与执法人员的监督，以形成制止“三乱”的社会监督机制。

四、要切实加强执法队伍的建设，努力提高执法人员的素质，在全县形成正确执法，文明执法风气。应当肯定，富阳县的执法队伍总体上是好的，是能够胜任工作，适应改革开放和各项建设需要的。但从初步检查发现的问题看，确有一些执法人员素质较差，政治、业务水平均不适应执法需要，个别的甚至贪赃枉法，胡作非为，在群众中造成恶劣影响，严重败坏党和政府的声誉。为了保障及时有效地制止“三乱”，深入持久地开展法制教育，廉政教育，行业作风和职业道德教育，不断提高他们的思想觉悟、法制观念、群众观念和政策水平。要认真总结经验教训，对执法严明，廉洁奉公的执法人员，要加以表彰，对不适合做执法工作的，要作必要的调整；对贪赃枉法的，要坚决清除出执法队伍，对新进执法单位的，要抓紧培训提高他们的政治、业务素质，使其尽快适应执法工作。要注意不断改进执法工作，讲究工作方法，做到既坚持依法办事原则，又善于做群众工作，改善执法态度，以形成正确执法、文明执法的好风尚。

县人大常委会认为，制止“三乱”是一项非常艰巨复杂的工作，清理整顿的时间紧、任务重、难度大，县人民政府及其有关部门必须加强领导，认真对待，抓紧抓实，力争在党中央、国务院规定的时间内搞好清理整顿。这项工作告一段落后，要认真进行总结，并将总结和本决议的贯彻执行情况报告富阳县人大常委会。

富阳县人大常委会
关于进一步完善执法检查制度的决议

（1991年11月13日县第十届人大常委会第十一次会议通过）

富阳县第十届人大常委会第十一次会议，听取和审议了县人民政府、县人民法院、县人民检察院关于九一年度执法检查情况的报告，并对县人大常委会自身执法和监督执法工作情况进行了自查总结。会议认为，一九八七年以来每年开展的执法检查，由于中共富阳县委和各级党组织的高度重视，“一府两院”和各执法部门的积极努力，取得了较大的成效，对于深化法制教育，推进依法治县和“两个文明”建设，起到了积极的作用。五年来，各部门、各单位已逐步摸索和总结了一套行之有效的方法，形成了适应富阳县实际的执法检查制度。为了进一步推进执法检查，使之经常化、制度化、规范化，对今后的执法检查决议如下：

一、开展执法检查的方法。今后，县人大常委会不再统一部署组织全县性的执法大检查，每年开展的执法检查工作主要是由“一府两院”和各行政执法机关具体组织实施，开展自查自纠。特别是对新颁布的法律、法规的实施，对与群众关系密切的、执法中存在问题较多的，要及时组织检查，真正做到有法必依，执法必严，违法必究。

二、建立执法检查的制度。县人大常委会每年都要不定期地对“一府两院”及有关部门的执法情况进行视察检查。视察检查要以宪法为核心，专业法为重点，同时结合各部门实际，有针对性地开展。对群众反映强烈的问题，要随时检查；对全局性问题，要集中检查；对党的中心工作执行的情况和社会突出的问题，要重点检查。通过执法检查，切实保证宪法、法律和法规在富阳县的正确实施。

三、加强执法检查的领导。“一府两院”及各行政执法机关要切实加强领导，把执法检查工作摆上重要议事日程，主要负责人要亲自动手，积极主动抓好执法检查工作，落实执法检查责任制。检查要特别注重实效，切实解决存在问题，不断改善执法活动，积极推进依法治县，“一府两院”每年开展的执法检查，均应作出书面报告，提请富阳县人大常委会全体会议审议。

富阳市人大常委会
关于确保完成“三五”普法工作的决议

（1999年6月25日市第十二届人大常委会第十一次会议通过）

富阳市第十二届人大常委会第十一次会议，听取和审议了市人民政府关于开展“三五”普法教育工作情况的报告。富阳市的“三五”普法工作，虽然取得明显成效，但还存在着发展不平衡、领导认识不足、普法工作台账不齐、工作人员不到位等问题。为保证完成富阳市“三五”普法规划，特作如下决议：

一、要进一步统一思想，加强领导。各级领导一定要把普法工作列入重要议事日程，做到思想到位，行动带头。要健全目标考核责任制，细化、量化考核内容，明确普法工作主管和领导责任。

二、查漏补缺，确保完成“三五”普法各项任务。各级各部门要认真总结本部门“三五”普法工作开展情况，对存在的问题，及时改正，对不足的地方，及时补课。市普法办要对照规划和考核验收标准，加强检查，健全台账。各新闻单位要进一步加强宣传力度，营造普法教育氛围，以推进富阳市依法治市进程。

三、保证必要的普法经费，1999年是“三五”普法的最后一年，为了顺利完成“三五”普法的各项任务，对照省、杭州市的考核验收标准和富阳市实际，各级人民政府要确保普法经费的落实。

四、进一步加强普法工作机构的力量。市法制宣传教育办公室、市司法局要集中时间、集中人员、集中精力切实抓好“三五”普法工作。

第二节 决 定

富阳市（县）人大常委会作出的265项决定中，有关财政经济8项，社会保障12项，法制宣传4项，社会治安26项，人事任免107项，其他108项。具体分述见下表：

历届人大常委会会议通过的决定一览表

表 4-6-2

序号	会议届次	通过时间	决定标题
001	七届人大常委会一次	1981.3.3	关于建立富阳县第七届人大代表联系小组的决定
002	七届人大常委会二次	1981.4.18	关于对富阳、新登两镇所在社队进行一次环境卫生视察的决定
003	七届人大常委会四次	1981.9.26	关于《富阳县工矿企业事业排污收费和罚款暂行办法》由县人民政府公布实施的决定
004	七届人大常委会五次	1981.11.18	关于组织委员和人大代表对元旦、春节的市场供应安排情况进行一次视察的决定
005	七届人大常委会七次	1982.4.15	关于组织委员和人大代表就解决富阳、新登两镇的“脏、乱、差”问题进行一次视察的决定
006	七届人大常委会九次	1982.6.16	关于同意对王炳贤实行收容审查的决定
007	七届人大常委会十次	1982.9.20	关于九月底、十月初对金桥公社的土地管理情况进行一次调查的决定
008	七届人大常委会十一次	1982.11.17	关于同意富阳县人民法院对王炳贤的经济问题依法进行审判的决定
009	七届人大常委会十二次	1982.12.18	关于富阳县第七届人民代表大会第三次会议于1983年1月下旬在富阳镇召开的决定
010	七届人大常委会十二次	1982.12.18	关于元旦前后组织委员和人大代表对城乡市场物资供应和卫生情况进行一次视察的决定
011	七届人大常委会十五次	1983.5.25	关于组织委员和人大代表对富阳、新登两镇食品卫生与环境卫生情况进行一次视察的决定
012	七届人大常委会十八次	1983.11.16	关于接受洪德森辞去富阳县县长职务，任命汪力忠为富阳县副县长、代理县长的决定
013	七届人大常委会十八次	1983.11.16	关于组织委员和人大代表对机关和富阳、新登部分单位计划生育工作进行一次视察的决定
014	七届人大常委会十九次	1984.2.18	关于召开富阳县第七届人民代表大会第四次会议有关事项的决定
015	七届人大常委会二十次	1984.3.3	关于接受李端银辞去富阳县人民法院院长职务，任命汪锦汉为富阳县人民法院代理院长的决定
016	七届人大常委会二十一次	1984.3.25	关于免去余大白、刘　鸿的副县长职务的决定

续表 4-6-2

序号	会议届次	通过时间	决定标题
017	七届人大常委会二十一次	1984.3.24–25	关于接受郭善龄主任和张建华等五位副主任的辞职，决定将上述6人的辞职请求提请富阳县第七届人大第四次会议通过的决定
018	七届人大常委会二十四次	1984.8.25	关于召开富阳县第八届人民代表大会第一次会议相关重要事项的决定
019	七届人大常委会二十四次	1984.8.25	关于富阳县第八届人民代表大会第一次会议于1984年9月22日至26日在富阳镇召开的决定
020	七届人大常委会二十四次	1984.8.25	关于成立富阳县人大常委会代表资格审查委员会的决定
021	七届人大常委会二十五次	1984.9.19	关于延期召开富阳县第八届人民代表大会第一次会议的决定
022	七届人大常委会二十六次	1984.10.24	关于富阳县八届一次会议于1984年10月31日至11月4日在富阳镇召开的决定
023	八届人大常委会一次	1984.11.5	关于设立富阳县人大常委会法制、财经、教科文卫、代表联络四个工作组的决定
024	八届人大常委会三次	1985.3.1	关于董自强任富阳县副县长、代理县长的决定
025	八届人大常委会三次	1985.3.1	关于责令富阳化工二厂停止生产苯二铵和二百号溶剂油的决定
026	八届人大常委会四次	1985.3.22	关于富阳县第八届人民代表大会第二次会议于1985年4月20–25日在富阳镇召开的决定
027	八届人大常委会四次	1985.3.22	关于增补李巨元、陈华林、姚锡荣、叶顺云、孙丁浩为富阳县人大常委会代表资格审查委员会委员的决定
028	八届人大常委会十次	1986.2.2	关于1986年3月16–20日在富阳镇召开富阳县第八届人民代表大会第三次会议的决定
029	八届人大常委会十一次	1986.3.6	关于富阳县八届人大三次会议时间更改为1986年3月14–17日召开的决定
030	八届人大常委会十一次	1986.3.6	关于在富阳镇第五选区补选1名县八届人大代表的决定
031	八届人大常委会十四次	1986.5.15	关于任命蒋豫生、俞志龙为富阳县人民政府副县长的决定
032	八届人大常委会十四次	1986.5.15	关于将富阳县人大常委会组成人员分工改建为财政经济工作委员会，教科文卫工作委员会，法制工作委员会的决定

续表 4-6-2

序号	会议届次	通过时间	决 定 标 题
033	八届人大常委会十七次	1986.11.22	关于富阳县第九届县、乡镇人民代表大会提前换届选举的决定
034	八届人大常委会十七次	1986.11.22	关于富阳县第九届县、乡镇人民代表大会代表名额的决定
035	八届人大常委会十七次	1986.11.22	关于富阳县第九届县、乡镇人民代表大会代表选举中选民年龄计算日期的决定
036	八届人大常委会十七次	1986.11.2	关于富阳县选举委员会组成人员的决定
037	八届人大常委会十八次	1986.12.13	关于改定于 1987 年 3 月 15 日为富阳县第九届县、乡镇人民代表大会代表“选举日”的决定
038	八届人大常委会十九次	1987.1.20	关于接受董自强县长辞职请求的决定
039	八届人大常委会二十次	1987.4.9	关于富阳县第九届人民代表大会第一次会议于 1987 年 4 月 21 至 25 日在富阳镇召开的决定
040	九届人大常委会二次	1987.6.20	关于换届任命 30 名富阳县人民政府职能部门行政领导人，任命县人大常委会办公室主任、副主任的决定
041	九届人大常委会三次	1987.8.19	关于组织委员和人大代表对物价工作进行一次视察的决定
042	九届人大常委会六次	1988.2.9	关于富阳县第九届人民代表大会第二次会议于 1988 年 3 月 17 日至 20 日在富阳镇召开的决定
043	九届人大常委会六次	1988.2.9	关于设立富阳县人大常委会代表资格审查委员会的决定
044	九届人大常委会八次	1988.5.13	关于组织委员和人大代表对富春江防洪堤和民政福利厂、敬老院等进行一次视察的决定
045	九届人大常委会九次	1988.7.14	关于加强依法征收教育事业费附加的决定
046	九届人大常委会十二次	1989.1.19	关于于 1989 年 3 月 22 日至 25 日在富阳镇召开富阳县九届人大三次会议的决定
047	九届人大常委会十六次	1989.9.9	关于对洪德扬一案进行复查的决定
048	九届人大常委会十七次	1989.10.17	关于富阳县、乡镇人民代表大会代表换届选举重要事项的决定
049	九届人大常委会十八次	1989.11.25	关于洪德扬一案复查延长期限的决定
050	九届人大常委会十九次	1989.12.23	关于接受蒋豫生副县长辞职请求的决定
051	九届人大常委会二十次	1990.2.13	关于富阳县十届人大一次会议于 1990 年 3 月 16 日在富阳镇召开及其会议议程安排的决定

续表 4-6-2

序号	会议届次	通过时间	决定标题
052	九届人大二常委会十一次	1990.3.6	关于富阳县十届人大一次会议有关事项的决定
053	十届人大常委会三次	1990.8.13	关于南安等16个乡镇从1990年9月起实施九年制义务教育的决定
054	十届人大常委会六次	1991.1.23	关于召开富阳县第十届人民代表大会第二次会议的决定
055	十届人大常委会六次	1991.1.23	关于设立富阳县人大常委会代表资格审查委员会的决定
056	十届人大常委会八次	1991.5.8	关于加强社会治安综合治理的决定
057	十届人大常委会九次	1991.7.17	关于设立富阳县人大常委会代表工作委员会的决定
058	十届人大常委会九次	1991.7.17	关于批准南新等六个乡镇实施九年制义务教育的决定
059	十届人大常委会九次	1991.7.17	关于免去董燮源富阳县人民检察院副检察长等职务的决定
060	十届人大常委会九次	1991.7.17	关于喻关德、夏有钦任职的决定
061	十届人大常委会十一次	1991.11.13	关于许云钰、孙文虎任职的决定
062	十届人大常委会十二次	1992.1.10	关于奚金水、刘　林的职务任免的决定
063	十届人大常委会十三次	1992.2.19	关于召开富阳县第十届人民代表大会第三次会议的决定
064	十届人大常委会十五次	1992.5.5	关于调整县以下现在区划管理体制，实施撤区扩镇并乡的决定
065	十届人大常委会十六次	1992.7.16	关于认真学习、宣传、贯彻《代表法》的决定
066	十届人大常委会十六次	1992.7.16	关于调整实施九年制义务教育规划及批准实施的决定
067	十届人大常委会十九次	1992.10.20	关于富阳县、乡镇人民代表大会换届选举的决定
068	十届人大常委会二十次	1992.11.28	关于任命朱寅传为富阳县人民政府副县长、代理县长的决定
069	十届人大常委会二十一次	1992.12.15	关于周福根等职务任免的决定
070	十届人大常委会二十一次	1992.12.15	关于斯金锦任职的决定
071	十届人大常委会二十二次	1993.2.5	关于召开富阳县第十一届人民代表大会第一次会议的决定
072	十届人大常委会二十二次	1993.2.5	关于胡志成、周红梅任职的决定
073	十届人大常委会二十二次	1993.2.5	关于黄坤良、吕玉生任免职务的决定
074	十届人大常委会二十二次	1993.2.5	关于斯金锦任职的决定

续表 4-6-2

序号	会议届次	通过时间	决定标题
075	十一届人大常委会一次	1993.4.6	关于富阳县人民政府组成人员的任命决定
076	十一届人大常委会三次	1993.8.11	关于批准龙门等五个乡镇实施九年制义务教育的决定
077	十一届人大常委会五次	1993.12.14	关于批准富阳县人民政府《关于要求调整 1993 年财政预算报告》的决定
078	十一届人大常委会五次	1993.12.15	关于召开富阳县第十一届人民代表大会第二次会议的决定
079	十一届人大常委会五次	1993.12.15	关于补选四名富阳县第十一届人民代表大会代表的决定
080	十一届人大常委会六次	1994.2.22	关于撤销富阳县设立富阳市有关问题的决定
081	十一届人大常委会八次	1994.5.23	关于修改《富阳市人大常委会议事规则》有关条款的决定
082	十一届人大常委会十一次	1994.9.22	关于开展富阳市人大常委会任命干部述职评议和组织人大代表评议行政执法机关工作的决定
083	十一届人大常委会十一次	1994.9.22	关于接受沈建国辞去富阳市人民政府副市长职务的决定
084	十一届人大常委会十三次	1994.12.28	关于召开富阳市第十一届人民代表大会第三次会议的决定
085	十一届人大常委会十六次	1995.6.23	关于环山乡小熔炼炉污染限期整治的决定
086	十一届人大常委会十六次	1995.6.23	关于受降镇虎啃杏等村石棉瓦废料污染限期整治的决定
087	十一届人大常委会十八次	1995.10.16	关于受降镇第十二届人民代表大会代表选举试点工作时间的决定
088	十一届人大常委会十八次	1995.10.16	关于受降镇第十二届人民代表大会代表名额的决定
089	十一届人大常委会十八次	1995.10.16	关于新义乡第十二届人民代表大会代表选举时间的决定
090	十一届人大常委会十八次	1995.10.16	关于新义乡第十二届人民代表大会代表名额的决定
091	十一届人大常委会十九次	1995.10.26	关于富阳县 1996 年乡镇人大换届选举时间和代表选举日的决定
092	十一届人大常委会十九次	1995.10.26	关于批准任命各乡镇选举委员会组成人员的决定

续表 4-6-2

序号	会议届次	通过时间	决 定 标 题
093	十一届人大常委会十九次	1995.10.26	关于乡镇第十二届人民代表大会代表名额的决定
094	十一届人大常委会二十一次	1996.1.23	关于批准富阳市人民政府要求调整 1995 年财政支出预算报告的决定
095	十一届人大常委会二十一次	1996.1.24	关于召开富阳市第十一届人民代表大会第四次会议的决定
096	十一届人大常委会二十五次	1996.9.4	关于依法许可对富阳市第十一届人大代表葛扬安刑事拘留和逮捕的决定
097	十一届人大常委会二十七次	1996.10.4	关于依法许可对富阳市第十一届人大代表周宝法刑事拘留和逮捕的决定
098	十一届人大常委会二十八次	1996.11.26	关于批准富阳市人民政府要求调整 1996 年财政支出预算报告的决定
099	十一届人大常委会二十九次	1996.12.23	关于推选周银铃为富阳市第十一届人大常委会代理主任的决定
100	十一届人大常委会二十九次	1996.12.23	关于召开富阳市第十一届人民代表大会第五次会议的决定
101	十一届人大常委会二十九次	1996.12.23	关于补选三名富阳市第十一届人民代表大会代表的决定
102	十一届人大常委会三十一次	1997.4.22	关于推行执法责任制的决定
103	十一届人大常委会三十二次	1997.6.9	关于接受朱寅传辞去富阳市人民政府市长职务的决定
104	十一届人大常委会三十二次	1997.6.9	关于孙建华任富阳市人民政府副市长、代理市长的决定
105	十一届人大常委会三十四次	1997.8.14	关于张建新任富阳市人民政府副市长的决定
106	十一届人大常委会三十五次	1997.11.6	关于富阳市人民代表大会代表进行换届选举的决定
107	十一届人大常委会三十五次	1997.11.6	关于富阳市第十二届人民代表大会代表名额分配的决定
108	十一届人大常委会三十六次	1997.11.18	关于潘建平任富阳市人民政府副市长的决定
109	十一届人大常委会三十六次	1997.11.18	关于接受汪金良辞去富阳市人民法院院长职务的决定
110	十一届人大常委会三十六次	1997.11.18	关于陈志华任富阳市人民法院代理院长的决定
111	十一届人大常委会三十七次	1997.12.17	关于批准富阳市人民政府要求调整 1997 年财政收支预算报告的决定

续表 4-6-2

序号	会议届次	通过时间	决定标题
112	十一届人大常委会三十八次	1998.1.14	关于召开富阳市第十二届人民代表大会第一次会议的决定
113	十二届人大常委会一次	1998.4.24	关于张建新任富阳市人民政府副市长的决定
114	十二届人大常委会五次	1998.9.24	关于 1999 年乡镇人民代表大会换届选举时间的决定
115	十二届人大常委会五次	1998.9.24	关于乡镇第十三届人民代表大会代表名额的决定
116	十二届人大常委会五次	1998.9.24	关于高桥镇人民代表大会换届选举时间的决定
117	十二届人大常委会五次	1998.9.24	关于设立高桥镇第十三届人民代表大会代表选举委员会的决定
118	十二届人大常委会六次	1998.10.27	关于批准任命各乡镇选举委员会组成人员的决定
119	十二届人大常委会七次	1998.12.23	关于召开富阳市第十二届人民代表大会第二次会议的决定
120	十二届人大常委会七次	1998.12.23	关于接受方仁臻辞去富阳市人大常委会委员职务请求的决定
121	十二届人大常委会十三次	1999.10.28	关于调整富阳市国民经济和社会发展“九五”计划主要指标的决定
122	十二届人大常委会十三次	1999.10.28	关于召开富阳市第十二届人民代表大会第三次会议的决定
123	十二届人大常委会十四次	1999.12.27	关于同意《富阳市城市总体规划》的决定
124	十二届人大常委会十四次	1999.12.27	关于许可对富阳市第十二届人大代表闻作良依法采取强制措施的决定
125	十二届人大常委会十八次	2000.7.14	关于接受张建新辞去富阳市人民政府副市长职务的决定
126	十二届人大常委会二十次	2000.8.11	关于批准富阳市与新疆奎屯市结为友好城市的决定
127	十二届人大常委会二十一次	2000.9.25	关于依法许可对富阳市第十二届人大代表董文淦执行刑事拘留和逮捕的决定
128	十二届人大常委会二十四次	2000.11.28	关于批准富阳市市树市花的决定
129	十二届人大常委会二十四次	2000.11.28	关于批准富阳市人民政府《关于调整 2000 年财政收支预算报告》的决定

续表 4-6-2

序号	会议届次	通过时间	决 定 标 题
130	十二届人大常委会二十五次	2000.12.26	关于召开富阳市第十二届人民代表大会第四次会议的决定
131	十二届人大常委会二十六次	2000.12.28	关于依法许可对富阳市第十二届人大代表凌国余治安拘留的决定
132	十二届人大常委会二十八次	2001.2.26	关于接受周银铃辞去富阳市人大常委会副主任职务的决定
133	十二届人大常委会二十八次	2001.2.26	关于接受俞正言辞去富阳市人民政府副市长职务的决定
134	十二届人大常委会二十八次	2001.2.26	关于接受陈志华辞去富阳市人民法院院长职务的决定
135	十二届人大常委会二十八次	2001.2.26	关于任命王少青为富阳市人民法院副院长、代理院长的决定
136	十二届人大常委会三十次	2001.5.11	关于王喜法任富阳市人民政府副市长的决定
137	十二届人大常委会三十二次	2001.7.4	关于接受裘立忠辞去富阳市人大常委会委员职务的决定
138	十二届人大常委会三十三次	2001.8.22	关于设立富春等四个街道人大工作委员会的决定
139	十二届人大常委会三十四次	2001.10.18	关于 2002 年富阳市乡镇人民代表大会代表选举时间和代表名额的决定
140	十二届人大常委会三十四次	2001.10.18	关于批准任命富阳市各乡镇选举委员会组成人员的决定
141	十二届人大常委会三十五次	2001.12.11	关于召开富阳市第十二届人民代表大会第五次会议的决定
142	十二届人大常委会三十六次	2001.12.28	关于延期召开富阳市第十二届人民代表大会第五次会议的决定
143	十二届人大常委会三十七次	2002.2.5	关于延期召开富阳市第十二届人民代表大会第五次会议的决定（再次延迟）
144	十二届人大常委会三十八次	2002.5.22	关于接受孙建华辞去富阳市人民政府市长职务的决定
145	十二届人大常委会三十八次	2002.5.22	关于任命戚哮虎为富阳市人民政府代理市长的决定
146	十二届人大常委会四十次	2002.9.20	关于接受洪庆华辞去富阳市人民政府副市长职务的决定
147	十二届人大常委会四十一次	2002.11.11	关于富阳市第十三届人民代表大会换届选举问题的决定

续表 4-6-2

序号	会议届次	通过时间	决定标题
148	十二届人大常委会四十一次	2002.11.11	关于建立富阳市第十三届人民代表大会代表选举委员会的决定
149	十二届人大常委会四十一次	2002.11.11	关于富阳市第十三届人民代表大会代表名额分配的决定
150	十二届人大常委会四十三次	2003.1.14	关于召开富阳市第十三届人民代表大会第一次会议的决定
151	十二届人大常委会四十三次	2003.1.14	关于建立富阳市人大常委会城建环保工作委员会的决定
152	十三届人大常委会一次	2003.4.24	关于接受夏有钦辞去富阳市人大常委会委员职务的决定
153	十三届人大常委会五次	2003.10.30	关于许可对富阳市第十三届人大代表赵乃金依法采取强制措施的决定
154	十三届人大常委会五次	2003.10.30	关于补选一名富阳市第十三届人民代表大会代表的决定
155	十三届人大常委会六次	2003.12.17	关于批准富阳市人民政府要求调整 2003 年财政收支预算报告的决定
156	十三届人大常委会六次	2003.12.17	关于召开富阳市第十三届人民代表大会第二次会议的决定
157	十三届人大常委会九次	2004.5.20	关于场口镇新一届人民代表大会选举时间和代表名额的决定
158	十三届人大常委会十次	2004.6.25	关于同意《富阳市城市总体规划(2003–2020)》的决定
159	十三届人大常委会十二次	2004.9.29	关于同意《富阳生态市建设规划》的决定
160	十三届人大常委会十三次	2004.11.11	关于召开富阳市第十三届人民代表大会第三次会议的决定
161	十三届人大常委会十五次	2005.3.29	关于许可对富阳市第十三届人大代表汤法根依法采取强制措施的决定
162	十三届人大常委会二十次	2005.12.23	关于召开富阳市第十三届人民代表大会第四次会议的决定
163	十三届人大常委会二十次	2005.12.23	关于接受彭余娣辞去富阳市人大常委会委员职务的决定

续表 4-6-2

序号	会议届次	通过时间	决 定 标 题
164	十三届人大常委会二十二次	2006.4.13	关于许可对富阳市第十三届人大代表汪利荣依法采取强制措施的决定
165	十三届人大常委会二十四次	2006.7.12	关于接受戚哮虎辞去富阳市人民政府市长职务的决定
166	十三届人大常委会二十四次	2006.7.12	关于任命徐文光为富阳市人民政府副市长、代理市长的决定
167	十三届人大常委会二十五次	2006.9.4	关于接受何勇、孙连娟辞去富阳市人大常委会委员职务的决定
168	十三届人大常委会二十六次	2006.10.26	关于建立富阳市第十四届人民代表大会代表选举委员会的决定
169	十三届人大常委会二十六次	2006.10.26	关于批准任命富阳市各乡镇选举委员会、街道选举领导小组组成人员的决定
170	十三届人大常委会二十六次	2006.10.26	关于富阳市市、乡镇人民代表大会换届选举问题的决定
171	十三届人大常委会二十六次	2006.10.26	关于富阳市第十四届人民代表大会、乡镇第十五届人民代表大会代表名额分配的决定
172	十三届人大常委会二十七次	2006.12.8	关于接受佟桂莉辞去富阳市人大常委会主任职务的决定
173	十三届人大常委会二十七次	2006.12.8	关于推选汪锦汉为富阳市第十三届人大常委会代理主任的决定
174	十三届人大常委会二十七次	2006.12.8	关于接受赵立春辞去富阳市人大常委会委员职务的决定
175	十三届人大常委会二十七次	2006.12.8	关于任命张锦铭为富阳市人民政府副市长的决定
176	十三届人大常委会二十七次	2006.12.8	关于接受徐文光辞去富阳市人民政府副市长职务，同时不再履行代理市长职务的决定
177	十三届人大常委会二十七次	2006.12.8	关于任命张锦铭为富阳市人民政府代理市长的决定
178	十三届人大常委会二十七次	2006.12.8	关于接受王少青辞去富阳市人民法院院长职务的决定
179	十三届人大常委会二十七次	2006.12.8	关于任命程建飞为富阳市人民法院副院长、代理院长的决定
180	十三届人大常委会二十七次	2006.12.8	关于接受吴炳林辞去富阳市人民检察院检察长职务的决定

续表 4-6-2

序号	会议届次	通过时间	决定标题
181	十三届人大常委会二十七次	2006.12.8	关于任命吕金芳为富阳市人民检察院副检察长、代理检察长的决定
182	十三届人大常委会二十八次	2006.12.31	关于批准富阳市人民政府调整 2006 年财政收支预算的决定
183	十三届人大常委会二十八次	2006.12.31	关于召开富阳市第十四届人民代表大会第一次会议的决定
184	十四届人大常委会一次	2007.3.26	关于沈华清任富阳市人民政府副市长的决定
185	十四届人大常委会三次	2007.6.8	关于加强人大代表工作的决定
186	十四届人大常委会四次	2007.6.29	关于接受沈华清辞去富阳市人民政府副市长职务的决定
187	十四届人大常委会六次	2007.8.9	关于许可对富阳市第十四届人大代表袁生明依法采取强制措施的决定
188	十四届人大常委会七次	2007.10.11	关于接受汤金华辞去富阳市人民政府副市长职务的决定
189	十四届人大常委会七次	2007.10.11	关于孔春浩任富阳市人民政府副市长的决定
190	十四届人大常委会七次	2007.10.11	关于接受柳士明、杨富强辞去富阳市人大常委会委员职务的决定
191	十四届人大常委会九次	2007.12.28	关于选举 2 名富阳市十四届人民代表大会代表的决定
192	十四届人大常委会十二次	2008.5.28	关于潘祖光任富阳市人民政府副市长的决定
193	十四届人大常委会十四次	2008.9.26	关于批准《富阳市可持续发展实验区建设规划（2007–2010）》的决定
194	十四届人大常委会十四次	2008.9.26	关于接受赵茂良辞去富阳市人大常委会委员职务的决定
195	十四届人大常委会十五次	2008.11.28	关于选举富阳市第十四届人大代表的决定
196	十四届人大常委会十五次	2008.11.28	关于接受董悦辞去杭州市第十一届人大代表职务的决定
197	十四届人大常委会十五次	2008.11.28	关于召开富阳市第十四届人民代表大会第三次会议的决定
198	十四届人大常委会十八次	2009.2.10	关于批准《富阳市域总体规划（2007–2020）》的决定

续表 4-6-2

序号	会议届次	通过时间	决定标题
199	十四届人大常委会二十次	2009.4.17	关于许可对富阳市第十四届人大代表郑桂山依法采取强制措施的决定
200	十四届人大常委会二十二次	2009.5.22	关于许可对富阳市十四届人大代表陈建龙依法采取强制措施的决定
201	十四届人大常委会二十六次	2009.11.26	关于接受戴福根等 22 人辞去富阳市第十四届人民代表大会代表职务的决定
202	十四届人大常委会二十六次	2009.11.26	关于补选富阳市第十四届人民代表大会代表的决定
203	十四届人大常委会二十八次	2010.2.8	关于接受胡志成、蒋才、骆安全辞去富阳市人大常委会委员职务的决定
204	十四届人大常委会二十九次	2010.3.22	关于调整富阳市第十四届人大常委会代表资格审查委员会的决定
205	十四届人大常委会三十一次	2010.7.29	关于接受潘祖光辞去富阳市人民政府副市长职务的决定
206	十四届人大常委会三十一次	2010.7.29	关于吕清民任富阳市人民政府副市长的决定
207	十四届人大常委会三十二次	2010.8.26	关于建立富阳市人大常委会农业和农村工作委员会的决定
208	十四届人大常委会三十四次	2010.11.12	关于授予克劳斯与克努特两名外国专家“富阳市荣誉市民”称号的决定
209	十四届人大常委会三十六次	2010.12.21	关于批准富阳市人民政府调整 2010 年财政收支预算的决定
210	十四届人大常委会三十七次	2011.1.6	关于召开富阳市第十四届人民代表大会第五次会议的决定
211	十四届人大常委会四十三次	2011.10.27	关于建立富阳市第十五届人民代表大会代表选举委员会的决定
212	十四届人大常委会四十三次	2011.10.27	关于批准任命富阳市各乡镇选举委员会、街道选举领导小组组成人员的决定
213	十四届人大常委会四十三次	2011.10.27	关于富阳市市、乡镇人民代表大会换届选举时间的决定
214	十四届人大常委会四十三次	2011.10.27	关于富阳市第十五届人民代表大会、乡镇第十六届人民代表大会代表名额分配的决定
215	十四届人大常委会四十四次	2011.12.9	关于接受徐文光辞去富阳市人大常委会主任职务的决定

续表 4-6-2

序号	会议届次	通过时间	决定标题
216	十四届人大常委会四十四次	2011.12.9	关于推选华爱金为富阳市第十四届人大常委会代理主任的决定
217	十四届人大常委会四十四次	2011.12.9	关于接受张锦铭辞去富阳市人民政府市长职务的决定
218	十四届人大常委会四十四次	2011.12.9	关于章舜年任富阳市人民政府副市长、代理市长的决定
219	十四届人大常委会四十四次	2011.12.9	关于接受孔春浩辞去富阳市人民政府副市长职务的决定
220	十四届人大常委会四十四次	2011.12.9	关于接受陆献德辞去富阳市人民政府副市长职务的决定
221	十四届人大常委会四十四次	2011.12.9	关于王书评任富阳市人民政府副市长的决定
222	十四届人大常委会四十四次	2011.12.9	关于接受程建飞辞去富阳市人民法院院长职务的决定
223	十四届人大常委会四十四次	2011.12.9	关于罗鑫任富阳市人民法院代理院长的决定
224	十四届人大常委会四十四次	2011.12.9	关于接受吕金芳辞去富阳市人民检察院检察长职务的决定
225	十四届人大常委会四十四次	2011.12.9	关于王晓光任富阳市人民检察院副检察长、代理检察长的决定
226	十四届人大常委会四十四次	2011.12.9	关于调整富阳市、乡镇选举委员会部分组成人员的决定
227	十四届人大常委会四十五次	2012.1.5	关于召开富阳市第十五届人民代表大会第一次会议的决定
228	十五届人大常委会一次	2012.3.23	关于吕清民任富阳市人民政府副市长的决定
229	十五届人大常委会一次	2012.3.23	关于设立代表资格审查委员会的决定
230	十五届人大常委会二次	2012.4.10	关于张振军任富阳市人民政府副市长的决定
231	十五届人大常委会三次	2012.5.31	关于开展“履行人大代表职责描绘富裕阳光的富春山居图”主题实践活动的决定
232	十五届人大常委会四次	2012.8.9	关于接受吕清民辞去富阳市人民政府副市长职务的决定
233	十五届人大常委会四次	2012.8.9	关于韩璐任富阳市人民政府副市长的决定
234	十五届人大常委会五次	2012.9.28	关于接受马利阳辞去富阳市人大常委会委员职务的决定
235	十五届人大常委会六次	2012.11.29	关于接受许昌辞去富阳市第十五届人民代表大会代表职务的决定

续表 4-6-2

序号	会议届次	通过时间	决 定 标 题
236	十五届人大常委会六次	2012.11.29	关于补选富阳市第十五届人民代表大会代表的决定
237	十五届人大常委会七次	2012.12.28	关于召开富阳市第十五届人民代表大会第二次会议的决定
238	十五届人大常委会八次	2013.2.7	关于补选富阳市第十五届人民代表大会代表的决定
239	十五届人大常委会八次	2013.2.7	关于接受章舜年辞去富阳市人民政府市长职务的决定
240	十五届人大常委会八次	2013.2.7	关于黄海峰任富阳市人民政府副市长、代理市长的决定
241	十五届人大常委会十次	2013.3.28	关于许可对富阳市第十五届人大代表王富华依法采取刑事强制措施的决定
242	十五届人大常委会十次	2013.3.28	关于许可对富阳市第十五届人大代表潘亦良依法采取刑事强制措施的决定
243	十五届人大常委会十次	2013.3.28	关于许可对富阳市第十五届人大代表鲍金华依法采取刑事强制措施的决定
244	十五届人大常委会十一次	2013.4.16	关于许可对富阳市第十五届人大代表徐国明依法采取刑事强制措施的决定
245	十五届人大常委会十一次	2013.4.16	关于许可对富阳市第十五届人大代表徐金良依法采取刑事强制措施的决定
246	十五届人大常委会十三次	2013.6.27	关于富阳市高桥镇和受降镇行政区划调整后有关问题的决定
247	十五届人大常委会十三次	2013.6.27	关于富阳市人民代表大会常务委员会法制工作委员会更名的决定
248	十五届人大常委会十四次	2013.8.2	关于接受胡海龙等辞去富阳市第十五届人民代表大会代表职务的决定
249	十五届人大常委会十四次	2013.8.2	关于补选富阳市第十五届人民代表大会代表的决定
250	十五届人大常委会十四次	2013.8.2	关于尤匡领任富阳市人民政府副市长的决定
251	十五届人大常委会十五次	2013.9.11	关于徐林亮任富阳市人民政府副市长的决定
252	十五届人大常委会十八次	2013.12.31	关于召开富阳市第十五届人民代表大会第三次会议的决定

续表 4-6-2

序号	会议届次	通过时间	决定标题
253	十五届人大常委会十九次	2014.1.17	关于赵平任富阳市人民法院代理院长的决定
254	十五届人大常委会十九次	2014.1.17	关于接受刘晓峰等辞去富阳市第十五届人民代表大会代表职务的决定
255	十五届人大常委会二十次	2014.2.14	关于接受胡狄华辞去富阳市第十五届人民代表大会代表职务的决定
256	十五届人大常委会二十次	2014.2.14	关于接受徐林亮辞去富阳市人民政府副市长职务的决定
257	十五届人大常委会二十次	2014.2.14	关于接受张振军辞去富阳市人民政府副市长职务的决定
258	十五届人大常委会二十次	2014.2.14	关于杨国正任富阳市人民政府副市长的决定
259	十五届人大常委会二十二次	2014.5.29	关于增加人民陪审员名额的决定
260	十五届人大常委会二十三次	2014.7.31	关于接受韩璐辞去富阳市人民政府副市长职务的决定
261	十五届人大常委会二十三次	2014.7.31	关于方铁道任富阳市人民政府副市长的决定
262	十五届人大常委会二十五次	2014.11.27	关于召开富阳市第十五届人民代表大会第四次会议的决定
263	十五届人大常委会二十六次	2014.12.30	关于接受郭一莲等辞去富阳市第十五届人民代表大会代表职务的决定
264	十五届人大常委会二十七次	2015.1.15	关于表彰 2014 年度富阳市乡镇街道人大代表工作优秀单位的决定
265	十五届人大常委会二十七次	2015.1.15	关于表彰 2014 年度富阳市第十五届人民代表大会优秀代表的决定

附　决定选编

富阳县人大常委会
关于设立法制、财政经济、科教文卫、代表联络四个组的决定

（1984 年 11 月 5 日县第八届人大常委会第一次会议通过）

根据人大常委会工作的需要，富阳县第八届人大常委会第一次会议决定：设立富阳县人大常委会法制、财政经济、科教文卫、代表联络四个组。

各组的工作，在县人大常委会领导下进行。各组在开展活动时，可根据需要，

特邀有关单位负责人、有关专业人员和县政协各组的有关同志参加。它的主要任务是：

一、围绕党的中心工作，有计划、有目的地进行调查研究，提出具体工作意见和建议，为县人大常委会审议、决定本县政治、经济、法制和科教文卫等方面的重大事项提供依据。

二、采取多种形式加强社会主义法制宣传，认真检查国家宪法、法律、法令及县人代会和人大常委会作出的决议、决定的贯彻执行情况，提出改进有关工作的意见和建议，或对违宪、违法行为提出处理意见，报县人大常委会审议决定。

三、完成县人大常委会布置的视察任务，提出视察意见和建议。

四、密切联系人民代表，认真处理和督促处理人民代表的议案、意见和信访问题，及时反映人民代表和干部群众的意见和要求。

五、认真听取代表和群众对“一府两院”组成人员的意见，协助人大常委会搞好干部任免工作。

六、处理县人大常委会交办的其他事项。

富阳县人大常委会
关于加强依法征收教育事业费附加的决定

（1988年7月14日县九届人大常委会第九次会议通过）

为了实行九年制义务教育，进一步加强对教育事业费附加的征收、管理、使用工作，搞好教育经费的筹措，促进教育事业的发展，现对富阳县征收教育事业费附加的有关问题，特作如下决定：

一、各乡镇人民政府必须根据本地教育事业发展的需要和经济承受能力，按规定的产品销售额或营业额收入的3‰至7‰范围内，正确确定本地教育事业费附加的征收率，提交乡镇人民代表大会审议通过后，由乡镇人民政府组织实施，乡镇财政组织负责征收，驻地税务专管员予以协助，按规定收取，不得随意减免，不得拖欠。对拖欠不缴教育事业费附加的企业和个人，必须按日收取拖欠金额的5‰的滞纳金。

二、各乡镇必须建立教育经费管理委员会（或人民教育基金会），由乡镇长任主任，分管教育的副乡镇长和中小学校长任副主任，乡镇财政总会计、税收员、学校预算会计参加，负责全乡镇教育经费的筹措、管理和使用，做到年初预算，年终结算，每年向同级人民代表大会报告执行情况。

教育事业费附加必须首先确保民办教师工资的兑现，其次用于修建校舍增添学校设施，改善办学条件，一定要专款专用，不得移作他用，严禁贪污、挪用。

三、县财政收取的教育事业费附加，必须按月拨给教育部门；乡镇财政组收取的教育事业费附加，必须按月拨入教育专户，并由乡镇教育经费管理委员会按季将收取数额，分别填表报送县财税、教育部门。对教育事业费附加的征收、管理、使用，必须列入审计，每年由县审计部门进行抽查审计。

四、对各乡镇征收、管理、使用教育事业费附加的情况，县财税、教育部门每年要组织总结、交流、评比，对收齐、管好、合理使用教育事业费附加，并发挥较好效益的单位和征收人员，应给予精神和物质奖励。

富阳县人大常委会
关于批准南安等十六个乡（镇）实施九年制义务教育的决定

（1990年8月13日县第十届人大常委会第三次会议通过）

富阳县第十届人大常委会第三次会议，认真听取和审议了富阳县教育局局长李亚元受富阳县人民政府委托所作的关于南安等十六个乡镇实施九年制义务教育的可行性报告。会议认为这些乡镇实施九年制义务教育的条件已基本具备，决定批准南安乡、湘主乡、渌渚镇、高坪乡、灵山乡、永昌乡、城阳乡、江丰乡、受降镇、上里乡、大源镇、新建乡、新关乡、里山乡、场口镇、常安镇从1990年9月起实施九年制义务教育。

贯彻《义务教育法》，是关系国家和民族未来的一项具有战略意义的大事。各级人民政府要把这项工作列入重要议事日程，切实加强领导；要进一步搞好《义务教育法》的学习和宣传，强化干部、群众的法制观念，要依法保障适龄儿童、少年接受义务教育的权利，严格控制流生，严禁任何单位和个人招用应该接受义务教育的适龄儿童、少年就业；要不断完善分级办学、分级管理体制，依法加强教育事业费附加的征收、管理和使用，并调动社会各方面办学积极性，增加对教育投入，努力改善办学条件，要进一步搞好师资队伍建设，进一步端正办学指导思想，认真开展"基础教育先进乡镇"和"实施九年制义务教育评估"等活动，以推进全县的九年制义务教育，确保在1993年前，富阳县各乡镇全部实现九年制义务教育。

富阳县人大常委会
关于加强社会治安综合治理的决定

（1991年5月8日县第十届人大常委会第八次会议通过）

为了维护社会治安秩序，巩固和发展社会的稳定，保障改革开放和社会主义现代化建设的顺利进行，保证实现国民经济和社会发展的十年规划及“八五”计划，必须加强社会治安综合治理。为此，特作如下决定：

一、加强社会治安综合治理，是坚持人民民主专政的一项重要工作，也是解决社会治安问题的根本途径。社会治安问题是社会各种矛盾的综合反映，必须动员和组织全社会的力量，运用政治的、法律的、行政的、经济的、文化的、教育的等多种手段进行综合治理，从根本上预防和减少违法犯罪，维护社会秩序，保障社会稳定，并作为全社会的共同任务，长期坚持下去。

二、要善于运用法律武器，搞好社会治安综合治理。全国人民代表大会及其常委会通过的刑事的、民事的、行政的、经济的等多方面的法律，为社会治安综合治理提供了有力的法律武器和依据。各级人民政府、机关各单位，社会团体、企业、事业单位必须严格依法办事。全体公民要学法、知法、守法，正确运用法律武器，保护自己的合法权益，同各种违法犯罪行为作斗争。

三、社会治安综合治理必须坚持打击和防范并举，治标和治本兼顾，重在治本的方针。其主要任务是：打击各种危害社会的违法犯罪活动，依法严惩严重危害社会治安的刑事犯罪分子和严重破坏经济的犯罪分子；采取各种措施，严格管理制度，加强治安防范工作，堵塞违法犯罪活动的漏洞，加强对全体公民特别是青少年的思想政治教育和法制教育，提高文化，道德素质，增强法制观念；鼓励群众自觉维护社会秩序，同违法犯罪行为作斗争；积极调解、疏导民间纠纷、缓解社会矛盾，消除不安定因素；加强对违法犯罪人员的教育、挽救、改造工作，妥然安置刑满释放和解除劳教的人员，减少重新违法犯罪。

四、各部门、各单位必须认真落实综合治理目标管理责任制，做到各尽其职，各负其责，密切配合，互相协调。县、乡镇人民政府要把社会治安综合治理纳入两个文明建设的总体规划，切实加强对社会治安综合治理工作的领导。人民法院、人民检察院和公安、司法、民政等职能部门，应当在社会治安综合治理中充分发挥骨干作用。要采取有效措施，充实维护社会治安的力量，改进预防和惩治犯罪活动的技术装备，切实提高执法队伍的素质。按照“谁主管、谁负责”的原则，各机关、团体、企业、事业单位要认真落实内部各项治安防范措施，严防发生违法犯罪和其他治安问题，各部门应当督促下属单位，结合本身业务，积极参与社会治安的综合治理，充分发挥各自的作用。

五、加强社会治安综合治理，必须发动和依靠广大人民群众。县、乡镇人民政府应当动员和组织城镇居民和农村村民以及机关、团体、企业、事业单位的职工、学生，建立群众性自防自治的治安保卫调解组织，开展各种形式的治安防范活动和警民联防活动。县人武部要积极组织民兵参与维护社会治安，要加强基层组织建设和制度建设，把各项措施落实到基层单位，形成群防群治网络，要充分发挥村民委员会、居民委员会维护社会治安的积极作用。乡镇人民政府要切实加强对群众性治安、保卫、调解组织的指导和监督。治安、保卫、调解组织应严格依法办事，保护公民和法人的合法权益。

要把社会治安综合治理的责任与单位和个人的政治荣誉、经济利益紧密结合起来，建立奖惩制度。对参与社会治安综合治理工作成绩显著的单位和个人给予表彰和奖励；对与违法犯罪分子斗争中负伤，致残人员要妥善治疗和安置；对遭受报复的，要及时查处，并给予必要的经济补偿；对与违法犯罪分子斗争中牺牲人员的家属给予抚恤。对因社会治安综合治理措施不落实而发生重大刑事案件和重大治安事件，致使国家利益和人民生命财产遭受重大损失的单位，应当依法追究其直接负责的主管人员的责任。

六、社会治安综合治理工作由县、乡镇人民政府统一组织实施，各部门、各方面齐抓共管，积极参与。县、乡镇人民政府，应当采取组织措施，协调、指导有关部门做好各方面的社会治安综合治理工作。

县人大常委会要有计划地听取县人民政府、人民法院、人民检察院关于综合治理工作的汇报，组织代表、委员视察综合治理工作的开展和落实情况，切实加强法律监督和工作监督，以保障社会治安综合治理工作健康发展，并取得理想的效果。

富阳县人大常委会
关于设立富阳县人大常委会代表工作委员会的决定

（1991 年 7 月 17 日县第十届人大常委会第九次会议通过）

代表工作是人大常委会工作的基础。为加强富阳县人大常委会对县人大代表工作的联系与指导，充分发挥人大代表的参政议政作用，现根据《地方组织法》的规定和中共富阳县委的批复，富阳县第十届人大常委会第九次会议讨论决定：设立富阳县人大常委会代表工作委员会。

富阳县人大常委会代表工作委员会，是富阳县人大常委会的办事机构。其主要职责任务是：广泛联系富阳县人民代表大会代表，经常听取各级人大代表对富阳县各方面工作的意见、评议和批评，为县人大常委会提供决策依据；指导各代表中心组、代表小组积极开展活动，支持县人大代表依法行使职权，协助省、市人大代表开展活动；负责联系办理县人民代表大会议案、意见和县人大代表的重要信访问题；负责联系各乡镇人大主席团的日常工作等。

富阳市人大常委会
关于开展人大常委会任命干部述职评议
和组织人民代表评议行政执法机关工作的决定

（1994年9月22日市第十一届人大常委会第十一次会议通过）

富阳市第十一届人大常委会第十一次会议，听取审议并同意市人大常委会主任葛扬安受主任会议委托所作的“关于开展富阳市人大常委会任命干部述职评议和组织人大代表评议行政执法机关工作情况的报告”现就开展人大评议工作问题，特作如下决定：

根据《中华人民共和国宪法》《中华人民共和国地方各级人民代表大会和地方各级人民政府组织法》和中共浙江省委〔1994〕9号文件的有关规定，结合富阳市实际，决定从1994年开始，在本届任期内，分期分批地组织开展市人大常委会任命干部的述职评议和人大代表评议行政执法机关工作。

开展评议工作的指导思想是：以邓小平同志建设有中国特色的社会主义理论和党的基本路线为指针，以经济建设为中心，围绕建立社会主义市场经济体制的要求，认真履行宪法和法律赋予地方人大常委会的职责，督促干部强化法制意识、公仆意识和创业意识，促进依法行政，加强我市民主法制建设，维护社会稳定，推进富阳市改革开放和两个文明建设。

评议工作在中共富阳市委领导下，由市人大常委会组织实施。评议的主体：述职评议的主体是市人大常委会；评议行政执法机关工作的主体是市人大代表，由市人大常委会组织。评议的对象：述职评议的对象是市人民政府组成部门的各委办主任和各局局长，市人民法院副院长、市人民检察院副检察长，评议行政执法机关工作的对象是市人民政府所属各职能部门。

为切实做好两项评议工作，有关事宜授权市人大常委会主任会议决定。

富阳市人大常委会
关于受降镇虎哨杏等村石棉瓦废料污染限期整治的决定

（1995年6月23日市第十一届人大常委会第十六次会议通过）

富阳市第十一届人大常委会第十六次会议，听取了富阳市人民政府关于《环保法》执法检查情况的汇报，根据《环保法》的规定，对受降镇虎哨杏等村石棉瓦废料污染问题，进行了认真审议。委员们认为，近年来，受降镇虎哨杏等村发展了石棉瓦、琉璃瓦生产，对促进当地经济、富裕部分群众生活起到了一定的作用。但由于采用家庭作坊式生产，工艺落后，大量有毒的边角废料堆放在溪堤、国道线两侧造成了严重的环境污染，这不仅有损于富阳的“窗口”形象，而且影响当地的生产、人民生活和经济的长远发展，广大群众纷纷要求治理。根据最近浙江省和杭州市人大对《环保法》联动执法检查提出的意见，结合受降实际，特作如下决定：

一、市人民政府、受降镇人民政府和有关部门要大力宣传贯彻执行《环境保护法》，明确重要性，提高人民群众贯彻执行《环保法》的自觉性，统一对石棉瓦、琉璃瓦污染问题严重性和限期整治必要性的思想认识。

二、不得新增石棉瓦、琉璃瓦生产点。

三、清除深埋废弃物。市人民政府要责成受降镇人民政府和有关单位，对公路、溪沟边、农田里的石棉瓦、琉璃瓦废弃物，进行限期清理，选择适当的地点进行深埋。1995 年年底前，要彻底清除或深埋国道线两侧的石棉瓦和琉璃瓦边角废料；对堆放在溪边的石棉瓦废料，受降镇人民政府要作出规划，在环保部门指导下选择好填埋地点，分期分批地搬迁，在 1996 年 6 月底前搞好搬迁深埋。

四、严格控制污染源的扩展。从 6 月下旬起，要坚决改切边石棉瓦为包边石棉瓦生产，并由受降镇人民政府组织实施。今后，对石棉瓦生产必须采取集中裁边，集中堆放，集中处理，不得转移污染。

五、加强执法力度，取缔非法生产。市人民政府要责成受降镇人民政府，采取切实措施，保证整治工作取得实效。对阻挠环保、工商等部门监督管理的行为，一经查出，有关职能部门要依法处理。如生产者既不愿将废料搬运到指定地点深埋，又不实行包边生产的，予以勒令停产。

六、积极搞好转产。石棉瓦生产属国务院明文禁止的生产项目，市人民政府要责成受降镇人民政府于 1996 年 6 月底前，搞好转产。

富阳市人大常委会
关于环山乡小熔炼炉污染限期整治的决定

（1995 年 6 月 23 日市第十一届人大常委会第十六会议通过）

富阳市第十一届人大常委会第十六次会议，听取了富阳市人民政府关于富阳市《环保法》执法检查情况的汇报，根据《环保法》的规定，对环山乡小熔炼炉污染问题，进行了认真审议。委员们认为，近年来，环山乡个体联户炼铜业的兴起，对该乡经济的发展、部分群众的富裕起到了一定的作用。但由于管理上的失控，技术设备上的粗放、落后，小熔炼炉排放的大量废气、废水、废渣，严重地污染了环境，影响了当地的生产、人民的生活以及经济的长远发展，广大群众反响非常强烈。根据最近浙江省和杭州市人大对《环境保护法》联动执法检查的意见，结合环山乡实际，特作如下决定：

一、市人民政府、环山乡人民政府和有关部门要大力宣传贯彻执行《环境保护法》，明确重要性，提高人民群众贯彻执行《环境保护法》的自觉性，统一对小熔炼炉污染问题的严重性和限期整治的必要性的思想认识。

二、请市人民政府责成环山乡人民政府和市级有关部门认真检查今年 4 月 18 日、19 日市人民政府下达的《关于对环山乡 11 只炼炉责令停产的通知》和《关于同意综合治理环山乡工业污染的批复》的贯彻落实情况，并将检查结果上报市人民政府，抄报市人大常委会。

三、请市人民政府责成环山乡人民政府，凡是 4 月 19 日市人民政府通知下发以后新建的小熔炼炉，一律拆除。

四、请市环保局会同环山乡人民政府，通过省冶金环保研究所指导，在近期内抓紧进行小熔炼炉烟气排污治理试验。试验成功后，积极推广，全面治理，要求在今年 10 月底前治理达标。治理不能达标的小熔炼炉一律搞好停、转。

富阳市人大常委会
关于推行执法责任制的决定

（1997 年 4 月 22 日市十一届人大常委会第三十一次会议表决通过）

为了深入贯彻党的“依法治国”方针，加强对法律、法规实施情况的监督检查，保证宪法、法律和法规的遵守和执行，富阳市人大常委会决定，在富阳市国家行政机关、审判机关、检察机关推行执法责任制。

一、推行执法责任制，要以邓小平建设有中国特色社会主义理论和党的基本路线为指针，坚持有法必依，执法必严，违法必究和社会主义法制原则，从富阳市的实际情况出发，依法明确各执法主体的执法责任，加强执法监督，保证宪法、法律和法规的贯彻实施，促进富阳市的社会主义民主法制建设和两个文明建设。

二、推行执法责任制的部署安排是：1997 年年底前要在政府职能部门中搞好执法责任制的试点工作，1998 年在中共富阳市委领导下，由市人民政府、市人民法院、市人民检察院分别作出部署，在富阳市范围全面展开。实行执法责任制的国家机关要把该项工作列入重要的议事日程，根据实际情况抓好落实。

三、要把推行执法责任制与加强法制宣传教育、增强干部群众的法制观念结合起来。国家机关工作人员，特别是各级领导干部，要带头学习和掌握法律、法规，提高依法决策、依法办事的自觉性。运用多种形式，在广大群众中进行法制教育，使其知法、守法，学会运用法律武器维护自己的合法权益，同违法行为进行斗争。

要把推行执法责任制与加强执法队伍建设结合起来，与国家机关及其工作人员目标管理责任制结合起来，作为国家机关及其工作人员目标管理责任制的重要内容，列入考核标准。不断提高执法人员的政治和业务素质，做到严格执法、文明执法和廉洁执法。

四、要加强对执法责任制工作的监督检查。市人大常委会在制定年度工作计划时，要根据不同时期的不同情况确定检查的项目和重点；对执行执法责任制成绩突出的执法单位给予表彰，对执行不力的予以批评，对严重失职的追究责任；在评议、任免国家机关工作人员时，应当把执行执法责任制的情况作为重要的内容。

富阳市人大常委会
关于批准富阳市与新疆奎屯市结为友好城市的决定

（2000年8月11日市第十二届人大常委会第二十次会议通过）

富阳市第十二届人大常委会第二十次会议,听取和审议了市人民政府“关于要求批准富阳市与新疆奎屯市建立友好城市的报告”。会议认为，富阳市与奎屯市结为友好城市，是响应党中央提出的实施西部大开发战略号召的实际行动，有利于促进两市间的友好交流与协作，实现优势互补，共同发展。会议决定批准富阳市与新疆奎屯市结为友好城市。

富阳市人大常委会
关于批准富阳市市树市花的决定

（2000年11月28日市第十二届人常委会第二十四次会议通过）

富阳市第十二届人大常委会第二十四次会议，认真听取和审议了市人民政府《关于要求评定富阳市市树市花的报告》。会议认为，市人民政府提出的评选市树市花采用“双树双花”方案，符合富阳实际，是可行的；市树市花由市民评选产生，也符合民意。会议决定，富阳市市树为香樟、银杏，市花为桂花、茶花。

会议要求，各级人民政府和有关部门要积极宣传香樟、银杏、桂花、茶花作为市树市花的意义，介绍市树市花的栽培技术，努力扩大市树市花的培育基地，增加覆盖面。要把种植市树市花同“创建国家园林城市”活动结合起来，大力开展“植市树、种市花、绿富阳、美家园”的活动。

富阳市人大常委会
关于设立富春等四个街道人大工作委员会的决定

（2001年8月22日市第十二届人大常委会第三十三次会议通过）

经省人民政府浙政函〔2001〕163号文件批准，富阳市部分乡镇行政区划已作调整。根据浙江省人大常委会的要求，为加强基层人大工作，密切工作联系，富阳市第十二届人大常委会第三十三次会议决定，设立富阳市富春、东洲、春江、鹿山等4个街道人大工作委员会。

街道人大工作委员会是市人大常委会派驻街道的办事机构，职级与街道党工委、办事处相同；主任、副主任由市人大常委会任免，在市人大常委会和街道党工委的领导下开展工作。

街道人大工作委员会工作职责：

1. 检查宪法、法律、法规和市人民代表大会及其常务委员会的决定、决议在本辖区的执行情况。

2. 开展人民代表大会制度和民主法制的宣传教育，提高人民群众的法律水平，推进基层民主政治建设。

3. 联系本辖区的市人大代表；组织代表学习、宣传宪法和法律、法规；组织代表开展执法检查、视察、调查、评议等活动；组织代表走访选民和选举单位。

4. 接待和阅处人大代表和人民群众的来信来访，反映人民群众的呼声和要求；督促街道办事处认真办理人大代表提出的批评、意见和建议。

5. 根据市人大常委会年度工作要点，结合街道工作实际，制订街道人大工作委员会工作计划，并组织实施；定期向市人大常委会报告工作。

6. 办理市人大常委会和主任会议交办的其他事项。

富阳市人大常委会
关于建立城建环保工作委员会的决定

（2003年1月14日市第十二届人大常委会第四十三次会议通过）

为适应新形势下人大工作的需要，切实加强和改进人大工作。根据《中共杭州市委关于加强和改进人大工作的若干意见》（中共杭州市委〔2001〕28号文件）精神，经富阳市第十二届人大常委会第四十三次会议通过，决定建立富阳市人大常委会城建环保工作委员会。

富阳市人大常委会
关于加强人大代表工作的决定

（2007 年 6 月 8 日市第十四届人大常委会第三次会议通过）

为进一步贯彻落实《代表法》和中共中央转发《中共全国人大常委会党组关于进一步发挥全国人大代表作用，加强全国人大常委会制度建设的若干意见》（中发〔2005〕9 号文件）精神，加强和改进市人大代表工作，充分发挥人大代表在构建“生活富裕、生命阳光”和谐新富阳中的积极作用，根据《中华人民共和国全国人民代表大会和地方各级人民代表大会代表法》和有关法律法规的规定，结合富阳市实际，特作如下决定：

一、切实加强人大代表工作

人民代表大会制度是我国的根本政治制度，人大代表是国家权力机关的组成人员，代表工作是人大工作的基础。市、乡镇两级人大要从坚持和完善人民代表大会制度，提高党的执政能力，实践“三个代表”重要思想和科学发展观的高度，充分认识加强代表工作的重要性，把代表工作列入重要议事日程，认真组织和指导代表活动。市人大常委会主任会议要定期听取代表工作情况，及时研究解决代表工作中的问题。市人大常委会机关及基层人大要切实重视代表学习培训工作，采取集中授课与座谈讨论相结合；走出去与请进来相结合；专题学习与现场观摩和具体实践相结合等多种方式，组织代表开展学政治理论、学法律法规、学人大业务的“三学”活动，增强代表的职务意识，提高代表议政能力。要加强对代表工作的管理，做到有计划、有安排、有检查、有考核，探索建立代表履职档案，做好代表联系选民、参与活动、提出建议等情况的记录和统计。

二、保障代表的知情权，提高代表审议议案、报告的水平和效能

坚持和完善市人大常委会组成人员和市人民政府领导班子成员分工联系、走访代表制度，听取代表意见，密切与代表的联系。通过召开代表座谈会、政情通报会、旁听法院庭审、寄送常委会会刊等方式，向代表提供富阳市政治、经济、文化、社会建设等方面的情况，让代表更多地了解富阳市经济社会发展的形势和政策措施。进一步扩大代表对常委会活动的参与，有计划地邀请代表列席常委会会议，组织代表参加视察、调研和执法检查，使代表了解常委会的工作情况，了解有关法律的实施情况和其他工作情况。在代表审议各项议案和报告时，有关机关必须派相关负责人到会听取意见、回答询问，并认真研究、积极采纳代表提出的意见和建议，对议案和报告作出修改。基层人大要搭建履职平台，为代表履职创造条件，要完善组织形式，建立活动制度，改进和创新活动方式，畅通代表知情知政渠道。

三、提高代表议案建议办理质量

对人代会期间代表提出的议案和建议，市人大常委会要及时收集、交办并加强督办，同时做好闭会期间代表建议的转办和督办工作。“一府两院”和各承办单位要把办理代表议案和建议工作列入重要议事日程，第一责任人要亲自抓好办理工作。市人大常委会每年要对“一府两院”办理代表议案和建议工作组织代表进行视察，听取办理情况汇报，听取代表的意见。对提出高质量且有价值的代表议案和建议的代表，对承办代表议案和建议工作成绩显著的单位和个人，要予以表彰。基层人大要认真规范处理代表议案和建议，完善工作制度，提高办理质量，调动代表履职积极性，不断探索代表议案建议处理、办理的新形式和新办法。

四、支持、保证和规范闭会期间代表活动

要坚持和完善“代表之家”、代表接待选民、代表小组定向视察等制度，保证代表依法有序参加闭会期间活动。代表在闭会期间的活动以集体活动为主，以代表小组活动为基本形式。人大代表要围绕“我为富阳发展献一策、我为选举单位建一言、我为所在社区（乡村）办一事、我为身边群众解一难”主题实践活动，充分发挥代表作用。要密切代表与原选举单位和选民的联系，每年安排一定时间，走访基层群众，听取和反映他们的意见和要求，努力为人民群众服务。人大代表要在自己参加的生产、工作和社会活动中，模范地遵守宪法和法律，推动宪法和法律的实施。对市人民代表大会及其常委会作出的决议、决定，要身体力行地贯彻执行。要把依法执行代表职务与从事个人职业活动严格区别开来，不得借执行代表职务进行个人职业活动；不得接受企事业组织、社会团体和个人出资赞助；对涉及个人和亲属的具体案件应当回避。市财政要为加强代表工作提供经费保障。全社会各方面都要尊重代表的民主权利，对代表执行代表职务给予积极的支持和配合，如实介绍情况和反映问题。对拒绝履行义务，阻碍市人大代表依法执行代表职务的，对市人大代表依法执行代表职务进行打击报复的，市人大常委会将责成有关部门查明情况，依法处理。新闻单位要加强对代表工作的宣传，为代表依法执行代表职务创造良好的社会氛围。

富阳市人大常委会
关于建立农业和农村工作委员会的决定

（2010 年 8 月 26 日市第十四届人大常委会第三十二次会议通过）

为适应新形势下人大工作的需要，切实加强和改进人大工作，根据《中共杭州市委关于加强和改进新形势下人大工作的意见》（中共杭州市委〔2009〕24 号文件）精神，经富阳市第十四届人大常委会第三十二次会议通过，决定建立富阳市人大常委会农业和农村工作委员会。

富阳市人大常委会
关于在全市人大代表中开展“履行人大代表职责
描绘富裕阳光的富春山居图”主题实践活动的决定

（2012 年 5 月 31 日市第十五届人大常委会第三次会议通过）

富阳市第十五届人大常委会任期的五年，是富阳市全力实施“十二五”规划，全面建设小康社会、率先基本实现现代化的关键时期。根据富阳市第十三次党代会和富阳市十五届人大一次会议精神，富阳市人大常委会决定，在人大代表中开展以“履行人大代表职责，描绘富裕阳光的富春山居图”为主题的实践活动，充分发挥人大代表的主体作用，最广泛地动员广大人民群众积极投身到“富裕阳光的富春山居图”建设中，扎实有效地推进各项工作，不断开创富阳科学发展的新局面。

一、提升素质强能力。人大代表要认真学习邓小平理论、“三个代表”重要思想和科学发展观等重要论述，深刻领会党的十七大以来的路线、方针、政策以及历次富阳市委全会、人代会精神，把坚持党的领导、充分发挥民主和严格依法办事有机统一起来。通过多种途径加强对《宪法》《代表法》《监督法》等法律法规以及人大理论、业务知识的学习，充分认识人大及其常委会工作的性质、地位和作用，进一步明确人大代表的权利和义务，着力增强责任意识和法制意识，不断提高履行代表职务的能力和良好的综合素质。

二、积极履职促发展。人大代表是国家权力机关的组成人员，要依照宪法和法律赋予的各项职权，参与行使国家权力。要积极参加市人民代表大会会议，认真审议大会各项报告和决议决定，积极为富阳市经济社会又好又快发展建言献策；要认真参加闭会期间的各类执法检查、视察调研等活动，把依法履行监督职能与支持“一府两院”工作有机结合起来，紧紧围绕改革、发展、稳定大局和政治、经济、社会生活中的一些重大问题，以及人民群众普遍关注的热点和难点问题，提出意见和建议，为打牢产业、均衡、文化、民生“四个基础”，共同描绘“富裕阳光的富春山居图”，尽人大代表的职责。

三、关注民生解民忧。围绕绘就“富裕阳光的富春山居图”的总目标，人大代表要更加关注经济社会发展大局，更加关注民生民情民意，更加关注和谐新富阳的构建。要以“代表之家”、代表接待站等为载体，经常深入社区、乡村、企业、学校走访选民，全面把握社情民意，积极参与代表主题实践和创先争优等活动，向各级人民政府积极反映人民群众的呼声和要求，为描绘“富裕阳光的富春山居图”献计献策。要围绕选民（选举单位）最关心、最直接、最现实的利益问题，充分发挥各自优势和特长，努力为身边群众排忧解难，办实事，做好事，切实维护广大群众的根本利益。

四、干事创业作贡献。人大代表是富阳市经济社会发展和民主法制建设的中坚力量，要充分发挥模范表率作用，争当干事创业的主力军，争当各行各业的排头兵。党政干部代表要勤勉务实，爱岗敬业，扎扎实实做好本职工作，力争带好头、立新功；企业家代表要强管理、拓市场、创品牌，运用科技创新提升企业核心竞争力，努力把企业做大做优做强；农村生产一线的代表要积极投身新农村建设，努力发展特色优势产业，带动群众增收致富，推进城乡统筹发展；教科文卫领域的代表要结合自身工作实际，在发展城乡教育、丰富群众文化、提高群众健康水平等方面作出积极贡献。

五、遵纪守法做表率。人大代表要时时、事事、处处严格要求自己，坚决杜绝特权思想，自觉维护宪法和法律的尊严。要带头遵守执行党的方针政策和国家的法律法规，积极宣传党的方针政策和党委、政府的重要工作部署，以自己的模范行为影响和带动人民群众遵纪守法，倡导和弘扬社会公德、家庭美德和职业道德。要积极参与社会管理创新和公共服务，协助做好信访和调解工作，努力化解社会矛盾，促进社会和谐稳定，为加快推进富阳科学发展、转型发展、和谐发展营造良好的法治环境。

市、乡镇街道人大要以科学发展观为统领，围绕中心、服务大局，依法行使各项法定职权，为描绘“富裕阳光的富春山居图”提供坚实保障；要进一步完善服务和保障机制，保证人大代表的知情权、参与权、选举权和监督权，组织和引导人大代表更好地履行职责，切实有效地发挥权力机关、工作机关和代表机关的作用；要精心筹划，合理安排代表各项活动，发挥好、保护好代表的履职积极性。

富阳市人大常委会
关于法制工作委员会更名的决定

（2013年6月27日市第十五届人大常委会第十三次会议通过）

根据杭州市人大常委会的要求和杭州市机构编制委员会《关于同意富阳市人民代表大会常务委员会法制工作委员会更名的批复》（杭编〔2013〕111号）精神，经富阳市第十五届人大常委会第十三次会议通过，决定将富阳市人民代表大会常务委员会法制工作委员会更名为富阳市人民代表大会常务委员会法制内务司法工作委员会。更名后，原富阳市人民代表大会常务委员会法制工作委员会主任、副主任改任富阳市人民代表常务委员会法制内务司法工作委员会主任、副主任，不再另行办理任免手续。

第七章　评议工作

评议工作是指行政执法、司法评议和对任命干部的述职评议，简称“两项评议”。评议工作在中共富阳市委领导下，由市（县）人大常委会党组向市委报告评议工作方案，经市（县）委批复后，由市（县）人大常委会组织实施。市（县）人大常委会设立评议工作办公室，办公室下设综合组和调查组，工作人员由市（县）人大常委会办公室统一调配，根据评议工作需要，可邀请有关法律工作者和有关部门工作人员参加。

市（县）人大常委会对任命干部进行述职评议，组织市（县）人大代表对行政执法、司法机关进行行政执法评议和工作评议。“两项评议”是市（县）人大常委会对任命干部和“一府两院”的执法和履职进行监督的一种有效方式。市（县）人大常委会在履行监督的实践中，把法律监督和群众监督有机结合起来，使“两项评议”工作逐步推进，不断完善。

第一节　行政执法评议

富阳市（县）开展行政执法评议（包括执法、司法及工作评议），从 1992 年开始，到 2006 年止，连续进行 15 年。其中，11 年先后对“一府两院”的 15 个执法部门（单位）进行行政执法评议，对工商、公安、检察、法院、司法等部门进行了两次评议。还分别在 1997 年、2002 年、2005 年，对“两项评议”中提出的整改意见落实情况，集中进行“回头看”，从而使评议工作取得实质性效果。

行政执法评议的主体是人大代表，评议对象是“一府两院”执法部门。由市（县）人大常委会根据评议工作实施意见，明确指导思想，确定评议单位、评议内容、评议原则和评议程序等，分步有序开展评议工作。

评议工作程序分准备、调查、评议、整改总结四个阶段。准备阶段：制定“两项评议”实施意见，并向市（县）委报告评议工作方案；组建评议工作班子，各评议工作组制定具体方案；组织学习相关法律；人大常委会召开会议，审议通过评议工作方案。调查阶段：召开评议工作动员会；市（县）人大常委会代表工委向市（县）

人大代表发函征求意见和建议，并公布举报电话；被评议单位开展自查自纠，写出自查报告，市（县）人大办分别向市（县）人大代表征求意见；市（县）人大常委会组织部分常委会委员、市（县）人大代表赴有关部门、乡镇、部分企事业单位召开座谈会，广泛开展调查了解，听取意见和建议；在调查中如发现重大问题和案件，人大常委会将组织专题调查组调查；主任会议听取评议组情况汇报及自查汇报。评议阶段：市（县）人大常委会召开行政执法评议大会。会议议程：（1）被评议的部门作自查报告；（2）调查组报告调查情况；（3）各代表中心组代表发言；（4）被评议部门负责人表态发言；（5）市（县）委、市（县）人大常委会领导讲话。整改总结阶段：评议调查组根据评议情况，分别对被评议单位提出具有针对性、实质性评议意见，经人大常委会主任会议审定后，书面反馈给被评议部门，要求被评议单位在三个月内做好落实整改并报送市（县）人大常委会，抄送市（县）人民政府、市（县）人民法院、市（县）人民检察院。被评议部门经过整改，反馈整改落实情况，市（县）人大常委会召开会议，听取和审议被评议单位整改落实情况的报告，会后市（县）人大常委会办公室写出评议工作总结报告，并以市（县）人大常委会党组名义向市（县）委报告。

第二节　述职评议

述职评议，分书面和口头两种形式。富阳市人大常委会开展述职评议工作，从1994年开始，到2006年底止，共述职评议55人次。其中1997年和2002年，两次对述职评议后整改意见落实情况再进行了“回头看”。

述职评议的主体是市人大常委会组成人员，评议的对象是“一府两院”中由市人大常委会任命的干部。

口头述职评议。方法和步骤与行政执法评议相同，按准备、调查、评议、整改四个阶段进行。准备阶段首先由人大常委会确定述职评议对象，然后要求述职评议对象根据《富阳市人大常委会关于开展“两项评议”工作的实施意见》，认真开展自查自纠，写出自查报告并分送市人大代表征求意见。调查阶段召开单位评议会、座谈会等多种形式，广泛听取意见和建议。评议阶段由市人大常委会召开评议大会。会议议程：（1）作述职报告；（2）调查组和市人大代表汇报发言；（3）述职人表态；（4）市人大常委会、市委领导讲话并提出要求。整改阶段由市人大常委会召开人大代表评议意见交办会，要求述职对象限期整改。与此同时，市人大常委会有关工作部门对整改工作情况进行跟踪监督。述职评议对象经过整改后，市人大常委会将适时听取述职评议对象关于评议整改情况的报告。最后，市人大常委会党组向市委报告评议情况。

书面述职评议。述职人接到述职评议通知后，根据评议要求，认真做好准备工作，撰写好述职报告，分别送市人大常委会办公室和有关工委。市人大常委会办公室在主任会议召开前 7 天，将收集的书面述职报告及评议调查意见，集中分送常委会主任会议成员。主任会议成员收到书面述职报告后，认真审议，以书面形式提出评议意见和建议，交有关工委汇总。经市人大常委会主任会议审议后，由有关工委负责形成评议意见和建议，统一由市人大常委会办公室发文，及时反馈给书面述职人。书面述职人根据评议意见和建议，制定切实可行的整改措施，认真整改，并在述职评议后一个月内，向市人大常委会提交整改情况的书面报告。

富阳市（县）历年“两项评议”情况表

表 4–7–1

评议年度	评议对象	评议内容
1992 年	县人民法院场口法庭、县公安局场口派出所、县司法局场口法律事务所	行政执法评议
1993 年	新登、龙羊两地的公安派出所、人民法庭、法律服务所	行政执法评议
1994 年	市工商行政管理局	行政执法评议
	市工商行政管理局局长何侠安	述职评议
	市城建局	行政执法评议
	市城建局局长赵庆林	述职评议
	市司法局	行政执法评议
	市司法局局长俞成新	述职评议
1995 年	市环保局	行政执法评议
	市环保局局长姚锡荣	述职评议
	市农业局	行政执法评议
	市农业局局长胡珠龙	述职评议
	市财政局	行政执法评议
	市财政局局长屠辛庚	述职评议
1996 年	市教育局　市科学技术委员会	行政执法评议
	市交通局局长陈卫新　市审计局局长华祥松	述职评议

续表 4-7-1

评议年度	评议对象	评议内容
1997 年	市工商局局长何侠安、市建设局局长赵庆林、市农业局局长胡珠龙、市环保局局长姚锡荣、市财政局局长屠辛庚、市交通局局长陈卫新、市审计局局长华祥松及市工商、建设、司法、农业、环保、财政、科委、教委等 8 个行政执法单位	对前三年的“两项评议”工作集中进行“回头看”
1999 年	市人民法院 市人民检察院	行政执法评议
	市公安局	行政执法评议
2000 年	市水电局局长张祖国 市计生委主任包木松	述职评议
	市人民政府其他部门 25 位由市人大常委会任命的局长（主任）、市人民法院副院长、市人民检察院副检察长	书面述职评议
2001 年	市林业局	行政执法评议
	市民政局局长童富龙	述职评议
2002 年	市公安局、市人民法院、市人民检察院、市林业局及市计生局局长包木松	“两项评议”工作“回头看”
2004 年	市文化局	行政执法评议
	市司法局局长周左步 市发展计划局局长郎卫国	述职评议
	市统计局局长张松泉 市农业局局长李国生 市人民法院副院长葛时忠、陆忠明、林　萍	书面述职评议
2005 年	市人口与计划生育局、市质量技术监督局	行政执法评议
	市经贸局局长徐建平、市交通局局长徐国明	述职评议
	市科技局局长祝一君、市教育局局长蒋建民、市水利水电局局长楼寿林、市林业局局长朱喜根、市检察院副检察长许云钰、盛家安、董矿平	书面述职评议
	市文化广电新闻出版局	整改意见落实情况“回头看”

续表 4-7-1

评议年度	评　议　对　象	评议内容
2006 年	工商富阳分局	行政执法评议
	市第十三届人大以来未评议过且任职满一年的：市人民政府办公室主任童定干、市公安局局长潘松萍、市财政局局长孙柏平、市建设局局长王小丁、市民政局局长童友光，市安监局局长王国强、市卫生局局长汪轶平、市民宗局局长叶臣欢、市监察局局长姜香儿	书面述职评议

第八章　执法检查和视察调研

执法检查和视察调研工作是人大常委会开展监督工作的重要形式。市（县）人大常委会根据《地方组织法》《监督法》规定，检查市（县）人民政府及其工作部门、市（县）人民法院、市（县）人民检察院和其他法律法规实施主管机关贯彻实施法律法规的情况，督促其及时解决和纠正贯彻实施中存在的问题。

富阳县第七届人民代表大会设立常务委员会以后，人大常委会紧紧围绕经济建设、政治建设、文化建设、社会建设和生态文明建设五位一体总布局，选择若干关系改革发展稳定大局和群众切身利益、社会普遍关注的重大问题，有计划地对有关法律法规实施情况，开展有重点的监督和检查，并在实践中不断探索完善监督机制，改进监督方法，讲求监督实效，使人大常委会的监督检查工作在广度、深度和力度上都得到进一步加强。

第一节　执法检查

执法检查是人大常委会的重要工作之一，是人大及其常委会实施法律监督的主要形式。执法检查是对“一府两院”贯彻执行宪法、法律法规和人大及其常委会的决议、决定的执行情况进行督促，纠正其某些不合法行为。

30 多年来，富阳市（县）人大常委会先后组织执法检查 142 次，涉及法律 59 部、条例及法规 49 个。检查对象包含公检法司、财政经济、教科文卫、城建环保、农业农村、食品药品、老幼残保、道路交通、婚姻计生等方面。列表如下：

富阳市（县）人大常委会执法检查情况表

表 4-8-1

序号	届别	检查时间	检查组织	检查对象	检查内容
001	七	1983 年 6 月 13–18 日	县人大常委会组成视察组	富阳镇、新登镇	对宣传贯彻《食品卫生法》进行视察
002	八	1986 年 7 月 25 日	县人大常委会组织人大代表 32 人组成视察组	富阳镇、新登镇	对《食品卫生法》执行情况进行视察
003	九	1987 年 6 月 24–27 日	县人大常委会组织人大代表 50 人组成视察组	富阳镇、新登镇和部分乡镇	对《食品卫生法》贯彻执行情况进行视察
004	九	1987 年 10 月 12–16 日	县人大常委会组织人大代表 15 人组成两个视察组	县土管、林业、环保、财税、公安局等	对《土地管理法》《森林保护法》《环保法》等进行视察
005	九	1988 年 4 月 2–9 日	县人大常委会组织人大代表 118 人组成视察组	富阳镇和5个区的部分乡镇	对《食品卫生法》执行情况进行视察
006	九	1988 年 8 月 –10 月	以乡镇为单位组织检查组	各乡镇	检查《义务教育法》执行情况
007	九	1988 年 11 月 7–9 日	县人大常委会组织 4 个视察组	有关执法部门、部分乡镇及企业	对《刑法》《水法》《村民委员会组织法》等重点检查
008	九	1989 年 4 月 17–20 日	县人大常委会组织视察组	富阳、新登、大源、场口等 6 个镇	对《食品卫生法》执行情况进行视察
009	十	1990 年 4 月 25–28 日	县人大常委会组织视察组	富阳、新登、万市、受降等 6 个镇	对《食品卫生法》执行情况进行视察
010	十	1991 年 6 月 24–26 日	县人大常委会组织人大代表视察检查组	县级机关、团体、企事业等 15 个单位	对《治安保卫工作条例》进行视察检查
011	十	1991 年 9 月 23–28 日	县人大常委会组成视察组	江丰乡、场口镇、新登镇	对《省计划生育条例》的贯彻执行情况进行视察
012	十	1991 年 10 月 4–7 日	县人大常委会组织人大代表 68 人视察	5 个区 10 个乡镇和二轻工业总公司	对《省保护老年人合法权益若干规定》进行检查
013	十	1991 年 10 月 18–23 日	县人大常委会组成财经工作检查组	水泥厂、造纸厂、化工厂、动力机厂	对《企业法》及有关企业管理条例执行情况进行执法检查

续表 4-8-1

序号	届别	检查时间	检查组织	检查对象	检查内容
014	十	1992 年 3 月 16–18 日	县人大常委会组织人大代表37 人组成2 个视察组	富阳、常绿、新联、洞桥等 6 个乡镇	对《残疾人保障法》贯彻执行情况进行视察
015	十	1992 年 5 月 21–23 日	县人大常委会教科文卫工作视察组	富阳、新登的医疗及药品经营单位	对《药品管理法》实施情况进行视察
016	十一	1993 年 5 月 24–26 日	县人大常委会财经工作视察组	富春江部分江段、北渠、南渠等	对《水法》贯彻落实情况进行视察
017	十一	1993 年 6 月 2–3 日	配合省人大来富阳视察	残联、民政、劳动、卫生、乡企局及部分企业	对《残疾人保障法》的实施情况进行视察
018	十一	1993 年 6 月 8–10 日	县人大常委会教科文卫工作视察组	新登、富阳、大源、场口镇等	对《食品卫生法》贯彻执行情况进行视察
019	十一	1993 年 7 月 21–24 日	县人大常委会组成法制工作检查组	公、检、法、司等部门	对执行《关于严惩严重危害社会治安的犯罪分子的决定》进行检查
020	十一	1993 年 9 月 7 日	县人大常委会组成视察调查组	县经委、县工业局及富阳酒厂等有关企业	对贯彻《工业企业转换经营机制条例》开展视察调查
021	十一	1993 年 9 月 11 日	配合省人大等有关领导部门来富阳视察。	县预备役军人学校	对《浙江省国防教育条例》实施情况进行视察
022	十一	1993 年 9 月 27 日	县人大常委会组成视察组	杭州富阳丝绸总厂等有关企业	对《妇女权益保障法》实施情况进行视察
023	十一	1993 年 11 月 23 日	县人大常委会组成 2 个视察组	富阳县特种纤维研究所等有关企业	对执行《省技术市场管理条例》进行视察
024	十一	1993 年 11 月–12 月	县人大常委会组织检查组	大源、场口、受降、万市等乡镇	对《档案法》执行情况进行检查
025	十一	1993 年 12 月 21–22 日	县人大常委会组成视察组	富阳、大源、场口和春建等乡镇	检查保护老年人合法权益有关情况
026	十一	1994 年 1 月 7–8 日	县人大常委会组成视察组	富阳、新登两镇营业性娱乐场所	对加强文化市场管理情况进行视察

续表 4-8-1

序号	届别	检查时间	检 查 组 织	检 查 对 象	检 查 内 容
027	十一	1994 年 3 月 12 日	县人大常委会组成视察组	富阳县人民法院下设的有关法庭	对《民事诉讼法》实施情况进行视察检查
028	十一	1994 年 5 月 16–20 日	市人大常委会组成视察组	各乡镇人民政府	对加强社会治安综合治理情况进行视察
029	十一	1994 年 5 月 16–21 日	市人大常委会组织财经工作视察组	富阳、渔山、里山、灵桥、万市等乡镇	对《矿产安全法》等贯彻情况进行检查
030	十一	1994 年 5 月 24–27 日	市人大常委会视察组	富阳、新登、万市、大源、场口等 9 个镇	对《食品卫生法》贯彻执行进行视察
031	十一	1994 年 6 月 3–5 日	市人大常委会组成执法检查组	市人民政府、农经委、农业局及部分乡镇	对《农业技术推广法》进行执法检查
032	十一	1994 年 8 月 3–4 日	市人大常委会组成执法检查	富阳市看守所、杭州市第二劳教所	对贯彻《看守所条例》等进行执法检查
033	十一	1994 年 9 月 12–14 日	市人大常委会组织检查组	场口中学、大源中学及部分乡镇中心小学	对《教师法》贯彻执行情况进行执法检查
034	十一	1995 年 3 月 9 日	市人大常委会组织视察组	市百货大楼	对《消费者权益保护法》执行情况进行视察
035	十一	1995 年 4 月 17–20 日	市人大常委会组成检查组	市民政局及有关乡镇	对《婚姻法》《收养法》执行情况进行检查
036	十一	1995 年 5 月 29–30 日	市人大常委会组成视察组	有关乡镇的石英砂生产企业	对《尘肺病防治条例》执行情况进行调查
037	十一	1995 年 6 月 6–15 日	市人大常委会组成执法检查组	有关化工、电镀行业、石英砂厂等	对《大气污染防治法》等执行情况检查
038	十一	1995 年 6 月 20 日	市人大、市政协组成执法检查组	市侨办	对《归侨侨眷权益保护法》进行执法检查
039	十一	1995 年 7 月 14 日	市人大常委会联合政法委视察组	市人民检察院	对《检察官法》贯彻情况进行视察
040	十一	1995 年 8 月 17–18 日	市人大常委会组成检查组	富阳镇、新义乡及有关企业	对《妇女权益保障法》实施情况进行检查
041	十一	1995 年 9 月 4–6 日	市人大常委会组织检查组	富阳、新登有关农资、百货等销售企业	对《产品质量法》等进行检查

续表 4-8-1

序号	届别	检查时间	检查组织	检查对象	检查内容
042	十一	1996 年 4 月 9–12 日	市人大常委会组成视察组	市公检法部门	对执行《法官法》《检察官法》《人民警察法》进行视察。
043	十一	1996 年 4 月 17–18 日	市人大常委会组织两个视察组	富阳镇、新登镇	对《省文化市场管理条例》执行情况视察
044	十一	1996 年 6 月 18–19 日	市人大常委会组成视察检查组	常安、渌渚、环山、春建等乡镇	对《省计生条例》执行情况进行检查
045	十一	1996 年 6 月 25–26 日	市人大常委会组织两个视察组	富阳、新登、大源镇等部分饮食行业	对《食品卫生法》执行情况进行实地视察
046	十一	1996 年 10 月 28–30 日	市人大常委会组织 15 人检查组	富阳、新登、场口、常安等 6 个派出所	对《治安管理处罚条例》实施情况进行检查
047	十一	1996 年 12 月 26 日	市人大常委会组成检查组	市人民政府和公检法	对《国家赔偿法》执行情况进行检查
048	十一	1997 年 1 月 9 日	市人大常委会组织视察检查组	富阳镇部分文化产业经营户	对《省文化市场管理条例》落实情况进行检查
049	十一	1997 年 4 月 14–16 日	市人大常委会组织执法检查组	卫生局、供销社及有关食品加工企业	对《食品卫生法》执行情况进行检查
050	十一	1997 年 5 月 7–9 日	市人大常委会组织部分市人大代表视察组	新登镇、富阳镇、供销社及有关企业	对《残疾人保障法》实施情况进行视察调查
051	十一	1997 年 5 月 22–23 日	市人大常委会组织执法检查组	富阳、新登、大源、场口镇等	对文化市场进行执法检查
052	十一	1997 年 5 月 29 日	配合省、杭州市人大检查组	有关文化市场	对关于禁毒、禁赌等进行执法检查
053	十一	1997 年 7 月 24–25 日	市人大常委会组织检查组	富阳、新登药品生产、销售单位	对《药品管理法》实施情况进行检查
054	十一	1997 年 8 月 26–28 日	市人大常委会检查组	市人民银行、市供销社及部分乡镇	对《老年人权益保障法》实施情况进行检查
055	十一	1997 年 9 月 29–30 日	市人大常委会组织视察检查组	富阳镇、大源镇、三山镇	对流动人口计划生育情况进行检查
056	十一	1997 年 10 月 21–28 日	市人大常委会组织财经工作检查组	富阳、新登、大源镇等	对《乡镇企业法》实施情况进行检查

续表 4–8–1

序号	届别	检查时间	检　查　组　织	检　查　对　象	检　查　内　容
057	十一	1997 年 12 月 4–5 日	市人大常委会组织视察检查组	富通集团公司及有关职教单位	对《职业教育法》执行情况视察检查
058	十二	1998 年 6 月 2–4 日	市人大常委会组织 3 个视察组	富阳、新登、大源镇等	对《食品卫生法》开展视察检查
059	十二	1998 年 7 月 7–8 日	市人大常委会组织检查组	富阳镇及无线电总厂、丝绸总厂等 6 家企业	对《女职工劳动保护规定》开展视察检查
060	十二	1998 年 9 月 21–23 日	市人大常委会组成两个视察组	市教委和万市、渌渚、里山等 6 个镇	对《义务教育法》进行执法检查
061	十二	1998 年 10 月 20–26 日	市人大常委会组织财经工作视察组	市人民政府及审计部门	对《审计法》贯彻执行情况进行视察
062	十二	1998 年 11 月 4 日	市人大常委会组织法制工作视察组	市公安局看守所	对《看守所条例》等执行情况进行检查
063	十二	1998 年 11 月 16–17 日	市人大常委会组织视察组	华达通信电缆厂等有关企业	对《妇女权益保障法》实施情况进行检查
064	十二	1998 年 11 月 27 日	市人大常委会组织财经工作视察组	市农业局及相关农业生产现场	对《农业法》等实施情况进行检查
065	十二	1998 年 12 月 29–30 日	市人大常委会组织视察组	部分文明单位和新申报单位	对文明单位创建情况进行视察
066	十二	1999 年 2 月 2 日	市人大常委会组织检查组	检查 14 家文化经营商店	对《省文化市场管理条例》执行情况进行检查
067	十二	1999 年 4 月 13–15 日	市人大常委会组织检查组	江堤、水库、矿产开采现场	对《水土保持法》《防洪法》实地检查
068	十二	1999 年 4 月 19–21 日	市人大常委会组织检查组	11 家药店和 6 家个体诊所	对执行《药品管理法》等进行检查
069	十二	1999 年 5 月 18–20 日	市人大常委会组织执法检查组	渌渚、常安、高桥、大源、东图、上官 6 个乡镇	对计划生育情况进行执法检查
070	十二	1999 年 5 月 20–21 日	市人大常委会组织检查组	市技术监督局及部分企业	对《标准化法》执行情况进行执法检查

续表 4-8-1

序号	届别	检查时间	检 查 组 织	检 查 对 象	检 查 内 容
071	十二	1999 年 10 月 11–13 日	市人大常委会组织执法检查组	新登、场口、大源等乡镇的有关企业	对《科技进步法》的实施情况进行执法检查
072	十二	1999 年 10 月 18–19 日	市人大常委会执法检查组	新登、渌渚、永昌、洞桥镇等及有关单位	对《老年人权益保障法》进行执法检查
073	十二	1999 年 11 月 2 日	市人大常委会组成视察组	市公安局、看守所	对《看守所条例》实施情况进行视察
074	十二	1999 年 11 月 24–25 日	市人大常委会组织检查组	市交通、工商、卫生、农业、物价等单位	对《市推行执法责任制的决定》进行检查
075	十二	2000 年 5 月 15–16 日	市人大常委会组织检查组	市经委系统、农经委系统等有关企业	对执行《产品质量法》《标准化法》等进行检查
076	十二	2000 年 8 月 9–10 日	市人大常委会组织视察检查组	富阳、高桥、大源镇等	对《体育法》执行情况进行视察检查
077	十二	2000 年 10 月 16–20 日	市人大常委会组成两个检查组	富阳、新登、大源、场口、万市等镇和有关企业	对《工会法》贯彻执行情况进行视察检查
078	十二	2000 年 10 月 30 日	市人大常委会组成执法检查组	富阳、万市、新登、场口、新义等乡镇	对《教育法》贯彻实施情况进行执法检查
079	十二	2001 年 4 月 26 日	市人大常委会组织视察组	市劳动局	对《劳动法》等进行专题视察
080	十二	2001 年 5 月 22–23 日	市人大常委会检查组	各乡镇广电站	对《省广播电视管理条例》进行执法检查
081	十二	2001 年 5 月 9–10 日	市人大常委会组织检查组	富春江电信设备有限公司等有关企业	对《残疾人保障法》进行检查
082	十二	2001 年 5 月 15–16 日	市人大常委会组成检查组	市有关乡镇、学校和企业	对执行《建筑法》和相关法律监督检查
083	十二	2001 年 9 月 13–14 日	市人大常委会组织检查组	有关乡镇、重点小流域	对执行《环境保护法》进行检查。
084	十二	2001 年 11 月 6–8 日	市人大常委会组织检查组	有关乡镇街道及企业	对《消防法》贯彻执行情况进行检查
085	十二	2002 年 4 月中旬	市人大常委会组织检查组	营业性娱乐场所	对执行《省文化市场管理条例》进行检查

续表 4-8-1

序号	届别	检查时间	检 查 组 织	检 查 对 象	检 查 内 容
086	十二	2002 年 4 月 22–23 日	市人大常委会组成检查组	市养老保险办及部分乡镇街道	对实施《省职工基本养老保险条例》进行检查
087	十二	2002 年 7 月中旬	市人大常委会组织法制工作检查组	市公检法等部门	对《刑法》《刑事诉讼法》执行情况进行检查
088	十二	2002 年 8 月 15 日	市人大常委会组织财经工作检查组	实地察看郁达夫公园等建设情况。	对《城市规划法》执行情况进行视察
089	十二	2002 年 9 月 17 日	市人大常委会组成检查组	受降、胥口等乡镇及杭州金富春化纤公司等企业	对《妇女权益保障法》执法情况进行检查
090	十二	2002 年 10 月 17–22 日	市人大常委会组成检查组	市体育局、市计生局	对实施《体育法》等进行检查
091	十二	2002 年 10 月 24–30 日	市人大常委会组织法制工作检查组	市农业、教育、环保等局及有关乡镇	对法制宣传教育情况进行检查
092	十三	2003 年 6 月 9–12 日	市人大常委会组织执法检查组	市卫生局、市疾控中心及有关乡镇街道	对《传染病防治法》执行情况进行检查
093	十三	2003 年 7 月 8–10 日	市人大常委会组织检查组	部分乡镇街道及 23 家企业	对《劳动法》《安全生产法》执行情况重点抽查
094	十三	2003 年 7 月 23–24 日	市人大常委会组成检查组	市佛教协会及有关宗教场所	对宗教活动场所管理进行检查
095	十三	2003 年 8 月 6–7 日	市人大常委会组成检查组	市文化局和文化经营场所	对《省文化市场管理条例》贯彻情况进行检查
096	十三	2003 年 9 月 9–13 日	市人大常委会组成检查组	富春、大源、新登、场口等乡镇街道	对普及十五年教育的实施情况进行检查
097	十三	2003 年 11 月 3–4 日	市人大常委会组成检查组	地税、交通、劳动、药监、农业、卫生等部门	对《行政处罚法》贯彻实施情况进行检查
098	十三	2004 年 3 月 24–26 日	市人大常委会组成执法检查组	龙门古镇、胥口镇、富春街道等	对《文物保护法》执行情况进行执法检查

续表 4-8-1

序号	届别	检查时间	检 查 组 织	检 查 对 象	检 查 内 容
099	十三	2004 年 3 月	市人大常委会组成视察组	市农业局，富春江流域一带	对《渔业法》《水污染防治法》进行视察
100	十三	2004 年 4 月 28–29 日	市人大常委会组成视察组	富春街道、新登镇等地和部分学校	对《食品卫生法》等进行执法检查
101	十三	2004 年 5 月 10 日	市人大常委会组成检查组	富春街道所属的有关企业	对《残疾人保障法》执行情况进行检查
102	十三	2004 年 5 月 26–27 日	市人大常委会组成执法检查组	市公、检、法、司等部门	对《刑事诉讼法》执行情况进行执法检查
103	十三	2004 年 6 月 15 日	市人大常委会组成两个检查组	有关供电企业和村委会	对《电力法》执法情况进行检查
104	十三	2004 年 10 月 19 日	市人大常委会组成检查组	富春街道、大源镇	对人口与计划生育情况进行检查
105	十三	2005 年 4 月 27–28 日	市人大常委会组织执法检查组	市公安、交通及下属部门	对《道路交通安全法》执行情况进行检查
106	十三	2005 年 5 月 27 日	市人大常委会组成两个执法检查组	富春、大源、场口、新登等乡镇街道	对贯彻《杭州市饮用水水源保护条例》进行执法检查
107	十三	2005 年 7 月 6 日	市人大常委会组成检查组	华源电热有限公司等有关企业	对贯彻《杭州市科学技术进步条例》进行检查
108	十三	2005 年 9 月 21 日	市人大常委会组成执法检查组	市质监局、消协、旅游局和商业城、	对贯彻《消费者权益保护法》进行执法检查
109	十三	2005 年 5 月下旬	市人大常委会组织检查组	11 个乡镇街道和相关部门	对贯彻《杭州市爱国卫生条例》进行执法检查
110	十三	2005 年 11 月 14–16 日	市人大常委会组织检查组	万市、新登、常安、鹿山等乡镇街道涉及粉尘、苯危害的企业	对《职业病防治法》进行执法检查
111	十三	2006 年 3 月 21–23 日	市人大常委会组成两个执法检查组	富春、大源、场口、新登等乡镇街道	对《杭州市生活饮用水水源保护条例》跟踪检查

续表 4-8-1

序号	届别	检查时间	检查组织	检查对象	检查内容
112	十三	2006 年 4 月 26 日	市人大常委会组成检查组	皇天畈北渠等水利工程	对《水法》贯彻执行情况进行检查
113	十三	2006 年 4 月 26–28 日	市人大常委会组成检查组	市司法局、市法律援助中心等	对《法律援助条例》执行情况进行检查
114	十三	2006 年 5 月 18 日	市人大常委会组成检查组	市国民体质监测站及部分社区、村	对实施《杭州市全民健身条例》进行检查
115	十四	2007 年 4 月下旬	市人大常委会组织检查组	市公安局	对《治安管理处罚法》执行情况进行检查
116	十四	2007 年 5 月 14 日	市人大常委会组织检查组	富春街道、常安镇、环山乡有关企业	对执行《残疾人保障法》进行执法检查
117	十四	2007 年 5 月 17–18 日	市人大常委会组成三个检查组	新登、场口、大源、富春等乡镇街道	对贯彻《食品卫生法》进行执法检查
118	十四	2007 年 7 月中旬	市人大常委会组织检查组	部分乡镇街道的村和基层司法所	对贯彻《杭州市人民调解条例》进行检查
119	十四	2007 年 10 月 18 日	市人大常委会组成视察检查组	市总工会、百利威玩具有限公司等企业	对贯彻《工会法》情况进行视察
120	十四	2007 年 10 月 23–24 日	市人大常委会组成两个执法检查组。	上官、胥口、常绿、洞桥等乡镇	对贯彻《义务教育法》进行检查
121	十四	2008 年 3 月中旬	市人大常委会组成检查组	大源镇、富春街道部分学校	对落实《义务教育法》进行检查
122	十四	2008 年 5 月上中旬	市人大常委会组织执法检查组	有关乡镇街道和政府职能部门	对贯彻《省发展中医条例》进行执法检查
123	十四	2008 年 5 月 15 日	市人大常委会组成检查组	浙江尖峰登城水泥有限公司等企业	对节能和环境保护情况进行检查
124	十四	2008 年 7 月 16 日	市人大常委会组成检查组。	里山、灵桥的 3 处废弃矿山治理工程	对贯彻《矿产资源法》进行检查
125	十四	2009 年 6 月	市人大常委会组织执法检查组	市人民政府有关职能部门	对《禁毒法》执行情况进行检查
126	十四	2009 年 11 月 5 日	市人大常委会组成视察组	市城管执法局	对落实行政处罚权情况进行视察
127	十四	2010 年 5 月 12 日	市人大常委会组成检查组	市交警大队、车管所和交通指挥中心	对实施《道路交通安全法》进行执法检查

续表 4-8-1

序号	届别	检查时间	检 查 组 织	检 查 对 象	检 查 内 容
128	十四	2010 年 5 月 18 日	市人大常委会组成执法检查组	城区河道清水工程、八一污水处理厂等	对水污染防治情况进行执法检查
129	十四	2010 年 11 月 22 日	市人大常委会组织执法检查组	浙江豪普电子有限公司等企业	对贯彻《杭州市专利管理条例》进行检查
130	十四	2011 年 5 月 13 日	市人大常委会组织执法检查组	市第三人民医院	对执行《杭州市精神卫生条例》进行检查
131	十四	2011 年 7 月 19 日	市人大常委会组成执法检查组	市商贸中心、富春街道部分区块	对《消防法》贯彻执行情况进行检查
132	十四	2011 年 7 月 20 日	市人大常委会组成检查组	富春街道部分区块	对贯彻《省物业管理条例》进行检查
133	十五	2012 年 5 月 17 日	市人大常委会组成执法检查组	方家井村居家养老服务中心等	对贯彻《老年人权益保障法》进行检查
134	十五	2012 年 7 月 24 日	市人大常委会组织执法检查组	农贸市场、餐饮店、小作坊	对执行食品安全“一法两规”集中检查
135	十五	2012 年 9 月 6 日	市人大常委会组成执法检查组	市国土资源局及有关企业	对贯彻《矿产资源法》等执法检查
136	十五	2012 年 9 月 20 日	市人大常委会组成执法检查组。	城区河道清水工程	对《水法》执行情况进行执法检查
137	十五	2012 年 11 月 20 日	市人大常委会组织检查组	市医疗卫生中心建设工地等	对落实安全生产监督管理进行执法检查
138	十五	2013 年 3 月 26 日	市人大常委会组织检查组	市农业局、食品药品监督管理局等	对食品安全情况进行检查
139	十五	2013 年 5 月 22 日	市人大常委会组成视察组	有关化工、五金电镀、污水处理等企业	对《省饮用水水源保护条例》执行情况进行检查
140	十五	2013 年 9 月 11 日	市人大常委会组织执法检查组	市计生指导站及有关服务站	对人口与计划生育情况进行检查
141	十五	2014 年 9 月	市人大常委会组成检查组	公、检、法、司等单位	对实施新《刑事诉讼法》进行检查
142	十五	2014 年 11 月 5 日	市人大常委会组成检查组	市教育局、财政局、编办及有关中小学	对实施《义务教育法》进行执法检查

第二节　视察调研

视察调研是人大常委会行使监督职权的又一重要方面。视察以督查为主，是人大常委会对“一府两院”的权力运行、工作实效、存在问题、整改措施等方面进行监督的主要手段之一。调研是通过实地调查，摸清情况，肯定成绩，总结推广先进经验。对存在的问题和薄弱环节，分析原因，研究对策，提出可行性措施，以强化法律法规的执行力度，促使人大及其常委会重大决策、决议和决定的顺利实施。

视察调研涉及面很广，有政策法律执行、政府实事督办、民生热点关注、土地流转保护、城市规划建设、资金保障使用、市场物资供应、人身安全保障等。根据党的中心工作，每个时期的视察调研，重点各有不同。如 2002 年开始的“七项创建”，2014 年的“三改一拆”“五水共治”等，都是视察调研的重点。

30 多年来，富阳市（县）人大常委会组织工作视察 197 次、调查研究 183 次，调研中涉及应贯彻执行的法律法规 72 部。分别列表如下：

富阳市（县）人大常委会工作视察情况表

表 4-8-2

序号	届别	视察时间	视察组织	视察对象	视察重点
001	七	1981 年 4 月 25–30 日	县人大常委会组成视察组	富阳镇、新登镇、城阳公社等地	环境卫生和“三废”污染情况
002	七	1981 年 12 月 9–16 日	县人大常委会组织 85 人组成视察组	富阳镇及各区公所所在地	元旦、春节市场供应准备情况
003	七	1982 年 4 月 26–29 日	县人大常委会组织 29 人组成视察组	富阳镇、新登镇	环境卫生、服务态度等文明工作
004	七	1983 年 1 月 3–8 日	县人大常委会组织视察组	富阳镇、新登镇及部分农村	春节物资供应和卫生情况
005	七	1983 年 12 月 11–20 日	县人大常委会组成视察组	县教育局及有关学校	近三年来教育经费使用情况
006	七	1983 年 12 月 15–19 日	县人大常委会组织 28 人组成视察组	富阳镇、新登区有关公社	计划生育工作宣传情况等
007	七	1984 年 1 月 7–12 日	县人大常委会组织 58 人组成视察组	富阳镇及各区公所所在地	春节物资供应和市场管理情况
008	七	1984 年 5 月 17–24 日	县人大常委会组织 38 人组成视察组	富阳镇、新登镇	给企业松绑放权工作情况

续表 4-8-2

序号	届别	视察时间	视察组织	视察对象	视察重点
009	七	1984 年 7 月 4–13 日	县人大常委会组织 57 人组成视察组	春江、春建、场口、万市、洞桥等乡镇	“两户一体”林业生产发展情况
010	八	1984 年 12 月 3–11 日	县人大常委会组织 69 人组成视察组	富阳、新登、大源、场口等乡镇	县教育工作会议精神贯彻落实情况
011	八	1985 年 1 月 20–24 日	县人大常委会组织 27 人组成视察组	富阳镇、新登镇	春节货源准备和市场管理情况
012	八	1985 年 4 月 1–7 日	县人大常委会组织 35 人组成视察组	富阳、新登、三山、灵桥等乡镇	工业“三废”防治情况
013	八	1985 年 5 月 27 日	县人大常委会组织 32 人组成视察组	富阳、新登、大源、场口、龙羊区所在地	贯彻执行《食品卫生法》情况
014	八	1986 年 4 月–5 月	县人大常委会组织 32 人组成视察组	万市、三溪、礼源、里山、大青等乡镇	九年制义务教育规划和措施
015	八	1986 年 10 月 7–11 日	县人大常委会组织 16 人组成视察组	富阳镇、新登镇、场口区、青云区	县八届人大三次会议提案落实情况
016	九	1987 年 8–9 月	县人大常委会组织 47 人组成视察组	富阳、新登、万市、贤德等乡镇	农业生产资料价格管理情况
017	九	1987 年 10 月 12–16 日	县人大常委会组织 20 人组成视察组	南新、湘主、湖源、渔山等乡镇	计划生育宣传、服务情况
018	九	1988 年 1 月 11–14 日	县人大常委会组织 9 人的视察组	春江棉纺织厂、民主村等	工、农业改革和普法教育情况
019	九	1988 年 5 月–6 月	县人大常委会组织视察组	沿江 16 个乡镇	富春江两岸堤防和黄砂生产情况
020	九	1988 年 6 月 8–10 日	县人大常委会组织视察组	乡镇福利厂、敬老院	院、厂的建设和经营
021	九	1989 年 11 月 15–18 日	县人大常委会组织检查组	市区 6 个书摊、3 个录像放映点	“扫黄”等扫除“六害”工作情况
022	九	1989 年 11 月 15–18 日	县人大常委会组织视察组	有关公司	清理、整顿公司工作
023	十	1990 年 8 月 20–24 日	县人大常委会组织 30 人视察组	富阳、新登、大源、场口等乡镇	污水、噪音治理工作
024	十	1990 年 9 月 10–13 日	县人大常委会组织 27 人视察组	富阳镇、场口区、龙羊区	县十届人大一次会议议案办理

续表 4-8-2

序号	届别	视察时间	视察组织	视察对象	视察重点
025	十	1990 年 11 月上旬	县人大常委会组织 14 人视察组	县公检法机关和青云派出所	“严打”斗争情况
026	十	1991 年 1 月 28–29 日	县人大常委会组织视察组	富阳棉织厂等企业	工业经济发展计划情况
027	十	1991 年 2 月 12 日	县人大常委会组织视察组	富阳棉织厂、富阳地毯厂	调查亏损企业情况
028	十	1991 年 4 月 23–26 日	县人大常委会组织 34 人视察组	新登、富阳镇的农贸市场、餐饮店等	食品卫生情况
029	十	1991 年 12 月 16–19 日	县人大常委会组成视察组	县农业科学试验站和松溪乡、昌东村等	科技兴农工作情况
030	十	1992 年 1 月 20–21 日	县人大常委会组织两个视察组	富阳电动仪表厂等有关企业	工业经济发展情况
031	十	1992 年 3 月 2–7 日	县人大常委会组织视察组	南新、湘主、新联、新桐等乡镇	春耕备耕工作情况
032	十	1992 年 4 月 13–18 日	县人大常委会组织视察组	富阳、新登、大源等乡镇	社会治安综合治理
033	十	1992 年 5 月 25–26 日	县人大常委会组成视察组	皇天畈水渠	北渠工程建设
034	十	1992 年 8 月 5–8 日	县人大常委会组织检查组	县文化、广电、卫生、教育等局	县十届人大三次会议议案办理
035	十	1992 年 12 月 7 日	县人大常委会组织视察组	二贸市场、老汽车站等地	富阳镇的市容市貌
036	十	1992 年 12 月 25 日	县人大常委会组织视察组	富春江两岸沿线	两岸水利建设
037	十一	1993 年 7 月 27 日	县人大常委会组成视察组	富春湾开发区等现场	开发区工程进展
038	十一	1993 年 9 月 4 日	县人大常委会组成视察组	鹿山电视发射台等地	广电工作情况
039	十一	1993 年 10 月 20 日	配合杭州市人大常委会视察。	县医疗市场等	医疗市场情况
040	十一	1993 年 11 月 2–6 日	县人大常委会组织视察组	有关乡镇	“二五”普法工作实施情况

续表 4-8-2

序号	届别	视察时间	视察组织	视察对象	视察重点
041	十一	1993 年 12 月 24 日	县人大常委会组成视察组	农贸市场、食品公司和粮店	元旦、春节市场物资供应情况
042	十一	1994 年 3 月 3 日	市人大常委会组成视察组	有关体育场地	体育场地设施建设
043	十一	1994 年 8 月 5 日	市人大常委会组织检查组	上官乡	抗旱和兴修水利工作
044	十一	1994 年 11 月 29 日	市人大常委会组成视察组	永富线、潭三线公路	交通建设情况
045	十一	1995 年 3 月 6 日	市人大常委会组织两个视察组	新登、万市、大源等粮食农资仓库	粮食和农资供应情况
046	十一	1995 年 7 月 3–7 日	市人大常委会组成视察组	富阳等乡镇及 15 个行政村	社会治安综合治理工作
047	十一	1995 年 11 月 9 日	市人大常委会组成视察组	富阳镇有关地段	渔种场区块整治和老城墙重建等
048	十一	1996 年 1 月 11–12 日	市人大常委会组织视察组	富阳镇、新登镇	春节市场物资供应
049	十一	1996 年 1 月 31 日	市人大常委会组成视察组	市公安局看守所	贯彻实施看守所条例情况
050	十一	1996 年 4 月 12–15 日	市人大常委会组织视察组	富春江两岸	两岸江堤建设
051	十一	1996 年 5 月 21–22 日	市人大常委会组织检查组	环山、受降	污染源限期整治情况
052	十一	1996 年 6 月 5 日	市人大常委会组成视察组	市供销总社	供销社改革情况
053	十一	1996 年 6 月–7 月	市人大常委会组成视察调查组	公、检、法、司及 11 个镇派出所	富阳市“严打”斗争情况
054	十一	1996 年 10 月 29 日	市人大常委会组成检查组	场口、大源、新登、富阳镇等	医疗卫生机构一体化管理
055	十一	1997 年 1 月 14–15 日	市人大常委会组织视察组	部分文明单位	文明单位创建工作
056	十一	1997 年 4 月 7–10 日	市人大常委会组成视察检查组。	公、检、法及部分下属单位	文明执法、文明办案情况

续表 4-8-2

序号	届别	视察时间	视察组织	视察对象	视察重点
057	十二	1998年6月9日	市人大常委会组成视察组。	有关乡镇	重点水利工程的相关工作
058	十二	1998年6月13日	市人大常委会组织视察组	杭州富通集团、浙江三星纸业有限公司等企业	工业经济发展情况
059	十二	1998年8月13日	市人大常委会组成视察组	市妇幼保健院、市广电中心等	教科文卫重点工程进展情况
060	十二	1998年8月25日	市人大常委会组织视察组	恩波广场	恩波广场工程进展情况
061	十二	1998年9月1日	市人大常委会组成视察检查组	市环保局	环境保护工作
062	十二	1998年9月28日	市人大常委会组织视察组	森林公园、高尔夫球场和碧湖双洞	旅游业发展情况
063	十二	1998年11月11日	市人大常委会视察组	永昌镇	昌岭公路续建工程
064	十二	1999年5月13–14日	市人大常委会组织检查组	市建设局等12家单位	“三五普法”工作情况
065	十二	1999年9月28–29日	市人大常委会组成视察组	富阳、大源、新登、万市镇等	溪流污染及矿产开采
066	十二	1999年10月20–21日	市人大常委会组成的视察组	苋浦水系	企业排污和污水处理
067	十二	1999年11月22–23日	市人大常委会组成视察组。	富阳、新登、大源、洞桥镇等	社保覆盖面工作
068	十二	2000年4月21日	市人大常委会组成视察组	苋浦水系	水系污染和整治情况
069	十二	2000年5月12日	市人大常委会组织20余人视察组	市水电局	皇天畈南渠加固工程
070	十二	2000年9月26日	市人大常委会组织视察组	富阳永泰纸业公司等企业	环境保护工作
071	十二	2001年4月下旬	市人大常委会组成视察组	市二中、新登中学	有关配套工程建设

续表 4-8-2

序号	届别	视察时间	视察组织	视察对象	视察重点
072	十二	2001 年 7 月 27 日	市人大常委会组织 100 余人检查组	市人民政府有关实事工程	十件实事落实情况
073	十二	2001 年 8 月 16 日	市人大常委会组成检查组	富阳中学、市二中、富阳城镇职高	高中段扩容建设工作
074	十二	2001 年 8 月 23 日	市人大常委会组织视察组	天钟山、通天飞瀑、富春桃源等	旅游景点建设和工作
075	十二	2001 年 9 月 21 日	市人大常委会组成视察组	市体育中心	游泳池建设工程
076	十二	2001 年 11 月 23 日	市人大常委会组成视察组	市公安局看守所	看守所工作
077	十二	2001 年 11 月 26 日	市人大常委会组成视察组	富阳交警中队、富阳派出所等	公安工作长效管理机制
078	十二	2002 年 6 月 24–25 日	市人大常委会组成两个视察组	大浦闸、北渠等 10 余处水利设施	防汛工作情况
079	十二	2002 年 7 月 19 日	市人大常委会组织视察组	杭州市第二劳教所	劳教人员的工作、生活、学习情况
080	十二	2002 年 10 月 10 日	市人大常委会组成视察组	皇天畈排涝站、市老年活动中心等	重点工程建设情况
081	十三	2003 年 5 月 8 日	市人大常委会组成视察组	市疾控中心和市人民医院	“非典”防治工作的各项措施
082	十三	2003 年 5 月 22 日	市人大常委会组成视察组	富阳市二中	二中创建省一级重点中学工作
083	十三	2003 年 5 月 28 日	市人大常委会组成视察组	富春江富阳至窄溪段	沿江采砂及江堤保护情况
084	十三	2003 年 7 月 17 日	市人大常委会组成视察组	富阳中学及永兴学校	富阳教育，民办教学工作情况
085	十三	2003 年 7 月 22 日	市人大常委会组成视察组	春江街道	新建村至中埠公路改建工程
086	十三	2003 年 8 月 29 日	市人大常委会组成视察组	秦望浦绿化工程、苋浦公园等	创建国家园林城市工作
087	十三	2003 年 10 月 29 日	市人大常委会组成视察组	金桥、高桥等 4 个工业园区	工业园区基础设施建设

续表 4-8-2

序号	届别	视察时间	视察组织	视察对象	视察重点
088	十三	2003 年 11 月 7 日	市人大常委会组成视察组	云森生态农业和富春桃源景区	旅游开发建设
089	十三	2003 年 12 月 19 日	市人大常委会组成视察组	镬子山公园、后拔路公园等	全民健身工程建设
090	十三	2004 年 3 月 11 日	市人大常委会组成视察组	春江污水回用工程、城市污水处理厂等	环境保护工作
091	十三	2004 年 3 月 19 日	市人大常委会组成视察组	富通集团、富春江集团等	高新技术产业发展
092	十三	2004 年 3 月 25 日	市人大常委会组成视察组	市建设局、东吴文化公园等	重点市政工程
093	十三	2004 年 4 月 14–15 日	市人大常委会组织视察检查组	场口镇、新登镇、鹿山街道等	招商引资工作
094	十三	2004 年 5 月 14 日	市人大常委会组织视察组	渌渚镇北宋窑址和太平村考古发掘现场	文物考古发掘工作
095	十三	2004 年 5 月 25 日	市人大常委会组织检查组	大源溪和 4 家造纸企业	大源溪水污染情况
096	十三	2004 年 6 月 8 日	市人大常委会组成视察组	“杭千高速”和富春江特大桥	重点交通建设工程
097	十三	2004 年 6 月 14 日	市人大常委会组成检查组	富春江采砂区和沿江堤岸	富春江黄砂管理情况
098	十三	2004 年 9 月 15 日	市人大常委会组成视察组	农资、食盐、粮油储备仓库	重要商品储备工作
099	十三	2004 年 6–7 月	市人大常委会组成检查组	东洲、常绿、上官、湖源、渌渚等乡镇	基础教育投入情况
100	十三	2004 年 9 月 27 日	市人大常委会组成视察组	市公安局看守所	看守所执法工作
101	十三	2004 年 11 月 8–10 日	市人大常委会组成视察组	环山、春江等乡镇及文化场所	创建“东海文化明珠”工程情况
102	十三	2004 年 12 月 14–15 日	市人大常委会组织检查组	市卫生监督所、市疾控中心	公共卫生系统建设
103	十三	2004 年 12 月 16 日	市人大常委会组成视察组	龙门古镇	古镇的保护与开发

续表 4-8-2

序号	届别	视察时间	视察组织	视察对象	视察重点
104	十三	2005年3–4月	市人大常委会组织检查组	市教育局、市职业高中等	学校管理、建设、教学、实验、经费等
105	十三	2005年6月8日	市人大常委会组成检查组	市工贸资产经营公司	公有资产管理工作
106	十三	2005年8月9日	市人大常委会组成视察组	龙门古镇	古镇保护、开发的首期工程
107	十三	2005年10月10–15日	市人大常委会组成检查组	市建设、交通、公安、城管执法局等	解决“七难”问题实施情况
108	十三	2005年10月18日	市人大常委会组成检查组	市文广新局及市图书馆、文物馆	行政执法评议整改意见落实情况
109	十三	2005年11月3日	市人大常委会组成视察组	市公安局指挥中心智能监控系统等	公安执法工作
110	十三	2005年11月24日	市人大常委会组成视察组	市中医骨伤科医院	易地扩建工程建设
111	十三	2006年3月	市人常委会组成检查组	富春等12个乡镇街道	学前教育工作
112	十三	2006年5月15日	市人大常委会组成检查组	大源、灵桥等7个乡镇街道	安全生产法律法规贯彻实施情况
113	十三	2006年6月29–30日	市人大常委会组成督查组	17家企业、8条河流及4处污水处理厂	生态建设和环保执法情况
114	十三	2006年9月21日	市人大常委会14人组成视察组	巡特警大队、龙门镇派出所等	公安执法工作
115	十四	2007年4月10日	市人大常委会组成视察组	申能固废环保和环保热电公司	资源循环利用情况
116	十四	2007年4月11日	市人大常委会组成视察组	市文广新局、湖源乡新三村	“非遗”保护工作
117	十四	2007年5月18日	市人大常委会组织3个视察组	富春街道部分城中村、入城口、城区河道等	“国卫”复评迎检工作
118	十四	2007年7月19日	市人大常委会组成两个执法检查组	大源溪、壶源溪、湘溪、松溪等	环保“摘帽”工作

续表 4-8-2

序号	届别	视察时间	视察组织	视察对象	视察重点
119	十四	2007 年 12 月 7 日	市人大常委会组织视察组	横大线公路、客运南站等 10 项工程	市人民政府“实事工程”进展情况
120	十四	2008 年 3 月 14 日	市人大常委会组成视察组	城区花坞路、公园路等城市道路	工程建设和资金使用
121	十四	2008 年 4 月中旬	市人大常委会组成检查组	市文广新局和部分文化示范村	农村文化建设情况
122	十四	2008 年 5 月 20–22 日	市人大常委会组成专门检查组	市国税、地税、工商、环保、国土等局	行政执法案件情况
123	十四	2008 年 6 月 20–23 日	市人大常委会组织督查组	市国税、交通、建设、规划局等 16 个部门	机关效能建设情况
124	十四	2008 年 6 月 27 日	市人大常委会组成视察组	大源镇稠溪村春一自然村	“百千工程”实施情况
125	十四	2008 年 7 月 11 日	市人大常委会组织视察检查组。	金仕堡健身馆和正通运动器材厂	体育产业发展情况
126	十四	2008 年 7 月	市人大常委会组成 6 个督查组	25 个乡镇街道	“代表主题实践月”活动开展情况
127	十四	2008 年 9 月上旬	市人大常委会组成视察组	有关乡镇街道及医院	医疗事业发展情况
128	十四	2008 年 10 月 17 日	市人大常委会组成视察组	市规划局	城乡规划工作
129	十四	2008 年 10 月 22 日	市人大常委会组成检查组	常安、环山、龙门、大源等乡镇	小冶炼厂整治情况
130	十四	2008 年 11 月 13 日	市人大常委会组成检查组	西堤路改建工程等	“断头路”改造工程
131	十四	2008 年 11 月 18 日	市人大常委会组织视察组	新登中学	校园文化、设施、环境等
132	十四	2008 年 11 月 20 日	市人大常委会组织视察组	有关乡镇街道	市人民政府　“实事工程”
133	十四	2008 年 12 月 9 日	市人大常委会组成视察组	市公安局及下属部门	公安执法工作
134	十四	2009 年 3 月 26 日	市人大常委会组成视察组	市妇保医院等	医疗卫生事业发展

续表 4-8-2

序号	届别	视察时间	视察组织	视察对象	视察重点
135	十四	2009 年 3 月下旬	市人大常委会组织检查组	25 个乡镇街道	基本农田保护情况
136	十四	2009 年 5 月中旬	市人大常委会组织执法检查组	部分乡镇街道	生态建设和环境保护工作
137	十四	2009 年 6 月 4 日	市人大常委会组织检查组	富春二幼等有关幼儿园	学前教育情况
138	十四	2009 年 6 月 8 日	市人大常委会组织视察组	板桥纸业和登城建材等企业	工业经济发展情况
139	十四	2009 年 7 月 22 日	市人大常委会组成检查组	市规划局	规划建设情况
140	十四	2009 年 8 月 21 日	市人大常委会组织视察组	第五期经济适用房等	保障性住房建设
141	十四	2009 年 8 月下旬	市人大常委会组织视察组	七羽印刷等文化经营单位	文化市场行政执法工作
142	十四	2009 年 8 月 27 日	市人大常委会组成视察组	中药饮片厂和李宝堂	药品管理工作
143	十四	2009 年 9 月上旬	市人大常委会组成督查组	教育、审计局、富春、鹿山街道	教育专项资金安排使用
144	十四	2009 年 9 月中旬	市人大常委会组织 3 个督查小组	民政、教育、交通局及部分乡镇街道	项目资金安排使用情况
145	十四	2009 年 10 月中、下旬	市人大常委会组织视察组	320 国道环线外移等 6 大工程	重点工程进展情况
146	十四	2009 年 11 月 20 日	市人大常委会组成视察组	卫生局、疾控中心	疾病预防控制工作
147	十四	2009 年 11 月 23 日	市人大常委会组成视察组	市人民医院	医疗卫生建设情况
148	十四	2009 年 11 月 24 日	市人大常委会督查组	大桥南路工程	综合整治工程
149	十四	2009 年 12 月 14 日	市人大常委会视察组	城建集团	城建集团运营、管理
150	十四	2010 年 3 月 19 日	市人大常委会视察组	城镇职高	城镇职高发展情况

续表 4-8-2

序号	届别	视察时间	视察组织	视察对象	视察重点
151	十四	2010 年 3 月 31 日	市人大常委会组成视察组	城东农贸市场、秦望市场等	食品流通领域的食品安全
152	十四	2010 年 6 月	市人大常委会组成检查组	交通、建设、水利和规划等局	市第十四届人大四次会议建议办理
153	十四	2010 年 6 月 11 日	市人大常委会视察组	泗洲造纸作坊遗址	遗址的保护和开发
154	十四	2010 年 6 月 17 日	市人大常委会组成检查组	新登潭三线改造工程	工程的设计、承建工作
155	十四	2010 年 7 月 28 日	市人大常委会组成督查组	银湖开发区	开发区科创园建设
156	十四	2010 年 8 月 3–5 日	市人大常委会检查组	大源、万市、高桥等乡镇街道	“代表主题实践月”活动开展情况
157	十四	2010 年 8 月 13 日	市人大常委会组成视察组	胥高公路改建工程	岩石岭库区段改建工程
158	十四	2010 年 10 月 11 日	市人大常委会组成视察组	常绿镇中心小学	小学的现代化教学设施建设
159	十四	2010 年 10 月 20 日	市人大常委会组成视察组	市供电局调度中心	电力运行工作
160	十四	2010 年 10 月 27 日	市人大常委会组成视察组	市城管执法局	“拆违”工作情况
161	十四	2010 年 10 月 28 日	市人大常委会组成视察组	舒姑坪	城市森林公园建设情况
162	十四	2010 年 11 月 3 日	市人大常委会组成视察组	锦苑生态农业开发公司	生态农业开发工作
163	十四	2010 年 11 月 16 日	市人大常委会组成视察组	窈口村和永安山庄	市第十四届人大四次会议议案落实情况
164	十四	2010 年 11 月 26 日	市人大常委会组成视察组	市公安局	维护社会治安稳定
165	十四	2010 年 12 月 14 日	市人大常委会组成视察组	计生指导站和服务站	计生优质服务工作
166	十四	2011 年 4 月 25 日	市人大常委会组成视察组	富春江集团等有关企业	高新企业发展情况

续表 4-8-2

序号	届别	视察时间	视察组织	视察对象	视察重点
167	十四	2011 年 4 月 26 日	市人大常委会组成视察组	市文化中心、博物馆建设现场	城区公共文化设施建设
168	十四	2011 年 5 月 9 日	市人大常委会组成视察组	方家井村和天地农庄	新农村精品工程建设
169	十四	2011 年 6 月 9 日	市人大常委会组成视察组	110 千伏变电所	现代化变电、供电工作
170	十四	2011 年 6 月 9 日	市人大常委会组成检查组	市发改局	市第十四届人大五次会议建议办理情况
171	十四	2011 年 6 月 21 日	市人大常委会组成视察组	勤丰村侨爱农家书屋等	侨务工作情况
172	十四	2011 年 7 月 11 日	市人大常委会组织视察组	市社保服务大厅等	养老保险金管理使用
173	十四	2011 年 8 月 4 日	市人大常委会组织视察组	里山镇安顶山	大安顶环线建设
174	十四	2011 年 10 月 21 日	市人大常委会组成视察组	截污纳管、河道整治等重点工程	“创模”复检工作
175	十五	2012 年 4 月 12 日	市人大常委会组成视察组	洞桥镇	生态休闲观光农业
176	十五	2012 年 4 月 24 日	市人大常委会组织视察组	图书馆、体育馆和江滨西大道	残疾人无障碍设施建设
177	十五	2012 年 5 月 10 日	市人大常委会组成视察组	鹿山街道三合村	文化活动中心等建设
178	十五	2012 年 6 月 25 日	市人大常委会组成视察组	东洲等有关工业企业	“工业兴市”战略推进情况
179	十五	2012 年 7 月 31 日	市人大常委会组织视察组	常安镇苗木种植基地	区市协作项目建设情况
180	十五	2012 年 9 月下旬	市人大常委会组成检查组	富春、场口、永昌、里山等乡镇街道	“人大代表主题实践活动”开展情况
181	十五	2012 年 10 月 24 日	市人大常委会组成视察组	春江街道少数民族之家等	民族工作情况
182	十五	2012 年 9 月	市人大常委会组织视察组	场口镇联群村	2 号议案办理情况

续表 4–8–2

序号	届别	视察时间	视察组织	视察对象	视察重点
183	十五	2012 年 11 月 15 日	市人大常委会组织督查组	第八期经济适用房等	市人民政府事实工程推进情况
184	十五	2012 年 11 月 30 日	市人大常委会组成视察组	浙江金鑫集团	生产运营情况
185	十五	2013 年 5 月 14 日	市人大常委会组成视察组	富春、东洲街道及方家井村等	农村集体“资金、资产、资源”管理工作
186	十五	2013 年 7 月 26 日	市人大常委会组成视察组。	市住建、规划、供电、城建集团等	地下管线的规划、设计、建设
187	十五	2013 年 8 月 14 日	市人大常委会组成视察组	洋浦江、永济渠、大源溪、礼源溪	市人大代表在治水工作中的表率作用
188	十五	2013 年 9 月 9 日	市人大常委会组成视察组	富春四小、银湖街道勤丰村等	普法教育工作
189	十五	2013 年 9 月 13 日	市人大常委会组成视察组	场口新区及银湖区块	经济技术开发区的基础设施建设
190	十五	2013 年 10 月 10 日	市人大常委会组成视察组	黄公望森林公园等	市人大代表定向视察
191	十五	2013 年 10 月 16 日	市人大常委会组成视察组	场口镇白石矴村	“清水治污”工作
192	十五	2013 年 11 月 15 日	市人大常委会组成督查组	育才路、第 6、第 7 期经济适用房等	为民办实事项目
193	十五	2013 年 11 月 14 日	市人大常委会组成定向视察组	市科技局、富生电器等	科技手段定向视察
194	十五	2013 年 11 月	市人大常委会组成视察组	八一、诸佳坞、咸康、湘溪等村	“美丽乡村”建设情况
195	十五	2014 年 5 月 16 日	市人大常委会组成检查组	太平纸业、浙江板桥等刷卡排污点	饮用水水源保护意见落实情况
196	十五	2014 年 9 月 16 日	市人大常委会组成视察检查组	城西、太平桥和鹿山等地	背街小巷整治和“三改一拆”情况
197	十五	2014 年 11 月 20 日	市人大常委会组成督查组	城东社区小花坞、后周社区等	市人民政府实事工程

富阳市（县）人大常委会工作调研情况表

表 4-8-3

序号	届别	调查时间	调查组织	调查部门	调查重点
001	七	1981 年 5 月	人大常委会组成调查组	新联公社	土地管理情况
002	七	1982 年 10–11 月	人大常委会人组成调查组	金桥公社、松溪公社	土地管理情况
003	九	1988 年 8 月 2–5 日	县人大常委会组成调查组	新登镇羊毛衫厂等 8 家出口企业。	乡镇企业发展外向型经济情况
004	九	1988 年 8 月 15–20 日	县人大常委会组成调查组	万市、常安、富阳镇等 10 个乡镇。	农村防疫保健等
005	九	1988 年 8–10 月	县人大常委会组成调查组	礼源、贤德、新民等 18 个乡镇	实施九年制义务教育的条件
006	九	1988 年 12 月 12–14 日	县人大常委会组成调查组	窈口等 6 乡及部分企业	工农业“星火计划”项目实施情况
007	九	1989 年 3 月 13–17 日	县人大常委会组成调查组。	县农资公司及松溪等乡	农资专营情况
008	九	1989 年 3 月	县人大常委会组成调查组	湘主乡炉头村、湘主村	违法占地建房情况
009	九	1989 年 5–6 月	县人大常委会组成调查组	南津、三桥、春江、贤德等 7 个乡	教育经费、学校危房、学校收费等
010	九	1989 年 8 月	县人大常委会组成调查组	富阳、新登、高坪、常安等乡镇	文物保护情况
011	十	1990 年 5 月 28–30 日	县人大常委会组成调查组	松溪、城阳、渌渚、南新等乡镇供销社	地产化肥短斤缺两情况
012	十	1990 年 6 月 11–15 日	县人大常委会组成调查组	渌渚镇 11 家石英砂厂	生产劳动卫生情况
013	十	1990 年 6 月 22–27 日	县人大常委会组成调查组	杭州春江棉纺厂等企业	《工业企业法》的贯彻执行情况
014	十	1990 年 6 月 28 日	县人大常委会组成调查组	公安局看守所。	犯人羁押情况
015	十	1991 年 4 月 8–10 日	县人大常委会组成调查组	县外贸总公司及部分涉外企业	外经外贸、旅游工作

续表 4-8-3

序号	届别	调查时间	调查组织	调查部门	调查重点
016	十	1991 年 4 月上旬	县人大常委会组织调查组	公安局看守所	《看守所条例》实施情况
017	十	1991 年 5 月 11–14 日	县人大常委会组织调查组	松溪乡的昌东、众圃、包秦等村	《土地管理法》贯彻实施情况
018	十	1991 年 5 月 16–18 日	县人大常委会组织调查组	春江乡	《土地管理法》贯彻实施情况
019	十	1991 年 5 月 18–20 日	县人大常委会组织调查组	常安镇 8 个行政村	《土地管理法》贯彻实施情况
020	十	1991 年 7 月	县人大常委会组成调查组	新桐、新义、松溪等乡	初级卫生保健情况
021	十	1991 年 7 月 23–31 日	县人大常委会组织调查组	灵桥、新关、环山、常安等 10 个乡镇	《村民委员会组织法》贯彻现状
022	十	1991 年 8 月 10–16 日	县人大常委会组成调查组	5 区 2 镇 4 乡和 6 个法庭	《人民调解组织条例》实施情况
023	十	1991 年 10 月 21–26 日	县人大常委会组成调查组	场口区、龙羊区	农村有线广播情况
024	十	1992 年 3 月 7–8 日	县人大常委会组织调查组	新登镇、新浦乡	对《未成年人保护法》等执行情况
025	十	1992 年 7 月 15 日	县人大常委会组织考查组	县种子公司	考查早籼优质品种
026	十	1992 年 10 月	县人大常委会组织调查组	县人民政府法制科及公检法	《行政诉讼法》实施情况
027	十一	1993 年 4 月 23–26 日	县人大常委会组成调查组	大青农垦场及松溪管理处等地	发展“一优两高”农业情况
028	十一	1993 年 5 月 10–12 日	县人大常委会调查组	三山、东图、湖源等乡镇	九年制义务教育实施情况
029	十一	1993 年 9 月 7–8 日	县人大常委会组成调查组	富阳丝绸总厂、杭州春江棉纺厂等企业	《全民所有制工业企业转换经营机制条例》贯彻落实情况
030	十一	1993 年 9 月 27–28 日	县人大常委会组成调查组	洞桥、渌渚、场口、上官等乡镇	《省计划生育条例》贯彻实施情况

续表 4-8-3

序号	届别	调查时间	调查组织	调查部门	调查重点
031	十一	1993 年 11 月 18–20 日	县人大常委会组成调查组	新登财税所和新登物价检查组等	税收、财务、物价大检查情况
032	十一	1994 年 4 月 11–12 日	市人大常委会组织调查组	富阳镇及大青农垦场等	春耕备耕工作
033	十一	1994 年 5 月 9–11 日	市人大常委会组成调查组	常安、高桥等镇及部分企业	《残疾人保障法》的实施情况
034	十一	1994 年 5 月 19 日	市人大常委会组成调查组	洞桥镇、胥口镇	农业生产和文明建设情况
035	十一	1994 年 9 月 26–28 日	市人大常委会组织调查组	富阳镇民主、八一村，新登镇南四村	村级“亿元工程”建设情况
036	十一	1995 年 2 月 27 日	市人大常委会组织调查组	胥口镇	经济和社会发展等情况
037	十一	1995 年 3 月 7–8 日	市人大常委会调查组	新登镇、新登林场，龙门镇、龙门林场	《森林保护法》的贯彻执行情况
038	十一	1995 年 3 月 23–24 日	市人大常委会调查组	富阳镇的蔬菜基地及养殖场	蔬菜、商品猪基地建设保护情况
039	十一	1995 年 4 月 7–8 日	市人大常委会组成调查组	受降中医骨伤科医院等专科医院	农村中医药事业发展情况
040	十一	1995 年 5 月 3–5 日	市人大常委会组成调查组	富阳、高桥、新登、灵桥等 8 个镇	春耕备耕工作
041	十一	1995 年 7 月 19 日	市人大常委会组成调查组	工业局	国有企业现状
042	十一	1995 年 10 月 19–24 日	市人大常委会组织调查组	富阳水泥厂和电力集团等 6 家企业	贯彻《劳动法》情况
043	十一	1995 年 11–12 月	市人大常委会组成调查组	东图、大源、高桥、三山等乡镇	《省计划生育条例》贯彻实施情况
044	十一	1996 年 6 月	市人大常委会组织调查组	三山、渌渚等镇 19 家石英砂厂	尘肺病防治专项调查
045	十一	1996 年 6 月 20–21 日	市人大常委会组织调查组	大源、场口、高桥镇等	基本农田保护情况调查

续表 4-8-3

序号	届别	调查时间	调查组织	调查部门	调查重点
046	十一	1996 年 7 月 22-25 日	市人大常委会组成调查组	富阳、受降、万市、新登、大源、场口等乡镇	《预算法》贯彻执行情况
047	十一	1996 年 7 月 29-30 日	市人大常委会调查组	富阳镇、新登镇居民委员会	《居民委员会组织法》执行情况
048	十一	1996 年 10 月 7-16 日	市人大常委会组织调查组	市经委、工业局和新登等 12 家工业企业	工业企业如何走出困境
049	十一	1996 年 10 月 28 日	市人大常委会组成调查组	城建局	《城市规划法》执行情况调查
050	十一	1996 年 10 月 29-31 日	市人大常委会组织调查组	金融系统	《人民银行法》等贯彻执行情况
051	十一	1997 年 8 月 11-13 日	市人大常委会组成调查组	新登、大源、高桥镇等	《村民委员会组织法》贯彻实施情况
052	十二	1998 年 4 月	市人大常委会组成调查组	市农经委及部分乡镇等	农业产业规划和新技术应用推广
053	十二	1998 年 5 月 21-28 日	市人大常委会调查组	市八大系统、24 个镇乡	“三五普法”教育开展情况
054	十二	1998 年 6 月 12 日	市人大常委会组成调查组	市地税局	地税工作
055	十二	1998 年 8 月上旬	市人大常委会组织调查组	市土管局及有关乡镇	基本农田保护工作
056	十二	1998 年 8 月 18-19 日	市人大常委会组成调查组	市人民法院、人民检察院	干警队伍纪律作风集中教育情况
057	十二	1998 年 11 月 2-4 日	市人大常委会组成调查组	富阳镇的有关村、居和华伦集团公司	流动人口计划生育管理
058	十二	1999 年 1 月下旬	市人大常委会组织调查组	市粮食局、商业总公司等单位	春节市场物资供应情况
059	十二	1999 年 4 月 12-15 日	市人大常委会调查组	富阳、新登有关居委会	《城市居民委员会组织法》贯彻情况
060	十二	1999 年 7 月 13-15 日	市人大常委会调查组	高桥、受降、大源等乡镇	创建教育强镇工作

续表 4-8-3

序号	届别	调查时间	调查组织	调查部门	调查重点
061	十二	1999 年 7 月 13 日	市人大常委会组成调查组	富春江开发区管委会	开发区现状和规划
062	十二	1999 年 8–9 月	市人大常委会调查组	富阳、受降、常绿、龙门镇等	《村民委员会组织法》实施情况
063	十二	1999 年 10 月 11–12 日	市人大常委会组成调查组	新登、场口、大源等镇及有关企业	《科技进步法》执行情况
064	十二	1999 年 11 月 9 日	市人大常委会组成调查组	市旅游局	风景旅游工作
065	十二	2000 年 2 月 22 日	市人大常委会组成调查组	万市镇	“三并一”学校工程建设情况
066	十二	2000 年 3 月 27–29 日	市人大常委会组织调查组	4 家律师事务所和案件当事人	《律师法》贯彻执行情况
067	十二	2000 年 5 月 24–25 日	市人大常委会组成调查组	市卫生局及所属部分医院	医德医风建设情况
068	十二	2000 年 6 月 13–14 日	市人大常委会组成调查组	部分市属医院	医德医风建设情况
069	十二	2000 年 8 月 18–19 日	市人大常委会陪同杭州市人大常委会调研组	市旅游局及部分旅游单位	旅游工作有关情况
070	十二	2000 年 9 月上旬	市人大常委会组织调查组	农口系统和部分乡镇、村、农产品基地	农业产业结构调整情况
071	十二	2001 年 1 月 4 日	市人大常委会组成调查组	市科普协会	科普工作开展情况
072	十二	2001 年 4 月	市人大常委会组成调查组	市农业局、林业局	《种子法》宣传贯彻执行情况
073	十二	2001 年 11 月下旬	市人大常委会组织调查组	市财政局、农业局及部分乡镇	农业综合开发项目扶持资金的使用
074	十二	2002 年 1 月	市人大常委会组成调查组	乡镇中的 4 所卫生院	乡镇卫生院改革情况

续表 4-8-3

序号	届别	调查时间	调查组织	调查部门	调查重点
075	十二	2002 年 1 月 14–18 日	市人大常委会组织调研组	新登等 15 个乡镇街道、22 家企业	《统计法》的贯彻执行情况
076	十二	2002 年 6 月下旬	市人大常委会组织调查组	4 所中小学	教育创强工作情况
077	十二	2002 年 8 月下旬	市人大常委会调查组	15 处省、市文保单位，13 处文保点	历史文化遗产的保护情况
078	十二	2002 年 9 月 4 日	市人大常委会组成调研组	市级机关会计核算中心	工作运行情况
079	十二	2002 年 9 月 4 日	市人大常委会组成调研组	市投资项目集中办理中心	工作运行情况
080	十三	2003 年 6 月	市人大常委会组织调查组	富春街道、新登镇	《婚姻法》执行情况
081	十三	2003 年 6 月 4–5 日	市人大常委会调查组	富春、东洲、新登等农村卫生室及部分药品经营企业	《药品管理法》执行情况
082	十三	2003 年 9 月下旬	市人大常委会组成调查组	受降镇 4 个社区卫生服务站	新型农村合作医疗制度试点情况
083	十三	2004 年 11 月 4 日	市人大常委会组成调研组	市统计局	市统计工作专题调研
084	十三	2005 年 5 月 18 日	市人大常委会组成调研组	劳动与社会保障局	就业与社会保障工作
085	十三	2005 年 6–8 月	市人大常委会组织调查组	交通、水电、建设、发改、经贸等局	代表意见承办情况调查
086	十三	2005 年 6 月下旬	市人大常委会组织调查组	新登镇双江村、万市镇白马村等	少数民族工作情况
087	十三	2005 年 9 月 12–18 日	市人大常委会组成调查组	市人民法院	法院案件执行工作
088	十三	2005 年 11 月	市人大常委会组成调研组	市发改、财政局和市城投公司	市人民政府投资项目建设管理工作
089	十三	2006 年 5 月中旬	市人大常委会调研组	乡镇街道、市级机关有关部门	市、乡镇人大同步换届选举工作

续表 4–8–3

序号	届别	调查时间	调查组织	调查部门	调查重点
090	十三	2006 年 5–6 月	市人大常委会组成专题调查组	市人民法院，新登、大源、场口人民法庭	人民法院及基层法庭建设情况
091	十三	2006 年 11 月中旬	市人大常委会组成调研组	“尖峰”、“登城”、“三狮”、“钱潮”等水泥生产企业	新型干法回转窑环保工作
092	十四	2007 年 5 月 11 日	市人大常委会组成调研组	市国土资源局	项目用地等情况
093	十四	2007 年 6 月 14 日	市人大常委会组成调研组	市行政服务中心	行政服务中心工作情况
094	十四	2007 年 7 月 6 日	市人大常委会组成调研组	市档案局及社保中心档案室	《档案法》贯彻执行情况
095	十四	2007 年 7 月 18 日	市人大常委会调研组	市人民法院	人民法院的工作情况
096	十四	2007 年 7 月 26 日	市人大常委会调研组	市人民检察院	人民检察院的工作情况
097	十四	2007 年 8 月 10 日	市人大常委会组成调研组	市建设局	建设局工作情况
098	十四	2007 年 9 月下旬	市人大常委会组成调研组	市人民法院	实施人民陪审员制度情况
099	十四	2007 年 10 月 13 日	市人大常委会组成调研组	市人口和计划生育局	人口和计划生育工作情况
100	十四	2007 年 10 月 30 日	市人大常委会组织调研组	市城管执法局	城管执法局的工作情况
101	十四	2007 年 11 月上旬	市人大常委会组织调查组	市图书馆、文物馆、文化馆及富阳影剧院等	城区公共文化设施建设情况
102	十四	2007 年 10–11 月	市人大常委会组织调查组	市人民检察院	预防职务犯罪的工作情况
103	十四	2007 年 12 月 13 日	市人大常委会组织调查组	工商、药监、文广新局和富阳日报社、电视台等	《广告法》实施情况

续表4-8-3

序号	届别	调查时间	调查组织	调查部门	调查重点
104	十四	2008年6月30日	市人大常委会组成调研组	住房公积金管理中心	公积金的建制归集、管理使用等
105	十四	2008年7–8月	市人大常委会调研组	市教育局、富阳市永兴学校等	民办教育事业发展情况
106	十四	2008年8月下旬	市人大常委会组织调研组	市财政、审计等部门	非税收入管理情况
107	十四	2008年9月16日	市人大常委会组成调研组	市环保局	污染物减排工作
108	十四	2008年10月31日	市人大常委会组成的调研组	市广播电视台	围绕中心宣传、体制创新等情况
109	十四	2008年12月2日	市人大常委会组成调研组	市审计局	审计工作专题调研
110	十四	2009年3月24–25日	市人大常委会组成监督组	市建设局、环保局	直管公房配套工程建设
111	十四	2009年3–4月	市人大常委会调研组	渌渚、场口等乡镇及国土、农业等部门	《基本农田保护条例》贯彻实施情况
112	十四	2009年4月中旬	市人大常委会组织调查组	富春、场口、受降等乡镇街道	社区矫正工作
113	十四	2009年4–5月	市人大常委会组成调查组	胥口、东洲等乡镇街道幼儿园	学前教育事业发展情况
114	十四	2009年4月下旬	市人大常委会调研组	春江街道民主村	行政村规模调整后续问题
115	十四	2009年4–5月	市人大常委会组织调研组	万市盆景苗木、东洲芦笋等基地	《农民专业合作社法》实施情况
116	十四	2009年6月5日	市人大常委会调研组	市房管处	直管公房管理整改情况
117	十四	2009年6月下旬	市人大常委会组成调研组	龙门镇，“环山堂”“恩门堂”“白龙寺”等地	宗教工作专题调研
118	十四	2009年7–8月	市人大常委会组织多个调查组	有关乡镇街道、村（社区）	养老、医疗两《办法》实施情况

续表 4-8-3

序号	届别	调查时间	调查组织	调查部门	调查重点
119	十四	2009 年 8 月	市人大常委会组织调查组	重点宗教活动场所	宗教团体和宗教工作
120	十四	2009 年 8 月	市人大常委会组织调查组	城区部分娱乐场所和音像制品店	文化市场行政执法工作情况
121	十四	2009 年 9–10 月	市人大常委会组成调研组	城市综合污水处理工程等	建筑市场监管专题调研
122	十四	2009 年 9 月中旬	市人大常委会组织专题调查组	市人民法院	民商事案件审判及执行情况
123	十四	2009 年 10 月中旬	市人大常委会组织调查组	市人民检察院	公诉案件质量情况
124	十四	2010 年 4 月 15–29 日	市人大常委会组成专题调研组	大源、灵桥、湖源、胥口等乡镇	《水污染防治法》执行情况
125	十四	2010 年 5 月 14 日	市人大常委会调研组	市国土资源局	耕地保护和用地保障情况
126	十四	2010 年 5 月 20 日	市人大常委会组织调研组	场口、新登工业新区	工业平台建设情况
127	十四	2010 年 5 月 24 日	市人大常委会组成调查组	部分中职学校和杭州科技职业学院	职业教育发展情况
128	十四	2010 年 5 月 26 日	市人大常委会调研组	市质量技术监督局	质量技术监督工作
129	十四	2010 年 6 月上旬	市人大常委会组成调查组	公检法司和部分乡镇街道	大调解格局建设情况
130	十四	2010 年 6 月 29 日	市人大常委会组成调研组	市审计局	有关财政审计工作
131	十四	2010 年 7 月	市人大常委会专题调查组	部分乡镇街道、行政村	“拆违”工作情况
132	十四	2010 年 7 月 14 日	市人大常委会组成调研组	市国土资源局	土地监察工作情况
133	十四	2010 年 7 月下旬	市人大常委会专题调研组	有关中小企业	中小企业供（用）地情况

续表 4-8-3

序号	届别	调查时间	调查组织	调查部门	调查重点
134	十四	2010 年 8 月 17 日	市人大常委会组成调研组	市城管执法局	建设工程渣土管理工作情况
135	十四	2010 年 8 月	市人大常委会专题调研组	部分行政村	行政村规模调整后的后续工作
136	十四	2010 年 9 月 14 日	市人大常委会组织专题调研组	市公路管理段	农村公路养护和路政管理工作情况
137	十四	2010 年 9 月	市人大常委会组成调查组	第三期经济适用房	《物业管理条例》执行情况
138	十四	2010 年 10 月中旬	市人大常委会组成调研组	市公检法及审计局等	反贪污贿赂工作专题调研
139	十四	2010 年 11 月 18 日	市人大常委会组成调查组	杭州银行富阳支行	银行业务流程运作情况
140	十四	2010 年 12 月 3 日	市人大常委会组成调研组	市文化创意办公室	文创工作开展情况
141	十四	2010 年 12 月 4 日	市人大常委会组成调研组	市供销合作社	参与新农村建设的作用
142	十四	2011 年 1 月 7 日	市人大常委会组成调研组	市卫生局、春江街道卫生服务中心	国家基本药物制度实施情况
143	十四	2011 年 3 月 14 日	市人大常委会组成调研组	市食品药品监督管理局	食品安全工作
144	十四	2011 年 3 月 23 日	市人大常委会组成调查组	富阳农村合作银行	服务“三农”情况
145	十四	2011 年 4 月 12 日	市人大常委会组成调研组	洞桥镇	油菜花、小麦间作成“色块农业”，提升观赏价值，增加农民收入情况
146	十四	2011 年 5 月 7 日	市人大常委会组织调研组	城区和有关乡镇	推进城乡统筹发展工作情况
147	十四	2011 年 5 月 12 日	市人大常委会组织调研组	市气象局、防汛抗旱指挥部等	《省气象条例》贯彻执行情况

续表 4-8-3

序号	届别	调 查 时 间	调 查 组 织	调 查 部 门	调 查 重 点
148	十四	2011 年 8 月 3 日	市人大常委会组成调研组	场口镇卫生服务中心	国家基本药物制度实施情况
149	十四	2011 年 8 月 26 日	市人大常委会组成调研组	新登镇双江村、万市镇新民村	土地开发整理工作
150	十四	2011 年 10 月 18 日	市人大常委会调研组	市质监局	质量技术监督工作
151	十五	2012 年 4 月 26–27 日	市人大常委会组成调研组	市老龄办、春江街道、灵桥镇	老龄工作情况
152	十五	2012 年 5 月 25 日	市人大常委会组成调研组	市教育局	“省教育现代化市”创建工作
153	十五	2012 年 6 月 4 日	市人大常委会组成调研组	洞桥、万市、永昌等镇	生态公益林建设情况
153	十五	2012 年 5 月中旬	市人大常委会组成调研组	市教育局、永兴学校	民办教育发展情况
154	十五	2012 年 7 月 11 日	市人大常委会组成调研组	万市镇	市人大代表联络站建设情况
155	十五	2012 年 8–9 月	市人大常委会组织调研组	皇天畈排涝站、城区饮用水源保护区	依法治水工作情况
156	十五	2012 年 9 月 4 日	市人大常委会组成调研组	江南区块	功能定位、产业发展、公共配套情况
157	十五	2012 年 10 月 12 日	市人大常委会组成调研组	市林业局和部分乡镇	创建省级森林城市工作情况
158	十五	2012 年 10 月中旬	市人大常委组织调研组	市人民法院	非诉行政案件执行工作情况
159	十五	2012 年 10 月 26 日	市人大常委会组成调研组	市住建局房改办	保障性住房建设情况
160	十五	2012 年 10 月 30 日	市人大常委会调研组	富阳经济技术开发区	开发区发展情况
161	十五	2012 年 11 月上旬	市人大常委会调研组	市教育局	学生接送车安全工作

续表 4-8-3

序号	届别	调查时间	调查组织	调查部门	调查重点
162	十五	2012 年 11 月 22 日	市人大常委会组成调研组	市司法局	“律师进农村”工作情况
163	十五	2013 年 3 月 12 日	市人大常委会组成调研组	鹿山街道谢家溪、陆家村、蒋家村	安置性留用地情况
164	十五	2013 年 4 月 2 日	市人大常委会组成调研组	东洲街道	安置性留用地情况
165	十五	2013 年 4 月 3 日	市人大常委会组成调研组	新登片	安置性留用地情况
166	十五	2013 年 5 月	市人大常委会组成调查组	东洲街道富春江村等有关村	农村集体“三资”管理工作
167	十五	2013 年 5 月中旬	市人大常委会组成调研组	市民政局和有关社区	和谐社区的建设工作
168	十五	2013 年 5 月 22 日	市人大常委会组成调查组	东洲、富春、大源等溪流河道水域	《省饮用水水源保护条例》贯彻执行情况
169	十五	2013 年 6 月 14 日	市人大常委会组成调研组	镬子山气象科普公园工程等	气象为农服务工作
170	十五	2013 年 6 月中旬	市人大常委会组成调研组	富春、春江、新登、大源等流动人口密集地区	流动人口服务管理工作
171	十五	2013 年 6 月 20 日	市人大常委会组成调研组	市教育局	省教育现代化市的创建工作
172	十五	2013 年 7 月	市人大常委会组成调研组	新登镇古城墙、护城河遗址	新登古城墙保护工作
173	十五	2013 年 8 月	市人大常委会组织调研组	新登镇省级现代农业综合区	现代农业园区建设情况
174	十五	2013 年 8–9 月	市人大常委会组成调研组	场口镇、银湖街道、市农业局等	普法教育，依法治市工作情况
175	十五	2013 年 8–9 月	市人大常委会组成调查组	市人口与计划生育局，洞桥镇等	人口与计划生育工作情况

续表 4-8-3

序号	届别	调查时间	调查组织	调查部门	调查重点
176	十五	2013 年 10 月 22 日	市人大常委会组成调研组	市质监局	质量强市建设情况
177	十五	2013 年 10 月	市人大常委会组成调研组	市人民检察院	法律监督工作情况
178	十五	2013 年 11 月 6 日	市人大常委会调研组	春江街道	村级组织换届选举工作
179	十五	2013 年 11 月 12 日	市人大常委会组成调研组	市民政局	慈善事业和移民工作
180	十五	2014 年 3 月下旬	市人大常委会专题调研组	新登、银湖、富春、大源等乡镇街道	饮用水水源保护审议意见的落实情况
181	十五	2014 年 4–6 月	市人大常委会组成调研组	浙江合大太阳能科技有限公司等 9 家企业	高新技术产业发展情况
182	十五	2014 年 8 月	市人大常委会组成调研组	教育局及有关学校	《义务教育法》执法检查的前期工作
183	十五	2014 年 10–11 月	市人大常委会组织四个调研组	富阳市有关农村	农村生活污水治理情况

第九章　人大代表工作

人民代表大会代表是本级国家权力机关的组成人员。做好本级人大代表工作，负责联系由市（县）选举产生的杭州市人大代表，是市（县）人大常委会的一项重要工作。历届富阳市（县）人大常委会都十分重视人大代表工作，采取多种形式，加强同本级人大代表的联系，有计划组织代表参加履职学习和培训，协助人大代表全面熟悉人民代表大会制度，了解法律和专业知识，提高代表履职能力。保障人大代表依法参加人民代表大会会议，行使人大代表的各项职权。在人民代表大会闭会期间，积极组织人大代表开展活动，增强代表履职意识，保障人大代表的合法权益，为人大代表依法履行职责提供服务等。

人大代表工作是人大及其常委会工作的基础。富阳县第一届至第六届人民代表大会未设立常务委员会，县人大代表工作由县人民政府（县人民委员会）负责管理。富阳县人民代表大会常务委员会设立后，人大代表工作由市（县）人大常委会负责。

第一节　代表组织

代表组织建立

1980 年 12 月 24 日，富阳县第七届人民代表大会第一次会议召开，以 5 个区为单位建立代表中心组，区以下以乡镇为单位建立代表小组；富阳镇单独建立中心组，镇以下按系统建立代表小组。富阳县共建立代表中心组 6 个，推选代表中心组组长 6 人；代表小组 51 个，推选代表小组正、副组长 64 人。

1984 年 12 月，富阳县第八届人民代表大会，建立代表中心组 6 个，推选代表中心组组长 6 人；代表小组 57 个，推选代表小组正、副组长 57 人。

1987 年 4 月和 1990 年 3 月，富阳县第九、第十届人民代表大会，各建立代表中心组 6 个，推选代表中心组正、副组长 11 人；代表小组 57 个，推选代表小组正、副组长 64 人

1992 年 5 月，富阳市乡镇行政区划调整后，富阳市（县）第十一届人民代表大会期间，建立 6 个代表团，原代表中心组职能自行消失。以乡镇街道为单位组建代表小组 36 个，推选代表小组组长 36 人，副组长 33 人。

1998 年 4 月，富阳市第十二届人民代表大会，以乡镇和街道为单位，组建代表小组 34 个，推选代表小组组长 34 人。为便于 6 个地区人大代表活动情况的交流，聘任 20 名代表小组联络员。

2001 年 8 月，富阳市乡镇行政区划再次调整，设立四个街道，窈口乡并入湖源乡，新义乡并入高桥镇。2003 年 4 月，市第十三届人民代表大会， 建代表小组 35 个，推选代表小组组长 35 人，副组长 17 人。2003 年 12 月，东图乡并入场口镇后，富阳市代表小组减至 34 个。

2012 年 3 月，富阳市第十五届人民代表大会，富春街道、新登镇共减少代表小组 4 个，富阳市建代表小组 30 个，推选代表小组组长 30 人。2013 年 6 月 28 日，原高桥镇、受降镇合并为银湖街道，富阳市第十五届人大三次会议起，代表小组为 29 个。

代表规章制度

1981 年 3 月 2 日，富阳县第七届大常委会第一次会议上，审议通过的代表中心组和代表小组的职责任务是：组织代表分工联系选民；以身作则学习和宣传法律、法令和政策；协助公社管理委员会和镇人民政府推行工作；研究讨论汇集人民群众普遍关心的问题、意见和要求，向县人大常委会和县人民政府反映和建议；交流当好人大代表的经验。

1984 年 11 月 5 日，富阳县第八届人大常委会第一次会议，根据有关法律规定

和上一届人大工作的实践经验，研究制订了《富阳县人大代表工作暂行办法》(讨论稿)。通过深入基层征求意见，修改补充，于1985年1月8日，提请富阳县第八届人大常委会第二次会议审议通过了《富阳县人大常委会关于人大代表工作暂行办法》，为人大代表履职作出明确规定。

1987年8月8日，富阳县第九届人大常委会以富人大〔1987〕16号文件，下发了《富阳县人大常委会关于代表工作的意见(试行)》，进一步明确和落实代表工作是人大常委会工作的基础。

1990年4月19日，富阳县第十届人大常委会第一次会议，对1985年1月8日富阳县第八届人大常委会第二次会议通过的《富阳县人大常委会关于人大代表工作暂行办法》作了部分修改。

1995年，富阳市第十一届人大常委会，及时修订《富阳市人大常委会关于人大代表工作暂行办法》，结合《代表法》实施两周年和《省实施〈代表法〉办法》宣传，组织人大代表参加《代表法》知识竞赛，加深对《代表法》理解。还修订《富阳市人大代表来信来访处理办法》，进一步促进代表活动制度化。

1998年6月，富阳市第十二届人大常委会印发《关于加强同市人大代表的联系办法》。1999年8月，印发《关于代表持证视察办法(试行)》，对人大代表持证视察的内容、形式、要求和保障作了具体规定。

2003年，富阳市第十三届人大常委会进行“代表进社区”“代表向选民述职”等方面的试点，总结经验，为形成制度作准备。

富阳市第十四届人大一次会议后，人大常委会出台了《富阳市人大代表工作考核办法》，突出人大代表工作的地位，明确代表工作的重心。并围绕“建富裕阳光之城，尽人大代表职责”这一主旨，开展“代表主题实践月活动”，并逐步形成制度化。

2012年3月，富阳市第十五届人大一次会议后，人大常委会修订出台了《代表联系选民办法》《代表履职考核办法》《代表述职办法》《代表辞职办法》《关于进一步加强代表闭幕期间活动的意见》等制度，为人大代表依法履职强化制度保障。2013年，新订《富阳市人大代表小组定向视察办法》，修订《富阳市人大代表持证视察办法》《富阳市人大代表议案和建议处理办法》。2014年后，制定出台《富阳市人大常委会关于乡镇人民政府投资项目代表票决制的指导意见》《关于乡镇人民政府投资项目代表票决和跟踪监督具体工作流程的指导意见》《富阳市人大常委会关于加强人大代表联络站规范化建设工作的指导意见》《富阳市人大常委会关于规范召开乡镇人民代表大会会议的指导意见》等一系列规章制度，推进代表工作依法、有序和健康发展。

第二节　代表活动

提高人大代表素质

富阳县第七届人大常委会组织人大代表学习《地方组织法》，使人大代表进一步明确了人大代表的职责和权利，增强了代表的责任感和使命感。1983 年 11 月，县人大常委会召开代表中心组组长会议，交流总结代表小组开展活动的情况及经验，使人大代表进一步明确对本级人民政府工作的监督职能。

1985 年春节前，富阳县第八届人大常委会发出通知，要求以代表小组组织代表学习中央[1985]1 号文件和人民日报的《元旦献词》，围绕经济建设拟订 1985 年代表工作计划。3 月 9 日，富阳县人大常委会召开代表中心组和代表小组组长会议，富阳镇第五组和新民、松溪、大源 3 个乡（镇）的代表小组，交流执行代表工作计划的情况和发挥人大代表独特作用的经验。

富阳县第九届人大常委会，要求以代表中心组或代表小组为单位，组织学习《宪法》《地方组织法》《行政诉讼法》，并请县司法局局长向代表作法律知识讲座，重点阐述人大代表的权利和义务。

1992 年 4 月 3 日，第七届全国人大第五次会议通过《代表法》后，富阳县第十届人大常委会着重组织人大代表学习和宣传，进一步提高对人大代表的法律地位和依法行使职权的认识。

富阳县第十一届人大常委会，分地区先后组织两次人大代表集中培训，培训的主要内容是《宪法》《地方组织法》《代表法》。为在富的浙江省、杭州市和富阳市人大代表增订《人民政权报》《杭州人大》，让代表及时了解党和国家重要法律、法规和决策，拓宽人大代表的知识面，提高代表履职水平。

富阳市第十二届人大一次会议后，市人大常委会继续举办人大代表培训班，广泛深入学习宣传《代表法》《浙江省实施<代表法>办法》。根据新当选代表较多的实际，多途径加强代表对《地方组织法》《代表法》等法律知识的培训，明确代表职责，增强法制观念和人大意识，提高当选人大代表履行职务的能力。

富阳市第十三届人大常委会，为密切代表与选民的联系，在富春街道、灵桥镇开展人大代表向选民述职的试点，探索人大代表接受选民监督新途径。

富阳市第十四届人大常委会，为提高人大代表履职水平，在杭州市委党校举办两期新任市人大代表的培训班和一期代表骨干培训班，202 名人大代表接受培训，重点学习人大制度理论和履职基础知识。此外，还通过召开代表座谈会、政情通报会、寄送人大工作资料等活动，提高人大代表综合素质。

富阳市第十五届人大一次会议后，市人大常委会组织新一届市人大代表进行履职培训，250 余人参加，让新当选的人大代表尽快明确履行职责。2013 年 5 月 31 日，人大常委会在市委党校，举办以“怎样当好人大代表”为主题的培训班，60 名市人大代表参加，增强代表的职务意识和履职能力。

指导人大代表履职

富阳县第七届人大常委会组织人大代表就工业改革、农村商品生产、教育卫生、计划生育、土地管理等重要问题进行 10 次规模较大的视察调查。县人民政府及有关部门向人大代表报告督办了 2536 件代表议案、意见的处理情况。

富阳县第八届人大常委会组织县人大代表，对有关民生重大问题进行 7 次视察调查。县人民政府及有关部门向人大代表报告督办 1271 件代表议案、意见的处理情况。为便于人大代表开展活动，县人大常委会决定给人大代表颁发视察证。视察证一般在小组集体活动时使用。如确因工作需要，人大代表也可单独持证活动，以示代表身份。

富阳县第九届人大常委会，围绕改革和经济建设这个中心，以及人民群众普遍关心的问题，组织市、县、乡（镇）三级人大代表，开展 30 次视察和调查研究活动，参加视察和调查研究的人大代表及有关人员达 700 多人次。常委会向人大代表报告督办和处理议案 40 件、意见 761 条和信访 389 件次。安排部分县人大代表列席常委会有关会议，为人大代表参政议政提供必要条件，提升人大代表参政议政的实际效果。

富阳县第十届人大常委会，组织人大代表参加重点视察调查活动 83 次。常委会向人大代表报告 33 件大会确认的议案，665 件意见和建议的督办、处理情况。此外，还受理人大代表和群众的来信来访 5973 件次，对其中重要信访件，及时组织调查，会同相关部门作出处理。人大常委会有关会议安排部分县人大代表列席。县人大常委会还向人大代表提出深入基层，走访联系选民等相关要求。

富阳市第十一届人大常委会，组织辖区内各级人大代表，参加视察调查活动达 1200 余人次。1994 年起，人大常委会组织部分人大代表参加“两项评议”，先后对 8 个行政执法机关和 8 位人大常委会任命的干部进行述职评议。

富阳市第十二届人大常委会结合富阳实际，组织人大代表对《环境保护法》《教育法》《老年人权益保障法》等几十部法律法规的执行情况进行检查，先后达 40 余次。还组织人大代表，对市人民法院、市人民检察院、市公安局和市林业局等单位的执法工作进行评议；对市水电局、市计生委和市民政局行政正职进行述职评议；对其余 17 个市人民政府组成部门行政正职和法、检两院的 23 名副职进行书面述职评议。常委会还向市人大代表报告 645 件代表议案建议的跟踪监督、督办处理的结果。

富阳市第十三届人大常委会，组织市人大代表学习贯彻中共中央转发《全国人大常委会党组关于进一步发挥全国人大代表作用，加强全国人大常委会制度建设的若干意见》，使人大代表进一步明确自己在依法参与国家事务管理中的应有作用。五年中，组织人大代表参与30多部法律法规执行情况的检查。对597件议案和建议，通过召开督办会议，听取和审议各部门办理情况报告，走访代表等，以书面形式向市人大代表答复。

富阳市第十四届人大常委会共计组织市人大代表旁听市人民法院庭审68人次，参加执法检查和视察调研1086人次，市人大代表列席人大常委会会议173人次。向代表书面报告6件大会议案和948件建议的办理结果。2008年至2011年，连续四年组织人大代表参与“建富裕阳光之城，尽人大代表职责”活动和以“清洁城乡，美化家园”等主题实践月活动为载体，累计走访选民4万多人次，收集意见建议1063条，做好事、办实事1573件，落实帮扶资金1560万元，解决实际问题817个。

富阳市第十五届人大常委会，至2014年，持续开展“履行人大代表职责，描绘富裕阳光富春山居图”“推进生态文明，建设美丽富阳”“推进五水共治，建设美丽富阳”等代表主题实践月活动。全市乡镇街道共建代表活动室86个，开展代表小组活动387次，参与视察调查356次。继续开展“代表联系选民”“代表进社区”活动，要求每位人大代表聘请固定的民情信息员不少于10名，及时搜集民情信息。四年间，各级人大代表先后走访选民43715人次，征集到意见3647条，筹措帮扶资金2295万元，帮扶困难户3434户次。向选民述职的人大代表达599人次，市人大代表列席市人大常委会会议250余人次。组织人大代表参加党务政务公开、政风行风评议800余人次。常委会还组织1300多名各级人大代表，在“浙江省人大代表履职服务平台”注册应用，及时了解和反映社情民意。

第三节　议案督办

人大代表向人民代表大会提出议案、建议和意见，是法律赋予人大代表的神圣权利，是人大代表依法行使职权、履行代表职务、发挥代表作用、参加行使国家权力、管理国家事务一项重要工作的体现。大会期间所提出的议案、建议和意见，由市（县）人民政府直接办理。根据议案内容，由市（县）长牵头，分管副市（县）长负责，召开专题工作会议，研究议案办理工作。议案办理一般在下一次召开的人民代表大会前，由市（县）人民政府书面向大会报告办理情况。建议意见承办单位在接到交办建议意见后，三个月内将办理结果书面答复人大代表。议案督办，是关乎富阳市经济发展、社会稳定、民生改善的大事。

富阳县第一至第六届人民代表大会期间，人大代表共提出提案意见3491件（其中第六届人大一次会议提出的 544 件，因“文革”开始，未作处理）。已处理的 2947 件提案意见中，得到解决的 2613 件，占 88.7%；说明原因及时答复代表的 334 件，占 11.3%。原新登县第一至第三届人民代表大会共提出提案意见 1391 件，处理结果无考。这一时期，人大代表提出的提案意见，由大会主席团或提案审查委员会审查后，提请人民代表大会讨论，被确认为大会提案并签署意见后，分别交县人民政府有关部门负责办理，将办理结果书面答复提案代表，并报县人民政府办公室。该阶段人大代表提案的督办机关是县人民政府（县人民委员会）。

自 1980 年 12 月富阳县第七届人大一次会议，建立富阳县人大常委会后，县人大代表提案由富阳市（县）人大常委会督办。

1984 年 10 月，富阳县第八届人大一次会议通过《关于提出和处理代表议案、意见的暂行办法》规定，把人大代表提案分成议案和建议意见两大类，是否列入大会议案由大会主席团决定。1987 年，根据第六届全国人大常委会通过的《地方组织法》规定，将人大代表提出议案由原“三人以上附议”改为“十人以上联名”。

富阳市（县）人大代表提出议案、建议意见分类表

表 4-9-1

届别	会次	代表提出议案建议意见		
		总件数	其　中	
			议案	建议意见
八	一	400	39	361
	二	372	48	324
	三	532	20	512
九	一	383	15	368
	二	283	15	268
	三	133	10	123
十	一	313	13	300
	二	217	8	209
	三	168	12	156
十一	一	207	11	196
	二	97	6	91
	三	112	6	95
	四	123	6	117
	五	82		82

续表 4-9-1

届别	会次	代表提出议案建议意见		
		总件数	其　中	
			议案	建议意见
十二	一	193	6	187
	二	95	1	93
	三	96	1	93
	四	126	2	121
	五	124		124
十三	一	210	7	182
	二	128	1	123
	三	119	2	117
	四	153		153
十四	一	228	2	222
	二	200	1	196
	三	198	1	191
	四	200	2	192
	五	150		150
十五	一	251	2	217
	二	191	1	185
	三	176	2	169
	四	182	1	175

说明：建议意见有的以几件归并为 1 件议案的，因此议案和建议意见相加不一定等于总件数

富阳市（县）人大常委会对市（县）人大代表提出的议案、建议和意见，其督办和处理程序是：首先，在每次代表大会闭幕前，由大会秘书处议案审查组收集归并后，提出议案、建议、意见处理初步意见。经大会主席团审议后，确认本次大会议案和建议意见。大会闭幕后，由市（县）人大常委会代表工委负责梳理分类，登记编号。然后，由市（县）人大常委会和市（县）人民政府联合召开各有关部门参加的交办会议，统一部署承办工作。2000 年 6 月，富阳市人民政府成立议案和建议意见办理专门班子，由常务副市长负责抓议案办理工作，通过召开座谈会、实地调查、现场办理、上门专访直接与市（县）人大代表沟通等形式，逐件逐项落实办理工作，做到事事有回音，件件有着落。市（县）人大常委会作为督办机关，对各部

门的承办进度、承办措施、承办质量、承办结果，多次听取汇报，开展监督、检查。要求各承办单位必须将承办和处理结果书面答复领衔人，同时报告富阳市（县）人大常委会和市（县）人民政府。如遇代表不满意处理结果，督办机关有权责成承办单位重新处理，直至代表满意为止。最后，由富阳市（县）人民政府向下一次人民代表大会书面报告议案和建议意见的全部处理情况。

现将富阳市（县）第八至第十五届人民代表大会有关议案督办情况选摘如下：

1984 年 10 月，富阳县八届人大一次会议，人大代表提出“关于水电问题的议案”。县供电局为处理好议案，召开有关代表参加的座谈会，供电局和三电办负责人向代表汇报供电情况和计划用电意见，并带领代表实地参观电力调度室和春江变电所，使代表了解用电形势和电力供应操作程序，县供电局领导表示尽最大努力应对人民群众的电力需求。人大代表对供电局认真处理和答复的做法表示满意。

1985 年 4 月，富阳县八届人大二次会议，周树培等 27 位人大代表提出“关于重视粮食生产”的议案。县人民政府认为对粮食生产确实一度有所忽视。于是下发了富政〔1986〕22 号文件，采取五条措施：1.进一步宣传贯彻好中央〔1986〕1 号文件精神，增强农业基础思想意识，加强对粮食生产的领导；2.建立健全农村服务系统，恢复农科网，加强技术培训指导；3.进一步增加水利投资和水利维修项目；4.落实好粮食生产计划，搞好粮食定购合同；5.进一步贯彻《省土地管理条例》，制止乱占耕地建房等。明确由县农委负责答复相关人大代表。

1987 年 4 月，富阳县九届人大一次会议，翁文化等 10 名人大代表提出“关于重视林业资源保护”的议案。县人民政府认为，富阳山林资源丰富，振兴林业大有可为。为此要求县农委切实贯彻中央〔1987〕20 号文件，并提出完善林业生产责任制，实行“封、管、造、育”相结合，增加林业生产投入等具体措施，向提案人作出认真答复。

1989 年 3 月，富阳县九届人大三次会议，徐元朝等 18 名人大代表提出“关于建于公元 891 年的新登古城墙，要求修复后列入文物保护”的议案。县人民政府认为这是富阳重要文物古迹之一，需要切实保护。于是，召开了县文化、财税、教育及新登区、镇负责人座谈会，听取各方意见。并赴古城墙全线踏勘；会后富阳县人民政府下文，明确为县级文保单位，并落实修复保护计划和资金。在县十届人大一次会议上向人大代表作出答复，代表表示满意。

1990 年 3 月，富阳县十届人大一次会议，王建民等 24 名人大代表提出“关于要求对水稻所味精厂、东山电镀厂、鹿山化工厂等环境污染开展治理”的议案。该议案在人大代表等多方监督下，水稻所味精厂决定第一期投资 35 万元，将“锌盐法”改为“冷冻法”生产，次年完成。第二期投资 65 万元，用“酵母法”生产酵母饲料，以减少 COD 等有机物对水质污染。对于东山电镀厂，富阳县人民政府作出决定：收缴该厂的环保许可证；责令限期整治，半年内治理不好，将根据浙环开〔1988〕13 号文件精神，建议工商部门收缴营业执照。对鹿山化工厂的空气污染，县人民政府决定由防疫部门负责监测，鉴定其对人体的危害程度后再作适当处理。

1992 年 3 月，富阳县十届人大三次会议，李金仙等 14 名代表提出“关于要求落实残疾人劳动就业政策”的议案。县人民政府非常重视，在富政〔1991〕83 号文件基础上，又发出〔1992〕81 号文件，制订四条优惠政策：一是县劳动部门在每年下达招聘用工指标中，同时下达残疾人招聘用工的比例，企业应安排不低于单位职工总数 3%的残疾人就业；二是各乡镇要办好或创造条件办起福利企业，增加残疾人的就业岗位；三是残疾人自谋职业，各级人民政府及相关部门在审批执照和税收政策上予以照顾；四是抓紧实施残疾人社会养老保险制度。

1993 年 3 月，富阳县十一届人大一次会议，赵才玉等 72 名人大代表提出“关于加强富春江黄砂资源管理”的议案。县人民政府采取的措施是：一是成立黄砂管理领导小组和办公室，建立黄砂联合管理站，下发《县黄砂采运管理实施办法》，制定《黄砂管理人员工作守则》，完善黄砂管理制度；二是从水电、交通、公安、矿管等部门抽调人员，重新组建监管队伍，提高管理人员素质；三是严格制止乱采滥挖，取缔无证吸砂泵船，划出黄砂禁采保护区段。这些措施的实施，在黄砂管理整治工作中起到重要作用，取得明显效果。

1995 年 3 月，富阳市十一届人大三次会议，杜小琴等 88 名人大代表提出“关于创建文明卫生城市”的议案。市人民政府于 3 月 28 日“撤县设市”一周年之际，不搞庆典搞创建，召开创建文明城市动员大会，提出创建的阶段性目标；投资 135 万元，建造 120 亩的垃圾填埋场；投资 80 万元，新建城东、城西垃圾中转站，新建改建 12 只公厕；投入 1130 万元，新建修建道路、街道，新增道路面积 7.45 万平方米；投资 250 万元，对主要街道行人道铺设彩砖 4 万平方米，使城市环境卫生、市容市貌显著改观。

1996 年 3 月，富阳市十一届人大四次会议，环山乡胡佳田等 45 名人大代表提出“关于动建中埠大桥和 320 国道南线工程”的议案。该项目为浙江省人民政府批准的“四自”项目。由于投资大，跨时长，采取“一次设计，分期修建”的办法。具体分三步走：第一步，先建控制性工程——中埠大桥和横凉亭互通立交桥，与现有公路衔接；第二步，拓宽自中埠经环山、场口至东图的二级公路；第三步，最后完成大桥北和南连线工程，与桐庐 320 国道相接。并落实分期承建的招投标工作。

1998 年 3 月，富阳市十二届人大一次会议，徐中育等 12 名人大代表提出“关于万市镇中学‘三并一’工程要求尽早实施并给予资金补助”的议案。市人民政府认为万市镇中学地处偏远山区，学校规模和教学设施严重制约了义务教育的质量。1998 年 7 月 21 日，市人民政府专门召开有关部门和单位的负责人联席会议，并下发〔1998〕22 号专题会议纪要，确定该中学“三并一”工程与万市中学合并，按一所完全中学的要求实施。首期建造一幢 3664 平米的教学综合楼，总投资 250 万元，市财政安排 80 万元，其余由镇财政和社会自筹方法解决。整个工程于 1999 年 8 月竣工，并交付使用。

2000 年 1 月，富阳市十二届人大三次会议，市人大代表提出“关于要求对苋浦水系实行综合整治”的议案。苋浦水系是富阳十大溪流之一，也是水系综合治理工程中规模最大、范围最广、治理最复杂的工程。根据市人大常委会的要求，市人民政府经过反复研究论证，出台了《苋浦水系综合治理方案》，总投资 8400 万元，分三个阶段实施：2000 年 3 月–2001 年 2 月，投资 3815.3 万元，整治城区范围内水系；2001 年 3 月–2002 年 2 月，投资 3359.3 万元，整治城区外围的水系；2002 年 3 月–2003 年 2 月，投资 1343.4 万元，整治过境公路以外的水系。整个工程涉及到拆迁、安置、挡墙、截污、清淤、引水、换水、绿化及游步道建设等工程。随着工程进展，市人大常委会数次组织人大代表视察督查。

2003 年 3 月，富阳市十三届人大一次会议，富春街道代表团张文明、新登代表团应惠芬等 57 名人大代表提出“关于要求加快社区建设”的议案。市人民政府十分重视该议案的办理，认为社区建设是坚持党的群众路线，加强基层政权建设的重要方面。在秋月社区试点的基础上，市人民政府采取有力措施，全面推进社区建设：一是整合资源。以现有居民区为基础，兼顾居民的认同感和归属感，将原有 18 个居委会撤并成 13 个社区，新建 6 个社区，于 2004 年 8 月 28 日正式挂牌成立；二是完善设施。除秋月社区设施符合新型社区用房标准外，其他社区与新标准差异很大。通过调剂、租赁、置换等办法配置，使硬件设施达到新标准；三是提升素质。市委组织部和民政局指导街道办事处，坚持公开、公平、公正原则，从 612 名符合条件的报考者中，择优录用 40 名高中以上文化程度、综合素质高、身体健康、热爱社区工作的人员充入到社区工作。四是强化服务。社区服务是社区工作的重心，各社区积极开展“文明社区、文明楼道、五好文明家庭”的评选活动，实施“星光计划”、扶贫助残工程，壮大志愿者服务队伍。根据社区建设推进情况，市人大常委会组织社区等相关人大代表，实时监督各项工作的落实。

2005 年 1 月，富阳市十三届人大三次会议，根据较多数市人大代表的建议意见，大会主席团将“关于进一步加大投入力度，加强农村公共卫生事业建设”列为大会议案。市人民政府十分重视这一议案的办理：一是调整好公共卫生事件应急处置指挥部，成立应急处置小组，确保公共卫生事件及时、规范、有效处置。整合医疗机构，在 10

个乡镇街道建立社区卫生服务中心；二是出台《关于加快公共卫生体系建设的意见》，将公共卫生体系建设纳入市国民经济和社会发展总规划，并纳入年度考核；三是加大财政投入，2005年卫生事业费投入550万元，用于公共卫生体系和农村卫生事业建设；四是健全执法网络，在乡镇街道防保所中，新聘任43名卫生监督员，做到属地分工监管，分片集中执法，纵向协调统一，横向密切配合。

2007年2月，富阳市十四届人大一次会议，场口代表团徐增富、青云代表团马长命等52名人大代表提出"关于集约利用土地，支持中小企业发展"的议案。市人民政府对这一议案高度重视。把化解中小企业"用地难"问题，列入2007年"走进困难，化解矛盾"的专项行动，采取切实措施：一是狠抓土地开发挖潜。下发《关于进一步做好企业挖潜节地工作意见的通知》，计划两年内盘活存量土地不少于4000亩；二是扎实推进标准厂房建设。市人民政府专门成立以市长为组长的推进标准厂房建设领导小组，用市财政补助杠杆，促进标准厂房建设；三是加快中小企业创业基地建设，确定场口区块为中小企业创业基地，并对10个乡镇街道工业功能区、9个工业小区进行整合提升。根据该议案办理实际，市人大常委会组织人大代表全程视察督办。

2009年2月，富阳市十四届人大三次会议，孙庆炎、葛明等99名人大代表提出"关于加快接轨杭州公交一体化，完善城乡公交网络建设"的议案。市人民政府认为这是惠及民生的大事，是城乡统筹发展的重要方面之一，决定"一次规划、分步实施"。一是建立机构。组织以富阳市四副班子主要领导任正、副组长的"公交一体化"领导小组，分管副市长任办公室主任。2008年12月31日，注册成立国有独资的富阳市公共交通有限公司，并建立融资平台，统一收购、经营杭富客运公交；二是调查摸底。完成车辆与经营者基本情况、车辆经营状况的摸底调查，测算、制定合理的车辆补偿政策；三是制订方案。共制定《市公交一体化改革总体实施方案》《市推进杭州至富阳公交一体化人员安置方案》等8个大方案和10个配套操作方案，为顺利推进奠定基础；四是搞好对接。多次与杭州市城管办、杭州市交通局等部门沟通，与杭州市公交集团多次洽谈对接具体事项；五是上下联动。工作中得到乡镇和部门的积极支持，采取乡镇街道、社区（村）二级联动，在收购处置过程中，始终做到平稳有序。

2010年3月，富阳市十四届人大四次会议，大会主席团将115名人大代表提出的3件议案、7件建议，合并为"关于继续加大对欠发达地区新农村建设扶持力度"的议案。定为大会1号议案，为落实议案办理，市人民政府主要领导带领农办、发改、财政、国土等部门负责人，先后到15个乡镇专题调研，并对了解到的情况进行梳理，根据需要和可能，制定出台《关于加大新农村建设力度，加快欠发达地区发展的若干意见（试行）》。为加大扶持力度，市财政将新增财政支出1.57亿元。在统筹整合村级组织运转经费后，市财政每年补助村级组织运转资金达到4787.76万元，新增补助1950.5

万元。做好统筹富阳市各类资源，加大市级财政转移支付力度，为加快新农村建设，促进欠发达地区的发展，提供了有力的政策和资金保障。

2012 年 2 月，富阳市十五届人大一次会议，68 名人大代表分别提出的 16 件议案和 10 件建议，大会主席团将其合并为大会 1 号议案，即“关于加快平台建设，完善扶持政策，优化工业经济发展环境”的议案。富阳市人民政府认为：当前富阳市工业化发展正处在一个既是发展的黄金期，也是矛盾的凸显期。对该议案的办理十分重要。从“工业兴市”的战略高度，一手抓先进制造业的发展，一手抓现代服务业的发展；一手抓高新技术、战略性新兴产业的培育发展，一手抓传统优势产业的改造提升；一手扶优扶强，一手抓限小汰劣，使结构调整步伐加快。市人民政府专门成立了议案办理小组，明确职责，细化方案。淡化部门概念，整合部门力量。全局性问题领导带头调研；局部性问题由经济部门结合职责，对焦点、难点进行调研，切实解决实际问题。在富阳市人大常委会和各级人大代表积极参与和监督下，通过一年上下合力，效果初显：财政政策有效整合，企业培育力度加大，转型升级步伐加快，平台建设日益完善，发展环境不断优化，主要指标平稳增长。

2013 年 2 月，富阳市十五届人大二次会议，屠根荣等 65 名人大代表提出“关于完善政策，统筹规范，加快推进安置性留用地开发利用”的议案。富阳市人民政府认为这一议案，一直是市人民政府和被征地农民关心的重要问题。市人民政府及其有关部门扎实做好以下工作：一是出台留用地新政策。2014 年发出《关于进一步加强村级留用地管理的实施意见》，主要解决“怎么留、怎么用、怎么管”的问题；二是制订利用计划。通过政府努力，实现全市村级留用地面积控制在 4000 亩以内，以逐步缓解村级留用地的压力；三是加快留用地消化。完成了年消化利用 800 亩的目标。在市人大常委会和各级人大代表积极支持和监督下，议案办理取得成效。

2014 年 1 月，富阳市十五届人大三次会议，赵利群等 29 名人大代表提出“关于进一步理顺体制机制，切实提高食品安全监管水平”的议案。富阳市人民政府认为食品安全是一项重大的民心工程。2014 年以来，重点做好以下工作：一是推进监管体系建设。首先是成立市市场监督管理局，整合工商、质检、食药三局的职能，构建起生产、流通、消费全过程的监管体系，并建立 13 个市场监管所，使市场监管所执法人员与乡镇街道的网格协管员、信息员互联互通，强化监管力度。二是加强食品安全监管和重点区域整治。2014 年共查办各类食品违法案件 541 起，涉案价值 550 多万元，曝光一批食品安全问题“黑名单”。三是积极开展各类创建活动。包括食品药品安全方面的“一乡镇街道一品牌一规范”、“百万学生饮食放心工程”等，推进食品药品安全的长效管理。四是推进餐厨垃圾和废弃食用油脂无害化处置。制定出台《市餐厨垃圾管理办法（试行）》，尝试餐饮废物源头减量，统一回收处置等措施。

第四节　代表服务

加强代表联系

为了加强和规范市（县）人民代表大会常务委员会与人民代表大会代表的联系，保障代表依法履职，充分发挥代表作用，不断改进人大工作，根据《代表法》的规定，1981年，富阳县第七届人大常委会第一次会议上，审议通过了《关于加强与县人大代表联系的暂行办法》，根据该办法之规定：建立代表中心组和代表小组，并经常安排代表活动的内容。组织部分县人大代表参加视察活动；加强人大代表信访联系；人大常委会委员深入基层调查，直接联系代表；编印《人大通讯》，把人大常委会会议通过的决议决定、人事任免以及代表小组开展活动的经验等，及时通报给人大代表和代表小组。

县人大常委会坚持联系代表，接待来信来访制度。第七届人大常委会共接待人大代表来信来访 364 件（次），并将处理情况及时答复相关人大代表，保障人大代表的知情权、监督权。

1985 年，富阳县第八届人大常委会组成人员直接同代表见面，听取意见，指导代表小组开展活动，总结交流推广各代表小组活动经验。1985 年 8 月，县人大常委会 5 位负责人，带领人大机关干部，到 5 个地区召开代表座谈会，直接听取 98 名县人大代表对县人大常委会和县人民政府工作的评议意见。县人大常委会还与县人大代表建立书信联系，收到代表来信，由人大常委会负责人一一批阅，处理答复。

1987 年，富阳县第九届人大常委会主动联系人大代表，指导代表小组开展活动。趁下乡的机会，注意了解县人大代表的工作、学习和生活情况，着力解决实际困难和问题。1987 年 5–12 月，受理人大代表和人民群众的信访 123 件次，其中，人大常委会有关负责人直接参与调查处理人大代表信访 59 件次。1989 年 1 月 5–6 日，县人大常委会在中型会议室主持召开人大代表座谈会，各代表中心组民主推荐 29 名人大代表参加会议。会上，县人大常委会和“一府两院”的领导听取了 20 名人大代表发言，围绕“两个文明”建设问题，提出 26 条意见和建议。

1990 年至 1992 年，富阳县第十届人大常委会在加强与人大代表联系工作中，着重做好三方面工作：一是印发《代表工作手册》和《代表学习文选》，为人大代表学习法律知识，增强代表意识创造条件；二是吸收代表参加县人大组织的重点视察调查活动，参加的人大代表达 200 余人次；三是召开人大代表中心组长、小组长和部分人大代表参加的座谈会，及时反映选民、代表的意见和建议。为了加强与代表的联系，县人大常委会正副主任和专职常务委员会委员，实行分工联系代表制度，使常委会工作置于人大代表监督之下，为人大代表知情议政创造条件。

1993 年至 1997 年，富阳市第十一届人大常委会组成人员，分别参与代表小组活动 236 次，走访基层人大代表 480 人次。受理人大代表等来信 1300 余件次，接待来访近 2000 人次。并印发《人大代表常用法律手册》。继续开展争做优秀代表和争创先进代表小组的“双争”活动，评出优秀市（县）人大代表 226 名，先进市（县）人大代表小组 31 个，推动代表小组活动的有效开展。

1998 年至 2002 年，富阳市第十二届人大常委会坚持代表联系制度，完善联系代表办法。五年中，共接待代表和群众来信来访 1799 人次，收到来信 1561 件，督促市（县）有关部门解决问题，化解矛盾。按规定举办政情通报会两次，由市人民政府领导向市人大代表通报经济运行等情况。

2003 年至 2006 年，富阳市第十三届人大常委会组成人员，在执行分工联系代表、走访代表制度的同时，创新性地倡导市人民政府组成人员一起联系走访市人大代表活动。每年召开政情通报会，并听取基层市人大代表的呼声。2006 年，已在 12 个乡镇、街道组建“代表之家”、“代表接待点”。组织代表接待选民 1500 多人次，收集意见建议 500 多条，使一些问题和矛盾及时得到解决和化解。

2007 年至 2011 年，富阳市第十四届人大常委会做到坚持走访代表，坚持向代表政情通报，坚持代表列席常委会会议，坚持听取乡镇街道人大工作汇报，加强代表联系沟通。五年里，共受理市人大代表和人民群众来信 586 件，来访 1089 人次，部分实际问题得到及时处理，促进社会和谐稳定。

2013 年，富阳市第十五届人大常委会修订完善《富阳市人大常委会联系市人大代表办法》。办法规定，市人大常委会办公室和各工作委员会应当为市人大代表提供服务保障，人大代表工委负责联系代表日常工作，乡镇人大、人大街道工委受委托协助做好市人大常委会联系代表的有关工作。常委会联系代表的主要内容有市人大常委会作出的决议、决定执行情况和人民群众的愿望、要求等 6 项。市人大常委会举行会议邀请市人大代表列席，开展执法检查、视察和专题调研时，邀请市人大代表参加。督办代表议案、建议意见时，邀请提出议案建议的人大代表参加，以增加督办实效。市人大常委会组成人员每年开展集中联系走访市人大代表活动，通过专访慰问、接待来访、召开座谈会等多种形式，加强与代表联系。保障代表知情权，及时向代表通报常委会会议和主要工作安排情况，运用人大工作网站，及时提供代表履职信息。要求“一府两院”向市人大代表通报有关工作情况，为人大代表履职创造更好条件。

保障代表权益

1990 年以后，富阳市（县）人大常委会在增强人大代表责任性、发挥人大代表积极性、保障人大代表权益等方面，做了许多有益探索，推进人大代表工作进一步发展。

富阳县第十届人大常委会，首次发出关于开展争做优秀代表和争创先进代表小组

（双争）活动的通知。三年间，共评出先进县人大代表小组 10 个、优秀县人大代表 104 人次，增强人大代表履职的积极性，推动代表小组活动的开展。

富阳市（县）第十一届人大常委会与有关部门联系协调，为无固定工资收入的 165 位人大代表办理人身保险。第十一届人大共接受理赔保险的 68 人次，总金额达 3 万元，减轻人大代表遭遇意外伤害而造成生活困难的程度；评出市（县）人大先进代表小组 21 个、先进代表工作者 122 人次。

2000 年，富阳市第十二届人大常委会通过新闻媒体，对 14 位市人大代表的先进事迹进行专题报道。人大常委会还与有关部门联系协调，为无固定工资收入的 111 位市人大代表办理人身保险，为 246 名市人大代表和在富的浙江省、杭州市人大代表订阅《人民政权报》和《杭州人大》，有利于提高人大代表的政治素质和履职服务能力。

富阳市第十三届人大常委会，受上级人大委托，重视做好在富的浙江省和杭州市人大代表的服务工作。组织他们参加相关视察调研和评议活动。同时，帮助解决他们工作生活中的实际困难。

富阳市第十四届人大常委会，在市人大代表中开展“谈体会、搞总结、学先进、树榜样”的主题实践活动，共评选出市优秀人大代表 44 人，予以表彰。

富阳市第十五届人大常委会，每年组织市人大代表向选民口头和书面述职，接受选民评议。连续开展市人大代表评选活动，至 2014 年，共评出优秀市人大代表 103 人次，予以表彰。

第十章　指导乡镇(街道)人大工作

根据《地方组织法》规定，自富阳县第七届人民代表大会设立人大常委会以后，指导乡镇人大工作便成为常委会工作的新内容。历届富阳市（县）人大常委会都十分重视对乡镇人大工作的指导，始终将其作为重要的工作内容，摆上重要议事日程。1989 年 12 月，《浙江省乡镇人大主席团组织条例》颁布实施后，富阳市（县）人大常委会加强与乡镇人大工作的联系和指导，使乡镇人大工作更加制度化、常态化、规范化。

第一节　制度建设

市（县）人大常委会对乡镇人大工作制订工作制度，是推进和规范乡镇人大工作顺利开展的重要保证。

1990 年之前，富阳县人大常委会主要依据《地方组织法》《选举法》《浙江省乡镇人大主席团组织条例》，提出乡镇人大主席团工作意见和要求，完善乡镇人大工作。2011 年 10 月，富阳市第十四届人大常委会出台了《代表工作考核办法》。2012 年，富阳市第十五届人大常委会，对乡镇、街道人大的指导工作，主要抓建章立制，先后修订和制定了《人大街道工作委员会工作办法》《进一步加强乡镇人大主席团工作的指导意见》《关于加强乡镇人大财政监督工作意见》《关于街道财政预算监督办法（试行）》，以推动基层人大工作规范化运作。2014 年，富阳市人大常委会指导乡镇街道人大工作，以立足推动基层人大工作规范化建设为根本，制定出台《关于规范召开乡镇人民代表大会会议的指导意见》《关于乡镇政府投资项目代表票决制的指导意见》《关于乡镇政府投资项目代表票决和跟踪监督具体工作流程的指导意见》等，依法规范了乡镇人民代表大会和人大街道工委的职权，使乡镇人大、人大街道工委的监督职能得到有效发挥。

第二节　学习培训

人大常委会认真抓乡镇人大代表、人大领导和人大工作者的学习培训，是提高乡镇、街道人大工作者法律意识和工作能力的主要途径。一般集中安排在换届选举、人事调动、新成员履职前或有关法律法规颁布（修订）后，人大常委会根据乡镇人大工作实际，拟定学习计划，有组织、有要求、有目的的培训。

1982 年，富阳县人大常委会深入到 5 个区、2 个镇和 17 个人民公社，指导代表小组学习讨论《宪法》。1991 年，组织各乡镇人大主席团常务主席在县委党校学习培训，主要学习《浙江省乡镇人大主席团组织条例》，在培训班上介绍新民乡人大主席团的工作经验，使各乡镇人大工作走上正轨。1993 年，通过以会代训的形式，两次组织乡镇人大主席团常务主席学习法律、法规。8 月，在乡镇人大主席团常务主席工作会议上，富阳、高桥、新登等乡镇交流了发动人大代表参与经济工作、重视办理人大代表议案、积极组织人大代表活动等经验。1994 年，是富阳撤县设市的第一年，也是《代表法》实施两周年，市人大常委会在市委党校举办乡镇人大主席团常务主席培训班，学习法律、法规，交流乡镇人大工作经验。1995 年，市人大常委会组织乡镇人大主席团常务主席学习修改后的《地方组织法》，进一步明确乡镇人大工作的地位和作用。市人大常委会在指导乡镇人大工作上提出四点要求：一要抓培训，提高乡镇人大主席团常务主席政治和业务素质；二要抓计划，促进乡镇人大工作落到实处；三要抓典型，提高乡镇人大工作水平；四要抓法律文书，规范乡镇人大工作宣传教育和文书资料。1996 年，根据乡镇换届选举后的实际，组织乡镇人大主席分两批参加浙江省和杭州市人大举办的培训班，为开创乡镇人大工作新局面奠定基础。1999 年，对乡镇人大主席团正、副主席进行培训，重点学习邓小平民主法制理论、《代表法》和《浙江省乡镇人大主席团组织条例》等、法律法规，交流乡镇人大工作经验。还组织乡镇人大主席团正、副主席参加杭州市人大组织的培训，提高乡镇人大实际工作水平，健全和完善基层政权建设。2000 年，市人大常委会组织乡镇人大主席外出考察，吸收外地乡镇人大工作先进经验，开阔视野，拓宽思路，推动乡镇人大工作迈上新台阶。2001 年 8 月，富阳市乡镇行政区划进行调整，设立富春、东洲、春江、鹿山等 4 个街道，市人大常委会决定设立街道人大工作委员会，任命街道人大工委主任、副主任，明确街道人大工作委员会是市人大常委会派驻街道的工作机构。2004 年 10 月，针对乡镇人大换届后的新情况，分两期对乡镇人大正、副主席、街道人大工委正、副主任进行培训，提高他们的履职意识和能力。2005 年，首次组织乡镇、街道人大专职干部的培训，提高基层人大干部的政治理论和业务水平。2007 年，换届选举后，针对乡镇街道人大工作人员变动较多的实际情况，市人大常委会在中共杭州市委党校举办两期基层人大干部培训班，总结交流经验，部署工作任务，扎实推进乡镇街道人大工作。2008 年，市人大常委会按照“重基层、讲规范、求实效、创特色”的工作要求，在浙江省人大培训中心组织乡镇正、副人大主席，街道人大工委正、副主任进行培训，学政治理论，学法律法规，学人大业务；进一步推进乡镇街道人大工作。2009 年 6 月，针对新进入乡镇街道人大工作岗位任职人员较多的实际情况，市人大常委会对乡镇人大正、副主席，街道人大工委正、副主任就如何做好乡镇街道人大工作进行专题辅导；6 月下旬起,组织新任乡镇人大主席参加浙江省人大组织的第 65 期培训，提高乡镇人大主席的政治理论水平、法律法规意识和人大工作业务能力。2010 年 7 月初，组织乡镇人大主席、街道人大工委主任，参加在北戴河全国人大培训中心举办的 2010 年第二期浙江省乡镇人大主席培训。2012 年 10 月，在富阳市委党校，组织各乡镇人大正、副主席，街道人大工委正、副主任及人大干事等 70 余人参加业务培训。2013 年，市人大常委会组织部分街道人大工委主任、副主任参加浙江省举办的街道人大工作培训班。2014 年，市人大常委会对乡镇街道人大干部培训注重小型化、多样化、多主题模式，通过以会代训、专题讲座等，更易收到实际效果。

第三节　工作指导

对乡镇人大和人大街道工委的工作指导，是人大常委会一项经常性工作，体现市（县）人大常委会跟基层人大工作的紧密联系。

1981 年，富阳县人大常委会正、副主任及部分委员，多次带领办公室人员分别对各区、镇的部分人大代表小组和人大代表进行 28 次联系。在联系人大代表小组活动时，发现龙门人民公社人大代表小组围绕党和政府的中心工作，积极开展活动的经验，便在《人大通讯》上予以推广，促进乡镇人大代表小组活动的开展。1984 年 5 月，县、乡镇第八届人大代表换届选举工作在金桥乡试点，常委会派出专人蹲点，指导工作，总结经验。在县人大代表选举产生后，县人大常委会派出班子成员，指导各人民公社召开人民代表大会，选举产生各乡镇人民政府、经联社领导班子。1985 年 3 月 9 日，召开富阳县人大代表中心组和各乡镇人大代表小组长会议，听取富阳镇第五小组和新民、松溪、大源三个乡的代表小组关于 “八五”小组活动计划落实情况的介绍，推动乡镇人大代表小组活动的深入开展。8 月，县人大常委会 5 位负责人带领人大机关干部，到各区召开乡镇人大代表座谈会，直接听取 98 名人大代表的意见，特别关注对农村水利建设、殡葬改革、山林管理等问题的解决。1987 年 3 月，松溪乡第九届人大第一次会议召开时，县人大常委会召集各区和部分乡镇的负责人到松溪乡现场观摩，明确做法，指导开好乡镇人大会议。3 月底，各乡镇如期召开第九届人民代表大会第一次会议。1988 年，县人大常委会认为新登镇人大代表小组，在开展整顿市容视察效果很好。于是，将新登镇人大代表小组活动的经验转发给各乡镇人大代表小组。1987 年 11 月 24 日，第六届全国人大常委会第二十三次会议审议通过《村民委员会组织法》，并公布实施。富阳县人大常委会提出贯彻实施《村民委员会组织法》的指导意见，并到灵桥、渌渚、金桥等乡镇调查研究，具体指导乡镇认真贯彻实施，确保村民委员会换届选举成功。

1991 年，为贯彻落实《浙江省乡镇人大主席团组织条例》，县人大常委会主要做三方面工作：一是指导抓好乡镇人大组织建设；二是选定新民乡抓点做样；三是抓学习培训。1992 年，县人大常委会在场口、常安等 7 个乡镇组织人大代表，对司法单位的执法情况进行评议试点。还深入重点乡镇，对《县人大常委会关于加强社会治安综合治理的决定》贯彻执行情况，组织专题调查，总结经验，提出指导意见。在富阳县第十届人民代表大会第三次会议上，人大常委会的工作报告中，关于“指导乡镇人大工作，推进基层民主法制建设”首次专题总结，并提出：指导乡镇人大工作，是县人大常委会工作的新课题。县人大常委会主要抓典型引路：一是帮助人大工作基础较好的乡镇开展活动，先行一步；二是通过《人大通讯》转发坑西、南新等乡人大主席团工作经验；三是召开富阳县乡镇人大工作会议，会上，新民、新登、场口、新关等乡镇人大交流了工作。1992 年 10 月，针对乡镇行政区域调整变动的新情况，重点指导人大代表的换届选举工作。1993 年 11 月，县人大常委会组成人员到富阳、万市等 6 个乡镇调查，指导调整“二五”普法教育规划，促进“二五”普法教育活动顺利开展。1994年，为加强与乡镇人大的联系和指导，富阳市人大常委会决定实行人大常委会正、副主任包片联系，人大常委会委员包乡镇联系的办法，及时解决乡镇人大在自身建设和行使职权中遇到的困难，充分发挥乡镇人大主席团的作用。1995年，市人大常委会在指导乡镇人大工作上提出四点：一要抓培训，提高乡镇人大正、副主席的政治和业务素质；二要抓计划、勤检查，促进乡镇人大工作落到实处；三要抓典型、带全面，提高乡镇人大工作水平；四要抓文书，不断规范乡镇人大工作的文书资料。同时，关心和提高乡镇人大正、副主席的政治和生活待遇，逐步选配好乡镇人大工作人员，树立做好乡镇人大工作的光荣感和责任感。1996年，在精心指导乡镇人大开展活动，支持乡镇人大依法履行职责方面，主要做四项工作：一是密切与乡镇人大的经常性联系，常委会负责人和各工作委员会委员分工合作，主动到乡镇人大参加活动，了解情况，探讨工作；二是加大培训力度，根据乡镇换届选举后的实际，组织乡镇人大主席分两批参加浙江省和杭州市人大举办的培训班，为开创乡镇人大工作的新局面奠定基础；三是为使乡镇人大主席了解全局，知情知政提供服务，让乡镇人大主席参加或列席全市性会议，参与全市性重要工作；四是总结交流乡镇人大工作经验，拓宽思路，开阔视野，促进乡镇人大工作平衡发展。

1998年，乡镇第十二届人民代表大会任期已满，根据换届选举的要求，9月开始，市人大常委会把部署乡镇第十三届人民代表大会代表选举，作为指导乡镇人大工作的重点。富阳市委批转了市人大常委会党组“关于乡镇人大换届选举的报告”，成立由市委副书记任组长的乡镇人大换届选举工作领导小组，市人大常委会设立选举办公室，负责乡镇人大换届选举的日常工作；成立乡镇人大换届选举试点工作指导小组，蹲点指导，加强宣传，提供法律服务，在充分发扬民主、严格依法办事的基础上，圆满完成乡镇人大换届选举工作任务。1999年，富阳市人大常委会指导乡镇人大制订全年工作和活动计划；帮助制订乡镇人大主席团工作职责、议事制度、代表议案建议督办制度等。2000年，市人大常委会组成人员坚持分片联系制度，参加各乡镇按季召开的人大工作会议，总结推广乡镇人大工作中的创新经验。2001年，乡镇第十三届人民代表大会任期届满，市人大常委会对乡镇人大工作的指导重心，依照法律规定和法定程序，指导乡镇换届选举的各项工作顺利开展。2004年初，全国“非典”疫情发生，人们对公共卫生事业极大关注，市人大常委会立即作出部署，提出5条意见和建议，要求各乡镇街道切实采取措施，严防疫情蔓延。根据常委会工作安排，大源、受降、洞桥镇，开展了对副镇长的述职评议试点工作，取得成效。2014年，建立乡镇街道 “代表之家”“接待点”共10个，开展“代表进社区”活动。市人大常委会还聘请乡镇街道人大工作联络员 26 名，使乡镇、街道人大与常委会的联系更加紧密。2005 年，乡镇街道的“代表之家”组建增至 12 个。当年，接待选民 500 多人次，收集到选民的意见建议 300 多条，并在富春街道、灵桥镇开展人大代表向选民述职试点活动，提高人大代表的履职意识和选民对人大代表的监督意识。富阳市第十三届人民代表大会任期 4 年，任期内，市人大常委会组织 280 多名乡镇人大代表，对 21 名副乡镇长进行述职评议，增强乡镇人民政府组成人员接受人大监督的自觉性。2006 年 10 月，两级换届选举工作展开，市人大常委会的指导乡镇人大工作的重点是确保依法办事，保障选民民主权利，及时查处违法行为，成功选举产生新一届两级人大代表。

2007 年，富阳市人大常委会对乡镇人大提出“建富裕阳光之城，尽人大代表职责”为主题的代表活动。要求乡镇人大，凭借“代表之家”“代表进社区”的平台，启动“代表主题实践活动月”活动。2010 年，在乡镇街道人大代表中开展“洁美城乡，美化家园”为主题的实践月活动；提出设立乡镇街道人大工作办公室和人大干事的配备，推动乡镇街道人大工作顺利开展。2011 年 5 月，富阳市人大常委会办公室下发文件，要求乡镇街道为换届选举做好前期调查研究。10 月 27 日，富阳市第十四届人大常委会第四十三次会议作出换届选举工作的四个决定，确保富阳市第十五届人民代表大会代表依法选举产生。2013 年，为率先融入大杭州，根据中共富阳市委决策，市人大常委会作出《关于富阳市高桥镇、受降镇行政区划调整的决议》《行政区划调整后有关问题的决议》，组建银湖街道。2014 年，围绕市委中心工作，市人大常委会要求将“农村生活污水治理——代表在行动”作为乡镇人大代表主题实践活动。常委会组成人员走访所有乡镇街道人大和人大代表，听取意见和建议，撰写了《进一步加强乡镇人大工作的调查报告》等文章。还就依法召开乡镇人民代表大会提出明确要求：每年至少举行 1 次，会期不少于 1 天，换届选举时不少于 2 天；如遇重大事项决定、乡镇财政预算调整、乡镇人民政府投资项目调整和人事任免等重大议题，可增开会议。并将乡镇街道人大工作纳入富阳市委对乡镇街道的年度综合考核指标。

第十一章　其他重要工作

根据《地方组织法》规定，2010 年 12 月 21 日，富阳市第十四届人大常委会第三十六次会议通过《富阳市人大常委会议事规则》，对主任会议具体职责和工作程序作了细化规定。主任会议负责处理常务委员会的重要日常工作。重要日常工作除已有详细分类记述的以外，还包括人大制度宣传、专题调查、信访工作、编印学习宣传资料和对外友好往来等其他工作。

第一节　宣传工作

人大宣传工作是党的宣传工作的重要组成部分，是各级人大及其常委会的重要工作内容之一。宣传人民代表大会制度，就是宣传国家的根本政治制度、宣传人民当家作主和民主法制建设。这对促进国民经济发展、社会主义现代化建设、维护国家政治稳定、提高广大干部群众的民主法制观念、推动依法治国都具有十分重大的意义。自1980年12月富阳县人大常委会建立以后，常委会就十分重视人大宣传工作，在“全面推进依法治国，建设社会主义法治国家”基本方略指导下，坚持以经济建设为中心，以宣传人大工作性质、地位和作用为主线，注重发挥人大宣传信息员作用，突出宣传重点，改进宣传方法，提高宣传效果。在中共富阳市委和各宣传部门、新闻单位配合支持下，积极探索，开拓创新，人大宣传工作取得了一定成绩。2001年，富阳市人大常委会宣传信息工作被评为浙江省先进集体。

宣传工作决议

富阳市（县）人大常委会，就人民代表大会制度和民主法制建设的宣传工作，先后作出过一系列决议决定。其中，1985年7月6日，富阳县第八届人大常委会第六次会议，作出《关于加强法制宣传教育，普及法律常识的决议》；1991年5月8日，富阳县第十届人大常委会第八次会议，作出《关于深入开展法制宣传教育的决议》；1992年7月16日，富阳县第十届人大常委会第十六次会议，作出《关于认真学习、宣传、贯彻〈代表法〉的决定》；1996年7月9日，富阳市第十一届人大常委会第二十四次会议，作出《关于继续开展法制宣传教育的决议》；1998年6月23日，富阳市第十二届人大常委会第三次会议，作出《关于进一步加强法制宣传教育的决议》；2001年10月18日，富阳市第十二届人大常委会第三十四次会议，作出《关于进一步开展法制教育的决议》；2011年10月27日，富阳市第十四届人大常委会第四十三次会议，作出《关于进一步加强普法教育，依法治市工作的决议》。这些决议决定，贯穿了一个指导思想，就是进一步增强和提高人民代表大会制度宣传的力度和法制建设工作的水平，以保证法律法规在富阳市范围内全面贯彻实施。

宣传工作会议

自1980年人民代表大会制度恢复以后，每逢人民代表大会制度恢复十、二十、三十周年之际，富阳市（县）人大常委会都召开纪念大会，宣传人民代表大会制度。30多年来，中共富阳市委、市人大常委会多次召开人大制度宣传工作会议，现收录下列4次：

1993 年 6 月 26 日，富阳县人大常委会办公室召开人民代表大会制度宣传工作座谈会。富阳报社、县电视台、县广播等新闻单位负责人和部分新闻工作者参加会议。会议的中心议题是，就宣传报道人民代表大会制度和人大工作的重要性、必要性和如何进一步搞好人民代表大会制度宣传工作进行深入探讨。通过座谈讨论，提高了新闻工作者对人民代表大会制度和人大工作的认识，厘清了宣传人民代表大会制度和人大工作的宣传思路。

1998 年 8 月 17 日，富阳市人大常委会召开人民代表大会制度宣传信息工作会议。市人大常委会主任王金水、副主任周银铃出席会议，《杭州人大》主编唐森灿、《人民政权报》总编杜方文应邀参加会议。会议简要通报了市人大常委会上半年工作情况和下半年工作计划，提出了今后一个时期人民代表大会制度宣传信息工作的重点，并就提高人民代表大会制度宣传信息工作水平提出希望和要求。《杭州人大》主编和《人民政权报》总编向与会人员通报了人民代表大会制度宣传信息工作现状，并就如何加强人民代表大会宣传信息工作作了辅导讲话。会上，市人大常委会领导向 30 名人民代表大会宣传信息员颁发了聘书。

1999 年 12 月 7 日，中共富阳市委召开人民代表大会制度宣传工作会议，传达贯彻中共中央宣传部《关于加强社会主义民主法制和人民代表大会制度宣传报道的意见》，总结交流富阳市人民代表大会制度宣传工作的情况和经验，共同探讨在新形势下如何进一步改进和加强人民代表大会制度宣传工作。会上，市人大常委会主任王金水介绍了人民代表大会制度宣传工作的基本情况。市委副书记程浙山，市委常委、宣传部长胡志坚对进一步做好人民代表大会制度宣传工作提出了要求。市广电局、富阳日报社和新登镇、灵桥镇人大在会上作了经验交流和表态发言。

2000 年 12 月 27 日，市人大常委会召开人民代表大会制度宣传工作情况通报会，市委宣传部、市广电局、富阳日报社和市人民代表大会常委会办公室等部门负责人参加会议。会议认真回顾总结了前几年人民代表大会制度宣传工作情况，部署下年度人民代表大会制度宣传工作重点。市人大常委会主任王金水要求宣传新闻单位要认真贯彻落实富阳市委关于人民代表大会制度宣传工作会议精神，把人民代表大会制度宣传工作列入重要议事日程，纳入 2000 年宣传报道计划。各新闻单位负责人结合各单位实际，提出了下年度人民代表大会制度宣传工作的重点和打算。

宣传工作刊物

从 1981 年开始，富阳县人大常委会办公室编辑《人大通讯》，持续 20 年。2002 年，改版为《富阳人大信息》，刊出意见建议、调查研究、理论实践、制度建设、“两项评议”、执法检查、领导视察、会议动态、乡镇街道人大活动情况等内容。至 2014 年底，共刊出 140 期。编印《常委会会刊》55 期，不定期刊出《人大工作通讯》72

期。与此同时，在《富阳日报》上开辟“人大之窗”栏目，宣传人民代表大会制度，在社会保障、交通建设、环境整治、生态保护、文化教育、社会治安等方面，共刊出 20 期。2004 年，富阳市人大常委会办公室依托富阳市人民政府门户网站，做好人大机关子网站——“富阳人大信息网”的设计和日常维护工作，开辟人民代表大会制度宣传工作新渠道，及时向社会公开常委会年度工作要点和工作动态，增强人民代表大会制度工作透明度。加强与新闻单位的联系，利用媒体优势，促进富阳市人大常委会重要会议、重点工作和重大活动的深度报道。

第二节　专题调研

市（县）人大常委会及各委办，对属于人大常委会职权范围内的有关重大问题开展专题调查研究，是人大常委会一项经常性工作。历年来，富阳市（县）人大常委会围绕中共富阳市（县）委、市（县）人民政府各个不同时期的中心工作，如“七项创建”（创建国家卫生城市、国家园林城市、中国优秀旅游城市、国家环境保护模范城市、省文明城市、省文化先进县市、省“双拥”模范城市）、“依法治市”、“五水共治”（防洪水、排涝水、治污水、抓节水、保供水）、“三改一拆”（旧厂房、旧住宅区、城中村改造，拆除违章建筑）、“三江两岸整治”（钱塘江、富春江、新安江两岸）“产业转型升级”、“美丽乡村建设”等，人大常委会及各委办，都结合自身工作实际开展专题调查研究。这些调查研究，大多事关全局，为市（县）委、市（县）人民政府作出决策决定、制定出台相关政策提供可靠依据。自 1981 年以来，市（县）人大常委会及各委办，专题调查研究所形成的调研报告共 113 篇，其中人大常委会调查组 27 篇，人大常委会办公室 5 篇，法制内司工委 23 篇，财经工委 9 篇，教科文卫工委 22 篇，代表工委 6 篇，城建环保工委 14 篇，农业和农村工委 8 篇。除在本志专记中全文收录几篇外，按时间顺序，将调研报告目录列表如下：

富阳市（县）人大常委会及各委办专题调研目录

表 4-11-1

序号	调研时间	调研课题	主持单位	备注
001	1981 年 12 月	关于城乡元旦、春节市场供应安排情况的调查报告	常委会调查组	
002	1982 年 5 月	关于富阳、新登两镇文明礼貌活动情况的调查报告	常委会调查组	

续表 4–11–1

序号	调研时间	调研课题	主持单位	备注
003	1983 年 6 月	关于富阳、新登两镇卫生、交通和市场管理情况的调查报告	常委会调查组	
004	1983 年 12 月	关于富阳、新登两镇计划生育情况的调查报告	常委会调查组	
005	1984 年 12 月	关于教育工作会议精神贯彻情况的调查报告	常委会调查组	
006	1985 年 1 月	关于春节市场供应情况的调查报告	常委会调查组	
007	1985 年 4 月	关于环境保护工作情况的调查报告	常委会调查组	
008	1986 年 4–5 月	关于义务教育规划和措施落实情况的调查报告	常委会调查组	
009	1987 年 6 月	关于食品卫生工作情况的调查报告	常委会调查组	
010	1988 年 8 月	关于乡镇企业情况的调查报告	常委会调查组	
011	1988 年 8 月	关于医院（卫生院）文明建设情况的调查报告	常委会调查组	
012	1988 年 10 月	关于渌渚镇贯彻实施《村民委员会组织法》试点情况的调查报告	人大常委会办公室	
013	1988 年 12 月	关于“星火计划”实施情况的调查报告	常委会调查组	
014	1989 年 3 月	关于农资专营情况的调查报告	常委会调查组	
015	1989 年 8 月	关于文物保护情况的调查报告	常委会调查组	
016	1990 年 6 月	关于劳动卫生情况的调查报告	常委会调查组	
017	1990 年 6 月	关于看守所情况的调查报告	常委会调查组	
018	1990 年 6 月	关于《工业企业法》执行情况的调查报告	常委会调查组	
019	1991 年 5 月	关于春江乡、常安镇土地管理情况的调查报告	法制工委	
020	1991 年 7 月	关于初级卫生保健实施情况的调查报告	教科文卫工委	

续表 4-11-1

序号	调研时间	调研课题	主持单位	备注
021	1991 年 8 月	关于实施《村民委员会组织法》情况的调查报告	法制工委	
022	1991 年 8 月	关于实施《人民调解委员会组织条例》情况的调查报告	法制工委	
023	1992 年 9 月	关于对乡镇教育事业费附加征收、管理、使用情况的审计调查报告	常委会调查组	
024	1992 年 10 月	关于《行政诉讼法》实施情况的调查报告	常委会调查组	
025	1993 年 4 月	关于发展“一优两高”农业情况的调查报告	人大常委会办公室	
026	1994 年 5 月	关于高桥镇贯彻实施《残疾人保障法》情况的调查报告	法制工委	
027	1995 年 3–5 月	关于农业“两法”执行情况的调查报告	人大常委会办公室	
028	1995 年 3 月	关于蔬菜、商品猪基地建设情况的调查报告	人大常委会办公室	
029	1995 年 3 月	关于执行《森林保护法》情况的调查报告	人大常委会办公室	
030	1996 年 2 月	关于看守所工作的调查报告	法制工委	
031	1997 年 10 月	关于贯彻《乡镇企业法》情况的调查报告	财经工委	
032	1998 年 7 月	关于 “三五”普法教育开展情况的调查报告	常委会调查组	
033	1998 年 11 月	关于富阳镇流动人口计生工作的调查报告	教科文卫工委	
034	1999 年 10 月	关于贯彻执行《科学技术进步法》情况的调查报告	教科文卫工委	
035	2000 年 6 月	关于医德医风情况的调查报告	教科文卫工委	
036	2001 年 4 月	关于《种子法》宣传、贯彻和执行情况的调查报告	法制工委	
037	2001 年 4 月	关于农业扶贫资金使用情况的调查报告	财经工委	

续表 4-11-1

序号	调研时间	调研课题	主持单位	备注
038	2002 年 1 月	关于贯彻执行《统计法》及工业统计有关情况的调查报告	财经工委	
039	2002 年 1 月	关于乡镇卫生院情况调查报告	教科文卫工委	
040	2002 年 7 月	关于巩固教育“创强”工作的调研报告	教科文卫工委	
041	2002 年 10 月	关于文物保护工作的调查报告	教科文卫工委	
042	2003 年 6 月	关于《婚姻法》实施情况的调查报告	法制工委	
043	2004 年 9 月	关于基础教育工作情况的调查报告	教科文卫工委	
044	2004 年 10 月	关于创建“东海文化明珠工程”情况的调研报告	教科文卫工委	
045	2005 年 6 月	关于少数民族工作的调查报告	教科文卫工委	
046	2005 年 8 月	关于市人大代表建议承办落实情况的调查报告	代表工委	
047	2005 年 10 月	关于市人民法院执行工作情况的调查报告	法制工委	
048	2005 年 11 月	关于市人民政府投资项目建设管理工作的专题调研报告	财经工委	
049	2006 年 6 月	关于市人民法院人民法庭建设情况的调查报告	法制工委	
050	2006 年 10 月	关于新型干法水泥回转窑企业环保工作的调研报告	城建环保工委	
051	2007 年 5 月	关于“非物质文化遗产”情况的调查报告	教科文卫工委	
052	2007 年 10 月	关于市人民法院人民陪审员制度实施情况的调查报告	法制工委	
053	2007 年 11 月	关于城区公共文化设施建设情况的调查报告	教科文卫工委	
054	2007 年 12 月	关于实施《中华人民共和国广告法》情况的调查报告	财经工委	

续表 4-11-1

序号	调研时间	调研课题	主持单位	备注
055	2007 年 12 月	关于市人民检察院预防职务犯罪工作情况的调查报告	法制工委	
056	2008 年 7 月	关于体育产业发展情况的检查报告	教科文卫工委	
057	2008 年 9 月	关于市人口和计划生育局开展“部门服务基层　推进效能革命”活动情况的调查报告	常委会调查组	
058	2008 年 9 月	关于市国土资源局开展“部门服务基层　推进效能革命”活动情况的调查报告	常委会调查组	
059	2008 年 9 月	关于市水利水电局开展“部门服务基层　推进效能革命”活动情况的调查报告	常委会调查组	
060	2008 年 9 月	关于市民政局开展“部门服务基层　推进效能革命”活动情况的调查报告	常委会调查组	
061	2009 年 6 月	关于社区矫正工作的调查报告	法制工委	
062	2009 年 6 月	关于学前教育事业发展情况的调查报告	教科文卫工委	
063	2009 年 9 月	关于文化市场行政执法工作的调查报告	教科文卫工委	
064	2009 年 10 月	关于市人民法院民商事案件审判及执行工作的调查报告	法制工委	
065	2009 年 11 月	关于市人民检察院公诉案件质量的调查报告	法制工委	
066	2010 年 6 月	关于场口、新登工业平台建设情况的调查报告	常委会调查组	
067	2010 年 6 月	关于“大调解格局”建设情况的调查报告	法制工委	
068	2010 年 7 月	关于乡镇街道人大代表活动开展情况的调查报告	代表工委	

续表 4-11-1

序号	调研时间	调　研　课　题	主持单位	备　注
069	2010 年 8 月	关于小企业供（用）地情况的调查报告	常委会调查组	
070	2010 年 10 月	关于贯彻执行《物业管理条例》情况的调查报告	城建环保工委	
071	2010 年 11 月	关于市人民检察院反贪污贿赂工作情况的调查报告	法制工委	
072	2010 年 11 月	关于拆除违法建筑工作的调查报告	城建环保工委	
073	2011 年 5 月	关于数字化城市管理工作的调查报告	常委会课题组	
074	2011 年 8 月	关于贯彻执行《浙江省特种设备安全管理条例》情况的调查报告	财经工委	
075	2011 年 8 月	关于《浙江省物业管理条例》贯彻实施情况的调查报告	城建环保工委	
076	2011 年 8 月	关于基本药物制度实施情况的调查报告	教科文卫工委	
077	2011 年 8 月	关于市人民检察院法律监督工作情况的调查报告	法制工委	
078	2011 年 8 月	关于推进城乡区域统筹发展工作情况的调查报告	农业和农村工委	
079	2012 年 6 月	关于基本药物制度实施情况的调查报告	教科文卫工委	
080	2012 年 6 月	关于义务教育段民办教育发展情况的调查报告	教科文卫工委	
081	2012 年 7 月	关于农民建房情况的调查报告	城建环保工委	
082	2012 年 8 月	关于应急体系建设情况的调查报告	法制工委	
083	2012 年 9 月	关于《矿产资源法》贯彻实施情况的调查报告	城建环保工委	
084	2012 年 10 月	关于非诉行政案件执行工作情况的调查报告	法制工委	

续表 4-11-1

序号	调研时间	调研课题	主持单位	备注
085	2012 年 10 月	关于创建省级森林城市情况的调查报告	农业和农村工委	
086	2012 年 10 月	关于保障性住房建设、管理、使用情况的调查报告	城建环保工委	
087	2012 年 11 月	关于《水法》及相关法律法规贯彻执行情况的调查报告	农业和农村工委	
088	2012 年 11 月	关于城乡区域统筹发展暨区市协作项目建设情况的调查报告	农业和农村工委	
089	2012 年 11 月	关于城区环卫一体化机制运行情况的调查报告	城建环保工委	
090	2012 年 12 月	关于“三江两岸”生态景观带（富阳段）的调研报告	代表工委	荣获杭州市人大主题活动调研报告一等奖
091	2013 年 5 月	关于《浙江省饮用水水源保护条例》贯彻执行情况的调查报告	城建环保工委	
092	2013 年 6 月	关于农村集体“三资”管理工作情况的调查报告	农业和农村工委	
093	2013 年 6 月	关于加快推进村级安置性留用地开发利用的调查报告	城建环保工委	
094	2013 年 7 月	关于流动人口服务管理工作情况的调查报告	法制内务司法工委	
095	2013 年 8 月	关于加快推进新登古城墙保护工作的调查报告	教科文卫工委	
096	2013 年 8 月	关于乡镇街道人大规范化建设的调研报告	代表工委	
097	2013 年 9 月	关于现代农业园区建设情况的调查报告	农业和农村工委	
098	2013 年 9 月	关于富阳经济技术开发区产业平台建设情况的调查报告	财经工委	
099	2013 年 11 月	关于质量强市建设工作的调查报告	财经工委	

续表 4–11–1

序号	调研时间	调研课题	主持单位	备注
100	2013 年 11 月	关于市人民检察院开展行政执法法律监督工作的调查报告	法制内务司法工委	
101	2013 年 11 月	关于普法教育依法治市工作情况的调查报告	法制内务司法工委	
102	2013 年 11 月	关于贯彻执行《浙江省人口与计划生育条例》情况的调查报告	教科文卫工委	
103	2013 年 11 月	关于城市地下管线规划、设计、建设、管理情况的调查报告	城建环保工委	
104	2013 年 12 月	关于“十二五”规划实施情况中期评估的调查报告	财经工委	
105	2014 年 7 月	关于贯彻“五水共治”战略决策推进防洪排涝工作情况的调查报告	农业和农村工委、城建环保工委	
106	2014 年 7 月	关于市人大代表联系群众工作的调查报告	代表工委	
107	2014 年 8 月	关于饮用水水源保护审议意见落实情况的调查报告	城建环保工委	
108	2014 年 8 月	关于高新技术产业发展情况的调研报告	教科文卫工委	
109	2014 年 8–11 月	关于《义务教育法》执法检查情况的报告	教科文卫工委	
110	2014 年 9 月	关于进一步加强乡镇人大工作的调查报告	代表工委	
111	2014 年 9 月	关于市人民法院、市人民检察院、市公安局、市司法局贯彻执行《刑事诉讼法》情况的调查报告	法制内务司法工委	
112	2014 年 11 月	关于农村生活污水治理情况的调查报告	农业和农村工委	
113	2014 年 11 月	关于背街小巷整治和“三改一拆”专项工作情况的调查报告	城建环保工委	

说明：调研课题在上级单位有关刊物中转载或获奖的在备注中说明

第三节 信访工作

富阳市（县）人大常委会十分重视信访工作，把接待、处理信访工作当作联系人民群众，为群众排忧解难的实事来抓。在认真处理信访个案的同时，了解和掌握信访中反映强烈的社会“热点”问题，运用人大监督职能，把处理信访问题和依法实施监督有机结合起来。人大常委会主任、副主任和各委办负责人对来访者都能做到接待热情、解释耐心、交办及时、催办认真。重要信访由人大常委会主任、副主任批阅，特别重要的由主任会议研究，交有关部门认真限期办理，有的则指派专人负责调查。对一般信访，都及时交“一府两院”有关部门办理，并督促有关部门抓紧解决。30多年来，人大常委会交办的重要信访件，报结率均达到100%。

富阳县第七届人大常委会共受理人大代表和群众来信364件，接待来访159人次。1983年9月30日，人大常委会接待了一位在“文化大革命”时期被打成“‘6018’反革命成员”错案的群众，造成其家庭生活极度困难，要求落实政策。接待来访的副主任为了解决来访者的实际问题，亲自会同县信访室、民政局负责人专程访问了来访人，并同当地社队研究决定，把来访人列为重点扶贫对象，尔后又同财税局商量，根据当时有关政策规定，批给一次性生活补助款500元，帮助解决其生产、生活的燃眉之急。同年，人大常委会受理新登百货商店职工、原新登县各界人民代表会议第一副主席、解放初期开明士绅项墨庄来信，要求按有关法律和政策落实其在“合作化时期”被分掉的私房。富阳县人大常委会派出两位副主任，赴实地了解情况，弄清事情来龙去脉，建议县人民政府召集县财办、商业局、财税局、信访室负责人进行集体研究处理。最终，使这一问题得到依法解决。

富阳县第八届人大常委会共受理人大代表、群众来信243件，接待来访102人次。这些来信来访，反映了各地宣传贯彻党的方针、政策和国家法律、法规方面的情况。如永昌乡人大代表陈云生，反映农村水利问题；洞桥乡人大代表倪鹿华，反映殡葬改革问题；南安乡人大代表郑全水，反映山林管理问题等。这些问题，事关全局，有突出性和普遍性现象。县人大常委会把这些来信印发给有关方面和县领导参阅，县领导看到人大代表来信后，非常重视，有的作了批示，有的亲自召开会议，研究解决所反映的问题。

富阳县第九届人大常委会共受理群众来信来访389件次。1988年8月，一家供销社出售一台已损坏的洗衣机，购货人发现后要求退货遭到拒绝，信访反映要求处理。为保护消费者的合法权益，县人大常委会派员调查核实，督促供销社作出退货处理。同年10月24日，绍兴市浙江省人大代表王振芳出差到富阳，发现富阳镇一家食品商店出售霉变食品，便致信富阳县人大，要求县人大加强《食品卫生法》的宣传和执法监督。县人大常委会接信后立即派员赴该商店调查。经查，来信反映情况属实，即会同县防疫站作了认真处理。对重要信访，常委会直接参与调查答复或处理。如鹿山化工厂、富阳农药厂的用水问题、新民乡五级翻水站的用电问题、江丰乡地段的公路修建问题等，均会同有关部门作了妥善处理。

富阳县第十届人大常委会共受理人大代表和群众信访 5973 件次。常委会在信访工作中，把重点放在监督和改善执法活动上，对反映执法不公的信访，常委会都及时组织人员调查，听取各方面意见，协调好部门工作，督促解决有关问题，保护来信来访人的合法权益。1991 年 10 月，县人大常委会接到一公民控告一名乡干部无视党纪国法，非法捆绑、扣押、审讯一名无辜公民，剥夺他人人身自由。接告后，人大常委会立即会同检察院派员调查，查明该乡干部确已触犯刑法，构成非法拘禁罪，县人民检察院依法对其作出处理。

富阳市（县）第十一届人大常委会共受理本市（县）信访 1300 余件，浙江省、杭州市转办信访 38 件，接待来访 2000 余人次。对群众的来信来访，人大常委会根据承办程序和办理要求，不拖不压，及时办理。1993 年下半年和 1994 年上半年，不少干部群众来信来访，反映物价上涨过快，假冒伪劣商品泛滥，群众呼声很高。人大常委会以此作为当时工作重点，多次听取各职能部门汇报，提出整治意见，并组织省、市、县三级人大代表，对 1994 年元旦、春节市场环境和市场供应情况进行视察，富阳市（县）人大常委会就发挥国有企业主渠道作用、搞好生活必需品供应、建设“菜篮子”基地、加强市场物价管理、打击假冒伪劣商品、整顿市场环境、平抑市场物价等问题，提出了视察意见，富阳市（县）人民政府和有关职能部门进行了认真研究，对人大的视察意见千方百计组织落实。

富阳市第十二届人大常委会共受理人大代表、群众来信 1561 件，接待来访 1799 人次。其中一个突出信访案例是：1999 年 9 月 4 日中午，永昌镇一农户举办丧宴，100 余人出现不同程度的食物中毒，其中一老人不治身亡。当时怀疑有坏人投毒，引起受害者家属骚动，纷纷上书上访要求调查处理。此案案情疑难，涉及人员众多，社会反响极大。后经会同政法部门多次深入调查，查明系食用盐水鸡所致，非故意投毒，一时难以定性定罪。新《刑法》颁布后，市人民法院首例以“生产、销售不符合卫生标准食品罪”一案对销售者定罪，并作出依法处理，解决了一个久拖不决的信访案件，维护了社会安定。

富阳市第十三届人大常委会共受理人大代表、群众来信 1295 件，接待来访 660 人次。市人大常委会领导坚持每月 15 日的接访制度，接待日与有关部门领导一起接访群众。在所有信访中，反映最强烈的是农村土地问题，如征地拆迁、安置补偿、违章建房、未批先建、一户多宅等。其次是举报村干部违法违纪问题，如以权谋私、办事不公、村级财务混乱、干部浑水摸鱼等。对其中重要信访，由市人大常委会办公室直接作调查和答复处理。

富阳市第十四届人大常委会共受理人大代表、群众来信586件，接待来访1089人次。群众信访诉求，大多数是事关人民群众切身利益的问题，主要集中在土地征用、拆迁安置、环境保护、企业改制、村务不公开、村干部侵占集体财产等方面。为规范信访办理，特修正《富阳市人大常委会信访工作制度》，对所有信访实行分类登记。一般信访交有关职能部门办理，搞好交办手续，把责任落实到单位和个人；重要信访由市人大常委会跟踪督办，直至办出结果，解决群众反映强烈的问题，以维护社会稳定。

富阳市第十五届人大常委会至2015年2月的四年间，共受理人大代表、群众来信来电412件，接待来访316人次，转办浙江省、杭州市信访8件。在所有信访中，反映“农民建房难”的信访占有较大比例。为此，市人大常委会开展专题调研。并于2012年6月，向市人民政府提出了“下放建房审批权限，完善建房政策，增加农民建房用地指标，总量控制用地规模”的建议，要求市人民政府分轻重缓急，尽快解决一批特困户建房问题，以实际行动取信于民。市人民政府接受这些建议，很快研究出台了《关于富阳市农村村民建房管理的若干意见》。《意见》作出了关于“下放审批权限、规范审批流程、简化审批手续、增加建房指标”等一系列规定，在一定程度上缓解了“农民建房难”问题。

第四节　友好往来

友好往来是人大常委会日常工作中相互交流、相互借鉴、取长补短的重要途径，地方各级人大都重视这方面的工作。1994年5月30日，富阳市“人大之友”联谊会召开成立大会。会议拟定了《联谊会章程》，规定联谊会是市人大常委会指导下开展工作的群众团体。富阳市“人大之友”联谊会自成立至2015年2月，先后换届4次。1994年5月30日，首届联谊会会议选举朱茂翰为会长；1998年10月8日，第二届联谊会会议选举朱茂翰为会长，夏有钦为副会长；2003年6月10日，第三届联谊会会议选举周银铃为会长，王洪琪、何勇为副会长；2008年6月4日，第四届联谊会会议选举周银铃为会长，彭观友、王洪琪、吕建新为副会长。此后，至本志下限期内未再换届。根据当时人大联谊会的工作实际，为加强与兄弟县市人大联谊会的联系，市人大常委会领导要求联谊会在适当时候可以到就近县（市）参观考察取经，拓展视野。尔后，友好联谊活动逐步扩展到与市内外和省内外交流。本节按“接待来访”、“出访取经”分别记述。

接待来访

1994年5月27–28日，吉林省靖宇县县委书记、县人大常委会主任李铁成带领人大学习考察组一行6人，到富阳考察。富阳市人大常委会主任葛扬安等接待。双方就“新形势下如何做好人大工作”进行交流。

1994 年 5 月 27 日，绍兴市人大常委会副主任杨明志带领一行 10 人，到富阳考察。市人大常委会副主任钟西平等接待，双方就“新形势下如何做好人大工作”交流了经验。

同日，萧山市人大常委会组织在萧的杭州市人大代表，就“杭州市人大代表小组如何在所在地发挥作用的问题”到富阳考察，同富阳市人大共同探讨。市人大常委会副主任周银铃等陪同，并参观了富春江经济开发区银湖区块的工程建设。

2002 年 5 月 15 日，天津市人大常委会副主任潘义清带领该市的全国人大代表考察团一行 22 人，到富阳考察民营经济发展情况。杭州市人大常委会副主任丁德明，富阳市人大常委会副主任俞正言、市人民政府副市长刘瑞林等领导陪同。在听取富阳相关介绍后，实地视察了富通集团银湖工场。

2011 年 4 月 3 日，舟山市定海区人大常委会主任余河通、副区长刘晓国一行，到富阳考察学前教育工作。市人大常委会副主任郎卫国，市人民政府副市长邵良以及市人大常委会办公室、市人大教科文卫工委、市教育局负责人陪同考察。市教育局向考察组介绍富阳学前教育管理体制、经费保障、园舍建设、教师队伍建设等情况。实地参观了肖邦幼儿园、鹿山街道中心幼儿园。随后，双方座谈交流经验。

2011 年 4 月 13 日，桐庐县人大常委会副主任方志远率财政、发改、审计等部门负责人一行 8 人，到富阳考察财政预算审查和政府投资重大建设项目监督工作。市人大常委会副主任孙柏平和有关部门负责人参与工作交流座谈会，并向桐庐县人大考察组介绍了富阳市人大常委会，近年来开展财政预算审查和政府投资重大建设项目监督工作的情况，并对当前面临的主要问题和应对措施，双方进行了认真交流和探讨。

2011 年 5 月 10 日，黑龙江省肇东市人大常委会副主任刘剑利一行 7 人，到富阳考察街道人大工作。市人大常委会副主任华荣富及富春、春江、鹿山街道人大工委负责人陪同考察。考察期间，两地人大常委会领导及街道人大工委负责人，分别介绍了各自的工作开展情况，并就街道人大如何开展代表活动、发挥代表作用、加强法律和工作监督等方面进行了深入交流和探讨。

2011 年 9 月，湖州市南浔区人大常委会副主任李连初一行 8 人，到富阳人大考察节约集约利用土地工作。市人大常委会副主任华之江等陪同。考察组参观了龙门古镇、黄公望风情小镇，听取了富阳市关于节约集约利用土地情况的介绍。

2012 年 3 月 30 日，辽宁省建平县人大常委会副主任于俊学一行 12 人，到富阳考察县、乡两级人大换届选举工作。市人大常委会副主任华之江、巡视员华荣富以及部分乡镇街道人大主席（主任）参加工作交流会。市人大常委会代表工委，向建平县人大常委会考察团介绍开展富阳市、乡镇两级人大换届选举工作的具体情况，然后双方进行了深入交流和探讨。

2012 年 5 月 15 日，杭州市上城区人大常委会主任丁晓芳一行，到富阳考察区县（市）协作项目。由市人大常委会主任汤金华、副主任祝一君陪同，实地考察了位于东洲工业园区的望江经联社、华日集团、新登二中等区县协作项目和黄公望风情小镇，听取了有关负责人的汇报。在座谈交流会上，汤金华说：“上城区的现代服务业、文创产业和高新产业在杭州地区都处于领先地位，是富阳学习的榜样、工作的标杆。”丁晓芳表示：“富阳有许多方面值得上城学习，通过双方协作，使上城和富阳在空间和产业上实现互补。”

2012 年 5 月 28 日，江山市人大常委会副主任毛井水一行，到富阳考察养老服务体系建设情况。市人大常委会副主任陈鸿麟等陪同。考察组实地参观了受降镇新常村居家养老服务站和市福利中心新址，并与市相关部门负责人进行了座谈交流。

2012 年 6 月 4 日，嘉兴市秀洲区人大常委会副主任章世英一行，到富阳考察财政运行监督机制。市人大巡视员华爱金和财经工委负责人陪同。在座谈会上，富阳市人大财经工委有关负责人介绍了关于构建大财政运行监督机制的基本做法。两地人大还围绕如何增强财政预算审查和政府投资重大建设项目监督工作进行了交流。

2012 年 6 月 6 日，开化县人大常委会副主任张春仙一行，到富阳考察人大代表工作。市人大常委会巡视员华荣富和代表工委负责人与考察组进行了座谈交流。大家一致认为，代表工作是人大工作的重要组成部分，做好人大代表工作关键是提升服务人大代表的水平，强化代表履职能力，两地要加强工作交流，并在加强代表素质、丰富活动载体、落实代表建议上创新做法，扩大成果。

2012 年 11 月 2 日，杭州市余杭区人大常委会主任汪宏儿、副主任王少青带领该区的杭州市人大代表一行，到富阳考察实体经济发展情况。市委常委、副市长方仁臻、市人大常委会副主任华之江陪同考察。考察团实地考察了杭州富生电器有限公司九层楼、立体式生产车间和自动化物流配送系统。随后，听取了市人民政府关于支持实体经济发展的情况介绍。考察团认为：通过工艺创新和管理创新，在信息化管理下，实行车间高层生产线流水作业，对破解企业发展与土地制约的矛盾，值得余杭工业企业借鉴和学习。

2013 年 4 月 11 日，杭州市萧山区人大常委会副主任董华恩带领教科文卫工委、卫生局和萧山人民医院负责人，到富阳考察精神卫生工作。市人大常委会副主任华之江陪同考察。考察组实地考察了富阳市第三人民医院。富阳市卫生局负责人向考察组汇报了富阳市做好精神卫生工作的情况。双方就进一步做好精神卫生工作宣传、服务、管理和保障机制建设等方面进行了深入交流和探讨。

2013 年 4 月 12 日，杭州市上城区人大常委会主任丁晓芳率上城区人大考察组一行，到富阳考察区、县（市）协作项目。市人大常委会副主任祝一君、副市长王小丁陪同。考察组查看了窈口村老年照料中心项目，听取了湖源乡和窈口村负责人的情况介绍。又前往富阳锦冠生态农业开发有限公司项目现场，了解锦冠生态农业在富项目投资和建设情况。座谈会上，双方表示，将通过两地协作互补，建立广覆盖、多层次的协作体系，为共建民生项目、推进城乡经济社会发展作更多努力。

2013 年 6 月 21 日，临安市人大常委会副主任楼国富带领教科文卫工委、教育局负责人，来富阳考察职业教育工作。市人大常委会副主任华之江陪同。考察组一行考察了市职业高级中学和职教中心建设工程，听取了市教育局负责人有关职业教育工作的情况汇报。在座谈交流会上，两地围绕加快职业教育发展，在职教资源整合、专业结构优化、实训基地和教师队伍建设等方面进行了深入交流和探讨。

2013 年 11 月 21 日，杭州市人大代表上城组到富阳市万市镇考察新农村建设情况。杭州市人大常委会原副主任顾树森和上城区人大常委会主任丁晓芳参加活动。考察组一行参观了新民村、罗宅村和杨家村。对富阳市美丽乡村建设所取得的成效表示赞赏，并建议：杨家村应以无可比拟的资源优势，进一步做好"古银杏"文章，完善设施建设，提高接待能力，以此推动发展，造福百姓。

出访取经

1998 年 11 月 8 日，市人大教科文卫工委组织委员赴江西井冈山学习考察。

1999 年 5 月 24 日至 6 月 2 日，市人大常委会副主任汪锦汉带领部分人大常委会委员，赴湖南湘潭县、成都市金牛区、贵阳市云岩区、重庆市九龙坡区等地，为"二项评议"工作考察取经。

1999 年 4 月 1–3 日，大源镇组织人大主席团成员和所在的市人大代表，赴江苏苏州等地考察科技含量高的工业园区建设，为镇内工业园区建设积累经验。

2005 年 8 月 17–24 日，市人大常委会副主任王晓带领部分委员和市人大代表共 16 人，赴四川省九寨沟、黄龙等地进行"生态保护、城镇建设"的专题学习考察。考察组一致认为：当地的"生态环境保护，资源开发利用"，已取得巨大经济效益的经验，值得富阳市借鉴和学习。

2009 年 8 月 11 日，市人大常委会副主任潘建平，带领由各委办主任、副主任和城建环保工委委员组成的考察团，赴上虞市就城市规划、建设、管理工作进行专题考察。上虞市有关领导作了详细介绍。考察团还参观了上虞市城市档案中心、城北新区、曹娥江景观带工程等。上虞考察之行，有益于助推富阳市新型城市化建设的决心和步伐。

2009 年 11 月 22 日，渌渚镇人大主席团成员等一行 18 人，专程赴武义县考察农业生态旅游开发工作。武义县农业资源非常丰富，当地政府部门积极引导搞好农业生态旅游开发工作，成功开发以郭洞生态农业旅游为代表的农业水果生态旅游，已成为金华地区生态农业旅游开发成功的典范。考察团考察后，认为渌渚是富阳的农业生态镇，可以走学武义、积极开发利用农业资源优势的发展道路。

2010 年 9 月底，胥口镇人大组织主席团成员、该镇的市人大代表赴长兴、安吉学习考察生态保护建设工作。考察组一行参观了长兴县夹浦镇月明村和安吉县报福镇上张村、洪家村等，学习借鉴他们的"生态保护，清洁城乡"工作体系建设和政策标准制定等经验。

2010年11月上旬，东洲街道人大工委，组织辖区内的市人大代表到江苏常州、宿迁考察旧城改造和新城建设等情况。考察后，就如何抓好东洲新城建设向街道办事处提出了意见和建议。

2010年12月3日，场口镇组织人大主席团成员和所在地市人大代表，到滨江区考察新区发展和新农村建设。考察组参观了阿里巴巴总部、动漫广场和柴坞农居、滨江小区新农村建设等，吸取该区城市和新农村建设新理念和新经验。

2010年12月21–22日，新登镇组织人大主席团成员、该镇的市人大代表共26人，赴苏州考察工业经济。考察组一行参观了苏州高新工业园区及现代化、园林化、国际化新城区。考察组认为：新登小城镇建设正处于大开发的新机遇期，要学习苏州经验，加快基础设施建设，积极招商引资，大力推进征地拆迁和公寓房建设，全面实现"城市副中心、工业新平台、经济增长极"的目标。

2011年3月9–10日，新登镇人大组织人大主席团成员、辖区内24名市人大代表，赴绍兴市考察小城市培育工作。考察组一行参观了绍兴县钱清镇小城市建设、梅东村文化中心和钱清行政服务中心，听取了钱清镇负责人的介绍，进行了座谈和交流。随后，参观了国家级经济技术开发区——袍江新区，听取了新区负责人介绍，详细了解了征地拆迁、招商引资、基础设施配套建设及企业生产经营等情况。

2011年9月7日，大源镇人大组织部分市、镇两级人大代表前往临安天目山镇考察、调研农家乐"避暑经济"。临安天目山农家乐"避暑经济"，是当地百姓在家就业致富的好路子。近年来，大源镇人大代表对发展"农家乐"的意见和建议相对集中，但缺乏政府主导和政策引导。通过调研，代表们纷纷表示"农家乐"是绿色产业、永续产业，镇内部分自然村，同样拥有山青水秀的天然避暑条件。发展"农家乐"前景十分广阔，建议镇人民政府尽快出台政策推动发展，力争带领山区农民走一条在家就业的致富路。

2012年5月8日，市人大常委会副主任华之江带领代表工委和部分乡镇街道人大负责人，赴杭州市拱墅区人大考察学习代表工作。拱墅区人大常委会有关负责人介绍了该区在人大代表、人大街道工委工作方面的经验和做法。考察组认为拱墅区人大在代表接待站建设、组织人大代表开展闭会期间活动等方面，做法新颖、成效明显，值得学习和借鉴。

2012年11月19–20日，市人大常委会副主任祝一君，带领由人大农业和农村工委、市委农办、市农业局、质监局、里山镇、渔山乡等单位负责人和部分种茶大户组成的考察组，赴杭州市余杭区考察"径山茶"品牌建设情况。在听取余杭区关于"径山茶"产业发展的情况介绍后，就茶叶品牌创建、生产经营管理及品牌宣传等方面进行了座谈交流。

2012年12月13日，大源镇人大组织人大主席团成员、镇内市人大代表等，赴江西景德镇市昌江区新枫街道考察。实地考察了全国民主法治示范村——阳府滩新村和古窑民俗博览区，听取了街道负责人关于街道经济、旅游特色产业发展的情况介绍，并进行了座谈交流。

2013 年 4 月 19 日，市人大常委会组织部分乡镇街道人大主席（主任），赴杭州市上城区人大学习人大代表小组定向视察工作。杭州市上城区人大常委会介绍了在开展人大代表小组定向视察工作方面的主要做法和经验。考察组认为：杭州市上城区的人大代表小组定向视察工作，已逾十年，积累了丰富经验，取得了明显成效，很值得富阳借鉴和学习。

2013 年 4 月 22 日，市人大常委会组织在富的杭州市人大代表 30 余人，赴杭州市余杭区考察浙江杭州未来科技城（海创园）建设情况。参观了未来科技城管委会人才公寓、海创园首期研发孵化平台、恒生科技园、规划展示厅，并听取各考察点相关情况介绍。座谈会上，又听取未来科技城管委会和阿里巴巴淘宝城负责人的情况介绍。考察组认为，浙江杭州未来科技城有许多先进经验，值得富阳市好好学习和借鉴。

2013 年 4 月，由市人大常委会副主任郎卫国带队，组织市发改委、国土、住建、规划和财政局等部门，赴杭州市余杭区学习村级安置性留用地开发利用工作的经验。听取了余杭区国土资源局关于村级留用地工作经验介绍。考察组认为，余杭区人民政府在贯彻上级文件精神，结合本地实际，出台既符合政策要求又有较强可操作性和灵活性的措施，很值得推广和借鉴。

2014 年 8 月 7 日，由市人大常委会代表工委牵头，组织部分乡镇街道人大负责人，赴桐庐县江南镇学习人大规范化建设工作。考察旨在加强乡镇街道人大规范化建设，共同推进富阳市乡镇街道人大工作。

2014 年 11 月 4–5 日，市人大常委会副主任华之江带领代表工委及部分乡镇（街道）人大负责人，赴湖州南浔区和嘉兴桐乡市学习考察代表联络站建设和基层人大工作。参观了南浔镇人大代表中心联络站，听取南浔区人大常委会代表服务中心关于人大代表履职平台和联络站建设情况的介绍，观看代表履职平台操作演示，并和南浔、桐乡两地人大就如何加强基层人大和代表联络站建设等工作进行了交流。

2014 年 11 月，临安市板桥镇人大主席朱忠华的先进事迹经新华社报道后，中共中央政治局常委、全国人大常务会委员长张德江作出重要批示。浙江省人大常委会党组发出通知，决定在浙江省各级人大代表、人大工作者中开展向朱忠华学习活动。富阳市人大常委会组织新任乡镇街道人大负责人，赴临安市板桥镇学习。参观了板桥镇人大代表联络站，听取了朱忠华的经验介绍。学习考察后，大家一致认为：临安市板桥镇人大主席朱忠华的先进事迹和工作方法，非常值得富阳学习，朱忠华确系所有人大工作者学习的楷模。

第五编

乡镇(人民公社)人民代表大会

本编目录

乡镇人民代表大会是我国基层国家权力机关。在发扬民主、建设社会主义法治国家中，具有十分重要的地位。1954 年 3 月，原富阳、新登两县，同时全面完成乡镇人民代表大会代表基层普选。7 月，两县先后召开乡镇第一届人民代表大会第一次会议。自此，人民代表大会制度在乡镇依法确立。1954 年至 1958 年，乡镇人民代表大会依法定期举行会议。1958 年建立人民公社，实行政社合一体制。1958 年至 1966 年，乡（人民公社）镇人民代表大会历经第四届至第六届。1966 年 5 月，“文化大革命”运动后，乡镇人民代表大会停止一切活动，“乡镇人民代表大会”改名为“人民公社社员代表大会”。1980 年 8 月，人民公社、镇人民代表大会代表选举工作重新进行。9 月，各人民公社（镇）相继召开第七届人民代表大会。1984 年 6 月，人民公社体制终止，恢复乡建制，乡镇人民代表大会制度全面恢复。

第一章　乡镇(人民公社)人大代表选举

1953 年 2 月，中央人民政府委员会颁布首部《中华人民共和国全国人民代表大会及地方各级人民代表大会选举法》。《选举法》规定：凡年满 18 岁的公民，不分民族、性别、职业、社会出身、宗教信仰、教育程度、财产状况和居住期限，均有选举权和被选举权。乡镇人民代表大会代表由选民直接选举产生。自此，普遍选举制度开始实行。

第一节　第一届人大代表选举

富阳县乡镇第一届人大代表选举工作于 1953 年 5 月开始，在鹿山、长山、上里 3 乡试点，7 月中旬试点结束后，采取分区分批开展普选工作。选举前培训选举骨干 201 人，其中县级机关干部 57 人，区级机关干部 78 人，积极分子 4 人。同时抽调县、区、乡干部 150 人组成选举工作队。培训人口调查和选民登记技术员 161 人。富阳县共 6 个区，1 个直属镇，合计基层选举单位 60 个，划分为 523 个选区，总人口 217683 人，其中 18 周岁及以上 136353 人，登记选民 132250 人（其中女 53277 人）被剥夺选举权 3897 人，精神病患者 206 人。第一批在窈口、大源和城区等 23

个乡镇进行普选，于11月至12月完成；第二批34个乡镇普选工作于1954年2月至3月中旬完成。共计参加投票选举116053人，参选率为87.7%。选出乡镇人大代表2304名。当选的人大代表中工人、农民2115名，占89.5%；知识分子41人，占1.7%；非中共党员1930人，占81.6%；妇女463人，占19.6%；干部148名，占6.3%；青年544名，占23%。

新登县乡镇第一届人大代表选举工作于1953年5月开始，6月1日至8月22日，在永和乡试点后分批开展。选举前抽调区、乡镇干部和积极分子集中培训两次，培训选民调查登记技术员53人，组成选举工作队25人，选派选举工作人员143人。新登县4区33个乡镇，总人口74562人，登记选民43189人，被剥夺选举权2133人，精神病患者94人。除试点乡镇之外的32个乡镇，分三批进行选举，第一批完成9个乡镇；第二批完成15个乡镇；第三批完成8个乡镇。至1954年3月全部完成选举工作，参加投票选举36279人，参选率为84%。共选出乡镇人大代表826名。据可考资料统计，有妇女165名，劳动模范37名，乡镇干部86名，少数民族2名。其余分类情况无考。

第二节　第二届人大代表选举

富阳县乡镇第二届人大代表选举工作于1956年5月开始，首先在三山乡试点。富阳县总人口227340人，其中18周岁及以上136094人，被剥夺选举权的853人，精神病患者136人，登记选民133829人。从7月初开始，分三批进行普选：第一批大源、窈口两区10个乡完成选举；第二批青云、太平、场口3区18个乡完成选举；其余乡镇于10月中旬完成选举。参加投票选举121031人，参选率为90.4%。选出乡镇人大代表1535人。当选的人大代表中工人、农民1254人，占81.7%；知识分子42人，占2.7%；非中共党员877人，占57.1%；妇女366人，占23.8%；干部125人，占8.1%；青年294人，占19.2%；民主人士8人，占0.5%；少数民族1人。

新登县乡镇第二届人大代表选举工作，于1956年5月下旬至6月上旬在永昌、松溪两乡试点。6月下旬，除两个试点乡外，其余14个乡镇全面铺开选举工作，至7月15日全部结束。新登县总人口80483人，其中18周岁及以上44763人，有选举权选民41220人。参加投票选举37713人，参选率为84.3%。选出乡镇人大代表704名。其中工人、农民582名，占82.7%；知识分子25名，占3.4%；非中共党员343名，占48.7%；妇女159名，占22.6%。

第三节　第三届人大代表选举

富阳县乡镇第三届人大代表选举工作，于 1958 年 1 月开始，首先在新民乡开展选举试点。3 月，选举工作铺开。富阳县总人口 235907 人，其中 18 周岁及以上 136631 人，登记选民 133911 人，被剥夺选举权的 2423 人，停止行使选举权 97 人，精神病患者 200 人。4 月，完成选举工作，参加投票选举 126946 人，参选率为 94.8%。选出乡镇人大代表 1485 名（见表）。当选的人大代表中工人、农民 1015 名，占 68.4%；知识分子 85 名，占 5.7%；非中共党员 704 名，占 47.4%；妇女 300 名，占 20.2%；干部 385 名，占 25.9%；青年 185 名，占 12.5%；少数民族 1 名。

新登县乡镇第三届人大代表选举工作，于 1957 年 12 月在渌渚乡进行试点，3 月，在全县普开。新登县总人口 86307 人，其中 18 周岁及以上 49748 人，登记选民 47995 人，被剥夺选举权的 1547 人。参加投票选举 45358 人，参选率为 94.5%。选出乡镇人大代表 698 名（见表）。其中工人、农民 594 名，占 85.1%；非中共党员 335 名，占 48%；青年 98 名，占 14%。妇女 130 名，占 18.6%。

富阳县第三届乡镇人民代表大会代表当选数

表 5-1-1　　单位：人

乡镇名	代表数	乡镇名	代表数	乡镇名	代表数	乡镇名	代表数	乡镇名	代表数
城关镇	71	新义乡	51	春江乡	60	里山乡	45	友谊乡	65
大青乡	46	江丰乡	53	大源乡	49	新建乡	35	常安乡	47
三联乡	49	新联乡	53	上官乡	39	常绿乡	62	王洲乡	52
受降乡	64	新民乡	35	大同乡	49	场口乡	60	新桐乡	47
三桥乡	65	灵桥乡	58	渔山乡	53	湖源乡	54		
春建乡	45	三山乡	70	礼源乡	53	东图乡	55	合　计	1485

新登县第三届乡镇人民代表大会代表当选数

表 5-1-2　　单位：人

乡镇名	代表数	乡镇名	代表数	乡镇名	代表数	乡镇名	代表数	乡镇名	代表数
南新乡	34	三溪乡	40	永昌乡	47	新建乡	46	渌渚乡	46
南安乡	40	石门乡	44	军堰乡	34	高坪乡	35		
万市乡	40	新浦乡	37	松溪乡	47	三合乡	42		
洞桥乡	42	三山乡	27	城阳乡	51	湘主乡	46	合　计	698

第四节　第四届人大代表选举

1961 年 2 月，在桐庐县（当时富阳、新登撤销县建制并入桐庐县）统一部署下进行第四届人大代表选举。此届选举根据“政社合一”精神，组成人民公社（镇）选举委员会，主持选举工作。中途停止，8 月继续。选举分建立组织、制订规划、划分选区、培训骨干、登记人口等步骤，然后分审查选民资格、发放选民证、投票选举三步进行，至 10 月 20 日结束。富阳片（指复置富阳县后的富阳范围）分 37 个人民公社镇（2 个镇、35 个人民公社）总人口 348493 人，其中 18 周岁及以上 189058 人，登记选民 183659 人，被剥夺选举权 4801 人，停止行使选举权 126 人，精神病患者 472 人。参加投票选举 170193 人，参选率为 92.7%。选出人民公社（镇）人大代表 2560 名（见表）。当选人大代表中，工人、农民 2054 名，占 80.2%；非中共党员 1153 名，占 45%；妇女 633 名，占 24.7%；青年 261 名，占 10.2%；民主人士 18 名，占 7.03%；少数民族 2 名。

富阳县第四届人民公社（镇）人民代表大会代表当选数

表 5-1-3　单位：人

公社镇名	代表数	公社镇名	代表数	公社镇名	代表数	公社镇名	代表数
南新公社	72	城阳公社	63	常绿公社	76	受降公社	59
南安公社	67	渌渚公社	69	大同公社	70	新义公社	49
万市公社	69	东图公社	50	大源公社	61	春建公社	53
三溪公社	75	新桐公社	44	春江公社	90	大青公社	42
胥口公社	70	王洲公社	45	灵桥公社	90	三山公社	104
湘主公社	53	场口公社	54	里山公社	96	富 阳 镇	75
湘溪公社	31	友谊公社	74	东洲公社	148	新 登 镇	69
永昌公社	61	常安公社	76	金桥公社	95		
津灵公社	69	湖源公社	100	三桥公社	56		
松溪公社	69	上官公社	51	新联公社	65	合　　计	2560

第五节　第五届人大代表选举

富阳县第五届人民公社（镇）人大代表选举工作，于 1963 年 3 月中旬举行，7 月中旬结束。由于当时人民公社实行政社合一，人民公社的社员代表大会，即为人民代表大会。选举分三步：第一步，首先开好生产大队长参加的人民公社管委会扩大会议；向社员进行选举工作的宣传教育；进行大队、生产队会计和社会知识分子参加的选民登记业务培训。第二步，进行选民资格审查登记（未参加人民公社的年满 18 周岁的公民，也有选举权），划分选民小组，提名酝酿候选人。第三步，确定正式候选人，投票选举。富阳县总人口 378028 人，其中 18 周岁及以上 202858 人，登记选民 196977 人，被剥夺选举权 5305 人，停止行使选举权 140 人，精神病患者 436 人。参加投票选举 188704 人，参选率为 95.8%。选出人民公社（镇）人大代表 5708 人（见表）。当选人大代表中，工人、农民 4956 人，占 86.9%；非中共党员 3509 人，占 61.5%；妇女 1172 人，占 20.5%；知识分子 120 人，占 2.1%；机关干部 374 人，占 6.6%；少数民族 5 人。

富阳县第五届人民公社(镇)人民代表大会代表当选数

表 5-1-4　　单位：人

公社镇名	代表数	公社镇名	代表数	公社镇名	代表数	公社镇名	代表数
南新公社	107	松溪公社	187	富 阳 镇	84	常绿公社	131
南安公社	91	城阳公社	147	新义公社	122	大同公社	104
万市公社	99	渌渚公社	125	春建公社	102	新建公社	73
洞桥公社	92	新浦公社	67	受降公社	134	大源公社	133
三溪公社	127	环山公社	159	大青公社	115	灵桥公社	145
贤德公社	84	龙门公社	96	三山公社	122	礼源公社	79
新 登 镇	65	常安公社	250	上里公社	51	里山公社	85
湘主公社	135	王洲公社	122	坑西公社	55	渔山公社	109
湘溪公社	71	场口公社	133	金桥公社	141	春江公社	177
永昌公社	146	湖源公社	197	三桥公社	119	东洲公社	245
胥口公社	252	东图公社	142	新联公社	115		
津灵公社	188	新桐公社	98	上官公社	87	合　　计	5708

第六节　第六届人大代表选举

富阳县第六届人民公社、（镇）人大代表选举工作于 1965 年 12 月在大青公社试点，次年 3 月结束。富阳县 42 个人民公社（镇），总人口 414215 人，其中 18 周岁及以上 205427 人，登记选民 199532 人，被剥夺选举权的 5305 人，停止行使选举权 102 人，精神病患者 488 人。参加投票选举 185898 人，参选率为 93.2%。选出人民公社（镇）人大代表 5081 名（人民公社、镇人大代表名额无考）。当选的人大代表中，工人、农民 4417 名，占 86.9%；非中共党员 3101 名，占 61%；妇女 1070 名，占 21.1%；知识分子 37 名，占 0.7%；干部 627 名，占 12.3%；青年 588 名，占 11.6%。

1966 年 5 月，“文化大革命”开始，人民公社（镇）人民代表大会制度被迫中断，活动停止。至此，富阳县乡镇、人民公社共举行人大代表选举 6 次；新登县在并入桐庐县之前，共举行人大代表选举 3 次。

第七节　第七届人大代表选举

根据《选举法》和《地方组织法》规定，富阳县第七届人民公社（镇）人民代表大会代表的选举有五个特点：一是县（市）人大代表由人民公社（镇）人代会间接选举改为直接选举；二是代表候选人由等额选举改为差额选举；三是代表的当选由参加选举的选民过半数票改为选民总数的过半数票；四是选举由不定时间改为有严格的法定时间；五是人民公社（镇）人大代表单独选举改为县、人民公社（镇）两级人大代表结合选举。

富阳县人民公社（镇）第七届人民代表大会代表的选举于 1980 年 8 月 10 日至 10 月 20 日举行。选举工作准备阶段，先在富阳镇、礼源公社（今灵桥镇所辖一部分）进行试点。通过试点，总结经验，5 个区 42 个人民公社（镇）人大代表选举工作全面铺开。全县划分大选区 325 个，小选区 635 个。为顺利完成首次直接选举工作，培训各级选举骨干 16800 人，其中基层选举工作人员 6027 人。选区举办宣传专栏 1776 期，广播宣传 645 次，幻灯宣传 703 次，上街文艺宣传 22 次，选民直接接受宣传教育 296572 人。富阳县总人口 531302 人，18 周岁及以上人口 314554 人，登记选民 312182 人，经核查，登记选民有效数 312162 人，被剥夺选举权 185 人，停止行使选举权的 74 人，无法行使选举权 808 人。1980 年 10 月 15 日为县、人民公社（镇）人民代表大会代表选举日，参加投票选举 304313 人，参选率为 97.5%。第七届应选人民公社（镇）人大代表 6402 名，选出人民公社（镇）人大代表 6174 名（见表），当选率为 96.4%。当选人大代表中，工人 205 名，占 3.3%；农民 4893 名，占 79.3%；非中共党员 2793 名，占 45.2%；妇女 817 名，占 13.2%；青年 2353 名，占 38.1%；知识分子 37 名，占 0.6%；干部 627 名，占 10.2%；民主人士 3 名；少数民族 4 名。

富阳县第七届人民公社(镇)人民代表大会代表名额

表 5-1-5　单位：人

公社镇名　称	代表名额		公社镇名　称	代表名额		公社镇名　称	代表名额	
	应选数	当选数		应选数	当选数		应选数	当选数
南新公社	130	130	东洲公社	250	245	场口公社	250	224
南安公社	122	120	春江公社	234	218	新桐公社	150	133
万市公社	115	122	常绿公社	170	152	东图公社	160	157
洞桥公社	117	119	新建公社	110	106	胥口公社	180	177
三溪公社	128	125	大同公社	150	143	湘主公社	160	158
贤德公社	105	106	上官公社	120	118	湘溪公社	93	92
富 阳 镇	130	122	大源公社	165	167	松溪公社	150	150
春建公社	112	110	礼源公社	110	111	永昌公社	150	150
大青公社	135	128	里山公社	130	129	城阳公社	230	228
三桥公社	133	132	渔山公社	158	154	渌渚公社	150	147
新联公社	153	157	灵桥公社	175	163	新浦公社	115	114
新义公社	150	148	湖源公社	180	163	新 登 镇	95	91
受降公社	180	176	常安公社	200	190			
金桥公社	175	154	龙门公社	130	127			
三山公社	182	188	环山公社	170	130	合　　计	6402	6174

第八节　第八届人大代表选举

1984 年 2 月，富阳县第八届县、人民公社（镇）人民代表大会换届选举在金桥公社（今富春街道所辖一部分）试点。试点公社成立选举委员会，实行“政社分设”和换届选举工作同时进行。在试点的基础上，3 月中旬全县铺开。富阳县 50 个乡、2 个镇，共划分大选区 274 个，小选区 819 个。为顺利完成本次直接选举工作，全县培训各级选举骨干 9053 人，其中基层选举工作人员 5584 人。选区举办宣传专栏 872 期，广播宣传 1160 次，幻灯宣传 780 次，上街文艺宣传 26 次，选民直接接受宣传教育 264032 人。总人口 552236 人，其中 18 周岁及以上 354370 人，应登记选民数 353455 人，实际登记 352392 人，被剥夺选举权 9 人，停止行使选举权 129 人，精神病患者 777 人。各人民公社（镇）推出初步候选人 27192 人，最后确定正式候选人 7401 人，应选人大代表 5054 人，与正式候选人比例为 1:1.46。1984 年 5 月 1 日为县、人民公社（镇）人民代表大会代表选举日，参加投票选举选民 347165 人，参选率为 98.52%。本届应选人民公社（镇）人大代表 5054 名，经过 2 至 3 轮推荐和协商候选人，以差额无记名投票选举方式，选出人民公社（镇）人大代表 4841 名（见表），当选率为 95.8%。当选的人大代表中，工人 211 名，占 4.4%；农民 3718 名，占 76.8%；非中共党员 2283 名，占 47.2%；妇女 713 名，占 14.7%；青年 2154 名，占 44.5%；知识分子 208 名，占 4.3%；干部 654 名，占 13.5%；民主人士 4 名。

富阳县第八届乡镇人民代表大会代表名额

表 5-1-6　　单位：人

乡镇名称	代表名额		乡镇名称	代表名额		乡镇名称	代表名额	
	应选数	当选数		应选数	当选数		应选数	当选数
南新乡	90	86	新联乡	104	103	新关乡	102	95
南安乡	90	87	江丰乡	105	98	新建乡	85	85
万市乡	98	98	金桥乡	112	103	常绿乡	116	101
洞桥乡	85	81	场口乡	104	104	上官乡	95	93
三溪乡	90	90	王洲乡	100	87	高坪乡	81	71
贤德乡	81	81	新桐乡	100	96	胥口乡	100	98
富阳镇	130	124	东图乡	105	99	湘主乡	97	90
三山乡	107	107	常安乡	121	113	湘溪乡	77	74
上里乡	80	80	龙门乡	90	88	永昌乡	100	99
东洲乡	105	101	环山乡	94	91	松溪乡	103	101
新民乡	85	83	窈口乡	75	61	城阳乡	92	92
新义乡	99	96	湖源乡	100	87	渌渚乡	101	94
坑西乡	75	74	栖鹤乡	75	67	新浦乡	87	83
受降乡	111	107	渔山乡	105	99	南津乡	80	79
春江乡	126	120	里山乡	95	95	灵山乡	80	79
春建乡	95	92	灵桥乡	117	114	新登镇	100	91
大青乡	103	103	礼源乡	96	94			
三桥乡	100	99	大源乡	110	106	合计	5054	4841

第九节　第九届人大代表选举

1986 年 12 月 10 日，富阳县第九届县、乡镇人民代表大会换届选举在松溪乡（今新登镇所辖一部分）试点。在试点的基础上全县铺开，1987 年 3 月结束。富阳县共 52 个乡镇，划分乡镇人大代表选区 1130 个、县人大代表选区 206 个。为顺利完成本次直接选举工作，培训各级选举骨干 14946 人，其中基层选举工作人员 6460 人。选区举办宣传专栏 1080 期，广播宣传 1489 次，幻灯宣传 276 次，上街文艺宣传 23 次，选民直接接受宣传教育 397192 人。总人口 562397 人，其中 18 周岁及以上人口为 383684 人，应登记选民 383154 人，实际登记选民 382979 人，被剥夺选举权 43 人，停止行使选举权 51 人，精神病患者 436 人。各乡镇推出初步候选人 11663 人，确定正式候选人 3797 人，与正式候选人比例为 1:1.43。1987 年 3 月 15 日为县、乡镇人民代表大会代表选举日，参加投票选举 356673 人，参选率为 93.1%。第九届应选乡镇人大代表 2640 名，选出乡镇人大代表 2612 名（见表），当选率为 98.7%。当选的人大代表中，工人 77 名，占 2.9%；农民 2111 名，占 80.8%；非中共党员 1087 名，占 41.6%；妇女 291 名，占 11.1%；青年 1028 名，占 39.4%；知识分子 84 名，占 3.2%；干部 309 名，占 11.8%；民主人士 2 名。

富阳县第九届乡镇人民代表大会代表名额

表 5-1-7　　　　单位：人

乡镇名称	代表名额		乡镇名称	代表名额		乡镇名称	代表名额	
	应选数	当选数		应选数	当选数		应选数	当选数
南新乡	48	48	场口镇	54	54	上官乡	48	47
南安乡	47	47	王洲乡	53	无考	富阳镇	68	68
万市镇	48	47	新桐乡	53	53	三山乡	54	54
洞桥乡	46	46	东图乡	53	53	上里乡	45	无考
三溪乡	48	48	常安乡	61	60	东洲乡	54	54
贤德乡	46	46	龙门乡	47	46	新民乡	46	46
高坪乡	46	43	环山乡	52	52	新义乡	51	48
胥口乡	52	无考	窈口乡	45	45	坑西乡	45	45
湘主乡	51	48	湖源乡	50	50	受降乡	54	54
湘溪乡	45	44	栖鹤乡	44	无考	春江乡	61	无考
永昌乡	50	50	渔山乡	54	53	春建乡	49	47
松溪乡	54	55	里山乡	50	50	大青乡	51	49
城阳乡	48	50	灵桥乡	55	54	三桥乡	51	50
渌渚乡	51	51	礼源乡	50	47	新联乡	52	52
新浦乡	47	46	大源镇	56	56	江丰乡	54	53
南津乡	46	44	新关乡	52	49	金桥乡	54	52
灵山乡	46	46	新建乡	47	48			
新登镇	52	51	常绿乡	56	无考	合计	2640	2612

第十节　第十届人大代表选举

1989 年 10 月，富阳县第十届县、乡镇人大代表选举在新民乡（今东洲街道所辖一部分）试点，在取得试点经验的基础上铺开。富阳县 51 个乡镇 610 个村（大队）划分乡镇人大代表选区 1316 个，县人大代表选区 207 个。为顺利完成本次直接选举工作，培训各级选举工作骨干 9911 人，基层选举工作人员 5259 人。全面开展宣传工作，选区主办宣传专栏 1179 期，广播宣传 1199 次，幻灯宣传 204 次，上街文艺宣传 13 次，受宣传教育的选民 439183 人。总人口 585800 人，其中 18 周岁及以上人口为 408881 人，应登记选民 408456 人，实际登记选民 408456 人，被剥夺选举权 1 人，停止行使选举权 43 人，精神病患者 381 人。各乡镇推出初步候选人 11915 人，确定正式候选人 6100 人，应选乡镇人大代表 3175 人，与正式候选人比例为 1:1.91。1990 年 1 月 1 日为县、乡镇人民代表大会代表选举日，参加投票选举 36.4 万人，参选率为 89.1%。选出乡镇人民代表大会代表 3135 名（见表）。当选的人大代表中，工人 151 名，占 4.8%；农民 2476 名，占 79%；非中共党员 1247 名，占 39.8%；妇女 415 名，占 13.2%；青年 1138 名，占 36.2%；知识分子 56 名，占 1.8%；干部 418 名，占 13.3%；大专以上文化 56 名，占 1.8%；年龄 35 岁以下 1138 名，占 36.2%；36 至 55 岁 1807 名，占 57.6%。

富阳县第十届乡镇人民代表大会代表名额

表 5-1-8　　　　单位：人

乡镇名称	代表名额		乡镇名称	代表名额		乡镇名称	代表名额	
	应选数	当选数		应选数	当选数		应选数	当选数
南新乡	58	58	大源镇	71	70	栖鹤乡	54	53
南安乡	57	57	渔山乡	64	62	富阳镇	142	140
万市镇	58	56	里山乡	60	60	三山镇	64	无考
洞桥乡	56	56	灵桥镇	60	59	上里乡	55	无考
三溪乡	58	58	礼源乡	60	56	东洲乡	64	64
贤德乡	56	56	新关乡	62	63	新民乡	56	56
新登镇	62	64	新建乡	57	57	新义乡	61	59
高坪乡	56	56	常绿镇	71	无考	坑西乡	55	55
胥口乡	62	62	上官乡	58	58	受降镇	64	65
湘主乡	61	60	场口镇	64	57	春江乡	76	75
湘溪乡	55	55	王洲乡	63	60	春建乡	59	55

续表 5-1-8　单位：人

乡镇名称	代表名额		乡镇名称	代表名额		乡镇名称	代表名额	
	应选数	当选数		应选数	当选数		应选数	当选数
永昌乡	60	59	新桐乡	63	63	大青乡	61	58
松溪乡	64	64	东图乡	63	62	三桥乡	61	60
城阳乡	58	54	常安镇	76	78	新联乡	62	61
渌渚镇	61	60	龙门乡	57	55	江丰乡	64	62
新浦乡	56	57	环山乡	62	61			
南津乡	56	55	窈口乡	55	55			
灵山乡	56	56	湖源乡	60	60	合计	3175	3135

第十一节　第十一届人大代表选举

1992年10月，富阳县开展第十一届县、乡镇人大代表选举。富阳县25个乡镇划分为大选区194个，小选区1060个。为顺利完成本次直接选举工作，11月6日召开选举工作会议，县一级培训选举工作骨干4次，参训人员700余人次；各乡镇选举委员会和选区培训骨干4次，参训9866人次，抽调专兼职选举工作人员4864人。先后下发《选举工作手册》和《选举工作程序》400余册、选举宣传提纲4000余份。广播宣传1311次，黑板报宣传581期，张贴标语19451条，直接受教育人数达39.3万人次，占选民总数的91%。18周岁及以上居民431095人，其中因精神病无法行使选举权的380人，痴、呆、傻118人，依法停止行使选举权92人，依法剥夺选举权30人，实际登记选民430475人。12月2日至26日，在提名推荐、协商确定代表候选人阶段中，提出初步候选人9828名，协商确定正式候选人3297名。第十一届应选乡镇人大代表2323名，与正式候选人的比例为1:1.41。1993年1月1日至10日为县、乡镇人大代表选举日，参加投票选举的选民403683人，参选率94%。194个大选区，一次选举成功的有174个，占89.7%，二次选举成功的20个。1060个小选区，一次选举成功的1023个，占96.5%，当选乡镇人大代表2288名（见表），当选率为98%。当选的乡镇人大代表中，工人、农民1460名，占63.6%；非中共党员587名，占25.6%；妇女261名，占11.4%；知识分子157名，占6.8%；党政干部363名，占15.8%；民主党派1人，少数民族1人。

富阳县（市）第十一届乡镇人民代表大会代表名额

表 5-1-9　　单位：人

乡镇名称	代表名额		乡镇名称	代表名额		乡镇名称	代表名额	
	应选数	当选数		应选数	当选数		应选数	当选数
富阳镇	300	294	胥口镇	80	80	环山乡	65	65
新登镇	200	195	渌渚镇	85	84	东图乡	65	64
大源镇	140	138	高桥镇	85	83	湖源乡	60	60
三山镇	138	137	受降镇	70	7o	窈口乡	55	52
场口镇	100	100	常绿镇	70	69	上官乡	55	52
常安镇	95	93	永昌乡	65	65	里山乡	65	64
灵桥镇	90	85	春建乡	60	60	渔山乡	65	65
万市镇	100	100	新义乡	60	60			
洞桥镇	100	100	龙门乡	55	53	合计	2323	2288

第十二节　第十二届人大代表选举

富阳市第十二届乡镇人大代表选举与市第十二届人大代表选举不同步。1995 年 10 月，富阳市第十二届乡镇人大代表选举在受降镇试点，由市人大常委会副主任、乡镇人大换届选举工作领导小组副组长钟西平带队指导试点工作，历时一个半月。11 月 23 日，中共富阳市委、市人大常委会组织召开乡镇人大换届选举工作动员大会。会后，各乡镇召开培训会（培训班）160 次，培训选举骨干 9334 名。各镇乡还抽调乡镇干部 1361 名，到各选区任联络员，实行分片包干，责任到人。乡镇共召开宣传工作会议 163 次，选区工作会议 1109 次，张贴宣传标语 4633 张，有线电视播放宣传 165 次，有线广播播放 313 次，刊出黑板报 560 期，其他多种形式宣传活动 592 次。25 个乡镇共划分选区 804 个。12 月 1 日开始选民登记，经核查、登记， 18 周岁及以上公民 446383 人，其中列入选民名单的 445816 人，不能行使选举权的精神病人 376 人，痴、呆、傻 131 人，停止行使选举权的 60 人。12 月 12 日，进入提名、推荐、协商、确定代表候选人，共提出初步候选人 6796 名，其中 10 人以上联名推荐的 6278 人，占总提名候选人的 92.4%。经民主协商，确定正式候选人 2432 名，富阳市乡镇应选人大代表 1406 名，与正式候选人的比例为 1:1.72。1996 年 1 月 1 日至 5 日为县、乡镇人民代表大会代表选举日，参加投票的选民 408586 人，其中参加大会投票的

13930 人，投票站投票的 15146 人，流动票箱投票的 371962 人，委托投票的 7548 人。参选率为 91.7%。共选出镇乡人大代表 1378 名（见表），当选率为 97.3%。一次选举成功的有 766 个选区，二次选举成功的 15 个选区，有 23 个选区未选足、未选出代表。当选的人大代表中，工人、农民 1005 名，占 72.9%；非中共党员 285 名，占 20.4%；妇女 156 名，占 11.3%；知识分子 112 名，占 8.1%；其他 10 名，占 0.7%。文化程度大专以上 128 名，占 9.3%；中专、高中 301 名，占 21.8%；初中 664 名，占 48.2%；初中以下 285 名，占 20.4%。年龄在 36 周岁以下的 229 人，占 16.6%；36 岁至 55 岁的 1107 名，占 80.3%；56 岁以上的 42 名，占 3%。

富阳市第十二届乡镇人民代表大会代表名额

表 5-1-10　　单位：人

乡镇名称	代表名额		乡镇名称	代表名额		乡镇名称	代表名额	
	应选数	当选数		应选数	当选数		应选数	当选数
富阳镇	140	132	永昌乡	47	47	龙门镇	45	45
三山镇	62	无考	大源镇	64	67	环山乡	48	46
高桥镇	52	51	灵桥镇	57	55	东图乡	49	48
受降镇	50	50	里山镇	47	47	湖源乡	47	47
新义乡	48	47	常绿镇	51	无考	窈口乡	43	38
春建乡	46	46	渔山乡	50	49	万市镇	56	55
新登镇	84	87	上官乡	46	43	洞桥镇	54	53
渌渚镇	52	52	场口镇	58	58			
胥口镇	52	52	常安镇	58	53	合计	1406	1378

第十三节　第十三届人大代表选举

1998 年 9 月，富阳市第十三届乡镇人大代表选举开始，确定高桥镇为浙江省人大和富阳市人大换届选举工作试点。由市人大常委会副主任汪锦汉任试点工作领导小组组长，蹲点指导工作。市人大常委会办公室、市电视台联合摄制《高桥镇人大换届选举工作纪实》专题片，推广高桥镇换届选举工作经验。各乡镇在组织发动换届选举工作中，举办培训班 70 余期，培训骨干 4000 余人。张贴标语 1.5 万余张，换届选举的黑板报 600 余期。25 个乡镇，划分 807 个选区。经核查、登记，18 周岁及以上人口 449212 人，符合选民资格登记的有 448079 人，无法行使或暂停行使选举权利的 1057

人，被剥夺政治权利的 76 人。提名推荐初步候选人 6579 人。经民主协商，确定正式代表候选人 2226 人，乡镇应选人大代表 1416 人，与正式候选人的比例为 1:1.63。1999 年 1 月 1 日为乡镇人民代表大会代表选举日，41.95 万选民参加投票选举，参选率为 93.6%。共选出乡镇人大代表 1374 名（见表），当选率为 97%。当选的人大代表中，工人、农民 1020 名，占 74.2%；非中共党员 325 名，占 23.7%；妇女 184 名，占 13.4%；党政干部 246 名，占 17.9%；大专以上 218 名，占 15.9%；年龄在 36 岁至 55 岁的 1130 名，占 82.2%；36 岁以下的 194 名，占 14.1%。

富阳市第十三届乡镇人民代表大会代表名额

表 5-1-11　　单位：人

乡镇名称	代表名额		乡镇名称	代表名额		乡镇名称	代表名额	
	应选数	当选数		应选数	当选数		应选数	当选数
万市镇	56	56	灵桥镇	57	56	窈口乡	43	41
洞桥镇	54	54	里山镇	47	47	高桥镇	52	50
胥口镇	52	50	渔山乡	50	50	受降镇	50	49
永昌镇	47	47	东图乡	49	48	新义乡	48	42
渌渚镇	52	52	场口镇	58	57	春建乡	46	42
新登镇	88	88	龙门镇	45	45	三山镇	65	无考
上官乡	46	46	环山乡	48	45	富阳镇	140	131
常绿镇	51	无考	常安镇	58	57			
大源镇	67	67	湖源乡	47	47	合计	1416	1374

第十四节　第十四届人大代表选举

2001 年 10 月，富阳市第十四届乡镇人大代表选举工作全面铺开。经富阳市人大常委会批准，各乡镇成立选举委员会，主持本辖区人大换届选举工作。10 月份以后，各乡镇举办选举工作骨干培训班 111 期，培训骨干 5808 人次。播放专题录像片《公民政治参与——县乡人大代表选举》，进行业务辅导。张贴宣传标语 1 万余张，刊出黑板报 520 余期。22 个乡镇划分 666 个选区。经核查、登记 18 周岁及以上人口为 337958 人，其中无法行使或暂停行使选举权利的 83 人，被剥夺政治权利的 48 人，没有参加选民登记的 196 人，符合选民资格的 337631 人。提名推荐初步候选人 5823 人，经民主协商确定正式代表候选人 1845 人，乡镇应选人大代表 1192

名，与正式候选人的比例为1:1.54。2002年1月初，乡镇319393人参加投票选举，参选率为94.6%。各选区选民通过到会场投票、投票站投票、流动票箱投票三种方式，选出乡镇人大代表1147名（见表），当选率为96.2%。本次选举中有17名非本地人员当选为乡镇人大代表。当选的人大代表中，工人、农民683名，占59.5%；非中共党员237名，占20.6%；妇女169名，占14.7%；党政干部367名，占32%；大专以上221名，占19.3%；年龄在36岁至55岁的964名，占84%；36岁以下的145名，占12.6%。

富阳市第十四届乡镇人民代表大会代表名额

表5-1-12　单位：人

乡镇名称	代表名额		乡镇名称	代表名额		乡镇名称	代表名额	
	应选数	当选数		应选数	当选数		应选数	当选数
高桥镇	62	58	大源镇	67	64	常安镇	60	55
受降镇	50	50	灵桥镇	58	56	龙门镇	45	43
春建乡	46	41	里山镇	47	45	环山乡	48	46
新桐乡	49	48	渔山乡	50	49	湖源乡	50	50
新登镇	91	89	上官乡	46	46	万市镇	58	57
渌渚镇	52	51	常绿镇	51	49	洞桥镇	54	54
胥口镇	52	49	场口镇	67	55			
永昌镇	47	47	东图乡	49	45	合计	1192	1147

第十五节　第十五届人大代表选举

2006年10月10日，富阳市第十四届市人大代表换届选举与乡镇第十五届人大代表换届选举同步进行。乡镇和街道分别成立选举委员会、选举工作领导小组，主持本辖区人大换届选举工作。富阳市召开动员大会后，乡镇召开选举工作会议109次，举办培训班150期，培训选举骨干1.8万余人次。张贴宣传标语8200张，有线电视和广播宣传325期，黑板报和其他宣传164期。21个乡镇选举共划分669个选区，经核查、登记选民350115人。提名推荐初步候选人2954人，经民主协商确定正式代表候选人1702人，乡镇应选代表1150名，与正式候选人的比例为1:1.47。2006年12月21日，选举工作全部完成，332939人参加投票选举，参选率为95%。597个选区一次选举成功，46个选区进行二次选举，26个选区不再另行选举。共选举产生乡镇人大代表1128名（见表），当选率为98%。当选的人大代表中，工人、农民885名，占78.5%；非中共党员348名，占30.9%；妇女52名，占4.6%；党政干部113名，占10%；知识分子代表130名，占11.5%；初中及以下352名，占31.2%；高中、中专501名，占44.4%；大专以上275名，占24.4%；年龄在36岁以下的146名，占12.9%；36岁至55岁的934名，占82.8%；56岁以上的48名，占4.3%。连任代表312名，占27.7%。

富阳市第十五届乡镇人民代表大会代表名额

表5-1-13　　单位：人

乡镇名称	代表名额		乡镇名称	代表名额		乡镇名称	代表名额	
	应选数	当选数		应选数	当选数		应选数	当选数
高桥镇	62	60	大源镇	67	65	龙门镇	45	45
受降镇	50	48	灵桥镇	58	52	环山乡	48	48
春建乡	46	46	里山镇	47	44	湖源乡	50	50
新桐乡	49	48	渔山乡	50	50	万市镇	58	58
新登镇	91	91	上官乡	46	46	洞桥镇	54	54
渌渚镇	52	52	常绿镇	51	51			
胥口镇	52	52	场口镇	67	63			
永昌镇	47	47	常安镇	60	58	合计	1150	1128

第十六节　第十六届人大代表选举

2011年10月，富阳市第十五届市人大代表选举与乡镇第十六届人大代表选举同步进行。乡镇和街道分别成立选举委员会和选举工作领导小组，主持本辖区人大换届选举工作。富阳市共召开选举宣传工作会议121次，培训选举骨干12442人次。张贴宣传标语18834张，利用广播、电视、黑板报等方式开展宣传活动1712场（期）次。21个乡镇选举共划分560个选区，经核查、登记选民36.4万人。提名推荐初步候选人1959人，经民主协商确定正式代表候选人1641人，乡镇应选人大代表1150名，与正式候选人的比例为1:1.43。2011年12月20日为市、乡镇人民代表大会代表选举日，本次参加投票的选民34.2万人，参选率为94%。520个选区一次选举成功，16个选区进行二次选举，24个选区不再另行选举。共选举产生乡镇人大代表1118名（见表），当选率为97%。当选的人大代表中，工人、农民815名，占72.9%；非中共党员271名，占24.2%；妇女192名，占17.2%；党政干部159名，占14.2%；专业技术人员代表84名，占7.5%。少数民族1名；研究生及以上3名，占0.3%；大学203名，占18.1%；大专及高职218名，占19.5%；职高及高中561名，占50.2%；初中及以下113名，占11.9%；年龄在36岁以下的128名，占11.4%；36岁至55岁的935名，占83.6%；56岁以上的55名，占5%。连任代表447名，占40%。

富阳市第十六届乡镇人民代表大会代表名额

表5-1-14　单位：人

乡镇名称	代表名额		乡镇名称	代表名额		乡镇名称	代表名额	
	应选数	当选数		应选数	当选数		应选数	当选数
高桥镇	62	61	大源镇	67	66	龙门镇	45	45
受降镇	50	50	灵桥镇	58	55	环山乡	48	48
春建乡	46	43	里山镇	47	46	湖源乡	50	47
新桐乡	49	40	渔山乡	50	47	万市镇	58	58
新登镇	91	91	上官乡	46	46	洞桥镇	54	54
渌渚镇	52	52	常绿镇	51	49			
胥口镇	52	52	场口镇	67	64			
永昌镇	47	46	常安镇	60	58	合计	1150	1118

第二章　乡镇(人民公社)人民代表大会会议

1954年以后，富阳市（县）乡镇人民代表大会，历经初建、中断、恢复、发展、完善的过程。其间，由于“文化大革命”运动，曾一度以人民公社社员代表大会取代人民代表大会。从1954年7月到2015年2月，乡镇人民代表大会共历16届，最后一届因本志下限时间所限，只记到乡镇第十六届人民代表大会第四次会议止。本章重点记述每届第一次会议，以后各次会议均作简述。

第一节　第一届人民代表大会会议

乡镇第一届人民代表大会自1954年7月至1956年10月，任期2年3个月，召开乡镇人民代表大会会议2次。

1954 年 7 月，富阳县乡镇第一届人民代表大会第一次会议召开。富阳县 60 个乡镇，2304 名人大代表参加会议，会议听取乡镇人民政府委员会所作的工作报告等，并作出相应决议；会议选举产生乡镇人民政府正副乡镇长 130 人、乡镇人民政府委员 434 名。选举产生出席富阳县人民代表大会代表 215 名。

1954 年 7 月，新登县乡镇第一届人民代表大会第一次会议召开。新登县 33 个乡镇，937 名人大代表（其中正式代表 826 名）参加会议，会议听取乡镇人民政府委员会所作的工作报告等，并作出相应决议；会议选举产生乡镇人民政府正副乡镇长、乡镇人民政府委员共 449 名。选举产生出席新登县人民代表大会代表 74 名。

1955 年，两县分别召开乡镇第一届人民代表大会第二次会议。

第二节　第二届人民代表大会会议

乡镇第二届人民代表大会自 1956 年 11 月至 1958 年 3 月，任期 1 年 5 个月，召开乡镇人民代表大会会议 2 次。

1956 年 11 月，富阳县乡镇第二届人民代表大会第一次会议召开。富阳县 28 个乡镇，1535 名人大代表参加会议，会议听取乡镇人民政府委员会所作的工作报告等，并作出相应决议；会议选举产生镇人民政府委员会镇长 1 名、副镇长 2 名；乡人民政府委员会乡长 27 名、副乡长 41 名；选举产生出席富阳县人民代表大会代表 212 名。

1956 年 9~10 月，新登县乡镇第二届人民代表大会第一次会议召开。新登县 17 个乡镇，704 名人大代表参加会议，会议听取乡镇人民政府委员会所作的工作报告等，并作出相应决议；会议选举产生镇人民政府委员会镇长 1 名、副镇长 1 名；乡人民政府委员会乡长 16 名、副乡长 32 名；选举产生出席新登县人民代表大会代表 87 名。

1957 年，两县分别召开乡镇第二届人民代表大会第二次会议。

第三节　第三届人民代表大会会议

乡镇第三届人民代表大会自 1958 年 4 月至 1961 年 9 月，任期 3 年 5 个月，召开乡镇人民代表大会会议 3 次。

1958 年 4 月，富阳县乡镇第三届人民代表大会第一次会议召开。富阳县 28 个乡镇，1485 名人大代表参加会议，会议听取乡镇人民政府委员会所作的工作报告等，并作出相应决议；会议选举产生镇人民政府委员会镇长 1 名、副镇长 1 名；乡人民政府委员会乡长 27 名、副乡长 38 名；选举产生出席富阳县人民代表大会代表 225 名。

1958 年 5 月前，新登县乡镇第三届人民代表大会第一次会议召开。新登县 18 个乡镇（1956 年 7 月湘主乡从三合乡分出），698 名人大代表参加会议，会议听取乡镇人民政府委员会所作的工作报告等，并作出相应决议；会议选举产生镇人民政府委员会镇长 1 名、副镇长 1 名；乡人民政府委员会乡长 17 名、副乡长 24 名；选举产生出席新登县人民代表大会代表 90 名。

1959 年、1960 年，富阳县（不含新登县）分别召开人民公社、镇第三届人民代表大会第二会议和第三次会议。

第四节　第四届人民代表大会会议

富阳县（含原新登县）人民公社、镇第四届人民代表大会自 1961 年 10 月至 1963 年 5 月，任期 1 年 7 个月，召开人民公社、镇人民代表大会会议 2 次。

1961 年 10 月，富阳县人民公社、镇第四届人民代表大会第一次会议召开。富阳县 37 个人民公社、镇，2560 名人大代表参加会议，会议听取人民公社管理委员会、镇人民政府所作的工作报告等；会议选举产生人民公社管理委员会主任 35 名、副主任 78 名；镇人民政府镇长 2 名、副镇长 2 名；选举产生出席富阳县人民代表大会代表 354 名。

1962 年，召开人民公社、镇第四届人民代表大会第二次会议。

第五节　第五届人民代表大会会议

人民公社、镇第五届人民代表大会自 1963 年 6 月至 1966 年 5 月，任期 2 年 11 个月，召开人民公社、镇人民代表大会会议 3 次。

1963 年 6 月至 7 月，富阳县人民公社、镇第五届人民代表大会第一次会议召开。富阳县 46 个人民公社、镇，5708 名人大代表参加会议，会议听取人民公社管理委员会、镇人民政府所作的工作报告等，并作出相应决议；会议选举产生人民公社管理委员会主任 42 名、副主任 73 名；镇人民政府镇长 2 名、副镇长 2 名；选举产生出席富阳县人民代表大会代表 351 名。

1964 年、1965 年，分别召开人民公社、镇第五届人民代表大会第二次、第三次会议。

第六节　第六届人民代表大会会议

1966 年 6 月，富阳县人民公社、镇第六届人民代表大会第一次会议召开。富阳县 42 个人民公社、镇，5081 名人大代表参加会议，会议听取人民公社管理委员会、镇人民政府所作的工作报告等，并作出相应决议；选举产生人民公社管理委员会主任 40 名、副主任 80 名；镇人民政府镇长 2 名、副镇长 2 名；选举产生出席富阳县人民代表大会代表 352 人。

人民公社、镇第六届人民代表大会第一次会议后，“文化大革命”开始，人民公社、镇人民代表大会及其活动停止。

第七节　第七届人民代表大会会议

人民公社、镇第七届人民代表大会自 1980 年 11 月至 1984 年 5 月，任期 3 年 7 个月，召开人民公社、镇人民代表大会会议 3 次。

1980 年 11 月至 12 月，富阳县 42 个人民公社、镇，先后召开第七届人民代表大会第一次会议，大会主要议程是：听取和审议人民公社管理委员会、镇人民政府工作报告；听取和审议人民公社管理委员会、镇人民政府财政预算执行情况报告，审查和批准人民公社、镇财政预算、财政决算；表决通过有关决议；选举产生人民公社管理委员会主任 40 名、副主任 61 名；镇人民政府镇长 2 名、副镇长 4 名。自此，人民公社、镇级人民代表大会制度重新恢复。

恢复后的人民公社、镇人民代表大会制度，每届任期 3 年。依照《地方组织法》规定，1982 年、1983 年，人民公社管委会、镇人民政府依法召开人民公社、镇第七届人民代表大会第二次会议和第三次会议。

第八节　第八届人民代表大会会议

人民公社、镇第八届人民代表大会自 1984 年 6 月至 1987 年 2 月，任期 2 年 8 个月，召开人民公社、镇人民代表大会会议 3 次。

1984 年 6 月，人民公社、镇第八届人民代表大会第一次会议召开。会议听取和审议人民公社管理委员会主任、镇人民政府镇长所作的“人民公社和镇人民政府工作报告”；听取和审议人民公社、镇人大主席团所作的“人大工作报告”；听取和审议人民公社、镇人民政府所作的“财政预算及执行情况报告”；听取和审议人民公社、镇人大主席团所作的人大“代表提出的议案、建议处理情况报告”，会议通过相应决议；会议决定：恢复“乡人民政府”建制，“人民公社管理委员会”名称终止。会议选举产生乡人民政府乡长 50 名、副乡长 74 名；镇人民政府镇长 2 名、副镇长 6 名。

1985 年、1986 年，各乡镇人民政府依法召开第八届人民代表大会第二次会议和第三次会议。

第九节　第九届人民代表大会会议

乡镇第九届人民代表大会自 1987 年 3 月至 1990 年 1 月，任期 3 年 11 个月，召开乡镇人民代表大会会议 3 次。

1987 年 3 月，富阳县乡镇第九届人民代表大会第一次会议召开。会议听取和审议乡镇长所作的“乡镇人民政府工作报告”；听取和审议乡镇人大主席团所作的“乡镇人大工作报告”；听取和审议乡镇人民政府 “关于财政预算及执行情况报告”；听取和审议乡镇人大主席团 “关于人大代表提出的议案、建议处理情况报告”，会议通过相应决议。选举产生乡人民政府乡长 47 名、副乡长 96 名；镇人民政府镇长 5 名、副镇长 12 名。

1988 年、1989 年，各乡镇依法召开第九届人民代表大会第二次会议和第三次会议。

第十节　第十届人民代表大会会议

乡镇第十届人民代表大会自 1990 年 2 月至 1993 年 1 月，任期 3 年，召开乡镇人民代表大会会议 3 次。

1990 年 2 月，富阳县乡镇第十届人民代表大会第一次会议召开。会议听取和审议乡镇长所作的“乡镇人民政府工作报告”；听取和审议乡镇人大主席团所作的“乡镇人大工作报告”；听取和审议乡镇人民政府 “关于财政预算及执行情况报告”；听取和审议乡镇人大主席团“关于人大代表提出的议案、建议处理情况报告”，会议通过相应决议。选举产生乡人民政府乡长 40 名、副乡长 105 名；镇人民政府镇长 11 名、副镇长 33 名。

1991 年、1992 年，各乡镇依法召开第十届人民代表大会第二次会议和第三次会议。

第十一节　第十一届人民代表大会会议

乡镇第十一届人民代表大会自 1993 年 2 月至 1996 年 1 月，任期 3 年，召开乡镇人民代表大会会议 3 次。

1993 年 2 月至 3 月，富阳县乡镇第十一届人民代表大会第一次会议召开。会议听取和审议乡镇长所作的“乡镇人民政府工作报告”；听取和审议乡镇人大主席团常务主席所作的“乡镇人大工作报告”；听取和审议乡镇人民政府 “关于财政预算及执行情况报告”；听取和审议乡镇人大 “关于人大代表提出的议案、建议处理情况报告”，会议通过相应决议。选举产生乡镇人民代表大会主席25名，其中专职人大常务主席16名；乡镇长25名、副乡镇长86名。

1994年、1995年，各乡镇依法召开第十一届人民代表大会第二次会议和第三次会议。

第十二节　第十二届人民代表大会会议

乡镇第十二届人民代表大会自1996年2月至1998年12月，任期3年，召开乡镇人民代表大会会议3次。

1996年2月，富阳市乡镇第十二届人民代表大会第一次会议召开。会议听取和审议乡镇长所作的“乡镇人民政府工作报告”；听取和审议乡镇人大主席所作的“乡镇人大工作报告”；听取和审议乡镇人民政府 “关于财政预算及执行情况报告”；听取和审议乡镇人大 “关于人大代表提出的议案、建议处理情况报告”，会议通过相应决议；选举产生乡镇人民代表大会主席25名、副主席4名，其中专职人大主席19名；乡镇长25名、副乡镇长88名。

1997年、1998年，各乡镇依法召开第十二届人民代表大会第二次会议和第三次会议。

第十三节　第十三届人民代表大会会议

乡镇第十三届人民代表大会自1999年1月至2002年1月，任期3年，召开乡镇人民代表大会会议3次。

1999年1月，富阳市乡镇第十三届人民代表大会第一次会议召开。会上听取和审议乡镇长所作的“乡镇人民政府工作报告”；听取和审议乡镇人大主席所作的“乡镇人大工作报告”；听取和审议乡镇人民政府 “关于财政预算及执行情况报告”；听取和审议乡镇人大 “关于人大代表提出的议案、建议处理情况报告”，会议通过相应决议；选举产生乡镇人民代表大会主席25名、副主席20名；乡镇长25名、副乡镇长73名；人民陪审员31名。

2000年、2001年，各乡镇依法召开第十三届人民代表大会第二次会议和第三次会议。

第十四节　第十四届人民代表大会会议

乡镇第十四届人民代表大会自2002年2月至2006年12月，任期5年，召开乡镇人民代表大会会议 5 次。

2002 年 2 月，富阳市乡镇第十四届人民代表大会第一次会议召开。会议听取和审议乡镇长所作的“乡镇人民政府工作报告”；听取和审议乡镇人大主席所作的“乡镇人大工作报告”；听取和审议乡镇人民政府　“关于财政预算及执行情况报告”；听取和审议乡镇人大　“关于人大代表提出的议案、建议处理情况报告”，会议通过相应决议；选举产生乡镇人大主席 22 名、副主席 21 名；乡镇长 22 名、副乡镇长 48 名和人民陪审员 27 名。

2001 年 8 月，富阳市行政区划作了部分调整，设立富春、东洲、春江、鹿山 4 个街道，乡镇数由原 26 个减少为 22 个。从 2002 年起，乡镇人大的换届选举为与富阳市和杭州市人大换届同步，富阳市委和市人大常委会决定：第十四届乡镇人民代表大会任期延长至 5 年。2003 年，东图乡并入场口镇，富阳市乡镇总数减至 21 个。

2003 年至 2006 年，各乡镇人大依法召开第十四届人民代表大会第二次会议、第三次会议、第四次会议和第五次会议。

第十五节　第十五届人民代表大会会议

乡镇第十五届人民代表大会自 2006 年 12 月至 2012 年 1 月，任期 5 年，召开乡镇人民代表大会会议 5 次。

2006 年 12 月，富阳市乡镇第十五届人民代表大会第一次会议召开。会议听取和审议乡镇长所作的“乡镇人民政府工作报告”；听取和审议乡镇人大主席所作的“乡镇人大工作报告”；听取和审议乡镇人民政府　“关于财政预算及执行情况报告”；听取和审议乡镇人大　“关于人大代表提出的议案、建议处理情况报告”，会议通过相应决议；选举产生乡镇人大主席 21 名、副主席 20 名；乡镇长 21 名、副乡镇长 66 名。

2008 年至 2012 年，各乡镇依法召开第十五届人民代表大会第二次会议、第三次会议、第四次会议和第五次会议。

第十六节　第十六届人民代表大会会议

乡镇第十六届人民代表大会自 2012 年 2 月起，至 2015 年 2 月富阳“撤市设区”前夕召开的第十六届人民代表大会第四次会议止，任期已届 4 年，召开乡镇人民代表大会会议 4 次。

2012 年 2 月，富阳市乡镇第十六届人民代表大会第一次会议召开。会议听取和审议乡镇长所作的“乡镇人民政府工作报告”；听取和审议乡镇人大主席所作的“乡镇人大工作报告”；听取和审议乡镇人民政府 “关于财政预算及执行情况报告”；听取和审议乡镇人大 “关于人大代表提出的议案、建议处理情况报告”，会议通过相应决议；选举产生乡镇人大主席21名、副主席21名；乡镇长21名、副乡镇长58名。

2013年至2015年，各乡镇依法召开第十六届人民代表大会第二次会议、第三次会议和第四次会议。

第三章　乡镇人大机构 成员和职责

1954年至1985年期间（除乡镇人大停止活动时间外），乡镇在举行人民代表大会时，依法选举产生大会主席团，由主席团主持会议。会议闭会后，主席团自行消失。1986年12月，第六届全国人大常委会第十八次会议对《地方组织法》有关条款作了修改，把原规定乡（人民公社）、镇的人民代表大会由乡镇人民政府（人民委员会、人民公社管理委员会）召集，改由乡镇人民代表大会主席团负责召集。从法律上赋予乡镇人民代表大会主席团在闭会期间的职权。1989年12月，浙江省人大常委会颁布《浙江省乡镇人民代表大会主席团组织条例》，规定：乡、民族乡、镇人民代表大会主席团主持本级人民代表大会会议，并在会议闭会期间行使法律规定的职权。主席团一般三个月举行一次会议，必要时可以临时举行会议。1995年2月，第八届全国人大常委会第十二次会议颁布修改后的《地方组织法》，规定乡镇人民代表大会设主席、副主席，进一步明确乡镇人大主席、副主席的法律地位。

第一节　组织机构

1989年12月，浙江省人大常委会颁布《浙江省乡镇人大主席团组织条例》。1990年2月，富阳县51个乡镇，已全部配齐乡镇人大主席团常务主席，乡镇人大组织机构由此形成。1992年5月，富阳县乡镇“撤、扩、并”后调整为25个。1993年2月至3月，各乡镇第十一届人民代表大会第一次会议召开，选举产生乡镇人民代表大会主席25名，其中专职人大常务主席16名。1996年2月，各乡镇第十二届人民代表大会第一次会议召开，选举产生乡镇人民代表大会主席25名、副主席4名，其中专职人大主席19名。1999年1月，各乡镇第十三届人民代表大会第一次会议召开，选举产生乡镇人民代表大会主席25名、副主席20名。2001年8月，富阳市行政区划作了部分调整，设立富春、东洲、春江、鹿山4个街道，乡镇调整为22个。根据富阳市第十二届人大常委会第三十三次会议通过的《关于设立富春等4个街道人大工作委员会的决定》，街道设立人大工作委员会，属富阳市人大常委会派驻机构，每个街道人大工作委员会配主任、副主任。2002年2月，各乡镇第十四届人民代表大会第一次会议召开，选举产生乡镇人大主席22名、副主席21名。2003年12月，场口镇、东图乡合并，富阳市乡镇共为21个。2006年12月，各乡镇第十五届人民代表大会第一次会议召开，选举产生乡镇人大主席21名、副主席20名。2012年2月，各乡镇第十六届人民代表大会第一次会议召开，选举产生乡镇人大主席21名、副主席21名。2013年6月，原受降镇和高桥镇合并成银湖街道，乡镇从21个减至19个，乡镇人大机构相应减少。

第二节　领导成员

1992年5月，富阳县乡镇行政区划进行较大规模调整；2001年8月，部分乡镇行政区划再次进行调整；2003年12月和2013年6月，个别乡镇行政区划又略作调整。行政区划的调整以及正常换届选举，给乡镇人大领导成员带来了较大变化。

第十届乡镇人大主席团常务主席名单

表5-3-1

乡　镇	职　务	姓　名	任职时间
富阳镇	主　席	许保水	1990.2–1992.1
		胡志坚	1992.3–1992.5
三桥乡	主　席	彭观友	1990.2–1992.5
大青乡	主　席	徐生泉	1990.2–1992.5
春江乡	主　席	丁甲富	1990.2–1992.5
东洲乡	主　席	张新书	1990.2–1992.5
江丰乡	主　席	董百灵	1990.2–1991.4
		包木松	1991.4–1992.5
新民乡	主　席	陈水根	1990.2–1992.5
受降镇	主　席	王乃庆	1990.2–1992.5
新联乡	主　席	李叶根	1990.2–1992.5
坑西乡	主　席	夏德根	1990.2–1992.5
新义乡	主　席	裘金波	1990.2–1992.5
春建乡	主　席	李陆瑜	1990.2–1992.5
三山镇	主　席	胡志坚	1990.2–1992.1
		韩雨青	1992.1–1992.5
上里乡	主　席	陆关友	1990.2–1992.5
新登镇	主　席	金满水	1990.2–1992.5

续表 5-3-1

乡　镇	职　务	姓　名	任职时间
城阳乡	主　席	茅泽民	1990.2–1991.8
灵山乡	主　席	蒋爱国	1990.2–1992.5
南津乡	主　席	童友光	1990.2–1992.5
松溪乡	主　席	葛荣发	1990.2–1992.5
湘溪乡	主　席	吴国成	1990.2–1992.5
湘主乡	主　席	方庭华	1990.2–1992.5
渌渚镇	主　席	郭洪根	1990.2–1992.5
新浦乡	主　席	闻作良	1990.2–1992.5
永昌乡	主　席	朱炳升	1990.2–1992.5
胥口乡	主　席	章志华	1990.2–1992.5
高坪乡	主　席	汪广华	1990.2–1992.5
大源镇	主　席	董纪林	1990.2–1992.5
新关乡	主　席	蒋本叶	1990.2–1991.5
		蒋贤根	1991.5–1992.5
新建乡	主　席	陈昌族	1990.2–1992.5
渔山乡	主　席	姜康生	1990.2–1992.5
里山乡	主　席	张建达	1990.2–1992.5
灵桥镇	主　席	夏森林	1990.2–1992.5
礼源乡	主　席	张柏良	1990.2–1992.5
上官乡	主　席	孙乃祥	1990.2–1992.5
常绿镇	主　席	章剑园	1990.2–1992.5
场口镇	主　席	张胜良	1990.2–1992.5
王洲乡	主　席	詹富松	1990.2–1992.5
新桐乡	主　席	何元进	1990.2–1992.1
		徐献尧	1992.1–1992.5
东图乡	主　席	李明昌	1990.2–1992.5
常安镇	主　席	董良志	1990.2–1992.5
栖鹤乡	主　席	申屠明荣	1990.2–1992.5
龙门乡	主　席	包关成	1990.2–1992.5
环山乡	主　席	章连法	1990.2–1992.5

续表 5-3-1

乡　镇	职　务	姓　名	任 职 时 间
湖源乡	主　席	李贤棋	1990.2–1992.5
窈口乡	主　席	汪田荣	1990.2–1992.5
万市镇	主　席	邵锡福	1990.2–1992.5
南新乡	主　席	徐中育	1990.2–1992.5
南安乡	主　席	江火元	1990.2–1992.5
洞桥乡	主　席	沈水松	1990.2–1992.5
三溪乡	主　席	钱元高	1990.2–1992.5
贤德乡	主　席	刘关平	1990.2–1991.7
		何志成	1991.7–1992.5
（1992 年 5 月行政区划调整后）			
富阳镇	主　席	彭观友	1992.5–1993.2
受降镇	主　席	王乃庆	1992.5–1993.2
		陈水根	1993.1–1993.2
高桥镇	主　席	夏德根	1992.5–1993.2
新义乡	主　席	裘金波	1992.5–1993.2
		张小荣	1993.1–1993.2
春建乡	主　席	李陆瑜	1992.5–1993.2
		周达富	1993.1–1993.2
三山镇	主　席	徐生泉	1992.5–1993.2
新登镇	主　席	吴忠富	1992.6–1993.2
渌渚镇	主　席	汪广华	1992.6–1993.2
胥口镇	主　席	汪关林	1992.6–1993.2
永昌乡	主　席	李志福	1992.5–1993.2
大源镇	主　席	董纪林	1992.6–1993.2
渔山乡	主　席	夏森林	1992.6–1993.2
里山镇	主　席	张建达	1992.6–1993.2
灵桥镇	主　席	张柏良	1992.6–1993.2
上官乡	主　席	孙乃祥	1992.6–1993.2
常绿镇	主　席	章剑园	1992.6–1993.2
		蒋胜梁	1993.1–1993.2

续表 5-3-1

乡　镇	职　务	姓　名	任 职 时 间
场口镇	主　席	徐光志	1992.6–1993.2
		汪田荣	1993.1–1993.2
东图乡	主　席	董志成	1992.6–1993.2
常安镇	主　席	李贤棋	1992.6–1992.11
		倪志良	1993.1–1993.2
龙门镇	主　席	詹富松	1993.1–1993.2
环山乡	主　席	章连法	1992.5–1993.2
		张胜良	1993.1–1993.2
湖源乡	主　席	李明昌	1993.1–1993.2
窈口乡	主　席	汪田荣	1992.5–1993.2
		裘尧松	1993.1–1993.2
万市镇	主　席	钱元高	1992.6–1993.2
洞桥镇	主　席	吴洪春	1992.6–1993.2

第十一届乡镇人大常务主席名单

表 5-3-2

乡　镇	职　务	姓　名	任 职 时 间
富阳镇	主　席	彭观友	1993.2–1996.1
受降镇	主　席	陈水根	1993.2–1995.11
高桥镇	主　席	夏德根	1993.2–1996.1
新义乡	主　席	张新书	1995.11–1996.1
春建乡	主　席	周达富	1993.2–1995.1
		戴福根	1995.1–1996.1
三山镇	主　席	徐生泉	1993.2–1996.1
新登镇	主　席	吴忠富	1993.2–1996.1
渌渚镇	主　席	汪广华	1993.2–1996.1
胥口镇	主　席	汪关林	1993.2–1996.1
永昌乡	主　席	李志福	1993.2–1996.1
大源镇	主　席	董纪林	1993.2–1995.5
		章剑园	1995.5–1996.1

续表 5-3-2

乡　镇	职　务	姓　名	任职时间
渔山乡	主　席	夏森林	1993.1–1996.1
里山镇	主　席	张建达	1993.1–1994.2
		王乃富	1994.2–1996.1
灵桥镇	主　席	张柏良	1993.1–1996.1
上官乡	主　席	孙乃祥	1993.1–1996.1
常绿镇	主　席	蒋胜梁	1993.1–1996.1
场口镇	主　席	汪田荣	1993.1–1996.1
东图乡	主　席	董志成	1993.1–1996.1
常安镇	主　席	倪志良	1993.1–1996.1
龙门镇	主　席	詹富松	1993.1–1996.1
环山乡	主　席	张胜良	1993.1–1994.12
		裘尧松	1994.12–1995.12
湖源乡	主　席	李明昌	1993.1–1996.1
窈口乡	主　席	裘尧松	1993.1–1994.12
万市镇	主　席	钱元高	1993.1–1996.1
洞桥镇	主　席	吴洪春	1993.1–1996.1

第十二届乡镇人大主席名单

表 5-3-3

乡　镇	职　务	姓　名	任职时间
富阳镇	主　席	彭观友	1996.1–1998.1
		周福根	1998.1–1999.1
受降镇	主　席	陈水根	1995.11–1999.1
高桥镇	主　席	夏德根	1996.2–1998.11
		汤金华	1998.11–1999.1
新义乡	主　席	张新书	1996.2–1997.12
		俞志升	1997.12–1999.1
春建乡	主　席	戴福根	1996.1–1999.1
三山镇	主　席	徐生泉	1996.1–1999.1
新登镇	主　席	吴忠富	1996.1–1999.1
渌渚镇	主　席	汪广华	1996.1–1999.1
胥口镇	主　席	闻作良	1996.1–1999.1

续表 5-3-3

乡　镇	职　务	姓　名	任 职 时 间
永昌乡	主　席	李志福	1996.1–1999.1
大源镇	主　席	章剑园	1996.1–1999.1
渔山乡	主　席	许兴良	1996.1–1999.1
里山镇	主　席	方育锡	1996.1–1999.1
灵桥镇	主　席	张柏良	1996.1–1999.1
上官乡	主　席	孙乃祥	1996.1–1999.1
常绿镇	主　席	梁志安	1996.1–1999.1
场口镇	主　席	吴建忠	1996.1–1999.1
东图乡	主　席	董志成	1996.1–1999.1
常安镇	主　席	叶　楠	1996.1–1998.4
		申屠明荣	1998.4–1999.1
龙门镇	主　席	陈兴文	1996.1–1999.1
环山乡	主　席	申屠明荣	1996.1–1998.2
		刘良福	1998.2–1999.1
湖源乡	主　席	丁文松	1996.1–1999.1
窈口乡	主　席	李光宗	1996.1–1999.1
万市镇	主　席	邵锡福	1996.1–1999.1
洞桥镇	主　席	吴洪春	1996.1–1999.1

第十三届乡镇人大主席、副主席名单

表 5-3-4

乡　镇	职　务	姓　名	任 职 时 间
富阳镇	主　席	周福根	1999.1–2000.3
		黄柏林	2000.3–2001.1
		汤金华	2001.1–2001.8
	副主席	李叶根	1999.1–2001.8
高桥镇	主　席	汤金华	1999.1–2000.7
		方仁臻（女）	2000.7–2001.8
		凌志峰	2001.8–2002.1
	副主席	丁甲富	1999.1–2001.8

续表 5-3-4

乡　镇	职　务	姓　名	任职时间
受降镇	主　席	胡德华	1999.1–2002.1
	副主席	李明昌	1999.1–2001.1
		金仁蒙	2001.1–2002.1
新义乡	主　席	戴福根	1999.1–2001.8
春建乡	主　席	郑桂山	1999.1–2001.8
		高松坤	2001.8–2002.1
	副主席	李苗法	1999.1–2001.8
		孙炳贤	2001.8–2002.1
三山镇	主　席	吴祖仁	1999.1–2001.8
	副主席	叶　楠	1999.1–2001.8
新登镇	主　席	王小丁	1999.1–2002.1
	副主席	蒋爱国	1999.1–2002.1
渌渚镇	主　席	蒋元洪	1999.1–2002.1
	副主席	董金成	1999.1–2002.1
胥口镇	主　席	闻作良	1999.1–2000.1
		蒋健宏	2001.1–2002.1
	副主席	黄超先	2000.1–2001.8
		陈治洪	2001.8–2002.1
永昌乡	主　席	楼寿林	1999.1–2000.12
		吕建明	2000.12–2002.1
	副主席	孙德丰	1999.1–2001.8
		陈　敏	2001.8–2002.1
大源镇	主　席	俞召泉	1999.1–2001.1
		李国生	2001.1–2002.1
	副主席	梁志安	1999.1–2002.1
灵桥镇	主　席	李国生	1999.1–2000.8
		郑宪宏	2000.8–2001.8
		郎卫国	2001.8–2002.1
	副主席	李乃明	1999.1–2001.8

续表 5-3-4

乡　镇	职　务	姓　名	任 职 时 间
里山镇	主　席	王乃富	1999.1–2002.1
渔山乡	主　席	蒋胜梁	1999.1–2002.1
	副主席	张彩霞（女）	1999.1–2002.1
上官乡	主　席	孙乃祥	1999.1–2002.1
常绿镇	主　席	蒋　才	1999.1–2001.8
		俞宏海	2001.8–2002.1
	副主席	蒋仕名	2000.1–2002.1
场口镇	主　席	鲁秀利	1999.1–2002.1
	副主席	章军其	1999.1–2001.1
		杨国平	2001.1–2002.1
东图乡	主　席	叶林生	1999.1–2001.1
		章军其	2001.1–2002.1
	副主席	徐连平	1999.1–2002.1
常安镇	主　席	申屠明荣	1999.1–2000.1
		贾一惟	2000.1–2001.8
	副主席	詹富松	1999.1–2001.1
		张小维	2001.1–2001.8
龙门镇	主　席	童定干	1999.1–2001.1
		何志洪	2001.1–2002.1
	副主席	宣志友	1999.1–2001.8
		柴军浩	2001.8–2002.1
环山乡	主　席	潘国明	1999.1–2001.9
		申屠裕仁	2001.9–2002.1
	副主席	楼灿明	1999.1–2001.9
湖源乡	主　席	凌剑武	1999.1–2001.8
	副主席	童金玉	1999.1–2001.1
		周海根	2001.1–2001.8
窈口乡	主　席	张国繁	1999.1–2001.8
	副主席	戴祖明	1999.1–2001.8
万市镇	主　席	应钟全	1999.1–2001.8
	副主席	章国洪	1999.1–2001.8
		潘柏荣	2002.1–2002.2

续表 5-3-4

乡　镇	职　务	姓　名	任 职 时 间
洞桥镇	主　席	刘关平	1999.1–2000.8
		姜香儿（女）	2000.8–2002.1
	副主席	钱学成	1999.1–2001.8

第十四届乡镇人大主席、副主席名单

表 5-3-5

乡　镇	职　务	姓　名	任 职 时 间
高桥镇	主　席	凌志峰	2002.1–2003.4
		吴祖仁	2003.4–2006.1
		申屠裕仁	2006.1–2007.1
	副主席	章国洪	2002.1–2007.1
受降镇	主　席	胡德华	2002.1–2002.3
		陆献德	2002.3–2003.4
		金仁蒙	2003.4–2006.1
		何春兰（女）	2006.1–2007.1
	副主席	邵如海	2002.1–2005.1
		何祖田	2005.1–2006.1
		赵金根	2006.1–2007.1
春建乡	主　席	高松坤	2002.1–2005.1
		何春兰（女）	2005.1–2006.1
		俞兴军	2006.1–2007.1
	副主席	孙炳贤	2002.1–2004.1
		夏深权	2004.1–2006.1
		潘向阳	2006.1–2007.1
新桐乡	主　席	何培叶	2002.1–2006.1
		章永乐	2006.1–2007.1
	副主席	王满昌	2003.5–2006.1
		夏朝明	2006.1–2007.1
新登镇	主　席	王小丁	2002.1–2002.4
		邵立春	2002.4–2003.5
		张生良	2003.5–2007.1
	副主席	孙德丰	2002.1–2003.5
		陈　敏	2003.5–2007.1

续表 5-3-5

乡　镇	职　务	姓　名	任 职 时 间
渌渚镇	主　席	蒋元洪	2002.1–2006.1
		吕建明	2006.1–2007.1
	副主席	李中华	2002.1–2006.1
		黄超先	2006.1–2006.11
胥口镇	主　席	蒋健宏	2002.1–2003.5
		丁中苏	2003.5–2006.1
		王龙华	2006.1–2007.1
	副主席	陈治洪	2002.1–2007.1
永昌镇	主　席	吕建明	2002.1–2006.1
		徐林亮	2006.1–2007.1
	副主席	陈　敏	2002.1–2003.5
		白伟强	2003.5–2007.1
大源镇	主　席	李国生	2002.1–2003.5
		陈建平	2003.5–2006.1
		余荣儿	2006.1–2007.1
	副主席	梁志安	2002.1–2005.1
		蒋孝廷	2005.1–2007.1
灵桥镇	主　席	郎卫国	2002.1–2003.5
		张建明	2003.5–2006.1
		丁中苏	2006.1–2007.1
	副主席	裘尧松	2002.1–2006.1
		朱玉坤	2006.1–2007.1
里山镇	主　席	蒋　才	2002.1–2003.5
		华建宝	2003.5–2005.1
		徐肖芬（女	2005.1–2006.1
		董炳忠	2006.1–2007.1
	副主席	宣志友	2002.1–2003.5
		赵云法	2003.5–2007.1
渔山乡	主　席	蒋胜梁	2002.1–2003.5
		张彩霞（女）	2003.5–2005.1
		蒋惠真	2005.1–2007.1
	副主席	盛淳灿	2002.1–2005.1
		张雪坤	2005.1–2007.1

续表 5-3-5

乡　镇	职　务	姓　名	任 职 时 间
上官乡	主　席	孙乃祥	2002.1–2003.5
		秦法明	2003.5–2005.1
		周亦涛	2005.1–2007.1
	副主席	刘喜凤（女）	2003.5–2006.1
		丁建民	2006.1–2007.1
常绿镇	主　席	俞洪海	2002.1–2005.1
		蒋庆元	2005.1–2007.1
	副主席	蒋仕名	2002.1–2003.5
		夏朝明	2003.5–2005.1
		汪军飞	2005.1–2007.1
场口镇	主　席	鲁秀利	2002.1–2003.5
		章强明	2003.5–2004.2
		陆兴根	2004.6–2007.1
	副主席	何增国	2002.1–2004.2
		孙志贤	2004.6–2006.1
东图乡	主　席	章军其	2002.1–2004.2
	副主席	徐连平	2002.1–2003.5
		张拥军	2003.5–2004.2
常安镇	主　席	潘国明	2002.1–2003.5
		杨宏道	2003.5–2007.1
	副主席	方金浩	2002.1–2007.1
龙门镇	主　席	何志洪	2002.1–2003.5
		凌国龙	2003.5–2007.1
	副主席	柴军浩	2002.1–2003.5
		孙建楠	2003.5–2006.1
		何明葵	2006.1–2007.1
环山乡	主　席	申屠裕仁	2002.1–2003.5
		孙建福	2003.5–2005.1
		汪建龙	2005.1–2007.1
	副主席	倪洪水	2002.1–2003.5
		倪为东	2003.5–2007.1

续表 5-3-5

乡　镇	职　务	姓　名	任 职 时 间
湖源乡	主　席	张国繁	2002.1–2003.5
		孙金士	2003.5–2005.1
		陆小东	2005.1–2007.1
	副主席	陈丰法	2002.1–2005.1
		何国仁	2005.1–2007.1
万市镇	主　席	张生良	2002.1–2003.5
		刘渭华	2003.5–2005.8
		陈鸿麟	2005.8–2007.1
	副主席	潘柏荣	2002.3–2003.5
		傅学奎	2003.5–2007.1
洞桥镇	主　席	姜香儿（女）	2002.1–2003.4
		陈鸿麟	2003.4–2005.8
		林长龙	2005.8–2007.1
	副主席	黄福金	2002.1–2005.1
		吴建儿（女）	2005.1–2007.1

第十五届乡镇人大主席、副主席名单

表 5-3-6

乡　镇	职　务	姓　名	任 职 时 间
高桥镇	主　席	申屠裕仁	2007.1–2007.11
		张　霖	2007.11–2012.1
	副主席	章国洪	2006.12–2007.1
		张恩华	2007.1–2012.1
受降镇	主　席	何春兰（女）	2007.1–2007.11
		胡狄华	2007.11–2012.1
	副主席	赵金根	2007.1–2009.7
		孙志贤	2009.7–2012.1
春建乡	主　席	俞兴军	2007.1–2009.7
		倪为东	2009.7–2012.1
	副主席	潘向阳	2007.1–2012.1

续表 5-3-6

乡　镇	职　务	姓　名	任职时间
新桐乡	主　席	章永乐	2007.1–2007.11
		王满昌	2007.11–2009.7
		宋富华	2009.7–2012.1
	副主席	夏朝明	2007.1–2009.7
		金建楠	2009.7–2012.1
新登镇	主　席	贾一惟	2007.1–2007.11
		李建成	2007.11–2012.1
	副主席	陈　敏	2007.1–2012.1
渌渚镇	主　席	吕建明	2007.1–2009.7
		李百山	2009.7–2012.1
	副主席	黄超先	2007.1–2007.11
		罗林锋	2007.11–2009.7
		何安彬	2009.7–2012.1
胥口镇	主　席	王龙华	2007.1–2008.1
		潘朝宏	2008.1–2009.7
		杨富强	2009.7–2012.1
	副主席	潘　渭	2007.1–2008.1
		羊献民	2008.1–2009.7
		唐瑞华	2009.7–2012.1
永昌镇	主　席	裘一平	2007.1–2009.7
		刘喜凤（女）	2009.7–2012.1
	副主席	白伟强	2007.1–2012.1
大源镇	主　席	朱玉坤	2007.1–2009.7
		张拥军	2009.7–2012.1
灵桥镇	主　席	丁中苏	2007.1–2009.7
		刘学军	2009.7–2012.1
	副主席	蒋孝廷	2007.1–2007.11
		俞一兵	2007.11–2012.1
里山镇	主　席	董炳忠	2007.1–2009.7
		夏深权	2009.7–2012.1
	副主席	包柏仁	2007.1–2012.1

续表 5-3-6

乡　镇	职　务	姓　名	任 职 时 间
渔山乡	主　席	蒋惠真	2007.1–2009.7
		桑晓霞（女）	2009.7–2012.1
	副主席	王吾木	2007.1–2007.11
		方德玉	2007.11–2009.7
		夏华根	2009.7–2012.1
上官乡	主　席	周亦涛	2007.1–2009.7
		陈金虎	2009.7–2012.1
	副主席	丁建明	2007.1–2009.7
		洪　华	2009.7–2012.1
常绿镇	主　席	蒋庆元	2007.1–2007.11
		闻关明	2007.11–2012.1
	副主席	汪军飞	2007.1–2007.11
		徐春龙	2007.11–2009.7
		徐　叶（女）	2009.7–2012.1
场口镇	主　席	陆兴根	2007.1–2007.11
		张拥军	2007.11–2009.7
		李舒清（女）	2009.7–2012.1
	副主席	孙志贤	2007.1–2009.7
		傅学奎	2009.7–2012.1
常安镇	主　席	杨宏道	2007.1–2007.11
		许　昌	2007.11–2012.1
	副主席	方金浩	2007.1–2007.11
		何国仁	2007.11–2012.1
龙门镇	主　席	凌国龙	2007.1–2007.11
		裘立忠	2007.11–2012.1
	副主席	何明葵	2007.1–2009.7
		陆建荣	2009.7–2012.1
环山乡	主　席	汪建龙	2007.1–2007.11
		朱　峻	2007.11–2012.1
	副主席	何玉堂	2007.1–2009.7
		李岳兵	2009.7–2012.1

续表 5-3-6

乡　镇	职　务	姓　名	任 职 时 间
湖源乡	主　席	陆小东	2007.1–2007.11
		刘晓峰	2007.11–2012.1
	副主席	何国仁	2007.1–2007.11
		吕劲峰	2007.11–2009.7
		陈水英（女）	2009.7–2012.1
万市镇	主　席	陈鸿麟	2007.1–2007.11
		罗文奎	2007.11–2009.7
		谢黎明	2009.7–2012.1
	副主席	傅学奎	2007.1–2009.7
		许波平	2009.7–2012.1
洞桥镇	主　席	林长龙	2007.1–2007.11
		郭林平	2007.11–2010.1
		潘　渭	2010.1–2012.1
	副主席	吴建儿（女）	2007.1–2009.7
		陈铁强	2009.7–2012.1

第十六届乡镇人大主席、副主席名单

表 5-3-7

乡　镇	职　务	姓　名	任 职 时 间
高桥镇	主　席	郎军明	2012.1–2013.6
	副主席	张恩华	2012.1–2013.6
受降镇	主　席	方炳林	2012.1–2013.6
	副主席	孙志贤	2012.1–2013.6
春建乡	主　席	夏朝明	2012.1–2013.6
	副主席	倪志方	2012.1–2013.8
		李岳兵	2013.8–2015.1
新桐乡	主　席	宋富华	2012.1–2013.1
		钟怡媛（女）	2013.8–2015.1
	副主席	金文贤	2012.1–2015.1

续表 5-3-7

乡　镇	职　务	姓　名	任 职 时 间
新登镇	主　席	李建成	2012.1–2013.8
		张忠孝	2013.8–2015.1
	副主席	陈　敏	2012.1–2014.9
		叶建初	2014.9–2015.1
渌渚镇	主　席	羊献民	2012.1–2015.1
	副主席	应为民	2012.1–2015.1
胥口镇	主　席	喻乃群	2012.1–2014.9
		唐瑞华	2014.9–2015.1
	副主席	杨洪元	2012.1–2013.8
		白伟强	2013.8–2014.9
		陈效军	2014.9–2015.1
永昌镇	主　席	刘喜凤（女）	2012.1–2013.1
		蒋文军	2013.1–2015.1
	副主席	白伟强	2012.1–2013.8
		杨洪元	2013.8–2015.1
大源镇	主　席	何安彬	2012.1–2015.1
	副主席	陆建文	2012.1–2015.1
灵桥镇	主　席	王吾木	2012.1–2015.1
	副主席	俞一兵	2012.1–2014.9
		章明校	2014.9–2015.1
里山镇	主　席	何君明	2012.1–2015.1
	副主席	包柏仁	2012.1–2014.9
		叶伟平	2014.9–2015.1
渔山乡	主　席	方德玉	2012.1–2015.1
	副主席	倪柏群	2012.1–2015.1
上官乡	主　席	陈金虎	2012.1–2013.1
		朱经国	2013.1–2015.1
	副主席	董江军	2012.1–2015.1
常绿镇	主　席	徐春龙	2012.1–2015.1
	副主席	吴发群	2012.1–2015.1

续表 5-3-7

乡　镇	职　务	姓　名	任职时间
场口镇	主　席	李舒清（女）	2012.1–2013.8
		包文霞（女）	2013.8–2015.1
	副主席	傅学奎	2012.1–2015.1
常安镇	主　席	钟永明	2012.1–2014.1
		林高贤	2014.1–2015.1
	副主席	何国仁	2012.1–2013.8
		倪志方	2013.8–2015.1
龙门镇	主　席	孙建楠	2012.1–2014.9
		汪军飞	2014.9–2015.1
	副主席	盛士清	2012.1–2015.1
环山乡	主　席	张雪坤	2012.1–2015.1
	副主席	李岳兵	2012.2–2013.8
		何国仁	2013.8–2014.8
		徐晓峰	2014.8–2015.1
湖源乡	主　席	丁建军	2012.1–2015.1
	副主席	汪尚水	2012.1–2015.1
万市镇	主　席	项开诚	2012.1–2015.1
	副主席	许波平	2012.1–2015.1
洞桥镇	主　席	许玉钧	2012.1–2015.1
	副主席	陈铁强	2012.1–2014.9
		王春荣	2014.9–2015.1

第三节　工作职责

乡镇人大主席团工作职责

1. 组织开好乡镇人民代表大会；

2. 组织开好主席团会议；

3. 认真履行监督职责；

4. 做好乡镇人大代表议案建议的督办工作；

5. 加强和改进乡镇人大宣传工作；

6. 认真开展乡镇人大代表主题实践活动；

7. 认真组织开展闭会期间乡镇人大代表活动；

8. 认真做好乡镇人大代表联系选民工作；

10. 改进和加强对乡镇人大代表的服务工作；

11. 不断加强与市人大常委会的工作联系；

12. 切实加强乡镇人大的自身建设。

乡镇人大主席、副主席闭会期间职责

1. 组织乡镇人大代表检查本级人民政府执行宪法、法律、法规以及上级人民代表大会及其常务委员会和本级人民代表大会决议、决定的情况；

2. 联系乡镇人民代表大会代表，组织代表开展活动，为代表执行代表职务提供必要的条件和服务；

3. 组织乡镇人大代表视察、执法检查、调查和评议本级人民政府的工作；

4. 检查督促本级人民政府和有关组织办理乡镇人大代表提出的建议、批评和意见的工作；

5. 听取和反映人大代表和人民群众的意见和建议，受理人民群众来信来访；

6. 受上一级人民代表大会及其常务委员会的委托，联系在本行政区域内的上级人民代表大会代表，办理上一级人民代表大会及其常务委员会交办的事项；

7. 做好乡镇人民代表大会下次会议的准备工作；组织进行乡镇人民代表大会代表的补选或者罢免；

8. 处理乡镇人大其他日常工作。

9. 乡镇人民代表大会主席或者副主席，每年应当向本级人民代表大会报告闭会期间的工作。

乡镇人民代表大会监督本级财政职责

1. 审查批准乡镇财政预算和预算执行情况报告；

2. 审查和批准乡镇财政预算调整方案；

3. 审查和批准乡镇财政决算；

4. 撤销乡镇人民政府关于财政预算、决算不适当的决定和命令。

乡镇人大主席团监督本级财政职责

1. 初审本年度财政预算草案、预算调整方案和上年度财政决算草案；

2. 年度预算执行过半时，对预算执行情况进行审议；

3. 乡镇人民政府提出调整预算报告时，对调整预算报告进行初审，决定是否提交人民代表大会审查批准；

4. 接受乡镇人民政府报送的财政性资金投资重大项目的备案，决定是否对其中的有关项目进行审议；

5. 监督乡镇公有资产营运和其他财政收支情况以及人民政府负债情况；

6. 检查监督乡镇人民政府贯彻执行财政法律法规的情况。

第四章　闭会期间主要工作

1954 年制定的《宪法》规定,召开乡镇人民代表大会时，依法选举产生大会主席团，由主席团主持会议，会议闭幕主席团自然完成历史使命。

1966 年 5 月底前，刚完成乡镇第六届人民代表大会代表选举，并召开各人民公社、镇人民代表大会第一次会议后，“文化大革命”开始，人民公社、镇人民代表大会停止活动。

1980 年 11 月–12 月，根据《地方组织法》规定，富阳县 42 个人民公社、镇，先后召开第七届人民代表大会第一次会议。自此，人民公社、镇革命委员会历史终止，人民公社、镇人民代表大会制度重新恢复。此后，乡（人民公社）镇人大主席团成员活动、代表小组活动，由乡（人民公社）镇党委副书记负责组织。乡（人民公社）镇人民代表大会闭会后，以乡镇代表小组活动为主，活动内容主要是反映当地民情民意，反映方式是以人大代表个人或联名书面提出，由乡镇人民政府以口头或书面答复人大代表。通过人大代表小组活动渠道，推动和促进乡镇人民政府的各项工作。1989 年 12 月，浙江省人大常委会颁布《浙江省乡镇人民代表大会主席团组织条例》。1990 年 2 月，根据条例规定，在各乡镇召开的第十届人民代表大会第一次会议上，选举产生乡镇人民代表大会主席团常务主席，并在16个乡镇中首次配备专职人大常务主席，主持乡镇人大日常工作。1995年2月，第八届全国人大常委会第十二次会议修改的《地方组织法》，进一步明确乡镇人大主席、副主席的法律地位和职权。是年，富阳市25个乡镇配备了15名人大主席、10名兼职人大主席及4名专职人大副主席，还配备了专（兼）职的人大工作人员，并将乡镇人大工作活动经费纳入乡镇财政预算。从此，乡镇人大工作和活动步入正常化、制度化、规范化轨道。

1996年，富阳市人大常委会正、副主任建立分片联系制度，指导乡镇人大制订年度工作计划和代表活动计划、议事制度和代表议案督办制度等，协助完善乡镇人大主席的工作职责。为了加强乡镇人大工作，2010年以后，乡镇人大设立了人大工作办公室，配备人大干事1人，明确其职级为乡镇机关中层干部。

乡镇人大常年性工作有监督、检查、调研、视察、审议、联系代表等多项工作，择其主要的记述如下。

第一节　审议监督

审议监督主要是对乡镇人民政府年度工作报告，财政预决算报告，议案、建议办理情况报告及乡镇人民政府承诺办理的实事，进行审议并监督其执行情况，促使议案和实事达到如期要求和落实。

1993年5月7日，高桥镇人大主席团召开全体成员会议，听取和审议高桥镇人民政府关于高桥镇建设总体规划报告，“一优两高”农业和工业发展情况报告，并对镇第十一届人大一次会议上提出的10件实事和人大代表提出的议案、意见落实处理情况进行督查。1996年7月12日，富阳镇人大主席团召开全体会议，听取镇人民政府上半年农业生产、工业发展、计划生育等9个方面的工作情况汇报。特别是对上半年财政收支和预算执行情况，“严打”工作开展情况等进行督查。1999年3月，灵桥镇人大主席团将镇第十三届人大一次会议提出的15件议案和建议交镇人民政府办理。同年7月29日,洞桥镇人大召开人大主席团会议，审议镇人民政府上半年工作，对财政收支、社会稳定、实事工程进行检查。2000年3月31日，三山镇人大主席团召开会议，听取镇人民政府关于第十三届人大二次会议上代表提交的议案和意见办理情况的汇报，并对校舍建设、电视线路改造、老坟山水库管理等提出意见和建议。2000年5月10日，大源镇人大主席团召开会议，讨论分析镇第十三届人大二次会议人大代表所提出的议案、建议办理情况，并督促镇人民政府尽快落实。2001年3月21日，常安镇人大召开辖区内市人大代表和部分镇人大代表会议，分析2001年镇人民政府工作，协助镇人民政府厘清发展思路，提出“围绕一个主题，改善二大环境，抓好五件大事”的工作目标，共商常安发展大计。是年5月，场口镇人大充分发挥代表监督作用，配合市人大常委会，开展对市林业局行政执法工作评议和市民政局局长的述职评议工作。2001年7月18日，新登镇人大召开主席团会议，听取镇人民政府半年工作汇报，建议镇人民政府为民办好自来水厂引水工程等10件实事。2002年春，新登镇召开镇人大主席团会议，听取镇第十五届人大一次会议代表提出的关于继续办好“半山桃花节”等44件议案和建议落实情况。2001年10月17日，上官乡人大主席团召开会议，听取乡人民政府向人大代表通报三项重点议案、建议的落实情况和乡人民政府近期的中心工作，要求人大代表参与监督。2005年5月25日，春建乡人大主席团组织全体成员，听取乡人民政府关于环保工作的汇报后，重点抽查造纸、塑料、化工、洗矿等四家企业。2008年5月上旬，万市镇人大主席团通过调查，督促镇人民政府及其职能部门对49件人大代表议案逐一予以答复。2009年3月，组织人大代表对《集镇建设总体规划》进行论证。2010年11月24日，渌渚镇人大主席团牵头组织辖区内市、镇人大代表、市党代表、市政协委员，督查镇人民政府近一年的工作，并对本镇码头资源优势、矿山资源优势的发挥，对制砂业整治、污染治理和村干部队伍建设等方面提出建议意见。2012年，胥口镇人大按季度对镇人民政府工作进行督查，推动镇人民政府承诺的8件实事工程取得成效。

2013年1月8日，渔山乡召开人大主席团扩大会议，审议“乡人民政府工作报告（草案）”、“乡人民政府财政预决算报告（草案）”和“乡人大主席团工作报告（草案）”，并提出意见和建议。1月29日，常绿镇人大主席团召开全体成员会议，会上审议“镇人民政府工作报告（草案）”，在肯定2012年镇人民政府工作的基础上，对下一年的镇人民政府工作提出意见和建议。5月22日，新桐乡人大主席团召开会议，听取和审议乡人民政府关于“清洁城乡，环境治理”的工作汇报，对村与村之间工作不平衡、个别项目进展缓慢等问题提出意见和建议。6月14日，湖源乡人大组织主席团成员和辖区内市人大代表列席乡人民政府班子会议，听取项目推进情况通报，针对梳理出的存在问题和下一步重点工作，提出意见和建议。2013年11月1日，环山乡人大召开第十六届人大三次会议，听取2012年度乡民生工程督查情况汇报，并邀请部分选民旁听，增强乡人大主席团、人大代表与选民的沟通联系。2014年5月9日，万市镇人大组织召开议案建议提议代表和镇人民政府相关承办人会议，对镇第十六届人大四次会议大会议案、代表建议进行答复。7月9日，场口镇人大组织辖区内市人大代表对“一府两院”工作报告和市第十五届人大三次会议代表议案建议办理情况报告进行了集中审议。7月9日，常绿镇人大召开半年度政情报告会，镇人大主席团成员、部分镇人大代表和市人大代表参加，会议听取和审议了常绿镇人民政府上半年工作开展情况及下半年工作思路的报告，结合常绿实际提出了建议。2014 年 7 月 24 日，常安镇人大召开半年度政情报告会，镇人民政府负责人向全体与会代表报告了镇人民政府上半年经济社会发展情况及下半年主要工作安排，镇人大主席团全体成员、部分镇人大代表、在镇市人大代表和杭州市人大代表参加审议。11 月 4 日，新桐乡人大召开主席团会议，听取和审议乡人民政府今年以来“五水共治”工作、投资项目票决制、重大项目推进和新农村建设等工作落实情况。

第二节　视察检查

视察检查主要是指本乡镇行政区域内，在贯彻执行国家相关法律法规、上级人民代表大会及其常委会的决议、民生工程落实和办理等情况进行视察检查，促进了乡镇人民政府严格执法，依法办事。

1992 年 6 月 12 日，洞桥镇人大主席团组织部分县、乡两级人大代表视察 1991 年遭受“9 · 17”洪灾的大乐、袁家两村水毁工程恢复和群众生活情况，督促镇人民政府采取措施，解决缺粮等暂时困难。1995 年 5 月 4 日，高桥镇人大主席团组织全体成员和辖区内部分市人大代表，到唐家坞、水坞、部村等，对《土地法》执行情况视察检查，要求镇人民政府加大宣传力度，采取有效措施，严肃土管法纪。1998 年 9 月上旬，富阳镇人大按照富阳市人大常委会的要求，开展 “两法一条例”的执法检查，召开 15 所中小学和成校校长会议，听取汇报，研究措施，控制流生，会后，干部、教师亲自上门做好工作，让 16 名流生返校就读。1999 年 4 月 7 日，渌渚镇人大组织镇人大代表视察山亚标准堤、新阳西坞水库和沿江排涝设施等水利工程。5 月,环山乡人大主席团组织辖区内市、乡两级人大代表，对全乡土地管理和集镇建设情况进行检查，对有关非法占用耕地、街道两旁违章搭棚等有损镇容镇貌等现象，要求坚决清理。2000 年 6 月 7 日，上官乡人大组织部分乡人大代表，对全乡教育设施进行视察检查，促进“创教育强镇”成果的巩固。2001 年 4 月 28 日，春建乡人大组织部分人大代表，检查《建筑法》执行情况，实地视察上俞村的“拆违”，下俞村的引水工程和中学校舍建筑工程。9 月，永昌镇人大主席团成员，赴镇中学、幼儿园、镇中心小学视察教育工作，对进一步改善办学条件提出意见和建议。2002 年下半年，受降镇人大主席团成员，视察镇中学、镇中心小学和镇成校，了解各校办学情况，并要求镇人民政府进一步加大教育投入，尽快落实中学迁建、二小扩建等工程。2003 年 8 月 4 日，大源镇人大主席团，组织全体成员和镇内市人大代表，视察镇工业园区，就如何加快三期土地预征等方面提出建议。10 月 31 日，新桐乡人大主席团，组织市、乡两级人大代表视察汤新线公路工程、乡人民政府办公楼及三狮水泥工程的进展情况，有力促进新桐乡经济社会的发展。2004 年 3 月 16 日，洞桥镇人大主席团，组织全体成员及在镇市第十三届人大代表，对镇重点水利工程、病危水库进行全面监督检查。2005 年 5 月，配合创建省生态市和《环保法》《杭州市饮用水水源保护条例》等重大事项开展执法检查，富阳市 21 个乡镇人大主席团都参与这一活动。5 月，常绿镇人大主席团组织检查组，督促镇人民政府以创建杭州市生态镇为契机，切实加强对“一法一条例”的执行力度，促进常绿生态环境进一步好转。5 月 21 日，湖源乡人大主席团，组织辖区内市、乡两级人大代表对境内造纸厂、轧砂厂、养殖场及壶源溪污染情况进行检查，督促企业增加防污设施。2007 年 5 月 31 日，万市镇人大主席团，组织全体成员和辖区内市人大代表共 15 人，对境内的杭州市重点工程项目——胥高公路建设情况进行视察检查。2008 年 6 月 11 日，新登镇人大主席团，组织全体成员对全镇水利工程建设和防汛工作进行督查。2009 年 6 月 4 日，灵桥镇人大主席团，组织镇内市人大代表一行 18 人，视察灵桥卫生服务中心、光明村卫生服务站、工业功能区污水处理厂和王家宕村农居点等工程。9 月 20 日，场口镇人大主席团，邀请场口片部分市人大代表，视察场口新区，先后视察百丈畈工业区块建设工程、农民公寓工程及大桥路拆迁地块工程项目等。2010 年 6 月 10 日，里山镇人大主席团，组织辖区内市、镇人大代表和各村党支部书记、主任参加，视察安顶公路改扩建工程进展情况，确保高山西瓜上市前小车通行，并提出梅雨季节做好地质灾害防范的要求。2010 年 3 月 31 日，万市镇人大组织主席团全体成员，视察槎源坞村多功能林道兼防火隔离带建设、地质灾害搬迁农居点建设和彭家村烂田坞水库加固工程等建设情况，并对清明时节防火措施进行督查。4 月初，上官乡人大主席团，组织部分乡人大代表深入上官乡中心小学、幼儿园进行视察，排查安全隐患，提出 4 条整改意见，确保校园安全措施落到实处。5 月 11 日，渌渚镇人大主席团，组织辖区内市人大代表，对本镇“富阳孝子湾文化公园”建设等重点工作进行督查，促进文化品牌工程的建设。11 月中旬，龙门镇人大主席团，组织部分镇人大代表，对镇内“两违” 防控工作进行视察，并提出加强农居点规范管理、落实信息员巡查职责等两项建议。2011 年 4 月 21 日，永昌镇人大主席团，组织辖区内部分市、镇人大代表，察看永昌溪和青河、唐昌、永昌等三村的防汛工作及水利设施建设情况，确保安全度汛。5 月 17 日，新登镇组织人大主席团全体成员及辖区内市人大代表，察看新登二中新址和松溪辅导小学选址，对镇域内 1 所高中、2 所初中、1 所成校、4 所小学和 1 个幼儿教育集团的布局提出建设性意见。6 月 9 日，胥口镇人大主席团，组织辖区内市人大代表和部分镇人大代表，视察平畈工业平台建设现场、集镇新街二期建设工地和里坞村土地综合开发整治现场，查看安全措施、人员配置、责任落实、制度执行和台账资料等，推进重点在建项目顺利进展。2012 年 5 月 4 日，常安镇人大主席团，组织辖区内市人大代表，对正在建设中的镇中心小学、镇社区卫生服务中心、镇敬老院等重点工程进行视察，并将视察中征集到的意见建议，梳理后及时反馈给镇人民政府。5 月 21 日，场口镇人大召开主席团全体成员、镇内市人大代表及镇人民政府分管计生工作领导、业务科（室）负责人、各村计生专管员会议，分析当前计生工作存在的困难和问题，建言献策，着力开创计生工作新局面。2013 年 4 月 23 日，渔山乡人大主席团，组织辖区内两级人大代表共 26 人，对农产品质量安全、“禽流感”防控等进行检查，共检查家禽养殖场 8 家、生猪养殖场 4 家、豆制品制作作坊 2 家和农贸市场。11 月 29 日，新登片人大代表中心组 40 余名市人大代表，实地视察新登新区、南四城防工程及贤明中学，详细了解新登镇在小城市培育建设中的功能定位、基础设施建设等相关情况。12 月 10 日上午，渌渚镇人大组织人大代表，开展镇人民政府实事工程及洁美乡村工作情况视察。2014 年 3 月 5 日，常安镇人大组织辖区市人大代表，视察省重点项目“锦绣富春”运动休闲综合体，镇党政主要负责人陪同视察。3 月 28 日，胥口镇人大组织镇人大主席团成员、辖区市人大代表，对镇人民政府“五水共治”工作进行视察，镇人民政府相关分管领导陪同视察。5 月 29 日，新登镇人大主席团，组织辖区市人大代表开展水利建设和防汛工作视察活动，通过“一看、二听、三议”的形式，力求视察活动取得实效。根据富阳市人大常委会的工作安排，6 月，场口、龙门镇市人大代表小组组织市人大代表，邀请市人大常委会部分领导，联合定向视察市公安局，代表们先后视察了市看守所、110 指挥中心，听取了相关负责人有关工作情况的汇报。7 月，灵桥镇市人大代表小组组织市人大代表，邀请市人大常委会部分领导参加，联合定向视察市环保局，代表们先后视察了灵桥污水处理厂和春南污水处理厂，重点关注造纸企业刷卡排污及污水处理设施运转情况。同月，大源镇市人大代表小组组织市人大代表，邀请市人大常委会部分领导参加视察，定向视察市交通运输局，听取市交通局关于道路交通情况汇报，视察组提出加大对农村公路改建投入力度等意见和建议。2014 年 7 月 4 日，永昌镇人大主席团，组织主席团成员和部分市、镇两级人大代表，实地视察了唐昌溪溪堤整治、松溪永昌村段溪堤综合治理、长盘村农村环境综合整治以及2014年市政府为民办实事工程之一的永昌镇中心小学改扩建工程。7 月 9 日，场口镇人大组织辖区内市人大代表视察了“三江两岸”整治项目场口段工程。同日，洞桥镇人大主席团，组织镇内全体市人大代表，实地视察了文村溪河道及溪堤整治改造工程，大力推进省级综合试点工程，美丽宜居村庄建设。7 月 10 日，渌渚镇人大主席团，组织镇内市人大代表、镇人大主席团成员，视察镇重点项目建设情况，实地视察了新港村文化礼堂建设、“独流入海”工程和富春江沿岸绿道建设，以及南新线改扩建工程新浦村段建设情况。11月28日下午，新登镇组织部分市第十五届人大代表小组成员，到市城管执法局开展定向视察活动，代表们就开展市容综合整治、加强新登小城市管理力度等方面提出了意见和建议。

第三节　其他工作

乡镇人大组织开展的其他工作，主要是专项学习培训、执法评议和述职评议、规范乡镇人大工作制度、考察交流等方面。

1999年3月30日，新登镇人大组织全体镇人大代表，参加新修订的《土地管理法》法制培训，使人大代表充分认识到学习法律法规的重要性、紧迫性。1999年初，高桥镇人大主席团，制定议事制度，使人大主席团的议事形成常态化，并提高议事质量。2000年6月15日，大源镇人大组织部分人大代表，评议大源派出所的执法工作，促进派出所公正执法，依法办事。7月11日，胥口镇人大召开镇人大代表会议，对市公安局局长、市计生委主任和市水电局局长近年来的执法工作、服务态度、办事效率等方面进行评议。7月11日，里山镇人大主席团，组织主席团成员学习《乡镇人民代表大会主席团组织条例》，加强自身建设。9月27日，富阳镇人大组织100余名人大代表，参加学习《代表法》培训班，使代表进一步明确自己的职权和义务。2003年5月，灵桥镇人大主席团，在市人大常委会指导下，开展创建“代表之家”活动，在完善人大基础工作，发挥代表作用方面作了有益探索。2004年5月至6月，受降镇组织镇人大代表，开展对副镇长进行述职评议，评议会后，在梳理人大代表和调查小组意见和建议基础上，由人大主席团以文件形式向述职干部反馈，督促述职干部限期整改。2007年7月10日，高桥镇人大主席团，举办55名镇人大代表参加的学习培训班，请原杭州市人大代表工委领导前来授课，使人大代表知道自己必须履行的职责。2008年11月3日，渌渚镇人大主席团组织镇内市、镇人大代表20余人，赴义乌市佛堂镇和城西街道的七一村，考察学习土地流转、集约经营、科学利用等方面的工作经验。12月，万市镇人大主席团召开镇内市、镇人大代表座谈会，专题讨论岩石岭库区段公路拓宽，建议市人民政府解决龙羊交通瓶颈问题。2009年8月6日，场口镇人大主席团，组织“代表主题实践月”活动，辖区内市、镇人民代表共18人，捐款1万余元，慰问4户困难群众。2010年5月27日，大源镇人大主席团，组织辖区内市人大代表，走访大源国税所等基层站所，提升代表的知情权，了解经济社会各项事业的发展情况。同年8月上旬，常绿镇人大主席团，组织辖区内市、镇两级人大代表，围绕“清洁城乡，美化家园”这一主题，开展“代表主题实践月”活动，对镇中心小学异地迁建、农村饮用水、垃圾中转站等工程和“杭州市卫生镇”创建工作，提出20多条建议。10月15日，常安镇5位市人大代表，在市慈善总会常安分会成立大会上，共捐“留本冠名”善款401万元、“维稳救助基金”8万元，为促进“和谐常安”作出贡献。12月9日，洞桥镇人大主席团，牵头组织该镇的市人大代表、市党代表和市政协委员，赴湖源乡窈口村、常安镇永安山庄、大源镇贬口村新农居点、里山镇大安顶经济开发区和春江街道八一村考察取经，为本镇“富春山居 美丽乡村”建设积累经验。2012年7月25日，环山乡召开第十六届人大主席团第二次全体成员会议，乡党政领导、辖区内市人大代表参加，会议围绕“联系选民 服务发展”主题进行研讨，并表决通过《乡人大主席团议事规则》和《乡人大主席团会议制度》。10月26日，上官乡人大组织辖区内市、乡两级人大代表培训，重点学习《代表法》《监督法》《乡人大代表联系选民办法》等法律法规和规章制度，使人大代表明确自己的法律地位和权利义务。2013年8月29日，龙门镇人大主席团，结合每月“走访巡视日”开展主题实践活动，这次活动的主题是“关心母亲河溪，查找污染源，恪尽代表职责”，为呵护龙门青山绿水提出意见建议。2013年，场口镇人大倡议，针对每年农历八月十五至来年正月十七农村旧时“过节”习俗，人大代表带头参与“富美场口 文明过节”活动。11月14日，环山乡人大代表和环山乡中心小学，共同发起“为贵州贫困山区孩子募捐”活动，共募集捐款1.1万余元，送往贵州贫困山区，帮助贫困山区孩子度过一个温暖冬天。11月20日，灵桥镇人大召开代表履职交流会，在会上评出两名优秀人大代表。2014年7月17日，渔山乡人大组织市、乡两级人大代表，积极参加无偿献血活动， 27名代表参加了此次献血。

第六编

人　物

本编目录

第一章　人物简介

第一节　各界人民代表会议常委会主席(主任)

各界人民代表会议常委会主席（主任）收录富阳县主席（主任）3 名、新登县主席 1 名。以任职时间先后为序。

刘俊芝（1918-1989），曾用名刘生智。山东沂水人，中共党员。1939 年 5 月，在沂水县黄崖头加入中国共产党，同年 8 月任城子乡党总支组织委员兼村党支部书记。1939 年至 1946 年 11 月，曾任沂水县城区自卫团长、城区朱陈乡党总支书记兼分队指导员、边联县张庄区区委书记兼区中队指导员、边联县委组织部长等职。1946 年 11 月至 1949 年 2 月，先后任沂中县委组织部长、沂中县委代理书记、书记等职。1949 年 2 月，随军南下到富阳县。1949 年 6 月-1951 年 8 月，任中共富阳县委书记。1950 年 5 月-1951 年 9 月，任富阳县县长。1950 年 10 月-1951 年 10 月，任富阳县第一届第二次、第二届第一次各界人民代表会议常务委员会主席。

牛树祯（1923-？），山东沂水人，中共党员。1944 年 7 月任村青救会会长、党支部书记、民兵指导员。参加工作后，曾任沂城区工委组织干事、区委组织委员、金泉区委委员、金泉区委副书记、书记。1949 年 5 月随军南下，历任中共富阳县委委员、县委组织部长兼团县委书记、县委副书记、书记等职。1951 年 11 月-1954 年 7 月，任富阳县第二届各界人民代表会议常务委员会主席。

张远达（1918-2008），山东莱芜人，中共党员。1950 年 4 月-1954 年 7 月，历任富阳县人民政府副县长、县长，中共富阳县委委员，富阳县第一届、第二届各界人民代表会议第一至第三次会议常务委员会副主任（席）、第二届各界人民代表会议第四至第六次会议常务委员会主席。

王耐诚（1909–1983），山东莱芜人，中共党员，初中文化。1938年1月–1943年5月，曾任八路军战士、班长、排长、政治干事；1943年6月–1949年1月，任山东省新浦、新泰两县人民政府粮食和财政科科长；1949年6月–1953年12月，历任新登县人民政府县长、中共新登县委委员、副书记、兼任新登县第一、第二届各界人民代表会议常务委员会主席。

第二节　第七至第十五届人大常委会主任 副主任

本节收录富阳市（县）第七至第十五届人大常委会主任、代理主任、副主任40名。先以正、代、副职务分类，后以任职先后为序。在同一届任职的，按选举时大会公告顺序排列。

郭善龄（1924 – 1990）男，汉族，山东沂南人，高小文化，中共党员。1946年3月参加工作。历任新登县龙羊区区长、区委书记、新登县委组织部副部长、部长；新登县委副书记；桐庐县委副书记、县长；桐庐县生产办公室副主任；桐庐县党的核心小组副组长、县革委会副主任；富阳县委副书记、县革委会副主任；富阳县委副书记、富阳县第七届人大常委会主任、党组书记。

张书声（1923 – ）男，汉族，山东庆云人，中共党员。1948年参加工作。历任建德县县长、建德县委书记，淳安县委书记，富阳县委书记，富阳县第七届人大常委会主任、党组书记。

郑传苟（1929 – 2012）男，汉族，浙江富阳人，高小文化，中共党员。1951年4月参加工作，历任富阳县四合乡乡长；新登县湘主乡党总支书记；桐庐县桐君公社书记、桐君区委副书记、横村公社书记、横村联络组组长、桐庐县委常委兼组织部长；富阳县革委会副主任、副书记；富阳县委副书记；富阳县第八届人大常委会主任、党组书记。

洪德森（1930－ ）男，汉族，浙江淳安人，初中文化，中共党员。1949年12月参加工作。历任淳安县委监委副书记、县委委员、港口区工委书记、临岐区委副书记；淳安县委办公室主任、县委委员；大市公社书记、大市区委书记、县委委员；淳安县委宣传部副部长、县委副书记、县人民政府县长；淳安县委常委、县革委会委员、县政工组副组长；淳安县委副书记；富阳县委副书记、县革委会主任；副书记、县人民政府县长；富阳县委书记、杭州市委委员；富阳县第九届人大常委会主任、党组书记；杭州市人大常委会委员。

刘　鸿（1933－2010）男，汉族，浙江富阳人，初中文化，中共党员。1951年4月参加工作。历任富阳县南安公社党委书记、新登镇党委书记；富阳县委、县革委会办公室副主任、主任；富阳县委委员、县人民政府副县长、党组成员；富阳县人大常委会副主任、党组副书记；富阳县第十届人大常委会主任、党组书记。

葛扬安（1937－ ）男，汉族，浙江诸暨人，中专毕业，曾为中共党员（因刑事犯罪开除）。1959年8月参加工作。曾任富阳县水电局副局长、党组成员；县水电局党委副书记、副局长；县水电局党委书记、局长；富阳县人民政府副县长；富阳县委常委、县人民政府副县长；1993年3月24日，当选为富阳县（市）第十一届人大常委会主任、党组书记。1997年1月27日，富阳市人大常委会主任职务依法终止。

王金水（1945－ ）男，汉族，浙江绍兴人，大学学历，中共党员。1968年12月参加工作。历任中共富阳县委组织部副部长；富阳县委常委、纪委书记；县委常委、组织部长；县委副书记；富阳市委副书记；市委副书记、市政协主席；富阳市委副书记、市政协主席、市人大常委会党组书记；富阳市第十二届人大常委会主任。

佟桂莉（1969－　）女，汉族，黑龙江五常人，大学学历，在职省委党校研究生，中共党员。1990 年 7 月参加工作，历任共青团杭州市委青工部副部长；共青团杭州市委常委、青工部副部长、部长；共青团杭州市委副书记、党组成员；共青团杭州市委书记、党组书记；中共第八、第九届杭州市委委员、共青团中央第十四届委员会委员；富阳市委副书记、富阳市委书记；富阳市委书记、富阳市第十三届人大常委会主任。

徐文光（1968－　）男，汉族，浙江诸暨人，大专学历，在职省委党校研究生，中共党员。1990 年 8 月参加工作，历任诸暨市人民政府办公室副主任；诸暨市物价局副局长；诸暨市枫桥镇党委副书记、镇长；枫桥镇党委书记、人大主席；上虞市委常委、市纪委书记；上虞市委副书记、市纪委书记；上虞市委副书记；市人民政府代理市长、市长；富阳市委副书记、市人民政府代理市长；富阳市委书记；富阳市第十四届人大常委会主任、党组书记。

汤金华（1963-　）男，汉族，浙江富阳人，在职大专学历，中共党员。1981 年 8 月参加工作。历任富阳县春江乡党委副书记、乡长；富阳市高桥镇党委副书记、镇长、党委书记、人大主席；富阳市富阳镇党委副书记、镇长；富阳镇党委书记、人大主席；富阳市富春街道党工委书记、富春街道人大工委主任；富阳市委办公室主任、政研室主任、保密局局长；富阳市委常委、市人民政府副市长、党组副书记；富阳市委副书记、政法委书记；富阳市人大常委会党组副书记；富阳市第十五届人大常委会主任、党组书记。

周银铃（1941－　）男，汉族，浙江杭州人，高中文化，中共党员。1958 年 6 月参加工作。历任富阳县人武部副部长、部长、党委副书记、杭州军分区党委委员；富阳县委常委、县人武部政委、党委副书记；富阳县（市）第十一届人大常委会副主任、党组副书记；富阳市第十一届人大常委会代理主任；富阳市第十二届人大常委会副主任、党组副书记。

汪锦汉（1946－　）男，汉族，浙江富阳人，高中文化，中共党员。1964 年 4 月参加工作，历任富阳县人民检察院党组成员、副检察长；富阳县人民法院党组书记、院长；富阳县委委员、县人民法院党组书记、院长；富阳县委常委、县人民法院党组书记、院长；富阳县委常委、政法委书记、县人民法院党组书记、院长；富阳县委常委、政法委书记，县公安局党委书记、局长；富阳市委常委、政法委书记、市公安局党委书记、局长；富阳市委常委、政法委书记；富阳市第十二届人大常委会副主任、党组副书记；富阳市第十三届人大常委会副主任、党组书记；富阳市第十三届人大常委会代理主任、党组书记。

华爱金（1955－　）女，汉族，浙江富阳人，在职大专学历，中共党员。1978 年 7 月参加工作，历任富阳县妇联主任；富阳市妇联主任；富阳市人民政府市长助理；富阳市人民政府副市长、党组成员；富阳市政协副主席、党组成员；富阳市第十四届人大常委会副主任、党组副书记；富阳市第十四届人大常委会代理主任、党组书记；富阳市人大常委会正市级巡视员。

张建华（1924－2002）男，汉族，山东沂南人，初中文化，中共党员。1944 年 5 月入伍。历任富阳县税务局局长，富阳县人民政府副县长，富阳县委常委、财贸部部长，县委副书记；富阳县委书记处书记，萧山县委书记处书记；富阳县委副书记、县人民政府县长；富阳县第七届人大常委会副主任、党组副书记。

范培忠（1925－2009）男，汉族，山东沂南人，初中文化，中共党员。1944 年 3 月入伍，历任新登县委手工业部副部长；新登县委委员、财贸部副部长；新登县委常委、宣传部部长；桐庐县委常委、横村区委书记；桐庐县委副书记；富阳县委常委、县人民政府副县长；富阳县财贸办公室主任；富阳县委常委兼财贸办公室党组书记；富阳县委委员、财贸办主任、党组书记；富阳县第七届人大常委会副主任。

李景祥（1930－1985）男，汉族，山东海阳人，初中文化，中共党员。1948年11月入伍。历任富阳县税务局副局长；富阳县财政、税务局局长；富阳县商业局副主任、物资局副主任；富阳县计委主任；富阳县第七届、第八届人大常委会副主任。

周文全（1932－　）男，汉族，浙江江山人，初中文化，中共党员。1951年3月入伍，历任浙江省军区司令部动员处参谋；杭州警备区司令部动员科科长；富阳县人武部副部长、部长、党委副书记；富阳县第七届人大常委会副主任。

陈顺德（1926－　）男，汉族，浙江富阳人，高小文化，中共党员。1949年3月参加工作。历任新登县湘主乡乡长、湘山区副区长；龙羊区副区长、区长；湘山区委书记；金河乡乡长、新登县农水局局长、副县长；桐庐县桐君公社党委书记、桐庐县窄溪公社党委书记；桐庐县窄溪区委书记；富阳县新登区委书记；岩石岭水库工程党总支书记；新登区委副书记、书记；富阳县第七届人大常委会副主任。

李志善（1920－1996）男，汉族，山东淄博人，初中文化，中共党员。1945年5月入伍。历任长兴县和平区委书记；中共富阳县青云区区长、青云区委副书记；富阳县贫下中农协会副主任；富阳县第七届人大常委会副主任。

李作运（1931－2006）男，汉族，山东乳山人，初中文化，中共党员。1947年7月入伍。历任富阳县计划委员会副主任；富阳县委文教部副部长；富阳县委宣传部副部长；桐庐县委宣传部副部长；富阳县委宣传部副部长、部长；富阳县委宣传部副部长兼县委党校校长；富阳县场口区委副书记；富阳县委常委、宣传部长；富阳县第七届至第十届人大常委会副主任、党组副书记。

吕关锡（1926－2008）男，汉族，浙江富阳人，初中文化，1956年11月参加工作。历任富阳县工商联副主委、主委；浙江省工商联执行委员、杭州市工商联常务委员；富阳县第七届人大常委会委员；富阳县第八届人大常委会副主任。

章一平（1931－　）男，汉族，浙江富阳人，高中文化，中国农工民主党党员。1956年2月参加工作，历任富阳县政协委员、农工民主党富阳市第一届主委、杭州市委员会委员；富阳市（县）第八届、第九届、第十届、第十一届人大常委会副主任。

王栋臣（1932－　）男，汉族，山东沂水人，初中文化，中共党员。1947年2月入伍。历任解放军一七六团连指导员；二十军炮兵123团助理员、股长；富阳县公安局教导员；富阳县委党校副主任；富阳县公安局局长；富阳县委常委、县人民政府副县长；富阳县委常委、县政法委书记兼公安局局长；富阳县第八届、第九届人大常委会副主任；富阳县政法委副书记、富阳县人大常委会党组成员；富阳县第十届人大常委会委员。

孙达火（1939－2009）男，汉族，浙江桐庐人，中专毕业，中共党员。1958年8月参加工作。历任中共富阳县委宣传部部委成员、副部长；县委办公室主任；县人民政府副县长、党组成员；富阳县第十届人大常委会副主任、党组成员；富阳市（县）第十一届人大常委会副主任、党组副书记。

朱茂翰（1934－2004）男，汉族，浙江富阳人，初中文化，中共党员。1950年10月参加工作，历任富阳县三山公社党委书记；富阳县场口区委负责人；富阳县农业局党委第一副书记、县农办副主任、县农办党组成员、副主任兼县农业局党组书记、局长；中共富阳县委委员、大源区委书记，县计生委主任、党组书记；富阳县人大常委会办公室主任、党组成员；富阳县第十届人大常委会副主任。

钟西平（1948－2015）男，汉族，浙江富阳人，大学学历，中共党员。1968年参军入伍，1972年11月参加工作。历任富阳县人大常委会办公室副主任；富阳县人大常委会党组成员、办公室主任；富阳市（县）第十一届人大常委会副主任、党组成员；富阳市第十二届人大常委会委员。

董文淦（1945－　）男，汉族，浙江富阳人，中专毕业，曾为中共党员（因刑事犯罪开除）。1963年3月入伍。历任中国人民解放军连长；5863、8963部队司令部作战参谋；富阳县计委党委委员、副主任；计委书记、主任；计委书记、主任、银湖综合开发区管委会主任；富阳县委委员、计委书记、主任；富阳县委委员、县人民政府副县长、党组成员；富阳市委委员、市人民政府副市长、党组成员；1998年3月19日当选为富阳市第十二届人大常委会副主任。2001年2月26日，富阳市人大常委会副主任职务依法终止。

邵　良（1961－　）男，汉族，浙江富阳人，大学学历，硕士学位，中学高级教师职称。1981年8月参加工作，历任富阳县大源中学校长、场口中学副校长、校长、富阳市二中校长；富阳县政协常委；富阳市教育委员会副主任；富阳市第十二届人大常委会副主任。

王传木（1943－　）男，汉族，浙江富阳人，在职大专学历，中共党员。1962年6月入伍。曾任中国人民解放军营教导员，1982年转业；历任富阳县人民检察院副检察长；富阳市（县）第十一届人大常委会法制工作委员会主任；富阳市第十二届人大常委会副主任。

俞正言（1949－2012）男，汉族，浙江富阳人，中专毕业，中共党员。1968年9月参加工作，历任富阳县人民政府办公室主任、党组书记；富阳县人民政府副县长、党组成员；富阳县人民政府副县长、党组成员；富阳市委常委、市人民政府副市长、党组副书记；富阳市第十二届、第十三届人大常委会副主任、党组副书记；富阳市人大常委会正市级巡视员。

王　晓（1949－　）男，汉族，浙江富阳人，大专学历，中共党员。1968年11月入伍，历任富阳县人武部副部长；富阳县人武部政委；杭州军分区党委委员、富阳县（市）人武部政委、党委副书记；杭州军分区党委委员、富阳市委常委、富阳市人武部政委；富阳市委常委；富阳市第十二届、第十三届人大常委会副主任、党组成员；富阳市人大常委会正市级巡视员。

王土田（1951－　）男，汉族，浙江淳安人，在职大专学历，中共党员。1966年12月参加工作，1969年1月应征入伍，曾任中国人民解放军连副指导员等，1978年转业。历任淳安县监察局副局长、局长；淳安县纪委副书记、监察局长；中共杭州市纪委委员、富阳市委常委、纪委书记；富阳市第十三届、第十四届人大常委会副主任、党组成员；富阳市人大常委会正市级巡视员。

徐松泉（1961－　）男，汉族，浙江富阳人，大学学历，1984年8月入伍。历任富阳中学副校长、校长；富阳县（市）政协副主席、富阳中学校长；富阳市第十三届、第十四届、第十五届人大常委会副主任等职。

华荣富（1954－　）男，汉族，浙江富阳人，大专学历，中共党员。1973年12月入伍，历任开化县人武部党委委员、办公室主任；浙江省衢州军分区党委委员，开化县人武部党委副书记、部长；浙江省衢州军分区党委委员，开化县委常委，县人武部党委书记、政委；富阳市第十三届、第十四届人大常委会副主任、党组成员；富阳市人大常委会正市级巡视员。

潘建平（1954－　）男，汉族，浙江富阳人，大学学历，中共党员。1971年3月参加工作，历任富阳县松溪人民公社党委委员、管委会副主任；松溪人民公社党委副书记、管委会主任；党委书记、管委会主任；富阳县松溪乡党委书记；富阳县农经委党委委员、副主任；富阳市新登镇党委副书记、镇长；新登镇党委书记；富阳市人民政府副市长、党组成员；富阳市第十四届人大常委会副主任、党组成员；富阳市人大常委会正市级巡视员。

孙柏平（1965－　）男，汉族，浙江富阳人，在职大学学历，会计师职称，中共党员。1983 年 8 月参加工作，历任富阳市财政局党委委员、副局长；富阳市财政局党委书记、局长、市地税局局长、市国资办主任（兼）；富阳市第十四届、第十五届人大常委会副主任、党组成员。

郎卫国（1964－　）男，汉族，浙江富阳人，大学学历，中共党员。1986 年 8 月参加工作，历任富阳市城乡建设局党委委员；富阳市建设局党委委员、副局长，富春江经济开发区建设分局局长；富阳市灵桥镇党委副书记、镇长；灵桥镇党委书记、人大主席；富阳市发展计划局党委副书记、局长；市发计局党委书记、市粮食局局长（兼）、市物价局局长（兼）；富阳市发展和改革局党委书记、局长、市粮食局局长（兼）、市物价局局长（兼）；富阳市第十四届、第十五届人大常委会副主任、党组成员。

祝一君（1963－　）女，汉族，浙江海宁人，省委党校研究生学历，1980 年 12 月参加工作。历任富阳市农业机械管理中心副主任；富阳市人民政府市长助理、鹿山街道办事处主任；富阳市政协副主席、市科技局局长；富阳市第十五届人大常委会副主任。

陈鸿麟（1963－　）男，汉族，浙江富阳人，在职大学学历，中共党员。1980 年 11 月参加工作，历任富阳市新登镇副镇长、党委副书记；富阳市洞桥镇党委书记、人大主席；富阳市万市镇党委书记、人大主席；富阳市新登镇党委书记、富阳经济开发区党委副书记（兼）、新登新区建设指挥部总指挥；富阳市交通局党委书记；富阳市第十五届人大常委会副主任、党组成员。

华之江（1961－　）男，汉族，浙江富阳人，中央党校大学学历，中共党员。1977 年 3 月参加工作。历任富阳市财政局党委委员、副局长；富阳市国税局党组成员、副局长；富阳市财政局党委书记、局长，市地税局局长、市国资办主任（兼）；富阳市第十五届人大常委会副主任、党组成员。

第三节　全国人大代表

本节收录富阳籍全国人大代表3名。其中，2名为地方人大系统逐级选举产生；1名为军队系统选举产生，从部队转业到富阳工作。

沈凤英（1914–2000），女，富阳市万市镇人。全国劳动模范，第二届全国人民代表大会代表。出身贫苦，7岁放牛砍柴，12岁随父下田干活。18岁时，父亲病重，挑起全家生活重担。为还债务，被迫卖身为奴。

新中国成立后，响应党和政府生产自救号召，组织“妇女伴工组”，上山垦荒种杂粮，带领乡亲度过灾年，受到村民爱戴和信任，被选为村妇女主任。在农业合作化运动中，带领村民组织互助组，发展初级和高级农业生产合作社。先后任互助组长、初级和高级农业生产合作社社长。1953年加入中国共产党。组织男女青年突击队，治理穷山恶水。主动捐出自家卖猪钱，作为集体买桑树苗的资金。带领群众在16座荒山上栽种桑苗150万株，首创“桑树上山”先例。全国20多个省、市代表赴万市参观取经。1953–1968年，先后担任万市村行政委员会主任、万市高级社理事会主任、中共万市分支部书记、新登人民公社副社长兼中共万市耕作区万市连队指导员、中共万市人民公社第一届委员会委员、中共万市生产大队支部书记。1973年、1979年，在富阳县第六届、第七届妇代会上当选为不脱产富阳县妇联副主任。至1982年底，退居二线。

克己奉公，终生未婚，所得奖金和生活积余全部用作集体公共积累。因无私奉献精神和突出贡献，1955年，被评为浙江省农林牧业劳动模范；1956年，被浙江省人民委员会授予农业劳动模范奖章，并被评为全国农业劳动模范；1957年，出席全国劳模大会；1958年，被农业部授予爱国丰产奖章，并出席全国妇女建设社会主义积极分子代表大会。1958年12月18日，她与其他6位代表应邀到周恩来总理家做客。1959年，出席第二届全国人民代表大会会议。国庆10周年，赴北京人民大会堂参加国庆招待会，并上天安门观礼台参加国庆阅兵观礼；是年，随团出访苏联、捷克、波兰、东德四国。

董丁荣（1919–2001），富阳市春江街道人。第五届全国人民代表大会代表。出身贫困农家。就读村小学 4 年后即辍学务农。1958 年加入中国共产党。

1949 年 5 月富阳解放，投身剿匪反霸、减租减息等运动。1950 年冬，村里开办农民夜校，主动担任夜校义务教师 4 年。1951 年 12 月，响应党的互助合作号召，联系数家农户，结成农业互助组。因组织领导有方，粮食产量和年收入均高于周围其他互助组。1953 年春，该互助组转扩为初级农业生产合作社，董丁荣任社长。1956 年，全村组建成高级农业合作社，任社理事会副主任。1958 年 10 月，春江乡改设人民公社，先后任生产大队管理委员会副主任、大队长等职。1970–1979 年，任八一村（生产大队）党支部书记。在村分管农业生产期间，推行科学种田，成立农业科学实验小组，建立试验田、丰产畈、良种繁育田、高产示范田等科学实验场地，购置农业科普读物，引导村民科学种田。1957–1963 年，八一生产大队先后被评为省农业先进单位和华东地区农业先进单位。

1961 年，被评为富阳县一等先进工作者。1963 年，被评为富阳县劳动模范、浙江省科技战线先进个人。被浙江省农科院作物育种栽培研究所聘为特约研究员。先后当选为中共春江乡（人民公社）第三、四届党代表大会代表及党委委员，并任第五届富阳县委委员；出席第三、四、五、六、七届富阳县人民代表大会，历任第五、六、七届富阳县人大常务委员会委员；担任富阳县科学技术普及协会第一、二届副主席（兼）；出席浙江省第三届人民代表大会会议。1978 年，当选为第五届全国人民代表大会代表。1979 年 10 月，辞去村党支部书记职务。1991 年，担任村老年协会会长，直至辞世。

柴金根（1942–　），男，浙江桐庐人。第五届全国人民代表大会代表。1958 年 8 月参加工作。1959 年 5 月，被新登国营机械厂评为“十好学徒”。9 月，出席金华地区先进青年、妇女代表群英大会。1960 年 4 月，加入了中国共产党。5 月，出席杭州地区先进青年、妇女代表群英大会。1961 年 8 月应征入伍，在部队历任战士、班长、副排长、副连长、连长、副营长、营长等职务。入伍 20 多年，曾先后 11 次被连、营、团、要塞区授予“学习毛主席著作积极分子”“五好战士”“守岛标兵”等光荣称号，被团以上机关嘉奖 13 次，荣立三等功 4 次、二等功 1 次。1978 年 2 月，当选为第五届全国人民代表大会代表。4 月，出席中央军委工程兵第三次党员代表大会，1982 年 8 月，列席浙江省第四届人民代表大会会议。

1984 年 3 月部队转业。先后任富阳县人事局科员、科长。1992 年 12 月，任中共富阳县委老干部局副局长。曾先后5次被评为老干部局先进工作者，5次被评为富阳县先进工作者，2次被评为富阳县优秀共产党员。被浙江省、杭州市老干部局评为老干部先进工作者各1次。

2002年6月退休。2008年后，担任富阳市委老干部局退休干部党支部书记。2010年和2012年，支部分别被评为富阳市和杭州市五好离退休干部党支部，多次被评为市（县）级离退休干部先进个人、党员积极分子、党员先锋等。

第二章　人物名录

本章收录富阳市（县）、新登县人民代表大会第一届至第十五届人大四次会议主席团、常务主席、秘书长；第七至第十五届人大常委会组成人员；历届人民代表大会选举（任命）的富阳市（县）、新登县人民政府市（县）长、副市（县）长；市（县）人民法院院长、市（县）人民检察院检察长；出席杭州市第六至第十二届人民代表大会代表和出席浙江省第一至第十二届人民代表大会代表名单。

第一节　历次人民代表大会会议主席团　常务主席　秘书长

根据有关法律和会议议程要求，历届历次人民代表大会举行预备会议时，通过大会主席团成员和秘书长名单，由大会主席团负责主持全体会议。从第七届人大四次会议起，每次会议由主席团推荐常务主席若干人。由常务主席负责召集主席团全体会议。主席团决定问题时，须由主席团全体成员过半数通过。秘书长则自始至终负责主持会议的秘书处工作。

第一届人大第一次会议

富阳县

（无考）

新登县

（无考）

第一届人大第二次会议

富阳县

主席团

章洪湘	范汝功	孙玉琢	王炳奎	张文广	张建唐	蒋文炳
金守淦	俞宗汉	韩焕康	沈剑霞	陈时根	刘镇美	曹立俊
陈荣安	刘崇寅	郎雪山				

新登县

（无考）

第一届人大第三次会议

富阳县

主席团

章洪湘	俞宗汉	陈时根	王顺泉	曹立俊	刘崇寅	葛彩娣
张文广	陈荣安	蒋文炳	柴江娣	俞生荣	金守淦	沈剑霞
张建唐	韩焕康	郎雪山				

新登县

（无考）

第二届人大第一次会议

富阳县

主席团

王炳奎	王顺泉	刘崇寅	陈荣安	陈时根	沈剑霞	郎雪山
金守淦	俞生荣	俞宗汉	孙玉琢	柴江娣	张建唐	张建华
章洪湘	曹立俊	葛彩娣	蒋文炳	戴显代		

秘书长

齐彦序

新登县

（无考）

第二届人大第二次会议

富阳县

主席团

王顺泉	刘崇寅	张永潮	陈荣安	陈时根	沈剑霞	汪良成
郎雪山	金守淦	周华荣	金浩林	周克勤	俞宗汉	孙玉琢
孙景春	柴江娣	张建唐	章洪湘	曹立俊	葛彩娣	

秘书长

俞宗汉

新登县

（无考）

第三届人大第一次会议

富阳县

主席团

王炳奎	王顺泉	张建唐	章洪湘	刘崇寅	陈时根	沈剑霞
金守淦	孙玉琢	俞宗汉	郎全美			

秘书长

齐彦序

新登县

主席团

孟锡五	徐熙成	陈顺德	张微垣	吴叔丹	卢渭生	田仲军
郭善龄	沈凤英	陈邦荣	刘荣仁	许桂荣	钟关海	

秘书长

田仲军

第三届人大第二次会议

富阳县

主席团

孟锡五	王顺泉	张建唐	章洪湘	俞宗汉	沈剑霞	金守淦
周华荣	周克勤	郎全美	施金洪	潘月娟	陈时根	许子金

葛彩娣	赵联泉	刘崇寅	骆海生	李　明

第四届人大第一次会议

主席团

王顺泉	王　铿	王士林	王银善	刘崇寅	李天和	沈凤英
沈剑霞	吴叔丹	孟锡五	郎全美	周华荣	范培忠	高德润
奚怀青	郭马顺	张建华	张建唐	崔全友	葛彩娣	潘月娟
韩焕康	卢渭生					

秘书长

齐彦序

第五届人大第一次会议

主席团

王　铿	王士林	刘崇寅	孙玉远	吕关锡	李天和	应关斌
沈凤英	沈剑霞	易少轩	郎全美	范培忠	崔全友	高德润
凌江根	奚怀青	郭马顺	张运钿	张建华	张建唐	曹立俊
董丁荣	韩焕康					

秘书长

齐彦序

第五届人大第二次会议

主席团

王士林	刘崇寅	孙玉远	吕关锡	李天和	应关斌	沈凤英
沈剑霞	易少轩	郎全美	范培忠	徐东顺	崔全友	高德润
凌江根	奚怀青	郭马顺	张运钿	张建华	张建序	曹立俊
董丁荣	韩焕康					

秘书长

陆俊书

第六届人大第一次会议

主席团

刘崇寅	应关斌	沈凤英	沈剑霞	吕关锡	邵金林	余大白
陈家福	陈金水	周克勤	金炳海	胡家鑫	胡永家	洪均培

张建华　曹立俊　夏行权　董丁荣　韩焕康　郦招娣　石维明
孙玉远　李景祥　李作运　范培忠　胡明珂　崔全友

秘书长

董仁源

第七届人大第一次会议

主席团主席

张书声

主席团副主席

洪德森　郭善龄　郑传苟

主席团成员

王玉屏　王良仟　王金水　王栋臣　申屠祖泉　孙水兰　华金娥
李作运　李志善　李定国　李景祥　李端银　汪家坤　沈　诚
余大白　张建华　张建唐　张绍富　张琴花　周文全　陈书君
陈顺德　陈朝录　陈渭泉　范培忠　金爽泉　洪建华　胡明潘
姚炎生　钟桂阳　钱　塘　唐永富　徐茂刚　葛华兴　蒋东元
董丁荣

秘书长

郑传苟（兼）

第七届人大第二次会议

主席团

王金水　申屠祖泉　孙水兰　吕关锡　华金娥　李作运　李志善
李景祥　沈　诚　张书声　张建华　张建唐　张绍富　张琴花
陈书君　陈顺德　陈朝录　郑传苟　范培忠　周文全　金爽泉
胡明潘　钟桂阳　徐茂刚　钱　塘　郭善龄　葛华兴　董丁荣
董关洪

秘书长

范培忠（兼）

第七届人大第三次会议

主席团：

王金水	申屠祖泉	孙水兰	孙长福	吕关锡	华金娥	杜关仁
李作运	李志善	李景祥	张书声	张建华	张建唐	张绍富
张琴花	陆宝庚	陈书君	陈顺德	陈朝录	郑传苟	范培忠
周文全	金爽泉	钟桂阳	郎渭虎	钱　塘	凌培法	郭善龄
葛华兴	董丁荣					

秘书长

范培忠（兼）

第七届人大第四次会议

主席团

王金水	申屠祖泉	吕关锡	华金娥	刘　鸿	孙水兰	杜关仁
李志善	李作运	李景祥	余大白	张书声	张建华	张建唐
张绍富	张琴花	陆宝庚	陈书君	陈金水	陈顺德	陈朝录
范培忠	金爽泉	周文全	郑传苟	钟建生	钟桂阳	郎渭虎
洪德森	钱　塘	凌培法	郭善龄	蒋关华	葛华兴	董丁荣

常务主席

张书声	郭善龄	李景祥	张建华	范培忠	周文全	陈顺德
李志善	李作运	刘　鸿				

秘书长

李景祥（兼）

第八届人大第一次会议

主席团

王栋臣	方锦珍	叶江敏	叶顺云	申屠祖泉	乐　竫	吕关锡
任志炎	刘　鸿	孙丁浩	李巨元	李作运	李定国	李清元
李景祥	杨荣华	张书声	张绍富	陈书君	陈华林	范培忠
罗丽娟	金爽泉	周银铃	郑传苟	洪德森	姚锡荣	倪金兰
徐松林	凌培法	郭芬兰	郭善龄	唐国政	章一平	蒋汉有
傅尚功	熊恩生					

常务主席

洪德森 张书声 郭善龄 郑传荀 熊恩生 李作运 李景祥
刘　鸿 徐松林 申屠祖泉

秘书长

刘　鸿（兼）

第八届人大第二次会议

主席团

王栋臣 方锦珍 叶江敏 叶顺云 申屠祖泉 乐　竫 吕关锡
任志炎 刘　鸿 孙丁浩 李巨元 李作运 李定国 李清元
杨荣华 张绍富 陈书君 陈华林 范培忠 罗丽娟 周银铃
郑传荀 俞正言 洪德森 姚锡荣 倪金兰 徐松林 凌培法
郭芬兰 郭善龄 唐国政 章一平 蒋汉有 傅尚功 熊恩生

常务主席

洪德森 郑传荀 郭善龄 熊恩生 李作运 刘　鸿 吕关锡
章一平 徐松林 申屠祖泉

秘书长

刘　鸿（兼）

第八届人大第三次会议

主席团

王栋臣 方锦珍 叶江敏 叶顺云 申屠祖泉 乐　竫 吕关锡
任志炎 刘　鸿 孙丁浩 李巨元 李作运 李定国 李清元
吴初升 汪广华 杨荣华 张绍富 陈书君 金永基 范培忠
罗丽娟 周银铃 郑传荀 俞正言 洪德森 徐松林 凌培法
郭芬兰 郭善龄 唐国政 章一平 蒋汉有 傅尚功 熊恩生

常务主席

洪德森 郑传荀 郭善龄 熊恩生 李作运 刘　鸿 吕关锡
章一平 徐松林 申屠祖泉

秘书长

李作运（兼）

第九届人大第一次会议

主席团

韦玉宇　王兰英　王金水　王忠叔　王栋臣　王　强　叶顺云
孙丁浩　吕关锡　任志炎　刘　鸿　刘瑞林　李作运　李定国
沈桂根　张芬娥　张高隆　张琴花　陈关浩　陆桂荣　周宝法
郑传苟　郭芬兰　俞俊臣　洪德森　凌培法　章一平　蒋汉有
蒋康林　裘夏年　熊恩生

常务主席

俞俊臣　周宝法　熊恩生　洪德森　郑传苟　李作运　刘　鸿
王栋臣　吕关锡　章一平

秘书长

刘　鸿（兼）

第九届人大第二次会议

主席团

韦玉宇　王兰英　王金水　王栋臣　叶顺云　孙丁浩　任志炎
刘　鸿　刘瑞林　李作运　张正浩　张芬娥　张高隆　张琴花
陆桂荣　陈关浩　陈荣富　茅泽民　金永基　郑传苟　郭芬兰
洪德森　凌培法　唐永富　黄荣良　章一平　蒋汉有　蒋康林
熊恩生

常务主席

唐永富　熊恩生　洪德森　郑传苟　王金水　刘　鸿　李作运
王栋臣　章一平

秘书长

刘　鸿（兼）

第九届人大第三次会议

主席团

韦玉宇　王兰英　王金水　王栋臣　叶顺云　任志炎　刘　鸿
刘瑞林　孙丁浩　李作运　张正浩　张芬娥　张高隆　张琴花
陈关浩　陈荣富　茅泽民　罗木强　罗贤根　金永基　郑传苟
洪德森　凌培法　郭芬兰　唐永富　黄荣良　章一平　蒋汉有

熊恩生

常务主席

唐永富	熊恩生	洪德森	郑传苟	王金水	刘　鸿	李作运
王栋臣	章一平					

秘书长

刘　鸿（兼）

第十届人大第一次会议

主席团

马银兰	王正元	王兰英	王金水	王栋臣	申屠水平	王锡培
吕玉生	朱茂翰	刘　鸿	孙达火	孙永校	李作运	李定国
余大白	陈乃斌	陈荣富	罗丽娟	周宝法	郑传苟	胡珠龙
洪德森	姚锡荣	徐松林	郭芬兰	唐永富	黄国铨	龚　萍
章一平	章汉传	章浩根	蒋汉有	葛扬安	蓝练根	

常务主席

唐永富	洪德森	周宝法	徐松林	郑传苟	刘　鸿	李作运
王栋臣	孙达水	章一平	朱茂翰	王金水		

秘书长

李作运（兼）

第十届人大第二次会议

主席团

马银兰	王正元	王金水	王栋臣	王锡培	吕玉生	朱茂翰
刘　鸿	孙永校	孙达火	孙茂昌	李作运	李定国	余大白
张本和	陈乃斌	陈荣富	罗丽娟	周宝法	郑传苟	胡珠龙
洪德森	姚锡荣	贾冠雄	徐苏敏	徐松林	郭芬兰	唐永富
黄国铨	龚　萍	章一平	章汉传	章浩根	葛扬安	蓝练根

常务主席

唐永富	刘　鸿	周宝法	徐松林	李定国	李作运	孙达火
章一平	朱茂翰	王金水	洪德森			

秘书长

李作运（兼）

第十届人大第三次会议

主席团

马银兰	王正元	王金水	王栋臣	王锡培	吕玉生	朱茂翰
刘　鸿	孙永校	孙达火	李作运	李定国	余大白	张本和
陈乃斌	陈荣富	罗丽娟	周宝法	郑传荀	胡珠龙	洪德森
姚锡荣	贾冠雄	徐苏敏	郭芬兰	唐永富	黄国铨	龚　萍
章一平	章汉传	章浩根	葛扬安	蓝练根		

常务主席

唐永富	刘　鸿	周宝法	罗丽娟	李定国	李作运	孙达火
章一平	朱茂翰	王金水	洪德森			

秘书长

李作运（兼）

第十一届人大第一次会议

主席团

马银兰	王金水	方礽臻	朱茂翰	朱寅传	刘　鸿	刘秀文
孙达火	孙柏贵	杨兰芳	李作运	李定国	吴忠富	吴洪春
余大白	沈建国	张本和	陈乃斌	陈荣富	陈顺德	周宝法
周银铃	胡志坚	钟西平	钟建生	俞土良	徐生泉	徐光志
徐苏敏	凌培法	堵长昆	黄国铨	章一平	葛扬安	董纪林
喻关德	傅进军	蓝练根				

常务主席

周宝法	刘　鸿	朱寅传	傅进军	王金水	李定国	葛扬安
李作运	周银铃	孙达火	章一平	朱茂翰	钟西平	钟建生
张本和						

秘书长

李作运（兼）

第十一届人大第二次会议

主席团

马银兰	王金水	王传木	王洪琪	方礽臻	朱寅传	刘　鸿
刘秀文	孙达火	孙柏贵	杨兰芳	李云桃	李定国	吴忠富

吴洪春	余大白	沈建国	汪金良	张本和	陈乃斌	陈荣富
周宝法	周银铃	胡志坚	钟西平	钟建生	俞土良	袁朝和
徐生泉	徐苏敏	凌培法	黄国铨	章一平	葛扬安	董纪林
董良兴	董良志	喻关德	蓝练根			

常务主席

周宝法	葛扬安	朱寅传	王金水	陈乃斌	周银铃	孙达火
章一平	钟西平	张本和				

秘书长

周银铃（兼）

第十一届人大第三次会议

主席团

马银兰	王金水	王传木	王洪琪	方礽臻	朱寅传	刘秀文
许保水	许保金	孙达火	孙柏贵	杨兰芳	李云桃	吴忠富
吴洪春	汪金良	张本和	陈乃斌	陈荣富	周宝法	周银铃
胡志坚	钟西平	钟建生	俞土良	俞正言	徐生泉	徐苏敏
凌培法	黄国铨	章一平	葛扬安	董纪林	董良兴	董良志
喻关德	蓝练根					

常务主席

周宝法	葛扬安	朱寅传	王金水	许保水	陈乃斌	周银铃
孙达火	章一平	钟西平	张本和			

秘书长

周银铃（兼）

第十一届人大第四次会议

主席团

马银兰	王金水	王传木	王洪琪	方礽臻	申屠明荣	朱寅传
刘秀文	许保水	许保金	孙达火	孙柏贵	杨兰芳	李云桃
吴忠富	吴洪春	汪金良	张本和	张柏良	陈乃斌	陈荣富
周宝法	周银铃	胡志坚	钟西平	钟建生	俞土良	俞正言
夏德根	徐苏敏	凌培法	黄国铨	章一平	葛扬安	董良兴
喻关德	蓝练根					

常务主席

周宝法	葛扬安	朱寅传	王金水	许保水	陈乃斌	周银铃
孙达火	章一平	钟西平	张本和			

秘书长

周银铃（兼）

第十一届人大第五次会议

主席团

马银兰	王金水	王传木	王洪琪	方礽臻	叶　楠	朱寅传
刘秀文	孙达火	孙建华	孙柏贵	杨兰芳	杨耀梁	李云桃
吴忠富	吴洪春	汪金良	张柏良	陈荣富	周银铃	胡志坚
钟西平	钟建生	俞土良	俞正言	施松青	夏德根	徐苏敏
黄国铨	章一平	董良兴	喻关德	蓝练根		

常务主席

杨耀梁	朱寅传	王金水	孙建华	周银铃	孙达火	章一平
钟西平	施松青					

秘书长

孙达火（兼）

第十二届人大第一次会议

主席团

王土田	王金水	方礽臻	申屠明荣	孙达火	孙建华	杨关勤
杨耀梁	吴忠富	吴炳林	汪丁成	汪锦汉	张江明	陈志华
陈国康	邵　良	金永贵	周银铃	周福根	赵小奎	钟西平
钟建生	俞正言	俞召泉	俞成新	俞利妹	袁朝和	夏有钦
徐中育	戚哮虎	章一平	彭观友	董文淦	程浙山	楼金法
蓝练根	裘立忠					

常务主席

杨耀梁	孙建华	程浙山	王金水	周银铃	孙达火	章一平
汪锦汉	钟西平	董文淦	邵　良	戚哮虎		

秘书长

孙达火（兼）

第十二届人大第二次会议

主席团

王土田　王传木　王金水　汤金华　孙建华　孙柏贵　杨关勤
杨耀梁　吴炳林　汪丁成　汪锦汉　陈志华　陈国康　邵　良
邵立春　金永贵　周银铃　周福根　赵小奎　钟西平　钟建生
俞正言　俞召泉　俞成新　俞利妹　姜香儿　袁朝和　夏有钦
倪如柳　凌培法　戚哮虎　彭观友　董文淦　程浙山　蓝练根
裘立忠

常务主席

杨耀梁　孙建华　程浙山　王金水　周银铃　汪锦汉　董文淦
邵　良　王传木　王土田　戚哮虎　凌培法

秘书长

周银铃（兼）

第十二届人大第三次会议

主席团

王土田　王传木　王金水　方岳义　汤金华　孙建华　孙柏贵
杨关勤　吴炳林　汪丁成　汪锦汉　陈志华　陈国康　邵　良
邵立春　金永贵　周银铃　周福根　赵小奎　钟西平　钟建生
俞正言　俞召泉　俞成新　俞利妹　姜香儿　袁朝和　夏有钦
倪如柳　郭泰鸿　凌培法　戚哮虎　彭观友　董文淦　程浙山
蓝练根　裘立忠

常务主席

郭泰鸿　王金水　孙建华　程浙山　方岳义　凌培法　周银铃
汪锦汉　董文淦　邵　良　王传木　王土田　戚哮虎

秘书长

周银铃（兼）

第十二届人大第四次会议

主席团

王　晓　王土田　王传木　王金水　方仁臻　方岳义　申屠裕仁
汤金华　孙建华　孙柏贵　杨关勤　李国生　吴炳林　汪丁成

汪锦汉	陈国康	邵　良	邵立春	金永贵	周银铃	赵小奎
钟西平	钟建生	俞正言	俞成新	俞利妹	姜香儿	袁朝和
夏有钦	郭泰鸿	凌培法	戚哮虎	彭观友	程浙山	蓝练根
裘立忠						

常务主席

郭泰鸿	王金水	孙建华	程浙山	方岳义	凌培法	周银铃
汪锦汉	邵　良	王传木	王土田	戚哮虎		

秘书长

汪锦汉（兼）

第十二届人大第五次会议

主席团

王　晓	王土田	王传木	王金水	方岳义	申屠裕仁	孙建华
孙柏贵	杨关勤	李国生	吴炳林	佟桂莉	汪丁成	汪锦汉
张江明	陈国康	邵　良	邵立春	金永贵	赵小奎	钟文静
钟西平	钟建生	俞正言	俞成新	俞利妹	姜香儿	袁朝和
夏有钦	郭泰鸿	高松坤	凌培法	戚哮虎	彭观友	蓝练根

常务主席

郭泰鸿	王金水	孙建华	方岳义	佟桂莉	凌培法	汪锦汉
俞正言	邵　良	王传木	王　晓	王土田	钟文静	

秘书长

汪锦汉（兼）

第十三届人大第一次会议

主席团

王　炅	王　晓	王土田	王少青	王传木	王金水	叶继民
朱永祥	朱关泉	朱建明	华荣富	刘渭华	汤金华	汤建新
孙庆炎	孙连娟	孙柏贵	李贤良	李国生	吴祖仁	吴炳林
佟桂莉	汪锦汉	沈跃雄	张生良	张江明	邵　良	邵立春
金志强	胡志成	俞正言	俞成新	俞其坤	夏　芬	夏有钦
徐松泉	高松坤	戚哮虎	章叶英	章强明	彭余娣	蒋　才
潘松萍						

常务主席

佟桂莉　　戚哮虎　　朱关泉　　金志强　　朱永祥　　王金水　　汪锦汉
俞正言　　王　晓　　王土田　　徐松泉　　华荣富　　王　炅

秘书长

汪锦汉（兼）

第十三届人大第二次会议

主席团

王　炅　　王　晓　　王土田　　王少青　　朱永祥　　朱关泉　　朱建明
华荣富　　刘渭华　　汤金华　　孙庆炎　　孙连娟　　孙柏贵　　李贤良
吴祖仁　　吴炳林　　何　勇　　佟桂莉　　汪锦汉　　沈跃雄　　张生良
张江明　　张泉水　　陈建平　　邵立春　　金志强　　胡志成　　胡志坚
俞正言　　俞成新　　俞其坤　　徐松泉　　戚哮虎　　章叶英　　章强明
彭余娣　　蒋　才　　潘松萍

常务主席

佟桂莉　　戚哮虎　　朱关泉　　金志强　　朱永祥　　胡志坚　　汪锦汉
俞正言　　王　晓　　王土田　　徐松泉　　华荣富　　王　炅

秘书长

俞正言（兼）

第十三届人大第三次会议

主席团

王　炅　　王　晓　　王土田　　王少青　　朱永祥　　朱关泉　　朱建明
华荣富　　刘渭华　　汤金华　　孙庆炎　　孙连娟　　孙柏贵　　李贤良
吴祖仁　　吴炳林　　何　勇　　佟桂莉　　汪锦汉　　沈跃雄　　张生良
张江明　　张泉水　　陈建平　　邵立春　　金志强　　胡志成　　胡志坚
俞正言　　俞成新　　俞其坤　　徐松泉　　凌国龙　　戚哮虎　　章叶英
彭余娣　　蒋　才　　潘松萍

常务主席

佟桂莉　　戚哮虎　　胡志坚　　朱关泉　　金志强　　朱永祥　　汪锦汉
俞正言　　王　晓　　王土田　　徐松泉　　华荣富　　王　炅

秘书长

俞正言（兼）

第十三届人大第四次会议

主席团

王　炅　王　晓　王土田　王少青　申屠裕仁　朱永祥　朱关泉
朱建明　华荣富　汤金华　孙庆炎　孙连娟　孙柏贵　吴炳林
何　勇　何培叶　佟桂莉　汪锦汉　沈跃雄　张生良　陈建平
陈鸿麟　邵立春　金志强　郑桂山　胡志成　胡志坚　俞正言
俞成新　俞其坤　徐松泉　凌国龙　戚哮虎　章叶英　蒋　才
潘松萍

常务主席

佟桂莉　戚哮虎　胡志坚　朱关泉　金志强　朱永祥　汪锦汉
俞正言　王　晓　王土田　徐松泉　华荣富　王　炅

秘书长

俞正言（兼）

第十四届人大第一次会议

主席团

王　炅　王　晓　王土田　王建民　韦兴华　申屠裕仁　吕金芳
吕建新　华荣富　华爱金　汤金华　孙庆炎　孙柏平　孙柏贵
杨富强　何培叶　余荣儿　汪锦汉　沈跃雄　张锦铭　陆兴根
陈鸿麟　金志强　郎卫国　柳士明　胡志成　胡志坚　赵茂良
钟满华　俞正言　俞其坤　骆安全　贾一惟　徐文光　徐志坤
徐肖芳　徐松泉　董毓民　蒋　才　程建飞　潘建平

常务主席

徐文光　张锦铭　胡志坚　金志强　汪锦汉　华爱金　王土田
徐松泉　华荣富　潘建平　孙柏平　郎卫国　王　炅

秘书长

俞正言（兼）

第十四届人大第二次会议

主席团

王　炅　王土田　王建民　韦兴华　孔春浩　吕金芳　吕建新
华荣富　华爱金　汤金华　孙庆炎　孙柏平　孙柏贵　杨宏道

何培叶	余荣儿	沈跃雄	张　霖	张锦铭	陈鸿麟	罗文奎
郎卫国	胡志成	胡志坚	赵茂良	钟满华	俞加兴	骆安全
徐文光	徐志坤	徐肖芬	徐松泉	董毓民	蒋　才	程建飞
潘建平						

常务主席

徐文光	张锦铭	胡志坚	汤金华	华爱金	王土田	徐松泉
华荣富	潘建平	孙柏平	郎卫国	王　炅		

秘书长

王土田（兼）

第十四届人大第三次会议

主席团

王土田	王建民	孔春浩	吕金芳	吕建新	华荣富	华爱金
华德法	汤金华	孙庆炎	孙柏平	孙柏贵	杨宏道	何培叶
余荣儿	沈跃雄	张　霖	张锦铭	陈鸿麟	罗文奎	郎卫国
胡志成	胡志坚	钟满华	俞加兴	骆安全	徐文光	徐志坤
徐肖芬	徐松泉	董毓民	蒋　才	程建飞	潘建平	

常务主席

徐文光	张锦铭	胡志坚	汤金华	华爱金	王土田	徐松泉
华荣富	潘建平	孙柏平	郎卫国	华德法		

秘书长

王土田（兼）

第十四届人大第四次会议

主席团

丁建军	王土田	王建民	孔春浩	吕金芳	吕建明	吕建新
华荣富	华爱金	华德法	汤金华	孙庆炎	孙柏平	孙柏贵
杨国正	何培叶	沈跃雄	张　霖	张锦铭	陈　平	陈鸿麟
郎卫国	胡志坚	钟满华	俞兴军	倪洪水	徐文光	徐志坤
徐肖芬	徐松泉	郭一莲	董毓民	蒋庆元	程建飞	谢黎明
缪坤延	潘建平					

常务主席

徐文光	张锦铭	胡志坚	汤金华	华爱金	王土田	徐松泉

华荣富　潘建平　孙柏平　郎卫国　华德法

秘书长

王土田（兼）

第十四届人大第五次会议

主席团

丁建军　王土田　王建民　孔春浩　吕金芳　吕建明　吕建新
华荣富　华爱金　华德法　汤金华　许　昌　孙庆炎　孙柏平
孙柏贵　杨国正　何培叶　沈跃雄　张　霖　张锦铭　陈　平
陈鸿麟　郎卫国　胡志坚　钟满华　俞兴军　徐文光　徐志抻
徐肖芬　徐松泉　郭一莲　董毓民　蒋庆元　程建飞　谢黎明
潘建平

常务主席

徐文光　张锦铭　胡志坚　汤金华　华爱金　王土田　徐松泉
华荣富　潘建平　孙柏平　郎卫国　华德法

秘书长

王土田（兼）

第十五届人大第一次会议

主席团

马利阳　王　进　王土田　王龙华　王建民　王晓光　王健敏
史廷富　吕建明　吕建新　华之江　华荣富　华爱金　华德法
汤金华　许　昌　孙庆炎　孙金国　孙柏平　孙柏贵　杨富强
何培叶　沈跃雄　陆洪勤　陈　平　陈鸿麟　罗　鑫　罗林锋
郎卫国　胡狄华　钟满华　俞兴军　姜　军　祝一君　夏深权
倪洪水　徐志坤　徐松泉　郭一莲　桑晓霞　章舜年　童定干
谢黎明　楼大振　潘建平

常务主席

姜　军　章舜年　华德法　华爱金　汤金华　徐松泉　祝一君
孙柏平　郎卫国　陈鸿麟　华之江　王　进

秘书长

王土田（兼）

第十五届人大第二次会议

主席团

王　进	王龙华	王建民	王晓光	王健敏	史廷富	吕建明
吕建新	华之江	华德法	汤金华	许玉钧	孙庆炎	孙金国
孙柏平	孙柏贵	杨富强	何培叶	沈跃雄	张　健	陆洪勤
陈　平	陈鸿麟	罗　鑫	郎卫国	胡狄华	胡海龙	钟满华
俞兴军	姜　军	祝一君	夏深权	倪进水	徐志坤	徐松泉
郭一莲	桑晓霞	黄海峰	童定干	谢黎明		

常务主席

姜　军	黄海峰	汤金华	陆洪勤	华德法	徐松泉	祝一君
孙柏平	郎卫国	陈鸿麟	华之江	王　进		

秘书长

孙柏平（兼）

第十五届人大第三次会议

主席团

王　进	王龙华	王建民	王晓光	王健敏	史廷富	吕建明
吕建新	华之江	华德法	汤金华	孙庆炎	孙金国	孙柏平
孙柏贵	杨富强	何培叶	何献忠	沈跃雄	张　健	陆洪勤
陈　平	陈鸿麟	郎卫国	胡狄华	赵　平	钟满华	俞兴军
姜　军	祝一君	夏深权	倪洪水	徐志坤	徐松泉	郭一莲
桑晓霞	黄海峰	董雄华	谢黎明			

常务主席

姜　军	黄海峰	汤金华	陆洪勤	华德法	徐松泉	祝一君
孙柏平	郎卫国	陈鸿麟	华之江	王　进		

秘书长

孙柏平（兼）

第十五届人大第四次会议

主席团

王　进	王龙华	王建民	王晓光	王健敏	史廷富	吕建明
吕建新	华之江	汤金华	孙庆炎	孙金国	孙柏平	孙柏贵

杨富强　吴玉凤　何献忠　沈跃雄　张　健　张　霖　陆洪勤
陈　平　陈鸿麟　郎卫国　赵　平　钟满华　俞兴军　姜　军
祝一君　夏立忠　夏深权　倪洪水　徐志坤　徐松泉　桑晓霞
黄海峰　曹玮玲　董雄华　喻乃群　谢黎明

常务主席

姜　军　黄海峰　汤金华　陆洪勤　吴玉凤　徐松泉　祝一君
孙柏平　郎卫国　陈鸿麟　华之江　王　进

秘书长

孙柏平（兼）

第二节　第七至第十五届人大常委会组成人员

根据《地方组织法》规定，县级以上人民代表大会常务委员会组成人员由本级各届人民代表大会第一次会议选举产生，并不得担任国家行政机关、审判机关、检察机关职务；如果担任上述职务，必须向常委会辞去常务委员会职务。富阳市（县）从 1980 年 12 月设立富阳县人大常委会起，至 2015 年 2 月第十五届人大第四次会议止，共选举产生市（县）人大常委会主任 10 名、副主任 52 名（其中由常委会会议推选代理主任 3 名）、委员 125 名。期间，由于病故、调离、辞职等原因，往往出现常委会组成人员名额不足现象。遇此，届中人民代表大会作适当补选。因此，下列名单中，有部分常委会组成人员任期并不到届；部分常委会组成人员任期则从届中开始。

第七届人大常委会

主　任：郭善龄（1980 年 12 月–1984 年 3 月）
　　　　张书声（1984 年月 3–1984 年 11 月）
副主任：张建华　范培忠　李景祥　周文全　陈顺德　李志善　李作运
　　　　刘　鸿
委　员：王金水　孙水兰　吕关锡　华金娥　张建唐　张绍富　张琴花
　　　　陈书君　金爽泉　钟桂阳　葛华兴　董丁荣

第八届人大常委会

主　任：郑传苟
副主任：李作运　李景祥　刘　鸿　吕关锡　章一平　王栋臣
委　员：方锦珍　叶江敏　乐　踭　任志炎　杨荣华　李巨元　李清元
　　　　张绍富　陈书君　郭芬兰　唐国政　蒋汉有　傅尚功　金永基

第九届人大常委会

主　任：洪德森

副主任：刘　鸿　李作运　王栋臣　章一平

委　员：王兰英　刘瑞林　张正浩　张高隆　张琴花　陈荣富　金永基
郭芬兰　黄荣良　蒋汉有

第十届人大常委会

主　任：刘　鸿

副主任：李作运　孙达火　章一平　朱茂翰

委　员：王栋臣　章汉传　陈荣富　贾冠雄　张本和　黄国铨　龚　萍
郭芬兰　蓝练根　孙茂昌　徐苏敏　马银兰

第十一届人大常委会

主　任：葛扬安（1993 年 3 月–1996 年 9 月）

代理主任：周银铃（1996 年 12 月–1998 年 3 月）

副主任：周银铃　孙达火　章一平　钟西平

委　员：钟建生　陈荣富　喻关德　俞土良　黄国铨　方礽臻　杨兰芳
孙柏贵　蓝练根　马银兰　李云桃　徐苏敏　董良兴　王传木

第十二届人大常委会

主　任：王金水

副主任：周银铃　汪锦汉　董文淦　邵　良　王传木　俞正言　王　晓

委　员：方礽臻　孙柏贵　杨关勤　汪丁成　陈国康　赵小奎　钟西平
钟建生　俞成新　俞利妹　袁朝和　夏有钦　彭观友　蓝练根
裘立忠

第十三届人大常委会

主　任：佟桂莉（2003 年 3 月–2006 年 12 月）

代理主任：汪锦汉（2006 年 12 月–2007 年 2 月）

副主任：汪锦汉　俞正言　王　晓　王土田　徐松泉　华荣富

委　员：朱建明　汤建新　孙庆炎　孙连娟　孙柏贵　沈跃雄　邵立春
胡志成　俞成新　俞其坤　夏有钦　章叶英　彭余娣　蒋　才
何　勇

第十四届人大常委会

主　任：徐文光（2007 年 2 月–2011 年 12 月）

代理主任：华爱金（2011 年 12 月–2012 年 2 月）

副主任：华爱金　王土田　徐松泉　华荣富　潘建平　孙柏平　郎卫国

委　员：吕建新　钟满华　胡志成　沈跃雄　蒋　才　何培叶　骆安全
赵茂良　杨富强　徐肖芬　柳士明　王建民　徐志坤　孙柏贵
孙庆炎　吕建明　郭一莲　俞兴军

第十五届人大常委会

主　任：汤金华

副主任：徐松泉　祝一君　孙柏平　郎卫国　陈鸿麟　华之江

委　员：马利阳　王建民　王健敏　史廷富　吕建明　吕建新　孙庆炎
孙金国　孙柏贵　何培叶　沈跃雄　陈　平　钟满华　俞兴军
倪洪水　徐志坤　郭一莲　桑晓霞　来建良　曹玮玲　夏立军

第三节　市(县)人民政府历任市(县)长　副市(县)长

富阳市（县）

1949 年 6 月 5 日，富阳县人民政府成立，设县人民政府县长、副县长。先后由临安专员公署和省人民政府任命 3 任。1955 年 11 月，富阳县第一届人民代表大会第二次会议，县人民政府改为县人民委员会，并实行由县人民代表大会选举产生县人民委员会县长、副县长。至 1960 年 8 月富阳县建制撤销前，历 3 届。1961 年 12 月恢复富阳县建制，县人民委员会县长、副县长由杭州市人民委员会任命。1962 年 7 月，富阳县沿续召开第四届人民代表大会，县人民委员会县长、副县长由县人民代表大会选举产生，至 1966 年 6 月“文化大革命”开始前，县人民代表大会又历 3 届。1968 年 7 月，“文化大革命”期间建立富阳县革命委员会，取代富阳县人民委员会。县革命委员会设主任、副主任，由浙江省革命委员会任命 4 任。1980 年 12 月，富阳县第七届人民代表大会第一次会议，决定撤销富阳县革命委员会，依法恢复设立富阳县人民政府。此后，富阳县人民政府县长、副县长；富阳市人民政府市长、副市长均由富阳县（市）人民代表大会选举产生。

富阳市（县）人民政府历任市（县）长、副市（县）长

表 6-2-1

届 期	职 务	姓 名	籍 贯	任职时间
（1949.6–1954.7）	县 长	李庆安	山东沂水	1949.6–1950.5
		刘俊芝	山东沂水	1950.5–1951.9
		张远达	山东莱芜	1951.9–1954.7
	副县长	李　群	浙江浦江	1949.6–1949.7
		张远达	山东莱芜	1950.4–1951.9
		王炳奎	山东沂水	1952.12–1954.7
		张建华	山东沂南	1953.1–1954.7
第一届（1954.7–1956.12）	县 长	王炳奎	山东沂水	1954.7–1956.12
	副县长	张建唐	山东肥城	1954.7–1956.12
		章洪湘	浙江富阳	1955.6–1956.12
		曹立俊	山东沂水	1956.6–1956.12
		俞生荣	浙江富阳	1956.6–1956.12
第二届（1956.12–1958.4）	县 长	王炳奎	山东沂水	1956.12–1958.4
	副县长	张建华	山东沂南	1956.12–1958.4
		张建唐	山东肥城	1956.12–1958.4
		章洪湘	浙江富阳	1956.12–1958.4
		曹立俊	山东沂水	1956.12–1958.4
		俞生荣	浙江富阳	1956.12–1958.4
		俞宗汉	浙江慈溪	1956.12–1958.4
第三届（1958.4–1960.6）	县 长	王炳奎	山东沂水	1958.4–1959.2
		孟锡五	山东沂南	1959.2–1962.6
	副县长	张建唐	山东肥城	1958.4–1960.6
		章洪湘	浙江富阳	1958.4–1960.2
		俞宗汉	浙江慈溪	1958.4–1960.6
		王士林	山东沂水	1960.1–1962.6
		韩焕康	浙江萧山	1960.1–1960.6

续表 6-2-1

届 期	职 务	姓 名	籍 贯	任职时间
第四届（1962.7–1963.12）	县 长	孟锡五	山东沂南	1962.7–1963.3
		张建华	山东沂南	1963.3–1963.12
	副县长	张建唐	山东肥城	1962.7–1963.12
		范培忠	山东沂南	1962.7–1963.12
		王士林	山东沂水	1962.7–1963.12
		韩焕康	浙江萧山	1962.7–1963.12
第五届（1963.12–1966.6）	县 长	张建华	山东沂南	1963.12–1966.6
	副县长	张建唐	山东肥城	1963.12–1965.2
		范培忠	山东沂南	1963.12–1966.6
		王士林	山东沂水	1963.12–1966.6
		韩焕康	浙江萧山	1963.12–1966.6
		石维明	山东沂水	1963.12–1966.6
第六届（1966.6–1968.7）	县 长	夏行权	浙江余杭	1966.6–1968.7
	副县长	范培忠	山东沂南	1966.6–1968.7
		石维明	山东沂水	1966.6–1968.7
		韩焕康	浙江萧山	1966.6–1968.7
		徐鸿勋	浙江富阳	1966.6–1968.7
第七届（1980.12–1984.11）	县 长	洪德森	浙江淳安	1980.12–1983.11
	代理县长	汪力忠	浙江富阳	1983.11–1984.3
	县 长	汪力忠	浙江富阳	1984.3–1984.11
	副县长	王栋臣	山东沂水	1980.12–1983.11
		唐永富	浙江富阳	1980.12–1984.11
		李定国	浙江富阳	1980.12–1984.2
		余大白	浙江富阳	1980.12–1984.2
		刘　鸿	浙江富阳	1980.12–1984.2
		王良仟	浙江临安	1980.12–1983.6
		张秀森	浙江温州	1984.3–1984.11
		沈建国	浙江富阳	1984.3–1984.11
		葛扬安	浙江诸暨	1984.3–1984.11

续表 6-2-1

届 期	职 务	姓 名	籍 贯	任职时间
第八届（1984.11-1987.4）	县 长	汪力忠	浙江富阳	1984.11-1985.1
	代理县长	董自强	浙江杭州	1985.3-1985.4
	县 长	董自强	浙江杭州	1985.4-1987.1
	副县长	唐永富	浙江富阳	1984.11-1985.10
		张秀森	浙江温州	1984.11-1986.7
		沈建国	浙江富阳	1984.11-1987.4
		葛扬安	浙江诸暨	1984.11-1987.4
		蒋豫生	江苏扬州	1986.5-1987.4
		俞志龙	浙江富阳	1986.5-1987.4
第九届（1987.4-1990.3）	县 长	周宝法	浙江临安	1987.4-1990.3
	副县长	蒋豫生	江苏扬州	1987.4-1989.12
		葛扬安	浙江诸暨	1987.4-1990.3
		沈建国	浙江富阳	1987.4-1990.3
		俞志龙	浙江富阳	1987.4-1990.3
		孙达火	浙江桐庐	1987.4-1990.3
第十届（1990.3-1993.3）	县 长	周宝法	浙江临安	1990.3-1992.11
	代理县长	朱寅传	浙江萧山	1992.11-1993.3
	副县长	葛扬安	浙江诸暨	1990.3-1993.3
		沈建国	浙江富阳	1990.3-1993.3
		俞志龙	浙江富阳	1990.3-1993.3
		何关新	浙江富阳	1990.3-1992.7
		俞正言	浙江富阳	1990.3-1993.3
		章浩根	浙江富阳	1992.7-1993.3
		宋显敏	浙江绍兴	1992.7-1993.3

续表 6-2-1

届 期	职 务	姓 名	籍 贯	任职时间
第十一届（1993.3–1998.3）	市(县)长	朱寅传	浙江萧山	1993.3–1997.6
	代理市长	孙建华	浙江诸暨	1997.6–1998.3
	副市(县)长	沈建国	浙江富阳	1993.3–1994.9
		俞正言	浙江富阳	1993.3–1998.3
		章浩根	浙江富阳	1993.3–1998.3
		方永建	浙江富阳	1993.3–1998.3
		董文淦	浙江富阳	1993.3–1998.3
		刘瑞林	浙江富阳	1993.3–1998.3
		陈华林	浙江富阳	1994.11–1997.5
		张建新	河北盐山	1997.8–1998.3
		潘建平	浙江富阳	1997.11–1998.3
第十二届（1998.3–2003.3）	市 长	孙建华	浙江诸暨	1998.3–2002.5
	代理市长	戚哮虎	浙江诸暨	2002.5–2003.3
	副市长	俞正言	浙江富阳	1998.3–2001.2
		刘瑞林	浙江富阳	1998.3–2003.3
		潘建平	浙江富阳	1998.3–2003.3
		华爱金	浙江富阳	1998.3–2003.3
		洪庆华	浙江临安	1998.3–2002.9
		张建新	河北盐山	1998.4–2000.7
		戚哮虎	浙江诸暨	2001.4–2003.3
		王喜法	浙江淳安	2001.5–2003.3
第十三届（2003.3–2007.2）	市 长	戚哮虎	浙江诸暨	2003.3–2006.7
	代理市长	徐文光	浙江诸暨	2006.7–2006.12
		张锦铭	浙江浦江	2006.12–2007.2
	副市长	汤金华	浙江富阳	2003.3–2007.2
		潘建平	浙江富阳	2003.3–2007.2
		邵 良	浙江富阳	2003.3–2007.2
		陆献德	浙江富阳	2003.3–2007.2
		陆洪勤	浙江富阳	2003.3–2007.2
		张志根	浙江富阳	2003.3–2007.2
		沈华清	浙江安吉	2004.5–2007.2

续表 6-2-1

届 期	职 务	姓 名	籍 贯	任职时间
第十四届（2007.2–2012.2）	市 长	张锦铭	浙江浦江	2007.2–2011.12
	代理市长	章舜年	浙江建德	2011.12–2012.2
	副市长	汤金华	浙江富阳	2007.2–2007.10
		邵　良	浙江富阳	2007.2–2012.2
		陆献德	浙江富阳	2007.2–2011.12
		沈华清	浙江安吉	2007.2–2007.6
		孔春浩	浙江杭州	2007.10–2011.12
		王小丁	浙江新昌	2007.2–2012.2
		方仁臻	浙江富阳	2007.12–2012.2
		潘祖光	浙江磐安	2008.5–2010.7
		吕清民	浙江磐安	2010.7–2012.2
		王书评	浙江苍南	2011.12–2012.2
第十五届（2012.2–　）	市 长	章舜年	浙江建德	2012.2–2013.2
		黄海峰	浙江余姚	2013.3–
	代理市长	黄海峰	浙江余姚	2013.2–2013.2
	副市长	王小丁	浙江新昌	2012.2–
		方仁臻	浙江富阳	2012.2–
		吕清民	浙江磐安	2012.2–2012.8
		王书评	浙江苍南	2012.2–
		童定干	浙江富阳	2012.2–2014.1
		裘富水	浙江富阳	2012.2–
		孙　洁	浙江富阳	2012.2–
		张振军	河南唐河	2012.4–2014.2
		韩　璐	浙江杭州	2012.8–2014.7
		尤匡领	浙江临海	2013.8–
		徐林亮	浙江富阳	2013.9–2014.2
		杨国正	浙江富阳	2014.2–
		方铁道	安徽池州	2014.7–

新登县

1949 年 6 月 5 日，新登县人民政府成立，设县人民政府县长、副县长。由临安专员公署任命。1952 年 12 月，经省人民政府批准，新登县第二届各界人民代表会议第一次会议代行县人民代表大会职权，选举产生新登县人民政府县长、副县长。1953 年 12 月至 1955 年 4 月，由临安专员公署和浙江省人民政府任命新登县人民政府县长、副县长 2 任。1955 年 4 月，新登县第一届人民代表大会第三次会议，新登县人民政府改为新登县人民委员会，并实行由新登县人民代表大会选举新登县人民委员会县长、副县长。至 1958 年 10 月新登县建制撤销前，共历 3 届。

新登县人民政府历任县长、副县长

表 6-2-2

届 期	职 务	姓 名	籍 贯	任职时间
（1949.6–1954.7）	县 长	王耐诚	山东莱芜	1949.6–1953.12
		韩长春	山东沂水	1953.12–1954.7
	副县长	赵文光	浙江新登	1949.6–1949.6
		韩长春	山东沂水	1952.12–1953.12
		孟锡五	山东沂南	1953.12–1954.7
第一届（1954.7–1956.10）	县 长	韩长春	山东沂水	1954.7–1955.1
		孟锡五	山东沂南	1955.1–1956.10
	副县长	孟锡五	山东沂南	1954.7–1955.1
		何玉泉	浙江新登	1954.8–1956.10
		徐熙成	山东沂源	1955.1–1956.10
		陈顺德	浙江新登	1956.6–1956.10
第二届（1956.10–1958.5）	县 长	孟锡五	山东沂南	1956.10–1958.5
	副县长	郭善龄	山东沂南	1956.10–1958.5
		徐熙成	山东沂源	1956.10–1958.5
		庄明善	山东沂南	1956.10–1958.5
		田仲军	山东博山	1956.10–1958.5
		任冠生	山东沂南	1956.10–1958.5
		何玉泉	浙江新登	1956.10–1958.5
		陈顺德	浙江新登	1956.10–1958.5

续表 6-2-2

届 期	职 务	姓 名	籍 贯	任职时间
第三届（1958.5–1958.10）	县 长	孟锡五	山东沂南	1958.5–1958.10
	副县长	田仲军	山东博山	1958.5–1958.10
		陈顺德	浙江新登	1958.5–1958.10

第四节 市(县)人民法院历任院长

1950 年，富阳、新登两县分别建立县人民法院，人民法院院长由县人民政府县长或副县长兼任。1955–1966 年，人民法院院长由县人民代表大会选举产生。1968 年 4 月“文化大革命”期间，县人民法院实行军管，行政领导和审判职能由军管组行使。1972 年 12 月，恢复富阳县人民法院，院长由中共富阳县委任命。从 1980 年 12 月富阳县第七届人民代表大会制度恢复后，富阳市（县）人民法院院长由历届富阳市（县）人民代表大会选举产生。

富阳市(县)人民法院历任院长

表 6-2-3

届 期	姓 名	任职时间
（1951.7–1954.7）	张远达（兼）	1951.7–1953.8
	顾承祥	1953.8–1954.7
第一届（1954.7–1956.11）	顾承祥	1954.7–1955.11
	王士林	1955.11–1956.11
第二、三届（1956.11–1960.8）	王士林	1956.11–1959.7
	闻俊德	1959.10–1960.8
第四、五、六届（1962.7–1966.6 – ）和文化大革命时期至恢复人大	李端银	1962.2–1968.4 和 1973.2–1980.12
第七届（1980.12–1984.10）	李端银	1980.12–1984.2
	汪锦汉	1984.3–1984.10
第八、九、十届（1984.10–1993.3）	汪锦汉	1984.10–1993.3

续表 6-2-3

届　期	姓　名	任职时间
第十一届（1993.3–1998.3）	汪金良	1993.3–1997.11
	陈志华	1997.11–1998.3 为代理院长
第十二届（1998.3–2003.3）	陈志华	1998.3–2001.2
	王少青	2001.2–2003.3 其中 2001.2–2001.3 为代理院长
第十三届（2003.3–2007.2）	王少青	2003.3–2006.12
	程建飞	2006.12–2007.2 为代理院长
第十四届（2007.2–2012.2）	程建飞	2007.2–2011.12
	罗　鑫	2011.12–2012.2 为代理院长
第十五届（2012.2–　）	罗　鑫	2012.2–2014.1
	赵　平	2014.1–

新登县人民法院历任院长

表 6-2-4

届　期	姓　名	任职时间
（1950.6–1954.7）	王耐诚（兼）	1950.6–1952.4
	刘　澄	1952.4–1954.7
第一届（1954.7–1956.10）	刘　澄	1954.7–1956.5
	陈良祎	1956.5–1956.10
第二届（1956.10–1958.5）	陈良祎	1956.10–1958.2
	蔡学忠	1958.2–1958.5
第三届（1958.5–1958.10）	蔡学忠	1958.5–1958.10

第五节　市(县)人民检察院历任检察长

1951 年 4 至 6 月，富阳、新登先后建立县人民检察署，到 1955 年 4 月，富阳、新登两县人民检察署分别改为县人民检察院，同时启用新印章。1980 年 12 月之前，富阳、新登县人民检察院检察长由富阳、新登县委、县人民政府或杭州市委、浙江省人民检察院任命。1980 年 12 月，恢复富阳县第七届人民代表大会制度后，富阳市（县）人民检察院检察长由历届富阳市（县）人民代表大会选举产生，并报经杭州市人民检察院提请杭州市人大常委会批准。

富阳市(县)人民检察院历任检察长

表 6-2-5

届　期	姓　名	任职时间
（1951.4–1958.3）	刘俊芝（兼）	1951.4–1953.9
	刘庭昌	1953 .9–1957.8
	魏殿海	1957.8–1958.3
（1958.8–1968.4）	许兆祥	1958.8–1960.2
	刘庭昌	1960.2–1960.8 及 1962.2–1968.4
第七届 （1980.12–1984.10）	汪家坤	1979.9–1984.9 其中 1979.9–1981.3 为代理检察长
第八、九、十届 （1984.11–1993.3）	汪金良	1985.2–1993.3 其中 1985.2–1985.4 为代理检察长
第十一届 （1993.3–1998.3）	刘秀文	1993.3–1998.3
第十二、十三届 （1998.3–2007.1）	吴炳林	1998.3–2006.12
	吕金芳	2006.12–2007.1 为代理检察长
第十四届 （2007.2–2012.2）	吕金芳	2007.2–2011.12
	王晓光	2011.12–2012.2 为代理检察长
第十五届 （2012.2–　　）	王晓光	2012.2–

新登县人民检察院历任检察长

表 6-2-6

届　期	姓　名	任职时间
（1951.6–1958.11）	孟锡五（兼）	1951.6–1954.9
	戚汉荣	1954.9–1958.2
	马发生	1958.2–1958.11

第六节　富阳市(县)出席杭州市人民代表大会代表

根据原《地方组织法》规定，浙江省人民代表大会代表由富阳（新登）县人民代表大会选举产生。1979 年新《地方组织法》规定，县人民代表大会选举产生杭州市人民代表大会代表，杭州市人民代表大会选举产生浙江省人民代表大会代表。因此，富阳县从 1981 年后，开始选举产生出席杭州市人民代表大会代表。富阳市（县）历届人民代表大会共选举产生出席杭州市人民代表大会代表 228 名。

富阳市（县）出席杭州市人民代表大会代表名单

表 6-2-7

杭州市届别	代　表　姓　名	备注
第六届（1981.12–1987.5）	万进东　孔宪连　程衍琦　洪德森 郭善龄　李作运　李定国　牛树成 张文广　孙玉远　张治平　柴建民 华金娥(女)　郭建华　洪建华(女)　赵炳荣 夏锦银　丁盛茂　郁兰凤(女)　蒋东元 陆虎珍(女)　汪阿毛　孙南山　钟银海 李芝华(女)　陈友根　徐玉莲(女)　吴正林 陆彩娣(女)　王冬娥(女)　刘伟雪　汪关福 蓝练根　倪金兰(女)　何金银(女)　金正洪 周来根　陈德成　沈凤英(女)　陈朝录 王金水　张绍富　张琴花(女)　金瑞君 吕关锡	

续表 6-2-7

杭州市届别	代表姓名				备注
第七届（1987.5-1992.5）	方子根	韦玉宇(女)	王兰英(女)	蓝练根	县九届人大二次会议（1988 年 3 月 16-20 日）增选 2 人：俞俊臣、唐英华
	陆桂荣	齐秀英(女)	华宝珍(女)	孙丁浩	
	华爱莲(女)	刘瑞林	吴仁源	张绍富	
	张芬娥(女)	张高隆	陆虎珍(女)	陆玉农	
	申屠水平	陆祖德	李佛持	林怡平	
	周宝法	洪德森	徐志坤	章一平	
	章玉坤	章浩根	蒋康林	舒增荣	
	俞俊臣	唐英华(女)			
第八届（1992.5-1997.3）	李金明	刘　鸿	葛扬安	孙永校	葛扬安人大代表履职至 1996 年 9 月 周宝法人大代表履职至 1996 年 10 月
	蒋康林	黄柏林	王金水	徐志坤	
	徐苏敏	李云桃	蓝练根	唐槐林	
	朱红霞(女)	孙香英(女)	俞俊臣	张柳煦	
	周宝法	孙达火	章浩根	汪丁成	
	夏为民	何关新	胡燕玉(女)	章一平	
	汪木英(女)	李佛持	唐英华(女)	朱寅传	
	倪惠意(女)	吴永革			
第九届（1997.3-2002.4）	胡志坚	夏为民	汪丁成	俞志华	王金水 1998 年 3 月补选 李升根 1999 年 2 月去世
	王海超	杨耀梁	朱寅传	孙达火	
	倪惠意(女)	王毓兰(女)	叶忠奇	李云桃	
	陶土祥	胡燕玉(女)	王金水	潘建平	
	俞利妹(女)	周银铃	朱红霞(女)	钟西平	
	汪木英(女)	陈加洪	徐志坤	蓝练根	
	李升根				
第十届（2002.4-2007.2）	郭泰鸿	丁德明	董元满	孙建华	凌志峰 2002 年 9 月调动 夏为民 2003 年 8 月病故 刘勇 2003 年 10 月调动 胡侠 2004 年 11 月辞职 卞吉安 2004 年 11 月补选 申屠良金 2005 年 12 月病故
	王金水	汪锦汉	戚哮虎	王小丁	
	王勤红(女)	朱红霞(女)	喻正其	陈爱国	
	佟桂莉(女)	俞正言	叶忠奇	盛相忠	
	潘国明	王建沂	楼献忠	蓝练根	
	彭余娣(女)	曹宝龙	申屠良金	夏为民	
	凌志峰	刘　勇	胡　侠	卞吉安	
	张江明				

续表 6-2-7

杭州市届别	代　表　姓　名				备注
第十一届（2007.2-2012.2）	王　嫥(女)	王亚钦(女)	王建沂	王基信	
	王勤红(女)	叶忠奇	叶祖泉	华　斌	
	华爱金(女)	申屠琍明	孙伯勇	陆水木	
	张　帆	张建庭	张锦铭	周云堂	
	邵雅萍(女)	陈爱国	徐文光	商静儿(女)	
	章叶英(女)	蒋建民	蒋渭渔	喻正其	
	董毓民	董　悦	楼献忠		
第十二届（2012.2-　）	王必强	王亚钦(女)	王建沂	王勤红(女)	陈必凯、章舜年、刘加均 2013 年 12 月因工作变动，辞去代表职务。补选 3 名：潘方敏、周扬、 陆文孝
	方桂花(女)	叶忠奇	申屠琍明	朱火林	
	刘加均	刘金贤	刘宗贤	羊少剑	
	羊正文	汤金华	许雪娟(女)	孙伯勇	
	寿　群(女)	李百山	张正明	张仲灿	
	陈必凯	陈运良	邵雅萍(女)	林日青	
	罗平英(女)	罗忠平	周云堂	周建明	
	俞建群	姜　军	骆溢娣(女)	黄海峰	
	章舜年	葛　明	蒋庆元	谢春荣	
	楼　君(女)	楼献忠	裘文海	潘方敏	
	周　扬	陆文孝			

第七节　富阳市(县)　新登县
出席浙江省人民代表大会代表

1954 年 8 月~1964 年 9 月，出席浙江省第一至第三届人民代表大会代表由县级人民代表大会直接选举产生。1977 年 10 月，中共浙江省委根据中共中央有关精神确定，将“文化大革命”时期的革命委员会算作浙江省第四届人民代表大会，所以无人大代表。1977 年 12 月，出席浙江省第五届人民代表大会代表由县委组织部门协商后指定。从 1983 年 4 月浙江省第六届人民代表大会起，省人民代表大会代表由杭州市人民代表大会选举产生。自 1954 年后，富阳（新登）市（县）共出席浙江省人民代表大会代表 60 名。其中由富阳、新登县第一至第三届人民代表大会直接选举产生的浙江省人民代表大会代表 20 名。

富阳市（县）出席浙江省人民代表大会代表名单

表 6-2-8

省届别	代表姓名	备注
第一届（1954.8-1958.10）	王炳奎　汪良成　华学富　丁振麟　叶熙春	由县人代会选举产生
第二届（1958.10-1964.9）	丁振麟　王炳奎　俞仲武　潘月娟(女)　王银善	由县人代会选举产生。1962年7月，富阳县第四届人大第一次会议补选王银善为省人大代表
第三届（1964.9-1966.5）	张建华　沈凤英(女)　董丁荣　蒋祖怡　罗国祥	由县人代会选举产生
第五届（1977.12-1983.4）	洪德森　郭善龄　沈凤英(女)　钱士瑚　许保金　金瑞君　胡秀娟(女)　钟银海　何炳元	组织协商确定
第六届（1983.4-1988.1）	洪德森　叶明时　夏生成　朱仁浩　王正元(女)	由杭州市人代会选举产生
第七届（1988.1-1993.1）	王正元(女)　任志炎　吴香华(女)　洪德森　陆咬脐	由杭州市人代会选举产生
第八届（1993.1-1998.1）	朱寅传　郁嘉玲(女)　汪木英(女)　葛扬安	由杭州市人代会选举产生。葛扬安人大代表履职至1996年9月
第九届（1998.1-2003.1）	王金水　孙建华　叶炎平　冯佩娣(女)	由杭州市人代会选举产生
第十届（2003.1-2008.1）	汪锦汉　叶炎平　金满儿(女)　张玉柱	由杭州市人代会选举产生
第十一届（2008.1-2013.1）	华爱金(女)　叶炎平　张玉柱　周云堂	由杭州市人代会选举产生
第十二届（2013.1-　）	汤金华　孙庆炎　周云堂　羊少剑　周　炜	由杭州市人代会选举产生

新登县出席浙江省人民代表大会代表名单

表 6–2–9

省届别	代表姓名	备注
第一届（1954.8–1958.10）	韩长春　卞竺生　许桂荣	由县人代会选举产生
第二届（1958.10–1964.9）	孟锡五　许桂荣	由县人代会选举产生。在1962年7月召开的富阳县第四届人大第一次会议上，许桂荣被罢免省人大代表职务

第七编

重要文件选辑

本编目录

第一章
市(县)委有关人大工作文件(选录)

（一）

中共富阳市委
关于加强人大工作推进依法治市的若干意见

富委〔2000〕50号

各乡镇党委，市级机关各单位党委、党组（支部）：

为认真贯彻江总书记“三个代表”的重要思想，更好地落实党的十五大精神，进一步加强和改善党对人大作为地方国家权力机关的作用，加强民主法制建设，推进依法治市进程，保障和促进我市改革开放和社会主义现代化建设的顺利进行，特提出如下意见：

一、进一步提高坚持和完善人民代表大会制度重要性的认识

1. 人民代表大会制度是我国的根本政治制度，是党领导人民当家作主的政权组织形式。坚持人民代表大会制度，对于坚持党的领导和社会主义制度，实现人民民主，保障国家长治久安，创造安定团结、生动活泼的局面，具有十分重要的现实意义和深远的历史意义。各级党委要从巩固党的执政地位，建设社会主义法治国家，推进两个文明建设的高度，认识人大工作的性质、地位和作用，自觉尊重人大及其常委会的法律地位，支持人大及其常委会依法履行职责。

2. 坚持和完善人民代表大会制度，加强人大工作，是实现依法治国的必然要求。依法治国，建设社会主义法治国家，是党领导人民治理国家的基本方略。人大及其常委会在依法治国中肩负着十分重要的历史使命，要通过依法治国和依法治市进程，促进两个文明建设协调发展和社会的全面进步。

二、积极支持和保证人大及其常委会依法行使职权。

3. 支持和保证人大依法行使监督权。监督“一府两院”工作，是宪法和法律赋予地方人大的重要职权。各级党委要支持和保证人大依法行使监督权。“一府两院”要自觉接受人大及其常委会的监督。市人大及其常委会要认真履行监督职能，敢于监督，善于监督，不断探索实质性监督的途经和措施，不断探索新的监督形式，健全监督机制，提高监督水平，使监督工作逐步规范化、制度化。要充分运用听取工作报告、开展代表视察、执法检查、“两项评议”、质询、组织特定问题的调查等形式和手段，提高监督的实效。

4. 支持人大及其常委会依法行使决定权。按照《富阳市人大常委会讨论、决定重大事项的规定》，凡本行政区域的政治、经济、文化和社会各项事业等工作中带有根本性、全局性、长远性的重大事项，市人民政府和“两院”应及时提请市人大及其常委会审议批准、讨论决定应向市人大常委会报告。对人大及其常委会作出的决议、决定，市人民政府、“两院”都要认真贯彻执行，积极组织实施。

5. 尊重和支持人大及其常委会依法行使人事任免权。市委要在坚持党管干部原则的同时，依法向人大及其常委会推荐领导干部。市委在酝酿、推荐人大任命的领导干部时，要重视听取人大常委会党组的意见。人大及其常委会要在市委领导下，按照法律赋予的职权，积极发挥作用，严格执行《中共中央关于地方党委向地方国家机关推荐领导干部的若干规定》。人大常委会组成人员中的党员，应当积极贯彻市委意图，带头依法办事，正确履行职责，保证市委意图得到实现。人大常委会在任命干部前，可以根据情况对任命的干部进行法律考试、知识考试和调查了解。经人大及其常委会选举和任命的干部，在任期内需调整的，要事先征求人大常委会主要领导成员的意见，然后按法律程序进行。同时，人大常委会要加强对人大及其常委会选举、任命干部的监督，依法做好评议工作。

三、充分发挥人大代表的作用

6. 各级人大代表是各级国家权力机关的组成人员，代表人民行使管理国家事务的权力。发挥人大代表的作用，是体现人民群众当家作主、建设社会主义民主政治的重要标志，全社会要尊重代表的法律地位，支持代表依法行使职权，保护代表合法权益，充分发挥代表的作用。

7. 市、乡镇两级人大要加强代表工作，组织培训和开展活动，做好人大代表议案和建议的督办工作；市、乡镇两级人民政府要及时向人大代表通报工作，让代表了解政府工作情况，高度重视并认真办理人大代表的议案和建议，建立和完善办理制度，不断提高办理质量。要积极为人大代表履行职责创造条件，代表所在单位要为代表履行职务提供方便。

8. 市、乡镇人大代表要认真学习党的政策和国家法律，提高自身素质，密切联系选民，自觉接受选民的监督，积极履行代表职责，协助政府推进工作。同时要不断增强中心意识和大局观念，在富阳市改革和两个文明建设中发挥模范带头作用。代表中的共产党员，要自觉维护党的领导，坚持党性原则，保证党的路线方针政策的贯彻落实。

四、进一步加强乡镇人大工作

9. 乡镇人大是我国人民代表大会制度的重要组成部分，是我国最基层的地方国家权力机关。加强乡镇人大工作，对于推进基层的民主政治建设，加大依法治乡（镇）工作力度，促进经济建设，保持社会稳定具有重要作用。

10. 乡镇人大必须在乡镇党委的领导下，紧紧围绕经济建设中心，从建设社会主义市场经济、促进社会主义民主政治和法制建设，推进依法治市的高度，根据人大工作的特点，积极开展工作。要按照《地方组织法》和《浙江省乡镇人民代表大会主席团组织条例》的规定行使职权，积极开展法律监督和工作监督，保证宪法和法律、法规在本乡镇的贯彻实施。要针对本乡镇经济建设和社会发展中的重大问题及群众关心的热点问题，如经济发展、环境保护、土地管理、计划生育、财政预算的制订和执行、社会治安等，加强对人民政府工作的监督和支持。

11. 乡镇人大专职主席和专职副主席，根据工作需要，列席同级党委会议；市委、市人民政府召开的全市性工作会议，乡镇党政主要领导参加的，乡镇人大专职主席一般应参加。

12. 乡镇党委、人民政府要为乡镇人大创造良好的工作条件。党委书记兼任人大主席的，要有一定时间和精力抓好人大工作，对制订人大工作计划、执法检查等重要活动要亲自参加。要保证人大专职主席、副主席有充裕时间抓好人大工作，同时要配备好专职或兼职的人大工作人员。人大活动经费要列入乡镇财政预算，保证足额到位。

五、切实加强人大的自身建设

13. 市人大及其常委会、乡镇人大要全面落实“三个代表”的重要思想，按“三讲”要求，建设一支政治素质高、法律和业务知识熟悉的干部队伍。要进一步完善人大工作制度，逐步把人大行使职权的活动规范化、制度化。市人大常委会要加强对乡镇人大工作的指导，把富阳市人大工作提高到一个新的水平。

14. 市、乡镇两级人大领导及工作人员，要认真学习宪法、法律知识，学习邓小平理论和江总书记“三个代表”重要思想，学习市场经济知识，了解现代科学技术和相关专业理论。要转变作风，深入基层，加强调查研究，加强与代表的联系，倾听人民群众的呼声和要求，为民主决策提供科学依据。要解放思想，积极探索，开拓进取，认真履行好各项职能。在人大工作的党员干部，要自觉维护富阳市委的主张，积极贯彻富阳市委的意图，积极主动开展工作。

六、进一步加强和改善党委对人大工作的领导

15. 人大工作是党的工作的一个重要组成部分，各级党委必须十分重视人大的工作和建设，把它切实摆到重要议事日程。市委一年不少于两次听取人大常委会党组的工作汇报，研究、解决工作中存在的问题，提出工作要求和任务。

16．人民代表大会制度，既能保障统一行使国家权力，充分调动人民群众当家作主的积极性，又利于国家权力机关和行政、审判、检察机关分工合作、密切配合、协调一致地开展工作。党委既要善于通过人大及其常委会，把党的主张变为国家意志。对宪法和法律明确规定的需经人大及其常委会讨论决定的重大问题；需要本行政区域内的人民群众共同遵守、涉及本行政区域内广大人民群众切身利益的重大问题等，“一府两院”要主动提出，依法由人大及其常委会讨论决定，各级党组织和党员要增强民主法制观念，对人大及其常委会通过的各项决议要带头严格执行。“一府两院”及其组成人员都要对人大负责，认真执行人大及其常委会的决定与决议，向人大及其常委会负责并报告工作，自觉地接受监督。

17．富阳市委要切实关心和支持人大及其常委会搞好自身建设。在市人大常委会班子配备中，既要有在市委、市人民政府担任过领导职务，有实际工作经验的老同志，又要有德才兼备、年富力强，能够连任两届的中青年骨干，以保证班子的稳定性和人大工作的连续性。要注意专业人才的配备，提高组成人员整体的素质。党委要按照优化干部队伍结构，提高干部素质的要求，为人大机关选派优秀干部，重视人大机关干部的培养、使用，加快双向交流步伐。市委、市人民政府要为人大工作的正常开展，从人员编制、活动经费、交通工具等方面创造较好的条件。

18．党委宣传部门要认真贯彻中宣部《关于加强社会主义民主法制和人民代表大会制度宣传报道的意见》，加强对民主法制的宣传，加强对人大工作的报道。要把对人民代表大会这个根本政治制度和人大工作的宣传，作为党的宣传工作的重要组成部分，经常地、有针对性地开展多种形式的人大工作宣传报道，提高全社会对人大制度性质、地位和作用的认识，为人大工作的开展创造良好的舆论氛围。

2000 年 10 月 22 日

（二）

中共富阳市委
关于进一步加强人大工作的意见

富委〔2005〕69 号

各乡镇党委、街道党工委，市级机关各单位党委、党组（支部）：

人民代表大会制度是我国的根本政治制度，是党领导人民当家作主的政权组织形式。坚持和完善人民代表大会制度，是发展社会主义民主政治、建设社会主义政治文明的重要内容，也是党坚持民主执政、科学执政、依法执政，在国家政权中充分发扬民主、贯彻群众路线的最好实践形式，对于实施依法治国方略，保障人民当家作主，动员和团结广大人民群众积极投身社会主义现代化建设，构建和谐社会具有十分重要的意义。

自 2000 年富阳市委召开全市人大工作会议，下发《关于加强人大工作推进依法治市的若干意见》（富〔2000〕50 号）以来，富阳市各级党委、人大和“一府两院”认真贯彻落实会议精神和《若干意见》，富阳人大工作和建设取得了新的进展。为深入贯彻党的十六大精神，认真落实中共中央转发的《中共全国人大常委会党组关于进一步发挥全国人大代表作用，加强全国人大常委会制度建设的若干规定》（中发〔2005〕9 号）、中共浙江省委《关于进一步加强人大工作的意见》（浙委〔2004〕12 号）和杭州市委人大工作会议精神，进一步加强和改善党对人大工作的领导，支持和保证人大及其常委会更好地依法履行职能，促进富阳市社会主义经济建设、政治建设、文化建设和社会建设，现提出如下意见：

一、充分认识坚持和完善人民代表大会制度的重要意义

1. 人民代表大会制度是我国的根本政治制度，是党领导和支持人民当家作主、管理国家的基本组织形式。发展社会主义民主政治，最根本的是要把坚持党的领导、人民当家作主和依法治国有机统一起来。市人大及其常委会是本行政区域的地方国家权力机关，在保障人民当家作主、推进社会主义民主政治和法制建设，促进本地区经济和社会事业发展中起着重要作用。坚持和完善人民代表大会制度，是发展社会主义民主政治，建设社会主义政治文明的根本途径；是深入贯彻依法治国基本方略，扎实推进依法治市的迫切需要；是落实科学发展观，促进富阳市经济社会全面发展的内在要求。

2. 各级党委和党员领导干部要从全面贯彻“三个代表”重要思想和落实科学发展观的战略高度，从改革和完善党的领导方式和执政方式、提高党的执政能力和巩固党的执政地位的政治高度，从加快发展、协调发展，推进我市率先基本建成全面小康社会的全局高度，进一步深化对人民代表大会制度性质、地位和作用的认识，充分尊重宪法和法律规定的人大及其常委会的法律地位，保证市人大及其常委会依法履行职权，模范遵守宪法和法律，不断提高依法执政的能力和水平。

二、进一步加强和改进党对人大工作的领导

3. 完善党委对人大工作的领导方式。要按照“总揽全局、协调各方”的原则，支持人大及其常委会加强对政府、法院、检察院的监督，督促“一府两院”自觉接受人大监督。要支持人大依法履行国家权力机关的职能，积极帮助解决人大依法行使职权中遇到的困难和问题，使人大与“一府两院”依照法律独立负责、协调一致地开展工作。“一府两院”要依照法律规定，主动向市人大及其常委会报告工作，接受质询。

4. 健全党委对人大领导的工作制度。要把人大工作纳入总体工作布局，摆上重要议事日程。市委在每届任期内召开 1 次人大工作会议，对人大工作作出部署。市委常委会每年至少 2 次听取人大常委会党组的工作汇报。坚持市委领导同志分工联系人大工作制度，及时研究和解决人大工作中的重大问题。市委、市人民政府召开涉及全市性的工作会议或组织的重大活动，应安排市人大常委会领导成员参加，市委、市人民政府召开有关部门负责人的重要会议或组织的重大活动，可安排市人大常委会工作机构负责人参加。乡镇（街道）兼任同级人大主席（人大工委主任）的党委(党工委)书记要切实履行职责，用足够的时间和精力做好人大工作，按照法律规定参加乡镇人大主席团（人大街道工委）会议。

5. 发挥市人大常委会党组的领导核心作用。完善市人大常委会党组向市委请示和报告工作制度，市人大及其常委会开展的监督、决定重大事项和选举任免等工作中的重大问题，市人大常委会党组要事先向市委报告，同时，及时传达市委重要会议及文件精神，使市人大常委会组成人员和人大机关工作人员了解市委的重要工作部署。市人大常委会党组要切实加强对人大机关党的工作的领导，教育和引导党员代表和委员增强党性观念，坚持对党负责与对人民负责的一致性，在监督、决定重大事项和选举任免等工作中，保证党委意图的贯彻落实。

6. 党委工作部门要支持人大工作。组织部门要加强对党员干部执行宪法、法律和人大决议、决定情况的监督检查，把是否具有民主法制观念和依法行政、依法办事能力作为推荐选拔任用干部和干部考核的重要内容。宣传部门要把对人民代表大会制度和人大工作的宣传纳入宣传工作的总体部署，加强宣传力度。要加强对人民代表大会会议、人大常委会会议、议题重要的人大常委会主任会议以及人大常委会有关重要活动的宣传报道。党校要进一步加强对干部的人民代表大会制度理论和人大工作基本知识的教育培训。加强对人大制度的理论研究，不断总结经验，为推进人大工作提供理论基础。

三、支持和保证人大及其常委会依法行使各项职权

7. 重视和开好市人大及其常委会的法定会议。市委要加强对市人大及其常委会会议的领导，市人大常委会要精心组织，严格执行法定程序和议事规则，保证人大代表和市人大常委会组成人员依法履行职责，行使职权，努力提高会议质量和效率。国家机关和有关部门的主要负责人必须依法列席市人大及其常委会会议、主任会议，听取人大代表、市人大常委会组成人员的建议、批评和意见，认真负责地回答询问。

8．支持和保证市人大及其常委会依法行使重大事项决定权。凡属市人大及其常委会法定职权范围内讨论、决定的重大事项，市人民政府应依法及时提交市人大及其常委会审议。市人大及其常委会要抓住事关全局、根本、长远的重大问题，以及人民群众十分关心和迫切要求解决的问题，加强调研，充分反映民意，广泛集中民智，提高重大问题决策的民主化、科学化水平。对市人大及其常委会作出的决议、决定，“一府两院”要认真执行，积极组织实施。要加强对审议意见落实情况的监督检查。

9．支持和保证市人大及其常委会依法行使监督权。市人大及其常委会要围绕富阳市委中心工作和富阳市工作大局，突出监督重点，完善监督方式，健全监督机制，加大监督力度，增强监督实效。认真听取和审议“一府两院”工作报告，市人民政府应每半年向市人大代表进行政情通报。要进一步加强对财政预决算和经济工作尤其是对部门预算、预算外资金和政府投资项目的审查和监督。市审计部门应每年向市人大常委会提出预算执行和其他财政收支的审计工作报告。认真总结执法检查、代表视察、“两项评议”等监督工作，完善程序，规范提高。加强司法监督，促进司法机关健全内部监督机制。加强干部监督，完善全面述职、重点评议的述职评议工作机制，探索开展对市人大选举干部的述职评议。本行政区域内的垂直管理部门，也应接受市人大常委会的执法评议和执法检查。重视人民群众来信来访，督促有关部门及时认真处理。要运用询问、质询、特定问题调查、撤销不适当决定和依法罢免等法定监督手段，丰富监督内容，提高监督水平。

10．支持和保证市人大及其常委会依法行使选举任免权。坚持党管干部原则与人大依法选举、任免国家机关工作人员制度的有机统一，认真贯彻执行中央《党政领导干部选拔任用工作条例》和《中共中央关于地方党委向地方国家机关推荐领导干部的若干规定》。富阳市委向市人大或市人大常委会推荐领导干部人选时，要事先向市人大代表中的党员或市人大常委会党组介绍市委的推荐意见。如果人大代表或者市人大常委会党组对所推荐人选提出不同意见，市委应认真研究，并作出解释或说明。如果发现有事实依据、足以影响选举或任命的问题，市委可以建议市人大或市人大常委会按照规定的程序暂缓选举、任命，也可以重新推荐人选。市人大代表中的党员或市人大常委会党组应当认真贯彻市委推荐意见，带头依法办事，正确履行职责。进一步完善干部任前法律知识考试、法律职务任职资格审查、公示和任前表态等制度。加强对选举工作的领导，坚持差额选举制度和联名提名候选人制度。要尊重和维护市人大及其常委会和乡镇人大的选举、表决结果，选举、任命的干部在任期内要保持相对稳定，确需调整的应严格依照法定程序办理。乡镇人民政府领导人员的提名，除特殊情况外，一般应注意与乡镇人代会召开的时间相衔接。

11. 支持市人大常委会积极开展对外交往。要把市人大常委会的对外交往活动纳入市外事活动的总体计划中统一考虑，统筹安排，以加强与国外地方议会的联系和交流，积极宣传我国的人民代表大会制度和富阳市发展的新成就，增进了解，扩大合作。

四、充分发挥人大代表的主体作用

12. 重视提高代表素质。党委、民主党派、人民团体在推荐代表候选人时，事先要征得市人大常委会党组或主任会议的意见。要注重优化代表的年龄、知识和专业结构，注重代表的政治素质和履职能力，保证非党代表、妇女代表和工人、农民等基层代表的比例。要健全和完善对人大代表的系统培训制度，进一步增强代表的职务意识和责任意识，不断提高代表的整体素质和履行职务的能力。

13. 保障代表依法履行职务。各级党委、市人大常委会和“一府两院”要加强同人大代表的联系，为他们联系群众、开展工作、履行职责提供方便和条件。要规范为代表知情知政提供信息的工作制度，保障代表的知情权，提高代表审议议案、报告的水平和效能。坚持和完善邀请代表列席市人大常委会会议、安排代表开展视察、吸收代表参加有关议案的调研、组织代表参加执法检查和评议等制度。要适当增加市人大代表在闭会期间的活动经费，列入市财政预算。重视和加强代表议案和建议、批评、意见的处理工作，提高工作质量。“一府两院”要切实做好议案、建议的办理工作，进一步落实领导负责制，严格办理程序，注重办理实效，并逐年提高解决率。

14. 规范闭会期间活动。要坚持和完善代表小组定向视察、代表之家、代表进社区、代表向选民述职等制度，保证代表依法有序参加闭会期间活动。代表在闭会期间的活动以集体活动为主，以代表小组为基本活动形式。代表要模范遵守宪法和法律，密切联系群众，自觉接受监督，把依法执行代表职务与从事个人职业活动严格区别开来。担任领导职务的代表，要积极参加代表活动，带头履行代表职责。各级人民政府和人民法院、人民检察院要尊重人大代表的法律地位，支持代表依法履行职权。严肃查处妨碍代表履行职权、侵犯代表合法权益的行为。

五、高度重视人大及其常委会自身建设

15. 加强思想作风建设。市人大常委会组成人员和机关工作人员要认真学习邓小平理论和“三个代表”重要思想，不断提高思想理论水平、法律政策水平和监督决策水平。进一步增强党的观念、政治观念、大局观念、群众观念，把维护和实现人民群众的根本利益作为人大一切工作的立足点。进一步弘扬求真务实精神，增强改革创新意识，深入调查研究，反对形式主义，始终保持与时俱进、奋发有为的精神状态，努力把人大常委会建设成为地方国家权力机关，担负宪法赋予各项职责的工作机关，同人民群众保持密切联系的代表机关。

16. 加强组织建设。优化市人大常委会组成人员的年龄结构、知识结构和专业结构。市人大常委会组成人员的专职比例要按规定达到一半以上，并在此基础上逐步提高，努力形成梯次结构，保持人大工作的连续性和稳定性。市人大常委会主任、副主任和专职委员不占人大机关编制，进一步健全和规范人大及其常委会的工作机构。

17. 加强制度建设。建立健全代表大会、常委会会议和主任会议“三会”工作程序，提高审议质量和议决效率。进一步修订和完善行使重大事项决定权、监督权和人事任免权的有关工作制度。加强人大常委会工作机构的制度建设。

18. 建设高素质的人大机关干部队伍。要在思想上、政治上、组织上重视和关心人大机关干部队伍建设，把人大机关干部的培养、使用纳入富阳市干部队伍建设的总体规划，通过选拔任用、轮岗培训、挂职锻炼、脱产学习等渠道，进一步提高人大机关干部队伍的整体素质。要加大人大机关与党委、政府、司法机关和群团组织之间干部交流的力度。

19. 重视乡镇人大和街道人大工作。乡镇人大主席团要紧紧围绕中心工作，认真履行法律赋予的各项职责。乡镇人大主席团主席和人大街道工委主任一般设专职，也可由同级党委（党工委）书记兼任。未进党委班子的专职乡镇人大主席和人大街道工委主任，以及未设专职主席、主任的乡镇人大、人大街道工委负责日常工作的副主席、副主任，应列席同级党委会议。乡镇人大、人大街道工委应至少配备 1 名专职人大干事。乡镇人大、人大街道工委的工作经费列入同级财政预算。市人大常委会要加强对乡镇人大和人大街道工委的工作指导，推动基层民主政治建设。

20. 改善人大工作条件。要保证市人大及其常委会的正常工作经费，市人大的重要会议和重要活动要列专项经费。进一步改善市人大常委会机关的办公条件，加强人大机关信息化建设，为人大及其常委会的工作提供必要的物质保障。

2005 年 12 月 31 日

（三）

中共富阳市委
关于进一步加强和改进人大工作的意见

富委〔2009〕35 号

各乡镇党委、街道党工委，市级机关各单位党委、党组（支部）：

为深入贯彻落实党的十七大和省委、杭州市委人大工作会议精神，进一步坚持和完善人民代表大会制度，切实加强和改进党对人大工作的领导，推进新时期人大工作和社会主义民主法制建设，更好地发挥人大及其常委会在推进“富裕阳光之城”建设中的重要作用，特提出如下意见：

一、深刻认识坚持和完善人民代表大会制度、做好新形势下人大工作的重要意义

1. 坚持和完善人民代表大会制度、做好新形势下人大工作，是发展社会主义民主政治、建设社会主义政治文明的重要内容。发展社会主义民主政治是我们党始终不渝的奋斗目标。人民当家作主是社会主义民主政治的本质和核心。人民代表大会制度作为人民当家作主的重要途径和最高实现形式，是人民群众表达意愿、实现有序政治参与的重要渠道，是社会主义政治文明的重要载体，也是依法治国的制度保证。各级党委要切实提高对人民代表大会制度性质、地位和作用的认识，从推进社会主义政治制度自我完善和发展的高度，切实增强政治责任感和历史使命感，自觉坚持和维护这一根本政治制度。

2. 坚持和完善人民代表大会制度、做好新形势下人大工作，是提高党的执政能力的必然要求。人大工作坚持正确的政治方向，最根本的是坚持党的领导、人民当家作主、依法治国的有机统一，核心是坚持党的领导。要充分认识人民代表大会与西方议会的本质区别、人大和“一府两院”关系与西方国家的国家机关间关系的本质区别、人大代表与西方议员的本质区别，增强国家意识、宪法意识和政权建设意识，把党的领导贯穿于人大依法履职的全过程，落实到人大工作的各个方面。各级党委要积极探索和完善党的领导方式，注重发挥人大的职能作用，保证党的路线方针政策的贯彻落实。

3. 坚持和完善人民代表大会制度、做好新形势下人大工作，是推动科学发展、建设“富裕阳光之城”的重要保障。发展人民民主，加强法制建设，是推动富阳科学发展、建设“富裕阳光之城”的题中之义和重要保障。当前，我市经济社会已经进入一个新的发展阶段。促进经济转型升级、统筹城乡协调发展、建设生态文明、推进科技创新、维护社会和谐稳定等任务十分繁重。各级党委要坚持科学执政、民主执政、依法执政，充分发挥人民代表大会制度优势，进一步拓宽民主渠道，丰富民主形式，集中民智，凝聚民力，最大限度地调动全市人民参与全面建设小康社会的积极性和创造性，为加快融入大都市步伐，更好更快推进“富裕阳光之城”建设注入新的动力，作出更大的贡献。

二、进一步加强和改进党对人大工作的领导

4. 健全党委领导人大工作的制度。切实发挥党委“总揽全局、协调各方”的领导核心作用，把人大工作纳入总体工作布局，摆上重要议事日程。坚持和完善人大工作会议制度，市委在每届任期内召开一次人大工作会议。坚持和完善定期听取汇报制度，市委常委会每年至少两次听取人大常委会党组工作汇报，及时研究解决

人大工作中的重大问题。坚持和完善重要情况通报制度，市委在作出重大决策前，注意听取人大常委会的意见。坚持和完善列席、参加会议制度，人大常委会主任或主持工作的副主任，应列席市委常委会会议；市委、市人民政府召开涉及全市性的重要会议或组织重大活动时，应安排市人大常委会组成人员、人大常委会办公室、工作委员会和乡镇人大、街道人大工委负责人以及人大代表参加。

5．发挥人大常委会党组的领导核心作用。市人大常委会要坚持和依靠党的领导，自觉把人大工作置于党的领导之下。人大常委会党组要健全向市委请示、报告工作的制度，及时向市委反映人大工作和建设中的重要情况与重大问题，提出意见和建议。要健全市人大常委会集体学习制度，深入学习党的路线、方针、政策以及有关法律法规和业务知识，及时贯彻市委重要会议及文件精神。要加强对党员代表的教育和引导，增强党性观念，坚持对党负责和对人民负责相统一，在监督、决定重大事项和选举任免等工作中，保证党委决策和意图的贯彻落实。

6．“一府两院”要自觉接受人大及其常委会的监督。“一府两院”要忠实履行宪法和法律赋予的职责，贯彻落实《监督法》，自觉接受人大及其常委会的监督。要认真负责地向市人大及其常委会报告工作，对涉及富阳市经济社会发展的重大决策，以及人民群众普遍关心、涉及人民群众重大利益，带有根本性、全局性、长远性的重大事项，要依法提请市人大及其常委会审议决定。对人大组织的视察、执法检查、听取和审议专项工作报告等要密切配合，并认真听取意见，切实做好整改工作。对市人大及其常委会作出的决议、决定和审议意见等，要认真研究处理，及时报告贯彻落实情况。“一府两院”的领导人员和政府部门负责人要按规定列席市人大及其常委会的有关会议，积极参加市人大及其常委会的重要活动。

7．党委工作部门要支持人大工作。党委工作部门要认真落实市委工作意图，在日常工作中切实支持人大工作。组织部门要加强对党员干部执行宪法、法律和人大决议、决定情况的监督检查，把是否具有民主法制观念和依法行政、依法办事能力作为干部选拔任用和班子考核的重要内容。宣传部门要把对人民代表大会制度和人大工作的宣传纳入宣传工作的总体部署，加大宣传力度；要加强对人民代表大会会议、人大常委会会议、人大常委会主任会议以及人大常委会有关重要活动的宣传报道，提高宣传实效。党校要把人民代表大会制度理论和人大工作基本知识纳入干部教育培训计划，进一步增强各级干部的人大意识。

三、支持和保证人大及其常委会依法行使职权

8．支持和保证人大及其常委会依法召开会议。会议是人大及其常委会行使职权的主要方式。市委要加强对人民代表大会会议和人大常委会会议的领导，支持和保障人大及其常委会完善议事程序，提高议决质量和效率。人大代表和常委会组成人员要切实增强责任意识，依法出席会议，注重会前调研，认真审议各项报告和议案，提高审议发言的质量。列席会议的“一府两院”人员应严格遵守会议纪律，认真负责地报告工作、回答询问、听取建议、批评和意见。

9．支持和保证人大及其常委会依法行使重大事项决定权。要进一步完善地方重大事务决策规则和程序，支持人大常委会依法讨论决定重大事项。有关地方事务的重大决策，市委事前要注意听取人大常委会组成人员和人大代表的意见。“一府两院”对应由人大及其常委会作出决定的重大事项，如关系经济社会发展的重大改革、计划和财政预算的编制及调整、城市规划及区域性规划变更、年度计划外重大建设项目和大额度资金使用等，提交市委研究前要及时听取人大及其常委会的意见，经市委同意后主动提请人大及其常委会审议。市人大常委会要抓住带有根本性、全局性、长远性的问题和人民群众普遍关注的问题，深入开展调查研究，广泛听取群众意见，提高讨论决定重大事项的科学性，及时作出决议、决定。“一府两院”应在年初提出拟提请人大常委会讨论决定的重大事项，并认真落实人大及其常委会的决议、决定，主动报告落实情况。

10．支持和保证人大及其常委会依法行使监督权。各级党委要按照监督法的要求，支持人大及其常委会依法开展法律监督和工作监督，协调解决人大监督工作中的重大问题。依法应由人大及其常委会表决通过或实施监督的重大事项，应注意避免党政联合发文。人大及其常委会要坚持把关系全市改革发展稳定的重大问题和人民群众最关心、最直接、最现实的利益问题作为监督工作的重点，精选监督议题，改进监督方式，健全监督机制，增强监督实效。注重跟踪问效，加强对审议意见和视察建议等贯彻落实情况的督促检查。进一步深化专项工作评议，提高评议工作实效。加强对规范性文件的审查，规范备案审查工作程序。根据省、杭州市有关文件精神，省、杭州市驻富机构以及市本级政府垂直管理部门、派出机构等，要自觉接受人大及其常委会的法律监督和工作监督。在必要时，市人大常委会可依法启动询问、质询、特定问题调查等多种监督方式。

11．支持和保证人大及其常委会依法行使选举任免权。坚持党管干部原则和人大及其常委会依法行使选举、任免权的有机统一，认真贯彻执行《党政领导干部选拔任用工作条例》，支持和保证人大及其常委会依法行使选举任免权。讨论需由人大常委会任免的领导干部人选时，组织部门应事先向人大常委会党组介绍情况、听取意见，人大常委会党组有不同意见的，要认真研究。任免干部时，尊重和维护人大及其常委会选举、表决的结果。凡应由人大及其常委会选举或任免的干部，必须在选举或作出任免决定后方可正式对外公布。由人大常委会任命的国家机关工作人员，在法定任期内要保持相对稳定，确需调整的，应严格按照法律规定办理。市人大常委会要完善和推行拟任人员任前法律知识考试、任前表态发言、颁发任命书等程序，依法加强选举任免工作。人大及其常委会选举、任命的干部涉及违法违纪时，组织、纪检部门应与人大加强沟通协调，依法处理。

四、充分发挥人大代表的主体作用

12．重视提高代表整体素质和履职能力。各级党委要坚持人大代表的广泛性、代表性和先进性的统一，不断优化代表组成结构，适当提高基层代表候选人的比例。在推荐、提名人大代表候选人时，必须重视代表的政治素质和参政议政能力，注意听取市人大常委会党组的意见，把好代表的入口关。连任代表比例要占代表总数的1/3 以上，保证一定比例的党外代表候选人。强化代表职务意识，担任党政领导职务的代表要率先垂范，积极参加原选举单位组织的代表活动。健全和完善人大代表履职培训制度，在每届人大代表任期内，市人大常委会和乡镇人大要组织开展政治理论、宪法、法律和人大工作基本知识等的系统培训，不断增强培训实效，不断提高代表的整体素质和履职能力。领导干部因工作变动等原因需要辞去代表职务的，市委组织部门要及时与人大常委会党组商议后，建议其辞去代表职务，经本人同意后按法定程序办理。

13．提高代表议案、建议办理质量。市人大常委会和“一府两院”要切实做好代表议案和建议、批评、意见的处理工作。要建立健全办理机制，完善交办、承办、督办以及回访、问责、通报等制度，规范办理程序，明确办理责任，严格办理时限，提高办理质量。要坚持“一府两院”领导领办重点建议制度，切实提高解决率。要加大对涉及多个部门和单位的交叉性意见建议办理的协调和督办力度，形成协办机制。承办单位要建立健全办理代表建议、批评和意见的工作制度，落实办理责任，严格办理程序。要深入调查研究，在与代表充分沟通面商的基础上，完善办理意见，提高办理质量，注重解决问题、及时答复代表。“一府两院”要向人大常委会报告办理代表议案和建议、批评和意见的情况，并及时反馈办理结果。市委和“一府两院”要把办理代表建议、批评和意见的情况列入党风、政风、行风评议和综合考评社会评价的重要内容。

14．支持和保障代表依法执行职务。认真执行代表法，尊重和维护代表的各项权利。市人大常委会和“一府两院”要坚持和完善各项行之有效的政情通报制度，保障代表的知情权、参与权、表达权、监督权。坚持和完善邀请代表参加人大常委会组织的调查研究、执法检查、集中视察等活动，切实做好“代表主题实践月”、代表小组定向视察等工作，逐步扩大代表的参与面，丰富和规范闭会期间代表活动。建立健全代表履职情况登记、走访选民、向选民或选举单位述职、结对帮扶等制度，进一步密切代表与选民、原选举单位和人民群众的联系。探索建立代表集体约见“一府两院”负责人制度。“一府两院”要进一步深化健全领导干部联系代表、接待代表日等制度。代表所在单位要为代表开展活动创造必要条件，代表活动经费列入本级财政预算，并逐步提高。对妨碍、阻挠代表执行职务或侵犯代表权益的行为，要依法严肃查处。

五、加强人大常委会及机关建设

15. 加强人大及其常委会的思想作风建设。市人大常委会组成人员和机关工作人员要深入学习中国特色社会主义理论，巩固和扩大深入学习实践科学发展观活动的成果，切实增强以科学发展观统领人大工作的自觉性和坚定性。积极贯彻执行党和国家的路线方针政策，牢固树立党的观念、法制观念、大局观念和群众观念，进一步增强责任感和使命感，切实增强做好人大工作的自觉性。坚持民主集中制原则，正确行使职权。大力弘扬求真务实精神，大兴调查研究之风，重实际，办实事，讲实效，加强党风廉政建设和机关效能建设，不断推进人大各项工作。

16. 高度重视人大及其常委会的组织建设。进一步优化人大常委会组成人员结构，适当增加熟悉经济、法律、科技、文化等方面专业知识、具备相关工作经历、年富力强的组成人员。组成人员中的专职委员要占委员总数的 1/2 以上，并逐步提高；组成人员一般要能干满一届，并有 1/3 以上的组成人员能干满两届，至少要有 1/3 能在换届时连任，保持人大工作的连续性。人大常委会主任、副主任和专职委员不占人大机关和原所在单位的编制，在地方总编制中单列，其供给关系可由本人选择。根据工作需要和效能原则，增配人大机关工作委员会专业工作人员。进一步理顺人大常委会各工作委员会和办事机构的职能，在“一办五委”的基础上，增设农业和农村工作委员会。

17. 切实加强人大机关建设。要把人大机关干部的培养使用和管理纳入总体计划，突出抓好与党政机关干部之间的双向交流机制，进一步加大交流力度，形成人大机关干部进出有序、良性循环的机制。要选派“一府两院”及有关部门、乡镇（街道）的优秀中青年干部到人大机关挂职锻炼，选派人大机关干部到浙江省、杭州市人大及市本级党委、人民政府部门、乡镇（街道）挂职锻炼。注重安排人大机关干部参加各类培训。要加强和改进人大对外交流，把人大常委会的对外交往活动列入外事活动的总体计划，统筹安排，提高对外交往实效。加快人大系统信息化建设步伐，提高人大工作的效率和质量。

六、夯实乡镇人大工作基础

18. 加强组织人员保障。乡镇人大（街道人大工委）主席（主任）一般应设专职。由党（工）委书记兼乡镇人大（街道人大工委）主席（主任）的乡镇（街道），要配备 1 名专职人大（人大工委）副主席（副主任），负责日常工作。乡镇人大（街道人大工委）应设专门办公室，配备至少1名专职人大干事，享受中层正职待遇。未进党委班子的专职主席（主任）或主持日常工作的副主席（副主任），应列席同级党（工）委会议。

19. 创造良好工作环境。乡镇（街道）党（工）委要加强对乡镇（街道）人大工作的领导，支持人大探索行使法定职权的形式、措施和途径，切实发挥乡镇人大主席团和乡镇人大主席的作用，推动基层民主政治建设。支持人大依法履行职责，保证人大专职干部用主要时间和精力抓人大工作。定期研究人大工作，协调解决工作中碰到的重大问题。落实经费保障，乡镇（街道）人大工作经费和代表活动经费要列入同级财政预算，并确保经费逐年增加、专款专用。

20. 有效发挥职能作用。乡镇人大要有针对性地组织开展执法检查、听取和审议工作报告、组织代表视察和评议等活动，加强对政府预算编制及执行、重点项目建设、村级财务管理等的监督。乡镇所属部门以及垂直管理（派驻）部门要自觉接受当地人大的监督。街道人大工委作为市人大常委会的派出机构，市人大常委会要加强对其的领导和指导，注重将监督、代表等工作延伸至街道，发挥街道人大工委在组织本辖区内各级人大代表参与监督活动、联系人民群众、反映社情民意等方面的作用。

2009年9月24日

（四）

立足新起点　开启新篇章

——市委书记姜军在市委人大工作会议上的讲话

（2015年1月12日，根据录音整理）

今天，在这里召开富阳市委人大工作会议，这是一次重要会议，也是新形势下加强和改进党对人大工作的领导，推动人大工作再上新台阶的一次重要会议。会议的主要任务是：深入贯彻浙江省委、杭州市委人大工作会议以及富阳市委十三届十次全会精神，回顾总结近年来全市人大工作成绩和经验，研究部署新形势下加强和改进人大工作目标和任务，更好地发挥人大及其常委会职能作用，为富阳建设新城区、实现新发展提供根本政治保证。

市委对这次会议十分重视，会前专题召开市委常委会，传达学习了浙江省委和杭州市委人大工作会议精神，听取了市人大常委会党组的工作汇报，讨论研究了市委《关于进一步加强人大工作充分发挥人大作用的意见》，这是指导当前和今后一个时期人大工作的重要文件，希望大家认真审议。

2009 年富阳市委人大工作会议以来，特别是换届以来，各级党委坚持把人大工作纳入党委工作总体布局，摆上重要议事日程，不断加强和改进党对人大工作的领导，支持和保证各级人大依法履行职能、发挥作用。各级人大自觉坚持和依靠党的领导，自觉坚持人大工作与全市工作协同推进，始终保持“一线”状态、谋求“一线”作为，依法履行宪法和法律赋予的各项职责，监督、决定、任免、代表、改革等工作稳步推进，自身建设不断加强，履职水平显著提高，为推动富阳经济社会发展和社会主义民主政治建设作出了不可替代的重要贡献。借此机会，代表中共富阳市委，向全市各级人大、人大代表和人大工作者，向所有关心和支持人大工作的社会各界人士，表示衷心感谢和崇高敬意！

下面，就做好新形势下人大工作，讲三点意见。

一、深刻认识人大的地位和作用

党的十八大以来，习近平总书记站在改革发展稳定全局和国家长治久安的战略高度，就人民代表大会制度、人大工作提出了许多新思想、新观点和新要求。全市各级党委、人民政府和人大要认真学习领会习近平总书记的重要讲话精神，充分认识做好新形势下人大工作的重大意义，毫不动摇地坚持和完善人民代表大会制度，扎实推进富阳市人大工作与时俱进和创新发展。

首先，从历史演进看，人民代表大会制度是人民的选择、历史的选择。习近平总书记在全国人民代表大会成立 60 周年大会上强调，设计和发展国家政治制度，必须注重历史和现实、理论和实践、形式和内容有机统一。不能割断历史，不能想象突然就搬来一座政治制度上的“飞来峰”。1840 年鸦片战争之后，围绕在中国建立什么样的政治制度和政权组织形式,各种政治势力展开了长期争论、探索和激烈斗争。从康有为的“君主立宪制”，到孙中山的“三权分立”，他们的尝试最终都遭到失败。这些艰苦的探索和实践一再证明，西方资本主义的政治制度在中国是行不通的。中国共产党成立以后，对建立新型人民民主政权及其组织形式进行了长期探索和实践，从早期的罢工工人代表大会、农民协会，到红军时期的工农兵代表苏维埃，再到抗战时期的参政会，最后在解放战争时期和新中国建立初期建立了各界人民代表会议。1949 年 9 月通过的中国人民政治协商会议共同纲领，确定了我国的政治制度是民主集中制的人民代表大会制度。1954 年 9 月，第一届全国人大第一次会议召开，制定了新中国第一部宪法。“五四宪法”明确规定：中华人民共和国的一切权力属于人民，人民行使国家权力的机关是全国人民代表大会和地方各级人民代表大会。至此，我国的人民代表大会制度正式建立，其政治地位也正式确立。因此，从历史演进看，实行人民代表大会制度是中国特色社会主义发展的必然选择，是党领导人民长期进行人民政权建设的智慧和经验结晶。“文化大革命”期间，“以阶级斗争为纲”的错误指导思想占据了政治生活的中心，人民代表大会制度遭到严重破坏，全国人大及其常委会连续8年没有召开过一次会议，国务院、地方各级人大及其常委会难以正常工作，公检法机关被破坏，造成了全国性的动乱。1979年以后，各级人大得到恢复，人民代表大会的工作走上了正常轨道，在中国政治生活中起着越来越重要的作用。1982年12月，五届全国人大五次会议通过了现行宪法。从2014年开始，我国将12月4日设定为“国家宪法日”，并建立宪法宣誓制度，这是以人大立法形式予以确定的。历史证明，人民代表大会制度的形成和确立，是中国近代历史发展的必然结果，是人民的选择，也是历史的选择。

其次，从实践经验看，人民代表大会制度是推动发展的重要力量、重要保障。人民代表大会制度是党领导人民当家做主的政权组织形式，体现了社会主义制度的优越性和社会主义民主的广泛性，在推动地方发展中具有举足轻重的作用：一是体现在集中民智。人大通过扩大公民有序参与政治事务，保障了公民的知情权、参与权和表达权，有利于反映民意、集中民智。广大人大代表通过代表履职、深入基层、深入群众、问计于民，有利于更好地听取和反映群众的意见和要求，使各项决策更加科学民主，经得起历史和实践的检验。同时，通过各级人大组织和人大代表依法履职，把党委的决策部署转化为全市人民的意志和行动，有利于凝聚各方智慧和力量，形成推动发展的强大合力。市人大及其常委会通过充分发挥监督、重大事项决定、人事任免等重大责任，为加快改革发展提供了有力的支持和保障。二是体现在发扬民主。党通过人民代表大会制度来实现对国家事务的领导，坚持和完善人民代表大会制度是对提高党的执政能力建设提出的必然要求。人民代表大会制度保证人民依照宪法和法律规定，通过各种途径和形式，参与管理经济社会事务，从而根本上调动广大人民群众的积极性、主动性和创造性，推动地方的发展。比如，市人大关于农民建房问题的提案，就直接推动了相关政策的出台和问题的解决。三是体现在解决民忧。当前，随着经济发展进入新常态，各种深层次社会矛盾日益凸显。妥善解决好这些问题，需要更好地发挥人大联系群众、反映民意、解决矛盾的重要民主渠道作用，发挥人大代表广泛性和代表性的优势，统筹兼顾好不同群体的利益关系。

第三，从发展的要求看，坚持人民代表大会制度充分体现了道路自信、理论自信和制度自信。党的十八大提出要坚定道路自信、理论自信、制度自信，习近平总书记多次强调指出，全国各族人民一定要增强对中国特色社会主义的道路自信、理论自信和制度自信，坚定不移沿着正确的中国道路奋勇前行。人民代表大会制度作为我国的根本政治制度，是符合中国国情和实际、体现社会主义国家性质、保证人民当家作主、保障实现中华民族伟大复兴的好制度。自信，来自于特色。人民代表大会制度之所以具有强大生命力和显著优越性，关键在于它深深植根于人民之中，体现了党领导下的管理国家事务的制度特色和优势，较好地实现了党的领导、人民当家作主和依法治国三者的有机统一。人大的权力来自于人民的授权，人民通过选举,产生代表自己意愿和利益的代表,组成代表机关,代表人民行使国家权力，保证了法律的制定和国家重大问题的决定体现人民的共同意志、维护人民的根本利益。自信，来自于比较。无论是苏联照搬西方民主导致苏共倒台，还是西方颜色革命导致多国动荡暴乱，以及最近西方学者赞扬中国政治体制，从中国崛起的不争事实和制度的比较中可以看出，我们坚持的中国特色社会主义道路是正确的。人民代表大会制度，一方面集中了人民的共同意志，动员整合各方面力量，在中国共产党领导下集中力量办大事，具有世界上其他政治制度无法比拟的优势；另一方面，在人大统一行使国家权力的情况下，“一府两院”分别行使行政权、审判权、检察权，并对人大负责，受人大监督，保证各国家机关协调一致地工作，这与资本主义国家“三权鼎立”、相互掣肘有着本质的区别；再一方面，人民代表大会制度遵循在中央的统一领导下，充分发挥地方的主动性、积极性，正确处理了中央与地方的关系，维护了国家统一和民族团结。自信，来自于活力。人民代表大会制度的发展是一个不断完善、不断丰富的过程。纵观人民代表大会制度60年的历史，是一个坚持与发展、加强与改善、巩固与创新的历史，经历了一个从不完善到逐步完善、从不健全到逐步健全的发展过程。人民代表大会制度之所以能够把亿万中国人民的意志和力量凝聚起来，一个重要原因就在于它始终面向未来、面向实践、与时俱进、自我完善。比如立法体制上，原来一般由部门来负责法律草案的起草，进入新世纪后改由全国人大的专门委员会和法工委直接起草法律草案，甚至还邀请专家成立法律研讨组直接起草草案。制度的与时俱进和不断完善，成为制度自信的重要保证。

二、充分发挥人大的特色和优势

富阳市委十三届十次全体（扩大）会议就撤市设区后如何面对问题和挑战，如何抓住历史机遇，提出了“三学四考”，即对标学习先进地区，答好“民生、眼界、能力、标准”四个考题。当前，富阳市人大工作站在了新的起点上，也面临着新的机遇和挑战，富阳市各级人大作为经济社会发展的中坚力量，要牢牢把握发展大局，紧紧围绕市委决策部署，切实增强人大依法履职、依法监督职责，进一步加强人大及其常委会自身建设，充分发挥人大优势，为富阳实现跨越发展和持续改善民生作出更大贡献。

前段时间，市委常委会专题学习了习近平总书记在纪念人大成立60周年大会上的讲话，以及省委人大工作会议和杭州市委人大工作会议精神。新时期下，中央、省市对人大工作明确了四个方面的新要求：一是更加强调党对人大工作的领导；二是更加强调人大在法治建设中的作用；三是更加强调基层民主政治建设，四是更加强调人大代表来自人民，以及要更好地发挥人大代表应有作用。结合富阳实际，充分发挥人大作用，要重点做好五方面工作：

（一）围绕民主决策，谋求新作为。近年来，富阳市人大及其常委会围绕中心、服务大局，依法履行职责，为推动富阳经济社会发展作出了重要贡献。市人大常委会按法定程序审议并同意富阳撤市设区方案，推动富阳融入杭州主城区；领衔开展江南新区体制机制、城乡统筹发展、美丽乡村建设等重大课题调研，提出了城乡一体化发展的方向和目标；围绕“五水共治”，开展人大代表作表率主题实践活动，监督推动农村生活污水治理、饮用水水源保护等工作落实。这些成绩的取得，凝聚着全市各级人大代表和人大工作者的智慧和力量。当前，富阳正迎来撤市设区的重大机遇，站在了科学发展的新起点上。按照富阳市委的决策部署，全市各级人大要在同级党委的领导下，进一步加强全局性、战略性、前瞻性问题的思考和研究，切实强化重大事项决定权的落实，保证人大及其常委会的决议决定始终维护核心、服务中心、突出重心、顺应民心。要紧紧围绕融入发展、转型发展、创新发展的总体部署和事关全市改革发展稳定的重大问题，主动开展专项视察调研，听取审议专项工作报告，依法作出决议决定，努力为富阳市经济社会发展提供决策支持。要把着眼点放在提供法治保障、组织保障和督导保障上，把着力点落实到解决经济社会发展的重大问题上，使人大及其常委会的决议决定更加符合发展的要求和人民的意愿。要不断总结行使决定权的实践经验，以深入调查研究为基础，以充分审议为关键，以狠抓落实为保证，建立健全科学决策、民主决策、依法决策的制度和程序，切实提升人大及其常委会的议事质量和决策水平。要加强对人大及其常委会决议决定执行情况的监督检查，切实提高决议决定的执行力。

（二）围绕法治建设，落实新要求。依法治国是党领导人民治理国家的基本方略。人大在落实依法治国方略、深化法治建设中肩负着重要职责。近年来，市人大及其常委会依法行使重大事项决定权、监督权、人事任免权，充分发挥地方国家权力机关的作用，着力营造严格执法、公正司法、全民守法的发展环境，推进了法治富阳建设进程。探索建立全口径预算决算审查监督机制，实行乡镇投资项目代表票决制，督促政府推进阳光政务建设取得突破性进展；加大大会议案、代表建议的跟踪督办力度，实行代表议案建议网上提交和办理，对人大历年交办的议案办理情况进行回头看，切实增强了人大监督工作的实效。市委十三届十次全会审议通过了《关于全面深化法治富阳建设的若干意见》，对全面深化法治富阳建设作出了部署。全市各级人大要紧紧抓住事关法治建设的源头性、根本性、基础性问题，围绕严格执法、公正司法、全民守法，敢于负责、勇于挑担。要切实增强监督实效，推动严格执法。市人大及其常委会要认真贯彻实施监督法，依法全面履行监督职责，准确行使监督职权，推动市人民政府按照“法定职责必须为”、“法无授权不可为”的要求，强化法治政府建设。要探索和创新监督方式方法，推进人大及其常委会专题询问工作的常态化、规范化，注重运用质询、特定问题调查、撤职案的审议和决定等刚性监督手段，推动市人民政府依法行政。要加强改进司法监督，推动公正司法。健全司法权力监督机制，加强和规范对司法活动的监督，确保司法机关依法公正履行司法权力，真正让人民群众在每一个司法案件中都感受到公平正义。要加强村级依法自治，推动基层民主。要进一步加强和改进乡镇（街道）人大工作，充分发挥乡镇（街道）人大在推进基层民主中的作用。同时，要充分发挥村民委员会等基层自治组织作用，激发基层民主法治建设的主动性和积极性。要加强法治宣传教育，推动全民守法。不断弘扬社会主义法治精神，加强“国家宪法日”和各类法律法规的宣传，结合执法检查活动开展宣传，督促有关部门落实普法规划，使全体人民都成为社会主义法治的忠实崇尚者、自觉遵守者、坚定捍卫者。

（三）围绕民生保障，体现新标准。人民代表大会制度是保障人民当家作主的根本政治制度。人大代表源于群众，由人民选举产生，深知百姓冷暖，了解百姓所需；人大相比党委政府，在地位和身份上，更容易开展群众工作、为民谋利。近年来，市人大及其常委会围绕“三改一拆”、重大项目、新区建设、生态环境保护、教育、卫生、农村“三资”管理等民生热点难点问题，开展了执法监督、跟踪督查，在保障和改善民生方面发挥了重要作用。撤市设区之后，全市上下尤其是广大百姓群众都在关注能从中获得哪些利好。市委、市人民政府已经着手研究，把民生改善放在首位，按照轻重缓急的要求，让富阳市人民成为撤市设区最直接、最优先的受益人，分阶段逐步实现民生保障的“同城同待遇”。对此，各级人大，要始终把群众百姓的心声当作人大工作的第一信号，把民生福祉的改善当作人大工作的第一追求，充分发挥“润滑剂”、“减压阀”作用，为党委政府沟通民意搭建“连心桥”。要通过走访调研、议案办理等工作载体，对群众关注度高的生态环境保护、社会保障、教育、医疗等问题，督促和支持“一府两院”改进工作、抓好落实，让群众见到实效、得到实惠。要对党委政府的决策部署进行广泛及时的宣传，为市委市人民政府各项工作的开展赢得支持和拥护，进一步凝聚共识，形成推动发展的合力。

（四）围绕代表履职，激发新动力。近年来，市人大及其常委会重视和加强人大代表工作制度建设，强化代表履职服务保障，精心组织代表活动，代表主体作用得到进一步发挥。市人大代表是富阳现代化建设的一支重要队伍，我们要充分信任这支队伍，激发他们干事、创业、履职的激情，发挥他们的聪明才智，为富阳市的改革发展稳定和社会主义现代化建设服务。要进一步优化代表结构。坚持先进性和代表性的统一，通过换届选举，优化代表结构，确保选出的人大代表真正代表人民利益，使全市各群体、各层面都能通过人大代表发出自己的声音。要进一步丰富代表活动。制定和完善闭会期间代表活动的指导性意见，进一步丰富代表活动的形式和内容，提高代表活动质量，增强代表活动实效。要进一步加强代表培训。推进代表活动阵地建设，建立并执行按财政增长比例适当增加代表活动经费的制度，为代表依法履职创造条件。要进一步保障代表履职。人大代表要增强责任感和使命感，坚持群众立场，秉持负责任的态度，拓展专业视野，提出有思路、有见解、有针对性的意见建议，绝不能做“哑巴”代表、“挂名”代表和“荣誉”代表。特别是要畅通联系群众的“最后一公里”，增强联系群众的频率和密度。要大力推进代表联络机构、代表履职网络平台建设，积极为代表履职创造有利条件，保证代表的各项权利得到充分实现，意见建议能够及时落实。要进一步完善代表联系机制。建立健全代表联系群众和常委会联系代表的相关制度，畅通代表意见建议的反映渠道、民情民意的表达途径，使人大代表在真实反映和积极引导社会诉求中发挥作用。

（五）围绕自身建设，展现新优势。各级人大要适应形势的发展和需要，注重学习、优化组织、锤炼作风，切实加强自身建设。要不断加强学习。各级人大要把学习作为提升整体素质、增强履职能力的自觉行动。尤其要学习领会十八大，十八届三中、四中全会以及习近平总书记系列重要讲话精神，学习领会全面推进依法治国的新理念、新内涵、新要求。要不断加强组织建设。全市各级人大在保证工作连续性、稳定性的前提下，要通过内部培养、外部交流、在职学习等方式，不断优化人大干部队伍结构，促进人大工作的提升。要不断加强作风建设。要巩固拓展群众路线教育实践活动成果，贯彻执行中央“八项规定”和省市委改进作风相关意见，深化“四风”问题整治，持续加强和改进作风，努力作为民务实清廉的表率。

三、加强和改进党对人大工作的领导

加强和改进党对人大工作的领导，是人大开展好各项工作的根本保证，是加强党的执政能力建设的应有之义。各级党委对人大工作要做到思想上重视、政治上关心、工作上支持，积极营造支持人大依法行使职权的良好氛围，共同推动富阳市人大工作取得新成效。

（一）要把人大工作摆在重要位置。各级党委要坚持把人大工作置于党委工作的全局来考虑，作为党委工作的重要内容来部署。要建立健全各级党委对人大工作的领导制度，使党委与人大及其常委会的关系规范化、制度化，自觉把人大工作列入党委重要议事日程，实现党委工作和人大工作同步谋划、同步部署、同步落实。

（二）要完善党委领导工作机制。各级党委要切实发挥总揽全局、协调各方的作用，不断加强党委对人大工作的领导。要建立定期听取人大工作汇报制度。市委定期召开人大工作会议，研究新情况、分析新形势，及时解决人大工作中的困难和问题。市委常委会每年听取人大常委会党组工作汇报，认真研究、及时答复人大党组提请研究的问题。要建立和完善重大事项通报、重要情况反馈和重大决策征求意见制度，保证市委重大决策的及时贯彻落实，使人大工作始终保持正确的政治方向。各级人大代表和人大常委会组成人员中的中共党员，要坚持把对党委负责与对人民负责统一起来，严格遵守党的纪律，保证党委决策和意图的实现。

（三）要为人大行使职权创造有利条件。各级党委要按照依法治国的要求，支持人大及其常委会依法行使重大事项决定权，对需要全市人民共同遵守或执行的重大事务，依法由人大常委会依照法定程序作出决议、决定。市人民政府和相关部门、法检两院要严格依照宪法和法律，认真执行人大及其常委会的决定、决议，积极配合人大开展视察检查，主动向人大及其常委会汇报工作，接受监督。相关部门要严格执行人代会批准的预算方案，对预算进行调整，必须报请人大常委会批准。由人大及其常委会选举、任命的市人民政府组成人员，要主动向人大及其常委会述职，为人大开展监督工作提供必要条件。

（四）要为人大开展工作营造良好氛围。推进人大事业的发展，需要良好的工作条件和环境。对此，全市各级各部门要深刻认识，积极关心和支持人大工作。组织等部门要配强配好人大领导班子，支持人大党组加强对人大代表履职管理，推进人大机关与党政机关干部之间的双向交流。宣传部门和新闻媒体要进一步加大对人大工作和法治富阳建设的宣传报道，为做好新形势下的人大工作营造良好的社会氛围。财政等部门要加强经费保障，不断改善人大工作条件，确保人大活动、调研视察等顺利开展。其他各级各部门要积极为人大开展调研、视察等工作提供帮助，为人大代表联系群众、履行职责提供便利，共同推动富阳市人大工作开创新局面。

同志们，在富阳实现跨越发展新的起点上，在“建设新城区、实现新发展”的征程中，各级人大及其常委会肩负的使命光荣而艰巨。让我们更加紧密地团结起来，抢抓机遇、顺势而为，坚定信心、克难攻坚，努力开创富阳市人大工作新局面，为描绘好“富裕阳光的富春山居图”作出应有的贡献！

第二章
市(县)人民代表大会文件(选录)

第一节　代表大会决议决定

自1954年7月9日富阳县第一届人民代表大会第一次会议起，至2015年1月27日富阳市第十五届人民代表大会第四次会议止的53次代表大会上（含原新登县6次），共作出决议决定285项。其中第一届16项、第二届12项、第三届13项、第四届3项、第五届5项、第六届4项、第七届16项、第八届15项、第九届17项、第十届19项、第十一届36项、第十二届36项、第十三届29项、第十四届36项、第十五届28项。现选录下列9项：

富阳县第七届人民代表大会第一次会议关于政府工作报告的决议

（1980年12月30日县七届人大一次会议通过）

富阳县第七届人民代表大会第一次会议，经过认真讨论，一致同意并批准县革委会主任洪德森代表县革委会所作的《政府工作报告》。

代表们满意地提出：《政府工作报告》总结了富阳县第六届人民代表大会以来，主要是粉碎“四人帮”以后四年来的工作。提出了今后五年富阳县国民经济继续在调整中稳步前进和加强政权建设的任务、措施，是一个符合富阳县实际情况的报告。体现了党中央和全国人大常务委员会确定的路线、方针、政策精神，反映了全县人民的共同要求和愿望。

大会号召：全县广大工人、农民、解放军指战员、知识分子、干部和一切拥护社会主义的爱国人士，更加紧密地团结在中国共产党和人民政府的周围，坚持四项基本原则，聚精会神，同心同德，为实现《政府工作报告》提出的各项任务，为加速富阳县的社会主义现代化建设而努力奋斗！

富阳县第八届人民代表大会第二次会议
关于县人大常委会工作报告的决议

（1985 年 4 月 25 日富阳县八届人大二次会议通过）

富阳县第八届人民代表大会第二次会议，批准县人大常委会主任郑传苟代表本届人大常委会所作的工作报告。

会议认为，设立地方各级人大常委会是我国在新时期实行的一项重大政治体制改革。地方人大及其常务委员会是代表人民行使管理国家大事的权力机关。富阳县八届人大常委会建立以来，紧紧围绕党的中心工作，严格依法办事，较好地发挥了权力机关的作用。在全国推行经济体制改革的新形势下，县人大常委会要大力加强自身的组织和制度建设，认真总结经验，大胆开展工作，加强调查研究，体察各方实情，以保证正确行使其对行政、审判、检察工作的法律监督，进一步发挥地方权力机关的作用，为发展社会主义民主、健全社会主义法制、促进“四化”建设而努力。

富阳县第九届人民代表大会第三次会议
关于县人民政府提出的深化法制教育、加强依法治县工作的议案的决议

（1989 年 3 月 25 日富阳县九届人大三次会议通过）

富阳县第九届人民代表大会第三次会议，根据大会主席团的决定，认真审议了县人民政府提出的关于深化法制教育，加强依法治县工作的议案，表示一致通过。会议要求各级人民政府和司法机关认真组织实施依法治县议案，并授权县人大常委会加强检查和监督。全县各级干部和各级人大代表要带头学习宣传和贯彻执行依法治县议案，带领全县人民共同努力，为圆满完成这一议案提出的各项任务而努力奋斗。

富阳县第十届人民代表大会第三次会议
关于 1991 年财政决算和 1992 年财政预算的决议

（1992 年 3 月 27 日富阳县十届人大三次会议通过）

富阳县第十届人民代表大会第三次会议听取和审议了县财税局局长邵荫棠受县人民政府委托所作的《关于富阳县 1991 年财政决算和 1992 年财政预算草案的报告》，经过审查，决定批准县人民政府提出的富阳县 1991 年财政决算和 1992 年财政预算。

会议指出，1992 年的财政工作要进一步支持改革开放，支持农业生产和搞好大

中型企业，努力提高经济效益，增加财源；要大力组织收入，强化税收征管，依法查处偷税漏税和抗税行为，坚决纠正越权减免税收，挖挤、截留国家财政收入的现象，确保各项税收及时足额入库；要下决心严格控制支出，加强财政监督，加强预算外资金管理，严肃财政纪律，勤俭办一切事业，坚决刹住铺张浪费、用公款请客送礼等歪风；要积极慎重地搞好财政体制改革，加强财税队伍建设，提高财税人员的思想政治和业务素质，努力完成 1922 年的财政预算任务，确保全年财政收支平衡。

富阳市第十一届人民代表大会第四次会议关于 1996 年国民经济和社会发展计划的决议

（1996 年 3 月 22 日富阳市第十一届人民代表大会第四次会议通过）

富阳市第十一届人民代表大会第四次会议经过审查，决定批准富阳市 1996 年国民经济和社会发展计划，批准市计划委员会主任袁朝和受市人民政府委托所作的《关于富阳市 1995 年国民经济和社会发展计划执行情况与 1996 年计划草案的报告》。

会议同意报告提出的 1996 年各项计划及实现计划的有关措施。会议要求各部门、各单位要从实现《富阳市国民经济和社会发展“九五”计划和 2010 年远景目标纲要》所确定的跨世纪宏伟目标出发，积极推进经济体制和经济增长方式的转变，坚定不移地实现“科教兴市”战略，继续下大力气抓好农业和国有企业，努力提高对外开放水平，切实加强基础设施建设，进一步控制物价上涨，严格控制人口增长，切实抓好资源节约和综合利用，保护生态环境，实施可持续发展战略。各级领导干部，要统一认识，振奋精神，协调步伐，扎扎实实地做好各方面工作，全面完成 1996 年国民经济和社会发展计划，为顺利实施“九五“计划奠定良好的基础。

富阳市第十二届人民代表大会第一次会议关于议案截止日期的决定

（1998 年 3 月 14 日富阳市第十二届人民代表大会第一次会议主席团第一次会议通过）

富阳市第十二届人民代表大会第一次会议主席团决定：3 月 16 日下午 4 时正为本次会议议案截止期。

富阳市第十三届人民代表大会第三次会议
关于市人民法院工作报告的决议

（2005 年 1 月 25 日富阳市第十三届人民代表大会第三次会议通过）

富阳市第十三届人民代表大会第三次会议，认真审查了市人民法院院长王少青所作的市人民法院工作报告。会议认为，一年来，在中共富阳市委的领导下，市人民法院认真履行宪法和法律赋予的职责，重审判、强队伍、抓建设，各项工作取得了新的进展。会议对市人民法院的工作表示满意，决定批准这个报告。

会议要求，市人民法院要以“三个代表”重要思想为指导，深入贯彻落实党的十六届四中全会精神，围绕“公正与效率”为主题，加强各项审判工作，公正司法，充分发挥审判职能，为富阳市全面建设小康社会，创造和谐稳定的社会环境和公正高效的法制环境；要全面增强司法能力，提高司法水平；要在抓提高效率上下功夫，进一步推进审判工作；要在抓制度规范上下功夫，进一步强化内部管理；在抓形象效能上下功夫，进一步加强队伍建设，为打造“平安富阳”，推进富阳市加快发展、协调发展而努力奋斗！

富阳市第十四届人民代表大会第五次会议
关于市人民检察工作报告的决议

（2011 年 3 月 4 日富阳市第十四届人民代表大会第五次会议通过）

富阳市第十四届人民代表大会第五次会议听取和审查了市人民检察院检察长吕金芳所作的富阳市人民检察院工作报告。会议充分肯定了市人民检察院过去一年的工作，同意报告提出的 2011 年工作安排，决定批准这个报告。

富阳市第十五届人民代表大会第四次会议
关于政府工作报告的决议

（2015 年 1 月 30 日富阳市第十五届人民代表大会第四次会议通过）

富阳市第十五届人民代表大会第四次会议听取和审查了市长黄海峰代表富阳市人民政府所作的政府工作报告。会议充分肯定市人民政府 2014 年做作的工作和取得的成效，同意报告提出的 2015 年经济社会发展主要目标、任务和措施，决定批准这个报告。

会议号召，富阳市人民要在中共富阳市委的坚强领导下，高举中国特色社会主义伟大旗帜，全面贯彻落实党的十八大、十八届三中、四中全会精神和富阳市委决策部署，主动适应新常态，牢牢把握“转型升级、城市治理、法治建设”三大中心任务，战略上保持定力、战术上精准发力，建设新城区、实现新发展，全面开启富阳跨越发展新篇章，为描绘好“富裕阳光的富春山居图”而努力奋斗！

第二节　远景目标纲要和“五年计划”报告决议

富阳市从1986年开始，对制定和实施国民经济和社会发展的“五年计划”，正式在人代会上通过并形成决议。至2015年，已连续通过实施6个。“五年计划”囊括未来五年国民经济和社会发展的主要指标。一般在上期末制定，于本期初的人民代表大会上报告，经全体人大代表讨论通过后形成决议，作为未来五年的主要奋斗目标。现收录下列4个。

富阳市第十一届人民代表大会第四次会议
关于国民经济和社会发展“九五”计划和2010年远景目标纲要的决议

（1996年3月22日富阳市第十一届人民代表大会第四次会议通过）

富阳市第十一届人民代表大会第四次会议，讨论和审查了市人民政府提出的《富阳市国民经济和社会发展“九五”计划和2010年远景目标纲要（草案）》。听取了副市长董文淦关于“纲要草案”的说明。会议认为，《纲要》提出的今后5年到15年的奋斗目标和指导思想，国民经济和社会发展的任务和政策，深化经济体制改革和扩大对外开放的部署和措施，是符合党的十四届五中全会精神和中共富阳市委九届九次全会精神的，反映了全市人民的共同愿望和根本利益，经过富阳市各级人民政府和市人民的努力奋斗是能够实现的。会议决定批准《富阳市国民经济和社会发展“九五”计划和2010年远景目标纲要》。

会议认为，富阳市在邓小平建设有中国特色社会主义理论和党的十四大精神鼓舞下，解放思想，抓住机遇，深化改革，扩大开放，加快发展，较好地完成了国民经济和社会发展第八个五年计划。今后15年是富阳市经济社会发展中承前启后，继往开来，再创辉煌的关键时期。国民经济和社会发展“九五”计划和2010年远景目标纲要，是富阳市实施跨世纪历史阶段奋斗目标的行动纲领。要认真贯彻党的基本理论、基本路线和基本方针，正确处理好改革、发展、稳定的关系，紧密结合富阳实际，积极推进经济体制和经济增长方式的转变，大力加强社会主义精神文明建设与民主法制建设，保持经济与社会协调发展，物质文明与精神文明建设共同进步，努力实现今后 5 年和 15 年富阳市经济社会发展的奋斗目标。市人民政府在编制年度计划时，要根据《纲要》规定的目标作出安排，提交富阳市人民代表大会审查批准。

会议号召，富阳市人民要以高度的历史责任感和时代紧迫感，积极投身到改革开放和现代化建设的伟大实践中来，在中共富阳市委的领导下，同心同德，励精图治，开拓进取，真抓实干，为实现历史赋予我们的神圣使命，为全面完成《纲要》确定的宏伟目标而努力奋斗。

富阳市第十二届人民代表大会第四次会议
关于富阳市国民经济和社会发展第十个五年规划纲要的决议

(2001 年 3 月 9 日富阳市第十二届人民代表大会第四次会议通过)

富阳市第十二届人民代表大会第四次会议，认真审查了市人民政府提出的《富阳市国民经济和社会发展第十个五年规划纲要（草案）》，并听取了副市长刘瑞林受富阳市人民政府委托所作的富阳市国民经济和社会发展第十个五年规划纲要（草案）的说明。会议认为，纲要草案提出的今后五年奋斗目标、主要任务和各项措施，贯彻了党的十五届五中全会精神和中共富阳市委十届七次全会精神，反映了全市人民的共同愿望和根本利益，符合富阳市经济、社会发展的实际，经过努力奋斗是可以实现的。会议决定批准《富阳市国民经济和社会发展第十个五年计划纲要》。

会议认为，在邓小平理论和党的基本路线的指引下，经过富阳市人民共同努力，较好地完成了“九五”计划确定的各项任务，国民经济快速增长，综合实力明显增强，基础设施日益完善，城市建设步伐加快，各项改革不断深化，社会事业蓬勃发展，人民生活质量显著提高，精神文明和民主法制建设进一步加强。“九五”期间所取得的成就，为我市 21 世纪初叶的发展奠定了良好的基础。

会议指出，《纲要》确定的奋斗目标和主要任务，是富阳市“十五”时期经济建设和社会发展的行动纲领。各级人民政府及各个部门，要以高度的历史责任感和时代紧迫感，努力工作，锐意进取，在编制年度计划时要根据《纲要》作出安排，保证《纲要》的顺利实施。

会议号召，富阳市人民要高举邓小平理论伟大旗帜，紧密团结在以江泽民同志为核心的党中央周围，在中共富阳市委的领导下，进一步解放思想，振奋精神，求真务实，开拓进取，为顺利完成《纲要》提出的奋斗目标和各项任务，率先基本实现现代化而共同奋斗！

富阳市第十三届人民代表大会第四次会议关于富阳市国民经济和社会发展第十一个五年规划纲要的决议

（2006年2月25日富阳市第十三届人民代表大会第四次会议通过）

富阳市第十三届人民代表大会第四次会议，认真审查了《富阳市国民经济和社会发展第十一个五年规划纲要（草案）》，并听取了副市长汤金华受富阳市人民政府委托所作的富阳市国民经济和社会发展第十一个五年规划纲要（草案）的说明。会议认为，纲要草案提出的我市“十一五”时期经济社会发展的指导思想、基本方针、奋斗目标和主要任务，贯彻了党的十六届五中全会和中共富阳市委十一届八次全会精神，体现了科学发展的要求，反映了富阳市人民的共同愿望和根本利益，是指导今后五年各项事业发展的纲领性文件。纲要草案所提出的发展目标和主要任务经过努力是能够实现的。会议决定批准《富阳市国民经济和社会发展第十一个五年规划纲要》。

会议认为，“十五”期间，富阳市人民在中共富阳市委、市人民政府的领导下，深入实施“五大战略”，解放思想，克难攻坚，真抓实干，实现了国民经济持续快速健康发展，较好地完成了“十五”计划各项指标，综合实力显著增强，改革开放取得较大进展，城乡面貌和人民生活得到明显改善。同时应当清醒地认识到经济社会发展中存在的一些矛盾和问题，必须采取有力措施在“十一五”时期加以解决。

会议强调，今后五年是富阳市全面建设小康社会、积极构建和谐社会的关键期，必须以科学发展观统领经济社会发展全局，以“加快发展、协调发展”为主题，以转变经济增长方式为主线，以体制与科技创新为动力，深化“五大战略”、创建“平安富阳”、破解“七难”问题，全面融入杭州大都市，打响“山水文化名市、现代产业新城、人居休闲胜地”三大区域品牌，率先基本建成全面小康社会。各级各部门必须以强烈的责任感和紧迫感，坚定信心，迎难而上，团结奋斗，扎实工作，保证《纲要》的顺利实施。

会议号召，富阳市人民要紧密团结在以胡锦涛同志为总书记的党中央周围，在中共富阳市委的领导下，高举邓小平理论和“三个代表”重要思想伟大旗帜，振奋精神，抢抓机遇，锐意进取，开拓创新，为实现“十一五”规划宏伟目标，把富阳建设得更加美好而努力奋斗！

富阳市第十四届人民代表大会第五次会议
关于富阳市国民经济和社会发展第十二个五年规划的决议
（2011 年 3 月 4 日富阳市第十四届人民代表大会第五次会议通过）

富阳市第十四届人民代表大会第五次会议认真审查了市人民政府提出的《富阳市国民经济和社会发展第十二个五年规划（草案）》，决定批准这个规划。

会议认为，“十一五”期间，富阳市上下坚持以科学发展观为统领，认真实施“三个一”科学发展体系，解放思想、克难攻坚、奋力拼搏，顺利完成了“十一五”规划确定的主要目标任务，经济和社会发展取得了巨大成就。“十二五”时期是富阳全面建设小康社会、率先基本实现现代化的关键时期，也是富阳加快经济发展方式转变、推进经济转型升级的攻坚阶段，机遇与挑战并存。规划全面贯彻了《中共富阳市委关于制定富阳市国民经济和社会发展第十二个五年规划的建议》精神，提出的“十二五”时期经济社会发展的奋斗目标和主要任务，符合富阳市情和阶段性特征，反映了富阳市人民富民强市、社会和谐的共同意愿，体现了科学发展和转型发展的客观要求，经过努力是可以实现的。

会议号召，富阳市人民要紧密团结在以胡锦涛同志为总书记的党中央周围，在中共富阳市委的领导下，以邓小平理论和“三个代表”重要思想为指导，全面贯彻落实中共中央、浙江省委和杭州市委的各项决策部署，深入实施富阳市发展战略规划，以科学发展为主题，以转变经济发展方式为主线，以“生活富裕、生命阳光”为主旨和总目标，万众一心、开拓奋进、艰苦努力、扎实工作，为共建共享“富裕阳光之城　”，打造杭州西郊公园、现代版“富春山居图”和网络化大都市西部副中心而努力奋斗！

第三章　市(县)人大常委会文件(选录)

第一节　重要文件

富阳县人大常委会
关于调整县以下行政区划管理体制实施撤区扩镇并乡的决定
（1992 年 5 月 5 日富阳县第十届人大常委会第十五次会议通过）

1992 年 5 月 5 日，富阳县第十届人大常委会第十五次会议，听取了富阳县人民政府关于撤区扩镇并乡实施的报告，经认真审议，会议批准这一报告，决定撤销五个区公所建制，并将原设置的50个乡镇改设为24个乡镇（其中扩并12个乡镇，保留原行政区域12个乡镇），由富阳县人民政府报请浙江省人民政府批准后组织实施。

会议认为，调整县以下行政区划管理体制，实施撤区扩镇并乡，既是适应生产力发展需要，进一步繁荣农村商品经济的一项重要改革措施，又是贯彻党的十三届八中全会精神，强化乡镇政权建设的一个实际步骤。要通过撤区扩镇并乡，理顺关系，完善职能，加强基层，稳定社会，稳定经济，努力把乡镇建设成为坚决执行党的"一个中心，两个基本点"的基本路线，密切联系群众，全心全意为人民服务，能有效地领导和管理本行政域的政治、经济、科技、教育、文化和各项事务，有活力、有权威、高效能的一级政权。

会议要求撤区扩镇并乡必须努力遵循下列原则：一是要有利于经济发展和社会稳定，使新的乡镇逐步在人力、财力、物力上形成优势，促进经济发展；二是要参照行政区划沿革，综合考虑地域、人口、经济流向和生产内容等诸多因素，统一规划，合理布局，实行整撤整并；三是要有利于管理和方便群众；四是要与进一步发展农村小城镇建设结合起来，重点搞好扩镇。

会议指出，扩镇并乡后实行人民代表大会制度的有关事项，按《地方组织法》、《选举法》和浙江省人大常委会的有关规定组织实施。

富阳县人大常委会
关于调整实施九年制义务教育规划及批准实施的决定

（1992年7月16日富阳县第十届人大常委会第十六次会议通过）

1992年7月16日，富阳县第十届人大常委会第十六次会议，认真听取和审议了县教育局局长李亚元，受县人民政府委托所作的关于调整九年制义务教育实施规划及今秋部分乡镇实施九年制义务教育的可行性报告。会议考虑到富阳县撤区扩镇并乡后行政区域变化的实际，同意调整实施九年制义务教育规划，但全县1993年全面实施九年制义务教育目标不变；决定批准场口、灵桥、洞桥、渌渚、渔山、上官、窈口7个乡镇于1992年9月起实施九年制义务教育；要求三山、东图、环山、湖源、龙门5个乡镇采取有力措施，积极创造条件，于1993年上半年完成实施九年制义务教育的各项前期准备工作。

会议认为，依法实施九年制义务教育，是国家、社会、学校、家庭的共同责任。要求县、乡（镇）两级人民政府切实加强领导，搞好宣传发动，加强监督、指导和检查，鼓励社会力量和个人自愿捐资助学，努力增加财政拨款，收足用好教育费附加，重点帮助贫困地区发展教育；要不断充实师资力量，改善办学条件，完善教学设施，提高教育质量，制止学生流失，使基础教育真正走上依法治教、依法兴教的轨道，促进富阳县教育事业的全面发展。

富阳县人大常委会
关于撤销富阳县设立富阳市有关问题的决定

（1994 年 2 月 22 日富阳县第十一届人大常委会第六次会议通过）

经国务院批准，浙江省人民政府浙政发[1994]1 号文通知，撤销富阳县，设立富阳市（县级）。富阳县第十一届人大常委会第六次会议听取和审议了朱寅传县长《关于富阳撤县设市情况的报告》，经审议，对撤县设市有关问题作出决定如下：

一、富阳县第十一届人民代表大会，改为富阳市第十一届人民代表大会；富阳县第十一届人民代表大会代表改为富阳市第十一届人民代表大会代表。原发给的富阳县第十一届人民代表大会代表证继续有效。

二、富阳县人民代表大会常务委员会、富阳县人民政府、富阳县人民法院、富阳县人民检察院分别改为富阳市人民代表大会常务委员会、富阳市人民政府、富阳市人民法院、富阳市人民检察院。

三、富阳县第十一届人民代表大会常务委员会主任、副主任、委员，改为富阳市第十一届人民代表大会常务委员会主任、副主任、委员；富阳县人民政府县长、副县长改为富阳市人民政府市长、副市长；

富阳县人民法院院长改为富阳市人民法院院长；

富阳县人民检察院检察长改为富阳市人民检察院检察长。

四、富阳县人民代表大会常务委员会决定任命的富阳县人民政府委、办、局主任、局长，改为富阳市人民政府委、办、局主任、局长；

任命的富阳县人大常委会办公室主任、副主任、工作委员会主任、副主任、委员，改为富阳市人大常委会办公室主任、副主任、工作委员会主任、副主任、委员；

任命的富阳县人民法院副院长、庭长、副庭长、审判委员会委员、审判员和富阳县人民检察院副检察长、检察委员会委员、检察员分别改为富阳市人民法院副院长、庭长、副庭长、审判委员会委员、审判员和富阳市人民检察院副检察长、检察委员会委员、检察员。

五、富阳县辖的各镇乡人民代表大会、镇乡人民政府改为富阳市各镇乡人民代表大会、富阳市各镇乡人民政府。

六、富阳县第七届至第十一届人民代表大会及其常委会作出的决议、决定继续有效。

富阳市人大常委会
关于进一步加强法制宣传教育的决议

（1998年6月23日富阳市第十二届人大常委会第三次会议通过）

富阳市第十二届人大常委会第三次会议，听取和审议了市司法局赵乃先局长，受富阳市人民政府委托所作的关于《注重实效，扎扎实实搞好我市“三五”普法工作》的报告。会议认为，富阳市“三五”普法工作开展两年多来，经过宣传发动，建立班子，制订规划，开展试点，分类指导，组织实施，已呈现出良好的态势，富阳市共有3.5万人次接受了规定的法制教育。但也存在一些部门和领导干部对普法工作重要性认识不足，个别单位至今没有制订普法规划，组建班子，企业经营人员和农村普法教育的广度、深度不够等问题。“三五”普法是贯彻执行“依法治国”基本方略的基础性工程。搞好“三五”普法对于推进我市的各项事业，具有十分重要的意义。今后两年是富阳市全面组织实施法制宣传教育第三个五年规划的关键时期。为进一步推动富阳市的“三五”普法工作，切实完成“三五”普法规划，特作决议如下：

一、进一步加强对“三五”普法工作的领导，落实责任制。各级各部门一定要做到思想到位、任务明确、责任到人，把普法工作摆上重要议事日程，认真贯彻落实富阳市第十一届人大常委会《关于继续开展法制宣传教育的决议》。要把是否具备必要的法律知识和能否严格依法办事作为干部考试和考核的一项重要内容，建立健全普法目标考核制度，把普法工作列入年终考核内容。

二、进一步加大“三五”普法工作的力度。要适应社会主义市场经济的新形势、新情况，根据不同地区、不同层次对象的现状与特点，采取各种喜闻乐见的教育形式，以推行行政执法责任制为主要载体，抓好“三五”普法规划中重中之重人员的教育，要以点带面，条块结合，营造良好的普法氛围。要不断探索开展普法工作的新形式、新方法，做到学法与用法、普法与实践相结合，加大普法工作的力度。

三、进一步增强“三五”普法工作机构的力量，保障必要的普法经费，增强普法工作的力量。以保证“三五”普法规划的全面落实。法制宣传教育所需的经费，各级人民政府要予以保障。

富阳市人大常委会
关于进一步加强普法教育依法治市工作的决议

（2011 年 10 月 27 日富阳市第十四届人大常委会第四十三次会议通过）

2006 年至 2010 年，富阳市认真贯彻实施《富阳市 2006–2010 年普法教育依法治市规划》和市人大常委会《关于加强普法教育依法治市工作的决议》，取得了阶段性成效。公民的宪法和法律意识明显增强，依法治理和“法治富阳”创建活动有序推进，社会管理法治化水平进一步提高。为了贯彻市委《富阳市 2011–2015 年普法教育依法治市规划》，加快“法治富阳”建设进程，保障富阳市国民经济和社会发展“十二五”规划的顺利实施，特作决议如下：

一. 围绕中心，进一步推进普法教育和依法治市工作。要以中国特色社会主义法律体系形成为契机，在富阳市掀起新一轮普法依法治市工作高潮。要紧紧围绕科学发展这个主题，以促进化解社会矛盾、推进社会管理创新、公正廉洁执法为重点，进一步发挥普法教育和依法治理在法治建设中的基础作用、在经济发展中的推动作用和在社会和谐稳定中的引领作用。突出抓好宪法和法律的学习宣传，进一步增强公民的宪法意识和社会主义民主法治观念；围绕率先发展、转型发展，注重宣传促进经济发展的法律法规；围绕统筹发展、和谐发展，注重宣传保障和改善民生、加强社会管理的法律法规；围绕法治政府建设，注重提高公职人员依法决策、依法行政、依法管理社会事务的能力。深入开展社会主义法治理念教育，弘扬法治精神，提升法律意识，培育法律信仰，推进法治文化建设，形成人人自觉学法守法用法和依法行政、公正司法的社会法治环境。

二、创新载体，丰富普法教育的形式和手段。要顺应时代发展要求，积极创新载体，加强平台、阵地建设，拓展法制宣传教育新途径、新领域。要充分整合政府门户网站法治宣传的资源，利用各类新兴媒体，积极开展法制宣传教育，增加信息交流与对外开放度。要继续开辟各类法制宣传橱窗、专栏、专题等，加强法制教育基地建设，建成具有富阳市特色的法治文化。要严格落实责任，共同探索建立法制宣传教育活动常态化、规范化机制，依托“12·4”全国法制宣传日、浙江省法治宣传月（5 月）、杭州市法治宣传月（12 月），集中开展面向社会的部门法、专业法宣传；利用重要节假日、纪念日、主题日，加强专题法制宣传教育活动；进一步深化律师进社区工作，完善农村法律顾问制度，深入开展法律“进机关、进乡村、进社区、进学校、进企业、进单位”的“法律六进”活动，加强基层的法制宣传教育。

三、突出重点，增强法制宣传教育的针对性和实效性。全体公民都应当接受法律教育，重点是进一步加强各级领导干部、公务员、青少年、村干部、农民、企事业经营管理人员、流动人口以及特殊人群的法制教育。领导干部要带头学法守法用法，做到依法决策，依法管理。公务员特别是司法和行政执法人员要熟练掌握和准确运用相关的法律法规，切实做到公正司法、依法行政。村两委会干部和村民要学习与基层民主法制相关的法律法规，提高依法参与村民自治和管理相关社会事务的能力，推进社会主义新农村建设。企业经营管理人员要学习市场经济等方面的法律知识，不断增强诚信守法的自觉性。要切实加强青少年法制宣传教育，引导青少年增强法制意识，养成遵纪守法的行为习惯。要加强对流动人口的普法教育，突出遵纪守法、依法表达利益诉求等内容的宣传，着力培养和增强依法约束自身行为和依法维权的法律意识。要加强对特殊人群、弱势群体的法制宣传教育，引导群众依法表达诉求、化解矛盾纠纷、维护自身合法权益。

四、普治并举，深入推进富阳市依法治理。要将普法教育与依法治理法治实践紧密结合起来，把普法融入到法治实践中，全面推进法治建设，提高富阳市社会法治化管理水平。要围绕平安建设及社会热点、难点问题，开展专项依法治理，全力维护社会稳定。着力搞好依法治市创建活动，深化“依法行政示范单位”创建活动，开展“依法办事示范窗口”创建活动，推进“民主法治村（社区）”和“民主法治乡镇（街道）”、“诚信守法企业”与“和谐劳动关系先进企业”创建活动，深化“依法治校示范校”创建活动。通过深入推进基层、行业依法治理，促进基层民主法治建设，提高基层、行业的法治化水平。

五、完善机制、健全“大普法”工作格局。要进一步完善党委领导、人大监督、人民政府实施和政协支持的领导体制，建立健全分工负责、协调配合的法制宣传教育工作责任机制。要把法制宣传教育纳入经济和社会发展规划，纳入各乡镇（街道）、各部门的目标管理责任制，法制宣传教育经费列入财政预算，切实予以保障。各单位要结合实际，统筹安排，保证法制宣传教育工作正常开展。

六、优化考评，加强对本决议贯彻实施情况的监督检查。要进一步完善法制宣传教育考核评估机制，加强阶段性检查、年度考核，做好中期督导检查和终期评估验收。市人民政府要切实组织实施好法制宣传教育第六个五年规划，做好中期督导检查和终期评估验收并向市人大常委会报告。富阳市人大常委会及各乡镇（街道）人大要充分运用执法检查、听取和审议工作报告、代表视察、专题调研等形式，加强对法制宣传教育工作的监督检查，保证本决议得到贯彻落实。

第二节　议事规则

富阳市人大常委会议事规则

(1998 年 6 月 24 日富阳市第十二届人大常委会第三次会议通过，
2010 年 12 月 21 日富阳市第十四届人大常委会第三十六次会议修正)

第一章　总　则

第一条　根据《中华人民共和国宪法》《中华人民共和国地方各级人民代表大会和地方各级人民政府组织法》《中华人民共和国各级人民代表大会常务委员会监督法》和有关法律规定，结合富阳市实际情况，制定本规则。

第二条　市人民代表大会常务委员会（以下简称常务委员会）集体行使宪法和法律赋予的职权。常务委员会审议议案、决定问题要充分发扬民主，坚持民主集中制，严格依法办事。

第二章　会议的召开

第三条　常务委员会主任、副主任组成常务委员会主任会议（以下简称主任会议），处理常务委员会的重要日常工作。

常务委员会会议，每两个月至少举行一次，主任会议认为必要的时候，可以临时召集会议。

常务委员会会议由主任或主持日常工作的副主任召集并主持，主任或主持日常工作的副主任可以委托其他副主任主持会议。

第四条　常务委员会会议必须有常务委员会全体组成人员的过半数出席，方可举行。

第五条　常务委员会举行会议，常务委员会组成人员应按时出席，依法行使职权。因病或其他特殊原因不能出席时，应事先向常务委员会主任或主持日常工作的副主任请假。会议期间因病或特殊原因请假的，需经会议主持人准假。

第六条　常务委员会会议的开会日期由主任会议决定。会议议程草案和日程草案由主任会议拟订，提请常务委员会全体会议通过。

常务委员会会议期间，如需临时调整会议议程或日程，由主任会议提请常务委员会全体会议决定。

第七条　常务委员会举行会议，应当在 7 天前将开会日期、建议议程和要求书面通知常务委员会组成人员、市人民政府、市人民法院、市人民检察院（以下简称“一府两院”）。“一府两院”根据常务委员会会议要求，确定提交常务委员会会议审议议题的报告的责任机关和报告人，应于会议举行前5天将有关书面材料报送常务委员会办公室。

临时召集的常务委员会会议，可以临时通知。

第八条 常务委员会举行会议前，常务委员会组成人员应就会议主题做好审议准备，围绕会议议题进行视察、调查，走访市人大代表和有关单位。

第九条 常务委员会举行会议时，下列人员列席会议：

（一）市人民政府、市人民法院、市人民检察院的负责人；

（二）不是常务委员会组成人员的常务委员会办公室、工作委员会主任、副主任；

（三）常务委员会街道工作委员会主任或副主任；

（四）市人民政府有关部门的主要负责人；

（五）受邀请的市政协领导，市人大代表，乡镇人大主席、副主席；

（六）主任会议确定需要列席会议的其他人员。

列席常务委员会会议的人员有发言权，没有表决权。

第十条 列席人员在接到会议通知后，应当提前安排好工作，准时出席会议。因病或其他特殊原因不能出席会议的，应当请假。

第十一条 常务委员会举行会议时，根据需要，可以召开全体会议的分组会议。分组名单和召集人由常务委员会办公室拟定，报主持会议的主任或副主任确定。审议议案或工作报告时，有关部门的主要负责人应到会认真听取意见，回答询问。

第十二条 常务委员会会议结束后，应及时将会议情况书面向市人大代表通报，常务委员会会议的内容应通过新闻媒介和其他途径向社会公布。

第三章　议案及报告的提出和审议

第十三条 市人民代表大会主席团交付常务委员会审议的议案，由主任会议研究安排，提交常务委员会会议审议。

第十四条 主任会议可以向常务委员会提出属于常务委员会职权范围内的议案，可以委托常务委员会有关办事机构或工作机构拟定议案草案，经主任会议讨论后，提请常务委员会会议审议。

“一府两院”可以向常务委员会提出属于常务委员会职权范围内的议案或报告，由主任会议决定提请常务委员会会议审议。主任会议可以将议案先交常务委员会有关办事机构进行研究，提出意见，再由主任会议决定是否提请常务委员会会议审议。

常务委员会组成人员3人以上联名，可以向常务委员会提出属于常务委员会职权范围内的议案，由主任会议决定是否提请常务委员会会议审议，也可先交常务委员会有关办事机构进行研究，提出意见，再决定是否提请常务委员会会议审议。

主任会议决定不提请常务委员会会议审议的，应当向提出议案的机关或提议案人作必要的说明。

第十五条 向常务委员会提出的议案，一般应在常务委员会会议举行前15天送交常务委员会办公室。

对列入常务委员会会议议程的议案，提议案或报告的机关和依法提出议案的常务委员会组成人员应提供有关资料，并在常务委员会会议上对议案作说明。

主任会议提出的议案，可以委托常务委员会有关工作委员会或者办公室进行调研，组织讨论，拟订议案草案，并向主任会议或常务委员会提出意见和建议。

第十六条 向常务委员会报告国民经济和社会发展计划、预算的半年度执行情况，提请批准的财政决算和预算调整方案，国民经济和社会发展计划调整方案的议案，市人民政府主管部门应当在常务委员会举行会议15天前，将议案草案或报告送交常务委员会财经工委进行初审。

受主任会议委托的常务委员会有关办事机构或者工作机构，可以对有关议案和报告组织讨论，进行调查研究，并向主任会议或者常务委员会提出意见和建议。

第十七条 常务委员会会议审议市人民代表大会主席团交付审议的议案时，可以邀请提出议案的部分市人大代表到会发表意见，并将议案审议结果向提出议案的代表团或代表通报。列入常务委员会会议审议的议案或报告，多数组成人员认为有关问题需要进一步了解的，经主任会议提出，常务委员会会议同意后，可以暂不审议，交有关办事机构进一步调查了解，待提出调查报告后，由主任会议决定提请常务委员会会议审议。

列入常务委员会会议的议案或报告，在交付表决前，提议案的机关或提议案人要求撤回的，经主任会议同意，对该议案或报告的审议即行终止。

第十八条 拟提请常务委员会全体会议表决的议案，审议中有重大问题的，经主任会议提出常务委员会多数组成人员同意，可暂不交付表决。由有关机关进一步研究后提出报告或说明，主任会议决定是否提交下次常务委员会会议表决。

第十九条 常务委员会会议审议议案时，常务委员会五分之一以上组成人员认为必要时，经常务委员会会议决定，可以由常务委员会组成特定问题的调查委员会，并根据调查委员会的报告，确定是否作出相关的决定或决议。

调查委员会进行调查时，有关国家机关、社会团体和公民有义务协助调查委员会的调查工作，并如实向调查委员会提供所需要的所有材料。

第二十条 向常务委员会提出议案或报告，必须用书面形式，写明案由、案据和方案，并随附有关材料。经立案审议所作出的决议或决定，常务委员会要督促有关方面认真组织实施。

第四章　听取和审议工作报告

第二十一条　在市人民代表大会闭会期间，“一府两院”向常务委员会负责并报告工作。常务委员会认为必要时，可以要求“一府两院”向常务委员会作专项工作报告。

第二十二条　市人民政府涉及全面性或多个工作部门的工作报告，一般应当由市长或分管副市长到会报告，专项性的工作报告，可以委托政府有关部门主要负责人到会报告。市人民法院、市人民检察院向常务委员会会议提出的工作报告，一般应由院长、检察长到会报告。

常务委员会举行会议前，主任会议可以决定将要审议的工作报告交常务委员会有关办事机构进行调查研究，提出书面报告或意见。

第二十三条　常务委员会听取和审议专项工作报告后，应当形成该项工作报告的审议意见，必要时，可以作出相关决议、决定。

审议意见由常务委员会工作机构在常务委员会会议期间根据组成人员的审议情况整理，并经常务委员会会议通过后，交“一府两院”研究处理。

“一府两院”应当在收到审议意见三个月内，将研究处理情况报告书面送交常务委员会办公室或有关工作机构。

常务委员会对专项工作作出决议、决定的，“一府两院”应当在决议、决定所规定和常务委员会要求的期限内，将执行决议、决定的情况向常务委员会报告。

第二十四条　“一府两院”对审议意见研究处理情况或执行决议、决定情况的报告，由常务委员会办公室向常务委员会组成人员、市人大代表通报并向社会公布。

第五章　质 询

第二十五条　在常务委员会会议期间，常务委员会组成人员 5 人以上联名，可以向常务委员会书面提出对市人民政府及所属部门、市人民法院、市人民检察院的质询案。

第二十六条　质询案必须写明质询的对象、质询的问题和内容。

第二十七条　质询案由主任会议决定交受质询机关答复。

质询案应当由受质询机关的负责人在常务委员会会议上答复。如有特殊原因，不能口头答复的，也可以书面答复。以书面答复的，应当由受质询机关负责人签署，并印发常务委员会组成人员。

第二十八条　提质询案的常务委员会组成人员或常务委员会多数组成人员对受

质询机关的答复不满意的，经主任会议决定，由受质询的机关对质询案重新研究后，向下次常务委员会会议再作答复。

第二十九条　质询案在受质询机关作出答复前，提质询案的常务委员会组成人员要求撤回的，经主任会议同意对该质询案的审议即行终止。

第六章　发言和表决

第三十条　常务委员会组成人员在常务委员会各种会议上的发言和表决，不受法律追究。常务委员会组成人员、列席人员在常务委员会会议上应围绕审议议题，积极发表意见。发言一般不超过 15 分钟，要求延长发言时间的，经主持人同意，适当延长发言时间。发言内容与议题无关的，会议主持人应当予以制止。

第三十一条　提请常务委员会会议表决通过的议案、决议、决定，必须由常务委员会全体组成人员的过半数通过才能生效。

表决可以采用无记名投票方式、举手方式或者其他方式。法律、法规已明确表决方式的，必须按照法律、法规进行。

常务委员会表决人事任免议案，应当逐人表决。表决结果由会议主持人当场宣布。

第三十二条　交付表决的议案，有修正案的，先表决修正案。

第三十三条　常务委员会会议原则通过的议案、决议、决定，授权常务委员会有关办事机构，根据会议审议的意见作文字上的修改，经主任会议定稿后公布。

第三十四条　常务委员会机关工作人员对常务委员会组成人员的一切动议、发言要做好记录。议事记录归档备查。

第七章　附　　则

第三十五条　本规则自通过之日起施行。

富阳市人大常委会主任会议议事规则

（2007 年 8 月 6 日富阳市第十四届人大常委会第五次会议通过）

第一条　根据《中华人民共和国各级人民代表大会常务委员会监督法》、《中华人民共和国地方各级人民代表大会和地方各级人民政府组织法》和《富阳市人民代表大会常务委员会议事规则》，制定本规则。

第二条　市人大常委会主任会议由主任、副主任组成。

第三条　市人大常委会主任会议由主任召集和主持，也可委托主持日常工作的副主任或其他副主任召集和主持。

第四条　市人大常委会主任会议必须有主任会议全体组成人员过半数出席，才能举行。

第五条　市人大常委会主任会议决定问题，遵循民主集中制原则。

第六条　市人大常委会主任会议处理市人大常委会的重要日常工作：

（一）拟定市人大常委会年度工作要点（草案），提请市人大常委会审议通过并组织实施；

（二）讨论决定市人大常委会年度听取和审议专项工作报告、组织执法检查的计划方案；

（三）研究提出市人大常委会每次会议的建议议题，拟定会议议程（草案），决定会议时间和列席人员名单；

（四）研究讨论市人大常委会的重要工作报告（草案）和专题报告（草案），向市人大常委会提出属于市人大常委会职权范围内的议案，审查修订提请市人大常委会通过的决定或决议（草案）等；

（五）对依法向市人大常委会提出的议案，研究决定是否提请市人大常委会审议。对决定不提请市人大常委会审议的议案，向提议案人说明或者向市人大常委会报告；

（六）对依法向市人大常委会书面提出对市人民政府及其部门和市人民法院、市人民检察院的质询案，研究决定交受质询机关的负责人在市人大常委会会议上口头答复，或者由受质询机关书面答复；

（七）讨论市人民政府、市人民法院、市人民检察院和市人大常委会各工作委员会提请市人大常委会主任会议讨论和市人大常委会审议的重要事项；

（八）听取市人大常委会各部门重要工作安排和工作情况的汇报，领导和协调市人大常委会各部门的日常工作；

（九）在市人大常委会听取和审议专项工作报告前，组织市人大常委会组成人员和市人大代表，对有关工作进行视察或者专题调查研究；

（十）对市人大常委会执法检查组提出的执法检查报告，研究决定提请市人大常委会审议；

（十一）向市人大常委会提出依法应由市人大常委会主任会议提请市人大常委会的人事任免事项；

（十二）研究讨论市人大常委会及其部门对“一府两院”及其有关部门的专项工作视察、检查、调研的意见和建议，必要时可提出审议意见；

（十三）跟踪检查市人大及其常委会的决议、决定贯彻执行情况和有关审议意见落实情况，研究决定是否提请市人大常委会会审议；

（十四）检查督促代表议案和建议、批评、意见的办理工作；

（十五）研究决定市人大常委会自身建设方面的问题；

（十六）办理上级人大常委会交办的事项；

（十七）处理市人大常委会其他重要日常工作。

第七条　市人大常委会主任会议召开的时间和议题，由常委会办公室主任征求有关方面意见后提出建议，由主任或主持工作的副主任决定。

第八条　市人大常委会主任会议每月至少举行一次，市人大常委会办公室在会议举行的三日前将开会日期、地点、建议及会议讨论的主要事项通知主任会议成员，并准备会议的有关材料。临时召集的主任会议，可以临时通知。

第九条　市人大常委会主任会议举行时，根据会议内容，吸收市人大常委会各部门负责人列席；必要时，邀请市人民政府及有关部门、市人民法院、市人民检察院负责人列席。

第十条　市人大常委会主任会议应有专人作会议记录并根据情况编印会议纪要，会议纪要由主任或主持工作的副主任签发。

第十一条　市人大常委会主任会议决定的事项，由市人大常委会有关部门办理；重要事项由分管的市人大常委会副主任组织实施。办理和实施情况，应及时向主任会议汇报。

第十二条　本规则自通过之日起施行。

第四章　市(县)人大常委会工作报告(摘要)

第一节　第七届人大常委会工作报告

1984年11月1日在县八届人大一次会议上

——县七届人大常委会副主任　李作运

富阳县第七届人民代表大会常务委员会是富阳县历史上首次设立的县级国家权力机关，是根据《地方组织法》的规定，经1980年12月富阳县第七届人大一次会议选举产生的。第七届人大常委会自成立以来，在中共富阳县委的领导下，按照《宪法》和《地方组织法》所赋予的职权，紧紧围绕党的中心任务，为认真贯彻执行党的十一届三中全会以来的路线、方针、政策和国家的法律、法令，推进富阳县的“两个文明”建设和社会主义民主、法制建设作了大量的工作，有效地发挥了地方国家权力机关的作用。三年多来，富阳县人大常委会先后召集四次人民代表大会，举行二十六次常委会会议。审议43项重要议题，作出14个决议和决定，依法任免国家工作人员31人、司法工作人员85人。进行10次规模较大的视察调查，督促办理2536件代表提案和意见，接待和处理364件（次）人民来信来访。

一、严格依法办事，搞好代表选举工作

根据全国和浙江省人大常委会关于县、乡（镇）两级人代会代表换届选举的决定，1984年上半年，在中共富阳县委的统一领导下，县人大常委会精心组织，主持了县、乡（镇）两级人民代表的换届选举工作。

这次换届选举，是新宪法公布后实行的第一次人大普选。首先在金桥乡进行试点，3月12日起在全县铺开，5月中旬，顺利地完成了县、乡（镇）两级人代会代表的选举工作。

富阳县352292人参加选民登记，选民登记率达99.7%；直接参加投票选举的有347165人，参选率达到98.5%。全县274个大选区，819个小选区，全部实行差额无记名投票选举，共选出县人民代表402名，乡（镇）人民代表4841名。县人大常委会根据《全国人民代表大会组织法》和全国人大常委会副委员长习仲勋关于《四个法律案的说明》精神，县人大常委会第二十四次会议决定设立了富阳县人大常委会代表资格审查委员会，在富阳县八届人大一次会议召开之前，完成了代表资格审查。县人大常委会根据代表资格审查委员会的报告，确认401名代表资格有效，一名因参与贪污、盗窃集团被取消代表资格。代表资格确认后，县人大常委会及时公布了代表名单。

二、围绕体制改革，做好视察工作

围绕党的中心工作，有计划地组织视察和调查，是人大常委会工作的一项重要内容，也是体现人民当家作主、监督和协助人民政府、人民法院、人民检察院工作的有效方法。1984年4月以来，县人大常委会根据中央关于农村的改革要进一步巩固发展、城市的改革要加快步伐的重大决策，顺应广大干部群众的呼声，分别于5月、7月进行了两次规模较大的视察调查。这两次视察和调查活动，重点是从打破两个“大锅饭”，发展生产力的要求出发，紧紧围绕给县属企业和乡村工业“松绑”放权问题进行的。视察的方法和深度、广度均比过去有所改进和提高，因而取得的成效也比较显著。

为了深入贯彻执行中央〔1984〕1号文件精神，推动农村商品生产的发展，县人大常委会于7月4日至13日又组织部分常委会委员、人大代表和有关部门负责人共57人，分十个视察组，分别深入到春江、春建、场口、龙门、灵桥、礼源、松溪、新浦、万市、洞桥等十个乡，视察了以乡村企业、两户一体、林业生产为重点的农村商品生产发展情况。视察结束后，县人大常委会对林业政策、税收政策、农副产品价格政策、国家单位和乡村联办企业中的相互关系、加强社会服务等方面34个问题，向县人民政府提出了解决的意见和建议。我们认为，目前农村改革已经取得了很大成绩，整个农村处在“两个转化”之中，已展现出农村生产力充满生机的发展前景。但由于“左”的影响还未彻底清除，一些过时了的条条框框还束缚着人们的手脚。农村商品生产的水平还很低，发展很不平衡。有些干部对农村发生的历史性转折，从思想认识、领导作风到知识水平、领导艺术还不适应，暴露出来的新问题、新矛盾还很多。因此，各级人民政府既要看到大好形势，充满信心。又要看到问题，正视困难，改进作风，冷静而又认真地研究解决新问题，在改革实践中，学会领导整个经济工作，善于总揽经济全局，引导群众把充满活力的农村经济继续推向前进。

三、督促办理代表提案，认真处理信访问题

认真处理代表提案和意见，做好人民信访工作，是人大常委会的重要职责，是实现人民当家作主、管理国家大事的重要途径。我们把这一工作作为大事，列入领导工作议程，严肃对待，认真做好。

在富阳县七届人大四次会议上，代表共提出88件提案，273条意见和建议。到8月底止，已全部处理完毕。其中已经解决和纳入计划准备解决的有210件，占提案、意见总数的58%。其余限于地方财力物力困难暂时未能解决问题的，均向代表作了书面解释说明，取得了有关代表的谅解。

1984年4月以来，县人大常委会正、副主任在县级领导接待日共接待来访102人（次）。这些来访反映80多个问题，到目前为止，已会同有关部门落实处理的54件。同时，我们还在日常工作中受理了来信、来访60件（次），按照归口负责的原则都分别联系有关部门进行处理。对人民代表的来信、来访和重大疑难信访问题，则由人大常委会正、副主任或办公室负责同志牵头，组织调查，做到谁接待，谁负责到底。

四、加强人大自身建设，认真履行法律监督

县七届人大四次会议后，县人大常委会领导班子的人员构成发生了较大的变化，常委会正、副主任由原来的7人减少到4人，4人当中又有三人是第一次接触人大工作。为了适应新的情况、新的要求，6个多月来，我们注意抓了常务委员会的自身建设，主要做了以下工作：

1、带头学法、懂法，提高执法自觉性。县七届人大四次会议以来，共举行5次常委会会议。每次会议都安排了学习有关法律和中央有关依法办事的重要文件。

2、加强法制宣传和法律监督。县七届人大四次会议以来，县人大常委会依法任免了“一府两院”工作人员共22名。同时，针对有关部门因受过去工作习惯的影响，对人大工作的性质和作用缺乏应有的认识，进行了广泛的法制宣传和法律监督。

第二节　第八届人大常委会工作报告

1987年4月22日在县九届人大一次会议上

——县八届人大常委会主任　郑传苟

富阳县第八届人大常委会，是1984年11月3日由县八届人大一次会议选举产生的。两年多来，依法召开了三次县人民代表大会，举行了20次常委会会议，审议了39项重要议题，作出了11项决议和决定，依法任免国家工作人员34名、司法工作人员39名。组织了7次大的视察调查活动，联系处理1271件代表大会议案和代表意见建议，接受并帮助处理243件（次）代表和群众来信来访。去年11月以来，根据《选举法》的规定和中共富阳县委的部署，领导和主持了县、乡（镇）两级人大代表的换届选举工作。

一、围绕中心，讨论决定经济建设的重要事项

县八届人大三次会议闭幕后，常委会对富阳县经济建设情况进行了认真分析，一致认为：近年来，富阳县积极贯彻改革、开放、搞活的方针，经济建设速度较快，各方面都取得了很大成绩，总的形势是好的。但由于有的地方和单位制度不严，管理不善，效益不高，也出现了一些问题。为促进加强管理，提高效益，保护改革和经济建设的健康发展，必须在深入开展打击经济犯罪的同时，大力加强内部审计监督工作。为此，我们在去年5月召开第十四次常委会会议，专门听取县人民政府委托审计局局长贾冠雄所作的《审计工作报告》。委员们在审议这一报告中，对审计机关建立以来所做的大量工作表示满意。一致认为，审计机关是根据宪法规定，代表国家独立行使审计监督的职能机关；认真搞好审计监督，保护改革和经济建设的健康发展，具有重要的意义。常委会会议一致通过了《关于加强审计监督的决议》。保护、促进了经济建设的稳健发展。

为加强财政经济的管理。去年上半年，对县财政预算计划的执行情况进行了局部的调查了解。第十五次常委会会议听取和审议县财税局局长邵荫棠《上半年财政预算执行情况报告》。委员们根据调查了解的情况，对县财政税务局的工作作了实事求是的分析和肯定。根据经济建设的需要和富阳县的实际财力，这次常委会会议还讨论决定：1986年下半年财政预算追加安排157万元。同时建议从预备费中支出5万元，用以支持新登煤饼厂后期工程的及时上马。

为支持发展农村经济，我们注意转变作风，深入农村调查了解情况，遇有重大问题，就带回来集体研究，作出决定。去年6月，县人大分管经济工作的一名副主任和一名专职委员带领工作组到大源、场口、龙羊等地区调查乡镇企业发展情况。7 月，县人大常委会第十五次会议听取了人大工作组的调查汇报和县乡镇企业管理局局长惠雪祥关于上半年工作情况汇报。会议充分肯定了乡（镇）企业工作的成绩，同时就当前存在的集体企业空白村多、承包责任制不完善、经营管理水平低、企业干部调动多、能源资金紧张、部门服务工作不够等问题，研究提出了相应的工作建议。

二、突出重点，加强社会主义法制建设

根据宪法和《地方组织法》的规定，地方各级人民代表大会及其常务委员会的首要任务是：切实保证宪法和法律在本行政区域内的遵守和执行。因此，加强法制建设是摆在我们面前的一项重要任务，开展人大工作的着重点也是放在这个问题上的。一年多来，主要做了这样一些工作。

首先，支持搞好全县的普法工作。1985 年，县人大常委会会议两次听取了县司法局关于普法计划和试点情况汇报，作出了《关于加强法制教育普及法律常识的决议》。根据《决议》精神，1986 年，有计划、有步骤地检查落实普法规划实施情况，支持有关部门抓好普法。特别是对干部和学校青少年这一重点对象的普法学习，分工一名副主任专门负责抓，直接到有关部门和单位帮助分析问题，制订计划，组织实施。经各有关部门通力协作，共同努力，三年普法规划的实施已初见成效。到去年底为止，富阳县共完成普法学习人数 25075 人，其中干部 3318 人，职工 8260 人，农民 1 万人，学校师生 3497 人。

第二，检查督促有关法律、法规的贯彻执行。检查的方式主要是组织委员和代表搞视察调查。检查的范围，主要是基层单位和群众的守法情况。通过检查，发现问题，交常委会会议讨论，请县人民政府领导和有关部门负责人听汇报，共商解决问题的办法，督促有关部门实施。去年 4 月，为推进贯彻义务教育法和浙江省九年制义务教育条例，组织有关代表和部门负责人共 30 余人，到万市、三溪、新浦、松溪、胥口、新桐、东图、礼源、里山、大青等 10 个乡（镇）进行视察检查。从检查结果看，各级人民政府对贯彻义务教育法是重视的，从制定计划到组织实施等，已做了大量的工作。但从实现义务教育的要求看，任务还相当艰巨，规划、师资和资金方面的问题相当突出。常委会会议听取视察情况汇报后，向县人民政府提出建议：一是要进一步端正实施义务教育法指导思想，实事求是地确定教育的发展速度和规模，真正按教育规律办事；二是要广开师资培训渠道，办好教师进修学校，尽可能快一些解决师资缺编严重、质量不适应的矛盾；三是要把教育投资作为贯彻义务教育法的根本保障来抓，从战略上作出安排，舍得拿出更多的资金用于发展义务教育。另外，去年夏季我们围绕贯彻执行《食品卫生法》，视察检查了富阳、新登两镇 74 家食品生产（经营）单位，责成有关部门对违反食品卫生法的单位分别作出了警告、罚款和停业整顿等处理。为贯彻《环保法》，促进文明生产，县人大常委会作了多次调查研究，提出了工作意见。《浙江省保护妇女儿童合法权益若干规定》颁布后，随即召开会议，抓好学习和宣传。同时会同县工、青、妇组织，民政、法院等单位，到新义乡和富阳动力机厂开展宣传贯彻《规定》的试点和调查研究活动，针对存在的问题采取了相应措施。《民法通则》《土地管理法》《计量法》等颁布后，常委会会议首先组织学习，弄懂法律条文。然后听取有关执法部门的工作汇报，以统一认识，明确任务，落实措施，推进有关法律的贯彻执行。

第三，坚持贯彻依法办事原则。1986 年下半年，富阳县乡（镇）干部工作调动的面很大，一些乡长、副乡长没有及时办理法律手续就到职离职，有的乡（镇）准备开人代会，却没有把选举乡（镇）长、副乡（镇）长列入大会议程。对此，县人大常委会积极向县委反映，由县委发文布置开好乡（镇）人代会。县人大常委会专门研究举行乡（镇）人代会的法律程序，下发到各乡（镇）贯彻执行。又如在推行计划生育、殡葬改革中，有的地方不注意方式方法，动不动就把人看起来，限制他人自由；个别的甚至强行拆房、乱砸家具，侵犯了公民合法权益，引起群众很大不满和反感。但是，在具体执行中，还要考虑到我们是社会主义国家，应该是民主和法制建设最完备、最先进的国家，必须强调严格依法办事，认真贯彻依法治国方针。要通过法制学习，思想观念上要进行一场变革，养成既要依靠政策，又要依法办事的习惯。

为贯彻依法办事原则，县人大常委会还注意同公、检、法、司部门保持经常联系，促进搞好内部建设，支持大胆行使职权，严格依法办事。按照法律规定，由人大办理的事情，都及时研究批复。少数干警工作中出了差错，就找有关部门商量，帮助及时纠正，维护法律的尊严。另外，县人大常委会召开会议、决定问题等，注意按《宪法》和《地方组织法》的规定办事。为进一步体现民主，常委会会议参照上级人大的做法，决定改变人事任免办法，由原来的举手表决改为采用无记名投票方式决定人事任免。

三、明确基础，搞好代表工作

代表工作是人大常委会工作的基础。对于这一点，常委会的指导思想是明确的。1986 年以来，常委会在联系人大代表，组织发挥代表作用方面做了一些工作。

首先，直接同代表见面，听取代表意见。1986 年 8 月，化一了个月时间，到全县 5 个区及富阳镇，组织召开了 12 次县八届人大代表座谈会，直接听取了 148 名人大代表对县人大和“一府两院”工作的意见。在座谈会上，代表们以主人翁姿态，本着实事求是的精神，认真报告了自己的工作，评议了县人大常委会和“一府两院”的工作，提出了许多很好的意见和建议。

第二，督促处理好议案和代表意见。县八届人大三次会议期间，代表们向大会提交了议案、意见报告单 532 件。经大会议案审查委员会审议，大会主席团决定，确认议案 19 件、质询案 1 件，交由有关部门在会议期间作出研究，当面向代表答复处理意见。其余 512 件代表意见，分别交由各有关部门在会后调查处理，书面答复代表。至去年 6 月底止，代表意见建议全部处理完毕。处理结果：已解决问题的有 264 件；列入规划准备解决的有 121 件；其余因条件限制无法解决的，均向代表作了说明。从这次议案、代表意见的处理情况看，县人民政府及其各部门思想重视，态度积极，注意通过处理代表意见，切实转变作风，为基层和群众办实事、办好事。

为促进处理议案和代表意见，及时解决好有关问题，县人大组织了专门班子，逐件审查了有关部门的答复处理意见，组织人大代表对议案和代表意见的处理情况进行了视察检查。检查中，我们听取了政府十四个部门的汇报，尔后，选择了有代表性的议案和意见 68 件，直接到有关现场调查落实情况，发现好的典型事例立即推广表扬；对有条件解决而没有解决的，当即责成有关部门认真研究，尽快处理。

第三，做好代表和群众信访工作。县八届人大三次会议以来，共受理代表和群众来信来访 97 件（次），其中代表信访 26 件，群众信访 71 件。对代表来信反映的问题，常委会组织了专门班子搞调查，积极找有关部门联系处理。对 71 件群众来信，常委会直接答复处理了 35 件，其余的及时批转有关部门和单位处理。

四、集中精力，搞好换届选举

根据全国人大和浙江省人大常委会关于县、乡（镇）两级人代会代表换届选举的决定，1986 年 12 月至 1987 年 3 月，在县委的统一部署下，依照法律规定，集中领导精力，精心组织，主持了县、乡（镇）两级人民代表大会代表的换届选举工作。

为搞好这次选举，常委会及时召开常委会会议，依法任命了县、乡（镇）选举委员会组成人员，研究确定了县、乡（镇）第九届人代会代表名额，制订了选举工作实施细则，县、区、乡分别设立了选举办事机构，负责做好选举日常事务。这次选举，我们先于 1986 年 12 月 9 日进驻松溪乡搞试点，12 月 28 日召开了富阳县选举工作会议，把选举工作推向全县，至 1987 年 3 月 20 日前，选举顺利结束。富阳县 38.31 万名选民，参加选举的有 30.57 万人，参选率达 93.2%。全县 206 个大选区，1130 个小选区，共选举产生富阳县九届人大代表 298 名，乡（镇）九届人大代表 2612 名。但是，由于有些地方宣传教育工作不够深入，发扬民主不够充分，工作方法简单，致使少数选区代表名额没有选足。要很好地总结经验教训，不断提高认识，以便把今后的工作做得更好。

根据富阳县委的部署，这次选举结束后，各乡（镇）应于 1987 年 3 月底或 4 月初开好九届人大一次会议。为指导各乡（镇）如期开好人民代表大会，我们具体帮助松溪乡于 3 月 9 日至 10 日召开九届人大一次会议，并召集各区和富阳镇、部分乡（镇）的负责人到松溪乡学习，明确做法。到3月底止，各乡（镇）都如期召开了九届人大一次会议。县九届人大代表选举产生后，县八届人大常委会代表资格审查委员会审查了代表资格，县人大常委会第二十次会议确认298名县九届人大代表资格完全有效，并依法公布了代表名单。

总之，县八届人大三次会议以来，常委会尽自己的努力做了一些工作，但对照法律赋予的历史重任和人大代表、干部群众的希望要求，还有很大的差距。特别是在加强法制建设，切实保证宪法和法律在富阳县的贯彻实施方面，还有待于改进和提高。

第三节 第九届人大常委会工作报告

1990年3月18日在县十届人大一次会议上

——县九届人大常委会主任 洪德森

（一）

富阳县第九届人大常委会，是1987年4月由第九届人民代表大会第一次会议选举产生的。三年来，在中共富阳县委的领导下，根据国家宪法、法律、法规的规定，认真履行职责和权力，为推进富阳县改革和各项建设作出了努力。

一是依法召集了三次县人民代表大会。

二是举行了21次常务委员会会议，听取和审议县人民政府，县人民法院和县人民检察院的工作报告54个，讨论审议富阳县政治、经济、教育、科学、文化、卫生、民政等工作中的重要议题66个，并作出了17项决议、决定。

三是组织县人大代表和浙江省、杭州市人大代表进行了30次视察与调查研究活动，参加视察与调查的省、市、县三级代表及其他人员共计700多人次。

四是组织开展了三次执法大检查，反复检查了100多个法律、法规的贯彻执行情况，并针对存在的问题，向“一府两院”提出了25条整改意见，并认真督促落实。

五是依法主持县、乡（镇）人民代表大会代表换届选举工作。指导各乡（镇）完成村民委员会的换届选举工作。

六是依法任免国家工作人员99名，其中县人民政府组成人员50名，法院、检察院组成人员22名，县人大常委会办事机构人员27名。

七是重视做好代表工作。三年中，三次分区召开了代表座谈会，县人大和“一府两院”领导到会听取代表的意见和要求。常委会还督促处理了第九届人民代表大会议案40件、代表意见761件、代表和群众信访389件次。

（二）

关于 1989 年 4 月以来的具体工作情况，报告如下：

一、认真履行监督职责　坚持严格依法办事

（1）认真开好例会听取、审议“一府两院”工作汇报。

1989 年 4 月以来，围绕改革和建设中心，着重于法制建设，常委会听取和审议“一府两院”的工作汇报 26 个，讨论研究 25 个重要议题，就有关重大问题作出 8 项决议、决定。

为支持发展农业生产，在对富阳县农资专营情况作专题调查的基础上，去年五月举行常委会第十四次会议，听取和审议县人民政府及农资专营部门的工作汇报，县人大常委会财政经济工作委员会也向会议提供了农资专营调查报告。会议要求县人民政府加强领导，从物价、工商、计量等各方面加强管理，严格执法，积极保护农民的合法权益，使供应情况有所好转。

提高富春江防洪堤的抗洪能力问题，是富阳县粮食生产的重大课题。去年遭受洪水灾害，沿江部分乡（镇）损失较大。灾后，常委会会议听取和审议县人民政府关于抗洪抢险和恢复生产情况汇报。9 月，再次听取和审议县人民政府关于农业开发和农田水利建设情况汇报，提出农田水利建设的重点是富春江防洪堤的加高加固，县人民政府要采取积极措施，切实贯彻执行常委会的决议精神，有计划、有步骤地把防洪堤建设好。

为加强对财政预算的执行监督，第十五次常委会会议听取和审议县人民政府关于 1989 年上半年财政预算执行情况汇报。会议强调，下半年工作必须贯彻执行党的十三届四中全会精神，稳定大局，发展生产，稳定经济，增加财源，严肃财政纪律，加强税收征管，保证完成财政预算计划。

为保证贯彻执行“二高一部”通告，推进反贪污贿赂、惩治腐败斗争的开展，曾多次召开主任会议研究，提出实施监督的意见，多次听取有关部门的工作汇报，坚决支持“两院”和行政监察机关大胆工作，严格执法。9 月，常委会听取和审议县人民政府关于反贿赂、惩治腐败情况报告、清理整顿公司情况报告，听取和审议县人民检察院和县人民法院分别所作的关于打击经济犯罪情况报告。会议对“一府两院”所做的工作表示肯定，对下一步工作提出了建设性意见，并一致通过了两项决议：《关于深入开展反贪污贿赂、打击经济犯罪活动的决议》、《关于进一步清理整顿公司的决议》。

（2）开展视察调查　督促改进工作

1989 年 4 月以来，重点围绕有关法律、法规的执行情况，组织委员和浙江省、杭州市、县三级代表进行了 10 次视察调查活动。

去年上半年，继续组织富春江黄砂开发管理情况调查，第十五次常委会，听取和审议县人民政府关于常委会对黄砂开发视察调查意见的落实情况汇报，对完善管理体制、黄砂开采办法、资源费的征收和使用等提出了意见。使国家、集体和经营者个人的收入都有了增加。

为促进贯彻执行《食品卫生法》《义务教育法》《文物保护法》等法律，组织各级代表一百多人次，开展了多次视察调查。

1989 年 4 月，先后集中一个多月，开展《食品卫生法》宣传教育，重点检查了主管部门和富阳、新登、大源、场口、三山、万市等 6 个镇内的 69 个食品生产经营单位贯彻执行《食品卫生法》的情况，并沿途抽查了 100 多家个体饮食摊店。建议县人民政府加强领导，协调部门关系，落实领导责任，认真解决好视察反映的问题，把贯彻执行《食品卫生法》列入依法治县的重要议事日程。

1989 年 6 月，对 1988 年开始实施九年制义务教育的南津、胥口、洞桥、贤德、三桥、春江、礼源等 7 个乡的中小学教育工作情况作了专题调查，调查重点是教育经费安排，校舍危房维修、控制学生流失、师生德育教育等情况。根据常委会的调查意见，县人民政府主管部门和各乡（镇）采取了相应的措施，及时纠正问题。

去年 8 月，对贯彻执行《文物保护法》情况作了专题调查。调查组实地察访了南津乡的联魁塔、新登中学的碑林、松溪乡众圃牌坊、王洲乡的集善亭、新桐乡的董邦达和董诰墓、高坪乡的蜕龙洞、新登镇的古城墙、常安镇六石坑的国民党 79 师抗战烈士纪念碑等文物保护点，提出了改进的意见和要求。县人民政府在新登镇组织召开文物保护现场研讨会，对新登古城墙等文物保护作出规划。县文化局组织人力、物力，动工修复王洲的集善亭，同时整理上报了 10 个县级文物保护单位，进一步宣传发动群众，为共同做好富阳县文物保护工作而努力。

1989 年 11 月，组织浙江省、杭州市、县人大代表视察了富阳县的文化市场，听取和审议有关部门的“扫黄除害”工作汇报，重点检查了清理整顿书画报刊和音像市场及打击卖淫嫖娼犯罪活动的情况。

（3）组织开展执法检查　督促改善执法活动

从 9 月份开始，至 12 月份结束，共检查了近百个法律、法规的贯彻执行情况。体现三个特点：

1. 领导重视，部署早。1989 年 5 月，常委会就举行第十四次会议，专题研究贯彻依法治县决议的意见，其中明确提出了下半年执法检查的指导思想和重点。会后，又组织人员到有关执法部门作了初步调查，并提供主任会议作了多次研究。9 月初，常委会第十六次会议具体研究部署了执法检查的方法步骤、目的要求。县人民政府成立了执法检查领导小组，县长还发表了“依法治县、建设富阳”的书面讲话。各执法部门和单位都建立了专门班子，抓执法检查工作。

2．作风踏实，工作细。常委会要求各执法部门和单位发扬艰苦作风，注意深入实际，深入基层，把工作做细，把检查搞实。全县有 30 个执法部门组织检查小组，深入基层执法单位和区、乡（镇）、村，帮助基层开展检查活动。如县人民法院领导亲自带领检查组，深入全县 5 个基层法庭，对 1989 年 1 至 9 月份处理的 905 件民事案件，从实体法到程序法的执行情况，逐案进行了检查，纠正了适用简易程序过多等问题，并帮助制订了相应的制度和措施。

3．重点突出，效果好。根据有法必依、执法必严、违法必究的法制原则，发现和纠正一批违宪违法案件，推进治理整顿、深化改革和依法治县的进程。重点是检查与治理整顿、深化改革密切相关的法律法规执行情况，以及广大干部群众反映最强烈的问题。多数执法部门和单位，检查目的比较明确，牢牢抓住重点，注重检查实效，确实及时发现和解决了一些实际问题。如县土管局，针对历史积案多的特点，对 981 件违法占地案件，执法检查中集中处理完毕 857 件，反映效果比较好。

为使执法检查确有成效，常委会组织了浙江省、杭州市、县、乡（镇）四级人大代表 125 人次，对贯彻执行“二高一部”通告、清理整顿公司、治理“三乱”、“扫黄除害”等情况进行了重点抽查，常委会主任会议作了专门研究，然后提出意见和建议，书面报告了富阳县委。

11 月下旬，常委会第十八次会议，听取和审议“一府两院”关于执法检查的总结报告。会议肯定了“一府两院”所做的大量工作，对这次执法检查作了实事求是的估价，同时针对执法检查中涉及的问题提出了 5 点意见，进一步统一了思想。

（4）监督纠正错案和执法不严的案件，维护宪法和法律的尊严

面对实际，对照法律，积极慎重地监督纠正错案和执法不严的案件，以维护宪法和法律的尊严，是保障人大常委会不失监督职责的有效措施。

例如，关于富阳镇特大赌博案；关于洪德扬偷税、流氓案（具体案例略）。

二、集中精力，加强领导，依法主持换届选举

根据上级人大和富阳县委关于县、乡（镇）两级人民代表大会换届选举的部署，常委会集中精力，加强领导，精心组织，依法主持县、乡（镇）两级人民代表大会代表的换届选举工作。9–10 月，两次举行常委会会议进行研究，确定这次选举工作的指导思想和具体实施办法，依法任命县、乡（镇）选举委员会组成人员和各区选举领导小组成员，并在县、区、乡（镇）分别建立选举办事机构。确定新民乡先走一步，然后全县铺开。经过宣传发动，选民登记，提名推荐和协商确定代表候选人、

投票选举代表、指导召开乡（镇）第十届人民代表大会第一次会议等5个阶段，于今年1月20日选举工作圆满结束。

主要是抓好了三个关键性环节：1.抓领导，健全组织领导机构，充分发挥骨干作用。2.抓宣传，致力于提高选民的法制观念和参选积极性。全县40.8万选民，参选人数达到36.4万人，参选率为89.3%。3.抓质量，充分发扬民主，严格依法办事。全县207个大选区，一次选举成功的有187个，占90.3%；1316个小选区，一次选举成功的有1278个，占97.1%。全县应选县代表325名，当选323名，当选率为99.4%；应选乡（镇）代表3175名，当选率为98.7%。

三、搞好代表工作　发挥代表作用

（1）组织代表中心组、代表小组开展活动。去年四月以来，全县性的大的活动开展了两次。一次是组织各代表小组学习党的十三届四中全会文件和邓小平同志同志的三次重要讲话。另一次是组织新的一届县人大代表，以区为单位开展了一次活动。

（2）组织代表参与常委会日常工作，吸收代表列席常委会例会，为代表参政议政提供必要条件。去年4月以来，常委会组织开展了10次视察或调查活动，参加活动的省、市、县代表多达180多人次。

（3）督促处理人代会议案和代表意见。在富阳县九届人大三次会议上，代表们向大会提交议案和意见报告单共计133件。后经大会确认，立为议案10件、意见123件。对这些议案和意见，常委会会同县人民政府，召开专门会议进行布置，分别交由有关部门研究处理，有关承办部门接到议案、意见后，落实专人负责，抓好处理工作。从处理结果情况看，133件议案和意见所反映的问题，已解决或已列入解决计划的有80件，占60.10%；鉴于条件限制而未能解决，向代表作了说明的有53件，占39.9%。

（4）做好代表和群众信访工作，督促处理信访问题。去年4月至今年2月期间，常委会共受理代表和群众的信访103件次，其中由常委会直接参与调查，提出处理意见，并督促落实的有50件次。

四、加强学习，协调关系，推进人大自身建设。

去年来，常委会继续努力加强自身建设，促进人大工作取得了新的进展。

在思想建设方面，重点抓了党的十三届四中、五中全会文件的学习贯彻，牢牢坚持党的四项基本原则，思想上、政治上与党中央保持一致。去年4月来，常委会先后在三次人大机关干部会、五次常委会例会、十二次主任会议上，组织学习了党的十三届四中、五中全会文件，开展了坚持四项基本原则，反对资产阶级自由化的教育，提高和统一了思想认识，对党的十三届四中、五中全会精神表示坚决拥护。

在组织建设方面，加强了对人大办事机构的建设。1989 年，常委会“三委一办”工作班子，机构健全，人员参加，保证了日常工作的正常运转。“三委”工作班子都分别召开全体会议，研究制定工作计划。并召集联系单位的负责人进行座谈讨论，明确相互关系和工作职责。还根据常委会工作计划，深入实际调查研究，联系代表听取意见，积极宣传贯彻常委会会议精神，收集整理了大量的工作资料，为常委会行使职权当好参谋，办好实事，发挥了应有的作用。

在业务建设方面，抓了三个环节：（1）抓学法，在常委会例会和机关干部会上，学习以《宪法》《地方组织法》《选举法》为主的法律、法规，并结合工作实际开展讨论，加深理解。（2）学习贯彻省委书记办公会议和省委人大工作会议精神，研究落实改进人大工作的措施。常委会主任会议认真传达学习了省委书记办公会议纪要。根据《纪要》精神，常委会党组织向县委提呈了报告，请示解决好人大机关的几个具体问题，并对设立乡（镇）人民代表大会主席团设常务主席问题提出意见，保证下半年换届选举中付诸实施。（3）继续加强横向联系，丰富、活跃人大工作。去年来，三次参加了杭州地区七县（市）人大工作研讨会，就共同关心的问题交流了工作情况，学习了外地经验，开阔了工作视野，增进了业务水平。另外，常委会还重视作风建设，坚持深入基层，深入实际，认真搞好视察与调查研究工作，先后写了 10 多篇视察和专题调查报告；既丰富了自身的专业知识，又为推进富阳县改革和各方面的建设作出努力，发挥作用。

（三）

三年来，本届人大常委会根据宪法和法律赋予的职责，做了大量工作，取得了一些成绩。但还存在不少问题和缺点，对照宪法、法律的要求和全县人民的期望，还有很大的差距，对于常委会的不足之处，真诚地欢迎代表们提出批评指正。

第四节　第十届人大常委会工作报告

1993 年 3 月 22 日在县十一届人大一次会议上

——县十届人大常委会主任　刘　鸿

富阳县第十届人大常委会是 1990 年 3 月选举产生的。三年来，依法召集代表大会 3 次，举行常委会会议 23 次，听取和审议“一府两院”工作汇报 68 个，并作出重大决定、决议 15 个；共组织视察调查 83 次；决定任免地方国家工作人员 104 人次。现将主要工作情况报告如下：

一、以经济建设为中心，加强工作监督，促进经济和各项事业健康发展

三年来，常委会听取和审议经济建设和改革开放方面的工作报告 31 个。

在农业和农村工作上。常委会先后6次听取审议县人民政府关于农村和农业生产情况的汇报。提出了许多重要意见和建议。加强对《水法》、《土地管理法》、“农资专营决定”的宣传和落实情况检查，依法清除了一批水障，保护水利和土地资源。

在宣传《企业法》，深化企业改革上。注重推进深化企业改革，通过对有关企业的视察调查，听取县人民政府关于企业深化改革试点情况汇报，要求进一步深化企业改革，深入贯彻《企业法》和国务院《全民所有制转换经营机制条例》，改革企业劳动用工和分配制度，充分调动职工群众的积极性，保障企业改革的顺利进行。1992年上半年，视察了部分乡镇企业，广泛听取有关部门和企业的意见，要求县人民政府及有关部门在政策上、组织上、完善监督机制上采取有力措施。

在维护经济秩序、促进市场发育上。常委会针对“三乱”现象，组织了专题调查，听取政府部门的汇报，作出了《关于坚决制止乱收费、乱罚款和各种摊派的决议》。1992年5月，常委会第十五次会议听取政府关于严厉打击制售假冒劣质商品情况的汇报，常委会第二十一次会议再次听取有关部门的汇报，并就春节前后市场供应和打击假冒劣质商品提出具体要求。三年中，常委会对《城市规划法》、《环保法》的贯彻实施，先后二次审议城市规划实施方案，组织7次环保视察调查，督促县人民政府严肃处理了一批污染环境事件，保护自然生态平衡。

在促进社会主义精神文明建设上。常委会听取和审议县人民政府关于教育、文化、卫生、体育、计划生育等方面专题汇报10次。在教育工作方面，重点抓了《九年制义务教育法》的贯彻实施，每年听取一次关于实施九年制义务教育情况汇报，去年又根据撤扩并后的实际情况，批准县人民政府调整实施规划。同时委托县审计局对教育事业费附加的收管用情况进行了专题审计，针对审计发现的问题提出了处理意见，收回了极大部分被移用的资金。1992年对《未成年人保护法》实施情况作了认真调查，针对“童工”“弃婴”“黄色书刊”毒害青少年等问题，提出了一些建议。在卫生工作方面，除了抓好《食品卫生法》《药品管理法》等法律的宣传贯彻外，还抓好初级卫生保健工作的检查督促。加强与计划生育、文化、广播、电视、体育等部门的工作联系，并就进一步完善计划生育政策，加强文化市场的管理，巩固和发展文化体育事业，加快农村有线广播并网和电视台建设开展了视察调查，推进了工作。

二、以法制建设为重点，加强法制宣传和法律监督，推进以法治县

一是抓了执法监督，支持和督促国家机关依法行政。常委会通过听取审议“一府两院”工作汇报，组织人大代表视察，下基层调查，对涉及政治、经济和社会生活各个领域的51个法律、法规，提出进一步贯彻实施的意见和建议，督促有关执法部门认真抓好落实。对《民事诉讼法》《食品卫生法》《义务教育法》《残疾人保障法》等一些涉及面较广、实施难度大的法律，针对执法工作实际，反复组织调查和专题审议，不断提出新的要求。去年，对“残疾人保障法”的实施情况组织视察调查，常委会第十六次会议进行审议。对行业作风、市场、城市建设、交通道路建设与管理、环境保护和环境卫生等热点问题开展视察调查，推动政府部门为民办实事、办好事。

二是抓了执法检查，推进社会治安综合治理。常委会每年都集中一段时间进行一次全县执法大检查。1992 年，在总结前几年开展执法检查经验基础上，作出关于建立经常性执法检查制度的决议。为贯彻全国人大常委会“关于加强社会治安综合治理的决定”，常委会第八次会议作出了相应的决定，勤检查、促落实，维护了社会稳定，推动了两个文明建设。

三是抓了法制宣传教育，致力提高广大干部群众的法制观念和法律意识。根据中央的统一部署，从 1991 年起，富阳县开始实施“二五”普法。常委会听取和审议县人民政府提出的“二五”普法规划，在第八次会议上作出《关于深入开展法制宣传教育的决议》，第十一次会议听取和审议县人民政府关于“二五”普法试点工作的情况汇报，要求各级政府、各有关部门抓紧抓好，抓出成效。1992 年，是现行宪法颁布十周年，请示富阳县委同意后，组织开展宪法宣传周活动。

四是抓了基层司法评议试点，督促改善基层执法活动。常委会组织部分县乡人大代表，集中在场口、常安等七个乡镇，对场口人民法庭、场口派出所、场口法律服务所等三个单位的执法情况进行了一次评议试点。县人大常委会第十八次会议听取公安局、法院、司法局等单位关于整改情况的汇报。通过评议，及时处理和纠正了一些案件和问题，密切了公安司法机关与广大群众的关系。

三、加强基础建设，搞好代表工作，充分发挥代表的作用

三年来，常委会在加强和改进代表工作上，一是抓《代表法》的宣传和对代表工作的领导。建立了代表工作委员会，使代表工作的开展有了组织保证。二是致力拓宽代表联系渠道，通过走访代表、邀请代表列席常委会会议、组织代表开展视察调查等活动，支持代表依法履行职务。三是抓代表议案、意见的落实和来信来访接待工作。本届的三次代表大会会议共确认来访 33 件，意见建议 665 件，已经全部办结。受理代表和群众来信来访 5973 件次，对一些重要信访件，及时组织调查，会同有关部门作出处理。四是认真指导代表小组开展活动，支持代表积极参政议政，开展争做优秀代表、先进代表小组活动。三年来，共评出优秀县代表 104 名，先进县代表小组 10 个。

同时常委会注意加强了同乡镇人大的联系和指导工作。一是指导乡镇人大加强组织建设，根据《浙江省乡镇人大主席团组织条例》的规定，先后配备了乡镇人大主席团专职常务主席 16 名，落实了办公经费和工作人员。二是指导乡镇人大加强制度建设，各乡镇人大活动开始走上正轨。三是抓学习培训，举办乡镇人大主席团常务主席和工作人员培训班，加深对人大性质、地位、作用的认识，增强了搞好人大工作的自觉性。

四、加强领导，精心组织，依法主持县、乡（镇）两级人大代表的换届选举

1992 年 10 月至 1993 年 1 月，常委会依法主持了县、乡（镇）两级人大代表的换届选举工作。选举工作于 1992 年 11 月初全面铺开，1993 年 1 月中旬圆满完成选举任务。

这次选举工作，一是领导重视，组织周密，发挥了选举骨干的作用；二是宣传发动广泛，广大选民的参选积极性较高。三是坚持依法办事，自始至终把好法律关；四是注重代表条件，协商确定的代表候选人素质好，保证了选举的成功。全县 43 万多选民，参选率达 94%；应选县代表 323 名，全部当选；应选乡（镇）代表 2335 名，当选 2294 名，当选率为 98.2%。当选代表的素质都比较好，符合《代表法》规定的要求。

五、加强人大常委会的自身建设，为依法行使职权提供有力保证

常委会十分重视自身的思想建设。开展富阳县人大常委会设立十周年宣传纪念活动。"一府两院"有关部门紧密配合，运用广播、电视、报纸等宣传工具，向广大干部群众进行了一次坚持和完善人民代表大会制度的再教育。

在作风建设方面，常委会十分注重深入实际，调查研究。三年中先后撰写了 59 份调查报告，为提高会议审议质量，正确决策，提供了重要的依据。在组织建设方面，注重人大机关各工作委员会和办公室的建设，充分发挥他们的参谋和助手作用，促进了常委会整体功能的发挥。在制度建设上，健全、完善了常委会行使职权的暂行规定和细则，代表工作暂行办法、人事任免暂行办法等一系列制度，使人大常委会工作走向法制化、制度化和规范化。

三年工作，主要有以下四方面的体会：

（一）必须始终不渝地坚持和依靠党的领导，注意协调好与"一府两院"的关系。这是搞好人大工作的根本保证和重要条件。

（二）必须始终不渝地坚持党的基本路线和严格依法办事。这是人大工作必须遵循的重要原则。

（三）必须始终不渝地紧紧依靠人大代表。密切联系群众，紧紧依靠人大代表，是做好人大工作基础。

（四）必须始终不渝地为提高监督工作的质量而努力。

第五节　第十一届人大常委会工作报告

1998 年 3 月 16 日在市十二届人大一次会议上

——市十一届人大常委会代理主任　周银铃

一、五年人大工作的回顾

市十一届人民代表大会常务委员会是 1993 年 3 月选举产生，至今已五年。

（一）强化法律监督检查，促进依法治市

五年来，常委会以监督法律实施为重点，共进行了 95 次执法检查。

坚持依法治市。常委会先后五次对“二五”普法和“三五”普法的贯彻实施情况进行了检查。在常委会第二十四次会议上作出关于继续开展法制宣传教育的决议。常委会第三十一次会议作出关于推行执法责任制的决定，工商、建设、卫生、土管等四个单位开展了推行执法责任制试点工作，1998 年将在富阳市范围内全面展开。

致力提高执法检查实效。五年来，市人大常委会采取上下联动，配合省、杭州市人大，在全市范围开展了对“农业两法”《教师法》《环保法》《消费者权益保护法》《反不正当竞争法》《产品质量法》《土管法》《残疾人保障法》《文化市场管理条例》等 10 个法律法规的实施情况的执法检查。市人大常委会第十六次会议作出了《关于受降镇虎哨杏等村石棉瓦废料污染限期整治的决定》和《关于环山乡小熔炼炉污染限期整治的决定》，在市人民政府和有关部门的重视下，两地的污染得到了较好整治。五年来，先后对《企业法》《赔偿法》《劳动法》，“金融五法一决定”《食品卫生法》《妇女权益保障法》《体育法》《村委会组织法》《职业教育法》《传染病防治法》《药品管理法》《浙江省计划生育条例》等法律法规的执行情况进行检查，促进了这些法律法规在富阳市的贯彻实施。

加强对执法主体的监督。常委会十分重视对执法队伍建设的监督。每年听取市人民政府关于行政执法检查和两院执纪执法检查情况的报告。几年来，常委会先后组织对《法官法》《检察官法》《人民警察法》《国家赔偿法》《看守所条例》的贯彻执行情况进行了执法检查，并组织人大代表对公安派出所、法庭、法律服务所、律师事务所的执法情况进行评议，树立一批严格执法的先进典型，同时，对检查中反映出来的问题进行了认真查处。

（二）抓住两个文明建设重大问题，加强工作监督

讨论决定重大事项。1994 年，市人大常委会通过关于对“一府两院”应提请审议的“重大事项”和应通报的“重要情况”及“决议、决定、审议和视察意见”反馈的规定，使人大常委会行使决定权工作走上了制度化、规范化的轨道。富阳市行

使重大事项决定权的工作曾在全省人大工作座谈会上交流介绍，并受到浙江省、杭州市人大领导的充分肯定。五年中，共召集5次市人民代表大会，举行了39次常委会会议，听取和审议“一府两院”的117项工作汇报，作出决议、决定42个。

加强对经济工作的监督。在农业和农村工作方面，常委会先后10多次听取和审议市人民政府及职能部门的情况汇报，并在调查研究的基础上，提出了切实增强农业投入，提足用好农业发展基金、加大农业水利基本建设力度等建议意见。在预算及预算外资金使用管理的监督方面，常委会根据历次人代会的决议，加强对预算执行情况和决算的监督审查。从1996年开始，常委会根据审计法的规定，支持督促审计部门依法开展同级审计工作，及时听取汇报，并运用审计成果加大对财政决算和预算外资金的审查监督力度。

重视对发展社会各项事业的监督。第十一届人大以来，常委会就贫困镇乡实施九年制义务教育、教育两基验收、加强教育基础地位、尊师重教、重视师资队伍建设、提高基础教育水平，以及中小学乱收费、城区入学难等问题，进行了多次调查和视察，提出了整改意见。常委会切实重视科技工作，加强对技术市场管理的监督，第二十五次会议审议通过了《富阳市科学技术“九五”计划和2010年发展规划纲要》，为富阳市创建全国科技先进县市创造了条件。在计划生育、文化市场、卫生防疫、体育工作等各个方面，常委会都提出了不少意见和建议。

重视对人民群众关心的热点问题的监督。常委会就人民群众关心的住房制度改革、城市规划、富春江河道治理、基本农田保护、富春江标准江堤建设、菜篮子工程建设、控制物价涨幅、防治环境污染等，听取、审议市政府汇报，组织代表开展视察调查。针对一段时间社会治安不好的状况，常委会第十一次、十七次会议专门听取关于农村社会治安综合治理、“严打”斗争、禁赌禁毒、“扫黄打非”情况汇报。常委会还及时听取市人民法院、市人民检察院和市监察局关于全市反腐倡廉情况的汇报，强调要严格执法，加大打击力度，查处大案要案，使打击经济犯罪活动和反腐败斗争不断推向前进。

（三）开展“两项评议”，拓宽监督途径

从1994年开始，连续三年开展了对市人大常委会任命干部的述职评议和组织人大代表对行政执法机关的评议工作。三年中，先后对8个行政执法机关和8位市人大常委会任命干部进行了“两项评议”。

常委会还根据上级人大的统一部署，组织在富的浙江省、杭州市人大代表，对浙江省、杭州市人民政府有关职能部门开展了“两项评议”工作。

为进一步巩固前三年的评议成果，认真总结评议经验，不断完善评议工作，1997年7月下旬至11月上旬，以市人大常委会为主体，吸收部分人大代表参加，对富阳市前三年的“两项评议”工作又集中进行了一次回头看。为今后开展“两项评议”，在评对象、评议内容和评议工作的制度建设上积累了不少经验。

（四）贯彻执行代表法，夯实人大工作基础

密切加强与代表联系。五年来，在坚持常委会领导分工联系的同时，通过走下去参加代表小组活动，邀请代表列席市人大常委会会议，召开代表座谈会，走访代表，组织代表参加视察调查等形式和途径，密切了与市人大代表的联系。

丰富代表在闭会期间的活动。富阳市共建立 37 个代表小组，修订了富阳市人大常委会关于市人大代表工作暂行办法，结合宣传代表法和浙江省实施代表法办法，组织代表参加代表法知识竞赛，增强广大代表依法执行职务、履行职责的自觉性和积极性。每年都围绕中心工作对代表小组活动进行部署，提出重点和要求。同时，邀请市人大代表参加常委会组织的各种视察检查活动，五年累计达 1200 余人次。

努力做好为代表服务工作。把宪法、地方组织法、代表法等作为主要内容，分地区先后组织两次代表集中培训。为在富的浙江省、杭州市人大代表和富阳市人大代表，征订了《人民政权报》、《杭州人大》，让代表及时了解党和国家重要法律、法规和决策。连续三年为无固定工资收入的 165 位代表办理了人身保险，三年来，接受理赔保险的有 68 人次，总金额达 3 万元。

不断提高议案和代表意见办理质量。市第十一届人民代表大会一至五次会议，列为议案的有 30 件，其余 581 件作为建议意见处理。为提高办理进度和质量，建立了代表议案、意见交办、承办、催办制度。首先是由人大常委会组成人员进行督办，落实责任，保证这些议案、建议的有效办理；其次是组织人大常委会参与督办，组织有关代表对办理情况进行实地视察，征询代表对议案的、意见办理后的意见和要求；第三是组织承办部门与有关代表座谈或走访，共同研究落实议案、意见的措施和办法；第四是组织召开现场办公会议，对一些群众十分关注和迫切要求解决的议案、意见限期办理，对代表反映不满意的，答复不规范的，责成有关部门重新办理。根据富阳市十一届人大五次会议的要求，对议案办理情况进行了回头看，先后两次召开会议，研究解决方案，认真听取所在地干部和人大代表的意见，使全部议案得到较好落实。五次会议以来的议案和代表意见的办结率达 100%，已经办完和正在办理的占 88%。

五年来，共受理本市来信 1300 余件次，收到浙江省、杭州市人大及有关部门转办信 38 件次，接待来访近 2000 人次。对这些来信来访，基本做到了事事有交待，件件有着落。

（五）精心组织，依法主持市十二届人大代表换届选举

从 1997 年 11 月到今年 1 月，常委会依法主持了富阳市十二届人大代表换届选举工作。

富阳市 45.29 万多选民，参选率达到 96.35%；应选市代表 248 名，实际选出 246 名，缺额 2 名；一次选举成功率达到 90.32%。经代表资格审查委员会审查，246 名代表符合代表法规定的要求。

（六）加强自身建设，不断提高人大工作水平

在思想建设方面。严格坚持学习制度，常委会做到先学法、后审议，平时加强对有关法律法规特别是新的法律法规的学习，使人大常委会的工作不断适应新的形势和任务的需要。

在组织制度建设方面。重新修订了富阳市人大常委会议事规则、代表工作办法和人事任免办法，与“一府两院”建立了联系制度，在行使人大常委会的监督权、决定权、人事任免权等方面，都做到程序明确、制度规范。在调查研究的基础上，提出了人大机关机构改革方案。

在作风建设方面。注重调查研究，重视发挥各工作委员会和办公室的参谋助手作用。五年来，先后撰写了 100 余份调查报告，使重大事项的审议、重大决策的出台、具体问题的解决都能反映社情民意，符合人民利益。

常委会注意改进工作方法。加强对镇乡人大的联系和指导，有效增强权力机关的整体功能，以促进人大工作的开展。一是培训镇乡人大主席。每年常委会都要组织镇乡人大主席学习有关法律法规，集中进行培训，并委托市委党校定期进行培训，组织参加浙江省和杭州市举办的各种培训班。二是通过召开座谈会、利用人大通讯书面介绍等形式，交流镇乡人大工作经验。三是走下去参加镇乡人大组织的活动，请上来参加市人大常委会会议，密切与镇乡人大的关系。四是指导支持镇乡人大依法行使职权，加强组织建设，帮助做好与同级党委、政府的协调工作，理顺关系，增进相互间的理解和支持，镇乡人大主席和工作人员专职化的比例逐年提高。支持镇乡人大依法行使职权。我们还加强与兄弟人大之间的工作交流和联系，先后举办了杭州市七县市和全省 26 个县级市人大常委会联席会议，共同探讨加强人大工作的问题。

五年来，常委会依法行使法定的人事任免权，共任免和决定任免国家机关工作人员 230 人次，从组织上保证了国家机关的正常工作。

二、1998 年人大工作的几点建议

即将选举产生的富阳市第十二届人大常委会的五年任期，正处于跨世纪发展的重大时期，也是我们全面完成“九五”计划、为顺利实现 2010 年远景目标奠定基础的重要时期。因此，新一届人大常委会做好 1998 年和今后五年的工作，意义非常重大，任务十分艰巨（略）。

第六节　第十二届人大常委会工作报告

2003年3月7日在市十三届人大一次会议上

——市十二届人大常委会主任　王金水

富阳市第十二届人民代表大会常务委员会于1998年3月选举产生，按照宪法和地方组织法的规定，现已任期届满。

五年工作回顾

富阳市十二届人大常委会任期的五年，共举行常委会会议44次，听取和审议“一府两院”工作报告100余项，就事关富阳市经济、政治、文化等各方面重大事项作出决议、决定40多项，先后40多次在全市范围内组织代表对一些重要法律法规的执行情况进行检查，连续3年组织代表开展司法和执法评议，依法任免国家机关工作人员310多人次。各项工作在历届的基础上取得了新的进展。

一、突出重点，不断强化法律监督，有效推进依法治市进程

五年来，常委会抓住法律贯彻实施中的重大问题和法制建设中的关键环节，采用上下联动、一法为主、多法结合的方式，在全市范围内组织代表，先后对《食品卫生法》《水土保持法》《产品质量法》《建筑法》《浙江省职工基本养老保险条例》《失业保险条例》及其相关法律、法规的执行情况进行了重点检查。同时，联系富阳市实际，对《环境保护法》《教育法》《老年人权益保障法》等几十部法律、法规在富阳市的执行情况进行检查，为富阳市经济社会全面发展提供了良好的法治环境。

切实加强对行政执法和司法工作的监督。常委会每年听取和审查政府依法行政、“两院”执法执纪的情况报告，对行政执法部门推行行政执法责任制情况进行重点检查。认真贯彻执行《浙江省各级人民代表大会常务委员会监督司法机关工作条例》，加强对司机关的监督，经常听取法院、检察院的专题工作汇报，有针对性地提出工作意见和建议。积极支持“两院”开展“两项制度改革”、干警集中教育整顿和“争创满意单位”活动，促进司法机关干部队伍建设。

深入开展“两项评议”活动。常委会把执法评议和述职评议作为推进依法行政、公正司法的重要手段来抓。先后组织市人大代表，对法院、检察院、公安局、林业局等4个单位的执法工作进行评议，对水电局、计生委、民政局的局长（主任）进行述职评议，对其余17个政府组成部门局长（主任）和法检两院的副职共23名常委会任命干部进行书面述职评议。运用座谈走访、问卷调查、持证视察、召开评议大会等形式，精心组织，认真整改，取得较好效果。

认真开展法制宣传教育活动。把全面提高公民的法律素质和社会法制化管理水平作为推进依法治市的重要措施。大力推进全民的普法教育。切实加强对“三五”普法教育的监督和指导，组织代表进行视察检查和专题调查，听取和审议政府的相关报告，作出进一步加强法制宣传教育的决定，有效推动“三五”普法教育的顺利完成。依法作出开展“四五”普法的决议，对“四五”普法工作进行视察检查，听取审议报告，支持和督促法制宣传工作的深入开展，在全社会树立法律权威，增强法制意识，为依法治市创造良好的社会环境。

二、围绕发展，继续深化工作监督，积极促进经济社会协调发展

加强对经济建设中重大问题的监督。五年中，先后对计划和财政执行情况、工业经济运行质量、农业产业化、乡镇财政管理体制、国有企业改革、旅游工作、开发区建设、创建教育强市等进行视察检查和调查了解，听取和审议政府有关工作报告，分别就应对“入世”挑战、加快经济结构战略性调整、加强市场经济秩序规范整顿、加快企业转制、调整农业产业结构、增加农民收入、加大招商引资力度、大力发展旅游业、推进城市化进程等提出了意见和建议，在监督中较好地支持政府推进工作。

加强对社会发展事业的监督。注重对科技、教育、文化、卫生、流动人口计生管理、体育、民族宗教事务、“严打”整治斗争等方面工作的审议、监督，适时开展专项检查，听取和审议工作报告，就落实科教兴市战略、增加科技投入、发展高中段教育、繁荣文化市场、加快卫生事业改革等提出具体的审议意见。对广电中心、体育中心、妇保医院、人民医院病房大楼、富阳中学体艺楼等重点工程的建设情况进行视察检查，较好地推动富阳市教科文卫事业的快速发展。

加强对群众关心的热点、难点问题的监督。监督政府解决好人民群众关心的问题，是人大反映民意、执政为民的重要体现，也是保持政治、社会稳定的大事。针对群众比较关心的城市建设、再就业工程、社会保障体系建设、医德医风等问题，采取有效的监督手段，督促市人民政府解决一些突出的问题，维护群众的切身利益。

三、着眼全局，认真讨论决定重大事项，依法任免国家机关工作人员

认真讨论、决定重大事项。五年中，分别对国民经济和社会发展计划、财政预算、城市总体规划、乡镇行政区划调整、法制宣传教育等重大事项作出决定、决议40多项，有效地促进了各项工作的正常开展。每年两次听取计划和财政预算执行情况的汇报以及财政“同级审”报告，根据经济发展情况和财政收支状况，及时作出调整“九五”计划主要指标和年度财政预算的决定，以促进经济发展，保证各项社会事业所需的支出。

依法做好人事任免工作。认真审议人事任免事项，注重对法检两院提出的任命干部进行任前调查了解，有力促进了两院干部队伍建设；对任命干部进行法律知识考试，进一步增强了领导干部的学法用法自觉性和法制意识、人大意识；加强对任命干部的任后监督，及时开展述职评议和工作监督，促进领导干部依法行政、廉洁干事。

四、强化服务，充分发挥代表作用，稳步推进基层人大工作

认真督办代表议案和建议。富阳市十二届人大一次会议以来，代表们共提出议案、建议645件，其中10件被列为大会议案。这些议案、建议均在法定期限内办结，办理工作的满意率和基本满意率达到99%，解决率也逐年提高。

切实做好联系和服务代表的工作。坚持常委会组成人员联系代表和走访代表制度，组织代表学习宪法和执行职务的能力。解决代表执行职务中遇到的困难和问题，保障代表合法权益，为无固定收入的代表办理人身意外伤害保险。积极为代表履行职务提供服务。认真组织在富的浙江省、杭州市和市人大代表参加执法检查、专项视察和两项评议活动，进一步拓展了代表直接参与监督工作的渠道。

认真办理人民群众的来信来访。五年来，共接待、受理来访1799人次、来信1561件。通过办理信访，对反映人民群众的意见和要求，更好地代表人民依法行使职权，起到了积极的作用。

加强乡镇和街道人大工作的规范化、制度化建设。举办乡镇、街道人大干部培训班，提高人大干部的理论水平和工作能力。坚持常委会组成人员分片联系制度，深入基层指导乡镇、街道人大制订工作制度和年度工作计划，促进基层人大工作经常化、规范化、制度化。

认真做好乡镇人大换届选举的指导工作。明确指导思想、基本原则和工作步骤，制订实施议案，严把政策法律关，安排足够力量帮助乡镇人大开展工作，确保了1998年、2001年两次乡镇人大换届选举工作依法进行、圆满成功。依法做好富阳市第十三届人民代表大会代表的换届选举工作。加强对村委会换届选举工作的指导，促进了基层民主政治建设。

五、适应形势，全面加强自身建设，不断提高工作水平

切实加强理论学习和作风建设。通过开展“三讲”教育、“三个代表”重要思想学习教育活动和举办理论中心组读书会形式，深入学习邓小平理论、“三个代表”重要思想，认真贯彻党的十五大、十六大精神，不断增强以“三个代表”重要思想统领人大各项工作、推进民主法制建设的自觉性。不断改进常委会的工作作风，严格执行民主集中制原则，坚持集体领导和集体行使职权；严格遵守领导干部廉洁自律各项规定，坚持党风廉政建设，始终保持了领导集体团结协作、务实求真的工作局面。

重视人大宣传和调研工作。建立人大宣传信息员队伍，制订加强人大宣传工作的意见，密切与新闻单位的联系，改进宣传工作方法，及时做好人民代表大会制度和人大工作的宣传，扩大人大工作的社会影响。深入开展人大调研活动，为常委会讨论和决定重大事项提供依据，提高会议审议质量，提高机关整体工作能力和服务水平。

健全和完善常委会工作制度。制订了关于讨论决定重大事项的若干规定、关于预算监督的若干规定等11个工作制度和机关公文处理规定等9个工作办法，汇编成册，供人大工作者和有关部门在工作中贯彻实施，较好地推进了常委会工作的规范化、制度化。重视机关组织建设和精神文明建设，加强机关内部建设，优化组织结构，增设城建环保工作委员会，发挥各工作委员会在推进人大工作中的重要作用。

五年工作体会（略）

第七节　第十三届人大常委会工作报告

2007年2月3日在市十四届人大一次会议上

——市十三届人大常委会代理主任　汪锦汉

过去四年的主要工作

富阳市十三届人大常委会任期的四年，共举行常委会会议29次，主任会议62次，听取和审议“一府两院”工作报告85个，作出决议决定45项，依法任免国家机关工作人员269人（次）。各项工作在历届的基础上取得了新的进展。

一、紧贴经济社会发展全局，进一步提高监督工作实效

常委会以促进经济社会全面协调可持续发展、保证法律法规正确实施为目标，紧紧抓住关系改革发展稳定的重大问题和人民群众关心的热点难点问题，加强和改进监督工作，不断提高监督实效，促进了“一府两院”依法行政、公正司法。

围绕推动法律法规的正确实施，加强执法监督。四年来，先后组织或配合省、杭州市人大对《环保法》《劳动法》《安全生产法》《消费者权益保护法》《食品卫生法》《刑事诉讼法》等30多部法律法规在富阳市的执行情况进行检查，实事求是地提出执法中存在的问题和改进执法工作的建议。2003年以来，连续三年开展生态建设和环保法联动执法检查，连续两年开展《杭州市生活饮用水源保护条例》联动执法检查，两次组织视察富春江采砂管理。先后组织市人大代表对市文广新局、人口与计划生育局、质量技术监督局、工商富阳分局等部门的行政执法工作进行评议，注重评议整改意见落实情况的跟踪检查，确保评议取得实效。

围绕预决算和经济工作的重大事项，加强经济工作的监督。坚持每年2次听取发展计划和财政预算执行情况报告，结合实际情况提出审议意见，支持审计部门开展审计活动。督促做好市级部门预算的编制工作，不断深化部门预算审查监督，提高依法理财、科学理财水平。先后对工业功能区建设、高新技术产业发展、招商引资、三农工作、公有资产管理等工作以及杭千高速、龙门古镇保护和旅游开发、江南片污水处理工程等重点建设项目开展视察、检查，听取和审议相关工作汇报，有针对性地提出审议意见。

围绕群众关注的热点问题，加强重点监督。常委会围绕破解“七难”问题、各项创建活动、政府为民办实事项目、非典防治、劳动和社会保障等工作开展视察、检查和调研，组织部分市人大代表先后对普及15年教育、基础教育、职业教育、学前教育等工作进行检查，分别向市人民政府提出了有关意见和建议。2004 年 11 月，认真审议《富阳市新一轮教育发展专项规划（2004–2020）》。2006 年初，开展了非农居民医疗保障工作调研，向市人民政府提出做好非医保居民医疗保障的意见和建议。市人民政府通过政策扶持和宣传发动，到 2006 年底有 1.5 万名城镇非医保居民参保，享受新型农村合作医疗待遇。

围绕公正司法，加强对司法工作的监督。常委会多次通过听取工作汇报、开展执法检查、组织代表评议等形式，加强对普法工作的监督指导。制定监督司法机关工作制度，进一步明确司法监督的方式、内容和程序。每年听取和审议市人民法院、市人民检察院执法执纪情况报告，要求两院加强执法队伍建设，推进司法改革，公正司法，文明办案。着力解决涉法信访案件，四年来共办理涉法信访案件 300 余件，通过转办督办回复、听取案件汇报、参与案件协调，着力解决了一批影响重大的涉法信访案件，保障了公民的合法权益，维护了社会稳定，促进了司法公正。

二、依法行使决定权和任免权，有序开展两级人大换届选举工作

依法行使重大事项决定权。根据富阳市经济社会发展态势，组织对“十一五”规划纲要草案进行审议，并提交市十三届人大四次会议讨论通过，明确了富阳市新一轮发展目标。依法作出生态市建设规划的决定，对于保护和改善富阳生态环境，打造绿色富阳，促进经济可持续发展起到了有力的推动作用。为巩固和深化“四五”普法成果，常委会第二十六次会议依法作出关于加强普法教育依法治市工作的决议，促进普法教育的深入开展。常委会还围绕财政预算调整、财政决算、城市总体规划，以及场口镇、东图乡行政区划调整等重大事项，深入调查，认真审议，作出决议、决定。

依法行使人事任免权。制定了提任国家机关工作人员法律知识考试办法、法官检察官法律职务任职资格审查办法，并坚持对法院、检察院拟任法律职务人员做好调查了解工作，确保任命工作的准确性。注重把行使任免权和监督权结合起来，加强对常委会任命人员的监督。本届常委会依法对 24 名市政府组成人员和 “两院” 6 名副职进行了述职评议。通过评议，增强了干部的法治意识和公仆意识，促进了依法行政和公正司法。

依法做好市、乡镇人大换届选举工作。市人大常委会高度重视，把坚持党的领导、充分发扬民主、严格依法办事有机结合起来，精心组织，周密安排，切实发挥职能作用。扎实做好换届选举前期准备工作，认真分析换届选举的新情况、新问题，及时提出指导性意见，依法作出相关决定。把依法办事贯穿于选举工作全过程，严格把握选举各个阶段、各个环节的法律关，保障选民的民主权利，督促有关部门依法查处选举中出现的各种违法行为。通过做好这些工作，确保了市、乡镇人大换届选举工作依法有序进行。

三、不断探索代表工作，充分发挥代表作用

努力拓宽代表知政渠道。在坚持常委会组成人员分工联系、走访代表制度的同时，创新性地开展了市人民政府领导分工联系、走访代表制度，听取代表意见，密切与代表的联系；每年召开政情通报会，邀请代表列席常委会会议，参加常委会组织的视察、执法检查、专题调研等活动，为代表参与管理国家事务创造有利条件；在分期分批对新当选的市人大代表进行集中培训的基础上，以乡镇街道人大和代表小组为单位，经常性地组织代表学习法律法规和人大业务知识，强化代表意识，提高代表议政能力。

积极督办代表议案建议。本届以来，代表在各次大会期间共提出议案和建议579件，其中10件被确定为大会议案。每次会议后，及时将代表提出的议案和建议交市政府和有关机关研究办理，并通过走访代表、召开座谈会、听取办理情况汇报等形式，不断改进督办工作。四年来，10件大会议案和569件代表建议已全部办理完毕，代表建议办理的满意率和基本满意率为99.8%，面商率100%。

加强代表活动指导。坚持代表中心组、代表小组活动和定向视察制度。全市共组织代表接待选民1500多人次，收集意见建议500多条，已解决320件，密切了代表与选民的关系，丰富了闭会期间代表活动的形式。在富春街道和灵桥镇开展了代表向选民述职的试点活动，探索了代表接受选民监督的新途径。

重视乡镇街道人大工作和建设。坚持每季召开乡镇街道人大工作分片汇报会，交流经验，指导工作，促进乡镇、街道人大工作的平衡发展。指导乡镇依法开好每年的人代例会。加强对乡镇、街道人大干部业务培训，提高政治理论和业务素质。积极探索乡镇人大对乡镇人民政府工作监督的有效办法，有 8 个乡镇的 280多名乡镇人大代表对21名副乡镇长进行了述职评议，增强了乡镇政府组成人员依法行政和接受人大监督的自觉性。

四、加强常委会自身建设，不断提高工作水平

主动适应民主政治建设和人大工作的新要求，切实加强常委会自身建设，不断提高履职能力和工作水平。

认真学习《宪法》《地方组织法》《选举法》《代表法》《监督法》等法律法规和中共中央、浙江省、杭州市关于加强人大工作的有关文件精神。常委会机关通过开展保持共产党员先进性教育活动，以及争创学习型机关、争创满意单位活动，强化党员意识，提高党员素质，完善工作制度，促进各项工作。

常委会严格执行民主集中制原则，在开展监督、任免干部、讨论决定重大事项等各项工作中，认真执行议事规则、组成人员守则，发扬民主，依法办事，集体行使职权。把调查研究作为依法行使各项职权的基础和前提，在每次视察、检查和听取审议“一府两院”工作报告前，都采取上门了解、召开座谈会等形式进

行专题调研，形成调研报告，为审议“一府两院”工作，提供了大量的事实依据，增强了依法监督的力度。

常委会十分重视人民代表大会制度和人大工作的宣传，开展人民代表大会制度建立五十周年宣传活动，并通过各级新闻媒体的力量，加大人大宣传工作的力度，提高人大宣传工作的质量，增强宣传实效。

四年工作体会（略）

第八节　第十四届人大常委会工作报告

2012 年 2 月 18 日在市十五届人大一次会议上

——市十四届人大常委会代理主任　华爱金

五年工作回顾

五年中，共举行常委会会议 46 次、主任会议 64 次；听取和审议 “一府两院” 工作报告 59 个，对 25 件法律法规的执行情况进行检查，发出审议意见书 69 份；作出决议、决定 74 项；依法任免国家机关工作人员 374 人次。

一、着眼全局促发展，决定重大事项更加科学

常委会紧紧围绕事关富阳经济社会发展全局的重大问题，依法行使重大事项决定权，为富阳市科学发展、社会和谐提供了有力保障。

围绕富阳市委重大战略决策部署行使决定权。制定发展战略规划是市委着眼富阳长远发展作出的重大战略决策。常委会紧扣市委决策开展调研审议，及时依法作出决定，批准市人民政府提交的《富阳市发展战略规划（2007-2030）》、《富阳市可持续发展试验区建设规划（2007-2010）》和《富阳市域总体规划（2007-2020）》，以法定的权威性和普遍的约束力，全力保障市委决策部署的贯彻落实。常委会深入各乡镇（街道）和有关部门开展专题调研，组织对“十二五”规划纲要草案进行专题审议，及时提出修改意见，并提交富阳市十四届人大五次会议审议通过，明确了富阳市新一轮发展目标和主要任务。

围绕经济社会发展重大事项行使决定权。常委会每年都听取和审议市政府关于国民经济和社会发展计划、财政预决算执行情况的报告，注重发挥审计监督的作用，根据全市经济社会发展的实际情况和客观需要，作出相关决议，批准预算的部分调整，审查批准决算，提出完成计划和预算的建议。此外，还通过决定，授予克劳斯、克努特两名外国专家“富阳市荣誉市民”称号，并两次就部分乡镇（街道）行政区划调整作出决议。

围绕普法教育依法治市工作行使决定权。根据富阳市委出台的《富阳市

2011-2015年普法教育依法治市规划》，常委会听取和审议市人民政府关于“五五”普法教育依法治市工作和“六五”普法教育依法治市规划工作情况的报告，作出了关于加强普法教育依法治市工作的决议，要求市人民政府切实组织实施好法制宣传教育第六个五年规划，在做好中期督导检查和终期评估验收的基础上，向市人大常委会作出全面的报告。

围绕地方国家政权建设行使人事任免权。常委会坚持党管干部和依法任免相统一的原则，以对党对人民高度负责的精神，依法任免国家机关工作人员，并通过任前听取拟任干部情况介绍、组织法律知识考试、任后表态发言、现场颁发任命书等方式，增强被任命干部的法制意识、公仆意识和人大意识。

二、突出重点求实效，监督工作力度不断加大

突出对经济工作重大问题的监督，保障经济又好又快发展。

常委会密切关注全市经济运行情况，每年年中都听取和审议市人民政府半年度国民经济和社会发展计划执行情况的报告。针对工业经济运行、中小企业发展、造纸业转型升级、场口新登工业平台建设、企业自主创新、运动休闲产业发展、物价房价运行等经济工作中的一些重点课题，开展视察调研、执法检查和专题审议。围绕推进经济建设与环境保护协调发展，连续五年与省、杭州市人大联动，对生态市建设和环保法、水污染防治法、浙江省水污染防治条例执行情况进行跟踪检查。五年内，共关停“低小散”造纸生产线324条、粗铜小冶炼企业19家，矿山开采企业总量从2007年初的159家减少到59家，造纸和小冶炼行业省级环保重点监管区成功“摘帽”，境内“一江十溪”水质得到明显改善。

突出对财政预算和政府投资重大建设项目的监督，促进公共财政建设。先后出台财政预算监督办法和政府投资重大建设项目监督办法，成立预算审查专家小组，不断拓展预算审查范围，从2008年起，所有市级部门预算草案提交常委会审查批准，2009-2011年，又连续三年听取市政府关于大预算草案的报告，实现了对部门预算和政府预算外资金审查监督的重大突破；切实加强对财政资金使用情况的监督，相继组织代表对民政、教育、交通相关项目资金使用管理情况和320国道环线外移、东大道城市小客厅、鹿山大桥、场口新区、新登新区和银湖科创园等重大项目建设情况进行专项督查，把政府全部收支活动都纳入人大监督视野。

突出对社会事业重点领域的监督，始终关注教育事业发展。先后开展对义务教育法执法检查、中等职业教育专题调研和民办教育工作视察，听取和审议市政府关于创建杭州市学前教育强市工作情况的报告，着力促进各类教育均衡协调发展。预算内教育经费从2006年的5.08亿元提高到2011年的12.65亿元，密切关注群众“看病难”“看病贵”问题的解决，不断加大对医疗卫生工作的监督力度，先后开展了2次执法检查、3次专题审议和4次视察调研，并及时对审议意见落实情况进行跟踪督查，督促市人民政府认真整改。在常委会的推动下，富阳市建立起了就业、社保、救助、福利、慈善“五位一体”和市、乡镇（街道）、村（社区）“三级网络”的大社保体系，社会保障制度建设、保障标准、覆盖面、参保率、受益度等方面都走在全省前列。

突出对新农村建设重点事项的监督，推动城乡统筹发展。常务委员会专门成立课题组，连续两年对行政村规模调整后后续问题进行蹲点跟踪调研，深入查找分析问题症结，积极探寻对策、建议，并形成书面调研报告送市委参阅，着力推动市人民政府加大资金投入和统筹力度，规范村级组织运行、村级财务监管和村级项目实施。常委会第四十二次会议对“富春山居”新农村精品工程建设情况进行专题审议，推动人民政府完善城乡区域统筹发展六大工作体系，全力打造新农村建设特色品牌。2007 年以来，富阳市农民人均纯收入年均增长 12.4%，农村环境和生产生活条件不断改善，城乡面貌焕然一新。

突出对群众普遍关注问题的监督，维护人民群众切身利益。在 2007 年对食品卫生法贯彻实施情况进行检查的基础上，从 2008 年开始，连续三年配合杭州市人大对生产、流通和消费领域食品安全工作进行专项评议，有力促进了政府工作，使我市食品安全状况一直保持在较好水平。2008、2009 年，常委会先后对保障性住房建设管理工作进行了专题调研和审议，强调要积极提供多样化的住房保障方式，扩大住房保障范围。五年累计投入 8.89 亿元用于保障性住房建设，并降低了保障性住房准入门槛，将保障范围扩增到中低收入家庭。督促政府加快推进富阳公路收费体制改革步伐。共投入 6 亿多资金，于 2009 年年底前完成了境内 5 个公路收费站的回购工作，对富阳车辆实行免费通行，解决了这一群众多年呼声较高、代表多次提出议案的问题。

突出对社会管理重点工作的监督，促进依法行政、公正司法和社会稳定。常委会每年都听取“两院”半年度工作汇报和公安工作年度汇报，并结合富阳市实际，重点听取和审议市人民法院关于民商事案件审判及执行情况的报告和市人民检察院关于公诉案件质量、预防职务犯罪、反贪污贿赂、法律监督工作情况的报告，对 11 家行政执法机关行政立案案件进行了专项检查，督促司法机关和职能部门进一步规范行政执法行为。五年来，共受理群众来信 586 件，接待群众来访 1089 人次。

三、夯实基础重服务，代表主体作用有效发挥

注重创新，积极搭建代表履职平台。围绕“建富裕阳光之城，尽人大代表职责”这一主旨，2008–2011 年，连续四年在市人大代表中，组织开展代表主题实践月活动。活动期间，代表累计走访选民 4 万多名，提出意见、建议 1036 条，做好事、办实事 1573 件，落实帮扶资金 1560 万元，解决问题 817 个。

注重督办，确保议案建议落到实处。第十四届人大以来，代表在各次大会期间提出的6件大会议案和948件建议已全部办理完毕，代表满意率为98%。

注重保障，切实提高代表履职水平。五年来，共计组织代表旁听法院庭审68人次、参加执法检查和视察调研1086人次、列席常委会会议173人次。

注重规范，依法开展换届选举工作。去年末的换届选举是选举法修改后首次实行城乡按相同人口比例选举人大代表，也是行政村规模调整后进行的首次换届选举。常委会依法作出相关决定，成立组织机构，制定详细的实施方案，明确换届选举的时间安排，严格依法规范选举，确保换届选举工作依法、规范、平稳、有序进行，顺利选举产生了新一届市、乡镇两级人大代表。

四、围绕履职抓自身，人大工作水平明显提高

抓学习提高。坚持常委会会前学法、机关周五学习日等制度，先后举办法制讲座12次。

抓制度建设。修订完善主任会议议事规则、提请任命国家机关工作人员法律知识考试办法、代表议案建议处理办法、常委会组成人员守则等规章制度。出台了财政预算监督办法，政府投资重大项目监督办法，执法检查实施办法和规范性文件备案审查办法，促进了常委会及其机关工作制度化、规范化、程序化。

抓作风转变。认真开展“作风纪律建设年”、“部门服务基层、推进效能革命”和“创先争优”等活动。深入开展调查研究，形成调查报告95份。

抓工作宣传。认真办好人大机关内部刊物和《富阳日报》“人大之窗”栏目。五年来，共编印《富阳人大信息》70期、《人大工作通讯》72期、“人大之窗”栏目20期。

抓规范指导。定期召开乡镇（街道）人大工作汇报会，组织乡镇（街道）人大负责人、人大干事集中培训，全面推进乡镇（街道）人大工作规范化建设。

五年工作体会（略）

第九节 第十五届人大常委会工作报告

2015年1月29日在市十五届人大四次会议上

——市十五届人大常委会主任 汤金华

2014年的主要工作

2014年，我们迎来了人民代表大会制度建立60周年。一年来，共举行常委会会议8次，主任会议11次，听取和审议专项工作报告18个，发出审议意见书8份，作出决议、决定14项，组织执法检查、视察调研活动23次，依法任免国家机关工作人员63

人次，较好地完成了富阳市十五届人大三次会议确定的各项目标任务。

一、服务发展大局，全力助推经济转型升级

助推经济转型升级。面对复杂严峻的宏观环境和转型发展的双重压力，常委会及时安排听取和审议市人民政府关于上半年经济社会发展情况和下半年工作的报告，审议计划、财政预算执行情况报告，要求主动适应发展新常态、构建发展新优势，全力做好产业转型升级、化解金融风险、统筹推进改革等各项工作，确保经济平稳健康发展。

深化预算决算审查监督。常委会进一步加大对政府收支的审查监督。一是组织开展政府全口径预算审查监督，实现预算审查内容的"全覆盖"。二是加强决算审查监督,听取和审议财政决算、审计工作报告，审查批准2013年度财政决算。三是推动政府积极稳妥、有序有效地推进"阳光财政"建设。

推动城乡一体化发展。坚持由融入发展向一体化发展转变，由郊县向城区转变，由县域经济向都市经济转变。对于美丽乡村建设，要按"兼田园之美、具城市之利"的要求，立足于富阳的资源禀赋和山水特色，打造能凸显"富春山居图"特色优势的美丽乡村。

二、围绕中心工作，合力推进"五水共治"决策落实

联动监督农村生活污水治理。结合大会议案的督查，把农村生活污水治理的监督工作纳入常委会重要议题。常委会组织开展市乡两级人大联动视察，并提出具体意见建议59条。

跟踪督查饮用水水源保护。常委会连续三年开展饮用水水源保护条例执法检查和跟踪督查，2014年，推动政府关停了一、二级饮用水水源保护区内的6家企业，限期搬迁了2家企业；23条河溪全面推行"河长制"管理，13条垃圾河全部消灭、9条黑臭河中6条实行全面整治；造纸"三废"治理取得明显成效；清洁城乡、河道保洁长效机制进一步健全，饮用水保护能力明显增强。

专项审议防洪排涝工作报告。根据省、杭州市人大的统一部署，常委会对富阳市防洪排涝工作开展专题调研，并安排主任会议听取了专项工作报告。针对存在的问题，提出要加大宣传，增强全民防洪排涝意识等五方面意见建议，助力市人民政府做好"防灾减灾"文章。

为推进"五水共治"决策落实，全市各级人大代表在常委会的统一部署下，积极开展"推进五水共治 建设美丽富阳"主题实践活动。2014年有1147名四级人大代表参加活动，各级人大代表小组开展活动216次，开展视察调研141次、召开座谈会189次、征集意见建议1538条，落实帮扶资金586万元。

三、呼应群众关切，致力促进社会和谐进步

持续监督重大民生问题。常委会在持续监督推进职业教育、学前教育、民办教育的基础上，将对义务教育的监督列为年度议题，开展义务教育法执法检查。检查组实地走访学校14所，发放调查问卷3500份，分片召开座谈会19次，广泛听取群众意见建议。在常委会第二十五次会议上，专题听取和审议了市人民政府贯彻落实义务教育法的情况报告，并针对义务教育发展不够均衡等问题，提出了具体审议意见，要求市人民政府认真研究处理并限期报告整改落实情况。“舌尖上的安全”同样关系千家万户。常委会连续五年开展跟踪检查，推动政府理顺监管体制，明确监管责任、提高监管能力。常委会通过代表议案督办、组织代表视察等多种方式，对农村安置性留用地开发利用等工作开展跟踪监督，推动市人民政府及相关部门进一步落实责任。

努力推动惠民工程实施。常委会在广泛调研、专题视察的基础上，认真进行审议，要求市人民政府以及相关部门加快背街小巷整治步伐。对于“三改一拆”工作，常委会建议，要加强宣传，进一步形成思想共识；要依法行政，进一步规范执法行为；要完善机制，进一步促进成果转化，切实把“拓空间、促转型、优环境、惠民生”的要求落到实处,为城乡有机更新、优化发展腾出空间。

切实加大实事工程督查。围绕2014年为民办实事工程，常委会组织代表开展集中视察，实地检查了河道整治、断头路“贯通”、居家养老服务中心建设、教育重点工程、农村文化礼堂建设等十方面实事，要求市人民政府进一步加大力度，确保把“好事办好”、“实事办实”。目前，为民办实事项目基本完成。深化政情报告会活动，继续组织代表开展“问政”，围绕代表和人民群众关心的“五水共治”、建设鹿山新区、权力清单改革试点、农村安置性留用地开发利用等14个方面的问题，开展“面对面”、“个对个”的询问，推动了民生热点问题的解决。

四、深化依法治市，扎实推进民主法治建设

创新司法监督途径。根据杭州市人大上下联动的部署安排，首次开展法官履职评议。围绕被评议对象的政治和业务素养、依法履行职责、自觉接受监督、勤政廉政建设等方面情况，提出评议意见。常委会还向法院提出审议意见并反馈意见建议55条。市法院逐条对照检查，制定了五方面13条整改措施，通过缩短立案服务流程、组建保全专业机构、加强审判内部监督等举措，基本解决了立案困难、财产保全过慢、法律文书不规范等问题。

规范司法执法行为。2013年施行的新刑诉法首次将尊重和保障人权写入总则。为促使司法机关树立现代刑事司法理念，正确处理惩治犯罪和保障人权的关系，常委会组织开展了新刑诉法执法检查。针对执法理念未根本转变、法律法规执行不到位、执法行为不规范等问题，常委会要求各司法机关进一步端正执法理念，推进执法规范化建设，完善刑事诉讼机制，加强执法能力建设。目前，各司法机关通过整改，推进讯问合法性审查、严格证据审查、改造提升讯问同步录音录像设备、完善律师会见阅卷程序等，切实提高了司法机关保障人权、证据裁判的理念和办案能力。

加强法治保障能力。坚持服务中心，为市场取向改革和经济转型升级提供法治保障。按照“法定职权必须为、法无授权不可为”的原则，主动审查政府规范性文件15件，推进市人民政府事权规范化。根据浙江省人大常委会的统一部署，结合富阳市权力清单制度改革试点工作，深入开展“查找与全面深化改革要求不适应的法律法规条文”活动，共查找到不适应全面深化改革要求的法律法规条文46条。这些意见建议已报送至省人大，并提出了相应的“立改废”建议。同时，不断健全人大信访工作机制，规范办理程序，加大督办力度。2014年共受理和接待人民群众来信86件，来访61批86人次。

一年来，常委会按照党管干部原则与依法行使人事任免职权的有机统一，及时决定任免了6位市政府组成人员，任免了63名地方国家机关工作人员，保证了地方国家机关的正常运转。

五、改进代表工作，充分发挥代表主体作用

精心组织代表活动。围绕常委会工作重点，加强与代表的经常性联系。出台人大代表联络站规范化建设工作指导意见，要求代表联络站每月开展一次活动，每位代表进站接待联系选民不少于2次；实行代表小组活动报告制度，促进代表工作交流；组织12个代表小组定向视察12个政府组成部门，着力推进部门工作。

提高代表履职水平。及时向代表通报常委会重要工作和活动情况，认真落实保障代表知情知政的各项措施。结合常委会审议议题，邀请代表列席常委会会议、参加常委会组织的执法检查和视察调研活动150余人次，扩大代表对常委会活动的参与度。组织代表参加党务政务公开、政风行风评议等活动800余人次，充分发挥代表监督作用。以推进代表履职服务平台应用为抓手，继续开展代表履职登记、考核和评优工作，共有200余名代表向选民述职，评选出优秀代表37名。

认真督办议案建议。富阳市十五届人大三次会议期间，共收到代表建议169件。2014年首次实行代表议案建议网上提交和办理，着重规范收集、交办、反馈、考核等办理程序。经过各方面努力，截至2014年6月，代表提出的全部建议均已办结，解决率达63.3%。在狠抓当年代表建议督办的基础上，常委会还对第十五届人大历年交办的5件大会议案办理情况进行“回头看”，督促大会议案的及时办理和既定目标任务的如期完成。

加强基层人大工作指导。常委会进一步加强和改进对乡镇人大工作的指导和对街道人大工作的领导。定期听取工作报告，支持和推动街道人大对街道经济建设、社会事业发展、财政预算等方面进行依法监督。以推动乡镇人大规范化建设为根本，制订出台《关于规范召开乡镇人民代表大会会议的指导意见》、《关于乡镇政府投资项目代表票决制的指导意见》和《关于乡镇政府投资项目代表票决和跟踪监督具体工作流程的指导意见》，依法规范和保障乡镇人民代表大会职权，使富阳市人大工作整体水平得到提升。

六、加强自身建设，不断增强依法履职能力

提升履职能力。认真开展党的群众路线教育实践活动，广泛征求各级人大代表和各级人大组织的意见建议，深入查摆“四风”方面存在的突出问题。加强政治理论、法律法规和人大业务知识的学习，结合常委会审议议题，举办刑事诉讼法、义务教育法等专题辅导讲座。坚持深入基层、深入群众，2014 年共开展专题调研 19 次，制定专题询问等 6 个办法，汇编各项规章制度，推进常委会工作的规范化。

完善工作机制。通过联系代表、工作调研以及面向社会公开征集等多种渠道，科学确定常委会年度监督议题。按照监督法有关规定，对常委会组成人员和列席代表审议发言提出更高标准，确保相关议题审透议深。修改完善常委会审议意见办理办法，增设对审议意见落实情况的“回头看”和“满意度测评”环节，强化跟踪问效，推动常委会审议意见的落实。

强化宣传报道。通过常委会会刊、“富阳人大”网站、《富阳人大信息》刊物和代表履职平台，及时向社会公开常委会年度工作要点和工作动态，增强人大工作的透明度。加强与新闻单位的联系，发挥媒体优势，促进常委会重要会议、重点工作和重大活动的深度报道。2014 年，富阳市人大选送的多篇新闻报道获杭州市人大好新闻奖。

2015 年的主要任务

各位代表，2015 年是富阳市撤市设区、全面融入杭州大都市的开局之年，是经济社会发展规划承上启下之年，也是全面深化改革、推进依法治国十分重要的一年。常委会工作的总体要求是：全面贯彻党的十八大、十八届三中、四中全会和富阳市委十三届十次全会精神，按照富阳市委人大工作会议的部署，服务改革、强化法治、关注民生，围绕中心、依法履职、注重实效，切实加强和改进人大工作，充分发挥人大作用，为建设新城区、实现新发展，全面开启富阳跨越发展新篇章而不懈努力。

根据这一总体要求，今年常委会将重点做好以下工作：

一、服务发展大局。贯彻落实富阳市委十三届十次全会精神，充分发挥人大联系广大代表和人民群众的优势，紧密团结和依靠广大代表和富阳市人民，把思想和行动统一到融入发展、跨越发展的决策部署上来。注重通过监督、决定、任免等人大各项职权的行使，推动“转型升级、城市治理、法治建设”三大中心任务的落实。以开展城乡规划法执法检查，审查“十三五”规划编制，推进“三单一图一改”（一张权力清单、一张职责清单、一张负面清单、一张权力运行流程图，一系列审批制度改革）工作为抓手，着力推动完善规划、科学布局、优化交通、提升产业，争取富阳在新的更高起点上的发展主动权。

二、强化法治建设。深入贯彻党的十八届四中全会依法治国的战略决策，坚定不移地走社会主义法治道路，坚决维护宪法法律权威。积极推行人大选举或决定任命的国家工作人员就职时公开向宪法宣誓制度，切实加强对法律法规实施情况的监督检查，跟踪监督《饮用水水源保护条例》、《义务教育法》、食品安全“一法两规”、《刑事诉讼法》等执法检查审议意见的落实情况，保障法律法规的贯彻实施。听取“一府两院”半年度工作情况报告，听取市检察院依法履职，公正司法情况的报告并对部分检察官依法履职情况开展监督，推动依法行政、公正司法。

三、推进改革创新。以富阳市委人大工作会议为统领，落实富阳市委提出的新要求，谋划人大工作新思路，开创人大工作新局面。主动适应经济发展新常态，按照新修订的《预算法》要求，进一步深化对计划预算执行、全口径预算等工作的监督，高度关注地方政府性债务情况，推动债务规范化管理。及时修订人大及其常委会讨论决定重大事项规定，进一步细化讨论决定重大事项的范围、程序和方法，加强对人大决议决定贯彻落实情况的监督。完善监督工作方式方法，推进专题询问常态化，注重运用质询、特定问题调查等刚性监督方式，强化对审议意见整改落实情况的跟踪检查。

四、关注民生改善。坚持把保障和改善民生作为常委会工作的出发点和落脚点。围绕环境改善，专题听取我市大气污染防治工作、“五水共治”推进情况专项报告，跟踪监督农村生活污水治理工程，视察调研城中村改造、垃圾分类等工作。围绕“三农”问题，听取农村产权制度改革专项工作报告，视察调研粮食生产功能区建设及粮食安全、农资经营服务体系建设情况。围绕社会事业发展，专题听取公共文化服务体系建设情况报告，视察调研土地集约利用、和谐社区建设、改善医患关系等工作，推动各项政策落实，促进发展成果更多、更公平地惠及富阳市人民。

五、发挥代表作用。健全常委会联系代表和代表联系群众制度，深化代表联络站建设，探索建设网上代表联络站，畅通社情民意反映和表达渠道。紧紧围绕富阳市委中心工作，开展“农村生活污水治理——代表在行动”主题实践活动。继续加强代表议案建议办理，加大建议跟踪落实和督办力度，切实提高解决率。加强代表履职服务保障，健全代表履职激励和约束机制，开展代表履职交流和优秀代表评选。推行代表向选民或原选举单位述职，自觉接受社会监督。

六、加强自身建设。巩固党的群众路线教育实践活动成果，加强常委会思想作风建设、制度建设、组织建设。深入开展宪法法律和人民代表大会制度宣传，做好国家宪法日宣传活动。深入基层、深入群众，加强调查研究。加强制度建设，推进制度落实。完善人大议事和决策程序，改进会议审议方式，切实转变文风会风。密切与基层人大的联系，加强工作指导，鼓励基层探索创新，加大先进经验推广力度。深化常委会机关建设，提升机关服务保障能力。

各位代表，新的起点孕育着新的希望，新的使命召唤着新的起航。让我们在中共富阳市委的领导下，紧紧依靠富阳市人民，充分发挥地方国家权力机关的职能作用，厉行法治、开拓进取、凝心聚力、振奋精神，为建设新城区、实现新发展，描绘好富裕阳光的“富春山居图”而努力奋斗！

第八编

专　记

本编目录

（一）

关于场口　新登工业平台建设情况的调查报告

富阳市人大常委会调查组

2010 年 5 月

根据富阳市人大常委会 2010 年工作要点，人大常委会组织调研组，于 5 月上中旬赴富阳经济开发区及场口新登新区建设指挥部，采取听取汇报、现场察看、召开座谈会等形式，对场口新登工业平台建设情况进行了调研。5 月 20 日，市人大常委会又组织市人大代表，先后实地视察了场口新登新区建设的相关工地和项目推进情况，并分别听取了两个新区建设指挥部的工作汇报。现将调查情况报告如下：

一、主要工作成效

调查组认为，自从场口新区、新登新区挂牌启动建设以来，经济开发区管委会、场口新登新区建设指挥部、场口、新登两镇党委政府组织领导有方、配套措施有力、项目推进有效，特别是面对各种错综复杂的矛盾和问题，敢于负责、善于管理，使场口新登两区形成了浓厚的发展氛围。从调查情况看，目前，新区开发建设的各项工作进展顺利，基础设施建设、征地拆迁、招商引资和项目建设等方面取得了明显的阶段性成果，为下一步工业平台建设和发展奠定了坚实的基础。主要工作成效体现在以下三个方面：

（一）基础设施配套建设快速推进。先后组织实施了新区路网建设、拆迁安置公寓房建设、工业园区土方平整等重要基础配套工程建设。如场口·阳光家园一期公寓房工程，仅一年多的时间就顺利完成交房工作，共有 96 户安置户、152 套住房如期交付使用。场口百丈畈 2#、4#、5#、7#道路建设在短短的半年多时间里就全面建成。目前，百丈畈的这四条道路的绿化工程和 3#、6#路工程，以及塘东畈 13#、18#路工程也正在有序推进。新登新区自建设启动以来，已先后实施各项工程项目 21 个，投入建设资金达近 5.8 亿元，目前新区的 1#、2#、5#、8#路“两纵两横”主框架道路已全线贯通；包秦农居点已经竣工入住，松溪家园多高层公寓一、二、三期已开工建设。

（二）新区征地拆迁稳步推进。为了保证新区基础设施建设和项目建设的用地需要，场口新登新区建设指挥部均抽调精兵强将，全力破解拆迁难题，推进征地拆迁工作。场口新区建设指挥部在 20 天时间内，完成了百丈畈 4 个自然村 90 户农户房屋拆迁和 7 家企业拆除,创造了“场口速度”。据统计，一年多来，场口新区已累计完成土地征用 3311 亩，拆迁农户 230 户，企业 8 家拆迁。新登新区完成了 6800 余亩土地征用和 367 户农户、13 家企业的拆迁。

（三）招商引资和项目建设初见成效。一年多来，经济开发区管委会及场口新登新区指挥部面对金融危机的不利影响，克服各种困难，强化招商引资，着力提高新区基础设施配套形成的资源资产利用价值。两大新区已累计引进项目 26 个，总投资近百亿元，其中央企新兴铸管总投资 15 亿元、行业龙头企业富春江冶炼总投资 35 亿元的两个大项目落户新登新区。新登新区首个项目浙力叉车已竣工投产。场口新区百丈畈中小企业创业园已引进项目 19 个，总投资近 20 亿元。

二、存在的主要问题

一年多来，虽然市人民政府及富阳经济开发区管委会、场口新登新区建设指挥部和场口、新登镇党委政府在推进工业平台建设方面做了大量工作，并取得了明显成效。但是，在调研中也注意到，在推进工业平台建设过程中还面临着不少困难和矛盾，特别是影响项目落户和开工建设的深层次问题呈现叠加效应，需要市政府引起高度重视，深入研究，着力破解。突出问题有三个：

（一）征地拆迁工作难度越来越大。由于不同区域征地拆迁补偿标准难以统一和征迁群众心理价位日益攀升，少数群众脱离实际，漫天要价，提出不切合实际的拆迁补偿条件，使征地拆迁推进工作难度越来越大。目前，有少数农户钻孔子突击搞装修，给拆迁工作设置障碍。同时，造成拆迁难的另一原因还在于受区域发展规划滞后和行政审批时效等因素的影响，不少拆迁还是协议拆迁，面对这些拆迁对象往往底气不足，思想工作难做。

（二）招商引资质量有待于提高。总体看来，进入新区工业园区的项目还存在产业层次相对较低、投资规模较小、技术含量不高、产业链条不长、牵动性不强、投资强度过低或项目不能尽快投产见效等问题，为地方经济的发展和财政贡献的预期效果难以确定。就已落户的个别项目而言，虽然投资规模较大，但是项目的产业层次不是很高，属于国家产业政策的限制范围，审批门槛高、建设周期长、实现效益慢。与此同时，从场口新区百丈畈中小企业创业园已引进的 19 个项目投资额看，投资规模较小，平均每个项目的投资额仅 1 亿元左右，其中有 5 个项目的投资额在 5000 万元以下。

（三）新区建设规划有待于完善。在调研中，我们对新区开发建设中遇到的不少矛盾和问题进行了分析归集，带有根本性的问题是规划滞后的问题，集中反映在基础设施配套建设和项目推进上：一方面是受规划和资金的制约，目前新区内水、电、路、网、气等基础设施没有真正形成布局合理、功能完备的配套体系，致使部分项目建设周期延长，制约了项目到园区安家落户。另一方面，对落户企业生产服务的公共配套设施还缺乏前瞻性、系统性的规划和建设，致使部分企业产后服务及保障能力不能满足发展的需要。在实际工作中，这两个方面的问题互为影响、共同制约，致使出现诸如规划跟着项目走等临时动议调整整体规划或召开各种协调会等不良状态。

三、几点建议

调查组认为，整合提升经济开发区，加快场口、新登工业平台建设作为贯彻实施富阳市委、市人民政府深化“工业兴市”战略，促进区域协调发展的重大战略决策，对于提升经济发展质量、转变发展方式具有重要意义。针对场口新登工业平台建设中存在的问题和矛盾，就当前和今后一个时期的工作提出如下意见和建议：

（一）进一步优化新区建设环境。场口新登工业平台建设有赖于富阳市人民的理解、支持和参与，为各项工作推进提供一个良好的开发建设环境。首先，要进一步营造浓厚的舆论氛围。各有关部门要大力宣传新区开发建设的地位和作用、已取得的成绩、发展的前景。要不断宣扬新区开发建设中涌现出来的先进人物，进一步营造浓厚的舆论氛围。其次，要进一步营造良好的法制政策环境。要广泛深入地宣传相关法律法规和政策规章，特别是要向民众讲深讲透讲明事关民生改善和民生保障的惠民政策，让广大人民群众学法、知法、守法、用法和懂得政策、理解政策、利用政策，激起全民关心支持、积极参与的热情，为工业平台建设和发展提供社会力量。

（二）进一步编制完善发展规划。要正确处理好城市发展与产业培育的关系，按照富阳市委市人民政府对场口、新登两个新区的功能定位和建区与造城相结合的总体要求，坚持高起点、高标准的要求和整体规划、分步实施的原则，进一步完善场口新登新区基础设施建设、环保、土地利用、产业布局、片区控制性详规和辖区新农村建设等系列规划，增强规划的系统性、前瞻性、权威性和可操作性，建立健全严格执行规划的保障机制，发挥规划的先导作用，促使场口新登工业平台（园区）的相关产业布局、工业门类比例和用地构成科学合理，最大限度地减少新区开发建设成本，推进场口新登的长远建设和发展。

（三）进一步加强城乡发展的统筹。要坚持中长期规划与近期规划相结合、企业规划与农村发展布局相并论，正确处理好建设工业新区与建设新农村的关系，统筹做好征地拆迁、失地农民养老保险和就业安置、基层组织建设、新农村建设、城乡统筹发展等工作，最大限度地让百姓享受新区建设发展的成果。当前尤其要加快推进新登·松溪家园和场口·阳光家园安置小区系列工程建设，实现“房等人”；

加大对被征地农民的职业技能培训，增强农民转型就业的能力；抓紧研究被征地村安置留用地指标等相关政策问题，积极探索征地拆迁村经济发展方式和实现集体资产保值增值的有效途径，实现新区发展与村强民富的有机统一。要认真研究和用足用活国家有关政策，正确把握经济社会发展趋势和周边地区有关征地拆迁政策动向，科学合理地运用征地拆迁的调控手段，力求体现政策口径的一致性和实施效果的可持续性，积极稳妥地化解各种矛盾，保障征地拆迁工作顺利推进。

（四）进一步加大挑商选资力度。要正确处理好当前与长远的关系，树立起“宁缺毋滥”、好中求优、优中求强的挑商选资理念，制定符合新区规划实际的招商引资办法，科学设定投资门槛，切实提高项目质量。凡是不符合产业政策导向和新区规划的项目、没有达到投资强度指标要求的项目、未经环境影响评估的项目坚决不能进区入园，全力优先引进一批高科技、高附加值、高关联度、低污染的项目，致力发展产业集群，力求达到招来一个企业，兴起一个产业，带动一方发展的联动效应。要加强后续监管，防止并杜绝企业征而不建、开而不发、随意改变土地用途等圈地和占地行为。要强化敲门招商、专业招商和以商招商和内资外资并举，实行强强联合，滚动扩张，使新区真正成为富阳市招商引资的主战场，工业经济发展的主引擎，富阳市经济发展的重要力量。

（五）进一步提升机关服务效能。各级各部门要按照“攻坚决战年、转型升级年和执行力提升年、软环境整治年”的要求，自觉服从服务于场口新登工业平台建设这一大局，各司其职，形成合力，优化服务。经济开发区及场口新登新区建设指挥部要坚持管理创新，打造高效团队，以务实作风加快推进新区基础设施建设和项目建设。要坚持项目落地、开工、投产、发展四个环节一条龙服务，实行责任到岗到人，全力做好对入园项目的跟踪协调和服务，切实提高合同项目的落地率、基建项目的建成率、开工项目的投产率、投产项目的达产率。要建立落实项目管理的长效机制，突出对重大建设项目的资金使用、项目建设质量和进度、项目绩效的监督检查，为把场口、新登工业平台建设成为全市的新型工业区和社会主义新农村示范区提供机制保障。

（二）

关于富阳市义务教育段民办教育发展情况的调查报告

市人大常委会教科文卫工委

2012 年 6 月

根据富阳市人大常委会 2012 年工作安排，5 月份，市人大常委会教科文卫工委对富阳市义务教育段民办学校发展情况进行专题调研，先后实地视察了富阳市永兴学校，听取了永兴学校和市教育局负责人有关情况汇报，全面了解义务教育段民办学校发展现状和办学过程中面临的困难，征求有关意见和建议。5 月中旬，市人大常委会副主任徐松泉、郎卫国和市人民政府副市长孙洁带领市人大常委会教科文卫工委和市发改、财政、人事、教育等部门负责人，专程赴温州考察民办教育工作。现将有关情况报告如下：

一、义务教育段民办教育已成为富阳教育的一大特色和亮点

富阳市永兴学校是富阳市唯一一所义务教育段民办学校。该校始创于 1997 年，1999 年迁入现址独立运作，校园占地 205 亩，建筑面积近 10 万平方米，现有小学部、初中部 101 个班级 4700 余名在校生，专任教师 335 人，中高级教师占 82%。该校实行董事会领导下的校长负责制和总校运行模式，具有独立的法人资格、独立的校园设施和独立的师资队伍，实行独立招生和独立的财务会计制度。学校创办以来，市人民政府和职能部门在办学贷款、规费减免、招生、教师职称评定和培训教育以及教工宿舍建设等方面给予了政策、资金扶持，为该校提供了良好的发展环境和空间。在社会各界的大力支持下，永兴学校经过 15 年的发展，以其良好的办学质量和效益赢得了富阳社会各界和广大群众的广泛赞誉和充分认可，在杭州乃至全省都有较大的影响力，为富阳市整体教育水平的提高和知名度的扩大作出了较大的贡献。据统计，永兴学校创办以来，共招收各学段适龄人口 15800 余人，培养毕业生 11000 余人，初中部 85%以上的毕业生升入省一级重点中学，富阳中学 2/5 左右的学生源自永兴学校。

纵观永兴学校建校 15 年来取得的成绩，调查组认为，义务教育段民办教育虽然起步晚，民办学校数量仅一所，但已成为教育事业不可或缺的组成部分，并已成为富阳教育的一大特色和亮点，不仅改变了政府包办教育的局面，调动了社会各个方面办学的积极性，而且在拓宽教育投资渠道、增强教育供给能力、扩大优质教育规模、满足社会多样化教育需求起到了不可替代的作用。具体讲：

（一）满足了城乡居民日益增长的选择优质教育的需求。随着群众生活水平的提高，一些家长和学生选择优质教育的需求不断加大，而义务教育阶段民办学校的发展，增加了义务教育供给方式的多样化，扩大了优质特色教育资源，在很大程度上满足了这部分家长、学生选择教育的需要。从永兴学校的办学实践看，该校正是顺应了社会多样化所带来的选择教育需求，通过坚持走“以质量求生存，以特色求发展”的办学道路，以一流的办学条件、优良的办学质量，赢得了社会的认可，取得了良好的办学效益，成为杭州地区义务教育段民办学校的排头兵，不仅缓解了富阳市城区义务教育段优质小学初中入学紧张的状况，更是满足了部分家长和学生渴求优质特色教育的要求。

（二）拓宽了教育经费投入的渠道。尽管这几年富阳市教育经费的投入不断加大，但与教育事业发展的要求和群众对优质特色教育的渴求仍有差距，而义务教育段民办教育的发展弥补了政府教育经费投入的不足，缓解了财政压力，使富阳市的教育改革和发展有了一个多渠道、多主体、多投入的经济基础，大大推进了办学主体的多样化和教育的社会化。据不完全统计，永兴学校创办 15 年来，已为政府减轻教育财政负担约 5.7 亿余元，为富阳市教育事业发展做出了很大贡献。其中，该校累计固定资产投入 1.65 亿元、支付银行利息 8651 万元；培养了 11000 多名小学、初中毕业生，按生均事业费计算，共投入培养成本约 3.24 亿余元。

（三）促进了办学体制改革。民办学校创办不靠国家编制，人员不靠政府调配，经费不靠财政拨付，因而办学的主体意识、质量意识和效率意识较强。从调查情况看，永兴学校凭其独立自主的决策机制，人尽其才、优胜劣汰的人事制度，绩效优先、拉开差距的分配制度和灵敏的信息系统，改变了原有公办学校高度集中、高度统一和单一依靠行政命令直接调节的教育管理体制，建立了一种新型灵活的办学体制机制和先进的教育理念、方法和模式，不仅对富阳的教育起到了明显的示范、辐射作用，而且产生了很强的鲶鱼效应，促进了教育内部的竞争，对加快公办学校内部管理和教学体制改革，起到了助推器和催化剂的作用，激发了整个教育领域的活力，促进了富阳整体教育水平的提升。

二、富阳市义务教育段民办教育发展过程中存在的问题

虽然富阳市义务教育段民办教育取得了较好的成绩，但从调查情况看，目前，市人民政府和社会层面对义务教育段民办教育的认识还不够统一，浙江省、杭州市民办教育方面地方立法工作相对滞后，使民办学校在办学过程中面临一些实质性困难和政策障碍，严重制约了义务教育段民办教育事业的可持续发展。主要是：

（一）对民办教育的定位尚不清晰。多年来，相关职能部门常常根据不同的投资来源区分民办教育与公办教育的性质，认为“凡不由国家财政和国有企事业单位拨款建立和提供经费的各类学校均属民办学校。”这使得人们产生一种误解，即民办学校是非政府投资办的教育，私人投资商是其受益者，政府理所当然地没有分担民办教育投资的义务和责任。这种误解，给民办教育的发展带来了极大的负面影响。长期以来，由于没有理顺政府对民办教育的收益与负担的关系，致使民办教育投资负担缺乏合理的分担机制，造成了市人民政府对民办教育和公办教育投资不公平，极大地影响了社会力量投资教育的积极性，制约了民办教育的进一步发展。

（二）民办学校的法人性质困扰学校的发展。按照 1999 年 12 月民政部发布的《民办非企业单位登记管理办法》，民办学校的法人性质被确定为民办非企业单位，由民政部门登记，这就给民办学校特别是教师的交流、引进和社会保险等带来一系列问题，导致民办学校及其师生无法享有与公办学校及其师生同等的待遇，造成民办学校与公办学校法律地位事实上的不平等。需要指出的是，1986年颁布的《中华人民共和国民法通则》规定我国法人机构包括企业法人、机关法人、事业单位法人和社会团体法人四类，并没有“民办非企业”这一类别，按照“法律高于行政法规”的原则，对民办学校的“民办非企业”法人性质的界定，缺乏法律依据，而且2003年9月1日起实施的《民办教育促进法》第3条明确规定：民办教育事业属于公益性事业，是社会主义教育事业的重要组成部分。因此，作为承担着义务教育责任而且不以营利为目的的民办学校，其法人性质被确定为民办非企业单位不合理，与其所承担的责任不相符。目前，温州采取的办法是对民办学校按照营利性、非营利性实施分类管理，非营利性的全日制民办学校按照民办事业单位法人进行登记。

（三）义务教育段民办学校运行困难。从永兴学校日常运转情况看，由于该校开办初期建设资金主要来源于社会投入与银行贷款，收入来源主要为学费和社会捐赠，但随着办学规模的扩大，日常管理成本和后续投入又居高不下，使学校经费运作相当困难，一直处于逐年亏损、入不敷出的状况，根本没有还贷能力。造成这一现状的原因：一是负债重利息支出高。截至2011年底，永兴学校负债1.3亿元，占全部资产的55.2%，其中银行贷款与个人集资款占全部负债的76.4%，全年利息支出占全年成本支出的7.6%。二是收费核定不够合理。民办学校按成本收费办学，学校收费由物价部门按学校上年成本支出总额除以上年学生总数为标准核定，收费执行时间从学生入学到毕业，期间该标准不做调整。但近几年物价、人工工资逐年上涨，学校支出不断提高，而老生收费仍在原地踏步，导致学校收支倒挂。从审计部门提供的数据看，永兴学校2008年的各类支出费用总计6989万元，2009年为7592万元，2010年为8907万元，2011年达9623万元，年度费用增加额三年总计达2634万元，直接导致学校每年亏损878万元。三是财政资金扶持力度不够。尽管近年来市人民政府对义务教育段民办学校给予了一些的经费扶持，目前仅民办学校富阳籍学生学杂费和教师按规定缴纳的社会保险中学校承担部分，由市财政给予补助。据统计，2011年，永兴学校得到的财政补助收入总计405.27万元，仅占学校全年总收入的4.5%。围绕这一问题，调查组专门考察了解了温州、宁波两地的做法。温州的做法是：建立政府向基础教育阶段民办学校购买教育的经费投入制度，根据义务教育段民办学校在校生数，按当地上年度公办学校生均教育事业费的30%至50%进行补助，同时每年安排3000万专项奖扶资金，从升高奖励、教师培训等方面对民办学校进行多方位的资金扶持。宁波在2006年就出台相关政策，对实施义务教育的民办学校按本市户籍学生人数，给予相对应的公办学校生均教育事业经费1/4的补助。相比温州、宁波两地，富阳市对义务教育段民办学校的经费扶持力度明显不足。

（四）民办教师的权益和待遇没有得到政策保障。公办学校老师退休后的退休金由社保发放的基本养老金和财政统发的政策性生活福利补贴这两部分组成，其中政策性生活福利补贴约占退休金总额的 2/3。目前，富阳市对义务教育段民办学校教师退休以后的待遇标准问题还没有明确，民办教师对其退休后能否与公办教师同等享受财政生活福利补贴心存疑虑，严重影响了民办教师工作的积极性和队伍的稳定。另外，民办学校教师人事管理上，相关部门职责分工不明确，没有很好地履行管理、指导、服务职能，民办教师也还没有真正享受与公办教师同等的公开聘用权，制约了民办学校师资队伍的建设和成长。

通过对永兴学校面临困难的调查分析，调查组感到，目前，永兴学校正处于进退两难的尴尬境地，一方面学校收费不能完全放开，无法按实际办学成本支出收费，另一方面政府经费投入不足，弥补不了日常运转的亏空，特别是由于目前民办教师退休后的待遇问题没有明确，教师们人心惶惶，难以安心教学，将严重影响教学质量和学校的长远发展。对此，调查组认为，富阳教育事业之所以能成为富阳的一张金名片，关键源于历届政府和社会各界对富阳教育发展的积极探索和创新举措，而永兴学校这所义务教育段民办学校之所以能成为杭州乃至全省民办学校的成功典范，更是源于历届人民政府和社会各界对发展民办教育的远见卓识和政策支持。当前，我市义务教育段民办学校发展面临诸多政策障碍和瓶颈制约，永兴学校可以说已处在了生死存亡的十字路口。要解决这一问题，关键取决于市委、市人民政府及职能部门对民办教育的认识和扶持力度，只有把发展义务教育段民办教育作为政府的责任，站在富阳教育事业整体发展和满足群众多样化教育需求的高度，进一步明确对义务教育段民办教育的定位，并把它作为富阳教育事业的重要组成部分加以大力扶持，富阳义务教育段民办教育才能迎来可持续发展的春天，否则富阳市义务教育段民办教育就会走入死胡同，永兴学校也将难逃周边县市义务教育段民办学校纷纷倒闭的命运。

三、进一步促进富阳市民办教育发展的意见和建议

富阳市义务教育段民办教育已具备了一个良好的基础，如何进一步发展义务教育段民办教育，对推进富阳市教育事业上新台阶具有重要的现实意义。为此，调查组提出以下建议：

（一）要提高对发展义务教育段民办教育重要性的认识。《民办教育促进法》明确规定，民办教育事业属于公益性事业，是社会主义教育事业的重要组成部分，民办学校与公办学校具有同等的法律地位。市人民政府和职能部门要进一步解放思想，充分认识发展义务教育段民办教育在深化办学体制改革、扩大优质特色教育资

源、满足群众多样化教育需求等方面重要作用，牢固确立义务教育段民办教育在整个教育事业发展中的同等地位，把义务教育段民办教育作为教育事业的重要组成部分纳入教育事业发展规划，按照“积极鼓励、大力支持、正确引导、依法管理”的方针，充分调动社会力量办学的积极性，积极营造公办教育与民办教育相互促进、共同发展的良好氛围。

（二）要加大对义务教育段民办学校的扶持力度。要认真贯彻实施《民办教育促进法》及其实施条例，结合富阳市实际，出台规范性文件，进一步明确促进、规范民办教育发展的相关政策和配套措施，鼓励、支持和引导民办教育事业的发展，特别是对义务教育段民办学校的法人性质问题要进行认真研究，建议按照事业单位进行登记管理，彻底打通政策瓶颈。要积极鼓励民办学校多渠道筹措经费，按照民办学校实际办学成本，综合考虑物价、人工工资变化、学生家长承受能力等因素，制定科学合理的收费标准和年度收费增长机制，确保民办学校收支平衡。要参照温州、宁波等地做法，加大财政资金扶持力度，建立市人民政府向义务教育段民办学校购买服务的经费投入制度，按本市户籍学生人数，对实施义务教育的民办学校给予相对应的公办学校生均教育事业经费 30%的补助，并根据财力适时提高补助标准；设立民办教育专项发展资金，用于表彰奖励民办教育先进集体、个人和民办学校项目建设资金补助，支持民办学校基础设施建设、师资队伍建设和教学科研工作。

（三）要依法保障义务教育段民办学校教师合法权益。要完善民办学校人事管理制度，进一步明确相关部门有关民办教师人才代理工作的职责，建立和完善民办教师人才代理点的工作规程，参照公办学校教师标准，切实做好民办中小学校教师人事、工资、档案管理工作；进一步完善教师人才流动机制，制定相关政策，促进教师在公办学校与民办学校之间的双向流动；要尽快明确民办中小学校教师的退休待遇标准和资金保障渠道，依法保障民办中小学校教师退休后的基本养老金和各类政策性生活福利补贴与公办学校教师享受同等待遇，各类政策性生活福利补贴由市财政足额拨付。

（三）

关于富阳经济技术开发区产业平台建设情况的调查报告

富阳市人大常委会财经工委

2013 年 9 月

根据富阳市人大常委会 2013 年工作要点安排，9 月上旬，市人大常委会副主任孙柏平带领财经工委同志赴富阳经济技术开发区（以下简称“开发区”）及其场口、东洲、银湖三个直管区块的建设指挥部，采取听取汇报、现场查看、召开座谈会等形式对开发区产业平台建设情况进行了调研。9 月 13 日上午，市人大常委会又组织部分常委会组成人员和部分市人大代表，以及富阳市人大常委会各委办负责人对开发区产业平台建设进行了集中视察，先后实地察看了开发区场口新区和银湖新区的相关工地和项目推进情况，并听取了开发区管委会的工作情况汇报，围绕加快开发区建设发展展开了座谈讨论，提出了相关意见和建议。现将调查的主要情况报告如下：

一、主要工作成效

开发区自 1992 年 5 月经省政府批准设立以来，特别是近年来随着市委市人民政府关于“工业兴市”战略的深入贯彻实施，开发区致力于把开发区建成全市最具潜力的发展平台和新的经济增长点，着力整合提升开发区各类资源，紧紧围绕增强开发区综合实力为目标，突出“产业发展”与“平台建设”两大根本任务，加大投入，强化管理，创新机制，优化服务，使开发区各项工作取得了明显的阶段性成果，经济运行、招商引资和项目建设呈现良好发展态势，2012 年 10 月成功获批升级为国家级开发区，开发区在全市经济发展中的主平台、主力军、主战场的地位和作用得以初步体现。开发区主要工作成效体现在以下三个方面：

（一）开发区的项目承载能力明显增强。开发区升级为国家级开发区后，市委市人民政府从有利于发挥“国字号”优势，带动区域协调发展的高度出发，及时把理顺开发区管理体制和整合提升各类建设资源放在重要位置，今年 7 月出台了《关于加快富阳经济技术开发区创新发展的若干意见》（富委〔2013〕45 号）文件，确立了“管委会+集团公司+指挥部+乡镇街道”的管理模式及开发区投融资主体，明确了开发区范围为“一区六城”，即国务院批复的 7.41 平方公里的主体区块和银湖、东洲、鹿山、江南、新登、场口六个新城，管辖面积达 252.55 平方公里，其中开发区直接管辖区域达 93.85 平方公里，从而使开发区的项目承载能力进一步增强。

（二）配套建设和征地拆迁稳步推进。开发区始终坚持建区与造城相结合，全面启动安置公寓房、道路、景观、绿化、供水、污水、供电等配套设施建设，提升园区承载功能，实现新区品质转型。据有关统计资料显示，今年 1–8 月，仅开发区直接管理的东洲新区、场口新区和银湖新区就累计投入建设资金 11.89 亿元，其中基础设施投入 3.39 亿元（场口新区投入 2.14 亿元，银湖新区投入 1.03 亿，东洲新区投入 0.22 亿元），涉及新区内路网工程 31 项共计 41.2 万平方米、景观绿化工程 7.65 万平方米、水利工程 5700 米。征地拆迁投入 8.5 亿元，完成征地 3400.5 亩、拆迁农户 192 户、企业 8 家。

（三）招商引资初见成效。开发区管委会会同有关部门克服各种困难，强化招商引资，着力提高开发区基础设施配套形成的资源资产利用价值。近5年来，据开发区新登新区、场口新区和银湖新区三个新区统计，共引进企业70余家，涉及先进装备制造、铜冶炼及铜深加工、新能源新材料、生物医药、文化创意、旅游休闲等产业。至2012年底，有意向进入开发区的投资兴业人士日益增多，招商引资呈现良好态势。

二、存在的主要问题

近年来，虽然富阳市人民政府及开发区管委会和有关镇（街道）党政组织在加快推进开发区建设方面做了大量工作，并取得了明显成效。但是，当前在开发区建设过程中还面临着不少困难和矛盾，特别是影响项目落户和开工建设的深层次问题呈现叠加效应，需要市人民政府及各有关部门引起高度重视，深入研究，着力破解。突出问题有四个：

（一）征地拆迁和政策处理难题有待于破解。由于不同区域征地拆迁补偿标准难以统一和征迁群众心理价位日益攀升，少数群众脱离实际，漫天要价，提出不切合实际的拆迁补偿条件，造成征地拆迁工作难平衡、进展慢，影响了项目的落户和开工建设。目前，有少数农户甚至钻各种孔子在房屋拆迁中乱搭乱建乱装修，蓄意制造拆迁成本，给拆迁工作设置障碍。同时，个别部门不敢直面矛盾和问题，有少数工作人员消极畏难情绪严重、办事效能不高。开发区和有关地方干部群众对此深感忧虑，征地拆迁推进工作难度增大，致使原本土地指标紧和资金紧等要素制约日益加剧，严重影响基础设施配套工程和项目建设的推进。

（二）招商引资质量有待于提高。总体看来，进入开发区各有关园区的项目还存在产业层次相对较低、投资规模较小、技术含量不高、产业链条不长、牵动性不强、投资强度过低或开而不发、项目不能尽快投产达效等问题，园区内的工业企业没有较好地发挥拉动带动作用，为地方经济的发展和财政贡献没有达到预期的效果。就已落户的个别项目而言，虽然前期投资规模较大，但是项目性质属于外地开发公司到开发区建的专业园区或园中园，需要通过以商招商即二次招商方式，才能实现联动发展、滚动扩张。按照当前的经济发展形势判断，投资信心不足的问题比较突出，由此造成二次招商气候在短期内难以形成，个别项目的预期效果就难以确定。

（三）基础设施配套建设有待于加快。在调研中，对开发区开发建设中遇到的不少矛盾和问题进行了分析归集，带有根本性的问题是规划滞后的问题，集中反映在基础设施配套建设和项目推进上：一方面是受规划和资金的制约，目前新区内水、电、路、网、气等基础设施没有真正形成布局合理、功能完备的配套体系，致使部分项目建设周期延长，制约了项目到园区安家落户。另一方面，对落户企业生产服务的公共配套设施还缺乏前瞻性、系统性的规划和建设，致使部分企业产后服务及保障能力不能满足发展的需要。在实际工作中，这两个方面的问题互为影响、共同制约，致使出现诸如规划跟着项目走等临时动议调整整体规划或召开各种协调会等不良状态。

（四）开发区运行机制和体制有待于完善。市人民政府《关于加快富阳经济技术开发区创新发展的若干意见》，仅对经济开发区发展中的一些问题作了原则性政策规定，但由于缺乏配套的具体实施办法和意见，开发区与有关部门、镇（街道）还不同程度地存在着职能交叉的问题，出现“双重”管理体制，既增加行政成本，又不方便管理和服务。如由于政府授予或委托开发区的部分行政审批权和管理权内容不够明确具体，致使目前设在开发区内的相关机构很难独立履行职能，加上开发区相关工作人员的政策业务熟悉程度的原因，有些申报审批事项还不如由市直有关主管部门另行办理效率高。此外，因政府对开发区的投入有限、开发区自身造血功能又不强，由此造成开发区建设的融资渠道单一，各项建设主要靠贷款负债经营，开发区建设资金压力日益增大，在一定程度上影响了开发区的发展和建设。

三、几点建议

加快推进开发区产业平台建设，不仅是贯彻落实市人民政府关于“工业兴市”战略，促进区域协调发展的需要，更是开发区自身提升发展质量的现实选择。根据富阳市委市人民政府关于要把开发区建设成为“五区”（改革开放和体制创新的先行区、经济转型和产业升级的示范区、科技创新和生态文明的引领区、招才引智和高端人才的集聚区、工业化和城市化融合发展的和谐区）的总体目标和发展定位，针对当前开发区建设发展中存在的问题和矛盾，就当前和今后一个时期的工作提出如下意见和建议：

（一）进一步完善开发区管理体制和运作机制。要充分发挥国家级开发区的优势，站在新的历史起点上，把握大势，科学谋划，充分吸收先进地区的成功经验和有益做法，进一步理顺开发区与各有关部门、乡镇街道的体制。要按照“小政府、大服务”的管理模式，加快制定开发区“三定”方案，明确市人民政府授予开发区管委会的职责权限与开发区内设和下设机构的管理权限，建立健全科学有序、规范高效、服务优质、充满活力的运作机制。要积极探索开发区的投融资体制改革，建立政府投资、金融机构融资、民间资本和外资投入为一体的多元筹资机制，逐步形成“政府引导、社会参与、市场运作”的投资格局，为开发区快速发展提供资金支撑。开发区及各有关新区建设指挥部要围绕打造一支与国家级开发区相匹配的高效团队为目标，坚持管理创新，强化效能建设，为提高开发区建设和发展水平提供服务保障。

（二）进一步加强开发区招商引资和项目建设。要科学把握宏观经济环境和国家产业政策趋向，主动承接沪杭等大都市产业溢出效应和产业梯度转移，坚持高起点、高标准和整体规划、分步实施的原则，进一步完善开发区的战略发展、产业布局、基础设施建设、环保、土地利用等系列规划，明确产业发展方向和重点，严格按功能分区和产业规划执行。要正确处理好当前与长远的关系，遵循经济发展规律，依托区位优势和产业平台，摒弃“饥不择食”的急功近利行为，树立起“宁缺毋滥”、好中求优、优中求强的选商选资理念，制定符合开发区规划实际的招商引资、招才引智办法，为加快培育形成“高级人才、高端企业、高新科技产业、高品质生活环境”四高联动为特征的新型发展格局提供政策依据。要以经得住历史检验为标准，科学设定投资门槛，强化环保优先理念，将供地量、供地价格、配套政策与投资强度、产出效益以及提供就业岗位等挂钩，着力引进关联度高、带动性强、经济效益好、环境影响小的项目。要加强项目后续跟踪监管，防止并杜绝企业征而不建、开而不发、随意改变土地用途等圈地和占地行为，切实提高土地利用的节约和集约化水平。

（三）进一步推进开发区统筹发展。要正确处理好城市发展与产业培育的关系，按照新型城市化和新型工业化两轮驱动的思路，实行建区与造城相结合，提升设施配套标准，完善基础功能，不断提升开发区的建设档次和城市品质。要处理好建设工业新城与建设新农村的关系，统筹做好征地拆迁、失地农民安置和就业、城乡统筹发展等工作，当前尤其要加大对被征地农民的职业技能培训力度，增强农民转移就业的能力；深入研究被征地村安置留用地等相关政策问题，积极探索征地拆迁村经济发展方式和实现集体资产保值增值的有效途径，实现新区发展与强村富民的有机统一，让百姓更好地享受开发区建设发展的成果。

（四）进一步优化开发区建设环境。各级各部门要自觉服从服务于开发区建设发展大局，各司其职，形成合力，营造优质高效的服务环境，全力推进开发区真正跻身于“国字号”行列。要加快推进开发区基础设施建设，全力做好对入园项目的跟踪协调和服务，对竣工项目、在建项目、在谈项目、意向性项目实行分类指导，严格实行定人员、定责任、定进度，包任务、包时间、包质量的“三定三包”责任制，确保把每一个项目落实到责任人、落实到每一个工作细节，从而形成推动项目落实的强大合力，切实提高合同项目的落地率、基建项目的建成率、开工项目的投产率、投产项目的达产率。要突出对重大建设项目的资金使用、项目建设质量和进度、项目绩效的监督检查，落实项目管理的长效机制，确保开发区各平工业平台高质量开发建设。要进一步营造浓厚的发展氛围和良好的法制政策环境，综合运用行政、经济、法律等手段，着力破解征地拆迁难、政策处理难等问题，全力保障经济开发区各项工作顺利推进。

（四）

关于普法教育依法治市工作情况的调查报告

富阳市人大常委会法制内司工委

2013年11月

根据富阳市人大常委会2013年工作安排，为配合市人大常委会听取和审议市人民政府普法教育依法治市专项工作报告，8月下旬和9月上旬，陈鸿麟副主任带领由市人大法制内司工委和部分市人大代表组成的调研组，对普法教育依法治市工作进行了前期调研，听取了市依普办和主要普法职能部门的汇报，赴场口镇、银湖街道、市农业局、市教育局进行了实地调研。现将调研情况报告如下：

一、主要做法和成效

2011年9月，中共富阳市委印发了《富阳市2011–2015年普法教育依法治市工作规划》，市人大常委会也作出了《关于进一步加强普法教育依法治市的决议》，两年多来，市人民政府认真落实市人大常委会的决议要求，按照“六五”规划确定的指导思想、主要目标、主要任务和主要内容，紧紧围绕市委中心工作，服务经济和社会发展大局，开展了大量扎实有效的工作，“六五”普法取得阶段性成果。

（一）领导重视，普法教育依法治市工作机制进一步完善

普法教育是推进依法治国基本方略、建设社会主义法治国家的基础工作，已得到了富阳市各级党委、人民政府的共识。为保证“六五”普法顺利实施，根据“六五”普法规划要求，建立了市委书记任组长，市四套班子领导和市有关部门一把手组成的富阳市依法治市普法教育领导小组，各市级机关单位、乡镇（街道）均建立了相应的组织领导机构，进一步强化了“党委领导、人大监督、政府实施、依普办牵头、各部门齐抓共管、全社会共同参与”的大普法工作机制。同时，将普法教育依法治市工作纳入市级机关和乡镇街道年度目标考核，将普法教育依法治市工作经费列入政府年度财政预算，市本级经费今年首次达到人均一元的规划要求。

（二）强化服务，普法教育依法治市基础导向作用进一步凸显

1. 服务经济发展。围绕富阳市工业强市、企业转型升级战略，组织开展“企业法律体检”、“送法入企”活动，开通服务中小企业热线咨询电话，引导企业依法生产经营，规避企业经营风险。帮助企业解决劳资纠纷，保障职工合法权利。围绕“三改一拆”“四边三化”等中心工作，集中开展法制宣传、提供法律服务，为重大项目的推进发挥了积极作用。

2．服务民生保障。统筹城乡法律服务，大力推进“律师进农村”工作。法律顾问经费列入市财政预算，在杭州地区率先落实了农村（社区）法律顾问补贴制度，“律师进农村”创新了农村社会管理方式，有效引导了村民群众正确表达利益诉求、合理化解矛盾纠纷，满足了基层干部群众法律需求，推进城乡基本公共法律服务均等化。全面建成“援助中心—工作站—联络点”三级法律援助工作网，深入开展“农民工讨薪”等专项活动，加大法制宣传和法律援助工作力度，两年多来，共受理法律援助案件 1953 件，有效保障了弱势群体的权益。

3．服务社会管理。发展创新“枫桥经验”，构筑大调解工作体系，着力推进矛盾纠纷化解。全市已建立各类调委会和调解组织 405 个。市、乡、村三级联动，人民调解、行政调解、司法调解三位一体的大调解工作体系基本形成。2011 年以来，全市各调解组织共调解案件 28867 件，调解成功 28676 件，协议金额 70563.61 万元，调解成功率达 99.34%，有效促进了社会的和谐稳定。探索流动人口普法形式。流动人口一直是普法工作的难点，为此，市人民政府规定每年 3 月份为富阳市“流动人口法制宣传月”。市依普办和相关部门通过大型普法宣传、现场法律咨询，专题文艺晚会、建立企业职工法制学校、强化民工子弟学校法制教育等方式进行了积极探索，流动人口法制宣传取得了一定成效。

（三）分类指导，重点对象普法针对性进一步增强

1．突出领导干部和公务员学法用法。两年来，市依普办利用“春江论坛”组织党委中心组学法 10 余次，组织市管领导干部参加网上学法作业 2 次。市人大对 32 名人大任命的领导干部进行了任前法律知识考试。依托“杭州干部学习新干线”“杭州市普法网”，市人民政府相关部门组织 38 名杭州市管领导干部和 3522 名公务员参加网上法律知识学习考核，参考率和通过率均达 100%。部分政府部门（如农业、质监等）还制定了阶段性学法目录，明确了学法内容和学法要求。

2．突出青少年法制宣传教育。坚持课堂教育主渠道，做到课时、教材、师资和经费“四落实”，编印《富阳市青少年法制教育读本》小学和初中分册，为全市中小学生提供了法制教材；在各中小学校配备法制副校长 90 人，成立市预防青少年违法犯罪讲师团，组织开展法制宣传与教育；开展模拟法庭、法制讲座、法制征文、法制主题班会、旁听法庭庭审等丰富多彩的“第二课堂”教学，不断增强青少年学法的趣味性和感染力。

3．突出农村干部和农民的法制宣传教育。富阳市共建有农村法制宣传栏 301 个，依托各乡镇（街道）司法所建立乡镇法制辅导站 24 个，农村（社区）法制学校全覆盖，夯实了农村普法硬件基础和阵地建设。依托富阳市农村党员现代远程教育网站“政策法规专栏”，组织村干部、党员、村民代表学法，拓宽了农村普法渠

道。

（四）探索创新，普法载体和形式进一步丰富

1. 积极培育法治文化。与社会发展相融合，规划建设了万市彭家村法治文化主题公园；开展了法治作品创作大赛、送法制春联、法治灯谜竞猜、廉政教育情景剧大赛等系列活动，丰富了法治文化活动；深化法治文艺下乡，法治电影下乡，几年来逐步扩大活动的点和量，用寓教于乐、喜闻乐见的形式开展法制宣传。

2. 做优传统媒体。发挥“两台一报”主流媒体的作用，在电视台设立《富春和事佬》、《平安富阳》法制栏目，在电台设立《平安之声》法治栏目，在富阳日报设立《平安富阳》专刊，两年多来播出（刊载）100 余期专题片（专版）。

3. 用好新媒体。运用互联网和移动通讯两大“新媒体”传播普法资讯。目前，富阳市共建有专业普法网 1 个，各部门单位门户网站开辟普法窗口和页面 70 余个，极大地丰富了网上普法资源，形成了大普法网络。建立了“富阳普法人”QQ 群，及时传递普法信息，即时交流工作经验，形成了更为紧密的普法共享联动格局。为市管干部开通普法手机报，实现掌上学法。

（五）普治并举，社会管理法治化水平进一步提升

2011 年以来，富阳市大力开展民主法治村（社区）、民主法治乡镇和“法治富阳”创建活动，形成以村（社区）为基础、以乡镇（街道）为支撑、以市为龙头的法治建设新局面。特别是 2011 年，在灵桥镇开展杭州市首个“民主法治镇”创建试点工作，试点中拟定了《富阳市民主法治乡镇（街道）创建实施办法》《民主法治乡镇（街道）创建工作指标体系》和《民主法治乡镇（街道）创建工作评估办法》等草案，得到杭州市委办公厅的充分肯定。2013 年 6 月杭州市委在总结富阳市试点经验的基础上，在全市推开了法治乡镇的创建活动。富阳市成功创建并命名浙江省级“民主法治村（社区）”6 个、杭州市级“民主法治村（社区）”42 个，富阳市级“民主法治村（社区）”232 个。

二、存在的问题

（一）少数单位和干部对依法治国理念认识不深刻，群众法律信仰缺失。少数单位和干部对依法治国理念认识不深刻，在依法行使行政职能时主要表现在三方面问题，一是执法单位和人员行政不作为，不愿执法、不敢执法，许多违法事件未得到处罚和纠正，造成执法不严；二是执法单位和人员法律意识不强，在日常工作中以言代法、以权压法的现象仍有发生，造成执法不公；三是执法单位和人员法律素质欠缺，执法能力不足，造成执法不力。执法不严、执法不公、执法不力等现象使群众信访不信法，对法律缺乏敬畏感，法律信仰缺失，法制宣传教育事倍功半。

（二）普法工作发展不平衡。从区域上看，农村、社区仍然是普法的薄弱环节，

尤其在农村地区，普遍存在人员难集中、时间难安排、资金难保障、效果难体现等问题；从人群分布看，外来流动人口、青少年仍然是普法的重点和难点；从行业上看，私营企业、个体工商户普法难度较大，存在问题较多；从社会层面看，安全生产、环境保护、土地管理等行业法制宣传实效不强，违法、违章问题还比较严重。从部门看，仍有少数单位对依法治理和普法教育工作没有引起足够的重视，存在着普法工作年初无计划，年终无总结，措施不落实，工作不检查的状况。

（三）法制宣传教育方式方法有待改进提高。不少单位法制宣传往往以法制宣传日为主，突击开展，缺乏持久性。在形式上仍限于“摆(摆摊法律咨询)、讲(讲法制课)、赛(法律知识竞赛)、考(法律知识考试)”四大类，千篇一律，创新性、针对性和实效性还需进一步加强。特别是流动人口、企业经营管理人员、青少年、农村社区的普法工作缺乏学习平台，相关部门的宣传教育缺乏抓手。

（四） 法制宣传教育与法治实践、社会生活相割裂。无论是传统的摆、讲、赛、考方式，还是主流媒体的法制栏目，以及新开辟的网上普法，还是以灌输方式开展，缺乏实践性、互动性的普法方式，普法实效不明显。普法与解决群众直接现实问题连结不紧，群众学法缺乏兴趣点。

三、几点建议

（一）完善机制，充分发挥依普办组织协调作用。要进一步完善“党委领导、人大监督、政府实施、依普办牵头、各部门齐抓共管、全社会共同参与”的大普法工作格局。要充分发挥依普办指导、协调、督促和检查职能，整合全市普法资源，整体谋划，共同推进。政府各部门要坚持“谁用法谁普法，谁执法谁普法”的原则，按照“六五”普法规划的要求，查找薄弱环节，进一步加大法制宣传教育工作力度。

（二）强化理念，突出依法行政在普法教育中的导向作用。要大力加强宪法和社会主义法治理念教育，增强干部群众的规则意识、程序意识，以及有法必依、执法必严、违法必究的意识。要下大力气推进法治政府建设，积极开展“依法行政示范单位”创建，推动行政执法规范化建设，要进一步加大对违法行为的查处打击力度，使群众相信法律能规范社会、法律能解决现实问题，以强化依法行政来引领全社会学法、遵法、守法、用法。

（三）突出重点，增强重点对象普法的针对性和实效性。要继续加强领导干部和执法人员的法制教育，增强领导干部学法用法的自觉性，提高其依法决策、依法管理、依法办事的能力。要继续抓好青少年的法制宣传教育，在现有教材的基础上，重点要落实专业教师队伍和学校课时，教育部门要建立法制教育检查考核制度，加强督查，防止青少年法制课时教育走过场。政法各部门要加大法制副校长的培养选拔力度，把法制副校长配强用好。要针对“民二代”工作生活特点，按照维权和教育并重、管理和服务并重思路，进一步探索外来流动人口的法制宣传教育模式。要发挥乡镇（街道）的主体作用，加强对村干部、党员、村民代表的法制宣传教育，督促他们学法守法，提高他们依法管理村务的能力。

（四）注重结合，实现以法治实践为主的普法途径。一是要和市人民政府中心工作重点工作相结合。要通过法制宣传实践活动，帮助群众解决和规范实际问题，自觉支持政府工作。二要与执法工作相结合。既要严格执法，维护法律的尊严，又要规范执法，树立学法用法的榜样，把执法的程序转化为普法的过程。三是要和部门日常工作相结合。在行政监管中普法、在行政指导中普法，在解决矛盾中普法、在审理案件中普法。四是与法律服务相结合。要完善律师进农村工作制度，加强考核督促，真正发挥法律顾问在农村普法中宣传员、咨询员和调解员的作用。

（五）丰富载体，加强新媒体普法。要坚持“巩固传统媒体、完善网络媒体、发展移动媒体”的普法思路，大胆尝试，打造全方位、立体式普法空间，运用新媒体传播法治正能量。要适应“微”时代的要求，加速“微信息”传递，充分发挥微博、微信、微电影等新媒体普法优势，实现法制宣传从实体社会到虚拟空间全覆盖。

（六）加强保障，优化考评激励机制。要加大对普法教育依法治市工作的投入和保障力度，要整合全市普法工作经费，在达到规划标准的前提下，建立逐年增长机制；乡镇（街道）普法经费要纳入预算，单独设置科目，保证专款专用。要把普法教育工作纳入到乡镇（街道）和市级机关的年度目标考核中，特别要科学设置乡镇（街道）年度目标考核中普法教育工作的比重，优化考评激励机制，充分调动乡镇（街道）普法工作积极性。

（五）

关于进一步加强富阳市乡镇人大工作的调查报告

富阳市人大常委会代表工委

2014年9月

为认真贯彻落实党的十八届三中全会关于“推进人民代表大会制度与时俱进”和张德江委员长在浙江调研时的重要讲话精神，根据省、杭州市人大常委会的相关工作要求和本委年度工作安排，7—9月，对富阳市乡镇人大工作开展情况进行调研，形成调研报告。

一、主要工作

富阳市共有19个乡镇，均设立人民代表大会机构，配备了人大主席、副主席，其中4个中心镇配备专职人大主席，其余15个由乡镇党委书记兼任人大主席；19

个乡镇均配备专职人大副主席和专职人大干事各1人，人大干事为中层正职。2011年换届时，富阳市共选举产生乡镇第十六届人大代表1118名，其中连任代表447名，占40%，现实有乡镇人大代表978名（减少原因是高桥、受降二镇撤镇设街）。

富阳市第十五届人大以来，市人大常委会努力在推进乡镇人大规范化建设和创新发展上下功夫，不断完善规章制度，丰富代表活动，强化干部培训，保证乡镇人大和人大代表的作用得到较好发挥。各乡镇人大在党委领导下，依靠人大代表，依法履行职责，开展各项工作，较好地发挥了基层人大的职能作用，为共同描绘"富裕阳光的富春山居图"作出了积极的贡献。

（一）完善工作制度，规范乡镇人大工作

市第十五届人大以来，市人大常委会坚持将制度建设作为规范乡镇人大工作的重要内容，对各项工作制度进行了整理。常委会层面，下发了《关于进一步加强乡镇人大主席团工作的指导意见》《关于规范召开乡镇人民代表大会会议的指导意见》《关于加强乡镇人大财政监督工作的指导意见》《关于乡镇政府投资项目代表票决制的指导意见》等4个指导性文件；出台了代表工作方面的《代表联系选民办法》《代表履职考核办法》《代表述职办法》《代表辞职办法》《关于进一步加强代表闭会期间活动的意见》等8项制度；还制定下发了《人大主席团议事规则》等6个乡镇人大工作和会议制度样本，供各乡镇人大参考。

各乡镇人大结合各自实际，分别制定了主席团议事规则、主席团会议制度、代表议案建议处理办法，以及有关代表学习、活动、视察、述职、联系选民等制度和办法，由乡镇人大或主席团通过，较好地促进了乡镇人大工作的规范化、制度化。

2014年，市人大常委会在规范化建设基础上，又部署乡镇人大开展创新发展工作，要求各乡镇人大认真回顾总结本届工作，结合各自实际搞好调研，提炼出工作特色、亮点和品牌，创新发展乡镇人大工作，以实际行动落实党的十八届三中全会精神和市委深化改革的决定。

（二）搭建工作平台，丰富代表活动

市人大常委会加强指导,注重发挥各乡镇人大和代表小组的作用,通过开展代表主题实践活动、主席团和代表小组活动、建立人大代表活动室、组织代表向选民述职等工作，积极搭建工作平台，促使乡镇人大规范工作；不断加强代表与选民的经常性联系，丰富闭会期间代表活动。

1. 开好三个会议。乡镇人大日常工作主要体现在开好人代会、主席团会议和政情报告会三个会，以此保证乡镇人大依法行权。人代会基本一年一次，但每年因人员调动，有一半以上的乡镇均增开一次人代会，主要任务是选举；人代会正式会议时间大多为半天，加上前面的代表会前活动、主席团会议、预备会议等半天，总共一天时间，整个会议基本是在走程序。主席团会议，一季一次，一年 4 次，每次均要组织主席团成员和部分代表视察，听取市人民政府工作报告，提出审议意见交市人民政府办理。政情报告会在 7、8 月份召开，也算是一次小人代会，大多数乡镇人大是组织全体代表参加的，有的还进行会前的视察检查，有的还增加代表培训的内容。

2. 加强闭会期间代表活动的指导。为进一步规范代表在闭会期间的活动，市人大常委会出台了“关于进一步加强代表闭会期间活动的意见”，明确各级代表在闭会期间要做好的十项活动（加强学习、小组活动、视察检查、专题调研、工作评议、列席会议、联系选民、为民办事、代表述职、自身建设）；规范乡镇代表小组活动每年不少于 4 次，并注重活动质量；对代表活动从数量上作出刚性要求，每名乡镇代表每年参加代表活动不少于 7 天，走访接待联系选民不少于 2 次 20 人，为民办实事好事不少于 1 件（次）、联系困难户不少于 1 户，届内至少向选民口头述职 1 次。

这几年，各乡镇人大组织的代表活动，形式和内容丰富多彩，不仅调动和激发了代表的履职积极性，也很好地发挥了人大代表的作用，较好地推进了基层民主法制建设和社会经济的发展。如新登、渌渚、胥口、大源、灵桥、场口、洞桥等乡镇人大围绕本地工作重点和难点，组织人大代表参与重点项目督查和联系产业项目等活动，积极发挥人大代表在本地区重点项目推进落实中的作用。上官乡、常安镇分别出台“班子成员联系代表”和“主席团成员联系代表”等活动制度，经常关心代表的生产生活情况，促进代表积极履职。

3. 组织开展代表主题实践活动。第十四届人大以来，市人大常委会每年确定不同主题，组织全市各级人大代表开展不同主题的代表主题实践活动，为富阳市 1200 多名各级人大代表搭建了一个很好的履职平台，增强了代表素质、发挥了代表作用、展示了代表风采，还丰富了闭会期间的代表活动，激发了代表依法履职的热情，密切了代表与人民群众的联系。第十五届人大以来，各乡镇人大还自创动作，组织开展了以“五水共治、三改一拆、服务发展、助推建设、代表在行动”等为主题的代表活动，取得了明显的社会效果，促进了市人民政府的当前工作。

4. 建立人大代表活动室(联络站)。本届以来，各乡镇街道人大根据市人大常委会要求，按照便于联系选民、便于开展活动的原则和代表分布情况及选区划分情况，在全市建立人大代表活动室（联络站）81 个，做到定点挂牌、制度上墙、硬件到位，为代表联系选民搭建起一个固定的场所。每名代表一年不少于 2 次的集中接待选民活动，使代表及时了解社情民意、积极为选民办实事解难题。万市等乡镇人大还相应在网上建起代表工作室，方便群众全天候联系代表。

5. 组织代表向选民述职。市人大常委会在每年年底下发文件，要求各乡镇街道人大充分利用人大代表活动室这一平台，采取多种形式，组织各级代表向原选区选民报告履职情况，接受选民的监督和评议。各地通过组织召开述职大会面对面述职评议、各选区张贴履职报告、“村村响”广播和宣传车向选民播放代表履职报告录音、远程教育平台视频直播述职大会现场和各村设立分会场观看等多种形式，选择不少于30%的代表，开展述职活动，取得较好的实际效果。第十五届人大至今，全市共同有750余名市、乡镇代表向选民进行述职。下一步，要求乡镇人大开展会议述职，选取一定数量的市人大代表和乡镇人大代表，在人代会和政情报告会上进行述职，树立代表履职的榜样。

（三）加强学习培训，提高履职能力

1. 组织乡镇人大干部培训。本届以来，市人大常委会每年都组织乡镇人大主席、副主席和人大干事开展履职培训。2014年6月和8月，为认真贯彻落实富阳市委《关于学习贯彻党的十八届三中全会精神，全面深化改革创新体制机制的决定》精神，组织乡镇人大专职主席、副主席，赴温岭市、宁海县、桐庐县进行异地培训，学习温岭市的参与式预算监督、宁海县的政府实事工程代表票决制、桐庐县的乡镇人大规范化工作。下半年，这几项工作将在富阳市乡镇推开。

2. 坚持季度工作例会。每季召开一次乡镇、街道人大工作交流会，及时了解和总结基层人大工作的开展情况，交流工作体会，学习先进经验，开展工作研讨，部署工作计划，推进工作开展。

3. 抓好代表日常学习。各乡镇人大结合人代会和政情报告会的召开，通过举办集中和小型化的专题培训、编印代表履职手册、寄送学习资料、以会议和活动代训等形式，着力抓好人大代表的学习培训，重点是履职培训。平时，以代表小组为单位，由乡镇人大组织，结合视察检查和调研活动，举办代表学习培训，抓好代表的日常学习和教育。

二、存在问题

富阳市乡镇人大工作虽然在推进规范化、制度化建设，丰富闭会期间代表活动，充分发挥代表作用等方面做了大量工作，但还存在着一些问题和薄弱环节。主要有：

（一）思想认识不到位，履职意识待提高。乡镇人大主席、副主席和人大干事的工作精力不集中，专职不专，兼职过多，既影响人大工作，又混乱了监督与被监督的关系。23个专职主席、副主席中，兼管征地拆迁、村级留用地开发、拆违控违、建设、规划、国土、交通等重点工作的有7人，兼管农业、工业、食品安全、清洁城乡、教育、科技、文化、卫生、大社保、科协等方面工作的16人。主观意识上人大干部也不够重视自己的主业，存在着“荒了责任田自留地”的情况，至今仍有部分人大干部的思想认识还停留在人大工作只不过是“搞搞形式，履行一下法律程序而已”这样一种状态，对工作缺乏钻研，缺少敬业的精神。有些人大代表主观上代表意识不强，缺少履行职务的热情，履职基本处于被动状态，很少参加代表小组活动。还有党委的重视和支持、人民政府的人大意识等都存在不足，这些都影响了乡镇人大作用的发挥。

（二）会议较注重程序,职能作用不突显。人代会的时间安排很紧张，正式会期半天，代表们基本没有讨论审议的时间，很难保证民意的充分发表和决议的科学民主，不能很好地体现地方国家权力机关的法定权力。主席团会议有的乡镇不很重视，以主席团活动来替代会议，简单的搞一搞视察检查就算是开过主席团会议了；有的主席团会议，没有安排听取人民政府专题工作报告，或者会后没有会议纪要或审议意见。半年度政情报告会，部分乡镇人大以主席团和班子会议替代，没有全体代表参加，凸显不出人大代表是主体。

（三）代表活动不经常，作用发挥有差距。代表履行职务的要求与代表的整体素质之间还是存在差距，一些代表忙于本职工作，无暇顾及代表职责，下派代表参与小组活动不正常；有的代表参加代表活动基本上是旁观者，一言不发；还有个别代表法制观念淡薄，发生醉驾等违法行为。乡镇代表小组活动不够正常，有些代表小组一年活动次数不足 4 次，也影响了代表的履职积极性，加上个别代表不重视学习，提不出有分量的意见建议，使民意得不到有效反映，代表作用发挥不明显，直接影响了人大工作的实效。

三、几点建议

充分发挥乡镇人大和各级人大代表的作用，是做好富阳市人大工作的基础。为不断改进和深化代表工作，拓宽代表履职渠道，丰富代表活动，进一步推进乡镇人大规范化建设和创新发展，我们还需从以下几方面加以努力。

（一）争取党委重视。乡镇党委要加强对人大工作的领导，理解和支持人大工作，把人大工作列入党委的重要议事日程，定期听取人大工作汇报，及时了解和掌握人大工作新情况，研究解决人大工作的实际问题，对要推行的重要工作由党委发文，保证乡镇人大工作能够充分体现人民的利益和意志，保证人大依法履职行权。建议富阳市委在召开市委人大工作会议出台文件时，要明确专职人大干部职责，关心人大干部的政治待遇，让他们从政务性事务中脱离出来，集中精力专心致志做好人大工作，种好自己的“责任田”；依法规范人大工作经费和代表活动经费，列入财政预算，为人大开展工作和代表依法履职提供保障。各乡镇人大要主动向党委请示报告工作，积极争取党委对人大工作的重视，努力在党委的支持下不断加强自身建设，切实增强一线意识和创新意识，充分发挥人大在推动当地经济社会发展和推进基层民主政治建设上的积极作用。

（二）加强工作指导。市人大常委会要进一步加强对乡镇人大工作的指导，培养典型，推广经验，增强人大干部做好乡镇人大工作的积极性；坚持乡镇、街道人大工作季度例会，交流研讨基层人大工作；及时制定印发关于乡镇政府投资项目代表票决和全程跟踪监督、规范召开乡镇人代会会议、加强代表联络站规范化建设等 3 个指导意见，指导乡镇人大创造性开展工作；常委会组成人员和各委办，要密切同乡镇人大的联系和指导，认真落实各项联系制度，切实加强工作指导，共同推进乡镇人大工作创新发展。

（三）规范三个会议。一是开好乡镇人代会。每年至少召开一次人代会，会期 1–2 天。有选举任务的会期 2 天，没有选举任务的会期 1 天半。会议内容除了常规的预备会议、主席团会议、全体会议、分组审议、选举和开闭幕式外，增加政府投资项目票决一项议程，还可以自选动作，增加如代表述职等议程，丰富人代会内容。对大会执行主席名单、代表分组名单、主席台就座人员名单、列席人员名单等与会人员也要规范。要重视会前准备工作，组织代表小组开展视察检查和学习培训，尤其是各项报告的起草工作，提前二个月准备，报告几上几下后，在人代会召开前 15 天印发给人大代表进行讨论修改。对财政预算报告的编制工作，乡镇人大主席团要提前介入、重点审议，提出修改意见，为会议审议做好准备。对政府投资项目票决制，乡镇人大要根据市人大常委会下发的指导意见和工作流程，严格把握票决工作的各个环节，统筹协调、积极稳妥地推进各项工作。对代表向大会述职工作，可安排 3–5 名乡镇代表、1–3 名市代表进行口头述职，接受监督。对代表议案建议处理，每次大会可确定若干件重点建议进行督办；每年组织代表对政府办理工作开展 2 次督办。如果遇到乡镇人民政府要进行预算调整或政府投资项目调整，需编制调整方案提请乡镇人大审查和批准，乡镇人大就必须召开人代会进行审查，未经人大批准，不得调整。二是开好人大主席团会议。根据人代会批准的决议，乡镇人大主席团要及时制定年度工作计划和监督工作计划，经主席团会议通过后向社会公布，做到监督内容、监督方式、监督时间三公开。坚持一季召开一次主席团会议，每次会议除了讨论研究人大工作以外，主要听取政府的专项工作报告，会后发会议纪要，或出审议意见交政府办理。主席团每次会议要按会次编号，会议材料提前一周下发，会议邀请辖区内的市人大代表参加。三是开好政情报告会。乡镇人大主席团要重视半年度政情报告会，把它作为一次人代会来对待，全体乡镇人大代表参加，会议议程除了听取政府半年度工作报告外，可增加组织代表视察、代表问政、代表述职或代表培训等议程。每个乡镇人大应该对政情报告会会议议程，要像人代会一样，有一个相对固定。

（四）搭建活动平台。各乡镇人大要充分发挥人大代表分布比较集中、开展活动便于组织的优势，采取代表小组和中心组活动、执法检查、视察调研、定向视察、政府投资项目跟踪监督、代表向选民述职等活动形式，就本乡镇经济社会发展的重大问题、政府投资项目建设、财政资金管理使用以及乡镇工作部门的工作和依法行政等情况进行监督，提出意见和建议，发挥代表作用。要按照浙江省、杭州市人大常委会的要求，将代表联系群众机构名称统一为“人大代表联络站”，乡镇人大代表没有进站的要进站，网点布局不合理的要重新调整或重建，对应实体联络站建好网上代表联络站，并抓好代表联系选民工作的经常化、长效化。重点要把握几点：乡镇代表小组活动不少于4次，重视代表的参与率和活动质量；主席团活动一月一次，每次要邀请部分代表参与，主要围绕每季一次的主席团会议审议的议题开展活动；主席团会议一季一次，每次要有监督议题，来听取和审议人民政府工作，可邀请上级人大代表列席；代表经常进代表联络站和履职平台接访选民，了解社情民意，听取群众意见，保证代表有广泛的民意基础；组织开展好市人大常委会组织的主题实践活动、上下联动的执法检查等活动。

（五）创新工作方法。乡镇人大要善于运用法定的监督手段，强化人大监督职能，发挥人大作用，不断创新工作方法，增强人大工作活力；乡镇人大当前要重点做好政府投资项目代表票决和全程跟踪监督、财政预算监督各方参与、规范召开人代会，以及规范代表联络建设等四项工作。要认真组织代表开展活动，通过创新代表活动方式来发挥乡镇人大的监督职能；通过完善代表联络站、代表向选民述职、增设代表联系信箱、发送代表服务联系卡等手段，开辟加强代表与选民联系的新途径、新渠道，激发代表的工作热情，鼓励代表自觉履职，多为人民群众办实事、做好事，架起党和政府与人民群众之间的联心桥。

（六）

关于背街小巷整治和“三改一拆”专项工作情况的调查报告

富阳市人大常委会城建环保工委

2014年11月

根据富阳市人大常委会2014年工作安排，9月份主任会议听取富阳市背街小巷整治和“三改一拆”专项工作情况。之前，市人大常委会副主任郎卫国带领调查组对春秋社区田园路区块、苋浦社区后拔路区块、城西社区象牙浦区块的背街小巷整治情况和春江街道、新登镇、灵桥镇、常绿镇的“三改一拆”专项工作情况进行调查，通过听取情况汇报、实地察看和与群众交流等方式，认真了解各地工作推进情况。9 月 16 日，市人大视察检查组对城西、太平桥两个社区的背街小巷整治和鹿山股份经济合作社“三改一拆”专项工作情况进行实地检查，市人民政府及住建、督违办、国土资源、城市管理、经信等职能部门陪同检查。检查组还召开汇报会，听取相关职能部门的报告并进行座谈，现将有关调查情况报告如下：

一、背街小巷整治

（一）背街小巷整治取得的主要成效

2012 年以来，市人民政府连续三年把背街小巷整治列入当年为民办实事，作为改善市民生活居住环境的“民心工程”和“实事工程”来抓，从整治的情况看，取得了阶段性成效，镬子山、春南、苋浦、太平桥等 4 个社区 5 个区块已完成整治；城东、春秋、城西等 3 个社区 3 个区块正在整治当中。通过整治，基本完善区块内基础设施功能，防灾减灾能力逐步增强，绿化景观品位不断提升，街巷文化特色明显，社区文明不断进步，居民生活环境和品质得到明显改善等成效。同时，市人民政府进一步加大力度，明确时间表，深化整治内容，对余下的 13 个社区提出三年完成整治的目标。

（二）背街小巷整治存在的主要问题

从调查情况看，市人民政府及其职能部门在推进背街小巷整治过程中，依然存在一些问题，主要体现在：

1. 统筹兼顾，合力推进不到位。地下、地面和空间上兼顾不够全面，存在重地下地面，轻空间立面的情况，比如门面广告装修、墙体立面破损、空间线位杂乱、摊位占道经营、阳台乱搭乱建等情况整治不够规范；由于整治权属不同，需要多个部门配合，统一形成合力，全面推进整治做得还不够。

2. 科学布局，文化特色彰显不够。富阳市山水资源优势凸现，人文底蕴内涵丰富，从目前整治完成的几个区块来看，街巷文化特色体现还不够明显，比如富春八景中的苋浦归帆、花坞夕照等景观文化在方案设计、空间布局、材质采用上人文元素方面还需进一步挖潜，能在主题公园内有较多的呈现。

3. 结合治水，整治重点不突出。“五水共治”是当前重中之重的工作，加快推进城区生活污水截污纳管，改善城区河道水质环境当务之急。从目前背街小巷整治的安排来看，与城区河道治水的要求上结合不够紧密，截污纳管的面还不够广，只涉及社区范围一些区块，对城中村的整治没有统盘考虑，结合当前工作重心不够突出，城区河道水质要有大的改善还有难度。

（三）下一步做好背街小巷整治的几点建议

背街小巷是城市的重要组成，是居民生活、历史沿革、文化积淀的重要载体，更是生活品质、城市文明的重要体现。为此，就做好背街小巷整治工作提以下几点建议：

1. 形成整治合力。一是加大背街小巷整治内容的梳理，统筹兼顾地下、地面和空间，要结合“三改一拆”专项工作，对切实影响环境的区块，加大整治力度，一步整改到位。二是住建部门要切实发挥牵头作用，统筹城市管理、通信、邮政、电力、燃气、文化等部门，形成整治合力，推进综合整治，提升整体品位。

2. 强化精品意识。一是要在设计方案上求精品，充分挖掘城市文化内涵，从历史文化、市井文化、街巷文化、特色文化等元素上有力体现，在城市文化品位上打造精品。二是要在建设管理上求精品，大力发扬“最美城建人”精神，从招标、取材、施工、验收等方面严格把关，充分考虑居民的环境需求，在城市生活品位上打造精品。三是要在资金保障上求精品，在经济形势滑坡，财力保障压力加大的大环境下，要看到背街小巷整治投入资金不多，取得成效明显，社区群众拥护的方面，进一步加大背街小巷整治的资金保障力度。

3. 突出整治重点。一是要充分结合城区河道水环境改善的需要，首先将沿河道区块整治列入2015年计划。二是要加快城中村生活污水截污纳管计划编制，拓宽资金筹措途径，条件成熟的村要列入2015年的整治计划，其余的城中村，加快基础调查，在三年内完成城中村生活污水截污纳管全覆盖。

二、“三改一拆”专项工作

（一）“三改一拆”专项工作取得的主要成效

“三改一拆”是中共浙江省委、省人民政府和杭州市委、市人民政府作出的重大决策部署，作为“拓空间、促转型、优环境、惠民生”的有效载体。“无违建”创建又是“三改一拆”的深化和升级版，也是法治浙江建设的重要内容。自工作部署以来，富阳市委市人民政府高度重视，精心布置，突出重点，扎实推进，取得了预期效果。2013年超额完成目标任务；2014年，截至9月18日，完成“三改”面积109万平方米，拆违面积339万平方米。累计共完成“三改”面积288万平方米，居杭州地区第四位；拆违面积450万平方米，居杭州地区第二位。

（二）“三改一拆”专项工作存在的主要问题

1. “三改”方面：一是大源镇的旧城改造、春江街道造纸行业旧厂房改造、鹿山股份经济合作社的城中村改造三个先行区的成功经验，还没有及时总结推广，政策层面相对滞后，总体进度还不够快。二是主城区的重点区域成效不明显，步子不够大，比如，迎宾路至周家弄区块、桂花西路至西堤北路区块等，危旧房和脏乱差环境问题突出，改造速度偏慢。三是江南区块造纸行业淘汰关停企业面广量大，旧厂房改造政策方向不清晰，企业积极性不高，存量土地再利用效益偏低。

2.“一拆”方面：一是“无违建”创建三年目标三个月完成，时间短任务重，个别层面存在等靠要思想，工作推进乡镇（街道）存在不平衡。二是个别乡镇为了考核排名，存在数据报送不实的情况。三是拆除面积体量大，补偿资金难以落实，带来村级债务繁重。四是前期拆以先易后难、党员干部、“两代表一委员”带头的工作方式，后面工作将越来越难，压力加大。五是新的违章建筑仍有产生，执行制度不力。六是拆后环境还存在脏乱差现象，建筑渣土处置途径不畅、不够及时等情况。七是对拆后土地再利用速度偏慢、土地效益发挥不高。

（三）下一步做好“三改一拆”专项工作的几点建议

1. 加强宣传，进一步形成思想共识。“三改一拆”工作是当前省市县的重点工作，是倒逼经济转型的重要抓手，是建设“两美浙江”、“美丽富阳”的内在要求。“三改一拆”工作政策性强，关系群众切身利益，要进一步强化舆论宣传，外部和内部宣传相结合，做到政策意见家喻户晓，要抓好正反两方面典型宣传，充分营造舆论影响力和威慑力，继续保持强势推进的势头。

2. 一抓到底，进一步强化依法行政。“三改一拆”工作是一项动态的系统工程，一要始终把公开、公平、公正的原则贯穿整治工作全过程，及时梳理和分析整治过程中出现的问题，坚持“一碗水端平”不动摇，做到一个标准执行到底，一个政策贯彻到底，确保一视同仁。二要加大新违章的管控力度，对顶风违章的超层超面积对象，充分利用纪检、公安、检察等力量，坚决予以依法打击。三要转变工作方式，对有影响力的违章建筑和中心旧城改造，要形成合力，勇于碰硬，突破难点，营造强大威慑力，推动“三改一拆”工作整体推进，做到应拆尽拆，应改尽改。

3. 完善机制，进一步加快成果转化。“改”和“拆”是工作手段，“改”和“拆”之后的成果应用才是工作目的。一要进一步落实乡镇（街道）责任，严明纪律，严格考核，严肃问责，把握目前“一户多宅”清理、党员违建带头清理、违法宗教场所整治和重点河段路段整治的有利形势，进一步加大督查力度，督促各责任单位抓紧时间整治，尤其要对目前进度相对落后的乡镇（街道），分析原因、采取措施，使其不拖后腿。二要加快建立建筑垃圾处理机制，畅通处理途径，鼓励出台政策，提高资源再利用率。三要切实关心群众生产和生活中遇到的实际问题，加大改、拆后土地管理、规划、利用，按照“宜建则建、宜绿则绿”的原则，改善环境面貌，尽快发挥效益，减轻村级债务压力，使老百姓真正从整治工作中得到实惠。

（七）

关于农村生活污水治理情况的调查报告

富阳市人大常委会农业和农村工委

2014 年 11 月

2014 年 3 月份以来，农村生活污水治理工作在富阳市全面展开，此项工作涉及面广、受关注度高，是一项发展所需、民生所求、民心所向的实事工程。为扎实推进治理工作，10–11 月份，在祝一君副主任的带领下，市人大组成四个调研组，对全市农村生活污水治理情况进行了调研，同时，组织各乡镇（街道）人大对辖区内农村生活污水治理情况开展了联动视察，提出 59 条有针对性的意见建议。调研组深入基层一线，通过听取汇报、暗访治理现场、召开座谈会等方式，掌握了大量基础性材料。现将调查情况报告如下：

一、基本情况及存在问题

2014 年以来，富阳市人民政府坚决贯彻落实浙江省、杭州市关于打好治水攻坚战的一系列决策部署，统一思想、明确目标、建立机制、强化举措，扎实有序地推进农村生活污水治理工作，力争通过两年时间，到 2015 年底富阳市农村生活污水行政村实现全覆盖，农户受益率达 75%以上。为此，市人民政府及其职能部门紧盯目标任务，采取试点先行、以点带面的方式，积极稳妥地开展农村生活污水治理工作，目前，21 个提升点的改造工程已基本完成并投入使用，为全面铺开积累了经验。同时，为保质保量地完成今年 115 个行政村的生活污水治理任务，坚持做实前期、有序推进的原则，把握规划引领、因地制宜、有效治理、长效运行的总要求，分解任务、落实责任、加强监管，污水治理工作有序推进。目前，已基本完成今年 115 个行政村的项目设计、方案评审、施工图审查、财政审价和主材招标、工程项目招投标等工作，施工建设即将展开，富阳市农村生活污水治理工作取得了阶段性成果。但在调研和视察过程中，我们也发现了不少问题，主要表现在以下几个方面：

1．合力不强、氛围不浓，工作推进难。农村生活污水治理工作涉及项目立项、规划设计、财政审价、项目招投标、施工建设等环节，需要多部门协作配合，统筹推进，但目前还基本依靠农办单打独斗，孤军奋战，致使前期进展缓慢。乡镇（街道）主体责任未完全落实，工作任务刚性不足，存在畏难情绪、抵触思想。村级组织和村民主体意识不强，部分村民对治理工程不理解、不支持，出现“上热下冷”的现象。

2．点多面广、村情复杂，规划设计不够科学。2014 年富阳市计划完成 115 个行政村的生活污水治理目标，点多面广任务重，而且村情各异，治理方式要求多样化，给规划设计带来极大的难度。从现实情况看，规划设计的科学性、合理性还较欠缺，一是市域总体规划衔接性较差，全市有 63 个村的生活污水要纳入城镇污水处理系统，目前缺乏与城镇污水处理规划的有效衔接，城镇污水处理能力严重不足，尤其是一些城中村、城郊村、园中村污水管网与城市污水管网未联网，管网不配套问题较为突出。二是工程设计不够科学合理，设计单位因抢时间、赶进度，前期调查不够深入细致，没有结合村情、户情因地制宜地设计施工方案，设计方案缺乏科学性和合理性，从 21 个提升点情况看，设计变更较多。

3. 时间紧、任务重，工程质量堪忧。2014 年的治理工程项目大多刚进入施工环节，年内要实现主体工程完工，时间十分紧迫，加之冬季来临，受雨雪冰冻气候影响，实际施工期限更短，要确保工程质量困难重重，基层普遍担忧运动式、突击式治污可能会带来劣质工程。同时，污水治理多为地下隐蔽工程，施工难度大、建设要求高、检查验收难，必须加强工程质量监管，但目前还存在政府监管力量不足、专业技术人员缺乏、监管手段薄弱等问题，影响监管实效。工程监理单位责任落实不够到位，缺乏有效的制约手段，工程监理有走过场的倾向。有些施工单位因工程点多、施工力量不足，有可能出现转包、分包现象，施工质量管理难以到位。部分村级监督队伍责任心不强、积极性不高、业务不熟悉，没有真正发挥监督协调的作用。

二、对策建议：

开展农村生活污水治理是贯彻省委“五水共治”战略部署的重要内容，也是改善生态环境、建设美丽富阳的一项重点工作，它既是一项政治工程，也是一项民生工程。为此，特提出如下建议：

1. 整合力量、统筹推进，形成合力治污氛围。市人民政府要把农村生活污水治理作为一场攻坚战来对待，建立强有力的工作协调机构，统筹整合部门力量和资金，全力投入农村生活污水治理工作；要建立和完善乡镇（街道）工作目标考核制，加大专项考核权重，体现奖惩激励导向；全面落实乡镇（街道）建设主体责任，实行工程建设进度质量通报制和主要领导约谈制，强化乡镇（街道）“一把手”的工作责任。有关部门要通力协作，开启项目建设的“绿色通道”，加快推进项目前期工作。各乡镇（街道）要建立健全项目推进机构、落实人员、明确职责、加强协调、严格监管，确保工程进度和质量。要充分发挥基层“两代表一委员”作用，当好生活污水治理推动者。要加大宣传发动和教育引导力度，充分尊重群众意愿，取得群众的理解和支持，提高群众的参与度和满意度，合力打赢治污工作攻坚战。

2. 因地制宜、科学规划，提高工程建设绩效。要坚持因地制宜、统筹兼顾的原则，把农村生活污水治理与城镇污水处理、农村饮用水工程统筹考虑，治污水与保供水并重，同步规划、同步建设。要完善农村生活污水治理项目、世行贷款项目与城镇污水处理管网的并轨规划，加大城中村、城郊村、园中村的治污力度，加快推进城镇污水处理设施建设，提高污水处理能力。要结合村情实际，做深做细项目前期策划和调查摸底工作，科学设计施工方案，合理确定治理模式，组建专家评审组，加强对设计方案的论证评审，确保村级治理工程设计更科学、更合理、更具操作性。

3．落实责任、强化监管，确保工程建设质量。要正确处理进度与质量的关系，坚持质量优先、进度服从质量的原则，严格把好工程质量关。市人民政府有关部门要加大对工程质量的监督检查力度，实施严格的督查通报制度和责任追究制度，对质量问题“零容忍”。乡镇（街道）要担当起质量监管的主体责任，创新监管手段和方式，组建镇、村两级监管队伍，落实监管责任，制订质量管理业务规范，加强村级监管队伍的业务指导，充分发挥村级队伍的现场监管作用。要加强对监理和施工单位的管理，确保人员、精力、工作三到位。要加强工程安全管理，保障施工安全和群众出行安全。要严格实行工程质量过程监管和节点验收制度，牢牢把好材料关和施工质量关，发现问题，及时纠正，确保工程整体质量。

4．建管并举、完善机制，保障工程长效运行。要高度重视农村生活污水治理工程的建后管理，建立管理制度，落实管理责任。要强化村民自治，发挥村级组织和农民的主体作用，完善治理方式和手段，规范治污行为。要注重工程建后的环境整治和提升，加大道路修复和绿化配套力度，进一步改善农村人居环境。要着力加强治污设施的运行管理，建立长效运行机制，落实运行管理人员，统筹解决运管经费，强化运行管理的督查考核，保障工程正常规范运行，发挥治污工程的最大效益。

附录　民国时期的议政机构

民国初年，富阳、新登两县的议政机构，根据浙江省军政府都督公布的《修订县自治章程决案》的规定，试行议会制。民国元年（1912），富阳县议会开过一次会议，向县知事（即县长）钱时亮提出，设置县自治委员会，以辅佐县知事分管有关事宜的建议，但未见行动。由于时局动荡，经费拮据，加之议会的性质不详，职权不明，民众不为所知，政府不为所重，因而县议会有头无尾，终未成制。

临时参议会

民国32年（1943），浙江省政府委员会第1329次会议通过《浙江省各县临时参议会组织规程》，令各县县政府筹组临时参议会。富阳县政府遵令于民国33年（1944）4月15日，派出本府职员徐彭年等7人，聘请乡绅李宝濂等3人，组成“应考资格审查委员会”（县临时参议会筹备委员会），在全县范围内遴选社会名士、殷商等共64名，经县党政联席会议初审，确定50名，并造就花名册及履历表，于6月上旬呈报省临时参议会审核。9月，省临时参议会批复富阳县政府，在上报名单中核定21名，名单外遴选4名，共25名为富阳县临时参议会参议员，并圈定议长、副议长各1名。11月5日，富阳县临时参议会正式成立，会址选定明伦堂（已圮）。至民国35年（1946）5月，改设为富阳县参议会止，县临时参议会任期1年6个月，期间召开临时参议会会议2次，讨论了县长提交的议案和质询县国民兵团突击征兵的理由和经过等。

新登县临时参议会情况无考。

参议会

根据民国34年（1945）行政院颁布的《县参议会组织暂行条例》规定，县参议会由乡（镇）民代表会选举县参议员组织之；县参议会为县人民代表机关，县参议员即为县人民代表；县参议员任期二年，连选得连任。县参议会的主要职权是：听取县政府施政报告；审核县岁出入预算事项；向县政府提出询问事项；建议县政府兴革事项；审议县单行规章制度事项及接受人民请愿事项。县参议会设议长、副议长各1名。县参议会每三个月开会一次，由议长召集，没有全体参议员过半数出席不得开会。

富阳县按照条例规定，于民国 35 年（1946）5 月 26 日，分乡镇和农会、工会、商会、教育会等团体，同时举行选举，选出县参议会参议员共 51 名，其中，乡镇 38 名，农会团体 10 名，工、商、教团体各 1 名。是年 6 月 24–28 日，召开富阳县参议会第一届第一次会议，宣布富阳县参议会正式成立。会议选出县参议会议长、副议长；同时选举省参议员和省候补参议员各 1 名；通过大会宣言和参议会秘书处办事细则。县临时参议会随之撤销。会后，县临时参议会参议长与新任县参议会参议长办理了交接手续。县参议会自成立至民国 38 年（1949 年 9 月 30 日止）3 月仅一届，任期 2 年 10 个月，共召开会议 8 次，听取县政府施政报告并向县政府提出询问，讨论了县长提交议案、议长提交议案。参议员共提出提案、临时动议案和有关方面建议案 118 件、请愿书 3 件。其中，第三次会议期间，在鹳山春江第一楼举行郁达夫纪念碑奠基典礼和公祭郁曼陀先生仪式。

新登县参议会于民国 34 年（1945）9 月，分乡镇选举完竣，选出县参议员 13 名（第六次参议员会议后从候补参议员中提补 2 名，前后共 15 名），并于同年 12 月 24 日召开成立大会，选出县参议会议长、副议长。民国 35 年（1946）6 月 25 日，县参议会单独召开选举省参议员临时大会，选举省参议员和省候补参议员各 1 名。县参议会自成立至民国 37 年（1948）10 月，历一届，任期 2 年 10 个月，召开会议 11 次，提出议案、建议案 102 件，临时动议案 6 件，讨论通过“关于修理文庙作县立简易师范校舍”“函请县政府禁止滥伐森林”等决议案。

民国时期富阳、新登两县临时参议会、参议会组织情况表

表（附）1-1

县别	名称	职务	姓名	任职时间
富阳县	临时参议会	议长	李宝濂	民国33年（1944）11月至民国35年（1946）5月
		副议长	汪绍功	
		参议员	华以仁 张足保 闻绍锡 颜逸文 李秉端 洪道南 汪仁三 徐福顺 叶校成 郑振夏 孙秉寿 盛如彭 章泰和 徐荫庭 张厚植 蒋伯潜 叶雪端 吕 文 赵坤良 李关安 金丙南 陆树鋆 孙忱照	
	参议会	议长	华以仁	民国35年（1946）6月至民国38年（1949）3月
		副议长	李关安	
		参议员	俞永年 钟 鹏 潘文吉 许禄曾 徐名山 闻绍锡 汤渭基 赵坤良 蒋文龙 金志俊 洪道南 徐宋廷 汪绍功 钱 燊 孙永嘉 陈 益 朱 俊 孙士元 陈维善 何士傑 李秉端 张荣堂 李恩光 俞在田 张足保 徐光华 何载阳 陈锡圭 叶士高 曹松祥 吕 文 裘克谦 徐崧岩 陆崇谔 汪鹤程 蒋瑞贤 何树棠 包光城 汪宏声 周家祥 郑振夏 夏廼芬 陆茂根 赵人豪 章虎延 朱宜初 李秉奎 陈大陆 蔡卓生	
新登县	临时参议会	无考		
	参议会	议长	汪烈山	民国34年（1945）12月至民国37年（1948）10月
		副议长	周廷采	
		参议员	俞大炎 郎文荣 潘毓俊 袁 仁 孙卓人 洪锡勇 楼秋宾 曹杰生 罗自强 骆振骧 周廷化 陈慎初 罗承先	

民国时期富阳、新登两县
省议会、省参议会、国大代表、立法委员名录

表（附）1–2

县别	名称与职务	姓名	任职时间
富阳县	省第二届议会议员	王　倬	民国 6 年（1917）
	省第三届议会议员	章恒性　陆维云 许正衡	民国 11 年（1922）
	省参议会参议员	李宝濂	民国 35 年（1946）6 月
	省参议会候补参议员	洪道南	民国 35 年（1946）6 月
	国大代表	李　园	民国 37 年（1948）3 月
	候补国大代表	吴庆之	民国 37 年（1948）3 月
	立法委员	陈立夫	民国 37 年（1948）6 月
新登县	省第二届议会议员	汪秉豪	民国 6 年（1917）
	省第三届议会议员	项岱年	民国 11 年（1922）
	省参议会参议员	沈潜龙	民国 35 年（1946）6 月
	省参议会候补参议员	吴叔丹	民国 35 年（1946）6 月
	国大代表	王慕曾	民国 36 年（1947）11 月
	候补国大代表	周廷采	民国 36 年（1947）11 月

索 引

本志正文检索设会议索引和附表索引。会议索引收入富阳新登两县各界人民代表会议、富阳新登两县各界人民代表会议常务委员会会议、富阳市(县)及新登县人民代表大会会议、富阳市(县)人民代表大会常务委员会主任会议、富阳市(县)人民代表大会常务委员会会议、富阳市(县)乡镇（人民公社）及新登县乡镇人民代表大会会议。会议编写顺序按类别、时间、届次排列。附表索引包括本志正文全部附表，依编章内容先后次序排列。两类索引所列内容名称右侧的数字，表示该内容于正文所在的页码。

会 议 索 引

附 表 索 引

编 后 记

根据富阳市第十五届人大常委会的工作安排,《富阳市人民代表大会志》编纂工作于2014年3月正式启动。四年多来，在富阳市人大常委会领导的重视下，经过编辑人员的辛勤劳动，由100余万字和80余幅彩照组成的《富阳市人民代表大会志》于2019年正式出版。这是富阳地方志编纂工作中的一件实事，也是富阳地方政权建设史上的一件大事。该志的编纂成书，为富阳市（县）人大及其常委会工作积累了珍贵的文史资料。

2012年6月，富阳市第十五届人大常委会主任会议研究决定，编纂《富阳市人民代表大会志》，将原《富阳县人大志（简志）》有关内容合编于《富阳市人民代表大会志》。2012年8月，富阳市人大常委会办公室发文成立《富阳市人民代表大会志》编纂委员会和编辑室。富阳市人大常委会主任汤金华任编纂委员会主任，市人大常委会副主任徐松泉等6人任编纂委员会副主任，市人大常委会办公室和各工作委员会主任任编纂委员会委员，聘请华爱金等7位老领导为编纂委员会顾问。编纂委员会下设编辑室，汤金华任主编，吕建新等4人任副主编，聘请退休人员杨关勤等3人为编辑。由于人员变动较多，2017年10月，富阳区人大常委会办公室发文，调整编纂委员会组成人员，人大常委会主任汤金华任编纂委员会主任，人大常委会副主任赵玉龙等6人任副主任，聘请洪德森等7位老领导为顾问。编辑室也作了局部调整。

2013年12月，编辑室根据富阳市人大常委会的编纂要求，着手编辑前期各项准备工作。拟定了志书的编纂纲目，并对编、章、节的整体框架及全志文字、图表、照片等提出了具体设想和编写规定。2014年初，编辑室一行四人在编辑室领导的带领下，赴嘉善县学习取经，听取他们的经验介绍和具体做法。在参照学习、结合实际、集思广益的基础上形成了志书编纂工作方案，提交编纂委员会领导审定。

2014年4月，编辑人员按照分工合作的精神，实行分编分类分步撰写。四年多来，编辑人员本着认真、负责、务实的工作精神，不辞辛劳，广征博采，严谨考证，认真撰写。2016 年上半年，《富阳市人民代表大会志》初具雏形。为了使志书内容更加正确无误，对历届乡镇人民代表大会的部分，专门印发到乡镇人大、人大街道工委进行核实，要求在规定时间内反馈修改意见。经过编辑人员反复核对修改，2017 年 5 月，形成了《富阳市人民代表大会志》初稿。

2017 年 6 月，先将志书初稿送达富阳区人大常委会正副主任、委办正副主任、科长及有关人员进行初审，经半年初审和修改形成送审稿。2017 年 12 月，又将送审稿送达富阳区人大常委会正副主任、委办正副主任，办公室正副科长，区人民法院院长，区人民检察院检察长，乡镇党委书记及乡镇长，乡镇人大正副主席，富阳市（县）历届人大常委会组成人员，区人大办公室离退休人员，区委、区人民政府有关部门领导等进行审核，提出修改意见。经上下多次审核，2018 年 5 月，形成《富阳市人民代表大会志》评审稿，同时送方志出版社审核。2018 年 10 月 26 日，召开由省、市、区和兄弟县（市、区）有关领导及专家参加的《富阳市人民代表大会志》评审会，对志书实行最后把关。在评审会上提出的修改意见，编辑人员又作了认真细致的补充和完善。

《富阳市人民代表大会志》的编纂工作，得到了富阳（市）区人大常委会的重视，获得（市）区人大常委会办公室和各工作委员会、乡镇人大、区委组织部、区史志办、区档案馆等有关部门的大力支持。尤其是几位已退休的人大常委会前任领导，不辞辛劳，曾为此作出不懈努力。值此志书出版之际，一并表示诚挚谢意！

编纂《富阳市人民代表大会志》是一项十分艰巨和繁重的工作，由于全志时间跨度较长，史料缺失较多，采集难度较大，尽管编辑人员不遗余力，仍有部分史料无处查找。又因编辑人员年事已高，平时与人大工作接触不多，难免出现谬误和疏漏。不足之处，敬请广大读者指正。

《富阳市人民代表大会志》编纂委员会

2019 年 5 月